中国口岸年鉴

(2012年版)

国家口岸管理办公室主管
中国口岸协会主编

中国海关出版社

图书在版编目（CIP）数据

中国口岸年鉴：2012年版／中国口岸协会主编．—北京：中国海关出版社，2012.9
ISBN 978－7－80165－913－2

Ⅰ.①中…　Ⅱ.①中…　Ⅲ.①通商口岸—中国—2012—年鉴　Ⅳ.①F752.5－54

中国版本图书馆CIP数据核字（2012）第222035号

中国口岸年鉴（2012年版）
ZHONGGUO KOU'AN NIANJIAN (2012 NIAN BAN)

作　　者：中国口岸协会	
策　　划：杨振庆	
责任编辑：冯　菲　左桂月　赵中娜	
出版发行：中国海关出版社	
社　　址：北京市朝阳区东四环南路甲1号	邮政编码：100023
网　　址：www.hgcbs.com.cn；www.hgbookvip.com	
编 辑 部：01065194242-7530（电话）	01065194231（传真）
发 行 部：01065194242-7540/42/44/45（电话）	01065194233（传真）
社办书店：01065195616/5127（电话/传真）	01065194262/63（邮购电话）
北京市建国门内大街6号海关总署东配楼一层	
印　　刷：廊坊市晶艺印务有限公司	经销：新华书店
开　　本：889mm×1194mm　1/16	
印　　张：47	字数：1350千字
版　　次：2012年9月第1版	
印　　次：2012年9月第1次印刷	
书　　号：ISBN 978－7－80165－913－2	
定　　价：300.00元	

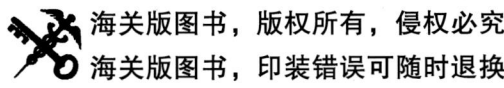

《中国口岸年鉴》编辑委员会

主　　任：于广洲　　海关总署署长
副 主 任：邹志武　　海关总署副署长
　　　　　叶　剑　　中国口岸协会会长
顾　　问：钱永昌　　原交通部部长、中国交通运输协会会长
　　　　　牟新生　　原海关总署署长
　　　　　孟宏伟　　公安部副部长
　　　　　杨国庆　　原国家民航总局副局长
　　　　　赵维臣　　原国务院口岸领导小组副组长
　　　　　洪善祥　　原交通部副部长、中国航海协会会长
　　　　　葛志荣　　原国家质检总局副局长、中国出入境检验检疫协会会长
委　　员：赵福地　　国家口岸管理办公室常务副主任
　　　　　陆志强　　中国口岸协会副会长
　　　　　潘伟平　　中国口岸协会副会长
　　　　　黄　熠　　中国口岸协会秘书长
　　　　　白　石　　国家口岸管理办公室副主任
主　　编：叶　剑
执行主编：潘伟平　　白　石
编　　委：（以姓氏笔画为序）

王卫平	王宏翰	王济光	王锐颖	兰国刚	刘文华	刘建新	孙厚军	孙晓波
朱晓阳	许书良	许富林	邹公权	吴海川	张超美	李俊杰	李春生	李　斌
李　熊	杨从军	杨明凤	苏园明	苏　钗	邹　翔	周功民	周生银	罗建华
郑金广	钦明炜	徐双荣	徐祖远	徐高春	徐　斌	徐滋跃	郭庆宏	陶晓峰
崔艳杰	黄家生	董　理	雷德民	蔡明远				

统　　稿：王同璋　　张百川
组稿人：（以姓氏笔画为序）

王　云	于风君	马　捷	乌尔丽卡	王一鹏	王丽敏	王　峰	王裕民	邓院生
韦海鸥	田　雁	乔欣荣	刘礼明	刘恩沛	孙庆慧	朱　振	汤庆远	许吉翔
宋晓徽	张晓红	张毅然	张　蘅	李以伦	杜　印	杨　铮	杨镇宇	邱　琳
邹志清	邹增强	陈　列	陈林泉	陈海明	武卫杰	武晓冬	罗　专	范　新
郝占轻	骆伟雄	徐　林	徐　斌	秦　虹	袁本阳	高雅平	崔艳杰	鄂海亮
德央·格多		魏　源						

编　　务：王同璋　　冯存诚　　周嗣乾　　李卫民　　张百川　　宋国力　　塔　艳　　赵媛媛　　王鑫丽
　　　　　赵　蒙　　高文元　　田　川

编 辑 说 明

一、《中国口岸年鉴》(2012年版)是由国家口岸管理办公室主管,由中国口岸协会主编的一部全面、翔实记录中国口岸发展状况的编年书,是一部具有基础性、史料性、权威性的工具书。

二、本版年鉴采用条目体结构,点面结合、条块结合,收录了2011年度国家层面口岸主管部门的工作综述,逐个记载了2011年度31个省、自治区、直辖市,以及香港、澳门、台湾地区口岸运行情况和主要数据,收录了各口岸主要查验部门工作简述和主要业务数据表格。同时,还收录了《国家口岸发展规划(2011~2015年)》、全国口岸运行情况分析及2011年度各口岸主管部委新颁布实施的口岸工作法规。

三、本版年鉴引用的各类数据和资料均截至2011年年底。全国进出口贸易统计资料,由海关总署综合统计司提供。其他统计数据,分别来自海关、边检、检验检疫和各省级口岸办公室。由于各部门职能不同,数据统计口径、范围和方法亦有所不同,因此书中有些数据可能不尽一致。

四、本版年鉴的稿件资料,主要由各有关部委及各省、自治区、直辖市口岸办公室汇总提供。在年鉴编辑过程中,得到了国家口岸管理办公室、国家电子口岸委办公室、海关总署办公厅、公安部出入境管理局、交通运输部海事局、国家质检总局通关司,以及各地口岸办公室、各口岸查验单位的大力支持与配合,在此一并表示诚挚感谢!

五、本版年鉴在成书体例、资料收集等方面还有许多不尽如人意之处,加之编辑水平有限,疏漏或瑕疵在所难免,敬请广大读者予以批评指正。

《中国口岸年鉴》编辑委员会
2012年8月

序

　　口岸是国家的门户。党中央、国务院历来十分重视口岸工作。改革开放以来，为满足日益增长的对外经贸、人员往来的需要，国家投入了大量人力物力进行口岸建设，已经形成沿海沿江水运、航空和内陆边境立体化的开放口岸体系。口岸开放与全方位、宽领域、多层次的对外开放格局基本相适应，为促进对外经济贸易和国际交往的发展起到了重要的保障作用。

　　当前，进一步提高口岸工作效率的要求更为紧迫。经济全球化对口岸工作必然会提出更多更高的新要求，为适应参与国际竞争的需要，我国口岸工作要全面贯彻"三个代表"重要思想，落实十六大提出的"发展要有新思路，改革要有新突破，开放要有新局面，各项工作要有新举措"的要求，结合我国口岸工作的实际，紧紧围绕提高口岸工作效率，加快通关速度，处理好把关与服务的关系，为促进对外经济贸易和国际交往发展作出新贡献。为提高口岸工作效率，国务院曾在深圳进行口岸管理体制改革试点。1998年政府机构改革，对口岸管理体制作了重大调整。2001年，国务院办公厅为推广口岸电子执法系统和提高口岸工作效率相继发出了两个文件。今年5月，国务院批准海关总署等8部门在上海召开了提高口岸工作效率现场会。我国口岸要通过建立"大通关"机制，提高工作效率，改变传统管理模式，整顿和规范进出口秩序，促进口岸管理各部门转变职能、改进服务、提高管理水平，形成适应我国社会主义市场经济发展需要的新的口岸管理和运行机制，提供与发达国家相类似的口岸通关服务。

　　中国口岸协会从新世纪开始组织编撰《中国口岸年鉴》，是一件很有意义的工作。它不仅直接记录口岸管理运行的资料和数据，而且是在我国加入"WTO"以后，书写中国口岸深化体制改革、努力提高工作效率、为"大通关"服务的历史。

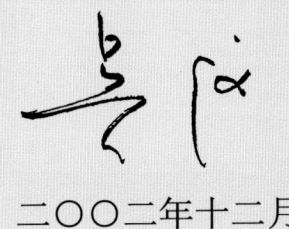

二〇〇二年十二月

190 年前
一位杰出大师因赛马开创制表新纪元

1821年，在巴黎的一场赛马比赛中，尼古拉斯·凯世成功验证了他的革命性发明，计时码表由此诞生。万宝龙汲取其杰作中的精髓，从而成就了万宝龙尼古拉斯·凯世计时码表周年纪念系列(*Montblanc Nicolas Rieussec Chronograph Anniversary Edition*)。单按钮计时码表，MB R110 自制手动上链机芯，18K白金表壳，30分钟与60秒钟计时转盘，限量发行90枚，在瑞士里诺(*Le Locle*)万宝龙表厂打造。万宝龙·总有非凡故事

WWW.MONTBLANC.COM

惠普公司
HEWLETT-PACKARD

【公司简介】

惠普公司（HP）致力于激发科技的无限潜能，为个人、企业及社会创造积极影响。作为全球最大的信息技术公司之一，惠普产品涵盖了打印成像、个人计算、软件、服务和IT基础设施等领域，并以全面的产品组合更有效地服务客户。

【公司旗下重要品牌及商标】

HP　惠普

关于惠普 (HP, NYSE: HPQ) 的更多信息，请访问 http://www.hp.com.cn 。

【惠普打印成像集团主要产品，包装和防伪标识】

打印耗材

耗材防伪标

防伪标签商标的颜色还是将随着观察角度的不同而从浅至深变化，下面字体颜色相反变动，再加上hp商标内有"勾号"和"OK"字样，移动时会立体走动。

中国惠普有限公司

地址：北京市朝阳区建国路112号　　　电邮：anti-fraud.china@hp.com
打假热线：800 810 7518

Mercedes-Benz 梅赛德斯—奔驰

星耀中华
传奇永恒

纵横百年风云、驰骋浩瀚车坛，作为现代汽车发明者，梅赛德斯—奔驰已拥有125年的辉煌历史。如今三叉星徽标识遍布中国，旗下四大品牌梅赛德斯—奔驰、AMG、smart及迈巴赫汽车同放异彩，中国亦自2010年起跃升为奔驰全球第三大市场。

秉承"惟有最好"的品牌理念，梅赛德斯—奔驰正在一步步通过多元化的产品策略和全球标准的优质服务，满足中国市场日益增长的客户需求。同时，通过梅赛德斯—奔驰星愿基金，奔驰将以高度的企业责任感投身环境保护、教育支持、文化、艺术和体育事业、驾驶文化及其他社会公益事业的发展。

目前，梅赛德斯—奔驰在中国销售的产品包括：轿车类——顶级豪华轿车S级、全球最佳行政座驾E级、C级轿车，SUV系列——M级多功能越野车、GLK中型豪华越野车、GL级豪华越野车、经典G级越野车，跑车类——SL级豪华跑车、SLK硬顶敞篷跑车、CLS运动轿车、E级双门轿跑车、E级敞篷跑车，R级大型豪华运动旅行车，B级豪华运动旅行车，A级轿车，C级旅行轿车，以及高性能品牌AMG、时尚都市座驾smart和超豪华品牌迈巴赫等系列车型，在中国市场构筑了最为丰富的豪华车产品阵营。

梅赛德斯—奔驰（中国）汽车销售有限公司的进口业务开始于2006年5月1日，经过近6年的业务发展，梅赛德斯—奔驰（中国）汽车有限公司的进口业务量已经从最初的年进口车辆1万台发展至2011年的年进口车辆12万台。同时，随着车辆进口数量的不断增长及公司进口业务持续规范的发展，梅赛德斯—奔驰（中国）汽车销售有限公司于2010年取得了海关总署授予的A类进出口企业资质。

展望未来，梅赛德斯—奔驰将以更多至臻完美的产品服务，在越来越多的细分市场中彰显"魅力、责任、完美"三大品牌价值，持续诠释三叉星徽所具有的独特魅力。

梅赛德斯-奔驰SLK级敞篷跑车

作为梅赛德斯—奔驰跑车家族的最新杰作之一,全新 SLK 级将敞篷驾驶乐趣提升到一个全新高度。阳刚动感的整车设计、激情澎湃的顶级驾驶体验及出众的环保节能特性,再搭配独创的 MAGIC SKY CONTROL 可调光全景式天窗及一系列先进安全科技,全新 SLK 再次引领了豪华跑车的发展潮流,成为同级车型竞相仿效的楷模。

在外观上,全新 SLK 前卫的整车设计更具阳刚魅力。鳍状的前脸轮廓强劲有力,独具动感魅力的侧面车身从前脸一直延伸到强劲有力的车尾,车顶设计完全符合空气动力学设计原理;同时首次采用全 LED 技术的宽大头灯,在整体线条上衔接得当,完美展示了全新 SLK 酷炫阳刚的整车设计风格。醒目的三叉星徽标识镶嵌于散热器格栅的中央位置,再配以时尚的镀铬装饰风格,淋漓尽致地展现了触目所及、犀利动感的设计理念。同时,全新 SLK 的头灯设计借鉴了该车的原型——诞生于 20 世纪 50 年代的传奇车型 190 SL 跑车的设计元素,成为前部造型的点睛之笔。

全新 SLK 拥有宽敞的内部空间,同时梅赛德斯—奔驰的设计师们选用手感极佳的高品质材料,以精湛手艺为驾乘者营造出超越同级车型的豪华内饰氛围。中控台及车内部件均采用现代感极强的拉丝铝合金加以装饰,营造出强烈的运动气息。此外,全新 SLK 还特别采用了造型雅致的指针时钟(SLK350),巧妙勾勒出全新 SLK 的时尚品味。集成于仪表板的 4 个圆形电镀出风口取自超级跑车 SLS AMG 的内饰设计理念,进一步强化了全新 SLK 的纯正奔驰跑车的血统。

SLK 200 豪华运动型及 SLK 350 标配了 AMG 运动组件,进一步凸显车身的运动感与活力。更加锐利俊朗的前裙设计、充满力量感的醒目侧裙板和新型后裙板、带熏黑边缘的前大灯及熏黑尾灯为跑车增加了更多运动气质和视觉冲击力。

不仅如此,全新 SLK 还配备了独一无二的 MAGIC SKY CONTROL 可调光全景式天窗,只需轻触按钮,便可随心掌控车内环境的变化,自由切换车内光线的明暗,营造完全不同的两种氛围。

在动力方面,全新 SLK 200 敞篷跑车搭载轻量化设计的低摩擦 1.8 升 4 缸涡轮增压发动机,配备铸造进气口和排气凸轮轴,以及带有凸轮轴调节功能的滑片设计,可以迅速而灵活地控制阀门调速,即使发动机处于低速状态时也能够产生较高的扭矩和输出。SLK 350 则搭载了 BlueDIRECT 6 缸发动机,可输出 225 千瓦(306 马力)的最大功率,5.6 秒即可让这款轻盈跑车在转瞬间完成百公里加速。同时,新款 V6 发动机运用了当前最为高效节能的 BlueDIRECT 直喷技术,大幅降低油耗,二氧化碳排放量也大幅减少。相对于 SLK 350 的澎湃动力,该车百公里的油耗却仅需 8.9 升。

在全新 SLK 的研发过程中,工程师们开发出了新车型的车体架构,并对多处细节进行了改进,同时还进一步优化了车身重量。在上一代车型卓越的抗扭刚度基础上,全新 SLK 轻量化车身的抗扭刚度又有所提升。全新研发的车门在腰线和底部边缘都进行了加固处理,而高强度精钢部件则能够确保车门可抵御强烈的侧面撞击。不仅如此,全新 SLK 采用了一系列最新行车辅助系统,包括防抱死制动系统 ABS、加速防滑控制系统 ASR 等一系列创新技术,再配以全系标配的 NECK-PRO 碰撞响应式保护头枕和智能照明系统,为乘员提供了全方位的主动和被动安全保障。

梅赛德斯—奔驰S级轿车

如果说 SLK 级代表了奔驰激情动感的一面,那么 S 级豪华轿车则完美展示了梅赛德斯—奔驰所代表的沉稳大气、气派尊享的品牌传统。125 年的品牌沉淀不仅折射出梅赛德斯—奔驰的激情、责任与卓越,而且赋予"豪华"以深厚内涵:除了每一个精雕细琢的细节,更有饱含历史锤炼和岁月洗礼后的生命魅力。而在梅赛德斯—奔驰逾百年的生命魅力里,S 级轿车既是历史见证者,亦是历史谱写者。

自 1951 年 S 级轿车开山鼻祖——220 车型问世至今,半个多世纪来,已有 330 多万辆梅赛德斯—奔驰 S 级轿车被交付到用户手中。第 9 代 S 级系列自 2005 年秋上市以来,亦凭借 27 万辆的销量成为世界上最成功的豪华轿车,延续了梅赛德斯—奔驰旗舰车型 S 级轿车的传奇历史。新

Mercedes-Benz 梅赛德斯—奔驰

一代 S 级轿车是奔驰品牌的代表、身份的象征和传奇的延续。注重动感与均衡之美的精湛外观与至臻尊贵的个性化内饰彰显了设计上独到的美学见解，令新一代 S 级轿车俨然一部完美的豪华艺术荟萃品，远远超越了汽车的内涵。锐意进取的梅赛德斯—奔驰始终视环保为己任，用实际行动诠释其高瞻远瞩的环保战略思想。当世人还在热议是否只有小车才是环保节能的专利的时候，奔驰旗舰车型新一代 S 级轿车再次做实际行动出了最好的诠释。

升级后的 S 350 L、S 350 L 4MATIC 和 S 500 L 4MATIC 3 款梅赛德斯—奔驰 S 级车型均搭载 BlueDIRECT 第 3 代汽油直喷发动机，在动力输出更为激扬澎湃的同时，也更具环保亲和力。与此同时，S 300 L 商务型和尊贵型也实现配置升级，将全景天窗和带通风功能的前后排豪华座椅纳入标准配置，令每一位置身车内的客户都能感受到奔驰对极尽奢华与舒适的执着追求。所有升级后的 S 级轿车都将在车尾行李箱盖的型号标签上添加"L"标识，以彰显其"长轴距"版车型的尊贵身份。

S 350 L 和 S 350 L 4MATIC 所配置的 BlueDIRECT 发动机，是梅赛德斯—奔驰首次在中国市场上将汽油直喷技术运用于 6 缸发动机。借助 BlueDIRECT 汽油直喷技术及一系列 BlueEFFICIENCY 蓝色效能措施，S 350 L 和 S 350 L 4MATIC 的百公里油耗分别降至了 9.7 升和 10.4 升，油耗较之前大幅降低达 13%。

在油耗降低的同时，两款车型更为客户带来更加令人心潮澎湃的极速体验。S 350 L 和 S 350 L 4MATIC 所配置 3.5 升 6 缸 BlueDIRECT 发动机的一个设计亮点采用了全新设计的进气口和排气系统。该款发动机的进气口和排气系统与可变共振进气歧管相连，能够进一步优化进气和排气流程。因此，与旧款发动机相比，新款 V6 发动机的输出功率比旧款发动机提升了 12.5% 至 225 千瓦，峰值扭矩提升至 370 牛·米。同时，S 350 L、S 350 L 4MATIC 和 S 500 L 4MATIC 还应用了全新 7G-TRONIC PLUS 增强型 7 速自动变速箱，不但动力输出更加平滑顺畅，挡位切换也毫无滞涩，并且还进一步降低了燃油消耗和变速时的噪音。

在梅赛德斯—奔驰一直以来坚持的品牌理念——安全方面，S 级轿车融合了世界最先进的驾驶员辅助和保护系统，在全新驾驶员安全辅助系统的保护下，S级轿车无疑成为驾驶者理想的"智能伙伴"。增强型夜视辅助系统性能上的提升让S级在黑夜中亦能轻松发现和避让路人，自适应性远光辅助系统也为S级轿车提供了最佳路况照明，显著降低了黑暗中行车事故发生的风险。不仅如此，代表梅赛德斯—奔驰最新安全科技的注意力辅助系统、车道保持警示系统及增强型限距控制系统，完美巩固了S级轿车的顶级驾乘安全，让驾驶者轻松享受旅程。

S级不仅是业内动力和安全方面的表率，在车载娱乐系统方面也毫不妥协。基于COMAND APS驾驶室管理及数据系统的SPLITVIEW分屏显示技术，让驾驶员和前排乘客能够在同一屏幕同时观看不同内容；S级为后座娱乐系统增加了一个遥控功能部件，让后座乘客能够轻松操作COMAND APS系统所包含的所有功能。此外，由梅赛德斯—奔驰与音响专家Harman/Kardon®合作开发的"Logic 7"环绕音响系统拥有无与伦比的三维音效，让所有乘客都能领略纯天然的360度音乐体验。

全新梅赛德斯—奔驰M级

作为汽车发明者，梅赛德斯—奔驰是多元化的，它不仅可以时尚动感，也可以沉稳大气，同时还能狂野霸气。作为M级越野车的第三代产品，全新M级凭借棱角分明而又张弛有道的外形、诸多顶尖技术、强劲而又高效的动力、卓越的驾驶乐趣和非凡舒适性，将继续引领豪华SUV细分市场的潮流。

全新梅赛德斯—奔驰M级越野车延续了M级典型的C柱设计，清晰地显示出其在SUV市场中的独特性。LED日间行车灯让人眼前一亮，向后倾斜的车顶轮廓线，搭配分段式LED光线尾灯的环绕效果，完美展示了全新M级硬朗霸气的越野魅力和动感十足的运动个性。此外，全新M级实现了完美空气动力学设计，赋予车身超低风阻，让自由驰骋更加无阻。全新M级较上一代拥有更大的内部空间，内部侧采用逐渐向下的仪表板曲线，为客户提供了更多空间和舒适性。双筒式仪表盘搭配中间的大型显示器，独特品味让人一见倾心，再配以精细做工的内饰细节，尊贵之感油然而生。

强劲动力是M级越野车的使命，全新M级越野车搭载新一代BlueDIRECT燃油直喷6缸汽油发动机，最高输出功率达到225千瓦（306马力），最大扭矩370牛·米，较上一代显著提高，让人静脉喷张。同时，通过新款6缸发动机在尺寸和重量上的进一步优化，油耗得以大幅降低。在提供激情燃烧的驾驶乐趣的同时，进一步提升了卓越的燃油经济性。此外，ON&OFFROAD组件提供6种变速器模式，让驾驶员在日常和越野驾驶等不同情况下更加从容。

在梅赛德斯—奔驰一直以来坚持的品牌特性——安全性方面，全新M级采用了S级和E级搭载的安全辅助系统，包括注意力警示系统（ATTENTION ASSIST）、特殊照明功能的智能照明系统（ILS）和具备行人自动识别功能的增强版夜视辅助系统等一系列智能化的先进配置，进一步提升了车身的主动安全水准。同时M级极为坚固的乘客舱，加上前部和后部的碰撞缓冲区，以及9个安全气囊，为客户提供了最佳被动安全。

强大的娱乐功能和舒适的驾乘感受让全新M级越野车完美升级。新款COMAND NTG 4.5驾驶室管理及数据系统配置了经过改进的7英寸彩色显示屏，并首次兼容了LINGUATRONIC中文普通话声音控制系统，让车辆掌控与视听享受完美融合。车身顶部的Panoramic全景式天窗让驾乘者获得宽阔的视野，与自然更加贴近，并能带给驾乘人员从未有过的视觉体验，享受独特的驾驶乐趣。

熠熠生辉的完美产品阵容，让梅赛德斯—奔驰纵然亘越百年时空，依旧经典永恒，历久弥新。星徽照耀下，每一款产品都凝聚着奔驰工程师对创新与激情的不懈追求，并在经典与新锐的交相辉映中，衬托出品牌历经岁月磨砺的极致光辉。时至今日，梅赛德斯—奔驰依然屹立在汽车工业的巅峰，并将继续以自己的历史书写世界汽车工业的发展史。

GUCCI

GUCCIO GUCCI S.P.A.
古乔古希股份公司

GUCCI品牌于1921年在意大利佛罗伦萨诞生，至今已有90多年的历史。创始人Guccio Gucci先生凭籍高雅品味及创新设计，配以托斯卡纳工匠超凡的技艺，成为典雅和奢华的象征。作为全球现今最大的奢侈品品牌之一，GUCCI的高档豪华产品（包括皮革制品、鞋履、衣服、配饰、手表、珠宝、眼镜及香水等）居世界领先地位。

Guccio Gucci先生于1935~1936年间在物资短缺的情况下，运用那不勒斯的原材料制造出第一个成功的"GUCCI"手提包。GUCCI于1966年为摩纳哥王妃格蕾斯设计出Flora印花图案丝巾。GUCCI一系列的经典设计如"竹节包"、"Jackie O"肩背包等，风靡了大半个世纪。

截至2011年11月中，GUCCI在中国于北京、上海、深圳、成都、西安、苏州、杭州、厦门、福州、昆明、沈阳、青岛、长春、大连、石家庄、常州等共设有45间专卖店。此外，手表、珠宝、眼镜及香水也经由授权分销商进口和销售。

GUCCI高度重视知识产权的保护，GUCCI系列商标在世界许多国家及地区已被认定为驰名商标或高知名度商标。

GUCCI品牌为PPR全资拥有。PPR是全球奢华品零售商，是法国Euronext Paris联交所的上市公司。PPR旗下的其他奢侈品品牌有ALEXANDER MCQUEEN、BALENCIAGA、BOTTEGA VENETA、BOUCHERON、SERGIO ROSSI、STELLA MCCARTNEY及YVES SAINT LAURENT等。

GUCCI在中国海关备案的主要商标

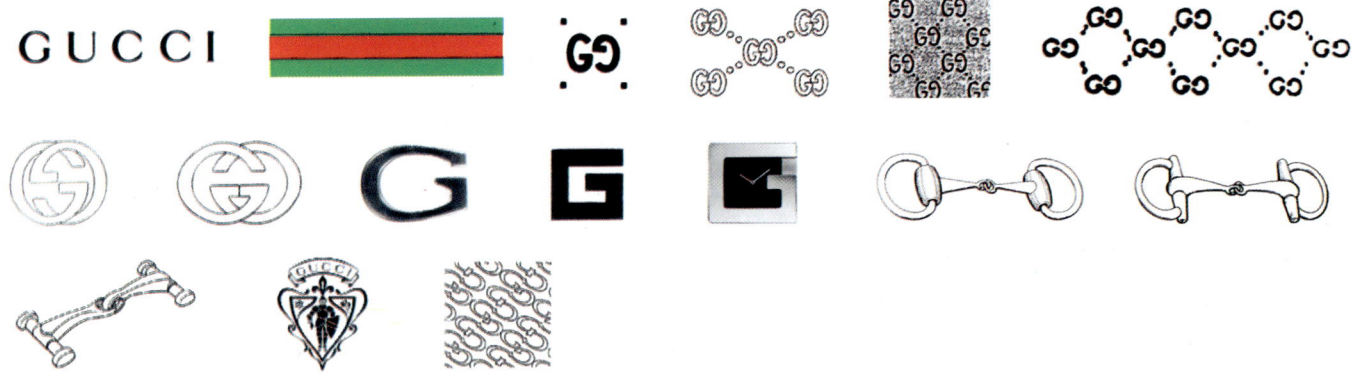

GUCCI商标使用的主要商品范围

皮革制品、皮包、皮箱、皮夹、鞋履、衣服、配饰、手表、珠宝、太阳镜、眼镜、香水等。

GUCCI的部分产品

GUCCI的维权联络

古驰（中国）贸易有限公司 （021-5228 5533转841 / 135 6070 2247）

TIFFANY & CO.

美国蒂芙尼公司及品牌简介

美国蒂芙尼公司（曾译为"蒂华妮公司"、"苔芬尼公司"等，英文名：TIFFANY AND COMPANY，Tiffany & Co.，NYSE：TIF；以下简称"蒂芙尼"或"Tiffany"）是一家美国珠宝和首饰公司。公司起源于1837年查尔斯·刘易斯·蒂芙尼（CharlesLewis Tiffany）与约翰·杨（John Young）在纽约下曼哈顿区开设的"Tiffany & Young"文具和时尚饰品店。蒂芙尼公司商号和商标"TIFFANY & CO."来源于其创始人Charles Lewis Tiffany的姓氏。历经100多年的发展，蒂芙尼已经成为一个举世闻名的品牌，尤其在珠宝设计领域。其经营范围涵盖各式各样的珠宝、钟表、银饰、陶瓷、水晶、文具、香水和皮件等奢侈品的设计、生产和零售。

Tiffany系列奢侈品植根于悠久辉煌的历史传承。1951年，查尔斯·L·蒂芙尼引进英国的925/1000纯银标准等宝石、铂金标准并被美国政府采纳为官方标准。1861年林肯总统光顾Tiffany商店为第一夫人选购了珍珠首饰在总统连任宣誓就职大典上佩戴，该传统被其他美国总统和外国元首争相效仿。多年来为众多国家的王室和元首设计不同的物品也成为TIFFANY最引以为荣的经历。1885年蒂芙尼公司受命重新设计美国国徽，该款设计至今仍可在美钞一元纸币上看到。杜鲁门卡波特于1958年创作的小说《蒂芙尼的早餐》名字中的"蒂芙尼"指的正是纽约市的蒂芙尼旗舰店。小说中的女主角霍莉·戈莱特不断称赞蒂芙尼为"世界上最美好的地方，没有任何其他地方可以取代"。1960年好莱坞著名女星奥黛丽赫本出演同名小说改编的电影《蒂芙尼的早餐》，成为美国电影的经典之作，而Tiffany首饰在片名和影片中的出现，进一步令这家世界级珠宝名店的高贵气派传遍全球。

自品牌创建以来，Tiffany一直将设计富有惊世之美的原创作品视为宗旨。作为品牌营销策略，Tiffany公司采用独特的"蒂芙尼蓝"（Tiffany Blue）作为Tiffany品牌的标志色。该款颜色被广泛运用在Tiffany的包装盒、产品目录、购物袋、宣传册、广告及其他推广资料上，并已在世界多个国家成功注册为商标。蒂芙尼蓝色礼盒（Tiffany Blue Box），正如蒂芙尼商标那样，已经成为高贵典雅及至高品质的象征。蒂芙尼蓝色礼盒也已在世界上包括中国在内的多个国家成功注册为商标。事实证明Tiffany珠宝不仅能将恋人的心声娓娓道来，其独创的银器、文具和餐桌用具更是令人心驰神往。时至今日，蒂芙尼公司已成为全球最知名的奢侈品公司之一。

目前，蒂芙尼公司已在全球设立超过100家特许经营店及200多家直营零售店，在包括中国在内的全球众多市场上为客户们提供服务。同时，蒂芙尼公司通过其官网www.tiffany.com及相关国别的网站进行强势的电子商务营销。蒂芙尼公司在中国通过官网www.tiffany.cn对中国消费者营销其产品和服务。

2001年蒂芙尼公司于北京的王府饭店大堂开设了首间中国专卖门店。2004年，另一家精品店在上海开业。至今，蒂芙尼公司在中国已拥有17家店铺，其中：

北京3家（国贸商城、半岛酒店、东方广场），上海4家（香港广场、恒隆广场、久光百货、国金中心），重庆1家（重庆时代广场（原美美百货）），沈阳卓展1家，天津1家（友谊商厦），青岛1家（海信广场），杭州1家（杭州大厦），深圳1家（万象城二期），广州1家（太古汇L215），昆明1家（金格百货时光店），成都1家（美美百货），三亚1家（三亚市内免税店）。

Tiffany品牌以其在钻石和精美首饰方面的专业工艺、高端品质及细致服务，在众多奢侈品牌中脱颖而出，获得了中国消费者的广泛认可，但同时也引起了假冒产品生产商的觊觎。Tiffany目前在中国没有生产首饰的授权工厂，也没有授权任何形式的网络营销店，因此在上述门店和官网以外的其余途径购买的Tiffany银饰有可能是假货，消费者需注意鉴别。

一直以来，蒂芙尼公司十分重视自身知识产权的保护。在中国，蒂芙尼公司自1994年以来已在众多商品上成功申请注册了多个“TIFFANY”、“TIFFANY & CO.,”及“T & CO.”，“LUCIDA”等系列商标（以下统称“TIFFANY商标组合”）。而且，蒂芙尼公司的“TIFFANY”商标已在中国、俄罗斯和世界许多其他国家的法院及其他裁判机关的判决中被认定为高知名度或驰名商标。通过对“TIFFANY商标组合”的合法注册及其相关产品和服务的大量营销和广泛宣传，蒂芙尼公司的“TIFFANY商标组合”已在包括中国在内的世界范围享有卓越声誉。同时，蒂芙尼公司积极致力于与中国各级执法和司法机关合作，通过法律行动遏制及惩戒各种形式的侵权行为。

TIFFANY 在中国海关备案的主要商标

TIFFANY

TIFFANY & CO.

T & CO.

LUCIDA

THE TIFFANY MARK

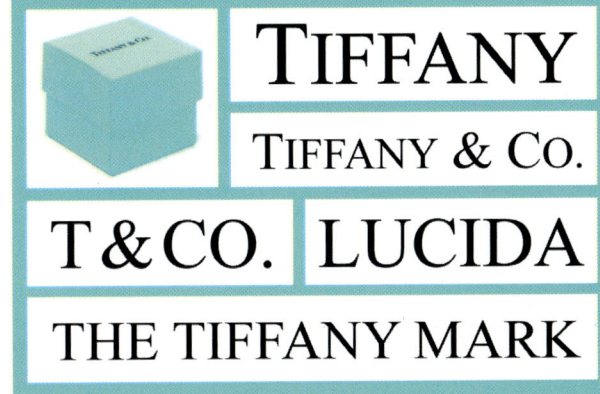

TIFFANY 商标使用的主要商品范围

珠宝首饰、袖扣、钥匙扣、眼镜、钟表、（贵重）金属制品、文具、化妆品、小皮件、手袋、钱夹、名片夹、珠宝盒、礼品盒、服装、配饰、玩具（婴儿礼品）、家居用品等。

TIFFANY 部分产品

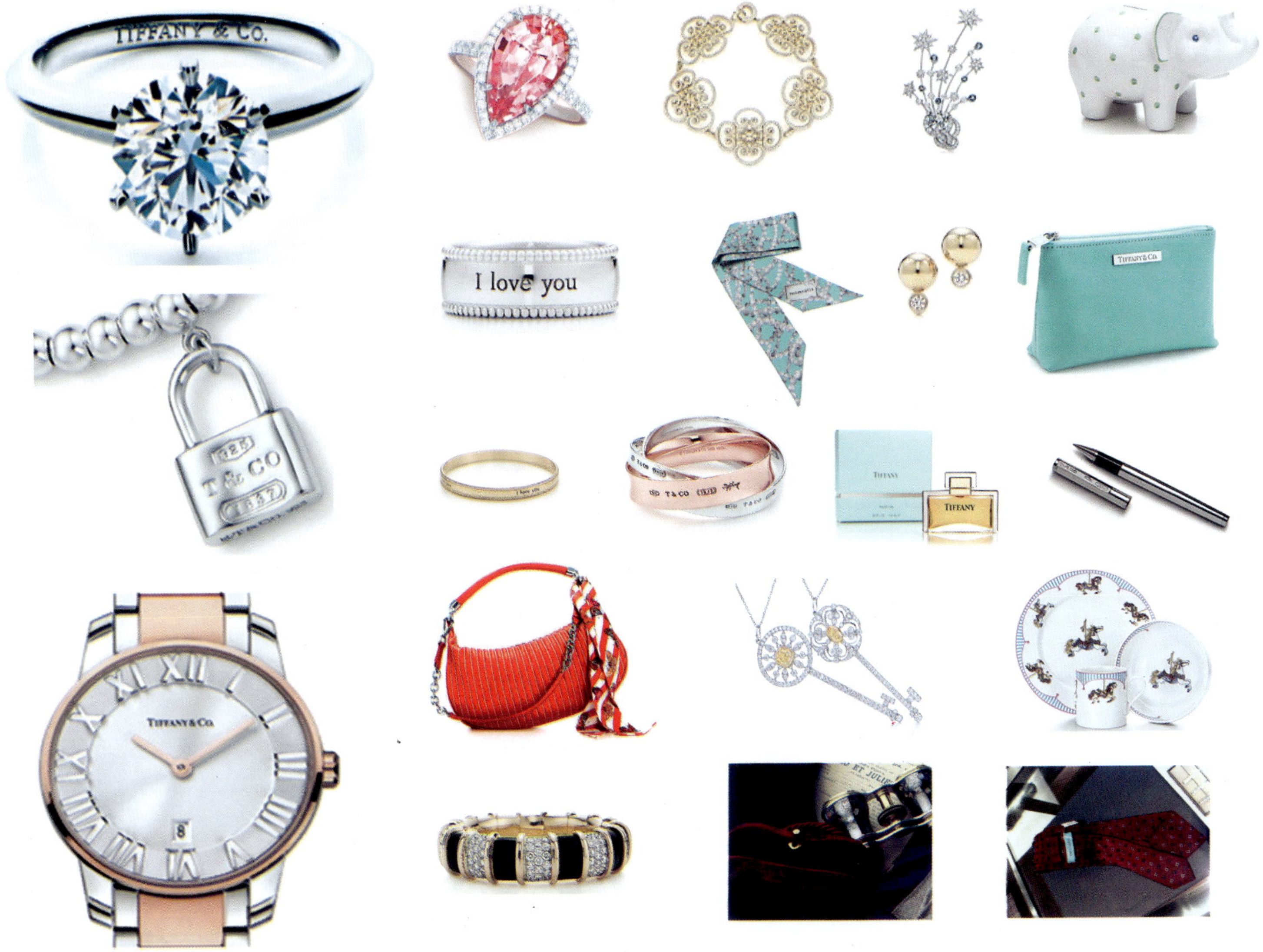

BURBERRY

博柏利有限公司

Burberry 公司诞生于1856年,总部设于伦敦,是一个全球享誉和独特品牌价值的国际化奢侈品牌,其显著的英伦特色受到多年龄层次和不同性别的消费群体的广泛追捧。目前公司的全球业务快速增长,中国的零售业务更是突飞猛进,截至目前全国的直营店已达到了65家,拥有员工超过1 200名。凭借各方面优异的表现,Burberry已进入由Inter-brand发布的"全球最佳品牌"前100名。在2011年全球增长速度最快公司排名中,Burberry名列第4。

1856年,创办人Thomas Burberry在英国开设了一间成衣店;1879年他研发出一种组织结实、防水透气的斜纹布料Gabardine(华达呢);1901年Burberry用这种布料设计的第一款风衣作为高级军服受到了军官的普遍欢迎,随后风靡了世界直至今日。

Burberry一直深受皇室爱戴,更分别于1955年及1989年两次成为"皇室御用品牌"。今天,Burberry经典的格子图案、独特的布料功能和大方优雅的剪裁已经成为了英伦气派的代名词。现在的设计团队在拥抱前人的理念之余,透过独有的设计思考为品牌注入新元素,建立时尚新形象,让传统英国的尊贵个性与生活品味继续延伸其中,获得崭新的生命,成为了一种生活品质的象征。

Burberry非常重视其知识产权的保护,中国公司成立不久便积极地在中国海关总署系统内进行了备案,通过海关各级官员的积极努力,Burberry海关知识产权边境保护取得了初步的成效,分别于北京、上海、广州、青岛、南宁、宁波、杭州、深圳、霍尔果斯等各地海关对侵权产品进行堵截,极大地维护了Burberry 公司的权利。

Burberry 在中国海关备案的主要商标

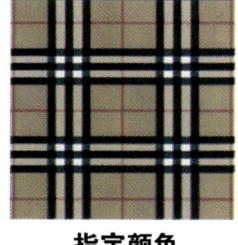

指定颜色

Burberry 商标使用的主要商品范围

服装、鞋帽、围巾、配饰、皮革制品、皮包、皮箱、皮夹、化妆品、手表、珠宝、眼镜等。

Burberry 的部分产品

Burberry 品牌保护部

电话：021-61718635　021-61718600
传真：021-61718611
地址：上海市南京西路1717号会德丰国际广场33楼　邮编: 200040

新思维·心服务

高效便捷 e点通关

企业现金管理解决方案
【银关通】浦发银行企业海关税费支付服务

  浦发银行为能更好地满足进出口企业在线支付关税及各类费种的业务需求，为广大用户提供准确、方便、快捷、安全的网上缴纳税费的服务，在2011年6月经海关总署批准对原银关通业务系统进行了全面的升级与功能优化，推出了全新的"海关税费支付系统"，为始终保持业界一流服务而不懈努力。

  同时，为协助企业提升资金管理效益，浦发银行对于资信状况良好的客户，还可以给予一定的银关通关税（费）担保额度。获得担保额度的客户，将享受浦发银行提供的"先通关，后缴税"的便捷服务，使得资金效益得到最大程度的提高。

  "四大新增功能、八大业务优势"，浦发银行将始终秉承"新思维、心服务"的理念，为广大进出口企业用户打造专业高效的通关服务，助力企业贸易发展！

- ■ 电子支付 高效通关　　■ 异地支付 实时到账　　■ 7×24小时 全天候服务　　■ 透支支付 报关融资
- ■ 在线担保 轻松便捷　　■ 额度循环 多次使用　　■ 宽限期内 免息待遇　　　　■ 多账户支付 额度共享

创造·分享 共同成长

客服热线 95528　www.spdb.com.cn

Deckers Outdoor Corporation
德克斯户外用品有限公司

德克斯户外用品有限公司（Deckers Outdoor Corporation）为世界著名户外用品企业，创建于1973年。

迄今为止，旗下共有6个品牌：UGG、Teva、Sanuk、TSUBO、Ahnu、MOZO。其中，UGG主打雪地靴，该品牌自2008年开设第一家专卖店以来迅速风靡中国，并于2011年被国家工商总局认定为中国驰名商标。TEVA自上市销售以来多次获得多项户外大奖，且始终作为运动凉鞋中的主导品牌和全世界户外运动专业人士的选择。

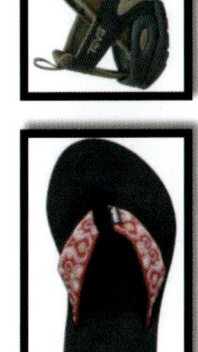

Deckers Outdoor Corporation的部分产品

Deckers在中国海关备案的主要商标及著作权如下。

UGG UGG TEVA

上述商标的主要使用范围：鞋、衣服、帽舌、短外套、T恤衫、圆领长袖运动衫和短上衣、凉鞋、箱包。

Deckers Outdoor Corporation的维权联络：
广州得克信息咨询有限公司法务部 020-3922 5690 / 3922 5791

赞华（北京）电子系统有限公司

赞华（北京）电子系统有限公司是专注于计算机网络存储系统集成、数据保护、移动应用解决方案和内容采集与管理的专业化公司。通过整合业内先进技术和产品，不断地技术创新，赞华（北京）电子系统有限公司开拓了移动应用、数据采集、内容管理、数据存储管理一体化平台和云存储与云服务等领域的产品和服务，能够为行业客户提供整体IT解决方案并承担国家级IT项目。赞华（北京）电子系统有限公司已成为行业的领军者。

公司注册资本金850万美元，建立了完善的服务体系，以全国40个重点城市为中心建设了100多个服务网点，开通了800、400免费服务热线，以技术人员为主体的公司员工达500多名。

公司拥有若干名行业咨询专家，能够针对金融、保险、政府、企业等行业领域进行整体技术解决方案的设计与咨询；拥有30多名有经验的项目经理，能够有效地组织和管理项目；拥有一支具有创新精神的开发队伍，在数据存储灾备、数据保护、移动应用、内容采集和管理领域自主研发了一系列的软硬件产品；拥有100多名厂商认证的专业工程师，能够对HDS、EMC2、NetApp、昆腾、富士通、赛门铁克等公司的产品进行专业化服务。

陶莹总裁

数据存储和灾备领域：赞华（北京）电子系统有限公司以网络存储集成业务为核心，实现专业化、规范化、规模化，不断拓展增值业务。针对金融、保险、政府、企业领域的存储技术与行业业务的应用特点，集成国外厂商的先进产品和赞华（北京）电子系统有限公司自主开发的软件产品，完成了多个国家部委和银行数据中心建设的重大项目。

当今云计算技术已经在用户的传统IT架构中广泛应用，赞华公司与联想、Asigra、Citrix等大公司建立了云计算、云备份方面的战略合作，通过整合Vmware、Citrix和Asigra的产品和技术，向用户提供虚拟主机、虚拟存储等虚拟化资源服务，并且结合用户的实际环境提供虚拟应用发布及云备份服务和数据加密服务。

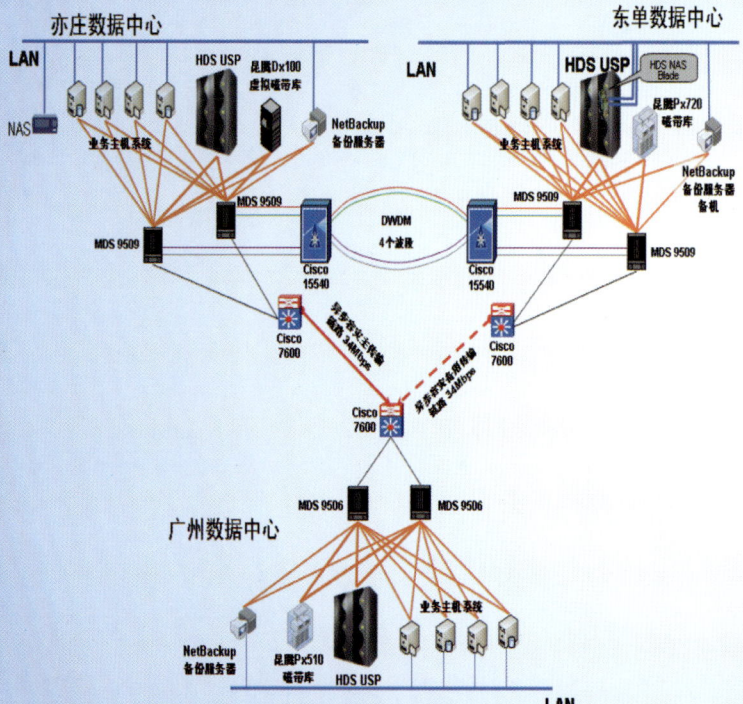

数据保护领域：赞华（北京）电子系统有限公司开发了一系列的终端安全产品和存储加密产品，提供了终端一体化解决方案和集中存储一体化解决方案。

移动应用领域：赞华（北京）电子系统有限公司开发了移动应用平台，支持多种手机、移动终端和多种操作系统。在此平台上实现了移动数据采集、手机银行和移动业务处理等行业应用。

赞华移动应用平台是一个高延展性、高可靠性、兼容多种业务系统和中间件系统、支持多种手机应用平台的移动应用平台，可以为银行业务现有和未来的移动应用构建一个通用的运行环境。通过银行核心业务系统提供的Web Services接口，这个平台在银行应用和多种不同移动终端和访问方式之间架起一座桥梁，使得未来移动应用的开发和部署容易、可靠。

内容采集和管理领域：赞华（北京）电子系统有限公司自主开发了内容采集开发包，基于工作流的内容采集系统"DocCap"和内容管理系统"UContent"等软件系统。应用这些产品，赞华（北京）电子系统有限公司在政府、保险、电信、金融、证券、企业等行业完成了多项内容采集与管理的项目。

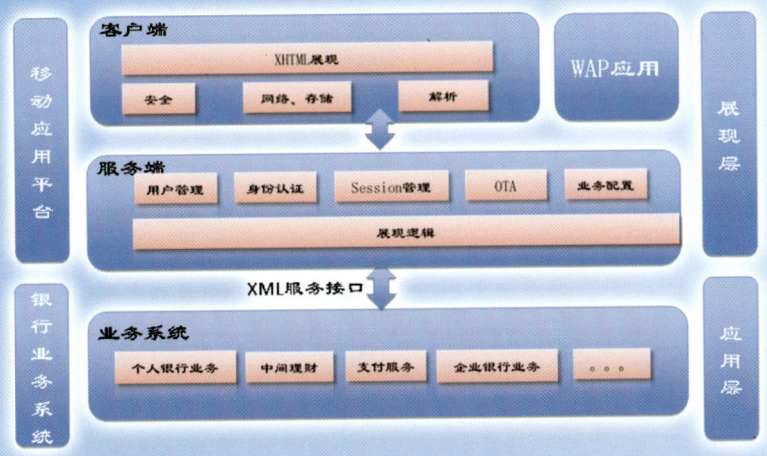

赞华（北京）电子系统有限公司为满足用户不断提出的解决关键业务的新需求，精心研发，技术创新，把代理的软硬件产品与自主开发的软硬件产品有机地结合在一起，为客户提供了包括内容采集、处理、存储、归档、备份、移动应用，以及存储加密和终端安全等功能的集成解决方案。

近10年来，公司已顺利完成了"海关总署H2000工程"、"全国海关网络安全扩容改造工程"、"金税二期"、"国家统计局第六次全国人口普查项目"、"国家统计局第二次全国农业普查数据采集与处理系统"、"国家发改委空间库项目"、"商务部数据库存储系统"、"商务部外经贸专用网备份存储平台"、"国土资源部国家级数据中心建设项目"、"国家财政部数据中心建设项目"、"国家知识产权局专利局信息存储整合"、"国家图书馆存储系统建设项目"、"中国航空结算存储系统"、"中国人民银行存储系统"、"中国建设银行后督系统"、"中国建设银行信用卡系统"、"中国工商银行数据中心建设项目(北京和上海)"、"中国交通银行数据大集中存储管理系统"、"中国光大银行网络存储及管理系统"、"中国人寿数据运营中心建设项目"、"光大手机银行"、"移动业务处理"等一批国家级大型数据采集和存储集成项目及企业移动应用项目。

在开拓中国大陆市场的同时，又将存储业务拓展到了香港地区，为汇丰、花旗、JP摩根、摩根士丹利、美林证券、高盛、里昂证券、瑞士华宝等金融客户完成了数据存储及灾备系统的建设。

赞华（北京）电子系统有限公司已获得若干资质证书和荣誉，如："计算机信息系统集成一级资质"、"ISO9001质量管理体系"证书、"CMMI L3"、"国家信息安全服务资质"、"AAA级企业信用等级"证书、"优秀服务商荣誉证书"、"2008年度至2011年度十大金融科技杰出企业荣誉"证书、"中国电子信息商务应用创新成长二十强"、"2010年度中国金服务奖"、"2009、2010中国科技创新型企业100强"、"中华人民共和国建国60周年功勋单位"称号、"成就十年·中国软件和信息服务领军企业"称号，并已被吸纳成为众多重要IT行业协会的成员，如"中国信息协会常务理事单位"、"中国信息协会信息技术服务专业委员会副会长会员单位"、"中国计算机用户协会常务理事单位"、"中国国际商会常务理事单位"等。

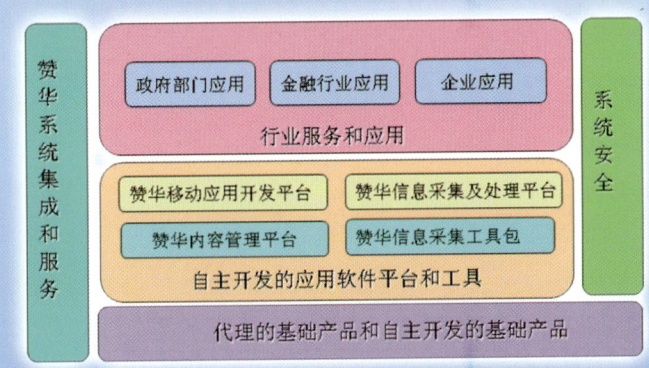

近20年来，赞华（北京）电子系统有限公司参与了海关系统多个重大信息化项目的建设。其中包括：
◆ 全国海关的网络建设
◆ 海关H2000/H2010工程项目(南北中心)
◆ 全国海关网络改造项目
◆ 海关风险分析平台项目
◆ 全国海关存储系统建设项目
◆ 自2000年至今的全部海关两中心存储的升级与扩容工作

赞华（北京）电子系统有限公司将继续努力探索，技术创新，优化服务，为海关系统的信息化建设贡献自己的力量。

迈科金属国际集团成立于1993年，是一家从事大宗商品贸易的综合性企业集团，已成为中国最大的有色金属及矿产品供应商之一。集团总部位于中国西安，在北京、上海、广州、深圳、成都、大连、郑州、宁夏、香港等地设有20多家分支机构，直接雇员超过500名。

迈科金属国际集团注册资金为13.67亿元人民币，总投资额33亿元人民币。截至2011年，集团年销售收入约560亿元人民币，总资产达206亿元人民币。

作为中国三大有色金属贸易集团之一，迈科集团年运营有色金属及矿产品150万吨，其中电解铜的贸易量为全国第一，且65%的客户为最终用户；销量常年占据国内精铜销售量的10%以上，占进口市场份额20%左右。迈科金属集团不仅是连接有色金属生产商和消费商之间的桥梁，而且利用自身优势为客户提供风险管理解决方案，把市场价格波动对企业经营的影响降到最低程度。集团所有商业行为、市场风险、控制模式得到了市场及同行业的认可。

集团投资领域涉及有色金属贸易、金属资源投资、矿产品的加工生产、期货经纪、物流、货运代理等行业。经过 19 年的发展，迈科集团在现货贸易、期货经纪、产业投资、资产管理、矿产资源投资等方面取得了长足发展并初具规模。下一个10年，集团倡导"以矿产资源为依托，以商品贸易为补充，以市场建设为辅助"的战略发展方针，争取成为中国市场最大、最具影响力的商品运营机构。

集团总部

联系地址：西安市高新区唐延路中段33号
迈科国际大厦23层
邮编：710075
总机：029-88830500
传真：029-88830565
网址：http://www.maikemetals.com

CORPORATE VISION 公司愿景

现货贸易

迈科金属集团的现货贸易涉及铜、铝、铅、锌、镍和锡等有色金属及相关矿产品。在"期现结合"理念的指导下，集团通过进出口和转口、内贸采购和销售、进出口代理、委托加工等多种贸易形式，形成了覆盖全国，延伸至台湾地区和越南等东南亚国家的市场营销网络。

在供应方面，集团已构建成以世界主要有色金属生产商、贸易商为主的国际资源供应网络，先后与加拿大、美国、巴西、智利、韩国等23个国家和地区建立良好的合作关系，同时在国内搭建以主要有色金属生产企业和大型贸易商为主的境内资源供应网络。

在销售方面，集团已与国内的主要有色金属消费企业建立了长期稳定的业务关系。凭借庞大的客户基础，迈科集团跟国内主要的铜消费商和国外的主要供应商建立了长期友好的合作关系，集团已成为中国最大的电解铜贸易商，2011年电解铜总贸易量达90余万吨。另外锌锭贸易量达20余万吨，铝锭贸易量达30余万吨。

期货经纪

迈科期货经纪有限公司是迈科金属集团最为优良的资产之一，成立于1993年，注册资本1.2亿人民币，是上海期货交易所、大连商品交易所、郑州商品交易所和中国金融期货交易所的会员，主要从事商品期货和金融期货的经纪业务。

依靠迈科金属集团的强大有色金属贸易网络，迈科期货已经成为上海期货交易所主要的交易商之一，同时也是西北地区最具实力的期货经纪公司之一，其中铜的交易量和持仓量常年位列中国期货交易前茅。迈科期货已在多个城市设有营业部，形成了覆盖全国的经营网络，目前管理着20亿元人民币的客户期货保证金。

资产管理

集团资产管理业务的核心是发展期货基金。集团充分利用其强大的现货贸易背景及对基本金属市场的深刻了解，于2008年与Red Kite合作在香港成立了HFZ资产管理有限公司，管理总部设在香港，目前管理资产接近3亿美元，是一家常年收益稳定的对冲基金。

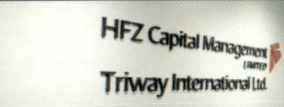

产业投资

迈科金属集团产业投资的主要方向是有色金属产业链上游的冶炼和加工。集团通过投资的方式，实现产品经销代理权及原料供应权；通过介入上游产业，完善有色金属整体产业链，实现稳定收益，持续增强集团有色金属贸易的核心竞争力。集团于2001年投资成立了上海鑫冶铜业有限公司，主要从事电解铜及黄金白银等贵金属的加工生产；2007年迈科与中电投合作投资青铜峡铝业股份有限公司，迈科占该公司12.59%股权，公司电解铝年产量达115万吨。

矿产资源投资

迈科金属集团矿产资源投资的主要目标是和业内龙头企业或知名大型企业在有色金属、稀有金属矿产资源项目上进行合作，在全球范围内选择已建好或在建矿产资源进行投资，从源头上打造有色金属整体产业链，为集团有色金属贸易提供强大的资源保证。集团已与中国五矿集团、厦门钨业有限公司展开合作，先后投资云南陇川稀土矿项目和全球最大的江西钨矿项目，总投资高达6亿人民币。

市场物流建设

迈科金属集团以建造大宗商品交易市场、构建大宗商品物流体系为主要发展目标，发起并联合业内龙头企业及金融机构等共同投资兴建中西部商品交易中心、上海迈科洋山陆港分拨中心和迈科商业中心，总投资近60亿元人民币。通过建立一个市场化的企业机制，构建交易量更大、更加公平的大宗商品交易市场，提高配送运输能力，迈科将实现新的利润支撑点和利润增长点。

迈科金属集团坚持"以矿产资源为依托、以商品贸易为补充、以市场建设为辅助"的发展战略方针，努力实现多个业务板块的持续增长，矢志成为世界级公司。通过各大业务板块之间的资源互补，在保持现有金属贸易稳定发展的前提下，积极拓展新的领域，实现企业多元化经营，以成为中国市场上最大的商品运营机构为目标，逐步完成集团战略转型的新布局。

迈科集团将继续坚持"发现价值、创造价值、分享价值"的经营理念，秉承"持续增值、和谐共赢"的发展理念，努力实现生产商和消费商等合作伙伴的利益最大化。集团将在内部管理、人才培养和资本运作等方面进行全面提升，不断夯实稳健发展的基础，昂首阔步迈向新的里程，缔造新的商海传奇。

TO DISCOVER VALUES
TO CREATE VALUES
TO SHARE VALUES

StanleyBlack&Decker

史丹利百得公司

史丹利，伴随着美国一同成长为全球著名的老品牌，其故事凝聚了几代人的成就与探索。史丹利是一个传奇的企业，经历美国南北战争、两次世界大战而屹立不倒，是一个美国式梦想由起始到实现的榜样。作为一个卓越的企业，它以上市后连年的盈利与分红成为华尔街的宠儿。2010年史丹利公司与另一美国百年公司百得公司合并组建"史丹利百得公司"，强强联合。它的品牌与产品已成为世界上许多人生活的一部分，是一部如何炼就基业长青企业的教材，至今还是一直站在创新与增长前列。

史丹利百得人不断追求卓越的精神，使旗下各品牌一直保有其160余年为世人所信赖的美誉。现在及将来，史丹利百得人更肩负着史丹利百得在中国进行品牌建设和推广的重任。时间见证了过去的精彩，也将见证未来的精彩！

史丹利百得公司及其关联公司在海关总署备案的商标：

BLACK&DECKER

（电动工具及其零部件、手动工具及其零部件）

STANLEY

（电动工具及其零部件、手动工具及其零部件、家居移门产品及其五金件）

DEWALT

（电动工具及其零部件、手动工具及其零部件）

STANLEY BOSTITCH

（气动工具及其零部件）

GMT

（地弹簧、门夹、门锁、闭门器等五金件）

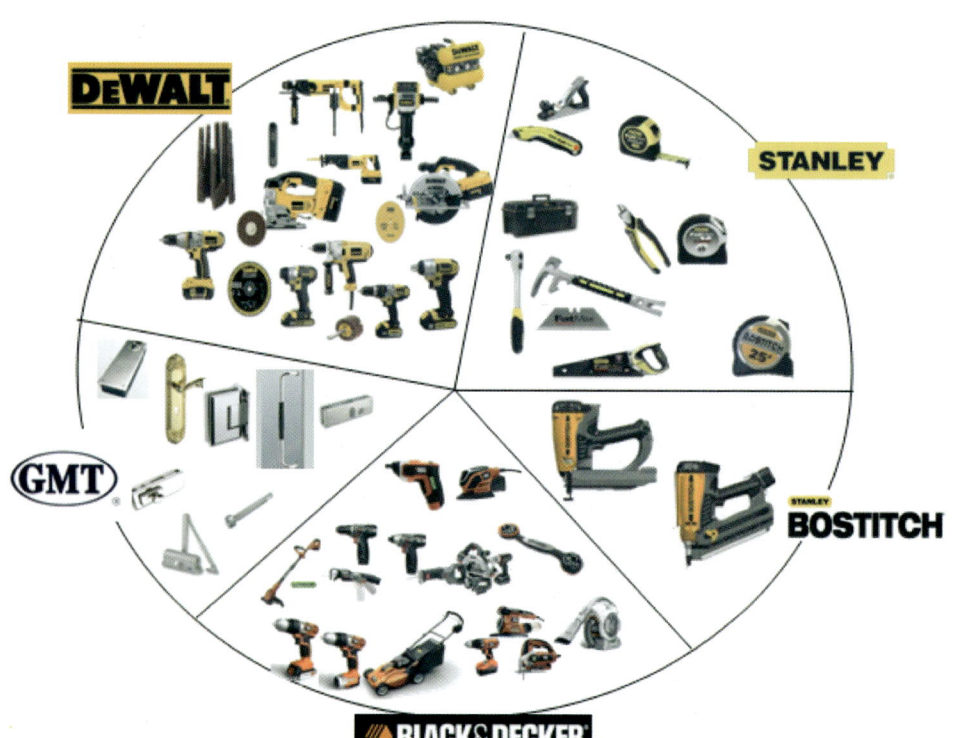

品牌保护联系人：
史丹利（上海）管理有限公司
法律部

电话：+86 21 6236 7520
传真：+86 21 6236 7601
邮件：grace.wang3@sbdinc.com

INTER IKEA SYSTEMS B.V.
英特艾基系统有限公司

宜家

  荷兰之英特艾基系统有限公司 (INTER IKEA SYSTEMS B.V.)（以下称宜家公司）拥有独一无二的销售家具及家居用品概念，在此概念下所有货品都以"IKEA"商标销售。宜家公司同时拥有一个独特的用于其宜家商场内餐厅的"宜家食品概念"。IKEA 概念始于 20 世纪 40 年代初期，当时宜家公司的创办人 Ingvar Kamprad 于瑞典一个小镇成立 IKEA 家具公司。IKEA 之名取自宜家公司创办人的姓名 Ingvar Kamprad 及其成长时居住的农场 Elmtaryd 和村庄 Agunnaryd 的缩写。宜家公司的商业模式以特许经营权制度运营，只有已跟宜家公司签署合约的授权特许经营商可以使用 IKEA 概念，包括"IKEA"商标。

  在华语地区，宜家公司精心为 IKEA 选取了对应的中文商标——"宜家"。宜家公司拥有 IKEA、宜家、[IKEA] 及 [IKEA] 商标，这些商标在许多国家包括中国注册于不同的货品和服务上。目前，共有 300 多家 IKEA（宜家）商场分布于世界超过 35 个国家和地区，以 IKEA、宜家、[IKEA] 及／或 [IKEA] 之商标出售广泛系列之家具及家居用品，并提供广泛的服务。在中国，首间 IKEA（宜家）商场开设于 1998 年。现时，中国内地共有 10 家 IKEA（宜家）商场，分别位于北京、上海（北蔡及徐汇）、广州、成都、深圳、南京、大连、沈阳及天津。这些商场的地址可在宜家公司的网站 www.ikea.com/cn 上找到。在中国，宜家公司并不授权在特许 IKEA（宜家）商场以外的任何地方售卖附有 IKEA、宜家、[IKEA] 及／或 [IKEA] 商标之商品。所有 IKEA（宜家）商场都采用独特的蓝色和黄色为其装饰设计标志，IKEA（宜家）商场亦拥有多项显著的特色，例如在其店内的规划及店内陈列商品的方式。

  宜家公司十分重视保护其知识产权。在中国，宜家公司曾向行政部门作出投诉、在人民法院提出诉讼，对与 IKEA、宜家、[IKEA] 及／或 [IKEA] 商标相同或相近的商标申请提出异议或申请撤销该种商标注册、对含"IKEA"或"宜家"的域名作出投诉等。近年来，中国各地海关不懈地为宜家公司在边境监察假冒货品，并及时通知宜家公司，以令宜家公司可即时申请措施阻止假冒货品出境。

联系方式

Legal.Affairs@inter-IKEA.com

主要备案商标

CHANEL

N°5

COCO

CHANEL

香奈儿股份有限公司 简介

"我要成为未来的一部分。"香奈儿女士曾如是说。这种雄心壮志与远见卓识的结合，造就了 CHANEL 这个独一无二的品牌。从 20 世纪初创立伊始，香奈儿品牌超越了当代的设计语言，在时尚、香水与美容产品、腕表与高级珠宝各个层面，不断发展传承，直至今日。

最初，香奈儿以一家小小的女帽店起家，然后迅速地建立起自己的时尚事业。她所提倡的是一种前所未有的"生活方式"，既赋予女性行动的自由，又不失温柔优雅。在她的设计下，时尚进化为现代、年轻、简洁、实用与理性。斜纹软呢外套、2.55 包、山茶花、双色鞋，等等，香奈儿写下一个又一个传奇。

香奈儿的创作跨越了传统概念的"时尚"。她曾说："我要一款设计过的香水。"在这个概念的引领下，嘉柏丽尔·香奈儿与俄罗斯宫廷调香师恩尼斯·鲍合作推出了第一款抽象香调的香水，集合了 80 多种香氛——这，就是传奇的 N°5 香水。香奈儿女士更以她自由、自主的生活方式，为独立的现代女性设计了实用有效的美容护肤品。

香奈儿以丰富的创意不断拓展全新领域。1932 年"**Bijoux de Diamants**"钻石珠宝的设计，为未来的香奈儿腕表和高级珠宝开启无限灵感泉源。2000 年，香奈儿腕表将高科技精密陶瓷与香奈儿永恒优雅的气质巧妙地融为一体，推出了第一款黑色的 J12，接着又在 2003 年发布了 J12 白色腕表。自此，J12 腕表成为引领新世代制表的现代经典。

今天，香奈儿以强大的管理及创作团队为后盾，已形成 3 个独立却相辅相成的业务领域：时装及配饰、香水与美容护肤品、腕表及高级珠宝。传承了嘉柏丽尔·香奈儿优雅的现代精神，在各个领域不断续写新的美丽篇章。

旗下主要产品

服装、手袋、各式小皮具、配饰、鞋帽、围巾、太阳眼镜、光学眼镜、香水、彩妆及护肤品、腕表、高级珠宝。

浙江导司律师事务所 地址：中国浙江省宁波市和义路 168 号万豪中心 12 楼
联系人：孔勤律师 电话：0574-87305858 传真：0574-87311996

鳄鱼恤有限公司

　　鳄鱼恤品牌始于1952年,以其精湛的工艺、流行的款式、体恤的服务,赢得了香港人的信赖,成为近半个世纪香港服装界的骄傲。

　　鳄鱼恤有限公司凭着雄厚稳健的实力根基和独到的战略眼光,早在20世纪80年代就开始进入内地市场,满足大众对名牌服装的需求。从1988年投资2 000万元在中国广东中山建立具有国际现代化水准的第一家制衣厂和在广州开设第一家专卖店起,到如今已拥有覆盖中国内地90多个大中城市的营销服务网路体系,特许专卖店及专柜已逾千家。

　　为了维护我公司及品牌形象,我公司特发表声明如下:

　　一、我司早在1986年已在内地成功注册了"CROCODILE"和"鳄鱼恤"商标,这些商标沿用至今,同时更是于中国内地市场第一个使用鳄鱼商标建立销售渠道并取得成功的服饰企业,获得了良好的声誉。所以,直至今日,鳄鱼恤公司是"CROCODILE"和"鳄鱼恤"商标在内地的唯一合法拥有者。任何未经我司许可而使用此类商标或近似商标,不论其用于国内销售抑或出口,皆构成侵犯我司注册商标专用权。

　　二、除以上商标外,我公司亦有大量商标依据国家工商行政局办事流程并陆续公告及正式注册中。同时,我公司相关权利人还对鳄鱼图形  拥有著作权。

　　三、鳄鱼恤品牌诞生至今已近60年,我司在内地从事服装生产或经营活动也有近30年历史。截至2010年年底,鳄鱼恤公司捐献内地慈善事业已逾8亿元人民币,由中央到地方政府均肯定鳄鱼恤之爱国企业地位。我司销售额连续多年名列服装行业前茅,鳄鱼恤品牌广受消费欢迎,是质量的象征。而在香港,鳄鱼恤品牌更被评为是香港著名品牌。声誉的建立绝非一朝一夕之功,我们视声誉如生命。我们将采取法律手段维护自身合法权益,配合工商执法机关打击各种不正当竞争行为,并追究其民事责任或刑事责任。

鳄鱼恤公司正在使用的商标图样

| CROCODILE | 鳄鱼恤 |  | EYU 鳄鱼 |

鳄鱼恤公司曾经使用的商标图样

鳄鱼恤旗舰店

鳄鱼恤旗舰店

地址:广州市天河路621-625号天娱广场东塔8楼　电话:020-87575700　网址:www.crocodile.com.hk

百事公司

百事公司是全球食品和饮料行业的领导者，2011 年净收入逾 650 亿美元，旗下品牌系列中有 22 个品牌的年零售额都在 10 亿美元以上。我们的主要业务包括桂格麦片食品、纯果乐果汁、佳得乐运动饮料、菲多利休闲食品和百事可乐饮料，以及其他数百种美味健康、全球消费者喜爱的食品及饮料产品。

百事全体员工承诺将共同努力维护广大公众和地球家园的健康未来，从而实现可持续增长，我们相信这也会为公司创造更成功的未来。我们将其定义为"百事公司的承诺"：即百事公司将努力提供多种多样符合本地口味的食品和饮料产品，探寻节约能源、水和包装材料的创新途径，降低对环境的负面影响，为广大员工创造理想的工作环境，尊重和支持所在社区，并为社区的发展贡献我们的力量。

由于在可持续发展方面做出的不懈努力，百事公司于 2010 年第四次被列入道琼斯可持续发展世界指数（DJSI World），第五次被列入道琼斯可持续发展北美指数（DJSI North America）。2011 年，百事公司在道琼斯可持续发展指数食品和饮料大板块内名列首位，这是百事公司连续第三年被评为饮料行业的领军企业。

2011 年，百事公司在由《财富》杂志评选出的"世界最受赞赏的公司榜"上排名第 26，在"最受赞赏的消费食品产品榜"上排名第二，并在 2011 年财富 500 强排行榜中排名第 137 位。同时，我们还在瑞士公司 Covalence 的"最具商业道德企业榜"上名列前茅，在 18 个行业的 581 个公司中以优异的商业道德名誉排名第三，位列食品和饮料类别第一。2012 年，百事公司被《福布斯》杂志评为 2012 年度美国 10 大最佳声誉公司之一，并且再次荣登美国《企业责任》杂志公布的年度"最佳企业公民"前列，该榜单被认为是美国三个最重要的商业排名年度评选之一。

百事大中华区

百事公司的产品进入中国已经长达 31 年，是首批进入中国的美国商业合作伙伴之一。在过去的 30 多年间，百事公司在中国建立了成功的食品及饮料业务，同时还积极投资于中国的发展进程。百事产品深受亿万中国消费者的喜爱。

百事公司在大中华区经营的主要品牌包括：百事可乐、百事轻怡、百事极度、纯果乐·果缤纷、纯果乐·鲜果粒、纯果乐·百分百、美年达、七喜、激浪、佳得乐、草本乐、冰纯水、都乐果汁、乐事薯片、优米脆、优麦脆、桂格麦片和奇多等。

百事大中华区饮料系统

1981 年，百事公司在深圳设立了第一家灌装厂。2012 年 3 月 31 日，百事公司与康师傅控股完成战略联盟，康师傅控股所属康师傅饮品成为百事公司在华特许经营装瓶商，与我们现有的本地合作伙伴合作，专门生产、销售和分销百事的碳酸饮料和佳得乐品牌产品。此外，百事公司和康师傅将把旗下各自的果汁饮料产品使用百事授权的纯果乐品牌进行联合品牌经营。百事将继续拥有品牌和负责这些产品的市场推广活动。此战略联盟创造了中国最大的拥有 70 多家灌装厂的饮料生产网络，销售渠道遍及全国。

2009 年，百事重庆灌装厂成为了百事在美国境外第一家获得 LEED 标准认证的"绿色工厂"，其办公区域已获得 LEED（能源与环境设计先锋奖）金奖认证，厂房获得 LEED 银奖认证。百事重庆灌装厂通过 35 个节水、节能设计及环保跟踪及实时控制点等国际先进技术应用，较老厂每年能够实现节水 18%、节能 22%，减少约 3 100 吨碳排放，并节水 8 200 万升。同时重庆工厂还建立一个环境可持续教育中心，提供节水、节能教育，普及环保知识。

此外，百事南昌新厂房还于 2010 年 8 月获得了 LEED 金奖认证，成为中国第一家被授予此项认证等级的饮料工厂。该新厂较其老厂可实现节水 33%、节能 51%。

2011 年 10 月，百事昆明新厂厂房喜获 LEED 金奖认证。该新厂比一般饮料企业节水 20%、节能 30%。

百事大中华区食品系统

1993 年，百事公司食品业务随乐事薯片的引进而进入中国。如今，百事公司在华的食品业务已经发展壮大到 5 家食品生产厂和 8 个农场。百事公司业已成为中国最大的"种子到货架"农业公司之一，在中国农业开发领域的投资已经超过了 2 亿元人民币。目前百事中国农场的马铃薯平均产量为每公顷 45 吨，位居世界先列。在过去 12 年中，有 1 万多农民从百事在中国的农业项目中获益。

2011 年 9 月，百事大中华区与中国农业部签署合作谅解备忘录，以推动中国可持续发展农业项目，加快中国"新农村"建设。作为合作谅解备忘录的一部分，百事公司和中国农业部将共同建设并运营采用先进灌溉、耕作和作物管理技术的示范农场。双方将共同努力，在中国农业系统推广最佳实践经验，帮助中国的农业种植者提高产量，增加收入，提高生活水平。

● **百事大中华区近三年获得的主要荣誉**

近几年，百事大中华区获得了许多环保、人才、业务、企业社会责任等方面的荣誉。

★ 到 2010 年，百事大中华区已经连续四年获得由荷兰专业出版及排名机构 CRF 和第一财经媒体集团共同评选的上海地区"中国最佳雇主"称号。

★ 2010 年 1 月，百事大中华区还被中国环境报理事会授予"2009 年度环保突出贡献奖"，这也是百事大中华区继 2008 年荣获"环保积极参与奖"之后，连续第二年获得中国环境报理事会年度绿色企业奖项。

★ 2010 年 1 月，在第 2 届"与中国共成长 2009 跨国公司高层论坛"及"2009 跨国公司中国贡献榜"100 强榜单揭晓仪式上，荣获"2009 跨国公司中国贡献特别大奖"，成为最终上榜"2009 跨国公司中国贡献榜"100 强榜前 20 强企业之一。

★ 2010 年 6 月，百事大中华区在由中国广告主协会、中国新闻文化促进会和知名新闻与传播院校联合举办的"第二届中国品牌与传播大会"上荣获大会授予的"2009~2010 绿色（低碳）品牌大奖"。

★ 2010 年 6 月，百事大中华区在"2010 食品安全高层论坛"上获得由新华网授予的"全国食品质量消费者放心品牌"荣誉称号。

★ 2010 年 6 月，百事大中华区获得由商务部下属单位中国外商投资企业协会、中华慈善总会、中国民（私）营经济研究会、《中国企业报》社共同颁发的"2010 社会责任特别大奖"。

★ 2010 年 8 月，百事大中华区获得由人民网授予的"2010 低碳中国十大创新技术产品奖"。

★ 2010 年 12 月，百事公司被中国妇女发展基金会授予"中国妇女慈善奖"。

★ 2011年1月百事大中华区在由中国企业国际发展协会、慈善中国、《财经国家周刊》《商界评论》、《慈善家》杂志、163.com、jrj.com、北京电视台共同举办的"2010 CSR（中国）领袖总评榜"活动上获得"最佳践行企业奖"。

★ 2011 年 3 月，百事大中华区荣获由《商业价值》杂志社联合世界自然基金会、大自然保护协会、气候组织、中国企业社会责任同盟、壹基金评选出的"2011 中国企业 CSR 竞争力奖"。

★ 2011 年 5 月，百事大中华区获得由中国妇女发展基金会、中民慈善捐助信息中心、公益时报社联合颁发的"十大关爱女性企业（机构）奖"。

★ 2011 年 5 月，百事大中华区被中国环境报理事会授予"2010 年度绿色企业管理奖"。

★ 2011 年 11 月，在中国饮料工业协会年会上，百事大中华区饮料系统的 16 家灌装厂荣获了"2011 中国饮料行业节水优秀企业"称号。其中，超过半数的灌装厂是连续五年获得此项殊荣。

● **欲进一步了解百事大中华区**

请登录网站：www.pepsico.com.cn

罗克韦尔自动化（中国）有限公司

公司概况

罗克韦尔自动化有限公司（NYSE：ROK）是全球最大的致力于工业自动化与信息化的公司之一，致力于帮助客户提高生产力及世界可持续发展。罗克韦尔自动化总部位于美国威斯康星州密尔沃基市，在80多个国家设有分支机构，现有雇员约19 000人。

在中国，罗克韦尔自动化拥有超过1 800多名雇员，29个销售机构（包括香港、台湾地区），拥有在深圳、上海和北京的OEM应用开发中心，香港、上海及台湾物流中心，上海维修中心，3个生产基地，大连软件开发中心，上海研究中心，与中国20个省市的49所大学建立自动化实验室及大学合作奖学金项目，每年培训超过6 000名学生。

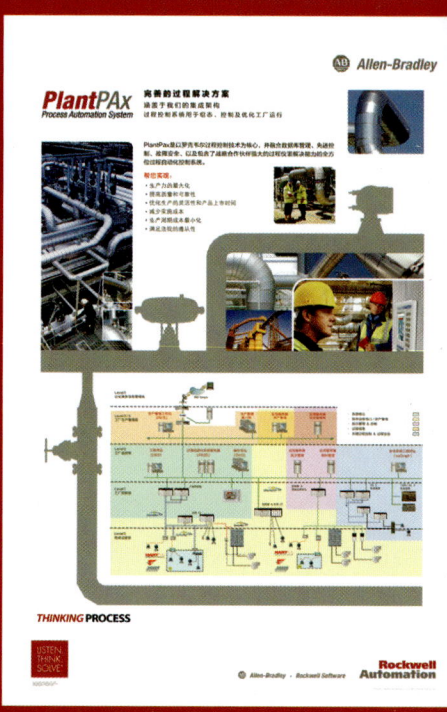

公司与国内16家授权分销商、70家认可的系统集成商、3家全球战略合作伙伴、30多家亚太第三方合作伙伴、5家以上中国战略合作伙伴开展了积极的合作，共同为制造业企业提供广泛的世界一流产品、解决方案与服务支持。

西安恒生工业自动化有限公司是美国罗克韦尔自动化集团旗下的一家全资子公司，致力于为电力行业提供完善的自动化控制和信息解决方案，其业务范围已辐射亚太地区，并且已经为客户提供了自动化控制系统和信息系统共300余套，其在国内主力电厂辅机控制系统的市场份额位于行业前列。

帮助您提高工厂竞争优势

凭借100多年积累的宝贵经验，罗克韦尔自动化能够帮助您的企业实现成功。我们以最佳工程实践为基础，加上我们丰富的行业经验和专业技术及应用实例，可以帮助您的企业部署各种自动化及信息技术，以提高整个工厂的水平。

无论是单独应用还是企业级工程项目，罗克韦尔自动化都能够为您提供所需的解决方案来最大程度提高工厂生产效率。

www.rockwellautomation.com.cn

从成功经验中获益匪浅

您一旦选择了罗克韦尔自动化，便拥有了一支优秀的专家队伍，他们在全球诸多行业的生产创新方面具有丰富的经验。例如：

- **消费品行业**

  在消费品的行业中，例如生命科学、食品饮料和汽车行业，我们的解决方案能够帮助客户进行需求变化管理、快速系统重新配置，以及遵从相关法规要求的需求。

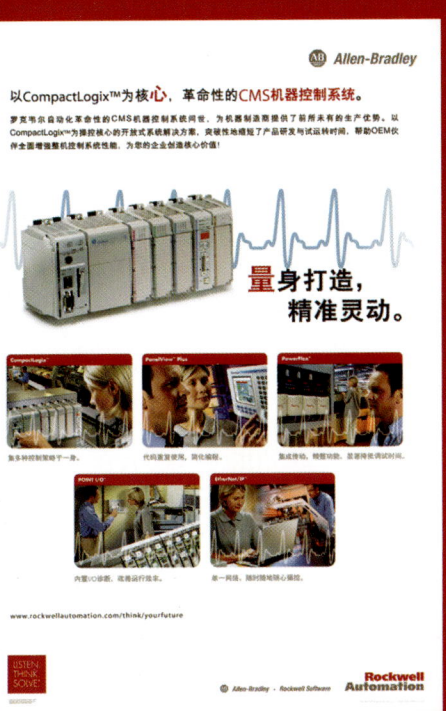
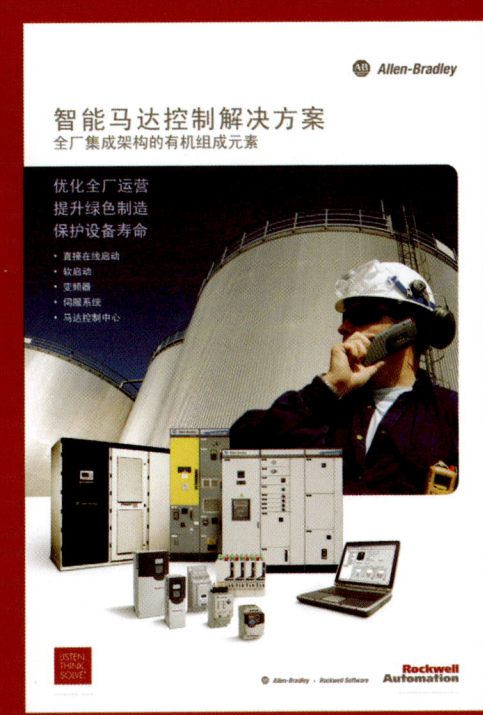

- **重工业，资源导向行业**

  重工业，资源导向行业，例如采矿、石油天然气和冶金行业，我们的电力和能源管理解决方案及先进的状态监测技术能够帮助客户提高效率并确保重要设备正常运行。

- **机械设备制造企业**

  机械制造商需要我们的专业技术以便更加轻松地对他们的设备进行设计、制造、集成及维护。

我们的团队时刻准备着为您特定的需求运用我们雄厚的专业知识。凭借着我们的经验，我们会与您一同发现问题，更好地理解您的问题、需求和目标。而后，我们会运用我们业已验证的项目实施方法来实现您公司或团队的既定目标。

 Allen-Bradley · Rockwell Software

Rockwell Automation

罗克韦尔自动化（中国）有限公司

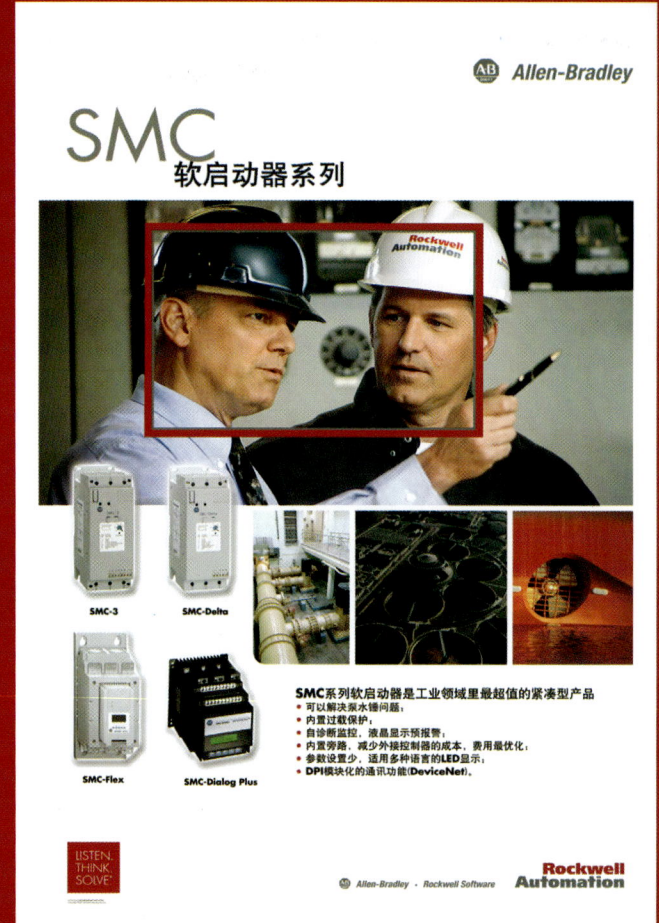

共同协作，提供解决方案

您十分清楚，仅仅购买产品还远远不够。只有合作才能获得最佳的结果。通过与罗克韦尔自动化合作，您能够充分利用这家大型技术和系统工程公司的丰富资源——提供全面的自动化产品、应用解决方案和支持服务。

优化您的操作

无论是自动化、电力、控制或信息解决方案还是相应的服务和支持，我们都能够根据您的具体情况在制造环节的每个阶段来改善您的流程。

- 集成架构通过将Logix控制平台的强大功能和 FactoryTalk®集成化生产与绩效套件相结合,在您的整个企业中将控制和信息系统无缝连接。
- "智能电机控制器"通过将先进的电机控制和保护设备与集成架构相结合，能够充分发挥电机的性能，同时又保护您的现有投资。
- "核心元器件"通过提供出色的传感器、开关、安全设备、连接器件、操作员界面和电源模块，为您的应用项目创造超乎寻常的价值。
- "服务与支持"通过预测、预防和响应式维护方式，帮助您尽快收回投资。
- 我们的全球专家团队为您的本地服务需求随时待命。

罗克韦尔自动化(中国)有限公司

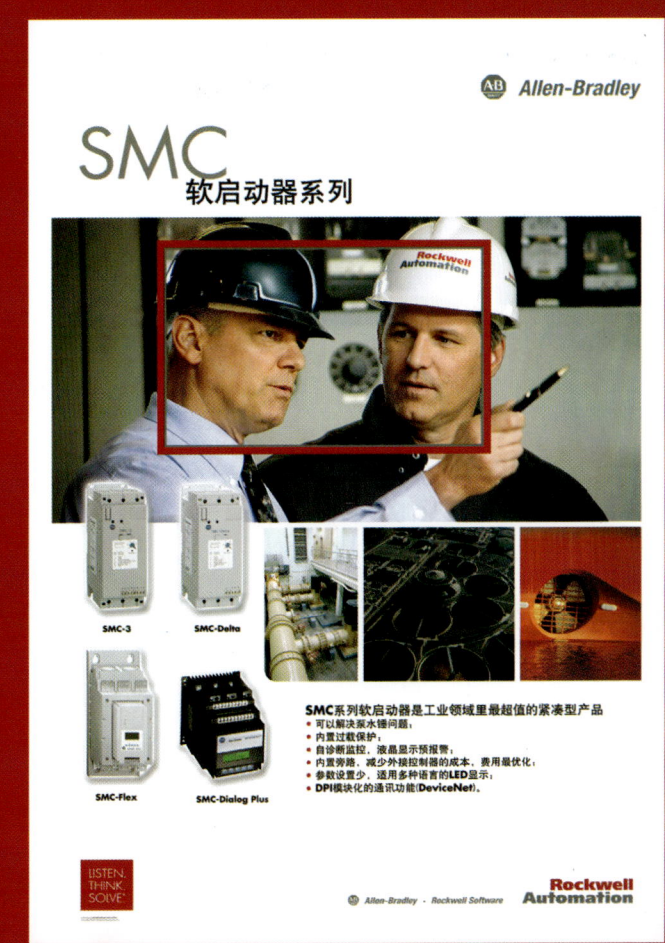

共同协作，提供解决方案

您十分清楚，仅仅购买产品还远远不够。只有合作才能获得最佳的结果。通过与罗克韦尔自动化合作，您能够充分利用这家大型技术和系统工程公司的丰富资源——提供全面的自动化产品、应用解决方案和支持服务。

优化您的操作

无论是自动化、电力、控制或信息解决方案还是相应的服务和支持，我们都能够根据您的具体情况在制造环节的每个阶段来改善您的流程。

- 集成架构通过将Logix控制平台的强大功能和 FactoryTalk®集成化生产与绩效套件相结合,在您的整个企业中将控制和信息系统无缝连接。
- "智能电机控制器"通过将先进的电机控制和保护设备与集成架构相结合，能够充分发挥电机的性能，同时又保护您的现有投资。
- "核心元器件"通过提供出色的传感器、开关、安全设备、连接器件、操作员界面和电源模块，为您的应用项目创造超乎寻常的价值。
  - "服务与支持"通过预测、预防和响应式维护方式，帮助您尽快收回投资。
  - 我们的全球专家团队为您的本地服务需求随时待命。

www.rockwellautomation.com.cn

从成功经验中获益匪浅

您一旦选择了罗克韦尔自动化，便拥有了一支优秀的专家队伍，他们在全球诸多行业的生产创新方面具有丰富的经验。例如：

- **消费品行业**

在消费品的行业中，例如生命科学、食品饮料和汽车行业，我们的解决方案能够帮助客户进行需求变化管理、快速系统重新配置，以及遵从相关法规要求的需求。

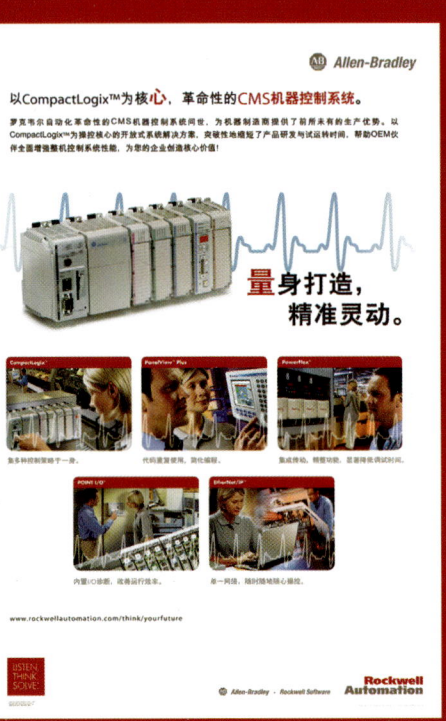

- **重工业，资源导向行业**

重工业，资源导向行业，例如采矿、石油天然气和冶金行业，我们的电力和能源管理解决方案及先进的状态监测技术能够帮助客户提高效率并确保重要设备正常运行。

- **机械设备制造企业**

机械制造商需要我们的专业技术以便更加轻松地对他们的设备进行设计、制造、集成及维护。

我们的团队时刻准备着为您特定的需求运用我们雄厚的专业知识。凭借着我们的经验，我们会与您一同发现问题，更好地理解您的问题、需求和目标。而后，我们会运用我们业已验证的项目实施方法来实现您公司或团队的既定目标。

 Allen-Bradley · Rockwell Software

Rockwell Automation

中山榄菊日化实业有限公司
Zhongshan Lanju Daily Chemical Industry Co., Ltd.

中山榄菊日化实业有限公司（以下简称：榄菊公司）是全球最大的家庭卫生杀虫制品专业生产企业之一，以家庭卫生杀虫制品为核心业务，研发生产蚊香、电热蚊香液、电热蚊香片、杀虫气雾剂、杀蟑香等杀虫制品，同时多元化发展，生产包括洗衣粉、洗洁精、洗衣液等家居清洁用品。

榄菊公司创立于1982年，总部设在广东省中山市，拥有5个现代化生产基地及1个行业领先的大型技术研发中心。榄菊产品以其优质及特有的包装装潢享誉全国和非洲，以及东南亚地区，榄菊蚊香、榄菊杀虫气雾剂连续多年被评为广东省名牌产品、中国名牌产品，榄菊商标也被认定为广东省著名商标及中国驰名商标。

榄菊公司近年来一直积极开展知识产权海关保护工作，不仅向海关总署申请权利备案，还加强了与厦门海关、拱北海关、中山海关、黄埔海关等海关的沟通，如积极参加海关主办的宣传及培训活动，向一线关员现场传授真伪辨别知识，定期拜访及保持电话沟通等。通过与各海关的紧密合作，榄菊公司的知识产权海关保护工作取得了显著的成绩：自2008年起，每年均有侵权蚊香被各地海关查获，其中2009年厦门海关查获三批侵犯榄菊公司商标权及外观设计专利权的案例更成功入选为2009年

榄菊公司已申请备案的商标

注册商标产品应用

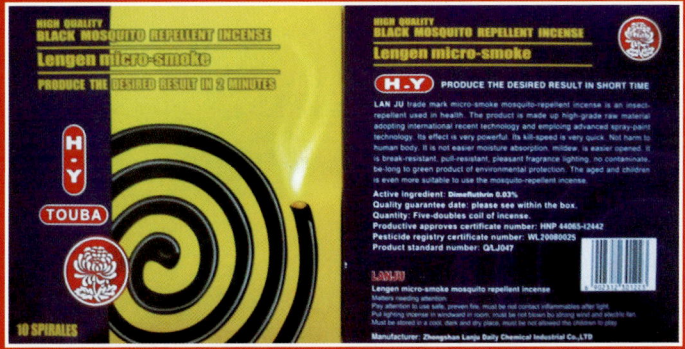

中国海关保护知识产权十佳案例。2011年7月，厦门海关在查获一批侵权蚊香后，建议榄菊公司提供重点布控信息进行网上布控，当月即再查获两批侵权蚊香。至此，2011年，厦门海关查获的侵权蚊香价值已超过80万元人民币。

如您发现涉嫌侵犯榄菊公司知识产权的产品，请立即联系榄菊公司，不胜感激！

中山榄菊日化实业有限公司法务部

电话：0760-22137102　　传真：0760-22123261　　邮箱：fawubu@lanju.cn　　网址：www.lanju.cn

伊顿公司
全球动力之源

  伊顿公司是一家拥有100多年历史的多元化动力管理公司，为客户制定能效管理方案以便高效管理电气、液压和机械动力。如今，伊顿公司已拥有将近73 000名员工，产品远销世界150多个国家。

  伊顿公司于1993年进入中国市场并设立首家合资企业。2004年，伊顿将亚太总部自香港迁至上海。目前伊顿的所有业务团队包括电气、航天、液压和车辆等，均在中国有商业项目。另外，伊顿在中国拥有27座生产基地，4个研发中心，遍布苏州、常州、泸州、宁波、无锡等城市。伊顿在中国制造的产品中有许多国际知名的品牌，其中最重要的是EATON品牌。

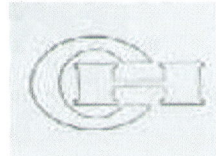  

  除上述EATON品牌外，伊顿公司还有其他全球知名品牌，如CULTER-HAMMER、CH图形和Xpole品牌。伊顿的业务团队也有不少著名品牌，如伊顿电气有限公司的Bill和MEM品牌，以及伊顿电子公司的 Holec HH 和 Tabula 品牌。

伊顿公司的这些商标均已在中国海关总署登记备案以保护其合法权益。

有关更多伊顿公司和其产品的信息请访问www.eaton.com和www.eaton.com.cn网站。

 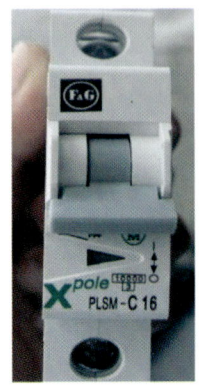 

商标应用   商标应用   商标应用

美国UL安全实验所
(UL: Underwriters Laboratories Inc.)

UL是一家全球知名的从事安全科学事业的公司，一直致力推动安全领域未来的发展，积极满足客户和全球公众不断增长的安全需求。UL总部位于美国芝加哥，自1894年创立以来，UL保持不变的正直诚信理念赋予UL安全标志超然的公信力，促使UL成为最受全球各地政府、国际组织与产业界高度认可的公信组织之一。UL与全球制造商及消费者一起创造一个更安全的世界。

UL目前在全球拥有73个实验室、测试和认证服务场所，其遍布各地的服务团队正在帮助超过100个国家的制造商将更加安全的产品带给全球市场。UL所服务的行业众多，包括制造信息技术、电信设备、消费电子、医疗和实验室设备、工业控制部件、电机、电线电缆、照明、塑料制品，以及家庭和商业电器。平均每年就有230亿个贴上UL商标／标志的产品行销全世界。贴有UL商标／标志的产品代表这些产品已符合相关产品的相关UL安全要求。

自20世纪80年代UL进入中国以来，UL逐步将先进的产品检测技术和安全理念植根中国，与中国制造商通力合作，生产符合安全要求的产品被销售到全球不同国家。

2003年1月UL和中国检验认证（集团）有限公司（CCIC）合资，在江苏苏州注册成立UL美华认证有限公司。2009年4月，UL在上海成立附属公司——伍勒机电技术（上海）有限公司，并于2011年在广州成立分公司，进一步推动了UL与中国政府、制造商及相关专业机构的全面深入合作。

UL非常重视知识产权，目的是为了保障消费者的安全，避免受到贴有假冒UL商标／标志的产品所可能带来的对生命、财产的危害。近年来，通过积极开展打击侵权活动，并在中国海关的努力和支持下，UL在海关知识产权保护方面的工作取得显著实效。同时,通过积极参与中国海关举办的不同类型的宣传交流和培训活动，加强了双方的沟通、合作和了解，使得UL在配合中国海关在知识产权保护的工作上更有效、更迅速。在此向中国海关一直以来的努力和支持表示衷心的感谢。

以下是UL在中国海关总署备案的商标专用权的信息：

申请人名称：美国UL安全实验所
申请人编号：5020000054
商标专用权：

UL及图形	RU及图形

由于使用UL商标／标志产品种类繁多，对于任何嫌疑侵犯UL商标专用权的产品，请随时与UL联系。UL承诺对中国海关以及其他执法机关的查询都及时回复，并应要求对嫌疑产品作现场真伪鉴定,提供鉴定证明。

联系UL公司

地　址：广州市东风中路410号时代地产中心3402-3407室
邮　编：510030
联系人：叶展宏
电　话：020-83487088　分机:66060
传　真：020-83487188　分机:66060
电　邮：darwin.ye@ul.com
联系人：梁兆昌
电　话：13149999304
电　邮：kenneth.leung@ul.com

需要更多资讯，请浏览 ul.com

www.rockwellautomation.com.cn

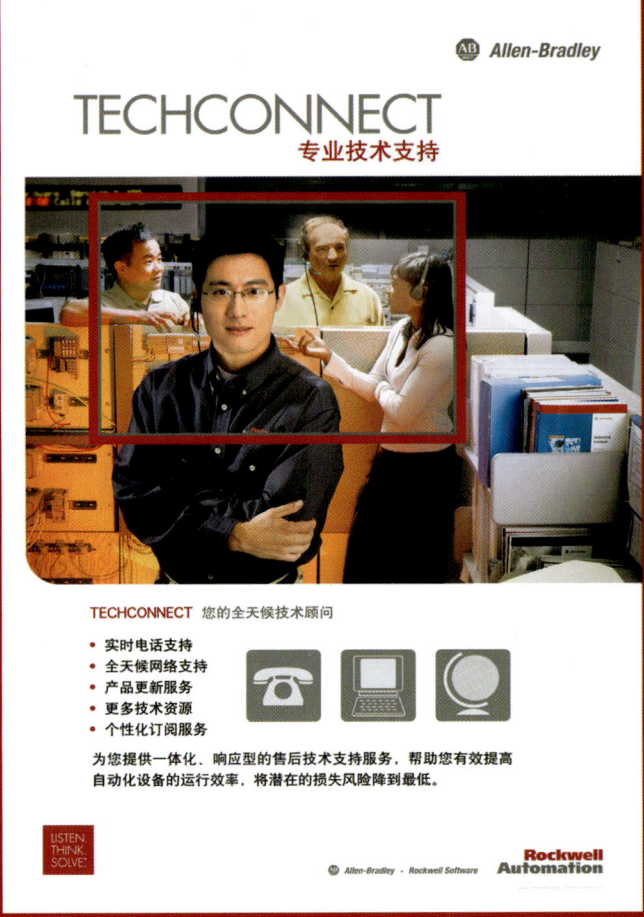

实现您的目标

我们的解决方案将助您在不断降低运营成本的同时，以更快的速度将产品和服务推向市场；在充分发挥您工厂生产潜力的同时，最大限度地降低能耗，提高工厂正常运行时间，满足安全和监管规范，将制造风险降至最低。

如何提高生产效率、采购外包、降低成本、缩小规模，这些您所面对的制造及业务的挑战对任何人而言都是一种考验。因此，您不仅需要一个自动化供应商为您提供产品，更需要一个自动化合作伙伴来为您解决问题。罗克韦尔自动化将是您正确的选择。

只要关系到自动化，您的任何要求都是特别的。我们的解决方案也一样。我们聆听您的要求，利用我们的资源制定出高性价比、着眼于结果的解决方案。我们的解决方案可能只是一个功能强大的组件，也可能是一个信息或资产管理解决方案，或者还可能是一个整个企业范围的集成系统。无论您的自动化要求是什么，您都会在与我们的合作中找到满意的答案。

罗克韦尔自动化，客户亲密的合作伙伴。

客服专线：400 620 6620

 Allen-Bradley · Rockwell Software

Rockwell Automation

东方口岸科技有限公司
East Port Technology Co.,Ltd

东方口岸科技有限公司（以下简称"东方口岸"）成立于2002年3月，是由中国电子口岸数据中心、中国电信集团和中信21世纪电讯有限公司共同出资成立的高新科技企业。东方口岸是中国电子口岸物流商务的推动者和实践者，承担"中国电子口岸物流商务基地"日常运行职责。

东方口岸为政府行政管理部门、物流行业、各大银行、保险公司、信息安全行业及全国50万家进出口企业用户提供物流电子商务服务和解决方案（产品），主要包括CA认证与安全交换、物流链集成、物流及关务系统开发、电子计费与支付、电信增值业务、企业ERP咨询实施等。

东方口岸积极与包括SAP、IBM、ORACLE、Dell等众多全球知名IT企业保持密切联系，与不同国家和地区的机构建立了广泛合作和长期战略伙伴关系。东方口岸的发展战略是"以服务为宗旨，以促进为目的，以需求为导向，以合作促发展"。

面向未来，东方口岸将认真贯彻落实科学发展观，加速推进持续成长，继续走技术领先、服务领先的专业化道路，实现电子政务和电子商务协同发展，向着实现产业升级，塑造行业领先地位的战略目标迈进。

公司资质目录：

- 高新技术企业证书
- 中关村高新技术企业
- 软件企业认定证书
- 计算机软件著作权登记证书
- 中华人民共和国电信与信息服务业务经营许可证
- 中华人民共和国增值电信业务经营许可证
- 商用密码产品型号证书
- 商用密码产品生产定点单位证书
- 商用密码产品销售许可证

集成通系统

产品概况

集成通是电子口岸物流商务基地针对进出口业务协作的需要面向进出口企业所提供的数据集成服务。

集成通提供商业数据集成、报关数据集成、账册数据集成、辅助数据集成、舱单数据集成等业务服务，并针对不同企业或区域，提供物流集成通、报关集成通、加贸集成通和特区集成通等一系列解决方案。

截至2011年10月，集成通已经在12个关区正式上线使用，并部署了8个区域节点，月处理任务将近6万票。富士康、广达、英业达、华硕、诺基亚等大型电子制造企业，中外运、嘉里大通、招商局物流、海程邦达等大型物流集团，正通过集成通实现数据的无缝集成。

集成通还在全国8个特殊监管区域得到应用，帮助整合区内外监管单位和企业的信息资源，为地方政府、海关等管理单位提供一体化协同管理服务，为区内外企业提供"一站式"申报和物流增值服务。

特殊区域辅助管理系统

产品概况

特殊区域辅助管理系统是依据海关总署关于特殊区域场所建设的相关政策法规，以及《海关特殊监管区域信息化辅助管理系统基本配置》要求，并结合东方口岸公司近10年的行业经验，为实现严密监管和高效物流通关，面向保税区、出口加工区、保税物流园区、保税物流中心、跨境工业园区、保税港、综合保税区等特殊区域信息化建设的系列产品。

系统组成

- 特殊区域（场所）海关监管辅助管理系统
- 智能卡口安全认证交换系统
- 途中监管系统（电子关锁+GPS）
- 特殊区域（场所）监控指挥中心

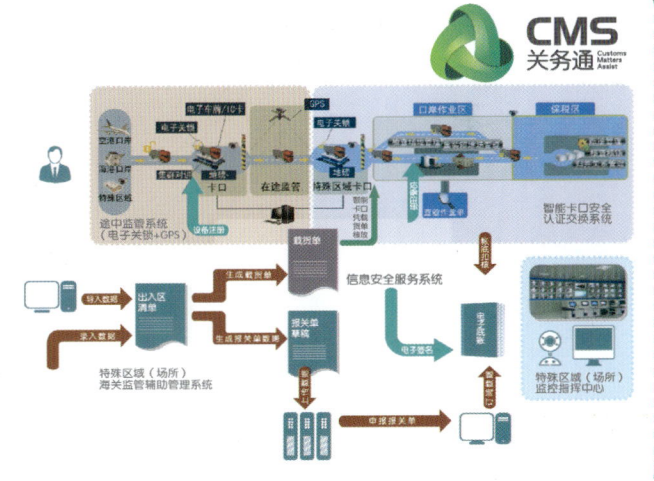

智能监控指挥中心

产品概况

随着大监管体系建设和分类通关改革的深入推动，传统通关监管作业环节逐步向"风险管理"、"物流监控"、"选择查验"集约化模块设置发展。为更好地突出海关风险监控指挥中心的智能化发展，东方口岸科技有限公司攻关开发了"智能监控指挥中心系统"，利用物联网技术和高科技视频监控手段，实现了海关查验作业的智能化指挥、风险捕捉的实时性提示、物流监控的高效化控制。"智能监控指挥中心系统"实行多级监控模式，业务现场、隶属海关和直属海关均可以根据辖区设置和业务特点，选择适用，从而及时发现问题，及时解决问题，实现对海关作业现场及监管货物的严密监管。

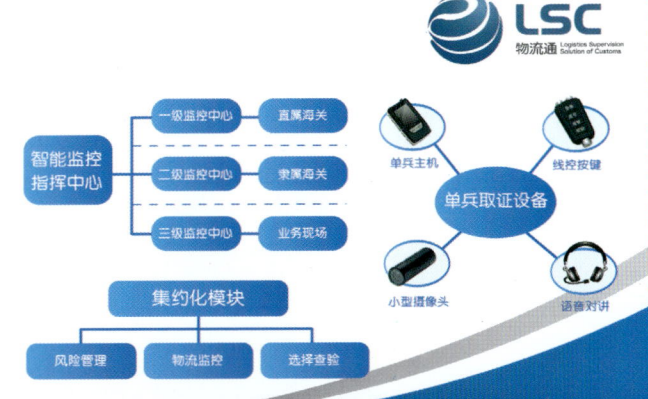

地址：北京东长安街1号东方广场W1座12层　邮编：100738　电话：010-65195500　传真：010-65194718　网址：www.east-port.cn　热线：010-95198-2

 # 北京现代

　　北京现代汽车有限公司成立于2002年10月18日，由北京汽车投资有限公司和韩国现代自动车株式会社共同出资设立，注册资本121 906.8万美元，总投资310 191万美元，中韩双方各占50%，合资期限为30年。北京现代是中国加入WTO后被批准的第一个汽车生产领域的中外合资项目，被确定为振兴北京现代制造业、发展首都经济的龙头项目和示范工程。

　　北京现代坐落于顺义区北京汽车生产基地，拥有两座整车生产工厂、两座发动机生产工厂和一座承担自主研发的技术中心。整车年生产能力已经达到60万台，发动机年生产能力达到60万台。工厂共占地面积181万平方米，现有员工10 200余人，生产机器人数量达到858台，位居国内乘用车生产企业前列，自动化程度很高。

　　目前正在推进第三工厂建设项目。第三工厂位于北京市顺义区杨镇工业区，征地面积155万平米，包括40万辆整车厂和40万台发动机厂，投资总额为12.46亿美元，分2阶段建设。到2012年，在公司成立10周年之际，第三工厂的竣工将为北京现代构建100万辆产销体系提供强有力的硬件支持。

车身车间

冲压车间

客服电话：+86 010-89498100　　8008101100

汽车有限公司

　　截至2011年，北京现代已拥有雅绅特、瑞纳、伊兰特、ELANTRA悦动、i30、ix35、途胜、MOINCA名驭、第八代索纳塔等9个系列车型。销售及售后服务网络已遍布全国，4S店数量535家，卫星店数量185家。累计销售326万辆，实现销售收入3 130亿元，累计纳税397亿元，带动156家（北京地区71家）配套企业就业约16万人，为振兴北京现代制造业、发展首都经济、稳定社会就业做出了应有的贡献。

　　北京现代良好的经营业绩对北京汽车工业和北京市整体的经济发展起到了极大的推动作用，成为北京乃至全国经济增长的亮点。北京现代的企业理念："用精细的经营管理创造最好的回报，让股东满意；以舒适的现场提供最好的环境，让员工满意；靠完美的汽车开辟最好的生活，让顾客满意。"公司全体中韩员工将牢记使命，抓住机遇，迎接挑战，不断谱写新的篇章，把北京现代建设成为一个在全国乃至全世界有较高知名度和美誉度的"首都"品牌，为北京工业的繁荣兴盛，为首都经济的稳步发展，为中国建设社会主义和谐社会做出贡献。

涂装车间

总装车间

网址：www.beijing-hyundai.com.cn

中国光大银行
共享阳光·创新生活

中国光大银行简介

中国光大银行（股票代码：601818）成立于1992年8月，是经国务院批复并经人民银行批准设立的金融企业。作为国内第一家国有控股并拥有国际金融组织参股的股份制商业银行，中国光大银行自成立以来，坚持"以客户为中心、以市场为导向"的经营理念，不断开拓创新，锐意进取，凭借卓越的创新能力和出色的业绩表现，在综合经营、公司业务、国际业务、理财业务等方面培育了较强的比较竞争优势。在为社会提供优质金融服务的同时，取得了良好的经营业绩。2010年8月18日，中国光大银行A股成功上市，迎来又一个崭新发展阶段，逐渐形成了各主要业务条线均衡开展、风险管理逐步完善、创新能力日益增强的经营格局，日益成为对中国经济、社会有影响力的全国性股份制商业银行。

关税融资业务介绍

中国光大银行关税融资业务系统依托海关总署全国税费电子支付系统建立，在帮助进出口企业实现便捷、高效通关的基础上，更加关注企业缴税资金的融资需求，通过深入研究不同行业客户的缴税资金需求，设计不同功能的缴税产品，量身定制关税融资解决方案，为客户提供全方位的关税融资服务。

中国光大银行关税融资业务由银关通、银关保及银关贷三大产品组成，进出口企业可以根据自身需要灵活选择电子普通支付、电子担保支付及电子短期融资方式支付海关税款，满足企业多样化缴税需求。

	银关通	银关保	银关贷
产品特点	·便捷、高效、安全 ·突破时间限制 ·突破空间限制 ·突破原有通关流程	·减少资金压力、降低融资成本 ·担保支付、先放后税 ·一次审批、循环使用 ·缴税期限长、灵活度强	·融资快、支付灵、期限长 ·法透支付、解除燃眉之急 ·融资期限长、提供结算便利 ·循环使用、快捷便利
适用客户	·需要缴纳海关费的进出口企业	·需要延长缴税时间，且具有授信审批资格的进出口企业	·账户资金流动性较大，对税费支付方式灵活性要求较高的进出口企业
客户受益	·缩短通关时间，提高贸易效率 ·减少奔波之苦，拓展缴税空间 ·异地报关，异地支付 ·365天×24小时不间断服务 ·多重严密的安全保护措施	·享受"先放后征"优惠政策 ·降低企业成本，提高资金收益 ·担保期限长，灵活安排资金 ·担保额度循环使用	·账户透支功能，轻松解决应急之需 ·融资期限长，灵活安排资金使用 ·信用透支额度，循环使用 ·额度随时支用，无须提前申请
开通流程	·电子口岸入网用户 ·在光大银行完成缴税账户备案 ·登陆海关税费电子支付系统 ·在线签署三方协议，添加缴税账户	·开通银关通功能 ·取得光大银行担保授信，开立银关保保函 ·保函在通关地海关完成备案	·开通银关通功能 ·取得光大银行法人透支额度授信 ·开通法人透支功能

关税融资业务优势

· 业务能力获得客户的广泛好评，先后荣获"关税融资创新产品奖"、"关税融资服务奖"、"金融行业金字招牌"等多项大奖

· 代理支付税费业务量突破2000亿元，拥有雄厚的客户基础

· 业务经验丰富，专业团队提供高效的关税融资咨询与服务

· 与海关总署建立战略合作关系，是全国地方海关优先合作银行

· 首批获得海关税费担保支付及电子支付业务资格

· 税费担保业务连续四年位居同业第一，占据全国近1/3的市场份额

· 海关税费支付业务发展速度最快的银行，税费支付量稳居同业前列

· 创新开发产品组合模式、集团客户模式、保证金后缴模式，系统功能领先同业

· 率先推出缴税短信通知、主动业务提示、个性化收费、网银渠道查询等特色功能

1. 战略合作关系
2. 业务发展规模
3. 业务开办经验
4. 业务创新能力
5. 社会认可程度

关税融资**新**系统　　电子缴税**新**体验

中国光大银行 海关税费担保支付业务量连续四年位居全行业第一
新一代海关税费电子支付系统在全国率先上线

65%

中国光大银行作为国内首家开展海关税费网上支付担保业务的商业银行之一，凭借丰富的业务经验、领先的系统建设、创新的产品设计及专业的服务团队，连续四年实现网上支付担保业务量行业第一。2012年度中国光大银行秉持以客户为中心的经营思路，精心打造全新关税融资业务平台，为进出口企业提供更加便捷、高效、全面和贴心的业务体验。

业务操作更加方便快捷
- 简化签约备案手续，快速实现电子缴税
- 支持保函信息修改，担保支付无缝续作
- 客户现场取回税单，加快会计核算处理

数据处理更加高效准确
- 系统迁移便捷安全，缴税业务照常运转
- 数据处理平台升级，确保业务迅速响应
- 税单全程监控机制，及时处理异常税单

系统功能更加丰富全面
- 增加电子支付税费种类，支持滞纳金保证金支付
- 支付方式多样性选择，实现个性化业务处理
- 独创保证金后缴模式，支持中小企业担保支付

配套服务更加优质贴心
- 专业团队业务支持，提供一站式专属服务
- 关税融资绿色通道，解决缴税资金难题
- 多渠道业务查询方式，全面掌握缴税动态

Bank 中国光大银行
共享阳光·创新生活

📞 95595　　🔍 www.cebbank.com

打造中国最大国际内陆港
Set up the Largest International Inland Port in China

西部雄心　全球视野

西安国际港务区综合楼——经济建设与环境保护在生态和谐中共生

西安综合保税区

西安铁路集装箱中心站

西安公路港

西安国际港务区

西安国际港务区是陕西省委、省政府，西安市委、市政府调整产业结构、转变经济发展方式、提升现代服务业发展水平，打造内陆地区开发开放战略高地的创新举措，是中央深入实施西部大开发战略和《关中天水经济区发展规划》中明确支持发展的重点区域。

西安国际港务区位于西安主城区东北部灞河与渭河之间的三角洲地带，距咸阳国际机场28公里，距西安市行政中心5公里，规划控制区面积120平方公里，规划建设区面积44.6平方公里。园区规划形成六大功能主轴，八大功能分区（集装箱作业区、综合保税区、国内贸易区、综合服务区、居住配套区、应急物流园区、产业转移承接区、城乡统筹建设区）。园区通过将沿海的港口口岸服务功能内移至西安，依托西安综合保税区、西安铁路集装箱中心站和西安公路港三大核心平台的功能叠加效应，培育六大百亿产业组团（国际贸易组团、国内贸易组团、临港产业组团、生产服务业组团、生活服务业组团、信息产业组团），实现公（路）、铁（路）、空、海等多式联运的便捷、高效运转，从而有效发挥西安的交通枢纽优势，提高物流效率，降低物流成本，以大物流带动服务业的大发展，推动产业聚集和提升。西安国际港务区立足于先建内陆港、后建开发区、再建东部新城的发展战略，将建设"中国最大的国际型陆港和黄河中上游地区最大的商贸物流集散中心，打造现代服务业新城"。

西安综合保税区

西安综合保税区于2011年2月14日经国务院批准设立，位于西安国际港务区内，毗邻西安铁路集装箱中心站，总体规划用地6.18平方公里，为西北地区第一个、也是最大规模的综合保税区。作为高度开放的特殊经济区域，综合保税区具有保税物流、保税仓储、保税加工、商品展览展示、检验检疫、口岸物流等功能，它整合了海关所有特殊监管区域的功能政策，是目前开放层次最高、优惠政策最多、功能最齐全的海关特殊监管区域。综合保税区借助其保税物流及口岸功能，以及西安铁路集装箱中心站、西安公路港等具有强大运力项目的有效叠加，实现沿海港口服务功能内移、就地办单的大通关功能，把西安"港口后移、就地办单、海铁联运、无缝对接"的宏大构想在大规模实操层面上变为现实。与此同时，西安国际港务区更积极稳妥的推进"九大战略布局"的发展思路。按照"九大合作战略"，西安国际港务区积极向西开放，通过东联西进、南下北上，主动与天津港、上海港、连云港港、青岛港、霍尔果斯口岸、秦晋豫物流港、鄂尔多斯东胜区、榆林能化基地物资园、汉中褒河工业园区等确定战略合作关系，打通对外贸易通道，拓宽经济腹地，努力打造覆盖陕西、服务西部、辐射全国的物流网络体系，着力推动周边物流业发展建设。通过合作利用东部、西部地区的特殊监管区域及优惠政策，实现西安与东部沿海、西部边边地区政策互补的无缝衔接和欧亚各国之间的深度合作，促进西安、西北以及欧亚大陆桥沿线地区的繁荣发展。

中国内陆港标志塔

招商项目

一、西安综合保税区重点招商项目

1. 太阳能光伏产业进出口基地项目

光伏产业基地将加速整合出口加工环节、共享国际港务区各项资源与服务，大大提高我省光伏产品的竞争力与产品周转能力，降低运营与管理成本。

2. 西安综合保税区电子产业园项目

该项目以电子产业和软件及信息服务产业为主导，依托陕西、西安丰厚的教育资源和雄厚的科研实力，着力打造集设计、研发、制造、封装测试、应用及配套于一体的电子产业和软件与信息服务产业集群，构建电子信息产业在西部的聚集高地。项目建成后，可容纳50家企业进驻，预计年均可实现产值80亿元。

3. 进口商品展示交易中心项目

西安综合保税区进口商品展示交易中心项目依托西安铁路集装箱中心站、西安公路港的强大物流优势，迎合内陆市场对进口红酒、进口食品、进口汽车及高档消费品等日益增长的需求，打造以国际知名品牌为核心的商贸物流产业链，建设具有国际商贸、保税仓储、物流、展示等功能的进口商品展示交易中心。项目建成后，可容纳200家相关企业进驻，年均实现销售总额将达150亿元以上。

4. 西安综合保税区日本产业园项目

西安综合保税区日本产业园作为日本投资企业向中国内陆地区梯度转移的主要承载区，依托西安铁路集装箱中心站、西安公路港的强大物流优势，重点吸引航空、航天、装备制造、IT、电子等产业日本企业进驻，着力培育一批在国际市场具有竞争力的品牌企业和产品，将西安综合保税区日本产业园打造成为中日两国企业合资合作的聚集高地。项目建成后可容纳60家企业进驻，年均可实现产值30亿元。

5.西安综合保税区东盟国民国际产业园项目

建成后的东盟国民国际产业园将成为以东南亚纺织产业为核心，兼具商品展示交易、分拨配送的产业园区。依托西安综合保税区的政策优势及区位优势，将东南亚的各类特色产品迅速、准确、低成本地销往省内及全中国市场。

二、西安国际港务区重点招商项目

1.物联网应用产业基地项目

预计2015年实现产业总值300亿元，工业增加值达到60亿元以上，并带动陕西物联网产业的发展，实现间接经济效益100亿。

规模巨大的西安华南城项目

西北出版物物流基地

物联网应用产业园

6.西安国际港务区五星级酒店项目

该项目拟选址核心区的港务大道核心商务区内，将建设集豪华客房、中西餐饮、高档娱乐、健身休闲、商务会议接待等综合服务为一体的高端商务酒店。

西安国际港务区将建设成为西北地区最大的商贸物流集散中心，可容纳50万人在此经商、就业、生活，并将吸引西北地区乃至全国的客商来此。因此，五星级酒店将为国际港务区提供良好的商务、休闲配套设施，未来将成为西安商贸集散中心内的高档商务中心，市场前景广阔，项目优势明显。

7.西安国际陆港国际网球中心项目

项目分两期设计，总用地面积约为510亩，一期建筑面积约为5万平方米，其中室内网球训练馆1.3万平方米；二期建筑面积为9.5万平方米。目前，该项目已经制定设计方案，定位为以网球、花样滑冰等运动项目为主的国际标准的综合性城市公园。通过西安市对外开放力度的加大，借助于西安市便利的交通条件和文化底蕴，能有效满足西安自身的网球运动需求，有效吸引周边地区和省份的市场需求。项目建成后，可以承办国际知名的ATP、WTA职业网球巡回赛、世界花样滑冰大赛等国际顶级赛事，满足高水平职业选手训练的需要，在非赛事期间将变成市民运动中心，满足群众日常健身与娱乐。

2.西安华南城五金机电交易中心项目

西安华南城由华南城控股有限公司与新豪德(香港)控股有限公司共同投资开发建设，总投资超过200亿元，建筑面积超过1800万平方米，主要以大卖场和商铺为主导产品，建成后将成为中国最大综合商品交易集散地、西部规模最大、业态最全的五金机电批发基地。

3.迈科中西部大宗商品交易中心项目

中西部商品交易中心有限公司是西安迈科金属国际集团的独资子公司，注册资金3亿元人民币。公司所搭建的迈科中西部大宗商品交易中心平台是由西安迈科金属国际集团发起并联合业内龙头企业、金融机构共同组建的融合信息业、仓储业、货代业和运输业为一体的复合型现代交易物流商务平台。交易中心平台采用会员制管理模式，建有能源、煤炭、有色及稀有贵金属、黑色及农产品交易厅及其他相关配套服务机构。

中西部大宗商品交易中心

4.西北出版物物流基地综合楼招商项目

西安西北出版物物流基地是西安国际港务区策划引进的一个重大建设项目。该项目由海亚物流控股（新加坡）有限公司与西南奥达企业集团合作运营。项目总投资10亿元人民币，占地面积1000亩，总建筑面积40万平方米，建成后将成为全国最大的出版物物流基地，也将填补西部地区缺少图书出版发行行业大型电子商务和现代物流中心的空白。

5.陕西广告产业园项目

西安榜样实业有限公司是由国内数家知名广告文化公司及风险投资公司共同出资组成的实业性公司，注册资金1亿元。公司管理层具有丰富的媒体经营经验和市场整合能力，在市场化运营方面具有强大影响力和感召力。公司拥有一支资深的由7位中国广告行业知名专家组成的顾问团。

企业总部聚集区

联系方式：西安国际港务区投资合作促进局

地　　址：西安市国际港务区港务大道6号综合楼210室　　邮　编：710026
联系电话：029-83332222，029-83591908　　　　　　　　传　真：029-83332189
邮　　箱：invest_itl@163.com　　　　　　　　　　　　　网　址：www.itl.gov.cn
联系人：肖媛　薛永利

METTLER TOLEDO

POWERCELL PDX™
数字式电子汽车衡——技术领先 精确可靠

超强的防雷性能　优异的防作弊功能　智能预诊断功能
彻底取消接线盒　整体提升汽车衡的防护能力

客户互动中心
4008-878-788

www.mt.com
访问网站，获得更多信息

目 录

第一篇 口岸综合管理工作

2011年国家口岸管理工作概要 ·· 3
2011年国家电子口岸建设概要 ·· 5
口岸工作座谈会概要 ··· 7
国家口岸发展规划(2011~2015年) ·· 8
口岸开放布局方案(2011~2015年) ·· 12

第二篇 口岸查验管理工作

2011年海关工作概要 ·· 17
2011年出入境边防检查工作概要 ·· 19
2011年出入境检验检疫工作概要 ·· 22
2011年海事工作概要 ·· 25

第三篇 2011年度全国口岸运行情况

2011年度全国口岸运行情况通报 ·· 31
 全国口岸统计情况说明表 ·· 32
 全国口岸统计情况一览表 ·· 35
 2011年沿边地区海运口岸运营情况统计一览表 ·· 43
 2011年沿边地区公路口岸运营情况统计一览表 ·· 44
 2011年沿边地区铁路口岸运营情况统计一览表 ·· 47
 2011年沿边地区航空口岸运营情况统计一览表 ·· 48
 2011年内陆地区内河口岸运营情况统计一览表 ·· 49
 2011年内陆地区航空口岸运营情况统计一览表 ·· 50
 2011年沿海地区内河口岸运营情况统计一览表 ·· 51
 2011年沿海地区海运口岸运营情况统计一览表 ·· 52

2011年沿海地区公路口岸运营情况统计一览表	56
2011年沿海地区铁路口岸运营情况统计一览表	57
2011年沿海地区航空口岸运营情况统计一览表	58

第四篇　2011年度各省、自治区、直辖市及港、澳、台地区口岸工作综述

北京市
北京市口岸工作综述	63
2011年北京市口岸流量统计表	68
2011年北京海关主要数据统计表	70
2011年北京市口岸出入境主要数据表	71
2011年北京市出入境检验检疫业务统计表	72
北京市口岸大事记	73

天津市
天津市口岸工作综述	75
2011年天津市口岸流量统计表	80
2011年天津海关主要数据统计表	81
2011年天津市口岸出入境主要数据表	82
2011年天津市出入境检验检疫业务统计表	83
2011年天津海事局进出港船舶统计汇总表	84
天津市口岸大事记	85

河北省
河北省口岸工作综述	86
2011年河北省口岸流量统计表	92
2011年石家庄海关主要数据统计表	93
2011年河北省口岸出入境主要数据表	94
2011年河北省出入境检验检疫业务统计表	95
2011年河北海事局进出港船舶统计汇总表	95
河北省口岸大事记	96

山西省
山西省口岸工作综述	98
2011年山西省口岸流量统计表	103
2011年太原海关主要数据统计表	104
2011年山西省口岸出入境主要数据表	105
2011年山西省出入境检验检疫业务统计表	106
山西省口岸大事记	107

内蒙古自治区

内蒙古自治区口岸工作综述 ································ 108
2011年内蒙古自治区口岸流量统计表 ···················· 114
2011年呼和浩特海关主要数据统计表 ···················· 115
2011年满洲里海关主要数据统计表 ······················ 116
2011年内蒙古自治区口岸出入境主要数据表 ·············· 117
2011年内蒙古自治区出入境检验检疫业务统计表 ·········· 118
内蒙古自治区口岸大事记 ······························· 119

辽宁省

辽宁省口岸工作综述 ··································· 123
大连市口岸工作综述 ··································· 129
2011年辽宁省口岸流量统计表 ·························· 131
2011年大连海关主要数据统计表 ························ 132
2011年沈阳海关主要数据统计表 ························ 133
2011年辽宁省口岸出入境主要数据表 ···················· 134
2011年辽宁省出入境检验检疫业务统计表 ················ 135
2011年辽宁海事局进出港船舶统计汇总表 ················ 136
辽宁省口岸大事记 ····································· 137

吉林省

吉林省口岸工作综述 ··································· 139
2011年吉林省口岸流量统计表 ·························· 143
2011年长春海关主要数据统计表 ························ 145
2011年吉林省出入境检验检疫业务统计表 ················ 146
吉林省口岸大事记 ····································· 147

黑龙江省

黑龙江省口岸工作综述 ································· 149
2011年黑龙江省口岸流量统计表 ························ 155
2011年哈尔滨海关主要数据统计表 ······················ 157
2011年黑龙江省口岸出入境主要数据表 ·················· 158
2011年黑龙江省出入境检验检疫业务统计表 ·············· 159
2011年黑龙江海事局进出港船舶统计汇总表 ·············· 160
黑龙江省口岸大事记 ··································· 161

上海市

上海市口岸工作综述 ··································· 163
2011年上海市口岸流量统计表 ·························· 171
2011年上海海关主要数据统计表 ························ 172
2011年上海市口岸出入境主要数据表 ···················· 173
2011年上海市出入境检验检疫业务统计表 ················ 174

2011年上海海事局进出港船舶统计汇总表 …… 175
上海市口岸大事记 …… 176

江苏省

江苏省口岸工作综述 …… 182
　　2011年江苏省口岸流量统计表 …… 187
　　2011年南京海关主要数据统计表 …… 188
　　2011年江苏省口岸出入境主要数据表 …… 189
　　2011年江苏省出入境检验检疫业务统计表 …… 190
　　2011年江苏海事局进出港船舶统计汇总表 …… 191
江苏省口岸大事记 …… 192

浙江省

浙江省口岸工作综述 …… 193
宁波市口岸工作综述 …… 203
　　2011年浙江省口岸流量统计表 …… 206
　　2011年杭州海关主要数据统计表 …… 207
　　2011年宁波海关主要数据统计表 …… 208
　　2011年浙江省口岸出入境主要数据表 …… 209
　　2011年浙江省出入境检验检疫业务统计表 …… 210
　　2011年宁波市出入境检验检疫业务统计表 …… 211
　　2011年浙江海事局进出港船舶统计汇总表 …… 212
浙江省口岸大事记 …… 213

安徽省

安徽省口岸工作综述 …… 216
　　2011年安徽省口岸流量统计表 …… 222
　　2011年合肥海关主要数据统计表 …… 223
　　2011年安徽省口岸出入境主要数据表 …… 224
　　2011年安徽省出入境检验检疫业务统计表 …… 225
安徽省口岸大事记 …… 226

福建省

福建省口岸工作综述 …… 229
厦门市口岸工作综述 …… 242
　　2011年福建省口岸流量统计表 …… 247
　　2011年福州海关主要数据统计表 …… 249
　　2011年厦门海关主要数据统计表 …… 250
　　2011年福建省口岸出入境主要数据表 …… 251
　　2011年厦门市口岸出入境主要数据表 …… 252
　　2011年福建省出入境检验检疫业务统计表 …… 253
　　2011年厦门市出入境检验检疫业务统计表 …… 254

  2011年福建海事局进出港船舶统计汇总表 …… 255
  2011年福建省口岸对台客货运直航统计表 …… 256
 福建省口岸大事记 …… 257

江西省
 江西省口岸工作综述 …… 267
  2011年江西省口岸流量统计表 …… 273
  2011年南昌海关主要数据统计表 …… 274
  2011年江西省口岸出入境主要数据表 …… 275
  2011年江西省出入境检验检疫业务统计表 …… 276
  2011年九江海事局进出港船舶统计汇总表 …… 277
 江西省口岸大事记 …… 278

山东省
 山东省口岸工作综述 …… 281
 青岛市口岸工作综述 …… 285
  2011年山东省口岸流量统计表 …… 288
  2011年青岛海关主要数据统计表 …… 289
  2011年山东省口岸出入境主要数据表 …… 290
  2011年山东省出入境检验检疫业务统计表 …… 291
  2011年山东海事局进出港船舶统计汇总表 …… 292
 山东省口岸大事记 …… 293

河南省
 河南省口岸工作综述 …… 295
  2011年河南省口岸流量统计表 …… 298
  2011年郑州海关主要数据统计表 …… 299
  2011年河南省口岸出入境主要数据表 …… 300
  2011年河南省出入境检验检疫业务统计表 …… 301
 河南省口岸大事记 …… 302

湖北省
 湖北省口岸工作综述 …… 304
  2011年湖北省口岸流量统计表 …… 308
  2011年武汉海关主要数据统计表 …… 309
  2011年湖北省口岸出入境主要数据表 …… 310
  2011年湖北省出入境检验检疫业务统计表 …… 311
  2011年长江海事局进出港船舶统计汇总表 …… 312
 湖北省口岸大事记 …… 313

湖南省
 湖南省口岸工作综述 …… 315
  2011年湖南省口岸流量统计表 …… 318

  2011年长沙海关主要数据统计表 ……………………………………………………… 319
  2011年湖南省口岸出入境主要数据表 …………………………………………………… 320
  2011年岳阳海事局进出港船舶统计汇总表 ……………………………………………… 321
 湖南省口岸大事记 …………………………………………………………………………… 322

广东省

 广东省口岸工作综述 …………………………………………………………………………… 324
 深圳市口岸工作综述 …………………………………………………………………………… 348
  2011年广东省口岸流量统计表 …………………………………………………………… 351
  2011年广东省内海关主要数据统计表 …………………………………………………… 355
  2011年广州海关主要数据统计表 ………………………………………………………… 356
  2011年深圳海关主要数据统计表 ………………………………………………………… 357
  2011年黄埔海关主要数据统计表 ………………………………………………………… 358
  2011年拱北海关主要数据统计表 ………………………………………………………… 359
  2011年汕头海关主要数据统计表 ………………………………………………………… 360
  2011年江门海关主要数据统计表 ………………………………………………………… 361
  2011年湛江海关主要数据统计表 ………………………………………………………… 362
  2011年广东省出入境检验检疫业务统计表 ……………………………………………… 363
  2011年深圳市出入境检验检疫业务统计表 ……………………………………………… 364
  2011年珠海市出入境检验检疫业务统计表 ……………………………………………… 365
  2011年广东省口岸出入境主要数据表 …………………………………………………… 366
  2011年深圳市口岸出入境主要数据表 …………………………………………………… 367
  2011年珠海市出入境边防检查总站主要数据表 ………………………………………… 368
  2011年汕头市口岸出入境旅客统计表 …………………………………………………… 369
  2011年汕头市口岸出入境员工统计表 …………………………………………………… 369
  2011年汕头市口岸出入境交通运输工具统计表 ………………………………………… 369
  2011年广东海事局进出港船舶统计汇总表 ……………………………………………… 370
  2011年深圳海事局进出港船舶统计汇总表 ……………………………………………… 371
 广东省口岸大事记 …………………………………………………………………………… 372

广西壮族自治区

 广西壮族自治区口岸工作综述 ……………………………………………………………… 376
  2011年广西壮族自治区口岸流量统计表 ………………………………………………… 381
  2011年南宁海关主要数据统计表 ………………………………………………………… 383
  2011年广西壮族自治区口岸出入境主要数据表 ………………………………………… 384
  2011年广西壮族自治区出入境检验检疫业务统计表 …………………………………… 385
  2011年广西海事局进出港船舶统计汇总表 ……………………………………………… 386
 广西壮族自治区口岸大事记 ………………………………………………………………… 387

海南省

 海南省口岸工作综述 ………………………………………………………………………… 389

- 2011年海南省口岸流量统计表 394
- 2011年海口海关主要数据统计表 395
- 2011年海南省口岸出入境主要数据表 396
- 2011年海南省出入境检验检疫业务统计表 397
- 2011年海南海事局进出港船舶统计汇总表 398

海南省口岸大事记 399

重庆市

重庆市口岸工作综述 403
- 2011年重庆市口岸流量统计表 409
- 2011年重庆海关主要数据统计表 410
- 2011年重庆市口岸出入境主要数据表 411
- 2011年重庆市出入境检验检疫业务统计表 412

重庆市口岸大事记 413

四川省

四川省口岸工作综述 414
- 2011年四川省口岸流量统计表 419
- 2011年成都海关主要数据统计表 420
- 2011年四川省口岸出入境主要数据表 421
- 2011年四川省出入境检验检疫业务统计表 422

四川省口岸大事记 423

贵州省

贵州省口岸工作综述 425
- 2011年贵州省口岸流量统计表 429
- 2011年贵阳海关主要数据统计表 430
- 2011年贵州省口岸出入境主要数据表 431
- 2011年贵州省出入境检验检疫业务统计表 432

贵州省口岸大事记 433

云南省

云南省口岸工作综述 435
- 2011年云南省口岸流量统计表 443
- 2011年昆明海关主要数据统计表 445
- 2011年云南省口岸出入境主要数据表 446
- 2011年云南省出入境检验检疫业务统计表 447

云南省口岸大事记 448

西藏自治区

西藏自治区口岸工作综述 452
- 2011年西藏自治区口岸流量统计表 455
- 2011年拉萨海关主要数据统计表 456

　　　　2011年西藏自治区口岸出入境主要数据表 ·································· 457
　　　　2011年西藏自治区出入境检验检疫业务统计表 ···························· 458
　　西藏自治区口岸大事记 ··· 459

陕西省
　　陕西省口岸工作综述 ··· 460
　　　　2011年陕西省口岸流量统计表 ·· 464
　　　　2011年西安海关主要数据统计表 ·· 465
　　　　2011年陕西省口岸出入境主要数据表 ····································· 466
　　　　2011年陕西省出入境检验检疫业务统计表 ································ 467
　　陕西省口岸大事记 ··· 468

甘肃省
　　甘肃省口岸工作综述 ··· 470
　　　　2011年甘肃省口岸流量统计表 ·· 473
　　　　2011年兰州海关主要数据统计表 ·· 474
　　　　2011年甘肃省口岸出入境主要数据表 ····································· 475
　　　　2011年甘肃省出入境检验检疫业务统计表 ································ 476
　　甘肃省口岸大事记 ··· 477

青海省
　　青海省口岸工作综述 ··· 478
　　　　2011年西宁海关主要数据统计表 ·· 482
　　青海省口岸大事记 ··· 483

宁夏回族自治区
　　宁夏回族自治区口岸工作综述 ·· 484
　　　　2011年宁夏回族自治区口岸流量统计表 ··································· 490
　　　　2011年银川海关主要数据统计表 ·· 491
　　　　2011年宁夏回族自治区口岸出入境主要数据表 ·························· 492
　　　　2011年宁夏回族自治区出入境检验检疫业务统计表 ····················· 493
　　宁夏回族自治区口岸大事记 ·· 494

新疆维吾尔自治区
　　新疆维吾尔自治区口岸工作综述 ·· 497
　　　　2011年新疆维吾尔自治区口岸流量统计表 ································ 502
　　　　2011年乌鲁木齐海关主要数据统计表 ····································· 503
　　　　2011年新疆维吾尔自治区口岸出入境主要数据表 ························ 504
　　　　2011年新疆维吾尔自治区出入境检验检疫业务统计表 ··················· 505
　　新疆维吾尔自治区口岸大事记 ·· 506

港、澳、台地区
　　2011年香港地区口岸工作综述 ·· 507

2011年澳门地区口岸工作综述	508
2010年及2011年澳门地区对外商品贸易变化表	510
2010年及2011年澳门地区各口岸货物进出口统计表	510
按原居地统计之澳门各地口岸进出境旅客统计表	512
2010年及2011年澳门各地口岸对入境动物及植物检疫统计表	513
2010年及2011年澳门地区入境船舶统计表	514
2010年及2011年澳门地区出境船舶统计表	514
2010年及2011年以当年价格计算的澳门地区生产总值及主要支出项目	515
2011年台湾地区口岸工作综述	516

第五篇　2011年度国家口岸主管部门颁布的口岸工作有关法规

中华人民共和国海关总署令	523
中华人民共和国国家质量监督检验检疫总局令	536
中华人民共和国交通运输部令	563

第六篇　2011年全国口岸运行主要数据统计表

2011年全国口岸进出口商品总值表	579
2011年全国口岸进出口货运量统计表	580
2011年全国口岸出入境人员统计表	581
2011年全国口岸监管进出口邮递物品、印刷品和音像制品、快递物品统计表	582
1981年~2011年进出口商品总值表	583
2011年进出口商品国别（地区）总值表	584
2011年进出口商品构成表	592
2011年进出口商品类章总值表	595
2011年进出口商品贸易方式总值表	600
2011年出口商品企业性质贸易方式总值表	601
2011年进口商品企业性质贸易方式总值表	603
2011年进出口商品经营单位所在地总值表	605
2011年进出口商品境内目的地/货源地总值表	612
2011年进出口商品前40位国别（地区）总值表	619
2011年出口商品排序表（前100位）	621
2011年进口商品排序表（前100位）	624
2011年出口商品经营单位排序表（前90位）	627

2011年进口商品经营单位排序表(前90位) 630

第七篇 全国铁路口岸风貌展示

北京铁路口岸 635
满洲里铁路口岸 636
二连浩特铁路口岸 637
丹东铁路口岸 638
图们铁路口岸 639
珲春铁路口岸 640
集安铁路口岸 641
绥芬河国际铁路口岸 642
哈尔滨铁路口岸 643
上海铁路口岸 644
郑州东站铁路口岸 645
广州铁路客运口岸 646
佛山铁路口岸 647
东莞铁路口岸 648
肇庆铁路口岸 649
凭祥铁路口岸 650
河口铁路口岸 651
阿拉山口铁路口岸 652

第八篇 附 录

中国对外开放一类口岸分地区一览表 655

第一篇

口岸综合管理工作

2011年国家口岸管理工作概要

2011年,国家口岸管理办公室(以下简称国家口岸办)紧紧围绕"十二五"时期主题主线和海关总署党组对口岸工作的部署要求,坚持规范管理,狠抓落实,内强素质,外树形象,认真履行工作职责,积极参与国家宏观管理,主动服务经济社会发展,圆满完成了全年各项工作任务。

【牵头编制完成《国家口岸发展规划(2011~2015年)》】《国家口岸发展规划(2011~2015年)》(以下简称《口岸规划》)是国家口岸办会同国家13个部门共同编制的"十二五"期间国家专项规划之一,涉及层面广,环节程序多,工作要求高,协调任务重。2011年是《口岸规划》编制的关键一年。国家口岸办一是抓好《口岸规划》稿编写和具体项目梳理工作。集中全国口岸专家对《口岸规划》稿进行修改完善,广泛听取吸纳地方口岸办及相关单位意见,起草形成《口岸规划》草案。二是抓好征求意见、专家论证、会签和报审等工作。组织13个部门专家对《口岸规划》稿进行论证,办领导带队赴国家有关部门交换意见、沟通情况,在会签各单位后于2011年12月上报国务院。

【稳步推进口岸开放】一是会同有关部门研究制订2011年口岸开放审理计划并报国务院备案。二是抓好国务院交办的口岸开放项目审理工作。全年共启动12个口岸开放项目审理,经国务院批复同意新开口岸5个(丽江空运口岸,长兴岛水运口岸,勐康、平孟、河口陆路口岸)、扩大开放口岸3个(温州空运口岸、洋浦水运口岸、天保陆路口岸)。三是做好口岸开放验收工作。牵头组织国家有关部门对全国8个口岸(深圳大铲、福州松下、浙江台州、天津港、宁波北仑、广西钦州水运口岸,云南河口陆路口岸,湖南张家界空运口岸)对外开放进行验收。四是指导完成山东省港口口岸开放范围确认工作。

【积极服务区域经济发展】一是充分发挥口岸职能作用,重点参与了国家中长期专项发展规划、海洋经济规划、培育国际合作和竞争新优势规划、服务业发展规划等编制工作,以及进一步支持新疆维吾尔自治区发展和稳定,推动支持云南省推进桥头堡建设,内蒙古自治区对俄蒙贸易合作发展,进一步促进黑龙江省对俄经贸发展等项工作,积极服务区域经济发展。二是积极参与边境管理和口岸合作对外谈判,认真办理涉及口岸工作的全国人大建议、政协提案,为促进对外经贸合作和边境地区经济社会发展作出应有贡献。

【深入推进口岸"大通关"建设】一是组织完成了"全国口岸管理运行绩效评估体系"课题研究工作。中央编办、外交部、公安部、交通运输部、铁道部、质检总局、民航局等单位专家对课题研究成果给予高度评价,目前该课题研究成果转化工作正在积极推进。二是组织召开第14次口岸工作联络协调机制会议,重点提出建立口岸工作部际联席会议机制的建议,得到与会各单位的积极响应。三是积极支持第十八届西部地区口岸办主任联席会议、东北四省区口岸办联席会议、天津无水港建设工作交流会、第三届泛珠三角区域口岸合作联席会议、沪渝川大通关合作联席会第4次会议等跨区域口岸合作。四是做好向国务院申报开展2012年共建和谐口岸评比表彰活动工作,进一步深化口岸"大通关"建设。

【组织召开口岸工作座谈会】为更好地发挥国家口岸办的职能作用,积极争取口岸相关单位的支持,2011年12月9日,海关总署署长于广洲在京主持召开口岸工作座谈会,公安部副部长黄明、交通运输部副部长翁孟勇、海关总署副署长邹志武、质检总局副局长魏传忠,以及中央编办、外交部、发展改革委、财政部、铁道部、商务部、港澳办、国台办、民航局、总参谋部等部门有关司局及中国口岸协会的负责同志与会,国务院办公厅派员到会指导。会议重点听取了国家口岸办常务副主任赵福地关于编制《国家口岸发展规划(2011~2015年)》、建立口岸工作部际联席会议制度,以及2012年工作思路和主要任务的情况通报,并就进一步做好口岸工作进行座谈。会议明确:当前和今后一个时期,口岸工作要以科学发展观为指导,紧扣"十二五"规划纲要的主题主线,以提高口岸服务质量、管理水平和通行效率为目标,立足现行口岸管理体制,着力加强口岸各相关部门的协作配合,着力优化口岸工作机制,努力建设畅通口岸、和谐口岸、文明口岸。

【抓好口岸法制建设和规范管理工作】 一是在做好《边境口岸检查检验基础设施建设标准》(初稿)编制工作的基础上,向住房城乡建设部申报编制涵盖水运、陆运、空运口岸的《国家口岸检查检验基础设施建设标准》。二是加强与有关部门的沟通协调,就《口岸管理条例》立法中存在的重点、难点问题进行商讨,稳步推进条例立法工作。三是抓好第五期全国口岸管理干部培训班和部分省市口岸工作座谈会工作。四是加强制度建设,规范内部管理。建立办务会工作制度,定期听取工作情况汇报,研究部署重点工作;抓好重要事项的跟踪督办,确保工作落实到位、反馈到位;做好相关办文、办会和服务保障工作。

【积极推进口岸国际合作】 中俄口岸和海关合作深入开展。一是加强内外部沟通协调,做好中俄运输合作分委会口岸工作组第14次会议筹办工作。会议期间,双方重点就加快边境口岸基础设施建设、提高口岸通关效率、恢复开通和促进开放有关口岸等问题进行深入研究并达成共识。二是组织开展了中俄边境口岸联合调研。会同俄方实地考察满洲里—后贝加尔斯克公路和铁路口岸等7对口岸,听取地方口岸工作汇报,召开相关单位座谈会,与俄方就加快边境口岸基础设施建设等问题深入探讨。三是积极做好中俄两国口岸主管部门领导人议定合作事项的落实工作。中哈口岸合作稳步推进。一是指导、协调新疆维吾尔自治区地方政府落实中哈口岸和海关合作分委会第六次会议有关决议,推动中哈霍尔果斯口岸自2011年4月1日起试行每周7天、每天12小时通关工作制。二是会同农业部、商务部有关司局及新疆地方政府赴新疆塔城,就中哈边境巴克图(中)—巴克特(哈)口岸建立农产品快速通关"绿色通道"进行实地调研。三是针对2011年上半年哈方因通关监管秩序不规范等原因导致霍尔果斯、都拉塔口岸中方车辆严重滞留情况,及时协调哈方解决口岸通关不畅问题。其他口岸国际合作取得积极进展。一是组织开展了第三期口岸管理干部境外(澳大利亚)培训班。二是积极参与外交部牵头的边界和口岸协定谈判工作。派员参加了中俄边界联委会、中缅边界事务司局级会晤、中蒙边境口岸协定执行情况司局级会谈,以及中塔、中老、中尼边境口岸协定文本磋商等工作。

(国家口岸管理办公室提供)

2011年国家电子口岸建设概要

2011年,国家电子口岸委办公室按照国家电子口岸委领导的指示要求,认真贯彻落实国务院关于促进对外贸易平稳较快发展、加快推动电子口岸建设的工作部署,加强协调,突出重点,以编制电子口岸发展"十二五"规划为中心,统筹安排,同步推进跨部门联网应用项目建设和地方电子口岸建设工作,取得了积极的成效。

【编制电子口岸发展"十二五"规划】按照国家电子口岸委领导关于做好做实规划的要求,全面开展规划编制和修改完善工作。一是汇总整理各成员单位、各地方提供的国办36号文件下发以来电子口岸建设成效,分析差距,总结经验;二是请各成员单位提出具体联网核查应用项目需求和数据共享需求,协调项目和数据共享涉及的相关部门,将达成一致的内容纳入规划中;三是组织数据中心,上海、浙江、宁波、山东等地方电子口岸及部分海关专家集中工作,起草和修改完善规划;四是通过座谈、调研、发文等多种方式征求各部委、各地方对规划的意见,组织电子口岸委成员单位联络员和联系人会议、地方电子口岸建设部门座谈会,正式发函征求各方意见。

【加强政策研究推动】针对地方电子口岸建设无章可循且缺乏分类指导的情况,组织上海、浙江、辽宁等电子口岸建设部门专家开展电子口岸建设模式专题研究,总结针对不同地区的建设模式,为地方提供参考。

【积极推进跨部门联网应用项目】重点推动了11个联网应用项目。

一是配合两岸经贸协议ECFA的实施,与台湾、香港地区有关部门共同推动ECFA货物原产地联网系统,开发了ECFA货物香港过境证明书联网系统。

二是配合国家外汇核销制度改革,组织研发外汇局与海关总署新的进出口报关单数据联网核查系统,进一步严密新形势下外汇监管,便利企业收结汇。

三是完善国家税务总局与海关总署的出口退税联网核查系统,尤其是在中国电子口岸平台上增加企业数据下载和导入申报功能。据国家税务总局统计,系统上线后减少了企业90%的出口退税申报录入工作量,降低国家税务总局80%的审核工作量,惠及近30万户出口企业。

四是组织人民银行与海关总署的关库联网税费核销系统上线运行,并在北京地区进行试点。

五是组织完成海关总署与国家密码管理局的密码产品进出口许可证联网系统开发和系统测试工作。

六是推动商务部与海关总署的自动进口许可证联网系统建设,进一步加快自动许可证的发放和通关验证审核效率。

七是完善和优化农药进出口管理电子联网核销系统,赴江苏等地进行系统运行情况调研,了解企业实际需要,研究进一步完善系统的措施。

八是组织完善固体废物许可证联网核查系统,进一步规范固体废物许可证管理,有效防范监管风险。

九是配合海南国际旅游岛政策实施,开发应用了海南国际旅游岛离岛免税系统。

十是协调推动统一内港海关公路电子单证项目建设,赴广州专题调研,加强与香港海关的联系配合。

十一是扩大海关税费电子支付系统应用范围,在长三角、珠三角、环渤海等地区试点应用。

【推动地方电子口岸建设】加强对地方电子口岸指导。一是配合国家区域发展规划,先后在中原经济区、福建海洋经济区、沿边重点开发开放试验区、呼包银榆经济区等规划中明确电子口岸作用;二是在海关总署与广东、重庆、海南、江苏等地方政府,以及商务部相关部委签署的10余个合作备忘录中,提出加快推进电子口岸建设的要求;三是推动地方电子口岸建设,广东省级电子口岸建设已启动筹备工作,目前已有6个地方政府先后批准建立事业单位,专职负责地方电子口岸平台建设。推动大通关综合应用项目。协调上海、江苏、浙江、宁波等地开展"一次录入、多次申报"项目,协调有关部门向地方电子口岸提供大通关相关数据,解决政府部门与企业通关信息不对称问题;组织完成广东加工贸易联网审批系统开发工作,并于2011年1月部署上线;围绕苏州、东莞加工贸易转型试点,在地方电子口岸平台上推进外经贸、海关、加工贸易企业三方联网,以及加工贸易信息化辅助管理系统。加强政策形势宣传和项目建设经验交流。先后赴福建、海南等地调研;组织召开第六期地方电子口岸建设经验交流会和地方电子口岸工作座谈会,交流地方电子口岸建设成果,促进地方之间的经验交流和应用项目借鉴移植。促进地方电子口岸跨区域合作。协调推动安徽、江西等地与上海、浙江、宁波等地方电子口岸的互联互通,加强信息共享,推进大通关协作,助推中西部地区与长三角区域经济一体化进程;推动山西、陕西等内陆地区与天津等沿海地区的合作,签署跨区域口岸合作备忘录,进一步加强和拓展合作范围,推广移植已取得成效的大通关项目,提升项目服务功能;调研区域电子口岸需求,促进东北电子口岸、陕甘宁青地区电子口岸建设。

【加大电子口岸建设宣传沟通力度】一是通过报刊和网络媒体,积极通报、宣传电子口岸建设成效,2011年6月,在新华社、《人民日报》《法制日报》《经济日报》,以及新华网、人民网、央视网、新浪、搜狐等多家媒体报道农药进出口管理电子联网核销系统建设成效,取得了良好的社会效应;二是组织主要地方电子口岸召开首次电子口岸宣传专题会议,专题研究讨论电子口岸宣传工作;三是筹备电子口岸建设期刊,研究制订期刊编发方案,并组织编制了首期《电子口岸通讯(创刊号)》样刊;四是加强电子口岸建设部门之间的信息交流与沟通,编发《国家电子口岸工作简报》和《综合信息呈报》,向国办、各部门、各地方及海关系统通报全国电子口岸建设重要进展,宣传地方电子口岸建设经验。

(国家电子口岸委办公室提供)

口岸工作座谈会概要

2011年12月9日,海关总署署长于广洲在京主持召开口岸工作座谈会。公安部副部长黄明、交通运输部副部长翁孟勇、海关总署副署长邹志武、质检总局副局长魏传忠,以及中央编办、外交部、发展改革委、财政部、铁道部、商务部、港澳办、国台办、民航局、总参谋部等部门有关司局及口岸协会的负责同志参加会议,国务院办公厅派员到会指导。与会代表听取了国家口岸管理办公室常务副主任赵福地同志关于编制《国家口岸发展规划(2011~2015年)》、建立口岸工作部际联席会议制度,以及2012年工作思路和主要任务的情况通报,并就进一步做好口岸工作进行了座谈。

于广洲署长在总结讲话中指出,近年来口岸各相关部门、单位在中央正确领导下,坚持协作配合,口岸工作取得新的成绩;当前和今后一个时期,口岸工作要以科学发展观为指导,紧扣"十二五"规划纲要的主题主线,以提高口岸服务质量、管理水平和通行效率为目标,立足现行口岸管理体制,着力加强口岸各相关部门的协作配合,着力优化口岸工作机制,努力建设畅通口岸、和谐口岸、文明口岸。

于广洲署长要求明年口岸工作重点做好"六个一":落实一项规划,即《国家口岸发展规划(2011~2015年)》;研究一批课题,即对口岸政策理论和法制建设,查验设施建设标准、边民通道管理、建设补助等课题进行研究;建好一个机制,即口岸工作部际联席会议机制;开好一次会议,即全国口岸工作会议;推动一项评比,即申请开展全国口岸系统共建"和谐口岸"评比表彰活动;做好一次评估,即做好本次会议议定事项落实情况的总结评估工作。

与会代表一致认为,本次会议是在中央经济工作会议即将召开、我国加入WTO十周年之际、口岸"十二五"开局之年的重要时刻召开的,开得很及时、很必要,既明确了"十二五"时期口岸工作的指导思想、基本原则和主要目标,还重点研究部署了2012年口岸工作的重点任务,思路清晰、重点突出,体现了口岸科学发展的理念,表示原则通过《国家口岸发展规划(2011~2015年)》,支持建立口岸工作部际联席会议制度,并将配合国家口岸办落实好2012年主要工作任务。

(国家口岸管理办公室提供)

国家口岸发展规划(2011~2015年)

加快口岸发展是国家实施更加主动的对外开放战略的必然要求。为贯彻落实《中华人民共和国国民经济和社会发展第十二个五年规划纲要》精神,指导"十二五"时期全国口岸发展,编制本规划。

一、"十一五"时期口岸发展成就

(一)口岸开放有序推进,口岸功能布局进一步优化

"十一五"时期,国务院批准开放口岸28个(新开口岸12个,扩大开放口岸16个)、整合原二类口岸60个(转新开14个、并入相邻口岸18个、撤销28个)。截至2010年底,全国共有经国家批准对外开放口岸278个,其中水运口岸137个(海港口岸81个、河港口岸56个)、陆运口岸79个(铁路口岸19个、公路口岸60个),空运口岸62个,分布在沿海(145个)、沿边(106个)和内陆(27个)地区。全国基本形成了沿海沿边水运口岸密集分布,各省中心城市及重点旅游城市空运口岸基本覆盖,沿边陆路口岸按需设立的全方位、多层次、立体化口岸开放格局。沿海地区口岸进出运量持续扩大,沿边地区口岸积极服务睦邻友好,内陆地区口岸与沿海沿边口岸协作更加密切,口岸规模和布局较好地适应了经济社会发展需要。

(二)口岸运行安全畅通,服务保障能力显著提升

"十一五"时期,全国口岸总体运行态势良好,满足了人员、物资进出境快速增长的需求。2010年,全国进出口贸易总额达2.97万亿美元、进出口货物29.46亿吨、进出境人员3.86亿人次(不包括进出境边民2 026万人次),进出境运输工具3 005万辆(艘、列、架)次,较2005年分别增长109.15%、38.9%、24.12%和5.8%。在236个符合运行达标测算条件的口岸中,有198个口岸客货运量达到运行指标,达标率为83.9%。口岸服务保障能力进一步增强,为顺利举办2008年北京奥运会、2010年上海世博会和广州亚运会等重大活动,以及抗震救灾、防控甲型流感疫情等突发事件做出了积极贡献。

(三)口岸建设投入稳步增长,可持续发展能力进一步增强

"十一五"时期,中央财政投入口岸基础设施建设补助资金9.8亿元、边境口岸设施运行维护转移支付资金约25亿元,各检查检验部门同步加大口岸建设配套资金和设备设施投入,地方各级人民政府加大口岸基础设施建设和改造力度,口岸基础设施明显改善。口岸检查检验机构设置更加科学,编制管理办法进一步完善,口岸检查检验人力资源保障进一步加强。

(四)口岸通关改革深入推进,运行效率进一步提升

"十一五"时期,各部门、各地区充分发挥电子口岸功能,广泛应用"通关单联网核查"系统,研发新的应用项目,推动数据共享。积极实施旅检通道X光机"一机两屏"查验模式,开展"5+2"、"白+黑"服务试点,探索"一次录入、分别申报"、国际中转旅客托运行李免提、自助通关等新型监管方式。口岸各相关部门建立执法互助合作机制,改进通关流程,整合通关资源。广泛开展口岸跨区域协作,内陆地区与沿海沿边地区口岸"属地报关,口岸放行"、检验检疫"直通放行"模式趋于成熟,口岸通关便利化水平显著提高。

(五)口岸管理体制机制更加完善,口岸管理水平进一步提高

2006年,经国家批准,海关总署口岸规划办公室更名为国家口岸管理办公室,其管理、协调和指导职能进一步强化。进一步完善并理顺地方各级口岸管理机构,发挥其管理、协调和指导职能。充分发挥口岸主管部门牵头、相关部门单位协同配合的口岸联络协调机制作用,口岸工作合力更加牢固。加快口岸管理法制化进程,坚持实行口岸客货运量通报制度,稳步推进水运口岸开放范围确认和原二类口岸清理工作,边境口岸多双边合作交流取得新进展。

"十一五"时期,全国口岸工作取得了很大成绩,但也存在一些问题,主要是:口岸管理法制建设明显滞后,口岸管理工作机制薄弱,口岸检查检验设施建设标准缺项,部分地区口岸布局分散,口岸规模效益发挥不够,口岸通关协作有待加强。

二、"十二五"时期口岸发展面临的主要形势

未来五年是加快口岸发展的重要战略机遇期,口岸发展既面临难得的发展机遇,也面临着诸多困难和挑战。

一方面,随着我国外向型经济的深入发展和睦邻友好外交政策的深入推进,对口岸开放的刚性需求将保持增长态势。随着我国综合国力和财政实力的不断增强,支持口岸发展的政策力度将进一步加大,支持口岸发展的物质基础将更加牢固。现代信息技术、通讯技术等高新技术的广泛应用,带动现代装备制造业、现代物流业等先进产业和行业快速发展,为进一步改善口岸基础设施、发展口岸查验装备及改进口岸管理模式提供了有效的技术手段。经过多年"电子口岸"建设和"大通关"建设实践,国务院各部门和地方各级政府更加认识到口岸和谐发展的重要性和紧迫性,立足现有体制加强机制创新、共建安全高效和谐口岸成为各部门和各级政府的共同愿望。

另一方面,随着国家实施更主动的开放战略,不断增多的口岸开放需求与口岸综合效能最大化的矛盾将更加凸显,快速发展的对外贸易和日益扩大的国际交往对口岸通关服务要求越来越高,妥善处理口岸便利通行与安全运行之间的关系,做到既"通得快"又"管得住",显得更加重要。随着口岸业务量的不断增长,口岸财力、物力和人力投入相对不足的矛盾将更加突出。

三、指导思想、基本原则和发展目标

(一)指导思想

"十二五"时期,口岸发展以邓小平理论和"三个代表"重要思想为指导,深入贯彻落实科学发展观,以促进经济发展方式转变、提高对外开放服务水平为宗旨,加强口岸发展的宏观设计和总体规划,提高口岸管理决策的科学性,增强口岸管理措施的有效性,坚持口岸管理、协调和指导工作有机结合,口岸开放、建设和运行工作统筹推进,扩大对外开放和区域协调发展有机结合,协调推动沿海、内陆、沿边开放,形成优势互补、分工协作、均衡发展的口岸工作新局面。

(二)基本原则

坚持服务大局。要立足国家经济社会发展全局,科学谋划口岸工作,优化口岸开放格局,提高口岸管理水平,增强口岸保障能力,使口岸发展更加适应并服务于新时期国家对外开放战略需要。

坚持统筹协调。坚持国家对口岸资源的统筹规划和统一管理,根据国家区域发展总体战略、交通运输网络发展布局和开放型经济发展的实际需求,统筹全国口岸的发展与建设,推动口岸通关信息资源共享,加强不同区域、不同类型口岸之间的通关合作。

坚持和谐发展。要进一步完善口岸工作联系协调机制,积极营造条块结合紧密、上下联动顺畅的工作氛围。围绕口岸重要事务加强沟通,促进各相关部门在口岸工作中均衡发展,满足不同地区的对外开

放需求。

坚持分类指导。在口岸开放、建设和运行管理中,要根据口岸所处区域、类型和功能的差异性,实行分类指导,区别对待,突出特色,发挥优势。

(三)发展目标

到2015年,口岸发展取得明显进展。口岸管理更加规范,口岸布局更加优化,口岸设施更加完善,口岸运行更加高效,口岸国际合作更加深化,为加快转变经济发展方式、促进外向型经济发展提供更有力的服务与保障。

四、重点任务

(一)加强口岸法制建设和基础建设,推动口岸管理规范化

充分考虑口岸管理工作特点,加强口岸工作理论和政策研究,进一步推动口岸法制建设,加快口岸管理立法步伐。加强口岸管理制度建设,完善口岸管理工作机制。开展口岸管理重要问题课题研究,加大实地调研和政策理论研究力度,为建立健全口岸管理规范机制、创新口岸管理模式提供理论支撑。

(二)有序推进口岸对外开放,服务国家区域发展战略

服务国家区域经济社会发展战略,根据口岸开放布局方案,对列入本规划的口岸开放项目按计划推进,同时适当补充审批临时开放。积极支持国家综合性枢纽口岸完善开放功能,建设更高效、更安全的国际客流和物流中心,在区域经济社会发展中发挥更大辐射作用。促进沿海、沿边地区的开发和建设,支持重要港口、重要边境通道开放。根据内陆地区的开放型经济发展需求,着力推动内陆地区口岸后续监管区建设。

(三)加强口岸基础设施建设,不断提升口岸通行能力

制定全国口岸检查检验基础设施建设标准,为口岸基础设施建设提供指导性规范。加大边境口岸设施建设力度,推进与周边国家的基础设施互联互通。地方政府要切实承担口岸建设的主体责任,保障口岸基础设施建设资金来源,增加对口岸设施建设和运行维护投入。国家要给予投资补助,逐步改善口岸基础设施条件。提高科技设备应用水平,加快口岸扩能改造,营建良好的口岸通行条件。

(四)坚持科学发展理念,进一步优化整合口岸资源

进一步完善口岸运行指标体系,开展口岸管理运行绩效评估试点,逐步探索实行口岸分级管理。研究制定各省(自治区、直辖市)口岸优化整合方案,调整口岸布局。完善并推动落实口岸退出机制,对国务院批准开放满3年仍未开通运行、布局调整或功能退减的口岸启动退出机制;连续3年主要运量指标未达标的口岸,省级行政区域内申报同类型口岸开放应提出优化整合方案后再进入审理程序。加快清理原二类口岸。继续推动水运口岸开放范围确认工作。研究制定边民通道、边民互市贸易区规范管理的相关措施。根据口岸开放和发展情况,优化调整并适当加强查验监管力量。省级行政区域内有业务量不达标口岸,或该区域内各直属查验机构人员空余编制比例连续3年超过10%的,该区域内口岸开放所需查验人员编制原则上由各直属查验机构内部调剂解决,不再新增。

(五)深化口岸"大通关"建设,促进口岸安全高效运行

进一步发挥各级口岸联络协调机制作用,共同推动口岸"大通关"体系建设。坚持"严密监管"与"高效服务"相结合,促进口岸查验监管方式和科技手段创新。支持以地方政府为主导的电子口岸建设,推动查验监管信息共享,不断提升口岸信息化管理水平。完善口岸运量年度统计通报制度,在试点基础上开展口岸管理运行绩效评估。深入开展口岸精神文明共建活动,创建和谐合作的口岸环境。

（六）加强边境口岸事务协作，深化口岸国际合作与交流

进一步巩固中俄、中哈、中朝等口岸国际合作工作机制，推动我国与其他毗邻国家（地区）之间开展口岸交流与合作，服务于国家外交外贸大局，促进睦邻友好；加强内地与港澳台之间的口岸通关便利化合作。通过外交途径适时就修订和完善双边间陆地边境口岸及其管理制度协定进行磋商，解决边境口岸对等开放、建设及通关合作中的问题，推动双方同步提高口岸运行效能。

五、组织与实施

国务院有关部门和地方各级人民政府要进一步认识口岸发展的重要地位和作用，把加快口岸发展摆到更重要的位置，纳入重要议事日程。

国务院有关部门要结合规划目标任务，认真分解落实各项任务。要进一步明确职责分工，强化协调配合，完善工作机制，确保规划顺利实施。要深入调查研究，及时总结经验，指导和帮助地方政府切实解决规划实施过程中遇到的问题。

地方各级人民政府要按照规划确定的目标任务，结合当地实际情况，制定本地区口岸发展规划并认真组织实施。规划实施过程中出现的新情况、新问题要及时报送国家口岸主管部门。

国家口岸主管部门要切实发挥口岸管理职能作用，加强综合协调与服务，会同有关部门加强对规划实施情况的跟踪分析和监督检查，适时组织开展规划实施的中期评估工作。要重视研究新情况，解决新问题，总结新经验，重大问题及时向国务院报告。

口岸开放布局方案（2011~2015年）

一、口岸开放的原则

落实国家区域发展总体战略和主体功能区战略，口岸开放的总体原则是：继续深化沿海地区对外开放，支持沿海地区口岸扩大开放范围，在更高水平上推动沿海地区率先发展；加快边境口岸开放步伐，促进沿边地区开放开发建设；深化内陆地区与沿海沿边等地区跨区域口岸通关合作，拓展内陆地区开放渠道。各种类型的口岸开放项目列入规划的具体原则如下：

水运口岸开放：落实东部地区率先发展战略，重点支持辽宁沿海经济带、河北沿海地区、天津滨海新区、山东半岛蓝色经济区、江苏沿海地区、长三角地区、浙江海洋经济发展示范区、海西地区、珠三角地区、北部湾地区等区域水运口岸发展。结合沿海、沿江地区港口的开放、整合和建设，以及所属经济区域的开放需求，对沿海沿江运行效益和发展前景较好、具备国际航行船舶进出条件的水运口岸开放项目列入规划予以支持。

陆运口岸开放：控制内陆地区设立公路、铁路口岸，支持内陆地区通过建立口岸后续监管区，以及区域通关协作等方式实现开放需求；结合西部大开发、全面振兴东北地区等老工业基地、云南建设中国面向西南开放"桥头堡"、横琴新区开发建设等战略，重点支持边境陆运（公路、铁路）口岸对外开放，对已纳入我与毗邻国家政府间口岸协定，或双边政府间基本达成一致，且符合国家能源资源开发合作战略、符合地缘政治和睦邻友好关系需要的陆运口岸项目，优先列入规划；对未纳入我与毗邻国家政府间口岸协定的陆运口岸项目，根据双边外交推动情况调整补列规划；对跨境桥梁、隧道和铁路、公路等重大工程项目，根据建设进展或外交情况，适时调整补列规划。

空运口岸开放：总体严格控制，在重点保障"枢纽机场"和"干线机场"已开放口岸发展的同时，根据地方经济社会发展切实需求，结合国内航空机场发展和建设需要，对开放型经济社会发展前景较好、进出境人员流量较大和辐射带动能力较强地区的机场，适量列入规划。对其他有一定区域需求和发展前景的机场，将在研究论证的基础上，在规划执行中具体研究解决。

二、口岸开放的审理条件

列入规划并拟列入口岸开放年度审理计划进入审批程序的口岸项目，应满足以下基本条件：

1. 口岸项目所在县级行政区域为经国务院批准为对外开放的地区。
2. 符合国家国防安全要求。口岸项目所涉地区军事设施安全保密有完善有效的措施，陆运口岸项目与周边军事禁区、军事管理区、安全控制范围等划定清晰、界限明确，空运口岸已有明确开放航段和空载范围，水运口岸项目已有明确的开放水域、岸线范围，以及开放港区、码头、泊位具体名称，并得到大军区正式同意。
3. 口岸项目所在省级行政区域内有应优化整合的同类型口岸，已制定优化整合方案、具体措施和实施时间表。
4. 口岸项目内主要交通运输设施已履行国家基本建设审批手续，生产和安全设施符合国家有关规定。

5. 已完成对口岸开放后的经济和社会效益等可行性论证,能够达到口岸开放的运量指标。

6. 空运口岸项目已有中、外航空公司开通该机场国际航线的明确需求,内陆和沿边地区机场开放前国内定期航班航线不少于10条,沿海地区机场不少于15条。边境陆路口岸项目已与毗邻国家外交达成一致。

7. 已有符合有关规定的检查检验设施建设规划和已落实的资金来源。

8. 已有符合有关规定、能够满足口岸查验监管需要的检查检验机构设置和人员编制初步方案。

三、口岸开放的运量指标

(一)水运口岸运量指标

水运(沿海)口岸开放运行3年后年进出境货物运量不少于50万吨,水运(内河)口岸开放运行3年后年进出境货物运量不少于20万吨,水运(界河)口岸开放运行3年后年进出境货物运量不少于5万吨或进出境人员运量不少于1万人次。

(二)陆运口岸运量指标

陆运(铁路)口岸开放运行3年后年进出境货物运量不少于10万吨或进出境人员运量不少于10万人次,陆运(公路)口岸开放运行3年后年进出境货物运量不少于5万吨或进出境人员运量不少于5万人次。

(三)空运口岸运量指标

空运口岸开放运行3年后年进出境货物运量不少于3万吨或年进出境人员运量不少于5万人次。

(国家口岸管理办公室提供)

第二篇

口岸查验管理工作

第一章

2011年海关工作概要

中华人民共和国海关总署

2011年是海关事业承前启后、继往开来的重要一年。在党中央、国务院的正确领导下,全国海关凝心聚力、忠诚履职,坚决贯彻中央决策部署和中央领导同志重要指示,紧紧围绕国家"十二五"规划主题主线,坚持海关工作方针,研究制定海关落实国家"十二五"规划纲要,加强和创新社会管理的具体措施,做了大量卓有成效的工作。特别是认真学习贯彻胡锦涛总书记"七一"重要讲话精神,结合海关实际,提出"把好国门、做好服务、防好风险、带好队伍"的总体要求,明确"把好国门"是海关的职责所在和立足之本,"做好服务"是海关促进科学发展的必然要求,"防好风险"是对海关工作的底线要求,"带好队伍"是海关发展的组织保证。突出强调"把好国门"是关键,是对海关工作第一位的要求,无论在任何时候、任何情况下,都要看好国门。全国海关认真落实"四好"总体要求,主动克服困难,勇于担当重任,圆满完成各项工作任务,实现了海关工作"十二五"良好开局。

【业务工作取得新进展】 2011年,我国外贸进出口持续稳定增长,进出口总值36 420.6亿美元,同比增长22.5%。其中,出口18 986亿美元,增长20.3%;进口17 434.6亿美元,增长24.9%。去年是入世10周年,我国进出口首次突破3万亿美元,10年来中国海关不仅见证了我国经济融入全球经济的进程,而且为实现从贸易大国向贸易强国转变作出了积极贡献。监管效能明显提升。2011年海关监管进出境货物33.2亿吨,运输工具3 214.7万辆(艘、架)次,进出境人员4.3亿人次,分别增长12.6%、2.3%、8.1%。认真落实国家宏观调控政策。加强对进出口货物的实际监管,其中加强进口固体废物监管和资源性产品出口监管成效明显。在稳定出口的同时,积极支持扩大进口。严控高耗能、高污染产品出口。加强重要商品储备进出口调控。做好防渗透工作,充分发挥政治保卫作用。深圳大运会海关安保和通关服务实现了"物资通关零障碍、旅客通关零投诉、安保工作零事故"。海关税收再创新高。深化综合治税,加强税收征管,实施监控、专项核查和抽样考核。做好减免税审批权限调整。发挥税收的财政和经济调节作用。全年税收净入库16 142.1亿元,同比多收3 623.8亿元,增长28.9%。其中,关税2 559.1亿元,增长26.2%;进口环节税13 583.0亿元,增长29.5%。打击走私战果丰硕。保持打击走私高压态势,加强反走私综合治理,重点打击稀土等资源性产品、成品油、冻品、毒品、武器弹药走私等,组织开展"国门利剑"、"海鹰行动"、"海风"、"国门K-9"等6次专项行动。打击汽车零配件、机械设备、皮革等行业性瞒骗走私。全年侦办偷逃税千万元以上的重特大走私犯罪案件57起,增长26.7%。大规模走私继续得到有效遏制。统计分析作用有效发挥。定期研判外贸态势,紧密监测我国与主要贸易伙伴的市场份额,及时反映重大突发事件对我国外贸产生的影响。向中央报送各类监测预警信息800余篇,积极服务宏观决策。业务改革扎实推进。出口分类通关改革全面推广,进口分类通关改革由15个海关推广到41个直属海关。开展差别化海关作业制度课题研究,稳步实施"三查合一",完善企业分类管理。大监管体系建设取得阶段性成果。支持区域发展取得积极进展。与各地、各部门共同推进"十二五"规划纲要、国家级发展战略和重点项目落实,与11个省区市签署合作备忘录。推动珠三角加工贸易转型升级示范区建设,支持重庆、郑州等承接加工贸易梯度转移。推动上海、舟山、义乌、苏州等区域战略规划和重大项目实施。牵头调研出台支持新疆发展和稳定的8项措施,促进新疆对外开放步伐,努力在实施落实中取得更多更大的实效。合作交流更加紧密。旅客通关现场全面实现与质检总局的"一机两屏",与商务部就贸易统计数据、外贸政策研究等达成共识。与中央编办就增加海关机构编制进行沟通,取得理解和支持。与财政部、发展改革委积极协商,集装箱检查设备、缉私艇等重大装备首批更新购建预算得到落实。牵头编制国家口岸发展规划(2011～2015年),推动建立口岸工作部际联络协调机制。通过主动沟通交流,口岸各检查检验单位之间紧密合作的意愿明显增强。深度参与双边、多边海关事务,中美、中欧、中俄、中日韩海关等国际合作取得积极成果。与港澳台海关合作不断深化。成功承办2011世界海关与商界论坛,发表《广州宣言》,得到各国海关的一致认可和高度评价,扩大了中国海关在国际上的影响力。

【队伍建设取得新进步】 推进学习型海关建设。坚持理论武装,学以致用,岗位成才。深入开展"创先争优",做好窗口服务。加大教育培训力度,全员培训率超过90%。加强海关院校建设。开展"两优一先"评选活动,涌现出一批以张宝威烈士为代表的先进典型。2011年,海关系统共获中央、国务院表彰的全国先进基层党组织1个、全国文明单位45个;全国青年文明号、全国"五一"劳动奖状、全国巾帼文明岗、中国(杰出)优秀青年卫士、全国"五一"劳动奖章等省部级表彰144个,充分展现了全国海关争创成果。加强文化建设。围绕"爱国、厚德、增信、创新、奉献",探索海关文化发展方向。拍摄海关题材电视剧《国门英雄》。成立5个文体分会,基层文化生活不断丰富。推进准军事化建设。在巩固"外树形象、内强素质"的基础上突出内涵学习,把思想引导与解决实际困难结合起来,营造了心齐气顺、干事创业的良好氛围。做好干部人事工作,面向全国海关竞争选拔任用副厅局级和处级领导干部;研究建立海关专家制度,完成海关系统"三定"工作。多渠道多岗位培养锻炼干部,选派干部到地方任职或挂职。加大干部交流力度,直属海关单位"一把手"、缉私局长和纪检组长基本实现异地任职,海关干部交流轮岗做法受到中央主管部门肯定。加强离退休干部工作,落实政治、生活待遇。加强基层建设。坚持重心下移,关爱基层。各级领导干部普遍建立基层联系点,深入一线调研,积极解决实际困难,干群关系得到改善。出台支持边远艰苦地区海关发展的18项措施,安排23个海关开展对口支援。支持边关在省会或地区中心城市设立后方生活保障设施。加强内控机制建设。建立执法一线执行控制、职能部门业务监控与监察审计部门全程监督"三道防线"。关口前移,建立节点指标内控体系,防控措施逐步覆盖全部高风险节点。开展经济责任审计和管理审计112项,为历年来规模最大。加强审计成果的转化应用,加强反腐倡廉建设,落实"一岗双责",狠抓惩防渎职侵权,认真开展专项治理和巡视工作。自主发现问题的能力明显提高,2010年以来查办案件中自查占85.3%。海关运用HL2008系统防控风险的做法,得到中央纪委、监察部的好评和推介。中央纪委贯彻《中国共产党党员领导干部廉洁从政若干准则》督查组评价海关反腐倡廉工作是"千方百计,不遗余力"。

【综合保障取得新成效】 做好法制保障,立法工作有序推进。《中央宣传部、司法部关于在公民中开展法制宣传教育的第六个五年规划》稳步实施,复议渠道高效畅通。开展预防渎职侵权教育宣传,修订业务标准化规范,促进执法统一。加大海关知识产权保护力度,打击侵犯知识产权和制售假冒伪劣商品专项行动成效显著,中国海关荣获"全球反假冒最佳政府机构奖"。做好政务保障,机关日常运行平稳高效,办文、办事、办会质量不断提高。政务信息、新闻宣传、机要保密、档案管理、舆情监控等工作成效明显。在2011年中国行政透明度报告中,海关总署政务公开在国务院下设的43个机构评测中排名第二。做好科技保障。推进H2010工程建设,目前已完成总体进度的90%。启动"金关工程"二期项目申请工作,推动相关系统建设。推进电子口岸建设,部委间联网项目已达26个。启动了"金关工程"二期立项申请工作,抓紧办理项目规划审批手续,积极协调有关部门落实所需建设资金,推进全国海关征信系统和监控指挥系统建设。做好服务保障,边境和基层海关办公生活条件得到改善。加强固定资产基础工作,总署统购统配资产全部调拨到位。出台重大装备设备规划,顺利完成全系统政府采购工作任务。

(海关总署办公厅提供)

2011年出入境边防检查工作概要

中华人民共和国公安部出入境管理局

  2011年，全国出入境边防检查机关以贯彻落实《公安部关于进一步提高边检服务水平的意见》为主线，进一步推出便民利民措施，服务国家经济社会发展战略；以强化管控措施为本职，进一步维护口岸正常出入境秩序；以创新边检管理为突破，进一步提高保障顺畅通关的能力；以加强基层基础工作为基本，进一步推进执勤执法规范化建设。2011年共检查出入境人员4.11亿人次，同比增长7.64%；检查出入境交通运输工具2 482.3万辆（艘/列/架）次，同比增长5.45%，圆满完成了各项边防检查任务。

  【研究政策需求，主动服务国家经济社会发展】 2011年，全国边检机关立足实际，不断改革创新工作措施，服务国家经济社会发展。公安部出入境管理局加强对国家经济社会发展战略的研究，参与了国家关于横琴开发、上海"两个中心"建设、海南国际旅游岛建设、云南"桥头堡"建设、中朝两个经济区建设、霍尔果斯国际边境合作中心建设、广深港高铁建设、深圳前海深港现代服务业合作区建设、振兴东北老工业基地、大图们江区域开发等国家级区域发展规划的制定；参加了中朝两个经济区口岸通关组调研，验收了霍尔果斯国际边境合作中心等国家级重点项目。各地也立足口岸实际，主动服务地方经济社会发展的重点建设工程。北京边检总站参加了北京市旅游委组织的空港72小时免签过境调研。上海边检总站积极服务上海国际金融中心和国际航运中心建设，参加了上海市口岸办组织的放宽办理口岸团体签证人员数量、增加48小时过境免签证国家数量、空港直接过境免办边检手续等政策研究。海口边检总站、海南边防总队继续服务海南国际旅游岛建设，根据公安部对海南省政府关于简化游艇入出海南口岸边检手续问题的复函精神，抓好各项政策措施的落实。云南边防总队成立服务"桥头堡"战略课题组，深入一线实地调查和调研论证，研究成果被云南省"十二五"发展规划和"桥头堡"战略实施方案采纳。新疆边防总队及时跟进中哈霍尔果斯国际边境合作中心建设，推动建立中哈共享进出中心人员和交通运输工具信息系统，为国际合作中心12月2日闭关运营打下了良好基础。吉林圈河、辽宁丹东边检站认真研究中朝"两岛一区"合作项目，就方便往来、加强管理、服务保障等方面向地方政府牵头单位提出了一系列意见和建议。

  【创新服务举措，保障顺畅通关能力持续提升】 结合全国边检机关"大走访"开门评警活动，开展了"下基层、明实情、抓落实、促发展"主题活动，公安部出入境管理局从基层收集了大量意见和建议，经过评估和研究，总结、提炼出10项涉及边检业务工作的便民利民措施，作为公安部便民措施集中向社会公布。厦门边检总站推出船员登陆指南定期更新制度、分类设置办证须知等9项便民措施。上海边检总站实行登轮证件网上自助打印、简化报检报备手续等5项便民新举措。汕头外砂边检站结合转场揭阳潮汕机场契机，提前谋划，为旅客通关提供便利。深圳、珠海边检总站、云南边防总队中缅边境口岸边检站开通跨境就学儿童专用通道，为跨境学童提供出入境便利。北京边检总站进一步优化公务机办理手续，试行了公务机API申报、代理人员资质备案等工作。珠海、厦门、深圳、海口等边检总站针对游艇、帆船等出入境日益增多的情况，规范了对出入境新形态的管理。2011年初，利比亚局势突然恶化，为确保完成从利比亚撤离人员顺畅入境的任务，公安部出入境管理局简化了相关人员身份核实和边检手续办理，指导北京、上海、广州边检总站共为113架次入境包机、3.2万余名我从利比亚撤离人员办理了入境检查手续。北京边检总站使用无线验放系统和边检移动业务查询系统完成了空军4架撤侨包机临时从南苑机场入境勤务。北京机场、高崎、杭州、福州边检站圆满完成了押解电信诈骗案嫌犯、接回被拐妇女和移交英籍被请求引渡人员等特殊检查任务。

【严密勤务组织，维护口岸正常出入境秩序】 2011年，全国边检机关进一步加大工作力度，严密防范、打击各类非法出入境活动。各地结合口岸实际，有针对性地加强交通运输工具检查和口岸限定区域管理，加强证件查验、人证对照工作，加强对重点人员的询问、审查力度，防止不法分子持用伪假证件、冒用他人证件蒙混出入境。深圳边检总站根据审查遣返人员获取的重要案件线索，联合广东省公安厅、深圳市公安局、香港警务处成立专案组，成功摧毁了一个跨境组织偷渡与卖淫的特大犯罪集团，抓获多名犯罪集团骨干成员和若干名违法嫌疑人。珠海茂盛围边检站在珠澳跨境工作区专用口岸出境查验通道成功截获假冒警察实施抢劫后企图"闯关"越境的犯罪嫌疑人。上海机场边检站查获伪造机场临时通行证假冒机场员工实施"调包"偷渡案件，成功破获由沪、闽、港三地"蛇头"及机场离职工作人员联手实施的组织他人偷越国（边）境案件。吴淞边检站在韩国籍"海之梦"轮上查获1名韩国籍非法入境人员，以及协助非法入境的韩国籍、中国籍船员各1名。此外，各级边检机关充分利用公安部出入境管理局证件研究网信息平台，互通查获伪假证件情况，推动了证件研究成果和情报信息迅速向执勤工作的转化。其中，北京机场、上海机场、广州白云、深圳蛇口、青岛机场、烟台、日照等边检站根据其他口岸查获非法出入境信息加强本口岸查缉工作，先后查获若干名非法出入境人员。

深圳大运会期间，公安部出入境管理局牵头成立了大运安保出入境工作部，部署指导部分边检总站加强现场驻守备勤，在重点口岸限定区域实施武装巡逻，在陆地口岸旅检现场启用X光机实施行李物品重点检查；部署环深圳及周边地区边检机关的10个边检总站、边防总队开展为期两个半月的航行港澳小型船舶专项整治行动。行动期间，广东边检机关共普查航行港澳小型船舶信息2 000余条，查获多起非法搭靠、非法登轮等违法违规案件，为深圳大运会成功举办营造了良好的环深圳水域出入境环境。

【创新管理模式，提高海港科学化管理水平】 为切实提高新形势下港口边防检查工作科学管理水平，公安部出入境管理局在天津举办了提高港口边防检查工作科学管理水平座谈会，分析了当前海港边检工作面临的形势，研究了工作思路和措施，部署了上海、广州边检总站进行海港风险评估试点。有关边检总站、边防总队贯彻落实座谈会精神，积极研究提高海港边检服务水平的工作思路和措施，通过引进和细化风险评估机制，推动海港边检管理模式创新实践。天津边检总站全面推行国际航行船舶风险评估机制，进一步修订《国际航行船舶安全风险评估办法》，引导船舶代理公司和港口作业单位成立天津边检报检协会，建立了从业人员资格审查机制。上海边检总站通过分析码头、船舶、船员等因素，对港区、国际航行船舶、代理公司等进行了分类管理。广州边检总站对港口勤务组织模式、电子登轮证、代理诚信管理、往来港澳小型船舶简化手续等进行了积极探索。厦门边检总站针对厦门港区特点，修订了巡查监护勤务方案，不断完善海港管理模式，进一步提高港区管理效能。汕头边检总站在完善《汕头海港口岸限定区域管理办法（试行）》的基础上，制定了"口岸限定区域管理办法实施细则"，开展了对往来港澳小型船舶风险评估的研究工作。福建福清、河北唐山边检站积极创新管理手段，以口岸管理效能化、警力配置科学化、通关环境便利化为突破，着力推进海港边检勤务模式改革试点工作。

【夯实基础工作，执勤执法能力显著提高】 2011年，公安部出入境管理局先后举办了服务定式、证件鉴别、防爆处突等多期专题业务培训班及边检业务干部培训班，初步建立了边检机关业务教学、法制及外语或少数民族语言专项人才库，不断培养和充实业务骨干队伍。为进一步规范、细化边检机关执法工作，研究起草了《出入境边防检查机关执法细则》，参照《国际民航公约附件九》的相关规定规范了边检机关退运外国人时出具遣返文书问题。深圳边检总站组织伪假证件识别、警务技能等专项培训班40余期，培训人员5 000余人次。北京边检总站启动了"业务论坛"系列主题交流活动,采取经验交流和对抗演练等形式将业务骨干和专家推上前台。海口边检总站根据岗位任务和需求进行分类施训,探索将大而全、规模化培训调整为针对性强、模拟实战的"短平快"培训。广州边检总站举办了询问技巧、人像识别等查验技能培训班,开展了业务和技术技能竞赛,探索以赛促训、以考促学的业务培训新模式。厦门边检总站先后组织5期执法专项培训,对行政案件办理岗位的民警进行岗前任职资格考试,编制印发了《办理行政案件程序规定条文对照表》,深化民警对规定的理解运用。珠海边检总站根据"专家—骨干—检查员"的培训思路,组织执勤人员开展了轮值轮训,突出了"贴近实战、针对性强、考核全面、课题应用"的特点。汕头边检总站举办了执法工作培训班,明确了简易程序等相关内容的适用,提高了执法办案水平。江苏连云港边检站编写了《连云港边检站执法执勤标准手册》、《旅客检查现场执勤情景应对指南》、《梯口执勤现场情景应对指南》等勤务组织规范。

【强化科技应用,信息化水平不断提升】针对日益繁重的工作任务,各级边检机关继续加大科技手段在边检执勤中的应用力度。公安部出入境管理局积极推进"证件研究网"升级改版和"出入境证件样本数据库系统"筹建工作,指导局证件研究室和各边检站做好样本采集、证研信息发布工作;积极跟进API系统维护工作,与技术部门共同研究解决数据传输及维护等问题;召开自助通关研讨会,明确自助通关的发展方向,实现自助通关人员在一个口岸备案信息后全国数据共享;对各边检总站研发的适合边检工作实际情况的信息系统进行推广,起到了良好的借鉴示范效果。天津边检总站充分发挥船舶梯口智能监控系统功能,增加了操作软件整合、监控传输网络延伸等新功能。北京边检总站配合新勤务指挥中心的启用,研发了综合查询系统,实现了对"梅沙"系统勤务数据的整合、硬件设备的电子化管理和执勤人员的量化考核。上海边检总站自主研发了中国公民出境游旅游团成员未入境核查系统,有力打击了利用组团出境游形式滞留境外、实施偷渡的行为。厦门边检总站在海港边检站启用集装箱微震侦测系统,升级船舶检查监护管理系统,用警效能和工作效率大幅提高。珠海边检总站研发了"工作人员通道指纹验证系统",整合口岸通行证件查验系统和指纹识别系统,有效防止不法分子混入口岸限定区域。汕头边检总站正式启用海港信息综合查询系统,着手研发建设海港口岸出入境船舶动态监管系统。

【深化交流合作,拓展国际移民管理话语权】2011年,公安部出入境管理局与美国、英国、印尼、瑞士、德国、老挝、泰国、澳大利亚等国家,以及香港、澳门等地区移民(边检)部门开展了双边交流与合作,加强了与德国、美国、澳大利亚等外国驻华使领馆及外交代表机构的沟通联系,组织有关边检总站证件研究专家赴澳大利亚交流访问,与香港入境事务处深化了口岸查获非法出入境情况交流机制,继续就德国、美国空警持武器抵离国内有关航空口岸加强沟通协调,进一步规范其出入境流程。公安部出入境管理局会同公安部边防管理局积极参加并跟进GMS(大湄公河次区域)、APEC、国际海事组织、上海合作组织、巴厘进程,以及中朝、中俄、中缅、中蒙、中哈、中老、中越等多边及双边会谈会晤机制。各基层单位也开展了广泛的对外交流。通过交流合作,跟进掌握了相关国家、地区边检工作的最新发展趋势,进一步加深了了解,明确了合作方向,同时也有效宣传和展示了我国边检机关近年来在服务和管控方面取得的成果,增强了在国际移民管理领域中的话语权。

(公安部出入境管理局提供)

2011年出入境检验检疫工作概要

中华人民共和国国家质量监督检验检疫总局

2011年是"十二五"开局之年,全国出入境检验检疫系统在邓小平理论、"三个代表"重要思想的指引下,以科学发展为主题,以加快转变经济发展方式为主线,更加注重发展质量,更加重视质检工作成效,围绕"抓质量、保安全、促发展、强质检"十二字方针创新扎实地开展工作,完善质量体系机制,科学严密监管质量安全,更好地服务经济社会发展,大力建设法治质检、科技质检、和谐质检,各项工作稳步推进,取得了显著成效。

【全面开展质量发展规划工作】 编制《质量发展纲要2011～2020年》和《质量监督检验事业发展"十二五"规划》,提出建设质量强国的目标任务。组织了以"建设质量强国、共创美好生活"为主题的全国"质量月"活动,开展了世界标准日、计量日、认可日等活动。联合教育部门,启动中小学质量教育社会实践。232名人大代表和政协委员在全国"两会"上提出加强质量工作的建议和提案。26个省(区、市)实施质量兴省(区、市)战略,超过83%;开展质量兴市(县)活动的市(县)达2 600个,超过90%。推动地方政府负总责、企业负主责、监管部门承担监管责任的质量责任体系建设,建立企业质量信用信息档案和产品质量信用信息平台,完善进出口食品企业"黑名单"制度,健全平板电视机、家用汽车等产品"三包"质量责任制度。细化检验检疫信用管理等级,增设AA级信用企业。建立了国内产品和进出口商品质量状况分析报告制度,按时向各级政府报告。联合国家统计局在6个省市开展产品质量合格率统计调查试点。联合国家发展改革委、国家知识产权局等7个部门共同部署实施品牌建设工作,批准9个园区筹建"全国知名品牌创建示范区",在7个省市开展品牌价值测算试点。有13个省(区、市)将质量工作纳入政府工作目标或绩效考核,23个省市设立政府质量奖。隆重表彰了190个全国质量工作先进单位和先进个人,树立了9个全国质量工作先进标兵。

【严格实施风险管控和检验检疫监管】 成立产品质量安全风险监测中心,组建新一届动植物检疫风险分析委员会,建立动植物检疫、食用农产品和饲料安全风险信息平台及卫生检疫风险预警平台,开展儿童玩具、学生文具等消费品安全风险监测和产品伤害监测,加强进出口商品风险分析、食品农产品等重点产品的风险监测和预警,建立产品质量安全舆情监测制度。强化食品生产加工环节风险监测,开展乳制品"三全五查"工作。严格实施准入制度,吊销注销食品和工业产品企业生产许可证1.5万张。重点对1 176家乳制品企业进行重新审核,依法吊销注销生产许可证426家,限期整改107家,淘汰了40.4%的企业。新建国家级农业标准化示范区460个,确定出口食品农产品质量安全典型示范区50个,建立省级出口工业产品质量安全示范区35个、有机产品认证示范区11个。严格生产企业监管,日常巡查和突击检查食品生产单位143.9万次,发现问题14.3万个。深化出口企业分类管理,将6.5万家出口企业纳入分类管理。强化出口食品企业监管,清查出口种植养殖备案场4 470家,将55家严重违规出口企业列入"黑名单"。组织对1.9万家企业生产的156类2.1万批次重点产品实施国家监督抽查,产品抽样合格率87.5%,查处不合格产品2 621批次,曝光不合格产品生产企业2 566家。组织开展了电线电缆、手机、三相异步电动机、电力变压器、童装等5种重点产品质量提升活动。召回汽车182万辆、家电产品184万件。开展16次专项执法打假行动,出动执法人员127.3万人次,查处违法案件10.5万起,查获假冒伪劣产品货值53.3亿元,其中查处食品质量违法案件2.8万起。与公安机关建立健全了质检行政执法与刑事司法衔接机制,移送公安机关处理919起。对201个重点产品生产集聚区开展区域整治,涉及产品20大类、生产企业2.4万家。按照"五抓五保证"的要求,推进"双打"专项行动,检查汽配、手机等生产企业21.4万家,查处违法案件3.49万起,涉案货值11.7亿元。整顿检验检疫通关秩序,查获假检验检疫证书2.6万多份、假印章494枚,查处非法进出口商品检验鉴定机构88家。开展了打击假冒进口葡萄酒、假冒伪造有机产品认证和3C证书及标志专项活动。严厉打击食品非法添加和滥用食品添加剂行为,立案查处违法案件5 645起。

【加强口岸综合能力建设和疫病疫情防控】 参与21个国家对外开放口岸审理工作,加快推进"两个平台"、"一机两屏"口岸综合能力建设。全系统共查验出入境人员3.79亿人次,发现患有传染病疑似病例7 505例,同比增长211.15%;现场确诊传染病700例,同比增长44.03%。开展传染病监测体检102.7万人次,检出各类传染病3.9万例,预防接种98.4万人次。截获各类医学媒介生物747.6万只,检出核辐射有害因子超标1 561次。查验进出境动植物及其产品196.5万批次、货值1 544亿美元,截获有害生物3 797种48.6万次,同比分别增长3.6%和21%,其中检疫性有害生物234种3.9万次。完成供港澳活动物检验检疫6.5万批次。检验进出口工业品1 300万批、货值1.2万亿美元,检出不合格品6.9万批、货值537.6亿美元。查验进出口食品247.8万批823.3亿美元,检出不合格2 754批。

【积极推进"大通关"建设步伐】 建设电子申报与电子放行系统、推行"绿色通道"和"直通放行"制度、认可企业自检结果、开展国际电子证书联网核查、对出口机电和食品实行过程监管、实施出口免验、实行全天候报检等措施,提高货物和交通工具检验检疫通关速度。全面推动检验检疫窗口标准化建设,印发检验检疫窗口标准化基础设施规范、窗口标准化服务规范和窗口标准化建设实施方案,召开西部、东部两次窗口标准化建设座谈会,考察窗口标准化建设和开展"创先争优"活动的实际情况,并对102个窗口的示范达标情况进行了验收。启动中国电子检验检疫主干系统建设。积极推进信息化项目的管理工作,截至11月底,完成4个检验检疫"大通关"应用开发项目、12个维护项目的立项工作。开展进口电子监管项目建设工作,解决电子监管进口部分和出口部分协同升级问题。积极推动电子口岸建设,对信息交换与共享,"一次录入,分别申报"等热点工作提出了明确要求。完善检验检疫信息化管理制度建设。

【严格处置突发事件】 积极应对日本核泄漏、德国大肠杆菌疫情、台湾塑化剂、香港禽流感、新疆脊髓灰质炎疫情、瘦肉精、地沟油、锦湖轮胎等重大事件,妥善处置美国食品李斯特杆菌污染、东南亚黄鳝寄生虫、燕窝亚硝酸盐超标、韩泰轮胎、"瘦身"钢筋、粉末砖头、黑心棉、北京地铁电梯事故、豆浆机润滑油、玩具邻苯二甲酸酯等一系列问题。加大正面宣传和舆论引导力度,每月召开一次新闻发布会,发布新闻通稿172篇,其中中央电视台《新闻联播》播出46条。

【服务保障改善民生】 积极推进"12365"、政务大厅、质检报刊、质检网站等窗口和平台建设,畅通人民群众质量问题诉求渠道。"12365"2011年共受理群众举报投诉咨询102.7万件,同比增长46.7%。26个直属检验检疫局与当地质监局实现"12365"系统互联互通。加强对涉及民生产品的监督抽查,加大后处理力度。继续组织开展建材整治、农资打假下乡、清新居室、诚信计量等活动,查获劣质建材货值22.1亿元、假劣农资货值9 595万元。进一步规范口岸食品卫生监督检测工作,对航食企业、餐饮单位、食品经营单位监管3万次。

【积极服务经济社会发展】 与10省市签署合作备忘录,与国资委、中科院、总参谋部、总后勤部签署质检合作协议。出台支持中原经济区建设、重庆市建设对外开放高地、云南对外开放"桥头堡"等区域经济发展和开放的政策意见。加大援藏援疆工作力度,签订援助协议99份,确定对口援助资金1.1亿元,科技援助项目180个,派遣援助干部185人。推出1.2万个服务项目、9 000多条改进服务的措施,集中解决人民群众反映的突出问题7 000多个,推进能源管理和节能产品认证,节约标准煤折合3 000多万吨,签发原产地证书获进口国减免关税84亿美元。推进地理标志保护示范区建设。完善能效、能耗标准及节能基础标准,新批准发布35项节能环保国家标准,提高了水泥、钢筋、电石等生产许可准入门槛。加强对"两高一资"出口商品的检验把关,严格进口商品能效标志查验。圆满完成西安园博会、深圳世界大学生运动会、中国—亚欧博览会等重大国际活动质检保障任务。出台一系列促进外贸发展的措施,着力帮助企业增强国际市场竞争力,提高检验检疫通关便利化水平。做好一般、普惠制和区域性优惠原产地证书签证工作,试点开展生态原产地产品保护工作,新增获国外注册食品企业649家。完成250万吨储备进口玉米检验检疫任务,完成10万头种牛、1.6万头种猪的引进工作,成功实现大闸蟹5年之后重回台湾市场。

【大力强化基础保障能力】制定发布10件部门规章,积极推动3部法律、3部行政法规和10余部规章的修订工作,清理规章178件、规范性文件2 200多件。2011年办理行政复议案件53件、行政诉讼案件5件。启动"六五"普法工作。加大政务公开力度。加强审计监督,建立业务工作质量督察机制。建立绩效考核体系,全面开展质量管理体系建设。认真抓好科技质检建设的顶层设计,发布"十二五"科技发展规划,成立总局科学技术委员会。抓好项目凝练与科技人才培养。推进检测联盟建设试点,加大质检检测资源整合重组。全系统国家质检中心已达到384个,新批准筹建38个,开展国家质检中心分中心建设。国家检测重点实验室达到320个,新批准筹建17个。国家型评价实验室达到128个,新批准筹建4个。加强和谐质检建设课题研究,加强质检文化建设。深入开展"为民服务、创先争优"活动,扎实推进窗口建设。全国文明单位总数增至46个。

【深化质检国际交流合作】积极参与WTO贸易便利化、GMS贸易和交通运输便利化等各项国际合作,完善技术性贸易措施服务体系,发布WTO成员提交的2 677项措施通报,对341项通报提出评议意见。国家质检总局领导2011年会见来访的46个国家和地区的103个代表团,其中部长37位、大使20位,与16个重要贸易伙伴国召开质检合作磋商机制会议,成功召开首届中国—东盟TBT合作部长会议,与31个国家和地区签署72份协议,首次与俄罗斯建立动植物检验检疫与食品安全合作机制。参与实施内地与港澳建立更紧密经贸关系协议(CEPA)和两岸经济合作框架协议(ECFA)。针对日本肯定列表制度、欧盟化学品安全管理法规、欧盟玩具新指令等国外技术性贸易措施,深入开展应对措施研究。

(国家质量监督检验检疫总局提供)

2011年海事工作概要

中华人民共和国交通运输部海事局

2011年,在交通运输部党组的正确领导下,在全系统干部职工的共同努力下,直属海事系统全面履行"三保一维护"职责,大力开展"四型海事"建设,安全监管和航海保障水平有效提升,队伍建设和科技创新能力不断增强,基础设施和装备状况明显改善,依法行政和规范管理效能稳步提高,核编转制和港建费征收稳中有序,各项重点工作全面完成,海事"十二五"发展实现良好开局。

【坚持标本兼治,强化应急处理,安全监管工作成效显著】 2011年,全国规模以上港口完成货物吞吐量90.7亿吨,完成集装箱吞吐量1.6亿标箱,同比分别增长11.9%和11.4%。进出港船舶18 156 250艘次,同比增长15.8%。征收船舶港务费39.5亿元,同比增长13%。全年共发生运输船舶交通事故298件,死亡失踪291人,沉船175艘,直接经济损失39 154.8万元,同比分别减少10%、11.6%、10.3%,增加21%,水上交通安全形势稳中趋好,得到了部党组的肯定和社会各界的认可。一是通航安全管理实现新突破。海事局制定发布了《全国沿海船舶定线制总体规划》和《全国沿海船舶航路总体规划》,对规范沿海船舶航行秩序、改善通航环境、提高水上交通效率起到了重要作用。砂石运输治理和船舶治超工作取得显著成效,渤海水域砂石船事故数量同比下降53%,长江干线因船舶超载引发的事故同比下降91.7%。加强水域巡航监管,全年巡航里程达806.8万海里,巡航时间87.7万小时。不断深化通航管理举措,江苏海事局全面实施网格化管理,山东海事局推行VTS(船舶交通服务)精细化和标准化管理。全国30个VTS中心共组织船舶进出港364.8万艘次,向船舶提供信息服务265.1万次。二是船舶和公司安全管理得到新提升。全年共办理船舶进出港签证17 557 297艘次,国际航行船舶进出口岸查验598 953艘次。实施FSC检查133 033艘次,PSC检查7 752艘次;实施公司审核1 509家,船舶审核3 391艘次,有2家公司和19艘船舶未通过审核。积极应对欧盟PSC检查新机制,完善了船舶开航前检查制度。认真实施《中华人民共和国船舶识别号管理规定》,全面展开船舶识别号的审查和授号工作。开展抵押权登记清查,解决船舶登记中发现的问题,保护了当事人的合法权益。积极推进船载电子海图和AIS(船舶自动识别系统)系统安装推广。建立公司安全管理约谈制度,深化公司诚信管理,促进企业安全生产主体责任的落实。探索实施航运公司安全管理风险等级评价机制与差别化管理,促进了航运企业改进安全管理水平。不断创新船舶和公司监管措施,如浙江海事局实施客运船舶开航前复诵等"五项制度",广东海事局联合12家驻粤水运行业央企开展"安全发展"共建活动。三是船舶检验管理工作进入新阶段。组建船舶安全技术中心和分中心,建立船舶吨位丈量统一管理机制,为杜绝"大船小证"现象、提高船舶检验质量提供了有力保障。全面实施船舶建造重要日期确认工作,有效规范船舶建造行为。进一步规范船体颜色标志和载重线勘划,为防止营运船舶超载提供了技术保障。开展进口"二手船"和游艇检验专项检查。研究制定推进船舶节能减排的总体方案,促进行业绿色发展。四是船员管理和服务工作达到新水平。全年共有165 908人次参加船员考试,办理海员证91 321本,开具出境证明65 910份,审批各类船员培训机构247家、船员服务机构566家。完成了履行STCW(1978年海员培训、发证和值班标准国际公约)公约《马尼拉修正案》的各项准备工作。开展船员培训机构师资培训,对80%的专业、特殊培训师资进行了集中培训。修订船员适任考试大纲和评估规范,优化了船员适任能力考核标准。结合首个世界海员日活动,在上海召开中国海员大会,宣传船员的贡献和作用,营造关注、关爱船员的浓厚氛围。在舟山设立中国海员技能大比武基地,举办首届大比武活动。稳步推进《2006年海事劳工公约》各项履约准备,山东、福建、广东等海事局推动建立了省级水上劳动关系三方机制,上海、天津、辽宁等海事局牵头成立了船员服务协会,船员合法权益得到了有效保障。五是防止危险货物运输和防治船舶污染奠定新基础。贯彻实施《危险化学品安全管理条例》,明确船舶载运危险货物监督管理要求,保障水路危险货物运输安全。开展船舶污染清除单位资质审查,落实船舶污染清除协议制度,提高船舶污染应急防备水平。牵头开展辽东湾海洋石油勘探开发溢油污染风险和陆源溢油污染风险防范大检查。开展港口、码头安全和防污染能力的风险评估和验收,增强了防治船舶污染的能力。进一步完善船舶油污强制保险制度,推动了船舶油污损害赔偿基金的建立。六是水上应急处置和事故调查处理取得新成果。全年共组织搜救行动2 177次,搜救遇险船舶2 150艘,获救人员18 712人,搜救成功率96.7%,成功处置"达飞利波拉"轮搁浅等事故。防抗台风工作实现连续8年中国籍运输船舶人员"零死亡"。组织南海部际联合海上搜救演习、中俄界河应急联合演习。建立完善水上交通事故肇事逃逸处理程序,严厉打击肇事逃逸行为。印发了《涉外海上事故或事件安全调查管理规定》,规范涉外海事调查处理工作。加强海事调查国际合作,与国外海事调查部门联合调查处理了"中远香港"轮碰撞渔船等事故。积极参与渤海蓬莱19-3平台溢油污染事故的应急和调查处理工作。七是维护国家权益方面跃上新台阶。加强对中越海上分界线、北部湾海域、东海油气开采作业水域的监管,有力维护了国家海洋权益。界河管理取得新突破,制定颁布了《中俄国境河流航行规则》,建立了中朝两国海事部门定期会晤、联合巡航检查等机制。配合海军完成在亚丁湾和索马里的护航任务,协调各方处置了多起船舶遭遇海盗袭击事件。参与湄公河"10·5"事件调查处理,积极发挥海事在解决国际性问题方面的作用。

【注重协调发展,优化助航模式,航海保障水平显著提升】 一是航标和AIS助航效能进一步发挥。我国沿海设置的各类航标达10 011座,航标正常发光率99.92%。开展海区航标效能评估,适时调整航标布局,确保了航标配布,满足经济和安全需求。全年共启动应急设标132座,未发生由于航测原因而引发的水上交通次生事故。内河AIS岸基网络系统基本建成,共设置5个水系管理中心、17个辖区中心和179座基站,实现了内河与沿海AIS岸基网络系统的互联互通,基本覆盖了黑龙江和松辽水系、京杭运河与淮河水系、长江及珠江水约12 000公里内河高等级航道。二是测绘能力和服务水平进一步提升。全年海域测绘面积达26 776.5平方公里,编绘、更新出版各种比例尺港口航道图301幅、电子海图240幅;发行纸质海图210 693张、电子海图421 569幅。建立了沿海港口航道图使用效能评估制度。编制完成《中国沿海港口航道图规划目录》,解决了中国沿海港口航道图覆盖全面性、现实性与适用性之间的矛盾。完成内河电子航道示意图校核测量与制作一期工程,测量里程达5 748公里、桥梁402座,制作内河电子航行示意图604幅。

【发挥专业优势,融入发展大局,综合服务效能不断凸显】 一是积极服务经济建设。各级海事机构主动服务国家海洋经济发展战略,为区域性国家发展规划提供海事支持。积极服务港珠澳大桥、中朝鸭绿江大桥等重大涉水工程建设,加强长江口12.5米深水航道上延至太仓后的通航安全管理工作。广东海事局积极打造水上快速航路、推进航运企业"转型升级",服务广东省"十二五"国民经济和社会发展。浙江海事局重点发挥安全保障、政策引导、信息服务三大作用,助推海洋经济发展和舟山群岛新区建设。黑龙江海事局服务口岸快捷通关,促进了中俄国境贸易发展。二是更加注重民生安全和发展。对客滚船实施严格监管,烟台—大连客运航线实现连续10年安全营运。基层一线特别是偏远地区的广大海事执法人员,日夜守护,倾力奉献,打造了"平安渡、放心船"等海事服务品牌,长江海事局建立"116"机制,辖区渡运实现连续42个月零死亡;广西海事局推动落实各方安全责任,建立了"学生渡"安全保障机制。各级海事部门为电煤、油品、海岛生产生活必需品等关系民生发展的重要物资运输保驾护航。海南海事局积极开辟海上绿色通道,保障了农产品出岛顺畅。深圳海事局努力打造"海上安全特区",取得较好社会反响。三是公共服务效能进一步提升。直属海事系统公共网站群基本形成,政府信息公开效率得到提高。加强船员网和船员招募网建设,为航运界提供信息查询、船员招聘等公共服务。进一步完善船舶登记规程,开展特殊登记制度研究,为航运保险、融资发展提供了支持。制定了《大型涉水活动水上交通管控和应急保障工作指南》,固化了上海世博会、广州亚运会等重大水上交通安全保障工作的成功经验。

【稳步实施改革,拓展对外交流,海事发展内外环境日益改善】一是核编转制稳步推进。争取中编办、财政部、国家公务员局的支持,在人员转制范围、学历要求、考试考核等方面争取了有利政策,最大限度地维护了职工权益。按照交通运输部党组确定的"先落实、后争取、再理顺"的海事核编原则,部海事局及各直属局均成立专项工作组,认真听取职工心声,及时反馈有关意见和建议,不断优化实施方案。周密组织开展过渡人员审核、过渡方式确认、相关知识培训等工作,精心营造良好的考试氛围,过渡人员考试顺利完成。积极开展前期调研和政策争取工作,竭尽全力为航海保障和后勤管理单位的组建和人员安置创造最有利条件。成立北海、东海、南海航海保障中心筹备组,各航海保障中心组建工作正式启动。二是港建费征收工作顺利接管。各级海事机构成立专项工作部门,认真组织前期调研、人员培训、交流沟通等活动,累计召开各类动员会、宣传贯彻会近千场,培训征管人员、代收人员近万人次,为成功接管港建费征收工作奠定基础。各征收单位特别是一线征管人员坚决贯彻国务院、财政部和交通运输部的工作要求,团结协作、科学实施,基本达到了接管到位、顺利征收的预期目标。自接管以来,累计征收港建费38.8亿元。三是对外交流合作不断扩大。积极参与IMO(国际海事组织)、IALA(成立于1957年的民间航标组织)、IHO(国际海道测量组织)等国际组织会议。向IMO提交提案23份,提案数量和质量均有了大幅提高。积极推进海事履约机制建设,印发了《中国海事履约规则》等4个海事履约体系文件,为履约体系的建立、运行及实施审核提供标准和指南。首次派员参加IMO对其他成员国履约情况的自愿审核。参加北太平洋海岸警备机构论坛、亚洲海岸警备机构首脑会议等区域性会议,与香港海事处、韩国海洋政策局、东盟等机构定期举行双边会议,加强了与周边国家(地区)海事主管机关的信息交流、经验共享和业务合作。

【强化人才保障,注重科技引领,海事综合实力明显增强】一是队伍建设步伐加快。每人80学时年度培训要求得到了有效落实,全年累计开展各类培训128期,培训人员6 000余人次,队伍整体素质明显提高。选派了18名业务骨干分赴IMO、澳大利亚和英国学习深造,人员培养层次显著提高。建立了涵盖12个专业的中国海事专家库。二是装备设施建设力度加大。全年共有在建基本建设项目164个,年度投资计划13.1亿元。建设完成VTS工程7个,雷达站40个,VHF(特高频)工程6个,VHF基站100个,溢油设备库11个,码头基地工程15个;新增公务船艇49艘,2架海事巡航直升机正式列编,智能无人测量船完成研制并投入使用,有力提升了海事管理水平。三是科技信息化工作成果丰硕。全面实施海事信息系统顶层设计,完成安全等级定级,启动中国海事局船舶动态监控中心筹建和船舶电子标签发放工作。海船船员信息系统改造和海船船员卡建设工程竣工,实现了海员管理各个环节全覆盖。中国船舶远程识别与跟踪系统工程建设顺利完成,国家数据中心在搜救、安保和反海盗等工作中发挥了积极作用。船舶吨位丈量系统、港建费系统、防污染管理系统完成开发并推广使用。大力加强科研工作,全年部海事局直接安排科技项目81个,资金投入3 255万元。山东海事局牵头完成的"渤海海域溢油污染预测预警技术"获得中国航海科技奖一等奖。

【推进依法行政,改进内部管理,规范管理水平持续提高】一是建立完善海事法律体系。加强与国家有关部门沟通,启动《海上交通安全法》修订工作。推动颁布了《海员外派管理规定》等4个部令,完成了《船舶载运非冷冻液化气体罐柜技术要求》等行业标准的制定和修订工作。推动出台了《山东省海上搜寻救助办法》等地方性法规。二是切实规范海事执法行为。统一推行《海事许可类业务工作流程》,实现了业务办理程序、文书台账、信息系统及印章"四个统一"。加大执法督察工作力度,出台了《海事行政执法监督管理办法》。组织专题调查研究,为统一推行海事调查取证规则和行政处罚自由裁量标准奠定了基础。辽宁海事局率先开展民意实时回访,创新了执法监督举措。三是积极加强和改进内部管理。各直属局建立运行履约质量体系。强化目标管理考核,突出管理重点,量化考核指标,有力推动了各项重点工作的落实。

(交通运输部海事局提供)

第三篇

2011 年度全国口岸运行情况

2011年度全国口岸运行情况通报

为进一步提升全国口岸管理水平,加快推进我国口岸科学规划、建设和发展,为宏观管理提供参考,现将2011年度全国口岸运行情况通报如下。

【口岸运行基本情况】 截至2011年底,全国共有经国务院批准的口岸283个。全年通过全国口岸直接进出的货运总量达20.09亿吨(2010年为19.29亿吨,同比增长4.1%),其中水运口岸19.05亿吨,铁路口岸0.4亿吨,公路口岸0.58亿吨,航空口岸0.06亿吨;出入境人员41 084万人次(2010年为38 377万人次,同比增长7.1%,未含持边民通行证进出的人员,下同),其中公路口岸31 072万人次,航空口岸7 572万人次,水运口岸1 669万人次,铁路口岸771万人次;出入境交通工具2 482.4万辆(艘、列、架)次(2010年为2 398.5万,同比增长3.5%),其中汽车2 374.3万辆次,船舶49.6万艘次,飞机52.9万架次,火车5.6万列次。

【口岸效益达标情况】 对13个因代码无法分开被合并统计的口岸、4个内陆口岸、13个开放未满3年的口岸不进行达标统计,部分政府间协定的陆运铁路和公路口岸未纳入达标率统计(见"全国口岸统计情况说明表"),本次统计符合达标测算条件的口岸共有238个,其中水运120个、航空60个、铁路11个、公路47个。

(一)达标情况

达到客、货运量运行指标的口岸共204个,占统计总数的85.7%(2010年达标率为83.9%)。其中水运口岸107个,占同类统计总数的89.2%;航空口岸42个,占同类统计总数的70%;铁路口岸8个,占同类统计总数的72.7%;公路口岸47个,占同类统计总数的100%。

(二)未达标情况

未达到客、货运量运行指标的口岸共34个,占统计总数的14.3%。其中水运口岸13个,占同类统计总数的10.8%;航空口岸18个,占同类统计总数的30%;铁路口岸3个,占同类统计总数的27.3%;公路口岸未达标数为零。

【简要分析】 2011年口岸整体运行形势趋于平稳,在各口岸部门的共同努力下,全国口岸总体运量水平同去年相比稳步提升。总体而言,全国口岸通过能力和通关环境不断改善,口岸效益进一步提高,口岸布局总体上与国家对外开放和社会经济发展要求基本适应,但也存在部分地区不重视口岸管理,口岸布局不合理,口岸规模效益发挥不好等问题。

(一)按口岸类型比较,水运、铁路和公路口岸运行效益相对较好,航空口岸达标率有所提高

2011年,水运口岸、公路口岸达标率同2010年相比基本持平,铁路口岸与2010年相比略有下降,航空口岸的达标率有所提高。

航空口岸的整体达标率仍然较低,60个航空口岸中仅42个口岸达到客、货运量标准,达标率为70%。其中,沿海地区27航空口岸4个未达标;沿边和内陆地区未达标航空口岸较多,沿边地区16个航空口岸7个未达标,内陆地区17个航空口岸7个未达标;呼和浩特、太原、贵阳、石家庄等部分近几年均未达标的口岸今年首次达标,齐齐哈尔、西宁等口岸近年来基本无运量。

(二)按口岸所在区域比较,沿海地区口岸效益优势明显,沿边地区口岸次之,内陆地区口岸效益达标任务仍重

沿海地区132个口岸中有122个口岸达标,达标率为92.42%;沿边地区76个口岸中有63个口岸达

标,达标率为82.89%(考虑到边境口岸的运行状况受邻国影响较大,部分口岸虽未达标,但未纳入达标率统计,因此达标率相对较高);内陆地区27个口岸中19个口岸达标,达标率为70.37%。

未来5年是加快口岸发展的重要战略机遇期。希望各地认真总结分析2011年口岸运营情况,深入查找未达标的原因,根据《国家口岸发展规划(2011~2015年)》的总体要求,切实采取有效措施,重视并加强口岸管理,提升口岸管理水平,整合优化口岸布局,改善口岸设施,提高口岸运行效率,为加快转变经济发展方式、促进外向型经济发展提供更有力的服务与保障。

全国口岸统计情况说明表

截至2011年底,共有国家对外开放口岸283个。本次统计仍将全国口岸按属地分为沿海地区、内陆地区、沿边地区3类区域。沿海地区为:辽宁、北京、天津、河北、山东、江苏、上海、浙江、福建、广东、海南11个省(市);内陆地区为:甘肃、青海、宁夏回族自治区、陕西、山西、河南、湖北、湖南、安徽、重庆、四川、贵州、江西13个省(区、市);沿边地区为:黑龙江、吉林、内蒙古自治区、新疆维吾尔自治区、西藏自治区、云南、广西壮族自治区7个省(区)。

13个因代码无法分开被合并统计的口岸、4个内陆口岸、13个开放未满3年的口岸不进行达标统计;边境口岸的运行状况受邻国影响较大,政府间协定的口岸未参照"十一五"规划中货(客)运量标准,因此部分边境口岸虽未达标,但未纳入达标率统计;同时,考虑到内陆地区少数水运口岸受自然条件限制,国际航行船舶难以直接进出,其货运量统计包含转关运输货运量;2011年持边民通行证进出的人员超过2 360万人次,集中在云南、广西壮族自治区、西藏自治区、内蒙古自治区、吉林等省(区)。

表1 合并统计的水运口岸情况

序 号	被合并口岸	并入口岸	省 别
1	东角头港、赤湾港、妈湾港	蛇口港	广东
2	企沙、江山	防城港	广西壮族自治区
3	石头埠	北海港	广西壮族自治区
4	洞头	温州港	浙江
5	大陈、红光	台州港	浙江
6	黄兴岛	舟山港	浙江
7	桦川	佳木斯港	黑龙江
8	绥滨	富锦港	黑龙江
9	绿华岛	上海港	上海
合计	13	9	

表2　运量未达标但列入双边协定不进行达标率统计的口岸

序　号	口岸名称	口岸性质	省　别
1	室韦	公路	内蒙古自治区
2	阿日哈沙特	公路	内蒙古自治区
3	图们	铁路	吉林
4	集安	铁路	吉林
5	珲春	铁路	吉林
6	开山屯	公路	吉林
7	临江	公路	吉林
8	沙坨子	公路	吉林
9	虎林	公路	黑龙江
10	密山	公路	黑龙江
11	龙邦	公路	广西
12	河口	铁路	云南
13	金水河	公路	云南
14	普兰	公路	西藏自治区
15	吉隆	公路	西藏自治区
16	红山嘴	公路	新疆维吾尔自治区
17	阿黑土别克	公路	新疆维吾尔自治区
18	木扎尔特	公路	新疆维吾尔自治区
19	卡拉苏	公路	新疆维吾尔自治区
20	乌拉斯台	公路	新疆维吾尔自治区

表3　未统计的内陆铁路、公路口岸

序　号	口岸名称	口岸性质	省　别
1	哈尔滨	铁路	黑龙江
2	郑州	铁路	河南
3	河源	公路	广东
4	马鬃山	公路	甘肃

表4 国务院批准开放未满3年的口岸

序 号	口岸名称	口岸性质	省 别	开放时间
1	深圳大铲湾	沿海海运	广东	2009
2	揭阳	沿海海运	广东	2010
3	满洲里	沿边航空	内蒙古自治区	2009
4	满都拉	沿边公路	内蒙古自治区	2009
5	额布都格	沿边公路	内蒙古自治区	2009
6	晋江	沿海航空	福建	2009
7	北京西站	沿海铁路	北京	2009
8	上海站	沿海铁路	上海	2009
9	平孟	沿边公路	广西壮族自治区	2011
10	勐康	沿边公路	云南	2011
11	河口	沿边公路	云南	2011
12	丽江	沿边航空	云南	2011
13	长兴岛	沿海海运	辽宁	2011

表5 持边民通行证人员进出情况

序号	国别	人员(万人次)
1	中缅(甸)	中国籍192;缅甸籍1231
2	中越(南)	中国籍199;越南籍417
3	中老(挝)	中国籍33;老挝籍37
4	中尼(泊尔)	中国籍8;尼泊尔籍134
5	中蒙(古)	中国籍7;蒙古籍62
6	中朝(鲜)	中国籍30;朝鲜籍8
7	中印(度)	中国籍2;印度籍0.5

全国口岸统计情况一览表

序号	省别	数量	水运口岸 达标 名称	水运口岸 达标 数量	水运口岸 未达标 名称	水运口岸 未达标 数量	水运口岸 不统计 名称	水运口岸 不统计 数量	航空口岸 达标 名称	航空口岸 达标 数量	航空口岸 未达标 名称	航空口岸 未达标 数量	航空口岸 不统计 名称	航空口岸 不统计 数量	铁路口岸 达标 名称	铁路口岸 达标 数量	铁路口岸 未达标 名称	铁路口岸 未达标 数量	铁路口岸 不统计 名称	铁路口岸 不统计 数量	公路口岸 达标 名称	公路口岸 达标 数量	公路口岸 未达标 名称	公路口岸 未达标 数量	公路口岸 不统计 名称	公路口岸 不统计 数量
1	北京	2							北京	1									#北京西站	1				
2	天津	3	天津、渤中	2					天津	1														
3	河北	4	秦皇岛、唐山、黄骅	3					石家庄	1														
4	山西	1							太原	1														
5	内蒙古自治区	15							呼和浩特	1	海拉尔	1	#满洲里	1	满洲里、二连	2					满洲里、二连、策克、甘其毛都、珠恩嘎达布其、黑山头	6			▲室韦、▲日哈沙特、#额布都格、#满都拉	4
6	辽宁	12	大连、营口、丹东、锦州、葫芦岛、旅顺新港	6	庄河	1	#长兴岛	1	沈阳、大连	2					丹东	1					丹东	1				

35

续表

序号	省别	数量	水运口岸 达标 名称	数量	水运口岸 未达标 名称	数量	水运口岸 不统计 名称	数量	航空口岸 达标 名称	数量	航空口岸 未达标 名称	数量	航空口岸 不统计 名称	数量	铁路口岸 达标 名称	数量	铁路口岸 未达标 名称	数量	铁路口岸 不统计 名称	数量	公路口岸 达标 名称	数量	公路口岸 未达标 名称	数量	公路口岸 不统计 名称	数量
7	吉林	16			大安	1			长春、延吉	2									图们、集安、▲珲春	3	珲春、圈河、图们、三合、南坪、古城里、长白	7			▲开山屯、临江、▲沙坨子	3
8	黑龙江	23(2)	同江、黑河、抚远、萝北、嘉荫、饶河	6	富锦、绥滨(2)、佳木斯(川)、哈尔滨、▲逊克、▲孙吴、▲呼玛、▲漠河	7(2)			哈尔滨、牡丹江	2	佳木斯、齐齐哈尔	2			绥芬河	1			哈尔滨	1	绥芬河、东宁	2			虎林、密山	2
9	上海	3(1)	上海(绿华岛)	1(1)					上海	1									#上海站	1						

续表

序号	省别	数量	水运口岸 达标 名称	水运口岸 达标 数量	水运口岸 未达标 名称	水运口岸 未达标 数量	水运口岸 不统计 名称	水运口岸 不统计 数量	航空口岸 达标 名称	航空口岸 达标 数量	航空口岸 未达标 名称	航空口岸 未达标 数量	航空口岸 不统计 名称	航空口岸 不统计 数量	铁路口岸 达标 名称	铁路口岸 达标 数量	铁路口岸 未达标 名称	铁路口岸 未达标 数量	铁路口岸 不统计 名称	铁路口岸 不统计 数量	公路口岸 达标 名称	公路口岸 达标 数量	公路口岸 未达标 名称	公路口岸 未达标 数量	公路口岸 不统计 名称	公路口岸 不统计 数量
10	江苏	17	连云港、张家港、南通、南京、镇江、江阴、扬州、泰州、常州、太仓、常熟、大丰、如皋	13					南京、无锡、盐城	3	徐州	1														
11	浙江	8（4）	温州（洞头）、宁波、舟山（黄兴岛）、台州（大陈岛、红光）、乍浦	5（4）					杭州、宁波、温州	3																
12	安徽	7	芜湖、铜陵、马鞍山、池州	4	安庆	1			合肥	1	黄山	1														

续表

序号	省别	数量	水运口岸 达标 名称	数量	未达标 名称	数量	不统计 名称	数量	航空口岸 达标 名称	数量	未达标 名称	数量	不统计 名称	数量	铁路口岸 达标 名称	数量	未达标 名称	数量	不统计 名称	数量	公路口岸 达标 名称	数量	未达标 名称	数量	不统计 名称	数量
13	福建	12	福州、厦门、泉州、漳州、城澳、松下、肖厝、秀屿	8					厦门、福州	2	武夷山	1	#晋江	1												
14	江西	2	九江	1					南昌	1																
15	山东	16	青岛、烟台、威海、龙口、石白、石岛、岚山、蓬莱、莱州、龙眼、东营、潍坊	12					青岛、济南、烟台、威海	4																
16	河南	3							郑州	1	洛阳	1							郑州	1						
17	湖北	4	武汉、黄石	2					武汉	1	宜昌	1														
18	湖南	3	城陵矶	1					长沙	1	张家界	1														

续表

序号	省别	数量	水运口岸 达标 名称	水运口岸 达标 数量	水运口岸 未达标 名称	水运口岸 未达标 数量	水运口岸 不统计 名称	水运口岸 不统计 数量	航空口岸 达标 名称	航空口岸 达标 数量	航空口岸 未达标 名称	航空口岸 未达标 数量	航空口岸 不统计 名称	航空口岸 不统计 数量	铁路口岸 达标 名称	铁路口岸 达标 数量	铁路口岸 未达标 名称	铁路口岸 未达标 数量	铁路口岸 不统计 名称	铁路口岸 不统计 数量	公路口岸 达标 名称	公路口岸 达标 数量	公路口岸 未达标 名称	公路口岸 未达标 数量	公路口岸 不统计 名称	公路口岸 不统计 数量
19	广东	54(3)	九州、广海、惠州、蛇口（赤湾、妈湾、东角头）、盐田、水东、阳江、珠海、万山、南沙、虎门、湾仔、三埠、江门、肇庆、南海、斗门、鹤山、中山、容奇、新会、高明、新塘、福永码头、广州、湛江、汕头、汕尾、潮阳、潮州、莲花山	31(3)	大亚湾	1	#深圳大铲湾、#揭阳	2	广州、深圳、汕头	3	湛江、梅州	2			广州、东莞	2	肇庆、佛山、深圳笋岗	3			文锦渡、拱北、沙头角、皇岗、横琴、罗湖、深圳湾、珠澳跨境工业园区、福田	9			河源	1

续表

序号	省别	数量	水运口岸 达标 名称	水运口岸 达标 数量	水运口岸 未达标 名称	水运口岸 未达标 数量	水运口岸 不统计 名称	水运口岸 不统计 数量	航空口岸 达标 名称	航空口岸 达标 数量	航空口岸 未达标 名称	航空口岸 未达标 数量	航空口岸 不统计 名称	航空口岸 不统计 数量	铁路口岸 达标 名称	铁路口岸 达标 数量	铁路口岸 未达标 名称	铁路口岸 未达标 数量	铁路口岸 不统计 名称	铁路口岸 不统计 数量	公路口岸 达标 名称	公路口岸 达标 数量	公路口岸 未达标 名称	公路口岸 未达标 数量	公路口岸 不统计 名称	公路口岸 不统计 数量
20	海南	7	海口、三亚、八所、洋浦	4	清澜	1			三亚、海口	2																
21	广西壮族自治区	15(3)	防城(企沙、江山)、北海(石头埠)、钦州、梧州、贵港、柳州	6(3)					南宁、桂林	2	北海	1			凭祥	1					友谊关、东兴、水口	3	▲龙邦、#平孟	2
22	四川	1							成都	1																
23	重庆	2	重庆	1					重庆	1																
24	贵州	1							贵阳	1																
25	云南	16	景洪	1	思茅	1			昆明	1	西双版纳	1	#丽江	1					▲河口	1	河口、孟定、清水河、磨憨、天保、畹町、腾冲、瑞丽、打洛	8	▲金水河、#勐康	2

续表

序号	省别	数量	水运口岸 达标 名称	数量	水运口岸 未达标 名称	数量	水运口岸 不统计 名称	数量	航空口岸 达标 名称	数量	航空口岸 未达标 名称	数量	航空口岸 不统计 名称	数量	铁路口岸 达标 名称	数量	铁路口岸 未达标 名称	数量	铁路口岸 不统计 名称	数量	公路口岸 达标 名称	数量	公路口岸 未达标 名称	数量	公路口岸 不统计 名称	数量
26	西藏自治区	4									拉萨	1									樟木	1			▲普兰、▲吉隆	2
27	陕西	1							西安	1																
28	甘肃	2									兰州	1													马鬃山	1
29	新疆维吾尔自治区	18							乌鲁木齐	1	喀什	1			阿拉山口	1					阿拉山口、巴克图、吉木乃、霍尔果斯、吐尔尕特、塔克什肯、红其拉甫、老爷庙、都拉塔、伊尔克什坦	10			▲红山嘴、▲阿黑土别克、▲乌扎尔特、▲卡拉苏、▲乌拉斯台	5
30	宁夏回族自治区	1									银川	1														

续表

序号	省别	数量	水运口岸 达标 名称	水运口岸 达标 数量	水运口岸 未达标 名称	水运口岸 未达标 数量	水运口岸 不统计 名称	水运口岸 不统计 数量	航空口岸 达标 名称	航空口岸 达标 数量	航空口岸 未达标 名称	航空口岸 未达标 数量	航空口岸 不统计 名称	航空口岸 不统计 数量	铁路口岸 达标 名称	铁路口岸 达标 数量	铁路口岸 未达标 名称	铁路口岸 未达标 数量	铁路口岸 不统计 名称	铁路口岸 不统计 数量	公路口岸 达标 名称	公路口岸 达标 数量	公路口岸 未达标 名称	公路口岸 未达标 数量	公路口岸 不统计 名称	公路口岸 不统计 数量
31	青海	1									西宁	1														
	合计	274(13)		107(11)		13(2)		3		42		18		3		8		3				47				22
列入达标统计口岸数目		238				120						60						11						47		

注：
1. 表中"（ ）"内表示因统计代码无法分开被合并到其他口岸进行统计的口岸，共13个口岸；
2. 增加了深圳福永码头统计项目；
3. 8个沿边口岸（满洲里、阿拉山口、二连、河口、图们、丹东、珲春、绥芬河）根据实际情况按铁路和公路运输方式分别统计；
4. 6个以客运为主的海（河）港口岸（莲花山、广海、容奇、肇庆、福永、龙眼）在统计中以水运口岸标准作为参考；
5. 在不统计的项目中，"#"代表国务院批准开放未满3年的口岸；"▲"代表运量未达标但列入双边协定的口岸；该项目中的口岸不进行达标率统计。

2011年沿边地区海运口岸运营情况统计一览表

序号	省份	口岸名称	进出口货运量(吨)	排名	集装箱(箱次)	排名	出入境人员(人次)	排名	运输工具(艘)	排名
1	广西壮族自治区	防城,江山港,企沙(企沙)	54 867 366	1	124 638	1	64 381	1	3 301	1
2	广西壮族自治区	钦州港(果子山,钦州)	16 245 723	2	5 826	3	26 547	3	1 399	2
3	广西壮族自治区	北海港,石头埠港(石头埠)	6 917 847	3	41 028	2	46 323	2	1 184	3

注:1. 该表以"进出口货运量"项递减排序;
2. 口岸名称栏中"( )"内为公安部统计用名称。

2011年沿边地区公路口岸运营情况统计一览表

序号	省份	口岸名称	进出口货运量(吨)	排名	集装箱(箱次)	排名	出入境人员(人次)	排名	运输工具(辆)	排名
1	新疆维吾尔自治区	霍尔果斯	10 912 000	1	296	5	821 732	7	75 566	11
2	内蒙古自治区	※甘其毛都	10 698 408	2	380	4	418 021	9	292 194	3
3	新疆维吾尔自治区	阿拉山口公路和管道（阿拉山口）	10 034 233	3	1 113	3	126 095	17	22 627	21
4	内蒙古自治区	※策克	9 726 649	4	4	10	280 240	14	249 641	4
5	云南	※腾冲猴桥	2 552 615	5	0	12	174 812	16	60 831	14
6	云南	#河口公路	2 375 355	6	0	12	3 988 434	1	153 163	6
7	广西壮族自治区	友谊关	2 150 058	7	92	7	949 533	6	1 044	44
8	内蒙古自治区	二连浩特公路（二连）	1 502 976	8	8 226	2	145 758	3	400 455	2
9	云南	瑞丽	1 352 265	9	1	11	377 433	11	2 192 948	1
10	新疆维吾尔自治区	※老爷庙	1 131 266	10	0	12	21 462	33	28 328	18
11	云南	※磨憨	764 060	11	1	11	337 085	12	146 273	7
12	黑龙江	绥芬河公路（绥芬河）	590 565	12	6	8	1 001 873	5	61 159	13
13	内蒙古自治区	满洲里公路	471 942	13	97	6	1 331 000	4	211 153	5
14	新疆维吾尔自治区	伊尔克什坦	451 000	14	0	12	43 514	27	33 670	17
15	吉林	※南坪	440 448	15	0	12	659	50	26 702	20
16	新疆维吾尔自治区	※吐尔尕特	429 800	16	0	12	38 483	28	27 333	19
17	内蒙古自治区	珠恩嘎达布其	382 912	17	1	11	62 795	21	42 368	16
18	黑龙江	※东宁	290 735	18	0	12	540 515	8	42 547	15
19	广西壮族自治区	东兴	244 541	19	11 052	1	1 483 427	2	219	48
20	云南	※孟定清水河（清水河）	212 027	20	0	12	49 221	23	62 495	12
21	广西壮族自治区	※水口	206 749	21	0	12	15 771	36	1 204	43
22	吉林	圈河	196 320	22	0	12	177 591	15	79 559	10

续表

序号	省份	口岸名称	进出口货运量(吨)	排名	集装箱(箱次)	排名	出入境人员(人次)	排名	运输工具(辆)	排名
23	西藏自治区	※樟木(聂拉木)	160 715	23	0	12	44 820	25	15 268	26
24	新疆维吾尔自治区	※都拉塔	152 659	24	0	12	25 269	31	12 145	30
25	吉林	※三合	147 987	25	0	12	7 113	43	13 390	28
26	内蒙古自治区	#※满都拉	141 657	26	0	12	47 000	24	16 000	24
27	吉林	图们公路(图们)	129 488	27	0	12	11 797	38	11 312	31
28	新疆维吾尔自治区	吉木乃	122 342	28	0	12	110 426	18	12 309	29
29	云南	畹町	120 356	29	0	12	9 665	39	99 986	9
30	吉林	※长白	109 837	30	4	10	2 175	46	9 952	33
31	新疆维吾尔自治区	巴克图	95 059	31	0	12	66 499	20	7 428	35
32	云南	※天保	83 570	32	0	12	81 396	19	15 621	25
33	新疆维吾尔自治区	※塔克什肯	83 221	33	0	12	59 814	22	14 532	27
34	吉林	※古城里	77 473	34	0	12	9 627	40	6 463	36
35	吉林	珲春公路(珲春)	71 540	35	0	12	281 572	13	17 901	22
36	内蒙古自治区	黑山头(额尔古纳)	56 488	36	0	12	44 456	26	16 333	23
37	新疆维吾尔自治区	红其拉甫	53 200	37	0	12	17 476	35	11 006	32
38	云南	※打洛	52 902	38	0	12	412 477	10	134 218	8
39	吉林	▲※临江	43 411	39	0	12	1 249	48	2 976	39
40	内蒙古自治区	#※额布都格	40 000	40	0	12	15 000	37	6 000	37
41	黑龙江	※密山	34 664	41	5	9	25 842	30	4 776	38
42	内蒙古自治区	▲※阿日哈沙特	28 936	42	0	12	28 888	29	8 256	34
43	黑龙江	▲虎林	28 158	43	0	12	7 446	42	2 912	40
44	广西壮族自治区	※龙邦	28 078	44	0	12	7 972	41	0	51
45	新疆维吾尔自治区	▲卡拉苏	9 300	45	0	12	2 737	44	0	51
46	云南	▲※金水河	4 001	46	0	12	1 768	47	1 305	42

续表

序号	省份	口岸名称	进出口货运量(吨)	排名	集装箱(箱次)	排名	出入境人员(人次)	排名	运输工具(辆)	排名
47	吉林	▲※开山屯	3 239	47	0	12	940	49	1 029	45
48	内蒙古自治区	▲室韦	2 807	48	0	12	542	51	529	46
49	新疆维吾尔自治区	▲※红山嘴	865	49	0	12	2 222	45	403	47
50	吉林	▲※沙坨子	736	50	0	12	178	52	137	49
51	西藏自治区	▲※吉隆	0	51	0	12	25 000	32	2 800	41
52	新疆维吾尔自治区	▲※乌拉斯台	0	51	0	12	132	53	58	50
53	西藏自治区	▲※普兰	0	51	0	12	17 500	34	0	51
54	新疆维吾尔自治区	▲※阿黑土别克	0	51	0	12	0	54	0	51
55	新疆维吾尔自治区	▲木扎尔特	0	51	0	12	0	54	0	51
56	云南	#※勐康	0	51	0	12	0	54	0	51
57	广西壮族自治区	#※平孟	0	51	0	12	0	54	0	51

注：1. 该表以"进出口货运量"项递减排序；
2. 口岸名称以"进出口货运量栏中"（）"内为公安部统计用名称；
3. 口岸名称前带"※"的为限双边双向；
4. 口岸名称前带"★"的为运量不达标口岸；"▲"为运量未达标但列入双边协定，不进行达标率统计的口岸；
5. 口岸名称前带"#"的表示该口岸为国务院批准开放，开放时间不足3年。

2011年沿边地区铁路口岸运营情况统计一览表

序号	省份	口岸名称	进出口货运量（吨）	排名	集装箱（箱次）	排名	出入境人员（人次）	排名	运输工具（列）	排名
1	内蒙古自治区	满洲里铁路	16 630 128	1	31 275	2	56 000	5	10 267	2
2	新疆维吾尔自治区	阿拉山口铁路（阿拉山口）	8 406 121	2	118 832	1	126 095	3	13 908	1
3	内蒙古自治区	二连浩特铁路（二连）	7 063 845	3	2 318	3	1 453 758	1	8 436	3
4	黑龙江	绥芬河铁路（绥芬河）	6 299 318	4	5	4	1 001 873	2	7 251	4
5	广西壮族自治区	凭祥	632 155	5	0	5	63 341	4	3 218	5
6	吉林	▲图们铁路（图们）	43 814	6	0	5	2 185	8	210	8
7	云南	▲河口铁路（河口）	38 391	7	0	5	2 586	7	340	7
8	吉林	▲集安	28 915	8	0	5	6 662	6	809	6
9	吉林	▲珲春铁路	0	9			0	9	0	9

注：1. 该表以"进出口货运量"项递减排序；
2. 口岸名称栏中"（）"内为公安部统计用名称；
3. 口岸名称前带"▲"的为运量未达标但列入双边协定，不进行达标率统计的口岸。

2011年沿边地区航空口岸运营情况统计一览表

序号	省份	口岸名称	出入境人员(人次)	排名	进出口货运量(吨)	排名	运输工具(架)	排名
1	云南	昆明机场(昆明)	1 334 152	1	12 072	2	13 511	1
2	新疆维吾尔自治区	乌鲁木齐机场(乌鲁木齐)	651 385	2	18 445	1	6 921	2
3	吉林	延吉机场(延吉)	381 140	3	0	10	2 364	7
4	广西壮族自治区	桂林机场(桂林)	371 077	4	0	10	2 502	5
5	黑龙江	哈尔滨机场(哈尔滨)	349 144	5	2 135	4	3 097	4
6	吉林	长春机场(长春)	320 289	6	4 513	3	2 426	6
7	广西壮族自治区	南宁机场(南宁)	286 272	7	484	5	3 131	3
8	黑龙江	牡丹江	64 868	8	0	10	495	9
9	内蒙古自治区	呼和浩特机场(呼和浩特)	55 030	9	464	6	604	8
10	内蒙古自治区	★海拉尔机场(海拉尔)	27 186	10	0	10	443	10
11	云南	★西双版纳机场(西双版纳)	23 105	11	0	10	311	12
12	内蒙古自治区	#满洲里机场(满洲里)	19 600	12	0	10	350	11
13	西藏自治区	★拉萨机场(拉萨)	15 679	13	127	7	127	14
14	广西壮族自治区	★崇北海机场	6 812	14	18	9	176	13
15	黑龙江	★佳木斯机场	5 416	15	0	10	62	16
16	新疆维吾尔自治区	★喀什机场(喀什)	2 671	16	48	8	82	15
17	黑龙江	★齐齐哈尔	0	17	0	10	0	17
18	云南	#丽江	0	17	0	10	0	17

注:1. 该表以"出入境人员"项递减排序;
2. 口岸名称栏中"( )"内为公安部统计用名称;
3. 口岸名称前带"※"的为限制性口岸;"#"表示该口岸为国务院批准开放,开放时间不足3年。"★"为运量不达标口岸;

2011年内陆地区内河口岸运营情况统计一览表

序号	省份	口岸名称	进出口货运量（吨）	排名	集装箱（箱次）	排名	出入境人员（人次）	排名	运输工具（艘）	排名
1	湖北	武汉（汉口）	20 358 043	1	210 125	1	27	6	3	5
2	安徽	马鞍山港	13 736 326	2	54 146	3	624	3	52	2
3	重庆	※重庆港	3 668 257	3	12 369	6	0	8	0	7
4	安徽	铜陵港（铜陵）	1 624 235	4	4 717	9	538	4	46	4
5	湖北	黄石	1 442 727	5	10 287	7	16	7	1	6
6	安徽	芜湖港（芜湖）	934 802	6	99 354	2	847	1	59	1
7	江西	九江	731 597	7	42 372	4	46	5	3	5
8	湖南	岳阳城陵矶（岳阳）	372 093	8	23 779	5	0	8	0	7
9	安徽	池州港（池州）	302 236	9	3 663	10	803	2	49	3
10	安徽	★安庆港（安庆）	90 608	10	7 382	8	0	8	0	7

注：1. 该表以"进出口货运量"项递减排序；
2. 口岸名称栏中"（）"内为公安部统计用名称；
3. 口岸名称前带"※"的为限国轮进出口岸，"★"为运量不达标口岸。

2011年内陆地区航空口岸运营情况统计一览表

序号	省份	口岸名称	出入境人员（人次）	排名	进出口货运量（吨）	排名	运输工具（架）	排名
1	四川	成都机场（成都）	1 473 052	1	19 581	2	11 188	1
2	湖南	长沙机场（长沙）	680 254	2	4 290	6	4 590	3
3	重庆	重庆机场（重庆）	471 891	3	26 540	1	4 627	2
4	湖北	武汉机场（武汉）	437 951	4	11 011	4	3 470	4
5	陕西	西安	328 660	5	12 385	3	2 383	6
6	河南	郑州机场（郑州）	305 226	6	7 178	5	2 497	5
7	安徽	合肥机场（合肥）	158 349	7	★	14	1 582	7
8	山西	太原机场（太原）	74 835	8	435	8	720	8
9	江西	南昌机场（南昌）	65 609	9	1 522	7	611	9
10	贵州	贵阳机场（贵阳）	54 993	10	417	9	437	10
11	安徽	★黄山机场（黄山）	45 837	11	0	15	383	11
12	甘肃	★兰州机场（兰州）	23 653	12	175	12	119	12
13	湖北	★※宜昌三峡机场（三峡机场）	8 300	13	154	13	82	13
14	湖南	★张家界机场（张家界）	7 865	14	0	15	62	14
15	宁夏	★银川机场（银川）	5 484	15	0	15	12	16
16	河南	★※洛阳机场（洛阳）	1 780	16	0	15	20	15
17	青海	★西宁机场（西宁）	0	17	0	15	0	17

注：1. 该表以"出入境人员"项递减排序；
2. 口岸名称栏中"（）"内为公安部统计用名称；
3. 口岸名称前带"※"的为限国内航空公司进出口岸，"★"为运量不达标口岸。

2011年沿海地区内河口岸运营情况统计一览表

序号	省份	口岸名称	进出口货运量(吨)	排名	集装箱(箱次)	排名	出入境人员(人次)	排名	运输工具(艘)	排名
1	江苏	张家港	50 519 221	1	314 366	5	82 054	5	4 430	6
2	江苏	南通港(南通)	27 144 360	2	199 067	8	48 364	9	2 689	9
3	江苏	太仓	21 275 538	3	353 049	4	46 607	10	2 544	10
4	江苏	镇江	17 375 904	4	121 917	11	30 319	15	1 579	15
5	江苏	江阴港(江阴)	14 255 187	5	48 361	18	42 467	12	2 324	11
6	江苏	高港(泰州)	13 986 461	6	33 882	20	34 714	13	1 771	13
7	江苏	南京港	13 199 144	7	667 195	1	33 972	14	1 620	14
8	广东	虎门港(东莞,沙田)	12 520 551	8	177 797	9	440 785	3	13 521	3
9	江苏	常熟	8 595 875	9	160 083	10	17 198	18	1 021	17
10	江苏	扬州港(扬州)	5 530 908	10	103 610	12	7 234	21	339	23
11	江苏	如皋港	4 190 783	11	92	21	8 628	19	412	22
12	广东	※中山港(中山)	3 887 878	12	587 294	2	1 347 138	1	20 985	1
13	广东	※南海港(南海)	3 651 593	13	383 016	3	57 457	8	8 179	4
14	江苏	常州	3 457 266	14	54 695	17	8 204	20	473	21
15	广东	※江门港(江门)	2 277 390	15	271 284	6	147 074	4	6 787	5
16	广东	新会港(新会)	2 223 579	16	76 669	14	20 022	17	2 287	12
17	广东	※高明港(高明)	1 969 223	17	216 351	7	67 627	6	3 809	7
18	广东	※新塘港(新塘)	692 518	18	73 423	15	5 741	23	826	20
19	广东	※斗门港(斗门)	450 433	19	92 126	13	42 923	11	984	18
20	广东	※鹤山港(鹤山)	347 438	20	61 330	16	66 717	7	1 554	16
21	广东	※三埠港(开平)	317 192	21	34 493	19	6 884	22	931	19
22	广东	※容奇港(顺德)	397	22	0	22	864 646	2	13 872	2
23	广东	※肇庆港(肇庆)	0	23	0	22	26 530	16	3 446	8

注:1. 该表以"进出口货运量"项递减排序;
2. 口岸名称栏中"()"内为公安部统计用名称;
3. 口岸名称前带"※"的为限国轮进出口岸。

2011年沿海地区海运口岸运营情况统计一览表

序号	省份	口岸名称	进出口货运量（吨）	排名	集装箱（箱次）	排名	出入境人员（人次）	排名	运输工具（艘）	排名
1	上海	上海港（金山、浦江、外高桥、吴淞、洋山）、绿华岛	169 046 243	1	22 103 165	1	858 959	6	26 635	3
2	天津	天津港（东港、南疆、塘沽、天津、东疆）	159 289 934	2	4 629 316	5	393 897	10	10 559	11
3	山东	青岛港（黄岛、青岛、油港）	148 460 000	3	1 903 623	8	439 864	8	11 450	10
4	河北	唐山	142 865 824	4	4 480	51	89 225	27	4 040	19
5	浙江	宁波港（北仑、大榭、宁波、镇海）	130 215 715	5	8 920 793	2	235 298	17	12 488	8
6	山东	石臼港（日照）	111 033 760	6	169 996	20	210 436	20	3 742	23
7	浙江	舟山港（马迹山、舟山）、黄兴岛	80 212 209	7	24 883	41	86 810	28	3 971	20
8	辽宁	大连港（大连、大连大窑湾、大连湾、大连新港分站、和尚岛）	69 046 941	8	4 546 180	4	304 219	15	10 104	12
9	广东	广州港（广州开发区、黄埔、南沙、新港、新沙、洲头嘴）	60 718 666	9	1 969 109	7	361 088	11	37 133	2
10	江苏	连云港	57 182 155	10	656 315	10	254 757	16	5 225	17
11	辽宁	营口港（鲅鱼圈、营口）	50 959 299	11	40 160	32	101 876	25	2 424	29
12	广东	湛江港（调顺、南油、霞海、湛江）	45 565 676	12	163 792	21	52 326	30	2 903	26
13	山东	岚山港（岚山）	34 298 772	13	2 147	52	47 426	31	2 361	31
14	广东	盐田港（盐田）	34 174 885	14	7 974 685	3	218 435	19	14 610	7
15	福建	厦门港（东渡、海沧、同益）	32 751 724	15	1 900 913	9	1 749 075	3	22 399	4
16	广东	蛇口港、赤湾港、东角头港、妈湾港（妈湾）	27 609 705	16	3 652 553	6	2 428 789	1	57 095	1
17	山东	烟台港（烟台）	24 876 094	17	373 108	13	164 635	22	2 929	25
18	山东	龙口港（龙口）	22 866 336	18	96 791	25	45 450	33	2 384	30

续表

序号	省份	口岸名称	进出口货运量(吨)	排名	集装箱(箱次)	排名	出入境人员(人次)	排名	运输工具(艘)	排名
19	福建	泉州港(泉州)	19 256 733	19	128 274	23	315 234	13	5 239	16
20	广东	惠州港(惠州)	17 646 165	20	304 587	15	41 228	36	4 183	18
21	福建	肖厝港(肖厝)	17 003 375	21	33 907	36	9 957	46	470	49
22	福建	城澳港(宁德)	15 460 526	22	636	55	21 439	37	1 051	43
23	海南	洋浦港(洋浦)	14 930 230	23	29 952	39	46 466	32	3 351	24
24	广东	水东港(茂名)	12 806 088	24	38 457	34	19 474	38	1 290	37
25	广东	珠海港(高栏、桂山)	11 899 491	25	50 376	31	44 371	34	2 656	28
26	福建	福州港(福州)	11 791 496	26	526 790	12	94 108	26	3 892	21
27	河北	秦皇岛	11 650 542	27	65 671	29	106 014	24	1 443	35
28	福建	漳州港(漳州)	11 169 612	28	33 873	37	18 236	40	1 076	42
29	河北	黄骅	7 560 455	29	1 840	54	6 786	49	302	52
30	广东	淇湾仔港(湾仔)	7 290 362	30	120 368	24	955 309	4	20 106	5
31	福建	松下港(福清)	7 195 799	31	24 207	42	17 522	42	773	47
32	天津	渤中	7 184 714	32	0	59	0	59	0	61
33	辽宁	锦州港(锦州)	6 328 297	33	9 149	46	9 745	47	531	48
34	山东	潍坊	6 200 000	34	194 148	19	4 011	55	286	55
35	广东	汕头港(龙湖、汕头)	6 170 989	35	586 491	11	44 234	35	3 769	22
36	广东	潮阳港(潮阳)	6 036 948	36	15 563	44	14 650	44	871	44
37	浙江	乍浦港(嘉兴)	5 588 330	37	194 954	18	18 717	39	1 128	41
38	广东	潮州港(潮州)	5 493 598	38	7 708	48	7 579	48	408	51
39	辽宁	丹东港	5 101 909	39	61 754	30	184 384	21	2 891	27
40	福建	秀屿港(莆田)	4 983 715	40	8 749	47	5 584	50	202	57
41	浙江	大陈岛、台州港(红光港、红光)	4 896 688	41	39 691	33	0	59	2 254	32
42	浙江	温州港、洞头港(洞头港)	4 650 139	42	138 572	22	0	59	1 338	36

续表

序号	省份	口岸名称	进出口货运量（吨）	排名	集装箱（箱次）	排名	出入境人员（人次）	排名	运输工具（艘）	排名
43	山东	莱州港（莱州）	4 563 828	43	30 795	38	13 386	45	795	46
44	山东	东营港（东营）	4 408 882	44	262 781	17	201	57	13	59
45	山东	威海港（威海）	4 169 699	45	308 225	14	304 697	14	1 526	33
46	广东	阳江港（阳江）	3 857 443	46	4 507	50	5 084	54	227	56
47	山东	蓬莱港（蓬莱）	3 757 512	47	5 650	49	16 335	43	805	45
48	海南	海口港（马村、秀英）	2 821 542	48	80 408	28	18 220	41	1 278	38
49	广东	汕尾港（汕尾）	2 339 653	49	23 695	43	5 492	51	452	50
50	广东	南沙港	2 103 834	50	81 912	27	404 201	9	5 865	15
51	海南	八所港（八所）	2 085 429	51	0	59	5 122	53	300	53
52	海南	三亚港（三亚）	1 584 757	52	98	56	133 923	23	288	54
53	江苏	大丰港（大丰）	1 578 526	53	11 165	45	0	59	0	61
54	广东	万山港（万山）	1 304 159	54	0	59	5 342	52	1 147	40
55	广东	九州港（九洲）	1 178 606	55	268 080	16	1 989 125	2	18 780	6
56	山东	龙眼港	1 002 573	56	37 953	35	221 179	18	1 147	39
57	辽宁	※葫芦岛港（葫芦岛）	927 729	57	0	59	49	58	2	60
58	广东	广海港（台山）	843 053	58	26 887	40	73 136	29	8 144	14
59	山东	石岛港（石岛）	839 027	59	86 031	26	342 563	12	1 487	34
60	辽宁	旅顺新港	621 717	60	4	57	0	59	0	61
61	海南	★清澜港（清澜）	26 277	61	1 850	53	393	56	68	58
62	辽宁	★庄河（大连庄河）	3 296	62	0	59	0	59	0	61
63	广东	★大亚湾港	5	63	4	58	0	59	0	61
64	广东	莲花山港（番禺、莲花山）	0	64	0	59	902 976	5	11 514	9
65	广东	深圳福永码头	0	64	0	59	550 306	7	8 828	13
66	广东	#大铲湾	0	64	0	59	0	59	0	61

续表

序号	省份	口岸名称	进出口货运量(吨)	排名	集装箱(箱次)	排名	出入境人员(人次)	排名	运输工具(艘)	排名
67	广东	#揭阳	0	64	0	59	0	59	0	61
68	辽宁	#长兴岛	0	64	0	59	0	59	0	61

注：1. 该表以"进出口货运量"项递减排序；
2. 口岸名称栏中"（）"内为公安部统计用名称；
3. 口岸名称前带"※"的为限国轮进出口岸；
4. 口岸名称前带"★"的为运量不达标口岸；
5. 口岸名称前带"#"的表示该口岸为国务院批准开放，开放时间不足3年。

2011年沿海地区公路口岸运营情况统计一览表

序号	省份	口岸名称	进出口货运量(吨)	排名	集装箱(箱次)	排名	出入境人员(人次)	排名	运输工具(辆)	排名
1	广东	文锦渡	4 824 310	1	589 129	2	1 708 893	8	1 540 471	4
2	广东	皇岗(福田、皇岗)	3 563 634	2	1 125 888	1	41 200 746	3	9 755 089	1
3	辽宁	丹东公路和管道	1 285 000	3	0	9	147 000	10	126 308	7
4	广东	横琴	1 137 165	4	4 931	6	2 932 627	7	629 475	6
5	广东	深圳湾公路(深圳湾)	397 676	5	318 110	3	28 670 681	5	3 676 405	2
6	广东	沙头角	303 086	6	22 690	4	3 923 151	6	888 499	5
7	广东	河源公路	169 403	7	16 527	5	0	11	0	9
8	广东	拱北	127 396	8	247	7	95 780 363	1	2 552 043	3
9	广东	珠澳跨境工业区专用口岸(茂盛围)	31 518	9	246	8	392 201	9	23 253	8
10	广东	罗湖	0	10	0	9	92 743 164	2	0	9
11	广东	福田(福田地铁)	0	10	0	9	34 152 855	4	0	9

注:1. 该表以"进出口货运量"项递减排序;
2. 口岸名称栏中"( )"内为公安部统计用名称。

2011年沿海地区铁路口岸运营情况统计一览表

序号	省份	口岸名称	进出口货运量(吨)	排名	集装箱(箱次)	排名	出入境人员(人次)	排名	运输工具(列)	排名
1	辽宁	丹东铁路(丹东)	463 299	1	0	2	76 000	6	2 029	3
2	广东	★深圳笋岗(笋岗)	41 954	2	6 135	1	2 767	8	0	7
3	广东	★佛山铁路(佛山)	17 641	3	0	2	90 191	5	8 406	1
4	广东	广州铁路(天河)	219	4	0	2	3 197 808	1	8 019	2
5	广东	东莞铁路(常平)	20	5	0	2	439 665	2	0	7
6	广东	★肇庆铁路(端州)	0	6	0	2	50 633	7	730	4
7	上海	#上海站(上海铁路)	0	6	0	2	160 220	3	364	5
8	北京	#北京西站(北京西客站)	0	6	0	2	132 748	4	357	6

注：1. 该表以"进出口货运量"项递减排序；
2. 口岸名称栏中"( )"内为公安部统计用名称；
3. 口岸名称前"★"为运量不达标口岸；带"#"的表示该口岸为国务院批准开放，开放时间不足3年。

2011年沿海地区航空口岸运营情况统计一览表

序号	省份	口岸名称	出入境人员(人次)	排名	进出口货运量(吨)	排名	运输工具(架)	排名
1	上海	上海机场(虹桥、浦东)	24 259 868	1	2 800 353	1	171 884	1
2	北京	首都机场(北京机场)	18 609 462	2	1 371 084	2	102 397	2
3	广东	广州机场(白云)	7 487 771	3	882 655	3	55 141	3
4	福建	厦门机场(高崎)	2 185 941	4	142 965	5	17 445	5
5	浙江	杭州机场(杭州)	2 135 171	5	23 877	10	13 735	6
6	广东	深圳机场(福永、深圳机场)	1 993 170	6	84 993	7	26 166	4
7	山东	青岛机场	1 616 883	7	103 020	6	12 934	8
8	辽宁	大连机场(周水子)	1 457 439	8	51 212	8	13 010	7
9	江苏	南京机场(南京)	1 197 502	9	47 000	9	8 351	10
10	辽宁	沈阳机场(沈阳)	908 453	10	12 750	14	6 433	12
11	福建	福州机场	905 351	11	13 095	13	7 218	11
12	天津	天津机场	778 875	12	143 974	4	8 454	9
13	浙江	宁波机场	534 593	13	15 287	12	4 210	14
14	海南	海口机场(海口美兰机场)	403 606	14	2 490	17	3 141	15
15	海南	三亚机场(凤凰机场)	373 684	15	592	22	2 895	16
16	福建	#※晋江机场(泉州)	315 234	16	0	27	5 239	13
17	江苏	※无锡机场(无锡)	275 281	17	16 252	11	2 498	18
18	山东	烟台机场	269 443	18	10 293	15	2 764	17
19	山东	威海机场	256 324	19	1 508	18	2 399	19
20	山东	济南机场(济南)	194 178	20	5 315	16	1 711	20
21	广东	※汕头机场(外砂)	192 866	21	1 331	19	1 532	21

续表

序号	省份	口岸名称	出入境人员(人次)	排名	进出口货运量(吨)	排名	运输工具(架)	排名
22	浙江	※温州机场	84 336	22	794	21	736	23
23	河北	石家庄机场	69 941	23	6	25	779	22
24	江苏	盐城机场	66 946	24	431	23	630	24
25	广东	★※湛江机场	9 139	25	179	24	306	25
26	广东	★※梅州机场(梅州)	4 282	26	1	26	203	26
27	江苏	★※徐州机场(徐州)	3 294	27	933	20	33	27
28	福建	★※武夷山机场(武夷山)	0	28	0	27	0	28

注：1. 该表以"出入境人员"项递减排序；
2. 口岸名称栏中"( )"内为公安部统计用名称；
3. 口岸名称前带"※"的为限国内航空公司进出口岸；
4. 口岸名称前带"★"的为运量不达标口岸；
5. 口岸名称前带"#"的表示该口岸为国务院批准开放，开放时间不足3年。

第四篇

2011年度各省、自治区、直辖市及港、澳、台地区口岸工作综述

北京市

北京市口岸工作综述

【口岸运行数据】2011年,北京口岸出入境人员1 874.3万人次,同比增长9.5%;首都机场口岸进出境旅客1 861.0万人次,同比增长9.4%;外籍进出境人员881.4万人次,同比增长4.9%。首都国际机场旅客吞吐量7 867.5万人次,同比增长6.4%,稳居世界第二;货邮吞吐量163.3万吨,同比增长5.2%。天竺综保区监管实际进出境货物3.6万吨。西站铁路口岸进出境旅客13.3万人次,同比增长15.9%。朝阳口岸海关监管货物99.1万吨,同比增长13.2%。丰台货运口岸海关监管货物0.6万吨,同比减少78.6%(受铁路专用线停用影响)。平谷国际陆港海关监管货物7 649标箱、6.8万吨。

【口岸开放工作】为北京驻利比亚人员撤离工作、深圳大运会、北京第一届电影节、中国国际服务贸易大会、亚太旅游协会成立六十周年庆典、首届环京职业公路自行车赛等近20项重大赛事和重要活动进出境宾客和相关人员服务11 000余人次,提供了首都机场抵离服务。其中,北京驻利比亚人员撤离工作和深圳大运会等抵离服务工作得到了北京市领导的充分肯定。《北京市"十二五"时期口岸发展规划》的编制工作。经北京市政府批准,与市发展改革委联合发布,并在《北京日报》、首都之窗等报刊网站上开展了一系列规划发布的宣传工作。

【口岸基础设施建设】主动帮扶平谷国际陆港,开通京平高速物流园区出入口;积极争取对海关监管集装箱车辆的高速通行费给予优惠;举办推介会,组织货代企业考察,促进更多货代企业进驻平谷国际陆港。针对丰台货运口岸铁路专用线被停运的困境,积极协调北京市交管局,争取集装箱运输车辆通行证,利用集装箱车辆转运铁路进出口到发货物,保证口岸平稳运行。北京西站铁路口岸开放工作加快推进。针对难点问题,多次召开座谈会、协调会,与查验单位和铁路部门反复沟通协商,进一步达成共识,形成工作方案,待国家口岸管理办公室协调后组织实施。加快推进朝阳口岸外移至马驹桥工作。新的口岸经营主体合资企业北京北建通成国际物流有限公司成立。通州物流基地管委会已启动征地程序等口岸外移前期工程过渡工作。

【口岸区域合作】按照京、冀两省市领导会谈的精神,完成京冀港口口岸合作的必要性、可行性调研论证。积极筹备开展全面合作的相关事项,已完成《京冀口岸合作框架协议(草案)》、《北京平谷国际陆港与唐山港业务合作的协议(草案)》等文本的起草。京津口岸合作进一步深入,就深化两地口岸合作、提高内陆口岸运营质量、对北京重点项目和重点企业提供通关便利等事项,与天津市口岸办进行了深入交流探讨。在天津港,为北京市的78家重点外贸企业和19项重点建设项目,在通关、通检、运输方面争取到绿色通道等优惠政策和个性化服务。

【口岸综合管理】完善天竺综合保税区与首都机场口岸区港联动机制。针对口岸功能区部分货物转单速度慢、分拨不顺畅、进港货物堆积、企业提货滞后等问题,协调相关单位,推动完善天竺综合保税区与首都机场口岸建立区港联动机制,提高航空口岸物流效率。为推动枢纽型机场建设,组织召开北京口岸延长过境免签时限和扩大口岸签证范围专家论证会、企业座谈会,联合北京市旅游委员会召开工作座谈会,争取到外交部、公安部原则同意,形成意见建议,并报北京市政府,积极争取了"在北京口岸对部分外国人实行72小时过境免签政策"及早出台。加强各方联动,确保地区食品安全。在首都机场地区建立食品安全管理及信息发布的多个平台,组织有关部门定期对辖区内的四大类13个品种的食品进行检测,机场地区食品制售环节全年没有出现重大问题。首都机场口岸"双反"工作取得了显著成效。查获非法出入境人员393人次,同比减少38.3%;接收处理境外遣返人员7 244人次,同比减少20.9%。查私立案1 255起,同比减少12%;结案1 236起,同比减少21%。推进社会综治工作制度化建设有新进展。组织机场地区综合治理委员会领导与有关责任单位签署综治工作责任书。妥善应对机场地区多起人员聚集事件等情况。经与首都综合治理办公室、北京市财政局多次沟通,主动解决了机场地区精神异常人员救助经费问题。在机场地区社会管理工作中,与机场公安分局在工作机制上有了新突破。积极推进创建文明单位活动。北京首都国际机场股份有限公司被中央文明委命名为第三批全国文明单位,并通过了国际机场协会的机场服务质量认证。

【口岸查验部门简述】北京海关2011年全面落实全国海关关长会议精神,坚持科学治关、从严治关,认真履行把关职责,主动服务首都经济发展,圆满完成了各项工作任务。一是全力推进综合治税各项措施的落实。累计实现税收入库534.48亿元,同比增长10.23%,首次突破500亿元大关。二是优化监管机制,提升监管效能,切实维护好首都进出口秩序。监管进出口商品总值815.9亿美元,同比增长13.5%;监管进出境飞机10.97万架次,同比增长5.9%。深化分类通关改革,分类通关作业扩大到全关区,通关效率得到极大提升。适用进出口分类通关报关单91.75万份,占同期关区总量的60.92%。完善行邮监管,推动旅检现场关检"一机两屏"工作。验放进出境旅客1 734.90万人次,同比增长7.4%;监管进出口快件1 363.10万件,同比增长5.04%;监管印刷品、音像制品8 354万件,同比增长3.1%。提升科技应用水平,完成了H2010工程综合业务网络平台关区网建设,推广应用公自用物品监管子系统和查验数据库系统,在机场海关货运现场应用分拨系统和监管仓库库管系统。稳步推进"三查合一",妥善做好人员、岗位调整,业务、设备的交接,从职能管理部门和隶属海关两个层面建立联系配合机制,健全规章制度,明确业务流程,关区稽查工作整体合力显著增强。稽查企业519家,其中专项稽查企业284家,常规稽查企业101家,验证稽查企业36家。切实履行政治把关职责,把促进社会稳定和政治安全摆上突出位置。查获违禁印刷品、音像制品71.7万件,约占全国海关查获总量的48.5%。关区"扫黄打非"工作得到了中宣部、新闻出版总署、全国"扫黄打非"工作小组和北京市领导的充分肯定。三是严厉打击各类走私违法活动,继续保持打击走私高压态势。立案侦查刑事案件50起,抓获犯罪嫌疑人70人,移送起诉犯罪嫌疑人58人,同比分别增长22%、1.4%和45%。其中涉税走私刑事案件14起,案值31 299万元,涉嫌偷逃税额4 936.7万元,同比分别增长16%、减少8.9%和9%。立案调查行政违法案件1 363起,案值7.1亿元,同比分别减少12%和48%;实现罚没收入入库4 892.94万元。开展了"2011年首都'陆空邮'毒品查缉"、"百日查缉破案会战行动"等专项行动,成功侦破"2·20"、"2·25"、"10·13"等公安部挂牌督办的走私毒品案件。查获毒品走私案件55起,立案侦查16起,转地方公安和兄弟海关39起,抓获犯罪嫌疑人19名,查获各类毒品166.96千克。办理各类行政复议、诉讼案件7起。四是规范执法行为,执法水平稳步提升。在海关总署考核的18个业务执法综合评价指标中,综合得分97.93分,在全国41个直属海关中列第13位。五是积极推进海关特殊监管区域建设。协助天竺综保区管委会做好二期规划调整方案,围绕药品、电子、航材等园区重点产业,为企业量身定制个性化监管方案。年内新增入区企业16家,区内企业已达68家,共征收税款30.04亿元人民币,同比增长50%,天竺综合保税区作为高端生物医药物流产业基地的地位已初步确立。稳步推动平谷马坊业务增长,进一步加强与天津海关的联系配合,确保转关货物监管严密、高效。平谷马坊国际物流中心监管进出场集装箱8 614标箱,货重6.72万吨,进出口货值5.62亿美元。已吸引中海油、中石油、宝马公司等国内外103家进出口企业入区作业。

积极配合开发区管委会做好物流中心建设工作,12月9日,亦庄保税物流中心(B型)顺利通过四部委验收,开始封关运行。六是加大首都优势产业扶持力度。积极促进首都文化事业、产业发展和对外文化交往。出台了《北京海关关于促进首都文化发展繁荣的六项措施》,支持北京建设具有世界影响力的文化中心,促进形成科技创新和文化创新"双轮驱动"发展模式。国内首家进口出版物专用保税库在京设立,收到良好的社会效果。大力推进加工贸易转型升级,针对北京京东方显示技术有限公司8.5代线以"产业"为单元的一体化生产运营模式,率先提出建立"厂中厂"新型加工贸易联网监管模式,以押保方式为企业进口设备提供通关便利,涉及货值12.5亿美元。促进加工贸易内销便利化,积极开展再制造产业试点,对北京通用电气华伦医疗设备有限公司进口旧CT维修复出口业务实行了手册备案管理。重新核定深加工结转企业名单,积极协调北京市商委和国税局解决企业反映强烈的深加工结转退税问题。大力扶持首都战略产业发展。落实《中关村国家自主创新示范区发展规划纲要》,扶持科技创新产业发展,成立专项工作领导小组,在人才引进、税收优惠政策、企业分类管理等方面提供海关支持。促进首都会展经济做大做强,办理展览会备案517个,同比增长54.8%,监管进出境展览品3 156票,同比增长3%,展览品总价值40.69亿美元,同比增长75.5%。认真贯彻落实国家服务外包优惠政策。加强与北京市商务委及相关部门的联系配合,成功备案首本服务外包手册,备案进口金额近300万日元,目前已顺利完成三批次11台设备进口通关手续,使北京成为全国21个国家级服务外包示范城市中取得实质性进展的5个城市之一。加大知识产权海关保护力度,严厉查处进出口环节侵权违法行为,截获侵权商品350批次、11.58万件,案值约470余万元人民币。海关总署对北京海关查获的3起重大侵权违法案件向全国海关系统进行了通报表扬。七是进一步优化通关环境,深化关企合作。推出了《北京海关服务企业十项措施》,不断优化为民服务举措;帮助企业用好用足国家优惠政策,审批减免税总货值82.46亿美元,同比增长9.8%;减免税合计78.82亿元人民币,同比减少12.8%;大力推进企业分类管理,使更多的守法企业享受到海关便捷服务,新增AA类企业24家,A类企业116家,截至目前,关区共有AA类企业103家,A类企业556家。开通"易速"口岸数据服务平台。为企业提供高附加值的通关辅助信息及联网申报、查询等全方位服务,大大提高了通关效率。加大海关政务公开力度,依托关区门户网站、关长信箱、12360统一服务热线等对外平台,积极服务社会、奉献社会,对外提供各类咨询答复1.2万条。通过中国海关门户网站"在线访谈"活动,回答社会各界有关通关业务的问题。积极推进外部协作,与北京市商务委、北京出入境检验检疫局签署合作备忘录,整合行政资源,优化通关环境,共同促进首都外向型经济发展。八是切实发挥统计监测预警作用。为各级政府和社会各界提供高质量的统计信息服务,并通过电视媒体、报刊、互联网等各渠道,进一步加强进出口统计数据宣传及对外提供工作。撰写上报统计分析文章160篇,被海关总署等部委采用58篇次,其中5篇文章分别获得温家宝总理和王岐山副总理等中央领导的批示。向北京市报送针对地方经贸发展状况的《统计专报》28篇,其中《震后出口快速增长进口增速回落——上半年北京地区与日本双边贸易简况》等文章得到北京市领导的重视和批示。

北京出入境边防检查总站 2011年,共检查出入境人员18 742 021万人次,同比增长9.5%;检查交通运输工具102 762架(列)次,同比增长7.9%;查获各类非法入出境案件294起376人次;接收处理境外遣返7 147人次。圆满完成了春节、"两会"、深圳大运会等重大节日,以及重大活动期间的边防检查任务。妥善处理了从利比亚撤离人员归国、日本大地震同胞回国等特殊事件。各项工作取得了一定的进展。一是进一步加强和改进勤务工作。形成了《关于加强和改进勤务工作的意见》,大力压缩非执勤用警,进一步充实验证岗位警力。二是优化边检流程,创新通关服务。广泛开展"大走访"开门评警活动,进一步加强与航空公司、地面服务代理机构及旅客的工作交流,注重交通运输企业和出入境旅客的感受,从细节上优化查验流程、优化警力部署、优化通关环境。对铁路边检站执勤现场询问室、值班室和首都机场 2 号航站楼核审现场的询问区域进行改造,提高了询问、监管场所的安全系数。三是着力规范民警执法执勤行为。下发了《关于进一步规范违反出入境和边防管理行为名称及其适用的通知》,解决了行政案件审批权限、一般程序简易化适用案件的范围、建立专职法制审核、法律文书的制作等 12 项问题。执法规范化建设、执法质量和效益全面提高,实现了"无诉讼、无重大事故差错、无有效投诉"的"三无"工作目标。执勤差错同比下降 15%。四是将国际民航协会的权威评价引入考评体系。修订了《总站绩效考核工作调整实施方案(试行)》,把国际机场协会 ACI 服务质量调查中有关边检工作的指标排名情况纳入总站内部绩效考核体系,在全国边检系统内率先将第三方评价机制纳入绩效考核体系,严格按照世界一流标准执行考核评价工作,运用政策导向和激励机制引导执勤人员全面提升边检服务水平。据国际机场协会测算,北京出入境口岸的"护照、身份证检查的等候时间"、"检查人员是否有礼貌和乐于助人"、"入境护照和签证检查"三项指标分列全球第 6 位、第 6 位和第 4 位。对比 2010 年度的第 12 位、第 11 位、第 5 位,上升趋势明显,在全国同行业中保持领先地位。出入境旅客的满意率始终保持在 99% 以上。五是大力推行说理执法,着力追求边检执法"和谐度"。下发《关于大力推行说理执法进一步改进和提高执法服务能力的意见》,以和谐为引领,更新思维,创新方式,坚持用和谐思维履行职能,用和谐态度对待旅客,用和谐方式融情析理,一大批边检执法依据不足、警民关系尖锐对立、稍有不慎极易引发热点的执法活动在和谐的气氛中化解。六是拓宽宣传渠道,增强服务影响。在各类平面媒体刊发新闻千余篇,多次参加电视、广播专访。积极参加首都机场"倡行中国服务"竞赛活动,并在竞赛活动中勇夺桂冠,在北京出入境口岸形成了良好的口碑和形象。公安部副部长孟宏伟对此作出重要批示:"祝贺北京总站取得的成绩。要积极参加此类活动,学习兄弟单位先进经验和先进理念,提高自己的服务水平,同时介绍和发扬公安边检工作优秀实践和精神"。七是进一步加强口岸反偷渡工作力度。加强了对偷渡活动规律特点的研究,积极开展首都口岸管控跨警种警务合作,深化与国保、安全、反恐等部门的沟通,共同构筑反偷渡工作群防群治新格局。破获了"2·12"特大组织他人偷越国(边)境案,查获了 17 名中国公民持用伪假加纳签证非法出境案和箱包内夹藏伪假证件等一批典型偷渡案件。八是深入推进信息化建设。开发了照片查控集成系统、验放数据核查软件、梅沙系统前台录入辅助外挂系统、无线验放远程查询系统调用外挂、注销航班旅客登记统计软件、梅沙旅客录入练习及考核软件等多款实用软件系统,进一步完善了 API 系统、无线验放系统和自助通关系统。实现了技术设备 100% 运行正常,确保勤务工作无间断。利比亚撤离人员入境期间,总站在 2 个小时内准备了 9 台无线验放系统笔记本,启用过程持续了 3 小时 6 分钟,通过无线业务查询系统共核实了 167 名旅客身份信息,确保了紧急勤务工作圆满完成。

北京出入境检验检疫局 2011 年按照国家质检总局"抓质量、保安全、促发展、强质检"的总体工作方针,严格履行职责,不断强化口岸通关建设,全面推动检验检疫口岸智能化建设,以扎实的创先争优实绩将为民、便民、利民服务落到实处,服务首都经济建设。一是创新监管模式,提高通关效率。全面推广京、津直通放行工作,与天津检验检疫局协商,就北京地区进出口企业的货物实施直通放行通关模式达成合作协议,实现了在一个关口内"报、检、放"一次完成。北京地区共有 22 家企业获得了直通放行资质。据统计,2011 年仅入境直通放行业务就为企业缩短时间 4 062 天、节约费用 169 万元。全面推进进出口分类管理工作。建立起以信用管理、风险分析为基础的分类监管机制,辖区内 85% 的出口货物不必再实施批次检验,将口岸通关时间从过去的两天压缩到 1 小时完成,有效地提高了通关效率。北京市副市长程红对此专门批示予以表扬。积极参与中关村国家自主创新示范区建设。入驻"首都创新资源平台"现场办公,通过梳理业务管理流程,为中关村国家自主创新示范区驻区企业提供"一站式"服务,从而方便了企业通关,全面提升了监管服务能力。研究制定大企业快速通检工作机制。北京京东方显示技术有限公司 TFT_LCD 八代线项目是中国内地地区高科技产业投资最大的项目,进口成套设备价值约 100 亿元。

为确保该项目如期建成并顺利稳定运营,在政策允许的范围内,针对该公司空运货物制定空运直通"一站式"管理模式,使其进口设备按照直通放行方式快速通关,帮助企业解决了实际困难,也为今后对大企业快速通关政策研究提供有益的尝试。制定平谷国际陆港通关管理模式。通过与有关部门的积极沟通协调,确定了以"集中转检"方式对从天津港向平谷国际陆港进口货物实施检验检疫监管。将北京口岸直接延伸到天津港,不仅提高通关效率,而且为北京打通了第二条出海口。二是大力推动"一机两屏"建设,树立口岸执法新形象。根据国家质检总局、海关总署关于在北京西站和首都机场 T2 航站楼旅检通道实施"一机两屏"的要求,与北京海关通力合作,在旅检通道上联合执法,共享 X 光机图像信息,减少了通关手续,缩减了旅客通关时间,三是规范工作流程,提高了工作效率。针对北京地区外国驻华使馆和驻华机构多的特点,制定了《北京地区外国及国际组织驻华官方机构进境自用物品作业指导书》和《外国及国际组织驻华官方机构进境自用物品检验检疫办理指南》,规范了业务流程,避免了因工作原因造成的外交纠纷。为提高检验检疫行政执法的力度与执法的严肃性,制定《军品木制包装管理规定》,并通过国家质检总局向全国推广。规范了军品木制包装检疫程序,避免疫情的扩散。为配合北京天竺综合保税区(以下简称"综保区")的业务发展,打破部门辖区的管理限制,将综保区内进口医疗器械的检验监管工作交由综保区检验检疫办事处负责,实行了"集中报检、集中检验、分批核销",提高了区内企业通关速度,降低了区内企业运营成本。四是支持口岸建设,服务企业需求。积极参与北京西站转为正式口岸、首都国际机场快件中心建设、亦庄保税物流中心(B 型)建设、北京东站迁移,以及北京第二机场的建设的调研、工作方案的研究,与有关部门沟通协调,提出口岸检验检疫基础设施需求,满足口岸建设需要。五是加强科技手段应用,确保监管到位。积极商洽上海检验检疫局,引进"出入境快件检验检疫电子监管系统"。实现对快件电子申报、自动布控、电子放行等功能的信息化管理;开发了"出入境航空器电子申报管理系统"。该系统依据机场航显平台发布的数据,及时更新出入境航班信息,实现对航空器申报、布控、放行的无纸化办公;与北京空港航空地面服务有限公司(BGS)、中国国际航空股份有限公司(以下简称"国航")等相关部门合作,搭建统一、便捷的全申报平台。通过此平台,检验检疫部门可以直接连接 BGS、国航货运的一级库,获取库区实际进口商品的电子信息。将报检单位提供的"全申报"数据和上述数据实施有效的对接和核销,从而对进口商品实施全面监管,进一步加强监管力度,确保监管有效到位。

2011年北京市口岸流量统计表

口岸类型	口岸名称	货运量(万吨)				集装箱量(万标箱)				人员(万人次)				交通工具(辆、艘、架、列次)			
		出口	进口	合计	同比(%)	出口	进口	合计	同比(%)	出境	入境	合计	同比(%)	出境	入境	合计	同比
空运口岸	分计	24.80	25.93	50.73	+6.91					922.67	938.34	1 861.01	+9.44	56 959	57 390	114 349	+6.90
	首都机场空港口岸	24.80	25.93	50.73	+6.91					922.67	938.34	1 861.01	+9.44	56 959	57 390	114 349	+6.90
陆运口岸 公路口岸	分计	1.20	104.65	105.85	+20.89	0.06	6.27	6.33	-0.31								
	朝阳口岸	1.17	97.91	99.08	+13.16	0.06	5.51	5.57	-12.27								
	平谷国际陆港	0.03	6.74	6.77			0.76	0.76									
陆运口岸 铁路口岸	分计	0.24	0.35	0.59	-78.60	0.04	0.03	0.07	-78.79	6.83	6.44	13.27	+15.94				
	丰台货运口岸	0.24	0.35	0.59	-78.60	0.04	0.03	0.07	-78.79								
	西站铁路口岸					0.002				6.83	6.44	13.27	+15.94				

续表

口岸类型	口岸名称	货运量（万吨）			集装箱量（万标箱）				人员（万人次）				交通工具（辆、艘、架、列次）			
		出口	进口	合计	同比(%)	出口	进口	合计	同比(%)	出境	入境	合计	同比(%)	出境	入境	合计	同比(%)
水运口岸	海港口岸分计																
	河港口岸分计																
合计		26.24	130.93	157.17	+14.09	0.10	6.30	6.40	+8.47	929.50	944.78	1 874.28	+9.48	56 959	57 390	114 349	+6.90
同比(%)		+0.92	+17.13	+14.09		-9.09	+8.81	+8.47		+9.23	+9.73	+9.48		+6.07	+7.93	+6.90	

注：1. 朝阳口岸集装箱量不含"属地申报、口岸验放"数据。

（北京市口岸管理办公室提供）

2011年北京海关主要数据统计表

项目		2011年	同比(%)
进出口货运量（万吨）	合计	723.79	-17.20
	进口	610.26	-20.30
	出口	113.53	+5.60
进出口贸易总值（万美元）	合计	8 158 688.72	+13.48
	进口	5 496 550.38	+18.03
	其中:江、海运输	1 370 884.66	+48.73
	铁路运输	19 574.47	+382.87
	汽车运输	2 637.45	-56.85
	航空运输	4 087 889.95	+10.15
	邮件运输	15 563.85	+11.99
	其他运输		
	出口	2 662 138.34	+5.12
	其中:江、海运输	36 422.77	+32.12
	铁路运输	1 432.46	-89.49
	汽车运输	2 756.79	+29.89
	航空运输	2 613 585.82	+5.32
	邮件运输	7 940.50	+5.83
	其他运输		
税收（万元）	两税合计	5 344 763.40	+10.20
	关税入库		
	进口环节税入库		

（北京海关提供）

2011年北京市口岸出入境主要数据表

	项目		2011年	2010年	同比(%)
出入境人员	出入境人员总数		18 742 844	17 119 362	+9.48
	入境人员		9 447 804	8 609 830	+9.73
	出境人员		9 295 040	8 509 532	+9.23
	出入境旅客		17 496 559	15 968 668	+9.57
	出入境员工		1 246 285	1 150 694	+8.31
	中国公民	小计	9 921 032	8 703 231	+13.99
		内地居民(因公)	8 573 599	7 438 308	+15.26
		内地居民(因私)			
		港澳居民	1 347 433	1 242 520	+8.44
		台湾同胞			
	外籍人员		8 821 812	8 416 131	+4.82
	从海港出入境人数				
	从陆港出入境人数		132 738	114 492	+15.94
	从空港出入境人数		18 610 106	17 004 870	+9.44
交通运输工具	总计				
	船舶				
	飞机		114 349	106 869	+7.00
	火车				
	机动车辆				

(北京出入境边防检查总站提供)

2011年北京市出入境检验检疫业务统计表

项目	货物检验检疫		交通工具				集装箱（标箱）		发现动植物疫情		货物通关		出入境人员查验（人次）	健康检查及预防接种（人次）			
	批次	金额（万美元）	检验检疫不合格		船舶（艘）	飞机（架）	火车（节）	汽车（辆）	合计	检出问题	种类数	种次	批次	金额（万美元）		健康检查	艾滋病监测	发现病例	预防接种
			批次	金额（万美元）														
本年累计	225 638	1 867 939																
其中 出境	118 057	1 033 446																
入境	107 581	834 492																
与上年同比（%）	−7.49	+12.10																
其中 出境	−24.10	−13.01																
入境	+21.77	+74.46																

（北京出入境检验检疫局提供）

北京市口岸大事记

1月16日

北京首都国际机场股份有限公司被授予"最具影响力企业"称号。全国人大常委会副委员长周铁农为首都机场股份有限公司颁奖。

1月20日

北京市副市长、北京市口岸工作领导小组组长程红主持召开北京口岸新春座谈会，代表北京市政府对口岸单位进行慰问。

1月30日

公安部副部长孟宏伟在《出入境管理工作简报》(增刊第9期)"北京边检总站荣获首都机场倡行中国服务竞赛冠军"上批示："祝贺北京总站取得的成绩。要积极参加此类活动，学习兄弟单位先进经验和先进理念，提高自己的服务工作水平，同时介绍和发扬公安边检工作优秀实践和精神。"

3月2日

首批北京在利比亚撤离人员抵达首都机场空港口岸。

3月22日

北京市副市长程红、公安部出入境管理局局长郑百岗出席"加强首都口岸管控跨警种警务合作会"并讲话。

3月22日

北京首都国际机场与芝加哥奥黑尔机场共同签署《北京首都国际机场股份有限公司与芝加哥奥黑尔机场缔结姊妹机场备忘录》。

3月30日

多家全球负有盛名的航空公司与机场服务调查和咨询机构Skytrax在丹麦首都哥本哈根举行了颁奖典礼，发布了2011年全球最佳机场排名：香港国际机场位列第一，新加坡樟宜机场和韩国仁川国际机场分列第二、三名，北京首都国际机场则由去年的第八名跃升至第五名。

4月19日

海关总署署长于广洲、副署长鲁培军一行在北京市副市长程红的陪同下视察北京海关。

6月28日

北京市副市长程红会见了深圳市委常委、纪委书记、深圳大运会总指挥部副总指挥长周林祥率领的深圳第26届世界大学生夏季运动会机场工作委员会代表团一行。北京市政府副秘书长侯玉兰陪同会见。

6月28日

深圳第26届世界大学生夏季运动会首都国际机场抵离服务协调会在北京召开，这标志着深圳大运会首都国际机场抵离服务保障工作正式启动。

7月13日

北京市副市长程红出席北京建设(控股)有限公司、北京陆港国际物流有限公司、嘉里物流(中心)投资有限公司、和记港口北京有限公司合资成立北京北建通成国际物流有限公司的签约仪式并致辞。

8月5日

首都机场口岸顺利完成第26届大运会开幕之前来宾在京中转的服务接待和安全保障任务。24天的工作中,累计保障大运会航班116架次,其中入境保障航班44个,出境保障航班72个;共保障来自40个国家139批823人在北京首都机场顺利中转抵离。

9月20日

首届全球机场总裁论坛在北京首都国际机场开幕。17个国家和地区的200余名机场CEO、民航组织高管、政府官员及航空公司的代表参会。

9月21日

由北京市等13个省市、自治区口岸办共同主办的"2011年无水港建设工作交流会"在天津举行。国家口岸管理办公室、中国口岸协会和部分省市自治区口岸办负责人、天津口岸监管部门负责人、无水港所在城市相关部门负责人、无水港建设运营单位的代表参加会议。

10月17日

中国南方航空公司空客A380飞机首航仪式在首都机场2号航站楼举行,广州市市长万庆良、广州军区空军参谋长庄可柱、国务院国资委副秘书长郭建新,民航中南地区管理局局长蒋怀宇,中国工程院院士、中华医学会会长钟南山,首都机场股份公司总经理张光辉、南航集团总经理司献民共同为首航仪式剪彩。

10月25日

北京市副市长程红、公安部出入境管理局局长郑百岗出席"北京首都国际机场口岸反偷渡反走私工作"表彰大会。

10月25日

国家质检总局副局长魏传忠出席首都机场检验检疫局承办的首届全国质检系统检疫犬技能大赛闭幕式。

10月28日

由各国(地区)驻华使馆海关专员、代表组成的"海关专员俱乐部"成员一行23人赴首都机场海关参观交流。

11月1日

首都机场股份公司获国际机场协会(简称"ACI")官方颁发的ASQA服务质量认证证书,成为中国首家获得该认证的机场。

11月14日

经北京市政府同意,由北京市政府口岸办、北京市发展改革委员会共同编制的《北京市"十二五"时期口岸发展规划》正式印发。

(撰稿人:魏增、杨帆、乔志诚)

天津市

天津市口岸工作综述

【口岸运行数据】 2011年,天津口岸进出口贸易额累计完成1 972.49亿美元,同比增长20.3%。天津港累计完成货物吞吐量45 337.99万吨,同比增长9.7%。天津港货物吞吐量已经跃居世界第三位,天津市在建设世界大港的进程中又上了一个台阶。进出口货物22 161.67万吨,同比增长7.0%。集装箱吞吐量累计完成1 158.76万标箱,同比增长14.9%,其中,外贸箱648.98万标箱,同比增长12.8%。到离港船舶4.55万艘次。空港旅客吞吐量累计完成755.42万人次,同比增长3.8%,其中,出入境旅客74.99万人次,同比增长3.0%;货邮吞吐量累计完成18.29万吨,其中,进出境货邮吞吐量11.02万吨。飞机运输7.43万架次,同比增长1.1%。

【口岸开放】 东疆保税港区二期具备封关条件。东疆保税港区、天津港集团加快推进东疆保税港区二期6平方公里的设施建设,根据国家规定程序和标准,对东疆保税港区二期的隔离设施、卡口设施及相关配套设施进行预验收。口岸相关单位共同签署了"全力支持东疆保税港区二期封关申请国家级验收会议纪要"。天津市政府向海关总署提出申请国家验收的工作,东疆保税港区建设取得了重大进展。国家批准临港工业港区对外开放,海关、检验检疫、海事、边检等部门多次深入临港工业港区进行现场服务指导,帮助主体单位按照国家规范建设,逐步完善码头基础设施和口岸查验配套设施,办理了市级预验收和国家级验收。经国务院同意,2011年10月17日交通运输部正式对外宣布临港工业港区正式对外开放,至此国务院批准天津港口岸"十一五"港区开放任务已全面完成,完成"十二五"口岸发展规划编制和报审工作。北京军区已经复函同意天津海港口岸开放水域扩大到1 590平方公里,同意在南港区、临港经济区和汉沽港区建设对外开放的码头泊位。

【口岸建设】 扎实推进新开放码头泊位建设,对应国函〔2009〕91号批准新增75个码头泊位,现已累计办理对外开放码头泊位36个,新开放码头泊位2011年完成货物吞吐量1.90亿吨,占天津港货物吞吐量的42.1%;集装箱吞吐量600.22万标箱,占天津港集装箱吞吐量的51.8%,为天津市和我国北方区域经济发展发挥了重要的支撑、服务和带动作用,指导推动了重点港区口岸设施建设。东疆保税港区通关服务中心建设完成了选址,目前正在规划设计。临港经济区港区通关服务中心已完成选址工作,加强口岸查验部门机构建设,天津政府商请海关总署批准天津海关在北辰设立了海关办事处,海关总署与天津市政府共同提出设立静海海关的申请,正在国家层面办理审批。加快推进空港口岸建设,推动扩大空港口岸规模,开通了第一条"青岛至天津"的"三定"海关地面监管卡车线路,新开通8条国际(或地区)客、货运航线。目前,共执行正班国际(或地区)运输航线21条,通航国际(或地区)城市18个,新建出口拼装海关监管中心和中外运空运海关特殊监管库。充分发挥查验中心、快件监管中心和转关中心等作用,2011年共监管货邮22.4万吨;转关货物12.7万吨;快件60.2万件,同比增长18.8%。实施检验检疫进口电子分拨系统,制订了公务机建设方案,提出了"一站式"通关服务中心选址方案,启动了航空物流园区规划建设。对东至机场一跑道、南至津滨高速公路、西至外环线(辅路)、北至津汉公路约6.4平方公里区域进行详规,预计2012年下半年开工建设。一期建成后可满足每年80万吨货邮吞吐量的需求。

【口岸大通关】 积极开展"调结构、增活力、上水平"活动,大力提升口岸通关服务水平。建立服务工作机制,大力帮扶企业减负增效,采取多种形式,为企业开展各种业务培训、知识讲座和政策宣讲。据不完全统计,口岸各单位2011年共帮扶企业3 900家次,解决各类通关实际问题5 600件,累计为企业减税、减费和降低费用21.25亿元。充分发挥天津国际贸易与航运服务中心"一站式"通关服务功能,共办理进出口通关手续贸易额1 478.20亿美元,同比增长21.3%,占天津市进出口贸易额的75%。2011年完成进出口报关单量152.22万票,同比增长2.5%;报检57.15万批次,同比增长61.5%。支持功能区建设和区域发展。全面启动加快实施东疆保税港区国际船舶登记制度创新试点、进口汽车转口贸易入区落地保税等通关体制及机制改革,加快推进东疆自由贸易港区建设;发挥政策优势,优化监管服务,积极支持开放型经济发展快的区县创造条件试行电子监管和无纸化通关。通过增加设备、提高效率、降低费用,支持子牙循环经济区产业发展,推动汽车等重点商品提高通关效率,深入企业开展调研,加强工作跟踪,进行政策引导,创新监管模式,采取有力措施改进服务,不断加快通关速度、降低费用。2011年天津口岸进口汽车38.8万辆,同比增长12.3%,占全国进口汽车总数的40.3%,进口汽车口岸物流通关时间由原来的17天缩短到平均7.1个工作日,港口综合费用由984元减少到724元。探索东疆口岸制度创新,口岸各有关部门认真贯彻落实《北方国际航运中心核心功能区建设工作方案》,围绕服务促进东疆保税港区国际中转、国际配送、国际采购、国际贸易、航运融资、航运交易、航运租赁、离岸金融服务等八大功能建设。国际船舶登记制度试点政策顺利推进,具有离岸业务资质的银行在东疆设立离岸分部工作正在抓紧实施,单机、单船融资租赁取得成效。东疆国际商品交易网正式开通,交易市场企业与金融机构之间的银企平台初步搭建,期货保税交割库项目工作取得初步进展。

【跨区域口岸合作】 天津口岸辐射服务作用进一步增强,外省区市通过天津口岸进出口贸易额为1 179.43亿美元,占天津口岸进出口贸易总额近60%。华北地区经过天津口岸进出口贸易额为1 612.94亿美元,同比增长19.1%,占天津口岸对外贸易总额的81.8%。扩大服务辐射范围,东部沿海五省市经过天津口岸的进出口贸易额为171.89亿美元,同比增长30.4%,占天津口岸对外贸易总额的8.7%。西北五省区经过天津口岸的进出口贸易额约为40.37亿美元,同比增长5.3%,占天津口岸对外贸易总额的2.0%。东北三省经过天津口岸的进出口贸易额约为51.84亿美元,同比增长13.4%,占天津口岸对外贸易总额的2.6%。加强无水港项目建设,新建了河北张家口、内蒙古鄂尔多斯无水港项目,与内蒙古赤峰、甘肃嘉峪关、陕西汉中等地签署了政府间跨区域口岸合作协议,累计无水港项目21个,覆盖了11个省区市的21个城市。围绕提升无水港运营质量和效益,完善海关"属地申报、口岸验放"和检验检疫直通放行模式,完成了《天津加快发展无水港的对策研究》报告,在分析无水港发展面临问题的基础上,提出了未来无水港发展的思路和对策。积极推进亚欧大陆桥过境运输,天津港集团、塘沽站等相关部门沿亚欧大陆桥沿线物流节点开行班列,2011年亚欧大陆桥过境运输累计完成14.9万标箱,同比增加119.6%;天津港集装箱班列累计完成运量29.36万标箱,同比增长45.4%。积极深化区域间口岸合作。加强与腹地11个省区市的合作。天津海关累计与24个属地海关签订了区域通关协议,天津检验检疫局累计与14个内地检验检疫机构签订了直通合作协议。

【电子口岸建设】 电子口岸通关服务应用项目共计26项,其中"一单多报"类项目居于全国领先水平。门户网站注册用户总数1.8万家,网站点击量204.43万次,同比增长13.56%。数据交换中心处理各类信息报文1 299.91万条,远程物流信息查询平台信息处理量444.28万条,同比增长119.32%。电子口岸公司承建的天津国际贸易航运中心和物流中心信息系统项目顺利通过天津市科委的结项测试。天津口岸涉外贸易公共信息平台获得天津市商务委和天津市财政局授予的天津市外贸公共服务平台资格。开展了天津口岸信息化状况的调研工作,编制完成了《关于天津海港口岸进出口商品通关信息化建设情况的报告》。编制完成《天津口岸信息化三年发展计划》(初稿),并初步征询了各单位编写组成员意见。推进口岸信息化项目建设,加快推进天津口岸公共舱单信息服务平台建设,天津海关、天津港、电子口岸公司共同签署舱单合作备忘录,电子支付税款751.41亿元,同比增长30.78%。会同东疆保税港区管委会,积极推动东疆海关信息化管理系统和东疆检验检疫局进口汽车检验服务平台项目申报立项和深化实施,口岸物流信息化建设得到进一步提升,实现了码头作业全程可视化的信息化管理。

【口岸查验部门简述】**天津海关** 2011年共接受并审核进出口报关单265.9万份,监管货运量1.7亿吨,货运值1 972.5亿美元,分别增长1.5%、4.6%和20.3%。税收总量1 926.39亿元,实征税收1 684.51亿元,转出税收241.87亿元,分别增长17.12%、18.26%和9.77%,3项指标继续保持全国海关第二位。税收核销率达到0.98‰,归类正确率达到95%,一般贸易和重点大宗商品价格水平均保持在最优区间。规范申报水平大幅提升,网上支付比例提升到44.51%,超过全国同期平均水平。出口分类通关改革试点全部实施,监管场所验收合格率达到94%,以"信息围网"监管手段覆盖关区各类海关特殊监管区域的目标全面实现,"三查合一"改革稳步推进,风险布控率、布控有效率、处置有效率均达到目标要求。改革风险管理工作机制,风险分析及防控中心建设稳步推进;成立天津海关复查复验小分队,实际监管能力和威慑力进一步增强。侦办刑事案件85起,查办行政案件3 941起,行政案件立案数量创2002年打私职能调整以来历史新高。成功侦办案值亿元以上大案3起,其中"雷霆2011"缉私行动和"5·10"专案,被列为总署缉私局一级挂牌督办案件。破获走私毒品案件8起,走私武器、弹药案件11起,首次查获邮递渠道走私大麻案件,查缉非涉税案件实现历史性突破。通关效率始终保持较高水平,进出口货物24小时放行率评价均为满分。出台《支持天津市重大项目实施方案》,支持重大项目建设22个,备案用汇额度4.22亿美元。保护68个国内外知名商标专用权,成功办结海关系统迄今最大的进口侵犯知识产权案件。

天津公安边检总站 主动跟进地方经济发展战略,边检服务效果进一步增强。扶植、引导船舶代理公司和登轮单位成立了天津边检报检协会,开通了报检协会服务网站,搭建了与服务对象沟通联系的平台。积极探索建立游艇管理机制,针对东疆保税港区、滨海旅游区、中心渔港等游艇码头建设规划,起草了《总站游艇检查管理办法》,明确了游艇码头检查管理区域建设标准和游艇出入境(港)边防检查手续办理的程序,规范了与游艇有关的登轮、登陆和搭靠、在港管理的方式方法。服务邮轮经济,针对天津邮轮母港建设发展情况,采取了随船验证、充实一线警力、科学组织勤务、提高科技含量、简化通关手续等方法,实现了邮轮旅客入境"零等待"、现场办理手续2小时全部办结。在"2011第六届中国邮轮产业发展大会"期间,总站高质量地完成了开闭幕式、"千人登邮轮"等活动的边检安保任务。创新海港边检管理,口岸管控能力进一步提高,全面推行国际航行船舶风险评估机制,依据船舶风险等级实施分类管理,2011年共评估船舶11 643艘次,形成了船舶自管、港区协管、边检主管的综合管控模式。实施国际航行船舶代理信用等级评定机制,突出了政策引导和惩戒处罚相结合的管理模式,共对2名有违规操作行为的代理人员进行了处罚,对60家代理公司进行了降级,提升了代理企业、登轮单位自管的主动性。建立港区协勤联动机制。各海港边检站分别与辖区公司签订了协管责任书,明确了职责分工,畅通了联系渠道,定期开展了业务培训,收到了良好效果。2011年内,南疆边检站通过协勤人员的及时报警,成功查获了一起渔船在锚地违规搭靠外轮的案件。深入推进两级勤务指挥体系建设,提高勤务管理精细化水平,完善了工作制度和标准,规范了梅沙系统应用操作程序,充分发挥勤务指挥系统实时督导职能,加大了检查监督力度。总站指挥中心每天对一线执勤情况进行检查,累计检查监控视频10 220小时,抽查船舶档案1 095份,核查基础信息104 390条,发现并纠正执勤一线梅沙系统信息录入错误51条,错误率降至0.004%以下。

天津出入境检验检疫局 2011年完成出入境申报95.5万批次,货值1 162.7亿美元,同比分别增长7.7%和17.5%;检验检疫收费7.5亿元,同比增长15.4%,再创历史新高。口岸检验检疫直通放行成效显著。稳步扩大口岸直通合作范围,直通放行合作省市达到14个,涉及腹地1 000多家企业,直通放行进出口商品5万多批次,货值25亿美元。口岸检验检疫直通放行,大大提高了通关效率,有效提升了天津口岸辐射能力,推动了天津"无水港"战略的实施。服务经济结构调整措施得力。有效推动了静海县林海循环经济示范区、津南观赏鱼园区、临港工业粮油产业基地等一系列高端优势产业项目发展。紧紧围绕"调增上"活动,综合运用地理标志产品保护、原产地证书使用和绿色有机农业产品认证等措施,加强出口食品农产品"质量安全示范区"建设。促进贸易便利化效果明显。开展流程再造,进口检验检疫提高工作效率50%,出口检验检疫压缩流程时限近20%。提高天津口岸质量安全水平,邀请天津各界人士走进检验检疫实验室,了解检测过程。组织100多家进出口企业签订质量安全责任书,强化了质量安全意识。以提升天津企业出口产品竞争力和保障进口产品质量安全为着力点,完成出口食品企业备案日常监管1 262厂次;对800多家非法检产品生产企业进行了登记备案;组织天津18家企业顺利通过了TRACES系统备案;开展对高风险敏感产品和重点企业的质量专项检查,共涉及696家企业生产的203种重点产品,针对检查中发现的问题,主动帮助企业查找原因整改提高。进口方面,2011年高质量完成了40万吨进口肉类检疫查验,查验总量名列系统第一。高标准完成了37 702头大中动物的隔离检疫任务,总量继续保持全国第一。进一步扩大了集中查验的范围,增加了集中查验商品的种类,实现了"三集中"布控指令的动态调整,统一了检测标准,做到了风险可控,实现了业务工作再提速。进出口电子检验检疫试点建设效果明显,电子监管企业已达498家。启用了进口汽车检验辅助拟稿系统,实现了机动车随车检验证书的秒级拟制。研发了进口汽车智能检验监管平台,新建了东疆保税港进口汽车检测线,实现了入境汽车全部上线查验和全过程监管。健全两级应急管理机构,举办了口岸核生化有害因子监测培训班,组织了口岸核辐射突发事件应急演练,口岸应急实战能力进一步增强。注重口岸检验检疫核心能力建设,成功应对了日本核辐射、德国二恶英、台湾塑化剂和德国大肠杆菌疫情等突发事件,确保了口岸安全和天津经济社会稳定。

天津海事局 2011年紧紧围绕服务滨海新区开发开放,深入开展"调结构、增活力、上水平"活动,以建设我国北方对外开放门户、北方国际航运中心和国际物流中心为工作重点,有力地支持了滨海新区建设,开创了口岸管理工作的新局面。借助天津市建设的电子口岸合作平台,在口岸查验单位率先完成全部通关业务电子化,实现通关业务网上申报、网上审批,节省行政相对人往返时间;推行船舶进出口岸诚信管理,按照不同诚信等实施简化手续;简化口岸临时开放审核手续,协调地方政府优化口岸资源配置;支持"无水港"和物联网建设。2011年3月18日,国际航行船舶进出口岸海事电子查验系统开通运行,有效降低了船舶代理往返于码头与海事管理机构之间的时间成本和交通成本,在口岸查验中率先实现了更加规范、便捷、高效的网络化海事查验新模式,有助于口岸查验机构间的信息共享和数据集成。积极支持滨海新区开发开放,加强对南港工业港区、汉沽、中心渔港、临港经济区的走访调研,协调解决各港区建设中遇到的问题,提供业务政策指导和现场服务,针对天津港各港区工程特点,推出多项针对性服务举措,受到辖区港航企业和建设施工单位的高度赞赏。支持完成临港工业港区口岸正式对外开放和东疆保税港区二次封关国家级验收的准备工作,通过多次沟通协调,保证了南港工业港区的顺利开港,保障了滨海新区重点区域和重大项目建设的顺利进行。按照国务院批复的"天津北方国际航运中心核心功能区建设方案",将保税区的政策优势与港口的区位优势相结合,开展国际船舶登记制度试点方案及其税收减免等配套政策建议研究,设计在保证安全的前提下,以中国远洋船队良好的国际声誉为支撑,以降低船东营运成本、提高船舶国际竞争力为目标,有选择地放宽登记主体股权结构比例和登记船舶船龄限制,辅以严格的船级社准入条件,符合国际惯例和市场规则的快捷高效的国际船舶登记制度。支持境外大型邮轮公司挂靠东疆港区,逐步将东疆港区发展成为邮轮母港,逐步开放外国邮轮从事国内港口多点挂靠业务。针对辖区集装箱船舶船期紧张、船舶整体安全状况良好的情况,对集装箱船舶办理口岸查验手续开通"安全诚信绿色通道",优先办理口岸查验手续,避免影响船舶进出港时间,造成船舶压港。组织开展《天津港航图集》和专题电子海图调研和编绘工作,完成天津港游艇专用海图制作工作,完成《天津港复式航道航标配布指导意见》,用于指导天津港复式航道航标配布工作。编制《天津港南港工业区(大港)港区航标用户指南》,方便用户对港区新设航标的使用;建设交管中心、大沽灯塔、东疆等水文系统实现天津港通航水域水位的遥测及预报,通过VTS向进出港船舶传送天津港实时水文数据,保障深吃水船舶进出天津港安全。

2011年天津市口岸流量统计表

口岸类型	口岸名称	货运量（万吨）			集装箱量（万标箱）			人员（万人次）			交通工具（辆、艘、架、列次）			
		出口	进口	合计	同比(%)	出口	进口	合计	同比(%)	出境	入境	合计	同比(%)	出境	入境	合计	同比(%)

口岸类型	口岸名称	出口	进口	合计	同比(%)	出口	进口	合计	同比(%)	出境	入境	合计	同比(%)	出境	入境	合计	同比(%)
空运口岸	天津滨海国际机场口岸	4.96	6.07	11.03	-18.19					37.11	37.88	74.99	3.00	5 612	5 607	11 219	4.10
	分计	4.96	6.07	11.03	-18.19					37.11	37.88	74.99	3.00	5 612	5 607	11 219	4.10
陆运口岸	公路口岸																
	分计																
	铁路口岸																
	分计																
水运口岸	天津港口岸	6 627.94	15 533.73	22 161.67	7	329.03	319.95	648.98	12.80	12.40	12.50	24.90	39.00	8 358	8 348	16 706	-3.3
	分计	6 627.94	15 533.73	22 161.67	7	329.03	319.95	648.98	12.80	12.40	12.50	24.90	39.00	8 358	8 348	16 706	-3.3
	河港口岸																
	分计																
合 计																	
同比(%)																	

（天津市口岸工作办公室提供）

2011年天津海关主要数据统计表

项目		2011年	同比(%)
进出口货运量 (万吨)	合计	16 738.57	4.60
	进口	11 500.94	5.30
	出口	5 237.63	3.20
进出口贸易总值 (万美元)	合计	19 724 010.59	20.28
	进口	10 135 891.38	19.77
	其中:江、海运输	8 748 693.02	19.25
	铁路运输	3 754.09	16.45
	汽车运输	2 319.87	-69.02
	航空运输	1 345 518.79	22.26
	邮件运输	999.83	25.68
	其他运输	34 605.76	147.04
	出口	9 588 119.21	20.81
	其中:江、海运输	8 436 411.78	23.54
	铁路运输	113 748.99	61.28
	汽车运输	12 462.74	-0.33
	航空运输	950 532.69	-1.50
	邮件运输	1 276.51	-13.72
	其他运输	73 686.50	26.62
税收 (万元)	两税合计	16 845 104.20	18.30
	关税入库		
	进口环节税入库		

(天津海关提供)

2011年天津市口岸出入境主要数据表

单位:(人员)万人次;(交通工具)万辆、万艘、万架、万列次

项目			2011年	2010年	同比(%)
出入境人员	出入境人员总数		117.90	117.10	0.72
	入境人员		59.70	59.80	-0.23
	出境人员		58.20	57.20	1.71
	出入境旅客		87.60	86.80	0.95
	出入境员工		30.30	30.30	0.06
	中国公民	小计	43.00	37.60	14.5
		内地居民	36.00	30.60	17.53
		港澳居民	1.50	1.40	7.75
		台湾同胞	5.50	5.60	-0.46
	外籍人员		63.00	68.40	-7.77
	从海港出入境人数		40.00	41.00	-2.41
	从陆港出入境人数				
	从空港出入境人数		77.90	76.10	2.4
交通运输工具	总计		1.91	1.88	1.86
	船舶		1.10	1.00	3.99
	飞机		0.85	0.86	-0.69
	火车				
	机动车辆				

(天津公安边防总队提供)

2011年天津市出入境检验检疫业务统计表

项目	货物检验检疫		检验检疫不合格		交通工具				集装箱（标箱）		发现动植物疫情		货物通关		出入境人员查验（人次）	健康检查及预防接种（人次）			
	批次	金额（万美元）	批次	金额（万美元）	船舶（艘）	飞机（架）	火车（节）	汽车（辆）	合计	检出问题	种类数	种次	批次	金额（万美元）		健康检查	艾滋病监测	发现病例	预防接种
本年累计	585 092	8 000 023	11 679	754 673	8 566	9 838			1 287 243	14 636	240	49	720 909	10 050 923	1 016 335	37 045	26 902	7 176	21 233
其中 出境	315 527	2 392 089	246	1 386	3 800	4 919			259 818				485 381	3 503 019	485 486	32 277	22 134	57 22	21 218
其中 入境	269 565	5 607 935	11 433	753 287	4 766	4 919			1 027 425	14 636	240	49	235 528	6 547 904	530 849	4 768	4 768	1 454	15
与上年同比（%）	14.81	18.35	38.84	21.94	−16.1	4.53			18.7	12.73	−2.44	−96	0.51	13.51	−5.27	6.68	1.43	−12.8	−10.6
其中 出境	2.41	16.45	−10.87	−74.04	−21.42	4.44			2.47				−3.98	2.25	−7.33	10.72	5.66	−16.3	−10.6
其中 入境	33.77	19.18	40.52	22.78	−11.31	4.62			23.65	12.73	−2.44	−96	11.24	20.62	−3.31	−14.46	−14.46	4.53	7.14

（天津出入境检验检疫局提供）

2011年天津海事局进出港船舶统计汇总表

船舶类别	进港船舶								出港船舶						
	艘数（艘）	总吨（吨位）	总载重量（吨）	载客量（客位）	船员人数（人次）	货物到达量（吨）	旅客到达量（人）	艘数（艘）	总吨（吨位）	总载重量（吨）	载客量（客位）	船员人数（人次）	货物发送量（吨）	旅客发送量（人）
总　数	132 398	437 926 277	547 337 278	430 538	632 326	188 733 669	132 975	133 242	435 342 812	541 174 331	440 031	652 554	194 817 639	130 114
中国籍船舶	123 966	177 088 565	191 378 262	310 993	444 065	57 029 901	48 374	124 686	171 518 457	181 675 499	321 090	461 702	142 405 017	49 568
其中外贸船	764	9 999 818	11 248 966	21 378	13 681	7 155 964	4 606	816	10 015 004	10 641 829	21 000	15 327	3 930 155	2 820

（天津海事局提供）

天津市口岸大事记

2月25日

北京军区司令部批复天津口岸临时对外开放水域1 590平方公里,临时开放时间一年,至2012年2月。

4月8日

天津市口岸办召开天津口岸大通关暨重点工作推动工作会议。会议传达了天津市副市长任学锋在2011年口岸工作会议上的讲话;各与会单位针对临港经济区对外开放、东疆保税港区功能建设与发展、进口第七类固体废物和汽车进口通关效率等工作分别做了交流发言,提出支持意见和改进措施。

5月28日

北京军区复函批复天津口岸水域全线对外开放。

6月14日

天津市副市长任学锋参加空港口岸促进贸易便利化协调小组成立及重点工作部署会。

7月6日

天津市口岸办会同海关、检验检疫局、海事局、边检总站组成验收组,对临港工业区口岸对外开放进行了市级预验收。

8月26日

临港工业港区对外开放顺利通过海关总署(国家口岸管理办公室)等国家有关部门组成的国家级验收组的验收。

9月21日

天津市口岸办会同天津港集团组织召开了2011年无水港建设工作交流会。海关总署、国家质检总局、国家口岸办、中国口岸协会,北京、河北、山西、内蒙古、辽宁等13个省区市和部分城市口岸办、无水港、开发区代表,共120人参加了会议。会议充分肯定和高度评价了无水港的服务辐射作用,认真总结了无水港建设的经验做法,对进一步加强无水港建设进行了深入交流探讨,形成了合作建设无水港天津共识。会议期间,天津市口岸办分别与陕西汉中市政府、甘肃嘉峪关市政府签署了合作协议,天津港集团与内蒙古红山物流园区签署了合作协议,天津电子口岸公司分别与陕西省口岸办、山西省口岸办签署了电子口岸建设战略合作框架协议。

12月20日

天津市副市长任学锋出席天津市口岸办组织口岸相关查检单位、滨海新区政府、东疆保税港区管委会、天津港集团召开东疆保税港区(二期)封关运作座谈会,签署会议纪要。

河北省

河北省口岸工作综述

【口岸运行数据】 2011年,河北省外贸运量完成43 872.85万吨,同比增长36%。秦皇岛港口岸外贸货运量完成1 244.5万吨,同比下降27.5%;国际集装箱完成13.7万标箱,同比增长11.7%;进出境人员6.6万人次,同比增长6.4%;进出境交通工具1 354艘次,同比下降15.5%。唐山港口岸外贸货运量完成14 310.2万吨,同比增长31.6%;国际集装箱完成526标箱;进出境人员13.8万人次,同比增长30.2%;进出境交通工具5 962艘次,同比增长31.4%。黄骅港口岸外贸货运量完成781.6万吨,同比增长58.2%;进出境人员0.8万人次,同比增长18.9%;进出境交通工具197艘次,同比增长31.3%。石家庄航空口岸外贸货运量完成0.43万吨,同比增长43.5%;进出境人员6.39万人次,同比增长97%;进出境交通工具798架次,同比增长39%。石家庄内陆港外贸货运量完成19.7万吨。集装箱吞吐量2万标箱,同比增长15%。

【口岸开放工作】 一是黄骅港口岸综合港区前期工作取得重大突破。黄骅港口岸综合港区开放范围首先获北京军区批准。经过3个月的磋商协调,该港区开放工作取得了国家驻冀各查验部门的支持性意见。2011年8月19日河北省发改委向河北省政府呈报了黄骅港综合港区申请正式开放的代拟稿;9月6日,河北省政府正式上报国务院。该港区口岸临时开放最终两获批准,分别自2011年2月1日至2011年7月31日、2011年8月1日至2012年1月31日连续临时对外开放,保证了港区的正常运营。二是秦皇岛港口岸综合竞争力全面提升。开通了至日本关西、韩国釜山的集装箱航线,这是继秦仁航线、日本关东航线开通之后的又一条国际集装箱班轮航线。该航线每周一班,由海丰福迪、海丰联惠集装箱船舶负责承运,途经天津、龙口、连云港,到达日本大阪和韩国釜山港,集装箱可由釜山港中转到世界各主要港口。秦仁航线新客站成功启用。7月20日,该航线客运站完成整体搬迁,各查验部门同时入驻,确保了通关的顺畅进行。1~9月,秦仁海运共完成货运量1.4万标准箱,同比增长21.1%;完成客运量4.62万人次,同比增长6.4%,平均上座率达到95%。同时,继续延续单月盈利的良好态势,2011年实现了扭亏为盈。三是唐山港曹妃甸港区开放验收准备工作稳步推进。曹妃甸港区综合查验楼已正式完工并交付各查验单位;边检营房和训练场地等其他查验设施正在加紧施工;曹妃甸港区锚地顺利获得交通运输部的批复;各查验单位入驻综合查验楼开办费用已拨付到位,即将陆续进驻办公。同时,为确保曹妃甸港区在通过国家口岸开放验收前的正常运营,全力做好港区临时开放的延期工作,交通运输部再次批复延长临时开放期限到2011年11月30日。四是石家庄航空口岸实现跨越式发展。石家庄机场相继开通了台北直航、济州岛季节性旅游包机航线,传统的香港航线也由每周两班加密到五班,国际货运按"属地报关、异地出境"的通关模式开通了经香港的国际中转业务,人员和货物的国际运量均得到大幅度提升,实现跨越式发展。五是山海关机场再创历史新高。山海关机场实现连续5年临时对外开放。除俄罗斯旅游包机外,2011年又开通了至韩国首尔、仁川的临时客运航班。临时开放期间共运行旅游包机38班、76架次,运送外国旅客10 511人次,通关时间缩短到1小时以内,入境通关继续保持零差错,直接拉动消费3亿多元,创下了5年来包机数量、游客人数、境外目的国家和对应城市数量4个第一,有力地推动了秦皇岛市旅游事业的发展,成为河北省发展口岸旅游经济新的增长点。

【口岸综合管理】 一是口岸"十二五"规划取得阶段性成果。国家口岸管理办公室对河北省口岸"十二五"发展规划的总体思路给予了肯定,河北省上报的4个项目全部落实,其中秦皇岛西港东迁、黄骅港综合港区、唐山港丰南港区3个口岸扩大开放项目原则同意列入国家口岸"十二五"发展规划,秦皇岛昌黎机场项目安排季节性临时开放。国家口岸办已通过集中讨论和口头形式两轮征求了相关部委的意见,目前正在书面征求相关部委意见。二是内陆港建设有序推进。石家庄内陆港保税物流园区80亩启动用地已落实。张家口内陆港一期工程完工,预计年底试运行。保定内陆港完成征地工作,年内开工建设。石家庄至黄骅、张家口至秦皇岛的矿石、煤炭集装箱专列有望开通。三是进口香蕉市场重回秦皇岛口岸。通过不断优化口岸环境,流失异地8年的香蕉市场又重新回到秦皇岛口岸。2011年9月份,随着厄瓜多尔"香蕉王"、菲律宾"红宝石"、"麒麟"、"福卡"等品牌的高品质进口香蕉陆续抵港,标志着辐射京津、三北的北方进口香蕉物流口岸重新回归秦皇岛。四是与北京口岸对接工作取得了初步成效。与北京口岸办进行了洽谈磋商,双方就加快两地口岸合作等相关事宜达成了基本共识,并议定择期推动唐山港、秦皇岛港海运口岸与平谷陆港尽快签署合作协议,抓紧与北京签署两地口岸合作备忘录。

【电子口岸建设】 石家庄海关2011年启用了"出口转关启运地运抵报告"系统,有效加强了海关分类通关管理;推广"集成通"系统并在廊坊富士康电子有限公司成功应用,为企业降低交易成本和管理成本,让企业享受到电子口岸新型业务模式带来的优惠及便利;推广了电子支付系统,新业务流程充分考虑到企业、银行与现场海关的作业特点,简化了签约手续,新增了税费支付种类、对账、代理支付功能;完善了电子口岸公共服务平台,构建安全、稳定、高效的系统环境,有力地保障了企业入网联合审批业务的正常运行。2011年中国电子口岸石家庄数据分中心全年共办理企业入网2 194家,入网企业总数累计达18 288家,新增电子账册企业8家,总数累计达35家。办理证书更新业务4 183家,信息变更2 112家,其他业务1 307家,受理热线咨询22 678次。

【口岸大通关】 加强口岸大通关建设的组织领导,进一步发挥口岸工作联络协调机制的作用,全力推动地方口岸大通关建设。加强了查验部门间的合作,推进"提前报检、提前报关、实货放行"、"关检信息共享"、"一单两报、一机两屏"的实施,推进出口直通式电子申报和出口工业产品分类管理工作的实施,推进"绿色通道"和"直通放行"制度的实施,推进口岸"一站式"、"一条龙"通关模式的实施,推进"7×24小时"全天候或"5+2天"通关机制的实施,优化服务水平。进一步推动了口岸通关监管平台和信息化平台建设,完善口岸管理部门网络系统,强化电子口岸信息沟通机制,加大数据交换和共享力度,扩大联网信息共享范围,提高了口岸综合查验能力。

【口岸查验部门简述】石家庄海关 2011年,全年关区税收入库383.95亿元,突破300亿元大关,再创历史新高,全国海关排名第12位,同比增长58%;其中,归类补税389.79万元,审价补税4.26亿元,稽查补税5 130万元,加工贸易内销征税1.69亿元,有效发挥了海关税收的财政调节作用。监管进出境货物1.78亿吨,全国海关排名第4位,运输工具8 030辆(艘),进出境人员25.7万人次,集装箱10.5万箱次,行邮物品12.8万件,报关单接单7.1万份,同比分别增长25.9%、14.14%、21.9%、4.51%、16.7%、15.7%。一是石家庄海关采取有效措施全面加强了对关区口岸的实际监管。严密监管海关监管场所、舱单、运输工具、货物和物品,查验率6.46%,查获率10.4%,查验工作质量不断提高。积极推进分类通关改革,基本达到了"优化监管质量,提高通关效率,整合资源配置,缓解关员压力"的预期目标。灵活运用稽核查手段,引入中介机构参与稽核工作,有效扩大了稽核覆盖面,稽查企业158家,稽查有效率达39%。科学、动态地开展企业分类管理,上调企业111家、下调28家。开展"打击侵犯知识产权和制售假冒伪劣商品专项行动",共查获侵犯知识产权案件9起,查没侵权货物(物品)4 269件,案值18.83万元。保持打私高压态势。以打击正在进行时的走私违法活动为重点,深入开展"查缉旅检行邮渠道走私违法百日专项行动"、"海鹰行动"、"打击武器弹药走私专项行动"等专项行动,全年共立案158起,案值7 805.55万元;结案131起,案值1.31亿元,罚没入库544.32万元,有效维护了国家政治经济安全和社会稳定,并加大对枪支、弹药、毒品、珍贵动物制品、反动淫秽音像制品和散发性宗教宣传品的查缉力度,有效履行了关境保护职能。二是以"做好服务"为重点,有力促进河北经济社会发展。2011年石家庄海关积极落实署省合作备忘录,全面提升服务层次和水平,大力支持河北省对外开放和重点项目建设。促进外贸进出口稳定增长。围绕加快构筑环首都经济圈、打造沿海经济隆起带等战略重点,加强对河北省外贸进出口整体形势、重点地区、重点产业的分析力度,共撰写各类统计分析文章113篇,向河北省委、省政府上报"海关统计专报"12篇、"农产品监测月报"12篇。全年共办理减免税证明1 806份,减免税款8.35亿元,综合运用预约通关、提前报关等通关便利措施,积极拓展区域通关业务,努力营造优质高效的通关环境。全年河北省外贸进出口536亿美元,进口250.2亿美元,出口285.8亿美元。促进加工贸易转型升级。有序推进海关特殊监管区域建设,重点促进曹妃甸综合保税区的申请设立,提出意见建议;协助石家庄、黄骅综合保税区的论证工作。对出口加工区运行情况进行调研,分别向署省提出措施建议,助推秦皇岛、廊坊出口加工区加快发展。合理规划关区保税仓库的布局,引导物流企业入区,拓展出口加工区保税物流功能。以门户网站和行业协会网站为平台,推进政务信息公开,加强"12360"海关服务热线建设,在海关与企业、管理相对人之间搭起沟通的桥梁与纽带。加强与公、检、法、海事、检验检疫、商务等单位的沟通协调、执法协作,努力提高海关服务地方经济建设的能力和水平。海关机构建设有序开展。张家口海关正式开关,驻曹妃甸港区办事处基本筹建完毕,邢台、衡水、承德海关正在有序筹建,驻邯郸办事处升级等工作稳步推进。

河北出入境检验检疫局 2011年,河北出入境检验检疫系统共检验检疫出入境货物16.91万批、货值402.92亿美元,同比批次增长3.33%、货值增长43.95%。其中:检验检疫出口货物15.18万批、货值104.93亿美元;检验检疫进口货物1.73万批、货值298亿美元(占全省进口总货值的98.95%,同比批次增长2.15%、货值增长18.79%)。共检出进出口不合格货物2 252批、货值94.76亿美元,不合格检出率在全国35个直属局排名第一。在全省4个海港口岸和2个空港口岸,出入境人员查验20.73万人次,健康检查2.39万人次,预防接种3.42万人次,艾滋病监测2.31万人次,发现病例1.08万例。隔离检疫进境活禽21.79万羽,进境活牛1.4万头,进境种猪891头,检出病牛6批29头、病猪2批4头,及时扑杀并做无害化处理。截获植物疫情74批,计16种类、166种次。对5 465艘进出境船舶、845架次国际航班飞机、1.59万个进出境标箱进行了口岸卫生检疫,对来自疫区的5 822个进境标箱进行了卫生除害处理。一是质量管理初见成效。全省系统以"外贸商品质量提升年"和"质量月"活动为载体,广泛开展了"三送"活动、"出口企业对标行动",取得明显成效。全面推进检验监管模式改革,提高了"进出口企业质量诚信管理系统"的应用效果,落实了风险分级和分类管理动态调整,规范了输非装运前检验,向地方政府提交了较高水平的质量分析报告。加快了农产品示范县和工业品示范区建设步伐。帮助长城哈弗SUV汽车取得了出口免验资格。启用了"12365"举报处置指挥系统。二是严把国门,作出贡献。加大了口岸核心能力建设和疫情疫病防控工作力度,与河北省环保厅签署了《口岸核与辐射监测处置工作协作备忘录》,迅速部署开展了口岸核与辐射物质的监测工作,未发生一起超标入境问题。在进出口商品领域开展了"双打"专项行动和输非产品"打假保知"行动;在进出口食品农产品领域开展了"打非治滥"、"食品安全专项整治"、"酒类企业排查"、"瘦肉精检验监管"和"地沟油专项整治"等行动。出台了《河北出口食品企业优良等级评定工作要求》,完成了出口农产品安全风险监控计划。积极应对了"塑化剂风波"、"瘦肉精"问题等突发事件。三是服务发展有所作为。开展了检验检疫与地方"十二五"规划的对接行动。积极落实省部战略合作备忘录,加快了检验检疫配套设施规划和建设步伐。大力推进河北省出口货物在天津口岸的直通放行,与黑龙江出入境检验检疫局、广西出入境检验检疫局及晋陕蒙辽豫五省区检验检疫局签署了快速通关合作备忘录。先后3次接待了日、韩官方检查团注册复查,均顺利通过。减免企业出口农产品及纺织品检验检疫费1080万元,签发各类原产地证书10.4万份,减免关税1.7亿美元。四是科技强检实力提升。新增邢台童车、秦皇岛媒介生物2个国家检测重点实验室。配备和更新了4030万元的实验室仪器设备。广泛开展了"实验室能力达标"及"优势实验室对标行动",组织参加各类能力验证315项,检测项目扩大到2600多项。申报科研制标项目109项,创历史之最,其中有2项首次在国家科技部立项。参与组建并成为"河北省大型科学仪器资源共享服务联盟"理事长单位,唐山陶瓷实验室加入了"国家陶瓷检测联盟",秦皇岛煤检中心牵头组建"国家煤炭检测联盟"取得实质进展。48名同志入选了各类专家库。建立了检企信息服务平台,组建了省局固移集团网。五是企事业发展全面启动。组织了企事业发展专题调研,认清差距,增强紧迫感。搭建了检科院分院、技术中心分中心等事业发展平台,出台了《委托检测业务实施细则》等制度。启动了事业单位改革。各企事业单位在为检验检疫提供强有力技术支撑的同时,积极开拓市场,扩大收入,取得了业务经营的新丰收,全省系统企事业总收入1.6亿多元。

河北省公安边防总队 一是转变工作理念,创新管理模式。为改变以往"经济先发展,服务再跟进"的被动局面,唐山边检站积极创新管理服务理念,大力推行"一港四区"、"一区一室"的驻区勤务模式。创新勤务组织模式。打破以前执勤业务科检查员办理业务、监护中队战士实施监护的"两元"执勤模式,按照干部与战士1∶3的比例合理编排巡查、监控、前台执勤组,推行了科队联合驻勤,站领导轮流带班,警务室警长驻点管理的新勤务模式,使船舶作业时间平均缩短1小时。科学选建警务室。在靠近码头一线,利于快速出警的位置建立4个多功能边检警务室,安装了标准化执勤服务设施和视频监控系统,配备了执法办案和应急处突装备,能够全天候开展边防检查、巡查执法等工作,随时处置各类突发警情,服务对象可24小时到警务室办理船舶手续、签发证件,大幅缩短了往返报检室办理业务时间,使入出境船舶在港停泊时间同比缩短2.5个小时,作业效率提高了19%。全力提升警务效能。制定了警务室工作制度和执勤执法流程,增设站驻勤值班领导、指挥中心值班员、警务室警长、码头巡查4个岗位,建立了警务室与站指挥中心"三网对接"指挥机制,实现了指挥中枢与执勤岗位点对点、扁平化可视指挥,警务效能提升了30%。二是服务经济建设,引领口岸发展。总队专门制定了《口岸出入境形势分析报告》模板和工作汇报机制,定期分析全省开放口岸出入境数据,报送口岸管理部门,为地方党委政府科学决策提供了有力参考。坚持问需于民。紧密结合"大走访开门评警"活动,通过警民座谈、警企共建等渠道,广泛了解社情民意,进一步增强服务创新的针对性、实效性。黄骅边检站在走访中了解到登轮人员经常因不熟悉边检法规而延误生产作业问题的情况后,专门派出业务骨干上门进行了登轮业务专题培训300余人次,切实提高了企业从业人员业务素质。曹妃甸边检站开展了"短信回访促提服"和"代理体验日"活动,通过短信征集和换位体验等了解群众在边检人员服务态度、执法公正、群众满意度等方面的意见建议,收到了良好效果。秦皇岛边检站开通了"边检微博",实现了警民网上互动,将传统群众工作与现代信息手段有机结合,收集采纳创新海港边检勤务模式的合理化建议14条,受到了服务对象普遍欢迎。坚持服务惠民。以打造效率边检为目标,积极探索口岸管理、勤务运行新手段。唐山边检站通过做强站指挥中心一个"神经中枢"和警务室警长"神经末梢",实现了船舶业务办理、监护管理就近化,使办理手续时间缩短了1个小时,全力保障唐山港屡破生产作业新纪录。秦皇岛边检站针对山海关港区地处偏远、交通不便的问题,整合已有信息资源,探索临时登轮证、长期登轮证与企业出入厂证三证合一,进一步减轻了企业负担。曹妃甸边检站与口岸医院、检验检疫、港务等部门建立船舶突发事件快速处置机制,对突发重病船员等实行24小时救助,先后救助突发重病船员10余人次,赢得了宝贵的抢救时间,及时挽救了船员生命。坚持共赢为民。将边检系统自身建设与口岸建设发展紧密融合。黄骅边检站围绕省重点工程——黄骅港综合港区临时开放勤务保障,实行科学编组执勤、全程视频监控、港区联防联控新型管理机制,与驻地边防派出所共同执勤,有效解决了边检警力紧张与口岸业务不断发展的突出矛盾。秦皇岛边检站推出了"红黄绿"诚信评级机制,对报检企业、出入境船舶建立诚信等级档案,定期进行诚信等级评估,实行差别化用警,有效调动企业自管自律积极性,提升了港口船舶通关效率。石家庄边检站以石家庄国际机场跨越式发展为契机,以专包机、大型旅游团队服务为重点,开通了网上QQ群,及时根据服务对象需求提供绿色通道、流动平台、贵宾室通行等专业化服务。河北省政协主席刘德旺、省政府副省长沈小平先后对该站人本专业、安全高效的通关服务予以题词表扬。三是加强警民联防,确保口岸安全。严密出入境交通运输工具管理。各海港边检站有针对性地加大对船体、上下轮人员的管理,防止其携带违禁物品渗透入境。唐山边检站通过分片驻警,实现了屯警于码头,通过巡查、卡口、监控等形式对口岸实行立体式监管。秦皇岛边检站通过认真分析入境人员携带非法出版物入境的特点,划定了重点检查对象,加强对"新郁金香"轮情报调研力度,采取船上控、现场查的办法,及时收缴反动宣传品400余份。完善出入境人员查验协作机制。各边检站积极协调口岸管理部门制定出台口岸限定区域管理办法,明确边检机关的职能地位,理顺口岸区域的管理关系,完善与海关、海事、公安、国保、反恐等部门的协作联动机制,进一步提高了口岸整体应急处理突发事件的能力。秦皇岛边检站通过与口岸单位进行共建,与企业保卫部门、民兵连队开展联合执勤活动,及时消除了一批安全隐患。全面推进口岸管控工作信息化。借助监控系统、超短波电台、综合实战指挥平台、GPS系统,不断完善警务室管"点"、巡查队管"线"、电子监控系统管"面"的三位一体管控模式。唐山边检站将"港区一卡通"引入口岸限定区域管理体系,与港口安保部门建立了在港人员车辆信息实时交流机制,全天候动态监管口岸情况,有效提高了口岸安全系数。石家庄边检站针对出境旅客以团队为主,异地组团人数较多的实际,督促旅行社及时预报旅客身份信息,预先确定重点检查对象,积极防止以旅游形式出境不归问题的发生。

河北海事局 一是强化现场监管,紧抓水上安全监督不放松。加强辖区通航环境和通航秩序的评估研究,落实常态工作措施,稳步推进安全监管长效机制。提高现场巡航针对性,结合水上搜救、专项整治、季节性安全管理及专项维护等实际情况编制巡航工作计划,明确巡航范围、巡航工作任务,减少船艇出航的盲目性。积极参与辖区联动巡航执法活动,查找辖区监管疑点、难点及薄弱环节,推动消除执法盲区。二是严抓落实,有序开展"安全隐患专项排查整治"活动。为净化水上交通环境,启动安全隐患专项排查整治活动,全方位、深层次、大力度排查事故隐患,加强辖区港口锚地、定线制、长航道、旅游景区、渡口等重点水域,"四客一危"船舶、大型电煤船、超大型矿石船、施工船、砂石运输船、渡船等重点船舶,石油平台作业、船舶加受油、恶劣天气应急等重点环节的安全监管和隐患排查,督导施工建设单位、船公司、船舶安全生产主体逐级落实生产责任制,推动相关企业深化水上交通安全生产隐患排查治理,督促其对发现隐患的进行彻底整改,持续改善河北辖区通航环境,遏制各类安全隐患出现,逐步完善水上交通安全生产隐患排查治理长效机制,促进水上交通运输事业健康有序发展。三是坚持源头管理,创新旅游船艇监管新思路。逐步深化"四方联动机制",实现了地方政府、海事部门、游艇业主、景区景点的齐抓共管,开展联合执法行动,严厉打击渔船非法载客等行为。开展了旅游船艇专项整治"百日攻坚"专项行动,组织辖区内旅游船艇所有人、经营人、景区负责人到"新郁金香"轮现场观摩消防及救生演习,召开了旅游船艇安全管理座谈会,主动加强与旅游局、安监局等部门的协调、配合,组织了多次联合执法活动,对"长城-1号"、"公主号"等大型旅游船舶进行重点检查。实现了连续6年旅游船艇零事故、零伤亡、零污染。四是依托政府,深入开展打击非法采砂、运砂行动。组织开展砂石运输船专项治理联合执法行动,出台《河北海事局砂石运输船专项治理活动方案》、《关于进一步推进砂石运输船专项治理活动的通知》和《关于继续深化砂石运输船专项治理活动的通知》等一系列文件,组织开展了代号为"治砂1号"、"治砂2号"、"治砂3号"、"治砂4号"联合执法行动,协调边防、海警、海洋、渔政等部门对重点水域实施了拉网式排查,进一步规范了涉水工程海上施工秩序,砂石运输船事故同比下降了62%,辖区安全形势持续好转。五是完善通航安全审批和监管工作,促进地方港口建设发展。积极贯彻实施《中华人民共和国水上水下活动通航安全管理规定》,研究对港航企业和建设施工单位的创新性服务举措,开展水上水下活动通航安全影响论证和通航安全评估机构备案工作;建立水上水下活动通航安全影响评估专家库;促进了曹妃甸港区通用码头三期、通用散货码头、京唐港首钢码头有限公司矿石泊位、山海关船舶重工有限责任公司11#泊位等工程顺利投入生产,以及中国石油集团海洋工程有限公司渤海湾生产支持基地开通使用和唐山港京唐港区20万吨级航道通航。促进了部海事局正式批复了曹妃甸锚地,结束了唐山港曹妃甸港没有锚地的历史;开展唐山港京唐港区和黄骅港综合港区锚地选划工作,推动两港区快速发展。六是保障电煤运输畅通,展现保障能源运输强局风采。2011年初,承办了中国海上搜救中心组织的"全国海上防抗海冰工作协调会",按照会议部署切实做好辖区海冰防抗和电煤运输保障工作。及时启动电煤运输保障体系,开通绿色通道,预约办理手续,保障电煤船舶优先进出港,充分发挥冰情信息预警和安全信息发布机制、冰情应急事件联合响应机制、航标信息通告机制等,确保了船舶能够得到最新的海冰信息,保障了辖区航道、港池等重要通航水域的安全畅通,将严重冰况对船舶航行安全影响降到最小,避免险情事故的发生。同时,为进一步拓展电煤运输保障体系覆盖范围,将保障特殊时期矿石、油品运输纳入保障体系当中,通航处修订完善了河北海事局电煤运输保障体系。七是顺利接管,平稳过渡,做到港口建设费应征不漏。稳妥有序地开展了港口建设费接管征收工作,组建成立了规费征稽处。工作中,面对时间紧、任务重、困难多的实际情况,从领导到普通干部职工,特别是一线人员都表现了极强的责任意识、攻坚能力和奉献精神,进行了深入调研,广泛听取多方意见,集思广益,确立了"直收为主代收为辅"的征收模式。从2011年10月1日至12月31日,征收额达7.11亿元,资金到账率96.7%,缴库率99.9%,三项指标均列直属系统第一位。八是优化组织效能,增强海上搜救应急处置能力。加强水上险情事故应急管理,切实做好预防预控和应急处置工作。积极落实加强台风灾害防御工作和开展防汛(台)抗旱检查工作;进一步完善了省海上搜救预案体系,编制了《河北省海冰灾害海上搜救分预案》;完成了《河北省海上搜救应急预案》简化版;与海洋部门建立了海洋信息沟通机制;加强现场应急救助演练及救助技能培训和宣传,指导秦皇岛海事局组织开展了"2011年秦皇岛旅游船艇四方联动应急搜救演习",提高海上从业人员的海上应急救助能力;组织人员对养殖区的海上救助行动进行了后评估,向河北省政府提出海上救助改进建议,并获得支持;全年共协调指挥各类搜救行动51起,成功救助遇险人员460人,救助遇险船舶37艘,对遇险人员的救助成功率达到96.44%,有效保障了辖区安全形势的稳定。由于海上搜救工作成绩突出,河北海事局通航处被交通运输部评为"2010年度交通系统海(水)上搜救先进集体"。九是健全预案机制,推进海上船舶污染应急能力建设。修订和发布《河北省船舶污染事故应急预案》,河北海域船舶污染防治能力建设工作全面开展;贯彻实施《中华人民共和国船舶及其有关作业活动污染海洋环境防治管理规定》和《中华人民共和国船舶污染海洋环境应急防备和应急处置管理规定》,发布了辖区监管指导意见,扶持辖区11家企业进行船舶污染海洋环境应急防备和应急处置能力建设;推进船舶污染环境风险评估,组织开展了辖区各港口、码头、装卸站的污染风险及防治能力评估工作;实施船舶污染事故案例分析会制度,凝练监管成功经验,增强学习针对性,提高执法水平。

2011年河北省口岸流量统计表

口岸类型	口岸名称	货运量(万吨) 出口	货运量(万吨) 进口	货运量(万吨) 合计	货运量 同比(%)	集装箱量(万标箱) 出口	集装箱量(万标箱) 进口	集装箱量(万标箱) 合计	集装箱 同比(%)	人员(万人次) 出境	人员(万人次) 入境	人员(万人次) 合计	人员 同比(%)	交通工具(辆、艘、架、列次) 出境	交通工具 入境	交通工具 合计	交通工具 同比(%)
空运口岸	石家庄机场	0.40	0.03	0.43	+43.50					3.27	3.12	6.39	+97	398	400	798	+39
空运口岸	山海关机场			0.00						0.51	0.54	1.05	+67	38	38	76	
空运口岸	分计			0.00												0	
陆运口岸	公路口岸	石家庄内陆港	19.70		19.70	+9.40	2		2	+15.00							0
陆运口岸	公路口岸 分计			0.00												0	
陆运口岸	铁路口岸 分计			0.00												0	
水运口岸	海港口岸	秦皇岛港	27 255	1 506	28 761	+31.63	21.40	21.60	43	+26.60	3.80	3.90	7.70	+11.90	780	650	1 430	-12.60
水运口岸	海港口岸	唐山港	453.40	13 856.80	14 310.20						6.40	7.40	13.80	+30.19	2 745	3 217	5 962	+31.38
水运口岸	海港口岸	黄骅港	298.80	482.70	781.52										92	105	197	
水运口岸	海港口岸 分计			0.00												0	
水运口岸	河港口岸 分计			0.00												0	
合计		28 027.30	15 845.53	43 872.85	+36	23.40	21.60	45	-12.20	13.9814	14.96	28.94	+1.72	4 053	4 410	8 463	+2.95
同比(%)		+22	+130	+36		+35	+28.50	-12.20		+2.20	+2.46			+2.49	+3.49		

(河北省口岸工作办公室提供)

2011年石家庄海关主要数据统计表

项目		2011年	同比(%)
进出口货运量（万吨）	合计	17 872.22	+25.90
	进口	16 850.40	+32.17
	出口	1 021.83	-29.38
进出口贸易总值（万美元）	合计	4 102 381.53	+48.80
	进口	3 483 427.64	+58.42
	其中:江、海运输	3 471 755.16	+59.27
	铁路运输		
	汽车运输	1 627.83	+73.09
	航空运输	9 884.04	-44.69
	邮件运输	94.18	-31.05
	其他运输	66.41	
	出口	618 953.89	+10.87
	其中:江、海运输	504 454.49	+2.77
	铁路运输	1 065.42	-24.81
	汽车运输	1 076.37	+742.46
	航空运输	98 849.83	+75.25
	邮件运输	83.81	+57.91
	其他运输	13 423.97	+42.76
税收（亿元）	两税合计	383.95	+58
	关税入库	13.67	-0.60
	进口环节税入库	370.28	+61

（石家庄海关提供）

2011年河北省口岸出入境主要数据表

单位:(人员)人次;(交通工具)辆、艘、架、列次

项目			2011年	2010年	同比(%)
出入境人员		出入境人员总数	215 141	271 073	+125.99
		入境人员	108 666	138 949	+127.87
		出境人员	106 475	132 124	+124.09
		出入境旅客	99 170	137 460	+138.61
		出入境员工	115 971	133 613	+115.21
	中国公民	小计	124 802	161 603	+129.48
		内地居民(因公)	51 614	53 561	+13.77
		内地居民(因私)	69 441	99 228	+142.90
		港澳居民	1 521	4 422	+290.73
		台湾同胞	2 226	4 392	+197.30
		外籍人员	90 339	109 470	+121.18
		从海港出入境人数	172 158	190 053	+110.39
		从陆港出入境人数			
		从空港出入境人数	42 983	81 020	+188.49
交通运输工具		总计	5 486	6 547	+119.34
		船舶	4 972	5 693	+114.50
		飞机	514	854	+166.15
		火车			
		机动车辆			

(河北省公安边防总队提供)

2011年河北省出入境检验检疫业务统计表

项目	货物检验检疫				交通工具				集装箱（标箱）		发现动植物疫情		货物通关		出入境人员查验（人次）	健康检查及预防接种			
	批次	金额（万美元）	检验检疫不合格批次	金额（万美元）	船舶（艘）	飞机（架）	火车（节）	汽车（辆）	合计	检出问题	种类数	种次	批次	金额（万美元）		健康检查	艾滋病监测	发现病例	预防接种
本年累计	169 063	4 029 243	2 252	947 622.2	5 465	845	0	0	15 938	0	16	166	22 673	3 249 447	207 303	23 857	23 138	10 801	34 188
其中 出境	151 807	1 049 290	219	8 873.07	2 564	419	0	0	3 567	0			15 183	262 344	100 163	21 150	20 724	9 544	34 176
其中 入境	17 256	2 979 954	2 033	938 749.1	2 901	426	0	0	12 371	0	16	166	7 490	2 987 103	107 140	2 707	2 414	1 257	12
与上年同比（%）	+3.33	+43.95	+31.24	+69.88	+33.07	+64.08			+34.18	-100	-23	-34.40	+15.69	+49.50	+6.28	+7.72	+7.71	-1.39	-1.44
其中 出境	+2.15	+18.79	+12.31	+195	+29.36	+63.67			+8.29	-100			+14.29	+19.95	+4.73	+7.62	+7.92	-0.70	-1.40
其中 入境	+14.94	+55.55	+33.66	+69.20	+36.52	+64.48			+44.12		-23	-34.40	+18.64	+52.81	+7.77	+8.54	+6.02	-6.33	-55.60

（河北出入境检验检疫局提供）

2011年河北海事局进出港船舶统计汇总表

船舶类别	进港船舶							出港船舶						
	艘数（艘）	总吨（吨位）	总载重量（吨）	载客量（客位）	船员人数（人次）	货物到达量（吨）	旅客到达量（人）	艘数（艘）	总吨（吨位）	总载重量（吨）	载客量（客位）	船员人数（人次）	货物发送量（吨）	旅客发送量（人）
总计	147 050	562 981 450	733 333 891	1 181 119	1 239 062	185 300 542	65 539	148 423	560 828 903	732 121 650	1 186 264	1 274 251	530 881 649	65 220
中国籍船舶	143 698	451 824 457	527 836 087	1 181 119	1 164 972	38 399 365	65 539	145 112	450 380 244	527 898 598	1 186 264	1 204 456	522 537 542	65 220
其中外贸船	296	8 211 001	12 874 697		9 614	8 915 968	16 072	248	4 851 155	7 163 886	34 452	7 791	864 703	12 487

（河北海事局提供）

河北省口岸大事记

1月11日

在征求了石家庄海关、河北出入境检验检疫、河北公安边防意见后,向国家口岸管理办公室上报了山海关机场2011年临时对外开放的请示(冀政口岸〔2011〕1号)。

1月12日

河北省海上搜救中心成功承办"全国海上防抗海冰工作协调会"。会上,部搜救中心对2011年渤海和黄海海域的海冰防抗工作进行了全面、系统的部署。

1月25日

交通运输部海事局以文件形式正式批复了唐山曹妃甸锚地,标志着唐山港曹妃甸港区结束了没有锚地的历史。

1月27日

交通运输部以交海批〔2011〕6号文件《关于同意国际航行船舶临时进靠黄骅港口岸综合港区的函》批复黄骅港口岸综合港区2月1日至7月31日施行临时对外开放。

3月3日

山海关机场2011年临时对外开放获国家批复(国岸发〔2011〕5号),开放期限为5月31日至10月31日,成为国家唯一连续五年获准临时对外开放的空港。

3月4日

中央编办以中央编办复字〔2011〕33号文《关于设立衡水海关的批复》批准设立中华人民共和国衡水海关。

3月24日

秦皇岛至日本关西地区、韩国釜山的集装箱班轮首航成功。这条航线是秦皇岛市继秦仁航线、日本关东航线开通之后的又一条国际集装箱班轮航线。

4月6日~7日

河北海事局派员出席2011年亚太地区巡逻船论坛。

4月23日

交通运输部海事局通过了《曹妃甸水域船舶定线制绩效评估研究报告》。曹妃甸水域船舶定线制实施一年多,该水域的危险程度进一步降低,定线制周围水域与定线制直接相关的碰撞搁浅事故数量减少68%,事故涉及的人数减少72%。

4月27日

海关总署以署人发〔2011〕178号文《海关总署关于设立衡水海关的通知》批准设立衡水海关。

5月3日

河北省政府以冀政函〔2011〕73号文件《关于扩大开放黄骅港综合港区一类口岸的函》报送北京军区。北京军区以司作〔2011〕49号文件《同意黄骅港综合港区扩大对外开放范围》批复港区口岸开放范围。

5月24日

国家交通运输部以交海批〔2011〕28号文件《关于同意国际航行船舶临时进靠唐山港口岸曹妃甸港区的批复》批复曹妃甸港区6月1日至11月30日施行临时对外开放。

7月22日

交通运输部以交海批〔2011〕45号文件《关于同意国际航行船舶临时进靠黄骅港口岸综合港区的函》批复黄骅港口岸综合港区8月1日至2012年1月31日施行临时对外开放。

8月8日~12日

河北海事局成功承办全国海事系统散货船（船体结构）和2001年AFS公约港口国监督检查专题培训。

9月7日

河北省政府以冀政〔2011〕104号文件《关于黄骅港口岸综合港区扩大对外开放的请示》呈报国务院。

10月16日

减载的18万载重吨散货船"玉树"轮顺利靠妥京唐港矿石泊位，这是京唐港区20万吨级航道及首钢矿石码头通过验收以来的首艘靠泊船舶，标志着京唐港区首钢矿石泊位成功通航。

11月7日

海关总署副署长孙毅彪一行赴曹妃甸视察指导曹妃甸综合保税区申报建设工作。

11月14日

河北省委常委、省政府副省长杨崇勇在《关于2011年山海关机场临时对外开放情况的报告》上批示："省口岸办在推进河北开放上作了大量富有成效的工作。口岸开放工作得到了国家有关部委和军方的大力支持。请省口岸办向国家有关部委和军方首长们转达省政府的感谢，并诚挚邀请他们到河北检查指导工作"。

11月20日

唐山港货物吞吐量突破3亿吨，成为全国第8个、河北省第1个年货物吞吐量突破3亿吨的港口。

11月29日

交通运输部以交海批〔2011〕67号文件《关于同意国际航行船舶临时进靠唐山港口岸曹妃甸港区的批复》批复曹妃甸港区12月1日至2012年5月31日施行临时对外开放。

12月9日

海关总署以署人发〔2011〕446号文《海关总署关于同意石家庄海关驻曹妃甸港区办事处对外开办业务的批复》同意驻曹妃甸港区办事处正式对外开办业务。

12月22日

河北海事局承担的交通运输部海事局《海事信息化总体架构实施方案》项目通过验收。

12月29日

在石家庄机场举行了香港—石家庄货运定期航线首航仪式。此航线由香港航空公司波音737全货机执飞，每周飞行5班，是河北省第一条国际航空（地区）货运定期航线，对于搭建河北省和石家庄市直通香港、中转国际的航空货运网络，构建通行世界的航空物流大通道有重要意义。

（撰稿人：王宏健、王晓川、董伟）

山西省

山西省口岸工作综述

【口岸运行数据】2011年,太原航空口岸出入境飞机720架次,出入境人员74 841人次,同比分别增长85.1%和87.5%,均创历史新高。太原航空口岸出入境货运量704吨(其中转关680吨)。

【口岸开放工作】一是太原—仁川航线获国家民航局批准开通。太原—仁川航线是太原航空口岸首条真正意义上的国际航线,它的开通将对山西省的对外开放、旅游事业及太原武宿国际机场区域枢纽建设等方面具有重要意义。二是太原—澳门航线正式开通。太原—澳门开航,是继太原—韩国(仁川)、太原—泰国(曼谷)定期国际航线和太原—台中地区航线之后的第4条国际(地区)航线,实现了山西与港澳台地区的全面通航,既满足了山西与港澳台地区文化交流、经贸往来和旅客观光的需求,也方便了旅客经停港澳台进行国际中转。三是台湾远东航空公司开通太原—台北直航航线。

【电子口岸建设】一是山西电子口岸正式开通。在"十二五"开局之年,山西电子口岸作为山西省实施大开放战略的有效抓手和推进国家"口岸大通关"建设的重要组成部分,以及国家加强口岸作业区建设的有效监管手段,对于推动山西省经济发展具有十分重要的意义。二是山西与天津签署电子口岸战略合作框架协议。为抓住山西对外贸易快速发展及天津滨海新区、东疆保税港区建设的良好机遇,加快晋津口岸信息化建设合作,2011年9月,山西与天津签署了《天津电子口岸 山西电子口岸战略合作框架协议》。该协议从两地口岸经贸发展全局高度探索口岸公共信息化合作发展模式,着力于创新合作机制,拓展合作领域,以加快完善口岸信息化通道建设并最终形成高效、稳定、先进、完整的信息化合作体系。有利于促进山西电子口岸与天津电子口岸之间的深入合作,共创沿海城市与内陆地区加快口岸信息化建设、合作共赢发展新格局。

【口岸大通关】一是加快与天津无水港建设合作。9月21日,由天津市政府主办的2011年无水港建设工作交流会在天津召开。国家口岸管理办公室、中国口岸协会和中西部部分省区市口岸办负责人及无水港建设运营单位代表与天津市口岸及查验部门负责人共同参加了会议。山西省政府口岸办应邀参加了会议并签署了合作协议。会议达成了《2011年无水港建设交流会议天津共识》。二是加强上海与中部六省口岸大通关合作。上海与中部六省口岸大通关合作第六次联席会议在太原召开。来自上海、安徽、江西、河南、湖北、湖南及山西七省市的口岸办、商务厅、海关、检验检疫局、海事,以及交通部门、物流企业的相关负责人参加了会议,国家口岸管理办公室应邀出席会议。上海与中部六省口岸大通关合作第六次联席会议以"推进口岸区域合作,促进上海与中部地区共同发展"为主题,以"紧跟国家发展战略、加强口岸区域合作、深化海陆空联动协作、实现共赢发展格局"为原则,总结了一年来上海与中部六省口岸大通关合作的成效,并就加强口岸作业区建设、提升口岸通关效率、拓展保税物流业务、打造国际港区等主要议题进行了广泛的交流和深入探讨。

【山西省"十二五"口岸规划编制工作】按照《山西省经信委关于山西省工业和信息化"十二五"发展规划方案》的要求,山西省口岸办积极开展《山西省"十二五"口岸发展规划》的编制工作,特聘请山西省政府发展研究中心的专家进行指导,对山西省经济发展形势和口岸发展基础进行展望和分析。根据《山西省"十二五"口岸发展规划》编制会议的要求，各相关单位经过认真研讨和准备，已分别报送了相关的资料。2011年2月13日，山西省口岸办将已完成的《山西省"十二五"口岸发展规划》（征求意见稿）发送至口岸有关单位及相关地市征求意见。

【口岸图册编制工作】国家口岸管理办公室拟编制《中国口岸图册》，以宣传中国口岸在国家经济发展中发挥的重要作用和"十一五"期间口岸对外开放的成果。根据国家口岸管理办公室编制《中国口岸图册》的要求，山西省政府口岸办向口岸相关单位征集太原航空口岸有关资料并对其进行整理。经过认真研究、严格筛选，已编制完成报送国家口岸管理办公室。

【口岸查验部门简述】**太原海关** 一是深入各市开展外向型经济发展调研。太原海关按照山西省委书记袁纯清同志的要求，赴省内的11个市，开展了以"海关如何支持山西综改试验区建设"为主题的专题调研活动。先后会见了11市的党政主要领导，与68家企业进行座谈，并深入28家重点企业实地考察，广泛听取了社会各界对海关工作的意见和建议，初步了解了山西外向型经济的发展概况。二是积极落实署省合作备忘录的各项内容。2011年6月，海关总署与山西省政府签署署省合作备忘录，明确了海关重点支持山西省发展的8个方面工作，建立和完善了署省之间多层次、宽领域、常态化的合作机制。2011年下半年，太原海关把署省合作备忘录的各项内容完全融入实际工作之中，以支持山西省开放型经济发展为己任，坚持跟进式服务、主动式服务，受到地方政府和企业的广泛好评。三是大力支持山西省综改试验区建设。国家正式批准设立"山西国家资源型经济转型综合配套改革试验区"后，太原海关主动跟进，经过深入调研和认真研究，出台了太原海关支持山西国家资源型经济转型综合配套改革试验区建设政策措施，积极服务山西省综改试验区建设。四是主动跟进综合保税区建设步伐。一方面努力争取海关总署支持，另一方面及时为相关部门提供政策咨询和参考，积极促进此项工作向前推进。太原海关还多次深入太原经济技术开发区就综保区选址、项目入园等问题调研，并陪同省市和有关厅局领导3次到海关总署进行汇报。山西省政府已将设立综合保税区的请示上报国务院，国务院已批转海关总署。2011年11月28日，海关总署署长于广洲在会见山西省副省长高建民时，明确要求海关总署相关司局主动协调国家其他部委助力山西综合保税区建设。截至目前，综合保税区建设在2011年底前取得实质性进展。五是坚持真诚服务各级政府和企业。加强统计预警分析，坚持定期向省市政府和商务部门提供海关统计数据和进出口贸易重点商品的进出口情况分析，为省市政府科学决策提供依据。畅通"12360"海关服务热线，统一受理社会各界向海关提出的服务需求，切实提高执法效率和服务质量，进一步增进了海关与服务对象间的沟通与联系。与外贸企业建立紧密合作伙伴关系，继续落实大客户服务制度，指定专人具体服务重点企业，及时解决通关过程中遇到的问题。继续与沿海海关加强区域通关合作，向省内A类以上的进出口企业提供"一次报关、一次查验、一次放行"的区域通关服务，在提高通关效率的同时降低了企业贸易成本。切实加强企业分类管理，认真做好引导扶持工作。经海关总署审核批准，2011年山西省共有6家企业被列为AA类管理对象。至此山西省共有15家企业适用AA类管理，使更多重点企业按照"守法便利"原则享受到了优惠通关措施。积极做好知识产权海关保护工作，对内加强培训，对外加强政策宣讲，加大查验力度，主动引导拥有自主知识产权的企业积极寻求海关知识产权保护，努力提高其维权意识和维权能力。在人力紧张的情况下，科学配置管理资源，为太原航空口岸增加的国际航班做好监管服务，有效支持了山西省的对外开放工作。积极维护进出口贸易秩序，规范企业行为，有效优化外贸环境。六是进一步做好航空口岸工作。2011年，太原国际航线由2010年的2条增加至6条，航班由过去每周6架次增加至每周20架次。季节性旅游包机和公务机、私人包机监管任务、备降航班数量也有大幅增加。为此，太原海关有针对性地做了大量工作：保证旅检岗位人员不缺失。先后3次从总关各部门抽调10名关警员支援旅检工作，解决了旅检人力紧缺的困难；旅检人员自觉加班加点，全年无一例缺岗发生。及时调整岗位分工,合理安排上岗人员,充分运用旅客舱单系统、旅客通关系统,提前对航班及旅客进行风险甄别,捕捉敏感航班及重点旅客,查获率大幅提升。进一步加大对违禁印刷品等非涉税情事的查缉力度。一方面,继续由专人整理、汇总违禁印刷品目录,做到及时更新、及时完善;另一方面,对来往港台地区的进境旅客实行100%机检,并加大开箱力度,提高查验比例。做好对外航班航食监管这类新增业务的监管工作。从前期备案、档案建立、监管区划分、起卸餐食餐具等方面严格把关,保证航食监管工作无差错;同时做好新航线开通相关业务备案和免税店管理工作。截至目前,各项监管情况均正常。有效开展各类专项整治。开展了空勤人员违规携带行李物品和查缉高档消费品等专项整治行动,并协助航空公司建立健全空勤人员携带行李物品的有关规章制度,进一步加强行李物品的监管工作。七是不断推进电子口岸建设工作水平。2011年太原海关推动山西电子口岸(一期)建设项目的开发和建设工作全面启动实施。太原海关多次召开专题会议,对开发项目的内容、功能、定位等重点问题与承建单位进行了交流和探讨。在赴电子口岸各相关单位的实地调研中,太原海关也及时发现了项目开发过程中遇到的困难和问题,提出切实可行的业务需求和建设性的意见、建议。在山西电子口岸(一期)建设项目的开发和建设工作实施过程中,积极配合电子口岸工作小组的工作,密切联系各成员单位,做好项目在实施过程中的协调沟通工作。特别是在项目实施后期,山西电子口岸(一期)建设各系统进入最后部署和调试阶段,太原海关会同电子口岸建设工作小组专家组成员及各成员单位的技术人员多次深入现场,对项目进行整体的预检,对山西电子口岸(一期)建设应用平台系统项目和其网络支撑环境建设进行即时的监督和把关。

山西省公安边防总队 一是认真抓好口岸应急反恐基础建设。加快配备核生化物质检测设备及防护用品,为有效应对提供基础保障。统筹安排山西出入境检验检疫局口岸生物因子快速检测试剂配备及口岸核辐射及化学恐怖检测设备的经费预算、支出和订购事宜,并购置了2箱生物因子快速检测试剂。进一步加强了山西出入境检验检疫局口岸反恐处置的基础保障工作。认真贯彻国家质检总局和山西省反恐办的各项部署。做好公安部边防局和山西省反恐办关于口岸反恐工作的各项调查与上报工作。组织开展了口岸生物恐怖突发事件应急演练。二是强力推进提高边检服务水平工作。以《公安部关于进一步提高边检服务水平的意见》为指针,认真贯彻落实"满洲里会议"和"全国边检机关推进提高服务水平工作电视电话会议"精神,坚持把边防工作置于山西经济社会发展大局之中,结合山西省"十二五"规划和山西省被确定为"国家资源型经济转型发展综合配套改革实验区"等大事要事,全面了解和客观分析社会各界对边检工作的新需求和新期待,立足边检实际,不断推出边检服务措施,积极服务经济发展,积极向驻地党委政府汇报,主动将边检工作融入全省工作全局。通过积极进行勤务改革创新,科学调配警力,克服困难,严密部署,圆满完成了2011年边防检查任务。三是圆满完成"第六届中部贸易投资博览会"期间的边检安保任务。全力贯彻上级指示精神和部署,采取多项措施加强口岸管控,确保了"第六届中部贸易投资博览会"期间太原航空口岸和部队内部的高度安全稳定。充分应用北京奥运和上海世博会、广州亚运会安保工作中的成功做法,认真查找管控措施中存在的问题和漏洞,重新梳理了勤务岗位工作流程和运行机制,制定了专项勤务方案。进一步完善了处突预案,明确岗位职责,反复演练,保证每次勤务工作预案准备到位、处置措施得当有力,为参加"第六届中部贸易投资博览会"的港澳台代表团和出入境宾客提供了优质高效的通关礼遇和安全保障服务。

山西出入境检验检疫局 2011年,全局共检验检疫进出境货物16 591批次、货值26.4亿美元。其中,出境货物13 786批、货值14.4万美元,同比下降0.2%;入境货物2 805批、货值12.1万美元。共检出进出境不合格货物79批、不合格金额2 981万美元,批次不合格率1.0%、货值不合格率2.0%。其中,检出不合格出境货物38批、不合格金额246万美元,检出不合格入境货物41批、不合格金额2 735万美元。签发各类产地证书13 185份、签证金额95 951万美元,同比分别增长了5.2%、17.9%。检疫查验出入境飞机720架次,同比增长85.1%;检疫查验出入境人员近7.5万人次,同比增长87.5%。出入境人员健康检查5 368人次,同比下降6.3%;发放国际旅行健康证书4 914份,同比下降13.8%;预防接种5 404人次,同比增长17.5%。一是加强口岸传染病疫情防控工作。积极配合山西省加强甲型H1N1流感疫情防控工作。同时根据国际疫情形势,加强了禽流感、疟疾、登革热、鼠疫,以及出血性大肠杆菌等重点传染病防控工作。建立专门机构,及时收集、核实和分析国内外公共卫生信息,强化传染病疫情和动植物疫情信息收集分析和预警工作。加强体温监测、现场医学巡查和医学排查,主动发现病例,提高防控工作有效性。加强口岸疫情宣传工作,在旅检通道、候机大厅采用张贴、播放、发放宣传画和宣传折页等方式,积极为出入境旅客提供旅行健康咨询服务,并第一时间更新本局网站疫情公告、疫情通报和防治知识,全方位开展传染病防治知识宣传教育工作。二是加强口岸动植物检疫查验。加强培训,提高检疫查验识别能力,多次邀请山西省民航机场管理局X光机使用识别专家,组织专题讲座,全面提高X光机图片识别能力;充分应用口岸现有的仪器设备,做好口岸初筛检疫和培养鉴定,提高口岸检疫查验设备应用率,并与技术中心动植物检疫实验室密切合作,全面提升了外来有害生物的检出率。三是加强预防性卫生除害处理工作。加强对晋检科技服务有限公司的管理,要求该企业落实国家质检总局要求,规范管理,加强教育培训工作,提高卫生处理人员专业知识和实际操作能力;加强对卫生除害处理现场指导,规范卫生除害处理程序,保证卫生除害处理规范、安全、有效。四是贯彻落实口岸检疫查验新模式。通过学习和研究北京出入境检验检疫局"一化四机制"、深圳出入境检验检疫局"6+4+3"、广东出入境检验检疫局"三环一体"等口岸查验体制改革典型模式,起草了适合太原航空口岸的检验检疫新模式,并完成了征求意见。完善口岸卫生检疫风险应对机制。加强对境外传染病疫情信息和口岸检出病例的研究分析,不断摸索规律,调整思路,掌握口岸检疫防控关键点,提高现场主动发现病例的能力。在严把口岸检疫关的同时,提高口岸查验效率,方便人员、交通工具和旅客携带物进出,实现对交通、贸易和交流的最小干扰与影响。五是加强风险分析,突出防控重点。密切关注疫情,重点收集世界卫生组织、各国官方媒体和周边相邻国家(地区)疫情信息,认真开展疫情疫病传入传出风险评估工作。组织完成了太原航空口岸传染病、核与生物突发事件风险分析与评估,并撰写报告一份;组织完成了太原国际机场甲型H1N1流感疫情风险分析与评估,并撰写报告一份。组织完成了太原国际机场两条主要国际航线(台湾、香港)传染病传入风险分析与评估,并撰写报告一份。同时,根据风险分析报告,突出防控重点,采取措施加强防控。六是加强宣传教育,建立诚信体系。在出入境通道上利用显示屏向出入境人员宣传《中华人民共和国食品安全法》及其实施条例58次,同时向出入境人员发放"2011年全国'质量月'活动口号"等传单5 000余份。深入山西航空食品有限公司、太原空港配餐公司等重点企业,动员其参与"质量月"活动,并进行了《中华人民共和国食品安全法》及其实施条例、"质量提升"等相关主题宣教活动。对重点企业的从业人员180人次进行《中华人民共和国食品安全法》及其实施条例、《中华人民共和国国境卫生检疫法》等法律法规,以及饮用水卫生及事故处理、食品安全卫生知识的培训。七是开展口岸食品安全监督管理风险评估。建立太原航空口岸食品安全监督管理风险评估体系,提高口岸食品安全监督管理工作水平,保障口岸食品卫生安全,对所辖监督管理的26家食品生产经营单位进行了风险分析和分级管理,这26家单位全部被评为B级,按照B级标准实施监督管理。八是病媒生物监测。2011年初制定了《2011年口岸病媒生物监测方案》,严格按照该方案从1月至12月进行监测,每月按时向卫检处上报《口岸医学媒介生物动态监测疫情报表》。2011年共捕获鼠(褐家鼠)5只、蚊(主要为淡色库蚊)503只、蝇362只、蜚蠊376只,并对口岸医学媒介生物监测进行了分析。九是加强饮用水卫生管理。对机场机上供水除做快速检测外,每月还要索取供水单位的水质报告,加强机上送水车管理。2011年对机场区水质进行了两次全项目实验室检测,共检测18个水样,其中两个水样细菌总数超标,重新取样进行了复检。同时,对水样的检测结果进行了风险分析,出具风险分析评估报告一份。十是加强环境微小气候质量监测。对国际候机厅、飞机、餐厅等场所进行了环境微小气候及空气卫生质量监测,共检测4次(每季度一次),主要检测温度、湿度、照度、CO、CO_2、甲醛、细菌总数等9个项目,并进行了卫生学评价,未发现不符合项目。十一是加强机供食品快速检测。对机供品组织开展了甲醛、亚硝酸盐、二氧化硫、酸价、过氧化值、碘、中心温度、细菌总数、大肠菌群等13个项目快速检测。2011年共快速检测690项次。监督现场出结果,做判断,有效地降低了食品中毒事件发生的风险。

2011年山西省口岸流量统计表

口岸类型		口岸名称	货运量（吨）				人员（人次）				交通工具（辆、艘、架、列次）			
			出口	进口	合计	同比(%)	出境	入境	合计	同比(%)	出境	入境	合计	同比(%)
空运口岸		太原武宿国际机场			704	-31.50			74 841	+87.50			720	+85.10
		分计												
陆运口岸	公路口岸	分计												
	铁路口岸	分计												
水运口岸	海港口岸	分计												
	河港口岸	分计												
合计					704	-31.50			74 841	+87.50			720	+85.10
同比(%)														

（山西省口岸管理办公室提供）

2011年太原海关主要数据统计表

项目		2011年	同比(%)
进出口货运量 (万吨)	合计	1 827.80	21.60
	进口	1 825.13	21.70
	出口	2.67	0.00
进出口贸易总值 (万美元)	合计	489 118.66	18.45
	进口	480 839.94	18.87
	其中:江、海运输	458 663.28	18.03
	铁路运输		
	汽车运输	1 213.92	32.59
	航空运输	20 962.74	75.00
	邮件运输		
	其他运输		
	出口	8 278.72	-2.04
	其中:江、海运输	8 136.13	-0.49
	铁路运输	94.97	-42.35
	汽车运输		
	航空运输	47.62	-56.64
	邮件运输		
	其他运输		
税收 (万元)	两税合计	424 796.40	4.00
	关税入库		
	进口环节税入库		

(太原海关提供)

2011年山西省口岸出入境主要数据表

单位:(人员)人次;(交通工具)辆、艘、架、列次

项目			2011年	2010年	同比(%)
出入境人员		出入境人员总数	74 841	39 901	+87.50
		入境人员	36 478	19 203	+89.96
		出境人员	38 363	20 698	+85.35
		出入境旅客	68 766	36 068	+90.66
		出入境员工	6 075	3 833	+58.50
	中国公民	小计	68 518	38 755	+76.80
		内地居民(因公)	2 732	2 718	+0.50
		内地居民(因私)	52 824	24 284	+117.50
		港澳居民	5 569	4 052	+37.44
		台湾同胞	7 393	7 701	-4
		外籍人员	6 323	1 146	+89.96
		从海港出入境人数			
		从陆港出入境人数			
		从空港出入境人数	74 841	39 901	+87.50
交通运输工具		总计	720	389	+85.10
		船舶			
		飞机	720	389	+85.10
		火车			
		机动车辆			

(山西省公安边防总队提供)

2011年山西省出入境检验检疫业务统计表

项目	货物检验检疫				交通工具				集装箱（标箱）		发现动植物疫情		出入境人员查验（人次）	健康检查及预防接种（人次）			
	批次	金额（万美元）	检验检疫不合格		船舶（艘）	飞机（架）	火车（节）	汽车（辆）	合计	检出问题	种类数	种次		健康检查	艾滋病监测	发现病例	预防接种
			批次	金额（万美元）													
本年累计	16 591	264 354	79	2 981		720			4 665				74 791	5 368	5 368	165	5 404
其中 出境	13 786	143 640	38	246		357			743				38 463				
入境	2 805	120 714	41	2 735		363			3 922				36 328				
与上年同比（%）	+2.50	+22.50	+1.30	+355.80		+89.50			+11.10				+89.40	-6.30	-6.30	-20.70	+17.50
其中 出境	-0.20	+5.70	+31	+215.40		+87.90			-29.70				+88.20				
入境	+17.70	+51	-16.30	+374.80		+91.10			+24.90				+90.50				

（山西出入境检验检疫局提供）

山西省口岸大事记

1月17日

山西省民航机场集团公司召开太原武宿机场2011年春运保障协调会。

3月28日

山西电子口岸建设工作小组技术项目组负责人及专家组成员与山西电子口岸（一期）建设项目承建方在太原武宿国际机场进行座谈。

4月29日

太原—首尔航线正式运营。

5月6日

山西电子口岸（一期）建设项目验收会议暨山西电子口岸开通仪式顺利举行。由山西省电子信息技术专家和电子口岸共建部门业务专家共11人组成验收组，一致同意通过对山西电子口岸一期项目，即"电子口岸硬件设备"和"应用平台系统"的验收。山西电子口岸正式开通。

5月16日

太原—仁川定期国际航线首航仪式在太原武宿国际机场2号航站楼出港大厅举行。山西省委常委、副省长高建民出席开通仪式。

6月16日

海关总署于广洲署长与山西省省长王君共同签署了署省合作备忘录，备忘录明确了海关重点支持山西省发展的8个方面工作，建立和完善了署省之间多层次、宽领域、常态化的合作机制，提升了山西省与海关总署的合作层次和水平，努力为山西转型跨越发展争取到了更大的支持。

7月11日

"太原—澳门航线开航新闻发布会暨旅游酒店产品推介会"在太原召开，山西省人民政府副秘书长郭力出席了会议。

7月23日

太原—澳门航线正式开通。山西省委常委、副省长高建民出席开通仪式。

7月23日

山西省委常委、副省长高建民率领的山西省代表团乘首航飞机赴澳门并举办了"山西旅游（澳门）推介会"，山西省旅游局和澳门旅游局共同签署了旅游合作备忘录。

10月26日~28日

上海与中部六省口岸大通关合作第六次联席会议在太原顺利召开。

11月2日

台湾远东航空公司太原—台北（松山）首航仪式在太原武宿国际机场2号航站楼举行。

（撰稿人：梁引国、乔溪、韩克俭）

内蒙古自治区

内蒙古自治区口岸工作综述

【口岸运行数据】2011年，内蒙古自治区口岸进出境货运量达6 172.8万吨，同比增长17.72%，增幅高于"十二五"时期年均增长15%的目标。其中，进境货运量4 488.5万吨，同比增长1.9%；出境货运量911.8万吨，同比增长117.45%；转口772.5万吨，同比增长84.08%。其中，铁路口岸进出口货物3 440万吨，同比增长7.4%；公路口岸进出口货物2 446.9万吨，同比增长25.5%；对俄口岸进出境货运量2 664.7万吨，同比增长2.12%；对蒙口岸进出境货运量3 222.2万吨，同比增长22.91%；陆港国际集装箱中转货运量285.9万吨。全区口岸进出口货值129.26亿美元。外贸进出口总值119.39亿美元，同比增长39.1%，高于全国进出口平均增幅16.6个百分点。其中出口46.87亿美元，同比增长40.6%；进口72.52亿美元，同比增长38.2%，均创历史最高水平。从各口岸情况看，二连浩特、甘其毛都、策克三口岸货运量首次超过千万吨大关，分别是二连浩特1 030.3万吨，同比增长16.7%；策克1 033.7万吨，同比增长19%；甘其毛都1 067.9万吨，同比增长27.7%。满洲里口岸在进口原油取消900多万吨的情况下，积极扩大原木、铁矿粉、化肥等进口量，确保完成货运量2 659.6万吨，同比增长1.8%。从进出口货物情况看，进口货物排前3位的商品是：原煤2 040万吨，各种矿石和矿石粉1 055万吨，木材960.6万吨，同比增长分别是21.57%、134%、17.8%，其次是化肥、纸类等，增幅最大的是矿产品；出口排前3位的商品有：矿产品及建材72.6万吨，菜果45.8万吨，化工品33.9万吨，同比增长分别是12.5%、30.1%、14.2%。另外还有机电产品、轻工品、日用百货等。全区口岸进出境客运量447.2万人次，同比增长11.53%，其中铁路口岸客运量29.4万人次，同比增长17.7；公路口岸客运量410.4万人次，同比增长10%。对俄口岸进出境客运量147.7万人次，同比下降1.41%；对蒙口岸进出境客运量299.5万人次，同比增长19.35%；航空口岸进出境客运量7.3万人次，同比增长181.3%。全区口岸进出境交通工具134.3万列辆架次，同比增长28.48%，其中铁路口岸进出境交通工具2.1万列次，同比增长1%；公路口岸进出境交通工具132.1万辆次，同比增长26.8%。航空口岸进出境交通工具0.13万架次，同比增长97.2%；对俄口岸进出境交通工具26万列辆架次，同比增长9.15%，对蒙口岸进出境交通工具108.3万列辆架次，同比增长34.19%。

【口岸开放工作】内蒙古自治区口岸办积极协调相关部门，报请国家口岸管理办公室批准额布都格口岸对中石油塔木察格蒙古公司的货物、交通工具及其司机临时开放，保证了施工进度；满都拉口岸对矿产品、机械设备进出口货物临时开放；阿尔山口岸对援建蒙方基础设施的人员、物资、设备和运输工具等临时开放。在《中蒙边境口岸及其管理制度协定》执行情况第三轮司局级会晤中，将乌力吉和巴格毛都口岸开放；阿日哈沙特、满都拉、额布都格口岸扩大为双边性常年开放口岸；阿尔山口岸年内开放；策克、甘其毛都口岸为运煤企业延长开放时间至晚8时都列入会谈中，并得到蒙方的确认。在中蒙两国地方口岸汽车运输例会上签署了两国口岸汽车客货运输协议，经过积极争取，新开通了若干汽车客货运输线路。海关总署已将阿尔山和乌力吉口岸列入2011年度口岸开放审理计划，正式上报国务院审批。在中蒙俄经贸论坛和洽谈会期间，征得联检部门和北京军区同意后上报国家口岸办批准临时开通二连浩特—乌兰巴托国际航班。海拉尔航空口岸于2011年11月份新开通海拉尔至香港直飞航线。2011年7月8日,呼和浩特航空口岸正式新开通定期国际航班,呼和浩特—韩国·济州岛国际航线。

【口岸基础建设】满洲里计划投资3 000万元用于电子口岸建设,取得了很大进展,口岸通关监控指挥系统已完工。铁路新国际货场配套项目建设工程进展顺利;二连浩特公路货运新通道于2011年6月16日开通,新建"四进四出"货运查验通道18.73万平方米,道路4.2公里,业务用房2 522平方米,车辆查验场地6.4万平方米,报关厅6 200平方米,总投资1.18亿元。口岸货运新通道开通后,年通过货运量可达到500万吨,客运量可达到200万人次;策克口岸进行煤炭运输通道与"快捷通"及报关厅建设项目,建设了海关、检验检疫、边检办公业务和生活用房项目,建设面积约12 000平方米,上述项目计划投资1.5亿元;甘其毛都口岸建设了口岸垃圾处理和报关报检大厅续建项目,总投资4 900万元。"快捷通"项目进行收尾工作;珠恩嘎达布其口岸正在建设海关出口监管区和原油监管区及煤炭进口专用通道,总投资6 123万元,同时援建了蒙方口岸查验设施;满都拉口岸通道硬化18 000平方米,续建了联检楼、综合楼项目,总投资约1 000万元;阿尔山口岸正建设口岸二级路和边检营房续建及货检区场地平整等项目,总投资约850万元;额布都格、黑山头、阿日哈沙特口岸进行了现场设施和非现场办公生活设施等方面的建设。为满洲里、二连浩特、额布都格、满都拉、珠恩嘎达布其和甘其毛都等口岸落实内蒙古自治区发改委基建投资2 000万元,争取国家发改委投入满洲里、二连浩特、满都拉、额布都格、黑山头和珠恩嘎达布其等口岸建设资金2 200万元,加上下达内蒙古自治区财政口岸基础设施建设补助资金5 000万元,全年累计落实口岸建设资金9 200万元。根据内蒙古自治区"十二五"规划编制工作领导小组办公室的统一安排,由内蒙古自治区口岸办负责编制了内蒙古自治区口岸"十二五"发展规划,现已正式发布实施。

【电子口岸建设】2011年,满洲里电子口岸建设完成了电子口岸中心机房、指挥中心、口岸公共信息平台和电子口岸门户网站,上线运行了口岸通关监控指挥系统、公路口岸进出境货车信息管理查询系统、进出口货物信息查询系统,就"一单两报"项目做了大量前期工作,电子口岸一期工程竣工投入使用。

【口岸综合管理】内蒙古自治区口岸办组织相关部门对额布都格、满都拉口岸对外开放进行了自治区级预验收,目前两个口岸均已具备常年正式开放的条件,报请国家口岸管理办公室组织国家相关部门进行正式验收。在中俄运输合作分委会口岸工作组第14次会议上,将满洲里、室韦、黑山头口岸相对应的俄方口岸加快基础设施建设、与我方口岸同步扩能、提高口岸通关效率等内容写入会议纪要。为落实会议纪要,中俄两国联合开展了中俄口岸调研并达成协议,明确提出中俄两国地方口岸主管部门建立协商和会晤机制,解决中俄口岸在通关方面存在的具体问题。为加快陆港建设和加强陆港运行管理提出了具体意见,正式将陆港纳入口岸管理范围内。内蒙古自治区大部分是资源型口岸,各级口岸主管部门充分发挥口岸协调、服务、管理职能,同口岸联检、联运部门及时沟通联系,优化通关环境,简化查验程序,采取多项便捷通关措施,同时进一步完善与俄蒙方定期会晤制度,加强友好往来,增进了解互信,及时解决了口岸运行中的重大问题,为口岸经济的发展创造了良好的内外部环境。

【区域口岸合作】按照内蒙古自治区政府副主席布小林与海关总署领导达成关于内蒙古自治区人民政府与海关总署建立署区紧密合作机制备忘录的意见,内蒙古自治区口岸办组织对呼和浩特海关起草的代拟稿进行讨论和研究,广泛征求相关部门意见。经海关总署修改后,2011年10月30日,内蒙古自治区政府与海关总署签署共同提高内蒙古对外开放水平合作备忘录。呼伦贝尔市、蒙古国东方省政府就建设中蒙额布都格—白音呼硕口岸跨境经济合作区事宜签订了意向书。包头国际集装箱中转站积极参与《2011年无水港建设工作交流天津共识》的修改,组织企业参加天津无水港建设工作交流会并作经验交流发言,组织参加榆林"内陆部分城市与沿海口岸沟通发展联席会议"。

【口岸查验部门简述】**呼和浩特海关** 2011年,围绕"抓执行、练内功、提效能"工作主线,以实现快速扩张向内涵发展的转型为核心,积极推进大监管体系建设,继续优化海关监管与服务,强化内部管理,防控"两大风险",全面完成特色边关建设关键之年的各项工作任务。全年监管进出口货运量3 299.2万吨,同比增长22.1%;监管运输工具130.9万辆次/架次,同比增长30.2%;进出境人员290.4万人次,同比增长0.5%;邮、快递物品49.6万件,同比增长43.8%。全年税收入库共计63.33亿元,增加14.06亿元,同比增长28.53%。立案侦办走私犯罪案件10起、案值322.8万元,同比分别增长25%、下降2.1%;立案调查行政案件405起、案值5.22亿元,同比分别下降21.96%、增长13.5倍。先后完成涉及监管通关基础作业19个规章制度的下发和实施。优化进出境通道作业布局,严格规范场所管理,组织开发了关区公路口岸跨境运输工具备案管理系统,实现了关区跨境运输车辆及边民自驾车备案、申报和核销的信息化。在甘其毛都口岸启动了中蒙边境海关联合监管试点第一阶段统一载货清单项目。草拟了关区卡口数据联网与核查系统建设方案,加大对H2000系统内公路舱单启用的研究力度。在二连铁路现场启动了关区进口分类通关改革试点。抓住国务院出台支持内蒙古自治区发展相关政策的重大机遇,积极促成了《内蒙古自治区人民政府与海关总署建立署区紧密合作机制备忘录》的签订。与武汉海关签订了区域通关协议,扩大了区域通关范围,畅通内陆企业出海通道。全力构建"海关情报大格局","精、准、狠"打击作用初显,成功侦办了"1·18"、"3·22"、"9·29"等走私雪豹皮、狼尸等珍贵动物制品案,侦破"5·22"蒙古国公民走私毒品案,查获冰毒22.108 7克,可卡因1.060 1克,实现打击毒品走私犯罪"零"的突破。"网上追逃"成效突出,建局以来上网在逃犯罪嫌疑人全部抓捕归案,抓捕率达到100%。组织参加了公安部防范打击边境地区走私枪支弹药专项整治、打击稀土走私、非涉税走私等6个专项行动。赴蒙古国开展调查取证22人次,通过境外取证成功办理和协查刑事案件5起。"收集、分析、处置、评估"四位一体的风险管理工作格局基本形成,风险布控有效率达到16.39%,全面开展"三查合一",引入3家中介机构参与海关稽查、保税核查和贸易调查业务。全年完成53家企业稽查,实现稽查企业覆盖率5.77%,稽查有效率达到22.64%。开展专项稽查12次,查获走私违规案件6起,专项稽查有效率达到50%。完成8次保税常规核查作业,超额完成了海关总署保税常规核查绩效考核任务。先后对关区23家企业进行管理类别调整,对43名报关员进行岗位考核。全年关区注册企业数达到2 000家,其中AA类企业6家,A类企业35家,注册报关员607人。审核报送进出口报关单12.8万份,进出口记录25.4万条。上报海关总署统计分析报告97篇,获得回良玉副总理批示1篇。为社会各界提供统计咨询服务近1 000表次。连续4年被评为"示范网站"称号。信息管理系统(一期)正式上线并在关区推广运行。"12360"海关热线顺利运行,全年累计接受咨询1 212人次。业务监控中心建成投入使用,H2010骨干网络改造工程顺利完成。累计查获侵权案件11起,没收侵权物品2 939件,案值11.33万元。

满洲里海关 2011年,围绕"四好"总体要求,谋划推动关区各项工作,脚踏实地,真抓实干,业务建设和队伍建设取得了明显的成效。2011年是关区税收形势紧张、任务艰巨的一年。在满洲里铁路口岸取消原油进口,应税商品货运量大幅下降的不利情况下,坚持向管理要税收,深入挖掘税收潜力,涵养优质税源,全年减免税审批保持零差错,补征税款307万元,首次通过监控查发一般贸易进口货物漏报特许权使用费情事,规范申报正确率提升了近70个百分点。全年征收税款48.39亿元,同比下降47%;审价补税4 182.3万元,同比增长172.8%;内销征税1 394.5万元,同比增长125.7%。2011年初率先在满洲里公路口岸实施进口分类通关试点,低风险快速放行作业模式风控差别化管理,年内验收达标率是2010年同期的6倍。首次开设海关保税仓库电子账册,严格对保税加工的过程管理。积极协调铁路部门引入"铁路编组站管理系统"和"铁路车站出口货票查询系统",以大宗散货为重点严密物流监控,通过健全远程视频监控和巡查机制,提高查验作业的针对性和严密性。首次在中俄边境口岸旅检通道探索电子车牌、电子卡口相结合的车辆验放模式。在"双打"专项行动中查处进出口侵权商品案件71起,查获侵权商品2 489件、案件总值16万余元。加强风险布控管理手段,年内布控有效率达到9.4%,风险线索稽核查采用率85%、专项稽查查发问题率40%,追补税款258万余元。查获进口木材类违法案件21起,案值397.7万元,涉税金额59.2万元;查获玉矿石115.1千克,案值4.3万元;珍贵动物制品类案件7起,案值9.1万元;走私武器弹药案件6起,各类枪支3部、子弹1 391发。刑事立案7起,案值658万元,涉税金额82.9万元;行政立案261起,上缴罚没收入576.4万元,分别是2010年同期的1.93倍和2倍。积极帮助企业用好、用足税收优惠政策,全年共减免税款44 026.6万元。继续推行出口果菜"绿色通道"、出口汽车预约查验、大宗商品集中申报制等便捷举措。在全国海关率先上线运行"木材检测分析系统",实现了进口木材相关通关数据的实时采集和自动比对;积极推进旅检现场X光机"一机两屏"查验模式,有效整合口岸监管资源。全年统筹运用HL2008及相关职能监控系统调取分析数据22万余条,督办处置异常数据861条,制发执法监督处置单和提示单503份,补征税款43.83万元。积极支持地方重点项目建设,提前介入对满洲里市综合保税区、赤峰市保税物流园区(A型)、额布都格跨境经济合作区及矿能产品公共保税仓库等海关特殊监管区的筹建规划工作。做好阿尔山、额布都格、阿日哈沙特口岸扩大对外开放,为对俄、对蒙直航及香港旅游包机提供优质服务。做好统计监测预警和分析工作,全年向地方政府及有关部门提供数据18万余条,报送监测预警分析文章95篇次,其中被中办、国办采用7篇次。特别是2011年12月12日,满关与黄埔、郑州等兄弟海关联合撰写的题为《今年前三季度我国加工贸易进出口平稳增长　三个因素阻碍加工贸易转型步伐》调研报告在《海关统计旬报》上获得了王岐山副总理的批示肯定。

内蒙古公安边防总队　2011年边防检查工作以贯彻落实《公安部进一步提高边检服务水平的意见》(以下简称《意见》)为指导,重点加强"三大支柱"和六项长效机制建设,有效维护了口岸的安全稳定和高效畅通。全年共检查来自104个国家和地区的出入境人员4 434 968人次,同比增长12.9%;检查出入境交通运输工具1 262 698辆(列、架)次,同比增长20.8%。总队将提高边检服务水平工作作为"主官工程",纳入党委重要议事日程,成立工作领导小组,制定下发了落实《意见》10项措施、边检服务理论应知应会"口袋书",以及勤务工作创新意见、交通运输工具检查指引、业务绩效考评办法、会谈会晤工作规范等10类服务配套机制。5月20至21日,总队在满洲里边检站召开了全区边检系统落实公安部《意见》现场交流推进会。9月16日,总队再次在西部区二连边检培训中心举办全区边检业务、技术骨干培训班。根据部局在满洲里市召开的公安边防部队陆地边检站提高服务水平暨规范化建设现场会,总队制定出16项具体工作措施,强力推动提服工作向深层次迈进。总队6名党委常委先后深入到边检站一线实地调研和现场督导,并派出边检考察组前往北京、广东等地的职改先行站考察学习工作经验。组织120余名官兵先后到满洲里边检站观摩学习,将红色传统、国门精神、草原情怀、民族文化融入边检职业文化建设,筑牢官兵戍边卫国思想根基,增强官兵在边疆口岸艰苦条件下做好边检工作的职业认同感。总队和各边检站结合"大走访"开门评警活动,广泛征求对提服工作的意见和建议60余条。满洲里、阿日哈沙特边检站开通互联网服务网站、边检微博及QQ群;二连边检站专门邀请蒙古国扎门乌德边检站联合开展了"边检服务问卷调查"活动;满洲里边检站被列入"走进国门——公安边防部队提高边检服务水平巡礼"网络宣传报道典型,中国广播网、人民网、法制网设置专题栏目,对该站提高边检服务水平工作进行了集中宣传,收到强烈社会反响。全年各边检站累计开展走访69次,召开座谈会、意见征求会31次,集中发放各类调查问卷3 700余份,出入境旅客和社会各界的满意度始终保持在99%以上。推广满洲里边检站铁路客运列车无线验放试点经验,在二连铁路客运现场启用了"梅沙"系统无线验放查验模式,实行国际列车一次性登车验证,在全区部署将无线验放系统纳入各站"梅沙"系统应急保障体系。二连边检站公路货运检查现场试行士官专业检查队伍与警犬查验相结合的新型查验方式。在满洲里铁路、甘其毛都、策克等能源运输口岸实行企业诚信通关管理机制。研发了"梅沙"系统验放质量核对系统和外国人出入境卡片打印、停留期自动计算、前台录入核查等"梅沙"外挂软件,提升了工作效率和准确率。跟进甘其毛都—嘎顺苏海图口岸跨境能源运输车辆边检自助查验系统(简称"快捷通")建设,先后5次派出督导组和技术专家深入口岸现场办公,积极协调驻地政府和蒙古国边防总局,全面做好中蒙口岸通道改造、工程评测、硬件安装、系统调试和技术对接等重点工作,确保中蒙口岸双向提速。全年各边检站共为出入境旅客提供各类人性化服务775次,启用"绿色通道"82次,救助中外危病重旅客183人,为旅客解决困难1 000余次,满洲里边检站编写了执法手册,在站网页开辟了"执法规范化"专栏。组织满洲里、二连等业务量大的边检站编发内部执法专刊,为一线官兵提供实例指导。全年累计争取经费近1 600万元投入边检查验设施、监控系统和执法功能区建设,并全部达到了部局标准。建立了总队区域培训机制,研究制定三、四级检查员管理使用办法,选拔专业人才建立证研、"梅沙"、外语、法律等专项课题攻关小组,定期对日常勤务中出现的问题进行分析研究,制定相应对策。搭建"全区边检业务培训考核系统",充实公共、陆港、空港3个题库6 895道试题,随机抽取自动生成试卷,不定期开展网络考试竞赛。对外制作中俄、中蒙口岸宣传片,探索边检微博、门户网站等媒体平台。全方位搭建内外结合、军警联合、警地配合、职能部门协作的联防联动平台。满洲里边检站与俄后贝加尔边检支队开展了2次联合处突演练,并重新修订了处突预案,将执勤现场可能出现的停电、网络异常等情况纳入预案,每月组织1次集中演练。4月和11月,内蒙古公安边防总队分别与对应蒙古国边防总局司令部和俄后贝加尔斯边疆区边防局代表团举行了高级会谈,就提升联合处突能力、加强业务交流、建立口岸跨境流量信息通报制度、建立呼伦贝尔市边防支队与俄对应边防代表机构间工作联系制度等事宜达成一致意见,签署了工作会谈纪要和合作计划。全年各级共与俄、蒙方边防机构举行工作会谈12次、会晤177次、友好活动24次、直通电话189次,为构建口岸安全屏障提供了有力保障。

内蒙古出入境检验检疫局 2011年,紧紧围绕"抓质量、保安全、促发展、强质检"工作方针和建设"法治质检、科技质检、和谐质检"的工作理念,突出重点,注重实效,确保自治区进出口商品质量安全和国门安全。2011年共检验检疫出入境货物29.3万批、货值104.3亿美元,同比批次增长24.4%,货值下降11.1%。出入境人员卫生检疫420.6万人次;监测体检3.3万人次,发现病例3 172例,其中艾滋病6例,预防接种2.9万人;检疫交通工具:火车53.2万节,汽车117.6万辆,飞机1 327架次,集装箱18.5万标箱;旅贸查验90.8万人次、288.7万个货包,货值近3亿元人民币。对72家出口工业产品企业进行了分类管理评定工作,其中分类管理一类企业8家,二类企业24家,三类企业40家。加强对首次进口蒙古国油菜子的检验监管工作,确保了1 000余吨蒙古国油菜子的顺利进口。做好严厉打击食品非法添加和滥用食品添加剂专项工作,成立专项工作领导小组,制定了《关于严厉打击食品非法添加和滥用食品添加剂专项整治工作实施方案》。针对日本地震核泄漏事故,切实加强口岸放射性监测。针对欧洲多个国家发现肠出血性大肠杆菌感染病例,紧急进行部署,强化口岸肠出血性大肠杆菌疫情防控。针对俄罗斯部分地区爆发非洲猪瘟疫情,积极做好应对工作。为促进内蒙古自治区经济社会又好又快发展,起草了落实若干实施意见,确定了内蒙古检验检疫局的对策思路,并积极参与自治区关于加强与俄、蒙在资源领域战略合作的课题研究。积极促进发展出口创汇型农业,大力扶持自治区特色产业拓展新的国际市场,帮助企业排忧解难。针对进口煤炭大幅度增加的实际,乌拉特和额济纳两局积极改造和增设货运通道,提高通关效率。高质量完成进出口活畜检验检疫监管工作,全年检疫供港活牛9 089头,隔离检疫出口蒙古国奶牛218头、种猪507头、雏鸡92 700只,进口遗传物质34.6万只,为促进自治区畜牧业更大发展做出努力。内蒙古自治区副主席布小林在内蒙古出入境检验检疫局给自治区党委、政府的书面汇报材料上作了批示："内蒙古检验检疫局坚持围绕中心、服务大局,在加强进出口商品质量监管、防控口岸疫病疫情以及加强自身建设等方面做了大量富有成效的工作。'十二五'时期,随着自治区全面推进对外开放,出入境检验检疫工作任务会更加繁重,相信检验检疫局一定能够发扬成绩,不断提高工作质量和水平,在促进自治区对外开放方面发挥更大作用。"

2011年内蒙古自治区口岸流量统计表

口岸类型	口岸名称	货运量（万吨）				集装箱量（万标箱）				人员（万人次）				交通工具（辆、艘、架、列次）			
		出口	进口	合计	同比（%）	出口	进口	合计	同比（%）	出境	入境	合计	同比（%）	出境	入境	合计	同比（%）
空运口岸	呼和浩特	0.03		0.03						1.50	1.50	3	+236.80	297	307	604	+154
	呼伦贝尔									0.70	0.60	1.30	+19.30	210	233	443	+12.30
	满洲里									1	1	2	+585.40	175	175	350	+1150
	分计	0.03		0.03						3.60	3.70	7.30	+181.30	682	715	1 397	+120.60
陆运口岸	甘其毛都	44.40	1 023.50	1 067.90	+27.70					21	20.90	41.90	+34	147 409	145 465	292 874	+35.80
公路口岸	策克	17.50	1 016.10	1 033.70	+19					15	15	30	+5.50	126 889	127 513	254 402	+14.40
	二连浩特	166.30	17.90	184.20	+55.80					89.40	89.20	178.60	+12.30	220 929	199 525	420 454	+34.40
	满洲里	57.90	7.90	65.80	+7.60					66.30	66.70	133.10	-2.30	107 296	105 141	212 437	+3
	珠恩嘎达布其	7.30	42.80	50.10	+61.70					3.60	3.60	7.20	+35.80	21 134	20 989	42 323	+18.80
	满都拉	0.80	16.10	16.90	+61					2.30	2.40	4.70	+15.90	8 176	8 092	16 268	+27.90
	阿日哈沙特	8	5	13	+67.20					2	2.10	4.10	+32.10	4 139	4 169	8 308	+30.70
	黑山头	1.20	11.20	12.40	+48.90					2.80	2.80	5.60	+17.20	12 240	12 400	24 640	+30.80
	额布都格	4	4		+43.60					0.80	0.70	1.50	+67.70	2 856	2 821	5 677	+82.20
	室韦	1	1.70	2.80	+25.20					0.50	0.50	1.10	-12.80	4 384	4 141	8 525	+4.60
	分计	308.30	2 138.50	2 446.90	+25.50					205.60	204.80	410.40	+10	672 574	648 048	1 320 622	+26.80
铁路口岸	满洲里	210.90	1 610.40	2 593.80	+1.70					2.70	2.90	5.60	-1.50	5 213	5 185	12 734	-2.10
	二连浩特	106.60	739.50	846.10	+13.70					11.80	12.10	23.90	+23.20	4 225	4 181	8 406	+21.80
	分计	317.50	2 349.90	3 440	+7.40					14.50	15	29.40	+17.70	9 438	9 366	21 140	+1
合计		911.80	4 488.50	6 172.80						223.70	223.50	447.20		682 694	658 129	1 343 159	
同比（%）		+117.50	+1.90	+17.70						+11.60	+11.50	+11.60		+30.80	+26	+28.50	

注：货运量合计包括转口运量772.5万吨，同比增长84%；内陆中转285.9万吨；交通运输转口2336列，同比增长83.9%。

（内蒙古自治区口岸办公室提供）

2011年呼和浩特海关主要数据统计表

项目		2011年	同比(%)
进出口货运量（万吨）	合计	3 299.20	22.10
	进口	3 059.08	21.70
	出口	240.12	27.90
进出口贸易总值（万美元）	合计	744 634.78	42.03
	进口	521 009.54	35.57
	其中:江、海运输	107 098.47	37.36
	铁路运输	220 434.12	23.28
	汽车运输	186 930.35	51.99
	航空运输	6 537.24	43.82
	邮件运输	9.36	42.74
	其他运输		
	出口	223 625.24	59.80
	其中:江、海运输	796.34	340.07
	铁路运输	50 707.82	-6.01
	汽车运输	165 292.44	116.16
	航空运输	6 635.97	-27.61
	邮件运输	120.64	-12.23
	其他运输	72.03	96.55
税收（万元）	两税合计	633 332.40	28.50
	关税入库		
	进口环节税入库		

（呼和浩特海关提供）

2011年满洲里海关主要数据统计表

项目		2011年	同比(%)
进出口货运量（万吨）	合计	1 723.27	-17.40
	进口	1 586.39	-20.30
	出口	136.88	44.00
进出口贸易总值（万美元）	合计	644 611.22	-34.57
	进口	506 685.56	-43.59
	其中：江、海运输	28.40	-96.43
	铁路运输	501 994.72	-43.87
	汽车运输	4 662.44	51.89
	航空运输		
	邮件运输		
	其他运输		
	出口	137 925.66	58.58
	其中：江、海运输		
	铁路运输	79 350.55	71.50
	汽车运输	58 564.89	48.71
	航空运输		
	邮件运输	10.22	32.01
	其他运输		
税收（万元）	两税合计	483 868.40	-47.00
	关税入库		
	进口环节税入库		

（满洲里海关提供）

2011年内蒙古自治区口岸出入境主要数据表

单位:(人员)人次;(交通工具)辆、艘、架、列次

	项目		2011年	2010年	同比(%)
出入境人员	出入境人员总数		4 434 968	3 956 341	+12.90%
	入境人员		2 217 210	1 980 921	+11.90%
	出境人员		2 217 758	1 975 420	+12.30%
	出入境旅客		2 960 898	2 678 617	+10.50%
	出入境员工		820 482	569 111	+30.60%
	中国公民	小计	827 116	634 864	+30.30%
		内地居民(因公)	129 342	162 904	−20.60%
		内地居民(因私)	696 152	471 377	+47.70%
		港澳居民	1 229	399	+208%
		台湾同胞	393	184	+113.60%
	外籍人员		2 954 264	261 2864	+13.10%
	从海港出入境人数		0	0	0
	从陆港出入境人数		3 717 414	322 1787	+15.40%
	从空港出入境人数		63 966	25 941	+146.60%
交通运输工具	总数		1 262 698	1 044 885	+20.80%
	船舶		0	0	0
	飞机		1 397	731	+91.10%
	火车		18 703	19 655	−4.80%
	机动车辆		1 242 598	1 024 499	+21.30%

(内蒙古公安边防总队提供)

2011年内蒙古自治区出入境检验检疫业务统计表

项目		货物检验检疫				交通工具			集装箱（标箱）		发现动植物疫情		货物通关		出入境人员查验（人次）	健康检查及预防接种（人次）			
		批次	金额（万美元）	检验检疫不合格		飞机（架）	火车（节）	汽车（辆）	合计	检出问题	种类数	种次	批次	金额（万美元）		监测体检	HIV监测	发现病例	预防接种
				批次	金额（万美元）														
本年累计		293 383	1 043 349	220	246	1 327	532 233	1 175 643	185 009	0			273 280	852 594	4 206 339	33 087	32 605	3 172	28 663
其中	出境	82 280	262 743	196	601	657	253 178	584 053	96 419	0			65 254	103 764	2 089 971	29 742	29 270	2 822	28 657
	入境	211 103	780 606	24	45	670	279 055	591 590	88 590	0			208 026	748 829	2 116 368	3 345	3 335	350	6
与上年同比（%）		+24.40	-11.10	-60.60	-45.90	+97.20	-22.10	+16.70	+129.50				+22.60	-19.00	+9.40	+147.60	+194.20	+365.10	+197.50
其中	出境	+28.10	+45.50	-53.10	+282.80	+95	-22.60	+16.30	+133.50				+24.20	+65.20	+9.80	+175.10	+241.30	+426.50	+197.50
	入境	+23.10	-21.40	-82.90	-95.70	+99.40	-21.60	+17.10	+125.40				+22.20	-24.30	+9	+31.10	+33.10	+139.70	

（内蒙古出入境检验检疫局提供）

内蒙古自治区口岸大事记

1月1日

满洲里海关对互联网门户网站栏目进行改版,新开通了"在线访谈"、"网上直播"、"应急管理"及"满洲里海关规范申报问答"等栏目。

1月5日

来自北京、呼和浩特,以及兴安盟等有关方面的领导和专家出席了阿尔山·伊尔施机场试飞(首航)仪式,试飞(首航)圆满成功。

1月8日

神华集团巴彦淖尔能源集团公司成立暨煤电焦化项目开工奠基仪式在甘其毛都口岸加工园区举行。

1月9日

内蒙古自治区党委副书记、政协党组书记、主席任亚平考察呼和浩特海关文体活动设施。

1月12日~13日

俄罗斯联邦海关总署代表团一行10人在海关总署、国家口岸管理办公室领导的陪同下,来到满洲里口岸考察学习。

1月26日

内蒙古自治区党委书记胡春华视察策克口岸。

1月28日

中国援助项目"中蒙鼠传疾病合作实验室"签约及"国际科技援助项目交接仪式"在北京举行。

2月17日

俄罗斯联邦后贝加尔边疆区国际合作、对外经济联络及旅游部部长别拉杰洛夫·维克多·因诺盖吉耶维奇一行,在额尔古纳市领导陪同下在黑山头口岸调研。

3月19日

蒙古国南戈壁省省长巴·巴达拉一行与阿拉善盟委副书记、盟长云喜顺在达来呼布镇就中蒙双方乌力吉—查干德勒乌拉口岸开通、供电及民用电价格,以及加强经贸、医疗卫生、文化教育等领域合作交流事宜深入交换了意见,并达成广泛共识。

3月21日

根据《海关总署办公厅关于2010年度各直属海关单位子网站考评情况的通报》,呼和浩特海关网站被评为2010年度全国海关网站建设"特色栏目"示范网站。

3月25日~29日

全国人大常委会委员、财经委副主任委员牟新生视察呼和浩特海关、鄂尔多斯海关、包头海关,并为鄂尔多斯海关题词"天骄圣地、塞外雄关"。

3月31日

中国、蒙古国际科技合作援蒙设备交接座谈会在二连浩特举行,中国检科院副院长唐英章,内蒙古检验检疫局副局长斯勤夫、孟传金,蒙古国自然疫源性疾病防治研究中心主任德·敖特根巴特尔出席座谈会。

3月31日

以俄罗斯涅尔琴斯克扎沃德区政府主席伊万诺夫·格·利为首的代表团在室韦口岸进行实地考察。

4月20日~23日

内蒙古自治区边防总队与蒙古国边防总局在乌兰巴托市举行工作会谈。双方就建立和加强对应边防代表机构之间的工作联系，加快推进甘其毛都—嘎顺苏海图口岸跨境能源运输车辆边检自助查验系统建设，防范打击跨国犯罪合作等问题进行了磋商，并达成广泛共识，签署了工作会谈纪要。

5月10日

蒙古国海关总署署长德吉·策万扎布一行从策克口岸入境，来华参加中蒙海关双边工作交流。

5月11日

内蒙古自治区政协副主席杨成旺率自治区政协委员考察团一行17人在黑山头口岸检查指导工作。

5月18日

全国政协常委、经济委员会副主任张国宝一行视察满洲里公路口岸。

6月1日

成都军区副司令员兼成都军区空军司令员方殿荣中将视察策克口岸。

6月4日

蒙古国国会议员恩赫宝力德·赞登呼率蒙古国商贸考察团到甘其毛都口岸实地考察调研。

6月9日~10日

《中蒙边境口岸及其管理制度协定》执行情况第三轮司局级会晤在北京举行。

6月20日

内蒙古自治区党委书记胡春华考察调研额布都格口岸。

6月30日

满洲里航空口岸正式开通"满洲里—赤塔"国际航班。

7月6日

第一次中蒙进出口食品安全司局级工作会议在满洲里检验检疫局举行，国家质检总局进出口食品安全局副局长林伟与蒙古国国家技术监督总局副局长德钢巴图共同主持会议。

7月8日

呼和浩特航空口岸正式开通定期呼和浩特—韩国·济州岛国际航线。

7月8日

国务委员、公安部部长孟建柱、内蒙古自治区党委书记胡春华等视察满洲里公路口岸。

7月8日

天津市人民政府口岸服务办公室与赤峰市人民政府签订合作建设赤峰国际内陆港框架协议。

7月12日

呼和浩特海关与武汉海关签订《呼和浩特海关、武汉海关区域通关改革联系配合办法》。

7月16日

内蒙古自治区党委常委、副主席潘逸阳一行视察满洲里公路口岸。

7月30日

商务部部长陈德铭一行考察满洲里公路口岸和新国际货场。

8月1日

中央电视台中文国际频道《远方的家》栏目"边疆行"摄制组深入策克口岸采访报道。

8月1日

武警部队政治委员许耀元中将视察满洲里口岸。

8月2日

全国人大常委会委员、全国人大华侨委员会副主任陈玉杰一行考察满洲里公路口岸。

8月3日

内蒙古自治区常务副主席潘逸阳视察满洲里铁路口岸联检大楼通关现场,并慰问现场值班关员。

8月8日

民政部副部长窦玉沛一行视察满洲里公路口岸。

8月9日

中国国民党荣誉主席连战一行考察满洲里公路口岸。

8月9日

交通运输部党组副书记、副部长翁孟勇一行视察满洲里、室韦公路口岸。

8月10日至11日

国家口岸管理办公室在内蒙古自治区包头达茂旗举办"全国地方口岸主管部门办公网络系统"推广应用培训班。

8月16日

国务院副秘书长、机关党组副书记兼国务院机关事务管理局局长、党组书记焦焕成一行视察满洲里公路口岸。

8月24日

进出口监测预警专题分析《2011年1~7月我国棉花进口量跌价涨棉花产需缺口常存产区亟待政策扶持》获国务院副总理回良玉批示。

9月14日

二连浩特市援建蒙古国扎门乌德铁路口岸货检监控系统正式投入使用。

9月19日~20日

国家口岸管理办公室、海关总署、公安部边防管理局、交通运输部、国家质检总局及内蒙古自治区口岸办等部门领导为中方代表,以俄联邦边界建设署西伯利亚局、俄联邦边界建设署远东局、俄铁股份公司海关事务中心等部门领导为俄方代表,组成中俄边境口岸联合调研组对中俄满洲里—后贝加尔口岸进行了现场调研,了解掌握双方口岸情况,检查指导边境口岸工作,协调解决中俄边境口岸发展建设中存在的问题。

10月12日~14日

国务院参事葛志荣为组长的国务院督察组来满洲里口岸进行考察,并就满洲里口岸作为国家重点开发开放试验区的相关情况进行专项调研。

10月19日

内蒙古自治区副主席赵双连视察呼和浩特海关办公楼和陈列室。

10月30日

海关总署党组书记、署长于广洲在呼和浩特市与内蒙古自治区党委副书记、政府主席巴特尔签署《海关总署、内蒙古自治区人民政府共同提高内蒙古对外开放水平合作备忘录》,并与自治区党委书记胡春华、政府主席巴特尔、党委秘书长符太增、政府副主席布小林进行会谈。

10月31日

海关总署党组书记、署长于广洲和副署长邹志武视察伊利集团公司、呼和浩特海关边关子女集中就学点和内蒙古博物院,内蒙古自治区党委副书记、政府主席巴特尔,内蒙古自治区党委常委、呼和浩特市委书记韩志然,内蒙古自治区政府副主席布小林等陪同。

10月31日

内蒙古公安边防总队总队长王正平率总队代表团与俄罗斯联邦安全局后贝加尔斯克边疆区边防局副局长普里钦那·弗拉基米尔·阿列克谢维奇上校率领的俄方代表团在满洲里市举行了工作会谈。本次会谈是俄罗斯边防体制调整后,俄后贝加尔斯克边疆区边防局代表团的首次正式来访。

11月1日

内蒙古自治区公安厅援建蒙古国移民局口岸办公场所剪彩交接仪式在蒙古国嘎顺苏海图口岸举行。

11月10日~13日

中俄满洲里—后贝加尔边疆区区域协调联络定期会晤工作委员会第二十次会议在俄罗斯赤塔市举行,中方代表团由口岸、外事、检验检疫、边检、海关等各相关部门负责人组成。

11月15日

甘其毛都—嘎顺苏海图口岸中蒙海关联合监管工作正式启动。

11月21日

满洲里西郊国际机场增开满洲里—伊尔库茨克国际定期航班。

11月22日

满洲里海关与北京市海关在赤峰市签署《北京海关 满洲里海关对口支援合作框架协议》。

11月25~26日

国家质检总局党组书记、局长支树平,国家质检总局党组成员、人事司司长张沁荣,以及有关部门领导到呼和浩特市、乌兰察布市检查指导工作,内蒙古自治区书记胡春华、副主席布小林会见了支树平局长一行。

12月1日

满洲里西郊国际机场恢复开通满洲里—克拉斯诺亚尔斯克国际航班。

12月7日~9日

呼和浩特海关与黄埔海关签订对口支援合作框架协议,标志着两关对口支援工作正式启动。

12月8日

冀、晋、蒙、辽、豫、陕六省区快速通关合作备忘录签字仪式在石家庄市举行。

12月22日

中蒙自然疫源性传染病科研项目合作协议签字仪式在内蒙古检验检疫局举行,蒙古自然疫源性疾病研究中心奥特根·巴特尔主任,中国检验检疫科学研究院唐英章副院长,内蒙古检验检疫局孟传金副局长分别代表合作的双边三方签署了合作协议。

辽宁省

辽宁省口岸工作综述

【口岸运行数据】2011年,辽宁口岸货物吞吐量完成7.74亿吨,同比增长15.5%。外贸进出口货运量完成1.75亿吨,同比增长3.3%。其中:外贸进口1.2亿吨,同比减少0.3%;出口0.55亿吨,同比增长12.1%。出入境旅客271.2万人次,同比增长5%。集装箱运输完成1 198万标箱,突破千万箱大关,同比增长23.8%。其中:外贸472.2万标箱,同比增长11.4%。口岸进出口贸易额1 250.2亿美元,同比增长18.8%。其中:进口677.6亿美元,同比增长18.6%,出口572.6亿美元,同比增长18.9%。从贸易方式看:一是大宗商品出口保持快速增长;二是各类所有制企业出口均实现增长;三是对传统市场出口保持增长,部分新兴市场出口增长较快;四是主要原材料类产品进口保持增长。

【口岸开放】一是大连长兴岛港口岸对外开放得到国务院批复。二是两度完成丹东陆路口岸的临时开放和两度延期工作,将丹东陆路口岸开放项目补入国家"十二五"口岸发展规划,以辽宁省政府文件报海关总署,并督促丹东市启动开设正式口岸的申报程序。三是落实辽宁省政府第180次业务会议议定事项,协调各相关单位完成《中朝鸭绿江界河公路大桥建设封闭区人员设备物资和运输工具通行管理办法》。四是营口港口岸扩大开放项目和丹东太平湾口岸原二类"转新开"项目,向国家口岸管理办公室申请列入2011年国家口岸审理计划。五是协调盘锦市和驻辽口岸查验机关建设盘锦港海港区相关监管设施,推进国家相关部委审批。2011年11月,交通运输部批复盘锦港海港区临时对外开放。六是丹东马市过货点临时对外开放,营口港仙人岛港区临时进靠国际航行船舶获交通运输部批复,运营良好。七是沈阳开通了沈阳至关岛、普吉岛包机航线,有利于沈阳空港客货运量增长。

【口岸大通关】根据2011年初测评反映的问题,辽宁省口岸办公室组成检查组到沈阳、大连、营口、丹东、锦州等5个口岸城市检查整改情况,专题向辽宁省通关工作协调领导小组各成员单位和各市口岸局(办)通报。9月,再次组织检查组,采取明察暗访和走访企业的方式,全面了解通关工作中存在的问题,把企业集中反映的问题现场反馈给相关部门,解决了诸如大窑湾港办理集装箱通关业务需到海关、理货跑两趟等一些反映强烈的问题,并同相关口岸管理部门实地交流探讨进一步改善通关环境的具体措施,收到了较好效果。将通关工作情况形成书面报告印发辽宁省通关工作领导小组各成员单位,并报辽宁省政府。

【电子口岸建设】一是召开辽宁电子口岸建设领导小组第二次全体会议,增补、调整辽宁省电子口岸建设领导小组成员,审议通过了《辽宁电子口岸2011年项目计划》等3个文件,《辽宁电子口岸3年规划方案》以辽宁省政府办公厅文件印发实施,《东北电子口岸3年规划方案》得到辽宁省省长批准,正在开展前期沟通工作。二是争取辽宁省政府补助电子口岸平台建设资金260万元,全部拨付给辽宁电子口岸公司。三是辽宁电子口岸完成硬件平台搭建,大连、丹东大通关系统新上海铁联运、油气项目与检验检疫数据互通、两仓项目、空港三期、大通关综合查询二期、公路舱单申报等一批应用项目,完成整合营口试点平台,开通营口大通关系统,辽宁电子口岸平台功能显著增强。

【对朝边境贸易】2011年,丹东口岸对朝鲜进出总值18亿美元,其中出口约9亿美元,进口约9亿美元。对朝边境小额贸易进口总值实际完成约1亿美元,出口额约4.9亿美元。丹东对朝贸易额约占丹东市年进出口总值的46%左右,占全国对朝贸易额的60%以上。

【吸收外资】 辽宁省实际利用外资242.67亿美元,同比增长16.95%,增幅居全国第二位。其主要特点为:一是香港地区,以及日本、韩国是辽宁省利用外资的重要来源地。香港地区在辽宁投资161.07亿美元,增长40.34%,占辽宁省利用外资数的66.37%;日本投资14.42亿美元,增长14.31%;韩国投资13.98亿美元,增长3.18%。二是第二、第三产业利用外资稳步增长。辽宁以制造业为代表的第二产业利用外资122.99亿美元,同比增长47.01%,占辽宁省利用外资的50.68%。以现代服务业为代表的第三产业利用外资116.3亿美元,占辽宁省利用外资的47.92%。三是千万美元以上的大项目是辽宁利用外资的有力保障。辽宁省超千万美元的进资项目369个,实际到位资金151.6亿美元,占辽宁省实际利用外资的62.47%。其中超亿美元的大项目28个,实际进资52.6亿美元,占辽宁省实际利用外资的21.69%。四是多方式利用外资成为辽宁利用外资新亮点。辽宁利用外资方式进一步得到创新,境外私募、股权收购、跨境人民币投资、境外上市返投、投资性公司等多方式利用外资项目不断涌现。

【口岸查验部门简述】 大连海关2011年税收总量为801.7亿元,同比增长17.6%,列全国海关第8名,其中入库税款达到653.2亿元,同比增长18.2%。共监管进出口货物1.3亿吨,货值1 170.2亿美元,同比增长18.9%;监管进出境运输工具17.4万架(艘、辆),进出境人员250.6万人次,集装箱470.1万标箱,快件和邮递物品241.6万件,同比分别增长28.7%、8.4%、9.9%、3.2%。共查获走私违法犯罪案件3 913起,案值18.2亿元,涉税2.1亿元,同比分别增长127.5%、75.5%、152.4%;实现罚没收入5 599.3万元,同比增长291%。实现归类补税5 394.7万元,审价补税8亿元,加工贸易内销征税18.6亿元,稽查补税5 216万元。一是以"强化落实年"为契机,推进依法行政。修订完成了审单、风险、企管、财务、人事业务流程规范,编写了《预防渎职侵权违法犯罪宣传手册》,制定了行政执法评议考核实施细则;加强法制宣传和教育,认真开展"六五"普法工作,被评为大连市普法先进单位;加强科学民主决策,严格执行案件集体讨论决定制度,共审议案件28起,案值逾3.6亿元;加强复议应诉工作,畅通行政复议渠道,引导管理相对人以理性合法方式表达利益诉求,切实维护管理相对人的合法权益,共审议案件19起,案值逾2.4亿元;深入开展政务公开,关警员依法行政的意识和能力进一步增强,执法行为进一步规范。二是税收征管质量稳步提高。以提高征管质量为核心,完善税收监控与考核,着力解决短板问题,各项税收质量考核指标排名全国一等,入库税款与应税货值实现同步增长。三是以"管得住、通得快"为目标,突出监管整体效能。推进物流监控信息化建设,大窑湾口岸集装箱码头全部实现信息化联网;规范监管场所管理,关区81%的监管场所达到了海关总署监管场所验收条件;创新查验模式,月度进出口货物查获率始终列全国前三,机动巡查小分队实现了常态化运行;提高行邮信息化水平,公自用物品监管系统全面应用,承办的海关总署项目免税品监管子系统在全国推广应用;强化保税监管,加工贸易手册报核及时率、结案及时率连续三年保持全国第一,单耗水平继续位居全国前列;出口加工区A区缩网改造基本完成,保税区优化升级顺利推进;深化"四位一体"的审单工作机制,规范申报率列税收前十位海关前列;提高稽查效能,企业稽查有效率达到35.4%,专项稽查查发问题率达到53.6%;强化知识产权保护,查获侵权案件106起,侵权货物(物品)4.5万件,同比分别增长了73.8%、6.6%。四是打私工作实现跨越发展,办案数、案值、涉税额、罚没收入均达历史最高水平,有效遏制了走私违法活动势头;实行打私责任制,打私指标纳入目标管理,深化关警融合,关警协作办案5次,关员参与办案189人次;重点打击价格瞒骗、骗取出口退税等行业性走私行为和"绕关"走私活动,开展了"海鹰行动"、"国门利剑"等一系列专项打击行动,成功侦办了石墨、干果、红豆杉、镁砂、武器弹药、成品油、地板等一批在全国引起较大反响的大要案,对202名犯罪嫌疑人采取了强制措施,打掉了19个走私团伙,得到国务院和海关总署领导的充分肯定;

清网行动成绩突出,清理完毕多起遗留时间较长的历史积案,办案质量、效率全面提高;综合治理、扫黄打非、反恐维稳等工作成效突出。五是改革创新实现重大突破。监管体系改革迈出关键一步,新型监管格局基本形成。加快推进专业化分类管理,区域性单证审核中心、口岸物流监控中心、查验中心运行全面启动。保税加工核查中心和特殊区域监管中心筹备工作有序进行,运行准备就绪。继续健全风险管理运行机制,加强"大连海关指挥中心"建设,优化和完善风险监控集中工作及"一口对下"的风险信息处置机制,强化理论研究和指导,关区职能风险布控比例达82.7%,布控率达7.9%,实体性有效率达19.6%,风险布控质量大幅提升。内控机制建设步入全国海关先进行列。深化分类通关改革,分类通关报关单占关区报关单总量的71.8%。积极推进无纸通关,事后交单与单证暂存业务正式启动,单证暂存比例超过无纸通关报关单量的40%。通关效率各项指标继续位于全国前列。六是充分发挥统计监测预警职能,围绕国家宏观决策和地区经济发展需要,加强进出口实时监测、科学预测和动态预警,共有178篇统计分析被总署《海关要情》采用,5篇获得中央领导同志批示。七是创新软件和服务外包业监管模式,创建了全国首个服务外包保税研发测试中心,全面推广技术先进型国际服务外包保税监管政策,办理服务外包保税监管手册数占到全国的3/4。八是大力培育海关特殊监管区域和保税监管场所,推动召开辽宁省海关特殊监管区域工作会议并出台考核暂行办法,帮助长兴岛等重点地区申建特殊区域。主动为大连港跨越发展想良方、出良策,出台了支持集装箱运输发展的具体措施,签订了关港、关检合作备忘录。提升A类以上企业的数量和质量,启动了"百家企业升级培育工程"。

沈阳海关 发挥海关服务职能,抓住机遇,促进辽沈振兴。一是推动沈阳综合保税区建设。成立了专门工作小组,制定了监管和验收方案,并多次进行实地考核,落实围网、卡口、视频监控等监管设施改造和建设方案,全力保障综保区监管设施建设工作的顺利进行。二是以分类通关改革为契机,做好通关提速工作。充分利用监管职能运行监控系统、HL2008等作业监控分析与通关现场有效沟通,重点解决海关平均作业时间和放行效率问题。进口通关平均海关作业时间7.42小时,同比缩短41.76%。推进"属地申报,口岸验放"和"担保验放"通关模式,大幅缩减企业通关成本和通关时间。为企业提供个性化服务。如设立软件和服务外包企业申报专门窗口,压缩软件进出口企业入境测试用设备审批时限;开通"卡车航班"监管方式,实现超大、超宽货物国际航线的有效延伸,最大限度地方便了企业;建立联络人制度,积极协调企业通关过程涉及的转关进口、许可证件监管、税收征管等问题;为大型装备制造业、高新技术产业、新型农业等重要产业提供"门对门"服务。三是有效推动知识产权海关保护工作。继续深入开展"打击侵犯知识产权和制售假冒伪劣商品专项行动",严厉打击进出口环节侵犯知识产权行为,广泛向社会各界宣传专项行动的开展情况和海关保护知识产权的成绩,增强对知识产权海关保护工作的了解。查获20起涉嫌侵犯知识产权案件,查获侵权物品1 670件,案值141 600元,保持了打击侵权不法行为的高压态势,净化了口岸环境,保护了知识产权权利人合法权益。四是深化业务改革。坚持优化整合,扎实推进"三查合一"和审单作业改革工作。调整稽查、关税部门工作职责,顺利实现"三查"职责归口管理。进一步细化稽查、核查业务流程和作业模式,规范企业稽查、减免税核查、保税中后期核查的作业机制,着力解决业务结合部问题,实现稽查、核查工作衔接顺畅。稽查企业82家,稽查有效率44.7%,移交缉私局立案19起,案值4 489万元人民币(下同),涉及税款757万元,稽查补税39万元。推进审单业务优化整合,成立课题组,广泛征求意见,完成了《沈阳海关审单业务优化整合方案》,以风险管理为统筹,在职能部门指导下,与各监管现场之间形成良性互动、全新高效的审单作业体系。摸索以风险分析为手段,以企业为单元的分类式审单方法,积极开展报关单批量复审工作,推进审单作业"前置后移",建立电子审单、专业审单、现场接审单和批量复审"四位一体"的审单模式,发挥批量复审对审单实时信息支持和指导作用。继续推进风险管理业务改革。组建风险管控中心,完善管控中心工作机制和各现场风险管理机制,明确各部门职责定位,密切和加强了联系配合和工作互动,初步形成上下联动、优势互补、运行协调、功能突出的风险管控格局;突出风险分析监控和风险甄别参数管理工作,有效提升风险参数加工能力和质量。实行风险布控处置归口管理,增强布控处置指令下达、执行及反馈的规范性和有效性。关区分类通关改革初见成效。2011年7月1日正式启动进口分类通关试点改革工作,并在关区范围内全面开通出口转关分类通关。运行以来,关区出口分类通关海关平均作业时间为0.88小时,查验率5.62%,查获率6.48%,查验效果与全国平均水平相近;试点海关进口分类通关海关平均作业时间为3.23小时,基本实现优化监管与提高效能的总体目标。有效推进监管场所规范工作,完成沈阳地区陆路转关点海关监管场所规范工作,并采取积极措施逐步完善未验收的监管场所条件。目前关区9个海关监管场所100%实现全封闭和视频监控,70%同海关实现了不同程度上的联网。五是坚持量质并举,全面完成税收工作任务。按照海关总署部署,调整关区减免税工作管理制度,制定下发《沈阳海关减免税工作管理办法》。积极参与海关总署加工贸易禁限类目录的调整和完善工作,做好铁岭市西丰县鹿产品加工贸易解禁试点到期总结上报工作。坚持综合治税机制,不断提高税收质量。每季度召开业务形势分析会暨综合治税领导小组会议,加强分析研判,查找税收工作中存在的风险,加强税收工作运行质量控制,提高审价、归类能力和水平,努力实现关区税收征管"量质并举"、"颗粒归仓"的工作目标。六是加强研究分析,提高统计职能监控作用。运用H2000贸易统计系统定期对关区贸易统计数据入库及时性和完整性进行监控,撰写14篇执法评估报告,被海关总署执法评估网站采用6篇,被总署《统计工作与研究》杂志采用1篇,为海关管理和有关部门提供了较好的工作参考。利用海关统计资源,加强监测预警和分析研究工作。截至11月,撰写编辑并上报统计分析文章83篇/次,被总署《海关要情》采用13篇/次,被地方政府采用44篇/次,其中,辽宁省委书记王珉同志还在沈阳海关报送的《沈阳海关统计快报》(第53期)上作出重要批示。加强关区走私动态分析,确定6个反走私形势分析调研课题,为关区打私工作提供参考。七是进一步加强缉私部门与业务职能部门、地方相关部门的联系配合,大力开展反走私综合治理工作,巩固、深化关警融合成果,加强与一线监管、后续管理的协调配合,形成良好工作环境和执法环境,有效提高关区整体打私能力。着力加强缉私执法能力建设和执法规范化建设,开展案例汇编工作和行政案件自查自纠工作,组织开展"加强理性化执法,提高执法公信力"活动,通过对行政处罚相对人进行回访,重新审视海关行政处罚工作质量和水平,实现执法效果和社会效果的统一。此项工作得到了海关总署纪检组组长胡玉敏的批示。全年,受理走私犯罪嫌疑案件6起,立案5起,案值1 370.8万元,涉税156.2万元;立案查办行政违法案件307起,案值22 965.4万元,结案239起,案值20 223.9万元;罚没收入缴库1 091.92万元,实现案件补税589.2万元。年内,组织开展了打击武器弹药走私、毒品走私、镁砂走私、成品油走私等专项行动,先后查获4起象牙走私案,2起入境仿真手枪走私案件,1起毒品走私案件。

辽宁省公安边防总队 坚持以学习贯彻《公安部关于进一步提高边检服务水平的意见》为中心,以深入开展"大学习、大讨论、大宣传"活动为重点,加大口岸管控力度,推进边检信息化建设,提升边检服务水平,加强边检队伍建设,圆满完成了2011年各项边防检查任务。提升口岸管控能力,圆满完成重大安保工作任务。坚持以口岸查控为核心、以中朝边境一线为重点,紧紧围绕2011年夏季达沃斯论坛年会、深圳大运会安保等重大专项活动及"两节、两会"重要时期边检安保工作任务,完善口岸反恐维稳风险评估机制,建立健全边检等级管控安保体系,有效确保了辽宁省各出入境口岸的安全畅通。规范边民查验工作。全面提升边民查验工作规范化水平,部署大台子、太平湾边境检查站在口岸辖区建设了视频监控系统,安装并启用了梅沙边民查验系统,对执勤现场标志进行了统一规范。提高重点岗位执勤人员能力。健全完善了查控值班人员轮训制度,2011年完成了对所属边检站从事查控值班工作人员的培训工作,有效提高了各级查控值班人员的岗位技能和实际工作能力;举办了总队边检业务参谋骨干培训班,组织各边检站业务参谋、提服工作人员及执勤科队领导参加了培训,进一步规范了查控工作和服务定式养成,有针对性地提高了口岸查控查缉能力。完成重大安保工作任务。辽宁省公安边防总队及相关边检站以科技手段提高口岸管控能力,大连周水子边检站全面启用了处于全国领先地位、集信息采集、查控于一体的多功能智能验证台,开通了44条数字化验证通道,应用全方位智能化指挥系统,为包括几内亚总统、津巴布韦副总统在内的与会贵宾提供优质服务,圆满完成了夏季达沃斯论坛年会安保任务。丹东边检站圆满完成了朝鲜劳动党总书记、国防委员会委员长金正日出境边防检查和口岸安全警卫任务,确保了丹东安民临时口岸开放期间的安全畅通及边境地区的安全稳定。狠抓边检队伍建设。2011年,辽宁省公安边防总队积极采取有效措施,大力提升执勤人员综合素质,提高信息化水平。从提高一线执勤人员实际处理问题能力和规范勤务工作入手,举办了"总队边检业务参谋骨干培训班",进一步规范边检执勤执法工作及梅沙系统运行,取得了突出效果;组织各边检站的业务骨干举办了"总队证研骨干培训班",有效提高了执勤人员业务素质;承办了部局现役边检机关梅沙系统和DMS系统运行维护业务技能培训班,培养了一批善于钻研、具有专项特长的业务骨干人员。强化信息化建设。指导大连边检站积极承担了全国现役边检机关梅沙系统维护保障中心、海港勤务管理系统运行维护保障中心和全国现役边检机关网上报检中心暨门户网站等3个全国性信息化项目建设任务;推广DMS、IDMS系统应用,指导各海港边检站改革勤务模式,将DMS系统与日常执勤工作相结合,将系统建设成果应用到实际工作中去。2011年8月,辽宁省边防总队研究出台了《服务口岸经济发展若干措施》。

辽宁出入境检验检疫局 2011年,完成检验检疫货物44万批,货值718亿美元,同比分别增长6.39%和21.03%;检出不合格货物3 390批次,货值44亿美元,同比分别增长20.36%和20.53%;完成飞机检疫1.9万架次、船舶检疫1.4万艘次、汽车检疫12.9万辆次、人员卫生检疫311万人次;艾滋病监测7.34万人次;检出传染病678例,媒介生物7类21属32种,40万只;截获检疫性有害生物22种、1 001种次,一般性有害生物448种、3.1万种次。一是通过完善监管体系建设,进一步转变监管方式,不断提升检验检疫监管水平。电子监管上线企业3 855家,占进出口企业的94.55%,涉及11 468个品种,80%的报检工作可以通过系统自动完成。出口工业产品分类管理,共计1 346家,其中一类企业56家,二类447家,三类842家,免验1家。二是开展"质量月"活动,组织500多家重点进出口企业参加"质量诚信承诺"活动。启动打击食品非法添加和滥用食品添加剂活动,检查企业1 589家。开展"百人进企业"活动,出动人员923人次,深入企业794家,培训企业人员398人次。举办产品质量分析会245次,发现和帮助企业解决问题1 141个。三是积极开展"3·15消费者维权"、"6·9认可日"、"送标准进社区"、"检验检疫企业行"、"质量服务"等活动。推动出口市场多元化和出口产品质量稳步提高。丹东古楼子出口农产品示范区被总局评为第二批重点推进典型示范区,瓦房店苹果成功打入加拿大高端市场,促成辽宁海产品成功出口欧盟,我国内燃机车首次出口发达国家,豆饼粉通过澳大利亚官方审查。四是认真开展食品安全整顿,加强口岸疫情防控,完善应急管理体系,确保不出产品质量安全事件。以食品安全、"双打"等为重点的专项整顿活动成效显著,清查食品农产品企业883家,查处违规入境4万株种苗。严密防控欧盟肠出血性大肠杆菌疫情,加强进口蔬菜、水果和肉类等重点产品的检疫监控,妥善应对韩朝口蹄疫和辽宁鞍山炭疽疫情。五是完善应急管理机制,推进联防联控体系建设。以机场口岸为重点,全面加强核辐射监测工作,有效应对日本地震及核泄漏事件。有效应对台湾塑化剂事件,对234家企业、558个展位的台湾食品参展商及产品进行细致筛查,保障辽宁(沈阳)台湾名品博览会顺利举办。六是认真贯彻总局与辽宁省政府合作备忘录精神,继续深化检验检疫服务链16条服务措施。辽宁出入境检验检疫局各单位陆续出台服务沿海经济带发展措施340多条,深受政府、企业欢迎。主动服务沈阳经济区建设,与沈阳、鞍山、抚顺等8个市的市长共同签署了沈阳经济区检验检疫一体化框架协议。围绕辽宁省政府提出的大连港集装箱吞吐量"三年超千万标箱"的工作目标,率先与大连港集团签署合作协议,出台落实保税港特殊监管政策,简化集装箱场站考核登记手续等8项具体服务措施。召开东北地区检验检疫机构区域协调会议,提升大连港对物流企业的吸引力。七是加强与各部门的战略合作,先后与大连海关、沈阳海关签署合作备忘录,加强关检协作,进一步提升辖区口岸的监管效能和通关效率,联手打造最佳关检合作区;与深圳、河北、山西、内蒙古自治区、河南、陕西出入境检验检疫局分别就输港食品农产品、区域合作等签署合作备忘录,打造检验检疫战略联盟,共同维护质量安全;与省市质监局合作,共建"12365"举报投诉处置指挥系统。八是科技与信息化工作取得成效。围绕沿海经济带和沈阳经济区建设"二次规划"实验室布局,投入3 700万元加强实验室建设。围绕检验检疫业务需求开展科研工作,检测项目达到1 800多项。获得辽宁省科技进步一等奖1项、三等奖1项;获得国家质检总局"科技兴检"二等奖3项、三等奖4项;获得辽宁省自然科学成果奖17项、林业科学技术奖1项,市科技进步奖8项、农村科技推广奖1项。1名同志获得第十二届"中国青年科技奖"。

辽宁海事局 2011年,紧紧围绕辽宁沿海经济带发展,以科学发展观为统领,以"三个服务"为要求,以口岸开放为中心,以电子口岸建设为载体,全面提升依法行政能力,在确保有效监管的基础上,坚持简化通关手续,增强口岸工作效能,为地方经济发展提供良好的口岸环境。一是抓监管,重服务,切实把工作的着力点和落脚点放在为地方港口建设和航运经济发展提供优质高效的海事服务上。在口岸规划、建设、开放等管理工作中,充分表达海事管理意见,履行好海事管理职责,兼顾经济效益和社会效益,尽力促进经济、社会和谐、安全发展。服务与保障并举,部署了葫芦岛口岸开放相关后续工作,特别是根据交通运输部公告,在征求相关意见的基础上,以辽宁海事局公告的形式在报纸、外网公布葫芦岛口岸开放的范围、航道、锚地;汇总并反馈关于四块石二类口岸升一类口岸,辽宁口岸查验单位增编方案,营口仙人岛港区、盘锦海港区、庄河港庄河电厂煤码头、马市临时开放,长海海域、庄河海域和金石滩海域海上过鲜海事监管需求;协调营口港扩大开放、丹东安民口岸开放、大连LNG码头试运行、大窑湾二期十五号泊位、大连LNG码头开放验收事项;在完成长兴岛、松木岛、旅顺、大孤山西港区等口岸资料汇总的基础上,完成长兴岛、旅顺、大孤山西港区等口岸海事监管需求并回复地方政府。二是规范管理、加强沟通,口岸协调管理机制稳步推进。不断加强和地方政府、部门,以及相关单位、企业的联系与沟通,抓住港口口岸发展带来的机遇,探索新形势下口岸管理工作的切入点,更好地发挥海事对地方经济的支持作用。7月,会同辽宁省口岸办在盘锦召开了海事、口岸协调会,全面回顾了2010年6月建立联系协调机制以来取得的成果、近期海事口岸重点工作情况、口岸管理工作中存在的问题和需与口岸部门衔接事项,印发了会议纪要,对与口岸部门衔接事项进行了重点部署和安排。辽宁海事局还结合辖区实际,印发了《关于加强口岸管理工作的通知》,并成立口岸管理领导小组,统一负责辖区口岸管理工作;优化口岸管理内部程序,研究、制定了《辽宁海事局口岸管理内部程序》和《辽宁海事局国际航行船舶临时进出非开放泊位管理办法》,并以此为契机,深化口岸管理机制,推进口岸各项制度建设,全面提升口岸管理的信息化、规范化和服务水平。三是主动作为,服务保障效果明显增强。充分发挥海事专业优势,成功组织了"2011年客滚船员安全技能竞赛"活动,提高船员自身素质;根据辖区通航环境状况和水上安全态势,采取多种措施,确保辖区通航环境保持安全畅通。着力做好砂石船治理,加大人力、物力投入,协调地方政府出台综合治理办法,积极协调相关部门加大联合执法力度,砂石船事故多发势头得到有效遏制;完成辖区航路规划研究,制定了航行安全指南,加强沟通协调,推动老铁山水道拓宽;加强海上动态执法,优化巡航执法力量布局,增强了对通航秩序的管控能力和监管效率;发挥VTS系统功能,突出对极端和灾害性天气的预警防抗工作,主动发布航行安全信息,有效组织港区和重要航路的船舶交通流;统筹协调,应急能力建设扎实推进。不断强化重点水域快速机动力量建设,完善水上搜救应急处置预案,健全应急协调机制,海上搜救能力显著提升。成功救助遇险人员744人。防抗海冰、冬季寒潮大风工作圆满完成，未发生因冰困、寒潮大风造成交通运输船舶人员伤亡的事故；发放"十一五"期间渔业船舶搜救奖励资金，调动了社会船舶参与海上救助行动的积极性，并成立了辖区首支海上搜救志愿者队伍；协助大连市与黄渤海沿线13个城市共同签署了海上应急处置合作协议；不断加强船舶防污染能力建设，辖区船舶防污染能力迈上新台阶。开展港口、码头防治船舶污染能力专项验收，完成对28家单位风险评估报告的专家评审。实施船舶污染清除作业单位资质认可，提高了辖区溢油应急防备水平。开展船舶油污险统一管理试点工作，建立船舶污染应急垫付费用机制和预付赔款机制，保障了污染应急工作能够及时有效开展。结合"7·16"事故清污行动经验，修订完善各级污染事故应急预案，提高了预案的可操作性。四是抓素质，重创新，不断提升口岸软环境。根据辽宁省2011年大通关工作会议的部署，从改进工作流程，提高服务效率入手，积极推动口岸大通关建设，协调并完善综合业务平台建设，完善VTS船舶信息管理系统和集装箱电子舱单查询系统，船舶申报、港内作业安全报备实施网上受理和审批；开通集装箱船舶24小时专线电话，随时提供免费咨询服务和海事专业技术支持，最大限度缩短通关时间、降低通关成本，提高通关效率和船舶进出港频率。结合辖区工作实际情况，对重点物资运输船舶施行"绿色通道"，确保重点物资水上运输的安全。五是积极推进电子口岸建设，促进口岸信息共享，服务于船舶运输和物流便捷化。6月，与辽宁电子口岸就双方的信息资源共享及项目合作方面起草了合作协议，为下一步实际开展项目合作奠定了坚实基础；合作开展营口口岸大通关综合服务系统的建设，将"海事船舶申报"和"船舶指泊计划"纳入"营口口岸大通关综合服务系统"项目的整体规划中；与大连口岸物流网签署信息资源共享合作协议，在危险品申报、检验检疫数据共享等各方面实施了多项技术合作。

（撰稿人：秦虹　杨国彦　徐林　孔晓东　胡戈　郝宁　高杰　周珊珊）

大连市口岸工作综述

【口岸运行数据】2011年，海港完成货物吞吐量3.37亿吨，集装箱吞吐量640万标箱，同比分别增长7.3%和21.6%。其中，外贸货物吞吐量10 672.3万吨，外贸集装箱455.8万标箱，同比分别降低1.5%和增长11.5%。空港完成旅客吞吐量1 201万人次，同比增长12%，其中国际旅客145万人次，同比增长12%，国际旅客吞吐量位居全国机场第4位。进出口商品总值942.5亿美元，同比增长15.34%。其中，进口商品489.2亿美元，增长16.5%；出口商品453.3亿美元，增长14.3%。

【口岸开放工作】大连市长兴岛港于2011年7月30日经国家正式批复对外开放。目前国内硬件条件最好的大窑湾二期集装箱15#泊位，于2011年10月12日顺利通过口岸各查验单位验收。我国北方目前唯一的专业LNG码头于2011年11月16日顺利启用。大连市空港口岸以建设东北亚门户枢纽机场为目标，组织发起了国内14家最大机场参加的全国大型机场联盟，大连航空公司成立并顺利开航，中华航空、邮政航空等5家航空公司进驻大连市，新开国内客货运航线8条，新增通航点3个，旅客吞吐量继续在东北各机场保持领先。新开通东北首条欧洲货运航线——大连至法兰克福航线，富山、福冈、广岛航班延伸至北京、天津，恢复伊尔库茨克、海参崴等俄罗斯夏季航班。圆满完成夏季达沃斯年会等重大活动的口岸保障任务。

【电子口岸建设】辽宁省电子口岸基础平台建设基本完成。辽宁省电子口岸舱单综合服务系统、场站通关支持系统、油气液体化工品通关支持系统、空港通关支持系统、码头通关支持系统、保税仓储企业服务系统等项目投入运行。应用电子口岸服务系统的客户已达585户。

【口岸综合管理】根据口岸通关实际情况,采取定期和不定期形式进行现场检查,推进口岸"5+1天"工作制落实,确保节假日期间口岸通关顺畅。对海关、检验检疫、边检等6个口岸通关项目进行资助,通过这些项目引导和带动作用,提升口岸整体通关效率。开展最佳服务品牌和成果评选活动,大连口岸的边检服务零等待、港湾海关服务零距离、边检视频监控和创新口岸开放工作思路等4项获服务成果称号。为做好邮轮来大连市访问的接待工作,采取组团赴境外接船的方式,先后4次组织口岸查验单位赴韩国、日本接邮轮,全年接待邮轮19艘次、旅客25 263人次,同比分别增长64%、221%。有效地推进了邮轮经济的发展。针对海上过鲜企业的海事报检受理地点由原来大连市区内变更到庄河市给企业经营带来的影响,通过深入了解情况,会同海事部门研究解决存在的问题,使广大过鲜企业能够就近报关,降低成本,提高效益。协调有关部门对大连市"十一五"期间引进的中远造船重点项目,从国外进口的钢材采取了便捷通关方式,为企业节省了时间,降低了成本,满足了企业生产的需要,确保了2011年9月该船厂建造的第一艘船顺利下水,比原计划提前了近半年。积极协调解决大连港有史以来靠泊最大的集装箱班轮、装载量为16.6万吨的"地中海拉斯佩吉亚"等两艘超大型国际集装箱船舶的靠泊问题。1月和5月两艘船舶分别来大连市,在大窑湾集装箱码头设施条件不够完备的情况下,组织召开专家咨询会进行分析论证,确定靠泊工作方案,既未影响企业的生产经营,又完成了两艘超大型国际集装箱船舶的靠泊,得到港航企业的好评。日本地震海啸之后,从3月18日开始,历时一个月,组织有关人员对来自日本的61艘船舶实施了核检测,较好完成了大连市口岸核应急阶段性工作任务。

【区域口岸合作】大连市海港口岸加强与航运、货主企业和铁路等部门的战略联盟,分别与中海集团、中远集团、中铁集装箱公司、沈阳铁路局和哈尔滨铁路局签署战略合作协议,并通过水水中转、铁海联运、散杂改集、开辟航线等多种方式,增强大连市港口吸纳和吞吐集装箱的能力,集装箱吞吐量位居全国各港口前列。完成铁海联运箱量36.2万标箱,同比增长24.3%,铁海联运箱量位居全国各港口第一位。散杂改集项目从无到有、快速增长,全年完成7万标箱,实现了"三年超千万标箱"的阶段性目标。

【口岸大通关】围绕贯彻落实辽宁省政府、大连市政府提出的大连港"三年超千万标箱"的目标,组织口岸查验单位出台新通关便利措施。大连海关与大连港集团签署了《关于推进集装箱运输加快发展的战略合作协议》,采取"预约制"、"特事特办制"、实现全年365天全天候口岸通关服务,推行联网报关、担保验放、无纸通关等各项便捷措施,助推大连港集装箱业务快速发展。辽宁出入境检验检疫局与大连海关、辽宁海事局、大连港集团签署合作备忘录和战略协议,进一步完善口岸管理体制,提高通关效率,推进落实特殊监管区的优惠政策,吸引集装箱在大连港实施国际中转和仓储。全力支持大连港试运营码头开放验收等工作,提升大连港对物流企业的吸引力,增强港口对腹地的辐射带动作用,促进港口与腹地间的便捷通关,服务东北亚国际航运中心建设。边检出台了服务于口岸经济发展15条措施,创新海港边检勤务模式,引入诚信管理机制,对信用等级高的企业提供简化手续,优先办理等特殊服务措施,试行港区"一证通",实现边检证件指定单位签发,全区域有效通行,推广应用全国现行边检网上报检平台暨门户网站,扩展网上报检功能,增设预约办理手续、网上办证、在线咨询功能,简化边检业务手续,提高通关效率等。海事局推行船舶"一卡通"工程,提高了船舶登记的工作效率,受到船东欢迎和好评。开通"政务公开语音系统",开辟便民利民的服务通道,方便客户查询信息。

2011年辽宁省口岸流量统计表

口岸类型		口岸名称	货运量(万吨)				集装箱量(万标箱)				旅客(万人次)				交通工具(万辆、艘、架、列次)			
			出口	进口	合计	同比(%)	出口	进口	合计	同比(%)	出境	入境	合计	同比(%)	出境	入境	合计	同比(%)
空运口岸		沈阳	0.50	0.50	1	+11.10							84.20	+3.60				
		大连	2.20	1.70	3.90	-9.30							134.40	-2.60				
		分计	2.70	2.20	4.90	-0.60							218.60	-0.99				
陆运口岸	公路	丹东公路	60.60	15.00	75.60	+30.00							14.70	+63.30			12.60	+16.70
	铁路	丹东铁路	19.70	26.60	46.30	+51.30							7.60	+20.60			0.20	
		分计	80.30	41.60	121.90	+37.40							22.30	+45.70			12.80	+16.00
水运口岸	海港	大连	3 847.80	6 824.50	10 672.30	-1.50			640	+21.60								
		营口	1 078.80	4 335.80	5 414.60	+11.20			403.30	+20.80								
		锦州	191	502.30	693.30	+0.80			83.90	+11.30								
		丹东	205.70	375.10	580.80	+27.80			70.80	+121.90								
		葫芦岛	3.20		3.20													
		分计	5 326.50	12 037.70	17 364.20	+3.10												
	河港口岸	盘锦		4	4	-16.70												
管道口岸		丹东管道	52.90		52.90	+0.80												
合计			5 379.40	12 041.70	17 421.10	+2.50			1 198	+182.60			263.20	+1.85	10 592	10 655	21 247	+0.70
同比(%)			+10.40	-0.70														

(辽宁省口岸办公室提供)

2011年大连海关主要数据统计表

项目		2011年	同比(%)
进出口货运量（万吨）	合计	12 932.60	-0.30
	进口	9 704.20	-2.40
	出口	3 228.40	+6.40
进出口贸易总值（万美元）	合计	11 708 109.53	+18.97
	进口	6 245 671.97	+18.83
	其中:江海运输	5 852 781.46	+18.63
	铁路运输	7 536.44	-6.54
	汽车运输	48 616.95	+40.63
	航空运输	330 779.25	+3.28
	邮件运输	1 524.82	+68.07
	其他运输	4 433.03	+40.88
	出口	5 462 437.56	+19.09
	其中:江海运输	4 938 716.92	+19.22
	铁路运输	23 740.61	+53.36
	汽车运输	137 137.96	+87.53
	航空运输	215 380.97	+10.30
	邮件运输	20 908.97	-2.70
	其他运输	126 552.14	+58.65
税收（万元）	两税合计	6 531 761	+18.15
	关税入库	1 002 640	+28.86
	进口环节税入库	5 529 121	+16.40

（大连海关提供）

2011年沈阳海关主要数据统计表

项目		2011年	同比(%)
进出口货运量（万吨）	合计	748	+4.70
	进口	522.20	+12.00
	出口	225.80	-9.10
进出口贸易总值（万美元）	合计	800 498.50	+15.10
	进口	536 738	+11.50
	其中:水路运输	408 930.80	+1.50
	铁路运输	38 452.30	+277.40
	公路运输		
	航空运输	88 977.50	+31.20
	邮件运输	360.20	-12.40
	其他运输	17.20	-57.40
	出口	263 760.50	+23.40
	其中:水路运输	166 072.70	+16.30
	铁路运输	14 244.80	+15.80
	公路运输	754.50	-54.30
	航空运输	63 868.60	+41.60
	邮件运输	2 387.90	+45.40
	其他运输	16 432	+59.50
税收（万元）	两税合计	616 439	+27.80
	关税入库	125 560	+39.00
	进口环节税入库	490 879	+25.20

（沈阳海关提供）

2011年辽宁省口岸出入境主要数据表

单位:(人员)人次;(交通工具)辆、艘、架、列次

项目			2011年	2010年	同比(%)
出入境人员		出入境人员总数	3 207 636	3 051 938	+5.10
		入境人员	1 587 360	1 506 508	+5.37
		出境人员	1 620 276	1 545 430	+4.84
		出入境旅客	2 711 836	2 584 618	+4.92
		出入境员工	495 800	467 320	+6.09
	中国公民	小计	1 770 784	1 595 703	+10.97
		内地居民(因公)	266 136	263 073	+1.16
		内地居民(因私)	1 396 049	1 234 160	+13.12
		港澳居民	26 816	24 213	+10.75
		台湾同胞	81 783	74 257	+10.14
		外籍人员	1 436 852	1 456 235	-1.33
		从海港出入境人数	600 273	509 019	+17.93
		从陆港出入境人数	241 471	170 062	+41.99
		从空港出入境人数	2 365 892	2 372 857	-0.29
交通运输工具		总计	164 161	145 107	+13.13
		船舶	16 381	15 568	+5.22
		飞机	19 443	19 194	+1.30
		火车	2 029	1 558	+30.23
		机动车辆	126 308	108 787	+16.11

(辽宁省公安边防总队提供)

2011年辽宁省出入境检验检疫业务统计表

项目	货物检验检疫				交通工具				集装箱（标箱）		发现动植物疫情		货物通关		出入境人员查验（人次）	健康检查及预防接种（人次）			
	批次	金额（万美元）	检验检疫不合格		船舶（艘）	飞机（架）	火车（节）	汽车（辆）	合计	检出问题	种类数	种次	批次	金额（万美元）		健康检查	艾滋病监测	发现病例	预防接种
			批次	金额（万美元）															
本年累计	440 332	7 183 881	3 393	440 251.66	13 857	19 002	12 217	128 927	4 013 010	6 700	289	16	505 980	7 218 901	3 105 236	75 824	73 420	18 392	65 059
其中 出境	322 737	2 332 699	236	1 300.08	7 046	9 625	6 026	70 466	1 431 172	16	17	0	359 089	2 512 927.80	1 561 185	71 046	68 642	17 537	65 026
其中 入境	117 595	4 851 182	3 157	438 951.58	6 811	9 377	6 191	58 461	2 581 838	6 684	281	16	146 891	4 705 973.20	1 544 051	4 778	4 778	855	33
比上年同比（%）	+6.39	+21.03	+20.36	+20.53	-7.56	-5.80	-14.87	+30.85	+23.93	+12.51	0.00	-85.45	+1.33	+15.33	-2.37	-3.17	-5.86	-12.43	-18.87
其中 出境	+0.43	+15.77	-26.48	-15.33	-10.00	-7.00	-16.46	+35.49	+11.17	+6.67	-26.09	0	-3.23	+13.71	-2.70	-5.32	-8.14	-14.53	-18.88
其中 入境	+27.11	+23.74	+26.38	+20.68	-4.90	-4.53	-13.27	+25.66	+32.36	+12.53	+1.81	-85.45	+14.50	+16.22	-2.04	+46.34	+46.34	+76.65	-10.81

（辽宁出入境检验检疫局提供）

2011年辽宁海事局进出港船舶统计汇总表

船舶类别	进港船舶							出港船舶						
	艘数（艘）	总吨（吨位）	总载重量（吨）	载客量（客位）	船员人数（人次）	货物到达量（吨）	旅客到达量（人）	艘数（艘）	总吨（吨位）	总载重量（吨）	载客量（客位）	船员人数（人次）	货物发送量（吨）	旅客发送量（人）
总计	162 824	589 400 001	623 450 893	12 969 961	1 641 708	192 746 318	5 331 824	162 792	593 072 239	631 379 402	12 996 400	1 689 607	254 720 523	5 253 648
中国籍船舶	152 086	390 416 774	336 777 971	12 837 492	1 437 447	89 908 938	5 188 920	151 997	390 585 671	338 510 381	12 864 226	1 481 787	222 327 056	5 117 454
其中外贸船	10 738	198 983 227	286 672 922	132 469	204 261	102 837 380	142 904	10 795	202 486 568	292 869 021	132 174	207 820	32 393 467	136 194

（辽宁海事局提供）

辽宁省口岸大事记

1月1日

大连港大连湾港区6~11号泊位口岸正式对外开放。

1月14日

大连港建港以来最大的集装箱班轮"地中海拉斯佩吉亚"靠泊港湾集装箱14号泊位。

2月11日

公安部国际合作局副局长张巨峰一行3人,在辽宁省公安厅副厅长关耀林的陪同下到丹东边防检查站公路口岸调研。

3月8日

辽宁省副省长邴志刚带领有关部门领导到中编办,就辽宁省政府向国务院报出《关于增加驻辽口岸检查检验机关人员编制的请示》(辽政〔2011〕37号)事宜进行部省会商。

3月16日

大连市港口与口岸局和大连市人力资源和社会保障局、大连交通大学、日本立命馆大学四方合作共建的大连东北亚航运中心人才培训基地举行揭牌仪式。

5月4日

中朝鸭绿江界河公路大桥建设协调领导小组第二次会议在丹东市召开。交通运输部副部长冯正霖、辽宁省副省长邴志刚、辽宁省交通运输厅厅长张铁民,以及商务部、外交部、公安部、财政部等国家相关部委负责人参加会议。

6月20日

辽宁省机场集团公司与台湾中华航空公司在沈阳签署了合作协议。

7月10日

辽宁检验检疫局与大连海关共同签署合作备忘录和"支持大连集装箱运输发展合作协议"。

7月13日~17日

2011韩国周暨世界韩商大会在沈阳举行,沈阳市口岸办积极协调各部门,完成了要客通关保障工作。

7月20日

国务院下达《辽宁大连长兴岛港口岸对外开放的批复》(国函〔2011〕93号)。

8月11日

解放军总参谋部副总参谋长马晓天在沈阳军区领导陪同下到丹东口岸视察,并亲切慰问了丹东边检站执勤一线官兵。

9月20日~24日

国际和平日纪念活动暨东北亚发展论坛在沈阳举行。

9月28日

解放军总参谋部副总参谋长章沁生上将一行在沈阳军区、丹东军分区等单位领导陪同下到丹东口岸及中朝友谊桥考察调研,并看望慰问了丹东边防检查站一线执勤官兵。

10月12日

大窑湾二期集装箱15#泊位通过验收,正式对外开放。

11月16日

大连港天然气LNG码头顺利启用。

12月14日

台湾立荣航空公司开通沈阳—台北航线。首航仪式在沈阳桃仙国际机场举行。

12月21日

沈阳桃仙国际机场旅客吞吐量首次突破1 000万人次,标志着沈阳机场已正式跨入全国大型机场行列。

12月27日

大连东北亚国际航运中心建设战略性项目揭牌与签约仪式暨大连港三年"千万标箱"阶段性成果发布会。

(撰稿人:杨国彦、徐林、孔晓东、高杰、胡戈、郝宁、周珊珊)

吉林省

吉林省口岸工作综述

【口岸运行数据】 2011年,吉林省口岸进出口货物219万吨,同比增长17.5%,货值88.6亿美元,同比增长19.5%;进出境运输工具18.1万辆(架)次,同比增长31%;进出境人员144.6万人次,同比增长17%;进出境邮(快)递物品89.9万件,同比增长4.8%。

【口岸开放工作】 完成了安图双目峰公务通道增加人员过境旅游功能的报批工作,国家口岸办于2011年5月份下文批准扩大该通道通行功能;完成了双目峰公务通道升级为国家口岸的报批工作,代吉林省政府拟文上报国务院,申请为国家口岸;协调解决将集安公路口岸开放列入国家口岸发展规划。为保证集安—满浦界河公路大桥建成后集安公路口岸同步开放,针对该口岸项目尚未列入《国家"十二五"口岸发展规划》的情况,吉林省口岸办派专人会同集安市政府赴京向国家口岸办进行专题汇报,积极协调国家口岸办将开放集安公路口岸项目补充列入《国家"十二五"口岸发展规划》;多方筹措资金,加快新开口岸基础设施建设速度。截至2011年底累计投资1 700余万元,完成了古城里口岸联检楼、口岸区域内的拆迁工作,新建了占地面积31 000平方米,建筑面积5 000平方米的古城里口岸,并于2011年9月向国家口岸管理办公室申请国家验收。

【口岸综合管理】 吉林省延边朝鲜族自治州2011年10月起草了《朝鲜族自治州口岸管理条例》,并获得了自治州十三届人大五次会议通过,这是吉林省第一个地方政府口岸管理法规。各级领导深入基层对口岸管理建设工作进行调研指导,全国政协副主席张榕明、全国人大法律委员会副主任洪虎、原中央民委主任李德洙、省纪委书记陈伦、延边朝鲜族自治州委书记张安顺、公安厅厅长马明、原省军区司令员岳惠来先后视察了图们、南坪口岸。图们口岸充分发挥口岸暨窗口的优势,开通大连—朝鲜罗津、清津航线;开展与韩国浦项市友好合作;为吉林省内最大的水泥生产商亚泰集团在朝鲜投资建厂提供各种通关便利。5月19日~21日,吉林省口岸办主任工作会议在临江市召开。会议全面回顾总结了"十一五"期间吉林省口岸工作情况,部署了2011年口岸工作和东北亚博览会口岸通关工作;8月26日,东北、内蒙古四省区口岸工作联席会议在吉林省召开。根据中俄总理定期会晤委员会运输合作分委会口岸工作组关于建立两国地方口岸管理部门定期合作交流机制的会议纪要精神,4月,会同吉林省外办组团赴俄哈巴罗夫斯克,与俄远东边界局就双方建立定期会晤合作机制等问题进行会谈,并达成了共识;6月,俄罗斯远东边界局局长叶柳金率团赴珲春市,与吉林省口岸办进行了第一次工作会晤,双方签署了《中国吉林省口岸办公室与俄罗斯联邦国家边界建筑设施署远东地区当局工作会晤纪要》,这是吉林省自1991年10月11日中俄珲春—克拉斯基诺口岸开通以来与俄方对口单位签订的第一份纪要。纪要确定,中俄双方口岸管理机关每年举行一次定期会晤,这为解决珲春—克拉斯基诺公路口岸和珲春—马哈林诺铁路口岸现存问题建立了重要的沟通渠道。8月3日,在扎港举行了珲春—扎鲁比诺—釜山、珲春—扎鲁比诺—新潟海运试运营仪式。积极推动中朝两国政府共同管理共同开发两个经济区建设工作,完成了中朝两国政府共同开发共同管理罗先经济贸易区项目启动仪式;完成了全国首个跨境自驾游发团仪式的人员、车辆和设备经圈河口岸进出境的通关工作,共查验出入境人员2万余人,机动车辆8 000余台次,提供各种礼遇4

次。参加中朝两国政府共同开发共同管理"两个经济区"建设口岸通关组;赴"两个经济区"所涉及的边境口岸调研通关情况;针对调研发现的问题赴朝会谈协商,中朝双方就为"两个经济区"建设提供通关便利问题达成了一致意见,并在朝鲜平壤签订了中朝口岸通关组第一次会议纪要。内贸货物跨境运输项目启动,1月11日我国首批1.7万吨内贸煤炭跨境运输从罗津港起航,14日安全抵达上海外高桥码头,标志着我国首例内贸货物跨境运输项目成功试运营。

【电子口岸建设】长春海关 进一步创新管理手段,引入激励机制,实施目标管理和量化考核,为广大进出口企业提供优质专业的电子口岸服务。一年来,共制卡1 440张,发放软件467套,读卡器548个,为341家企业录入海关注册备案数据。

【口岸大通关】 以加快口岸发展为目标,积极协调查验单位重点在创新监管机制、提高通关效率、减免口岸收费、降低企业成本,制定优惠政策、帮助企业发展等方面出台了一些新的办法和措施,深受企业好评。长春海关因地制宜推出了担保验放、快速转关、提前申报、政策咨询等支持措施,为吉林市碳纤维产业化系列项目、一汽大众公司节能型汽车项目,以及中新食品区建设项目、通化东宝7 000万支胰岛素及通钢百万吨冷轧项目降低成本,提升产品竞争力。

【口岸查验部门简述】长春海关 坚持"量质并举、以质为主"的工作理念,以提高审单绩效和税收征管质量为目标,不断强化税收基础工作,较好地实现了应收尽收。关区全年税收增幅达16.08%;审批减免税货值11.23亿美元,同比增长254.26%;减免税款9.51亿元人民币,同比增长254.85%。监管通关效能进一步提高,大监管体系建设初显成效。制定下发了《长春海关进口分类通关改革工作实施方案》,开展了业务操作培训。9月13日起,在长春海关驻机场办事处启动了进口分类通关改革试点。截至年底,共办理进口分类通关报关单3 152票。其中,低风险快速放行117票,低风险单证审核2 011票,高风险重点审核1 024票,分别占3.71%、63.80%和32.49%。低、高风险报关单比率为67.51%:32.49%。先后查获"4·01"、"5·24"枪弹走私案、"4·15"红豆杉苗木走私案、"7·04"毒品走私案等多起重特大案件。积极协调地方政府推动口岸基础设施建设,为长白、沙坨子、古城里等口岸正式升级验收做好准备。对现有海关监管场所强化督促整改,对老虎哨、圈河等筹建海关监管场所做好前期指导,先后完成了对珲春沙坨子口岸和监管中心、临江海关办公楼和口岸联检楼、集安青石口岸、图们铁路口岸的视频监控改造。缉私整体效能显著提高。全年罚没款项实际入库786.53万元人民币,同比增长4.2%;追补税款1 051.48万元,同比增长17.3%。立案侦办非涉税走私案件25起,同比增长8.7%,抓获犯罪嫌疑人32名。强化执法评估和数据质量管理。贸易统计和业务统计上报数据继续保持零差错。全年累计审核贸易统计数据213 421条,纠正错误数据421条,涉及金额2 731.4万美元。审核业务统计数据9 745条,发现并及时更正问题数据23条。建立了联合稽查工作机制。全年稽查企业105家,年内办结105家,发现问题39家,下发限期改正通知书20家,补税入库45.64万元。受理并评定AA类企业申请5家,A类企业申请14家,B类企业2家,下调企业类别18家。积极组织开展"双打"专项行动,制定了《长春海关打击侵犯知识产权和制售假冒伪劣商品专项行动实施方案》。围绕边境口岸、空港及邮递物品集散地等重点区域,集中开展了5次专项行动,查获侵权案件37起,共涉及"苹果"、"耐克"、"迪奥"、"三菱"等各类国内外知识产权49项,查扣手机、运动鞋、化妆品等侵权货物10.6万件,货物价值达943万元人民币。按照"边规划、边申报、边建设、边招商"的要求积极推进兴隆保税区建设。年内综保区主体工程建设项目已完成60%,招商工作顺利推进,已有10家企业正式签约,43家企业签署合作意向书。12月16日,国务院正式批复设立长春兴隆综合保税区,是吉林省首个综合保税区。认真细致做好统计分析,及时有效地发出监测预警。长春海关关于《中东局势动荡导致今年前2月吉林省汽车出口下降》的专题报告和《2011年1~5月吉林省进出口形势分析》得到了吉林省领导的批示。大力支持吉林省发展会展经济,为第七届东北亚博览会提供全程咨询、驻会监管、现场备案等便捷服务。

吉林省公安边防总队 广泛开展提高边检服务水平的"金点子"、"宣传口号"、"提服征文"等活动，充分凝聚一线官兵智慧，先后出台了4项助推措施，切实有效地推动提高边检服务水平工作。深入研究贯彻《公安部关于进一步提高边检服务水平的意见》，对吉林省15个边检站分管业务领导、执勤业务科长和检查业务骨干进行集中培训。总队和边检站开展每月"文明使者"评选活动，组织全省边检站开展了以"职业文化驱动边检管理创新"为主题的第4个"边防检查宣传日"活动。强化监督指导，有效发挥内外监督效能，总队党委成员分片带队对所属基层单位进行了半年和全年督导检查。建立总队24小时视频督导检查制度，实现了对执勤人员服务定式、执法环节、勤务组织安排等随时督查。各边检站通过视频回放、现场督查、旅客调查等方式深入查找工作薄弱环节，制定整改措施，有力推动了部队执法执勤规范化建设。同时，总队始终将严密口岸查控作为边检工作的主要内容，有针对性地开展业务站领导和勤务指挥人员业务培训，每月组织全省边检业务网络视频考试，并在网上公布排名，切实提高各级人员的业务素质。强化梅沙系统应用管理，完成了长春、珲春、延吉、圈河边检站梅沙系统五级保障建设，为长白、沙坨子、古城里、青石、老虎哨等边境检查站安装调试边民检查系统。组织开展网上报检申报、审批系统应用培训，确保了网上报检系统在吉林省顺利推广应用。强化口岸风险评估机制，指导各边检站紧密结合国内外局势和吉林省口岸形势，积极开展情报调研工作，每月、每季度开展风险评估，不断加强查缉工作实效性，切实加大口岸管控力度，全力维护口岸安全稳定。

吉林出入境检验检疫局 2011年，检验检疫出入境货物71 109批，金额551 932万美元。其中出境55 096批，金额270 897万美元；入境16 013批，金额281 035万美元。检出不合格出入境货物245批，金额940万美元，其中出境103批，金额281万美元，入境142批，金额659万美元。出入境人员健康检查39 970人次，艾滋病监测40 049人次，预防接种19 952人次，发现病例4 926人次。交通工具检疫方面，火车2 854节，汽车157 432辆，飞机3 300架次。检验检疫出入境集装箱96 214标箱。在进境大豆中截获11种杂草种子，其中，三裂叶豚草和豚草属于检疫性有害生物。在进境板材中截获暗色露尾甲、窃蠹科和胡蜂科成虫、天牛科幼虫、翅目成虫等5种有害生物。截获植物疫情1 039批次，截获禁止入境物855批。3月11日，日本发生核泄漏事件，吉林出入境检验检疫局高度重视，快速行动。3月14日，紧急向口岸分支机构下发《关于加强口岸放射性物质监测的通知》，要求各口岸分支机构高度重视口岸放射性物质的监测工作，加强入境集装箱、货物、废旧物品、矿产品和旅客携带物等的查验和放射性物质的监测。航空口岸重点加强来自日本入境旅客、旅客携带物及货物的放射性监测工作。陆路口岸推行"检企联防联控"制度，建立行之有效的"异常情况逐级上报机制"，确保口岸和公众健康安全。针对日本核泄漏事件对吉林省的影响进行风险评估和分析，做到密切关注事态发展，做好充分应急准备。积极开展口岸地区大气、降尘、土壤、雨水的放射性监测的技术储备和调研论证等工作。相继与吉林省环保局、吉林省反恐怖工作办公室和吉林大学等相关院校和科研部门进行联系沟通，协调完善应急响应机制，形成快速反应能力。为防止受到日本核泄漏放射性物质污染的水产品经吉林省口岸进入中国，根据国家质检总局的相关文件要求，吉林出入境检验检疫局在风险分析的基础上，制定了《关于进口日本及其周边海域水产品放射性风险监控计划》及其实施方案，有效控制了进口日本及其周边海域水产品放射性污染的风险，全年发现并妥善处置了20起放射性超标事件。积极采取防控措施，严防各类疫情传入。2011年2月、6月、9月期间，与吉林省毗邻或有经贸往来的俄罗斯、德国、朝鲜等国家相继爆发流感、肠出血性大肠杆菌、变异结核杆菌病毒引发肺结核蔓延疫情。接到疫情信息后，吉林出入境检验检疫局第一时间向各口岸分支机构下发了加强疫情防控的通知，要求各口岸依法履职，严格按照《口岸传染病排查处置基本技术方案》进行处置。加强对出入境人员的健康教育及健康咨询，加强对出入境交通工具的消毒处理工作,积极收集整理各类疫情的防控知识和疫情特征,密切关注疫情动态。召开疫情防控专题会议,对吉林省口岸的疫情防控工作进行分析,结合口岸实际提出相关措施建议提供给口岸一线工作人员。派出工作人员对重点口岸进行督导,特别是对流感快速检测试剂的操作进行了现场培训,确保各项措施落实到位。吉林省各口岸严格按照要求,相继采取了加强对入境人员、货物的查验力度,严格的体温监测、医学巡查和禁止措施,实施可疑病例零报告制度等一系列行之有效的防控措施,确保了吉林省口岸安全。媒介调查监测工作全面铺开。吉林出入境检验检疫局严格按照国家质检总局医学媒介生物监测工作要求认真组织开展吉林省医学媒介生物监测工作。长春机场、延吉机场、图们、集安等口岸认真开展医学媒介生物本底调查及病原检测,定期监测、及时送样。4个口岸地区共布夹11 400个,布笼80个,捕获鼠540只,蚤146只,螨693只,蚊421只,取样2 330余份。所有样品由吉林出入境检验检疫局卫生检疫实验室进行病原检测分析,并与吉林省卫生厅联合制定了《吉林省边境地区流行性出血热监测方案》,决定联合开展专题监测工作,选取长白、集安、图们、延吉、珲春、抚松等县(市)作为代表监测点,逐步全面科学开展边境地区流行性出血热监测工作。更加准确地收集、分析和反馈鼠类感染状况和其他流行因素资料,提高预警能力,指导边境地区防治工作。继2009、2010年会同中国检验检疫科学院在长白口岸成功开展中朝医学媒传疾病联合监测研究工作后,2011年又积极与朝方沟通,通过中朝两国三方会谈,在中国吉林省古城里和朝鲜三长里口岸地区开展鼠、蜱等重要医学媒介种群状况综合性现场调查,以及携带病原体检测的合作研究。中朝双方专家对联合开展现场监测研究工作的有关问题进行了认真协商,达成了双方共同开展口岸地区医学媒介及其携带病原的联合监测研究,有效防控医学媒介及其传播疾病跨境传播提供科学依据的合作共识。8月31日,与朝鲜两江道检验检疫所两国三方代表签署了跨境联合监测合作协议,派员组成跨境监测小组赴朝开展媒介监测,两江界河跨境医学媒介监测开展顺利。长白和延边跨境媒介监测工作共捕获鼠类233只、蚤41只、螨500只、蜱703只,现场解剖取样1 000余份,送中国检验检疫科学院进行病原检测。6月,承办了国家质检总局口岸核生化有害因子监测技术培训班。积极协调吉林省公安厅、长春市反恐支队、长春市环保局、长春海关、长春机场公安局等单位参与综合演练,完成了口岸核与辐射、化学突发事件应急处置演练拍摄任务。专业技能培训工作取得了新进展,2011年吉林省各口岸百人次参加了各类培训及竞赛活动。9月26~27日,举办吉林省口岸传染病排查处置技术培训与竞赛活动,全省出入境检验检疫系统共计40余人参加培训,系统翔实地介绍了口岸重点排查传染病的排查主要依据、分析思路、排查顺序、追踪调查和资料存档等整个传染病处置程序。来自各口岸分支机构的8支代表队,参加了口岸传染病医学排查技能竞赛。

2011年吉林省口岸流量统计表

口岸类型		口岸名称	货运量（万吨）				集装箱量（万标箱）				人员（万人次）				交通工具（辆、艘、架、列次）			
			出口	进口	合计	同比(%)	出口	进口	合计	同比(%)	出境	入境	合计	同比(%)	出境	入境	合计	同比(%)
空运口岸		长春航空口岸									16.25	15.51	31.76	+6.70	1 201	1 200	2 401	-3.00
		延吉航空口岸									18.70	19.41	38.11	+5.00	1 181	1 183	2 364	+2.00
		分计									34.95	34.92	69.87	+11.70	2 382	2 383	4 765	-1.00
陆运口岸	公路口岸	图们公路口岸	8.25	4.70	12.95	+73.00					1.28	1.36	2.64	-10.87	4 982	4 883	9 865	+18.55
		珲春公路口岸	4.53	2.62	7.15	-21.80					14.10	14.11	28.21	+20.60	8 918	8 920	17 838	-6.00
		沙坨子口岸	0.31	0.97	1.28	-49.70					0.20	0.20	0.40	-50.70	846	845	1 691	-60.80
		圈河公路口岸	5.43	14.20	19.63	+61.50					13.10	13.01	26.11	+67.20	40 309	42 816	83 125	+75.60
		三合公路口岸	9.60	5.23	14.83	+197.00					1.21	1.46	2.67	+43.00	6 722	6 674	13 396	+73.00
		开山屯公路口岸	0.06	0.27	0.33	-73.00					0.13	0.13	0.26	-59.00	505	505	1 010	-66.00
		南坪公路口岸	41.73	2.32	44.05	-17.00					1.50	1.50	3.00	-38.50	12 437	12 437	24 874	-2.70
		临江公路口岸																
		长白公路口岸																
		古城里公路口岸	9.23	0.30	9.53	+19.00					0.54	0.55	1.09	-7.50	3 696	3 696	7 392	-11.10
		分计	79.14	30.61	109.75	+189.00					32.06	32.32	64.38	-35.77	78 415	80 776	159 191	+20.55

续表

口岸类型		口岸名称	货运量(万吨)				集装箱量(万标箱)				人员(万人次)				交通工具(辆、艘、架、列次)			
			出口	进口	合计	同比(%)	出口	进口	合计	同比(%)	出境	入境	合计	同比(%)	出境	入境	合计	同比(%)
陆运口岸	铁路口岸	图们铁路口岸	2.85	1.53	4.38	-68.98					0.10	0.12	0.22	+83.92	688	836	1 524	-42.62
		珲春铁路口岸																
		集安铁路口岸													0.00	0.00	0.00	0.00
	分计		2.85	1.53	4.38	-68.98					0.10	0.12	0.22	+83.92				
合计			81.99	32.14	114.13	+120.02					67.11	67.39	134.47	+59.85	80 797	83 159	163 956	+19.55
同比(%)																		

(吉林省口岸工作办公室提供)

2011年长春海关主要数据统计表

项目		2011年	同比(%)
进出口货运量 （万吨）	合计	219	+17.50
	进口	154	+14.50
	出口	65	+25.50
进出口贸易总值 （万美元）	合计	894 165	+21.20
	进口	766 359	+23.30
	其中:江、海运输	689 139	+21.40
	铁路运输	2 833	+61.80
	汽车运输	33 567	+57.10
	航空运输	40 444	+33.20
	邮件运输	320	+78.40
	其他运输	56	+215.40
	出口	127 806	+9.80
	其中:江、海运输	20 220	+2.70
	铁路运输	5 789	+22.70
	汽车运输	94 816	+13.90
	航空运输	6 306	-24.60
	邮件运输	542	+49.80
	其他运输	133	+228.90
税收 （万元）	两税合计	1 267 600	+16.80
	关税入库	399 100	+12.95
	进口环节税入库	868 500	+17.57

（长春海关提供）

2011年吉林省出入境检验检疫业务统计表

项目	货物检验检疫				交通工具				集装箱（标箱）		发现动植物疫情		货物通关		出入境人员查验（人次）	健康检查及预防接种（人次）			
	批次	金额（万美元）	检验检疫不合格		船舶（艘）	飞机（架）	火车（节）	汽车（辆）	合计	检出问题	种类数	种次	批次	金额（万美元）		健康检查	艾滋病监测	发现病例	预防接种
			批次	金额（万美元）															
本年累计	71 109	551 932	245	940		3 300	2 854	157 432	96 214		7	120	28 622	182 453	1 091 412	39 970	40 049	4 926	19 952
其中 出境	55 096	270 897	103	281		1 650	1 387	78 761	9 053				18 215	40 166	550 624	37 589	37 668	4 607	19 952
其中 入境	16 013	281 035	142	659		1 650	1 467	78 761	87 161		7	120	10 407	142 287	540 788	2 381	2 381	319	
比上年同比(%)	+4.82	+16.37	+27.60	-25.84		-41.29	-28.69	+37.60	+6.68		+75.00	+1 614.00	+12.40	+17.72	-2.83	-9.61	-9.65	-6.93	+2.48
其中 出境	+1.40	+17.73	-16.94	+85.34		-42.77	-30.13	+37.28	-23.48				+18.06	-3.04	-3.59	-10.57	-10.61	-9.24	+2.48
其中 入境	+15.56	+15.09	+108.80	-40.94		+39.74	-27.27	+37.93	+11.23		+75.00	+1 614.00	+3.70	+25.29	-2.04	+8.77	+8.72	+47.00	

（吉林出入境检验检疫局提供）

吉林省口岸大事记

3月23日

吉林省委常委、省纪委书记陈伦到图们口岸视察。

4月20日

韩国浦项市政府行政本部长裴达元、港湾行政负责人李昌宇等6人组成韩国浦项市代表团考察图们,就开通大连至朝鲜的航线,开通罗津、清津航线有关事宜进行洽谈。

5月5日

吉林省委常委、延边朝鲜族自治州委书记张安顺到图们、南坪、古城里口岸调研。

5月6日

朝鲜罗先市人民委员会副委员长黄哲男一行考察图们口岸,并与亚泰集团代表就亚泰在朝投资建厂事宜进行业务洽谈。

6月9日

中朝双方在朝鲜罗津港举行"中朝共同开发和共同管理罗先经济贸易区项目启动仪式"和全国首个跨境自驾游团队发团仪式,商务部部长陈德铭、吉林省委书记孙政才及相关领导出席仪式并讲话。

7月5日

全国政协副主席张榕明到图们、南坪、古城里口岸视察。

7月17日~18日

全国海关工作会议在长春召开。海关总署党组书记、署长于广洲出席会议并作了题为《把好国门、做好服务、防好风险、带好队伍,努力开创海关工作新局面》的重要讲话。

8月3日

全国人大法律委员会副主任洪虎在吉林省、延边朝鲜族自治州,以及和龙市等领导的陪同下到南坪口岸调研。

8月3日

中俄珲马铁路口岸千万吨换装站奠基仪式在珲春举行,吉林省省委书记孙政才,沈阳铁路局、俄远东铁路局,以及吉林省政府相关领导参加了仪式。随后孙政才书记及相关领导还出席了在俄罗斯扎鲁比诺港举行的珲春—扎鲁比诺—釜山;珲春—扎鲁比诺—新泻海运试运营仪式。

9月9日

原中央民委主任李德洙考察图们凉水镇稳城岛,听取关于中朝稳城岛边境贸易区开发的相关情况。

10月8日

在吉林省图们市举行中国图们至七宝山铁路旅游开通仪式。

10月13日

联合国开发计划署图们江秘书处主任崔勋一行4人到图们口岸调研。

11月11日

我国首批1.7万吨货值916万元人民币的内贸煤炭跨境运输从罗津港起航,14日安全抵达上海外高桥码头,标志着我国首例内贸货物跨境运输项目成功试运营。

12 月 16 日

国务院正式批复设立长春兴隆综合保税区。该保税区是全国第 19 家经国务院批复设立的综合保税区,也是吉林省首个综合保税区。

(撰稿人:韦海鸥、费红伟、王丽春、翟文革)

黑龙江省

黑龙江省口岸工作综述

【口岸运行数据】2011年,黑龙江省全年进出口贸易总额1 759 189万美元,同比增长183.0%。货运量2 232.8万吨(其中原油1 291.5万吨),同比增长152.0%,其中进口2 092.1万吨,同比增长172.3%;出口140.7万吨,同比增长19.6%。公路口岸货运量实现123.6万吨,同比增长47.6%,铁路口岸货运量632.5万吨,同比减少9.1%,水运口岸货运量208.1万吨,同比增长165.7%,航空口岸货运量5.2万吨,同比增长147.6%。进出境客运量366.3万人次,同比增长4.8%,进境182.6万人次,同比增长5.09%,出境183.7万人次,同比增长4.0%。公路口岸客运量126.9万人次,同比增长3.2%;铁路口岸客运量29.3万人次,同比增长54.6%;水运口岸客运量163.7万人次,同比增长0.2%;航空口岸客运量44.9万人次,同比增长8.7%。

【口岸开放工作】一是经黑龙江省口岸办努力,漠河口岸石油管道作业区扩大开放纳入国家口岸"十二五"规划。二是洛古河季节性冰上运输口岸恢复开通工作正在积极推进中。2011年9月25日至26日,黑龙江省省长王宪魁率省政府代表团出访俄罗斯外贝加尔边区与俄罗斯外贝加尔边区行政长官根尼亚杜林举行工作会谈,就恢复开通该季节性冰上运输口岸达成一致,双方同意做各自中央政府有关部门工作。为尽快落实此协议,黑龙江省口岸办已召开相关部门协调会,代省政府拟函,商请沈阳军区同意恢复开通洛古河季节性冰上运输口岸,并与俄边界建设署西伯利亚局就此进行沟通。三是经黑龙江省口岸办多次敦促,俄方决定2011年10月15日开通斯克沃罗季诺不定期客货运输口岸,漠河口岸恢复开通使用。四是开通宁安—俄乌苏里斯克、双鸭山—比罗比詹国际客货运输线路。该线路开通使宁安市具备了"内陆口岸"的功能,双边口岸运输可直达对方内陆城市,为两国经贸和地区经济技术合作交流,又开辟了一条新的国际运输通道。

【口岸基础建设】一是绥芬河、东宁公路口岸改扩建工程及绥芬河公路口岸国门改造工程已启动,富锦、抚远水运口岸深水码头建设正在进行。改造后的绥芬河、东宁公路口岸、富锦、抚远水运口岸将大大提高通关能力,改善通关环境,为沿边开放注入新的动力。

【电子口岸建设】黑龙江省电子口岸建设一期工程已搭建完成了黑龙江电子口岸(虚拟)门户网站,并在绥芬河铁路口岸试点运行成功,实现了铁路、海关和检验检疫部门进口货物流、信息流的数据交换和资源共享。在此基础上又开通了"报关单实时查询平台"和"口岸进出口商品实时查询平台",实现信息共享,企业足不出户就可查询单据及货物进出境状态相关情况。

【口岸大通关】为确保客货运输生产持续稳步增长,克服世界经济下滑、俄贸易政策变化及口岸体制调整给黑龙江省口岸运输生产所带来的不利影响,黑龙江省口岸办积极协调各检查检验、交通运输和基层口岸管理部门,认真做好口岸客货运输生产工作。主要采取以下措施:一是在确保重点口岸客货运输生产持续增长的前提下,积极开辟新的口岸通道,拓展全新的运输方式,利用同江、饶河口岸浮箱固冰通道冬季运输生产有效通关时间长,冰上汽车运输安全性高的优势,广揽货源,使口岸过货量明显增加,通关效率显著提高。二是针对部分口岸通关不畅、压车压站现象严重、明水期开关推迟等问题,黑龙江省口岸办派专人深入绥芬河、同江、饶河、萝北等口岸现场调研,协调解决相关事宜,确保口岸顺畅通关。三是针对明水期同江口岸因俄木材涨价,国内销路不畅,木材大量压港问题,黑龙江省口岸办派人赴口岸实地调研,积极协调同江市政府,采取给进口企业每吨木材补贴50元人民币的做法,有效地解决了木材压港现象。经各相关部门的努力工作,全省口岸进出口客货运量实现大幅增长。

【加强与俄方的沟通与联络】 一是2011年9月20日至28日,黑龙江省口岸办协助国家口岸管理办公室完成与俄联邦边界建设署共同举行的2011年中俄边境口岸联合调研。二是黑龙江省口岸办利用各种会谈会晤机会与俄联邦边界建设署远东局建立了长期口岸合作协调机制,随时处置双方口岸通关中出现的问题,为双方口岸系统搭建了一个全新的合作平台,遇到口岸突发情况和矛盾突出事件,双方及时通过函电等形式协商解决,为顺畅通关创造了有利条件。特别是在口岸工作制的问题上,黑龙江省口岸办与俄远东边境建设管理局达成一致,双方共同商定口岸工作时间。

【查验部门简述】哈尔滨海关 全年共监管进出口货物2 232.8万吨,同比增长1.5倍,货值175.9亿美元,同比增长1.8倍;监管进出境人员365.3万人次,同比增长5.2%;监管进出境邮递物品和快件111.7万件;税收实际入库130.62亿元,增长7.24倍。一是深入调研,确定工作目标和工作思路。与哈尔滨、齐齐哈尔、牡丹江、大庆、黑河、绥芬河等地方党委和政府主要负责人进行会谈,深入省内大型企业调研走访,了解地方政府的外经外贸发展规划和企业对海关的工作需求;召开座谈会,广泛听取相关意见和建议,结合关区工作实际,制定相应措施。二是加强协调,营造良好的发展环境。走访了黑龙江省高法、省发改委、省商务厅、省财专办、审计署驻哈尔滨特派办、黑龙江出入境检验检疫局等相关单位和部门;会见了有关隶属海关所在地的市县领导,加深了解,建立互信;积极协调做好海关总署与黑龙江省人民政府合作备忘录签署的各项准备工作;积极协商签订省内关市合作备忘录;先后与黑龙江出入境检验检疫局、大连海关签署了合作备忘录。三是找准定位,不断提升服务质量和水平。建立了海关大客户协调员制度;大力推广"属地申报,口岸验放"通关模式;积极探索简政放权、减少环节、优化流程、缩短管理链条、提高工作效率、降低企业运行成本等服务措施,支持和服务龙江大型骨干企业的健康发展;不断完善漠河口岸管输原油进口服务工作;加大对俄罗斯海运进口能源优惠政策的落实力度;积极推进黑河、嘉荫、萝北固冰浮箱通道的建设和开通;在绥芬河综合保税区封关运营、黑瞎子岛保护与开放开发、内贸货物跨境运输等重大项目建设工作中努力发挥好海关的服务促进作用。四是求真务实,积极促进黑龙江省对俄贸易健康发展。狠抓海关总署《支持黑龙江省提升对俄经贸发展水平的6项措施》的贯彻落实工作,制定了具体落实办法;积极探索边贸货物海运进口项目和对俄农业开发合作项目享受国家边贸优惠政策,以及黑龙江省对俄合作项下农产品回运的完税价格审定问题;积极落实黑龙江省政府有关开展俄方小汽车进境自驾游等相关工作要求,努力为黑龙江省经贸、旅游快发展、好发展服好务。五是加强合作,积极为外贸企业营造良好外部环境。在已经建立的哈尔滨海关与俄远东海关局之间、两关局缉私部门之间、双方隶属海关之间3个层面长期稳定的联系配合机制的基础上,认真落实中俄海关合作分委会各项议定内容,多次与俄远东海关局开展工作互访和会晤、开展业务交流研讨、贸易统计数据交换、俄白哈关税同盟海关法研讨等工作,有效解决了中俄边境口岸通关中存在的一些实际问题,为黑龙江省对俄经贸健康发展营造了良好的外部环境。同时,积极向海关总署申请在我国驻俄哈巴罗夫斯克总领馆派驻海关专员,以便及时了解、掌握俄罗斯外经贸政策的变化和走向,为进一步服务海关总署决策、促进龙江外经贸发展创造条件。六是改善环境,提高通关效率。积极推进区域通关改革。大力推广"属地申报,口岸验放"通关模式,方便企业合法进出,降低企业经营成本。延长口岸通关作业时间。关区口岸旅检现场均实行了"5+1"工作制,业务量较大的绥芬河、黑河海关旅检现场实行了"5+2"工作制,有力地支持了边境地区经贸和旅游业的发展。加大海关监管查验设备投入力度。积极运用H986集装箱检测系统等非侵入式查验手段,努力提高通关效率。加大政务公开工作力度。积极推进电子口岸建设。搭建"零距离"关企沟通渠道,有效解决企业通关中的疑难问题,为企业提供了便捷的通关服务。七是积极构建海关大监管体系,实施分类通关改革,提高了通关速度。八是加大力度,让企业用好用足国家优惠政策。深入企业宣传减免税政策法规,在依法行政的前提下帮助企业出主意、想办法,努力为企业减轻税负。2011年,哈尔滨海关为进出口企业实际减免税款达8.9亿元人民币,有力地支持了黑龙江省进出口企业发展和地方经济建设。在为省内重点项目办理减免税过程中,采取提前介入的办法,设立专人专岗,提供绿色通道,简化手续特事特办,并积极帮助企业与省外兄弟海关协调,保证项目享受到最优惠的国家政策。九是热情服务,为大型经贸活动架桥铺路。哈尔滨关始终将"哈洽会"、"韩国周"等大型经贸活动作为服务地方经济发展的一个重要平台,不断强化服务意识和提高服务水平。本着"提前介入,主动工作,热情服务"的态度,为活动设立绿色通道,多方协调物资通关事宜,同时做好安保工作,切实发挥保驾护航作用,受到了相关企业的好评。

黑龙江省公安边防总队 2011年,共验放出入境人员3 663 886人次,同比增长4.8%,其中旅客3 320 583人次,员工343 303人次,检查出入境交通运输工具191 747辆(列、架、艘)次,同比增长1.8%,其中汽车149 883辆次,火车7 251列次,飞机3 957架次,船舶30 656艘次。全年边检执法执勤无事故、案件和有效投诉问题发生,边防检查工作呈稳步健康发展态势。一是严格管控工作,确保出入境秩序和口岸安全顺畅。针对黑龙江省口岸数量多、硬件条件各异、出入境人员构成复杂等特点,科学谋划管控措施,全面提升管控水平。二是主动出谋划策,积极为黑龙江省经济又好又快发展营造高效便捷的口岸通关环境。总队紧紧围绕黑龙江省委、省政府提出的"八大经济区"和"十大工程"建设,主动将边检管理创新融入地方经济建设之中,大力助推龙江经济社会发展。重视勤务模式改革创新的调查研究。各边检站针对口岸服务和管控中遇到的问题和难点进行重点攻关,研究并规范相应的勤务模式。黑河、同江等边检站与俄罗斯边检机关开展互访活动,对勤务组织、伪假证件鉴别和创新服务举措等工作进行了现场观摩和交流研讨,积极探索边检管理创新。哈尔滨边检站在认真调研的基础上,制定了切合实际的联勤工作制度,每日派出两名机关干部参与现场勤务工作,由当日值班科长统一安排勤务工作,较好地解决了一线警力不足问题。运用科技手段,提高管理效率。绥芬河、东宁等边检站设立了"口岸信息平台",开通了"鲜活产品绿色通道",为人员出行、船舶作业和船员登陆提供网络化服务,进一步便利出入境人员和交通运输工具顺畅通关。各边防检查站先后推出了保鲜车辆优先验放、中俄跨境救助、旅检现场客货分流等服务举措,全力保障了黑河互市贸易区和同江、饶河口岸浮箱固冰通道等正常运营。创新服务举措,便利旅客出行。哈尔滨、牡丹江、佳木斯等空港口岸边检站结合实际,增设了流动服务岗,及时为老、弱、病、残、孕等需扶助人员优先办理检查手续;提供"外国人重要提示"、"安全提示"、旅游向导等宣传单,便利旅客出入境。各边检站先后为美国爱荷华州州长特里·布达斯塔德交流团、韩国"二十一世纪韩中交流协会"会长金汉圭代表团、俄罗斯阿穆尔州边防局代表团等83个中外代表团800余人提供了优质、高效、热情的通关服务,救助中外籍旅客121人次,收到锦旗57面、感谢信74封。三是强化业务基础建设,全面提升检查员队伍素质和执法执勤水平。建立健全黑龙江省业务培训基地,分类别开展培训。针对总队边检站数量多和空港、陆港、河港3种类型口岸兼有的特点,将哈尔滨、绥芬河、黑河边检站确定为专项业务培训基地,分别负责对空港、陆港、海港3种类型口岸的边检业务培训工作,提高培训工作的针对性和实效性。开展了业务交流,拓展基本功训练外延。结合个别口岸季节性开放,业务量小,检查员业务素质偏低的实际,组织漠河、齐齐哈尔、密山、饶河等边检站检查员到哈尔滨、绥芬河、黑河等业务量大的边检站相互交流学习。建立与吉林长春、辽宁周水子、内蒙古二连边检站业务研讨机制,定期开展业务交流。发挥与俄方边检机关合作优势,指导黑河、同江、嘉荫、抚远、饶河、逊克等边检站与俄对应边检机关进行检查员互访活动,进一步提高了检查员的业务技能,增强了双方边检机关共同维护口岸地区安全稳定的能力。四是区分层次，深化交往，对俄合作成效明显。总队与对应俄罗斯边防机关开展会谈1次，礼节性会见2次，书信往来18次，直通电话联系65次，双方围绕中俄原油管道穿越工程建设、同江铁路界河桥建设、浮箱固冰通道建设和联合打击边境走私枪支弹药专项行动等有关边防检查事宜进行了磋商，并取得积极成效。黑龙江省边防检查站与俄对应口岸边检机关开展会谈会晤45次，互访交流6次，积极解决涉及人员、交通运输工具出入境边防检查工作的具体问题，为口岸通关顺畅打造了良好的外部环境。全年，由边检机关牵头协商俄方临时、提前、延长开关8次，为外贸企业挽回经济损失数千万元。

黑龙江出入境检验检疫局 2011年，黑龙江省系统检验检疫出入境货物17.3万批，货值159.4亿美元，货值同比增长245.1%，增幅位居全国系统第一，综合排名由2010年同期的第25位上升至第17位。一是抓质量，实现4个提高。地方党委政府对质量工作的重视程度进一步提高。协调有关部门，将检验检疫工作纳入《黑龙江省"质量龙江"建设战略实施方案》中，加入了黑龙江检验检疫局提出的10多条建议，推动设立全省出口商品质量安全奖和出口质量安全示范区建立资金。企业作为质量安全第一责任人的意识明显提高。加强诚信建设，签订质量承诺268份，召开黑龙江省进出口企业质量兴省座谈会，14家进出口企业代表出席了会议。质量监管水平显著提高。签署关检合作备忘录和开发区关检合作协议，与黑龙江省畜牧局及6个直属局签订了合作备忘录，建立了合作机制。扩大监管覆盖面，检验检疫覆盖率达39.6%，同比增长21.8%。创新质量监管机制，实施分类管理企业227家，实现了出口工业企业全覆盖。利用信息化手段，对2家食品企业进行源头管理，其中马利酵母的质量管理水平显著提高，出口货值同比增长了46.50%。进出口产品质量明显提高。督促企业建立出口产品质量安全追溯体系和主动召回制度，485家企业建立了召回制度。排查企业961家，撤销出口注册备案企业72家，发现有问题企业131家，81家企业被注销出口资格。加强认证监管，对78家获证企业进行认证有效性检查。检出进出口不合格产品754批、货值408万美元，对外索赔16.2万美元。进出口商品质量总体稳定，全省系统没有发生一起系统性、行业性、区域性的质量安全事件，进出口商品合格率达到99.5%，高于全国99%的平均水平。二是保安全，守住三道关。守住了进出口食品安全关。开展打击食品非法添加和滥用食品添加剂专项行动，出动1 050人次，检查出口食品企业496家次，抽查食品企业62家，对全省供港活牛及肉类加工企业进行了"瘦肉精"等禁用药物的全面排查，平均合格率达100%。积极应对台湾"塑化剂"事件，在第一时间对30份抽样品进行DEHP专项检测。守住了国门安全关。加强疫病疫情、有毒有害物质监测及风险分析力度，对13类、40种商品进行了风险监控，对18种商品进行了风险分析。完成了进口俄罗斯大豆、玉米风险分析初稿，参与完成大麦、小麦的风险分析工作。对马铃薯甲虫等10余种外来有害生物开展监测，开展媒介生物监察96次，医学媒介监测品种8种。为配合中俄两国对黑瞎子岛区域开发的战略，黑龙江检验检疫局对该岛进行了首次医学媒介生物和自然疫源性疾病的调查，在病原检测方面取得国际性突破。加强口岸查验，在全国率先建设了口岸传染病电子监管系统，监测体检10.25万人次，监测体检人数同比增长39.48%，有突破性的增长，发现病例16 724人次，其中艾滋病20例。检出动植物疫病疫情406批、14种次，截获禁止进境物395批次，其中重大植物疫情截获7批次、4种次，在进口的美国种鸡中检出国家规定的进境动物二类传染——病鸡败血支原体，实现新突破。妥善应对日本核泄漏事件，监测日本入境航班56架次，512人次，检疫监测日本进境邮件近6万件，检疫查验日本邮寄进境食品、农产品925批次；截留或退运寄自日本12个都县的食品、农产品47批次。加强应急管理，组织4次应急演练，成功承办"全国检验检疫系统加强口岸反恐防范工作全面做好核生化监测交流会"，并组织核与辐射突发事件应急处置演练，中俄两国100余名代表参加会议并观摩演练。与吉林、内蒙古、新疆出入境检验检疫局共同签署了联防联控合作机制备忘录，实现边境口岸传染病及媒介生物联合监测。守住了重点敏感商品质量关。联合内蒙古出入境检验检疫局、吉林出入境检验检疫局共同开展"双打"专项行动,集中销毁了货值近10万余元的假冒伪劣商品,立案查处质量违法案件10起,查办货值100万元以上案件1起,捣毁制假售假窝点1处。制定《对俄市场采购出口工业产品检验监管工作实施办法》,建立起长期、全面的合作协调工作机制。加强对输俄果菜的检验检疫工作,以有力的证据驳斥了俄罗斯的不合格通报22批次。检验检疫对非洲出口货物568批,货值4494万美元,维护了我国输非产品的质量安全。三是促发展,搞好5项服务。一是服务国家"走出去"战略,推动中俄经贸合作发展。推进境外园区建设,落实10条措施,建立园区及企业信息档案,促成《国家质检总局关于支持中俄经贸合作发展的意见》的出台。组织黑龙江省6家境外园区企业与浙江14家骨干企业进行对接,重点支持的境外园区企业增至20家,境外园区企业由34家增至42家,效益同比增长近30%。建成黑龙江首个对俄果蔬国际物流园区,开创了在内陆地区进行对俄贸易的先例,出口地产菜596批,货值196.87万美元,分别占全省地产菜出口的43%和24%。积极推动大米和猪肉恢复对俄出口,全面恢复对俄大米出口,年出口大米4 000吨。在国家质检总局的授权下,黑龙江出入境检验检疫局多次与俄有关部门进行沟通,并陪同省领导赴俄罗斯就促进猪肉出口问题,与俄联邦远东地区总统副代表及地区主要官员进行了会谈,并签署合作协议。目前,国家质检总局已经完成了问卷调查,现正征求农业部的意见。地产大宗商品出口,出口批次、货值同比分别增长4.71%和17.58%,在保证大豆顺利进口的基础上,实现了在俄种植玉米的首次进口。二是服务转型发展,促进产品结构调整。围绕黑龙江省"进口抓落地,出口抓加工"的部署,采取有效措施,服务外贸结构调整。协办中俄认证认可领域首次强制性认证和检验监管法律法规研讨会。在中俄标准、计量、认证和检验监管常设工作组项下,推动设立机电产品小组,组织俄沿边5个州认证机构代表参加中俄区域性认证技术交流座谈会,与省内6家重点出口企业签订扩大对俄机电产品出口合作协议,制定《扩大对俄机电产品出口工作方案》,先后8次召开专题推进会,机电产品出口货值同比增长30.94%,对俄机电产品出口增长68.7%。在东宁口岸开通全国唯一的北方沿边金伯利进程指定口岸,其中钻石、宝玉石鉴定实验室等已经在建设中。推荐4家出口企业获得香港食环署、以色列等国家的注册资格,3家企业可向香港供应冰鲜牛肉。完成了1 501万吨进口石油的计量和检测工作,保证了能源大动脉的畅通。加强对俄技术性贸易措施研究工作,召开"WTO及对俄技术性贸易措施研究工作会议",编译风险预警专报64期,提高了应对俄罗斯贸易壁垒的主动性。生态原产地产品保护认证取得突破,黑龙江越橘庄园公司野生蓝莓酒产品认证通过国家质检总局审核。三是服务农业现代化,大力推进示范区建设。推动省政府制定出台《关于加快标准化农产品出口基地建设的意见》,设立3 000万元的发展基金。联合省农委制定印发《加快标准化农产品出口基地建设实施办法》,建立农产品种植示范区11个,种植面积1 270万亩,同比增长6%,占全省耕地面积的7.5%,建成2个生猪养殖示范区,宾西万头养牛基地已开始建设。牡丹江宁安和农垦北安分局2个示范区获得国家级典型示范区。推荐红星农场获得国家有机产品认证示范区。四是服务通关便利化,推进大通关建设。新增直通放行企业7家,绿色通道企业20家,开通省内直通放行,惠及企业分别同比增长40%和81%。新增一类企业11家,电子监管覆盖率达到100%。签发普惠制和区域性优惠原产地证书27 442份,签证金额8.83亿美元,使企业获得进口国关税减免约4 418.4万美元,同比增长59.8%。五是服务改善民生,促进社会和谐稳定。在全国检验检疫系统率先开展了为期一周的"检验检疫走进民生——服务民生口岸行"活动,派出30名专家,出动包括2辆体检车在内的先进仪器设备,往返近2 000公里,为哈尔滨等四地市2 100人次提供了健康体检、快速检测等12类近百项免费服务。

黑龙江海事局 2011年,口岸进出港签证船舶36 743艘,货运量1 109 586吨,客运量525 385人。一是强化管理,提高口岸监管水平。加大现场安全监管力度。强化口岸重点时段、重点水域监管,加强对流凌期、节日长假,以及黄金周、国庆节等重点时段的水域监管;不断提高巡航工作质量,强化有效巡航、高峰巡航,加强现场签证管理,提高船舶航行安全保障系数;抓好大风、暴雨、大雾等恶劣天气的防抗工作,有效地控制恶劣天气对船舶造成的危害;根据辖区国际航线航行船舶种类、用途和管理方式,对客船、货船进行分类管理,重点强化了国际航线中、外水翼高速客船和外轮的现场安全监管,严格采砂作业船舶管理,严格惩治外国籍船舶非法进出境、不悬挂国旗等行为。加强对俄气垫船安全监管。制定了《气垫船开航前报告制度》、《气垫船运营期间监管要求》、《气垫船应急反应预案》,开展了气垫船冬季运营防碰撞、防火灾、防爆炸专项整治活动,加强对俄冰上气垫船旅客运输的安全监管,确保了气垫船国际客运的安全。加强浮箱固冰通道监护。积极做好中俄浮桥搭建的监护和服务工作,为固冰通道搭建和拆除工作提供全程监护和服务,保证浮桥搭建安全。加强界河防污工作。认真落实中俄双方签署的联合机制内容,修订完善了水上交通安全情况通报、信息交换、水上水下活动联合监护等多项制度,坚持认真贯彻执行《中俄界河水上安全和防止船舶污染水域合作备忘录》,开展"碧水行动",进一步加大船舶污染物接收力度,全年船舶铅封率达100%,污染物接收率达100%,界河船舶初步实现了污染物零排放。二是完善应急体系,提高口岸水上应急反应能力。强化应急反应队伍建设,积极推进了口岸有关地市水上搜救指挥机构的组建工作;进一步修订完善了《黑龙江省水上搜救应急预案》和《黑龙江省船舶溢油应急预案》,将其纳入黑龙江省政府公共突发事件应急管理体系;组织开展了《中俄界河溢油应急策略研究》课题研究,课题成果被黑龙江省政府办公厅和省委办公厅以专题信息形式分别上报国务院办公厅和中共中央办公厅,有效提升了辖区突发事故应急救助能力。组织开展演习,提高应急反应能力。2011年9月8日,与俄联邦阿穆尔州紧急情况总局成功举办了2011年中俄界河应急联合演习。此次演习是中俄双方继2009年首次应急联合演习后举行的又一次高科技、大规模、多科目、立体式的水上应急联合演练。演习共投入俄方飞机3架(1架多用途水陆两栖飞机"别—200",2架米8直升机);船艇41艘,其中中方21艘;双方船员、群众250余人;中方动用了快流放围油栏、转盘式收油机等大量先进的应急清污设备。三是加强合作,多方共建平安界河。深化与俄罗斯海事部门间合作。与俄联邦阿穆尔州紧急情况总局签署了《第四次交流合作会谈纪要》和"2012年合作计划";与俄方共同开展了新版《中俄国境河流航行规则》的宣贯和实施,为维护中俄界河航行秩序、保障界河水域通航安全提供了有力保障;在中俄航联委第52次例会上,与俄方签署了修订后的《中国黑河和俄罗斯布拉戈维申斯克港区水域船舶运行及停泊示意图》,进一步规范了该水域船舶航行和停泊秩序,理顺了双方管理部门之间的关系,界江的安全监管和应急工作得到进一步强化,基本做到了统一标准、统一做法,有效维护了界河水上安全。加强与地方政府和口岸查验部门的协调配合。加强与海关、边检、检验检疫等查验部门之间的沟通与协作,密切联系地方政府,建立良好的横向关系,认真审核各种法定单证,签发出口岸许可证,确保每艘进出境船舶的合法性和适航性。积极主动参与地方经济的发展和口岸建设,与口岸开展共建活动,为口岸发展献言献策,在口岸联检工作的质量、效率和服务上,充分发挥海事独特作用。打通了中俄界河首条无国界、无障碍、无许可应急反应通道,也是界河海事领域的首创。四是立足"三个服务",积极服务地方经济发展。2011年,黑龙江海事局坚决落实服务地方经济社会发展"十项举措",落实"在港零待时"等服务措施,对国际航行船舶进出口岸审批、进出口岸手续办理、开航前检查、危险品申报审批和船舶进出港签证等实施"全天候、无假日"办理制度,提供便利、优质的通关服务,促进实现口岸"大通关、大通道",助推辖区水运经济持续健康发展。黑龙江海事局充分发挥口岸查验单位召集人的作用,根据口岸特点,在口岸港口积极采取进、出港船舶分开停泊、旅客分流上下船、待港船舶到锚地停泊等多项服务措施。实行"无假日、无午休"工作制、24小时值班制和船舶"报港制",简化进出口岸手续,变每航次许可为每日一许可,缩短了船舶在港查验时间,提供了高效便捷的通关服务。目前,界河国际航线客运实现了公交化、生活化的便捷运输,受到各界广泛好评。

2011年黑龙江省口岸流量统计表

口岸类型		口岸名称	货运量(万吨)				人员(万人次)				交通工具(辆、艘、架、列次)			
			出口	进口	合计	同比(%)	出境	入境	合计	同比(%)	出境	入境	合计	同比(%)
空运口岸		哈尔滨	1.60	0.70	2.30	-20.00	18.90	18.90	37.80	+6.00	1 782	1 798	3 580	+8.10
		齐齐哈尔	1.50		1.50	+28.20								
		牡丹江	3.50	0.10	3.60	+380.50	3.30	3.10	6.40	+21.40	520	520	1 040	+2.50
		佳木斯	0.30		0.30	-66.00	0.30	0.20	0.50	+12.20				
		分计	6.90	0.80	7.70	+260.60	22.50	22.20	44.70	+8.20	2 302	2 318	4 620	+22.30
陆运口岸	公路口岸	绥芬河	33.50	25.60	59.10	+15.90	33.20	36.10	69.30	+6.60	27 900	28 033	55 933	-1.90
		东宁	25.40	3.70	29.10	+0.10	27.50	26.50	54.00	-1.10	21 00	21 00	42 00	+18.50
		密山	3.10	0.30	3.40	+151.00	1.30	1.30	2.60	+4.00	100	100	200	+20.60
		虎林	0.80	2.00	2.80	+24.80	3.60	3.90	7.50	+13.60	2 000	1 000	3 000	+22.00
		分计	62.80	31.60	94.40	+12.70	65.60	67.80	133.40	+8.50	51 000	50 133	101 133	+65.30
	铁路口岸	哈尔滨	2.00	0.60	2.60	+4.00					140	156	296	+3.20
		绥芬河	32.10	597.80	629.90	-9.00	15.90	13.40	29.30	+55.00	116 356	116 350	232 706	+7.60
		分计	34.10	598.40	632.50	-9.10	15.90	13.40	29.30	+55.00	116 496	116 506	233 002	-7.70

续表

口岸类型		口岸名称	货运量(万吨)				人员(万人次)				交通工具(辆、艘、架、列次)			
			出口	进口	合计	同比(%)	出境	入境	合计	同比(%)	出境	入境	合计	同比(%)
水运口岸	河港口岸	同江	11.10	50.60	61.70	+40.90	6.80	6.80	13.60	-31.20	5 000	4 000	9 000	+0.40
		黑河	22.50	4.10	26.60	+16.50	56.30	56.00	112.30	+7.60	22 000	23 000	45 000	+0.80
		抚远	3.00	0.30	3.30	-30.90	9.60	9.60	19.20	+0.80	2 000	2 000	4 000	+6.00
		嘉荫	0.20	5.10	5.30	+45.80	1.40	1.40	2.80	-20.30	600	600	1 200	+28.90
		富锦		1.00	1.00	-34.80					1 000	1 000	2 000	+10.10
		萝北	0.30	1.20	1.50	+67.00	2.30	2.30	4.60	-29.20	1 800	1 800	3 600	+17.80
		饶河	0.90		0.90	+202.30	5.10	5.10	10.20	+10.50	3 000	2 000	5 000	+18.90
		漠河		107.00	107.00	+82887.40	0.30	0.20	0.50	+12.40				
		逊克	0.80		0.80	329.90	0.40	0.40	0.80	-13.00	3 000	2 000	5 000	+12.40
		分计	38.80	169.30	208.10	165.70	82.20	81.80	164.00	+0.20	38 400	36 400	74 800	+58.00
	海港口岸	分计												
合计			142.60	800.10	942.70	9.70	186.20	182.20	371.40		208 198	205 357	413 555	13.40

(黑龙江省口岸管理办公室提供)

2011年哈尔滨海关主要数据统计表

项目		2011年	同比（%）
进出口货运量（万吨）	合计	2 232.80	+152
	进口	2 092.10	+172.30
	出口	140.70	+19.60
进出口贸易总值（万美元）	合计	1 759 189	+183
	进口	1 325 199	+560.40
	其中：江、海运输	29 263	+33.20
	铁路运输	120 179	−5.90
	汽车运输	14 738	+44.10
	航空运输	18 498	−7.60
	邮件运输	47	−34.50
	其他运输	1 142 474	+5 431
	出口	433 991	+3.10
	其中：江、海运输	68 511	−2.30
	铁路运输	35 250	+23.60
	汽车运输	328 403	+2.60
	航空运输	1 300	−23.50
	邮件运输	525	+38.50
	其他运输	1	0.00
税收（亿元）	两税合计	130.62	+724
	关税入库	1.31	−14.80
	进口环节税入库	129.31	+803

（哈尔滨海关提供）

2011年黑龙江省口岸出入境主要数据表

单位:(人员)人次;(交通工具)辆、艘、架、列次

项目			2011年	2010年	同比(%)
出入境人员		出入境人员总数	3 663 886	3 494 548	+4.85
		入境人员	1 826 764	1 738 309	+5.09
		出境人员	1 837 122	1 756 239	+4.61
		出入境旅客	3 320 583	3 161 698	+5.03
		出入境员工	343 303	332 850	+3.14
	中国公民	小计	1 119 529	994 021	+12.60
		内地居民(因公)	157 973	149 875	+5.40
		内地居民(因私)	934 986	816 898	+14.50
		港澳居民	15 272	14 646	+4.27
		台湾居民	11 298	12 602	-10.30
		外籍人员	2 544 357	2 500 527	+1.75
		从海港出入境人数	1 289 235	1 290 571	-0.10
		从陆港出入境人数	1 924 935	1 788 104	+7.65
		从空港出入境人数	449 716	415 873	+8.14
交通运输工具		总计	191 747	188 421	+1.77
		船舶	30 656	27 628	+10.96
		飞机	3 957	3 757	+5.32
		火车	7 251	7 902	-8.24
		机动车辆	149 883	149 134	+0.5

(黑龙江省边防总队)

2011年黑龙江省出入境检验检疫业务统计表

项目	货物检验检疫		检验检疫不合格		交通工具				集装箱（个）		发现动植物疫情		货物通关		出入境人员查验（人次）	健康检查及预防接种（人次）			
	批次	金额（万美元）	批次	金额（万美元）	船舶（艘）	飞机（架）	火车（节）	汽车（辆）	合计	检出问题	种类数	种次	批次	金额（万美元）		健康检查	艾滋病监测	发现病例	预防接种
本年累计	173 248	1 593 967	754	407.77	29 935	3 836	228 354	137 001	11 427	0	14	10	147 819	1 404 404	3 222 006	102 553	79 318	16 724	13 803
其中 出境	53 529	253 097	188	99.02	14 820	1 947	114 247	67 867	5 147	0	2	10	31 042	114 277	1 610 496	100 813	77 652	16 446	13 791
其中 入境	119 719	1 340 870	566	308.75	15 115	1 889	114 107	69 134	6 280	0	12	0	116 777	1 290 127	1 611 510	1 740	1 666	278	12
比上年同比（%）	-3.56	+244.92	-61.51	-26.36	+4.10	+4.58	-7.99	+12.57	-25.30	0	0	-47.37	-6.46	+386.56	+3.63	+38.01	+39.49	+20.46	+240.81
其中 出境	-1.98	-0.29	-30.63	-46.92	+3	+4.96	-7.93	+11.54	-39.30	0	-50	-16.67	-6.94	-8.91	+3.18	+38.91	+40.71	+21.74	+240.52
其中 入境	-4.25	543.7	-66.47	-15.92	+5.20	+4.19	-8.05	+13.6	-7.96	0	20	-100	-6.33	+690.57	+4.09	+0.46	-0.72	-25.90	0

（黑龙江出入境检验检疫局）

2011年黑龙江海事局进出港船舶统计汇总表

船舶类别	进港船舶							出港船舶						
	艘数（艘）	总吨（吨位）	总载重量（吨）	载客量	船员人数(人次)	货物到达量（吨）	旅客达到量（人）	艘数（艘）	总吨（吨位）	总载重量（吨）	载客量	船员人数（人次）	货物达到量（吨）	旅客达到量（人）
总计	18 370	2 355 084	1 484 988		31 507	731 140	263 845	18 373	2 355 219	1 483 494		31 697	378 446	261 540
中国籍船舶	7 353	1 226 723	583 572		18 266	152 387	120 804	7 355	1 225 864	581 878		18 459	272 785	131 380
其中外贸船	11 017	1 128 361	901 416		13 241	578 753	143 041	11 018	1 129 355	901 616		13 238	105 661	130 160

（黑龙江海事局）

黑龙江省口岸大事记

1月3日
萝北名山口岸正式开关,名山至阿穆尔捷特气垫船航线开始运营。

4月11日
2011年中国黑河至俄罗斯布市春季气垫船货物运输正式开通。

4月13日
中国同江至俄罗斯下列宁斯阔耶冬季固冰通道拆解工作顺利完成。

4月18日
2010~2011年度萝北口岸冬季气垫船运营圆满结束。

4月22日
黑河—阿州举行2011年明水期客货运输工作会谈。

5月4日
同江哈鱼岛至下列宁斯阔耶国际航线正式开通。

5月6日
名山至阿穆尔捷特客运航线正式开通。

5月6日
中国黑河至俄罗斯布拉戈维申斯克间口岸明水期国际航线船舶货物运输开通。

5月7日
抚远至哈巴罗夫斯克国际客运航线正式开通。

5月9日
黑河口岸中俄界河明水期客运开通。

5月10日
2011年黑河至俄布市货运口岸明水期运输正式开通。

5月10日
饶河至保克罗夫卡航线正式通航。

5月10日
开通宁安—俄乌苏里斯克国际客货运输线路。

5月11日
黑龙江嘉荫口岸2011年明水期国际船舶航线正式开通。

5月24日
2011年萝北口岸中俄边境外贸货物运输正式开始。

7月20日
原国务委员、前外交部部长、中国国际关系学会会长唐家璇莅临黑河口岸视察。

7月20日
黑瞎子岛"东极神秘之旅"正式开始接纳游客。

7月21日

佳木斯至哈巴罗夫斯克水上运输航线正式开通。

8月7日

黑龙江省委书记吉炳轩到饶河口岸视察。

9月5日

辽宁省副省长刘国强一行乘"海巡3201"艇对中俄界河黑龙江开展考察。

9月20日~28日

协助国家口岸管理办公室完成国家口岸管理办公室与俄联邦边界建设署共同举行的2011年中俄边境口岸联合调研。

10月15日

开通斯克沃罗季诺不定期客货运输口岸,并在当天从俄方口岸进口2箱清管器(约2吨)。

10月27日

2011年中国黑河至俄罗斯布市秋季气垫船航期开始。

10月30日

黑河国际货运口岸明水期俄罗斯籍船舶货物运输结束。

10月31日

2011年度中国抚远港至俄罗斯哈巴罗夫斯克港客运航班安全结束。

11月16日

黑河大岛口岸货物运输正式开通。

11月22日

乌苏里江中俄界河浮箱固冰通道的架设工作圆满完成,标志着饶河口岸2011年冬季口岸开通。

11月30日

黑河国际货运口岸明水期俄罗斯籍船舶货物运输结束。

12月8日

同江市与下列宁斯阔耶的跨江国际浮箱固冰通道通过验收。

12月21日

开通双鸭山至比罗比詹国际客货线路。

(撰稿人:高伟娜、里新、晋文轩、张婷婷)

上海市

上海市口岸工作综述

【口岸运行数据】2011年上海市进出口货物总额首次突破1万亿美元大关,达到10 654.9亿美元,同比增长17.3%,占全国进出口货物总额的29.3%(上海关区进出口货物总额8 123.1亿美元,同比增长18.6%;上海市进出口货物总额4 374.4亿美元,同比增长18.6%;外省市通过上海口岸进出口的货物约占上海口岸的2/3左右);出入境人员2 527.9万人次,同比增长6.5%。其中出入境旅客2 286.6万人次,同比增长6.4%。出入境交通工具198 871架、艘、列次,同比增长6.9%。其中,飞机起降171 884架次,同比增长7.2%;船舶26 623艘次,同比增长5.3%;列车364列次,与去年持平。靠泊邮轮185艘次(母港邮轮141艘次,访问港邮轮44艘次),同比增长4.5%。上海港全港货物吞吐量7.3亿吨,同比增长11.4%;集装箱吞吐量突破3 000万标准箱,达到3 174万标准箱,同比增长9.2%,货物吞吐量和集装箱吞吐量继续保持全球双第一;上海浦东国际机场货邮吞吐量310.9万吨,继续保持全球机场单场排名第三。2011年,上海水运、航空、铁路等三类口岸均运行良好。水运口岸:进出口货物吞吐量3.37亿吨(占上海港全港货物吞吐量7.3亿吨的46.2%),同比增长11.8%。进出口集装箱吞吐量2 759.3万标箱(占全港集装箱吞吐量3 174万标准箱的86.9%),同比增长9.1%。其中,水水中转占41%,较2011年提高3个百分点。出入境旅客因受日本大地震及核泄漏危机等因素影响,全年21万人次,同比下降20.2%。航空口岸:出入境旅客突破2 200万人次,达到2 250.8万人次,同比增长6.8%。其中,浦东国际机场出入境旅客2 021.7万人次,同比增长2.5%,占上海航空口岸的89.8%;虹桥国际机场出入境旅客229.1万人次,同比增长69.1%,占上海航空口岸的10.2%。进出口货邮吞吐量275万吨(占上海航空港总吞吐量356.2万吨的77.2%),同比下降3.2%。其中,浦东机场口岸货邮吞吐量275万吨,同比下降3.2%;虹桥机场口岸货邮吞吐量1.1万吨,同比增长52%。铁路口岸:出入境旅客15.1万人次,同比增长0.3%。

【口岸开放工作】2011年,上海口岸对外开放继续扩大,口岸管理不断完善。一是口岸开放度进一步扩大。全年共完成了洋山深水港区三号和四号码头、上海天然气管网有限公司五号沟LNG码头、上海海运(集团)公司船舶污水处理厂改扩建码头、中海长兴岛修船基地改扩建码头、上海船厂崇明基地改扩建码头等6座码头、17个泊位的对外开通启用工作,为促进上海对外贸易、物流、能源、环保、海工等产业发展提供了保障。顺利通过了浦东机场综合保税区二期封关正式验收。同时,积极推进洋山保税港区扩区、铁路上海站正式开放、吴淞口国际邮轮码头对外开通启用,以及临港产业港区扩大开放的各项准备工作。二是临时接靠保障作用进一步发挥。在口岸相关部门的大力支持下,按照临时接靠的条件和程序,认真办理"一船一报"手续,全年共审核协调13座码头临时接靠国际航行船舶2 457艘次,同比增长6%,确保了对本市能源保障、应急储备、生产建设、科研考察、邮轮产业等需求。在吴淞口国际邮轮码头加紧施工的实际情况下,口岸查验单位立足实际、克服困难,出色完成日本大地震后10多艘次国际邮轮临时接靠工作。三是口岸开放日常后续管理进一步加强。组织开展已开通启用码头的全面调研,对各开放码头存在的问题和新情况进行有针对性的分析研究,初步形成了立足资源整合、提高运营效率,切实加强口岸开放后续管理的对策措施和建议。四是口岸开放安全管理进一步增强。2011年,上海口岸查验单位齐心协力,齐抓共管,加强信息共享,在打私综合治理、进口食品安全、管控日本核辐射产品、防范非法出入境、反恐问题等方面成绩显著,获得公安部、海关总署、质检总局等国家主管部门的高度评价,牢牢构筑了上海口岸的安全防线。

【口岸基础设施建设】2011年,上海口岸认真落实国家关于口岸开放"四统一"要求,加强口岸基础设施和查验配套设施建设,主要体现在以下方面:一是完成上海港外高桥六期工程建设。2011年10月上海港外高桥六期港区顺利通过国家竣工验收。外高桥六期港区是上海首个具备汽车滚装和集装箱运输两大功能的综合性港区,码头总投资约47.9亿元,岸线总长1 538米,年设计通过能力210万TEU和73万辆汽车,建有5个大船泊位和2个长江驳泊位。其中,大船泊位分别为2个7万吨级集装箱泊位、1个10万吨级集装箱泊位和2个5万吨级汽车滚装泊位。外高桥六期港区的建成,进一步完善了上海港的集疏运网络,提升了港口发展能力,有利于增强上海国际航运中心的集聚能力、辐射能力和服务区域经济协调发展的能力。二是完成外高桥、罗泾港区进港支航道疏浚工程。上海港外高桥支航道疏浚工程于2010年9月开工,历时半年完成,使外高桥港区和罗泾港区通航条件获得极大提升。此前港区码头前沿停泊水域与深水航道之间的支航道水深相对较浅,限制了进出港区船舶的靠泊吨位,无法充分利用长江口12.5米深水航道通航条件和码头靠泊条件,影响并制约了外高桥和罗泾港区乃至上海港的发展。该工程的完工标志着长江口深水航道可直通这两个上海港的主体港区码头。目前,靠泊外高桥港区的第四、五代集装箱船可增载700个标准重箱。凭借长江口潮位的最大利用优势,可以确保载货5 000标准箱的第五代集装箱船乘潮满载靠泊外高桥港区。这将更好地满足船公司在上海港扩大舱位、增加配载和船型升级的需要。三是吴淞口国际邮轮港开港。上海吴淞口国际邮轮港被誉为"东方之睛",是上海国际航运中心建设的重要工程之一。该邮轮港位于上海吴淞口长江岸线的炮台湾水域,毗邻长江入海口。吴淞口国际邮轮港项目分为水工和联检大楼两部分。码头规划岸线总长1 500米,一期新建2个大型邮轮泊位,岸线长度774米,宽度为32米,可以同时靠泊1艘10万吨级邮轮和1艘20万吨级邮轮;二期将根据发展速度和实际需要建设另外2个邮轮码头泊位,以满足届时邮轮停靠需求。联检大楼建于通关平台上,总建筑面积约2.3万平方米,建筑高度23.3米,可满足旅客舒适便捷地候船、通关、换乘、旅游等多项需要。吴淞口国际邮轮码头的建成,与此前建成的上海国际客运中心码头,使上海港形成两个邮轮码头和一个备用码头(外高桥六期海通码头)、共拥有6个邮轮泊位的布局。四是崇(明)启(东)通道工程竣工通车。崇启通道工程于2008年12月正式开工,是国家高速公路网G40上海至西安高速公路的重要组成部分,与上海长江隧桥工程共同组成沪(崇)苏大通道。2011年底,连接上海崇明和江苏启东的崇启通道建成通车,标志着国家高速路网中上海至西安这条公路大动脉彻底贯通。该项目建成将提升上海口岸对江苏中北部地区的辐射作用,不仅使江苏启东纳入了上海1小时交通圈,也使江苏南通、连云港等苏北地区乃至山东半岛与上海浦东国际机场、洋山深水港之间的联系进一步加强,对推动地区一体化联动发展,促进上海国际航运中心建设将起到积极作用。

【口岸综合管理】2011年,上海口岸综合管理有新的突破,在立法部门的指导和口岸相关单位的大力支持下,经过几年的不懈努力,上海首部地方性口岸法规正式出台。2011年11月17日市人大常委会全体会议表决通过了《上海口岸服务条例》,该条例于2012年3月1日起实施,为口岸各相关单位共同依法行政和强化服务,营造"便捷、高效、安全、法治"口岸环境提供了法制保障。上海市口岸服务办公室作为口岸综合管理部门和上海口岸工作领导小组日常工作部门,积极发挥"牵头组织、协调推进、检查督促、服务保障"作用,根据领导小组确定的年度工作安排,会同口岸各部门和单位努力推进落实各项任务。围绕优化口岸通关环境,着力做好报检报关"一单两报"扩大试点、口岸免签证政策研究、"一门式"口岸通关服务中心布局、区域口岸大通关合作,以及特殊监管区域口岸通关等协调服务工作;围绕加强口岸开放管理,努力做好年度开放计划项目落实、浦东机场综保区二期封关验收、扩大开放临港产业港区、国际航行船舶临时接靠等工作;围绕加强口岸服务,认真做好口岸数据统计和运行分析、《上海口岸年鉴》编纂等工作。按月度编发《上海口岸运行分析》,完成"十一五"期间上海口岸运行分析报告。对《上海口岸年鉴》进行改版,调整了栏目,充实了内容。围绕口岸重点工作推进,完成《上海水运口岸开放管理与对策研究》、《"境内关内"与"境内关外"通关监管模式比较研究》、《上海口岸海运出口监管货物拼箱服务完善研究》、《提高上海空运货物国际中转口岸服务水平研究》的课题调研任务。此外,深入扎实组织开展同创共建文明口岸活动,年初召开上海口岸服务保障世博工作总结表彰大会;按照项目导向、需求导向、问题导向原则,紧扣口岸业务,形成10个文明口岸共建典型;在重点口岸区域开展五星级文明口岸示范窗评定活动;认真组织开展口岸巡访评议,积极发挥社会力量对口岸服务工作的监督、促进作用。

【电子口岸建设】2011年,上海口岸积极推进口岸信息化建设,努力通过电子化和科技手段提升通关效率,重点工作取得了新的进展。稳步推进报检报关"一单两报"试点工作。2011年1月13日举行"一单两报"试点正式启动仪式。在推进试点过程中,针对效果和需求,先后两次对试点软件作了升级,解决了试点中反映出的大部分问题,有效地提高了数据录入的匹配率和正确率,确保了试点正常运行。在第一批试点企业调试成功的基础上,下半年选取了资质良好且符合基本条件的20余家企业作为第二批试点单位,市试点企业从年初的3家推广至23家,覆盖生产、物流、代理、出口加工等各类企业。积极推进通关"无纸化"进程。截至2011年底,上海海关开通无纸通关企业1 700余家,受理进出口"无纸通关"报关单150多万批。上海检验检疫局实现集中审单全覆盖,通过集中审单模式处理的业务量日均达到1.2万多批。2011年11月,关检合作选择两家企业试点取消纸质通关单,海关凭检验检疫通关单电子数据受理报关;同年11月、12月分别在洋山保税港区、外高桥港区启动海运出口货物"电子放行"试点,港务部门凭查验单位的电子放行指令办理货物出运手续。在税费支付环节,上海海关与19家银行联网,实现3 700余家企业通过网上支付税费,税款电子化支付率达85%;在船舶和人员通关方面,2011年7月1日上海海事局建成网上政务中心,实现100%行政许可事项的网上办理,率先在全国海事系统内尝试电子许可证。上海边检总站自主研发船舶网上报检报备、登轮证件签发管理等各类系统,实行登轮证件网上自助打印,确保做到交通运输工具和人员随到随办,顺畅通关。

【口岸大通关】一是分类通关改革进一步深化,口岸监管模式不断创新。海关加大深化分类通关改革力度,截至2011年底已覆盖全部出口货物和近9成进口货物,货物通关时间平均缩短半天以上。检验检疫部门积极推进以风险管理和分类管理为主的监管新模式,加强企业诚信体系建设,共对上海地区2 873家出口企业实施分类管理,有206家企业获得一类出口企业认定,一类企业数量同比增加34.5%,并优先享受检验检疫便利化优惠。海事科学监管江海直达船舶,开展长江至洋山深水港区特定航线船员培训和签注,全力服务集装箱中转。边检和出入境管理部门争取口岸过境签证政策取得突破,口岸团体旅游签证人数限制由5人放宽至2人。二是积极支持国际航运综合试验区建设,推进上海国际航运中心建设迈向深入。关检合作协力支持的洋山保税港区推进期货保税交割、大宗商品集散平台建设等重点改革事项取得突破;在浦东国际机场综合保税区开展经营性飞机租赁业务,在洋山保税港区试点运作船舶租赁业务,加快外高桥保税区与空港间物流运作效率,推动张江国家自主创新示范区建设发展。上海检验检疫局与上海综合保税区管委会构建长效合作机制,发挥"三港三区"整体优势,提供"一站式"服务便利举措,持续推进"全国检验检疫改革创新区"建设。上海海事局获批在洋山保税港区以"中国洋山港"作为船籍港开展船舶登记业务,浦东办事处挂牌运作,增加受理船员证书申请业务,为浦东地区航运单位和船舶提供了新的便利。三是构建完善通关服务协作机制,口岸服务水平不断提高。2011年,上海口岸查验单位克服编制人员短缺的困难,继续实施"5+2天"工作制,实现了上海口岸通关全年无休,尤其是确保了出入境人员和进出口货物"7×24小时"放行。完善通关窗口服务,在北外滩、洋山、浦东机场和外高桥地区提供"一门式"报关报检,积极推进通关服务协调机制建设,进一步发挥各通关服务中心的作用。认真做好重大国际赛事活动口岸保障工作,圆满完成在上海世泳赛和深圳世界大运会的口岸通关任务,得到了赛事活动组委会的充分肯定。上海航空口岸认真总结世博服务保障经验,加强服务环境营造,不断提升服务水平,在国际机场协会组织的全球180个大型机场服务质量测评中,上海浦东国际机场综合测评数值在全球各大机场排名第8,其中涉及边检服务的3项分值首次全部进入全球前10名。在"世界机场大奖"颁奖典礼上,上海虹桥国际机场荣获"世界最快进步机场奖"第一名和"中国最佳机场奖"第二名。为深入贯彻中办、国办《关于深化政务公开加强政务服务的意见》,市口岸办会同市新闻办和4家口岸查验单位举行上海口岸"推进政务公开,加强窗口服务"新闻通气会,向社会发布海关、检验检疫、海事、边检等查验单位深化政务公开,加强窗口服务的30项创新服务举措,取得了良好的"上海效应"。

2011年,上海口岸全力推进与长三角、中部六省、川渝地区的通关合作,不断提升上海口岸服务长三角、服务长江流域、服务全国的能力和水平。长三角区域通关合作向纵深推进。长三角区域大通关建设协作机制自2007年5月启动以来,在苏浙沪三地口岸单位的共同努力下,区域协作不断拓展,合作领域不断扩大,合作项目不断落实,呈现个性化、务实性、实效性发展势头。目前,长三角区域推行的"属地申报、口岸验放"、出口"直通放行"、"进口转检"等政策实现全覆盖,通过上海口岸进出口的受惠企业扩大到5 000多家,占上海与各地区域合作企业数的70%。不断完善"江海直达"、"铁海联运"、"空陆联运"、"陆改水"等现代口岸物流多式联运体系,内河支线项目合作和五定班轮航线有序推进。据统计,2011年上海口岸进出口货物总额占全国3成左右,其中约有一半货物分别来自江苏(38.5%)和浙江(10%)两省。苏浙沪三省市外贸进出口总额比去年同期增加约2成,在全国占比超过1/3;比2007年启动区域大通关协作时增加了6成,年均增长率近20%,呈现在较高水平上稳健增长的良好势头,区域大通关协作有力促进了长三角区域外贸经济的整体发展。4年来,长三角区域大通关协作的参与主体由最初的三地政府和"四关四检",逐渐拓展到海事、边检(边防)、外贸、电子口岸等部门。随着区域大通关协作的重心下移,铁路、航空、港务等口岸运营单位积极参与到大通关协作中,并逐渐成为项目推进的重要主体,协作主体更趋多元化和广泛性。2011年12月21日~22日在上海召开了长三角区域大通关建设协作第4次联席会议,并首次邀请15个长三角口岸城市参会。会议以深化"点对点、城与城"口岸城市群合作为主题,旨在依托协作平台,建立项目直通式对接渠道,为长三角区域经济的转型发展提供良好的口岸服务保障环境。中共上海市委常委、常务副市长、上海口岸工作领导小组副组长杨雄、江苏省副省长张卫国、浙江省副省长龚正和国家口岸管理办公室副主任王敏出席会议并先后讲话。会议期间,苏浙沪三地口岸主管部门共同签署了《推进长三角口岸城市群大通关合作协议》。上海与中部六省大通关合作得到务实推进。如,针对江西烟花爆竹经上海口岸出口安全问题,组织相关单位研究制定开通江西烟花爆竹从南昌至上海口岸出口的一艘船试运行工作方案,跟踪了解江西口岸办组织相关单位对江西远洋运载烟花爆竹的船舶适航、适载性能和安全监管措施的评估。2011年10月25日~27日,上海与中部六省大通关合作第6次联席会议在山西太原市召开。上海市口岸办主任张超美率队,上海海关、上海检验检疫局、上海海事局,以及上海铁路局、上海亿通公司、上港集团、东航公司等有关单位领导出席会议。川渝沪大通关合作不断深化。目前,川渝沪三地大通关合作沟通机制已基本成熟,点对点合作项目得到进一步落实,口岸大通关合作联动效应日益显现。为有效推进水水中转,更好地发展江海联运,组织开展支线船舶一次靠泊调研,通过港务与海关、检验检疫联手,对长江支线中转船舶,采取信息对接、航班紧密衔接、优化通关流程等措施,简化靠泊次数,取得了初步成效。2011年11月24日~25日,川渝沪大通关合作第4次联席会议在重庆市召开。国家口岸办、川渝沪三地口岸办负责人、三地口岸查验单位,以及港口、铁路、航空、物流等口岸相关单位近60人参加会议。上海市口岸办主任张超美率队与会。此次会议以"加强区域通关合作,促进保税物流发展"为主题,旨在通过加强三地口岸大通关合作,研究创新区域通关改革模式,为内陆地区和沿海地区的区域合作起到良好的示范推动作用。与此同时,上海口岸各查验单位及相关单位根据各种业务,积极主动开展区域口岸通关合作。上海海关与22个省和2个直辖市建立通关合作,"属地申报、口岸验放"覆盖企业近6 600家,并开展了跨区域间保税货物"分送集报"试点。上海检验检疫局先后与江苏、江西、湖南、重庆等地开展"产地检验、口岸出单"和"口岸转检、属地报检"的直通放行模式,受益货物1万多批次。根据企业反馈,实施直通放行的货物缩短物流时间20～30小时,每个集装箱节约物流成本300～500元。上海海事局率先在长三角建立船舶动态信息共享和船检网上联动机制。上海边检总站与苏、浙的边防和出入境管理部门就国际航行船舶检查和外籍人员管理等工作建立网上联动、协作办案机制,有效提高了区域口岸协同管控能力。上海市出入境管理局依托苏、浙、皖、沪警务协作机制,已初步实现"长三角"及环沪周边省市口岸商务签证申请、办理的一体化联动服务,有效延伸口岸签证服务触角,凸显了口岸签证拉动区域经济的能力。

【邮轮经济】2011年,上海口岸出入境国际邮轮237艘次,客班轮200艘次,出入境旅客209 636人次,船员116 333人次。受日本大地震及核泄漏危机影响,尽管全年出入境国际邮轮同比增长4.5%,但旅客吞吐量首次出现下降,同比下降20.2%。面对邮轮出境游明显下降的不利形势,上海国际客运中心采取各项应对措施:一是拓展邮轮新业务,积极开辟新航线。开通"海洋玫瑰号"邮轮上海—长崎邮轮定班新航线,并在年内顺利完成该轮试航计划;包租3次歌诗达邮轮"经典号",成功运营台湾和日本冲绳航次。二是积极进入邮轮经济延伸产业,推进邮轮多元产业发展。充分利用和挖掘各种资源,包括增设吴淞口国际邮轮码头口岸免税点;向社会推出"邮游通卡"、"食住行游购娱"一卡通等。三是着力深化运营管理,夯实产业发展基础,获得了英国劳氏ISO9001质量认证,成为全球第一家获得劳氏认证的国际邮轮码头;注重品牌建设,利用各种途径和方式打造"上港邮轮、上乘服务"的邮轮产业综合服务商的品牌,取得了一定的社会认可度。围绕促进邮轮产业发展,不断完善邮轮通关便利措施,努力优化邮轮口岸通关环境。根据上海邮轮母港和访问港并行发展,多点挂靠业务取得突破的形势,努力创新解决缺少相关法规支持等邮轮通关服务环境中的诸多问题,建立邮轮口岸通关服务统筹协调机制,推进了邮轮便捷通关服务规范化和制度化。积极推进邮轮通关便利措施完善工作,认真梳理已有经验和做法,深入开展邮轮口岸调研,广泛听取意见,提出进一步优化邮轮口岸通关服务环境的相关措施。2011年10月,随着上海吴淞口国际邮轮港正式开港试运行,上海形成了"两主一备"(上海国客中心码头、吴淞口国际邮轮码头和外高桥海通码头)邮轮码头布局形态。为维护上海邮轮市场有序竞争秩序,上海国客中心码头和吴淞口国际邮轮码头确立以7万吨级为界的邮轮业务揽接规则,两个码头实现功能互补、错位发展,共同打造上海国际邮轮母港。

【重大活动服务保障】2011年,上海口岸在服务保障国际重要赛事活动上又取得新成绩。一是圆满完成上海世游赛口岸服务保障任务。2011年7月,第十四届国际泳联世界锦标赛在上海召开,共有180多个国家和地区的5 000多名官员、教练员和运动员参加。为确保世游赛成功举办,切实保障赛事期间口岸通关安全有序,为与会人员提供安全、便捷、高效、优质的通关服务,上海口岸各单位落实上级部署,借鉴世博保障经验,按照"一个平台、资源共享、统筹协调、分工负责"的原则开展工作,全力做好此次赛事的口岸服务保障工作。整个赛事期间,机场口岸共接待服务世游赛与会人员2 423批9 193人次(含国内部分),办理口岸应急签证22证次,为进出境记者专业摄影摄像器材1 684件提供通关便利。同时,对经沪港列车出入境的世游赛有关人员设立专用通道,提供便利服务,确保了口岸安全、畅通,圆满完成该赛事服务保障任务。二是协同完成深圳大运会口岸服务保障任务。2011年8月,第26届世界大学生夏季运动会在深圳举行,上海机场设为一般中转抵离机场。上海口岸各单位提前谋划、精心部署,和深圳组委派驻上海组积极配合,共同做好赛事的口岸服务保障工作,保证了口岸通关安全稳定,为该赛事的成功举办做出了贡献。

【各查验单位简述】上海海关 认真贯彻落实海关总署"把好国门、做好服务、防好风险、带好队伍"的总体要求,积极支持上海"四个中心"建设,不断改进海关监管与服务,着力提升上海口岸贸易便利化水平,努力在更高层次上为经济平稳较快发展服务。全年共监管进出口货物总值8 123.1亿美元,同比增长18.6%;统计报关单1 730万份,同比增加3.0%。上海口岸税收流量4 237.1亿元,占全国海关税收26.3%。一是大力服务地方经济发展。2011年,上海海关在建立完善长三角区域海关保税监管协作机制的同时,将区域通关改革范围推广至22个省(直辖市),适用企业达6 577家,转出税款占上海海关实征税款的20.1%。发挥"三港三区"整体优势,推进洋山保税港区、外高桥港区"两港联动","水水中转"、"陆改水"等业务模式发展良好,促进了上海国际航运集疏运体系发展。在外高桥保税区建立空运货物服务中心,实现空港和保税区间货物快速通关流转。支持浦东二次创业与转型发展,建立张江海关事务服务中心,启动张江高科技园区集成电路产业链保税监管模式,助推张江国家级创新示范区建设。全面实现加工贸易电子化手册管理,开展上海加贸边角料交易服务中心试点。支持浦东机场综合保税区功能创新,采取多项措施成功试点将飞机经营性租赁业务引入机场综保区,为我国企业参与国际航空租赁市场竞争提供良好的平台。支持洋山保税港区开展期货保税交割业务,完成国内首票期货保税交割货物,标志着我国期货保税交割试点正式进入了实际运作阶段。上海浦东机场综合保税区(二期)正式验收并运营。上海虹桥机场海关恢复对外独立开展业务。二是深化分类通关改革。关企诚信合作伙伴关系建设不断深入,全年上海关区内新获评AA类企业79家,A类企业646家,同比分别增长41%和133%。分类通关改革优化了海关监管与服务工作,顺应了企业现代化办公的管理潮流,推动形成了诚信企业便捷通关的示范效应,受到企业的广泛好评,实现了海关与企业的双赢。三是提升口岸通关效率。积极实施报关报检"一单两报"改革,简化进出口商品申报手续,向口岸通关服务"单一窗口"方向迈出了坚实的第一步。提高通关作业无纸化程度,截至2011年底上海口岸85%的进口报关单和100%的出口报关单已纳入改革试点范围。深化海运出口货物放行电子化改革试点,截至2011年底上海海关97%的海运出口货物纳入电子化放行。推广税费支付电子化改革,规范海关税费电子支付业务,整合形成新的海关税费电子支付信息化系统,实现税收电子化支付同比增长29.8%,电子化支付率达84.8%。搭建"关银"征管合作平台,试点银行担保通关改革,在确保海关税收安全的前提下,提高了海关的征管效率。开通浦东新区"海关网上申报系统",成为全国首家由海关和地方政府共同开发建立的进出口货物收发货人注册和换证业务网上办理平台。四是维护上海口岸进出口秩序。加大反走私力度,年内连续破获成品油、武器弹药走私等创上海海关历史纪录的大案,获得国家有关部门和社会舆论高度评价。查获上海海关缉私局成立以来最大的可卡因走私入境案和走私易制毒物品出境案。全年查获走私违规案件2 125起,案值和涉税额同比增长12.9%和13.1%。海关知识产权保护工作再创佳绩,全年查获侵权案件案值同比增长87.3%。

  上海出入境边防检查总站 该站主动服务上海"四个中心"建设,扎实推进边检管理创新,全力维护上海口岸安全畅通。全年共检查出入境人员25 278 658人次,同比增加6.2%,检查出入境(港)交通运输工具218 169架(艘、列)次,同比增加6.7%,浦东机场口岸检查出入境人员数量连续9年位列全国各空港口岸之首。一是提升服务水平,积极营造和谐通关氛围。认真贯彻落实公安部《关于进一步提高边检服务水平的意见》,制定上海边检总站提高服务水平3年工作规划,明确了10个方面共36条工作措施,提出了两年内提前完成公安部3年规划各项任务的工作目标。规范创新边检服务举措,全面梳理和评估各边检站服务措施,对设置无障碍检查通道等9项服务措施在全总站推广,推出了包括开通上海边检官方微博、增设码头办证点、实行登轮证件网上自助打印、简化报检报备手续等5项便利通关服务新举措。在浦东、虹桥2个航空口岸开展勤务改革,建立大客流引导分流服务模式,进一步提高了航空口岸通关速度。2011年出入境人员数量再创新高的情况下,口岸通关保持顺畅有序。在2011年ACI全球机场旅客满意度测评中,涉及边检的3项服务指数均进入世界前10名。二是严密管控措施,全力维护口岸安全稳定。严密出入境查控查堵工作,全年共查获非法出入境人员200多人次,查获网上追逃人员100多名,并查获了一批涉恐、危害国家安全人员。加强海港口岸管理,建立了国际航行船舶风险评估机制,根据3个风险等级采取不同监管方式实行分级分类管理。首次将信誉管理引入海港口岸管理工作,对国际航行船舶、码头企业、船舶代理公司和登轮单位实施"红、黄、蓝、绿"牌信誉差别化管理,积极构建"边检、船方、码头企业"三方共管的综合防控体系。加大科技管控工作力度,完善人像比对系统,提高报警精确率,组织研发出入境人员录入资料实时核查软件,实现了录入证件资料信息与发证数据库或出入境数据库信息之间的实时比对纠错。三是创新边检管理,主动服务上海经济发展。根据公安部领导指示精神,积极跟进落实放宽上海口岸入出境便利政策,研究制订工作方案。同时,加强与口岸综合管理部门、机场、各航空公司的协调沟通,就国际中转免办过境边检手续进行专题研究,推进相关政策尽早实施。

上海出入境检验检疫局 聚焦重点工作,不断强化服务和创新力度。全年共完成出入境货物检验检疫208.33万批,金额1 996.78亿美元,同比增加22.87%,为确保上海口岸的安全发挥了应有的作用。一是优化口岸通关环境,促进便捷口岸建设。积极推动口岸贸易便利化进程,与上海市商务委签署合作备忘录,共同加强进出口产品质量管理、支持外贸转型升级示范基地建设,出台了包括报检资质、检验鉴定在内的5项措施,支持总部经济发展。加强区域大通关合作,完善泛长三角检验检疫合作机制,顺利启动"泛长三角地区检验检疫合作机制信息平台",分别与重庆、四川、湖北检验检疫局开展直通放行合作。创新检企合作模式,共建服务平台,支持外贸转型发展。加强企业诚信体系建设,把16 720家原产地证企业纳入诚信管理,细化信用等级,增设AA级企业。二是创新检验检疫监管模式,促进高效口岸建设。在扩大"一单两报"试点和推动提货单电子放行试点的同时,全面推广集中审单管理模式,实现了"7×24小时"电子化智能审单,日均电子审单达1.2万批次。创新特殊监管区域监管模式,与上海综保区签署合作备忘录,构建长效合作机制,积极支持洋山保税中转业务发展,针对不予拆箱的集装箱保税货物,实施新的监管模式。支持期货保税交割业务发展,为港区大宗商品集散平台提供绿色通道、"一站式"检验检疫服务等便利举措。持续推进"全国检验检疫改革创新区"建设,创新政策在浦东先行先试。三是做好检验检疫保障,促进安全口岸建设。全力做好F1中国赛、第14届世游赛、上海网球大师赛检验检疫保障工作,保障了赛事进口商品质量和食品安全。联合江苏、浙江及宁波检验检疫局,共同开展江浙沪口岸区域医学媒介生物联合监测工作,有力提升上海口岸卫生安全防控水平,巩固了浦东机场和洋山港创建国际卫生机场、卫生港口的成果。针对日本核泄漏事件,启动应急预案,加大检测、防护力度,确保上海口岸安全。加强与地方农业、林业等部门的合作,加强有害生物监测。同时完成进出口食品安全整顿、严厉打击食品非法添加等专项工作,妥善处置30多起进出口食品安全突发事件,在上海口岸发现并拦截1 000多批不合格进口食品,依法进行了监督处理。四是做好口岸执法把关工作,促进法治口岸建设。根据国务院及国家质检总局等九部委部署,积极参与上海市政府组织的"双打"专项行动督察,全力落实"双打"检验检疫有关任务。

上海海事局 认真履行口岸职责,积极作为,扎实做好口岸各项工作。2011年,共办理国际航行船舶进出口岸查验43 226艘次,同比增加6.3%;实施港口国监督检查(PSC检查)818艘次;国际航行船舶重点监护803艘次;办理船载危险品审批数量209 595件,有效地维护了上海口岸水上安全。一是主动服务,助推上海国际航运中心建设。积极开展船舶保税登记制度研究,研究保税船舶融资租赁登记方案,洋山保税港区船舶登记工作取得突破性进展,获得国家海事局正式批复,同意在洋山保税港区以"中国洋山港"作为新的船籍港开展船舶登记业务。依托浦东新区国际航运服务中心平台,拓展海事服务领域,增设浦东办事处,为浦东地区航运单位和船舶提供便利。开展长江口深水航道试通航评估和船舶通航尺度边界条件研究,助力黄金水道,增强上海口岸竞争力,促进上海经济的发展。二是加强监管,服务邮轮经济的发展。海事报检中心全天候办理邮轮报检手续,为邮轮查验通关提供优质服务。通过远程跟踪和识别系统、船载自动识别系统、水上交通管理系统、视频信号系统和水上交通地理指挥系统等对大型国际邮轮安全航行进行全程监控,保障邮轮及港口安全。三是精心组织,妥善做好科学疏港、临时接靠等工作。随着洋山深水港进出船舶流量快速上升,港口大型集装箱船逐渐积压在锚地。为了尽力缩短集装箱班轮候泊时间,提高港口运营效率,上海海事局克服困难,建立港区临时疏港机制。通过水上交通管制中心实施交通组织、设立专台监控、指派海事巡逻艇现场维护等各项措施,共安全疏港522余艘次,大大缩短国际干线集装箱船的待泊时间,提升了洋山港集装箱船舶的整体通关速度。同时,妥善做好非开放码头临时接靠国际航行船舶的审批工作,全年共审批临时接靠国际航行船舶2 933艘次,有效保障了上海生产和居民生活需求。四是提高效率,推进电子政务建设。2011年7月1日,上海海事局建设了"上海海事局网上政务中心",率先在全国海事系统内尝试电子许可证这一形式,实现100%行政许可事项网上办理能力,使海事服务不再有时间、地域限制,提高了行政审批效率。

2011年上海市口岸流量统计表

口岸类型	口岸名称	货运量(万吨)				集装箱量(万标箱)				人员(万人次)				交通工具(辆、艘、架、列次)			
		出口	进口	合计	同比(%)	出口	进口	合计	同比(%)	出境	入境	合计	同比(%)	出境	入境	合计	同比(%)
空运口岸	浦东机场			273.9	-3.4											157 405	+3.8
空运口岸	虹桥机场			1.1	+52											14 479	+65.5
空运口岸	分计			275.0	-3.2							2 425.9	+6.8			171 884	+7.2
陆运口岸	公路口岸 分计																
陆运口岸	铁路口岸 分计											16.0	+0.3			364	-0.5
陆运口岸	分计											16.0	+0.3			364	-0.5
水运口岸	海港口岸 分计			33 777.6	+11.8			2 759.3	+9.1			85.8	+3.1			26 623	+5.3
水运口岸	河港口岸 分计																
水运口岸	分计			33 777.6	+11.8			2 759.3	+9.1			85.8	+3.1			26 623	+5.3
合计				34 052.6				2 759.3				2 527.8				198 871	
同比(%)				+11.6				+9.1				+6.2				+6.9	

(上海市口岸服务办公室提供)

2011年上海海关主要数据统计表

项目		2011年	同比(%)
进出口货运量 (万吨)	合计	17 574.04	+10.1
	进口	8 748.78	+12.7
	出口	8 825.26	+7.6
进出口贸易总值 (亿美元)	合计	8 119.57	+18.6
	进口	3 122.43	+19.5
	其中:江、海运输	1 845.02	+25.6
	铁路运输	1.68	+26.9
	汽车运输	21.57	+16.9
	航空运输	1 250.08	+11.7
	邮件运输	0.99	+14.6
	其他运输	3.09	-33.8
	出口	4 997.13	+18.1
	其中:江、海运输	3 738.79	+19.5
	铁路运输	8.23	+14.4
	汽车运输	7.98	-5.9
	航空运输	1 212.10	+12.2
	邮件运输	1.39	+8.5
	其他运输	28.64	+552.4
税收 (万元)	两税合计	35 265 283.7	+33.7
	关税入库	7 615 335.1	+36.7
	进口环节税入库	27 649 948.6	+32.9

(上海海关提供)

2011年上海市口岸出入境主要数据表

单位:(人员)人次;(交通工具)辆、艘、架、列次

项目			2011年	2010年	同比(%)
出入境人员		出入境人员总数	25 278 658	23 792 417	+6.2
		入境人员			
		出境人员			
		出入境旅客	22 869 184	21 487 780	+6.4
		出入境员工	2 409 474	2 304 637	+4.6
	中国公民	小计			
		内地居民(因公)			
		内地居民(因私)			
		港澳居民			
		台湾同胞			
	外籍人员				
		从海港出入境人数	858 564	832 720	+3.1
		从陆港出入境人数	160 220	159 787	+0.3
		从空港出入境人数	24 259 874	22 751 209	+6.6
交通运输工具		总计	198 871	186 041	+6.9
		船舶	26 623	25 271	+5.3
		飞机	171 884	160 404	+7.2
		火车	364	366	基本持平
		机动车辆			

(根据上海出入境边防检查总站提供数据整理)

2011年上海市出入境检验检疫业务统计表

项目	货物检验检疫			交通工具				集装箱（标箱）		发现动植物疫情		货物通关		出入境人员查验（人次）	健康检查及预防接种（人次）			
	批次	检验检疫不合格		船舶（艘）	飞机（架）	火车（节）	汽车（辆）	合计	检出问题	种类数	种次	批次	金额（万美元）		健康检查	艾滋病监测	发现病例	预防接种
		批次	金额（万美元）															
		金额（万美元）																
全年累计	2 083 086	26 680	368 790	23 207	176 438	3 420		9 752 125	192 678	833	126 905	4 171 883	22 369 506	24 541 350	74 467	66 255	124 642	73 903
其中 出境	764 228	214	508	12 475	88 770	1 710		1 199 266				3 187 618	12 827 678	12 221 705	22 075	21 374	35 420	73 828
其中 入境	1 318 858	26 466	368 282	10 732	87 668	1 710		8 552 859	192 678	833	126 905	984 265	9 541 828	12 319 645	52 392	44 881	89 222	75
比上年同比±%	+0.84	+58.32	+65.67	+4.30	+4.96	+6.38		+7.20	+78.14	+2.33	+53.00	-3.59	+20.64	+5.96	+7.81	+5.76	+0.76	+9.17
其中 出境	-0.65	+1.42	-22.35	+7.68	+4.52	+5.82		+0.13		-100.00		-5.22	+19.40	+5.53	+2.02	+2.41	+2.58	+9.14
其中 入境	+1.72	+59.04	+65.93	+0.63	+5.40	+6.94		+8.27	+78.14	+2.46	+53.00	+2.09	+22.35	+6.39	+10.45	+7.42	+0.06	+47.06

（上海出入境检验检疫局提供）

2011年上海海事局进出港船舶统计汇总表

船舶类别	进港船舶							出港船舶						
	艘数（艘次）	总吨（吨位）	总载重量（吨）	载客量（客位）	船员人数（人）	货物到达量（吨）	旅客到达量（人）	艘数（艘次）	总吨（吨位）	总载重量（吨）	载客量（客位）	船员人数（人）	货物发送量（吨）	旅客发送量（人）
总数	91 097	976 133 308	1094 888 313	3 777 961	1 397 277	339 204 892.21	806 075	93 568	1 005 047 448	1 111 902 882	3 777 033	1 460 698	191 104 714.97	817 671
中国籍船舶	70 489	278 904 063	267 249 831	3 585 531	882 476	194 066 193.03	697 596	72 812	300 389 588	268 723 404	3 584 802	955 462	78 068 398.91	707 580
其中:外贸船	1 206	26 432 500	21 664 218	33 050	30 044	8 823 716.14	8 550	1 440	27 562 555	22 141 865	33 079	36 567	6 995 698.49	6 260

（上海海事局提供）

上海市口岸大事记

1月13日

上海口岸服务保障世博工作总结表彰大会在市政府会议室举行,上海市委常委、常务副市长、上海口岸工作领导小组副组长杨雄出席并讲话。

上海口岸报检报关"一单两报"试点启动仪式在市政府会议室举行,上海市委常委、常务副市长、上海口岸工作领导小组副组长杨雄出席启动仪式并讲话。

1月19日

上海海关启动进口货物分类通关改革试点,将分类通关改革推广至上海关区所有进出口业务现场。

1月20日

上海出入境边防检查总站官方微博在新浪网微博频道正式开通。

2月9日

上海市委常委、常务副市长杨雄在市政府听取上海检验检疫局领导工作汇报。

2月10日

海关总署副署长、政治部主任王松鹤在沪会见上海市委常委、常务副市长、上海口岸工作领导小组副组长杨雄。

2月11日

上海海关召开2011年工作会议,上海市委常委、常务副市长杨雄出席并讲话。

2月12日

上海市委常委、统战部部长杨晓渡视察上海西郊国际农产品交易中心和上海台湾农产品交易中心。

2月21日

上海出入境检验检疫局召开2011年度工作会议,上海市委常委、常务副市长杨雄出席会议并讲话。

3月1日

上海海关启动海运出口监管拼箱货物拆拼箱作业集中监管工作。

3月3日

国家质检总局副局长、认监委主任孙大伟等一行赴上海烟草(集团)有限责任公司调研。

3月16日

上海洋山保税港区正式启动期货保税交割业务。

3月17日

上海出入境检验检疫局与四川出入境检验检疫局举行《加强业务合作促进通关便利化合作备忘录》签字仪式。

3月18日

交通运输部部长李盛霖、副部长翁孟勇一行在上海调研考察海事工作和长江口12.5米深水航道建设情况。

3月19日

交通运输部在上海国际会议中心召开海事工作汇报会,部长李盛霖、副部长翁孟勇出席。

3月29日

海关总署副署长孙毅彪在沪出席张江国家自主创新示范区部际协调小组第一次会议和上海张江国家自主创新示范区动员大会。

4月6日

国际海事研究委员会海事调查分委会2011年工作会议在沪召开。

4月7日

上海出入境检验检疫局与上海综合保税区管理委员会签署《上海出入境检验检疫局与上海综合保税区管理委员会创新实践推动产业发展的合作备忘录》。

4月8日

上海出入境检验检疫局召开2011年进出口商品检验监管工作会议。

4月11日

上海海关正式开通"12360"海关统一服务热线。

4月20日

国家质检总局副局长蒲长城在沪召开长三角"一转变五加强"座谈会。

4月23日

上海海事局与浙江省港航管理局加强合作暨浙江沿海航标管理交接仪式在杭州举行。

5月1日

上海海关启动特殊监管区域拼箱货物集中监管工作,所有海运监管货物的拆拼箱作业全面纳入集中监管。

5月6日

上海口岸门户网站和市口岸办机关办公系统正式上线试运行。

5月9日

上海市委常委、常务副市长杨雄至机场海关调研并主持召开座谈会。

5月12日

上海市口岸办召开第14届国际泳联世界锦标赛上海口岸保障推进工作专题会。

5月13日

全国人大常委、财经委副主任委员牟新生率全国人大财经委调研组在沪就"转变我国外贸发展方式"进行专题调研。

5月16日

上海市委常委、常务副市长杨雄至洋山保税港区调研。

上海市人大常委会主任刘云耕至上海西郊国际农产品交易中心调研。

5月18日

中共中央政治局委员、上海市委书记俞正声在沪会见海关总署党组书记、署长于广洲,党组成员、副署长邹志武。

海关总署于广洲署长、邹志武副署长一行视察虹桥机场海关、浦江海关、上海港国际客运中心海关旅检现场。

5月19日

海关总署署长于广洲、副署长邹志武在沪会见上海市市长韩正。

海关总署署长于广洲、副署长邹志武一行视察洋山海关。

5月31日

上海市副市长赵雯到上海海事局调研。

6月1日

上海海关张江海关事务服务中心正式揭牌。

美国海岸警卫队太平洋管区司令布朗中将一行到上海海事局和上海海上搜救中心交流访问。

6月9日

由国家质检总局、国家认监委、上海市人民政府共同举办，中国合格评定国家认可委员会、上海质检两局承办，中国认证认可协会、国家认监委认证认可技术研究所协办的"世界认可中国日"主题活动在沪举行。国家质检总局局长支树平、上海市市长韩正出席。

国家质检总局局长支树平，质检总局副局长、认监委主任孙大伟一行考察第14届国际泳联世界锦标赛检验检疫服务保障工作。

6月14日

交通运输部海事局在上海召开"直属海事系统2011法制工作推进暨依法行政工作会议"。

6月15日

波兰基础设施部副部长安娜一行在沪参观中国海事博物馆，交通运输部副部长徐祖远陪同参观。

6月16日

由中国交通运输部和哈萨克斯坦交通运输部发起主办的中哈合作委员会交通合作分委会在上海举行。

上海钻石交易所新增海关特殊监管区域正式通过验收。

6月20日

上海市副市长赵雯赴上海虹桥交通枢纽铁路和机场口岸调研并座谈，检查落实第14届国际泳联世界锦标赛赛事有关口岸保障工作。

6月24日

交通运输部在沪举行2011年中国海员大会，交通运输部副部长徐祖远、人力资源和社会保障部副部长杨志明、上海市副市长沈骏、福建省常务副省长张志南等出席。

7月9日

国家质检总局与伊朗标准与工业研究院在沪签署《关于落实〈中国国家质量监督检验检疫总局与伊朗标准与工业研究院谅解备忘录〉的行动计划》。

8月7日

上海海关完成首批特殊监管区域企业跨关区水陆多式联运方式转关货物验放手续。

8月8日

上海出入境检验检疫局召开检验检疫窗口"5S"管理体系建设动员大会。

8月15日

上海海关完成机场综保区首架经营性租赁飞机的入区监管，标志着航空器经营性租赁业务正式在机场综保区启动运营。

8月17日

上海出入境检验检疫局和上海质量技术监督局共同筹建的上海质检"12365"质量热线正式开通，上海"12365"举报处置指挥中心成立，国家质检总局副局长魏传忠出席启动仪式并致辞。

8月19日

上海海关首票期货保税交割货物在洋山保税港区顺利申报出境。

8月29日

上海市商务委员会、上海出入境检验检疫局举行《关于建立贸检合作机制共同推进上海国际贸易中心建设备忘录》签约仪式。

9月2日

上海海关召开洋山首批大宗商品企业入驻颁证仪式暨期货保税交割试点情况发布会,上海市委常委、常务副市长杨雄,上海市委常委、浦东新区区委书记徐麟出席。

9月6日

应上海市政府办公厅邀请,国家财政部、海关总署相关部门领导来沪就洋山保税港区扩区进行实地调研。

9月8日

上海海运(集团)公司船舶污水处理厂改扩建码头通过验收正式对外开通启用。

上海出入境检验检疫局召开上海口岸检验检疫查验监管工作会议。

9月15日

上海市常务副市长杨雄带队赴京拜访公安部相关领导,争取上海口岸"过境免签证"政策突破。

9月23日

上海港举行历史上首次大型国际邮轮综合搜救演习。

9月28日

云南省副省长顾朝曦一行在上海参观调研洋山保税港区和上海电子口岸。

9月29日

上海虹桥国际机场海关恢复对外独立运作仪式举行。

10月10日

上海海关和浦东新区商务委员会联合建立的浦东新区"海关网上申报系统"正式开通。

10月15日

上海吴淞口国际邮轮港"东方之睛"正式开港。

10月17日

上海市政府新闻办和上海市口岸办联合召开上海口岸深化政务公开加强窗口服务新闻通气会,向社会发布30项创新服务举措。

10月25日~27日

上海与中部六省大通关合作第六次联席会议在山西太原市召开。

10月31日

国家质检总局在沪举办全国直属局食品安全监管处长培训班,国家质检总局副局长蒲长城出席开班仪式。

11月1日

上海海关启动通关单无纸化试点。

上海海关启动深化海运出口货物放行信息电子化管理试点。

上海海关在洋山保税港区、浦东机场综合保税区和上海各出口加工区启动进口分类通关改革。

11月3日

上海市委常委、浦东新区区委书记徐麟至外高桥保税区调研。

上海海关与上海机场集团有限公司签署《上海海关与上海机场集团有限公司共同推进上海航空枢纽发展战略合作谅解备忘录》。

11月10日

海关总署副署长孙毅彪在上海出席第11届自由贸易园区大会。

海关总署副署长邹志武视察上海海关缉私局。

11月11日

中美大港计划洋山试点项目顺利通过验收。

11月17日

长三角区域海关保税监管协作机制第一次联席会议在上海召开,上海海关与南京、杭州、宁波、合肥海关共同签署了《长三角区域海关关于建立保税监管协作机制备忘录》。

11月17日

上海市口岸办主任张超美、原主任周厚文会见德国威廉哈芬亚德港物流园区有限两合公司总裁Miller博士一行,就口岸合作等双方关心的内容进行交流。

11月17日

上海市第十三届人大常委会第三十次会议表决通过《上海口岸服务条例》。该条例于2012年3月1日起实施。

11月24日~25日

川渝沪大通关合作第四次联席会议在重庆市召开。

11月25日

国家质检总局在沪召开质检工作座谈会,国家质检总局副局长孙大伟出席。

11月29日

由交通运输部、工业和信息化部、上海市人民政府共同主办的第16届中国国际海事技术学术会议和展览会在上海开幕。

12月7日

中国海关总署与美国能源部在洋山深水港现场联合举行"中美大港计划上海洋山港试点项目"启动仪式。海关总署副署长鲁培军、美国能源部国家核安全署署长达格斯蒂诺出席。

12月9日

海关总署副署长鲁培军在沪出席华东片区海关通关作业无纸化改革座谈会。

上海海关与上海国际港务(集团)股份有限公司签署《上海海关与上海国际港务(集团)股份有限公司共建合作伙伴关系谅解备忘录》。

12月15日

洋山深水港区三号、四号码头通过验收,正式对外开通启用。

12月21日~22日

长三角区域大通关建设协作第四次联席会议在沪举行。上海市常务副市长杨雄,江苏省副省长张卫国,浙江省副省长龚正出席会议并讲话。会上江浙沪三地口岸主管部门签署《推进长三角口岸城市群大通关合作协议》。

12月23日

上海港2011年集装箱标准箱吞吐量突破3 000万标准箱庆典仪式举行,交通部部长李盛霖,上海市市长韩正,副市长沈骏出席。

12月27日

上海海关启动扩大海运出口货物放行信息电子化管理试点。

12月28日

上海浦东机场综合保税区(二期)通过正式验收。上海市常务副市长杨雄出席验收仪式并讲话。

上海海关与上海市人民检察院签订《上海市人民检察院　上海海关关于工作中加强联系配合的意见》。

(撰稿人:张俭、刘江萍、沈婷、赵刚)

江苏省

江苏省口岸工作综述

【口岸运行数据】 2011年,江苏省口岸运行保持了稳定增长的良好态势,完成外贸运量29 411.42万吨、国际集装箱673.7万标箱,出入境旅客143.92万人次,分别比上年增长16.28%、16.67%和17.33%。

【口岸开放工作】 江苏省开放水域内新建码头对外开放9座共12个泊位。靖江口岸非开放水域内3座码头报批临时开放2次,启东吕四港、如东洋口港分别有10座码头报批临时开放2次。向国家口岸管理办公室提交了关于苏中、扬州、泰州机场临时开放的请示,淮安涟水机场临时开放事项正在征求军方和各查验机构意见。江苏省政府向国务院提交了关于整合苏州现有8个海关特殊监管区域的请示;先后办结了昆山综保区规划调整、吴江综保区设立、吴中综保区设立、南通综保区设立、海门海关办事处设立、东台海关办事处设立、苏州市常熟港区开展进口整车口岸业务等事项。

【口岸综合管理】 完善江苏省"十二五"口岸发展规划,与江苏省发改委衔接协调将江苏口岸发展"十二五"规划列为江苏省政府的重点专项规划。积极推进大通关建设,继续完善电子口岸基础平台建设。

【口岸大通关】 全面贯彻落实长三角第三次联席会议的有关精神,以及《长三角区域大通关建设协作备忘录》的要求,积极推动江苏省长三角区域大通关协作建设。加强了与浙江、上海口岸管理部门、查验单位、口岸城市之间的交流,积极落实联络员会议和秘书组会议的有关要求。完成了由江苏省组织牵头开展的争取国家有关部门政策支持,推进长三角区域通关便利化先行试行方案的调研任务。进一步拓展了合作项目。南京、上海海关开展了沪宁关际合作,探索建立区域通关和海关特殊监管区货物流转快速通道。与浙江、上海检验检疫统一实施了区域性联合医学媒介生物监测。江苏海事局联系对口部门积极研究探索,解决了与浙江、上海在海事监管中遇到的热点难点问题。江苏省边防总队与浙江、上海就信息共享、应急联动、联合执法等事宜进行协商合作。积极推广太仓港"港区联动"的通关模式,认真落实长江流域转关运输制度,进一步简化沿海和长江干支线转关监管手续,实现了区域合作互动。不断拓展"属地报关,口岸验放"便捷通关模式。

【电子口岸建设】 江苏省已基本建成电子口岸基础平台并已通过验收进行试运行。同时,按照总体规划的要求,启动了"报关报检"、"加工贸易联网管理"等4个一期项目建设。

【口岸查验部门简述】南京海关 2011年,征收税款1 444.00亿元,同比增长33.9%,其中关税222.40亿元,进口环节税1 221.60亿元,同比分别增长33%和34%;监管进出境货物24 931.10万吨,同比增长14.20%;进出口货物总值3 374.20亿美元,同比增长16.90%;监管集装箱328.50万标箱,同比增长14.10%;监管运输工具104 512艘(架)次,同比增长64.90%;监管出入境人员250.20万人次,同比增长8.1%;监管行邮物品368.20万件,同比增长10.30%;备案加工合同39 533份,合同备案金额762.60亿美元;立案侦查走私犯罪案件66起,案值38 202.60万元;立案走私行为案件50起,案值11 695万元。在"双打"行动期间查获涉嫌侵权货物、物品434万件。主动服务国家和地方发展大局,服务宏观经济决策,监测预警分析报告被《海关要情》采用148篇,获中央领导批示5篇次,受到海关总署通报表扬。研究制定《关于贯彻总署支持苏州加工贸易转型升级试点八项措施的实施办法(试行)》及《促进加工贸易内销便利化操作细则（试行）》等5项操作细则，简化区间流转、货物内销等相关手续，确保海关总署支持措施落实到位。积极探索特殊监管区域与口岸之间的整合联动，大力推动"苏太联动"模式并推广至无锡、常州、淮安、宿迁等地区，江苏省内已有48家特殊监管区域企业开展了"属地申报、口岸验放"业务。1～11月，关区验放"苏太联动"货物17 811票、10.29万标箱、72.99万吨、51.65亿美元，同比分别增长57%、54%、85%、62%。开设加工贸易保税货物内销审价与便捷通关"快速通道"，加快实现"即时申报、即时审核、即时出单"的一体化操作，提高内销征税业务的通关效率。积极支持江苏省沿海、沿江及空港口岸的建设发展。多方努力促成金陵海关开关，积极开展各项筹建工作。积极研究支持苏中江都机场、泰州靖江口岸、连云港赣榆口岸申报国家一类开放口岸，支持无锡硕放机场对外国籍飞机开放，支持江苏省政府批准建湖港区设立二类开放口岸。共验收开放各类码头泊位11个，并对南通启东、如东，泰州靖江的部分码头泊位再次延长了临时开放期限。积极扶持江苏省内重大项目建设和新兴产业发展，为重点项目提供专项服务。主动跟进服务，对花桥"海峡两岸商贸合作区"、南京高世代液晶面板、苏州轨道交通等众多省市重大项目，量身定制"整厂搬迁"等监管模式与措施，受到地方政府和相关企业的好评。注重发挥海关税收政策的功能作用，重点支持光伏、膜晶显等新兴产业发展。加强与生产型自主知识产权重点项目企业的信息互动，将海关执法资源与知识产权权利人的信息资源有机结合，协助企业有效应对"反倾销"、"反补贴"等贸易摩擦。建立风险信息收集制度，开展专项行动，加大侵权案件查处力度，维护正常的经济和贸易秩序。坚持执法为民、心系群众，做优做强全省海关统一服务热线"12360"，至今已答复社会各界咨询13万余次，得到海关总署肯定并向全国海关推广，成为海关服务企业、服务社会群众的重要品牌，被评为全国"五五普法先进集体"和全国海关政务公开示范点。健全海关与政府之间的服务合作机制，进一步加强关地合作，与连云港、无锡、南通、常州等市新签或续签合作备忘录。深化直属海关之间的合作机制，主动顺应长三角一体化趋势，分别与上海海关及陇海兰新铁路沿线海关举行专题座谈会，拓展合作领域，强化联系配合，为江苏企业在其他省市实现快速通关提供有力支持和服务。加强与其他主管单位和口岸查验单位合作，初步建立江苏省投资总额3亿美元以上超大型外资项目前期会商机制，着手研究与江苏出入境检验检疫局签订合作备忘录，共建和谐国门，共促地方发展。优化海关与企业之间的服务合作机制，制定重点项目、重点企业跟踪服务措施，实施"大客户联络员制度"、"关长挂钩制度"，及时协调解决在通关过程中出现的相关问题。

江苏省公安边防总队 2011年，创新创优边检服务管理模式，广泛开展"开门评警"、"三访三评"大走访活动，深入了解口岸通关和服务对象的各种需求，对"五型窗口"、实战型指挥中心、便民服务直通车、巡查执法服务队、科队联勤、维权督导双向报警等12项边检勤务管理做法进行了整合和优化，总队组织专门力量，进行多次研究、设计和修改，初步形成了边检服务管理"江苏模式"品牌。各边检站大力推行网上报检、移动验放、查验服务就近化等便民利民服务措施，最大限度地提高了口岸通关效率，降低了企业经营成本，便利了人员、货物通关。其中，"网上报检"做法被公安部、公安部边防局、江苏省公安厅分别刊载宣传，边检就近查验服务举措被江苏省公安厅列为江苏省公安机关创新社会管理20条措施之一。张家港边检站以党建促进服务水平提升，得到公安部孟宏伟副部长重要批示。南京边检站创建"提高服务水平模范空港园区"、盐城机场边检站创建爱民固边模范空港、镇江边检站以群众满意为目标创新社会管理。深入推动边检执法规范化建设，各级边检机关切实把执法规范化融入提服工作之中，着力加强执法思想主体、制度保障、效能监督等软硬件建设，不断提升执法形象、执法公信力和群众满意度。修订完善了国内船舶搭靠外轮、国内人员登外轮管理等省政府规章，进一步明确了江苏省边检机关对国际航行船舶和上下轮人员的管理职责和权限。全面推行标准型、素质型、礼仪型、高效型、廉洁型"五型"窗口做法，边检窗口服务标准被省公安厅确定为全省公安机关窗口建设示范标准。开通"网上边检"、边检QQ、警民E家等网络渠道,扩大了边检执法服务监督范围。全省边检站投入近1 200余万元资金,对边检执法办案场所进行了规划和建设,有效提升了边检办案硬件规范化水平。张家港边检站"两队两室"提升服务和管控能力做法,被公安部"三项办"、公安部边防局编发经验材料推广交流。全省各级边检严格遵守查控制度,严密接、布、查、处各个查控环节,狠抓前台信息录入质量和后台报警甄别比对工作,全年共发布、监控21 126个边控对象名单,查验出入境人员212万余人次、交通运输工具3.6万艘(架)次,上下轮人员690万余人次,查处违法违规案件318起340人,圆满完成了利比亚撤侨、日本大地震核泄漏,以及"六四"、"七五"、建党90周年、全国"两会"等重要时期和敏感节点的安全保卫任务。江苏省17个一类口岸、196座码头、416个泊位、45条航线始终保持了安全平稳的正常运营局面,全年实现了未发生"闯关"事件、未发生漏控失控现象、未发生重大执勤事故、未发生有效投诉和负面新闻报道的"四个未发生"目标。着力加大了边检长效机制建设,各级按照"抓点推面、示范引领、整体推进、共同提高"的思路,对提高边检服务水平长效机制建设进行了积极的探索和创新。2011年,总队各级举办各类边检业务竞赛18次,组织各类业务培训108次、参观交流26次,有效促进官兵提升业务能力。

江苏出入境检验检疫局 2011年,检验检疫出入境货物195.4万批、货值1 507.1亿美元,同比分别增长9%和25.9%。检出不合格商品1.3万批、134.8亿美元,截获检疫性有害生物126种、7 827种次。累计建成省级产业集聚监管示范区11个,出口食品农产品示范区(基地)45个,新增国家级典型示范区2个,区内出口产品国外通关合格率保持100%。江苏检验检疫系统共有160多条信息得到地方党委政府领导的批示。抓质量的手段不断改进,深入推进企业分类管理,分类评定企业达到1万多家,自主开发试行出口工业品分类管理信息系统,被国家质检总局推广应用。首创基于商品供应链下的全过程监管模式,被国家质检总局编入"十二五"规划。实施进口机电产品分级监管,开发运行"基于3G网络的移动视频监控系统",增强了质量安全的可追溯性。首次组织编撰发布《江苏检验检疫白皮书》,编写报送进出口质量分析报告20余份。加强政策理论研究,选定"出口商品检验监管模式创新研究"等11个重点课题开展专题研究,部分成果已得到实践应用。太仓局试行"大检疫、大防控"模式,口岸、区域联防联控机制更加完善,从美国进口原木中截获松材线虫,国家质检总局据此对外交涉,暂停美国2个州原木进口。社会监督举报制度成效显著,查获加拿大1.15万吨受二甲苯污染的进口菜子油。以"双打"行动为契机,开展强制性产品认证、输非商品等7个专项治理活动,检查重点企业200多家,查处企业15家。针对非法添加和滥用食品添加剂、侵权酒类及非法使用"瘦肉精"开展3个专项行动,累计出动执法人员4 898人次,整顿或暂停出口企业8家,取消备案基地64个。开展第18个"质量月"活动,圆满完成3年驻点督查全覆盖,绩效管理在扬州、常州试点启动,有效落实"监管之监管"。妥善处置日本核泄漏各类放射性异常事件25起、群体性归国劳务人员输入性恶性疟疾疫6起,无锡口岸全国首次发现入境人员放射性超标,另外还有效应对了肠出血性大肠杆菌疫情、台湾"塑化剂"事件。努力提升服务效能,走进企业实施优质服务,倾心为企业解决南非输华羊毛裂谷热问题。聚焦重大项目,对连云港核电站二期、常熟丰田汽车研发中心等重大项目实施"一企一策",积极推进张家港进口废汽车压件集中拆解试点园区建设。下放行政审批权限,授权无锡、昆山、吴江局办理3C免办证明。在产业集聚监管示范区开设绿色通道,专门设立办事处或驻点办公室,为区内企业提供"零距离"服务,通关速度大大加快。服务区域发展,与江苏省商务厅联合出台措施扶持埃塞俄比亚东方工业园和柬埔寨西港特区等境外经贸合作区,有力服务江苏"走出去"战略。新亚欧大陆桥检验检疫合作持续深化,全年受理新亚欧大陆桥沿线出口产品批次、货值分别增加10.88%、34.22%,进口增加6.49%、39.81%。启动"泛长三角地区检验检疫合作机制信息平台",实现政务、监管、业务数据的电子共享。完善与宁波、浙江局分港卸货合作机制,与上海局统一规范口岸查验要求。服务两岸农业交流,积极支持南京台湾名品会,保障"澳门商品展销会"顺利举办。联合江苏省农委和江苏省海洋与渔业局,积极推进进境大宗农产品示范口岸和出口食品农产品示范区(基地)建设。加强对进口食品和民用消费品的检验监管,保障人民生命健康。主动配合国家撤侨行动,为归国人员免费体检。加强出国劳务人员健康教育,国家质检总局连续两次发出预警通报肯定我局防控输入性传染病成果。顺利运行12365投诉咨询平台,有效拓宽了民众质量安全诉求渠道。全力打造"阳光检务"窗口品牌,初步实现了形象标志、服务品牌、窗口设置、工作规范"四统一",建立了全国首个检验检疫标准化窗口样板。科技兴检成效日益彰显,获得科技部国家科技支撑计划2项,质检公益科研项目2项,国家质检总局立项20项,行业标准立项52项,数量位居全国系统前列。规划建设了"国检通"系统,6大模块具备了16项功能,实现了移动办公、移动检验检疫和移动服务。动植食中心建成全国系统首家企业院士工作站,同时也是国内第一家AOAC国际验证实验室。在无锡建立全国系统首家国家物联网产品检测重点实验室和产业用纺织品检测重点实验室,在盐城建立生态农产品检测实验室。检科院、昆山局、宜兴局等下属实验室成功认定为省商务厅服务平台项目。工业品中心、无锡局、张家港局等下属实验室被确定为江苏省科技厅公共检测服务平台。加强内外资源整合,牵头组建玩具、纺织品两个全国系统检测联盟,全国10个国家重点实验室加盟。

江苏海事局 2011年持续打造"水上高速公路",做好"十二五"期间-12.5米深水航道延伸至南京港的支持和保障工作。1月8日,在江苏海事局强有力的支持保障下,长江口-12.5米深水航道顺利上延至太仓。继续优化"水上高速公路"通航环境,7月启动了《长江江苏段船舶定线制规定》"再学习、再宣传、再培训"活动,长江江苏段的"水上高速公路"产生了巨大的经济和社会效益。进一步服务江苏沿江沿海大开发,深化与地方政府的全面合作。继2010年与连云港签订战略合作协议,又分别同南通市、靖江市政府签署了战略合作协议,充分发挥海事专业优势,继续优化服务举措,全力支持江苏沿江沿海开发,进一步助推江苏经济社会又好又快发展。研究开展沿海港区航路规划,商请有关部门对滨海港、洋口港等港区进行航道测量。服务泰州长江公路大桥、南京四桥、沪通铁路桥、崇启大桥、连云港30万吨级航道、洋口港等重点工程建设。服务江苏船舶制造业发展,稳步开展建造中船舶实施抵押权登记工作,帮助有需要的船厂解决融资和融资担保困难,促进江苏船舶工业健康、有序地发展。为江苏省口岸发展出谋划策,江苏海事局牵头省级查验单位向江苏省人民政府专题行文汇报口岸工作,提出了完善江苏省口岸运行管理机制、多渠道解决口岸监管力量不足的实际困难,以及建立多渠道建设口岸监管设施设备的长效机制等3个建议。加强区域联动和部门合作,定期组织召开省、市两级口岸查验单位联席会议,共商口岸监管中的难点、热点问题,协调解决办法,服务区域口岸大通关。与上海、浙江等海事局签订了海事部门之间的大通关合作备忘录,并形成了华东片区海事联席会议制度,共享信息,联动执法。积极参与支持江苏省电子口岸建设工作,向交通运输部海事局汇报参与江苏省电子口岸建设工作情况,取得上级部门在江苏省电子口岸建设过程中的理解和支持,对江苏省电子口岸实施方案重要技术问题提出意见和建议。开展与江苏省交通运输厅、出入境检验检疫局等单位的合作,共同推进口岸大通关建设,提高口岸监管水平,维护口岸良好秩序,服务江苏现代化交通运输发展。再造内部工作流程,提高服务能力建设,海事监管全面实施网格化管理,充分发挥现有的海事监管和信息资源的作用,通过实施"精细管理、共享信息、畅通渠道、高效服务"的海事监管网格化管理模式,实现"一切海事执法资源都在视线之内、掌控之下和调度之中;一切动态执法活动都在指挥中心指挥之下完成;一切动态执法效果都是可预期、可评价的;一切动态执法活动的过程都处在监督之下"的管理目标,全面提升了水上安全监管能力、保驾护航的服务能力,为江苏省经济社会发展提供了强有力支持。全面建设综合管理信息平台,整合现有各类信息系统资源,与执法模式、体系运行、OA系统完善相结合,加强后台对一线执法的支持与控制,以

"海事通"为纽带,实现"工作方式无纸化,任务监控实时化,统计分析智能化,效能监察自动化,风险防控技术化,应用界面人性化"的高效、便捷执法目标,以信息化推动海事管理现代化,大幅提升了服务能力水平。

2011年江苏省口岸流量统计表

口岸类型	口岸名称	货运量(万吨)				集装箱量(万标箱)				人员(万人次)			
		出口	进口	合计	同比(%)	出口	进口	合计	同比(%)	出境	入境	合计	同比(%)
空运口岸	南京			47 000								1 060 000	+12.70
	徐州			0.00	+81.90							60 920	+43.82
	盐城			168.30	-30.00							61 353	+63.30
	无锡			529.10	-8.16							256 934	
	分计			47 697.40	+17.35							1 439 207	+17.33
水运口岸	连云港			9 157.53	+4.10			305.23	+12.47				
	南通(含如皋)			3 133.70	+9.00			25.85	+19.10				
	张家港			5 237.50	+19.10			52.60	+9.00				
	南京港			1 408.30	+19.10			66.80	+15.10				
	镇江			1 840.50	+4.77			35.20	+16.70				
	江阴			1 353.44	+23.00			5.84	+0.86				
	扬州			701.30	+26.00			40.02	+32.30				
	泰州			1 399	+35.80			3.39	+16.70				
	太仓			3 572.59	+9.00			110.10	+31.45				
	常熟			1 030	+14.30			19	+8.00				
	常州			390.56	+229.00			8.51	+39.30				
	大丰			187	+16.28			1.16	-21.70				
	分计			29 411.42				673.70	+16.67				

(江苏省口岸管理办公室提供)

2011年南京海关主要数据统计表

项目		2011年	同比(%)
进出口货运量 (万吨)	合计	24 929.61	+14.50
	进口	19 373.81	+16.40
	出口	5 555.80	+8.20
进出口贸易总值 (万美元)	合计	33 752 081.44	+17.02
	进口	18 825 880.56	+20.04
	其中:江、海运输	12 230 970.55	+27.80
	铁路运输	1 521.12	-78.02
	汽车运输	529 794.21	+34.70
	航空运输	6 060 003.01	+6.14
	邮件运输	2 750.79	+3.40
	其他运输	840.87	+128.96
	出口	14 926 200.88	+13.41
	其中:江、海运输	9 735 232.50	+17.18
	铁路运输	102 245.53	+38.84
	汽车运输	644 490.33	+59.52
	航空运输	4 371 685.35	+0.59
	邮件运输	11 705.32	+23.42
	其他运输	60 841.85	+204.24
税收 (万元)	两税合计	14 440 000	+33.90
	关税入库	2 224 000	+33.00
	进口环节税入库	12 216 000	+34.00

(南京海关提供)

2011年江苏省口岸出入境主要数据表

单位:(人员)人次;(交通工具)辆、艘、架、列次

项目		2011年	2010年	同比(%)
出入境人员	出入境人员总数	2 162 515	1 912 538	+13.07
	入境人员	1 093 783	962 671	+13.62
	出境人员	1 068 732	949 867	+12.51
	出入境旅客	1 579 235	1 347 002	+17.24
	出入境员工	583 280	565 536	+3.14
	中国公民 小计	1 586 098	1 337 261	+18.61
	中国公民 大陆因公	279 767	267 836	+4.45
	中国公民 大陆因私	979 742	752 859	+30.14
	中国公民 港澳居民	86 574	90 431	-4.27
	中国公民 台湾同胞	240 015	226 135	+6.14
	中国公民 华侨			
	外籍人员	576 417	575 277	+0.20
	海港出入境人数	618 388	614 287	+0.67
	空港出入境人数	1 544 127	1 298 251	+18.94
交通运输工具	总计	36 174	34 442	+5.03
	船舶	25 046	24 652	-1.57
	飞机	11 522	9 396	+22.63

(江苏省公安边防总队提供)

2011年江苏省出入境检验检疫业务统计表

项目		货物检验检疫		交通工具			出入境人员查验(人次)	健康检查及预防接种(人次)		
		批次(万次)	金额(万美元)	船舶(艘)	飞机(架)	集装箱(标箱)		健康检查	艾滋病监测	预防接种
本年累计		1 953 914	15 073 192	28 230	11 529	2 462 630	2 206 724	126 904	124 854	103 342
其中	出境	1 667 908	7 884 606	14 064	5 840	1 104 520	1 081 027	105 303	103 040	95 934
	入境	286 006	7 188 586	14 166	5 689	1 358 110	1 125 697	21 601	21 814	7 408
比去年同比(%)		+9.00	+25.00	-2.40	+21.90	+19.20	+12.80	-3.70	-2.60	+31.90
其中	出境	+9.00	+19.10	-2.40	+13.50	+36.40	+12.90	-4.00	-3.60	+29.00
	入境	+9.10	+32.20	-2.40	+32.00	+8.10	+12.80	-1.80	+2.50	+88.10

(江苏出入境检验检疫局提供)

2011年江苏海事局进出港船舶统计汇总表

船舶类别	进港船舶							出港船舶						
	艘数（艘）	总吨（吨位）	总载重量（吨）	载客量（客位）	船员人数（人次）	货物到达量（吨）	旅客到达量（人）	艘数（艘）	总吨（吨位）	总载重量（吨）	载客量（客位）	船员人数（人次）	货物发送量（吨）	旅客发送量（人）
总　计	1 078 717	1 355 853 989	1 561 699 523	96 069 525		791 169 871	24 267 655	1 082 564	1 377 645 232	1 593 601 363	95 761 690		320 886 813	22 189 540
中国籍船舶	1 060 659	1 088 675 212	1 124 147 342	95 982 485		598 662 730	24 243 825	1 064 327	1 102 653 709	1 141 094 075	95 675 378		290 473 400	22 166 240
其中外贸船	1 444	14 171 387	13 362 771	39 592	37 043	7 804 385	26 480	1 548	15 622 120	14 801 075	39 984	43 277	3 713 958	26 140

（江苏海事局提供）

江苏省口岸大事记

12月21日

江苏省政府参加了在上海召开的长三角区域大通关建设协作第4次联席会议。上海、浙江和江苏的政府分管领导及副秘书长出席会议,相关的查验部门和口岸管理领导参加会议,并特邀苏浙15个口岸城市参会。三地口岸主管部门共同签署了《推进长三角口岸城市群大通关合作协议》。

12月27日

江苏省副省长张卫国参加江苏检验检疫局与宿迁市人民政府战略合作协议签署仪式暨宿迁检验检疫局揭牌仪式。

12月28日

江苏省副省长张卫国参加省级口岸查验单位联席会议。

(撰稿人:徐斌、陈文)

浙江省

浙江省口岸工作综述

【口岸运行数据】2011年浙江省海港口岸完成外贸货物吞吐量33 184.17万吨、国际集装箱1 311.27万标箱、出入境船舶20 130艘次,同比分别增长11.76%、11.74%、3.80%,其中:宁波海港口岸完成外贸货物吞吐量23 034.2万吨、国际集装箱1 266.69万标箱,同比分别增长13.26%、10.74%。2011年浙江省口岸完成外贸进出口货值2 838.67亿美元,同比增长25.65%,其中:出口1 541.68亿美元、进口1 296.99亿美元,同比分别增长22.07%、31.44%。浙江省航空口岸完成出入境人员275.41万人次、进出口货物4.84万吨、出入境飞机18 681架次,同比分别增长12.31%、2.05%、20.07%,其中:杭州航空口岸出入境人员211.60万人次、进出口货物4.10万吨、出入境飞机13 527架次,同比分别增长9.09%、1.06%和14.10%。台州港口岸大麦屿港区对台湾直航共进出船舶86艘次,通关查验旅客33 750人次,同比增长68.6%和41.0%。舟山港口岸接靠国际邮轮4艘次,接待游客2 588人次,修理外轮1 032艘次,同比增长5.0%。

【口岸开放工作】根据国务院关于宁波港口岸北仑港区四期集装箱码头、台州港口岸大麦屿港区扩大对外开放的批复精神,浙江省口岸办组织协调海关、检验检疫、边防、海事等口岸有关查验单位,分别对宁波港口岸北仑港区四期集装箱码头、台州港口岸大麦屿港区扩大对外开放进行省级预验收,并均顺利通过了国家级验收,正式扩大对外开放。2011年9月,省政府向国务院请示,要求批准嘉兴港口岸海盐港区扩大对外开放。根据《国务院关于已开放港口口岸新建码头启用等有关问题的批复》精神,经省口岸办组织验收,省政府批准舟山港口岸鑫亚等3家外轮修理企业新建码头和台州港口岸圆山船务有限公司外轮修理码头正式对外启用。国务院批复同意温州航空口岸扩大对外国籍飞机开放,并获准列入海峡两岸空运直航新航点。浙江省口岸办审核办理了宁波港口岸梅山保税港区集装箱码头、舟山港口岸太平洋海洋工程有限公司码头、舟山世纪太平洋化工有限公司码头、舟山马迹山矿石中转二期码头、舟山长峙万吨级货运码头、嘉兴港口岸平湖独山港务有限公司码头、温州港口岸状元岙港区8号、9号泊位、台州港口岸华能玉环电厂煤码头、台州港口岸大麦屿港区对台直航客运码头等9座码头、14批(次)的口岸临时开放。义乌航空口岸第5次获准义乌至香港航线为期半年的临时开放。

【口岸基础设施建设】台州港口岸大麦屿港区完成了口岸扩大开放配置设施建设任务,总投资1.5亿元,建筑面积共计36 134平方米,其中台州海关玉环办事处办公用房9 004平方米,台州出入境检验检疫局玉环办事处办公用房8 851平方米,大麦屿边防检查站办公用房9 216平方米、营房2 975平方米,台州海事局玉环海事处办公用房6 088平方米。杭州萧山国际机场二期工程完成投资额约14.5亿元,累计完成投资71.13亿元。舟山港口岸投资610.5万元,建筑面积3 000平方米的口岸通关服务中心竣工交付使用,舟山海关、舟山边检站、舟山检验检疫局和舟山海事局4家查验单位36个窗口已经全部进驻。舟山港口岸六横引航大楼完工启用,六横口岸查验大楼建设正式动工。温州航空口岸为适应扩大对外国籍飞机开放的需要,改造国际候机厅建筑面积10 500平方米,可满足国际旅客年吞吐量30万人次的需求。

【口岸综合管理】 一是根据浙江省发展海洋经济的需要,完善调整"十二五"口岸发展规划,将新增的10个对外开放项目(含21座码头、2个船坞)补充上报海关总署,列入国家"十二五"口岸发展规划。二是协调解决口岸运行重大问题,努力维护口岸平稳运行。协调解决了台湾长荣航空公司要求延长杭州萧山机场海关查验时间、舟山国际鱿鱼集散中心码头(西码头)要求对外开放、舟山太平洋海洋工程码头要求对外开放、台州大麦屿港区"中远之星"轮要求续航等问题。三是持续推进航空口岸增辟新航线和划定海运口岸对外开放区域范围。2011年,杭州航空口岸先后开辟了杭州至埃塞俄比亚、澳大利亚、泰国等8条国际新航线。宁波港口岸穿山北港区、舟山港口岸马岙港区、台州港口岸温岭港区等一批重点口岸、重点港区的进出港航线、锚地及水陆域的开放范围已划定。嘉兴港口岸海盐港区对外开放申请已上报国务院审批。舟山市政府制订了《舟山口岸监管点动态管理制度(暂行)》,实施口岸动态管理机制。四是定期开展口岸运行分析,对全省口岸系统各单位专业统计数据进行集成与整合,以季度数据分析的形式撰写并印发《浙江口岸运行情况》,从口岸的视角反映全省外贸经济和国际交往的整体状况。五是组织编制《浙江口岸开放图册》。对已开放码头、泊位进行全面调查,收集汇总73座码头、131个泊位、26座船厂的基础数据,编印了《浙江口岸开放图册》。六是开展口岸系统优秀调研论文评比活动,对各级口岸管理部门及口岸相关单位上报的53篇调研论文进行评比,共评选出20篇优秀论文,并编辑成集,下发给全省口岸系统干部学习。

【电子口岸建设】 2011年,浙江电子口岸建设有效对接浙江海洋经济发展示范区、义乌国际贸易综合改革试点和舟山群岛新区建设三大国家战略的实施,坚持以项目建设为核心,以优化服务为根本,充分发挥口岸大通关公共信息服务平台功能,不断推动长三角通关一体化建设。2011年,浙江电子口岸研发推广了杭州关区区域大通关平台、义乌小商品出口综合管理信息平台、特殊监管区域信息管理系统、国际国内数据互联互通项目、舟山船修申报系统、AIS模拟海图系统与油气液体化工品物流监控系统、外贸百事通、进出口企业守法诚信系统等10个政务商务项目,并荣获了美国卡内基梅隆大学软件工程研究所签署和颁发的CMMI3(软件成熟度3级)证书。截至2011年底,全省门户网站注册用户累计102 506家,其中2011年新增49 131家,日访问量突破20 000余次。根据企业需求,拓展门户网站咨询、资讯、培训等服务功能,多方位为企业提供优质服务。2011年受理业务咨询14 499条,企业对回答问题的满意度达到97.86%。"外贸大讲堂"栏目除了在网上开设金牌课程,建立外贸从业人员学习园地,还邀请专家走入基层面对面地开展培训活动。2011年举办培训活动41场,培训企业人员3 225人次。浙江电子口岸与宁波电子口岸的门户服务功能在中国电子口岸门户网站进行了整合展示,方便企业"一站式"办理中国电子口岸、浙江电子口岸及宁波电子口岸业务。

同时,在深化与宁波电子口岸、上海电子口岸,杭州海关、宁波海关、上海海关数据中心互联互通的基础上,浙江电子口岸还实现了与宁波、舟山、温州、嘉兴、台州等省内重点港口的互联互通和数据共享,提升了港口信息服务功能,促进长三角综合性枢纽港口群的联动发展。浙江电子口岸拓展与上海、江苏等省市的战略性合作,先后与上海电子口岸、江苏电子口岸、张家港电子口岸交流,在特殊监管区域信息化建设、物流平台建设等方面进行了调研探讨,挖掘与长三角省市的合作潜力,推动长三角区域通关一体化发展。为了满足口岸执法单位及进出口管理部门、企业、合作方与浙江电子口岸应用协作平台的接入,搭建了基于SOA(面向服务架构)服务的企业服务总线(ESB),通过优化和完善协议标准和技术架构,实现了系统间的服务标准化对接,降低系统间的依赖关系,提高整个数据交换平台的可靠性、可维护性和可扩展性。浙江电子口岸客服呼叫中心,"967209"客服热线"7×24小时"全天候快速解答一切疑问。2011年呼叫中心接入103 471个业务咨询电话,客服热线始终保持高接听率及业务咨询的零投诉。技术运维团队24小时值班待命,确保项目顺利实施和运用。

【口岸大通关】 一是加强海关总署与浙江省政府合作。2011年7月7日,《海关总署、浙江省人民政府共同推进浙江海洋经济发展示范区建设和义乌国际贸易综合改革试点合作备忘录》在北京签署,明确了双方在既有合作机制基础上,在进一步扩大浙江口岸开放、推进浙江重点口岸发展、加强口岸基础设施和配套设施建设、加强口岸大通关建设、加强海关特殊监管区域建设、推进义乌国际贸易综合改革试点、加强打击走私综合治理、加强海关机构编制建设、建立健全署省紧密合作工作机制等9个方面先行先试、深化合作。二是加强区域合作。2011年,浙江省作为长三角区域大通关协作第3次联席会议轮值方,先后在江苏扬中、浙江嘉兴和上海市3次主持召开联络员会议,就区域通关合作等重大问题进行沟通协调,共同推进大通关协作向深度和广度发展。筹备2011年12月21日在上海召开的长三角区域大通关协作第4次联席会议,与上海、江苏省口岸管理部门联合签订了《推进长三角口岸城市群大通关合作协议》,进一步深化长三角"点对点、城与城"的口岸城市群合作机制,推动区域通关合作迈上新台阶。三是深化企业分类通关改革。海关以企业守法诚信体系建设为基础,全面深化企业分类通关改革。推动"属地申报、口岸验放"、"出口商品直通放行"等便捷通关(通检)模式扩大适用范围。四是加强部门协作。推进完善"港港联动"、"海铁联运"、"虚拟航班"、"水路直通关"等便利转关运输模式,出台了与义乌"市场采购"新型贸易方式相适应的海关、检验检疫等监管办法。杭州空港口岸通过海关、检验检疫通关模式的改革创新,通关协作意识进一步增长,优化了口岸环境。口岸各查验单位创造条件,采取各项便捷通关措施,区域快速通关模式得到进一步实施,提升了服务效能,提高了通关效率。杭州边检站结合自身实际,出台了便民利民措施,兑现服务承诺、提升服务质量,提供多样化边检查验模式,方便旅游团快捷通关,简化查验手续,给旅客提供出入境便利。杭州萧山机场海关在空港口岸推行出口分类通关,推广实施"空港直分拨"、"多点报关、选择放行",继续深化"上门服务"、"移位监管"、"7×24小时"节假日预约通关等服务,降低企业物流仓储成本,为企业减少转关环节,节省了通关成本,确保了空港物流畅通流转。加大A类企业的培育力度,引导企业使用"属地申报、口岸验放"、担保验放等便利通关模式。浙江检验检疫局机场办事处进一步简化流程,缩短业务周期,推进绿色通道和直通关管理,加快通关速度,为企业创造良好服务环境。杭州检验检疫局大力推广应用"检企通"平台,提高了出口货物的通关速度,降低了检验检疫监管行政成本和企业的生产经营成本,减轻了企业负担。温州海关在开发区海关、驻乐清办事处、驻鳌江办事处等现场组织实施分类通关改革试点工作;积极扩展区域通关业务,对义乌对台贸易货物实施"属地申报验放,口岸分拨"通关模式,有效吸引了温州周边地区货物从温州口岸进出;与舟山海关密切配合,开通了"温州—舟山水路出口直通关监管模式",为温州外贸货物进出提供了新的通道。温州出入境检验检疫局积极推广检验检疫直通放行制度,温州市已有148家企业获得批准实施直通放行模式;全面推行检验检疫工作联系单制度,缩短单证更改时间,有效提高了口岸换单效率,确保了企业出口货物按时顺利通关。温州边防检查站推出了一系列便民利民举措,如外轮靠泊、作业、离港"三个零等待","六个服务"等,营造优良的口岸通关环境。温州机场边检站以机场扩大对外国籍飞机开放和新国际厅改造为契机,增开验证通道,更新查验设备,组织开展"大培训、大开放"系列培训活动,提高服务水平和通关效率。温州海事局推行每周5+2、每天24小时签证和节假日预约制,特别对外轮安检复查和口岸查验实施无休日和预约服务,并建立口岸海事业务咨询制度,实行网上申报制度。2011年,舟山口岸认真探索进出口企业诚信体系建设工作机制,突出守法便利的管理导向,开展法律法规宣传教育活动。通过"一对一"政策指导、在企业内设联络员、企业资信降级预警机制等措施,进一步规范企业经营管理秩序。台州海关针对台州"中小微"企业资金紧张的实际情况,采取多项措施,扶持企业发展保税物流,使企业享受保税优惠政策,节约企业资金。拓展属地业务,培育"水路直通关",开展"台州—甬舟水路直通"航线,从而让更多企业享受便利。

【口岸查验单位简述】杭州海关 2011年,杭州海关共监管进出口货运量1.12亿吨,同比(下同)增长7.9%;监管进出境人员245.44万人次、邮递物品239.53万件、快件591.23万件,分别增长12.1%、124.2%、37.7%;审核报关单76.97万份,增长5.2%;审核加工贸易备案纸质及电子手册13 244份,备案金额180.09亿美元;征收两税504.22亿元,增长24.5%;归类、审价、稽查补税1.92亿元,加工贸易内销征税14.6亿元;稽查企业435家,稽查有效率为31%;查扣侵权货物、物品1 237万件,增长51%;立案走私犯罪案件67起,案值3.18亿元;立案走私违规行政案件5 371起,案值24.62亿元;实现罚没入库1.25亿元。关区A类及以上企业5 263家,增长26.57%。一是服务发展。主动融入经济社会发展大局,支持浙江省开放型经济发展,全省进出口贸易总额3 094亿美元,增长22%。主动跟进"三大国家战略",细化落实海关总署、省政府合作备忘录,制定实施行动计划。密切与周边海关特别是宁波海关的合作,强化与口岸单位协调配合,切实优化通关环境。支持地方口岸开发开放,推动实现大麦屿港区对外开放。整合监管资源,做好新增航线、邮路服务工作。出台助推浙江省加工贸易转型升级6项措施,支持杭州、嘉兴出口加工区健康发展,促成杭州保税物流中心(B型)封关运作,优化保税仓库布局和管理,完成首本国际服务外包手册备案。做好重大减免税项目前伸服务,2011年减免税款16.43亿元。培育A类以上企业1 184家,完成8家企业的中美联合验证工作。强化海关与地方合作,与杭州市签订合作备忘录。加强统计监测预警和海关信息服务,各类信息获中央领导批示3(篇)次,总署、省政府领导批示26(篇)次。二是加强通关监管。以审单职能调整为契机,开发应用"QP4.0预录入辅助校验系统",关区规范申报率达90.6%;强化风险式审单理念,实时审单工作质量有效提升;推进批量复审常态化,强化审单作业后续管理,2011年报关单批量复审51 578票。强化货物查验工作,编制《杭州海关查验指引汇编》,实施机动查验和复查复验,查验率5.7%,查获率20.9%,移交线索5 753条。开展义乌小商品出口转关车辆核查,62家企业全部备案;舟山海关运用监管综合信息平台,使进出境船舶行驶轨迹与申报数据实现实时对比。出台《监管场所规划布局和建设发展指导意见》,修订《监管场所工作规范》,清理规范监管场所91家,验收合格率为95%。切实加强违禁品查缉力度;制定免税商店及免税品监管操作规程,做好旅检现场"一机双屏"和"旅客通关系统"推广等工作。三是做好税收征管。2011年征收关税及进出口环节代征税合计504.22亿元,同比增长24.5%,税收入库列全国海关第10位。推进综合治税长效机制建设,形成关税部门、相关部门、现场海关"三位一体"工作格局。开展商品归类专项核查,2011年监控数据15余万条,下发归类风险核查数据5 000余条,归类补税1 038.12万元;做好价格监控和核查,重点加强对特许权使用费、特殊经济关系、附加费的审价,作出专业认定149份,审价补税2 100万元;加强减免税货物监控,复核数据10 147条,发现风险数据150条;实施应税报关单抽样考核,并对发现问题的报关单整改落实;强化化验管理,送检化验量增长65.96%。推广税收电子支付系统试点,将网点扩大至所有现场,累计1 329家企业、13 008笔税单、25.24亿元税费通过系统成功支付。四是规范秩序。始终保持打击走私高压态势,不断提高打击走私工作整体能力。2011年走私犯罪案件立案66起,案值3.22亿元;走私违规行政案件立案5 294起,案值24.28亿元;实现罚没入库1.21亿元。组织"国门利剑"专项行动,破获"4·28"、"10·16"等成品油走私大要案,查获成品油1.35万吨,案件数、案值、涉税3项指标均排名全国海关前5位,现场查获成品油居全国海关第2位;开展"清网行动",抓获在逃人员19人,"清网率"达76%,位居全国海关第3名;立案侦办总署一级挂牌督办的"5·11"走私象牙案和"11·01"走私汽车案,查获象牙315千克、走私汽车150余辆。履行海关边境保护和口岸反恐维稳职能,立案走私毒品案件22起,缴获海洛因34.29千克、大麻20.53千克,得到国家禁毒委、省委、省政府的充分肯定,杭州萧山机场海关被省政府荣记"集体二等功"。五是进行重点改革。义乌小商品出口监管综合改革成效明显,市场商户联网申报率大幅增长,建立综合管理信息化虚拟平台、实体监管平台,初步形成并体现综合管理和守法便利相结合的新型小商品出口监管模式。舟山口岸监管综合改革稳步推进，风险监控中心功能更加完善，舟山口岸综合监管信息平台业务管理模块开发完成，缉私艇参与海关海上监管试点取得成效，以风险监控为核心的业务运行机制逐步健全。

宁波海关 2011年，宁波海关税收总量合计854.10亿元，同比（下同）增长26.09%，列全国海关第7位。其中税收入库756.92亿元，增长26.07%；转出税收97.18亿元，增长26.18%；2011年实际征收税款777.57亿元，增长25.94%。优惠贸易协定项下进口货值41.59亿美元，征收税款48.54亿元，税款优惠额9.47亿元，分别增长93.46%、68.33%和55.31%。审价补税6.73亿元，增长8.03%；归类补税1 199.39万元，减少76.24%。审批减免税货值3.64亿美元，减免税款2.87亿元，分别减少52.08%和65.00%。做好ECFA（《海峡两岸经济合作框架协议》）下货物的通关征税工作，累计进口ECFA货物77.2万吨，位居全国首位，税收优惠额达1.9亿元。2011年共监管进出口货物1.3亿吨，同比减少3.2%；进出口贸易总额2 004.4亿美元，增长24.2%。分类通关改革进展顺利，进口分类通关试点范围进一步扩大；从简化操作、强化内部管理等方面提高进口通关效率取得明显成效，进口平均通关时间和平均放行时间环比明显减少。加强对监管场所的审批和验收工作，关区66家海关监管场所全部验收通过，验收合格率为100%，超过海关总署要求的80%的目标。进一步加强实际监管，认真做好进出境辐射探测、两用物项等重点、敏感商品监管工作，先后查获了16起运输工具和进口货物辐射超标、8起出口两用物项走私违规情事。修改完善查验工作规程，编写查验实务手册，完成3台门户式防辐射设备和2台行李邮件X光机的安装，通道式集装箱检查设备（FS3000型）通过总署验收，继续对进口固体废物实施严格的"三个100%查验"，开展转关运输查验，查验效能进一步提升。继续开展打击侵犯知识产权和假冒伪劣商品专项行动，共查获涉嫌侵犯知识产权案件1 356起，查扣涉嫌侵权货物9 293万件，价值2亿元，同比分别增加了69%、64%和74%。宁波机场快件监管中心通过验收，国际快件业务9月26日正式开通。建立"企业规范—现场审核—职能监控—核实整改"的规范申报管理模式，将规范申报情况纳入月度监控和季度评估范围，定期通报。同时，将规范申报情况与企业类别动态调整相挂钩，不断强化企业规范申报意识，并在预录入环节设置归类、数量等22条有效检控参数，将申报错误的报关单直接退单，从源头上确保报关单数据申报质量，2011年进、出口规范申报率分别达97%和86.2%，均创历史新高；修订审单工作质量考评办法，细化和完善审单质量考评指标体系，大力开展出口分类通关抽查审核和批量复审工作，确保了审单工作质量始终保持稳定，2011年共审核报关单340.5万份，同比增长8.7%；共抽查审核出口报关单15.4万票，抽查审核率达8%；批量复审进出口报关单9.7万份，共发现问题报关单1 369份，补征税款167.6万元，移交缉私部门立案4起，案值6 303万元。积极推动保税贸易发展，保税监管水平稳步提升。全面运作并进一步完善加工贸易及保税监管业务组织指挥机制，修订完善保税仓库及所存货物监管操作规程等规章制度，统一协调指挥关区保税业务。支持保税区红酒、水果、塑料、化工等进口专业市场发展，并对关区开展船舶监管、深加工业务、服务外包、国际贸易示范区、红酒展示、奢侈品进口市场和融资租赁业务等进行了专项调研，提出有针对性的意见建议，积极服务促进加工贸易转型升级。2011年审批手册7 028份，同比减少10.2%，备案金额65.1亿美元，同比增长2.7%；加工贸易进出口总额198.3亿美元，同比增长7.7%；联网监管企业96家；加工贸易内销税收入库15.6亿元，同比增长73%。初步建立了风险信息集中共享机制、风险处置指挥执行机制和风险成效反馈评估机制，风险式管理在所有业务领域全面铺开、全面推进。2011年风险布控率达11.8%，同比提高2.5个百分点，布控有效率为23.6%，同比提高4个百分点，通过布控移交案件线索1万余条，补征税款1.4亿元。分类通关参数进行动态监控调整，进出口参数布控有效率分别为11.3%和23.6%。积极采取措施提升B类企业查验覆盖率，查验均匀性明显提升。"六查合一"机制全面实施，围绕服务通关监管、综合治税和加贸监管3

条主线进一步加大了稽查力度。完成保税中后期核查作业939次,增加92%;减免税稽核查1 208家,覆盖率为82%;稽查补税实际入库1.1亿元,增长140%,超额完成任务;开展了进口葡萄酒、化工等行业的价格专项稽查行动,查获了出口石墨价格瞒骗案等案件,2011年价格核查补税1 060.2万元;积极推进运抵报告核查工作,制定了运抵报告填制规范标准和核查操作规程,开发应用运抵报告品名规范控制系统、运抵报告与报关单比对系统,做好实地核查,共查获3起提前发送运抵报告情事。大力开展引入中介机构参与一般贸易领域企业稽查工作,以海关委托方式与4家会计师事务所合作,对17家企业开展了专项稽查,查获问题14起,有效率为82%。落实闭环式管理要求,提出稽查建议135条,采纳反馈率100%。探索建立"管控防打"机制,初步建成缉私指挥体系,缉私工作的掌控力进一步增强;健全大要案管理机制,突出办理大要案,开展了以打击旧胶印机走私、木炭走私、成品油走私等为代表的一批打私专项行动,重点打击低报价格走私和重点敏感商品走私,缉私核心打击力显著提升;健全关区缉毒工作机构与缉毒力量,关区缉毒工作水平进一步提升;优化海关监管风险反馈机制,2011年共反馈执法建议38条,涵盖海关监管各环节,有效促进了一线监管。推广北仑分局案件快办中心工作模式,规范授权现场办理简易案件,探索行政办案量化管理机制,积极促进行政案件"快办快结"。2011年共立案15 578起(不含授权海关业务现场办理的警告类案件),同比增长29%,案值25亿元,同比增长19%;其中,刑事立案55起,同比增长90%,案值2.65亿元,同比增长1.73倍,涉嫌偷逃税4 879万元,同比增长1.63倍,移送起诉37起61人和32单位,判决18起27人和17单位;行政立案15 523起,同比增长29%;案值22.3亿元,同比增长11%;关区罚没9 560万元,同比增长24.3%。贯彻实施新的《中华人民共和国海关企业分类管理办法》,开展企业升类引导和降类预警工作,引导企业守法经营;积极探索开展企业守法评估工作,将评估结果作用于分类通关,实现对企业的准确分类和对同类别企业的差别化管理;继续支持培育现代外贸大企业工作,积极扶持地方发展高技术含量、高附加值、环保低耗的产业,与79家现代外贸大企业签订了关企合作备忘录,并选择7家外贸大企业给予重点扶持,共有18家企业实现了升类;严格落实"守法便利"原则,A类企业查验率控制在1%左右,C类企业查验率保持在平均查验率3～5倍左右;加强报关企业和报关员管理,严把报关企业准入关,加大对报关企业的守法评估力度,并适当增加高风险报关企业布控力度,不断提高关区报关员队伍的整体素质和业务水平;完善企业户籍管理系统,探索建立企业诚信守法档案,与宁波市工商局正式签署《宁波市企业信用信息共享协议书》,完善信用评估,推动进出口企业社会诚信体系建设;积极开展政策帮扶,2011年累计召开政策宣讲会47场,培训企业人员近4 100余人,座谈走访企业600余家,累计140余次,收集意见、建议近300条。完成中美海关C-TPAT联合验证工作,关区6家企业全部通过联合验证。针对2011年地方外贸形势起伏较大、进出口增幅明显放缓的实际情况,进一步增强工作主动性,密切关注宏观经济形势变化,加强与地方政府相关部门的联系沟通,加强对外贸发展前瞻性、趋势性的统计监测预警分析,较好地发挥了海关统计的监测预警和决策辅助作用。2011年共编发上报统计监测预警分析文章616篇,共举办了522期各类岗位培训。开展外商投资企业服务月暨外资大项目促进月、"千局万站优环境促发展推进年"等活动,深入推进文明机关、文明窗口、文明单位、群众满意基层站所(服务窗口)等各类创建活动,宁波海关被评为宁波市"外商投资企业优质服务单位"。

浙江出入境检验检疫局 2011年共检验检疫出入境货物169.48万批次,总货值933.28亿美元,分别同比增长0.96%和24.55%。其中,出境163.74万批,572.20亿美元,同比分别增长0.62%和17.30%;入境5.74万批,361.08亿美元,同比分别增长11.70%和38.07%。检出出入境不合格货物7 851批,货值63.19亿美元,分别同比增长10.20%和46.26%,销毁、退运等处理不合格入境货物1 286批、货值49.4亿美元。检疫查验出入境人员238.82万人次,同比增长11.82%,健康检查出入境人员

6.63万人次,同比增长16.36%;发现病例72 313例,同比增长47.73%;预防接种51 284人次,同比增长15.51%;艾滋病监测64 009人次,同比增长11.48%。检疫出入境交通工具22 401艘(架)次,其中船舶7 658艘次,同比增长0.07%,飞机14 743架次,同比增长14.18%;出入境集装箱44.88万标箱,同比增长22.70%。截获有害生物9 008批次,同比增长28.85%。签发货物检验检疫证书11.41万份,同比增长5.94%;签发证单169.94万份,同比下降0.64%。签发各类原产地证83.85万份,金额319.90亿美元,分别同比下降3.68%和9.22%。其中,签发普惠制证书46.97万份,金额179.12亿美元,同比下降9.59%和24.79%;签发区域性优惠原产地证书12.57万份,金额48.51亿美元,同比分别增长25.14%和47.91%。动员全社会力量齐抓共管产品质量。在省政府的重视下,出口食品示范区创建工作被纳入《浙江省食品安全"十二五"规划》,成为地方政府考评指标之一,出口示范区创建工作由"检验检疫主导"提升为"地方政府主导"。与农林主管部门、行业协会的协作更加紧密。扎实开展"质量月"活动,精心策划实施"营造氛围,关注质量"、"形成合力,促进质量"、"多措并举,提升质量"活动,重视进出口产品质量的社会氛围。定期通报信用数据,实现"信用浙江"联建单位之间的数据互通共享。落实失信惩戒,对外公布违法违规企业名单。建立质量评价体系,提高质量分析和管理水平。注重优质企业激励,免验企业达到25家。实现分类管理模式在出口工业品、食品和动植物产品中的基本覆盖,监管针对性和有效性明显增强。推进管理模式改革。深化出口工业品区域化管理工作,示范区企业质量意识、质量控制能力、出口产品订单、出口产品数量明显提升,产品不合格率、国外通报率持续下降,有力地促进了产业集聚发展,得到质检总局和省政府领导的高度评价。加强口岸管理工作,有序推进电子政务口岸建设。扩大电子监管系统应用,累计上线企业17 455家,覆盖率达70%以上。深入开展打击非法添加和滥用食品添加剂专项行动,加强出口食品溯源管理、过程控制和抽样检测。强化口岸安全把关,加大专业人员和检测设施投入,对来自日本核辐射区域的人员、产品和运输工具实施严密监测。加强传染病口岸把关排查和输入性病例后续追踪,严防未经批准的转基因产品和染病动物入境,成功防控欧洲肠出血性大肠杆菌、疟疾疫情,截获有害生物844种、9 008次。加大认证监管工作力度,首次对90家次认证机构实施飞行检查。拓展信息互通渠道,发布风险预警。加强大宗资源性商品的口岸把关与风险分析,从进口货物中发现多起严重不合格和动物疫情案例,质检总局对此高度重视并发布5次警示通报。深入剖析出口产品通报案例,确保辖区产品质量安全风险总体稳定可控。针对进出口食品,加强隐患排查,构建完善的风险管理网络,健全日常风险管理机制,确立重点检验、监控项目400个,编发各类风险预警信息189条,核查处置不合格进口食品、化妆品62批次。检查、清理对美国FDA注册的低酸罐头和酸化食品企业60家。重视出口产品质量安全,在金华浦江"黑心棉"事件经媒体曝光后,联合当地政府深入调查,开展专项整治,设立12365举报处置指挥中心,加强投诉举报处置和后续管理,办结举报投诉106件。科学处置质量安全事件。面对日本核泄漏、德国二噁英污染、欧洲肠出血性大肠杆菌疫情、台湾塑化剂、国内食品添加剂等突发事件,启动应急机制,加强内外协作,妥善应对并有效化解质量安全危机。日本发生核泄漏事件以后,妥善处置多起入境废物原料、船舶压舱水放射性超标事件。跟踪德国二噁英污染事件动态,依法果断暂停从德国进口猪肉产品,停止进口相关肉类产品的审批受理。针对台湾塑化剂事件,立即禁止台湾相关问题产品进口,部署开展对进口5大类食品和出口食品的塑化剂检测和排查工作,有效防止了被塑化剂污染食品的流入和流出。服务浙江海洋经济发展示范区建设、义乌市国际贸易综合改革试点和舟山群岛新区建设等。组织承办浙江省政府与国家质检总局合作备忘录首次联席会议,牵头起草推进"三大国家战略"合作备忘录文本。构建多部门合作机制,发挥专业人才队伍作用,推动辖区现代农业发展。专题研究加快台湾农民创业园建设,落实8项具体措施,带动相关产业发展。争取到进口玉米资质,带动新兴产业发展。帮扶杭州丝绸、嵊泗贻贝通过国家地理标志产品评审,武阳春雨绿茶成为浙江省首个生态原产地保护产品。帮扶8家进口储备粮企业获得储备库、中转库及加工资质。落实关检、贸检和泛长三角检验检疫机构合作备忘录,与交通运输、海事部门达成口岸通关合作共识,大力推进直通放行工作,启动首批12家企业的沪(上海)—嘉(嘉兴)直通放行试点,明确集中审单推广模式,在8个分支局部署上线,新增绿色通道企业210家,将大通关建设引向深入。加强舟山保税港区、台州大麦屿港区和义乌内陆口岸设施建设,支持温州机场扩大对外国籍飞机开放。加强技术性贸易措施应对工作,与国家质检总局标法中心合作,信息服务平台上线试运行,发行主要出口产品应对国外技术壁垒指南。在"同等优先、适当放宽"政策基础上,加大对台小额贸易扶持力度,执行出口农产品、纺织服装等减免费政策,共对17.8万批货物,减免检验检疫费2 993.9万元。

宁波出入境检验检疫局 2011年,检验检疫出入境货物74.6万批,货值963.4亿美元,批次同比持平,货值同比增长27.4%。其中,检验检疫出境货物57.6万批,货值185.7亿美元,批次同比持平,货值同比增长7.1%;检验检疫入境货物17.0万批,货值777.7亿美元,批次同比持平,货值同比增长33.4%。检疫出入境人员75.1万人次、船舶12 001艘次、飞机4 091架次,同比分别增长16.8%、5.3%和41.4%;集装箱报检938.2万标箱,查验54.9万标箱,同比分别增长12.7%和3.0%。签发出入境货物证单135.1万份,同比持平;签发产地证40.5万份,签证金额139.1亿美元,份数同比持平,签证金额同比增长10.9%。检验检疫收费4.5亿元,同比增长9.6%。检出不合格出入境货物4 317批、货值45.3亿美元,同比分别增长31.1%和21.7%。发现阳性症状(或病例)1 086人次,检出并成功处置8名甲型H1N1病例,口岸检疫查验和传染病监测发现艾滋病、疟疾等严重传染病33例;发现医学媒介69种5.2万只,在省内首次截获携带流行性出血热病毒的鼠类;入境检疫截获有害生物731种8 970种次,其中检疫性有害生物54种640种次,小麦条纹花叶病毒等3种植物检疫性有害生物系全国口岸首次截获。在应对日本核辐射监测工作中检出并妥善处置33起放射性超标事件。质量管理亮点纷呈。2011年全局共有136篇次质量信息获上级部门录用,上级领导批示29条次,在宁波市政府83个单位中列第一。推动市政府设立全国首个出口质量奖。完成电子监管系统升级,上线企业11 059家,视频监控系统接入企业157家,计576点;深化应用工业品"三管理"监管模式,5 835家企业实施该模式;全面推广出口食品农产品风险管理系统,上线产品1 105个,覆盖宁波地区所有出口食品农产品种类;推广出口食品农产品原料基地"区域化管理",备案基地31家、面积超过2.5万亩。推广应用出口退货信息管理系统。筹备做好进出口危险化学品检验监管工作。全面推进质量责任落实,先后与安徽、吉林检验检疫局签订合作备忘录,全面深化泛长三角检验检疫合作机制,积极推进检贸、检农、检商、检警、检关互动协作;推进质量诚信体系建设,对14 427家企业实施信用等级周期评定,实现诚信分类结果在CIQ2000系统中的应用;精心组织"质量月"活动,召开4次质量监管新闻发布会,在各类主流媒体发布质量宣传稿件1 015篇;会同宁波市质监局正式开通质检12365热线,累计接受各类咨询、举报547起。打击质量违法行为成果丰硕。根据全国"打击侵犯知识产权与制售假冒伪劣商品专项行动"统一部署,累计出动执法人员3 500人次,检查企业2 000家,查处各类违法违规行为1 623起,涉案金额5 500万元,查处假证书及"飞单"897份,移送司法机关1起、移送海关1起,获得国家质检总局授予的"双打"专项行动先进集体荣誉称号。严密监管实现产品质量安全水平稳步提升。集中开展打击非法添加和滥用食品添加剂专项行动,排查食品农产品质量安全隐患,对98家食品添加剂使用不规范企业实施整改。加强重点敏感商品监管,建立进口废物原料安全预警管理制度、进口大宗资源性商品重大质量案例通报制度。做好新增纳入法检目录商品监管,共检验10万批,货值24.3亿美元,涉及369个HS编码。开展非装运前检验假证书联查活动,查实伪造证书180份,处罚金110余万元,扎实做好出口伊朗法检工业品装运前检验工作,2011年没有发生系统性、区域性和行业性质量安全事件。服务宁波国际强港建设。大榭港区通过世卫组织验收,成为浙江第1个、全国第5个国际卫生海港,国家质检总局副局长刘平均、宁波市市长刘奇共同为国际卫生港授牌。推进浙江省出口商品直通放行,宁波以外浙江省内出口货物从宁波口岸出境比例同比提高5.38%。以检港协作为切入点推进"两个平台"建设。对监管场库提出标准,并设立示范点。梅山保税港区全国第二家进境罗汉松特定口岸顺利通过国家质检总局考核验收。服务区域开发开放,北仑四期码头扩大对外开放通过国家验收,宁波空港国际快件中心顺利开检,大榭港区万华液体化工码头对外启用。服务区域产业转型升级。积极培育进口葡萄酒、水果、种苗等专业市场,创新性地实施进境葡萄酒预检监管模式,与宁波保税区共建华东地区首个酒类专业检测实验室,葡萄酒进口同比增长152.8%。以贝发集团为试点,在全国首创出口配送商品监管新模式,高效服务采购配送产业转型发展。对金田铜业、亚洲浆纸、中华纸业等地方大型企业进口废物原料实施"直通式查验",企业年节约成本上千万元。稳步推进免验工作,恒达高、奥克斯获得出口商品免验资格。积极扶持对台小额贸易发展,2011年对台小额贸易269.5万美元。做好"浙洽会"、"消博会"等大型展会服务工作。贯彻落实相关检验检疫费用减免政策,累计直接减免检验检疫费用1 071.9万元;积极推动优惠原产地证签证工作,各类优惠原产地证签证金额达103.4亿美元,减免关税5亿美元。推进外贸便利化服务。积极发挥特色优势帮扶中小企业,做精信息服务,通过"WTO检验检疫信息网"发布技术性贸易措施信息2 000条,"千点工程"扩展至2 563家企业,"WTO检验检疫信息网"被确定为泛长三角检验检疫技术性贸易措施信息首要平台,检验检疫局WTO办成为"宁波市应对国际贸易摩擦预警示范点"。做强检测服务,打火机、金属材料、煤炭、矿产品等检测实验室整体迁移到业务量大的慈溪和北仑,强化基层,促进地方经济发展。累计获18个地方公共技术服务平台建设项目,其中,汽车零部件检测中心被国家工信部授予"国家中小企业公共服务示范平台",打火机实验室成为亚太地区首个获欧盟、日本官方认定的海外检测机构,与雅戈尔、申洲联合推进纺织生态实验室、宁波纺织服装检测研发中心建设。做优一体化服务,全面上线推广区域一体化管理系统,实现与业务主干系统的无缝对接。检验检疫自身建设扎实推进。编制发布《宁波检验检疫局"十二五"发展规划》。推进法治检验检疫建设,启动"六五"普法。推进检验检疫窗口标准化建设,提高了窗口服务效能。获国家质检总局"科技兴检奖"9项,获省部级及以上科研立项28项,科研经费441万元,同比分别增长64.7%和122.7%;筹建或建成塑料消费品、LED灯具检测、鞋类检测、红酒检测专业实验室,与法国BV公司、新日本检定协会(SK)建立了合作关系,全方位开展技术互动,技术支撑能力不断增强。全面推广检验检疫业务流程管理系统,探索搭建质检系统首家大型实验仪器物联网平台,初步实现检测工作数字化、自动化、规范化和可追溯,信息化支撑作用不断增强。基本建设扎实推进,北仑检验检疫综合实验楼全面完工进驻,镇海、鄞州、机场检验检疫基建项目取得实质性进展。

浙江省公安边防总队 围绕提高边检服务水平、海港勤务模式创新、口岸开放等工作,坚持管控和服务并举,狠抓各项工作落实,确保了口岸的安全与稳定。2011年检查出入境人员3 163 221人次,同比增长11.8%;检查出入境飞机18 681架次,同比增长20.07%;检查出入境船舶20 130艘次,同比增长3.80%。深入推进提高边检服务水平工作。省边防总队建立完善了新闻发言人制度和舆情应对机制,与"浙江在线"新闻网站合作开通了"浙江公安边防风采"专栏;省总队领导应邀作客"浙江在线",畅谈提高边检服务水平工作。舟山、嘉兴边检站主动参与当地纪委和广播电台举办的"行风热线"直播节目,解答热线听众的疑难问题。各边检站结合"大走访"开门评警工作,深入走访地方党委、政府、联检单位、码头企业和代理公司,定期召开特邀监督员会议,结合边检QQ群、飞信、微博等交流平台,广泛听取意见建议,主动接受社会监督。台州、大榭边检站专门设计制作了中英文对照的"船长评边检"评议反馈卡,开展"百名船长评边检"活动。2011年,各边检站召开社会监督员会议累计58次,走访口岸单位600余家,发放意见征求表3 200余份,征求到有效意见建议67条,提升了服务效能,拉近了警民关系。扎实开展勤务模式创新试点工作。2011年,公安部边防管理局确定北仑边检站作为海港边检勤务模式改革试点单位,省边防总队高度重视,经专题研究,确定将海港边检勤务模式改革作为创新社会管理模式、服务国家海洋经济发展战略和舟山群岛新区建设的重要举措,统筹谋划,部署舟山边检站同步开展试点工作。成立以总队主官为组长的服务海洋经济建设领导小组,专门部署,统一协调全省边防部队服务海洋经济发展和舟山群岛新区建设工作;开展专题调研论证,出台实施了"服务舟山群岛新区建设28项工作措施";开展了"海洋经济大发展,公安边防怎么办"大讨论活动和"服务舟山群岛新区建设"专题教育活动;组织召开创新社会管理服务海洋经济研讨会,专题研究海港勤务改革创新试点和服务海洋经济建设工作。通过一年的努力,新的勤务模式优化了警力配置,实现了服务和管理前移,实实在在地为口岸企业解决了办证远、时间长的问题,方便了企业生产运营。严密口岸管控工作,严格出入境边防检查。随着浙江口岸开放力度不断加大,新航线增多,大量新码头对外开放,口岸呈现大开放、大开发、大发展的态势,出入境交通工具和人员大幅增多,给边检站的管控带来了考验。各空港边检站加强对重点国家、地区人员证件和行李物品的查验力度,尤其是自2011年5月份开通埃塞俄比亚经停印度新德里至杭州的航线以来,杭州边检站认真做好风险评估,加强伪假证件识别,查处非洲籍偷渡人员33人次。各海港边检站强化对重点航线、重点船舶的入出境检查和在港管理,严格落实接送船、船体检查、人证对照、船员批量查控等工作制度。加强口岸限定区域管控。各空港边检站将管控重点延伸到登机口,加强对登机旅客的抽查,防止交换登机牌、内部人员引带等违法行为的发生,严密堵塞口岸管控工作的漏洞。各海港边检站在口岸及周边依托边检警务室、治安岗亭、企业监控室和港区保安室,建立警企联巡机制,加强巡查监控,增强口岸管控能力。宁波边检站编制了《一线执勤执法安全手册》,规范口岸执法执勤安全秩序。舟山边检站针对外轮航修企业蓬勃发展,航修企业用工量大、人员成分复杂的情况,研究推出涉外航修企业登外轮工作人员管理办法,提高管控精度。北仑边检站加强对可疑人员和小型船舶的检查和管理,对在锚地停留和靠泊码头的小型船舶实行全程跟踪。嘉兴、大榭边检站在口岸辖区集中开展口岸限定区域整治活动,组织对辖区危险品码头、化工企业等重点部位进行排查,加大对进出口岸限定区域的人员、车辆检查力度。2011年,全省查获违法违规人员811人次,较好地维护了口岸限定区域秩序。积极服务口岸开放,主动对接国家发展战略。浙江海洋经济建设上升为国家发展战略后,省边防总队部署全省边防部队开展了专题调研,提出了"只要有利于为党分忧、为群众解难的事,边防部队都要主动去做;只要有利于服务海洋经济发展的事,边防部队都要主动去做;只要有利于边境安全稳定的事,边防部队都要主动去做"的工作要求。各边检站紧贴海洋经济发展建设规划,认真研究执勤点设置、警力部署与建设规划不相适应问题的解决办法,一方面,在警力调配上盘活现有资源,压缩各级机关,增加基层一线警力;另一方面,积极调整勤务模式,向口岸现场、重点区域、重点海域前移,最大限度地满足开发开放的需求,推出相应服务措施。积极支持地方口岸开放。2011年,省边防总队从服务地方经济建设大局的高度出发,制定下发了《口岸开放边防检查验收审批工作意见》,进一步规范了口岸开放工作审批程序和标准。积极支持宁波港梅山保税港区码头、舟山港金塘大浦口码头、马迹山港区宝钢二期码头、台州港大麦屿港区华能玉环电厂煤码头、温州港状元岙港区及义乌航空口岸的临时开放工作。各边检站积极为"西博会"、"休博会"、"国际动漫节"、"亚太经合组织会议"、"中非合作论坛"、"残运会"等多个地方重大商贸、政务活动提供了优质通关服务。

浙江海事局 努力提高通关效率。健全政务中心建设,提供"一站式"服务,在为国际航行船舶提供"7×24"工作制服务的基础上进一步完善工作流程,确保船舶在节假日和非工作时间的顺利进出。积极打造浙江对台直航船舶"绿色通道",优先审批船舶进出港计划,确保直航船舶进出港、装卸货"零待时"。服务口岸建设。主动配合地方政府做好口岸临时对外开放工作,参与完成了宁波北仑港区四期集装箱码头、台州大麦屿港区华能玉环电厂煤码头、浙江大麦屿港务公司5万吨级多用途码头的国家验收，以及舟山鑫亚、龙山、隆昇船厂和台州园山船厂的省级验收工作。维护辖区安全稳定。2011年实施航运公司审核331家，船舶审核481艘次；严把船舶适航关，改善船舶安全技术状况。全年共实施船旗国船舶安全检查(FSC)检查7 256艘次，滞留船舶230艘次；港口国船舶安全检查(PSC)检查1 093艘次，滞留船舶73艘次。保障水上交通安全形势的持续稳定。2011年辖区发生一般等级以上水上交通事故55起，沉船35艘，直接经济损失7 491.55万元，死亡62人。组织海上搜救行动267次，出动海事巡逻艇323艘次；协调部队舰艇26艘次，专业救助船舶91艘次，其他社会力量船舶966艘次；协调飞机58架次。救助遇险船舶219艘次，救获遇险船舶163艘次，救助遇险人员2 114人次，救获遇险人员1 997人，人命救助成功率为94.5%。

宁波市口岸工作综述

【口岸运行数据】2011年，宁波口岸进出口总额为2 004.2亿美元，同比增长24.2%，其中进口766.9亿美元，同比增长26%；出口1 237.5亿美元，同比增长23.1%。外贸货物吞吐量23 034.20万吨，同比增长13.26%。国际集装箱吞吐量1 266.69万标箱，同比增长10.74%。出入境船舶12 488艘次，同比增长6.02%。出入境人员23.53万人次，同比增长6.10%。宁波港集装箱航线比2010年同期新增8条，达236条，其中远洋干线126条、近洋支线58条、内支线20条、内贸线32条，月均集装箱航班达1 268班。宁波航空口岸出入境人员53.46万人次，同比增长24.63%；进出口货物6 746吨（不含转关货运量），同比增长40.39%，其中出口3 963吨，进口2 783吨。出入境飞机4 210架次，同比增长45.27%。

【口岸开放工作】宁波市口岸办完成了北仑港区四期扩大开放的国家验收工作，同时，扎实推进北仑港区四期2号泊位扩大开放，宁波梅山保税港区码头1号、2号泊位延长临时进靠国际航行船舶期限，梅山港区口岸扩大开放审批，穿山北港区水陆域扩大开放，穿山北港区企业码头临时开放，象山港区二类口岸合并一类，镇海港区化工品保税物流中心申报，以及相关企业拟开放码头筹备等工作。

【口岸基础设施建设】筹建宁波国际航运交易所。根据海洋经济发展规划、国际强港建设规划，积极探索建立符合经济发展阶段、符合宁波特点的航运交易及管理模式。宁波航运交易所是根据宁波市领导相关指示要求，由宁波市口岸打私办牵头，其他单位共同配合推进的"十二五"项目之一。在调研的基础上，经过近半年的筹备，宁波航运交易所建设已确定"一所三平台五市场"的发展路径（"一所"即航运交易所，"三平台"即航运交易平台、航运信息平台和航运服务平台，"五市场"即建立健全船舶交易市场、船员劳务市场、集装箱舱位交易市场、化学品船租运市场和航运金融市场），并联合宁波市江东区、宁波保税区和宁波大榭管委会等组建宁波航交所公司，于2011年12月16日试运行，主要开展船舶交易、船员劳务交易、集装箱舱位交易、液体化工租船交易和航运金融衍生品交易等业务，并把船舶交易、集装箱"双重运输"交易、拼箱交易等集中到航运服务中心，同时研究开展其他交易工作。

【电子口岸建设】推动电子口岸升级为"智慧口岸"。建设智慧口岸（口岸应急指挥中心）是今后发展的重要方向。进一步拓展宁波口岸应急联合指挥中心功能。在一期的基础上，进一步拓宽信号源渠道，不断完善数据监控、视频监控、物流监控、数据展示功能。宁波检验检疫局基于电信全球眼用于监控重点工厂生产、码头等的视频信号源，航交所船员交易信息、船舶交易信息、航运运价指数发布等信号源已接入完毕。宁波口岸应急联合指挥中心展示一楼大屏幕已建设完成并投入使用。2011年，宁波电子口岸平台注册企业量、数据交换量、平台运行项目数量等稳步提升,品牌知名度和社会影响力显著提高。研究制定了《宁波电子口岸信息平台"十二五"发展规划》。包括 AIS 系统扩容扩能等 7 个 2011 年度政务项目进展顺利。口岸物联网建设又有新进展。2011 年,宁波市口岸打私办与浙江大学软件学院合作开展了"宁波口岸物联网应用策略与制度研究"课题研究,从内容与保障措施方面进行了制度和策略研究。宁波国际物流发展股份有限公司完成了电子铅封的开发工作,已选择车队试用。

【口岸综合管理】 根据宁波港域与舟山港域既是组合港又是两个关区"一港两区"的特点,努力创新宁波—舟山港口岸监管机制,继续完善"企业自主选择通关地、口岸放行"的"一关通"新通关模式,最大限度地方便企业。根据港口联盟、无水港建设情况和省内、省际海铁联运班列开通运行情况,及时跟进口岸间的密切合作,建立不同关区间的沟通协调机制,努力推进区域大通关。试行建立针对重点承运企业的跨关区"一卡通"新通关模式。先后赴温州、台州、杭州、义乌、绍兴、嘉兴等浙江省内重点市、县和江西省南昌市等开展宁波口岸宣传推介活动,并征求企业对宁波港口岸的意见和建议,增强腹地企业对宁波口岸的信心指数,吸引腹地货源。2011 年,宁波港口岸吸引力和辐射力继续保持良好的增长势头,异地企业从宁波港口岸进出口货物的金额为 1 227.6 亿美元,同比增长 27.9%;占同期进出口总额的 61.2%,比 2010 年同期提高 1.7 个百分点。继续完善宁波空港与上海、杭州空港之间"虚拟航班"(一关通)的通关监管模式,保持宁波航空口岸货运的竞争力。同时,按照"客货并举,以货为主"的原则,重点推进国际航线航班、国际货运航线的发展。2011 年,宁波空港国际快件国际全货机业务顺利开展,结束宁波没有国际快件业务的历史。推进空港货物与海关特殊监管区之间及海港口岸之间的便捷流通,实现海空港联动。宁波栎社保税物流园区"直通关"运行顺利。贯彻落实宁波市政府《关于提升宁波口岸中介代理业发展水平若干意见》(甬政发〔2011〕1 号,以下简称《若干意见》)文件精神,培育规范商务环境。根据文件精神,宁波市口岸打私办制定了《若干意见》的任务分工及 2011 年工作实施细则。通过建立宁波口岸相关信息公开制度,充分利用宁波电子口岸平台、宁波海关"企业办事平台"和 12360 服务热线、门户网站等提高宁波口岸中介服务透明度。着力推进宁波口岸中介企业信用管理等级,2011 年,宁波市共有海关 AA 类管理企业 37 家,A 类管理企业 1 944 家;国检 A 级企业 2 409 家。同时,经海关等 6 个部门联合推选,评选出 2010 年度宁波市进出口诚信企业 218 家。宁波海关企管、通关等部门还建立了报关企业报关差错率在 5% 以上的定期公布制度,较好地起到了对报关企业提高报关质量的警示作用;积极开展政策宣传和业务培训,提高海关 A 类、AA 类企业覆盖率。

【口岸大通关】 组织实施第十一轮口岸大通关建设,优化提升政务环境。2011 年,宁波市口岸打私办赴绍兴、萧山等地,走访外贸生产企业、货代企业和物流企业,就新一轮大通关建设工作开展调研,重点围绕"双重运输"模式最新情况开展调研,推进国际集装箱双重运输快速发展。依托"无水港"开展的集装箱公路双重运输操作服务平台日趋成熟,吸引了 30 家车队和 60 家货代加盟。宁波港集团又在义乌、袍江、柯桥等地推广双重运输模式,2011 年承运了 13.9 万标箱。《2011 年宁波口岸大通关建设工作实施方案》(甬政办发〔2011〕166 号)经宁波市政府办公厅印发给各相关单位后,明确了 2011 年大通关建设主要工作任务及大通关建设重点做好的"十件实事"。继续推动体制创新和管理创新。继续推进宁波海关"四大中心"建设和分类通关改革,扩大检验检疫浙江省内通关单直通放行制度实施范围。继续实施"365 天×24 小时"通关加班制度。充分运用现代科技和信息手段,建设高效港务环境。运用现代科技和信息手段加快通关效率,通过 H986 等先进设备,加强检验检疫实验室建设等措施,进一步减少开箱查验、商品检验检疫、危险品查验等查验时间,加快查验速度。通过运用物联网技术,实现对船舶、卡车、集装箱、码头、堆场等可视、可控、可管程度,提高监管与服务效率。

完善"一体两翼"通关实体平台。"一体"即宁波国际航运服务中心。宁波国际航运服务中心着力打造"大通关"服务品牌,宁波海关推出"通关我帮您"服务品牌,宁波检验检疫局打造"窗口标准化"服务品牌,宁波海事局积极打造"蓝丝带"服务品牌。宁波航运交易所落户宁波国际航运服务中心,进一步提升了宁波国际航运服务中心的发展能级。"两翼"之一的宁波北仑海港通关中心已运行多年,宁波海关90%以上报关业务、宁波检验检疫局90%以上的报检业务在宁波国际航运服务中心和宁波北仑海港通关中心完成。"两翼"之一的宁波空港通关中心(快件中心)于2011年1月投入使用,宁波海关、宁波检验检疫局的快件、货运业务机构配置完善,查验人员已全部进驻;宁波空港口岸日常通关时间延长30分钟,实行"货物5+2预约报关";快件全货机业务实行24小时运营,为服务企业提供了良好的通关环境。

2011年浙江省口岸流量统计表

口岸类型	口岸名称	货运量（万吨）				集装箱量（万标箱）				人员（万人次）				交通工具（辆、艘、架、列次）			
		出口	进口	合计	同比(%)	出口	进口	合计	同比(%)	出境	入境	合计	同比	出境	入境	合计	同比
空运口岸	杭州空港	3.03	1.06	4.10	+0.44					104.77	106.84	211.60	+9.09	6 710	6 815	13 525	+14.11
	宁波空港	0.40	0.28	0.68	+40.39					26.50	26.96	53.46	+24.63	2 104	2 106	4 210	+45.27
	温州空港	0.02	0.06	0.07	-37.00					3.97	4.47	8.43	+23.01	367	369	736	+11.68
	义乌空港（临）									1.00	0.91	1.91	+0.28	105	105	210	+41.89
	分计	3.45	1.40	4.85	+2.05					136.24	139.17	275.41	+12.31	9 286	9 395	18 681	+20.07
陆运口岸	公路口岸 分计																
	铁路口岸 宁波铁路北站							0.39	-30.14								
	分计							0.39	-30.14								
水运口岸	海港口岸 宁波口岸	8 152.84	14 881.36	23 034.20	+13.26	650.60	616.09	1 266.69	+10.74	10.43	13.10	23.53	+6.10	5 426	7 062	12 488	+6.02
	舟山口岸	590.69	7 430.57	8 021.26	+5.30	0.09	2.40	2.49	+789.29	4.40	4.28	8.68	+7.29	1 897	2 074	3 971	+1.77
	温州口岸	53.90	412.00	465.90	+103.00	7.40	6.02	13.42	+36.40	0.34	0.24	0.58	+34.83	166	123	289	+26.20
	台州口岸	64.20	1 004.40	1 068.60	+0.70	2.72	2.78	5.50	-2.00	2.80	3.45	6.25	+12.33	767	1 487	2 254	-15.30
	嘉兴口岸	111.00	483.21	594.21	+32.75	11.35	11.82	23.17	+65.26	0.78	1.09	1.87	+39.18	466	662	1 128	+37.23
	分计	8 972.63	24 211.54	33 184.17	+11.76	672.16	639.11	1 311.27	+11.74	18.75	22.16	40.91	+8.79	8 722	11 408	20 130	+3.80
	河港口岸																
合计		8 976.07	24 212.94	33 189.01	+11.76	672.55	639.11	1 311.66	+11.72	154.99	161.34	316.33	+11.84	18 008	20 803	38 811	+11.04
同比(%)		+27.09	+6.98	+11.76		+12.15	+11.28	+11.72		+11.24	+12.44	+23.68		+9.62	+12.31	+22.04	

（浙江省口岸管理办公室提供）

2011年杭州海关主要数据统计表

项目		2011年	同比(%)
进出口货运量 (万吨)	合计	11 222.16	+7.90
	进口	9 931.78	+9.50
	出口	1 290.38	-3.30
进出口贸易总值 (万美元)	合计	8 344 916.15	+28.30
	进口	5 301 347.93	+35.80
	其中:江、海运输	4 940 524.11	+38.20
	铁路运输	2 719.35	+106.40
	汽车运输	7 131.52	+15.00
	航空运输	349 860.51	+9.30
	邮件运输	1 112.43	+24.40
	其他运输		
	出口	3 043 568.22	+17.00
	其中:江、海运输	2 739 124.86	+17.50
	铁路运输	13 439.33	+49.90
	汽车运输	9 781.25	-14.90
	航空运输	272 789.85	+11.70
	邮件运输	8 432.92	+33.60
	其他运输		
税收 (万元)	两税合计	5 042 219.11	+24.50
	关税入库	396 820.33	+21.90
	进口环节税入库	4 645 398.78	+24.70

(杭州海关提供)

2011年宁波海关主要数据统计表

项目		2011年	同比(%)
进出口货运量 (万吨)	合计	13 070.00	-3.23
	进口	9 627.00	-7.35
	出口	3 443.00	+10.54
进出口贸易总值 (万美元)	合计	20 041 783.74	+24.20
	进口	7 668 526.37	+26.02
	其中:江、海运输	7 478 383.42	+26.64
	铁路运输		
	汽车运输	69 938.11	+3.07
	航空运输	120 192.61	+7.39
	邮件运输	1.12	-58.97
	其他运输	11.11	-76.16
	出口	12 373 257.37	+23.10
	其中:江、海运输	12 211 743.73	+23.62
	铁路运输	24 764.74	+6.43
	汽车运输	61 285.94	-18.10
	航空运输	53 212.55	-8.26
	邮件运输		
	其他运输	22 250.40	+37.45
税收 (万元)	两税合计	7 569 162.35	+26.08
	关税入库	489 336.72	+4.08
	进口环节税入库	7 079 825.63	+27.94

(宁波海关提供)

2011年浙江省口岸出入境主要数据表

	项目	2011年	2010年	同比(%)
出入境人员	出入境人员总数	3 163 221	2 828 238	+11.84
	入境人员	1 613 365	1 434 924	+12.44
	出境人员	1 549 856	1 393 314	+11.23
	出入境旅客	2 621 368	2 335 927	+12.22
	出入境员工	541 853	492 311	+10.06
	中国公民 小计	2 347 069	2 070 138	+13.38
	中国公民 内地居民(因公)	202 630	198 792	+1.93
	中国公民 内地居民(因私)	1 476 244	1 144 864	+28.94
	中国公民 港澳居民	211 428	212 035	-0.29
	中国公民 台湾同胞	456 767	514 447	-12.63
	外籍人员	816 152	758 100	+7.66
	从海港出入境人数	409 121	376 076	+8.79
	从陆港出入境人数			
	从空港出入境人数	2 754 100	2 452 162	+12.31
交通运输工具	总计	38 811	34 951	+11.04
	船舶	20 130	19 393	+3.80
	飞机	18 681	15 558	+20.07
	火车			
	机动车辆			

(浙江省公安边防总队提供)

2011年浙江省出入境检验检疫业务统计表

项目	货物检验检疫				交通工具				集装箱（标箱）		发现动植物疫情		货物通关		出入境人员查验（人次）	健康检查及预防接种（人次）		
	批次	金额（万美元）	检验检疫不合格		船舶（艘）	飞机（架）	火车（节）	汽车（辆）	合计	检出问题	种类数	种次	批次	金额（万美元）		健康检查	艾滋病监测	发现病例	预防接种
			批次	金额（万美元）															
全年累计	1 694 814	9 332 760	7 851	631 872	7 658	14 743			448 794	2 039	887	9 055	212 129	4 210 406	2 388 174	66 345	64 009	72 313	51 284
其中 出境	1 637 415	5 721 965	5 352	15 414	3 282	7 388			176 744	6			171 218	738 574	1 179 406	54 224	54 224	58 050	51 029
其中 入境	57 399	3 610 795	2 499	616 458	4 376	7 355			272 050	2 033	887	9 055	40 911	3 471 831	1 208 768	12 121	9 785	14 263	255
比上年同比（%）	+0.96	+24.55	+10.20	+46.26	+0.07	+14.18			+22.70	+6.53	+23.70	+28.60	+32.85	+42.25	+11.82	+16.36	+11.48	+47.73	+15.51
其中 出境	+0.62	+17.30	+8.32	+20.04	+2.53	+14.52			-0.79	+500	-100	-100	+42.81	+58.38	+11.91	+15.82	+12.78	+41.86	+15.76
其中 入境	+11.70	+38.07	+14.48	+47.07	-1.71	+13.84			+44.99	+6.27	+23.70	+28.60	+2.85	+39.23	+11.74	+9.80	+0.78	+77.64	-19.81

（浙江出入境检验检疫局提供）

2011年宁波市出入境检验检疫业务统计表

项目	货物检验检疫		检验检疫不合格		交通工具				集装箱（标箱）		发现动植物疫情		货物通关		出入境人员查验（人次）	健康检查及预防接种（人次）			
	批次	金额（万美元）	批次	金额（万美元）	船舶（艘）	飞机（架）	火车（节）	汽车（辆）	合计	检出问题	种类数	种次	批次	金额（万美元）		健康检查	艾滋病监测	发现病例	预防接种
全年累计	746 011	9 633 749	4 317	45 3046	12 001	4 091			9 382 499	25 597	596	9 739	1 125 905	9 522 577	751 094	6 577	6 455	986	4 817
其中 出境	575 615	1 856 639	2 236	8 225	5 247	2 044			4 271 099		1	19	1 030 116	3 948 550	364 122	4 308	4 279	637	4 763
其中 入境	170 396	7 777 110	2 081	444 821	6 754	2 047			5 111 400	25 597	595	9 720	95 789	5 574 027	386 972	2 269	2 176	349	54
比上年同比±%	-1.4	+27.4	+31.4	+21.9	+5.3	+41.4			+12.7	+62	+7.4	+13.2		+25.6	+16.8	+7.3	+6.4	-3	+4.2
其中 出境	-1.8	+7.3	+49.8	+133	-2.2	+41.4			+16.4		-36	-38.7	-0.5	+11.6	+13.8	+7.1	+7.5	-3.5	+3.3
其中 入境	+0.1	+33.4	+16.1	+20.8	+12	+41.5			+9.8	+62	+7.6	+13.4	+5.1	+37.8	+19.7	+7.8	+4.5	-2.2	+315.4

（宁波出入境检验检疫局提供）

2011年浙江海事局进出港船舶统计汇总表

船舶类别	进港船舶							出港船舶						
	艘数（艘次）	总吨（吨位）	总载重量（吨）	载客量（客位）	船员人数（人次）	货物到达量（吨）	旅客到达量（人）	艘数（艘次）	总吨（吨位）	总载重量（吨）	载客量（客位）	船员人数（人次）	货物发送量（吨）	旅客发送量（人）
总数	802 215	1 160 852 557	1 396 788 423	79 216 680	5 835 632	493 659 051	25 092 996	796 278	1 168 299 991	1 409 113 322	79 310 994	5 838 844	236 763 267	24 986 425
中国籍船舶	785 609	535 185 456	546 848 953	79 178 724	5 507 928	278 866 837	25 077 241	779 442	538 790 603	552 285 507	79 272 714	5 511 112	181 927 284	24 968 369
其中:外贸船	1 344	26 406 590	26 855 739		27 023	12 598 651		1 331	25 444 167	26 036 158	200	27 537	3 088 664	

（浙江海事局提供）

浙江省口岸大事记

1月13日

浙江省副省长龚正听取了浙江省边防总队的工作汇报。

浙江省政府办公厅组织国家驻浙各查验单位对宁波港口岸北仑港区四期集装箱码头3~11号泊位对外开放准备工作进行预验收。

1月19日

杭州萧山国际机场公司举行杭州—悉尼（经停深圳）航线首航仪式，填补了浙江省与澳大利亚空运通航的空白。

2月11日

宁波出入境检验检疫局在穿山港区国际航行船舶"诺斯裘维纳"轮上检出6名人员感染甲型H1N1流感确诊病例。

2月21日

浙江省副省长龚正在省政府副秘书长夏海伟等领导的陪同下，莅临省边防总队机关看望慰问官兵，视察调研边防工作。

3月2日

浙江省政府副秘书长、办公厅主任俞仲达到浙江电子口岸调研，浙江电子口岸公司总经理王卫东作了工作汇报。

3月3日

宁波港大榭港区创建国际卫生港口顺利通过世界卫生组织实地测评，正式成为全国第5个、浙江省第一个国际卫生港口。

3月4日

《国务院关于浙江省义乌市国际贸易综合改革试点总体方案的批复》（国函〔2011〕22号）明确提出"创造条件实现航空口岸开放"。

3月9日

浙江省委副书记夏宝龙听取了省边防总队工作情况汇报。

宁波市委副书记、市长刘奇和宁波市委常委、副市长谭大辉一行考察国际航运服务中心，调研宁波口岸建设及发展情况。

3月23日

浙江省委书记、省人大常委会主任赵洪祝一行视察宁波国际航运服务中心。

浙江省口岸与反走私工作会议在宁波市召开，省政府副秘书长夏海伟出席会议并讲话。

4月1日

浙江省副省长龚正专程赴浙江电子口岸调研，省政府副秘书长夏海伟、省政府办公厅副巡视员陈林泉陪同调研。

4月8日

中共中央政治局常委、国务院总理温家宝一行视察宁波国际航运服务中心。

4月10日

全国人大常委会副委员长、民建中央主席陈昌智视察"义乌港"、义乌国际物流中心。

4月28日

中华全国总工会授予宁波海关隶属现场业务处综合统计一科"全国工人先锋号"荣誉称号。

5月11日

中共吉林省委副书记巴音朝鲁率吉林省党政代表团考察宁波国际航运服务中心。

浙江省政协副主席徐辉率领浙江省政协港澳台侨委特邀委员考察组考察宁波国际航运服务中心。

海关总署副署长孙毅彪在舟山调研舟山保税港区规划建设工作。

5月13日

国家口岸管理办公室会同公安部、交通运输部、国家质检总局和总参谋部组成验收组,对宁波港口岸北仑港区四期集装箱码头对外开放准备工作进行了检查验收。

5月19日

海关总署署长于广洲、副署长邹志武在舟山调研保税港区规划建设和口岸开放工作。

5月20日

海关总署署长于广洲、副署长邹志武一行视察义乌国际商贸城、"义乌港"和义乌国际物流中心。

海关总署署长于广洲视察宁波海关。

5月25日

浙江省政府办公厅组织国家驻浙各查验单位对台州港口岸大麦屿港区扩大开放进行预验收。

6月5日

国务院批复同意温州航空口岸扩大对外国籍飞机开放。

6月12日

温州航空口岸被列入海峡两岸直航新航点。

6月23日

国家商务部副部长傅自应视察义乌国际商贸城、"义乌港"。

浙江省副省长王建满视察"义乌港"。

6月30日

浙江省政府办公厅组织国家驻浙各查验单位对舟山港口岸鑫亚船舶修造有限公司、龙山船厂有限公司和隆升船业有限公司等3家企业新建涉外码头船坞对外启用准备工作进行检查验收。

7月1日

义乌航空口岸连续第五年实现临时开放。

7月7日

浙江省政府和海关总署在北京共同签署了《海关总署浙江省人民政府共同推进浙江海洋经济发展示范区建设和义乌国际贸易综合改革试点合作备忘录》。

7月18日

国家质检总局副局长刘平均和宁波市委副书记、市长刘奇为宁波港大榭港区国际卫生港口授牌。

8月10日

浙江省口岸管理工作会议在义乌市召开。

9月8日

海关特殊监管区域HW账册在宁波海关正式试点运行。

9月16日

海关总署(国家口岸管理办公室)会同公安部、交通运输部、国家质检总局和总参谋部组成验收组,对台州港口岸大麦屿港区扩大开放进行检查验收。

9月21日

国家质检总局副局长魏传忠视察义乌民航机场、"义乌港"和义乌国际商贸城。

10月13日

中央组织部副部长、中央创先争优活动领导小组成员兼办公室主任王秦丰视察宁波国际航运服务中心,指导创先争优工作。

10月21日

国家口岸办副主任王敏视察义乌国际物流中心、义乌国际商贸城。

浙江省副省长毛光烈视察"义乌港"。

11月1日

宁波空港国际快件通关中心正式开通运营暨宁波—香港全货机成功首航仪式在栎社国际机场举行。

11月16日

来自刚果(金)外交部、司法部、边防警察局、移民局的21名官员在杭州边检站参观交流学习。

11月23日

浙江省副省长龚正在舟山专题调研舟山港口岸西码头鱿鱼集散中心对外开放问题。

12月6日

浙江省政府办公厅组织国家驻浙各查验单位对台州港口岸台州市园山船务工程有限公司涉外船舶航修准备工作进行检查验收。

12月20日

国家口岸办批复同意温州至台北临时客运包机在温州机场进出境。

12月21日

上海合作组织成员国边防部门主管机关第一次会议在杭州召开。

12月23日

嘉兴港集装箱年吞吐量突破50万标箱,货物吞吐量突破5 000万吨。

12月26日

浙江省政府副秘书长夏海伟在杭州市萧山区主持召开了浙江省引导和培育杭州航空口岸开辟国际航线工作领导小组工作会议。

12月27日

宁波梅山保税港区通过国家质检总局进口罗汉松特定口岸考核组现场考核验收,成为全国第2个、华东地区首个进口罗汉松特定口岸。

12月31日

义乌航空口岸第五次临时开放结束,6个月完成出入境旅客19 195人次,出入境飞机210架次,同比分别增长28.09%和41.89%。

(撰稿人:万丽华、江赟、陈园园、周 斌、高 鹏、卢文津)

安徽省

安徽省口岸工作综述

【口岸运行数据】2011年,安徽省口岸完成进出口货运量1 694万吨,同比增长9.3%。其中,进口1 552万吨,同比增长8.3%;出口142万吨,同比增长20.5%。进出口货值完成106亿美元,同比增长37.1%,占全省货物进出口值的33.8%,比2010年占比提高1.5个百分点。其中,进口80亿美元,同比增长29.6%;出口26亿美元,同比增长66.5%。集装箱运输29.9万标箱,同比增长97.2%。到港船舶3 501艘,同比增长11.9%。进出境人员20.4万人次,同比增长65.4%;进出境航班1 964架次,同比增长85.1%。2011年全省口岸工作呈现三大特点:

一是各市口岸货运量不断增长。阜阳口岸货运量为1.88万吨,同比增长198.4%;安庆口岸货运量11.5万吨,同比增长33.3%;蚌埠口岸货运量9.28万吨,同比增长32.4%;芜湖口岸货运量100.57万吨,同比增长25.9%;马鞍山口岸货运量1 373.65万吨,同比增长11.7%;池州口岸货运量34.5万吨,同比增长7.1%;铜陵口岸因铜精砂进口减少致使货运量减少至162.22万吨,同比下降15.5%。二是航空口岸客运量快速增长。合肥航空口岸进出境人员158 349人次,同比增长65.8%;黄山航空口岸进出境人员45 837人次,同比增长64.1%。主要航空公司飞行情况:国航飞行518架次,运送旅客45 149人次;东航飞行367架次,运送旅客45 423人次;海航飞行260架次,运送旅客33 765人次;澳门航空飞行270架次,运送旅客16 116人次;台湾复兴航空飞行130架次,运送旅客18 109人次;大韩航空飞行216架次,运送旅客26 622人次;韩亚航空飞行162架次,运送旅客18 634人次。三是口岸进出口货值占比逐年升高。2011年全年通过安徽省口岸进出口货值占全省进出口总值由2010年的32.3%提高到33.8%。

【口岸开放工作】积极争取将安徽省口岸开放意见列入国家"十二五"口岸发展规划,已上报池州九华山机场对外开放,扩大马鞍山口岸人头矶港区、江心洲港区水域范围,扩大芜湖口岸水域范围,以及池州港江口港区二期码头、安徽铜冠有色金属(池州)公司专用码头、香口港区安徽东至香隅化工园区公用码头水域范围和东至县大渡口镇水运开放范围的意见。目前,水运口岸扩大开放已列入国家"十二五"口岸发展规划,池州九华山机场对外开放属国家严格限制范围,特别是旅游城市的机场原则上不再对外开放,为此,在条件成熟情况下,在国家未正式批准扩大对外国籍飞机开放前,拟积极帮助其申报开通临时国际包机。

【口岸基础设施建设】合肥新桥国际机场迁建工程是列入国家和安徽省"十一五"规划纲要的重点工程。该项目于2005年年底启动选址以来,在安徽省委、省政府的领导下,本着"高起点规划、高速度推进、高标准建设、高质量完成"的宗旨,合肥新桥机场建设指挥部全力以赴推进工程建设。目前,机场土建工程全部结束,正在进行内部装修和设备安装,部分工程已具备竣工验收条件。

【口岸综合管理】下达全年口岸目标任务,全面实施工作量化考核。根据各市口岸实际运行状况,按照"分类指导、重点突破"的原则,安徽省口岸办下达了2011年各市口岸工作目标和工作任务,口岸运量按照2010年海关统计数据增长15%的幅度分解到各市口岸,作为对各市口岸工作考核的一项主要指标,年底按照《安徽省口岸工作评比办法》进行评比。黄山、铜陵等市将此列入了政府考核指标,黄山市还将此任务列入惠民十件大事之一。积极开展各种形式的活动,促进共建文明口岸活动开展。将开展共建文明口岸活动作为工作的抓手,坚持不懈大力推进,促进了这项工作不断向纵深发展。为推动共建文明口岸活动的深入开展,活跃口岸单位职工的文化生活,加强口岸各单位之间的交流,安徽省口岸办举办了安徽(合肥)第一届"口岸和谐杯"乒乓球比赛活动。该活动得到了各单位领导的重视和关心,合肥海关、安徽出入境检验检疫局、合肥边检站等10家单位40多人参加了比赛。黄山市为加强对共建文明口岸活动的领导,成立了共建文明口岸活动领导小组。组长由黄山市政府分管领导担任,相关职能部门为成员,领导小组办公室设在黄山市口岸办。2011年6月,又组织黄山海关、黄山边防检查站、黄山出入境检验检疫局等口岸单位,赴四川进行学习考察,就进一步加强口岸跨区域合作、共建文明口岸进行了交流。铜陵市口岸办组织铜陵边防检查站、铜陵出入境检验检疫局、铜陵海事处等部门和运输企业,对广西口岸廉政共建情况进行了考察;共同签署下发了"铜陵口岸廉政共建办法",成立了廉政共建领导小组,设立了办公室,由铜陵市口岸办负责人任办公室主任,具体负责廉政共建活动的联络沟通、指导协调、督促检查及其他日常工作,并建立了工作例会制度、异常情况通报制度和违纪线索通报制度。积极协调合肥航空口岸各联检单位,热情做好要客礼遇服务工作。按照国家关于省会城市不设口岸办公室的规定,合肥航空口岸由安徽省口岸办管理。随着安徽省对外开放的不断深入和社会经济的快速发展,从合肥直接出入境的商务专机和包机数量剧增,2011年已达30多架次,主要来自香港、台北、曼谷、莫斯科、孟买和新西伯利亚;给予贵宾礼遇的人次也急剧上升,已达168人次。保障服务的对象主要包括:政要和领导,如澳大利亚前总理霍华德、日本原首相鸠山由纪夫、韩国副议长等政要,省领导及商务部领导;企业高管,如日本伊藤忠商社CIO、香港华润集团董事长、江汽集团境外合作单位的高管等来皖开展经贸活动等。由于商务专机基本上都是晚上和清晨起降,在省口岸办的组织协调下,得到了边防、海关和检验检疫等联检单位的鼎力支持,各单位负责人常在深夜或凌晨亲自到现场带班,提供了便捷、安全的服务,受到了领导和有关方面的称赞。

【电子口岸建设】 2011年合肥海关坚持以"调整、完善、提高"为目标,重点做好安徽口岸海运通关辅助管理系统、安徽口岸物流监控系统等项目推广工作。目前,安徽电子口岸平台共登记企业用户665家,日均访问量1 000余次,企业反映良好,系统运行稳定,应用成效显著。一是降低了物流成本。海运通关辅助管理系统、空运通关辅助管理系统、芜湖出口加工区辅助管理系统上线一年多来,共接受作业申报65 450票,节约企业通关、物流时间26.2万小时以上,节约物流成本上千万。二是提升了口岸信息化水平。初步实现了主要口岸及特殊监管区域信息化,物流信息的电子化,进出口信息电子透明化,以及物流、单证信息的共享。三是便捷了企业通关。出口加工区辅助管理系统应用后,企业改按票报关为按月集中申报,极大地节省了报关成本和通关时间,方便了货物的便捷进出。2011年7月,安徽电子口岸项目推广第一阶段工作总结评估会议在合肥海关召开。会上,各成员单位专家、相关项目主管单位及用户单位一致认为:通过一年来的项目推广工作,安徽电子口岸在省内得到了广泛的推广应用,取得了显著成效,基本实现了安徽电子口岸项目建设的目标,为提升安徽省内口岸信息化水平发挥了重大作用。

【口岸大通关】 积极推动"大通关"建设,加快贸易便利化步伐。积极向进出口企业宣传,主动联系和协调口岸有关单位,进一步扩大了享受"属地申报,口岸验放"、"直通式转关"、"绿色通道"通关模式的企业范围,向守信用、经营好的企业延伸。继续推动扩大跨关区、跨检区的区域合作,实现了散货"属地申报、口岸验放"通关模式的突破;"全天候、无假日"预约服务制度在联检单位普遍得到了实施;"进口分类通关"、"出口分类通关"试点取得了积极成效。安徽省先后与上海和其他部分沿海省市分别签订了"大通关合作框架协议",逐步将安徽省进出口货物的通关口岸从省内直接延伸到"长三角"、"珠三角"和"环渤海"地区及新疆阿拉山口等重要口岸,开展"属地申报、口岸验放"跨关区通关业务,减少了审批程序和办事环节,提高了通关速度,降低了口岸物流成本,方便了企业。马鞍山口岸办通过组织走访上海海关、湛江海关和宁波海关等,加强与口岸海关的联系沟通,促进"大通关"工作;芜湖口岸办通过召开"一站式"报关服务汇报座谈会推进"大通关"工作;铜陵口岸办紧紧围绕"优化口岸通关环境,力促口岸运量增长"工作重点,加大协调力度,召开口岸联席会议及船代、货代会议,深入外贸进出口、货运、运输企业和代理服务部门、港区走访调研,争取新的货源从铜陵进出;池州口岸办会同海关、检验检疫、边检、海事等单位召开口岸通关政策宣介会,向港口、重点进出口企业、船代货代公司宣讲政策,促使95%的进口货物和60%以上的出口货物均在本地口岸通关,口岸功能、效益得到进一步发挥;安庆口岸办积极落实市长专题会议精神,加快建立电子口岸平台,全面实现电子口岸的功能;阜阳口岸办通过"属地申报、口岸验放"的区域通关模式,使得属地企业受益;蚌埠口岸办着力推动铁海联运业务,多次组织召开铁海联运业务座谈会,就扩大铁海联运业务进行研讨。开展大通关建设调研,为领导决策提供科学依据。一是对芜湖港国际集装箱发展情况进行调研。2011年年初,根据省政府分管领导关于"加强芜湖港区建设,提高服务水平,优化通关环境,促进安徽省国际集装箱物流业发展"的批示精神和省商务厅领导的要求,分赴合肥、芜湖、南京等地,走访了港口、货代、船代、集装箱运输企业和海关、检验检疫等口岸联检单位,就如何促进芜湖港国际集装箱物流发展进行了调研,并向省政府作了专题报告。报告分析了芜湖港与南京港国际集装箱运输的现状与差距,剖析了安徽省集装箱从南京分流的客观原因,阐述了发展芜湖国际集装箱物流业的意义和促进安徽省经济发展的积极作用,提出了促进芜湖港国际集装箱物流业发展的有关建议。该报告得到了省政府分管领导的重视,要求有关单位分别落实;芜湖市政府主动与有关单位联系,由分管秘书长加强协调。二是对安徽省大通关建设有关情况进行调研。2011年2月,根据安徽省政府分管领导的要求,安徽省口岸办向沿江5市口岸办下发了《关于对我省大通关建设有关情况的调查》,并先后到铜陵、池州市组织召开了进出口企业、货代企业、报关行和港口单位负责人参加的座谈会,对大通关涉及的主要环节,进出口货物通关速度,海关、商检开箱查验率,电子口岸运行,"属地申报、口岸验放"、"绿色通道"实施,联检单位实行"全天候、无假日"预约服务制度情况等进行了认真的调查,分析了目前存在的问题和差距,提出了推动大通关建设的建议。

【口岸查验部门简述】**合肥海关** 深入贯彻落实海关总署"把好国门、做好服务、防好风险、带好队伍"的总体要求,切实加强业务和队伍建设,着力防范执法、管理和廉政风险,积极服务地方外向型经济发展。一是业务指标取得新突破。2011年,合肥海关监管业务量快速发展,主要业务指标实现历史性突破。全年征收两税共123.8亿元,同比增长50%,提前两个月完成全年税收超百亿目标;监管进出口货物总量1 731万吨,总值128亿美元,同比分别增长8.5%和21%;审核报关单8.9万份,同比增长50%;监管进出口集装箱20万箱次,同比增长25%;办理加工贸易合同2 096份,备案金额近38亿美元,同比分别增长5.5%和38%;监管进出境航班1 918架次,进出境人员20.3万人次,同比分别增长82%和62%;减免两税7.4亿元,同比增长38%。二是服务经济实现新发展。2011年,安徽省外贸进出口总值313.4亿美元,首次突破300亿美元大关,创历史新高,居全国第16位,同比增长29.1%,高出全国平均增速6.6个百分点。其中,出口总值170.8亿美元,居全国第17位,同比增长37.6%,高于全国平均增幅17.3个百分点;进口总值142.6亿美元,居全国第14位,同比增长20.2%,低于全国平均增幅4.7个百分点。在实际工作中,合肥海关主动融入安徽崛起战略,以优质高效的服务促进地方外向型经济健康快速发展。特殊监管区域建设步伐加快:芜湖出口加工区继续高速发展,合肥出口加工区进入预验收阶段,芜湖综合保税区、铜陵市保税物流中心(B型)、合肥新站区保税物流中心(B型)申报工作逐步开展。积极参与安徽省开放型政策宣讲月活动。安徽电子口岸项目建设目标基本实现,省内口岸信息化水平明显提升;芜湖港"一站式报关服务"顺利实施;合肥港码头通过验收并正式通航;滁州海关筹备工作稳步推进,办公楼建设已进入内外装修阶段；合肥新桥国际机场的海关办公监管设施建设顺利进行；宣城海关获国务院批准设立。密切关注贸易焦点问题，统计分析预警作用充分发挥。强化企业动态管理，方便合法企业进出，使其享受通关便利优惠，目前安徽省共有 A 类和 AA 类企业 303 家，相继与中行、交行签订合作备忘录，业务合作进一步强化。三是海关改革迈出新步伐。出口分类通关全面推广，进口分类通关成功试点，通关速度进一步提高。评估显示，合肥海关分类通关出口货物平均通关时间为 1.12 小时，比全国平均水平快 0.38 小时。区域通关范围不断拓展，与乌鲁木齐海关签署区域通关合作备忘录，正式开启西向通关全新通道。截至 2011 年年底，合肥海关已与"长三角"、"珠三角"、环渤海及西北部区域等 13 个海关实施了"属地申报、口岸验放"通关业务。在业务现场推广使用辅助监管系统，严密出口货物运抵申报和进口货物放行监管。建立健全关区减免税审批备案机制，减免税审批工作进一步规范统一。创建联合审单工作机制，组建联合审单办公室，审单工作联动配合初见成效。全面落实"三查合一"工作，设置稽查机构，组建稽查小分队，进一步强化稽核职能，2011 年共稽查补税 3 443 万元。加强风险布控指令的统筹管理，风险防控效能稳步提升，全年通过风险布控追补税款 4 367 万元，增长 6.8 倍。HL2008 系统推广应用工作进展顺利，制发各类处置提示单 1 355 份，追补税款 7 304 万元。同时，持续加大查缉走私力度，提高反走私整体合力和效能，进一步优化口岸执法环境。2011 年刑事立案 1 起，案值 7 700 余万元；行政立案 24 起，案值约 1.5 亿元。

安徽省公安边防总队 2011 年全面贯彻"以服务为中心，坚持畅通通关、坚持严密管控"的新时期边检工作指导方针，着力转变工作理念，创新工作机制，不断深化"三项重点工作"和"三项建设"，积极创造服务出入境人员、促进对外开放的良好通关环境，为安徽经济建设和改革开放提供了高效、友好、专业的边检通关服务，确保了以边防检查为中心的各项工作任务的圆满完成。实际工作中，边防主动融入安徽"奋力崛起"战略，积极服务皖江城市带承接产业转移示范区建设规划，大力向往来口岸企业和客商宣传推介皖江城市带的区位优势和投资前景，切实担当安徽对外开放的"服务员"和"宣传员"，先后推出边检微博、现场导游员、边检码头指导员、国际海员法律援助，"主动提高口岸通关效率，减少船舶在港停留时间，推动企业产值增效；主动开门纳谏，积极改进工作，回应服务对象新期待；主动推行外语服务，积极为服务对象解答出入境政策；主动推动建立口岸安保联动协作机制，确保口岸安全稳定"。"主动当好优化口岸通关环境的服务员；主动当好和谐警民关系的联络员；主动当好服务对外开放的翻译员；主动当好法律纠纷的调解员；主动当好法律政策的宣传员；主动当好维护口岸稳定的战斗员"等便民利民创新举措，受到服务对象一致赞誉。尤其是 2011 年下半年，针对来人来函反映安徽籍江海联运船舶出海户口簿、出海船民证等出海边防证件办理难问题，省边防总队认真调研论证，提出解决方案，向公安部边防管理局申请出海边防证件办理授权。2011 年 9 月 29 日，公安部边防局正式批复授权，解决了长期困扰安徽省航运企业及从业船员出海办证难题，受到时任省长王三运和徐立全、唐承沛、黄海嵩等省领导的批示肯定。2011 年，安徽省各级边防共检查出入境人员 206 998 人次、出入境交通工具 2 171 架（艘）次，同比分别增长 61.6%、52.1%，在任务量屡创新高的情况下未发生一起执勤事故、案件和差错，先后完成安徽省省长王三运率领的安徽经贸文化宝岛行代表团、安徽省副省长花建慧率领的赴澳考察团、第七届徽商大会代表团、全国政协副主席何厚铧一行、毛里塔尼亚总统阿齐兹一行、日本前首相鸠山由纪夫一行等的出入境边防检查勤务，受到服务对象高度评价。

安徽出入境检验检疫局 2011 年检验检疫出入境货物 14.57 万批、108.80 亿美元，同比分别增长 7.94% 和 38.27%。其中，出境货物 13.73 万批、84.40 亿美元，同比分别增长 6.82% 和 38.80%；入境货物 8 436 批、24.40 亿美元，同比分别增长 30.19% 和 36.46%。在出入境货物中检出 543 批、4 757 万美元不合格货物，同比分别增长 18.82% 和 152.36%，其中出境货物 216 批、533 万美元，同比分别减少

17.24%和25.77%；入境货物327批、4 223万美元，同比分别增长66.84%和261.87%；因入境货物不合格对外索赔89批、704.75万美元，已赔678.60万美元，同比分别下降16.82%、增长83.95%、增长78.08%。2011年签发普惠制产地证和区域性优惠原产地证5.42万份、29.47亿美元，同比分别增长2.46%和25.83%，按5%关税减免幅度计算，减少关税1.47亿美元，有力增强了安徽出口商品的竞争力。检疫标箱97 823个，发现问题626个，卫生除害处理71 261个，同比分别增长24.39%、25.45%和23.40%。检疫查验出入境飞机1 946架次、船舶204艘，同比分别增长88.38%和下降44.57%；截获动植物疫情220批，同比增长15.79%；截获医学媒介生物914只，同比增长134.36%；查验出入境人员197 202人次，同比增长59.92%，其中出境人员98 666人次，入境人员98 536人次，同比分别增长58.50%和61.37%。开展健康检查25 586人次，检出各种病例6 815例，同比分别减少8.96%和9.85%；开展艾滋病检测25 765人次，发现病例4例，同比分别减少8.74%和33.33%。2011年完成卫生注册出口食品企业101家，累计257家；备案农产品出口基地42家，累计186家；发放出口产品质量许可证54家，累计187家；办理3C免办证明252份，累计2 046份(有效期内)；ISO9000体系认证212家，同比增长23.26%。电子监管企业131家、产品274个，快速核放货物30 326批次，同比分别增长20.18%、26.27%和30.11%。实施绿色通道企业26家，累计88家。根据国家质检总局相关政策，2011年减免企业各项收费1 438.98万元，同比增长52.30%。全面落实省部合作备忘录，服务皖江城市带承接产业转移示范区建设。重点帮扶示范区内平板显示、光伏和LED等战略新兴产业发展，设立"861"进口大项目检验检疫绿色通道，简化报检手续。选择62家小型进出口企业由系统处级干部一对一开展"助小"活动，在报检、检验监管、签证、放行通关等环节实行"一站式"服务。落实安徽省委、省政府重大决策，服务皖北、皖西地区加速崛起。成立"服务皖北经济发展工作领导小组"，研究出台《安徽检验检疫局服务皖北经济发展的意见》，落实安徽省委、省政府《关于进一步促进安徽大别山革命老区又好又快发展的若干意见》，制定服务大别山革命老区外向型经济发展的具体措施，扶持当地竹木草、水产品、羽绒、茶叶、机电等主导产业发展。加强检验检疫区域合作，积极推进长三角一体化进程。2011年5月，先后与浙江、宁波局签署《关于建立业务协调机制的合作备忘录》，通过区域协作减少安徽进出口货物的通关环节。2011年11月，安徽出入境检验检疫局首次承办泛长三角地区检验检疫机构合作机制联席会议，国家质检总局副局长魏传忠、安徽省政府副省长花建慧出席会议并分别代表国家质检总局和安徽省政府作重要讲话，安徽、上海、江苏、浙江、宁波、福建、江西、湖北、厦门局共同签署《泛长三角检验检疫机构区域大质检文化建设备忘录》，会议启动"泛长三角地区检验检疫合作机制信息平台"，通过共建检验检疫合作机制信息平台和推进大质检文化建设，进一步深化区域合作，扩大直通放行适用范围，促进安徽省外贸企业口岸通关便利化。会上，安徽局与上海局共同签署《给予合肥京东方光电科技有限公司入境货物及其包装物通关便利的协议》。大力开展出口食品农产品质量安全示范区创建工作。砀山出口果蔬、休宁出口茶叶质量安全示范区获国家质检总局通报表彰，分别被列为全国首批、第二批重点推进的典型示范区。开展打击侵犯知识产权和制售假冒伪劣商品专项行动，与安徽省质监局共同研究制订《打击侵犯知识产权和制售假冒伪劣产品专项行动方案》，重点查处企业生产过程中以假充真、掺杂掺假、以次充好等违法行为，先后查处7家省级和专业外贸公司涉嫌使用伪造装运前检验证书案件，立案查处违法行为6起。与省质监局共建共享12365系统，开通"12365"举报处置热线电话，受理群众举报，开展质量咨询服务，深入推进企业信用体系建设工作。不断提升电子监管水平。在2010年大力推广应用电子监管的基础上，整改电子监管应用工作中存在的问题，将分类管理成果运用于电子监管。与省交通厅签署《关于加强进出口监管提高口岸工作效率合作备忘录》，共同推进电子口岸建设，实现口岸信息共享，建立执法联动和便利运输机制。大力推进"两个平台"建设，强化口岸监管。根据国家质检总局关于加强口岸监管的要求,牵头成立"两个平台"领导小组和办公室,对安徽省7个对外开放口岸"两个平台"建设的现有基础进行调查摸底,初步理清口岸建设的管理思路。同时,利用合肥港国际集装箱码头开通国际业务的契机,推进检验检疫港口信息化管理建设,对安徽建立"无水口岸"进行积极探索。大力实施科技兴检战略,增强可持续发展能力。申报国家质检总局年度科研项目14项、公益项目3项,申报安徽省自然科学基金项目2项,申报安徽出入境检验检疫局自主科研项目3项,向国家认监委申报制标项目17项。成立国家级汽车、家电检测重点实验室建设工作领导小组,向国家质检总局和国务院有关部门提交了加快汽车重点实验室建设的可行性报告。加大合肥、黄山空港和芜湖、安庆、马鞍山、铜陵、池州沿江口岸的投入,购置口岸各类检测仪器98台套,价值350.9万元。加快新批机构建设步伐,基础设施建设全面启动。先后与合肥新站区管委会签署合肥新站办事处项目框架协议和建设协议,滁州局综合实验楼主体工程顺利完工,国家质检总局批准合肥机场办事处升格为正处级,批准筹建宣城局。蚌埠、安庆局新建检验检疫综合楼工程完成前期准备工作。完成合肥出口加工区、合肥港集装箱码头建设方案和新桥机场检验检疫办公楼、报检大厅、航站楼查验通道、实验室规划设计工作。对合肥港国际集装箱码头、国际卫生机场建设进行调研。深入开展"为民服务、创先争优"活动和精神文明创建。重点推进检验检疫窗口标准化、规范化建设,规范服务内容,增加服务项目,延伸服务功能,提升对外服务水平和窗口形象。2011年,安徽出入境检验检疫局效能考核在17个中央驻皖单位中名列第一,荣获首届"省直文明单位"称号,与马鞍山、黄山、阜阳局分别荣获第九届"省级文明单位"。

2011年安徽省口岸流量统计表

口岸类型	口岸名称	货运量（万吨）			集装箱量（万标箱）				人员（万人次）				交通工具（辆、艘、架、列次）			
		出口	进口	合计	同比（%）	出口	进口	合计	同比（%）	出境	入境	合计	同比（%）	出境	入境	合计	同比（%）
空运口岸	合肥骆岗国际机场									7.97	7.86	15.83	+65.8	789	792	1 581	+84.9
	黄山国际机场									2.25	2.33	4.58	+64.1	192	191	383	+85.9
	分计									10.22	10.19	20.41	+65.4	981	983	1 964	+85.1
水运口岸	马鞍山	24.67	1 348.98	1 373.65	+11.7			5.41	+32.6							675	+5.6
	铜陵	13.33	148.89	162.22	-15.5			1.02	-37.3							431	-21.6
	长江口岸 芜湖	63.15	37.42	100.57	+25.9			21.04	+177.7							1 630	+21.2
	池州	27.3	7.2	34.5	+7.1			0.7	+46.7							296	+50.3
	安庆	6.79	4.71	11.5	+33.3			1.23	+25.9							469	+17.8
	分计	135.24	1 547.2	1 682.44	+9.3			29.4	+92.0							3 501	+11.9
合计		135.24	1 547.2	1 682.44	+9.3			29.4	+92.0	10.22	10.19	20.41	+65.4			5 465	+28.89
同比（%）																	

（安徽省口岸办公室提供）

2011年合肥海关主要数据统计表

项目		2011年	同比(%)
进出口货运量（万吨）	合计	1 731	+8.50
	进口	1 583	+9.50
	出口	148	-0.50
进出口贸易总值（万美元）	合计	1 284 022	+21.20
	进口	1 005 182	+14.20
	其中：江、海运输	936 015	+11.80
	铁路运输		
	汽车运输	4 089	+95.60
	航空运输	65 078	+61.40
	邮件运输		
	其他运输		
	出口	278 839	+55.60
	其中：江、海运输	269 265	+56.70
	铁路运输	4 753	+11.60
	汽车运输	191	-43.30
	航空运输	4 630	+64.80
	邮件运输		
	其他运输		
税收（万元）	两税合计	1 237 670	+49.90
	关税入库	85 319	+14.10
	进口环节税入库	1 152 351	+53.40

（合肥海关提供）

2011年安徽省口岸出入境主要数据表

单位:(人员)人次;(交通工具)辆、艘、架、列次

项目			2011年	2010年	同比(%)
出入境人员		出入境人员总数	206 998	128 111	+38.11
		入境人员	102 653	62 796	+38.83
		出境人员	104 345	65 315	+37.40
		出入境旅客	186 458	113 070	+39.36
		出入境员工	20 540	15 041	+26.77
	中国公民	小计	111 103	73 188	+34.13
		内地居民(因公)	14 201	11 967	+15.73
		内地居民(因私)	96 902	48 427	+50.02
		港澳居民	3 307	2 312	+30.09
		台湾居民	13 499	10 482	+22.35
		外籍人员	79 089	54 923	+30.56
		从海港出入境人数	2 812	4 671	-66.11
		从陆港出入境人数			
		从空港出入境人数	204 186	123 440	+39.55
交通运输工具		总计	2 171	1 427	+34.27
		船舶	206	365	-77.18
		飞机	1 965	1 062	+45.95
		火车			
		机动车辆			

(安徽省公安边防总队提供)

2011年安徽省出入境检验检疫业务统计表

项目	货物检验检疫				交通工具		集装箱(标箱)		发现动植物疫情		货物通关		出入境人员查验(人次)	健康检查及预防接种(人次)			
	批次	金额(万美元)	检验检疫不合格		船舶(艘)	飞机(架)	合计	检出问题	种类数	种次	批次	金额(万美元)		健康检查	艾滋病监测	发现病例	预防接种
			批次	金额(万美元)													
全年累计	145 727	1 088 007	543	4 757	204	1 946	97 823	626	16	193	20 592	249 183	197 202	25 586	25 765	6 815	44 516
其中 出境	137 291	843 993	216	533	156	973	25 999	1			15 228	167 909	98 666	24 742	24 919	6 635	44 504
入境	8 436	244 014	327	4 223	48	973	71 824	625	16	193	5 364	81 274	98 536	844	846	180	12
同比上年增长(%)	+7.94	+38.27	+18.82	+152.36	-44.57	+88.38	+24.39	+25.45	-5.88	+503.13	+52.47	+39.4	+59.92	-8.96	-8.74	-9.85	+16.48
其中 出境	+6.82	+38.8	-17.24	-25.77	-32.47	+88.2	+29.27				+62.71	+79.43	+58.5	-9.33	-9.1	-9.74	+16.48
入境	+30.19	+36.46	+66.84	+261.87	-64.96	+88.57	+22.71	+25.25	-5.88	+503.13	+29.35	-4.57	+61.37	+3.43	+3.68	-13.88	+50

(安徽出入境检验检疫局提供)

安徽省口岸大事记

1月13日

安徽省第一票ECFA业务在合肥海关顺利通关。货主为芜湖帮的贸易有限公司,申报进口冷轧卷钢3 242吨,价值256万美元,享受税款优惠约60万元。

1月20日

安徽省委常委、合肥市委书记孙金龙听取安徽出入境检验检疫局党组工作汇报,充分肯定检验检疫部门在服务地方发展大局方面所做的工作。

1月25日

安徽省副省长唐承沛专门听取了边防工作情况的汇报,对边防工作给予充分肯定,并勉励边防官兵立足新起点,抢抓新机遇,紧紧围绕服务改革开放和经济建设这个中心,更好地履行职能使命,为推动安徽经济社会全面转型,开创加速崛起、兴皖富民的新局面作出新的更大的贡献。

2月11日

安徽出入境检验检疫局局长邱栋久、副局长吕小斌一行赴合肥新站综合开发试验区,就合肥新站综合实验开发区检验检疫机构建设和便利化服务事宜展开调研。

3月2日

安徽出入境检验检疫局副局长程愈强、马鞍山市副市长王晓焱和合肥海关副关长贾江出席中检安徽公司与安徽华文国际经贸股份有限公司进出口货物检验全面合作协议签字仪式。

3月4日

安徽省边防总队法律援助工作站揭牌成立。

4月18日~25日

安徽出入境检验检疫局副局长吕小斌随省长王三运出席安徽经贸文化宝岛行开幕式暨台湾安徽经贸合作研讨会,期间,参加与台湾工商界联谊会、农产品合作研讨会和副省长花建慧主持的高雄采购水果起运仪式。

4月18日

安徽省省长王三运视察合肥骆岗机场并慰问海关关员。

5月4日~5日

安徽省出口茶叶质量安全示范区建设(休宁)现场会在黄山召开。国家质检总局副局长蒲长城,安徽省副省长花建慧,安徽出入境检验检疫局局长邱栋久、副局长方元炜出席会议。

5月6日

公安部边防管理局副政委朱启明少将来安徽省边防总队宣布干部任职命令,张贞来同志任安徽省公安边防总队政治委员。

5月23日~24日

安徽出入境检验检疫局局长邱栋久、副局长吕小斌赴杭州、宁波,分别与浙江、宁波局签署《关于建立业务协调机制的合作备忘录》。

5月26日~28日

由安徽省委组织部、省商务厅联合举办的"2011年全省开放型经济发展专题研讨班"在合肥开班。安徽省副省长花建慧到会并讲话,安徽出入境检验检疫局副局长吕小斌应邀就"检验检疫监管重点及便利措施"做了专题发言。

5月28日~29日

公安部审计局副军职调研员黄杰少将在安徽省边防总队政委张贞来、副总队长左东升的陪同下,到黄山边检站调研指导工作。

6月1日

安徽出入境检验检疫局局长邱栋久参加省长王三运主持召开的台商座谈会。

6月3日

合肥边检站被安徽省人民政府评为"铭传亲缘宝岛行"活动组织工作先进单位。

7月26日

安徽出入境检验检疫局副局长吕小斌出席副省长花建慧主持召开的外向型经济工作总结和2011年下半年形势分析会并发言。

8月17日

安徽出入境检验检疫局局长姜宗亮赴合肥新站综合开发试验区调研,视察安徽局新站办事处筹建选址地,参观合肥京东方液晶平板显示六代线生产基地,并与新站区管委会领导及京东方公司负责人进行座谈。

8月18日~19日

国家质检总局原局长、全国扫黄打非领导小组副组长李长江赴安徽黄山调研,安徽省副省长花建慧、省政府副秘书长张武扬、安徽出入境检验检疫局局长姜宗亮陪同考察。

9月18日~21日

国家质检总局口岸卫生检疫查验岗位和国际旅行卫生保健中心创先争优活动督导检查工作组对安徽出入境检验检疫局进行督导检查,安徽出入境检验检疫局副局长聂世平陪同检查。

9月19日

合肥边检站为毛里塔尼亚总统阿齐兹一行入境提供了优质的边检礼遇服务。

9月23日

安徽出入境检验检疫局局长姜宗亮出席中国(合肥)农产品交易会开幕仪式。

10月份

安徽省委副书记、省长王三运,安徽省委常委、政法委书记、省公安厅厅长徐立全,安徽省委常委、副省长唐承沛,副省长黄海嵩先后批示肯定安徽省边防总队创新出海船舶边防管理,积极服务安徽航运经济发展。

10月14日

安徽省人大常委会党组副书记、副主任任海深,副主任郭万清对安徽出入境检验检疫局工作进行视察指导,充分肯定检验检疫工作,并从地方立法的角度支持检验检疫工作,这是安徽出入境检验检疫局建局以来省人大常委会领导首次莅临视察。

11月1日

国家质检总局与安徽省人民政府召开《合作备忘录》第一次联席会议。会上,安徽省副省长花建慧高度评价省部合作以来,安徽质检部门在服务外向型经济发展方面积极作为,有效帮助"安徽制造"开拓国际市场,促进安徽经济发展方式转变和经济结构调整。

11月2日

2011年度泛长三角地区检验检疫机构合作机制联席会议在合肥召开,国家质检总局副局长魏传忠、安徽省副省长花建慧出席会议并作重要讲话。会议启动"泛长三角地区检验检疫合作机制信息平台"。安徽、上海、江苏、浙江、宁波、福建、江西、湖北、厦门局共同签署《泛长三角检验检疫机构区域大质检文化建设备忘录》。

11月3日

安徽出入境检验检疫局局长姜宗亮陪同国家质检总局副局长魏传忠考察调研芜湖方特和芜湖奇瑞汽车公司。

11月8日

合肥边检站圆满完成全国政协副主席何厚铧一行入境边防检查勤务。

11月15日

全国人大常委、财经委副主任委员牟新生一行视察合肥海关。

12月2日

安徽省委常委、省委副书记孙金龙一行莅临合肥海关视察。

12月9日~10日

公安部边防管理局副局长徐宽宥少将率工作组来安徽省边防总队检查指导工作。

12月16日

合肥港国际集装箱码头监管场所通过合肥海关验收。

12月21日

合肥港外贸集装箱内支线运输首票货物顺利通关。该批货物为出口至日本的叉车零件,共计18个集装箱。合肥港正式开通外贸集装箱内支线运输,标志着合肥市实现"通江达海",合肥市及周边的进出口货物有了水运通道,物流成本将大大降低。

12月22日~23日

安徽出入境检验检疫局局长姜宗亮陪同副省长花建慧赴江北、江南集中区调研外向型经济发展情况。

12月28日

安徽出入境检验检疫局局长姜宗亮出席《关于加强进出口监管提高口岸工作效率合作备忘录》签字仪式并讲话,副局长吕小斌与安徽省交通厅副厅长丁庆领代表各自单位签署备忘录。

(撰稿人:黄华、胡宝林、刘勇)

福建省

福建省口岸工作综述

【口岸运行数据】 2011年福建省共完成外贸进出口1 436.3亿美元,与上年同比(以下称同比)增长32%,其中进口507.6亿美元,同比增长36.1%;出口928.6亿美元,同比增长29.9%,累计实现贸易顺差421亿美元。全省海港口岸进出口货物15 096.16万吨,同比增长14.61%(其中进口10 006.31万吨,同比增长17.07%;出口5 089.85万吨,同比增长10.06%);海运集装箱累计完成618.65万标箱,同比增长7.19%(其中进口304.44万标箱,同比增长6.26%;出口314.21万标箱,同比增长8.11%)。全省海港口岸出入境旅客157.28万人次,同比增长6.04%(其中入境78.79万人次,同比增长6.5%;出境78.49万人次,同比增长5.58%)。全省空港出入境旅客304.43万人次,同比增长14.48%(其中入境151.23万人次,同比增长14.05%;出境153.20万人次,同比增长14.90%);全省空港出口货物15.80万吨,同比增长8.54%(其中进口6.60万吨,同比增长14.21%;出口9.20万吨,同比增长4.81%)。海峡两岸直航完成进出口货物2 211.24万吨,同比增长17.74%(其中进口354.14万吨,同比增长8.07%;出口1857.10万吨,同比增长19.78%);完成直航海运集装箱67.29万标箱,同比增长0.02%(其中进口33.34万标箱,同比下降0.11%;出口33.95万标箱,同比增长0.15%);两岸海上直航完成出入境旅客156.01万人次,同比增长6.23%(其中入境78.08万人次,同比增长6.57%;出境77.93万人次,同比增长5.88%)。

【口岸开放工作】 一是制定并上报福建省"十二五"口岸开放发展规划意见,规划布局全省未来开放口岸,为福建口岸可持续发展奠定基础。二是推进平潭海港口岸开放工作。2011年8月15日,平潭澳前客滚码头临时开放获批,随后完成平潭海港口岸澳前客滚码头对外临时开放省级验收工作。12月,省政府上报国务院请示平潭海港口岸对外开放,该口岸澳前客滚码头至台中的海上快速客运航线开通。三是推动全省口岸扩大开放工作。推进福州港口岸罗源湾港区及漳州港口岸冬古旧镇二类口岸归并扩大开放工作,进入国家相关部委审理程序。松下港口岸牛头湾港区对外开放通过国家级验收。做好口岸临时对外开放工作,服务地方临港工业发展。福州港口岸罗源湾港区华东船厂码头、可门作业区4、5号泊位获批临时开放并运行良好;做好罗源湾港区狮岐3万吨级码头、碧里4号泊位及可门10、11号泊位临时开放延期申报促批工作。做好新增外贸作业点验收启用工作,提升口岸辐射能力。组织省级验收组先后对9个新增外贸作业点进行了省级验收,其中江阴港区2~5号泊位的验收,为福州保税港区的运作奠定了基础。做好开放范围内国际航行船舶临时进靠工作,服务福建省重点项目建设和重点企业对口岸开放的需求。全年协调驻闽口岸查验主管单位,临时进靠国际航行船舶84艘次,仅泉州港口岸福建联合石化公司原油码头临时进靠达35艘次,进口原油926万多吨。

【口岸综合管理】 一是落实中央编办出台的《口岸查验检验机构设置和编制管理办法》,组织完成全省口岸查验单位机构编制情况的调研,并与省编办共同研究形成《福建省人民政府关于支持中央驻闽口岸检查检验部门增加机构编制的请示》(代拟稿)报省政府。二是争取国家经费支持福建省口岸查验配套设施建设。2011年共争取国家发展改革委补助福建省查验配套设施建设资金1 530万元。三是合理配置口岸资源,提升口岸整体效能。首先,依据海关总署批复的"福建省港口口岸开放范围确认方案",探索实施好全省口岸开放新布局。在空间上弥补全省口岸开放南北两端不足的现状,推动宁德环三都澳的口岸开放和漳州的部分海港口岸开放;在时间上将历史遗留问题一并确认,解决了厦门港、福州港和泉州港口岸相关港区的口岸开放问题,推进这些港区的查验配套设施建设。其次,配合厦门、湄洲湾和福州三大港口一体化工作,推动全省口岸资源整合。初步完成全省口岸查验配套设施摸底调查和口岸查验单位机构编制情况的调研。四是加强协调配合,服务对台工作。支持海西船舶修造企业发展。依据"福建口岸通关部门进一步支持我省船舶修造企业开展台轮维修业务的具体措施",审核批准3家造船企业作为台轮维修点。五是面向基层工作,服务外贸企业。面向基层企业,努力为外经贸企业排忧解难,本着积极服务、主动服务、有效服务的精神,先后协调解决了台魅食品股份公司进口台湾食品请求简化手续、武夷山味精有限公司和福建糖酒副食品总公司产品出口因归类审价问题通关受阻、福建鳗鱼协会请求从福州空港进口欧洲鳗苗给予便捷通关及华东造船厂承接外轮修理出口报关及退税等有关事宜,得到企业的一致好评。六是服务口岸发展,做好调研工作。开展"推进区域口岸协作、优化口岸大通关环境,构建开放大通道"研究,配合开展"加强外经贸发展环境建设"课题研究,认真做好《关于加快推进福建电子口岸建设的建议》调研。落实省物流业调整和振兴实施方案,提出《福建省物流业调整和振兴实施方案工作任务分解意见》的具体方案。

【电子口岸建设】按照2011年年初制定的《2011年福建电子口岸系统建设工作要点》积极有序地推进各项工作。一是开展陆地港通关物流信息平台、闽台通关物流信息平台、福州保税港区通关物流公共信息平台、海沧保税港区二期公共信息平台、福州空港口岸物流监控系统、福建检验检疫电子闸口系统、中国电子口岸IC卡网上联审系统、船舶进出境联检和货物进出口通关综合查询系统二期优化等一批重点项目的建设,有效保障了福州保税港区的达标验收和陆地港的试运行。二是推进福建电子口岸公共平台整合口岸相关部门通关物流信息资源,逐步实现数据共享和互传互通,为企业提供"一站式"服务的建设进程。三是主动服务平潭综合实验区建设,深入平潭调研,会商研究合作共建平潭综合实验区电子口岸物流信息平台事宜。四是撰写《福建电子口岸建设拓展提升的思考与建议》及《关于福建电子口岸股份有限公司体制问题的专题汇报》,总结福建电子口岸建设6年来的主要成效和存在问题,提出进一步加强协调管理、整合提升的工作思路供领导决策参考。

【口岸大通关】一是结合近年来全省口岸管理和大通关建设的发展趋势,总结贯彻《国务院关于支持福建省加快建设海峡西岸经济区的若干意见》工作,组织召开全省口岸大通关协调领导小组成员会议,根据领导小组会议精神明确了全年福建省口岸大通关工作思路,制定印发《2011年全省口岸大通关工作要点》,全面部署口岸大通关工作。二是总结和检验10年口岸大通关建设成效,进一步查找存在的问题,提升工作成效。2011年年初制定《全省口岸大通关情况调研工作方案》,开展全省口岸大通关情况调研。5月下旬开始,用3个月时间对全省各口岸进行调研,组织召开15场外经贸进出口企业和口岸生产运营企业座谈会,近250家企业代表参会;实地考察9地市计22家代表性企业;对近150家外经贸及口岸生产运营和中介服务企业进行问卷调查;发函各出口基地商会,收集所属会员企业的评价和意见建议。同时委托第三方调查公司开展定量调查,随机抽取福州、厦门两地口岸2010年1月至2011年6月间共计1 080票进出口集装箱进行通关时效和费收的统计分析;选取福州、厦门两地有代表性的进出口企业进行入户访谈并抽取"货物代理费用明细账单"进行对比分析。根据大通关调研情况形成《全省口岸大通关情况调研报告》及相关信息报送省政府,得到省领导重视。苏树林省长、叶双瑜副省长分别作了批示,调研报告被转发驻闽口岸查验部门和各设区市政府,针对调研中企业反映的突出问题进行整改。委托第三方调查公司同步开展的全省口岸大通关定量调查报告于年底完成。三是结合"全国口岸管理运行绩效评估体系"的试点工作,研究调整调查测评方案,启动口岸大通关环境和运行绩效测评工作。

【海西经济区综合通道建设】落实全省口岸大通关协调领导小组成员年度工作会议关于"着力构建海西综合通道"的部署,推进区域通关协作。一是贯彻《国务院关于支持福建省加快建设海峡西岸经济区的若干意见》和《海峡西岸经济区发展规划》,提出全省口岸工作加快建设服务周边地区发展的新的对外开放综合通道的4点建议。二是加强与青海省跨省区域合作,与青海省口岸办就双方区域间口岸通关合作和发展省际多式联运等达成合作共识。在第十五届中国国际投资贸易洽谈会期间,由福建省外经贸厅（口岸办）厅长林昌丛与青海省商务厅（口岸办）厅长何少民分别代表闽青两省签署了《福建与青海两省开展口岸通关合作协议》,在开辟闽青空运航线、航班,拓展西宁—厦门—台北及东南亚旅游客运航线,构建以福建口岸为进出口通道的闽青多式联运、外贸物流便捷运输网络和区域通关一体化便捷措施等方面开展合作。对《泛珠三角区域合作开展以来成效总结（征求意见稿）》和《泛珠三角区域合作"十二五"规划要点（征求意见稿）》提出修改意见。

【闽台口岸通关物流信息化合作】按照全年省口岸大通关协调领导小组成员年度工作会议关于"着力提升闽台通关合作协作水平"的部署要求,积极推进对台口岸通关合作。一是突出先行先试,牵头组织平潭口岸特殊通关机制课题研究,以课题研究为抓手,服务平潭综合实验区的开发开放。二是组织口岸部门赴台推进对台口岸通关合作,促进平潭澳前高速客滚航线开通,推动实现闽台口岸通关合作和口岸通关信息的共享,务实探索双方交流对接。三是积极推动实现闽台口岸通关信息的共享应用。把握国家质检总局支持福建先行先试的有利时机,进一步深化闽台通关物流信息合作,将闽台口岸通关物流信息平台建设项目列入全年福建电子口岸的省级重点项目,《闽台口岸通关物流信息平台建设方案》通过专家评审并组织实施。

【口岸查验部门简述】福州海关 2011年,关区共监管进出口货物4 704.7万吨,货物总值246.6亿美元,进出境运输工具1.74万辆（架）次,出入境人员113.8万人次,同比分别增长35.79%、23.4%、47.80%、11.8%；征收关税和进口环节税109.01亿元,同比增长29%。全年立案侦办走私犯罪案件110起,案值8 586.7万元,涉嫌偷逃税款1 838.9万元,同比分别增长189.5%、减少3.4%、增长0.5%,逮捕45人。行政案件方面,累计立案705起,案值28 190.64万元,同比分别增长36.89%、减少13.52%。

支持地方。一是全力支持平潭综合实验区开放开发。为《平潭综合试验区总体发展规划》正式获批、实行全岛开放发挥了积极作用,福建省领导以"平潭规划的获批,海关立了头功"予以高度赞扬。组织开展平潭海关税收、通关监管模式创新研究,大力支持"海峡号"客货滚装船顺利开航,获得上级领导的肯定。二是服务海西重点工作取得实效。推动福州保税港区（一期）顺利通过国务院联合验收组验收,积极争取海关总署在福州关区设立原产地办公室,全力促进福州港江阴港区设立国家整车进口口岸获得批准,这些重点工作的突破,为海西外向型经济的发展提供了新的增长点。此外,加大政策指导和服务支持力度,推动福州和福清两个出口加工区业务量继续大幅增长。三是为海西建设营造优质通关软环境。深化"属地申报、口岸验放"通关模式,进一步强化与25个直属海关的区域通关合作,全年办理该类报关单845票,货值4.78亿美元,征收税款4.97亿元人民币,同比分别增长8.06%、140.75%、118.29%。坚持在繁忙口岸实行"7天工作制",全年周末累计加班人员9 180人次,审核进出口货值31.41亿美元,同比分别增加2.77%、6.78%。四是拓宽关企沟通渠道。积极发挥12360热线平台作用,搭建微博、短信服务平台,全年共接待来访150批次,受理热线咨询电话8 000人次,开通2个月"粉丝"逾2万人,居全国海关首位,实现了"通关有问题,就打12360"。认真学习厦航精神,在关区各现场开展争创"为民服务创先争优"示范窗口活动,完善企业协调员制度,为企业提供个性化贴心服务,不断拓宽关企沟通渠道。五是服务两岸经贸往来。全年监管对台空中客运直航航班1 395架次,进出境人员322

112人次,同比分别增长7.46%和68.72%。全年关区对台小额贸易进出口值为7 680.4万美元,同比增长7.5%。监管"两马"(马尾—马祖)航线船舶1 232艘次,进出境人员46 093人次。努力将ECFA管理常态化、制度化,制定了一系列的便捷通关措施,全年ECFA审批684票,享受优惠货值3 144万元,减免税款903万元。

  税收征管。一是准确判断税收形势,实时跟踪征管进度。2011年年初,在科学调研的基础上,福州海关党组果断提出2011年税收过百亿的目标。通过强化税收监控分析,有针对性地采取各种调控措施,有力地促进了税收增长。全年税收入库109.01亿元,同比增长29%,首次突破百亿大关。二是继续加强规范申报,努力实现量质并举。在海关总署2011年第一次报关单抽样考核中,规范申报准确率达到85.21%,比2010年考核大幅提升38.53%。全年一般贸易价格水平始终保持在"绿色区间",化验命中率达到38.18%,税款核销率达99.29%,5项考核指标的正确率均高于全国平均水平,为税收征管夯实了基础。三是深入推进综合治税,确保应收尽收。坚持以打促税,组织开展了打击成品油走私"国门利剑"等多项缉私专项行动。充分发挥后续管理部门的作用,开展减免税、保税中后期核查稽查行动,据不完全统计,全年归类、审价、稽核查、缉私等各种渠道补税入库2.28亿元,做到了应收尽收。全关综合治税大格局继续得到强化,税收工作一盘棋局面得到提升。

  通关监管。深化业务改革,通关监管机制进一步优化。一是大力推行通关作业改革,将改革范围推广至关区主要业务现场,通关监管机制得到进一步优化。全年关区共受理分类通关报关单约39.64万份,占同期关区报关单总量的78%,其中超过8成的货物享受低风险快速验放便捷措施,关区通关速度大幅提高。作为海关总署第一个正式批准通关单无纸化改革的试点海关,2011年8月福州口岸率先试行出口货物通关单无纸化通关模式,实现了海关、检验检疫全程通关无纸化。二是提升关区实际监管能力。按照"升级一批、规范一批、注销一批"的思路,加强对监管场所的检查验收,2011年年底圆满完成了关区61个监管场所的验收工作。三是每月定期对关区监管业务运行情况进行考核评比。加大对超长报关单的监控治理力度,有效提升了通关监管效能。四是加强后续实际监管。在关区全面铺开企业稽查、减免税核查和保税中后期核查的"三查合一"改革,不断提高后续监管能力。在全国海关中首创企业风险式管理制度,有效加强了对进出口环节的事前监管。关区风险布控率、布控有效率等6项业务指标始终高于全国海关平均水平,稽查有效率等10项业务指标一直保持全国海关先进行列。五是不断提高执法效能。充分发挥综合执法评估系统作用,定期对关区业务运行情况进行通报、分析和评估,实现了对业务职能监控的量化管理和业务工作的质量控制。根据海关总署数据,在2011年全国海关执法评估综合评价中,福州海关得分98.41分,在全国海关排名第8位,继续保持了高位运行的良好态势。一年来,福州海关通关监管效能持续向好,布控有效率为20.97%,查获率达11.61%,均超过海关总署考核指标值。各项通关时效考核指标均优于全国海关平均水平,在海关总署组织的执法评估评价中,福州海关通关效能得分为满分。

  规范秩序。保持打私高压态势,关区进出口环境健康有序。一是查缉毒品走私。全年查获毒品走私案件34起,缴获毒品12 688.14克,其中冰毒3 946.02克、氯胺酮8 742.12克,并成功抓获多名毒品走私团伙成员,中央新闻媒体作了深入报道,国家禁毒委、海关总署多次发来贺电。二是认真开展专项行动。为有效遏制关区海上成品油走私势头,加大情报分析和巡查力度,认真开展"国门利剑"等打击海上成品油私专项行动,全年立案查办走私成品油案件34起,查获成品油4 602.92吨,案值2 931.25万元,涉嫌偷逃税款797.22万元,有力震慑了关区成品油走私团伙。三是查办了一批大要案。坚持打团伙、破大案、摧网络,侦办的"3.3"汽配走私案、"4.22"台货走私案、梅花水产专案等5起案件,经过深挖扩线,案值、涉嫌偷逃税款均取得重大突破,被海关总署缉私局列为二级挂牌督办案件,查办案件能力得到明显提升。尤其2011年查获的"4.22"台货走私案，经扩案后案值由4 405万元扩大到3.1亿元，涉嫌偷逃税款由580万元扩大到4 100万元，有力打击了这一闯关走私活动。四是加大知识产权海关保护力度。在严厉打击侵权活动的同时，积极培育企业维权意识，全年共查获知识产权侵权案件342批次，案值921.1万元。查扣各类涉嫌侵权货物405.9万件，同比增长68.4%。

厦门海关 2011年，关区进出口报关单总数219.92万张，同比增长5.18%；进出口记录总条数626.97万条，同比增长9.32%。监管进出口贸易总值首次突破千亿美元，达1 032.98亿美元，同比增长21.34%；进出口货运量7 774.83万吨，同比增长8.29%；监管集装箱418.96万标箱，同比增长3.91%；监管进出境人员425.16万人次，同比增长10.25%；实现税收入库324.60亿元，同比增长22.92%，再创历史新高。全年共刑事立案49起，案值10.83亿元，涉税1.27亿元；行政立案873起，案值3.35亿元，涉税824.5万元。

服务海西建设。一是出台贯彻落实《海峡西岸经济区发展规划》的意见，提出6个方面14条具体措施；二是充分发挥海关统计预警监测服务作用，7篇统计分析预警文章得到国务院领导批示；三是坚持和完善"5＋2工作制"和"24小时全天候预约通关"，推广"担保验放"、"集中报关"、"事后交单"等便捷通关模式；四是推行税款网上支付，实行税款网上支付的进出口企业比率占所有进出口企业总数的80%；五是推动闽、赣、湘跨省区区域通关合作，拓展海铁、海空、海陆、水水联运及多式联运，促进进出口货物直通放行；六是支持福建重点商品出口基地建设，盘活港口物流，促进晋江陆地港顺利通过省级验收并投产运营和龙岩陆地港试运营；七是厦门关区全年电子口岸用户新增2 683家，累计用户达20 772家；关区电子口岸平台应用项目有50个，数据交换联网企业有595家；八是发挥海关与重点企业联络员制度和海关"12360"热线电话作用，及时了解并认真解决企业的困难和问题；九是开展通关效率专项整治，进出口通关效率大幅提升；全年厦门关区进口海运和非海运24小时放行率分别为96.5%和99.35%，出口海运和非海运24小时放行率分别为99.99%和99.97%，名列全国海关系统第六。

深化海关业务改革。在海沧保税港区和隶属东渡海关正式启动海关进口舱单改革，大力提升厦门关区物流实际监控水平；巩固出口分类通关改革成果，在厦门高崎机场、漳州、泉州和东渡等4个隶属海关业务现场开展进口分类通关改革试点，成效显著；以厦门航运中心搬迁为契机，整合隶属东渡海关、象屿海关的审单、统计业务，优化监管资源。加强海关实际监管。推进海关稽查、减免税核查、保税核查的"三查合一"工作，提升稽查整体效能，全年完成稽查作业500起，整体有效率44.49%，稽查追补税4 708.83万元；完成保税常规核查作业679次，核查补税1 290.45万元；全面推广应用电子关锁，启动监管线路91条，有效严密途中监管；加大规范海关监管场所力度，强化对进出境运输工具、货物、人员的监管，监管场所验收合格率达95.35%；报关单批量复审成效显著，规范申报率达87.56%；完善关区业务风险综合防控体系，布控实体有效率达8.22%，风险参数在线运行总量处于全国海关领先水平。

提高保税监管水平。修订厦门海关保税监管操作规范，统一规范关区保税监管执法标准；完善保税业务监控联系配合办法，强化对加工贸易企业风险监控与分析，建立保税业务运行评估纠错长效机制，及时排查处置风险隐患；完善加工贸易联网监管，实施电子账册联网企业160家，进出口总值占关区加工贸易进出口总值的65%；保税监管电子化手册及时报核率和结案率分别达100%和99.89%；全年关区加工贸易实际进出口值278.50亿美元，同比增长8.54%。

打击走私取得成果。深化反走私综合治理工作，综合运用缉私刑事、行政和综合治理3种手段，不断提升打击走私的精准度。根据海关总署统一部署开展"国门利剑"等专项行动，先后查获厦门海关有史以来最大的涉枪走私和象牙走私等一批大要案，查扣枪支2 699支、仿真枪94 673支，象牙7.59吨、价值3.73亿元，得到公安部、海关总署和福建省领导的批示肯定。查获毒品走私案件12起，缴获毒品40.89

千克,同比增长1.6倍。"清网行动"抓获走私犯罪嫌疑人142人,刑事拘留78人,执行逮捕50人,在逃人员下降率达85.07%,在全国海关16个重点单位中排名第六。此外,查获出口侵权香烟系列案被评为"中国海关保护知识产权十佳案例",连续6年获此殊荣。

支持海关特殊监管区域发展。深入关区企业和特殊监管区域调研和评估分析,有针对性地解决地方和企业反映的实际问题;支持厦门火炬(翔安)保税物流中心开展货物退换业务,促进中心业务继续快速发展,该中心全年监管进出口货值67.68亿美元,同比增长67.13%,连续两年位居全国同行业第2名;推动晋江邓禄普和晋江势必锐公司开展国内飞机零部件、轮胎等入区维修业务试点,进一步扩大特殊区域内开展检测维修业务的范围;把保税仓库作为支持地方发展的重要着力点,全年新批设立包括福建省首个航油保税仓库在内的11个保税仓库,涉及IT、航空、游艇、船舶制造等多个行业,进一步完善了关区保税物流监管体系"网点"建设。帮扶企业排忧解难。全年为企业实际减免税额12.08亿元,对278家企业管理类别进行动态调整,关区A类以上企业1 224家;推动漳州腾龙芳烃PX项目建设,特事特办,并用好用足减免税政策,确保项目建设顺利进展;对于福建联化自主进口原油通关统计问题,允许福建联化以自身名义申报原油进口。截至2011年年底,该公司共进口原油343万吨,价值27.5亿美元,同比分别增长37倍、56倍,对福建省进口增长的贡献率达20.1%,为平衡全省进出口贸易统计作出贡献,省长苏树林对此专门作出批示予以充分肯定。

促进两岸经贸往来和交流交往。落实ECFA政策措施,确保ECFA进出口货物顺利通关;推动外省籍旅客赴金门一日游、京沪厦居民赴台自由行顺利实施;推动大嶝对台小额商品交易市场转型升级,全年监管大嶝市场进口台湾商品价值5 299.2万美元,同比增长28.1%;专题开展对台小额贸易调研,进一步规范管理;探索对台游艇展、帆船赛常态化监管模式;做好"海峡论坛"、"台交会"、海峡两岸文博会等监管服务工作。全年共监管两岸直航客运飞机3 265架次,同比增长60.68%;海上客运直航14 912班次,同比增长3.69%;各类包裹、函件208.2万件,同比增长25.56%。

福建省公安边防总队 2011年,福建省公安边防总队大力推进勤务管理创新,积极提高服务水平,全力维护口岸安全稳定,圆满完成口岸出入境边防检查工作,受到各级领导及广大服务对象的充分肯定。

服务口岸大通关。一是深化走访问效活动。以上门评警、微博评警、视频评警、政风行风热线等多种形式,深入开展"访民意、听民声"群众评议活动,广泛征求服务对象的意见建议,进一步完善便民利民措施。二是强化勤务模式改革。积极开展海港边检勤务创新工作,制定出台了《关于海港口岸实行边检分区域执勤的指导意见》及其操作细则,建立海港口岸"分区域执勤、一体化服务"的勤务模式,满足服务对象就近化服务需求。福州机场边检站建设旅客自助通关系统和旅游团队"团出散进"验放系统,缓解了口岸通关压力,提高了口岸通关效率。宁德边检站对在港外轮实行"警企共管、分类管理"的服务模式,助推口岸两家修船厂获得"中国绿色拆船企业"荣誉。三是积极创新服务举措。严格落实每周7天工作制和24小时通关服务,推行"网上报检室"和海港登轮许可"一证通"制度,提供网上报检、自助办证及在线咨询等服务,进一步简化报检办证手续。福州机场边检站突破地域限制,主动延伸"边检指导员"服务范围,与5家省外旅行社举行边检指导员聘任仪式。肖厝边检站总结归纳出"一提二跟三同步工作法",发函指导口岸新增作业点边检基础设施建设,报检窗口服务做法被省委办公厅《八闽快讯》转发推广。

服务两岸往来。坚持从服务工作的便民化和标准化入手,认真研究两岸"五个共同"便捷通关机制,积极争取上级出台优惠政策和便利措施,顺利完成了平潭海峡高速客运码头临时开放及"海峡号"试航、首航和常态化运行等服务保障工作,2011年12月6日平潭综合实验区党工委、管委会专门致信感谢总队支持。全力做好两岸大型交流活动的服务保障工作,福州边检站和福州机场边检站通过开设专用通道、增设专属引导员、设置"边检流动咨询站"等措施,圆满完成"5.18"海交会、"第三届海峡论坛·海峡百姓论坛"活动通关服务工作,受到国民党荣誉主席吴伯雄、台湾地区新党主席郁慕明的充分肯定和海交会组委会的致信感谢。莆田边检站优质服务首艘大陆海上救助船"东海救117"轮赴台访问,交通运输部领导专门来函致谢。全年共检查两岸直航交通运输工具8 998艘(架)次、人员515 881人次,同比分别增长25.42%和24.93%,均创历史新高。

服务海西建设。全面梳理福建省对外开放口岸基础设施情况,大力推动口岸边检设施规范建设,建立定期分析报告口岸动态机制,积极向地方政府建言献策。主动对接服务平潭开放开发、武夷山陆地港、漳州古雷等国家、省级重点项目建设的发展需求,多次深入口岸一线开展调研,靠前服务指导口岸开放和边检配套设施建设,制定出台了《武夷山陆地港边防检查工作指导意见》和《平潭对台直航常态化运行工作保障方案》,不断强化边检服务保障工作。积极回应长乐市政府需求,在充分调研论证并报请上级机关同意的前提下,调整长乐境内海港边检勤务管辖分工,便利地方政府沟通协调。

口岸综合管理。充分发挥边检勤务中心信息收集、勤务指挥、预警预测、监督管理等作用,积极构建扁平化的边检勤务指挥平台。空港边检站充分利用API系统提前预警的功能,实施出入境管理前移。海港边检站进一步优化码头、执勤现场的监控系统,规范应用DMS系统,加强对在港船舶、勤务工作数字化、可视化及全方位的监管。进一步完善与口岸查验单位、安全、国保等部门的协作配合,推动提升口岸共管水平,集中开展航行港澳小型船舶联合整治专项活动,为深圳大运会的平安举办创造了良好的外围环境,同时积极协助做好深圳大运会背景审查工作,严防不法分子潜入潜出,确保了口岸通关安全。电子口岸建设。积极参与电子口岸项目建设,研究提出边检工作需求,主动跟进电子口岸边检系统模块建设,组织开展电子口岸系统运行情况专题调研,并跟踪指导各边检站做好该系统的推广使用工作。

厦门出入境边防检查总站 2011年,厦门出入境边防检查总站全面贯彻落实《公安部关于进一步提高边检服务水平的意见》精神,充分发挥边检机关职能,进一步突出服务中心地位,坚持顺畅通关,坚持严密管控,进一步提升服务改革开放和经济社会发展的能力和水平,较好地完成了各项出入境边防检查工作任务。全年共检查出入境人员393万余人次,同比增长11.8%;检查出入境交通运输工具近4万艘(架)次,同比增长10.5%。先后圆满完成了深圳大运会以及在厦门举办的厦门国际马拉松、"海峡论坛"、"98"投洽会、海峡杯高校帆船赛、厦金横渡、国际石材展等10余项重大涉外涉台活动的出入境边防检查保障任务,赢得了各级党委政府和社会各界的高度评价。2011年,总站被福建省委、省政府评为"省级文明单位",所属同益边检站被公安部评为"2011年度提高边检服务水平成绩突出单位",先后有两个警队被评为省级"青年文明号"。

主动推出一系列边检便民利民措施。认真按照公安部、公安部出入境管理局部署要求,全面提升边检服务水平。总站结合"大走访"开门评警活动,采取登门走访、问卷调查、警民恳谈,以及开设短信评议平台、政务网站、官方微博、"边检评议台"等方式,密切与地方党委政府、口岸查验单位、生产经营企业、特邀监督员和广大服务对象的沟通交流,主动接受评议监督,听取意见建议,深入了解把握服务对象及社会各界对边检服务的实际需求。在此基础上,总站主动推出一系列便民利民措施:在提高通关效率方面,设立登轮许可证临时办证点,分类设置办证须知,增设"便民服务台",简化船方报检申报手续,在出入境旅客检查现场增设通关流量实时显示系统、卡片填写台;在宣传边检政策措施方面,编发《便民服务册》、《国际航行船舶"网上报检"代理培训教程》等服务资料,在旅客验证台前设置信息发布显示系统;在提升服务理念方面,组织民警定期开展与船舶代理人员、旅行社领队和航班申报人员的换岗体验,深入了解服务对象对边检机关工作的需求,不断改进边检服务。各项便民利民措施的施行,进一步优化了厦门口岸通关环境,受到了广大口岸生产经营企业、出入境人员的普遍欢迎和好评,社会各界对厦门边检服务的整体满意率达到98.6%。

积极推进边检勤务改革。紧密结合口岸实际,积极推进边检勤务改革,提升口岸综合管理水平。在海港巡查勤务改革方面,根据港区不同软硬件条件实行分类管理,规范巡查勤务组织模式,优化巡查警力安排,既降低了民警工作负担,提升了警力使用效能,也进一步提升了海港口岸综合管控能力;在旅检勤务改革方面,针对机场、码头出入境客流特点,科学测算开放旅客查验通道的量化标准,早开台、开足台,提前消除客流高峰,提高旅客通关速度。此外,针对厦门口岸日益丰富的出入境态势,总站主动适应口岸发展变化,针对邮轮、游艇、客滚船及各类重大涉外涉台活动通关服务保障要求,分类制订工作方案,严密现场勤务组织,圆满完成厦门国际马拉松、"海峡论坛"等10余项重大活动的边检安保任务,赢得了社会各界和上级领导的高度评价。

严厉打击口岸非法出入境活动。针对非法出入境活动的新情况、新特点,总站及所属各边检站一方面坚持严查细验,突出抓好上勤会、集体调章、资料录入、人证对照、问题处理、每日评判等关键环节工作,有针对性地开展伪假证件识别、突发事件处置、案件审查处理等专业技能培训,提高民警发现处理非法出入境人员的能力;另一方面,密切与公安、边防等单位的执法执勤协作配合,建立健全与机场、码头及各口岸生产经营企业的联防机制,形成"齐抓共管、群防群治"的工作格局,增强防范打击非法出入境活动成效。全年总站共查获偷渡人员近百人,先后发现和破获了船员持伪假海员证入境、藏匿伪造证件境外转道偷渡等多起重大非法出入境案件,有力维护了厦门口岸的安全稳定和正常出入境秩序。

提升边检工作信息化水平。采取自主研发和引进社会资源相结合的办法,搭建先进的海港综合查询平台,集成车辆GPS定位、船舶AIS定位、民警指纹考勤、网上预报预检、船舶检查监护、梅沙系统等海港边检业务数据,在总站指挥中心和东渡、海沧边检站勤务指挥室显示屏上直观显示船舶检查、监护的实时动态,有效提高勤务指挥、监督检查和海港口岸综合管控能力。此外,验讫章智能管理系统、厦金航线船员管理系统、旅客通关流量实时显示系统、移动查验车等一批信息系统、技术装备先后投入使用,进一步提升了边检工作科技含量。

福建出入境检验检疫局 2011年共检验检疫进出口货物555 493批,货值384.9亿美元,同比分别减少0.18%和增长20.20%。其中,检出不合格货物2 033批,货值31.54亿美元,同比分别增长13.26%和37.51%。检出出入境动植物疫情550种、6 523种次,同比分别增长12.47%和0.82%。出入境人员检疫139.71万人次,同比增长12.37%;健康检查26 721人次,同比减少7.25%;艾滋病监测26 700人次,同比减少7.29%;预防接种27 227人次,同比减少24.28%。集装箱检疫723 527标箱,同比增长3.01%;交通工具检疫26 307艘(架)次,同比增长12.38%;入境邮寄物检疫403 420件,同比增长25.3%。产地证共签发155 085份、637 904万美元,同比分别减少7.57%和增长14.12%。对台贸易出入境货物16 269批、103 056万美元,同比分别增长0.58%和17.11%。

多措并举抓质量。长乐出口鳗鱼示范区建设获国家质检总局通报表扬,安溪出口乌龙茶示范区被国家质检总局列入重点推进典型示范区,莆田鞋类示范区出口增长25%。全年福建出入境检验检疫局质量分析报告居全国系统第一;向地方报送10项重点进出口工业品质量分析报告,获福建省政府高度肯定;2份业务统计分析报告被转发全省研究落实。出台加强品牌建设7条措施,在通关放行、检验监管等方面给予品牌产品便利。调整质量许可和输美陶瓷认证工作流程,对新备案企业进行产品抽样验证,新批准食品备案企业增长50%。对食品化妆品、动植物产品实施1 822份、9 805项次监控,验证企业质量管理体系运行、自检自控情况。发挥信用管理惩戒作用。9 749家企业列入信用管理,将信用等级与分类管理、直通放行等监管措施挂钩。全面深化检政合作机制,牵头全省示范区建设,构建地方政府牵头对外注册迎检机制。动员1 061家企业参加"质量月"活动,召开质量分析会502场次,查找问题301个,解决问题158个。举办13场咨询、讲座活动,接受咨询7 000人次。向146家企业、651名代表开放20个实验室,组织各界至企业观摩,组织专家深入 200 家企业、社区开展质量援助。

严守国门保安全。入境人员传染病检出率和鼠类、蚤类、蠓类截获数居全国系统第一,输入性医学媒介生物监测截获量增长 405%。首次截获腿端黑实蝇等多种有害生物,获全国系统检疫犬技能大赛二等奖。推动福建省政府召开外来有害生物防控会议,被指定牵头起草福建省加强外来有害生物防控工作意见。对 457 家出口食品企业、131 类品种实施风险评估动态管理模式,对 1 187 家出口食品、添加剂企业和备案基地实施清查,从 8 批 11 种进口台湾食品中检出塑化剂。检验出口食品、化妆品 3.18 万批、29.57 亿美元,同比分别增长 6.88% 和 49.79%,合格率高达 99.94%。检出 1 批进口废物原料夹带医疗类危险废弃物;检出进口大宗矿产品不合格 254 批,对外索赔 2 455 万美元。对电磁兼容、能效、RoHS 等项目专项监测 200 余批次,下发二十大类工业品重点监控环节、有效性验证方式和主要预防措施。开展"双打"行动,出动 8 437 人次,检查企业 2 592 家,注销 21 家企业出口商品质量许可证书,检出不合格大宗出口商品 98 批、317.88 万美元,查获假检验检疫证书 27 份,立案处罚 2 起。妥善处理突发事件,快速查清 FDA 网站公布的拒绝奇美观赏鱼饲料入境信息系美进口商未按美方要求及时提供三聚氰胺检测报告所致,促成新华社专题报道予以澄清。从进口的近 700 台、1 740 万美元日本纺织机械产品中检出存在六大类设计或原发性质量缺陷,明确由日方对所有进入中国内地的该品牌纺织设备实施召回并变更设计、调整工艺。

服务海西促发展。全年累计为企业降费 1.8 亿元,获国外关税减免近 3 亿美元,省时 35 万小时。实现全省和闽赣、闽湘跨省直通放行,率先试点出口食品农产品直通放行。创新实施"无纸化报检＋电子审单＋电子监管＋通关单无纸化＋电子闸口"全程无纸化通关管理模式。实施直通放行、通关单无纸化和绿色通道为企业缩短通关时间 27.5 万小时。对印尼注册、输美陶瓷认证企业数分别位居全国第一、第二。烤鳗、水产品、蔬菜、罐头出口同比分别增长 32.22%、61.31%、52.34%、48.19%。率先成功开发出口食品供应链跨省远程身份认证追溯系统。对 2 771 家企业实施主动分类,对 117 家企业产品采取最便捷的信用监管方式。启动进出口饲料安全风险监控,改革传统批批抽检模式,为企业节省费用 1 200 余万元。压缩进口大宗矿产品检验放行周期 50%,检验进口矿产品 2 803 万吨、83.62 亿美元,同比分别增长 12.30%、24.16%。跨区调剂进口烟叶 4 130 吨、3 300 万美元,为企业节省费用 45 万元。支持圣农公司引进 6 万多只优质祖代种鸡,填补福建省无祖代肉种鸡空白。推动建设平潭进境植物种苗检疫处理和隔离区,提前主动开展平潭检验检疫通关模式研究,出台澳前快捷航线检验检疫工作规范,获福建省委书记孙春兰批示肯定。签发大陆首份 ECFA 证书,2011 年共签发 210 份、626 万美元;上线 ECFA 优惠政策智能查询及应用服务系统;对台出入境货物货值同比增长 23.6%。泉州、东山口岸成为台湾甲鱼卵、槟榔进口和水生动物出口台湾的黄金口岸和重要集散地。确定 7 个投资总额 350 亿元的大型项目为立项管理项目。支持福州港港口、保税物流园区、出口加工区整合和功能叠加。突破政策支持陆地港建设,获福建省委书记孙春兰和省长苏树林高度评价。对接福建省开放进口汽车整车口岸筹备工作,向福建省政府提交专项调研报告获高度肯定,拟制的检验检疫工作流程获业主单位高度赞誉。

夯实基础强质检。出台《法治质检建设工作规划》,制定"六五"普法规划。查处违法案件 75 起,罚没款 83.42 万元,与公安机关达成"两法"衔接合作意向。率先开展廉政风险评估,建设廉政文化走廊。防治"小金库"长效机制逐步建立,完善质量管理体系和绩效管理,信息工作走在全国系统、全省党委和政府系统前列,后勤工作获国家质检总局肯定。50 项科研制标项目在国家质检总局、国家认监委和福建省立项,2 项标准化成果获福建省标准贡献奖,率先向荷兰瓦格宁根大学派出交流学者,14 个国家重点实验室建设进展顺利。建设运行 15 套信息化项目,争取地方经费 700 万元投入检验检疫电子闸口建设。促成国家质检总局与福建省政府签署新一轮合作备忘录,推动签署海西检验检疫合作备忘录。选派 5 名优秀同志援藏援疆。与福建省质监局12365热线电话实现联网互通。争取地方支持3 709.71万元,同比增长3.5倍。福建检验检疫局综合检测用房等多个项目建设取得明显进展,泉州检验检疫局整合升格实现服务升级,福州保税港区办事处获国家质检总局批复,中检福建公司在缔造海西检验认证第一品牌上取得新成效。目前全局系统共有国家检测重点实验室14个;拥有1个技术中心及10个下属实验室构成的检测实验室网络,1个保健中心及10个分中心、1个监测点构成的传染病防治网络。保健中心现有生物安全、HIV确证等高水平实验室,是公安机关指定的依赖性药品监测中心和药监局指定的药工体定点单位。全局现有实验室检测仪器设备总值3.1亿元。科研工作方面,累计参与承担科技部科研课题4项;主持承担国家自然科学基金1项,质检公益专项2项,国家质检总局科研课题77项,参与国家质检总局重点项目6项;承担国家标准项目50项,行业标准项目169项;承担福建省科研课题51项。共有38项科研成果获得国家质检总局"科技兴检奖",2项成果获中国标准创新贡献奖,15项成果获福建省"科学技术奖",8项成果荣获"福建省标准创新贡献奖"和"福建省标准创新特别贡献奖"。

厦门出入境检验检疫局 2011年共受理出入境货物报检89.15万批、货值554.54亿美元,同比分别增长1.56%和21.65%。检验检疫出入境货物41.74万批、货值264.84亿美元,同比分别增长11.94%和41.03%;集装箱检疫486.03万标箱,同比增长10.19%。轮船检疫2.28万艘次,同比增长4.51%;飞机检疫1.75万架次,同比增长19.69%。检出不合格货物2 745批、货值14.01亿美元,同比分别增长26.91%和57.5%。截获各类动植物疫情413种2.35万种次。出入境人员检疫查验375.87万人次,同比增长9.97%。出入境人员健康检查1.11万人次,同比增长3.98%;艾滋病监测1.07万人次,同比增长13.52%;发现病例1 377例,同比减少67.95%。

严把国门保安全,有效防止疫情疫病传染传播。严格卫生检疫,发现媒介生物超过347万只,居全国检验检疫系统首位;检出放射性超标事件达346起,居全国检验检疫系统第二位。严格动植物检疫监管,截获动植物有害生物批次同比增长16.2%,检疫性有害生物批次同比增长23.9%,居全国检验检疫系统前列。在国内首次检出在我国尚无分布的黄侧条实蝇;连续12次截获红火蚁,国家质检总局为此专门发布新闻通报。国家质检总局根据厦门局查获的5次动植物疫情典型事件向全系统发布警示通报,创历年新高。

有效防止不合格商品输入输出。构建口岸自主把关体系,实现对进出口商品的严密监管和科学管理。全年共检出不合格商品2 745批、货值14.01亿美元,同比分别增长26.91%和57.50%;共检出不合格进口食品农产品1 122批、货值5.07亿美元。在进口商品重量鉴定中发现短重41批,其中一批短重率高达28.05‰,超出标准近5倍,为企业挽回经济损失500多万元。再次从美国进口奶粉中检出亚硝酸盐超标,对100吨问题奶粉实施了退运处理。

有效应对各种突发事件。建立健全风险预警和快速反应机制,有效防范和科学处置了多起重大突发公共事件。2011年3月,日本核泄漏危机事件期间,厦门局先于全国其他口岸首次监测到来自日本的船舶核辐射严重超标,及时联络协调国务院核应急办、国家质检总局,会同省市两级政府进行妥善处置,维护了国门安全和人民群众的生命安全,避免了可能产生的政治或外交事件。台湾"塑化剂"事件发生后,厦门局在全国率先研发出可同时检出22种邻苯二甲酸酯的检测方法,牵头制定了全国检测行业标准,同时加大检测清查力度,召回、销毁相关产品540多吨,居全国首位。

有效打击违法违规行为。组织开展"双打"行动,与质监、公安等部门构建大稽查机制,出动1 420人次检查600多家企业,查处违法案件243起,打掉重大制售假证窝点1个、查获假印章40多枚,发现各种假证信息100多份,1名违法分子被警方刑拘。

狠抓质量促提升。推动地方政府重视质量。大力宣传质量强国战略,在新闻媒体开辟省(市、区)长谈质量等专栏,发表省、市、区领导谈质量论述、文章,厦门市市长刘可清提出要将质量工作考核结果纳入地方和部门主要领导政绩考核体系;加强质量调查分析与报告,每季度定期开展进出口商品质量状况分析,福建省委、省政府先后6次将厦门局的质量调查分析报告批转给各级政府和相关部门研究参考;积极推动厦门市政府在全国率先设立出口商品生产企业质量提升奖,国家质检总局领导杨刚、张沁荣和厦门市市长刘可清等亲自出席颁奖大会。动员社会各界关注质量。努力营造深入研究质量的浓厚氛围,全系统在省级党报、国家级刊物上发表质量研究文章达125篇。举办全国质检系统首个网络同步直播新闻发布会,组织千家企业参与各类质量宣传活动,义务性开展企业质量教育培训80次,培训企业人员2 526人次,大大提升了企业质量第一责任人的意识。运用多种手段提升质量,全年出口商品检验合格率达99.96%。一是加强源头监管,推进辖区6个农产品和2个工业品质量安全示范区建设,其中"厦门翔安胡萝卜"和"漳州平和蜜柚"产区成为全国食品农产品质量安全示范区。启动了肉类查验模式改革,在全国率先实现对进境肉类产品储存冷库的远程监控。二是推进分类管理,根据企业质量管理水平变化,动态调整企业等级,给予不同的便利通关措施。在全国率先实施出口茶叶和蔬菜等食品分类管理。三是加强诚信管理,审核评定出口商品一类企业并给予授牌,6家企业被国家质检总局授予首批信用管理AA级企业,名列全国检验检疫系统第3位;开发企业诚信信息共享系统,建立企业电子信用档案,实现全省进出口企业诚信信息共享。四是加强认证监管,在全国率先实施"出口食品生产企业实验室能力促进计划",出台企业实验室导则,组织百家企业进行能力验证,对食品企业备案验证实施电子监管,提升了对企业产品质量的科学监管水平。五是设立全国首个"出口生产企业质量提升奖",通过奖励优秀出口生产企业,发挥标杆示范和典型带动作用,引导更多企业走质量强企之路。

积极促进两岸经贸往来。出台落实ECFA实施意见,促进两岸贸易往来便利化,使厦门成为两岸进出口商品主要集散地,厦门输台检验检疫的货值同比增长56.37%,台湾水果、台湾甲鱼卵进口量分别占全国70%和40%;帮助辖区企业利用ECFA优惠原产地政策获得关税减免优惠。全年签发ECFA原产地证书715份,涉及货值1 368.77万美元;完成金门酒厂食品安全管理体系认证审核及颁证,对台湾地区输大陆酒类在"同等优先、适当放宽、风险可控"前提下,实施便捷的检验监管措施;逐步尝试"社会认证、官方采信"的做法,开辟了台湾进口商品监管新模式,全年进口金门高粱酒89批、货值1 783万美元,货值同比增长3成;开展对台政策研究,出台一系列对台工作制度,5个对台课题获科技部和国家质检总局立项,其中《海峡两岸强制性产品认证制度研究》、《台澎金马特别关税区加入WTO以来TBT通报分析》已通过国家质检总局的课题鉴定;扶持漳州台湾农民创业园建设出口农产品质量安全示范区;对省、市重大台资工业项目建设的进口成套设备实施项目管理,提供"一站式"服务,如厦门正新橡胶工业有限公司外胎生产项目、瑞世达科技(厦门)有限公司投射电容式触控面板项目、翔鹭石化(漳州)有限公司精对苯二甲酸(PTA)二期扩建及整体配套工程等重大项目进口成套设备实施项目管理;对古雷PX项目及翔鹭石化(漳州)有限公司PTA项目实施特例检验,并争取相关检验检疫优惠政策,累计为古雷石化项目减少收费400余万元。全年共新增和追加成套设备项目管理备案数63个,备案金额11.28亿美元,备案项目数和备案金额同比分别增长23.5%和减少6.0%;出台便捷措施,优化查验模式,全力保障"海峡论坛"、"台交会"等涉台展会活动,全力保障在厦门先行先试的"赴金一日游"、"赴台自由行"等涉台旅游活动。

倾心服务海西发展。对71个省、市重点项目进口成套设备实施项目管理,促成了早投产、早见效。积极争取国家质检总局政策支持,对漳州古雷石化项目给予特事特办,为企业节约大量成本;积极帮助首钢凯西集团破解进口成套设备难题。扶持辖区自有品牌产品出境后"入境返修业务",促进循环经济发展,企业每年可节约成本6 000多万元。服务外贸发展。完成国外通报及召回案例调查59个,避免国外采取进一步的贸易措施。充分发挥厦门WTO工作站作用,参加了国家质检总局组织的对加拿大、美国等国家技术性贸易措施评议,提出8条评议意见,发挥了重要作用。加大国外技术性贸易措施的收集力度,及时为企业提供最新动态,开展咨询服务,指导企业做好应对工作,为企业免费举办各类培训班。鼓励和支持企业用足用好原产地优惠政策,扩大出口。签发普惠制和区域性优惠原产地证16.59万份、货值57.78亿美元,企业获得进口国(地区)关税减免约2.9亿美元。全面推进信息化建设,研发并推广应用进出口电子监管系统,优化海港口岸进出境电子闸口系统,研发并试运行空港进境闸口系统,依托信息化手段,构建了"风险评估+集中审单+电子监管+电子闸口放行"的口岸通关模式,提升了检验检疫监管有效性,提升了口岸通关效率。加强海西、泛珠三角、泛长三角等区域性检验检疫协作,建立口岸物流货物监管制度,全面实施福建省内及闽赣、闽湘等跨省域直通放行制度,制定经厦门口岸的"陆地港"进出口货物检验检疫规范,推进"陆地港"监管系统建设,支持"陆地港"发展。厦门口岸大宗资源性商品进口批次和货值同比分别增长45.32%和70.77%。在全国率先建立海、检、港三方合作机制,推进信息化平台和检验检疫监管平台的"两个平台"建设,受到国家质检总局通报表扬,并被确定为全国首批3个共同推进电子口岸建设试点局之一。在全国率先推动创建"海港保税港区船舶联检共建服务平台",首开联检大通关服务机制先例,受到国家质检总局、海关总署、交通运输部、公安部等高度肯定,并在全国保税港区示范推广。服务保障民生。顺利开通启用12365系统语音平台,实现福建质检三局互联互通。在门户网站开辟"在线办事一站式服务"专栏,累计在线解答各类问题760多个。举办食品安全在线访谈,倾听民意、了解民情。组织开展窗口标准化建设、窗口服务能力达标和学习"厦航式"服务活动,创建了3个优质示范窗口。加强基础保障能力建设。开展国际卫生港创建工作,厦门高崎国际机场、海峡邮轮中心的国际卫生港创建工作于2011年10月13日顺利通过国家质检总局组织的专家组考核验收,在全国开创了"双创卫"的先例,积极准备迎接世界卫生组织的考核验收,此举进一步提升厦门港口形象,提升口岸保障水平。推进"科技质检"建设,新获国家自然科学基金立项和科技部、国家质检总局等科研计划立项22个,创历年之最。主持"进出口建筑用胶粘剂对建筑、环境及人体安全的风险评估和关键技术研究"项目,获得国家质检总局"科技兴检奖"二等奖。积极争取地方政府支持,2007年以来,地方政府给厦门局无偿提供土地120多亩,投入资金1亿多元,建设5.5万平方米的检验检疫业务综合大楼;无偿提供3万多平方米办公场所。仅2011年,厦门市政府在厦门国际航运中心为东渡局、象屿办提供上万平方米办公场所,并且另外投入2500多万元,对原联检中心1.1万平方米办公场地进行改造,划归东渡局实验室使用;在厦门国际机场划出30亩土地作为机场局建设用地,项目规模1.2万平方米,并且项目资金由厦门市财政统筹解决。漳州市龙池开发区管委会投资建成漳州局龙海办事处办公大楼,项目总面积2700平方米。

福建海事局 2011年,福建海事局认真贯彻省委、省政府关于口岸大通关建设的指示精神,落实交通运输部和福建省签署的合作备忘录各项措施,致力于优化口岸软环境及提升服务质量,为创建安全、通畅、高效、和谐的口岸通关环境奠定了良好的基础。

提高通关效率。认真履行服务承诺,实行"7×24小时"服务制,全天候受理船舶进出港申报;一般情况下不对国际航行船舶进出口岸实行登轮查验,并推行实施了船舶查验"零待时"制度;对进出港及装卸货不足24小时的(除特别规定外),一次性办理进出口岸手续;对班轮和部分定点船舶在一次查验后不再重复检查;对与民生有重大影响的煤炭、石油、液化气等能源物资运输船舶实行优先审批、优先护航、优先作业,保障能源物资海上运输的安全与便捷。着力创造优越的通关环境,最大可能减少船舶在港时间,提高船舶营运效率,得到了船公司、代理人的普遍好评。此外,还按照福建省有关部署,扎实推进福建电子口岸建设工作,在全省范围内推广船舶载运危险货物网上申报、国际航行船舶进口岸网上申报业务,配合省电子口岸公司做好船舶进出口岸查验系统的开发和建设工作,力求实现更加高效的口岸工作效率,不断提高为民、便民、利民的服务水平和能力。

服务口岸建设。积极协助地方政府做好港口码头正式对外开放验收的前期准备工作,推进具备条件的口岸申请国家级验收。从确保开放水域通航安全与海事监管等方面提出专业意见和建议,特别是在确定开放水域的范围和进出港航道、锚地等方面,多次深入现场,协调相关部门,反复研究,以确保划定工作的科学性。完成了松下港牛头湾港区的国家级验收,以及厦门现代码头、嵩屿电厂、新海达、远海、国贸码头新增作业点,江阴港区2～5号泊位新增作业点的省级验收工作。主动配合地方政府做好水域临时对外开放工作,指导业主采取安全措施,在基本具备通航安全及相关条件的情况下,先行向交通运输部申请临时对外开放。协助福州港罗源湾港区的狮岐3万吨码头,碧里4号码头,可门4、5、10、11号码头,福建华东船厂有限公司码头及福建瀚海船业有限公司码头等延续临时开放。针对辖区部分大型企业生产、码头工程建设的实际和部分码头通航靠泊条件暂未完全具备的情况,在企业和地方政府的要求下,通过加强海事的技术指导,落实针对性安全措施,采取临时开放、"一船一批"等方式,为企业解决生产急需,保障大型船舶安全进出。针对外籍游艇进出平潭港口岸事宜,提出了简化查验手续、不强制引航等海事监管优惠政策,支持平潭的旅游岛开发建设,同时就平潭发展游艇产业积极向平潭管委会献言献计。

维护辖区安全稳定。以"安全生产年、责任落实年"活动为主线,扎实开展隐患排查治理工作。落实公司安全管理约谈和安全隐患治理跟踪落实制度;加强船员培训机构日常监督,开展水上交通事故案例进课堂活动,将有关防商渔船碰撞及防止易流态货物运输翻沉等内容纳入船员培训和考核过程中。进行福建沿海及台湾海峡沿海船舶定线制规划研究,组织编写福建沿海航行安全指南。加大现场检查和巡航执法力度,统筹开展"两船"整治、砂石运输船综合整治、引航安全专项检查等水上交通安全专项整治。全年辖区共发生运输船舶一般等级及以上水上交通事故28起,事故等级和死亡失踪人员均大幅下降,死亡失踪3人以上事故3起,同比减少5起,下降62.5%;死亡失踪人数由2010年的24人降为10人;商渔船碰撞事故多发的态势得到了有效控制,一般等级及以上商渔船碰撞事故由8起下降为5起。组织实施海上搜救209次,成功救助遇险人员1 973人,人命救助成功率达96.81%,同比上升1.48%,水上交通安全形势保持持续稳定态势。

服务海西建设。在《海西规划》和《平潭综合实验区发展规划》经国务院批复后,先后出台《福建海事局贯彻〈海峡西岸经济区发展规划〉的实施意见》和服务平潭开放开发的7条具体措施,进一步丰富了"五个服务"的内容。充分发挥海事安全监管职能作用和专业优势,通过驻点检验等方式支持修造船企业发展。主动服务古雷石化等重点工程项目建设,为古雷港口货物吞吐量持续快速增长提供安全保障;主动融入平潭综合实验区开发开放,在平潭海峡二桥建设、平潭港区扩大对外开放等过程中提供优质高效服务,推动建立平潭区域海上搜救机构。出台《关于加强福建省重点工程项目工作的指导意见》和《非常规性项目海事监管意见》,在规范中谋求创新,在创新中提升服务。为煤电油气等关系国计民生的重点运输船舶开辟绿色通道,保障重点物资运输船舶安全进出港。

服务两岸往来。推进"两岸直航船舶安全共同标准前期研究",推动两岸直航船舶监管与服务工作对接;制定《小额贸易船舶监管导则》,规范对台小额贸易船舶的安全监管。与台湾"中华搜救协会"、"海巡署"在台湾海峡人命救助及防治海域污染等方面开展交流,深化对台海事合作。平潭至台湾的海峡高速客滚轮渡是平潭综合实验区建设的重点项目,福建海事局主动服务海峡高速客滚轮渡的开通工作,多次走访船公司,指导公司办理船舶登记、安全配员、安全管理体系审核等手续,帮助公司建立完善的高速客滚船运营和管理机制,为海峡高速客滚轮渡的开通做好安全保障工作,2011年11月30日,平潭至台湾的高速客滚航线顺利开通。针对福建省对台小额贸易蓬勃发展的情况,制定《小额贸易船舶监管导则》,规范海事机构对小额贸易船舶的安全监管工作,本着有效监管、安全畅通、便捷高效的原则,积极推动对台小额贸易健康、有序发展。为保证两岸间海上运输的更加高效、便捷,福建海事局开展了"两岸直航船舶安全共同标准前期研究",通过对两岸在直航船舶安全和防污染管理上存在的差异性进行充分详细的比较研究,分析这些差异对直航船舶及直航运输在安全、便捷等方面的影响,研究提出两岸直航船舶安全共同标准的需求建议及其可行性,为将来两岸商谈统一直航船舶标准奠定基础。将对台直航船舶作为安全监管和服务的重中之重,全年共保障福建"小三通"客运151.8万人次,同比增长5.27%;福建与台湾本岛旅客4.82万人次,同比增长86.7%;海上货运直航运载货物1 015.2万吨,同比增长56.3%,做到确保往来安全。

基础设施建设。制定出台福建海事局"十二五"发展"一纲要、五规划",为"十二五"期间实现科学发展、快速发展确立了目标和方向。加强安全监管基础设施建设,台湾海峡VTS、湄洲湾VTS和福建海事局VHF 3项工程建设全面竣工,福建海事局船舶交通监督管理服务系统(VTS)正式运行,辖区安全监管的预防预控水平进一步提升。福州平潭、漳州石码和泉州晋江工作船码头竣工验收投入使用,新列编1艘40米级B、1艘20米级海巡艇,海事监管手段进一步加强。

厦门市口岸工作综述

【口岸运行数据】 2011年,厦门航空港共保障安全飞行135 618架次,同比增长16.3%;累计完成旅客吞吐量1 575.7万人次,同比增长19.3%,居全国第11位;累计完成货邮吞吐量26.06万吨,同比增长6.1%,居全国第9位;累计完成出入境旅客吞吐量197.49万人次,同比增长15.6%,居全国第5位。其中,厦门对台湾直航航班累计飞行3 551架次,仅次于上海,位居大陆地区第2位;累计完成旅客吞吐量42.8万人次。海港口岸完成货邮吞吐量15 653.55万吨,同比增长12.37%(其中外贸货物吞吐量8 034.51万吨,同比增长12.69%);集装箱吞吐量646.50万标箱,同比增长11%;海港口岸出入境旅客143.70万人次,同比增长8.63%;厦门—金门航线出入境旅客138.16万人次,同比增长8.05%。

【口岸开放工作】 截至2011年年底,在厦门航空口岸运营的国际及地区航空公司达18家,已开通国际航线28条、地区航线7条,航线遍及港澳台地区、东南亚、东北亚、北美洲、欧洲,厦门空港已成为华东地区重要的区域性航空枢纽。新引进3家航空公司进驻厦门机场,分别是荷兰皇家航空公司、中国联合航空公司(东航子公司)及天津航空公司(海航子公司);共增加4条新航线,航班每周增加17班。本场飞机起降时刻资源得到优化和提升。主动新辟厦门直航欧洲航线,成功引进荷兰皇家航空公司执飞欧洲航线,于2011年3月28日开通荷兰阿姆斯特丹与厦门的直航航线,每周运营3班,启用波音777-200ER型号飞机,可搭载318位乘客,同时载运50吨总量的行李与货物,使厦门机场率先在海西地区开辟了洲际客运航线。在各方积极运作下,这条航线航班客座率由最初的54%提升至目前的75%,其中7、8月份更是出现高达95%的客座率。同时,也加大与经营北美、澳大利亚等航线的航空公司的沟通推介力度,如与美国达美航空公司积极洽谈开通厦门航空公司事宜,并以此为契机推动市政府出台航线补贴政策,增强厦门机场的竞争优势。

【口岸基础设施建设】 空港方面:坚持加快硬件投资步伐,确保厦门空港的运行保障能力。一方面全面加快T4航站楼、站坪滑行道及配套设施扩建,3号候机楼地下停车场、停机坪改扩建工程,机场运行指挥中心业务楼等三期改扩建项目建设;另一方面加大对现有设施设备的更新改造力度,主要建设工程有序推进。其他更新改造项目完成情况为：厦门机场停机坪改扩建东扩一段工程建设，2011年5月完成报批验收，已投入使用；滑行引导标记牌和近机位牌改造工程，项目总投资约480万元，已竣工并通过验收；其余场道、灯光工程和改造项目，组织完成东扩一段17 500平方米标志线划设，5 000平方米除线和配套的灯光安装工程；完成机坪服务道部分停车位沥青改造工程；完成飞行区围界改造更新1 280米，新增防攀爬设施430米，更新、制作通道门4座；完成厦门机场停机坪地锚（增设）工程；完成厦门机场停机坪沥青裂缝处治工程、登机桥更换的安装改造及维护项目。新机场建设：省发改委委托中国民航建设集团开展厦门新机场选址报告咨询工作，并于2011年3月下旬在厦门召开会议研究厦门新机场选址相关事宜。6月7日，福建省机场建设计划及民航发展协调会最终明确新机场由厦门为主负责，省直有关部门、泉州、漳州全力支持。指挥部已先行启动造地研究、用海研究等相关专题研究，委托中国民航飞行学院开展高崎机场和翔安机场PBN飞行程序研究。目前，填海造地和气象观测站已启动。推动中航油厦门分公司加快油料保税库的申办进程，目前厦门机场航油保税库的土地证已办好，厦门海关也已验收通过，中航油总公司已将申办厦门油料保税库的相关材料上报给财政部和国家税务总局进行审批，有望在2012年上半年获准新辟投入使用，进而提升高崎国际空港的服务保障水平及区域枢纽地位作用。积极协助厦航克服种种困难，抓住2011年航空市场较旺的机遇，经营业绩再攀高峰。全年，厦航先后引进4架高原飞机，进军西部高原市场，同时与波音公司签订了购买6架波音787的协议，为开辟洲际航线做好准备，为正式加入天合联盟打下坚实的基础。到2015年，厦航机队规模将达到136架，旅客运输量达到3 000万人次，预计旅客运输量全球排名从2010年第44位上升到第20位左右。同时，厦航加入天合联盟，预计将于2012年年底正式成为联盟成员，可借力联盟平台，与联盟成员航空公司开展深度合作，拓展航线网络，提升服务水平，增加客源收入，更好地实现"独具特色、顾客首选、亚太一流"的战略发展目标。积极争取繁忙机场时刻资源，2011年厦门机场高峰日飞机起降量已达432架次，高峰小时起降量也达34架次。推进创建国际卫生机场工作，提升空港环境质量和整体形象。2011年10月13日，厦门机场创建国际卫生机场工作以94.72的高分通过了国内专家组的评审验收。厦门对台客运航线密度每周32班，仅次于上海位居大陆地区第2位。海港方面：推动五通对台专用客运码头二期改扩建建设。五通码头二期候船楼和口岸基础建设工程（约10 000平方米），已于2010年10月初动工，预计2012年5月投入使用。届时，码头可保障同时停靠4艘厦金航线客船，旅客吞吐能力达100万人次/年以上。加快项目建设。项目共16个，其中在建项目有嵩屿二期、新站交通枢纽配套工程、后溪长途汽车站、刘五店南部港区散杂货泊位工程、港务大厦、地产项目、海沧航道扩建三期工程等；前期及新开工项目有刘五店南部港区垦区整治工程、刘五店南部港区水产品加工区、象屿保税物流园区南部4号仓库等；竣工验收项目有东渡18号泊位、19号泊位、厦门现代物流园区5 000吨级杂货码头工程。设备投资。完成重点技术改造项目包括2台25吨门机，"2+1"台正面吊，"2+1"台空箱堆高机。专业消防船代建项目已签订合同，总金额为6 488万元人民币，交货期为16个月。对外投资。全年港务集团计划完成对外投资（收购）7.56亿元，实际完成4.6亿元。港务集团与中伦公司就国际邮轮母港项目签订了《战略合作框架协议》及《合作建设厦门国际邮轮母港项目协议书》，引入中伦公司在厦设立了环球邮轮公司，并于2011年10月19日顺利举行"海洋神话号"邮轮在厦门的首航庆典仪式。前场铁路大型货场项目完成对铁路物流投资公司4 000万元增资。亚太区电煤港合资合作项目取得重要进展，2011年11月与法国电力贸易公司、新加坡大东方自然资源投资有限公司签订《亚太区电煤港项目合作意向书》，拟共同投资、建设与经营"亚太区电煤保税港"、"电煤交易中心"与"亚太区电煤期货交易中心"。2011年10月与中化石油福建有限公司签署了海沧9号泊位化工罐区《合作框架协议》。古雷港区投资项目在古雷港区注册成立了漳州分公司。市农信社增资扩股项目已完成首期和第二次出资24 355万元。

【口岸综合管理】空港方面,一是构建安全体系,固化安全管理长效机制。民航厦门监管局紧紧围绕"确保厦门民航持续安全"一个中心,以"落实企业主体责任,落实局方监管责任"两个基本点为抓手,不断摸索提高监管水平的新方法,不断摸索提升监管效能的新手段,促进了厦门民航业持续安全和科学发展。积极应对航班高增长的态势,与驻厦门机场各单位积极采取措施,严控运行风险,确保空港安全。推动厦门机场持续进行航空保安审计整改工作,并于2011年6月份顺利通过航空保安后续审计工作,完全符合《国家民用航空安全保卫规划》的要求。12月份,厦门航空公司(以下简称厦航)顺利通过航空安保审计,成为中国民航首家航空安保审计的航空公司。民航厦门空管站深入开展"抓管理、转作风、带队伍、保安全"活动,以制度创新不断强化安全管理、行政管理和业务管理,进一步夯实空管站的安全基础。厦门空港客货增长领跑全国,生产指标超出年前预期。全年,厦门机场完成旅客吞吐量1 575.7万人次,同比长增19.6%,这一增幅超出全行业平均水平10个百分点以上;货邮吞吐量更是在全行业"退步"的情况下,实现超过5%的增长,领跑全行业。通过厦门市政府及驻场民航单位的共同努力,加强与厦门局方的沟通,密切配合局方清理虚占的航班时刻,协助航空公司做好航班计划的申请和落实,充分用好时刻资源,将原先厦门机场高峰小时容量从25架次提高到28架次。通过新技术的应用,有效地解决厦门空域资源紧张的问题。尤其是东南侧程序,较好地协调了厦门机场东南侧航线与金门空域的关系,解决了厦门机场开航28年来"一个机场,半个天空"的历史性难题。二是持续优化口岸通关环境,努力提高口岸综合服务水平。2011年空港口岸大通关建设取得的主要成效有:优化口岸通关环境,认真做好进口物流分类通关改革试点工作,努力提升空运进口货物通关效率。坚持根据口岸特点开展参数分析提炼和现场抽核,初步构建适合机场口岸进口实际情况的参数体系和抽核规范;积极开展通关效率专项整治及风险布控效能监控工作,加强税收异动监控,确保"管得住、通得快、查得准"。积极协调构建"空港物流信息平台"。目前的空港物流信息平台暂不能共享。各查验单位通关业务管理信息系统各自面向企业,各部门间信息不能共享,企业要上各执法部门的信息平台申报办理通关手续,极不方便。新平台的建设将实现空港业务办理一站式服务,满足空港业务发展的需要,各相关单位能通过此平台进行快速的信息交互,加速空港口岸进出口货物通关效率,带动区域经济发展。因此,厦门市口岸办积极组织机场海关、机场检验检疫局、机场货站、厦航货站、福建电子口岸公司就"空港物流信息平台"建设的专题座谈会,对各相关单位的应用需求进行研究讨论,形成了上报立项方案。三是做好"台交会"、"海峡论坛"、"98"投洽会、"特区30周年庆"等各类大型展会与庆典活动的通关保障工作,服务两岸人员交流往来,并以五通码头二期建设为契机,在口岸建设的软硬件改善上,争取厦门市财政支持4000多万元,积极化解困难;在"金门一日游"、"赴台个人游"的基础上,推动"金马澎个人游"业务开展。四是为应对"金门一日游"、"台湾自由行"、"离岛自由行"等政策落实后客流量快速增长的需求,五通码头船班从开通初期的每天4班(即两进两出)增加到目前的每天16班(即八进八出)。客流量从开航初期的每月1万余人次,约占厦金航线的12%,上升到目前每月4万~5万人次,约占厦金航线的44%。目前,市口岸办正全力推动五通海空联运码头增容扩建,并探讨开通早班和夜班航次,协调解决行李托运、行李直挂等问题,以适应旅客的多种需求。五是对台航班培育增长快速。配合大陆居民赴台政策的进一步开放,加密对台航班,引导航空公司包装台湾自由行旅游产品。

海港方面,一是集装箱业务创历史新高。从2010年第四季度开始,在厦门市委市政府的高度重视下,市政府给政策给补贴,港口管理局、港务集团联手推动,中谷新良、南青等航运公司大力支持,厦门港顺利完成640万标箱的任务。二是散杂货业务保持良好势头。石湖山码头公司加强市场营销,主动将业务拓展到江西、广东及省内三明、龙岩等地,取得很大成效。特别在煤炭业务、水转水业务及开拓新业务方面实现较大突破,货物吞吐量稳步增长。其中,煤炭业务完成524.2万吨,同比增长30.8%。东渡公司充分发挥海沧8号泊位作用,散杂货业务增幅达到16%,其中石材业务完成93万吨,同比增长24%。三是海铁联运增幅增量加快。全年完成箱量3.2万标箱,同比增长27.8%,主要是重新启动了"东北—厦门—江西"联运线路,又新推出"台湾—厦门—苏州/绵阳"线路,促进了两岸海铁运输的成功对接,进一步凸显了厦门口岸的对台特色。积极推进陆地港的建设,2011年完成了合资公司三明陆港物流有限公司和独资公司吉安陆港物流有限公司的设立工作。四是拖轮服务不断延伸。2011年船务公司继续坚持"走出去"发展战略,将业务拓展到福州、泉州、古雷、广西等地,巩固扩大海南市场,外部市场营业收入占公司总营业收入近25%。五是物流业务快速增长。物流公司的物流拼箱、保税物流等现代物流增长快速,场装仓储等传统物流业务实现扭亏为盈,净利润实现1 402万元,同比增长125.3%,超计划进度73.1%。六是对台客流业务形势良好。2011年"中远之星"轮共航行98航次,运载旅客约4.7万人次;集装箱达到7 400标箱,同比增长48%。2011年10月19日,"海洋神话"号以厦门港为母港成功首航。六是推动管理创新,做好港口战略调整与宣传贯彻。根据厦门市国资委关于《2011~2015年港口发展战略与规划》的评审意见,对港口发展战略进行修订完善;组织召开战略发布会,将战略目标分解到各战略实施单元并抓好落实;组织战略与领导力、战略与绩效管理两场培训,通过培训引导各级经营团队从意识层面统一绩效管理的价值取向,为海港的战略实施打下基础。主动配合资产重组与资源整合;积极参与厦门国企码头资源整合,做了大量工作。

【积极推进对台"三通"工作】 一是继续做大厦门—金门航线,努力推动外省籍旅客"赴金门一日游"、"厦门赴台自由行"的顺利实施。二是下大力气协调查验单位及相关单位整合旅检和货检通关流程,对打造海西邮轮母港进行认真规划,积极推动开辟厦门—台湾海峡邮轮航线。目前,邮轮中心两岸客滚直航码头改造工作已竣工通过验收。三是继续推动厦—台客货滚装运输,进一步确保"中远之星"客滚航线常态化运作。同时,推动对台水陆路邮件总包业务,支持开展"行李直挂"业务。四是积极推动海关推行便捷通关措施,促进对台鲜活产品出口,确保水果、农产品等对台贸易货物"零滞港"和"零损耗",厦门关区已成为全国最大的台湾水果进口集散地,占全国比重70%以上。五是推动检验检疫局在全国率先制定《海峡两岸直航检验检疫特别管理办法(试行)》,并在全国率先成立海峡两岸农产品检验检疫技术中心,与台湾检测机构开展了检测技术比对;在全国率先赴台对甲鱼繁殖场进行考核认可,使海峡两岸农产品基地互认实现"零"的突破,厦门口岸成为台湾甲鱼卵销往大陆的首要集散地。对ECFA货物开辟"申报专窗",采取"优先受理、优先查验、优先签证、随到随验、快验快放"等便利措施,支持企业用好用足ECFA原产地优惠政策。这一系列先行先试措施起了很好的成效,得到了国务院台湾事务办公室和国家质检总局的充分肯定。

【电子口岸建设】 一是积极争取国家部委支持,中国电子口岸数据中心已把推进福建电子口岸建设纳入中国电子口岸数据中心支持地方电子口岸建设先行先试范围;交通口岸厦门分中心于2011年6月18日正式挂牌启用,成为全国第三个交通口岸分中心,并在关港贸一体化方面走在了全国前列。二是推动查验单位研发并启用电子闸口等8个系统,与港口作业部门、船舶代理部门、货主实现网络互通、信息共享。检验检疫部门全面启用集中审单系统,提供24小时受理报检服务,通关速度比传统审单模式提高1/3;同时,于2011年8月12日研发成功进出口电子监管系统,目前整个厦门检区实现100%进出口货物和进出口企业实行电子监管,这项工作走在全国质检系统最前列。三是逐步完善海沧保税港区信息系统建设,在一期规模的基础上完成海沧保税港区信息平台二期软件系统的开发、测试等工作,目前软件已顺利通过预验收。四是覆盖范围不断扩大。推动了武夷山、三明、晋江和龙岩陆地港电子口岸建设,同时继续推动完善福州保税信息平台的建设。五是积极推进电子口岸与台湾、香港电子口岸的对接建设工作。已经建立和台湾关贸网络的对接,对台电子口岸已完成闽台两地平台的对接测试工作,正式开始闽台两地通关状态报文的互传。届时可以为闽台两地的航商及港口企业提供航运电子数据交换服务,为两岸"小三通"业务提供客运信息传输、电子订票、网上订座、行李及小宗货物、旅行社辅助管理等服务,为两地企业提供通关信息查询、企业通关信息申报、检验检疫证书共享等通关领域的服务。配合推动与香港方面签订《闽港口岸通关物流信息平台合作协议》,尽快建立与香港两地通关及物流数据信息直接交换通道,为实现两地快速通关、物流做好技术和通道保障。

【口岸大通关】 一是继续推动海关推进进出口货物分类通关作业改革,坚持和完善"7天工作制"和"24小时全天候预约通关",加大非侵入式查验力度等,进一步提高厦门口岸通关效率,目前厦门的进出口海运放行率均高于全国口岸平均水平。二是配合海关加快推动海关特殊监管区建设工作,目前厦门口岸各类海关特殊监管区域、场所一应俱全,基本满足厦门市重要行业的发展需求及大型企业的个性化要求,政策效应逐步显现。海沧保税港区整体运作顺畅,于2011年11月28日完成正式封关运作;翔安保税物流中心(B型)连续两年进出货值位居全国同类前列;象屿保税区已成为海西最大的进口酒集散中心。三是推动国检与海关全面实行出口货物无纸化通关单联网核查制度,推进关检联合查验。推动厦门国检局与10多个直属国检局签订检验检疫业务合作备忘录,全面实施福建全省及赣、湘等跨省区域直通放行制度。同时,推动国检创新检验检疫监管模式,对大宗货物全面推行"港区查验为主、周边堆场为辅"的集中查验模式,使检验检疫工作时间从原来5~10天缩短到3天以下,促进了通关效率的提高。四是做好东渡、海沧联检中心和邮轮中心的日常协调工作,及时解决现场出现的通关问题。五是圆满完成了"台交会"、"海峡论坛"、游艇帆船赛、厦金海上横渡、文博会等大型活动的口岸通关协调保障工作。

2011年福建省口岸流量统计表

口岸类型	口岸名称	货运量(万吨)				集装箱量(万标箱)				人员(万人次)				交通工具(辆、艘、架、列次)			
		出口	进口	合计	同比(%)	出口	进口	合计	同比(%)	出境	入境	合计	同比(%)	出境	入境	合计	同比(%)
空运口岸	福州	0.68	0.64	1.32	+13.55					44.98	45.37	90.35	+18.70	3 563	3 566	7 129	+21.61
	厦门	8.53	5.96	14.49	+8.10					109	110	219	+15.50	8 563	8 882	17 445	+19.90
	武夷																
	晋江									9.75	9.53	19.28	+25.66	882	883	1 765	+35.24
	分计	9.20	6.60	15.80	+8.54					163.74	164.90	328.64	+16.92	13 008	13 331	26 339	+21.28
陆运口岸 公路口岸	福州																
	厦门																
	分计																
陆运口岸 铁路口岸	分计																

续表

口岸类型		口岸名称	货运量(万吨)				集装箱量(万标箱)				人员(万人次)				交通工具(辆、艘、架、列次)			
			出口	进口	合计	同比(%)	出口	进口	合计	同比(%)	出境	入境	合计	同比(%)	出境	入境	合计	同比(%)
水运口岸	海港口岸	福州	826.17	2 492.58	3 318.75	+6.06	58.99	54.28	113.28	+10.68	5.57	5.77	11.34	-13.94	2 365	2 389	4 754	-3.53
		厦门	3 613.74	3 309.95	6 923.69	+9.85	251.38	242.33	493.71	+6.34	89	86	175	+7.4	11 732	10 667	22 399	+4.20
		漳州	156.49	954.34	1 110.83	+39.69	0.72	1.11	1.83	+1.72	0.90	0.93	1.83	+12.97	527	549	1 076	+10.93
		泉州	93.72	1 845.85	1 939.57	+4.18	2.80	6.38	9.18	+15.93	5.87	7.37	13.24	-6.31	1 774	2 170	3 944	+1.05
		莆田	8.89	731.37	740.26	+43.18	0.33	0.34	0.67	-15.86	0.27	0.29	0.56	+6.20	98	104	202	+11.60
		宁德	390.85	672.22	1 063.07	+87.84					1.08	1.06	2.14	+49.02	536	515	1051	+34.92
		分计	5 089.85	10 006.31	15 096.16	+14.60	314.21	304.44	618.65	+7.19	102.69	101.42	204.11	+5.30	17 032	16 394	33 426	+3.62
	河港口岸	分计																
合计		本年	5 099.05	10 012.91	15 111.96	+14.60	314.21	304.44	618.65	+7.19	266.42	266.32	532.74	+9.28	30040	29275	59765	+10.67
		同比(%)	+10.05	+17.07	+14.6		+8.11	+6.26	+7.19		+11.75	+12.77	+9.28		+10.45	+9.21	+10.67	

注：货运量和集装箱量以省口岸办数据为主，人员和交通工具采用边检数据（其中厦门口岸人员部分采用整数）。

（福建省口岸协会提供）

2011年福州海关主要数据统计表

项目		2011年	同比（%）
进出口货运量（万吨）	合计	4 704.7	+35.8
	进口	3 638.1	+41.3
	出口	1 066.6	+19.8
进出口贸易总值（万美元）	合计	2 464 044	+23.3
	进口	1 147 729	+30.6
	其中：江、海运输	1 030 731	+33.8
	铁路运输		
	汽车运输	23 773	+1.1
	航空运输	92 771	+9.7
	邮件运输	444	−38
	其他运输	11	−15.2
	出口	1 316 315	+17.6
	其中：江、海运输	1 248 752	+17.9
	铁路运输	1170	+83.5
	汽车运输	8034	−18
	航空运输	55916	+17
	邮件运输	2442	+30.1
	其他运输	1	−91
税收（亿元）	两税合计	109.01	+29.02
	关税入库	13.69	+4.7
	进口环节税入库	95.32	+33.47

（福州海关提供）

2011年厦门海关主要数据统计表

项目		2011年	同比(%)
进出口货运量（万吨）	合计	7 774.83	+8.29
	进口	4 761.89	+8.11
	出口	3 012.94	+8.56
进出口贸易总值（万美元）	合计	10 328 278	+21.34
	进口	3 889 512	+21.30
	其中:江、海运输	3 058 337	+22.41
	铁路运输	61	
	汽车运输	105 527	+27.13
	航空运输	723 969	+15.94
	邮件运输	626	+22.18
	其他运输	50	
	出口	6 439 708	+21.34
	其中:江、海运输	5 753 486	+21.01
	铁路运输	7 515	+64.93
	汽车运输	238 172	+16.62
	航空运输	420 634	+25.07
	邮件运输	6 134	+26.43
	其他运输	13 767	+450.89
税收（万元）	两税合计	3 246 033.41	+22.9
	关税入库	357 951.58	+15.8
	进口环节税入库	2 888 081.83	+23.9

（厦门海关提供）

2011年福建口岸出入境主要数据表

单位:(人员)人次;(交通工具)辆、艘、架、列次

项目		2011年	2010年	同比(%)
出入境人员	出入境人员总数	1 387 431	1 227 477	+13.03
	入境人员	703 158	617 788	+13.82
	出境人员	684 273	609 689	+12.23
	出入境旅客	1 156 522	1 019 072	+13.49
	出入境员工	230 909	208 405	+10.80
	中国公民 小计	1 192 678	1 046 698	+13.95
	中国公民 内地居民(因公)	133 614	130 799	+2.15
	中国公民 内地居民(因私)	563 910	470 771	+19.78
	中国公民 港澳居民	159 922	150 671	+6.14
	中国公民 台湾同胞	335 232	294 457	+13.85
	外籍人员	194 753	180 779	+7.71
	从海港出入境人数	291 072	309 134	-5.85
	从陆港出入境人数			
	从空港出入境人数	1 096 359	918343	+19.38
交通运输工具	总计	19 921	17956	+10.94
	船舶	11 027	10761	+2.47
	飞机	8 894	7195	+23.61
	火车			
	机动车辆			

(福建省公安边防总队提供)

2011年厦门市口岸出入境主要数据表

单位：(人员)万人次；(交通工具)万辆、万艘、万架、万列次

项目		2011年	2010年	同比(%)
出入境人员	出入境人员总数	394	351	+11.8
	入境人员	196	174	+12.6
	出境人员	198	177	+11.9
	出入境旅客	348	310	+12.4
	出入境员工	45	42	+7.7
	中国公民 小计	320	282	+13.5
	中国公民 内地居民	155	129	+20.2
	中国公民 港澳居民	26	27	-3.7
	中国公民 台湾同胞	139	126	+10.3
	外籍人员	74	69	+7.2
	从海港出入境人数	185	163	+13.5
	从陆港出入境人数			
	从空港出入境人数	209	189	+10.6
交通运输工具	总计	3.984 4	3.604 8	+10.5
	船舶	2.239 9	2.149 8	+4.2
	飞机	1.744 5	1.455 0	+19.9
	火车			
	机动车辆			

(厦门出入境边防检查总站提供)

2011年福建省出入境检验检疫业务统计表

项目	货物检验检疫		检验检疫不合格		交通工具				集装箱（标箱）		发现动植物疫情		货物通关		出入境人员查验（人次）	健康检查及预防接种（人次）			
	批次	金额（万美元）	批次	金额（万美元）	船舶（艘）	飞机（架）	火车（节）	汽车（辆）	合计	检出问题	种类数	种次	批次	金额（万美元）		健康检查	艾滋病监测	发现病例	预防接种
全年累计	555 436	3 848 412	2 035	315 425	14 412	8 895			723 527	2 057	550	6 523	244 772	2 611 296	1 397 076	26 721	26 700	14 245	27 227
其中 出境	520 942	2 241 068	515	1 804	5 496	4 445			223 710	3	10	119	205 410	1 088 491	688 242	24 287	24 265	13 327	27 154
其中 入境	34 494	1 607 344	1 520	313 621	8 916	4 450			499 817	2 054	550	6 404	39 362	1 522 804	708 834	2 434	2 435	918	73
比上年同比（%）	−0.19	+20.18	+13.37	+37.53	+7.39	+23.63			+3.01	+175.37	+12.47	+0.82	+1.13	+17.93	+12.37	−7.25	−7.29	+21.00	−24.28
其中 出境	−0.92	+14.73	+2.18	+10.28	+6.79	+23.44			−18.24	−85.00	−52.38	−16.78	−0.16	+13.13	+11.53	−13.21	−13.21	+17.02	−24.48
其中 入境	+12.38	+28.71	+17.74	+37.72	+7.97	+23.82			+16.56	+182.53	+13.64	+1.22	+8.42	+21.62	+13.19	+194.67	+188.51	+139.06	+3 550.00

（福建出入境检验检疫局提供）

2011年厦门市出入境检验检疫业务统计表

项目	货物检验检疫				交通工具				集装箱（标箱）		发现动植物疫情		货物通关		出入境人员查验（万人次）	健康检查及预防接种（人次）			
	批次	金额（万美元）	检验检疫不合格		船舶（艘）	飞机（架）	火车（节）	汽车（辆）	合计	检出问题	种类数	种次	批次	金额（万美元）		健康检查	艾滋病监测	发现病例	预防接种
			批次	金额（万美元）															
全年累计	417 361	2 648 411	2745	140 072	22 785	17 486			4 860 280	31 536	414	21 418	676 218	3 476 155	3 758 688	11 119	10 744	1 377	7 689
其中 出境	303 585	1 286 171	179	526	11 918	8 582			2 444 371		2	2	578 771	2 388 838	1 873 683	8 532	8 195	909	7 623
其中 入境	113 776	1 362 239	2 566	139 546	10 867	8 904			2 415 909	31 536	412	23 484	97 447	1 087 317	1 885 005	2 587	2 549	468	66
比上年同比（%）	+11.94	+41.03	+26.91	+57.50	+4.51	+19.69			+10.19	+29.95	+4.03	-4.80	+1.34	+22.07	+9.97	+3.98	+13.52	-67.95	-16.78
其中 出境	+11.77	+26.19	+6.55	+38.26	+4.58	+19.79			+11.29		-91.67	-98.25	-0.21	+16.5	+12.14	+2.29	+14.95	-70.18	-17.09
其中 入境	+12.38	+58.65	+28.62	+57.58	+4.43	+19.58			+9.11	+29.95	+5.37	+4.92	+11.67	+36.39	+7.9	+9.99	+9.16	-62.5	+46.67

（厦门出入境检验检疫局提供）

2011年福建海事局进出港船舶统计汇总表

船舶类别	进港船舶							出港船舶						
	艘数（艘次）	总吨（吨位）	总载重量（吨）	载客量（客位）	船员人数（人次）	货物到达量（吨）	旅客到达量（人）	艘数（艘次）	总吨（吨位）	总载重量（吨）	载客量（客位）	船员人数（人次）	货物发送量（吨）	旅客发送量（人）
总　计	340 370	493 462 971	582 110 704	67 980 515	2 154 804	13 412 902	26 710 963	338 486	489 963 134	583 974 945	679 378.05	2 142 317	17 148 877	25 467 641
中国籍船舶	325 483	207 622 273	210 659 670	66 830 983	1 896 675	127 124 300	26 296 181	323 539	203 446 543	211 745 103	66 790 933	1 886 703	77 234 343	25 081 104
其中：外贸船	6 171	15 511 147	12 544 339	1 042 179	76 674	7 405 960	368 254	5 951	14 530 017	11 581 136	1 042 199	72 723	3 233 571	387 768

（福建海事局提供）

2011年福建省口岸对台客货运直航统计表

单位:见列表

口岸	类别	合计	与上年同比(%)	进口或入境	与上年同比(%)	出口或出境	与上年同比(%)
福州口岸	入出境旅客(人次)	39 483	-32.54	19 886	-29.98	19 597	-34.95
	进出口货物完成量(吨)	3 323 647	-9.07	1 239 404	-3.83	2 084 243	-11.93
	海港国际集装箱(标箱)	314 606.25	0.03	157 778.5	-1.99	156 827.75	+2.14
厦门口岸	入出境旅客(人次)	1 432 256	9.31	713 004	+9.40	719 252	+9.21
	进出口货物完成量(吨)	13 277 591	13.97	2 084 895	+9.94	11 192 696	+14.75
	海港国际集装箱(标箱)	334 530	-0.83	164 144.50	+1.59	170 385.50	-3.06
漳州口岸	入出境旅客(人次)						
	进出口货物完成量(吨)	942 778	77.60	129 529	+129.01	813 249	+71.46
	海港国际集装箱(标箱)	6 634	-5.87	2 638	+4.72	3 996	-11.77
泉州口岸	入出境旅客(人次)	88 390	-11.49	47 893	-8.79	40 497	-14.48
	进出口货物完成量(吨)	755 396.52	5.77	87 612.40	+147.54	667 784.12	-1.62
	海港国际集装箱(标箱)	17 157	23.56	8 838	+1.77	8 319	+59.95
宁德口岸	入出境旅客(人次)						
	进出口货物完成量(吨)	3 813 019	70.90			3 813 019	+70.90
	海港国际集装箱(标箱)						
总计	入出境旅客(人次)	1 560 129	6.23	780 783	+6.57	779 346	+5.88
	进出口货物完成量(吨)	22 112 431.52	17.74	3 541 440.40	+8.07	18 570 991.12	+19.78
	海港国际集装箱(标箱)	672 927.25	0.02	333 399	-0.11	339 528.25	+0.15

(福建省口岸工作办公室提供)

福建省口岸大事记

1月4日

马尾海关顺利办结关区首票 ECFA 项下出口货物通关手续。

1月5日

福州海关与福建省国家税务局签订《共同打击骗取出口退税违法行为合作备忘录》。

1月15日

福州海关承办的署级项目获"中国法治政府奖"。首届"中国法治政府奖"评选暨颁奖典礼在北京隆重举行,"全国海关行政复议系统"项目获得首届"中国法治政府奖"。福州海关于2009年至2010年承办了该署级项目的设计开发、部署上线和推广应用工作,并将长期承担系统软件维护工作。

1月16日

福建省省长黄小晶在《福州海关关于2010年度工作情况的报告》上作出批示:"海关工作主动作为,研究对策,积极参与海西建设,为我省外经贸发展做出突出贡献。向海关领导、同志们并向海关总署表示衷心感谢。目前工作多、头绪多,仍希望在平潭及有关台商投资区的特殊政策上多想办法。"

福建省副省长、福州市市长苏增添批示肯定福州海关工作。在《福州海关关于转报〈加贸司关于同意英冠达(福建)电子科技有限公司实行加工贸易联网监管的批复〉的函》上批示:"感谢海关总署及福州海关的支持。"

1月20日

泉州晋江机场列入对台新增空中直航点,并开通泉州至台北、台中临时包机。

厦门检区 CCC 入境验证设限数据库正式上线运行,解决了困扰 CCC 入境验证工作多年的证书有效性核查问题。

1月24日

杏林检验检疫局、漳州检验检疫局和厦门检验检疫局象屿办事处被国家质检总局授予"全国检验检疫文明服务窗口"。

1月26日

新版实验室管理系统(LRP5.0)在厦门检验检疫局技术中心正式上线运行。

两岸速递邮航进境邮件首次运抵福州口岸。两岸邮航在福州正式开通后,福建省邮政部门与台湾"中华邮政"一直在研究试运行开展两岸速递邮航进境邮件业务。首批内装衣服、餐具、饰品等物品的3袋16件进境台湾邮件顺利抵达福州口岸,福州海关邮办与机场办启动应急预案,在2小时内顺利办结该批邮件的转关和验放手续,进一步拓宽了两岸邮政往来渠道。

2月14日

福州港务集团荣获由国家版权局、工业和信息化部、财政部等九部委联合颁发的"全国软件正版化工作示范单位"荣誉称号,是福建省13家被授予此称号的企业之一。

2月15日

厦门检验检疫局技术中心电气实验室正式通过 IECEE(国际电工委员会电工产品合格测试与认证组织)认可(证书号 TL375),认可范围覆盖照明电器、音视频设备和信息技术设备3个领域的 IEC(国际电工委员会)国际标准,标志着其检测能力已达到国际先进水平。

2月17日

福州海关关长李国率关党组及相关职能部门负责人赴福建省平潭综合实验区进行实地调研,实地考察吉钓港区、海关特殊监管区规划区、闽台客滚船码头等重点建设项目,并与平潭综合实验区管委会进行座谈,双方就海关特殊监管区选址规划、客滚船口岸码头开放建设、海关监管场所规划建设及建立服务对接机制等工作进行深入交流探讨。

3月

国家禁毒委员会向海关总署发来贺电,祝贺福州海关查获走私毒品案件,贺电对福州海关于1月在国际邮政快件(EMS)渠道相继查获10起走私毒品案件,共查获冰毒1 903.35克表示祝贺。

3月1日

厦门港口岸现代码头和华夏国际电力发展有限公司码头(嵩屿电厂码头)作为新增外贸作业点通过省级验收。

3月7日

东渡检验检疫局在新落成的厦门国际航运中心三楼正式揭牌。

3月8日

福州海关召开深化分类通关业务改革工作会议,听取有关单位关于2010年分类通关工作情况报告,研究解决存在的问题,部署下一阶段工作。

3月16日

交通运输部批复同意国际航行船舶临时进靠福州港罗源湾港区福建华东船厂码头(交海批〔2011〕17号)。

3月22日

厦门检验检疫局在全国口岸首次监测发现来自日本的集装箱船舶"MOL PRESENCE"号放射性异常,并会同地方政府进行了妥善处置,既维护了国门安全和人民群众的生命安全,又避免了可能产生的政治或外交事件。该案例被国家质检总局编入全国应对日本核泄漏危机三大范例之一。

3月23日

福州海关机场办事处顺利监管首票跨关区转关出口邮件。随着中国邮政航空和"中华航空"在福州与台北间开通两岸通邮及货运直航包机航线,福州空港作为大陆国际邮件进出境集散地的功能开始逐渐显现。该日,首票10袋209千克跨关区转关出口邮件由厦门海关驻邮局办事处转关至福州空港,福州海关机场办事处顺利完成该票转关出口邮件的通关监管工作。

3月24日

厦门检验检疫局与中国检验有限公司签订战略合作协议,这是闽港两地首个涉质检战略合作协议。

3月25日

福建省副省长叶双瑜在福州海关转报的《总署办公厅关于署领导出任第十三届海峡两岸经贸交易会组委会名誉主任的复函》上批示:"请福州海关李国关长转达对总署领导和办公厅、有关司局的衷心感谢。"

3月28日

福建省委书记孙春兰率福建省代表团访问香港、澳门。福州海关机场办事处和福州机场边检站旅检现场为代表团一行提供通关礼遇。在执勤现场,孙春兰书记听取了边检工作汇报,并对福州机场边检站立足口岸实际,适应新形势发展,服务口岸大通关的做法予以高度肯定,还欣然为边检官兵题词。

福建省副省长、福州市市长苏增添在《福州海关关于福建时代包装材料有限公司进口设备税收处理情况的函》上批示感谢海关的支持,要求企业配合做好工作。

3月30日

福建省湄洲湾港口管理局与河海大学组成联合调研组赴莆田海关开展"闽台合作背景下湄洲湾港口与腹地经济互动发展研究"课题调研,了解海关监管流程、便捷通关措施及服务海西促进闽台人员物资交流等情况。

由福州港务集团控股的福州迅腾网络科技有限公司承担的福州市科技局"企业研发及成果推广项目"下的"海峡西岸港航物流公共信息服务平台"项目通过验收。

4月5日

海关总署署长于广洲在福州出席福建省为其举办的履新欢送会。福建省委书记孙春兰、省长黄小晶等省委、省人大、省政府、省政协领导出席欢送会,对于广洲署长在福建工作予以高度评价,并希望进一步密切署省合作。于署长对福建各方面给予其在闽工作期间的支持表示感谢,并表示海关将一如既往积极支持海西加快发展。

4月6日

海关总署署长于广洲视察福州海关。

4月7日

应邀访闽的中国国民党荣誉主席吴伯雄乘坐MF883航班返回台北,口岸旅检现场给予通关礼遇。

4月11日

福建省委书记孙春兰在《福州海关关于服务福建省经济贸易代表团顺畅通关有关情况的报告》上批示:"衷心感谢海关给予我省的支持,特别是这次赴港澳招商过程中海关发挥了特别重要的作用。"省委副书记、代省长苏树林也批示肯定福州海关工作:"感谢海关为福建经济社会发展所做的贡献,政府各部门也要为海关工作服好务。"

根据中央机构编制委员会办公室有关批复精神,厦门出入境边防检查总站升格为正厅级。

4月14日

福建省委书记孙春兰批示肯定福州海关工作。在福州海关报送的信息《福州海关积极研究部署进一步加大服务海西建设工作力度》(《八闽快讯》专报件第467期)上批示:"感谢海关总署和福州海关对我省的支持。这些措施十分关键,针对性强。"

福建省代省长苏树林在省委常委、厦门市委书记于伟国和副省长洪捷序等省市领导的陪同下到厦门国际邮轮中心暨厦金客运码头口岸执勤现场视察工作。

4月15日

厦门检验检疫局与厦门海事局、厦门港口管理局共同签订《提高口岸通关效率,促进厦门港提升发展战略合作备忘录》。

4月18日

厦门机场检验检疫局被国家人力资源和社会保障部、国家质检总局联合授予"全国质量监督检验检疫系统先进集体"荣誉称号。

4月20日

福州海关首次开展"担保验放、自动放行"通关业务。在监管通关处和马尾海关的帮助、指导下,福建三丰鞋业有限公司成功办理关区首票"担保验放、自动放行"报关单。该模式下,进出口货物报关单电子数据经海关接受申报后,在确定商品归类、海关估价和提供有效报关单证、缴清税费或者办结其他海关手续前,收发货人可凭企业资信先行办理验放手续的形式,无须提供保证金或保函,货物放行后10日内到业务现场办理事后交单手续,有利于简化通关手续,提高通关效率,节约企业物流成本,减少资金周转压力。福州关区AA类企业无须申请即可享受该通关模式。

4月21日

商务部、海关总署对台小额贸易调研组在福州关区开展调研。调研组先后赴黄歧口岸、三沙口岸和霞浦陇头台湾水产品集散中心,与海关、边防等口岸部门座谈,详细了解对台小额贸易进出口情况、海关机构设置和人力资源配置情况,以及2007年部分小额贸易试点口岸实施更开放措施以来的成效等问题,并就当前两岸全面实现"大三通"、ECFA进入实施阶段情况下对台小额贸易的新动向及今后发展问题进行交流。

4月26日

福州海关和福建省贸促会联合举办"ECFA优惠政策及原产地规则专题宣讲会"。

4月27日

福州海关与南京海关开展通关区域合作。双方签订了区域通关合作协议,自即日起,福州关区和南京关区企业从对方口岸进出口货物均可在属地海关办理"属地申报、口岸验放"通关业务。此举进一步推进了区域通关作业改革,有利于充分发挥长三角、海西经济区域资源优势,延伸港口功能,服务海西外贸货物运输和经济发展。

厦门检验检疫局与新疆检验检疫局在厦门举行对口支援协议签署仪式。

4月30日

福州港马尾港务公司荣膺"福建省五一劳动奖状"。

5月

福州港务集团所属江阴港区1~5号泊位实施改造项目,改变江阴港区现有的拖车进出港模式,实现无人闸口。

5月1日

厦门机场检验检疫局获得"福建省五一劳动奖状"。

5月5日

厦门检验检疫局承担的国家质检总局2011年大通关项目"利用出口货物电子监管平台扩展进口电子监管功能系统"通过国家质检总局专家评审。

5月16日

福州保税港区(一期)顺利通过省级预验收。福州海关牵头组织相关省直单位组成联合预验收小组,对福州保税港区(一期)的基础设施、隔离设施、专用通道、监管设施及相关配套设施等项目建设情况进行了实地预验收。联合预验收小组经集中评审,同意福州保税港区(一期)通过预验收。福州海关副关长李志轩作为联合预验收小组组长与福州市副市长杨益民共同签署了预验收纪要。

5月18日

第十三届海峡两岸经贸交易会暨第八届中国福建商品交易会开幕。

5月30日

中国质量认证中心(CQC)向金门酒厂实业股份有限公司颁发了GB/T22000(食品安全管理体系)认证证书。这是台湾本土生产企业获得的第一份大陆认证机构颁发的自愿性管理体系认证证书。

5月31日

福州海关与青岛海关签订区域通关合作备忘录。这标志着福州海关与青岛海关区域通关合作正式启动，将进一步发挥两关的区位优势，加强海西与环渤海经济区域的优势互补。福州海关已先后与全国24个直属海关建立了区域通关合作机制。

福建省委书记孙春兰、代省长苏树林率省委、省政府工作组到武夷山陆地港检查调研，并肯定武夷山边检站主动服务武夷山陆地港建设做法。

6月

福州海关机场办旅检岗被海关总署和共青团中央评选为2009～2010年度全国"青年文明号"。

福州港务集团党委书记黄长周被福建省委评为"全省优秀党务工作者"。

6月9日～10日

福州海关首次联合厦门海关与中国外商投资企业协会优质品牌保护委员会（QBPC）共同举办知识产权执法培训。

6月12日

厦门检验检疫局稽查处被国家质检总局授予"全国质检系统打击侵犯知识产权和制售假冒伪劣产品专项行动先进集体"荣誉称号，姚力、曹峰被授予"全国质检系统打击侵犯知识产权和制售假冒伪劣产品专项行动先进个人"荣誉称号。

第三届海峡论坛在厦门开幕。

6月14日

福州港口岸江阴港区2～5号泊位作为新增外贸作业点顺利通过省级验收。福建省外经贸厅（口岸办）组织口岸查验单位和口岸办对福州港口岸江阴港区2～5号泊位开展省级验收，通过现场察看和集中评审，一致同意福州港江阴港区2～5号泊位通过省级验收。

6月22日

厦门检验检疫局应中国贸促会和台北世界贸易中心邀请，派员赴台参加"海峡两岸食品研讨会"。这是大陆检验检疫机构首次派员赴台参加海峡两岸食品研讨会。

6月28日

莆田海关驻秀屿办事处举行揭牌仪式。

福州海关扩大进口分类通关改革范围。福州海关在马尾海关成功试点进口分类通关的基础上，将试点范围进一步推广至其关区内的机场办、福州保税区海关、福清海关、莆田海关、宁德海关等业务现场。

7月5日

福州海关与大连海关签订《区域通关合作备忘录》，进一步发挥福州海关和大连海关的区位优势，加强海西与环渤海经济区域的优势互补，对两省的外贸经济交流和合作将起到促进作用。福州海关已同厦门、黄埔、南宁、广州、杭州、宁波、武汉、长沙、南昌、汕头、贵阳、银川、重庆、成都、西安、兰州、西宁、乌鲁木齐、上海、深圳、天津、拱北、南京、青岛、大连等25个直属海关签订区域通关合作备忘录，区域合作辐射海西、长三角、珠三角、环渤海及中西部等经济区域。

7月8日

交通运输部批复同意国际航行船舶临时进靠福州港口岸罗源湾港区可门作业区4、5号泊位（交海批〔2011〕39号）。

7月10日

福州海关向福建省政府行文，报告了4月份福州海关缉私局立案侦查一起台轮以对台贸易为掩护进行海上闯关走私的案件。副省长叶双瑜在该报告上批示。

7月19日

福建省委书记孙春兰在福州海关报送的信息《福州海关积极支持平潭澳前客滚码头建设和对台直航事宜》(《八闽快讯》专报件)上作出批示:福州海关一直积极支持我省的开放和对台等发展工作,衷心感谢。

7月29日

"福建居民赴金门、马祖、澎湖地区个人游"首发仪式在福州港马尾客运站隆重举行。这是继6月28日启动大陆居民赴台个人旅游后,两岸旅游交流所取得的又一个新成果。151名"个人游"出境旅客办理了快速通关手续。

8月5日

福州海关与马尾区举行加强关区合作促进共同发展合作备忘录签字仪式。双方就进一步加强海关与经济技术开发区合作、促进共同发展实现双赢达成共识。

8月6日~7日

福建省省长苏树林实地考察福州港务集团所属江阴港区集装箱码头、罗源湾狮岐码头和可门散货码头。

8月10日

福建出入境检验检疫局到福州海关考察"12360"服务热线建设情况,参观了热线工作现场,了解热线服务模式、运行机制和网站建设等内容。双方还就加强海关"12360"和检验检疫"12365"热线联系配合交换了意见。

8月15日

交通运输部批复同意国际航行船舶临时进靠平潭澳前客滚码头(交海批〔2011〕48号)。

8月16日

福州海关综合统计处撰写的进出口监测预警专题信息《今年7月份我国国民经济主要行业进出口情况》被海关总署采用上报国办后,得到副总理回良玉批示。

8月20日

福建省委副书记、省长苏树林到厦门检验检疫局调研。在省委常委、厦门市委书记于伟国,副省长叶双瑜,厦门市长刘可清,厦门检验检疫局局长詹思明等陪同下,苏树林参观了该局综合业务展厅并听取了厦门检验检疫局党组工作汇报。苏树林充分肯定了厦门检验检疫局工作,认为该局"服务发展有成效,对台先行有特色,质量安全有保证,班子队伍有朝气",很多创新做法走在全国前列,成为质检系统的典型,得到全国质检系统和地方各部门的认同。

8月21日

交通运输部副部长翁孟勇在福建省副省长张志南、省交通运输厅厅长李德金、福建海事局局长陆鼎良等陪同下视察了位于福州港江阴港区的福州新港码头。

8月23日

福建省委副书记、省长苏树林一行莅临福州海关视察,亲切慰问现场一线关员,接见福州海关处以上领导干部并合影。在听取福州海关党组关于近年来贯彻落实海关总署支持海西建设的主要措施和成效、全国海关工作会议精神及下一步工作思路汇报后,苏省长感谢总署对福建省的支持,以及福州海关为福建经济社会发展作出的贡献,对福州海关各项工作给予"服务发展作为大,优化通关速度快,支持对接措施实,干部队伍形象好"的充分肯定,高度评价了福州海关党组提出的"建设海西、服务家乡"的工作理念,认为既体现责任心、事业心,又富有人情味,并对福州海关下一步工作提出3点要求:一是服务大局,进一步落实海西《规划》;二是提速增效,进一步优化通关环境;三是先行先试,进一步深化闽台合作。

8月24日

国家质检总局与福建省政府在福州签署《关于贯彻落实海西规划共同推动福建科学发展跨越发展合作备忘录》。期间,厦门检验检疫局与福建、浙江、江西、广东检验检疫局共同签署了《海峡西岸经济区检验检疫合作备忘录》,旨在建立健全5项合作机制,共同支持海西建设。

8月25日

福州海关与深圳海关签订一般贸易企业综合治理合作备忘录,进一步加强关际联系配合和监管协作,共同防范和打击一般贸易企业跨关区走私违规活动。

8月27日

中国检验检疫进出口电子监管系统在厦门口岸启用试运行。

9月

福州港务集团完成月度集装箱吞吐量13.57万标箱,这是集团月集装箱吞吐量首次突破13万标箱整数关口。

9月7日

海关总署署长于广洲、总工程师李小刚在厦门出席第十五届中国国际投资贸易洽谈会开幕式并参加巡馆活动。

福州港务集团所属罗源淡头码头靠泊3 000吨级杂货船的码头加固改造工程通过竣工验收交付使用。

9月21日

"赣闽两省海西港口合作专题座谈会暨合作项目签约仪式"在江西省南昌市举行。福州港务集团成功引进江西省铁路投资集团公司合作发展江阴港区4、5号泊位项目并签署《福建江阴国际集装箱码头有限公司增资扩股协议》;所属福建江阴国际集装箱码头有限公司与江西省铁路投资集团公司、高安市国有资产营运有限责任公司就合作发展江西省建筑产业基地铁路专用线项目正式签署《江西瑞景铁路发展股份有限公司投资合作协议》。

9月29日

台湾金门大学邱垂正教授率台湾卫生检疫专家一行7人参访厦门检验检疫局,双方就两岸出入境卫生检疫交流合作开展深入会谈,共同探讨两岸卫生检疫厦金先行先试、疫情检测通报与处置、口岸卫生核心能力建设、突发公共卫生事件处置、卫生检疫技术及实验室交流合作等事宜。

10月8日

根据福建省政府政务信息采用反馈,福州海关综合统计处报送的《今年1~8月福建省猪肉进口成倍增长 猪肉产业健康发展值得关注》被国办采用;加工贸易监管处报送的《福州关区加工贸易转型升级存在的制约因素及对策》和福州保税区海关报送的《福州海关建议学习借鉴天津、上海整车进口口岸建设经验力促在福州港江阴港区设立国家整车进口口岸》得到副省长叶双瑜的批示,并批转要求相关部门研究处理。

10月11日

福建省副省长叶双瑜率领省、市口岸办和口岸查验部门领导一行,深入福州港江阴港区4、5号泊位福建江阴国际集装箱码头考察。

10月13日

厦门检验检疫局推动的厦门高崎国际机场创建"国际卫生机场"、厦门国际邮轮中心创建"国际卫生港口"活动一次性高分通过国内专家组考核评审,首开国内一城"双创卫"先例。厦门邮轮中心是全国首个创建国际卫生港口的海港客运口岸。

10月20日

福州海关启动关区单证暂存工作,与福建捷联电子有限公司举行首家报关单证企业自行暂存协议签约仪式。

福建松下港口岸牛头湾港区对外开放通过国家级验收,实现正式对外开放。

10月21日

平潭"海峡号"首次试航圆满成功。"海峡号"客滚船从平潭至基隆首次试航,各相关部门进行了通关流程演练,并对船舶安全、技术性能等各项指标进行随船检测,船舶于当日下午返航。

10月28日

厦门检验检疫局开通12365举报处置指挥系统平台,并实现福建质检三局互联互通。

10月31日

由厦门检验检疫局和国家质检总局监察局共同立项研发的电子监察系统在海沧局、漳州局开始试运行。

11月2日

厦门检验检疫局正式加入泛长三角检验检疫机构合作机制,并首次参加机构合作机制联席会议。会上,厦门检验检疫局等9局共同启动"泛长三角地区检验检疫合作机制信息平台",签署《泛长三角检验检疫机构区域大质检文化建设备忘录》。

11月6日

南京军区复函福建省政府同意平潭海港口岸对外开放(南司〔2011〕92号)。

11月20日~23日

国家稀土专项整治联合检查组第三组来闽对福建省稀土专项整治工作进行联合检查。在21日上午召开的省政府专题汇报会上,福州海关代表汇报了加强稀土出口监管、打击稀土走私的有关情况。下午,联合检查组深入马尾海关进行现场检查和调研。

11月23日

福州港马尾客运站与福建海峡高速客滚航运有限公司正式签订协议,全面承接平潭澳前客滚码头的日常管理和服务。

11月24日

国家质检总局在厦门召开全国质检系统首次对台工作座谈会,认为厦门局对台工作典型经验为两岸质检合作提供了"厦门样本",并向全系统进行推广。

厦门港口岸海沧港区远海码头(15~17号)、新海达码头(18、19号)和国贸码头21号泊位作为新增外贸作业点通过省级验收。

11月25日

厦门检验检疫局杏林局、漳州局、同安办报检窗口通过全国质检系统首次组织的"国家级达标示范窗口"验收。

平潭港澳前客滚码头临时开放通过省级验收。

11月30日

平潭港澳前客滚码头开通对台直航航线,"海峡号"高速客轮成功首航台中,次日返回平潭。首航共监管旅客181名,随船工作人员42名。

12月

福州边检站被公安部评为提高边检服务水平先进单位,福建边防总队4名个人被公安部评为提高边检服务水平工作先进个人。

福建省边防总队全面贯彻落实扩大边检自助查验通道适应范围、提供全国联网查询本人出入境记录服务,提供多样化旅游团边检查验模式,进一步简化边检查验手续,签发年度多航次有效登陆证件,放宽船员家属及作业人员登外国籍或港澳籍船舶限制,取消"航行港澳船舶查验薄",部分人员免填外国人入境卡、外国人出境卡等公安部12项新便民措施。

福州港务集团及所属福州外轮理货有限公司被授予"第十一届省级文明单位"荣誉称号,这是该集团连续第四届获此殊荣。

12月6日

晋江陆地港(启用)通过省级验收。

12月8日

厦门检验检疫局被国家质检总局确定为全国检验检疫系统首批6个绩效管理试点单位之一。

福州新港国际集装箱码头迎来了"SCX"欧洲线集装箱船舶"美国总统重庆"号(APL CHONGQING船长349.27米,宽45.6米,最大吃水15.5米,满载箱量达10 106标箱)的首次靠泊,再次刷新了福州港开港以来操作最大集装箱船舶的记录。

12月16日

福州保税港区(一期)通过国家级验收。国务院联合验收小组由海关总署、发展改革委、财政部、国土资源部、住房城乡建设部、交通运输部、商务部、国家税务总局、国家工商总局、国家质检总局、国家外汇局等11个国家部委组成。省委常委、副省长陈桦率省市有关部门领导会见验收组。联合验收小组认为福州保税港区(一期)建设符合正式验收条件,并向福州保税港区管委会颁发"保税港区验收合格证书"。

12月18日

福州港务集团荣获人力资源和社会保障部、中国物流与采购联合会联合颁发的"全国物流行业先进集团"称号。

12月20日

厦门检验检疫局及所属漳州检验检疫局被中央文明委授予"全国文明单位"称号。该局由此在四年内实现了从市级、省级再到国家级文明单位的"三连跨",同时厦门检区实现全国文明单位全覆盖。

12月21日

福建省委、省政府授予厦门边检总站"福建省第十一届(2009~2011年度)文明单位"称号。

国家质检总局2011年年初立项的厦门检验检疫局对台研究科研课题"海峡两岸强制性产品认证制度研究"获得专家鉴定通过。该课题首次从法律法规框架、认证模式、通关要求和境外检测与认证结果接受等多个方面研究了海峡两岸强制性产品认证制度,提出了海峡两岸强制性产品检测认证互认合作的政策与建议,并在此基础上开发了海峡两岸强制性产品认证信息管理系统。

12月26日

福州海关关长李国陪同海关总署署长于广洲出席厦门经济特区建立30周年庆祝活动。

12月27日

福建省领导和海关总署署长于广洲陪同中共中央政治局常委、中央纪委书记贺国强在平潭岛考察调研。贺国强书记、于广洲署长一行到澳前旅检现场视察指导,看望、慰问现场口岸工作人员。在随后召开的平潭开放开发座谈会上,于署长就海关落实平潭综合实验区总体发展规划、支持平潭先行先试作了发言。福州海关关长李国陪同参加相关活动。

福建省政府上报国务院请示平潭海港口岸对外开放。

12月28日

由国家质检总局立项、厦门检验检疫局主持开发的"利用出口货物电子监管平台扩展进口电子监管功能"项目通过由国家质检总局组织的全国专家组验收。此项目为国家质检总局2011年中国电子检验检疫建设重点项目,通过在出口电子监管平台整合CIQ2000、集中审单、电子闸口及LRP2000等系统,同时针对不同进口货物建立监管规则,实现对进口货物的合格评定,有效提升电子监管的有效性。

12月31日

福州港正式获批成为第6个国家整车进口海运口岸。国务院办公厅以"国办函〔2011〕165号"文批复海关总署和福建省政府,国务院正式同意福州港江阴港区成为国家汽车整车进口口岸,这是继大连、天津、上海、黄埔、钦州之后第6个国家汽车整车进口海运口岸,也是海峡西岸经济区首个国家汽车整车进口口岸。

(撰稿人:黄家峰、吴建华、兰思辉、陈慧樱、李永东、陈唯、李小强)

江西省

江西省口岸工作综述

【口岸运行】 2011年,江西省进出口总额315.56亿美元,同比增长46.06%,其中出口218.81亿美元,同比增长63.1%。进出口货运200.63万吨,国际集装箱14.27万标箱,同比分别增长4.53%和10.56%。其中,水运口岸进出口货运165.99万吨,国际集装箱11.72万标箱,同比分别增长6.37%和13.05%。通过铁海联运方式完成进出口货运31万吨,同比下降0.6%;国际集装箱1.84万标箱,同比增长8.43%。通过公路运输方式完成进出口货运3.49万吨,同比下降23.76%;国际集装箱0.7万标箱,同比下降16%。通过航空口岸完成进出口货运0.15万吨,同比增长21.9%。南昌航空口岸出入境人员6.57万人次,其中出入境旅客6.01万人次,同比增长16.2%;出入境飞机614架次,同比增长4.6%。出入境船舶3艘次,同比持平。

【口岸基础设施建设】 2011年3月14日,国务院批准同意设立井冈山出口加工区,该出口加工区是江西继九江、南昌、赣州出口加工区后第4个获批的出口加工区,对促进江西的开放型经济更快更好地发展具有重要意义。完善了赣州铁路口岸作业区和龙南公路口岸作业区视频、音频管理系统,提升了口岸作业区保障能力;推进了定南"无水港"建设,定南口岸大楼建设进展顺利,主体施工基本完成;龙南新建海关大楼主体框架工程基本完成。吉安口岸联检大楼和生活配套等附属工程已竣工,作业区内仓储、堆场、查验平台、卡口等基础设施的规划设计正在调整和完善中。上饶市政府与福建省福安市政府签署《关于福安市上饶码头投资建设协议》,宁德港上饶码头项目建设正式启动。宁德港(福安市)上饶码头位于宁德港白马作业区8号泊位,总投资4.8亿元人民币,建设规模为3万吨级集散货、集装箱为一体的多用途公用码头。2011年11月10日,国务院和中央军委批复同意新建上饶三清山机场,可研报告已转呈国家发展改革委正式进入立项报批程序。上饶三清山机场为4C级支线机场,远期规划为4D级;宜春高安铁路口岸作业区项目正式开工建设,宜春市万载公路口岸作业区获批同意建设。

【电子口岸建设】 商务与海关加工贸易审批实现了跨网互联。加工贸易联网上网试运行后,加工贸易企业每笔业务的办理时间从3~5天缩短到1~2天,江西省成为全国首个以省为单位实现加工贸易商务与海关联网审批的省份,受到国家电子口岸办的充分肯定。系统项目建设稳步推进。"关港联网"系统自2009年10月在南昌国际集装箱码头(口岸作业区)正式投入运行以来,系统稳定,企业反映良好,用户稳步上升。截至2011年12月,共注册企业50家,系统已向南昌港发送16.63万票作业计划单,收到港口回执单近25.59万票,与南昌海关数据交换近11.5万次。港口管理成本同比下降25%,作业效率提高近50%。由江西电子口岸开发的海关卡口控制与联网系统于2011年12月在九江城西港试运行并取得成功;海关特殊监管区联网系统已开发完成,并在南昌保税物流中心进行试运行;检港联网系统已完成各项开发,预计2012年可以投入运行。

【口岸综合管理】 加强机构建设。2011年,成立宜春市口岸办和宜春市万载口岸办,宜春市口岸办内设于市商务局,宜春市万载口岸办为县政府正科级事业单位。截至2011年,江西省内11个地市区已成立9个市级口岸办,6个独立县级口岸办,其中九江市、赣州市口岸办为独立机构。赣州市进一步健全和完善了口岸工作领导小组例会和关检贸企联席会议制度,强化了口岸各部门的协调配合;率先建立比较完备的口岸工作考核评价体系并纳入全市开放型经济考核,使口岸工作更好地服务县域经济发展。加快口岸建设。口岸作业区规范化管理取得新突破。根据江西省政府《关于进一步加快口岸发展的若干意见》,由省商务厅牵头,联合省发改委、省交通运输厅、南昌海关、江西出入境检验检疫局、南昌铁路局等部门印发了《关于加强口岸作业区建设和管理工作的指导意见》。指导意见从口岸作业区的申报、审批、项目核准、验收、管理、关闭等方面对口岸作业区建设和管理进行了规范和明确。截至2011年年底,江西省共有南昌港水运口岸作业区,赣州、新余铁路口岸作业区,鹰潭、龙南、上栗公路口岸等6个口岸作业区顺利通过海关、检验检疫等部门的验收,占江西省口岸作业区的66.67%。在建的高安铁路口岸作业区已正式进入主体施工,万载公路口岸作业区也已经完成方案设计,进入申报审批立项阶段。保税物流中心、出口加工区发展取得新突破。各单位积极服务保税物流中心、出口加工区发展,南昌保税物流中心2011年完成保税物流金额2.48亿美元,并成功引进企业开展消费类商品保税物流,促进保税物流结构升级;九江出口加工区2011年完成进出口总值近10亿美元,在全国近60家出口加工区中居第17位,出口额在中部地区出口加工区中居第1位。拓展口岸通道,铁海联运快速发展。在南昌铁路局的大力支持和推动下,6月30日,经铁道部批准,上饶—宁波五定班列正式开通,每周3班,较一般铁路货物运输缩短时间24小时以上,至2011年年底,共发送出口货物4312重标箱。江西省已经先后开通铁海联运线路12条,运价享受25%~45%不同幅度下降,货运出海通道全面打通。国际国内航线大幅加密。2011年,江西省到台湾的空中直航航班由每周2班增至7班,并引进台湾"中华航空公司"。同时,国内航线稳步加密,南昌机场新开石家庄、兰州、呼和浩特等6条航线;加密南昌至西安、哈尔滨、济南等5条航线,通航城市增至37个。进出口班轮大幅增开。2011年,九江港水运口岸进出口班轮大幅增开,九江港至外高桥始发班轮由每周2班加密至4班,彻底解决了货物滞港问题;开辟了直达韩国仁川港的首条国际直达始发货运班轮,九江港成为内陆省份首个开辟江海直航的港口;试运行了九江港至洋山港的始发江海直航,大幅提高了欧美货物运输效率;九江港车船对接烟花鞭炮水运通道贯通,并成功进行了试运行。打通鹰潭铜拆解加工区第七类废料从宁波转关通道。在南昌海关、江西出入境检验检疫局等有关部门支持下,提出了第七类废料宁波至鹰潭海铁联运全程物流方案。提升口岸服务水平。南昌航空口岸各单位积极跟进赣台经贸合作研讨会、泛珠三角区域合作与发展论坛暨经贸洽谈会等重大招商引资活动。江西省外汇管理局为推动"两转"(江西省产品供外省出口及出口到海关特殊监管区转本省出口简称"两转")企业加快发展,出台了4项支持措施,引发社会各界极大的关注。江西省交通运输厅投资200多万元建设南昌港信息平台,通过江西电子口岸,进一步提高工作效率,更好地为广大进出口企业服务。九江市口岸办深入开展了"国际货代进园区,服务企业进出口"活动,组织口岸国际货代企业进入本市各县(市区)、省内和邻省周边地区的园区进行宣传推介,对接业务,使九江口岸腹地辐射力得到进一步延伸;九江港引进上海高质航国际货运代理有限公司,开发了集装箱拼箱运输业务,完善了口岸功能,满足了出口多元化、精品化的需求;城西港作为烟花爆竹出口口岸通道的装卸资质获得国家批准,并进入试运行阶段。

【区域口岸合作】 拓展散货拼箱服务,为中小进出口企业搭建便捷通关平台。2011年,江西省口岸办把深化与上海口岸合作、拓展散货拼箱服务,作为服务中小企业的一项重要举措,作为服务企业"双转"的一项重要措施。继2010年开通南昌—深圳的散货拼箱业务后,2011年7月份正式开通了南昌—上海的散货拼箱业务。2011年8月,上海高质航国际货运代理有限公司在九江设立了分公司,利用其在洋山港的保税仓库开展拼箱业务。从目前企业的反映来看,南昌—上海的散货拼箱业务较南昌—深圳散货拼箱具有截关时间短(最多两天)、船期多、客户易接受等优点。深化区域合作,服务第七类固体废料转关。

加强与上海口岸的合作,不断提高通关效率。通过对代理企业的培训,代理报关报检机构业务已经比较娴熟,报关单据差错率逐步减少,通关过程相对更加顺畅,有效提高了通关速度。通过省市口岸部门、南昌海关、江西出入境检验检疫局、省环保厅等共同努力,与海关总署、国家质检总局、环保部沟通对接开通第七类固体废料宁波至鹰潭海铁联运通道和"五定班列"事宜取得了积极进展,此举极大地鼓舞了园区企业进箱信心。在这几方面的共同作用下,第七类固体废料进口实现了较快增长。

【各查验单位简述】南昌海关 2011年外贸进出口总值315.6亿美元,同比增长46.1%,其中出口218.8亿美元,同比增长63.1%;进口96.7亿美元,同比增长18.1%。2011年税收入库80.72亿元,同比增长31.99%。监管进出口总值129.2亿美元,同比增加31.75%;监管进出口货运总量1 425万吨,同比增加2.03%。立案查处行政违法案件120起,案值7 414万元人民币,涉税542万元,与2010年相比,案件数量、案值分别增长了53.85%、40.17%;缉私补税341.34万元,罚没入库758.15万元人民币。建立综合监管模式,不断提升各项业务水平。深入开展税收调研,主动研究税收形势,科学测算税源,密切跟踪税收走向,落实税收征管责任,有效提高征管能力和征管质量;围绕构筑"舱单、运输工具、监管场所"三位一体监管格局,大力推进监管场所达标建设,对已建监管场所积极探索卡口联网工作,推动7个海关监管场所通过达标验收,江西省监管场所达标面积超过90%,监管场所验收达标率为80%;贯彻风险式管理思想,完善风险管理运行机制,增强风险管理实效;集中开展涉税专项稽查核查,后续管理水平进一步提高;抓好加工贸易"过程管理",重点做好加工贸易手册延期、深加工结转、剩余料件结转和核销工作,加强边角料、放弃货物的审批和管理;加大加工贸易中期核查和下厂核销等海关监管力度,防止产生逾期未核销手册;进一步促进和便利加工贸易企业内销征税,规范保税货物内销审批;加大对重点敏感商品走私和行业性走私的打击力度,组织开展了打击武器弹药走私、木炭出口走私、减免税擅自抵押贷款等专项行动,积极搭建反走私综合治理平台,推动江西省11个地市设立了打私办。落实署省合作备忘录,强力助推江西经济平稳较快发展。以署省合作备忘录为抓手,进一步优化海关监管和服务,大力支持江西开放型经济发展。制订出台《南昌海关支持老区扩大开放服务江西科学发展实施方案》,为广大进出口企业减负增效。密切口岸执法单位的联系配合,积极加强关地、关企之间的协作配合,与江西省高级人民法院、省机场集团就加强行政执法协作和优化昌北国际机场进出境旅客通关环境,打造昌北机场国际货运中心等内容签署了合作备忘录;综合运用国家免税、保税、通关等优惠政策和海关服务措施,主动跟进服务精深铜加工、太阳能光伏、大飞机制造、钨及稀土精加工等特色、优势产业发展;积极支持和服务鹰潭铜拆解园建设运营,积极争取增加宁波海铁联运口岸;主动服务第七届泛珠三角区域合作与发展论坛暨经贸洽谈会、赣台经贸合作研讨会、国际瓷博会、城运会等重大招商引资和体育赛事活动,积极提供海关政策咨询和通关指导;健全和完善鄱阳湖生态经济区统计分析模块和重点敏感商品专项分析机制,定期向省领导和有关部门发出预警信息并积极提出建议。推进江西口岸大通关建设,通关效率优于全国平均水平。继续推广"属地申报、口岸验放"、"赣粤港(澳)"快速转关、海铁联运和深圳梅林口岸陆路属地申报通关模式,进一步健全完善与23个签约口岸的联系配合机制,打造"陆、海、空、铁"立体通关体系;主动服务上饶—宁波五定班列运行,强化与口岸海关的区域通关联系配合机制;加强与地方党政和口岸联检部门的联系沟通,主动帮助解决企业在通关环节遇到的问题和困难;支持昌北机场国际航班开通和加密,积极介入昌北机场航空货运枢纽中心建设,全面推广出口分类通关改革,开展进口分类通关改革试点,通关效率进一步提高。2011年,江西省货物应转尽转率达72%,进出口24小时通关率分别为95%和98%,均创历史最好水平;进出口平均海关作业时间分别为3.14小时和0.08小时。2011年累计监管进境飞机611架次,同比增长5.2%;进出境人员65 195人次,同比增长13.6%。2011年,江西省加工贸易进出口总值达63.91亿美元,同比增长30.59%,占全省进出口总值的20.3%;江西省出口加工区进出口总值达15.3亿美元,同比增长2.73倍;南昌保税物流中心进出口货物5 792.2万美元,是2010年进出口总值的10倍。加强政风行风建设,广泛开展发展提升年活动。优化作业流程,提高审批效率,加强对话沟通,实现服务"零障碍"和通关"加速度"。打造"12360"热线服务品牌,归口受理、统一回复社会各界提出的服务需求,构建便捷高效的政务公开和办事服务平台。重新设置隶属海关岗位,全面推行"一窗式办理"、"一站式服务",方便企业办理业务。全面推行落实政风行风建设特邀监督员制度,建立外聘特邀监督员联络制度,主动接受监督,积极采纳监督员的意见建议,不断改进政风行风建设。

江西省公安边防总队 2011年共检查出入境人员65 655人次,同比增加14.67%,其中旅客60 097人次,同比增加15.82%;员工5 558人次,同比增加0.38%;交通运输工具614架(艘)次,同比增加4.60%。出入境人员中,共检查内地居民24 578人次,港澳旅客5 834人次,台湾旅客24 986人次,外国籍旅客4 699人次。在交通运输工具方面,共检查飞机611架次,船舶3艘次。以执法规范化建设为抓手,进一步提升执法水平。根据《边检站执法执勤工作标准化规程》要求,初步形成了勤务指挥、出入境手续办理、口岸限定区域管理、行政执法办案、巡查监护、查控处理、突发事件处置等18个岗位的执法规范化标准体系,明确了每个岗位的职责任务、目标要求、工作流程、情景应对;为统一边防案件量处标准,压缩自由裁量空间,规范边防案件处理,组织业务人员针对容易出现的行政案件,认真梳理细化处罚标准,制定了《行政处罚具体实施细则》,杜绝"选择性"、"倾向性"执法。抓执法教育培训。建立和完善总队、边检站两级执法培训和考核制度,结合实际开展了边检法律法规、查控业务和案件处理等培训。抓执法监督检查。进一步完善了"执法质量考核评议办法",将考评结果纳入团级班子考核内容,有力提升了执法质量,杜绝了执法问题的发生;广泛开展外部监督,通过发放调查问卷、走访服务单位、服务对象,设置意见箱,公开投诉电话、投诉电子邮箱和边检QQ、微博等评警平台,以及召开社会监督员座谈会等多种方法渠道,广泛征集服务对象的意见建议。以提高边检服务水平工作为牵引,进一步构建和谐警民关系。以学习促提高。总队先后召开党委中心组学习会13场次,总队党委成员、站军政主官先后就如何推动边检服务工作进行专题授课12场次,撰写心得体会和调研文章25篇,营造了深厚的学习氛围,进一步深化了官兵思想认识,增强了官兵对做好边检服务工作的信心和活力。以养成强队伍。围绕"三大支柱"和"四个一流"的本质要求,采取多种形式加强队伍建设,探索建立了"内部授课、网络教育、座谈研讨"三位一体的弹性教育模式,积极培养和保留业务骨干,先后开展服务定式、执法标准、证件识别、人文地理等业务授课50余场次,邀请业务大站专家开展业务培训、组织到驻地派出所跟班见学、到法院旁听庭审10余次,编制证研期刊11期、安保专刊5期,有效提升了边检队伍素质。以服务求成效。紧紧围绕鄱阳湖生态经济区建设发展战略,主动服务地方经济发展,积极跟进赣台经贸合作研讨会、泛珠三角区域合作与发展论坛暨经贸洽谈会等重大招商引资活动。以重要活动安保为契机,进一步提高口岸管控水平。大运会、城运会、赣台会等重要活动期间,总队主动发挥职能作用,积极落实管控措施,圆满完成了各项安保任务。强化情报调研。总队积极构建了外部情报网络,建立了与江西省公安厅国保、反恐、出入境管理等部门情报协作机制,南昌、九江边检站积极构建了内部情况网络,成立了情报调研和反偷渡工作小组,定期加强与驻地、周边省市及边检工作情报搜集,同时坚持每月开展风险评估,及时发现并消除安全隐患。严密口岸查控工作。总队机关严格落实查控工作规范,做到边控文件随到随办,2011年共办理边控文件76起268人次。南昌、九江边检站切实抓好查控查验工作,严密查处环节,加强第二姓名录入查控、照片比对查控等工作手段,同时规范验证程序,加大对持用伪假证件、被宣布作废证件、手续不符等人员的审查力度和重点国家人员的身体核查、人身和行李物品检查,不放过一人、一证和一件行李物品,有效防止了重点、危险人员持用合法证件从口岸潜入潜出。强化处突工作。总队先后投入80余万元,完成了指挥中心建设,为一线执勤官兵增配了对讲机,配备了防暴头盔、防刺背心、多功能腰带、强光手电等"执勤五小件"8套,配齐了录音笔、照相机、DV机等"科技三小件",有力保障了执法执勤工作;修订完善了处置突发事件应急预案,并积极开展实战演练,有效提高了发现和处置执勤区域突发事件的指挥、控制能力。

江西出入境检验检疫局 2011年检验检疫出入境货物15.6万批87.4亿美元,同比分别增长8.3%和37.8%;查验出入境人员6.57万人次,同比增长15.5%;健康体检10 938人次,同比增长2.2%;艾滋病监测10 798人次,同比增长1.8%;预防接种8 272人次,同比增长16.4%;社会体检3 543人次,同比增长27.5%;集装箱检疫6.15万标箱,同比增长38.1%;飞机检疫610架次,同比增长14.2%;火车检疫56节;快件检疫1.28万件。把关效能进一步提升。出入境检验检疫不合格1 523批10 518万美元,同比分别增长22.7%和77%;出境木质包装检疫不合格102批,入境木质包装检疫不合格58批;入境截获有害生物133批224种次;机场口岸截获违规携带禁进物101人次105批次;体检检出病例1 688人次,检出率为15.4%;完成检测样品1.93万个10.86万项次,检出阳性样品3 193个,同比分别增长69.1%、78.7%和65.4%。打击食品违法添加和滥用食品添加剂专项行动。按照"看重、抓实、打狠"的要求,认真落实"宣传动员、执法检查、规范管理、督察考评"4个重点环节、11项具体任务,共组织500多人次对江西省163家出口食品、农产品、饲料生产企业进行了排查,对210家果蔬、茶叶、水产品种(养)殖基地进行了清查,对80多家企业提出了300多项次的整改内容,对10家不符合管理要求的企业予以吊销或注销处理。打击制售假冒伪劣产品专项行动。结合进出口商品监督抽查和日常监管,对进出口服装、汽车配件、手机和大宗出口产品等重点产品展开了全面排查。先后出动执法人员560人次,检查企业270多家,检查出口商品14 230批次,货值达5.27亿美元,查出不合格113批次,货值约26万美元,查处案件1起。完善风险管理,保障进出口食品农产品质量安全。有效落实出口食品安全风险监控工作,建立企业"食品安全员"制度和企业食品安全风险信息报告制度,根据风险监控结果,科学确定监管重点,约束规范企业生产行为,增强企业质量安全自控能力,避免质量安全事故的发生。全面实施出口食品注册备案管理制度,建立食品、农产品质量保证体系和追溯体系。针对江西供港生猪、水产品出口迅速发展的现状,采取建立重大风险评估机制、实施量化风险管理、严格生产投入品使用监管、提高实验室检测能力等措施,保障供港活猪和出口水产品卫生质量安全。江西省供港活猪年出口达到29.4万头,成为全国第二大供港活猪出口省份。应对质量安全突发事件。积极应对台湾塑化剂事件,从加强进口食品检验监管和流向追踪、紧急排查出口食品生产企业、做好食品安全风险分析监测3个方面入手,坚决杜绝企业非法添加和滥用食品添加剂的行为,消除食品安全隐患。推进认证认可工作。围绕鄱阳湖生态经济建设和江西特色产业发展,在南昌、九江、上饶、抚州、赣州等水产品、柑橘、茶叶和供港蔬菜、生猪等优质食品农产品主产区,着力推动出口食品农产品质量安全示范区建设。婺源茶叶、南丰柑橘、信丰脐橙、定南供港活猪等质量安全示范区已经建成或正在全面建设,经济发展与质量安全双重效益已初见成效。开展有机产品认证示范创建工作,帮扶万载县申报"全国有机产品示范县",成功跻身全国首批11个"有机产品认证示范区"创建县(市)。加大对外注册推荐工作力度,帮扶瑞金市红都水产食品有限公司等8家企业获得对印尼注册,2家低酸罐头企业获得美国注册,1家肠衣企业对欧盟注册,环鄱阳湖7家输韩水产企业首次顺利通过韩国官方现场检查,实现江西水产品出口市场的多元化和高端化。加强技术保障能力建设。围绕地方优势产业发展,进一步完善全省检验检疫技术检测体系,重点推动江西进出口机械电子产品安全检测、新能源产品检测、有机食品检测及江西口岸国家级病原微生物检测等重点实验室建设,实现有效覆盖。促进名优企业提升国际竞争力。积极开展创建"全国知名品牌创建示范区"工作,完成小兰工业园等3家单位申报"全国知名品牌创建示范区";帮扶江铃出口轻型载货车通过国家质检总局审批获得出口免验资格,实现了江西省出口免验零的突破。不断完善机构设置和基础设施建设。江西出入境检验检疫局萍乡办事处挂牌成立,江西出入境检验检疫局鹰潭办事处综合办公大楼已开工建设。

九江海事局 2011年共办理船舶签证113 323艘次,同比上升了4.5%。提高进出口岸审批速度,规范口岸联检工作。本着"便利、快捷、优质"原则,加快了审批速度,提高了通关效率,为船舶进出口岸提供了优质的服务。2011年5月份,同方江新造船有限公司从韩国采购的船舶设备,单件最大重量达150吨,需直接卸在其公司专用码头,但该公司专用码头为非对外开放码头。为了支持地方经济建设,九江海事局提前做好各项安全工作,争取上级许可,在各查验单位的共同努力下,保障了国际航行船舶进出九江港口及港口作业期间的安全与便捷。2011年6月份,中国华粮物流集团新良海运有限公司"良河"轮申请出口岸,这是近年来九江辖区首次国际航行船舶承担直航国外出口货物运输任务,运输4 042.4吨卷钢从九江至韩国仁川港。加强现场监督,做好烟花爆竹装船作业安全监管工作。为开辟烟花爆竹运输通道,九江海事局制订了《九江海事局集装箱载运烟花爆竹安全监管方案》,多次同港口管理局、上港集团进行沟通协调,协助其完成资质审批和完善监管措施,并做到从申报到现场检查层层把关,保证烟花爆竹港口装卸运输的安全。2011年9月10日,城西港区集装箱码头顺利实施了九江首次集装箱船舶载运烟花爆竹装船作业。服务九江造船企业,保证出口新建船顺利试航。2011年,九江海事局为14艘新建出口试航船舶办理临时国籍登记及试航报备、拖带许可手续。在船舶试航时,派海巡艇进行了精心维护,通过清理航道、海巡艇鸣警开道等多种方式,确保了14艘海轮走得了、走得好,未发生一起安全事故。开设集装箱船绿色通道,服务地方经济发展。为便于船员办理船舶进出港签证,实行24小时派海巡艇现场签证,对夜间到港船舶实行"绿色通道"制度,即集装箱船在进行电话申报后即可开航。对危险品集装箱船申报实行24小时申报制。对集装箱船安检实行预约安检。承诺在接到船方安检申请并确定到港时间后,无论是否是工作时间,工作人员将及时到达码头对船舶进行安检。主动服务沿江开发,做好水工审批工作。对九江长江二桥、江西铜业等重点工程,定期进行施工现场巡查,提出安全管理要求,进一步增强建设单位和施工单位的水上安全生产意识和遵章守法理念。严格实施水上水下施工作业审批、维护和现场监督检查三位一体的水工管理模式。审批水工项目时注重审查施工作业方案对通航的影响程度,与施工方进一步优化作业方案,尽量减少对通航的影响。海巡艇对施工水域加强现场巡航维护,实施现场跟踪服务。海事官员认真检查施工单位、船舶、作业范围、施工内容和期限等是否与许可证一致,并加强施工船舶安检,督促施工方落实安全措施和相关应急预案,规范施工与通航行为。通过以上措施,保证了辖区内城西港区、金砂湾工业园等码头及九江二桥等水上施工通航安全有序。加强监管,打造畅通、高效、平安、绿色的内河航运。2011年,九江海事局执法人员加强春运、"两会"、枯水期、洪水期等重点时段监管,利用先进科技手段实施人防、物防、技防有效结合,科学监管水平进一步提高。安全预警机制有效运行,进一步规范安全预警信息的采集与发布,实施有效安全预警、预控。严厉查处船舶超载、超吃水航行、违法冒雾航行和抢航抢槽等违法行为,严厉打击非法采砂碍航,保障辖区通航秩序良好。深入开展安全生产大检查隐患大排查等专项活动,促进了安全管理长效机制的全面落实,对辖区安全隐患进行摸底排查,加强对施工作业区、危险品码头、渡口等重点区域检查,摸排隐患。应急反应全面加强,组织多次有效水上搜救行动,确保了辖区水上安全。加快信息化建设,不断提高安全监管和服务水平。九江海事局加快海事信息化建设步伐,网络结构初步形成,形成了现代化的监管系统。九江海事局设有独立管理的通信中心机房1个,设有海事网络信息中心机房1个,辖区水域已建设基站9个,均通过租赁线路与局网络连接,承担着海事监管业务数据采集、监管、传输等。执法车和海巡艇安装GPS设备13台套;建设移动CCTV监控点12个(海巡艇),固定CCTV监控点17个,有效提高了应急指挥能力。各海事处、执法大队办事处及海巡艇互联的局域网,各项海事业务、行政办公、现场监管等工作均实现了网络化,为电子口岸建设打下了坚实的基础。

(撰稿人:杨铮、邹志清、朱翌华、何冠中、段利平、刘晓梅)

2011年江西省口岸流量统计表

口岸类型	口岸名称	货运量（吨）				集装箱量（标箱）				人员（人次）				交通工具（辆、艘、架、列次）			
		出口	进口	合计	同比(%)	出口	进口	合计	同比(%)	出境	入境	合计	同比(%)	出境	入境	合计	同比(%)
空运口岸	南昌昌北国际机场	379	1 157	1 536	+21.90					34 080	31 575	65 655	+14.74	309	305	614	+4.60
	分计	379	1 157	1 536	+21.90					34 080	31 575	65 655	+14.74	309	305	614	+4.60
陆运口岸 公路口岸	赣州公路	28 852	6 025	34 877	−23.76	6 285	723	7 008	−16.06								
	分计	28 852	6 025	34 877	−23.76	6 285	723	7 008	−16.06								
陆运口岸 铁路口岸	铁海联运	216 746	93 299	310 045	−0.60	12 691	5 722	18 413	+8.43								
	分计	216 746	93 299	310 045	−0.60	12 691	5 722	18 413	+8.43								
水运口岸 海港口岸	分计																
水运口岸 河港口岸	九江港	794 973	298 732	1 093 705	+6.09	64 894	59 208	124 102	+15.01	34	12	46	+10	2	1	3	
	南昌港	364 185	202 000	56 185	+6.90	30 802	30 888	61 690	+20.66								
	分计	1 159 158	500 732	1 659 890	+6.37	95 696	90 096	185 792	+16.82	34	12	46	+10	2	1	3	
合计		1 405 135	601 213	2 006 348	+4.53	114 672	96 541	211 213	+14.56	34 114	31 587	65 701	+14.75	311	306	617	+4.58
同比(%)		+14.78	−13.53	+4.53		+14.32	+14.84	+14.56		+16.76	+12.64	+14.76		+6.51	+3.73	+4.58	

（江西省口岸管理办公室提供）

2011年南昌海关主要数据统计表

项目		2011年	同比(%)
进出口货运量 (万吨)	合计	1 384.67	+2.03
	进口	1 253.55	+1.65
	出口	131.12	+4.94
进出口贸易总值 (万美元)	合计	3 155 619	+46.06
	进口	967 498	+18.14
	其中:江、海运输	762 360	+18.42
	铁路运输	9 965	-71.38
	汽车运输	51 290	+38.88
	航空运输	143 875	+39.19
	邮件运输	7	+15.57
	其他运输	1	-40.63
	出口	2 188 121	+63.10
	其中:江、海运输	1 907 971	+71.24
	铁路运输	1 028	-52.02
	汽车运输	135 026	+34.14
	航空运输	143 956	+15.59
	邮件运输	54	+237.99
	其他运输	86	
税收 (万元)	两税合计	807 191	+31.99
	关税入库	39 702	+54.95
	进口环节税入库	767 489	+30.99

(南昌海关提供)

2011年江西省口岸出入境主要数据表

单位:(人员)人次;(交通工具)辆、艘、架、列次

项目			2011年	2010年	同比(%)
出入境人员	出入境人员总数		65 655	57 256	+14.67
	入境人员		31 575	28 040	+12.61
	出境人员		34 080	29 216	+16.65
	出入境旅客		60 097	51 719	+16.20
	出入境员工		5 558	5 537	+0.38
	中国公民	小计	24 578	17 614	+39.54
		内地居民(因公)	569	497	+14.49
		内地居民(因私)	24 009	17 117	+40.26
		港澳居民	5 834	5 263	+10.85
		台湾同胞	24 986	25 266	-1.11
	外籍人员		4 699	3 576	+31.40
	从海港出入境人数		46	40	+15.00
	从陆港出入境人数		0	0	0
	从空港出入境人数		65 609	57 216	+13.62
交通运输工具	总计		614	587	+4.60
	船舶		3	3	0
	飞机		611	584	+4.62
	火车		0	0	0
	机动车辆		0	0	0

(江西公安边防总队提供)

2011年江西省出入境检验检疫业务统计表

项目	货物检验检疫		检验检疫不合格		交通工具				集装箱(标箱)		发现动植物疫情		货物通关		出入境人员查验(人次)	健康检查及预防接种(人次)			
	批次	金额(万美元)	批次	金额(万美元)	船舶(艘)	飞机(架)	火车(节)	汽车(辆)	合计	检出问题	种类数	种次	批次	金额(万美元)		健康检查	艾滋病监测	发现病例	预防接种
本年累计	156 223	873 935	1 523	10 518	3	610	56		61 507	89		224	19 592	180 023	65 737	10 938	10 798	1 688	8 272
其中 出境	136 924	622 438	1 245	2 846	1	343	44		42 687	89			14 693	93 815	33 987	9 473	9 352	1 607	8 272
其中 入境	19 299	251 497	278	7 672	2	267	12		18 820			224	4 899	86 208	31 750	1 465	1 446	81	
与上年同比(%)	+8.3	+37.8	+22.7	+77.0		+14.2	-74.2		+38.1	+134.2		+52.4	+13.6	+52.4	+15.5	+2.2	+1.8	+3.56	+16.4
其中 出境	+6.4	+43.3	+23	+62		+27	-77.6		+31.3	+134.2			+9.54	+54.9	+16.8	+0.79	-0.5	+5.03	+16.4
其中 入境	+24.4	+25.8	+40.6	+83.7		+1.1	-42.9		+56.4			+52.4	+27.6	+49.6	+14.1	+12.5	+19.5	-19	

(江西出入境检验检疫局提供)

2011年九江海事局进出港船舶统计汇总表

船舶类别	进港船舶							出港船舶						
	艘数（艘）	总吨（吨位）	总载重量（吨）	载客量（客位）	船员人数（人次）	货物到达量（吨）	旅客到达量（人）	艘数（艘）	总吨（吨位）	总载重量（吨）	载客量（客位）	船员人数（人次）	货物发送量（吨）	旅客发送量（人）
总数	62 269	32 142 130	41 524 212	3 951 751	184 904	15 122 539	1 234 969	62 330	32 148 808	41 529 384	3 928 651	185 085	18 633 090	1 240 073
中国籍船舶	62 268	32 140 132	41 520 562	3 951 751	184 894	15 122 239	1 234 969	62 329	32 146 810	41 525 734	3 928 651	185 075	18 633 090	1 240 073
其中：外贸船	1	1 998	3 650	0	10	300	0	1	9 483	11 402	0	48	8 207	0

（九江海事局提供）

江西省口岸大事记

1月7日~9日

海关总署副署长孙毅彪视察南昌海关,期间,与江西省委常委、南昌市委书记余欣荣,副省长洪礼和进行了会谈。

1月14日

南昌海关驻昌北机场办被江西省扫黄打非领导小组评为2010年度全省"扫黄打非先进集体"。

1月16日~17日

国家质检总局局长支树平应邀出席江西质量兴省动员大会并考察江西质检工作,代表国家质检总局与江西省人民政府签署《关于进一步发挥质检工作服务保障作用推进鄱阳湖生态经济区建设合作备忘录》。

1月24日

江西省副省长洪礼和出席南昌海关2010年总结表彰大会并作重要讲话。

2月12日

江西省口岸工作协调领导小组会议在江西赣江宾馆召开。

2月16日~17日

中国民航局副局长夏兴华率有关司局负责同志来赣调研江西民航事业发展有关问题。

2月18日

江西省公安边防总队召开"中共武警江西边防总队第一届委员会第五次全体(扩大)会议",江西省委常委、省政法委书记、公安厅长舒晓琴,总队党委第一书记、第一政委、省公安厅副厅长曹根水到会并作重要讲话。

2月20日

江西省口岸工作座谈会在南昌顺利召开。各设区市口岸办(商务局、外经贸委)和部分县市口岸办的领导,口岸各联检单位和省商务厅相关处室(部门)负责人参加会议。会议通报了2010年全省口岸工作情况,提出2011年全省口岸工作的初步安排和《江西省"十二五"口岸发展规划(讨论稿)》。

2月21日

江西省委常委、省纪委书记尚勇视察南昌海关。

2月22日

南昌海关与江西省高级人民法院签署《关于建立法院审判执行与海关行政执法协作机制合作备忘录》。

3月14日

国务院批准同意设立江西井冈山出口加工区。

4月1日

江西省委副书记张裔炯视察鹰潭(贵溪)废铜拆解园海关监管现场。

4月16日

江西省委书记苏荣到南昌出口加工区(B区)视察。

5月20日

昌北机场T2航站楼投入使用,并进行转场。T2航站楼启用后,国内航线在T2航站楼,国际航线仍留在T1航站楼。江西省商务厅厅长伍再谦出席转场仪式。

5月22日

武汉长伟公司所属赣南昌货1168轮停靠九江港,正式启动该公司九江—上海"直达快航"的首航之旅。该轮共有舱位142个集装箱,目前班轮航线暂定为周班。

5月23日

装载大型进口设备的图瓦卢籍"恒利"号轮从韩国蔚山港出发,顺利直航至九江口岸。

6月30日

上饶—宁波五定班列正式开通。江西省副省长洪礼和宣布该条五定班列正式开通。

7月7日

经江西省政府同意,江西省商务厅、省发改委、南昌海关、江西出入境检验检疫局、省交通运输厅、南昌铁路局等六部门联合印发了《关于加强口岸作业区建设和管理工作的指导意见》。

7月13日

江西省委副书记张裔炯一行到江西出入境检验检疫局调研加强学习型党组织建设及创先争优、发展提升年活动情况。

7月29日

江西省委副书记、代省长鹿心社到上饶"无水港"国际物流中心海关监管场所调研。

8月19日

江西省口岸工作协调领导小组召开专题会议,专门研究探讨和协调南昌航空口岸发展中的相关问题。会议由省商务厅厅长伍再谦主持,南昌市政府、省发改委、省商务厅、省旅游局、南昌海关、江西出入境检验检疫局、江西公安边防总队、省机场集团、省口岸工作协调领导小组成员等相关人员出席。会议通报了1~7月份全省口岸发展情况,讨论《关于促进江西国际航空货运发展的政策措施(讨论稿)》,对昌北机场国际厅改造、昌北机场海关监管仓建设、台湾华航大飞机落地的相关保障和服务等相关事宜进行了研究。

8月25日

中国国民党荣誉主席吴伯雄一行从南昌昌北机场航空口岸入境,参加"2011赣台经贸合作研讨会",口岸相关单位提供了高效通关保障。

9月2日

江西省副省长洪礼和率江西省商务厅、省国资委、省发改委、省财政厅、南昌海关、省机场集团公司、厦门航空等单位负责同志,赴成都走访中国民航西南地区管理局,就开通南昌至乌鲁木齐航线事宜与民航西南地区管理局党委书记蒋文学等领导进行了沟通、协商。

9月9日

江西出入境检验检疫局萍乡办事处挂牌成立。

9月20日~23日

海关总署、国家稀土办、国家质检总局、商务部联合调研组在江西省开展稀土出口口岸管理专项调研。

10月9日

南昌海关关长薛金楼陪同江西省副省长洪礼和赴吉安调研指导井冈山出口加工区筹建工作。

10月30日

赣台航线每周由2班大幅加密至7班,南昌可直达台湾的台北和台中,极大地方便了两地商务人员和旅游团体的进出,对促进赣台两地投资兴业、经贸往来、文化交流和观光旅游具有积极作用。该航线由东航和华航两家航空公司执飞,其中东航每周4班,华航每周3班。

11月2日

江西省副省长洪礼和会见来南昌参加"中华航空公司"赣台直航开通仪式的华航副总经理余剑博先生一行,省商务厅厅长伍再谦、副厅长刘文华,以及省台办、省旅游局、南昌海关、江西出入境检验检疫局、南昌市政府、省机场集团公司等有关领导参加了会见。

11月10日

国务院和中央军委批复同意新建上饶三清山机场。

12月1日

江西省省长鹿心社视察鹰潭铜拆解园进口废物原料查验场地,听取江西出入境检验检疫局关于进口废物原料检验监管情况汇报,充分肯定该局"工作出入境、服务无止境"的工作理念。

12月15日

厦门航空公司开通南昌经乌鲁木齐航线,所有航权、航线审批工作完成,标志着江西省到新疆航线的贯通,并将于2012年1月8日正式通航。

12月18日

"九江—洋山"江海直达进出口货运航线正式开通。

12月20日

南昌海关隶属九江海关、吉安海关、新余海关分别获评第三批"全国文明单位"。

山东省

山东省口岸工作综述

【口岸运行数据】2011年,山东省一类口岸港口货物吞吐量完成9.14亿吨,同比增长10.57%。外贸进出口货运量5.34亿吨,同比增长7.58%。其中,进口4.34亿吨,同比增长6.08%;出口1亿吨,同比增长14.59%。国际集装箱吞吐量完成1 515万标箱,同比增长8.14%。其中,青岛海港口岸外贸集装箱运输量完成1 302万标箱,占山东省的86%。2011年口岸外贸进出港船舶28 925艘次,同比增加8.46%,口岸外贸运量指标均创新高。从各口岸情况看,龙口港口岸增幅明显,2011年进出口货物共3 727.4万吨,同比增加32.4%;青岛港口岸为2.64亿吨,同比增加3.34%。从进出口货物情况看,进口运量最大的是铁矿石,达到2.32亿吨,同比增长1.42%;增幅最大的是木材,达到1 611.52万吨,同比增长89.86%;出口运量最大的是钢铁,达到634.88万吨,同比增加47.16%;出口增幅最大的是原油,达到170.91万吨,同比增加91.86%。2011年,山东省各口岸积极开辟新的国际航线,增加航班密度,出入境旅客人数341.64万人次,同比增长9.18%。其中,青岛空港达到161.58万人次,占山东省的71%;烟台空港24.71万人次,占10.86%;威海空港23.35万人次,占10.26%;济南空港17.95万人次,占7.89%。国际航线出入境飞机1.98万架次,同比增长3.63%。

【口岸开放】海港口岸的扩大开放是外向型经济飞速发展的必然要求,也是我国扩大开放形势所需,山东省着眼于"转方式、调结构"的总体要求,在当前查验机构编制紧张与需要对外启用的新增涉外作业点快速增长的矛盾日益突出的情况下,坚持把一些大型化、专业化、社会效益和经济效益好的深水泊位作为开放重点,优先安排,重点协调,积极组织,尽早开放。组织青岛海关、山东省公安边防总队、山东出入境检验检疫局、山东海事局等国家驻鲁口岸查验单位,对新建码头泊位对外启用验收后,着力提高工作效率,以最快的速度、最短的时间起草文件,承办批复,赢得了口岸所在地政府和口岸企业的认可和赞誉。2011年,青岛港口岸北船重工8个泊位、龙口港口岸6个泊位、日照港口岸10个泊位、烟台港口岸4个泊位、青岛港口岸3个泊位共31个泊位先后进行了对外启用验收,是对外开放泊位最多的一年,使山东口岸的外贸年通货量增加3 881万吨,年修涉外船舶量增加212艘次,建造外轮能力增加200万载重吨,提升了山东省口岸的国际竞争力。

【口岸综合管理】狠抓口岸日常运行管理,加大未开放水域临时开放港口的协调力度,烟台、海阳、好当家、俚岛等9个港口临时停靠国际航行船舶期限得以顺延,最长的达到了11个展期(每个展期为半年)。积极协助做好中韩陆海联运汽车货物运输项目的通关工作,在青岛、日照、石岛、龙眼4个海港口岸先后举行了开通仪式,标志着山东对韩国陆海联运汽车货物运输项目全面展开。继续抓好"大通关"向两端延伸。对4个内陆口岸的运行情况进行了调研,进一步摸清了内陆口岸运行情况和发展需求,指导协调内陆与沿海口岸直通、快速转关监管模式,不断完善"多点报关、口岸验放"运作方式,积极拓展口岸功能。推行陆运口岸经营主体将口岸功能与第三方物流服务相结合,与口岸物流中心或物流园区的规划和发展相配套,提供口岸通关"一条龙"服务。

【亚沙会前期通关准备工作】第三届亚洲沙滩运动会于2012年6月16日至22日在山东省海阳市举办,

这是继2008年北京奥运会和2010年广州亚运会后在中国举办的又一重大国际体育赛事,参赛国家多,官员级别高,需通关的人员多、物资多,口岸通关任务重。山东省口岸办认真做好亚沙会前期筹备工作和团长大会期间的通关协调工作:一是及时向国家口岸管理办公室汇报,帮助协调国家有关部委,在人员和物资方面给予通关政策支持,指导做好通关礼遇工作;二是于2011年6月份组织成立了由山东省口岸办、青岛海关、山东省公安边防总队、山东出入境检验检疫局、青岛市口岸办、烟台市口岸办、海阳市口岸办、青岛机场和烟台机场等单位参加的山东省亚沙会通关协调工作小组;三是在2011年9月5日至7日在海阳召开亚沙会团长大会期间,积极协调北京、上海、云南、新疆维吾尔自治区、广东等口岸办,对从其口岸入境的各国政府体育官员在通关、礼遇、机票改签、换取登机牌及登机等方面给予积极支持和帮助,周到热情的服务和便利的通关,赢得了外宾的好评;四是积极指导青岛、烟台口岸办认真完善通关方案及相关工作的筹备,确保2012年亚沙会通关工作万无一失。

【口岸文明共建】 为深入做好口岸文明共建评比工作,山东省口岸办专门召开了由海关、检验检疫、边防、海事和有关市口岸办参加的口岸文明共建工作座谈会,进行研究部署,下发了《关于做好2010－2011年度共建文明口岸总结评比表彰工作的通知》,明确参评范围、评比表彰种类、推荐方法、评比程序和各类考评标准。对山东省16个一类口岸开展文明共建活动情况进行专题调研,摸清了各口岸、各系统共建工作开展情况,为保证共建评比公平、公正、公开,就各市口岸办和查验部门的行风情况专门组织了问卷调查。2011年11月,召开了山东省口岸共建评审工作会议,评出13个文明口岸、129个先进单位、107名先进个人、20个文明示范窗口和10名山东口岸十大文明标兵,并以山东省口岸办和山东省文明办名义下发通报予以表彰。共建活动的开展,起到凝聚人心、增进团结、提升服务、促进发展的作用,树立了山东口岸的良好形象。

【航空口岸建设】 始终将开辟新的空中国际航线作为航空口岸建设的重点,突出抓好国际航线开通和增加现有航班密度,进一步拓展欧美航线。2011年4月2日,西安—济南—大阪航线正式运营,使济南至日本大阪向内陆省份延伸,增强了辐射带动能力;济南至韩国首尔的国际航班也由每周2班增加到4班,加大了航班密度;开通了济南—浦东—欧美国家17条国际中转航线;济南空港目前已形成以日韩港台航班为重点,以东南亚、欧美国际中转航班为辅助的济南国际航线新格局。2011年2月20日,浦东—青岛—洛杉矶货运航线顺利首航;签署《青岛—沈阳—慕尼黑航线开发合作备忘录》,青岛空港直飞欧美国际航线工作取得新进展。烟台机场空港口岸恢复开通了烟台至韩国釜山航线;加密了烟台至台北航班,每周可达5班;继续加大国际货运航班力度,截至2011年年底货运航班每周9班,起降11架次,其中烟台至仁川每周8班,烟台至阿姆斯特丹每周1班。威海机场空港口岸在威海至韩国首尔、釜山2条国际航线,威海至俄罗斯哈巴罗夫斯克国际包机旅游航线的基础上,进一步加大航班密度,加强岗位管理,提高通关效率。

【口岸大通关】 按照山东省"强化口岸建设,整合口岸监管资源,优化口岸功能结构,完善配合协作机制,创新监管模式,提高通关效率,努力打造安全畅通、便捷高效的山东口岸"的要求,积极协调海关、边防、质检、海事等查验部门,努力解决大通关中遇到的问题,协助协调各查验部门,着眼解决和克服出入境货物、人员快速增长与查验机构人员日趋紧张的矛盾,积极推进查验机制创新,继续深化和完善"5+2"不间断通关、"提前申报、电子放行、闸口验放"、"无纸通关、网上支付"、"诚信船舶"、"绿色通道"等一系列通关举措,口岸通关时间明显缩短,工作效率大幅度提高,口岸运行秩序良好,确保了山东省口岸安全畅通,通关效率达到国内先进水平。

【口岸查验部门简述】 青岛海关 2011年深入落实海关总署确定的"把好国门、做好服务、防好风险、带好队伍"总体要求和各项决策部署,较好地完成了各项工作任务。一是强化通关监管。实施分类通关改革,通关效能大幅提升,所有通关现场纳入分类通关覆盖面。率先实现通关单联网核查,报关单全部凭电子通关单通关。进出口报关单自动径放比率为75%以上,进出口货物当日放行率为99%以上,进出口平均通关时间分别为4.84小时和0.36小时。多点报关比率达到50%,无纸通关比率达到50%。2011年,在山东口岸监管进出口货物总值2 994亿美元,同比增长24.6%。推动港口和临港物流发展,扩大区域通关范围,与国内25个海关合作,山东口岸进出口货运量中外省企业占50%。在国内率先实行中韩陆海联运车载运输物流模式,山东5个口岸分别与韩国2个口岸开通,共监管挂车232车次,进出口值7 783.97万美元。规范非贸物品审批作业流程,推行"客货分流、合并申报"模式,积极开展海运旅检"客带货"专项治理整顿,加强邮轮特色通关保障。实施旅检出境通道改造,加大高价值商品、免税商品监管力度。打造区域性快件通关转运中心,实现清关快件24小时内出入库。提升青岛地区快件运力,开通北京直达青岛快件库区的卡车航班监管业务和青岛至济南空港快件国际联程转关出口业务。2011年,在山东口岸监管进出境船舶29 695艘次、飞机20 351架次;监管进出境人员416.7万人次;监管进出境行邮物品212.2万件,邮政和非邮政快件344.8万件。二是加强税收征管。制定大宗散货商品"审价操作指引",降低大宗散货商品审价风险。修订完善青岛海关《特许权使用费、特殊关系审价操作规范》,首次实现对减免税设备特许权使用费的审价补税。2011年,青岛海关税收入库1 544亿元,同比增长39.8%;审批减免税货值40亿美元,减免税款33亿元,同比分别增长21%和16%;审价补税23亿元,同比增长1.1倍;归类补税1.69亿元,同比增长85%。税收征管、原产地、减免税业务在海关总署关税业务抽样考核中均保持"零差错"。三是加大查缉走私力度。落实关键点风险防控要求,制定《刑事案件审查工作规程》。严厉打击枪支、毒品、废物等非涉税走私,维护国家安全和社会稳定。成功侦办"1·13"走私枪支案,追缴各类枪支70支、枪管5根、子弹10 400余发,抓获犯罪嫌疑人14名;捣毁国内制贩枪支窝点1个;查扣枪支制造工具、配件1宗;向地方公安机关移交案件6起11人。先后查获旅检渠道出境和邮递渠道进境各1起走私毒品案,分别查获冰毒725克和海洛因118克。查扣1起伪报化学成分走私进口含有易制毒化学品混合物大案,涉案物品1 500千克。查获5起伪造证件走私国家禁止进口旧机动车案,涉案车辆共计273辆。查获成品油走私案件20起,案值总计2 954.87万元,涉税752.4万元。侦破走私出口石墨系列案20起,案值7亿余元,涉税6 200余万元,抓获犯罪嫌疑人40名,冻结违法所得3 500余万元。四是进一步加强法制建设与风险管理。加大法制工作力度,审查重大行政行为114项,审核备案行政违法案件348起,办理行政复议案件39起。为企业采取知识产权保护措施790起,货物总数约241万件。2011年,青岛海关布控率15.2%,布控实体有效率10%,同比提高3%。五是积极支持地方经济建设。促进口岸扩大开放,支持保税港区开展集装箱国际中转业务,对青岛前湾保税港区进口集装箱实行24小时出闸核放。提前介入青岛前湾港四期和董家口、东营等港口及青岛国际邮轮码头的规划建设,主动出谋划策,促进港口布局和功能优化。提出支持青岛西海岸拓展区建设、出口拼箱、进口拆箱、口岸集装箱延伸堆存等9项举措。根据航空油料供应特点制订个性化服务监管方案,批复青岛空港保税油库及配套出口监管仓库的运营,填补山东省国际航班保税油料供应空白。

山东省公安边防总队 2011年深入贯彻落实《公安部关于进一步提高边检服务水平的意见》,努力创新边检服务管理模式,积极探索边检职业文化,建立完善服务长效机制,有力地推动了新一轮提高边检服务水平工作深入开展。圆满完成奥运会女子足球亚洲区预选赛、苏迪曼杯世界羽毛球锦标赛、"克利伯"环球帆船赛、赴苏丹维和部队入出境等多项重大边防检查勤务任务。一是主动靠前服务,融入社会经济发展大局。围绕山东半岛蓝色经济区发展战略,找准边检服务管理的结合点和着力点,为经济社会发展创造条件。制定出台了"山东省边检机关服务半岛蓝色经济区建设10项举措",主动为经济发展战略的实施提供优质边检服务。青岛边检站先后推出了"帆船定期回访"制度、"邮轮两点同步检查法"等优质服务措施,积极响应青岛市"邮轮母港"和"帆船之都"发展战略。烟台、石岛等边检站专门开设边检海上服务快速通道,提高了运输鲜活海产品等对通关时限有特殊要求船舶的通关效率,提升了企业生产效益。二是积极创新举措,全面提升边检服务管理水平。推行科队联勤、分片驻警勤务模式,根据实际需要合理调配警力,在港区建立集"手续办理、证件签发、巡查处警、执法办案"等职能于一体的综合警务室,构建以指挥中心为枢纽,以综合警务室、科队联勤为终端的扁平化指挥体系,形成了"电子门禁管点、巡查巡视管线、视频监控管面"相结合的新型监管模式。依托"山东公安边防服务在线",大力推广网上报检和网上办证业务,切实为各代理公司和旅行社提供了方便。三是推进口岸联动,深入创建爱民固边模范口岸。坚持把创建爱民固边模范口岸作为加强口岸共建、完善口岸联动的重要平台,全力推行"政府搭台、边检主导、警企联动、群防群治"的口岸服务管理新模式。目前13个口岸被驻地命名为"爱民固边模范口岸",所有边检站被命名为"爱民固边模范边检站"和"共建文明口岸先进单位",边检机关的主导作用得到充分发挥。

山东出入境检验检疫局 2011年共检验检疫出入境货物141.06万批,货值1 687.88亿美元,同比分别增长11.13%和29.32%。其中,出境123.94万批、611.05亿美元,同比分别增长11.17%和13.57%;入境17.11万批、1 076.82亿美元,同比分别增长10.82%和40.37%。查验出入境人员401.03万人次,同比增长13.28%;检疫出入境船舶26 835艘次,同比增长6.45%;检疫查验出入境飞机19 734架次,同比增长2.85%;检疫出入境集装箱552.16万标箱,同比增长1.49%。共签发出入境检验检疫证书43.10万份,同比增长5.55%;签发各类原产地证书39.94万份、178.83亿美元,同比分别减少5.06%和增长15.97%。一是出口产品质量明显提升。出口产品质量持续稳定在99.9%以上,其中出口法检工业产品被国外通报数量同比下降25%;出口食品被国外通报数量占全国比重同比下降5.45%,特别是出口花生被国外通报数量同比下降19%。二是进境执法把关成效显著。2011年共检出进口不合格货物21 694批,货值266亿美元,其中检出进口不合格工业品10 479批,货值167.2亿美元;截获进境各类动植物疫情30 662批次,其中检疫性有害生物5 847种次,9种次检疫性有害生物是全国首次检出;出入境人员体检共发现各种病例38 161例,其中传染病421例;积极应对日本核泄漏事故,对来自日本的368架次飞机、330艘次船舶、41 348人次实施入境放射性检测。三是积极服务"山东半岛蓝色经济区和黄河三角洲高效生态经济区"建设。所涉9个地市所在的16个分支机构先后因地制宜出台了200余项服务措施和优惠政策,直接为两区企业减免各类收费近2.5亿元。四是大力促进高端、高质产品出口。深入实施"百家出口优质品牌培育工程"、"百家中小企业重点帮扶工程"和"百个重点项目优质服务工程",以出口名牌产品带动区域外贸发展方式转变,239家重点帮扶企业实现出口142亿美元,同比增长43.5%。创建16个出口工业产品质量安全监管示范区,示范区内367家企业出口货值171.1亿美元,同比平均增幅23.5%。五是保持食品农产品出口稳定增长。在2011年国家质检总局验收通过的第二批国家级出口食品农产品质量安全示范区中,山东省新增10个,累计达到20个,占全国的1/3。2011年出口食品农产品201.7亿美元,同比增长17%。六是帮扶企业积极应对国外技术壁垒。烟台苹果首次进入澳大利亚市场,宠物食品首次进入加拿大市场,调理菠菜时隔10年后再次进入日本市场。积极应对美国轮胎"特保案"成效显著,2011年山东省出口轮胎78.3亿美元,同比增长54%。七是积极出台对外贸易便利化措施。签发各类优惠原产地签证125.6亿美元,间接为企业减免关税4.6亿美元,其中《亚太贸易协定》签证位居全国系统第一。在全国率先全面实施"通关单联网核查,纸面通关单不流转"的全新通关模式,平均每批货物缩短企业报关时限0.5个工作日。向国家质检总局新推荐绿色通道企业154家。对飞机、船舶检疫实行24小时值班和"零待时"制度。积极参与青岛保税港区二期工程、烟台保税港区二期工程、中韩陆海联运汽车货物运输项目建设,出台11条先行先试便利措施。八是深入开展"为民服务创先争优"活动。在全国检验检疫系统文明窗口评比活动中,10个分支局被评为"文明服务窗口",16名工作人员被评为"窗口服务文明标兵"。精神文明建设取得新突破,青岛局、烟台局、威海局荣获"全国文明单位"荣誉称号。

山东海事局 2011年以水上安全监督管理为中心,以实践"三个服务"、建设"四型海事"为主线,圆满完成各项目标任务。2011年沿海港口进出港船舶65.7万艘次,安全运送旅客3 555万人次。在辖区沿海航运持续繁忙,特别是危险品运输量大幅增加、海上往来活动日益频繁的情况下,实现了运输船舶等级以上事故件数、死亡失踪人数、沉船艘数、经济损失等4项指标"三降一平"。没有发生30人以上群死群伤事故和重大污染事故。2011年山东海事局(机关)荣获"全国文明单位"称号。一是海事监管工作富有成效。全面查找辖区水上交通安全重大风险源,制定实施管控措施125项,辖区重大风险源底数更清晰,全局探索规律、把握安全监管主动权的能力明显提升。实施船舶安检3 728艘次,其中开展港口国监督检查1 197艘次,滞留233艘次。单船检查覆盖率达46.3%(超部局指标26.3%)。办理船舶登记4 659艘次,同比增长25.4%;实施公司审核103次,同比增长5.1%;船舶审核242次,同比减少5.1%。2011年危险货物进出港量1.26亿吨,同比增长27.2%,辖区未发生等级以上船舶污染事故。船员品牌建设正式启动。加强船员服务机构管理,处理解决船员诉求200余件。二是搜救应急工作扎实有效。海上安全联动机制日趋完善,山东沿海采挖砂管理工作机制基本形成。召开山东省海上搜救工作会议和北方搜救区域联席会议,完善了山东沿海及北方片区搜救协调机制。海上搜救工作实现法制化,搜救成功率大大提升。历时近五年的《山东省海上搜寻救助办法》经山东省政府第95次常务会议审议通过并正式实施,山东海上搜救工作法制化水平步入新阶段。完善四级预警三级响应工作机制,成功防抗台风"米雷"、海冰等恶劣气象海况。烟台、日照、威海、潍坊、东营相继颁发恶劣气象海况下实施海上交通管制,确保海上安全的政府规范性文件。有效处置青岛"10·28"外轮碰撞等17起重特大险情事故。组织海上搜救161次,成功救助1 105人、船舶95艘,搜救成功率达95.8%。成立首批省级海上搜救志愿船队,建立实施社会搜救力量激励机制,有效调动各方参与海上搜救的积极性。积极探索卫星遥感辅助海事执法。卫星遥感监视范围扩大至北部湾敏感水域,应用领域拓展至通航水域环境。"中国海事部门首次利用卫星遥感技术监测海冰"入选中国遥感领域年度十大事件。三是积极服务地方经济社会发展。协调推进烟台八角港区等9个作业区延期临时进靠国际航行船舶、青岛港7号码头等17个泊位对外开放。积极服务青岛、威海、日照等地"中韩陆海联运汽车货物运输"项目实施。为克利伯环球帆船赛青岛站、中日韩大帆船赛和董家口港建设等多项海上重大活动、重大工程提供了有力的海事保障。支持帮扶造船企业抵押融资25.6亿元。着力解决沿海陆(岛)岛客运等重点、难点问题,积极推动辖区游艇产业和旅游经济安全、健康发展。服务企业劳务外派船员10 978人,签发船员证书157 404本。积极开展国际交流。2011年,山东海事局有39人次积极参加国际会议和出国学习任务,与韩国西海地方海洋警察厅签署搜救合作备忘录,完成国际间海上搜救、溢油应急联合通信演习各2次,首次承办"马六甲海峡沿岸国有毒有害物质(HNS)事故应急培训班"。

青岛市口岸工作综述

【口岸运行数据】 2011年青岛海港货物吞吐量37 229.67万吨,同比增长6.33%。口岸外贸进出口货运量26 393.65万吨,同比增长3.34%。其中,进口19 366.73万吨,同比增长1.66%;出口7 026.92万吨,同比增长8.26%。外贸进出口货运量与港口吞吐量的比值为70.89%。集装箱吞吐量1 302.01万标准箱,同比增长8.39%。青岛空港口岸货邮量16.65万吨,同比增长1.7%。口岸外贸进出口总值1 497.5亿美元,同比增长36.45%。其中,进口总值767.3亿美元,同比增长47.93%;出口总值730.2亿美元,同比增长30.21%。贸易额逆差37.1亿美元。青岛市进出口总值626.4亿美元,占青岛口岸年度总值的41.83%。海港口岸出入境旅客176 717人次,同比增长28.11%;进出港国际航行船舶18 710艘次,同比增长2.5%。空港口岸出入境人员1 616 756人次,同比增长3.25%。出入境飞机13 796架次,同比增长6.5%;中外客流量11 716 361人次,同比增长5.54%。飞机起降105 286架次,同比增长1.73%。

【口岸开放工作】 空港口岸国际航线开通工作取得新突破。2011年2月20日,青岛空港口岸直飞欧美洲际货运航线首航;8月17日,扬子江航空公司新增青岛—首尔—天津货运航线;先后与德国汉莎航空、美国达美航空等航空公司商讨谈判开通欧美客、货运航线事宜,并协调青岛机场与德国汉莎航空签署了战略合作框架协议,德国汉莎初步确定,拟于2012年3月28日开通青岛—沈阳—法兰克福首条洲际客运航线,实现航班首航,每周3班;2月22日,位于青岛港口岸海西湾造船基地的青岛北海船舶重工有限责任公司新建修造船码头4~7号码头1~8号泊位顺利通过验收,实现山东省首次修造船码头泊位对外开放;9月29日,青岛港口岸青岛港集团7号码头新建56号、57号、58号泊位顺利通过验收。10月17日,海关总署复函对山东省港口口岸开放范围进行确认,明确青岛港口岸浮山湾港区为开放水域范围,为青岛市每年一度举行的重大国际帆船赛事打下坚实的基础。截至2011年年底,青岛海港口岸已经确认对外开放码头泊位67个,涉及集装箱、客货、成品油、矿石、煤炭、粮食、液体化工、修造船、散杂货等港口业务,构筑了口岸开放新格局,优化了口岸经济产业结构,提升了青岛口岸国际竞争力。

【口岸建设】 积极推进董家口港口岸建设,做好董家口一类口岸开放准备工作。制订董家口口岸开放工作方案,成立口岸开放工作小组,建立相应工作机制。启动了董家口港口岸临时开放工作程序,全力推进董家口港口岸通关中心等口岸查验配套设施建设力度,完成了过渡性查验配套设施建设,新建过渡性董家口口岸通关中心大楼。口岸查验单位采取临时监管方式,组织对董家口港30万吨级超大型码头设备、航道进行重载测试;青岛北海船舶重工有限责任公司按照海关、边检、检验检疫、海事等各部门要求,新建修造船码头查验配套设施;青岛港口岸青岛港集团7号码头在各个泊位、仓库、堆场共布设视频监控探头77个,视频信号通过局域网传输至监控中心,与海关、边防、国检等单位联网。建设了空港口岸保税油库项目。青岛海关于2011年3月份批准设立"中国航油青岛公用型保税仓库",允许经营航空煤油保税仓储业务。启用机场航油保税业务后,为青岛空港出境航班提供保税油加注服务,可以大大降低航空公司的运营成本。

【口岸大通关】 着力深化口岸大通关,出台并完成以"便利、高效、顺畅"为主要内容的口岸大通关10件实事,大力提升通关效率,减少企业通关成本。青岛口岸海关、检验检疫部门全面实施"通关单联网核查,纸面通关单不流转"的无纸化通关新模式,使检验检疫与海关之间验放报关实现"零待时"。黄岛口岸在青岛保税港区1号闸口实行进口集装箱24小时海关过闸通关,对海运、空运和邮运各通关现场全面实施分类通关,优化无纸通关模式,推进分类通关改革后,大港口岸目前80%以上的海关低风险报关单由系统自动快速放行,单证齐全的出口货物办理通关手续平均用时不足1分钟。青岛空港口岸推行出口直通式报检模式,使代理报检企业在发送报检数据的同时自动完成报检过程,通关周期缩短了1天。在海港和空港口岸分别推行边防检查信用等级评定机制,对航空公司、旅行社、船舶代理等诚信度高、经营规范的企业给予适当通关便利。创新国际邮轮的通关保障新模式,保障以青岛为母港的"青岛—济州—上海—首尔—青岛"国际邮轮航线首次开通,建立"随船联检、船边验放、重点抽查与例行检查相结合"的通关新模式,使国际旅客在抵达青岛口岸前就能完成各项通关手续,实现了邮轮通关"零待时"。先后完成了哥诗达"经典号"邮轮母线首航及"钻石公主"等共21艘次国际邮轮通关保障工作,为6万余人次出入境游客和船员提供便捷通关服务,接待邮轮数量和出入境人数均达到了历史最高水平,为青岛打造国际邮轮母港、提升邮轮经济的发展提供了条件。全力做好日本核辐射和来自台湾、欧洲地区食品疫情防控工作。青岛口岸协调组织检验检疫、海关等部门,积极应对,完善应急处置方案预案,建立工作协调、联系沟通、重要事项督查、疫情分析研究及重要信息日报告和零报告制度,全力做好口岸检疫防控工作,同时确保了疫情防控期间口岸通关顺畅。全力做好青岛国际性重大活动和国际帆船赛事通关保障工作。圆满完成了金砖伙伴城市(青岛)会议、2011国际极限帆船系列赛青岛站赛事、第三届海阳亚沙会、苏迪曼杯国际羽毛球比赛等重大活动、赛事的通关保障工作。

【口岸区域合作】 青岛口岸牵头组织了以政府搭桥,物流、港口、铁路等企业参加为主要形式的区域合作。青岛口岸代表团专程赴河南郑州、洛阳、漯河等地推行"点对点"项目合作,与当地口岸分别签署了关于促进口岸物流发展的合作协议。截至2011年年底,青岛口岸先后与23个内陆口岸签署了口岸跨区域合作协议,黄岛海关与23个山东省外关区开展了区域通关业务。海关与外省关区实行了"属地报关、口岸验放"通关模式,检验检疫与外地省市建立了省际检验检疫直通合作,产地实施检验检疫合格后直接签发通关单放行。争取国家支持青岛口岸发展国际过境集装箱运输业务,及时协调口岸查验单位、港口、铁路和货代企业解决区域通关存在的问题,妥善解决青岛市物流企业过境集装箱在阿拉山口限制通关问题,确保了青岛市过境集装箱跨境正常运输。2011年,在青岛口岸报关的外省企业进出口货运量7 737.7万吨,占总量的52.52%;青岛口岸外省市外贸进出口总值共完成41.6亿美元,占青岛口岸进出口总值的33.33%。

【中韩陆海联运】 2011年8月31日经交通运输部和山东省政府同意,正式开通中韩陆海联运汽车货物运输青岛通道,优化了中韩陆海联运项目进出境通关环境,组织开展了中韩海运旅检现场秩序整顿,实行"货物申报、客货分流"通关模式;制定中韩陆海联运汽车货物运输项目监管流程及管理办法,实施海关、检验检疫"一机两屏"合作查验模式,简化通关程序,实现即到即验、即验即放;完善车载物流运输通关查验监管机制,建立了货物甩挂运输项目虚拟监管通道,缩短货物运输在途及滞港时间,提高进出口货物和车辆的通关效率,实现"门到门"直达运输服务。

【口岸综合管理】 编制完成了《青岛口岸"十二五"发展规划》。针对欧美金融危机出现的新情况、新变化,积极发挥口岸服务功能,主动上门走访物流、码头、航空、航运、造船等企业,扎实为企业办实事。详细解答口岸相关政策和规定,帮助企业解决码头开放、新航线开通和出入境通关中遇到的问题。组织开展共建文明口岸活动。围绕庆祝建党90周年,举办了"党旗在口岸飘扬"主题演讲比赛活动,完成了"创文明服务、建和谐口岸"主题征文,举办了口岸系统书画摄影大赛,出版印制了《口岸风情》画册和《党旗在口岸飘扬》征文集,丰富了口岸生活,凝聚了口岸力量,促进了口岸和谐。组织口岸社会监督活动,加强口岸行风政风建设。建立了口岸社会监督员队伍,督促做好口岸通关环境建设,加强行风政风建设,增强廉洁自律意识。

2011年山东省口岸流量统计表

口岸类型	口岸名称	货运量(万吨) 出口	货运量(万吨) 进口	货运量(万吨) 合计	同比(%)	集装箱量(万标箱) 出口	集装箱量(万标箱) 进口	集装箱量(万标箱) 合计	同比(%)	人员(万人次) 出境	人员(万人次) 入境	人员(万人次) 合计	同比(%)	交通工具(辆、艘、架、列次) 出境	交通工具 入境	交通工具 合计	同比(%)
空运口岸	青岛	7 029.92								80.99	80.59	161.58	+3.25	6 535	6 399	12 934	-0.15
	济南	769.8								8.88	9.07	17.95	+30.40	852	859	1 711	+14.37
	烟台	821.00								12.64	12.08	24.71	+1.20	1 527	1 237	2 764	-3.29
	威海	437.39								11.65	11.70	23.35	+15.00	1 199	1 200	2 399	+32.83
	分计	10 020.41								114.15	113.43	227.58	+5.85	10 113	9 695	19 808	+3.63
海港口岸	青岛	7 029.92	19 366.73	26 396.65	3.34	663.35	638.66	1 302.01	+8.39	8.57	9.11	17.67	+28.11	5 890	5 560	11 450	+4.35
	烟台	769.8	2 742.80	3 512.60	13.40	69.59	70.27	139.86	+4.30	4.76	4.82	9.58	+3.20	1 302	1 627	2 929	+5.36
	威海	821.00	821.00	1 642.00	-5.00	24.53	23.62	48.16	+8.60	13.06	13.07	26.13	-3.80	786	740	1 526	-8.24
	日照	437.39	11 851.97	12 289.36	7.50	2.53	2.28	4.81	+63.70	5.48	5.46	10.94		1 728	2 014	3 742	+19.59
	东营	0.65	2.10	2.75										7	6	13	
	潍坊	53.40	0.40	53.80	17.10									163	123	286	+16.73
	岚山	105.22	4 315.85	4 421.07	17.40	0.80	0.77	1.58	+20.50					1 116	1 245	2 361	+23.55
	龙口	450.10	3 277.30	3 727.40	32.40	6.66	6.44	13.10	-1.80					1 255	1 129	2 384	+5.11
	石岛	273.35	265.31	538.66	-3.84	2.65	2.82	5.48	+44.21	15.35	14.75	30.09	+8.24	708	779	1 487	+9.90
	龙眼	39.40	253.40	292.80	48.93					9.87	9.78	19.65	+17.95	547	600	1 147	+14.36
	蓬莱	40.18	146.54	186.72	35.00					0.00	0.00	0.00		392	413	805	+54.21
	莱州	0.00	297.67	297.67	11.61					0.00	0.00	0.00		442	353	795	-3.28
	分计	10 020.41	43 341.07	53 361.48	7.46	770.12	744.87	1 514.99	+8.14	57.09	56.97	114.06	+16.49	14 336	14 589	28 925	+10.86
合计		10 020.41	43 341.07	53 361.48	7.46	770.12	744.87	1 514.99	+8.14	171.24	170.40	341.64	+9.18	24 449	24 284	48 733	+6.44
同比(%)		+14.44	+5.97	+7.46		+7.17	+9.16	+8.14		+5.52	+5.85	+9.18		+6.25	+6.64	+6.44	

(山东省口岸工作办公室提供)

2011年青岛海关主要数据统计表

项目		2011年	同比(%)
进出口货运量 (万吨)	合计	44 395.00	+11.40
	进口	37 429.00	+11.50
	出口	6 966.00	+11.20
进出口贸易总值 (亿美元)	合计	2 994.00	+25.30
	进口	1 625.00	+28.60
	其中:江、海运输	1 511.00	+31.60
	铁路运输	1.30	-30.00
	汽车运输	11.00	-8.70
	航空运输	103.00	-9.10
	邮件运输	0.20	+13.00
	其他运输		
	出口	1 369.00	+21.60
	其中:江、海运输	1 296.00	+20.90
	铁路运输	6.40	+52.70
	汽车运输	4.50	-12.20
	航空运输	62.00	+16.00
	邮件运输	0.60	+10.80
	其他运输		
税收 (亿元)	两税合计	1 542.7	+39.80
	关税入库	132.70	+31.10
	进口环节税入库	1 410.00	+40.70

(青岛海关提供)

2011年山东省口岸出入境主要数据表

单位:(人员)人次;(交通工具)辆、艘、架、列次

项目			2011年	2010年	同比(%)
出入境人员		出入境人员总数	4 147 011	3 784 737	+9.60
		入境人员	2 078 563	1 889 557	+10.00
		出境人员	2 068 448	1 895 180	+9.10
		出入境旅客	3 316 154	3 030 450	+9.20
		出入境员工	830 857	754 287	+10.20
	中国公民	小计	1 897 805	1 641 479	+15.60
		内地居民(因公)	1 644 748	1 381 166	+19.10
		港澳居民	93 754	89 987	+4.20
		台湾同胞	159 303	170 326	-6.50
		外籍人员	2 249 206	2 143 258	+4.90
		从海港出入境人数			
		从陆港出入境人数			
		从空港出入境人数			
交通运输工具		总计	48 736	45 783	+6.40
		船舶	28 928	26 669	+8.50
		飞机	19 808	19 114	+3.60
		火车			
		机动车辆			

(山东省公安边防总队提供)

2011年山东海事局进出港船舶统计汇总表

船舶类别	进港船舶							出港船舶						
	艘数（艘）	总吨（吨位）	总载重量（吨）	载客量（客位）	船员人数（人次）	货物到达量（吨）	旅客到达量（人）	艘数（艘）	总吨（吨位）	总载重量（吨）	载客量（客位）	船员人数（人次）	货物发送量（吨）	旅客发送量（人）
总计	329 191	953 387 736	1 063 807 551	35 583 814	2 982 701	527 773 202	17 848 638	329 705	954 894 910	1 063 585 101	35 499 782	3 011 073	208 750 774	17 811 461
中国籍船舶	309 435	417 253 386	289 368 082	34 800 683	2 541 235	128 239 539	17 279 250	309 876	419 888 510	291 693 391	34 716 959	2 567 699	144 091 468	17 248 670
其中:外贸船	1 583	24 832 573	29 692 535	8 982	29 939	16 950 857	67	1 604	22 654 655	26 600 513	11 079	29 298	6 578 490	171
外国籍船舶	19 756	536 134 350	774 439 469	783 131	441 466	399 533 663	569 388	19 829	535 006 400	771 891 710	782 823	443 374	64 659 306	562 791

（山东海事局提供）

2011年山东海事局进出港船舶统计汇总表

船舶类别	进港船舶								出港船舶							
	艘数（艘）	总吨（吨位）	总载重量（吨）	载客量（客位）	船员人数（人次）	货物到达量（吨）	旅客到达量（人）		艘数（艘）	总吨（吨位）	总载重量（吨）	载客量（客位）	船员人数（人次）	货物发送量（吨）	旅客发送量（人）
总计	329 191	953 387 736	1 063 807 551	35 583 814	2 982 701	527 773 202	17 848 638		329 705	954 894 910	1 063 585 101	35 499 782	3 011 073	208 750 774	17 811 461
中国籍船舶	309 435	417 253 386	289 368 082	34 800 683	2 541 235	128 239 539	17 279 250		309 876	419 888 510	291 693 391	34 716 959	2 567 699	144 091 468	17 248 670
其中:外贸船	1 583	24 832 573	29 692 535	8 982	29 939	16 950 857	67		1 604	22 654 655	26 600 513	11 079	29 298	6 578 490	171
外国籍船舶	19 756	536 134 350	774 439 469	783 131	441 466	399 533 663	569 388		19 829	535 006 400	771 891 710	782 823	443 374	64 659 306	562 791

（山东海事局提供）

山东省口岸大事记

1月4日
青岛海关全面启动进口分类通关改革。

1月12日
2011年山东海事局工作会议在青岛召开,山东省省长助理周齐出席会议并作重要讲话。
烟台保税港区封区运营。

1月20日~21日
山东检验检疫工作会议在青岛召开,山东省副省长才利民出席会议并作重要讲话。

1月21日
山东省副省长才利民走访青岛海关,听取工作汇报,就如何进一步促进山东外经贸平稳较快发展提出要求。

2月23日
山东省委常委、青岛市委书记李群到山东海事局走访调研。

3月23日
山东省海上搜救中心与韩国西海地方海洋警察厅海上搜寻救助合作备忘录及山东海事局、山东省海洋与渔业厅水上安全管理合作备忘录举行签字仪式。

3月24日
2011年山东省海上搜救工作会议在烟台召开,山东省委常委、副省长、省海上搜救中心主任王军民出席会议并作重要讲话。

4月1日
青岛海关全面开展进出口货物电子通关单联网核查。

4月29日~30日
海关总署署长于广洲到青岛关区考察调研,听取青岛海关工作汇报,看望慰问关区一线关警员。

5月31日
青岛海关与福州海关区域通关合作备忘录签字仪式在福州举行。
"海巡11"轮被中华全国总工会授予"全国工人先锋号"。

6月8日
欧盟海关AEO考察团访问青岛海关,就新修订的《中华人民共和国海关企业分类管理办法》及《验证稽查作业标准》进行实地考察。

6月23日
中澳SPS高层磋商机制第三次会议在青岛举行。国家质检总局副局长魏传忠、澳大利亚农林渔业部常务副部长康纳尔·奥康纳尔出席会议。

7月8日
海关总署副署长孙毅彪在济南听取青岛海关党组工作汇报,对打造"活力青关、和谐青关、幸福青关"的发展思路和各项工作措施给予充分肯定并提出要求。

7月21日

青岛前湾港H986集装箱检查系统通过海关总署的正式验收。

7月22日

交通运输部部长李盛霖、副部长冯正霖到青岛检查指导工作。

8月10日

海关总署署长于广洲、副署长吕滨会见青岛市市长夏耕。

8月15日

海关总署副署长邹志武到青岛海关视察工作。

8月16日

全国海关法制工作会议暨"双打"行动总结表彰会议在青岛召开。海关总署副署长邹志武出席会议并作主题讲话。

8月31日

中韩陆海联运汽车货物运输项目青岛通道正式开通。

9月1日

山东出入境检验检疫局和河南出入境检验检疫局在青岛共同签署《关于鲁豫两地实施直通放行模式合作备忘录》,标志着山东、河南两地检验检疫直通放行模式正式启动。

9月21日

淄博保税物流中心通过海关总署、财政部、国家税务总局、国家外汇管理局四部委联合验收组验收。

10月13日

中韩陆海联运汽车货物运输项目日照通道正式开通。

11月17日

山东省口岸办组织召开2010至2011年度共建文明口岸活动评审会议,山东省文明办、青岛海关、山东省公安边防总队、山东出入境检验检疫局和山东海事局的分管领导出席会议。

11月13日

青岛海关2011年度执勤武警年度换班工作顺利完成。701团执勤武警撤勤,351团执勤武警上勤。

11月16日~19日

国家质检总局副局长魏传忠一行赴山东济南出席国家质检总局、山东省人民政府合作备忘录联席会议,并赴有关地市和部分企业考察调研。

11月29日~30日

全国公安边防部队海港边检站勤务创新试点工作推进会在黄岛召开。

11月30日

中韩陆海联运汽车货物运输龙眼、石岛通道正式开通。

12月20日

山东海事局(机关)荣获"全国文明单位"称号。

12月28日

青岛海关"12360"服务热线正式实体运行,"综合业务管理平台一期项目"顺利通过海关总署验收评估。

(撰稿人:赵猛、张德伟、郑珂、王亚楠)

北京亦庄保税物流中心

北京亦庄保税物流中心于2011年1月由海关总署、财政部、国家税务总局及国家外汇管理局联合批准设立。2011年12月9日，北京亦庄保税物流中心通过海关总署、财政部、国家税务总局及国家外汇管理局等四部委的联合验收。2011年12月19日，北京亦庄保税物流中心正式封关运行。

北京亦庄保税物流中心地处北京东南五环快速路边缘，紧邻京沪、京津高速公路，距市中心16公里，驱车15分钟可达东郊铁路货运站，30分钟抵达国内航空吞吐量最大的首都国际机场，90分钟到达我国北方最大的海港——天津新港，海运、陆运、空运均十分便捷。随着京南第二机场的开通运行，亦庄保税中心的地理及交通优势将进一步显现。

北京亦庄保税物流中心将通过向企业提供优质的保税物流服务的方式，推动制造业的发展，完善首都保税物流服务功能和监管体系，并最终成为华北地区物流网络的关键组成部分。

亦庄保税物流中心总占地约20万平方米，规划总建筑规模约19.6万平方米，一期总建筑面积约6万平方米，其中仓储面积约5万平方米，配套办公楼及卡口等设施建筑面积约1万平方米。中心内建有内外卡口、围网及巡逻通道、查验库及查验场、保税仓库、配套办公楼及报关大厅、红外监控及红外报警系统等符合海关监管要求，属国内一流的设施。

保税物流中心身兼出口监管仓和保税监管仓的功能，入驻保税物流中心的企业可开展保税仓储、国际分拨、简单加工和增值服务、进出口贸易、深加工结转、转口贸易和物流信息处理等业务。

我们坚信，北京亦庄保税物流中心将更好地为北京南部新区及周边外向型企业提供便捷、高效的保税物流服务，降低企业物流成本，在创造良好社会效益和经济效益的同时，有力推动北京南部制造业经济发展，优化北京外经贸发展环境，进一步提升北京在全球贸易及物流供应链中的地位，为首都经济发展做出重要贡献！

北京亦庄保税物流中心

地址：北京经济技术开发区西环南路36号　邮编：100176　电话：010—56352029　传真:010—56352016
信箱：bdstwl@bjblc.com.cn　网址：www.bjblc.com.cn　www.bda.gov.cn/cms/bswlzx/inex

博大世通国际物流（北京）有限公司
电话：010—56352015　传真：010—56352016

卡西欧计算机株式会社

　　卡西欧计算机株式会社成立于1957年6月1日,总部位于日本东京都涉谷区。创业之始为计算器制造商的卡西欧计算机株式会社现已发展到在全球拥有近40家分支机构,员工数接近12 000人,并且同时生产及销售计算器、手表、电子琴、电子辞典、数码相机等产品,这些产品给人类的生活带来了欢乐与便捷。卡西欧的经营理念为"创造贡献",它表达了卡西欧通过提供各种创新产品从而实现对社会的贡献。

　　卡西欧公司非常重视知识产权,早在20世纪90年代就在中国开展了打假工作,为保护消费者权益和维护自身知识产权坚持不懈地在进行打击活动。在卡西欧诸多产品中受假冒品侵害最多的产品是计算器和手表。近年来在中国各地海关的不懈努力下,卡西欧知识产权边境保护工作开展得卓有成效。

卡西欧公司的正品出口路径

　　计算器产品我们通过深圳海关、黄埔海关及拱北海关出口。手表类产品仅通过深圳海关出口。

卡西欧公司的主要注册商标

- **CASIO®** —— 该商标应用于计算器、手表、电子琴、电子辞典、数码相机等产品
- **S-V.P.A.M.** —— 该商标应用于计算器
- **EDIFICE** —— 该商标应用于手表
- **G-SHOCK** —— 该商标应用于手表
- **EXILIM** —— 该商标应用于数码相机、电池

联系方式

名称:卡西欧(上海)贸易有限公司 知识产权部
地址:上海市长宁区遵义路100号虹桥上海城A幢10楼　邮编:200051
电话:021-61974898(分机:295 / 267)　传真:021-61974898
E-mail: casio.jp@casio.com.cn

斯凯孚公司是全球领先的滚动轴承、密封件、机电一体化、服务和润滑系统产品、解决方案和服务的供应商，产品遍布全球各行各业。

斯凯孚公司成立于1907年，总部位于瑞典哥德堡，目前在全球拥有1.5万家经销商和分销商，设立有130处生产基地，员工超过4万名。斯凯孚中国总部设在上海，"SKF"商标在业内享有极高的市场知名度。

近年来斯凯孚公司通过与上海、天津、青岛、宁波等各地海关的紧密合作，在海关知识产权保护方面取得了显著成绩。大量假冒SKF产品被成功查获，仅2011年的查扣货值已高达500万人民币。斯凯孚公司对相关工作的主动配合也得到了海关方面的积极反响。同时，对海关的定期拜访及对海关组织的宣传培训活动的积极参与，使得斯凯孚公司与海关的沟通渠道更加通畅，海关品牌保护合作体系日趋成熟、完善。

斯凯孚公司将通过一切可能的法律手段严惩侵权分子，维护公平有序的国际贸易环境，树立我国在国际市场的良好形象。如若发现嫌疑侵权产品，请立即与斯凯孚公司品牌保护部取得联系。

斯凯孚（中国）有限公司 品牌保护部
联系人：汪俊
直线：021-2321 2532
传真：021-6361 7855
邮箱：becky.wang@skf.com
网址：www.skf.com / www.skf.com.cn

TIGER tiger ®

中国驰名商标

卓越的产品　　卓越的品牌　　卓越的营销

宏康企业 —— 打造一体化关务服务新里程

宏康企业成立于1996年，是一家专业从事通关物流、关务管理咨询、供应链管理咨询及职业培训的综合型企业，企业下辖江苏宏康通关物流有限公司、江苏宏坤关务咨询有限公司、南京宏康报关有限公司、江苏启达保税物流有限公司、江苏启达全盛物流有限公司、南京宏坤职业培训学校等。

宏康企业秉承"专业成就价值"的服务理念，致力于成为国内领先的技能型关务服务方案和一体化供应链服务商，最终成就客户的价值，成就服务的价值，成就自我的价值。

关务管理咨询、供应链管理咨询

江苏宏坤关务咨询有限公司是宏康企业旗下专门为进出口企业提供关务咨询和供应链一体化解决方案的专业管理咨询公司。

江苏宏坤关务咨询有限公司拥有经验丰富的专家团队和资讯强大的政策信息平台，专注于关务管理及物流整合方案的提供，致力于帮助客户规范关务相关管理及操作，进一步降低物流成本，提高物流速度，防范违规风险，提高企业竞争力。

宏坤咨询为客户提供关务管理信息服务、常年关务顾问、进出口商品预归类、商品规范申报数据库的建立和维护、信息服务、关务作业标准及物流方案策划、进出口贸易知识教授、关务知识系统培训方案策划与执行、海关稽查前期辅导、企业海关信用晋级全程辅导（A级、AA级）、关务外包服务等。

通关物流服务

南京宏康报关有限公司、江苏宏康通关物流有限公司、江苏启达保税物流有限公司、江苏启达全盛物流有限公司是宏康企业旗下专门为进出口企业提供通关物流服务的专业服务公司。

南京宏康报关有限公司为中国报关协会副会长单位、江苏报关协会副会长单位、江苏出入境检验检疫协会副会长单位、进出口商品预归类单位，具有"海关A类管理企业"资质，连续两次被评为"全国优秀报关企业"，连续多年获得南京关区"诚信守法报关企业"和"诚信规范报关企业"称号。

公司主要承办进出口货物代理报关、报检等业务，并为客户提供通关、货运、政策咨询等系列通关类服务。宏康报关目前在南京禄口国际机场、龙潭港、出口加工区等各海关通关口岸设立了6个分支机构，并建立了徐州、扬州、苏州、无锡、连云港、太仓分公司。公司通过10余年报关领域的实务操作积累了丰富的通关实务经验，建立了国内一流的关务运作平台，始终坚持为广大客户提供专业的关务服务。

江苏启达保税物流有限公司是专业的第三方物流公司和外贸代理公司。公司主营业务有进出口货运代理、进出口贸易代理等。启达保税物流立志为进出口企业提供热忱、细致、快速、安全的进出口代理服务。

江苏启达全盛物流有限公司是专业的第三方物流公司，以保税物流运作为核心，致力于为客户提供一体化供应链整合和物流服务。

公司主营业务有：保税及非保税仓储物流服务、配送服务及其他增值服务。公司突破了传统国际贸易公司、货代企业和仓储运输公司的业务范畴，以客户价值为己任，提供资金流、信息流和物流同步的操作平台；实施物流规划和物流整合方案；整合公司和社会的物流资源，为客户提供全方位的优质服务。

江苏宏康通关物流有限公司通过整合多年宏康报关、启达保税物流、启达全盛物流等一系列优势资源，运用成熟的关务操作经验为客户提供通关、物流一体化服务。

职业培训

南京市宏坤职业培训学校是宏康企业旗下专注于关务培训的正规培训机构，学校为进出口企业和从事关务工作的个人提供专业化的培训服务。

南京市宏坤职业培训学校是经过南京市人力资源和社会保障局、南京市民政局批准的，具有正规办学资格的职业培训学校。

学校以案例教学为特色，拥有众多实战经验丰富的讲师、强大的专业顾问团队和政策研究团队，他们在贸易管制与通关作业系统培训、海关稽查系统培训、海关估价与关税征收系统培训、法律救济与行政复议系统培训、加工贸易系统培训等方面具有深厚的理论功底和丰富的实战经验。特色课程有：最新政策解析、商品预归类、关务风险管理和关税筹划、加工贸易、报关报检实务、报关员岗前培训等。

宏坤学校在致力于职业培训的同时，还根据企业的特定需求，为其量身打造定制课程。至今，已为溢泰环保、中江国际、凯通物流、东洋电子、江苏省贸促会、依维柯等企事业单位提供有针对性的关务培训课程，满足企业的实际需求。

在关务、物流发展日新月异的今天，在关务管理更加系统化、信息化、专业化的大形势下，宏康企业将始终秉承"专业成就价值"的隽永理念，力求以业内高端水准，为客户提供多元化、全方位的卓越服务。

尚德电力控股有限公司

2001年，满怀对太阳能光伏产业发展的坚定信念和化解危机的责任意识，以及报效祖国的创业激情，留学澳大利亚10多年的施正荣博士怀揣世界领先的光伏专利技术，义无反顾归国创业。在无锡市委、市政府的战略决策与鼎力支持下，创立无锡尚德太阳能电力有限公司，专业从事晶体硅太阳能电池、组件、硅薄膜太阳电池、光伏发电系统和光伏建筑一体化（BIPV）产品研发、制造与销售。

如今，总部位于无锡的尚德电力，同时在青海、洛阳、上海、苏州、扬州等地设立了生产基地，并在欧洲、美国等国家和地区成立了区域总部，全球员工超过1万名。2009年，国际知名光伏杂志《PHOTON》排名显示，尚德电力已经成为全球第一的太阳能晶硅电池、组件制造商。

不断持续创新，成就了中国光伏工业和"中国创造"的先行者！

施正荣博士卓越的战略远见和先行实践的勇气，使尚德电力在初创阶段就牢牢把握了新能源的发展良机。2005年12月，尚德电力以创新的商业模式在纽约证券交易所成功上市，登上了国际最大的融资平台。从第一条10兆瓦生产线发展到如今千兆瓦级的产能，尚德电力全力提供优质可靠的太阳能光伏系列产品和系统解决方案，以满足全球不断增长的对新能源的需求。10年的发展历程，尚德电力极大地推动了中国光伏技术进步和产业化规模发展。

以施正荣博士为核心，尚德电力集结了380多位全球光伏及相关领域的科学技术专家，组成一支富有创新激情和团队合作精神的一流国际化科研队伍。提高光电转换效率，降低生产成本，是尚德电力长远发展的努力方向。2012年实现一元一度电，让太阳能电力进入寻常百姓家，成为尚德电力现阶段持续创新追求卓越的动力源泉。2009年，应用自主知识产权的"冥王星技术"创造了单晶硅电池转换效率从最初的14%提高到19.2%的记录，并在2009年实现了大规模量产。

尚德电力从创业初期就致力于光伏产业链的建设和发展，在技术持续创新和产能飞速发展的同时，整合并提高上游供应链的结构和水平，从而降低成本，维持合理的价格优势，最终实现光伏发电平价上网的目标。一切从客户的利益出发，不断开发完善光伏发电的系统解决方案，并确保所有产品的质量符合严格的国际标准，

尚德电力CEO 施正荣 博士

Screen Printing

南京海关关长李多宽莅临尚德指导

Solar powering a green future™

同时为客户提供真诚高效覆盖面广的售后服务。尚德电力的光伏产业链始终真诚、科学和高效地为全球各地的太阳能用户服务。

通过一系列国际化的品牌营销手段和策略性的沟通方式，如今，尚德电力已在全球客户心目中树立了"SUNTECH"品牌的美誉度和知名度。截至2010年12月，尚德电力全年出货量达到1 500兆瓦，累计为世界各地客户提供了3 300兆瓦的光伏产品和系统解决方案。按每瓦每天发1.2度电计算，这些产品稳定运行25年，累计可生产1 000亿度绿色电力，折合标准煤约4 000万吨，减排二氧化碳8 800万吨。

"SUNTECH"业已成为世界光伏领域"中国创造"的卓越品牌，赢得了全球客户的尊重和信赖。

不断追求完美的质量，是尚德电力可持续发展坚实而强大的基石！

秉承"尚仁厚德力求至善"的企业精神，尚德电力整个生产流程建有科学严密的产品质量管理体系，确保所有产品达到最严格的国际质量控制标准。尚德电力是中国首家获得TÜV、IEC、CE 和UL等国际权威认证证书的光伏企业，也是中国第一家获得出口免验的太阳能光伏企业，出口免验是中国政府授予企业的最高荣誉。尚德电力先后通过ISO9000质量管理体系认证和ISO14000环境管理体系认证。

关注气候变化致力环境保护，和客户共同构建义利统一的事业平台！

"为人类可持续发展提供彻底的能源解决方案"，这是尚德电力CEO施正荣博士提出的超越商业的经营理念，把企业经营和关注能源危机、气候变化及环境污染的社会责任紧密融合，为企业的永续经营指明了方向。作为光伏产业的领军企业，尚德电力以平等互惠的合作理念，创新的商务模式，在全球80多个国家和地区展开产业合作和营销战略，并在金融危机中经受了考验，使企业迈出可持续发展的坚实步伐。面对气候变化和能源危机的严峻挑战，尚德电力愿意携手全世界的有识之士和机构团体，共同致力于太阳能的开发和利用，创建地球绿色家园，造福子孙后代。

同时，尚德电力作为企业公民，积极承担社会责任，企业内部不断强化节能减排，实现清洁生产和保障员工职业健康，对外参与和支持各种社会公益事业。

"为地球为未来充电，让绿色永绕人间"！尚德人正以此为使命， 将不断创新的光伏技术与丰富的自然资源相结合，让太阳能这一取之不尽、用之不竭的绿色新能源走进千家万户。

地址： 中国无锡国家高新技术产业开发区新华路9号
邮编： 214028　**电话：** 0510-85318888　**传真：** 0510-85343049
网址： www.suntech-power.com　　www.suntech-power.com.cn

尚德电力十周年庆典暨四期项目竣工仪式　　　　尚德电力总部生态大楼

美光半导体（西安）有限责任公司
Micron Semiconductor (Xi'an) Co., Ltd.

美光半导体（西安）有限责任公司由美光科技（纳斯达克：MU）的全资子公司美光半导体国际有限公司在西安高新区投资的一家外商独资企业，于2006年5月由国家发改委、商务部共同批准设立的，总投资2.5亿美元，注册资本8 333万美元。2010年2月，公司决定在2011年至2015年期间增加投资3亿美元，用于扩大生产规模和新产品制造，是目前陕西省最大的外商投资企业之一。

美光科技有限公司成立于1978年，目前是一家拥有数十亿美元运营资金的国际化公司，是先进的半导体解决方案的世界一流的供应商之一，在20多个国家和主要地区的员工超过22 000人。2011年全球销售额超过88亿美元，在全球半导体厂商中名列前茅。美光科技在美国、日本、意大利和新加坡拥有半导体芯片制造工厂，在美国、波多黎各、新加坡、马来西亚和中国拥有后封装厂，在美国、挪威、意大利、英国、日本和中国拥有半导体设计公司。

美光西安位于陕西西安出口加工区B区，新建项目的厂房分为两期建设，二期厂房已于2011年8月建成并投产。

已建成的生产厂房和动力及办公等辅助用房共计52 000余平方米。主要业务范围包括存储器集成电路测试和模块装配生产，已实现集成电路芯片测试产能每月8 000万片，内存模块生产产能每月1 000万块。预计2011年全年美光西安进出口总额将达到28亿美元，较去年同期上涨17%。目前公司员工人数约为1 700人，其中包括国外派遣常驻管理和技术专家10余人。

半导体行业在经过了金融风暴的洗礼后，强者更强。2010年2月新增3亿美元的投资，为公司在西安未来的5年经营计划定下了"持续、创新、规模化发展"的基调。在发展规模上，美光西安的内存模块制造生产线计划从现有的7条增加到17条。同时，美光西安还将成为美光科技创新产品，包括固态硬盘、显示器等具有世界一流技术水平的产品制造基地。

美光西安公司的未来目标，将围绕集成电路后道加工产业，充分利用美光在全球内存芯片制造产业链中的优势地位和资源，争取在未来的3~5年里，进一步扩大现有的内存模块制造能力和集成电路测试能力，总产能将在现有规模上扩大2~3倍，把美光西安建设成一个超大规模的集成电路加工生产基地。

美光半导体（西安）有限责任公司
Micron Semiconductor (Xi'an) Co., Ltd.
Zone B of Shaanxi Xi'an EPZ, Xinxi Avenue, Xi'an, P.R.C. 710119
Tel: +86-29-6891 6666, Fax: +86-29-8888 0280

TISCO 太原钢铁（集团）有限公司
TAIYUAN IRON & STEEL (GROUP) CO., LTD.

太原钢铁（集团）有限公司（简称太钢）地处山西省会城市太原。山西境内煤、铁、铝钒土、镓等矿产资源储量居全国前列，是中国重要的能源和原材料工业基地。太原毗邻京津，属环渤海经济圈和京津都市圈，其地理和资源禀赋使太钢具有资源、能源和交通优势。

太钢始建于1934年，是我国集铁矿山采掘、钢铁生产、加工、配送和贸易为一体的特大型钢铁联合企业，是全球最大、工艺技术装备水平最高、品种规格最全的不锈钢企业。现已年产1 000万吨钢，其中300万吨不锈钢的能力。2010年产钢959万吨，其中不锈钢272万吨，实现营业收入1 165亿元，利润25亿元，利税42亿元。目前，太钢在中国企业500强中列第71位、中国制造业500强中列第27位。

太钢致力于不锈钢、特殊钢和高等级碳素钢的研究开发和生产加工，拥有雄厚的研发实力和可靠的质量保障能力。太钢技术中心在全国575家国家认定企业技术中心中排名第二。铁路行业用钢、双相钢、耐热钢、车轴钢、9%Ni钢等20多个品种国内市场占有率第一，产品远销80多个国家和地区。同时，太钢积极开展多元经营，能源资源、工程技术、金融、贸易、物流、房地产、医疗卫生等非钢业务快速成长。

太钢注重和谐发展，大力推进绿色经济、低碳经济，全力建设冶金行业节能减排和循环经济示范企业，重点能源环保指标行业领先，实现了钢厂与城市的和谐共融。

太钢先后获得"全国质量奖"，全国20家"最具社会责任感企业"、"全国自主创新能力行业十强企业"、"全国企业文化建设优秀单位"等荣誉，被中宣部和国务院国资委选树为全国九家国有企业改革发展典型之一。

"十二五"期间，太钢将以科学发展观为指导，坚持做强主业、延伸发展、多元发展、绿色发展、和谐发展，建设全球最具竞争力的不锈钢企业。到2015年，营业收入争取达到2 000亿元以上，成为国内一流、世界著名的大型企业集团。

董事长：李晓波先生

汽轮机叶片

花园钢城

TCS铁路货车

新高炉

第六届中国中部投资贸易博览会 战略合作伙伴
Expo Central China 2011

多功能通讯指挥系

机动车全自动检测线

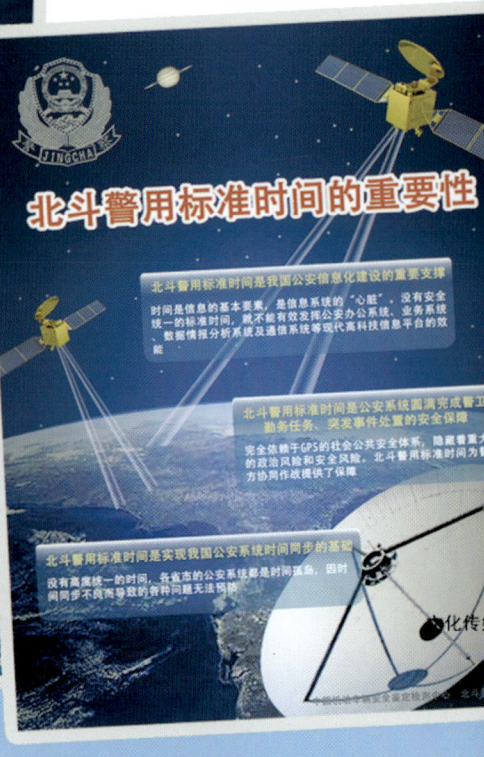

中国机动车辆安全鉴定检测中心（以下简称中国车检中心）成立于1988年6月，系全资国有企业，注册资金人民币1.25亿元。中国车检中心长期坚持以市场为先导，以计算机信息技术、电子技术等高新技术为基础，立足公安市场，拓展国内、国际市场，经过多年的发展形成了汽车与交通、防伪印刷、智能卡制作及文化传媒等多元化集团式的发展模式。我们真诚地欢迎国内外的朋友与我们进行多领域、多层次、多形式的合作，共同创造更加辉煌的事业！

车检中心本部涉及的行业及领域

- ——机动车检测集成测控与管理系统、车管业务系统和警务保障装备等相关产品的推广及销售业务。
- ——机动车安全技术性能检测线系统集成；视频监控工程；卫星通讯指挥车、应急指挥车、照明车、交通刑事勘查车等车辆的改装业务。
- ——机动车安全性能检测线、检测设备及网络测控系统的检验、鉴定和调修，以及机动车基本性能试验等业务。
- ——立足于前沿的计算机、电子、通讯技术，面向众多信息技术相关行业和领域提供优秀的系统与卓越的服务。

计量认证

CVIC

防伪印刷业

转印膜生产

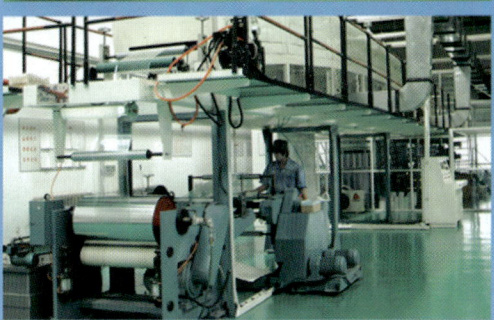

文化传媒

智能卡制造业

车检中心下属企业涉及的行业及领域

■ 防伪印刷业

中国车检中心所属企业北京金辰西维科安全印务有限公司是专业从事出入境旅行证件等高等级安全防伪证件的设计和印刷的国家级安全防伪印刷企业。

■ 转印膜生产

中国车检中心持有50%股份的力安邦（北京）科技有限公司是专门从事出入境证件转印膜印制的高新技术企业。

■ 文化传媒

中国车检中心所属企业北京安华传媒有限责任公司是从事《汽车与安全》杂志和《中国防伪报道》杂志的发行和广告、会展服务、广告设计制作和交流培训的文化传媒企业。

■ 智能卡制造业

中国车检中心下属企业北京中安特科技有限公司是专业从事非接触IC卡生产、研发的高新技术企业。

详情请登录　网址：www.chinacvic.com

中国机动车辆安全鉴定检测中心

地址：北京经济技术开发区荣昌东街甲一号　邮编：100176
电话：0086-10-67866688（总机）　传真：0086-10-67805611

广西凭祥综合保税区

一、广西凭祥综合保税区概况

广西凭祥综合保税区于2008年12月19日经国务院批准设立,位于广西凭祥市友谊关,与越南边境口岸直接通互联。规划总面积为8.5平方公里,分三期建设,其中一期规划面积1.2平方公里,二期规划面积3.0平方公里,三期规划面积4.3平方公里。一期工程于2009年11月11日开工建设,总投资额10多亿元人民币,2010年12月建成,2011年6月18日通过国务院联合验收组验收,2011年9月30日正式封关运营。

广西凭祥综合保税区是全国第一个在陆路边境线设立的综合保税区,是全国第一个设立在民族自治区的综合保税区,是全国第一个实现与境外直接相连的综合保税区,是全国第一个具有跨境合作背景的综合保税区。广西凭祥综合保税区是中国—东盟自由贸易区框架下,中国对东盟开放合作的重要平台,将有力地推动广西北部湾经济开放开发和中国东盟一体化进程。

二、广西凭祥综合保税区投资环境

1. 天然地理位置

广西凭祥综合保税区距广西首府南宁市190公里,距越南首都河内市仅160公里,南宁至友谊关高速公路、湘桂铁路在友谊关口岸分别与越南的一号公路和铁路网相接。规划建设中的南宁至凭祥高速铁路建成后南宁至凭祥的时间只需要45分钟,凭祥距南宁吴圩国际机场仅140公里。

广西凭祥综合保税区紧邻越南谅山省。自谅山往南至越南国内腹地,以及相邻柬埔寨、老挝、泰国、马来西亚、新加坡等国,地势平坦,交通比较便利,因此凭祥历史上就是中国与东盟国家经贸交往的主要陆路通道。中国—东盟自由贸易区建设当前正在深入推进,南宁—新加坡经济走廊建设也正在逐步获得东盟相关国家的支持重视,广西凭祥综合保税区天然地处南宁—新加坡经济走廊的重要枢纽位置,将大有作为。

2. 贴边发展优势

广西凭祥综合保税区所在的凭祥市边境线长97公里,有国家一类口岸2个,二类口岸1个和4个边境贸易互市点,是我国目前连接越南及东南亚最大的陆地边境口岸城市。广西凭祥综合保税区在南宁至友谊关高速公路与越南的一号公路的零公里处与越南联通,友谊关口岸与保税区一体化规划建设,海关查验、边防检查、检验检疫实现"三检合一",方便货物、司乘人员便捷入出境,有效地降低通关物流成本时间,为企业赢得先机。

3. 跨境合作背景

自2005年以来,广西政府与越南谅山省政府就提出在双方边境地区各划出相同面积的区域,实行特殊的管理办法,建设跨境经济合作区的设想。2007年1月,广西与越南谅山的商务部门共同签署了《中国广西壮族自治区与越南谅山省建立中越边境跨境经济合作区合作备忘录》。

广西壮族自治区人民政府已经明确,广西凭祥综合保税区的规划面积将成为广西凭祥—越南同登跨境经济合作区的区域。2008年,越南国家批准建立谅山省谅山—同登口岸经济区。广西凭祥综合保税区作为中越凭祥—同登跨境经济合作区的中方区于2011年6月率先建成,正在发挥其先行先试作用,跨境合作背景将为入区企业创新发展带来广阔商机。

4. 多重优惠政策

主要的保税优惠政策有:

入区保税。对境外运入综合保税区的企业加工出口所需的原材料、零部件、元器件、包装物件,以及转口货物和区内存储货物实行保税。

区内免税。对境外运入综合保税区的企业建设所需机器、设备和基建物资等,企业自用的生产、管理设备和合理数量的办公用品及所需维修零配件,生产用燃料、设备等免关税和进口环节税;对综合保税区内企业生产供区内销售或运往境外的产品免征区内加工环节的增值税。

免许可证。境外货物入出保税区免许可证,免出口配额管理。

物流仓储与配送。允许第三方仓储物流企业入驻,以服务区内生产型企业为主,同时辐射区内多个相关联企业。综合保税区内仓储物流企业可将区内货物配送到境外或境内区外。

入区退税。国内货物进入综合保税区视同出口,实行退税。对运至综合保税区的出口货物,入区后凭海关签发的出口退税报关单证明联即可办理退税。综合保税区内企业之间的货物交易不征增值税和消费税。

外汇管理。综合保税区企业可以开立经常项目外汇账户和资本项目外汇专用账户,不实行外汇核销,企业外汇收入可以全额留存,企业外商投资者的利润、股息、红利可以汇出境外。

市场准入。境内外的公司、企业、其他经济组织和个人均可在保税区投资建立外商独资、中外合资(合作)以及内资经营的企业,从事国际贸易、出口加工、保税仓储及其它与保税区发展相关的业务。企业除了可以从事通常的进出口贸易、加工、展示交易等业务外,还可以从事集装箱拆拼和中转、国际采购和配送、再制造和维修及运输服务等特别适合于在综合保税区发展的业务。企业在区内不仅可以进行货物的保税仓储和加工、制造业务,还可以开展对外贸易等业务。

广西凭祥综合保税区除了享有保税区应有的优惠政策外,还同时享有国家西部大开发政策、支持边贸政策、扶持少数民族地区政策、广西北部湾经济区开放开发特殊政策和大湄公河次区域合作等优惠政策,是目前我国享受优惠条件较多的保税区之一。

此外,广西凭祥综合保税区管委会还将根据国家和广西壮族自治区有关规定,结合凭祥综合保税区的实际情况,制定凭祥综合保税区入区产业差别化的鼓励政策。

三、广西凭祥综合保税区发展定位

广西凭祥综合保税区的发展目标是:以全面服务中国—东盟自由贸易区,加快推进广西北部湾经济区建设为使命,充分发挥陆路口岸优势,积极参与东盟市场培育开发和产业发展,努力将凭祥综合保税区建设成为开放度高、功能完善、管理先进、服务便利的全国第一个陆路边境海关特殊监管区,全面提升广西沿边开放水平,促进广西经济的又好又快的发展。

功能定位是:服务于中国—东盟自由贸易区的贸易往来,集陆路边境口岸、国际贸易、保税物流、保税加工、国际配送等功能于一体的国际经济合作区域。

产业定位是:二、三产业并进,即形成以以机械电气、电子信息产品、新型节能材料及环保产品为主的出口加工基地;以机械电气、电子信息产品、矿产品为主的中转交易物流中心;积极发展面向东盟,服务大西南的国际中转、国际配送、国际采购和国际转口贸易。

适合入区发展的企业:

一是仓储物流类企业。广西凭祥综合保税区直接与越南相通和强大的口岸功能,利用区内货物不设存储期限及保税退税的政策,开展"大进大出"和"快进快出"的仓储业务,加快物流速度,提高物流效率,节约成本及时间。

二是进出口贸易类企业。可利用"入区即退税"、"入区即结汇",以及进出口配额、许可证等管理政策开展国际贸易业务,比保税区外更加便利灵活,成本更低。

三是国际采购分销配送类企业。利用采购进入综合保税区内仓储的国内货物,进行出口集运的综合处理或商业性的简单加工,向东盟国家外分销;采购进区的进口保税货物进行商业性的简单加工后,再向东盟国家分销。

四是国际中转业务企业。利用区内与境外之间进出的货物不受数量、种类及配额限制,且免征关税,无须办理报关手续可拆拼箱,使企业能够把握最有利的时机,将其仓储的货物转销到其他国家和地区,以获得最佳利润。

五是检测和售后服务维修企业。企业可在区内开展向东盟国家出口机电产品的检测和维修业务,维修后的产品、零配件及物料复运出境,有利于提高维修效率,保护知识产权。

六是商品展示企业。企业可利用区内商品展示免于办理展览审批手续,区外展览办理暂时进境手续,从事转口贸易、交易、展示、出样、订货等经营活动。

七是加工制造类企业。可利用保税政策充分利用境外资源、材料加工出口,生产出口货物所耗用的水、电、气退税所含增值税可降低生产成本,区内企业不实行台账和合同核销制度更方便企业管理。

八是金融服务类企业。可在区内开展人民币或外汇结算业务。

九是配套服务类企业。在区内可建设仓储设施进行租赁,在区外可建设商住房地产、写字楼、酒店等配套服务业务。

广西凭祥综合保税区作为中国面向东盟开放合作的重要平台,正吸引着各界客商的目光。入区广西凭祥综合保税区,就抢得了进军东盟的先机。我们将通过综合保税区这个平台,秉承"资源共享、优势互补、互利双赢、共同发展"的原则,搭起与社会各界合作的桥梁,为企业家们献上一片投资兴业、共创未来的热土。

中国电子口岸数据中心西宁分中心

青海省于2001年初开始推广应用中国电子口岸应用项目。中国电子口岸数据中心西宁分中心作为青海电子口岸的主要成员之一,在中国电子口岸数据中心和西宁海关党组的正确领导下,按照"以服务为宗旨、以促进为目的、以需求为导向、以合作促发展"的指导思想和"统一认证、统一标准、统一品牌"的建设原则,认真贯彻全国地方电子口岸建设现场会精神,以地方电子口岸建设为中心,扎实做好各项基础性工作和电子口岸应用项目的推广工作。

中国电子口岸数据中心西宁分中心成立以来,不断加强与地方政府沟通联系,结合本地实际向省政府提出加强青海电子口岸建设的实施意见,制定了《青海电子口岸建设总体规划》,积极促成青海省政府与海关总署建设青海电子口岸合作备忘录的签署。同时,在中国电子口岸数据中心和兄弟省市数据分中心的帮助下,建成了青海电子口岸虚拟平台,并于2008年1月正式揭牌开通。

中国电子口岸的"联网报关"、"进口付汇"、"出口收汇"和"网上税费支付"等多个联网应用项目在青海省得到有效推广应用。截至2011年12月底,在青海省电子口岸平台上,已有省商务厅、工商局、质监局、国税局、外汇局、西宁海关等6个部门,以及省中行、建行、工行等3家银行实现了联网;现有入网企业635家,新入网企业数量呈逐年增长的趋

海关总署副署长李克农(左)与青海省副省长骆玉林(右)签署电子口岸合作备忘录

青海省副省长王令浚(左二)和西宁海关关长刘丰(右二)为青海电子口岸揭牌

西宁海关与中国工商银行青海省分行、中国电子口岸数据中心负责人签订网上支付协议

西宁海关与中国工商银行青海省分行、中国电子口岸数据中心签订网上支付协议

2011.5.31青海省电子口岸建设工作会议在西宁海关召开

西宁海关关长刘丰与中国工商银行青海省分行行长李志诚签订协议书

势。同时,青海省地方电子口岸平台建设取得新的突破。电子口岸公共信息平台的初步建成为推进青海电子口岸联网应用奠定了坚实基础;"电子口岸企业入网网上审批系统"的推广应用简化了电子口岸企业入网手续,方便了电子口岸成员单位之间的信息共享,提高了电子口岸执法部门审核效率和服务质量,增强了政府工作透明度。

中国电子口岸数据中心西宁分中心在做好各项基础工作的同时,不断提高服务企业意识和质量,制定和完善电子口岸热线电话的管理制度,公开办事流程,对重点纳税企业及自身技术力量较弱的企业实行上门服务,切实解决企业在实际操作中和项目推广过程中遇到的问题;在对企业服务的过程中,树立了中国电子口岸数据中心西宁分中心的良好形象,扩大了青海电子口岸的影响。

中国电子口岸数据中心西宁分中心将一如既往地努力把青海省电子口岸建设成为严密、高效、科学、安全的大通关信息平台,使其在规范经济秩序、降低贸易成本、提高通关效率、增强企业竞争力、促进经济发展中发挥出更大的作用。

公司厂房

董事长在品质会议上

员工食堂

中秋晚会

表彰大会

天道酬勤集成人

—— 福建集成伞业有限公司简介

　　福建集成伞业有限公司为外商投资企业，坐落于晋江市永和镇第一工业园，毗邻石狮服装城、交通便捷。公司注册资本6 000万港元，占地200余亩，厂内环境优美，生活设施齐全。公司现有员工2 000余人，主要生产塑胶环保伞、遮阳伞、高档洋伞、环保胶布，产品畅销国内外，其中塑胶环保伞占日本市场60%以上的市场份额，是亚洲最大的环保塑胶伞生产基地。

　　公司重视企业形象建设，已获得"重合同守信用单位"、"AAA级信用企业"、"全国中型工业企业"、"百项名牌产品"、"福建省著名商标"、"福建省名牌产品"、"中国著名品牌"等称号。公司亦热心公益事业，关心教育，多次向社会慈善机构、教育机构捐资，用于公益事业的捐赠合计超过3 000万元。

http://www.cnjisen.com

上海延锋江森座椅有限公司

"座"拥美好未来

上海延锋江森座椅有限公司（简称"延锋江森"）由延锋伟世通汽车饰件系统有限公司和美国江森自控国际有限公司共同投资建立，公司成立于1997年，选址于上海浦东康桥工业园区。

公司业务领域覆盖座椅总成、机械零件、座椅发泡、座椅面套、头枕及顶饰系统等，在全国各主要汽车制造商集聚区建立工厂，为客户提供零距离的即时化供货与服务。同时，公司已进入众多跨国汽车企业的全球采购体系，能为国际客户提供超越期望的产品与服务。

作为中国最大的汽车座椅及顶饰系统供应商之一，延锋江森拥有国际先进水平的技术中心、工业造型工作室、产品对标工作室和试验室，并且已经形成了强大的产品研发及制造能力，以及完整的产品平台和产品体系，能够适应各类客户不同车型的设计和开发需求。

2010年延锋江森实现销售收入137.6亿人民币，出口2.26亿美元。

延锋江森积极参与2010上海世博会，设计制造的动车VIP座椅成为了吉林馆中的一个亮点；为上汽通用馆3D影院提供的动感座椅广受好评。另外，我们还配套3 600辆途安世博出租车及世博所有上汽新能源车的座椅，为世博的成功举办贡献了自己的一份力量。

Shanghai Yanfeng Johnson Controls Seating Co., Ltd. (YFJC) was founded in 1997, jointly invested by Yanfeng Visteon Automotive Trim Systems Co., Ltd. and Johnson Control Asia Holdings Co., Ltd.. Headquarter of YFJC located in Shanghai Kangqiao Industrial Zone.

The products of YFJC cover complete seat assembly, mechanism, foam, trim cover, headrest and various overhead systems. YFJC has set up nationwide manufacturing facilities providing sequence delivery service to OEMs. At the same time, YFJC has entered the global purchasing system of various multinational OEMs to provide the products and services beyond the customers' expectation.

As one of China's biggest automotive complete seat and overhead system manufacturers, YFJC has successfully formed a complete product platform and portfolio to meet various demands of different vehicles. The Technical Center, the industrial styling design studio, the benchmarking studio, and the laboratory, equipped with world-class facilities, further consolidate YFJC's capability in product development.

The sales revenue of YFJC in 2009 is 13.76 billion RMB (including 226million USD export business).

YFJC actively participate in 2010 Shanghai Expo. CRH VIP seats which manufactured by YFJC has become a highlight in Jilin province Pavilion. We designed and manufactured Dynamic Seats, provided to the SAIC-GM Pavilion are widely acclaimed by audiences. As our contribution to the success of 2010 Shanghai Expo, we also provide seats to 3600 Expo Touran taxis and all new energy passenger vehicles from SAIC.

Better Seating
Greater Future

上海亿通国际股份有限公司

Shanghai E&P International, INC.

上海亿通国际股份有限公司成立于2001年7月,是一家专业从事口岸物流公共信息和国际经贸电子商务统一平台建设运营及服务的控股型企业,是中国内地口岸物流信息化建设领域的先行者和引领者。

公司成立以来,根据国家口岸管理部门和上海市政府授权,在上海口岸相关政府部门和单位的大力支持下,积极推动上海口岸物流信息资源的整合,逐步形成了以统一数据处理平台为核心、相关口岸监管及港口航运单位"一点接入"的大口岸物流基础信息共享支撑体系,网络覆盖上海海港、空港口岸及所有特殊监管区域,并辐射长三角和长江流域,与中国香港、中国台湾等泛亚地区的物流信息网络衔接,服务功能贯穿 "外贸监管"、"现代物流"、"供应链管理"、"电子支付"四大业务环节,为上海航运航空枢纽建设提供了重要的技术支撑和保障。

公司发展至今,已拥有1100平方米的电信级数据中心和600平方米的异地容灾备份中心,平台网络连接海关、检验检疫、港口局、海事局、边检等主要口岸监管单位,并通过上海政务外网实现与工商、税务、质检、国资、外经贸委、外管局的网络互联,同时实现了十大金融机构的网络接入。客户网络涉及各类出口加工制造企业、第三方物流企业、各类进出口及国际物流业务中的相关单位,覆盖上海的洋山保税港区、外高桥保税区、保税物流园区、五大出口加工区,以及上海所有的海空港口岸。此外,还实现与中国香港、中国台湾物流信息网络的衔接,积极探索"两岸三地"的口岸信息共享。

近年来,响应国务院及上海市政府提出的建设上海国际航运中心的号召, 公司积极地参与到上海国际航运中心综合信息共享平台的建设中,按照"整合资源、强化主业、优化结构、和谐发展"的指导方针,不断强化公司核心竞争力建设,提高自主创新能力和市场竞争能力,实现跨越式发展。公司提出了集团式发展战略、数据中心战略和长江战略等三大核心战略,重点围绕上海国际航运中心信息化服务体系建设,以公共信息服务平台建设和运营为目标的发展思路,努力提高上海口岸物流信息一体化服务能力,同时实现长江流域主要港口信息互联,提高航运信息增值服务能力,大力拓展跨区域、跨国界、全覆盖的物流信息采集、处理和交换,构建具有高度市场竞争力的现代物流信息服务产业集团,并利用5~10年的时间成为全国乃至全球领先的电子数据服务商。

江苏武进出口加工区
Jiangsu Wujin Export Processing Zone

江苏武进出口加工区于2009年6月23日经国务院批准设立，同年12月17日顺利通过国务院九部委联合验收小组的验收，2010年3月15日正式封关运作。江苏武进出口加工区批准面积1.15万平方米，是由常州海关监管的封闭式综合出口加工区。除可以从事加工制造外，还叠加了保税物流等功能，融研发、采购、生产、销售、售后服务为一体。2011年，江苏武进出口加工区区内已建成项目总面积30万平方米，在建项目总面积3.5万平方米。

江苏武进出口加工区位于武进高新技术产业开发区，东至凤林路、南至武进大道、西至淹城路、北至阳湖路。地理条件优越，交通便捷，紧邻沿江高速和建设中的常泰高速，上海虹桥、浦东机场，上海港口及南京禄口机场均在1~2小时车程范围内。

2011年，江苏武进出口加工区各企业产品市场需求量持续放大，企业经营良好。截至当年底，江苏武进出口加工区进区工业项目总投资46 280万美元，其中注册外资22 598万美元，实际到账外资21 480万美元。区内全年企业工业总产值374 645万元人民币，区内实际进出口额44 588万美元，境内区外211 800万美元，进出区货物量总计9.6万吨，报关单量累计27 889票，海关税收及代征税8 550万元人民币。

江苏武进出口加工区以IT及光电子产业为主导，初步形成了LED上下游产业链。未来，武进出口加工区将根据区内发展规划和产业定位，按照区内企业发展的需求，充分考虑区内用工规模，以及企业物流规模，对区外产业配套区、满足区内用工需求的商贸服务区及公用物流平台建设进行科学规划；通过公共物流平台建设，为企业提高物流效率，降低生产成本；通过便利中心为区内工作人员提供完善的生活服务，解决区内工作人员生活中的实际问题。江苏武进出口加工区将坚持以大企业为龙头，延长上下游产业链条，引导研发、维修、检测型企业入区，吸引相关配套企业在周边落户，切实把出口加工区建设成加工贸易转型升级的先行区、示范区。

江苏武进出口加工区管理局配合武进高新区招商局进行招商活动，由投资服务处具体负责。

联系人：李海标　　联系电话：0519-86221205　　传真：0519-86221200

细分整合　定制未来

您需要怎样的安防综合解决方案提供商？

　　海康威视是业内领先的端到端安防产品及行业解决方案供应商，依托自主核心技术和可持续研发能力及完善的服务体系，为全球用户提供最具创新价值的综合安防产品、个性化的行业解决方案与优质的专业服务。

- 技术领先：拥有10余项核心领先技术（如全球领先的ISP技术、物联网技术、云计算技术等）
- 产品齐备：提供从视频采集、编码、传输、存储、控制、解码输出、报警、中心管理平台软件，直至大屏显示的全线安防产品
- 经典应用：已经为平安城市、司法、智能交通、电讯、金融、电力、文教、智能建筑、连锁零售等众多行业安防应用提供解决方案和细分产品
  为全球第一大平安城市项目（重庆平安城市）提供整体解决方案
  为全球第一大单体高清监控项目（上海浦东城市监控项目）提供高清监控方案
  为2008奥运会、2010世博会、2010亚运会提供主要的监控系统
- 我们在成长：DVR全球市场占有率第1、CCTV和视频监控市场占有率第1（据IMS 2012排名）
  2000多人的研发团队，全球安防行业最大的研发团队之一
  营销服务网络覆盖全球，中国33个分公司，海外6个子公司

股票代码：002415　　客服热线：400-700-5998　　网　址：www.hikvision.com

分　公　司：北京、长沙、成都、重庆、福州、广州、贵阳、杭州、合肥、哈尔滨、济南、昆明、兰州、南昌、
南京、南宁、青岛、上海、沈阳、深圳、石家庄、太原、天津、武汉、乌鲁木齐、西安、郑州……

科技呵护未来
First Choice for Security Professionals

武汉东西湖保税经济区

2011年，武汉东西湖保税物流中心成为中国最具投资价值的物流园区，同时被评为湖北省现代物流省级示范园区。

园区经济快速发展，经济结构不断调整

2011年，园区实际纳税企业258家，同比2010年174家增长48.3%；全口径财政收入实现2亿元，同比增长22%；地方可支配财政收入实现4 650万元，同比增长27.5%；规模以上工业总产值实现7.68亿元，同比增长38.4%；固定资产投资实现8.58亿元，同比增长33%；实际利用内资42 120万元，实际利用外资428万美元；出口创汇530万美元，社会消费品限上零售总额实现10亿元。在经济总量增长的同时，经济结构不断调整，第三产业所占比重由2010年的10%提升到24.5%，先进制造业和现代物流业进一步发展壮大，高科技企业、电子商务企业快速发展。

中心通关量持续增长，稳居全国前列

今年为了提高服务能力、拓展市场，我们在中心内新引进了越洋国际、济阳鸿通等国际货代企业，使在中心内注册的企业达到10家，形成了中心内各企业自觉扩展业务范围，不断改善自身服务的良好局面。中心通关量持续快速增长。

保税物流中心2011年进出口业务达17 808票，同比增长50%；货运量150 398吨，同比增长36.4%；总货值22.6亿美元，同比增长22.2%；征收税款3.73亿元人民币，稳居全国保税物流中心前列。

紧抓国家级开发区获批契机，加大招商引资力度

2011年，园区紧紧抓住武汉吴家山经济技术开发区获批国家级的契机，全面加大了招商引资力度，新引进过亿元产业项目10个，预计实现投资总额过百亿元，建成投产后可形成约16亿元税收。其中，苏宁电器集团投资62亿元，建设苏宁家电工业园、苏宁易购和配送中心，投产后每年将实现300亿产值和100亿物流收入；湖北能源投资12亿元，利用园区仓库屋顶建设光伏发电项目，将是湖北省装机容量最大的光伏发电项目；引进顺丰速运集团在园区建设全国公路集散中心及华中区域总部，进一步丰富园区物流企业类型，提高园区物流服务能力；武汉嘉华新地物流有限公司将征地76亩，进行二期项目建设，为国际知名电子商务企业卓越亚马逊服务，项目运营后年营业额将达20亿元。

保税物流中心还整合法国阿基坦大区红酒项目，厦门优传、湖北糖酒、格睿思等进口红酒经营企业，充分利用中心的展示和配送功能，打造华中地区最大的进口酒类交易平台。2011年进口红酒交易已经突破10万瓶。

THERMOS
QUALITY SINCE 1904

有温度 有绿色 爱环保

一个保温杯
一种贴心的温度
一个健康的习惯
一种乐活的生活态度
滴滴环保，从小开始

膳魔师（中国）家庭制品有限公司
Thermos (China) Housewares Co. Ltd.

膳魔师（中国）家庭制品有限公司 Thermos (China) Housewares Co. Ltd. (简称TCC)，系享誉国际已百年之全球最大知名高真空系列产品品牌THERMOS家族的一员，为THERMOS集团全球最大的生产基地，现已达到年生产高真空系列产品1000万支以上并出口营销世界各地。公司于1995年由港日合资进入中国市场，投资总额达3668万美元，注册资金1610万美元。公司占地面积150多亩，建筑面积59580平方米。经过几年的耕耘，各分公司及办事处也遍布全国各省市，包括北京、上海、广州、深圳、成都5个分公司，以及南京、重庆、武汉、昆山、沈阳、天津6个办事处，近几年来销售额均以数倍跨级成长。

公司本着"强化'世界第一的保温容器'生产工厂、销售公司"的经营理念和"纪律爱心、服务忠恕、成熟超越、洞烛先机"的企业文化，以最高的品质和技术提供商品，追求最高的顾客满足和服务。优先取得市场需求为创造价值而贡献并取得信赖，与顾客共同成长。

膳魔师（中国）家庭制品有限公司企业管理的重点是品质管理体制的强化。工厂有近百名品质管理人员实行24小时的品质监控管理，确保产品的最高品质。膳魔师（中国）家庭制品有限公司产品主要有高真空不锈钢保温杯、保温瓶、保温壶、保温罐、焖烧锅等高品质保温系列产品，以及以高TCC科技太空技术研发的各式复合金炒菜锅、汤锅锅具系列等家庭厨房系列用品。锅具全系列均匀采用高级进口航天科技用原料及先进的高科技工艺技术制造，并针对中国人对锅具的使用习惯进行设计开发，满足中国人对厨具的要求及需要。膳魔师(中国)家庭制品有限公司致力于对厨房用品系列全方位的开发，秉持着节省能源、省时方便、安全性高、美观耐用，更符合现代环保概念。相信我们的产品能带给您更美味、便利、有趣的高品质生活。发展至今，膳魔师产品已进入全球家庭生活的各个方面，涵盖包括保温杯、午餐盒、真空焖烧锅、五层复合金锅具、冰炫瓶、焖烧罐、保温茶壶等全系列产品，膳魔师最大的魅力是留住温暖，传递简单而悠长的幸福滋味。它百年来影响着人们的生活，在新的历史阶段，更赋予了新的生活理念和生活方式，融合了时尚、多彩、年轻、酷劲十足等众多元素，时尚感与功能性完美结合，引领健康生活新风潮。

THERMOS膳魔师品牌从1904年迄今已享誉国际百年，2007年膳魔师商标被

司法判决认定为中国驰名商标。公司获得的其他荣誉还有：先后被美国消费者协会评为"最受欢迎的品牌及最畅销产品"，台湾消费者文教基金会评定为最佳及最畅销产品，昆山市"最佳投资企业、最佳外资贡献企业、最佳外商投资企业"，2004年被市人民政府确认为"2004~2005昆山市免检外商投资企业"……

THERMOS集团于1980年率先研发出高真空不锈钢保温瓶，并于1981年正式生产销售。1991年THERMOS集团在世界上首先确立了不锈钢保温瓶的一贯生产体系，工具备金属冲压、焊接、抽真空、研磨加工、塑胶射出成型加工、组装等工艺技术。目前THERMOS集团已成为全世界最大专业高真空不锈钢家庭用品系列制造及销售集团。产销售量独占全球的46%以上，一贯雄居世界第一。

100多年来，"THERMOS"一步步刻下了保温瓶的历史，它的自身也经历了几变迁，规模不断扩大，品质不断提升，全体员工全心全意投注于生产技术的培训与成，并逐年派遣技术人员赴海外各集团公司培训。目前，THERMOS集团在世界各地有21个制造及销售厂商，分公司和分销处遍布世界超过140个国家。膳魔师（中国）不在保温瓶的制造与开发延续着"THERMOS"优秀的表现，并且在锅具及厨房用品界露光芒，在中国甚至全亚洲的市场上展开了一场厨房的革命。膳魔师在发展的过程中终坚持最高质量产品的开发与制造，每年都提拨巨额资金作为新产品研发之经费，膳魔师每年更积极投入60种以上的新产品于开发研究中，不懈地努力使产品不断更新使膳魔师在市场激烈的竞争中始终位于领导地位。

百乐贸易（深圳）有限公司

百乐成立于1918年，至今已有90多年的历史。

PILOT(百乐)是日本及全球知名度书写工具品牌之一，产品包括金笔/钢笔、圆珠笔、水性笔、啫喱笔、自动铅笔、记号笔、涂改笔等各类办公用品。凭借先进的制造工艺、严格的管理制度和不断创新的设计理念，让PILOT（百乐）公司对消费者的承诺"书写流畅、色彩鲜艳、高品质"的特性完全兑现。

公司旗下的重要品牌商标及产品

该商标应用于　百乐贸易（深圳）有限公司批准设计和制作的报刊杂志、广告、媒体等方面

该商标应用于　摩磨擦(FRIXION)系列产品

该商标应用于　HI-TEC-C（超细钢珠笔）系列和COLETO系列产品

该商标应用于　Hi-tepoint V5RT系列

地址:中国广东省深圳市罗湖区人民南路3005号深房广场B座4402室
邮编:518001
电话:0755-8223-3005　　　　　　　　传真:0755-8223-0614
E-mail:info@pilotpen.com.cn

www.pilotpen.com.cn

广州中船龙穴造船有限公司
CSSC GUANGZHOU LONGXUE SHIPBUILDING CO., LTD.

广州中船龙穴造船有限公司是中国三大造船基地之一的龙穴造船基地的核心企业，是目前我国在华南地区最大的现代化大型船舶总装骨干企业，由中国船舶工业集团公司、宝钢集团有限公司、中国海运（集团）总公司等3家中央特大型企业集团合资经营。公司位于广州市南沙区龙穴岛，离广州市区约70公里，毗邻香港和澳门，地理位置得天独厚。公司占地面积253万平方米，拥有大型船坞2座、泊位4个、600吨龙门吊4台。公司采用先进的工艺流程和设备，规划设计年造船能力达350万载重吨。

公司的建成投产，对于促进广东地区产业结构优化升级、完善我国船舶工业产业布局和使我国成为造船大国、强国具有重大意义。

公司的产品定位为超大型油轮（VLCC）、苏伊士型油轮、阿芙拉型油轮、巴拿马型油轮，超大型矿砂船（VLOC），超好望角型和好望角型散货船、超巴拿马型及巴拿马型散货船，大型集装箱船，高新技术船舶（如LNG）等民用船舶。

公司以打造世界造船企业之星为愿景；以为世界主干航线的主流船东提供一流的大型船舶，成为世界主干航线航运企业的最佳合作伙伴和船舶供应商为使命；秉承诚信造船、平安造船、绿色造船、精益造船的经营管理理念，全力打造"机构精简、管理高效、流程合理、设备先进、员工忠诚、效益领先"的世界一流的现代化造船企业。

http://www.csscgls.com

32万载重吨超大型油轮

30.8万载重吨超大型油轮

23万载重吨矿砂船

11.5万载重吨阿芙拉型原油船

8.2万载重吨散货船

7.6万载重吨成品油/原油船

天津海关

过去的2011年,天津海关按照海关总署党组要求,认真履责、锐意进取,在凝聚人心和集聚信心基础上求真务实、踏实干事。一年来,全关紧紧围绕"脚踏实地,真抓实干,全面提升规范化管理水平"的工作主题,一步一个脚印坚实前行,海关监管更加有效,规范化管理水平显著提升,各项工作平稳有序、健康发展,以"实"为核心的工作主题得到落实。

实际监管明显加强。全年共接受并审核进出口报关单265.9万份,监管货运量1.7亿吨,货运值1 972.5亿美元,分别增长1.5%、4.6%和20.3%。出口分类通关改革试点全部实施。监管场所验收合格率达到94%,超过总署下达的目标要求。以"信息围网"监管手段覆盖关区各类海关特殊监管区域的目标全面实现。成功举办保税放弃货物首场网络拍卖,成交率100%,成交价格增值率达441%。"三查合一"改革稳步推进,风险布控率、布控有效率、处置有效率均达到目标要求。同时,改革风险管理工作机制,风险分析及防控中心建设稳步推进;成立天津海关复查复验小分队,实际监管能力和威慑力进一步增强。

税收征管量质齐升。实现税收总量1 926.39亿元,实征税收1 684.51亿元,转出税收241.87亿元,分别增长17.12%、18.26%和9.77%,3项指标继续保持全国海关第二位。税收核销率达到0.98,归类正确率达到95%,一般贸易和重点大宗商品价格水平均保持在最优区间。规范申报水平大幅提升,网上支付比例提升到44.51%,超过全国同期平均水平。

打击走私战果丰硕。全年侦办刑事案件85起,查办行政案件3 941起,行政案件立案数量创2002年打私职能调整以来历史新高。成功侦办案值亿元以上大案3起,其中"雷霆2011"缉私行动和"5·10"专案,被列为总署缉私局一级挂牌督办案件。破获走私毒品案件8起,走私武器、弹药案件11起,首次查获邮递渠道走私大麻案件,查缉非涉税案件实现历史性突破。

促进发展成效显著。通关效率始终保持较高水平,进出口货物24小时放行率评价均为满分。出台《支持天津市重大项目实施方案》,支持重大项目建设22个,备案用汇额度4.22亿美元。保护68个国内外知名商标专用权,成功办结海关系统迄今最大的进口侵犯知识产权案件,得到总署领导肯定。东疆保税港区转口汽车保税仓储、飞机融资租赁和综合保税区飞机发动机短舱维修等新型保税贸易业务稳步发展。黄兴国市长对天津海关支持地方经济发展作出批示:"海关服务经济,为国把关工作做得好"。

成功推动署市合作。在张高丽书记的见证下,于广洲署长和黄兴国市长共同签署了"署市合作备忘录",从9个方面强化海关与地方的合作,支持天津地方经济发展取得了新的积极进展。

文化建设繁荣发展,取得良好社会效应。过去一年,天津海关还隆重举办了天津设立海关150周年纪念会,使社会各界了解到天津海关的丰厚历史底蕴和卓越时代贡献,感受到百年潮涌的沧桑巨变和雄关风范,提升了社会影响力,成为天津海关发展史上的绚烂一页。我们还面向社会举办天津设立海关150年文史展览,充分展示出天津海关在天津600余年历史进程中的重要地位和光辉业绩,参观者达到10万余人。成功举办"情定津关"集体婚礼,多家新闻媒体进行了现场直播和新闻报道,充分展示了天津海关的良好形象,增强了关员的职业荣誉感和自豪感。

2012年,是党和国家继往开来的一年,是全国海关践行"四好"总体要求、改进监管和服务的关键之年,也是天津海关巩固成果、奋力进取的重要一年。今年天津海关将加强实际监管为着力点,紧固链条、提高效能,切实把好国门,继续做好税收和打击走私等各项工作,为经济持续健康发展保驾护航。今年将以推进署市合作为着力点,认真落实海关总署与天津市政府签署的"署市合作备忘录"。同时,今年也是中华文化大发展的一年,天津海关将以弘扬海关文化为着力点,大力开展清新高雅、喜闻乐见,润物无声的文化活动,形成天津海关文化特色,营造天津海关人共同的精神家园。

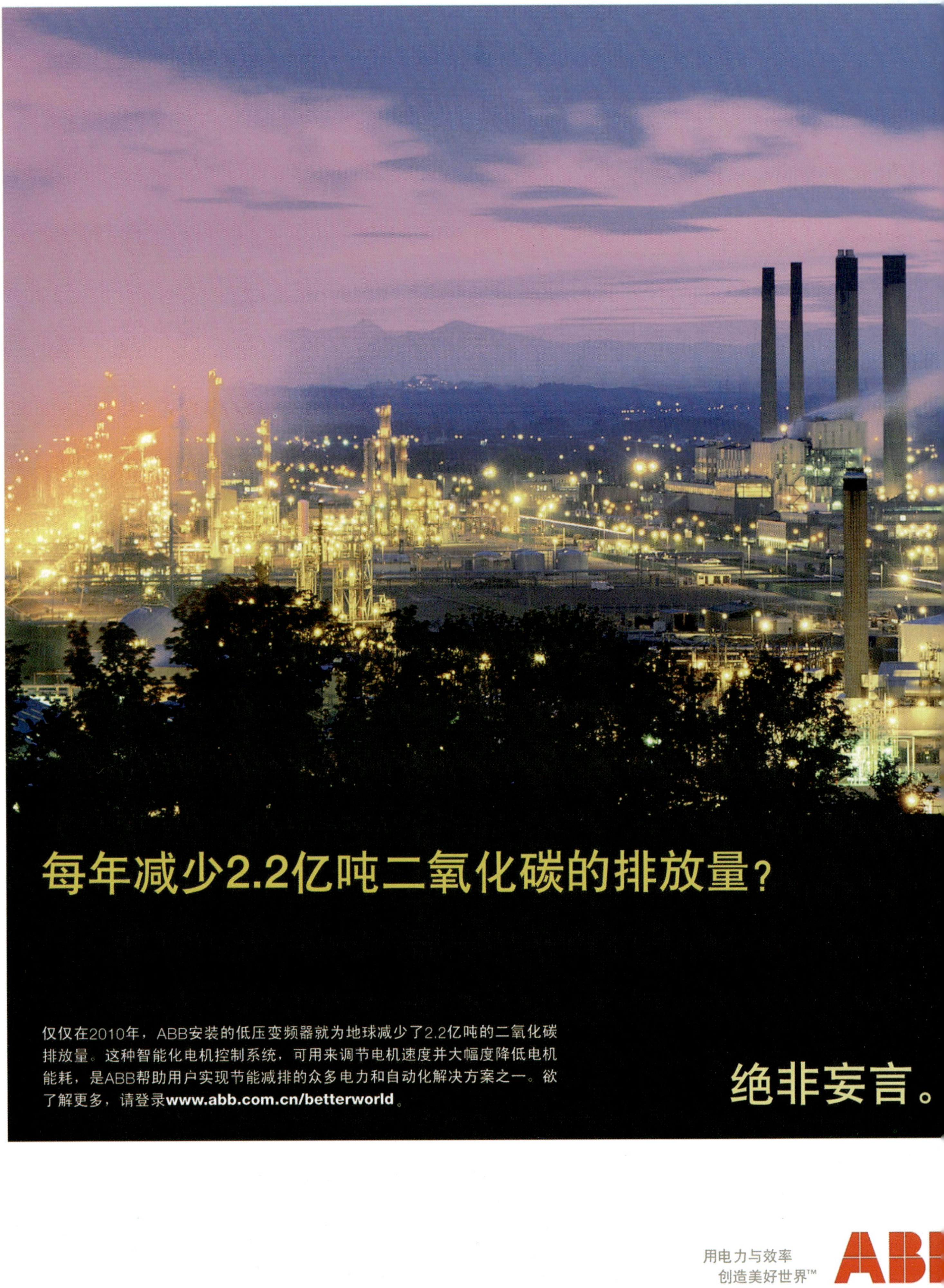
每年减少2.2亿吨二氧化碳的排放量？
仅仅在2010年，ABB安装的低压变频器就为地球减少了2.2亿吨的二氧化碳排放量。这种智能化电机控制系统，可用来调节电机速度并大幅度降低电机能耗，是ABB帮助用户实现节能减排的众多电力和自动化解决方案之一。欲了解更多，请登录www.abb.com.cn/betterworld。
绝非妄言。
用电力与效率
创造美好世界™
ABB

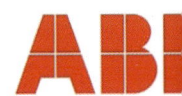

叶水福集团

Where Supplychain Connects™
Going Where You Want To Be™

叶水福集团(YCH GROUP)是新加坡注册的一家知名跨国物流供应链管理公司,已经有50多年的历史,主要为跨国企业提供物流方案设计和度身定制的物流服务。目前业务遍及全球,主要客户群为电子、化工机械、消费零售业三大行业,客户包括戴尔、摩托罗拉、Solerctron、东芝、佳能、Ciba、Dystar、Fonterra、LVMH和Danone等。

YCH作为提供供应链整合管理解决方案和服务的合作商,在亚太地区拓展网络并不断地向外延伸以满足其遍布全球的供应链合作伙伴的需求。YCH致力于追求供应链解决方案和服务水平的提高,保持和扩大与我们合作伙伴的业务范围和市场的领导地位。YCH的未来计划是实现全球领导地位的供应链管理,YCH在亚太许多国家,如新加坡、中国、马来西亚、泰国、印度尼西亚、菲律宾、韩国、日本、澳大利亚、印度等已建立起广泛的网路联系。

YCH拥有自主知识产权,核心产品及服务多次获得国际及新加坡奖励,覆盖供应链管理全过程,包括原材料采购供应链管理系统Intribution,成品配送管理系统Intrabution,回分及逆向物流管理系统Retrogistics。YCH为世界500强企业提供全程供应链管理服务。

天涯海角与您共进!
获取更多信息,欢迎访问 http://www.ych.com

上海索广映像有限公司

上海索广映像有限公司(简称索广映像,英文简称SSV)成立于1995年12月,是由索尼(中国)有限公司与上海仪电控股(集团)公司合资设立的索尼牌视像产品制造企业。公司总投资为4.1029亿美元,注册资金1.0258亿美元。公司位于浦东新区金桥工业区南区,占地面积106 208平方米。

索广映像以索尼先进产品技术和管理技术为支撑,产品深受广大消费者青睐。索广映像专业制造"BRAVIA 博大晶深"液晶彩色电视机,其产品具有 1920×1080 全高清分辨率、3D 立体和 Edge LED 背光,以及 DLNA 家庭娱乐网络,WiFi Ready,XMB 跨界导航菜单,采用 RGB 传感器可以依据周围环境自动调整整机的颜色和亮度。在专业用视像类产品领域,索广映像从事液晶前投影机、网络摄像机、电视会议系统等网络和计算机外部设备的制造。实现从投影核心部件光机到整体一体化生产。2011 年顺利导入 FTV 新产品 4 个系列 13 个机种,PSG 新产品 5 个系列 13 个机种。至 2011 年,已导入液晶彩色电视机及专业视像类产品达 256 个型号。与此同时,自主设计完成投影机总装生产线;自主完成生产工装夹具设计。公司承担的 2010 年上海市重点技术改造专项资金计划"高清 3D 液晶显示终端及关键部件产业化项目"通过了项目验收。

江苏省大丰市口岸管理委员会

江苏省大丰市口岸管理委员会成立于2004年4月9日。在2004年至2006年间，肩负大丰港申报国家一类口岸重任，克服重重困难，终于于2006年6月13日得到国务院下发的《国务院关于同意江苏大丰港口岸对外开放的批复》（国函[2006]50号），将大丰港一类口岸申报成功。2007年7月30日,大丰港口岸一次性通过国家验收组的正式验收，同年9月20日正式对外开放。2010年8月6日，大丰港二期码头1个5万吨级（兼靠7万吨级）和1个2万吨级（兼靠4万吨级）散杂货泊位通过了江苏省相关部门组织的正式验收，省政府8月24日发文同意大丰港二期码头正式对外开放（苏政复[2010]59号）。

张锦生主任

大丰港一类口岸目前已开通至韩国仁川港、釜山港，日本门司港和经上海至欧美等国家和地区的国际集装箱班轮航线，至日本、俄罗斯杂货航线，以及至大连、天津、秦皇岛、青岛等散杂货航线。一类口岸正式对外开放以来，运营态势良好，日本、俄罗斯、韩国和国内等地的汽车零配件、卷钢、木材、金属材料、食品、建材、粮食等货物纷纷运抵大丰港。2009年，大丰港完成货物吞吐总量超过200万吨，实现关税3.2992亿元人民币；2010年，盐城海关驻大丰港办事处征收税款突破10亿元人民币，货运总量突破500万吨。

在江苏沿海地区发展上升为国家战略和长三角地区区域规划正式实施的大好形势下，大丰市口岸管理委员会将继续秉承和发扬"大气、包容、创新、争先"的大丰精神，认真履行"综合管理、协调服务"职能，为早日实现建成江苏沿海亿吨大港的宏伟目标做出更大的贡献！

盐城大丰海事处

盐城海关驻大丰港办事处

盐城出入境检验检疫局大丰港办事处

盐城边防检查站

地址：大丰港经济区中央大道1号　　邮编：224145　　电话：0515-83555129　　传真：0515-83555280

江苏昆山综合保税区

一、区域发展历程

昆山综合保税区是在原有昆山出口加工区的基础上整合转型而来。1994年，在中国特色社会主义市场经济的实践中，境内关外的"出口加工区"尚是一个空白。外向型经济发展迅猛的昆山经济技术开发区开始了对境内关外的"出口加工区"概念的探索思考。台湾省于1966年12月3日在高雄市设立了世界上第一个加工出口区，不少在昆台商已经习惯了加工出口区的运作模式。为了满足台商的需求，昆山经济技术开发区对位于台湾省的楠梓出口加工区进行了详细的调研考察。

1997年，亚洲金融危机逼近实业界，敏锐的昆山经济技术开发区第一个向国务院提出设立出口加工区的想法。2000年4月27日，国务院批准设立含昆山在内的首批15家出口加工区；9月，昆山出口加工区通过八部委联合验收；10月8日，昆山出口加工区正式封关运作，规划面积2.86平方公里，成为中国首家封关运作的出口加工区。2006年12月26日，国务院批准昆山出口加工区拓展保税物流功能及开展研发、检测、维修业务试点。2007年1月起，昆山出口加工区作为全国7个试点单位之一，积极探索保税物流园的开发和建设。

2009年12月20日，国务院批准在昆山出口加工区基础上设立昆山综合保税区，规划面积5.86平方公里。2010年6月30日，昆山综合保税区（一期）2.86平方公里正式通过国家验收并挂牌运作。

二、区域经济发展

截至2011年6月，累计引进注册项目149家，项目总投资22.2亿美元，注册资本10.9亿美元，投资强度达70万美元每亩。累计完成工业产值11 726亿元，进出口2 492亿美元，其中出口1 653亿美元，实现工商税收33.8亿元。区内从业人员超13万。

2010年，实现进出口总额534亿美元，同比增长27.8%，其中出口371亿美元，同比增长25.1%，进口163亿美元，同比增长34.6%；实现工业总产值2 881亿元，同比增长29.1%；实现保税物流出入库金额660亿美元，同比增长53.7%。去年，区内共生产笔记本电脑7 075万台、数码相机1 554万台、导航仪/手机420万台，三大产值为2 531.8亿元，占综保区工业总产值的87.9%；保税物流企业营业收入为5.5亿元，占服务业企业营收的85.2%。

2011年1～6月，实现进出口总额244亿美元，其中出口162亿美元，进口82亿美元；实现工业总产值1 310亿元；实现保税物流出入库金额387亿美元。服务业营业收入为5.2亿元，其中保税物流企业营业收入为2.9亿元。

三、区域投资环境

硬环境：昆山综合保税区位于沪宁高速公路昆山出入口处，东距上海市中心50公里，西邻苏州35公里，距虹桥国际机场45公里，距上海港货运码头60公里。京沪铁路、312国道、机场路在综合保税区旁侧穿越而过，交通运输便利快捷。区内各项工作、生活配套设施完善，拥有完整的电子信息产业链。

软环境：昆山综合保税区有一条务实高效、与时俱进的行政服务链。这条服务链理念新、流程优、内容实、协同强、成效高，逐步形成了符合国际准则、具有国际水平、适应国际环境的具有综保区鲜明特征的行政服务体系和行政服务环境，区域实行全封闭、7×24小时通关，提供一流的物业出租、商务、人力资源、金融、后勤保障等服务，为广大客商提供了高效、优质、贴心的服务。

四、区域产业布局

昆山综合保税区未来主要将发展以下七大功能：

1．保税加工。继续鼓励发展电子信息、光电、精密机械三大产业，建成产业链完整、供应链融合、售后服务配套，在全球最具竞争优势的电子信息产业制造基地拓展新材料、新能源等新兴产业，建成在国内具有领先水平的新兴产业制造基地。

2．保税物流。继续鼓励发展保税仓储物流、分拨配送物流、供应链管理物流，建成现代物流体系的重要功能载体，形成服务昆山辐射华东的保税物流基地，形成电子产品重要零部件的供应分拨中心、电子产品销售分拨中心、进口商品内销分拨中心、电子产品全球维修材料分拨配送中心。

3．货物贸易。鼓励大型企业的销售总部、运营总部和各类内外贸公司发展，重点鼓励各类贸易公司开展进口商品国内分销业务发展，成为连接国际、国内两个市场进出口商品交易基地。建立国际国内贸易的联动机制，在区内吸引贸易公司的同时，吸引大量的贸易公司注册在开发区内，将内销的开票收入在开发区发生，使贸易增值留在昆山。

4．服务贸易。鼓励售后服务中心、运行支援中心、信息技术服务中心、全球维修中心、检测中心等开展业务，形成为制造业、贸易业、展览展示业提供全方位服务的服务贸易实验平台。

5．展览展示。鼓励展览展示企业、贸易企业选择适合华东产业需求和生活消费市场需求的商品，进行集中展览展示，通过展览展示促进商品交易，形成若干专业进出口商品展示交易平台。

6．研发。鼓励设计研发机构发展。促进企业自主设计研发、自创技术、自创品牌，形成设计+研发+制造的模式，成为引进、消化、吸收再研发创新的实验平台。

7．口岸服务。鼓励报关、报检、货代、口岸信息服务等企业发展，吸引更多为进出口业务和口岸提供服务的企业集中发展，形成口岸服务经济产业链，成为功能齐全、服务配套、简便快速通关的口岸服务平台。

五、区域发展趋势

昆山综合保税区自批准设立以来，昆山开发区工委、管委会按照省委、省政府要求，全力打造国内功能最齐全、政策最优惠、监管最简便、通关最快捷、经济运行最接近国际惯例的特殊经济区域，将不断发挥其功能优势、产业优势、政策优势，做强现代制造业、做大货物贸易业、做优现代物流业、做精服务贸易业，着力打造"三大基地、三大平台"。三大基地为：电子信息产业全球主要加工制造基地，服务昆山辐射华东的保税物流基地，连接国际、国内两个市场的进出口商品交易基地。三大平台为：引进、消化、吸收再创新的研发实验平台，对制造业、贸易业提供全方位服务的服务贸易平台，简便、快速通关的口岸服务平台。

未来五年我们的目标是要把昆山综合保税区建成国内领先、世界一流的综合保税区，建成全球IT产业的重要研发、生产、分拨和营销中心，建成全国加工贸易转型升级的示范区、现代物流业的样板区，以及提升国际竞争力的先导区。

CKS 粤兴机电工程（中山）有限公司

粤兴机电工程（中山）有限公司坐落在珠江三角洲中部的中山市火炬高技术开发区，是香港珠江集团船厂有限公司的全资子公司，总投资近2 000万元人民币，拥有10 000平方米的厂区。

多年来，公司致力于MTU，MWM船用、陆用、车用发动机和发电机组,ZF、REINTJES齿轮箱，MJP及KAMEWA船用喷水推进器的专业维修及零配件供应。公司除承接本公司代理的高速客轮的维修工程外，也对外承接其他船只的维修工程，主要有国内海关船艇、公边船艇、客渡轮、海军等船舶的发动机、波箱、发电机组、空调等设备的维修和安装，以及陆用动力发电设备维修保养等。

以人为本，技术为先。公司经过多年技术积累，已经拥有20多名持有上述设备维修资格证书的工程师及技师，且大部分技师从事MTU机器维修经验均达15年以上。 公司具有MTU W6级认可指定维修工场资格及海关总署认可MTU主机维修网点资格，近年来完成MTU主机W5级及以上修理工程超过160台次。

地址：广东省中山市火炬高技术产业开发区集中新建区十涌路
电话：0760-8829 3800
传真：0760-8828 7866

河南省

河南省口岸工作综述

【口岸运行数据】2011年,河南省外贸进出口总值1 261 862万美元,同比增长135%,其中进口994 552万美元,出口267 310万美元,同比分别增加140.5%和117.5%;外贸进出口货物量为1 026万吨,同比增长19%,其中进口984万吨,同比增长20%;出口42万吨,同比减少2%。河南省航空一类口岸验放出入境人员共计308 058人次(出境157 223人次,入境150 835人次),同比增长27.04%。其中,验放出入境旅客287 657人次,同比增长26.81%;验放出入境员工20 401人次,同比增长30.4%。验放出入境飞机2 524架次(出境1 172架次,入境1 352架次),同比增长33.33%。郑州东站铁路一类口岸集装箱吞吐量为4.83万标箱(进口2.38万标箱,出口2.45万标箱),同比增长15%。

【口岸开放】2011年11月4日,郑州新郑综合保税区封关运行,标志着河南省外向型经济进入"综合保税区时代"。海关总署署长于广洲,河南省省长郭庚茂,国家质检总局副局长魏传忠,河南省委常委、副省长史济春,河南省副省长赵建才等有关领导出席了封关仪式。郑州新郑综合保税区于2010年10月24日获国务院批准设立。2011年8月3日,通过国家联合验收组的正式验收。在历经3个月严谨的系统调试之后,于11月4日正式封关运行。河南省保税物流中心于2010年1月7日获国务院批准设立,2010年12月8日通过国家联合验收组的正式验收,2011年5月11日正式封关运行。截至12月底,已经进区项目主要是富士康科技集团SHZBG、IDPBG两大事业群,主要从事手机零组件、手机整机生产。富士康科技集团在综合保税区内已建成手机整机维修线4条,手机整机组装线40条,合计44条,日产达26万部,累计出口手机2 000万部,货值60亿美元;累计进出口总额155亿多美元。现已确定进驻富士康配套厂商60多家,区内员工总数约11万人。河南省目前已有综合保税区、出口加工区、保税物流中心各1个,在中部地区是海关特殊监管区域和保税监管场所较为齐全的省份。综合保税区、出口加工区、保税物流中心,这些作为海关特殊监管区域的开放平台齐聚中原,有效地促进河南省内陆地区开放型经济发展,将中原地区的开放程度提升到内陆的前沿。

【航空口岸发展】2011年,河南省郑州和洛阳两个航空一类口岸验放出入境人员共计308 058人次,同比增长27.04%。出入境总人数分类如下:中国因公出入境3 465人次,同比增长89.76%;中国因私出入境155 643人次,同比增长50.08%;港澳地区居民出入境22 506人次,同比增长89.07%;台湾地区居民出入境58 233人次,同比增长21.64%;外国旅客出入境47 990人次,同比减少13.59%。出入境员工20 401人次,同比增长30.4%。2011年验放出入境飞机2 524架次。在出入境航班中,中国香港航班752架次,同比增长0.69%;韩国航班450架次,同比减少9.46%;中国台湾航班804架次,同比增长91.89%;货运包机415架次,同比增长118.42%;公务机35架次;其他临时包机或调机68架次。其中,洛阳航空口岸查验出入境旅客1 780人次,查验出入境飞机20架次(香港航班)。2011年7月15日新增郑州至卢森堡货运航班。国务院《关于支持河南省加快中原经济区建设指导意见》的出台,为河南省的经济发展插上了翅膀。随着郑州机场建设步伐的加快,将进一步促进河南省与世界各地的交往,国际货运业务和商务出入境人员会越来越多。

【郑州出口加工区建设】 2011年,郑州出口加工区实现进出口14.5亿美元,同比增长258%。其中,进口9.4亿美元;出口(含深加工结转)5.1亿美元,同比增长105%,完成市政府下达目标任务的169%。实现工业总产值28亿元,同比增长153%;工业增加值7.6亿元,同比增长149%。固定资产投资约12亿元,其中基础设施投资0.32亿元,企业固定资产投资11.7亿元;合同利用外资0.19亿美元,实际利用外资2.12亿美元。引进项目10个,项目总投资10亿元人民币,以项目带动产业发展的作用突显:投资3亿元、占地50亩的中外运空运郑州物流中心项目落地,加工区在重大项目的引进上取得了新突破;锜昌科技、官田电子、优鼎材料、瞻航物流、润丰物流等富士康项目上下游配套企业纷纷入区,富士康与区内企业台钻科技实行强强合作,加工区电子信息产业集聚效应明显;科隆实业年产1 600吨新型二次电池用球形纳米级多元素活性物质项目、豫星华晶微钻年产10亿克拉微米及纳米细颗粒金刚石项目、一期投资2.2亿元的华晶精密光伏专用微米钻石线生产项目、投资5 000万元的领裕超硬材料及精密工具生产项目相继投产,标志着加工区在新兴产业发展上有了新飞跃。郑州出口加工区2011年进出口总额首次突破10亿美元大关,连续5年位列中部出口加工区第一,实现了"十二五"良好开局。

【保税物流中心建设】 2011年5月11日,河南省保税物流中心正式封关运行。河南省保税物流中心于2010年1月7日获国务院批准设立,2010年12月8日通过国家联合验收组正式验收,是郑州国际物流中心"内陆无水港"建设的重要支柱和实现河南省外向型经济跨越式发展的主要平台。河南省保税物流中心"进口保税、出口即退税"功能及区港联动"一站式"通关程序,可以真正实现内陆港与沿海港的"无缝连接",并使河南省"无水港"被赋予了保税功能,具有市场竞争优势。

【口岸查验部门简述】郑州海关 以创新监管模式为抓手,逐步提升监管效能,积极推动实施"区港联动"、"区区联动"监管模式,形成机场口岸和各海关监管区域"无缝对接",互为支撑、互相促进、联动发展的监管格局。积极采取有效措施,全力促进区域经济发展,为河南省进出口企业提供针对性的政策支持,在有效监管的前提下,最大限度地降低守法企业通关成本,提高通关效率。推动加工贸易转型升级,支持企业利用河南保税物流中心开展"国货出口复进口",进入加工贸易国内增值链。积极支持中原经济区建设,全力推动重点项目工作。以郑州新郑综合保税区建设为龙头,推动海关特殊监管区域大发展,在报批、规划、建设、验收和筹建等阶段给予全程指导,确保保税区各项建设符合国家要求。积极服务河南省邮政速递业务发展,2011年5月26日,国际邮件互换局揭牌成立,开展了与美国、日本、法国等10个国家和地区的总包直封业务,极大地提高了境外邮件的快速邮递。2011年,郑州海关监管进出口货运量1 026万吨,同比增长19%,进出口货值126亿美元,同比增长135%;监管出入境飞机2 524架次、出入境人员30.8万人次(其中洛阳出入境飞机20架次、人员1708人次);关区"两税"入库54.88亿元,同比增长19.6%,再创历史新高。郑州海关将反走私与社会综合治理、"平安建设"相结合,全面深化反走私综合治理工作。查获走私毒品案件1起,缴获毒品大麻7 173.8克;查获走私珍贵动物制品案1起,缴获豹子皮2张,价值12万余元;查获古唇鱼化石16件,胡氏贵州龙化石4件,茂名无盾龟化石1件,古钱币60余枚,立案行政案件81起,案值4 889.10万元,罚没入库1 194万元。深入开展稽查工作,稽查企业55家,核查企业45家,稽查补税867万元。关区审批A类企业112家,AA类企业32家。截至2011年年末,河南省A类企业有356家,AA类企业有63家。

河南省边防总队 坚持以服务中原经济区建设和满足服务对象的新需求为基点,创造性地开展工作,提出了"四个服务"的工作理念——"为出入境旅客提供人本服务,为河南省建设提供主动服务,为口岸航空运营提供效率服务,为旅游公司提供便捷服务",不断实践细化措施,全力落实,受到了河南省领导和出入境旅客的一致好评。2011年圆满完成了以出入境边防检查为中心的各项工作任务。郑州边防检查站和洛阳边防检查站共验放出入境人员308 058人次(出境157 223人次,入境150 835人次),同比增长27.04%;验放出入境飞机2 524架次(出境1 172架次,入境1 352架次),同比增长33.33%。其中洛阳边防检查站查验出入境旅客1 780人次,查验出入境飞机20架次。郑州、洛阳两个航空口岸查处违法违规案件11起,查获在控对象7人。

河南出入境检验检疫局 围绕"抓质量、保安全、促发展、强质检"工作方针,切实履行检验检疫职责,主动把检验检疫工作融入中原经济区建设的大格局中去筹划、去思考、去定位、去运作,积极寻求切入点和结合点,主动作为,积极作为,创新作为,切实提高检验检疫服务中原经济区建设的有效性和贡献率。食品农产品出口是推动河南省新型农业现代化的必由之路,千方百计推动河南省食品农产品出口再创历史新高。2011年,河南省出口食品农产品12.77亿美元,同比增长52.8%,直接和间接创造了250万个就业岗位。产品包括肉及肉制品等五大类,出口市场包括日本、韩国、俄罗斯等12个国家(地区)。大力推进出口食品农产品质量安全示范区建设,通过"省定、市推、县办"等方法推进示范区建设。2011年新增27家重点推进示范区,在建示范区总数达到57家,示范区数量居全国前列,其中"灵宝苹果"、"天和蔬菜"被列为全国第二批30家重点推进典型示范区。2011年全省57个出口示范区的农产品出口达到4.2亿美元,占出口总值的49.6%,出口合格率为100%,有效保障了河南省面向100多个国家和地区出口食品农产品的质量安全。示范区效应由点及面逐步放大,带动了全省质量安全水平的提升,促进了农民增收。积极推动特色优势农产品出口。组织三门峡果品出口企业到黑龙江进行出口俄罗斯水果推介活动,共签订了16 300吨水果边贸合作协议和6 000吨水果直接出口供货合同,为三门峡市果品出口开辟了新的渠道。向韩国出口活驴,实现河南马属动物首次出口。西峡香菇出口稳居全省第一大出口农产品位次,香菇出口11 731吨、货值1.88亿美元,同比分别增长147.2%和150.3%。出口木制品及木家具3 560批、货值11 733.9万美元,同比分别增长12.02%和11.56%。国外卫生注册工作取得重大突破,2011年河南省新增备案注册企业26家,备案注册企业总数达367家;新增国外卫生注册企业5家(次),对外注册企业总数达67家(次),均居中部六省首位。服务好大项目、大投资、大招商。在大招商、大项目引入国际通行合格评定模式,采取将出口通关放行时间由24小时缩短到4个小时等6项个性化服务措施。自2011年10月起,共受理富士康项目进出口货物1 388批,货值13.3亿美元,其中出口手机1 203批、428万部,货值10.2亿美元。不断深化"培育一批潜力企业、扶持一批规模企业、提升一批优势企业"的"三个一"工程举措。目前,共有281家企业被列入"三个一"工程推进计划。281家企业共新增出口产品369类(次),新增出口国家和地区320个(次)。利用普惠制为企业享受关税优惠9 400万美元。重点扶持机电产品、成套设备、高新技术产品和自主知识产权、自主品牌产品出口。利用普惠制为河南省企业出口产品减免进口国关税2.45亿美元。加强了国境卫生检疫和动植物及其产品的检验检疫工作。加强对出入境人员、交通工具及进出境动植物产品的检验检疫工作,切实维护河南省农林牧渔业生产安全。国境口岸卫生防控能力明显提高,2011年验放出入境人员30.8万人次,同比增长27.04%;验放出入境飞机2 524架次,同比增长33.33%。全省系统传染病监测体检3.03万人次,发现各种病例8 500多例,其中艾滋病5例。动植物疫病疫情检出率明显提高,共从5 000多批次进境动植物及其产品中检出有害生物90种次,其中对来自英国进境的556头种猪实施隔离检疫,组织处理检疫不合格种猪18头。铁路口岸查验入境集装箱4 300标箱,截获疫病疫情60批次;检疫查验消毒处理出入境邮件112.3万件、信件91.1万件,截获违禁物品和疫情邮件46批次,包括鱼干、肉制罐头、大米、肥料、鲜水果、鲜花、种子等。2011年1~10月份,共检出不合格进出口商品346批、货值3 162.4万美元,同比提高24.02个百分点,对外索赔1 439万美元。健全各类应急预案,迅速妥善处置各种突发事件,争取舆论宣传主动,消除引发社会负面影响和恶意炒作,争取社会各界对检验检疫的理解和支持。以加强口岸核心能力建设为目标,进一步建立健全国外疫病疫情监测网络,着力完善口岸卫生检疫体系,探索口岸传染病查验与防控新模式,提高传染病检测与预警能力。突出对关系国计民生、影响人民群众健康安全、涉及资源和环境保护等重点敏感商品的检验把关工作,严防有毒有害物质和疫病疫情传入传出。

2011年河南省口岸流量统计表

口岸类型		口岸名称	集装箱量（万标箱）				人员（万人次）				交通工具（辆、艘、架、列次）			
			出口	进口	合计	同比(%)	出境	入境	合计	同比(%)	出境	入境	合计	同比(%)
空运口岸		郑州航空口岸					15.62	15.01	30.63	+26.31	1 162	1 342		+32.28
		洛阳航空口岸					0.10	0.07	0.17		10	10	20	
		分计					15.72	15.08	30.80	+27.04	1 172	1 352	2 524	+33.33
陆运口岸	公路口岸	分计												
	铁路口岸	郑州铁路口岸	2.45	2.38	4.83	+15.00								
		分计	2.45	2.38	4.83	+15.00								
水运口岸	海港口岸	分计												
	河港口岸	分计												
合计			2.45	2.38	4.83	+15.00	15.72	15.08	30.80		1 172	1 352	2 524	+33.33
同比(%)			+7.60	+7.40	+15.00				+27.04				+33.33	

（河南省口岸工作办公室提供）

2011年郑州海关主要数据统计表

项目		2011年	同比(%)
进出口货运量 (万吨)	合计	1 026.00	+19.00
	进口	984.00	+20.00
	出口	42.00	-2.00
进出口贸易总值 (万美元)	合计	1 110 620.07	+112.13
	进口	909 548.74	+120.33
	其中:江、海运输	507 016.12	+30.51
	铁路运输	483.08	+8 816.25
	汽车运输	7 086.22	+4 630.92
	航空运输	394 931.96	+1 535.24
	邮件运输	30.83	+74.82
	其他运输	0.53	-64.99
	出口	201 071.33	+81.59
	其中:江、海运输	66 696.80	+16.99
	铁路运输	15 321.81	+8.75
	汽车运输	1 336.95	-42.55
	航空运输	117 566.77	+216.40
	邮件运输	149.00	+5.65
	其他运输		
税收 (万元)	两税合计	548 780.00	+19.60
	关税入库	58 654.00	+14.60
	进口环节税入库	490 126.00	+20.20

(郑州海关提供)

2011年河南省口岸出入境主要数据表

单位:(人员)人次;(交通工具)辆、艘、架、列次

	项目		2011年	2010年	同比(%)
出入境人员	出入境人员总数		308 058	242 487	+27.04
	入境人员		150 835	119 336	+26.40
	出境人员		157 223	123 151	+27.67
	出入境旅客		287 657	226 842	+26.81
	出入境员工		20 401	15 645	+30.40
	中国公民	小计	239 847	171 304	+40.01
		内地居民(因公)	3 465	1 826	+89.76
		内地居民(因私)	155 643	103 705	+50.08
		港澳居民	22 506	17 901	+25.72
		台湾同胞	58 233	47 872	+21.64
	外籍人员		47 990	55 538	-13.59
	从海港出入境人数				
	从陆港出入境人数				
	从空港出入境人数		308 058	242 487	+27.04
交通运输工具	总计				
	船舶				
	飞机		2 524	1 893	+33.33
	火车				
	机动车辆				

(河南省公安边防总队提供)

2011年河南省出入境检验检疫业务统计表

项目	货物检验检疫				交通工具			集装箱（标箱）		发现动植物疫情		货物通关		出入境人员查验（人次）	健康检查及预防接种（人次）			
	批次	金额（万美元）	检验检疫不合格		船舶（艘）	飞机（架）	火车（节）	合计	检出问题	种类数	种次	批次	金额（万美元）		健康检查	艾滋病监测	发现病例	预防接种
			批次	金额（万美元）														
本年累计	86 105	1 277 276.77	346	3 162.44		2 514		15 330	145	41	177	11 480	32 066	306 037	28 456	28 257	8 269	42 923
其中 出境	75 030	1 006 382.07	142	624.39		1 168		2 156				5 622	18 526	155 957	26 545			
其中 入境	11 075	270 894.71	204	2 538.05		1 346		13 174	145	41	177	5 858	13 540	150 080	1911			
与上年同比（%）	+26.02	+182.13	-13.93	+35.71		+32		+11.5	+78.8	+5.1	+78.8	+21.8	+59.1	+26.2	+1.14	+5.17	-3.5	-1.37
其中 出境	+28.98	+202.22	+20.34	+6.35		+34		+36.29				+28.9	+32.3	+26.4	+0.15			
其中 入境	+9.08	+126.24	+28.17	+45.6		+30		+7.89	+78.8	+5.1	+78.8	+15.8	+119.9	+25.8	+17.38			

（河南出入境检验检疫局提供）

河南省口岸大事记

3月31日

中国国民党副主席蒋孝严代表团一行4人从郑州机场口岸入境。

4月10日

全国政协副主席何厚铧从郑州机场口岸入境。

4月26日

河南省人民政府口岸办公室与青岛市人民政府口岸办公室在郑州签订了《关于促进口岸物流发展的合作协议》。河南省人民政府口岸办主任郑金广和青岛市人民政府口岸办主任卢新民分别在协议上签字。

6月6日

河南省省长郭庚茂率团一行77人从郑州机场口岸出入境,前往香港开展为期5天的"河南—港澳经贸交流活动"。

6月7日

莫桑比克外交部长巴罗伊一行6人结束对河南的访问从郑州机场口岸出境。

6月16日

河南省省长郭庚茂率团一行55人从郑州机场口岸出境,参加在台湾举办"中原经济区合作之旅—走进台湾"活动。

8月5日

河南省政府副省长史济春主持召开省长办公会议,研究郑州新郑综合保税区封关运行和实现通关物流"区港联动"问题。会议听取了省直有关部门和郑州市关于综合保税区封关运行和实现口岸通关物流"区港联动"有关情况的汇报,研究了有关问题。

8月18日

河南省省长郭庚茂主持召开省长办公会议,专题研究郑州机场建设国家大型航空枢纽问题,将郑州机场建设国家大型航空枢纽作为建设中原经济区、促进河南振兴和中原崛起的重大战略举措。

8月29日

河南省政府副省长赵建才主持召开办公会议,专题研究国家质检中心郑州综合检测基地和河南出入境检验检疫局综合实验用房项目推进工作。

9月19日

几内亚总统阿尔法·孔戴率团一行14人结束对河南省的访问,从郑州机场口岸出境。

9月26日

河南省副省长张大卫先后两次召开省长办公会议,针对郑州机场客运量和货运量的突破,研究解决工作推进中的问题;要求省政府口岸办加强协调,争取早日实现"区港联动"。

11月4日

河南郑州新郑综合保税区正式封关运行。海关总署署长于广州,河南省省长郭根茂,国家质检总局副局长魏传忠,河南省委常委、副省长史济春,河南省副省长赵建才等有关领导出席了封关仪式。河南郑州新郑综合保税区于2010年10月24日获国务院批准设立,2011年5月20日通过预验收,2011年8月3日通过国家联合验收组的正式验收。在历经3个月严谨的系统调试之后,于11月4日正式封关运行。
12月30日

郑州边防检查站2011年多次圆满完成维和部队官兵的出入境查验任务。

湖北省

湖北省口岸工作综述

【口岸运行数据】2011年,湖北省口岸进出口货运量2 404.2万吨,同比增长31.6%,其中出口389.1万吨,同比增长35.5%;进口2 015.1万吨,同比增长30.9%。国际集装箱运量29.2万标箱,同比增长18.3%,其中出口21.9万标箱,同比增长17.8%;进口7.2万标箱,同比增长19.6%。航空口岸出入境人数446 335人次,首次突破40万人次,同比增长29.4%,其中出境220 625人次,同比增长28.9%;入境225 739人次,同比增长29.9%。出入境飞机3 552架次,同比增长12.4%。

【口岸开放工作】完成武汉东湖综合保税区申报工作。2011年8月29日,国务院正式批复设立武汉东湖综合保税区,是我国第17个综合保税区。武汉东湖综合保税区位于东湖国家自主创新示范区,规划面积5.41平方公里。10月,武汉东湖综合保税区正式动工建设。武汉东湖综合保税区投入运营后,将进一步优化湖北省投资贸易环境,降低企业物流成本,提高进出口效率,促进湖北省外向型经济快速发展。2011年3月23日,襄阳铁路口岸襄樊火车站海关监管场所顺利通过武汉海关验收,投入运行。2011年7月4日,襄阳风神物流出口监管仓库正式通过武汉海关验收,成为湖北省通过验收的第一家物流出口(配送型)监管仓库。武汉杨泗港外贸集装箱码头搬迁至阳逻港,阳逻港集装箱吞吐能力达到120万标箱。

【口岸基础设施建设】襄阳铁路口岸襄樊火车站海关监管场所加快查验配套设施和基础设施建设,通过验收并投入运行。推进吴家山中心站铁路口岸监管场所规划建设。阳逻港一期、二期口岸监管场所建立了集装箱卡车机检通道,实现了查验设备资源共享。阳逻港"同方威视双能组合移动式集装箱检查设备(H986)"通过海关总署组织的总体验收,并交付武汉海关使用。与传统人工查验相比,该设备具有查验效率高及非侵入式两大特点,大大提高了查验工作的效率和准确性。口岸监管场所达标工作取得突破,湖北省已有8个口岸监管场所通过了联检部门验收,较好地满足了本省企业就近、便捷通关的需要。

【电子口岸建设】2007年,湖北省电子口岸通关信息平台建设启动。经过4年多的建设,完成湖北省电子口岸通关信息基础平台建设和"湖北电子口岸与武汉海关数据专线"项目,通过专家组验收,具备海关通关信息查询功能。

【口岸综合管理】建立了湖北省大通关联席会议制度,原则上每季度召开一次会议,遇重大事项召开临时会议,促进了口岸单位之间的信息沟通及协调联动,提高了口岸整体工作效能。坚持以优化通关环境、提升口岸形象为目标,积极开展口岸文明共建活动。通过形式多样的共建活动,湖北省形成了"自建为基础、自建带共建、共建促自建"的共建文明口岸活动的新格局。对武汉航空口岸发展问题进行了专题调研,完成了《关于加快武汉航空口岸发展的调研报告》,提出了意见和建议。组织召开襄阳铁路口岸宣传推介会,指导襄阳铁路口岸开展铁铁联运班列。做好武汉至深圳平湖南至欧洲铁海联运班列工作,使湖北省进出口企业铁路运输通道畅通。

【口岸大通关】加快推进口岸跨区域协作。湖北省口岸办积极参加上海与中部六省口岸大通关合作工作,加强与上海及其他省市的交流与合作。武汉海关、湖北出入境检验检疫局等查验部门与长三角、珠三角、环渤海、海峡西岸及沿边等口岸所在地的查验部门签署了通关通检协议,"属地申报、口岸验放"、"口岸转检、属地报检"、"产地检验、口岸出单"等模式有效提高了湖北省口岸的通关效率。

【口岸物流】江海直达航线运行稳定。利用武汉新港水运优势,进一步提升江海直达航线服务质量和效率,江海直达航线全面提速,实现了点对点直航、72小时内到达洋山港的要求,成为湖北省进出口货物运输的精品航线。2011年,江海直达班轮开行了1 086个航班,运输外贸集装箱17.6万标箱。国际航线网络逐步完善,武汉航空口岸新开通了武汉至东京直达航线和至印度国际货运航班,加密了武汉至香港、台湾的地区航线,开通了武汉至越南岘港等多条包机航线。2011年8月27日,东航湖北分公司武汉至东京航线正式开通,到2011年12月31日,共执飞68架次,出入境人数5 841人次。2011年4月11日,友和道通航空公司成功首飞武汉至印度的全货运航班,开通了湖北省航空口岸首条货运直达航线,至2011年12月31日,共运输进出口货物5 675.7吨。武汉东西湖保税物流中心继续保持较好发展势头,2011年,进出口业务1.78万票,总货值22.6亿美元,同比分别增长49.1%和22.1%,业务量居全国保税物流中心前列。

【口岸查验部门简述】**武汉海关** 全面落实"四好"要求,认真履行海关各项职能,着力提升监管服务水平,持续推进各项改革与创新,工作总体上呈现快速发展的良好态势。坚持严密监管,高效运作,夯实业务基础,认真履行为国把关职责。武汉关区主要业务指标继续呈现增长的态势。2011年,共征收税款137.9亿元,进出口报关单总量为19.8万份,监管进出口货运量2 404.2万吨,进出口货运值255.2亿美元,监管进出境人员46.6万人次,监管进出境邮、快件178.2万件,同比分别增长23.7%、10.9%、31.6%、24.4%、25.3%、7.1%。税收征管工作取得显著成效,继续完善综合治税大格局,加强税收职能管理工作,征收税款再创历史新高。组织开展了应税报关单抽样考核样本的审核、整改工作,监管通关工作效能明显提高。深化区域通关改革,与呼和浩特海关和满洲里海关签订了跨关区"属地申报、口岸验放"合作备忘录,适用"属地申报、口岸验放"模式的通关口岸增至15个。全面加强监管场所规范化管理,16家监管场所全部验收合格。正式启用内陆海关首台H986系统,推广应用关区查验商品资料库系统,通关效率进一步提升。武汉海关进口平均海关作业时间为2.45小时,同比提速30.2%;出口平均海关作业时间为0.33小时。后续管理工作实现新突破。建立了联系配合机制和"选查分离"工作机制,制定了保税中后期核查作业标准。通过实行动态调整、分类处置机制,完善了企业分类管理工作。反走私工作保持高压态势,组织开展了打击武器弹药走私专项行动,深化关警融合,健全了对线索和案件办理情况的沟通、共享、反馈机制,完善了反走私综合治理网络。法制建设继续扎实推进,开展打击侵犯知识产权和制售假冒伪劣商品专项行动,武汉海关被评为湖北省专项行动先进单位。坚持改革创新,转变理念,加大服务力度,主动服务经济社会发展,有力推动地方外向型经济发展。推行进口分类通关改革,完成了通关模式的顺利切换,通关效率得到提高,企业反应良好。全力配合杨泗港集装箱外贸码头整体搬迁,推动武汉外贸水运业务整合集并到阳逻港。积极支持"江海直达"业务开展,实行优先接单、优先查验、优先放行、优先制作出口关封的"四优先"通关服务,大力支持长沙、重庆、成都等海关在武汉关区内的进出口集装箱转运工作,扩大水运业务规模;稳步推进武汉天河机场海关的筹建与航空口岸新监管场所的建设工作,支持友和道通航空公司开通湖北省首个国际货运航班;继续参与推进湖北省"大通关"建设和电子口岸建设。建立关企诚信合作机制,在开展缉私、稽查等工作的过程中坚持文明执法、和谐执法。保税贸易发展势头良好。推动武汉东湖综合保税区申报进程,2011年8月获国务院批准设立。促进东西湖保税物流中心大力发展特色仓储业务,认真做好现场监管和区港联动通关,保税物流中心海关业务指标继续位列全国前茅。开展出口加工区整合,验收了关区第一家出口配送型监管仓库——风神物流出口监管仓库。统计监测预警作用更加突出。圆满完成对外贸易监测报告的起草工作和一系列进出口监测预警任务。统计分析和监测预警工作成效明显，决策辅助功能进一步显现。坚持从严治政，优化机制，强化监督制约，建立健全风险防控体系。风险管理工作向纵深推进。补充完善出口风险参数库，做好风险信息及处置单系统维护，推广应用综合业务平台；修订了《业务风险甄别参数管理办法》，开展风险布控工作机制建设，推进"选查分离"实际运作。执法评估工作力度明显加大。对关区进口分类通关改革运行情况进行了跟踪评估，建立完善了各业务现场自评与职能部门定期评估相结合的执法评估工作运行机制。内控机制建设成效明显。通过运用控制节点数据字典、落实分离制约操作要求，完善执法领域内控机制，防控执法风险；制订实施非执法内控机制建设实施方案，排查非执法领域内控节点。

湖北省公安边防总队 主动融入湖北"中部崛起"战略支点建设大局，统筹抓好创建模范党组织生活、提高边检服务水平等各项工作，努力保重点、攻难点、创亮点，基层基础进一步巩固，发展后劲进一步增强。边防检查主业彰显了新作为。狠抓理念认识，认真学习贯彻《公安部关于进一步提高边检服务水平的意见》，为对接社会新需求、回应群众新期待奠定了基础。狠抓通关环境。落实公安部12项便民措施，推出团队快速查验定式、高峰查验定式等10条新举措，打造"边检360"服务品牌；成功在武汉边防检查站建成全国领先的人性化、智能化通关系统，验放速度大幅提高、出入境更加便捷。集中攻关，完成了公安部边防管理局委托的边检行政案件办理辅助系统研发任务，单起普通行政案件办理时间缩短至10分钟，系统已在满洲里、周水子、青岛机场、大连、青岛、友谊关等6个站进行试点推广。狠抓口岸维稳。集约使用警力，一定程度缓解了武汉边防检查站一线警力不足的问题。各级周密部署、强化领导、狠抓落实、密切协作，扎实做好限定区域管理、前台验放、后台查控、口岸处突演练等基础性工作，最大限度提高安全系数。圆满完成纪念辛亥百年等重大活动边防安保任务，查获了一批违法违规人员。狠抓规范执法。全面启用电子执法档案，并将边检执勤执法操作规程执行情况纳入督察范围，执法质量稳步提升。狠抓跟进服务。依托"大走访"开门评警活动，广泛走访党政机关、服务单位、涉外企业、旅行社、出入境旅客和驻地群众，通过集中座谈、发放调查问卷、联勤会议、警民共建等形式，收集意见建议，并逐条抓好落实，及时反馈情况，进一步树立了边检机关的良好形象。定期报送口岸数据分析报告，为地方决策提供参考依据，获得了党委政府的重视和认可。跟进重大经贸、外事等活动制定服务措施，加强出入境法律法规宣传，营造良好的投资软环境，赢得了社会各界的赞誉。2011年，共检查出入境人员446 292人次，交通运输工具3 556架(艘)次，旅客满意率始终在99%以上，保持了零投诉、零复议。优势项目迈上了新台阶，信息化进程加快。完成了汉口站指挥中心、黄石站视频会议室、三峡站语音学习室等改造新建任务，硬件环境进一步得到改善。修订完善梅沙系统和重大通信应急保障方案，组织专业培训，深化实战练兵，运行维护保障能力显著提升。

湖北出入境检验检疫局 按照"抓质量、保安全、促发展、强质检"的总要求，全面推进"法治质检、科技质检、和谐质检"建设，突出抓好进出口质量安全和国门安全，全力服务湖北"两圈一带"战略，着力夯实基层基础，深入开展"创先争优"活动，切实加强机关作风建设，努力打造一流干部队伍，各项工作迈上新台阶。尽职尽责，确保口岸防控安全。全面开展口岸核心能力建设调研，按照口岸核心能力建设达标要求逐项对照检查，摸清全省口岸核心能力建设现状，统筹推进口岸核心能力提升。积极探索建立适合湖北口岸的卫生检疫查验和传染病防控工作模式，建立完善口岸核与辐射、生物、化学等应急预案，突出抓好湖北口岸核与辐射监测工作。加强与省市卫生、公安、反恐及有关部门联系，召开口岸部门联席会议，完善口岸突发公共卫生事件及核生化应急处置协作机制。规范进出境特殊物品行政许可工作，完成出入境特殊物品行政审批68批次。加大口岸相关技术装备投入，加强口岸联防联控，加强疫情疫病监测，开展口岸应急演练与技能培训，提高口岸一线防控能力，严防疫病疫情传入传出。全力以赴，服务湖北外向型经济发展。推动召开了省部合作备忘录联席工作会议，围绕湖北省"两圈一带"、"一主两副"区域发展战略深入调研,积极服务武汉东湖自主创新示范区、开发区、保税物流中心进出口业务,搭建武汉光谷生物产业园检测服务平台;在服务"四个襄阳"建设、对接黄石"三大战略"、服务随州"工业兴市"等方面,出台具体服务举措,全力促进区域经济发展。全面深化与长三角、珠三角合作,在便利通关、认证监管、信息化平台建设等方面建立口岸与内地联合执法有效机制;与天津、黑龙江、新疆维吾尔自治区等口岸检验检疫机构签署合作协议,建立中部六省检务工作合作机制,继续推行无纸化报检、直通放行、绿色通道等便利化措施,为湖北省企业提供优良通关环境。在服务开放先导方面,全力支持武汉新港建设,设立优先通道,公开服务8项承诺,优先报检、优先查验、优先放行,保证江海直达顺利运行;围绕武汉空港开通首次货运包机航线,主动调研、创新服务,探索建立武汉航空口岸货运包机的监管机制,促进武汉航空事业发展。创新机制,推进出入境货物全申报、全监管。在内陆地区,率先部署实施"水运口岸进出境货物快速查验系统",对口岸物流信息、作业流程实施全面信息化监管,对集装箱电子闸口实行自动放行取代传统纸质单证放行模式,实现主动监管和有效监管。完善机构布局,着力夯实基层基础。继续推进武汉、恩施、十堰、东湖综合保税区等检验检疫机构筹建工作;加快推进仙桃、襄阳、鄂州等分支局基本建设前期工作;认真做好天河机场T3航站楼检验检疫设施规划,武汉水运口岸实现整体搬迁。十堰、恩施检验检疫机构正加紧筹建,武汉局建设全面启动。

长江海事局 坚持以安全监管为中心,以"五化"建设为主线,实现了"保持体改工作平稳推进,保持安全指数低位运行"的年度工作目标。2011年,长江海事局辖区共发生事故及险情196件,同比下降16.6%。其中,运输船舶共发生一般以上等级事故18.5件,死亡(失踪)12人,沉船13艘,直接经济损失1 058万元,4项指标大幅下降,同比分别下降15.9%、57.1%、31.6%和33%。险情数、等级事故数、死亡人数、沉船数均再创1986年有统计记录以来最低。全年无死亡(失踪)3人及以上事故,无渡船等级事故,无污染等级事故,客渡船无险情,连续3年保持"零死亡"。2011年,办理航次签证量68万艘次,同比增长1.6%;船舶货物吞吐量5.3亿吨,同比增长22.3%;集装箱吞吐量217.8万标箱,同比增长20.6%。办理各类登记23 439艘次,同比增长1.54%;新造船舶804艘,同比增长5.1%。2011年内河船舶安全检查23 638艘次,滞留船舶695艘次,滞留率2.94%;检查海船724艘次,滞留船舶76艘次,滞留率10.5%。组织开展航运公司安全诚信等级评定,加强船舶挂靠公司监管。继续实施"黑白名单"制度和"诚信船舶"评比活动,682艘船舶上黑名单被重点关注,21艘诚信船舶上白名单享受优惠措施;严格实施船舶重要建造日期确认制度;制定长江海事局口岸管理办法,理顺口岸开放管理;深入创建安检精品工程,宜昌、芜湖安检站通过验收并有效运行。成功启动内河一类船长实操考试;完成内河船员实操考试课题研究;完成176期83 012人次内河、海船船员考试,核发船员证书125 951本(份)。

2011年湖北省口岸流量统计表

口岸类型	口岸名称	货运量(万吨)				集装箱量(万标箱)				人员(万人次)				交通工具(辆、艘、架、列次)			
		出口	进口	合计	同比(%)	出口	进口	合计	同比(%)	出境	入境	合计	同比(%)	出境	入境	合计	同比(%)
空运口岸		5 908	8 695	14 603	14.3					22.1	22.5	44.6	+29.4	1 764	1 788	3 552	+12.4
	分计	5 908	8 695	14 603						22.1	22.5			1 764	1 788	3 552	
陆运口岸	公路口岸	1 479	184	1 663	210.8	190	28	218	+165.9								
	分计	1 479	184	1 663		190	28	218									
	铁路口岸	2 617	69	2 686	-91.3	124	6	130	-84.3								
	分计	2 617	69	2 686		124	6	130									
水运口岸	河港口岸	3 880 983	20 142 275	24 023 258	31.8	219 179	72 505	291 684	+18.6	0	43	43		0	4	4	
	分计	3 880 983	20 142 275	24 023 258		219 179	72 505	291 684									
合计		3 890 987	20 151 223	24 042 210		219 493	72 539	292 032		22.1	22.5	44.6		1 764	1 788	3 553	
同比(%)		+35.5	+30.9	+31.6		+17.8	+19.6	+18.3		+28.9	+29.9	+29.4		+17.8	+7.6	+12.4	

(湖北省口岸办公室提供)

2011年武汉海关主要数据统计表

项目		2011年	同比(%)
进出口货运量 （万吨）	合计	2 404.2	+31.6
	进口	2 015.1	+30.9
	出口	389.1	+35.5
进出口贸易总值 （万美元）	合计	1 980 097	+30.6
	进口	1 035 117	+21.7
	其中:江、海运输	819 260	+28.0
	铁路运输	75	-88.8
	汽车运输	2 037	+30.8
	航空运输	213 434	+2.6
	邮件运输	311	-0.9
	其他运输	0	0.0
	出口	944 980	+42.1
	其中:江、海运输	875 690	+49.2
	铁路运输	899	-88.6
	汽车运输	686	+195.5
	航空运输	66 895	-3.8
	邮件运输	810	+58.4
	其他运输	0	0.0
税收 （万元）	两税合计	1 378 615	+23.7
	关税入库	227 848	+34.4
	进口环节税入库	1 150 767	+21.7

（武汉海关提供）

2011年湖北省口岸出入境主要数据表

单位:(人员)人次;(交通工具)辆、艘、架、列次

项目			2011年	2010年	同比(%)
出入境人员	出入境人员总数		446 292	344 925	+29.4
	入境人员		225 667	173 771	+29.9
	出境人员		220 625	171 154	+28.9
	出入境旅客		415 991	319 571	+30.2
	出入境员工		30 301	25 354	+19.5
	中国公民	小计	373 815	279 399	+33.8
		内地居民(因公)	6 630	5 124	+29.4
		内地居民(因私)	251 583	182 188	+38.1
		港澳居民	38 798	23 305	+66.5
		台湾同胞	76 804	68 782	+11.7
	外籍人员		42 176	40 172	+5.0
	从海港出入境人数		43	0	
	从陆港出入境人数		0	0	
	从空港出入境人数		446 249	344 925	+29.4
交通运输工具	总计		3 556	3 163	+12.4
	船舶		4	0	
	飞机		3 552	3 163	+12.3
	火车		0	0	
	机动车辆		0	0	

(湖北省公安边防总队提供)

2011年湖北省出入境检验检疫业务统计表

项目	货物检验检疫		检验检疫不合格		交通工具				集装箱（标箱）		发现动植物疫情		货物通关		出入境人员查验（人次）	健康检查及预防接种（人次）			
	批次	金额（万美元）	批次	金额（万美元）	船舶（艘）	飞机（架）	火车（节）	汽车（辆）	合计	检出问题	种类数	种次	批次	金额（万美元）		健康检查	艾滋病监测	发现病例	预防接种
本年累计	123 391	916 094.9	562	6 980.2		3 471			262 206			322	43 925	499 154.8	437 616	28 473	27 930	10 109	32 640
其中 出境	95 929	636 562.4				1 723			146 550				29 638	255 959.9	216 522	28 232	27 801	10 081	32 622
其中 入境	27 462	279 532.5				1 748			115 656				14 287	243 195	221 094	241	129	28	18
与上年同比（%）	+10.4	+12	-2.77	+63.06		+10.5			+13.4			+35.3	+3.9	+6.6	+26.8	-1.6	-3.1	1.7	-7.3
其中 出境	+8.7	+24				+15.6			+10.6				+1.58	+21	+26.8	+1.1	-0.4	2.7	-7.4
其中 入境	+16.6	-8.2				+5.9			+17.3				+9.08	-5.23	+26.8	-75.7	-85.6	-77	+5.9

（湖北出入境检验检疫局提供）

2011年长江海事局进出港船舶统计汇总表

船舶类别	进港船舶							出港船舶						
	艘数（艘）	总吨（吨位）	总载重量（吨）	载客量（客位）	船员人数（人次）	货物到达量（吨）	旅客到达量（人）	艘数（艘）	总吨（吨位）	总载重量（吨）	载客量（客位）	船员人数（人次）	货物发送量（吨）	旅客发送量（人）
总计	14 652	32 423 114	49 284 875		144 101	19 298 604	0	14 730	33 062 894	50 637 028		145 862	25 687 215	0
中国籍船舶	14 521	32 030 341	48 597 966		142 489	19 173 211	0	14 595	32 759 854	50 124 499		144 217	25 472 847	0
其中：外贸船	44	149 012	189 412		734	41 031	0	48	152 424	207 045		765	132 726	0

（长江海事局提供）

湖北省口岸大事记

1月11日
湖北省委常委、常务副省长李宪生,副省长田承忠到武汉海关调研,听取工作汇报。

2月10日
武汉市委副书记、代市长唐良智视察武汉东西湖保税物流中心,详细了解海关通关业务开展情况,并看望慰问现场关员。

3月20日
海关总署副署长邹志武在武汉参加反映海关内容的电视连续剧《国门英雄》开机仪式。

3月23日
襄阳铁路口岸襄樊火车站海关监管场所顺利通过武汉海关验收。

4月11日
友和道通航空公司成功首飞武汉至印度的全货运航班,开通了湖北航空口岸首条货运直达航线。

4月15日
武汉市委副书记、市长唐良智到武汉航空口岸视察边防检查出境、入境执勤现场工作。

5月1日
"水运口岸快速查验系统"在武汉新港正式启用。该系统用集装箱电子闸口24小时自动放行,取代了传统纸质单证放行模式,有效提高了口岸通关效率。在黄石港、荆州港、宜昌港实现了网上备案。

6月1日
武汉阳逻新港集装箱二期码头启用,正式受理江海直达集装箱班轮泊靠和货柜装运。

7月4日
襄阳风神物流出口监管仓库正式通过武汉海关验收,成为湖北省通过验收的第一家物流出口(配送型)监管仓库。

7月5日
湖北省委常委、常务副省长李宪生实地考察了武汉新港白浒山港区花山作业区一期工程、武汉长江航运中心大厦等重点项目,武汉市市长唐良智陪同考察。

7月8日
湖北省副省长田承忠到武汉东西湖保税物流中心考察调研。

8月
集装箱车辆消毒通道在武汉新港启用。该套全自动车辆消毒设备电脑全自动控温,对入境集装箱车辆可全方位、多角度、不留死角地进行消毒处理。

8月25日
天河机场A380备降场通过验收,世界上最大的飞机可以在天河机场起降,该机场也成为中部唯一能够起降A380的机场。

8月29日
国务院正式批复设立武汉东湖综合保税区。这是我国第17个综合保税区,也是湖北省首个综合保税区。武汉东湖综合保税区位于东湖国家自主创新示范区,规划面积5.41平方公里。

8月27日

国航湖北分公司开通武汉至东京直达航班。

10月

武汉新港启用核与辐射检测门设施。

10月29日

武汉东湖综合保税区举行动工奠基仪式,湖北省省委常委、武汉市市委书记阮成发,副省长田承忠,武汉市市长唐良智参加。

11月15日

法国阿基坦大区议会副主席让·皮埃尔·雷诺率领代表团就阿基坦葡萄酒东西湖保税区项目来武汉东西湖保税物流中心做进一步交流。

11月17日

全国人大环境与资源保护委员会副主任罗清泉在湖北省委常委、武汉市委书记阮成发,武汉市市长唐良智陪同下到武汉新港阳逻港监管区视察,详细了解港口建设、运行发展和江海直达航线运营情况。

11月29日

湖北省政协主席杨松到武汉新港调研,考察了武汉新港江北铁路、阳逻集装箱二期码头江海直达班轮作业情况和三期工程拆迁进展情况,并听取了武汉新港管委会、新洲区等相关工作汇报。

11月30日

内陆海关首部大型集装箱机检设备通过验收,正式投入运行。

12月

武汉检验检疫局设立申请获批复同意,武汉检验检疫局各项筹建工作正在进行中。

12月19日

武汉开通直飞越南岘港旅游包机航班。

(撰稿人:汪洋、赵群益、熊亚军、孙毅)

湖南省

湖南省口岸工作综述

【口岸运行数据】 2011年湖南省累计完成外贸进出口190亿美元,同比增长29.6%,比全国增幅高7.2%。口岸进出口货运量1 716.4万吨、货值83.68亿美元,同比分别增长10.1%、27.5%。岳阳城陵矶水运口岸进出货运量1 350万吨,集装箱运量16万标箱,同比分别增长13.5%、33.4%。郴州出口加工区和长沙金霞保税物流中心业务迅速增长,进出口额分别达5.97亿、3.47亿美元,同比分别增长205%、125%。航空口岸出入境人数68.81万人次,出入境航班4 652架次,同比分别增长22.4%、14.3%。其中,长沙航空口岸出入境人员68.03万人次,出入境航班4 590架次,同比分别增长24%、16.65%;张家界航空口岸出入境人员7 865人次,出入境航班62架次。

【口岸开放工作】 张家界航空口岸结束13年仅限于对中国籍飞机开放的历史,通过国家六部委联合验收,于11月17日正式对外国籍飞机全面开放,并成功引进大韩、韩亚等外籍航空公司,开通至韩国首尔、仁川包机航班。长沙霞凝水运口岸基础设施和监管条件不断完善,于12月27日通过湖南省口岸单位联合验收,正式对外开放。湘西自治州公路口岸获湖南省政府批准设立,填补自治州口岸空白。至2011年年底,湖南省批准对外开放的一、二类口岸累计已达12个,体系更加完备、功能日益健全。特殊监管区域申报建设步伐加快,衡阳综合保税区申报工作进展顺利,岳阳城陵矶保税港区、长株潭综合保税区、永州保税物流中心申报工作不断推进。口岸查验单位机构建设不断发展,长沙金霞海关、长沙出入境检验检疫局获批设立,正在选址建设;张家界海关设立并正式挂牌;湘西自治州和永州海关、检验检疫机构正在积极申报。

【口岸基础设施建设】 航空口岸基础设施条件显著提升。长沙黄花机场T2航站楼新国际厅于2011年7月19日投入使用,口岸现场查验设施条件和旅客通关环境大为改善。张家界荷花机场航站楼按照全面开放要求进行了更新改造,国际厅扩建工作有序推进。陆路、水运口岸设施建设不断推进。岳阳城陵矶港和长沙霞凝港码头、站场设施建设投入加大;衡阳公路口岸建设进展迅速,联检办公大楼主体工程、公共保税仓基础工程等已经完成。郴州市抓紧推进湖南省供港澳农产品集中验放场、槐树下战略装车点及铁海联运等项目,筹备建设"湖南国际物流中心",打造湖南省最大的国际物流平台。永州市抓紧进行公路口岸选址,积极推动海关大楼、检验检疫大楼前期筹建工作。娄底市对铁路口岸综合管理区进行了规划设计,为海关、检验检疫等查验监管机构选择了临时办公点。醴陵市全面启动湘东物流园建设,积极拓展烟花出口新通道。

【口岸大通关建设】 新开国际(地区)客运航班航线12条。湖南省口岸办与机场集团、国际旅行社及兄弟省市携手配合,引进泰国东方航空、亚洲航空、韩国真航空、新加坡胜安航空等境外航空公司,组织协调相继开通长沙往返泰国曼谷、普吉、高雄、台中、新加坡等地5条国际(地区)航线,全面开通长沙经上海到法兰克福、巴黎、伦敦、洛杉矶、温哥华、悉尼、墨尔本等地7条代码共享航班,进一步巩固了长沙航空口岸在中部地区的客运枢纽地位。开通和稳定运行五定班列(轮)。积极组织货源,稳定长沙至深圳(蛇口)、醴陵至深圳(盐田)、湘潭—越南五定班列,以及城陵矶港—上海港五定班轮运行,增开衡阳至深圳

(盐田)五定班列、霞凝港至上海港五定班轮,拓展国际多式联运物流通道,降低国际物流成本。大力推进口岸跨区域合作,提高货物转关效率。积极利用省署、省际合作机制,大力推进与广东、上海、广西壮族自治区、江苏、浙江等沿海地区的口岸通关合作,推广"属地申报、口岸验放"、"属地报检、直通放行"的通关模式,进出口转关效率进一步提升。深化区域通关合作,与长江流域上海、武汉、重庆等海关签订进出口货物中转协议。港澳直通车改革进展顺利。引进战略投资者,计划投资15亿元组建大型物流企业,对湖南省240台港澳直通车进行统一集中管理,积极搭建更加灵活快捷的港澳直通货运通道。

【口岸综合管理】《湖南口岸发展十二五规划纲要》编制完成,湖南省口岸开放建设的目标、思路、重点和措施更加清晰明确。积极调动口岸查验单位服务地方经济建设的积极性,督促长沙海关、湖南出入境检验检疫局、公安边防总队等单位,出台了33项服务创新措施,进一步优化通关流程,简化查验程序,提高通关效率,降低通关成本。湖南省口岸办联合湖南省文明办,在湖南省口岸系统广泛开展以"协作建设、效率建设、服务建设、阳光建设"等为主要内容的共建文明口岸活动,择优推选了3家省级文明窗口单位,获湖南省文明委表彰。组织开展"我为湖南开放崛起做贡献"主题征文活动,取得良好成效。协调口岸相关单位,圆满完成40多批次、1 200多人次的礼遇通关接待任务。

【电子口岸建设】 湖南省电子口岸实体平台建设工作正式启动。湖南省口岸办召开电子口岸建设座谈会,组织相关人员赴江西、广西壮族自治区、福建等地开展调研,制订了电子口岸实体平台建设总体方案,确立了建设总体目标、建设原则和建设模式。办公场所建设、基础平台建设正加速推进,第一期计划重点开发和推广使用2～3个满足监管需求、企业普遍受益和技术成熟、效益明显的应用项目。

【口岸查验部门简述】长沙海关 围绕大监管体系建设,深入推进"三查合一",在出口分类通关改革基础上,实施进口分类通关改革试点并全面推广,关区监管效能有效提升。2011年监管进出口货运量1 716.4万吨、货值83.68亿美元,同比分别增长10.1%、27.5%;监管进出境运输工具5 161辆(艘)次、进出境人员69.5万人次、行邮快递物品62万件。坚持量质并举,综合治税取得新突破,入库税款58.13亿元,同比增长38.9%,再创新高。完善"三道防线"审单作业模式,受理报关单6.6万份,同比增长16%。加强后续监管,强化风险监控,开展稽核查作业205起,查获各类问题40起,追补税2 006万元。始终保持打击走私高压态势,成功侦办了"3·15"涉嫌走私枪支弹药案、"2·16"涉嫌走私毒品案和"7·10"涉嫌走私洋酒案等3起重特大案件,有力地维护了正常贸易秩序和社会安定。开通了"12360"海关服务热线,落实了节假日和24小时预约通关。

湖南出入境检验检疫局 严格进出口商品检验监管,2011年检出不合格商品710批、货值2 284万美元。建立进出口商品质量分析报告制度,向各级政府提交报告16份。积极开展打击食品非法添加和滥用食品添加剂、出口和供港澳蔬菜等专项整治行动,检查进出口食品添加剂生产使用企业864家次,261家企业被限期整改472个不符合项,40家企业被暂停报检资格,未发生大的进口食品安全事故,出口食品没有发生退货索赔情况。积极服务外经贸企业,免费培训出口企业2 200家次、1.6万人次,签发各类原产地证书2.26万份,出口产品减免目标国关税5 159万美元。强化检疫查验把关,防止有毒有害物质和疫病疫情传入传出,查获入境疫情和禁止携带物1 448批次,截获有害生物82种365种次,首次从入境集装箱中截获地中海实蝇、假高粱等检疫性有害生物,老鼠、蟑螂等医学媒介生物。实施外来有害生物监测3万多次,捕获有害生物5万多只,在湖南省首次监测到斑翅果蝇。查验发现放射性超标39起,发现患有传染病症状90人次、疑似病例24例,口岸疟疾筛查时间由24小时缩短至半小时。妥善应对了日本核辐射、德国大肠杆菌疫情、泰国某入境航班旅客腹泻、长沙生态动物园黑猩猩检出B病毒等突发事件。

湖南省公安边防总队 强化勤务组织管理,采取"精减机关、确保一线"等超常规措施,确保口岸24

小时对外开放。2011年共检查出入境人员68.81万人次，出入境航班4 650架次，同比分别增长了22.4%和14.3%。落实领导带班和勤务监督制度，强化信息研判预警，狠抓查验质量，共查处口岸违法违规77人次，为相关单位配合协查控制对象200余人次，3次配合湖南省公安厅完成台湾通缉对象的遣返任务，维护了口岸安全稳定。制订专项勤务方案，提高旅客验放速度，缩短旅客候检时间，保证旅客顺畅、便捷通关，圆满完成亚欧博览会、国际道教论坛、湘台经贸交流合作会等80余次重大专项勤务。大力实施"顺畅工程"，组织"服务航班正点"行动，为特殊航班和需要帮助的旅客实施"一站式查验"，成立现场"服务小分队"，通关效率和服务质量不断提升。推进科技强警效果明显，投入300多万元，改善执勤现场视频监控系统，全面实现边检勤务组织指挥可视、可控的扁平化目标。顾全大局、听从指挥，圆满完成长沙黄花国际机场T2航站楼转场任务。

岳阳海事局 安全监管再创佳绩，辖区实现连续53个月水上交通事故零死亡。开展全航段巡航2次，2011年累计巡航5 598次，巡航时间10 301.9小时，巡航里程242 283公里；检查船舶22 695艘，纠正违法1 211次，纠违率100%。联合执法一体化建设成效明显，向长江公安移交案件29起，依法拘留4人。组织开发的装备辅助管理软件科技项目在长江海事局全线推广应用。联合组织海事处应急救助演习，2011年共开展应急演习演练85次，有效地提高快速反应能力和应急救助能力。落实"四级预警三级发布"安全预警机制，共发布安全预警122次，航行通（警）告6次，手机群发信息9 900多条，有效应对了恶劣气候状况等自然灾害对辖区通航安全的影响。实施人命救助154人，救助船舶17艘，人命救助成功率100%。开展到港危险品船舶统计工作，实施烟花爆竹装箱单位备案管理，建立危险品船舶动态跟踪系统，利用网络系统对进入辖区装载AIS、GPS的危险品船舶进行自动捕捉，受理危险货物申报3 567艘次，危险货物进出港吞吐量558万吨，中转16万吨；危险货物集装箱20 470标箱；垃圾接收量179吨；油污水接收量633吨，辖区未发生一般及以上船舶污染事故。

2011年湖南省口岸流量统计表

口岸类型		口岸名称	货运量(吨)				集装箱量(万标箱)				人员(万人次)				交通工具(辆、艘、架、列次)			
			出口	进口	合计	同比(%)	出口	进口	合计	同比(%)	出境	入境	合计	同比(%)	出境	入境	合计	同比(%)
空运口岸		长沙航空口岸									34.10	33.92	68.02	+23.97	2 293	2 297	4 590	+16.65
		张家界航空口岸									0.40	0.39	0.79	-42.08	31	31	62	-54.74
		分计									34.50	34.31	68.81	+22.38	2 324	2 328	4 652	-42.10
水运口岸	海港口岸	分计																
	河港口岸	岳阳城陵矶水运口岸	354.9	896.1	1 251	+15.80	7.35	6.46	13.81	+34.80								
		分计	354.9	896.1	1 251	+15.80	7.35	6.46	13.81	+34.80								
合计			354.9	896.1	1 251	15.80	7.35	6.46	13.81	+34.80								
同比(%)																		

(湖南省口岸工作办公室提供)

2011年长沙海关主要数据统计表

项目		2011年	同比(%)
进出口货运量（万吨）	合计	1 716.41	+10.10
	进口	1 567.49	+11.60
	出口	148.92	-3.00
进出口贸易总值（万美元）	合计	832 152.36	+27.45
	进口	550 822.34	+35.09
	其中:江、海运输	466 447.36	+33.30
	铁路运输	8 494.49	+148.90
	汽车运输	17 713.69	+46.31
	航空运输	58 163.48	+40.17
	邮件运输	3.25	-98.65
	其他运输	0.07	-99.99
	出口	281 330.02	+14.75
	其中:江、海运输	224 935.03	+25.05
	铁路运输	18 131.46	-2.51
	汽车运输	17 734.46	+16.69
	航空运输	20 331.57	-34.91
	邮件运输	197.50	-17.52
	其他运输		
税收（万元）	两税合计	581 325.90	+38.90
	关税入库		
	进口环节税入库		

（长沙海关提供）

2011年湖南省口岸出入境主要数据表

项目			2011年	同比(%)
出入境人员	出入境人员总数		688 119	+22.40
	入境人员		343 189	+22.30
	出境人员		344 930	+22.50
	出入境旅客		646 194	+22.60
	出入境员工		41 925	+18.80
	中国公民	小计	347 761	+11.10
		内地居民(因公)	164 615	+19.90
		内地居民(因私)	10 963	-15.70
		港澳居民	32 778	-29.00
		台湾同胞	139 405	+19.50
	外籍人员		340 358	+36.60
	从海港出入境人数			
	从陆港出入境人数			
	从空港出入境人数		688 119	+22.40
交通运输工具	总计		4 652	+14.30
	船舶			
	飞机		4 652	+14.30
	火车			
	机动车辆			

(湖南省公安边防总队提供)

2011年岳阳海事局进出港船舶统计汇总表

船舶类别	进港船舶							出港船舶						
	艘数(艘)	总吨(吨位)	总载重量(吨)	载客量(客位)	船员人数(人次)	货物到达量(吨)	旅客到达量(人)	艘数(艘)	总吨(吨位)	总载重量(吨)	载客量(客位)	船员人数(人次)	货物发送量(吨)	旅客发送量(人)
总计	53 617	54 359 894	19 835 181	606 629		15 329 362	496 086	53 520	54 215 606	51 698 910	583 991		48 724 261	494 394
中国籍船舶	53 617	54 359 894	19 835 181	606 629		15 329 362	496 086	53 520	54 215 606	51 698 910	583 991		48 724 261	494 394
其中:外贸船	0	0	0	0		0	0	0	0	0	0		0	0

(岳阳海事局提供)

湖南省口岸大事记

1月18日
长沙经上海至法兰克福内部代码共享国际航线正式开通。

2月9日
湖南省省长徐守盛在省政府秘书长盛茂林,副秘书长刘庆选、王光明陪同下,亲切看望省政府口岸办全体同志。在听取口岸办简短汇报后,徐省长对紧紧围绕全省开放型经济发展及新形势下如何做好口岸工作作出重要指示。

2月24日
张家界航空口岸扩大对外开放通过由国家口岸管理办公室牵头,海关总署、公安部、国家质检总局、民航局、总参谋部组成的联合验收组验收。

3月25日
郴州铁路物流中心暨铁海联运项目在湘南国际物流园隆重奠基,总投资3.6亿元的铁路物流中心拉开了郴州打造铁海直通内地"无水港"的序幕。

3月28日
长沙海关缉私局成功侦破"2·16"特大毒品走私案。抓获毒品走私犯罪嫌疑人7人,其中6人系尼日利亚籍;查获毒品可卡因3 761克、大麻651克及大量美元毒资,捣毁1个走私窝点,打掉了1个走私团伙。

3月30日
衡阳—深圳平湖南五定班列正式首发。湖南安迅物流公司、中远洋衡阳分公司等单位与广铁衡阳车务段紧密配合,实现了班列的正常有序运营。

5月15日
国家交通运输部正式批准开通城陵矶至太仓、城陵矶至上海五定始发班轮航线。

6月25日
长沙海关集中销毁8 000余件侵权产品,严厉打击侵权货物、物品进出境行为。

8月3日
湖南出入境检验检疫局烟花爆竹检测中心顺利通过俄罗斯标准与计量局认证,成为我国目前唯一一个通过此项认证的机构,将为推动我国烟花顺利出口俄罗斯发挥积极作用。

9月28日
长沙国际邮件互换局兼交换站启动仪式在星沙举行,标志着中南五省首个国际邮件互换局正式成立,是长沙乃至全省国际邮件速递业务发展的一个新的里程碑。

10月30日
台湾复兴航空和华信航空开始执飞高雄—长沙往返定期航班。至此,"南进南出"和"南进北出"航路正式开通。

10月14日
交通运输部批准开通城陵矶口岸—香港、澳门外贸集装箱水运直达航线。

11月1日

长沙经上海至巴黎、伦敦、洛杉矶、温哥华、悉尼、墨尔本等6条内部代码共享国际航线正式开通。

11月4日

大韩航空开始执行张家界—首尔国际包机航班。

11月9日

韩亚航空开始执行首尔至张家界包机航班。

11月17日

国家民航局公布张家界航空口岸扩大开放,张家界荷花机场举行了隆重的正式扩大开放仪式。

12月27日

长沙霞凝港水运口岸顺利通过湖南省政府联合验收组的验收。

广东省

广东省口岸工作综述

【口岸运行数据】2011年经广东省口岸出入境人员3.25亿人次,同比增长7.3%;出入境交通工具1 943.2万辆(艘、列、架)次,同比增长2.7%;进出口货运量3.57亿吨,同比增长5%;进出口集装箱2 701.8万标箱,同比下降0.6%;海关入库关税和进出口环节税累计2 991.2亿元,同比增长24.3%。2011年广东陆路口岸(包括铁路口岸)出入境人员3.1亿人次,同比增长9.1%;出入境交通运输工具1 910万辆(列)次,同比增长3.4%。通过广东省陆路口岸出入境人员占广东省出境人员的94.3%,出入境交通运输工具占广东省的98.8%。2011年广东省重点口岸继续保持稳定增长趋势,其中珠海拱北口岸以出入境人员9 585万人次的通关量首获全国出入境人员通关第一位。深圳罗湖口岸出入境人员9 274万人次,同比增长1.6%。深圳湾口岸出入境人员2 867万人次,同比增长16.2%;出入境交通运输工具367万辆次,同比增长10.7%。福田口岸出入境人员3 415万人次,同比增长18.5%。广州铁路客运口岸出入境人员319.8万人次,同比增长18.2%。2011年广东航空口岸出入境人员913.5万人次,同比增长16.8%,其中广州白云国际机场口岸出入境人员748.7万人次,同比增长20.3%;深圳机场口岸出入境人员144.3万人次,同比增长4.8%。2011年广东省港口口岸整体保持安全运行,港口进出口货物量保持增长态势。经广东省水路口岸进出口货运量32 696.9万吨,同比增长6.3%,占全省进出口货运量的91.7%,其中进口货运量22 441.1万吨,同比增长8.6%;出口货运量10 255.8万吨,同比增长1.6%。经广东省水路口岸进出口集装箱2 353万标箱,同比增长0.2%,占全省进出口集装箱总量的87.1%。通过广东省港口口岸出入境人员1 059.6万人次,同比增长4.1%。

【口岸通关模式改革】一是横琴创新口岸通关制度相关政策获国务院批准。根据《国务院关于横琴总体发展规划的批复》,广东省口岸办积极会同省市各相关部门,牵头组织对横琴新区有关口岸通关政策的制定。横琴创新口岸通关制度相关政策经广东省政府上报国务院后,广东省口岸办多次派员赴京向国家相关部委汇报有关工作情况,在国家相关部委的大力支持下,国务院于2011年7月对横琴创新口岸通关制度相关政策予以批复,给予横琴新区口岸实行"一线放宽、二线管住、人货分离、分类管理"的分线管理通关创新政策,以及对"澳门居民进出横琴实行更加便利通关措施"等政策,为横琴总体发展规划的实施奠定了基础。二是口岸"一站式"通关模式工作由客车查验向货车查验推进。在出入境客车"一站式"电子验放的基础上,对横琴口岸完成了对出入境货车"一站式"电子验放系统的开发、设计和建设工作。

【口岸对外开放】组织对深圳大铲湾港区(一期)和汕尾红海湾港区进行预验收。2011年3月和7月,广东省口岸办分别会同驻深圳港和汕尾港口岸查验单位的有关负责同志组成验收组,对深圳港口岸大铲湾港区(一期)和汕尾港红海湾港区对外开放前的准备工作进行预验收。国家口岸管理办公室于2011年11月25日对深圳大铲湾港区(一期)正式验收。积极协调解决广东省一批码头泊位对外开放前的各种复杂问题,组织了对深圳港口岸深圳妈湾电力有限公司煤码头、珠海港口岸一德石化码头、汕头港口岸汕头暹罗燃气能源有限公司码头、湛江港口岸霞山港区210号码头、惠州港口岸中海炼油东联成品油码头、东莞虎门港口岸沙田港区油气化工码头、二期工程码头、阳江港口岸11号和12号通用码头等共8个项目、23个泊位对外开放的验收工作。这些码头在通过验收后经广东省政府批准正式对外开放，为广东省港口新增外贸吞吐能力2 965万吨和250万标准集装箱，进一步扩大了广东省对外开放范围和推动地方经济的发展。

【口岸基础设施建设】圆满完成了揭阳潮汕机场口岸建设的各项工作，确保了揭阳潮汕机场口岸与机场同步启用。2011年11月，广东省口岸办组织驻粤口岸查验单位对潮汕机场口岸的设施建设、作业流程及查验单位办公场所等进行了验收。揭阳潮汕机场的口岸功能启用得到国家各部委的大力支持，同意外籍包机、公务飞机和私人商务飞机在潮汕机场临时出入境。2011年12月15日潮汕机场正式投入使用，机场口岸功能也同步启用。完成了皇岗、深圳湾口岸改造工程，确保深圳大运会口岸通关安全畅顺。皇岗口岸出境大厅工程改造于2011年7月中完工并投入使用，新建旅检通道50条，新建出境客车通道10条。深圳湾口岸旅检大楼分层改造工程(一楼为入境大厅，二楼为出境大厅)于2011年2月18日开始施工，8月前全面投入使用，出入境旅检通道由原来的40条增加到102条。继续推进文锦渡口岸旅检大楼的扩建改造工程和拱北口岸旅检大楼改扩建工程。文锦渡口岸工程已于2011年6月全面动工，预计2013年年底前完工。拱北口岸扩建工程入境大楼的主体工程已完成，出境大楼的主体工程力争于2012年8月完工并投入使用；引导口岸资源整合，促进地方口岸做大做强。2011年5月，广东省口岸办根据肇庆口岸建设的实际情况，同意肇庆市的进出境货运车辆检查场进行业务整合，将肇庆市区的车检场予以关闭，将该车检场的业务整合到肇庆高新区的大旺车检场，推进车检场与各类经济开发园区的发展建设相配套。

【粤港粤澳口岸合作】粤港粤澳口岸开展货物"单一窗口"通关模式相关工作逐步落实。粤港方面：2011年5月，广东省口岸办会同香港特区政府商务及经济发展局共同牵头组织粤港相关部门召开了"单一窗口"通关模式可行性研究专家组会议，就"单一窗口"通关模式问题进行了认真研究，制定了力争到2014年实现让企业能够通过相关平台同时向粤港双方海关作出电子申报，实现"一次录入、分别发送"的目标，并达成在今后新开口岸各自实施"一站式"验放的共识。粤澳方面：2011年6月，广东省口岸办会同澳门特区政府保安司共同牵头组织粤澳口岸相关部门召开了粤澳口岸合作会议，同意启动"单一窗口"通关模式可行性研究。广东省口岸办将"单一窗口"通关模式具体任务分解到驻粤口岸各相关部门，进一步明确了推动"单一窗口"通关模式的目标及措施。

【泛珠三角区域合作】学习和借鉴兄弟省发展邮轮码头经验。2011年4月，组织驻粤查验单位对海南口岸邮轮码头建设和发展的专题调研，为推动广东省邮轮码头建设和监管工作开展打下了基础；支持广州港、深圳港、湛江港、珠海港依托深水良港条件和海铁联运、海陆联运优势，开展共建无水港工作的试点。2011年5月，广东省口岸办与贵州省口岸办就联席会议的相关事宜进行了磋商，并应邀出席了湛江市人民政府、贵阳市人民政府更紧密外经贸口岸合作启动暨贵阳海关、湛江海关区域通关合作备忘录签字仪式；与重庆市就粤渝口岸合作进行了交流和探讨。2011年9月，第三届泛珠三角区域口岸合作联席会议在贵阳市召开，广东省深圳、湛江口岸分别与贵州省签署了口岸大通关合作协议。

【口岸电子化建设】积极支持"来往港澳小型船舶快速通关系统"的推广应用。2011年11月，在广州牵头组织举办"来往港澳小型船舶监管新系统上线暨系统发展十周年回顾"活动，广东省有关部门、驻粤18个口岸查验单位、地级以上市口岸主管部门及有关协会和企业代表参加。会议总结了该系统建设运作以来的成功经验，并就扩大推广运用问题进行了沟通协调，得到检验检疫、海事等口岸相关单位的积极回应。积极支持关检合作，推进"区港联动"等便捷通关模式深化发展。全力支持广州海关与广东检验检疫局开展关检合作，并在南沙实施口岸通关作业"一次申报、一次查验、一次放行"试点，简化通关手续，优化通关环境；加强与口岸查验单位和运营企业的沟通衔接，进一步强化所在口岸对广州南沙保税港区、深圳前海湾保税港区发展的支持服务力度,完善、提升"区港联动"口岸通关运作管理水平。

【口岸协调管理】 粤港、粤澳合作框架协议口岸合作事项得到落实。进一步规范和加强对粤港过境车辆的管理,2011年安排新增和转走深圳湾口岸过境出租车50个班次,以适应过境旅客增长需求。对粤港直通货运车辆指标有偿使用缴费标准问题协调相关部门并报请广东省政府同意,保持指标有偿使用缴费标准至新规定出台,并将情况通报港方。协调解决了持有沙头角口岸过境出租车配额的客运公司出租车部分转走深圳湾口岸出入境事宜。协商解决了皇岗口岸至香港迪士尼专线配额调整事宜。协调处理文锦渡口岸客运临时关闭期间相关车辆因调整通行口岸遇到的各种问题。继续支持深港跨境学童校车服务事宜,粤港双方同意2011~2012学年适量增加跨境校车班次用于提供跨境校车服务。协调澳方通过粤澳口岸合作专责小组渠道成立穗澳口岸联络小组,促进《穗澳合作框架协议》中口岸相关事项的落实。积极开展一次性临时来往粤港小汽车管理实施工作,广东省口岸办牵头协调各相关查验单位落实一次性临时来往粤港小汽车查验方式及通道设置等口岸通关事宜,并与港方就相关通道设置对接、突发事件处置等问题进行磋商并达成共识。大型活动口岸通关保障到位。2011年广东省口岸办圆满完成深圳世界大学生运动会、广东省与世界500强和境外大型企业合作交流会的口岸通关各项工作,召集驻粤各口岸查验部门和重点市口岸管理部门进行专题研究,明确工作任务,制订工作方案和应急预案,全面落实各项安保措施、通关措施。重点口岸进行了有针对性的通关综合演练,提高了口岸应急防范能力。协调各相关部门落实做好大运会珠海备降机场的临时通关工作。牵头组织与香港相关部门沟通,落实保障大运会专用过境车辆的特别配额,确保了大运会期间车辆通关需求。解决关系国计民生物资通关工作有成效。针对广东省重点建设项目设备进口,以及广东省能源、原材料供应紧张的实际情况,积极主动争取国家主管部门和驻粤口岸查验单位对开放口岸水域内新建码头临时开放、临时性生产试运行的政策支持,为基层和企业做好服务工作。2011年以来,协调解决了粤电揭阳惠来靖海电厂煤码头、广州南沙中船基地修船码头、南沙粮食通用码头、深圳盐田港三期扩建工程、珠海高栏港区国际货柜码头3号和4号泊位,以及一德石化码头二期工程生产性试运行及延期问题,同时,还协调解决了广州华润热电公司煤码头、江门新会裕大管桩公司重件码头临时进靠国际航行船舶接卸作业,以及广州港大屿山、三门岛锚地临时进靠国际航行船舶接卸作业的延期问题等,共协助办理12个项目21次生产性试运行。对有关综合保税区和保税港区开展进口飞机租赁业务及广东省资源性、大宗货物码头规划建设情况进行专题调研,提出针对性措施和建议,为地方政府决策提供参考,促进扩大广东省外贸进口。支持外经贸企业转型升级稳定发展有措施。自深圳湾口岸建成开通后,因各种因素未能开放广东省外商投资企业厂车从该口岸出入境,经多次与港方有关部门协商研究,为更好促进粤港两地间物流运输持续、健康发展,充分发挥深圳湾口岸整体效能,同意广东省外商投资企业、来料加工企业自货自运厂车根据需要选择增加深圳湾口岸出入境,并从2012年6月15日开始实施。

【查验部门简述】海关总署广东分署 2011年在海关总署及广东省委省政府的正确领导下,围绕"加快转型升级、建设幸福广东"核心任务,深入学习实践科学发展观,坚持改革创新,优化海关服务,切实防范执法风险、管理风险和廉政风险,积极采取有效措施促进广东地方经济转型升级,全力支持促进广东经济社会平稳持续发展,各项工作取得一定成效。全力支持广东加快经济发展方式转变。落实广东省委、省政府决策部署,助力外经贸发展。坚决执行国家和广东省关于"扩大进口"的一系列战略部署,协助广东省政府研究制定《广东省扩大进口若干意见》。深入分析广东省鼓励进口产品的通关状况,引导所属海关制定有针对性的通关便利措施。推动制度顶层设计,协助广东加大对深圳前海、珠海横琴、广州南沙等区域的开放开发力度,协调所属海关量身定做扶持措施。落实《署省合作备忘录》,全力支持广东建设全国加工贸易转型升级示范。细化贯彻落实备忘录的具体措施。《署省合作备忘录》正式签署后,广东分署按照海关总署分工方案列明的7个方面30项具体任务,从"关贸企三方联网"项目推广、推进广东省级地方电子口岸建设、探索新型保税加工监管模式等方面着手,全力促进广东加工贸易转型升级、先行先试、科学发展,为全国加工贸易转型升级探索经验。广东分署联合广东省外经贸厅发文,对所属海关与外经贸部门提出工作要求,确定先行先试7个突破口,共同举办外经贸部门合同审批人员商品归类培训,配合地方政府在港举办政策宣讲会。牵头成立广东省电子口岸海关事务协调小组,协调推进海关、外经贸、企业"三方联网"建设。促进加工贸易企业内销便利化,推动加工贸易企业就地转型和梯度转移。通过建立"快速通道",全面推行"窗口作业",提供"一站式"服务,实现内销审核"即时申报、即时出单",同时进一步简化审价手续,试行内销"集中申报"模式,2011年广东加工贸易经批准内销征税款114.0亿元,同比增长11.6%。通过大幅简化加工贸易企业转型和搬迁审批海关手续,按原有分类管理级别享受通关待遇,以及比照"同一经营单位"方式办理保税料件和不作价设备结转手续等系列措施,支持非法人结构治理的来料加工企业实现不停产就地转型。积极探索创新海关保税监管模式,支持广东高端装备制造等战略性新兴产业发展。对属于高端装备制造、新型电子等战略性新兴产业,探索参照海关总署对飞机船舶等特殊行业的保税监管模式,解决新兴产业在保税加工中遇到的突出问题。探索创新加工贸易单耗管理制度,组织开展加工贸易单耗水平"离散度"课题研究。探索在东莞地区创新加工贸易备案、核销制度和监管模式,为总结并推广应用到示范区内其他城市积累经验。推进海关特殊监管区域整合,支持和促进广东现代服务业发展。积极促进白云机场综合保税区加快建设,支持深圳地区现有海关特殊监管区域整合发展,协助地方政府研究解决海关特殊监管区域的规划、整合和转型升级过程中遇到的问题。率先在广州、深圳两地推进国际服务外包保税监管模式试点工作。通过改革前海湾保税港区进出区监管模式,创新查验方式,推行跨境快速通关模式等方式,支持前海湾区域大力发展保税物流和冷链物流等高端物流业发展。贯彻落实"珠三角规划纲要",支持珠海横琴新区开发建设。积极研究在横琴新区全面推行"一线放宽、二线管住、人货分离、分类管理"的海关新型管理模式;积极在横琴探索建设全国首个电子围网区域监管模式,借鉴澳门海关通关管理制度,逐步推进内澳两地海关"监管互认、执法互助、信息互换",探索对横琴新区加工生产货物进入内地实行更加优惠的关税政策,对横琴已动工开发建设的横琴粤澳合作产业园等重大项目积极提供政策指导和支持。据统计,2011年广东省加工贸易进出口5 077.5亿美元,同比增长13.8%,占广东省进出口总值的55.6%,占全国加工贸易进出口总值的37.3%。广东已有4 213家非法人来料加工企业成功实现不停产转型,75%的高新技术产品和67%的机电产品出口来自加工贸易,内销征税同比增长12%。密切粤港澳海关合作,推动了区域贸易便利化。在更高层次上谋划和推进粤港海关合作。2011年,启动来往港澳小型船舶数据互换项目试验性操作,印发《来往港澳小型船舶数据互换方案》和《来往港澳小型船舶数据互换合作操作规程》。将粤港海关陆路货物查验结果参考互认全面推广至广东省所有车检场,同时查验结果的内涵扩充至包含X光机查验结果和人工查验结果。统一广东省内海关对"绿色关锁"的操作,制定出台《广东海关执行粤港海关陆路货物查验结果参考互认操作指引》并抓好实施工作。扎实有效推进粤澳海关合作。进一步完善粤澳海关查验结果参考互认项目,研究解决双方绿色关锁施封量不均衡的问题。在现有内地海关与澳门海关合作框架下,共同研究出入横琴新区的通关数据交换、海关查验监管结果参考互认、建立双方口岸海关点对点联系沟通制度,以及探讨"单边验放"做法的可行性。做好《海峡两岸经济合作框架协议货物贸易早期收获计划》实施工作。积极开展早期收获计划实施情况专项调研,关注和掌握在实施过程中的管理机制建设、政策宣传、货物通关、后续监控等各环节及通关中遇到的热点和难点等情况,积极向海关总署建言献策,推动和促进早期收获计划在广东关区的平稳有效实施。认真履行海关职责,努力促进广东经济社会科学发展。促进执法规范统一,提升海关监管的整体合力。通过对广东省内海关报广东分署备案的涉及通关、加工贸易等业务的规范性文件进行审核,及时将上下位法冲突、无上位法依据前提下限制相对人权利等问题反馈相关海关并提出解决建议。加大对"水客"走私治理法律问题研究,指导协调口岸海关加大打击"水客"走私活动。落实广东分署、广东省高检、广东省高法联席会议制度,建立省内海关行政执法评议考核机制,加强对执法程序和执法过程的评议考核工作,建立统一省内海关行政案件执法尺度及疑难问题个案解决的制度。强化税收征管工作,营造良好的进出口贸易秩序。建立海关税收征管长效机制,定期开展税收宏观监控分析,认真做好重点商品进口情况通报和价格协调工作。2011年广东省内海关税收实际入库2 991.20亿元,同比增长24.3%,占全国的18.2%。继续深化海关分类通关改革,圆满完成大运会安保任务。以《2011年推进分类通关改革实施方案》为指导,协调推进分类通关改革,广东省内7个直属海关已全部启动进口、出口分类通关改革。据统计,广东关区已实施分类通关改革的出口报关单中,有80%的报关单得到了低风险快速放行的便利,至少有90%以上的进出口企业享受过低风险快速放行的便利。保持高压态势,加强海关打私工作。深入研判广东关区的走私态势,组织开展汽车、"两废"、"水客"、红酒、洋垃圾、手表等专项情报调研。成功开展跨关区、跨省区专项情报经营,协调南宁、广州、拱北3个海关在粤桂两地同时行动,打掉"11·2"走私冻品团伙。根据海关总署统一部署,组织协调广东省内海关开展"国门利剑"、"国门K-9"和"清网行动"等7个专项斗争和联合行动。2011年,广东省内海关共立案走私犯罪案件778起,案值112.35亿元,涉税额23.32亿元,同比分别上升25.7%、11.3%和30%;对1 784名嫌疑人采取强制措施;查获毒品走私案件281起,抓获毒品犯罪嫌疑人152人,缴获毒品371.95千克。加强省内海关口岸的协调管理。积极配合总署、国家口岸办和广东省口岸办做好"十二五"口岸建设规划实施工作。指导协调所属海关开展口岸规划设置和建设,推动口岸监管场所的规范化、标准化建设,帮助改进海关各业务现场通关条件。配合广东省口岸办对二类口岸的清理整合,做好对外开放码头、车检场,以及新建码头、车检场的征求意见的反馈和检查验收工作。2011年制发口岸管理征求意见120份,办理开放码头、车检场口岸项目10个(16个泊位),办理生产性试运行码头项目11个,办理部分二类口岸的清理整合及挂港联运。加强海关知识产权保护,积极开展"双打"专项工作。认真贯彻落实国务院关于开展打击侵犯知识产权和制售假冒伪劣商品专项行动的部署,密切与省市地方有关执法部门的联系配合,建立执法联动机制。据统计,2011年,广东省内海关共查获侵犯知识产权案件1 850批,涉案货物约3 150万件,案值2.3亿元。拓展关企联系沟通机制,不断深化与商界的战略合作伙伴关系。多次组织召开港资企业转型升级、产业转移座谈会,并与相关行业协会建立长效联系沟通机制。积极宣传新修订的《企业分类管理办法》,开通"12360"海关服务热线,及时解答社会各界特别是进出口企业的咨询,受理并跟进管理相对人的投诉。

广州海关 2011年坚定不移打冻品、治"两废",实际监管更加有效。开展冻鸡产品专项治理,有效遏制了走私势头。由企及物,从源头上治理"两废",有效整治了盘亘关区十多年的"两废"顽症。认真解决来往港澳小型船舶的管理问题,中途监管逐步加强。进一步扩大进口分类通关改革试点,全面推进复查复验工作,关检"一机两屏"工作模式在机场、车站旅检口岸全面实施。着力增强税收征管能力,税收实现应收尽收。完善税收预测、实时监控、评估调控的工作机制,切实加强原产地管理职能,税收掌控能力明显增强。充分发挥价格、归类外脑机构的专家作用,深入开展商品价格分析,着力强化归类监控职能,为全国、全关税收工作提供优质的信息服务和技术支持。建立"四位一体"的审单作业模式,进一步推动审单作业与分类管理、职能专业优势与风险监控分析的深度融合,审单整体效能不断提升。2011年税收入库451.27亿元,同比增长2.17%。创建关警"混合编队"模式,反走私效能全面提升。深化关警融合,实现优势互补,协同作战。全力查办涉税走私大要案,查获多宗走私海鲜、大理石、葡萄酒等案值1 000万元以上走私违规大要案。调整优化缉私绩效考核指标,全面推行行政处罚案件简易程序,充分激发全关反走私工作主动性和创造性。严厉打击毒品走私,查办毒品走私案件206宗,查获各类毒品272.9千克,成功破获"5·6"利用网络招揽中国籍女子走私毒品等大案。完善风险监控分析中心运行机制,将风险分析方法直接引入企业分类。建立完善"三查合一"联系配合机制,落实"管查结合,规范为重"的稽查工作理念,以企业为单元统筹开展好稽查、核查、巡查工作。服务宏观决策,统计分析和政策理论研究成果丰硕。进一步丰富统计分析的层次、形式和内容,紧跟国家宏观经济走势和宏观管理政策落实情况,开展重点课题研究和分析,上报的统计分析文章12篇获得中央领导批示,为服务宏观决策发挥了积极作用。推进全方位合作,支持服务地方经济发展成效明显。与地方党政建立多层次、多渠道、常态化的联系合作机制和高层对话平台,加强与口岸单位、大型企业的紧密合作,与广州、佛山、肇庆、清远、广东出入境检验检疫局,以及中国银行广东省分行、马士基公司签订了合作备忘录。全力支持空港经济区、南沙新区、中新知识城等地方重点项目建设。认真贯彻落实《署省合作备忘录》,制定22项具体措施,促进广东加工贸易转型升级。出台支持广东省扩大进口23条政策措施,服务广东经济发展大局。开展和谐国门建设,推进关检合作,创新提出"三个一"的通关合作模式。全面推进窗口建设,创先争优成效明显。加大窗口建设力度,确立白云机场海关、内港办事处和南沙海关3个窗口建设重点单位,评选"十大闪亮窗口"和"十大服务先锋",带动全关窗口服务水平提升。建立30个"党支部示范点"和230个"党员示范岗",实行"亮身份、亮职责、亮承诺"制度,开展"比技能、比服务、比业绩"活动,着力提高服务水平。严厉打击进出口侵权货物违法行为,知识产权保护水平进一步提升。

深圳海关 2011年共监管出入境人员2.07亿人次,监管进出境运输工具1553.5万辆(卡、艘)次,监管进出口货物1.04亿吨、货值6129.1亿美元,监管进出境海运集装箱2165.8万标箱,监管进出口快件2408.8万件。征收税款入库1209.7亿元。立案走私案件5898宗,案值30.74亿元;查办走私罪案314宗。

货物通关监管。2011年,深圳海关货运监管业务在全国海关业务总量中占有较大比重,其中监管进出口货物总值占16.8%,监管进出境运输工具占59.5%,监管进出境集装箱占24.7%,监管进出境邮递快件占18.4%。进一步推行分类通关,对不同风险的进出口企业、货物进行分类处置,以提高货物通关速度。分别在19个业务现场启动出口和进口分类通关试点,业务覆盖海运、空运、陆运和铁运货物,83.70%的出口报关单和24.79%的进口报关单实现低风险快速放行,受到企业的好评。2011年8月18日,深圳海关与深圳出入境检验检疫局联合启动"出境法定检验检疫货物通关单电子放行"关检合作项目,先后确定中兴、华为等12家公司为试点企业,企业通过使用电子数据办理出境货物报关手续,企业通关不再出具纸质通关单,有效降低通关成本。

加工贸易监管。2011年深圳海关关区实有加工贸易生产企业约1.2万家;加贸企业新增953家,减少523家。为配合深圳经济特区经济结构调整,深圳海关出台"深圳海关促进加工贸易转型升级若干措施",组织人员深入企业举办宣讲会,为其转型升级提供政策指导;积极落实国家支持加贸企业扩大内销市场的政策,提高内销审批、归类、审价等工作效率,促进加贸企业向"一个企业、两个市场"转变,共有665家来料加工企业顺利实现转型升级注册,受到地方政府的肯定。继续完善加工贸易综合管理信息平台,该平台已具备239项具体功能,涵盖前期规范、合同备案、深加工结转、手册催核等加工贸易全过程管理,覆盖关区全部加贸企业,在全国率先实现海关、商务主管部门、企业三方电子化联网操作。据统计,2011年深圳关区加工贸易进出口总值为2852.23亿美元,同比增长19.5%,其中进口1005.28亿美元,出口1576.95亿美元。

企业管理。做好企业分类,通过对企业的守法记录和经营管理状况的综合评估,实施动态分类调整,共评定AA类企业30家、A类企业211家,上调企业类别262家/次,下调254家/次,办理继续适用A类以上企业157家。加强报关企业和报关员管理,净化报关环境,对报关企业注册登记许可申请进行100%实地勘验,通过现场拍照记录、约见企业负责人、核实备案人员身份等方法做好实质性审核工作,共注册新报关单位9 947家,注销896家;作出报关企业行政许可决定401家/次。

海关稽查。2011年,深圳海关稽查企业1 233家,覆盖率为5.26%。实行"三查合一",即将海关稽查、减免税核查和保税中后期核查统一归口管理,解决了加贸企业管理职责交叉、多头下厂的问题。为保障该项工作顺利开展,深圳海关陆续制定出台有关操作规范,加强对关区稽核业务进度的监控与管理。同时,深圳海关还引入中介机构参与稽核工作,在信息通报、重大事项商议、会计师事务所遴选等方面建立长效合作机制。2011年组织遴选出的12家会计师事务所配合海关对40家企业开展稽核工作,查发率达到50%,涉税约665万元。根据风险分析,对散热风扇、大理石、纸尿片、玉米、滤波器等行业进行了专项稽查,有力地促进了这些行业申报行为的规范和关区价格水平的提高,2011年实现追补税入库8 613.95万元,稽查有效率72.75%。

旅客行李监管。2011年,深圳海关日均监管进出境旅客56.85万人次,占全国总数的48.13%。为便利旅客通关,深圳海关坚持优化管理机制,开展业务量化考核、标准化作业模式等改革,有效提升工作效率和服务质量;同时开展共创和谐文明口岸活动,通过举行"走进海关"系列活动、邀请社会公众参观座谈、组织"送法制、送服务、送祝福"法制宣传等,促进社会各界与海关的沟通理解。组织开展"罗网行动"等打击"水客"专项行动6次,在口岸周边开展"打外围"、"端窝打点"突击行动,净化口岸周边环境。

业务改革。2011年,深圳海关重点推进区域通关改革,将通关服务范围扩大到泛珠三角区域,取得较好成效。推进"属地申报、口岸验放"通关模式,与全国27个直属海关完成结对手续,实现企业办理报关手续与海关实货验放作业的分离,减少了货物的转关运输手续,2011年共办理该类通关模式进出口货物5.04万票,货值58.48亿美元。扩大"跨境快速通关"业务模式覆盖范围。在企业提前申报载货清单电子数据的前提下,应用卫星定位管理设备和电子关锁等监控手段实施途中监控,实现对车辆及其所载货物在公路口岸自动快速核放。开展区域通关"组合模式"。将跨境快速通关与跨关区"属地申报、口岸验放"通关模式组合运行,充分发挥两者的长处。与重庆海关合作实施"海陆铁联运国际大通道"通关模式,其做法是:重庆关区将出口转关货物用集装箱装运并施加海关封志,通过铁路运至深圳盐田站,再经由陆路运输至各海运港口离境,全程运行时间由116小时缩短至53.5小时。

征收税款。2011年,深圳海关征收关税91.9亿元、进口环节税937.8亿元,合计占全国海关税收的6.38%,平均每个工作日征收税款净入库4.12亿元。在征税工作中,深圳海关税收部门建立税收监控科学管理机制,完善量化管理、激励制度,促使税收监控工作制度化、规范化、指标化。深圳海关还加强服务和执法合作,开展"送政策上门"活动,建立纳税大户企业服务平台,为企业提供个性化政策法律服务。为便利企业纳税,积极推动企业通过网上银行支付税款,2011年深圳关区税费网上支付额达到834.55亿元,同比增长18.63%,占关区全部税款的81.04%。落实国家各项进口优惠政策。2011年,深圳海关关区各类享受进口优惠政策货物通关均呈增长趋势。2011年,深圳口岸进口《内地与香港关于建立更紧密经贸关系的安排》项下零关税货物2.85亿美元,关税优惠1.89亿元人民币;进口《海峡两岸经济合作框架协议》项下受惠货物1.66亿美元,关税优惠4 129.25万元人民币,其中机电、贱金属、塑料及纺织原料等占进口总值的93.37%;进口东盟受惠产品货值11.84亿美元,关税优惠金额9.32亿元人民币;进口《中国—新加坡自由贸易协定》项下货物1.84亿美元,关税优惠金额1.62亿元人民币,其中乳制品及塑料制品占受惠总值的98.95%。

查缉走私。2011年,深圳海关立案侦办走私罪案314宗,案值39.4亿元,涉税9.2亿元;立案调查走私行为案件5 810宗,案值12.8亿元,涉税2.9亿元;立案调查违规案件18 683宗,案值60.7亿元。针对关区团伙化走私、行业性走私日益突出的态势,深圳海关坚持破大案、打团伙、摧网络、抓主犯,累计打掉3人以上走私团伙83个,抓获366人,彻底捣毁一批恶性职业化犯罪团伙;连破案值千万元以上的涉税走私大案24宗,其中案值过亿元案件5宗;破获"409、528"走私玉石系列案,打掉两个以低瞒报价格或伪报品名方式走私进口玉石毛料的团伙,刑事立案4宗,累计案值22.8亿元,涉税6亿元;查破"701"走私激光头系列案,破获一个利用快件和加贸渠道走私进口激光头的行业性团伙,查获走私激光头4 900余万个,案值近9亿元,刑事立案9宗,抓获嫌疑人74名;查办走私枪支罪案13宗,查获枪支856支、配件44 000余件,抓获犯罪嫌疑人17名。查禁毒品走私。2011年,深圳海关查获毒品走私案件47宗,缴获海洛因、咖啡因等各类毒品58.29千克,抓获涉案人员47人。

知识产权保护。2011年,深圳海关共采取知识产权执法措施5 500多批次,查处侵权货物1 900多万件,案值1.8亿元。侵权的物品主要集中在机电产品、香烟、箱包、化妆品等商品。

促进区域和地方经济发展。2011年,深圳市实现进出口值4 141亿美元,连续19年名列全国大中城市外贸出口之首。深圳海关重点扶持当地高新产业,以实际行动促进地方经济发展。深圳海关对高新产业实施"贴身服务",实行24小时通关服务、设备快速通关、直接到厂卸货、"提前报关,货到放行"等,为企业节省通关成本。对陷入困境的高新技术企业,建立便捷服务机制和应急通关机制,帮助和支持企业经营。

黄埔海关 2011年按照"把好国门、做好服务、防好风险、带好队伍"的总体要求,强调"统筹为要、务实为本、创新为魂、稳定为重",在全面构建"大业务、大政工、大保障"三大机制的基础上,重点推进分类监管、促进加工贸易转型升级两项改革,各项工作总体上保持了平稳发展态势。2011年征收税款达1 000.26亿元,同比增长44.1%;监管进出口贸易总值为2 050亿美元,同比增长13.1%;监管货运量8 501万吨,同比增长3.9%。分类监管不断深化。按照"守法便利、属地管理、符合规定、切合实际"的原则,在接单、审单环节对报关单进行风险分流的基础上,探索在监管前、中、后期全面实施差别化管理,将分类通关向覆盖海关监管全程的分类监管纵深推进,即根据企业风险大小,设置"便捷管理"、"常规管理"和"严格管理"3类措施:对A类及以上企业实行"便捷管理",特别是对大型生产企业(来料加工企业除外)按照海关总署户籍式管理的要求实行更加便利的"属地管理"模式,集中提供单证暂存等12项便利;对B类或信誉度不清晰的企业实行"常规管理";对C、D类企业实行"严格管理"。明确由口岸海关对属地管理企业实行"口岸放开、属地管理、定期监控、及时提醒"的监管方法,主管海关则加强对企业的后续管理,对企业一般性的差错行为实行"以帮为主";建立海关事务协调员制度,由协调员为企业提供政策指引和业务咨询;在给予属地管理企业便利优惠的同时,根据价格水平、单耗率、柜重水平等情况对属地管理企业的进出口和守法情况定期进行监控分析,确保企业风险可知、可控。截至2011年年底,黄埔海关已对124家企业实行属地管理。实践证明,推行属地管理改变了以往将主要精力放在口岸的监管模式,有利于资源的合理配置,基本实现了监管时空的前推后移。2011年黄埔海关平均海关作业时间为0.218小时,同比降低70.8%;企业累计暂存报关单证突破8万份;企业申请晋级的积极性明显提高,2011年共批准A类企业430家,同比增长187%。促进转型升级稳步推进。为贯彻落实海关总署和广东省政府签订的《关于共同建设全国加工贸易转型升级示范区推进转变发展方式合作备忘录》,按照"共同推进,先行先试,合作共赢,责任共担"的原则,加强与东莞市、广州市的沟通协作,出台了《支持东莞建设全国加工贸易转型升级试点城市的指导意见》,制定了推动企业就地转型、促进内销便利化等36项措施。一是推广三方联网,2010年年底开出全国首本三方联网手册,已确定228家试点企业,开出手册369本;二是实行属地管理,与115家信誉好、规模大的A类以上生产型加工贸易企业签订《属地管理合作备忘录》;三是深化联网监管,开发"黄埔海关深化联网监管辅助管理系统",并于2011年12月投入试运行;四是加强社会共管,通过数据交换和信息共享,强化对加工贸易业务的协调管理,与社会一起共同推动加工贸易转型发展。黄埔海关2011年加工贸易实际进出口值1 249亿美元,同比增长5.8%;共有3 500余家非法人来料加工企业成功转为法人企业,占原来料加工企业的58.3%。税收征管量质并举。围绕"保增长"和"提质量"下工夫,注重发挥海关税收征管的财政、保护和调节功能。为"保增长",坚持"以服务换客户",积极涵养和扩大税源,打造新沙海运汽车整车进出口的口岸品牌,以高效率通关增加对优质税源的吸引力。2011年黄埔海关在税收总量上突破1 000亿元,列全国海关第6位。不断健全税收征管领域风险防控机制,修订和完善商品归类等15项业务管理制度,加大对规范申报准确的指导和管理力度。一般贸易价格水平、重点税源价格水平等税收征管指标均位于绿色区域,审价补税名列全国第8位,归类补税继续保持增长势头。打击走私战果突出。以增强关区打私合力为中心,继续加大打私工作力度,维护正常的进出口贸易秩序。完善工作机制。健全缉私与稽查"前伸后延"办案机制;深化专项情报调研,强化缉私情报与风险管理等部门的协调配合;完善关区反走私工作联席会议、反走私绩效评估等制度,强化了信息共享、执法联动和结果互认;稳步推进保税中后期核查和减免税核查,"三查合一"后续管理新机制初步形成。突出工作重点。坚持个案打击和专项行动相结合,集中力量打击关区重点行业、重点商品、重点渠道的走私活动。全警动员开展"清网行动",提前完成相关任务要求。提升工作成效。2011年刑事立案、行政立案、罚没入库等主要业务指标继续保持全国前列。"三大风险"有效防范。围绕"一条主线、四个同步"的基本思路,坚持执法、廉政和管理三大风险同步防范,重点防范执法风险向廉政风险的转移。注重机制构建,确立了风险管理委员会和内控领导小组"双轮驱动"的格局,实行内部风险与外部风险"双析双控"的工作模式,有效防控全局性、系统性风险。注重风险监控,充分运用高科技手段进行监控分析,将防范执法风险的重点放在二类小码头和敏感商品的监控上,查发了牛皮、玉石、冻鸡、红木等典型案件。注重内外兼修,对内继续保持反对腐败高压态势,深入开展警示教育活动,重点开展预防渎职侵权犯罪工作,将预防渎职侵权纳入"一案双查"范畴;深入开展报关市场专项治理行动,强化与地方公检法部门的联系配合,执法环境不断净化。注重内控管理,制定《黄埔海关内控机制建设工作办法》等6个专门文件,结合HL2008、风险管理平台等完善内控节点体系建设,梳理出116个非执法领域内控节点,基本实现执法和管理活动痕迹"进系统、可追溯、能监督"。

  拱北海关 2011年按照"四好"总体要求,统筹推进各项改革和建设,进一步优化海关监管服务,整体工作稳定发展并取得新的成绩。优化监管服务,全力支持地方经济社会发展。全力支持地方重大项目建设。落实《横琴总体发展规划》和《国务院关于横琴开发有关政策批复》,起草《横琴新区海关监管实施方案》,探索建立全国首个电子围网区域管理新模式。积极为澳门大学新校区、长隆国际海洋度假区建设提供通关便利,积极推进港珠澳大桥、高栏港、中山保税物流中心等地方重大项目建设。大力支持外贸发展。深化分类通关改革,圆满完成实施企业出口单证暂存试点任务,低风险快速放行报关单90万份,占报关单总量的77.67%。落实署省合作备忘录,开展支持高端装备制造等战略新兴产业试点,全面推进三方电子化联网和内销便利化,促进加工贸易转型升级。2011年内销征税9.13亿元,同比增长19.7%。积极支持区域经济合作。落实《粤澳合作框架协议》,探索粤澳海关统一公路电子载货清单,推进内澳海关查验结果参考互认。充分发挥拱北原产办作用,落实港澳CEPA和台湾ECFA政策。进口澳门CEPA货值1 200.67万美元,关税优惠642.78万元,同比分别增长43%和60%。大力推进"阳光海关"建设。做优"关企面对面"品牌,成功承办海关总署"海关·企业面对面十年历程"专题在线访谈。"12360"热线运行稳定,解答咨询4 000多次,网上业务咨询受理率、办结率、满意率分别达到100%、100%、99.5%。推进和谐海关建设,构建关企合作伙伴关系,加强与地方党政联系沟通,密切与各口岸联检单位与执法部门的执法互助,共建和谐国门、和谐口岸。强化综合治税,税收征管再创新高。坚持量质并举,以质为先,加大综合治税力度,确保应收尽收。2011年税收实际入库138.4亿元,同比增长12.4%。推广税费电子支付,电子支付征收税款和保证金7 796万元;网上支付税款26.05亿元,同比增长34.21%。保持打私高压态势,积极推进综合治理。2011年共查办各类走私违法违规案件3 927起,案值46.24亿元。组织开展"国门利剑"等打私专项和联合行动14次,查获案值超千万元大案29起,打掉较大的走私团伙14个。建立反走私形势分析例会制度,完善反走私绩效评估体系,深化关警融合,推进综合治理。实现缉私补税3 795.78万元,罚没实际入库1.33亿元。夯实业务基础,进一步加强正面监管。开展"夯实基础、规范管理、强化落实、提升效能"专题活动,加强运输工具监管,强化舱单核销监控,关区舱单核销率99.98%,推进监管场所规范化建设。探索旅客分类监管,规范行邮快件监管。着力构建"专业型、风险式、智能化"审单作业模式,完善规范申报管理制度,实施分类审单、巡回审单、驻点审单,规范申报率达95.9%,在全国海关位居前列。加强单耗管理,完成2项署级单耗研究课题。优化风险管理,创新模式成效显现。创新风险管理模式,构建关区风险分析监控中心,打破部门界限,实行8个业务部门和监察、督审等监督部门合署办公,探索对执法、管理和廉政风险的集中管理、全程跟踪、综合处置,关区8个风险考核指标均保持较好水平。"三查合一"改革顺利实施,强化稽查核查职能管理,稳步推进引入中介机构参与稽查工作,稽查核查业务绩效考核指标均达到或超过海关总署的要求和标准,圆满完成"三查合一"工作机制署级课题。推进海关信用管理和企业守法管理,加大诚信守法企业培育力度,AA类企业达130家。优化"关企E线通"系统,率先在全国海关建立"电子+实地"巡查模式,实地巡查企业673家,超额完成海关总署考核任务。对外提供742家企业的资信情况,扩大海关信用在社会信用体系中的影响力。加强涉证商品日常监控与分析,加大对自主知识产权的保护力度,2011年查处侵权案件369宗,案值583.27万元。拓宽统计分析深度和广度,编发监测预警信息198期。科技保障能力进一步增强,大力推进关区H2010综合业务网络平台建设,认真落实信息系统安全等级保护制度,保障信息系统安全稳定运行。

汕头海关 2011年实现税收入库46.59亿元,比增15.35%。货运监管渠道,共监管进出口货物2 155.88万吨,货值163.40亿美元;监管进出境汽车14.81万辆次、船舶7 574艘次、航空器1 753架次。行邮监管渠道,共监管进出境旅客185 483人次,进出境邮递物品13 798件、邮政快件59 861件、非邮政快件78 015件,以及印刷品、音像制品103 317件;征收行邮物品进口税共计人民币34 071元,非邮政快件征收进口税1 720.81万元。加强通关业务改革。继续推进进出口分类通关改革。2011年,汕头海关出口报关单平均海关作业时间仅0.1小时,比2010年的0.44小时缩短77.27%,通关效率显著提高。推进"属地申报、口岸验放"通关模式。汕头关区开展该项业务的企业共有29家,2011年,共办理"属地申报、口岸验放"业务的报关单645份,金额约2 768万美元。参与和推动泛珠三角区域海关合作,稳步推进区域通关一体化。在陆运车检场全面上马"绿色关锁",在港口办事处试点海运"绿色关锁",实现粤港海关查验结果互认,确保汕头海关区域通关改革顺利推进。推动口岸和海关监管场所建设。做好揭阳潮汕机场转场和对外开放工作。按照安全严密、统一有序、工作不断的原则,确保搬迁转场工作顺利进行,实现监管工作无缝对接。大力支持揭阳潮汕机场口岸申请对部分外籍飞机临时开放,同意揭阳潮汕机场启动有关准备工作申请通过口岸开放验收。做好口岸的验收和临时开放工作。办理惠来电厂煤码头临时开放、外砂机场转场前对部分外籍飞机临时开放等事项,参加汕尾港口岸红海湾港区进靠国际航行船舶进行生产性试运行的预验收、汕头港口岸广澳港区汕头暹罗燃气能源有限公司码头对外开放正式验收等工作,办理揭阳港口岸新增港区扩大开放事项。加强海关监管场所管理。对关区符合条件的9家监管场所,按规定办理备案、验收手续,进一步规范监管场所管理;安排专人对汕头港务第四分公司煤码头、潮州市欧华能源气库码头、海门电厂煤码头、惠来电厂煤码头、汕尾电厂煤码头、暹罗气码头等多个能源进口口岸的海关监管场所建设进行指导,促进了粤东能源基地建设。推动粤东地区对台贸易发展。支持对台海上货运直航。落实对台直航船舶实施"即靠即卸、边装边卸、装完即离"的监管模式,对直航业务提供24小时预约服务和咨询服务,设置直航业务专门通道,为直航货物提供通关便利,灵活调整查验比例等措施,推动汕头港对台货运直航航线的快速发展。2011年,汕台直航完成178航次,进出口标箱20 271个,货运量14.6万吨,货运量比2010年增长33.9%。促进《海峡两岸经济合作协议》(ECFA)实施。以ECFA实施为契机,引导企业充分运用税收优惠政策及便利措施;实施便捷通关制度,开辟"专用通道",实行"提前报关"和"预约报关"等,大力推动关区与台湾的进出口贸易发展。2011年汕头关区ECFA项下商品进口272.71万美元,实征税款404.78万元,税款优惠110.27万元。支持粤台经贸合作试验区建设,推动海峡两岸合作南澳实验区和潮南台湾农民创业园等载体的建设和发展。优化纳税通关便利服务措施。推行税费电子支付系统,推动网上支付、担保业务,通过与其他纳税通关便利措施捆绑实施、互联网在线访谈,实施税收量大现场专人帮扶、纳税大户"保姆式"贴身跟踪服务等措施,既保障国家税款及时入库,又方便进出口企业,降低纳税人纳税成本。2011年,关区实施电子方式支付税款的企业38家,合作银行6家;税额7.22亿元,同比增长36.48%,占关区同期总入库税款的15.50%。加强优惠原产地管理和减免税审批。2011年,累计享受优惠原产地协定税率进口货物货值6.04亿美元;征收税款6.78亿元,占关区征收税款总额的14.55%;税款优惠金额1.74亿元。审批征免税证明498份;审批减免税货值21 867.9万美元,同比增长47.3%;审批减免税15 402.3万元,同比增长53.1%;对减免税货物征收增值税2.0亿元,同比增长56.9%;备案项目85份;用汇额度22 497.7万美元,同比增长18.1%。设立内销"快速通道",简化审价程序,促进加工贸易企业内销便利化,方便企业办理加工贸易货物内销征税手续,经批准内销征税2.18亿元,同比增长47.8%,创历史新高。进一步加强政策研究和统计分析。支持汕头市争取国家海西政策工作取得实效,按照"现实需求、切实可行、适当超前"的原则从海关角度提出7大类19项内容,汕头市政府已将有关建议采纳并转化为政府内部责任分工。紧扣中央经济工作会议的有关部署,重点关注贸易摩擦、贸易平衡、热钱流入、人民币汇率和输入型通胀等热点问题,积极提出加强和改善宏观调控的政策建议。紧扣粤东地方党政的需求和外贸工作的热点问题,加强对外贸领域重点行业、重点商品进出口动态监测预警和科学分析,2011年向粤东五市报送监测预警报告61篇、调研报告4篇,及时向地方党政部门反映地方外贸发展状况,积极为地方外贸发展建言献策。推进粤东电子口岸建设工作。加强电子口岸综合服务项目建设。开展2011年电子口岸建设计划实施前的协调与具体工作措施的落实,争取地方政府及相关部门的大力支持。完成粤东电子口岸物流信息服务平台第一期(进出境船舶联检系统)和粤东电子口岸短信平台的开发应用、粤东电子口岸门户网站下移的部署,以及电子口岸预录入数据本地化部署工作和粤东电子口岸关贸服务系统开发前期准备工作。不断提高应用系统客服工作质量。2011年,共受理热线电话5 281个,其中电子口岸业务类热线电话2 555个,技术支持类热线电话2 117个,其他类599个,客服一线办结率为72%,客户满意度为100%。加强知识产权海关保护。推动知识产权保护与加快产业发展相结合,以"第13届中国澄海国际玩具礼品博览会"的举行为契机,开展海关知识产权保护集中宣传,成功举办"汕头海关知识产权海关保护新闻发布会",中央电视台、人民日报、新华网、人民网等中央媒体对汕头海关支持和促进地方经济发展的工作进行了报道,取得了良好的社会效果。成功承办了"海关总署华南地区海关与日企知识产权意见交流会"。同时,加强对从事贴牌加工企业的引导,有效规范加工贸易企业经营行为,并引导和扶持企业进行技术改造和产品升级,创立自主品牌,实现自主创新。2011年,汕头海关共采取知识产权海关保护措施41次,涉及进出口货物130多万件,货值1 800多万元;查获侵权案件13宗,查获侵权货物16万件,案值约62万元,查获案值和货物数量同比均大幅提高。

江门海关 2011年监管进出口货物总值169亿元,同比增长23.3%,监管进出口货值和货运量创历史新高;立案走私案件15起,案值1.67亿元;处理违规案件163宗,案值2.96亿元;上缴罚没收入1 931.45万元,同比增长46.91%。强化税收征管,税收质量取得了新突破。2011年,江门海关税收净入库46.09亿元,同比增长49.11%,其中通过海关审价补税2 601万元,归类补税273万元,同比增长66.6%。以主要税源企业为重点,大力推广网上税费支付,关区企业网上税款支付6.31亿元,同比增长35.12%。优化通关监管服务,提升实际监管水平。规范监管场所建设,加强日常管理,关区监管场所验收合格率100%;顺利实施来往港澳小型船舶快速通关系统试点工作,加强舱单管理、船边监装监卸,完成车检场卡口控制与联网建设,大力推进风险式查验管理,稳妥推进分类通关改革,2011年关区分类通关报关单18.85万份,占报关单总量的一半以上;加强海关的外部合作,积极开展和谐口岸建设,关检"一机双屏"查验合作模式全面推进实施。落实署省合作备忘录,促进加工贸易转型升级。认真贯彻落实署省合作备忘录,在与江门、阳江两市合作关系备忘录框架下,分别与两市政府签订了共同推动加工贸易三方联网合作协议,2011年共有66家企业实现了"三方联网",有46家非法人来料加工企业办理了不停产转型手续,保税加工内销征税1.97亿元,同比增长8.2%,转型升级初见成效;积极支持和配合地方产业转移园区建设,关区所辖产业转移园区已迁入企业36家;主动为"鹤山物流港"项目提供海关政策指引,支持保税仓库和出口监管仓开展业务,为地方保税物流业发展提供有力支持。落实通关便利措施,促进地方经济跨越式发展。拓展"属地申报、口岸验放"等区域通关模式应用范围,结对口岸从9个增加至12个,2011年该模式进出货运量6.4万吨,货值4.1亿美元,征收税款3.25亿元。认真落实《中国—东盟自由贸易协定》、ECFA等优惠贸易协定,关区受惠货值2.73亿美元,享受税款优惠1.43亿元人民币,有力地支持了企业开拓市场。落实《粤澳合作框架协议》、支持和服务澳门及葡语系国家商品展销中心建设的有关工作得到了广东省领导和澳门特别行政区行政长官充分肯定。进一步夯实统计基础建设,统计服务水平不断提升。继续做好统计监测预警分析工作,为国家宏观调控、外贸政策调整等提供可靠依据和决策参考。2011年,江门海关上报的进出口监测预警信息271篇中被中央办公厅、国务院办公厅采用8篇。参与海关总署"劳动密集型产品的转型问题"调研活动,牵头承办"研究海关如何在消除广东外贸的结构性不平衡状态中发挥更大的作用"等项目,派员参与了"十一五"中国外贸监测报告的撰写工作。保持打私高压态势,建立反走私区域合作机制。查获了海关总署缉私局一级挂牌督办的"1·13"特大红油走私案,案值2.59亿元,涉税8 381万元。组织开展和参与了"黄雀"行动、"国门利剑"、"国门K-9"、"海鹰"行动等21个专项行动。根据上级部署组织开展网上追逃专项行动,敦促19名网上在逃人员投案自首。建立反走私区域合作机制,推动地方政府及执法部门共同签订了江门市打击走私综合治理协作备忘录,与湛江海关缉私局签订打击走私合作备忘录,参与签署了粤西三市区域打击走私合作协议,健全与江门、阳江两市打私执法机关的联席会议制度。

湛江海关 2011年监管进出口货物6 670万吨,同比增长13.8%;进出口货物总值317亿美元,同比增长48.9%;税收净入库278.84亿元,同比增长62.92%,监管进出口货运量、进出口货物总值和税收净入库均创历史新高。深化大监管体系建设,提升监管整体效能。推进监管联动标准化和外勤监管正规化建设,促使监管联动作业衔接顺畅、高效统一,促进海关执法的规范和统一。推进风险管理运作实战化。通过开发风险管理库和完善直属海关风险管理平台,实现风险管理库与监管信息移动平台的联网,推进风险与缉私、内控部门的两个联动,全方位构建高效运行的风险管理机制。扎实推进"三查合一"工作,有效整合后续监管资源,提升后续管理工作效能。加大税收征管的统筹监控力度,着力强化归类、审价、加工贸易管理、减免税管理等税收职能,完善税收征管机制,提升征管调控能力,综合治税工作取得明显成效。着力提升通关监管效能。启动进口货物分类通关改革,落实"由企及物"的管理理念,使关区进出口货物全部实现分类通关,进一步提高通关效率;开发升级物流辅助管理系统,进一步完善卡口管理系统,全面加强对监管场所的管理;调整审单职责,完成风险预警系统规范申报模块的开发和部署,规范申报和审价作业质量得到进一步提高。加强知识产权保护。加大知识产权保护宣传力度,深入企业了解自主知识产权保护情况,并在关区范围内开展打击侵犯知识产权和制售假冒伪劣商品专项行动,取得显著成效。加强与地方党政合作,努力实现发展共赢。深化关地更紧密合作机制。湛江海关继2010年与湛江市政府签订更紧密合作备忘录之后,2011年分别与湛江经济技术开发区管委会、茂名市政府签署了更紧密合作协议,进一步深化双方合作共赢、共同发展的战略合作关系;针对地方党政换届,主动走访地方党政新任领导,通报海关工作情况,并多次邀请地方党政领导到湛江海关调研指导,共同研究湛江东海岛开发建设、海关特殊监管区域申报建设、重大项目落户建设等工作,体现了海关主动服务经济社会发展的态度和诚意,得到了地方党政领导的高度评价。落实署省合作备忘录,服务加工贸易转型升级。根据署省合作备忘录的要求和广东省促进加工贸易转型升级的部署,重点做好粤西承接珠三角地区"双转移"服务工作,大力支持湛江、茂名产业转移园区建设,对进驻的项目优先办理相关手续。同时,积极向地方党政建言献策,引导各县区产业园区合理布局,推动县域经济向板块经济、园区经济合理、均衡发展。加强和谐口岸建设,服务区域经济发展。以关检更紧密合作为突破口,共同维护口岸良好的秩序。湛江海关与湛江出入境检验检疫局签署关检更紧密合作协议,较好地解决"一机两屏"等关检合作中存在的现实问题。在此基础上,关检双方以构建"有序高效、统一规范、合作共赢、文明和谐"的口岸管理新格局为目标,向南海舰队、边防、海警、边检等单位发出了共建和谐口岸的倡议,提出共同推动建立合作共赢的口岸管理新体系、联合执法的新机制、统一执法的新规范,得到了各兄弟单位的积极回应,有力地推动了和谐口岸建设。深化关港合作、区域通关合作,服务大港口大物流发展。在湛江海关与湛江港集团更紧密合作机制的框架下,进一步拓展和深化关港合作:全力支持湛江港新增国际集装箱航线,为北海炼化在湛江港减载过驳提供通关便利,开通"湛江—云南—缅甸"成品油过境业务,主动开展转关业务;积极协助港口企业谋划老港区改造和新港区规划建设,进一步优化港口功能布局,并采取一系列积极措施有效服务和促进临港工业发展;与贵阳、昆明海关合作,深化区域通关合作成果,进一步提升湛江港口辐射能力,有力地促进西南地区经济建设和粤西地区物流业的发展。继续推进与大型企业新型合作关系,服务大项目建设。积极服务粤西钢铁、石化、造纸等重大项目建设,引导企业用好国家相关政策,为企业进口设备提供优质高效的通关服务。开展粤西地区加工贸易转型升级调研,积极支持粤西水产、家电等特色产业和骨干企业的发展;注重发挥12360服务热线作用,及时解答、解决企业在通关中遇到的疑难问题,有效提升服务水平。加强缉私能力建设,"精准狠"打击走私。加强缉私能力建设。针对湛江海关海岸线长、地理环境复杂的特点,为提升快速反应能力,组建成立了缉私应急机动分队和摩托艇中队,探索建立正规化、现代化的缉私指挥体系,进一步增强反走私指挥调度、实战协同和快速反应能力。加强反走私综合治理。与粤西湛江、茂名、阳江等3个地级市的21个执法部门共同签订了打击走私合作谅解备忘录,在缉私、情报等方面开展广泛合作,开创了反走私综合治理的新局面。打击走私战果突出。湛江海关先后开展了元旦和春节打私联合行动、成品油专项行动、海风行动、国门利剑等专项行动,查获了被海关总署缉私局列为一级挂牌督办案件的"10·29"冻海产品走私案等一批大案要案。2011年共立案98宗,案值10.33亿元,涉税2 312.88万元,同比分别增长25.64%、19.86倍和2.81倍;罚没收入4 052.3万元。

广东出入境检验检疫局 2011年共检验检疫出入境货物399.42万批,货值2 429.28亿美元,同比分别下降4%和增长17.5%;检出不合格货物2.64万批,总货值79.36亿美元,批次和货值不合格率分别为0.66%和3.27%,同比分别增长0.1%和0.2%。从进境植物及其产品中截获有害生物和有毒有害物质2 153种86 715次,同比分别增长14.58%和21.8%;在进境种用动物中检出猪结核病等人畜共患病和猪蓝耳病等烈性传染病41头。检疫查验出入境人员1 553.65万人次,同比增长8.84%;发现可疑症状病例2 127人次,同比下降37.7%;预防接种15.88万人次,同比增长2.54%。检疫交通工具579 892架(辆、艘);检疫集装箱881.22万标准箱,同比下降8%,其中检出45 718个有问题的集装箱,同比下降46.45%。2011年共签发出入境货物通关单395.23万份,同比增长90.2%。抓质量。广东出入境检验检疫局坚持开展质量调查和评估,完成了《2010广东出口商品质量安全评价报告》,初步构建了出口商品质量安全评价体系,为广东省政府产业结构调整决策提供了参考依据。针对广东外经贸质量管理工作现状,向广东省人民政府提出了6个方面的推动进出口质量水平提升的工作建议及重点措施。将不合格率、覆盖率、优惠关税利用率等"三率"纳入业务统计分析指标,形成了广东检验检疫质量监控指标体系,建立了监管成效统计分析指标。增强了认证认可准入把关作用,实现了认证执法监管从"重末端检验"向"全过程监管"、从控制型向监管型、从重评审与准入向监管与动态管理并重的"三个转变",2011年共受理企业申请1 899家次,组织评审企业2 538家次,审批发放各类证书1 970份,辖区备案注册出口食品企业1 176家,出口质量许可获证企业1 906家。保安全。建立完善了以"企业分类+产品风险分级"为基础的出口商品合格评定体系,初步实现了从传统检测放行到全面合格评定、从个人判定到程序化判定、从报检批检验到整体质量把关。在风险监测的基础上,对重点敏感商品数据进行了整理和比对分析,深入分析存在的风险种类和高风险区域,有针对性地制定、实施防范措施,建立完善了突发事件处置工作机制。加大了打击违法行为力度,重拳整治骗取检验检疫证单行为,核查企业2 975家,查实涉案单证2 053票,货值达9 371万美元。在"双打"行动中立案查处各类违法案件214起,捣毁假证窝点12个,涉案金额达9 640.73万元。加强了检验检疫监管,强化出入境人员传染病监测,检出甲型H1N1流感55例、疟疾18例、登革热9例、基孔肯雅热1例。强化对涉及国计民生的大宗资源性商品和高风险进出口商品的检验监管,发现来自美国的丰田坦途越野车存在质量安全问题;检出并成功退运多批有毒有害元素超标的矿产品,以及我国禁止进口的矿渣、违规进口的旧机电产品。动植物疫情截获率大幅提高,有效保证了广东经济和生态安全。各旅检口岸从入境旅客携带物、邮寄物中截获禁止进境物43 585批,检出有害生物8 182批。强化了食品安全监管,坚持重点产品从严监管,检出来自55个国家和地区的不合格进口食品2 420批,检出率达3.6%。大力推进出口食品农产品示范区建设,湛江、江门、惠州、梅州、清远、河源、汕头等地已建成和在建9个示范区,涉及出口企业近500家,其出口产品质量和数量均有显著提高。及时妥善处置了输美食品含三聚氰胺、广东生菜和油麦菜检出放射性物质污染、台湾塑化剂等食品安全突发事件。促发展。积极推动国家质检总局与广东省共建全国加工贸易转型升级示范区合作机制,成功促成签署局省合作备忘录,并提出了39条贯彻落实工作措施。与广东省外经贸厅签署了共促外经贸转型升级备忘录,建立了九大合作机制,明确了21项合作内容,推动形成检验检疫机构与外经贸主管部门共同服务广东外经贸发展大局的良好局面。进一步优化了检验检疫通关环境,积极探索检验检疫通关单无纸化业务模式,加强与海关的协作,研究制定了电子放行制度;与广州海关签署了全面深化合作的备忘录,拟在南沙"先行先试",实行"一次录入、一次开箱、一次核放"的工作模式,进一步提升通关便利化水平。进一步优化完善了跨省、跨辖区、跨关区的直通放行制度,建立了粤渝、粤黔直通放行合作机制,促进了中部地区经济发展;与福建、厦门、浙江、江西等局签订了《海峡西岸经济区检验检疫合作备忘录》,在检验检疫通关、涉台检验检疫工作等方面建立了合作机制,促进了区域经济协调发展。对重点项目给予特殊优惠政策,确保了阳江核电、中海炼油、亚太纸业、广州港机械卸船机项目等大型项目进口设备和物资的引进及时到位。全力推进公共技术服务平台建设,分别在顺德、佛山、东莞、惠州、汕头、江门、广州启动建设了8个公共技术服务平台,为广大中小企业提供标准信息、质量评价、技术培训、技术支持和认证检测等五大公共增值服务。积极支持优势企业做大做强。帮助企业获得出口免验资格,辖区免验企业达到

21家,为出口免验企业减免检验费2 300多万元。不断完善检验检疫科技信息化服务,在全国独家采集、开发成功新兴市场标准检索模块,实现了中国国家标准、行业标准、地方标准,以及拉美、中东、东盟12个新兴市场国家和地区标准的全覆盖;"标准信息快车"点击率突破110万人次,在线下载标准超过4.2万件,在线查询新标准超过3万条。进一步加强了优惠原产地政策宣传和指导利用工作,尤其是对自贸区等新兴市场的关税优惠利用率大幅增长,2011年共签发各类原产地证130.37万份,签证金额403.08亿美元,为企业获得关税减免12.53亿美元,同比分别增长38.82%、57.1%和42.06%。有力促进了粤港澳台合作发展,认真落实粤港、粤澳合作框架协议,采取有效措施,积极稳妥应对香港、深圳等地发生的禽流感及人感染禽流感事件,确保了供港澳食品农产品的安全、稳定、足量。2011年共检验检疫供港澳活猪95.4万头、活牛3 702头、活禽680.7万只、水生动物5.54万吨、食品153.49万吨,总值22.43亿美元。全面启动了广州赛马场赛后利用工作,组织起草了《国际马术比赛参赛马进出境检疫规范》等5项国际马术比赛参赛马进出境检疫系列标准上报国家标准委立项。成功促成了广州白虎出口台湾,实现了两岸同胞的又一夙愿。有效应对消除了日本地震海啸灾害影响,及时提出了10项应对措施并全面铺开相关工作,积极采取"7天+24小时"、"零候时"、随到随检、预约监管、服务专窗、绿色通道等一系列便捷监管和验放措施,有针对性地帮助企业解决实际问题,有力地增强了企业信心。强质检。大力推进重点实验室建设,酒类、家用纺织品安全和数码电子产品检测等3个国家检测重点实验室获得国家质检总局批准,并联合国内5个国家陶瓷检测重点实验室成立了全国首家重点实验室联盟,显著提升了跨地域、覆盖全国的综合检验能力和技术服务能力。大力推进科研标准化工作,2011年共完成科技成果51个,其中3项取得国际领先水平,5项取得国际先进水平,4项荣获2011年度广东省科学技术奖,其中由广东出入境检验检疫局技术中心牵头制定的首个中国ISO玩具标准——玩具增塑剂国际标准,被美国消费品安全委员会列入两种官方指定标准之一。大力推进技术合作,与广州呼吸疾病研究所成立合作实验室,聘请钟南山院士为学术顾问,在国际新发传染病检测防控、重大疫病疫情的处置等方面开展全方位的合作。大力推进实验室资质认定认可工作,广东检验检疫局技术中心食品实验室成为全国系统首批获得"食品检验机构资质认定"的实验室之一,广东出入境检验检疫局获国家认可的实验室达到52个。全面开展了"八个一"窗口建设活动。广东出入境检验检疫局机关、阳江检验检疫局获评"全国文明单位",广州、汕头、湛江、惠州、东莞、肇庆、韶关、揭阳和汕尾检验检疫局等9个单位被评为广东省文明单位;11个窗口被授予"全国青年文明号"、"全国巾帼文明岗"等国家级荣誉称号,54名个人被评为"窗口服务文明标兵"。

深圳出入境检验检疫局 2011年共检验检疫出入境货物135.7万批,货值1 082.7亿美元,同比分别增长10.5%和20.5%;检疫出入境交通工具1 601.1万次,集装箱2 015.9万标箱;出入境人员查验2.0亿人次,口岸检疫排查有症状旅客10 922例;签发各类原产地证书91.1万份,签发优惠产地证签证71.6万份,金额约为157.5亿美元,为企业减免关税达10.9亿美元;共处理行政处罚违法案件781宗,罚没款715.7万元。抓质量。制定了服务"建设幸福广东"5项20条措施和"坚持以质取胜,创造深圳质量"6项20条措施。全面加强质量责任体系、质量监管体系、风险分析和诚信体系等建设,完成深圳地区4 400多家工业产品生产企业分类评定工作,推进对外贸易企业信用指标体系建设。深入开展窗口单位的标准化建设工作,并组织对证单档案、业务印章管理和出口食品备案企业监管等开展全面的工作质量检查,确保不出差错。开展"双打"专项行动成效好。联合警方共捣毁制售假证书窝点29个,抓获涉案嫌疑人46人,查获伪造检验检疫机构印章57枚,查获伪造检验检疫证书4 000多份,中央电视台对此作了专题报道。严厉查处了20家涉嫌非法检验鉴定机构,与深圳市市场监管局探索共建共用"12365"举报投诉系统,畅通质量投诉渠道。保安全。以专项行动为抓手保食品安全。扎实开展严厉打击食品非法添加和滥用食品添加剂专项工作，出动1 900余人次对辖区135家出口食品和食品添加剂生产企业进行拉网式检查，在全国首次在进口台湾饮料中检出DEHP（邻苯二甲酸二a-乙基已醋）和在婴幼儿食品中检出DINP（邻苯二甲酸二异壬醋）超标。以口岸查验为重点保障消费品安全。加强进口敏感商品的口岸查验力度，检出韩国进口原汁加工机不合格、英国进口医疗器械涉嫌造假等；检出进口大宗商品短重171批次，短少重量1.03万吨，为企业挽回经济损失达293.02万美元。以严密监管为手段保障供港产品安全。严格供港产品全过程监管，供港蔬菜已连续16年没有发生过"毒菜"事件，供港鲜奶30多年没有发生质量安全事故。以口岸检疫为防线保障健康安全。在出入境人员中检出各类传染病患者580例，同比增长209%，居全国口岸首位；保健中心传染病监测体检检出病例771例；进口动物及动物产品检出不合格169批；截获植物疫情1 082种52 838次，种类同比增长18.38%，次数同比增长34.16%，其中检疫性有害生物72种14 588次。促发展。超前谋划，主动服务，倾情投入，圆满完成大运会食品安全保障、人员物资出入境检验检疫、大运会驻村检验检疫、大运会应急反恐处置等各项工作任务，实现了"零断供、零投诉、零事故"。服务深圳经济发展方式转变。及时搭建"快速通关服务"、"检疫监管一体化"等4个平台，服务前海保税港区业务发展；迅速制定贯彻落实国家质检总局与广东省合作备忘录的若干措施；及时出台应对日本地震海啸灾害影响，促进深圳外经贸发展6项举措。建立定期质量报告制度，编发《深圳检验检疫局入世十年来开展工作情况的报告》等；加强能效标志管理监管，大力支持深圳节能减排和低碳城市试点工作。服务企业发展和应对技术贸易壁垒。帮助中兴、华为、比亚迪等6家企业顺利通过出口免验资质延期审核，共组织开展深圳地区320家企业普查工作，成功举办中德（深圳）玩具质量与安全论坛，联合深圳市市场监管局和世贸组织中心举办了相关技术性贸易措施培训，帮助企业有效规避和应对技术贸易壁垒。强质检。提升科技保障能力，建设科技强局。获国家质检总局公示"科技兴检奖"18项，获"2011年深港科技创新奖"3项、国家专利12项；首个863科技支撑计划项目通过鉴定，检科院被认定为国家质检总局科技成果转化基地，获批筹建的"深圳市生化分析与检测公共技术创新服务平台"建设初见成效；水生动物检验检疫实验室被世界动物卫生组织（OIE）认定为我国内地首家鲤春病毒血症参考实验室，也是质检系统唯一被OIE认可的参考实验室。增优势。以深化合作铸发展优势。2011年8月，与深圳海关签署合作备忘录，开展了20个项目的紧密合作，共促对外贸易便利化。2011年，先后与广西壮族自治区、重庆、辽宁、吉林、贵州等检验检疫局签署合作备忘录，与西藏局和新疆局签订对口援助协议，综合运用项目、科技、干部、人才援建等多种形式援藏援疆，直接资金支援西藏局71万元、新疆局100万元。与深圳市交通运输委、海事局等单位也分别签订合作协议，与香港中联办、食卫局、渔护署、卫生署、食环署、创新科技署，以及澳门民政总署等进行了互访与交流，与香港路政署签署《广深港客运专线深港连接段跨境隧道工程香港土壤入境检验检疫工作安排备忘录》，并在深港合作会议上代表深方与香港食环署签署了深港4项合作协议之一的《关于加强进出口食品安全的合作协议》。以流程再造铸监管优势。在质检系统内率先对进出口机电产品监管实施分级检验监管和"周期检验"新模式，对出口服装推出"溯源管理"模式试点，在沙头角口岸探索中英街物联网查验监管，在蛇口口岸启用CCT、SCT卫生处理平台，在宝安辖区研发"工作业务通"等。以模式改革铸通关优势。深化通关模式改革，加快信息化建设应用。大力推进海港备案申报服务系统及完善电子通道的应用，深化风险评估分类管理系统的应用，完善出境法检货物通关单电子放行试点工作。建立了出口换证业务、辖区特定出口货物通关、低风险货物通关全程自动化3类便利通关模式。

珠海出入境检验检疫局 2011年共完成进出境货物检验检疫38.38万批，货值366.29亿美元，货值同比增长20.28%。经检验检疫发现不合格进出境货物403批，货值1394万美元，不合格批率为0.11%，同比下降了0.01个百分点，其中出境货物不合格批率为0.02%，入境货物不合格批率为

0.28%，入境不合格批率是出境的14倍。经检疫截获有害生物129种2 653批次，同比分别增长10.34%和85.78%。完成出入境交通工具检疫查验330.46万艘（辆）次，同比增长9.92%。完成集装箱检验检疫鉴定54.23万标箱，同比增长0.91%。2011年实施出入境人员检疫查验1.02亿人次，同比增长12.26%。经卫生检疫发现各类传染病2 062例，同比增长4.09%。完成进出境快件及邮寄物检验检疫161.22万件，同比减少51.27%。检出不合格物品162件，不合格件率为0.01%，同比下降了0.01个百分点。签发各类原产地证书3.67万份，签发优惠产地证签证1.98万份，金额约为8.89亿美元，为企业减免关税达2 145.20万美元。重视质量，形成"以质取胜"局面。推动地方政府重视质量工作。积极开展特区经济开放政策研究和推介，积极参与市长质量奖评定、地方品牌建设。推动进出口企业决策层加强质量工作。建立重点企业高层对话机制和"企业质量"约谈制度，组织开展企业"质量诚信承诺"活动，免费举办企业质量讲座，推广企业先进质量管理体系模式，普及标准化知识，促进企业提高质量主责意识。帮助珠海格力电器股份有限公司评为全国质量工作先进单位，弘扬格力电器"为质量而战"的精神。推动全社会关注质量工作。组织开展了主题鲜明、贴近群众的"质量月"、"3·15质量维权"、"实验室开放集中展示月"等活动，扩大质量工作在全社会的影响。抓住重大质量事件（如日本核污染、台湾塑化剂等）适时开展媒体宣传，引导社会各界关注进出口产品质量和食品安全。重视抓好"监管之监管"，设立质量绩效考核目标，将"质量三率"（检出率、境外通报率、社会投诉反馈率）和"监管三率"（企业质量体系推广率、分类管理率、诚信管理率）纳入年度工作绩效考核中。宣传质量，增强全社会质量意识。服务质量，促进企业质量管理水平提升。深入375家企业开展法律、标准、技术"三进企"活动，组织企业免费培训35次，召开企业质量分析会107次，帮助进出口企业建立健全质量安全监控体系。2011年新增出口分类管理企业16家，全市出口分类管理企业总数达396家，占珠海出口企业总数的76.2%。新增诚信管理企业495家，全市诚信管理企业总数达2 218家，其中A级诚信企业101家（占4.55%），5家企业获批AA级信用等级。着力构建以风险管理、准入管理、全过程监管、诚信管理"四大监管机制"和应急处置、信息通报、质量分析、专项整治"四大工作机制"为主体的有珠海特色的进出口质量监管体制，不断强化进出口产品质量监管工作。严把国门保安全。妥善应对重大质量事件。积极应对日本核泄漏、德国大肠杆菌疫情、台湾塑化剂、香港禽流感、新疆脊髓灰质炎疫情等重大突发事件。制订专项应急处置预案，增配检（监）测仪器装备，开展培训提高检测查验技术，开展重点专项检测查验工作。共检验检疫来自日本货物2.28万批次、船舶36艘次、集装箱1.91万标箱，监测人员8 081人次，妥善处置了4起放射性超标事件。组织清查进口台湾食品，对370批进出口食品开展了"塑化剂"检测，处置了2批超标出口食品。技术中心接受社会委托"塑化剂"检测3 604批，检出超标212批，检出率达5.9%。加强供港澳活禽出口前检测，按生产批批批检测H5N1禽流感抗体和病毒，开展禽流感H5抗体检测875批、12 250份，检出1份样品超标；开展禽流感病毒检测1 134批、34 020份，未检出病毒阳性；加强对来自疫区运输工具的防疫消毒和对与活禽密切接触重点人群的防控工作，珠海境内未发生禽流感疫情。密切关注脊髓灰质炎疫情动态变化，加强口岸疫情查验，做好疫情宣传教育和卫生处理工作，防止脊髓灰质炎疫情在珠海口岸传入传出。把好食品农产品质量安全关。严把供港澳食品农产品质量安全关。针对供港澳食品农产品检验检疫监管工作中存在的"重供量、轻质量，重口岸、轻产地，重产品、轻企业，重检验、轻监管"的"四重四轻"问题，不护短、不回避，组织开展供澳食品农产品检验检疫专项整治，果断实施整改，落实风险分析，实施准入制度，严格监管企业，认真把好"准入"、"过程"和"出口"三道关。依法取消了20家不符合要求的供港澳动物、蔬菜、水果、种苗、花卉种养基地和加工企业资质（淘汰率为42.55%），停止3家供港澳动物、蔬菜种养基地和加工企业的报检资质；对种养基地、加工企业从原料采购、包装加工到自检自控、台账记录等进行严格监督，对产地注册场的苗种投入、饲养、用药等开展全过程监管，严格出口前批批监装查验。严打违法行为,对2家企业实施了"黑名单"处理,对9家违法企业进行了严肃查处。规范检验检疫执法行为,落实内部工作质量检查和执法稽查制度,对发生的执法责任事故坚决一查到底,追究到位。2011年共检验检疫供港澳动物源性食品2 967批,货值0.19亿美元(其中乳制品259批、194.27吨),合格率100%;供港澳农产品(含鲜活)4.42万批,货值0.96亿美元,检出不合格农产品(含鲜活)9批,不合格批率为0.02%。坚持"破""立"结合,积极帮助中小企业抓改革、调结构、保安全、稳增长,整合重组建设专业化、规模化的供港澳水产品、蔬菜、水果生产加工配送中心,推动珠海供港澳食品农产品企业实现产品结构调整、生产转型升级,监管规范到位。严把进口肉类质量安全关。针对经香港中转进口肉类的突出问题,果断开展进口肉类检验检疫专项整治,重新审核35家进口肉类企业,淘汰12家企业(淘汰率超过30%),全面清理进口肉类备案冷库,调整进口肉类指定口岸。严把进出口食品质量安全关。开展严厉打击食品非法添加和滥用食品添加剂专项整治,报备辖区62家企业食品原辅料、食品添加剂使用情况,检查辖区67家企业,与62家企业签订《安全责任书》。2011年共检验进出口食品6 670批次、进出口食品添加剂260批次,对添加剂不合格的16批进口食品依法作退运处理。加强对灯具、小家电、插头插座和显像管式电视机等敏感商品的质量安全监管,2011年共完成254批出口电器产品型式试验检测,其中一次检验不合格28批,不合格批率11%。深入开展"双打"专项行动和不合格进口商品、国(境)外通报的不合格出口产品的追踪调查。加强对存在质量安全问题的进口汽车、汽车轮胎、焊锡机、等离子切割机等产品的情况调查,对国(境)外通报的3批出口产品开展了调查,跟踪落实质量整改。严把口岸疫病疫情关。加强口岸检疫核心能力建设,实现了口岸进境旅客携带物"一机两屏"查验模式全覆盖,禁进物截获率大幅增长,成功处置1起"水客"携带来自小麦矮腥黑穗病疫区加拿大安大略省小麦进境事件。促进深化粤港澳更紧密合作。积极贯彻落实《粤澳合作框架协议》,出台并实施《粤澳合作框架协议》中涉及检验检疫分工任务的6项20条措施和工作方案。深入贯彻落实CEPA合作,在政策领域发挥珠澳两地"促进珠澳合作检验检疫政策咨询委员会"作用,在保障供澳商品质量安全、便利两地通关等热点问题上深入研究合作措施。与澳门经济事务局积极磋商建立跨境检验制度和珠澳两地实验室检测合作机制。在质量安全领域与澳门民政总署、澳门业界建立并完善供澳食品农产品质量监管信息互通机制;联合地方质监部门与澳门燃料安全委员会建立供澳民用燃气质量安全和往返气瓶便利通关的两地三方合作机制。在公共卫生安全领域与澳门卫生局建立卫生防疫合作机制,加强两地传染病联防联控和医学媒介生物联合监测工作。在科技领域完善"粤港澳深珠卫生检疫、动植物检疫、食品安全控制"五地会议制度,积极参加技术交流合作;与澳门贸易投资局、经济局、澳门大学积极磋商推进实验室技术合作;与澳门民政总署联合开展进口水果疫病监控、供澳蔬菜农残监测等课题研究。加大服务横琴新区开发建设力度。落实"十项措施"服务横琴新区开发,出台并实施《落实"十项措施"工作方案》,在"探索分线管理检验检疫通关模式"、"创新检验监管模式改革"、"支持重点项目建设"等方面支持横琴新区建设。创新政策推动横琴开发,研究提出《横琴检验检疫分线管理政策框架》及相关政策措施。支持横琴重点项目建设,运用风险管理手段,引导开展横琴进口香港土石方风险监测和风险研判工作;支持横琴新区澳门大学校区建设,与广东南粤集团建设有限公司、澳门水泥厂有限公司共同签署《关于横琴岛澳门大学新校区建设项目进口水泥检验监管合作协议》;支持横琴长隆海洋度假区项目建设,与珠海长隆投资发展有限公司共同签署《关于珠海长隆国际海洋度假区进出境动植物检验检疫监管合作协议》;主动开展横琴岛生态环境调查和有害生物消杀灭治理工作。服务珠海"率先转型升级、建设幸福珠海"。贯彻落实珠三角改革发展战略,出台22项61条落实备忘录措施方案,支持珠海提升珠江口西岸核心城市水平;帮助珠海市香洲区打印耗材基地获首批广东省外贸转型升级专业示范基地;促进珠海外贸加快发展方式转变,制定了6项13条支持外经贸发展措施和6项13条支持扩大进口措施。支持珠海口岸扩大对外开放功能,配合珠海港两个15万吨干散货码头建设,提前开展取制样系统调研;支持拱北口岸改扩建工程一期建设,拱北口岸成为全国最大客流口岸;积极参加港珠澳大桥珠海连接线拱北隧道施工方案设计论证;支持万山口岸全面开放,万山局正式迁址上岛;强化香洲口岸功能,新建香洲办事处,执行业务全部下放。惠企惠民,优质服务,继续落实区域直通放行制度,新批直通放行企业10家,全市直通放行企业达111家,全年直通放行货物7 309批次,货值7.1亿美元,批次和货值分别为2010年的2.9倍和2.1倍;继续落实检验检疫减免收费政策,全年减免企业检验检疫收费297.33万元,占应收费的47.63%;全年签发普惠制和区域优惠原产地证书1.98万份,帮助企业降低缴纳进口国关税约3 193万美元(占签证总金额的3.59%);首次开展海峡两岸经济合作框架协议原产地证书(ECFA证书)签发业务,帮助企业获近10万美元的关税优惠;开展窗口标准化建设活动,实施对外服务公开承诺、首问责任制、24小时预约报检等便企措施,建设群众满意窗口,横琴局、九洲办完成窗口标准化建设并通过国家质检总局验收;推进"12365"系统建设,于上年11月30日正式开通启用,一个月办理群众咨询12件,回复率100%。

广东省公安边防总队 2011年各边检站共检查出入境人员3 845 580人次,同比上升2.6%,其中旅客2 932 006人次,同比上升4.4%;员工913 574人次,同比下降2.9%。检查交通运输工具102 685艘(列、架)次,同比下降6.5%。出入境人员中,共检查内地居民1 834 454人次,港澳旅客1 380 883人次,台湾旅客218 765人次,外籍旅客411 478人次;在交通运输工具方面,共检查船舶101 446艘次,飞机509架次,火车730列次。大运会安保全警动员,全力确保口岸稳定。深圳大运会安保工作是2011年工作的重中之重,广东省公安边防总队继续总结和完善奥运会、亚运会安保期间形成的口岸管控的好做法、好经验,全面落实"粤安11行动"要求,严格出入境人员和交通运输工具检查,把好查验关、甄别关、处置关,发挥好口岸的屏障作用。提前谋划,全警动员,全警参与,全力投入深圳大运会安保工作。科学安排勤务,充实一线警力。各边检站将不少于80%的警力投入到执勤一线参与执勤或备勤,旅检现场每班安排不少于4名便衣人员在现场巡查;货检现场成立巡逻小分队,实行口岸巡查、电视监控、卡口管理立体管控模式,确保安全。完善协作机制,提高应急能力。各边检站开展口岸单位、服务对象大走访活动,进一步健全联防协查机制、信息通报机制、特殊人员核查机制和应急联动机制。为防范敌对分子闯关、冲击堵塞口岸、制造新闻热点等突发事件,完善处突预案,每月组织不少于2次演练。突出防范重点,严密工作措施。加强重点部位、重点方向、重点人员的查验,确保100%人证对照、100%正确录入、100%准确查控、100%妥善处置;加强警力调配,提高见警率,采取现场巡逻、视频巡视、口岸巡查等方式,对口岸限定区域、卡口、梯口和口岸重点部位开展无间断、无间隙巡逻防控。多措并举提升通关效率,助推地方经济发展。东莞、顺德、湛江、茂名边检站根据锚地船舶多、临时开放点多等业务实际,申配了梅沙系统3G无线验放终端,为服务对象提供远程查验、上门查验和及时救助服务。中山、顺德、东莞、高明等边检站为政府和企业重要客商提供"商务接待"、"商务援助"等特色服务,助力地方政府"招商引资";中山、高明、江门边检站鹤山分站共推客轮航班挂港联勤服务,为企业节约运营成本;湛江、惠州、茂名边检站推出了大型油(气)轮通关服务指引,服务大型企业发展;新会边检站为拆船企业进口废旧船舶提供了快速通关的"浅蓝服务",打造全国拆船基地边检品牌;南海、江门、佛山、湛江、东莞等边检站完善"三固定"船舶信誉通行制度,开通边检飞信温馨提醒、官方微博等措施,推动海港预报预检工作向精细化方向发展。阳江、汕尾边检站针对口岸季节性鱼苗出口的特点,推行提前接船、现场办公、驻点服务的便民措施,为鱼苗鲜活出口争取时间。创新勤务机制,强化口岸管理效能。广东省公安边防总队根据所辖口岸实际,建立月排查和分析评估制度,并针对存在隐患制定应对措施,同时实行口岸分级警戒管理,按不同时期、不同任务开展风险评估,对出入境人员、交通运输工具能按风险等级有效实施分类管理,并推动警地共建,提高了勤务效率,节约了警力,强化了管控。东莞、湛江、中山、南海边检站还圆满完成部局海港勤务创新系列措施中的"船舶风险评估机制"和"口岸限定区域警戒分级管理机制"试点任务,并在大运会安保工作中通过实战检验。完善现场设施和标志,营造良好通关环境。各边检站以总队"正规化建设年"为契机,对照"对外开放口岸边防检查现场标志"、总队正规化建设各项规定和标准,更新标志237个,增加修改中国边检公告牌35个,改造验证通道22个,改造执法办案场所22个,完善现场音视频监控系统建设28套,增加执勤现场岗位职责牌194块,制作执法办案流程图7个,新增便民服务设施57个,新建旅客自助通道6条,营造了统一、规范、舒适、便利的口岸通关环境。注重服务监督和宣传,边检服务品牌进一步确立,社会各界反应热烈。通过建立特邀监督员机制,定期走访纳谏,开展警务评议活动,收集意见和建议,及时整改,有效推动了服务水平的提升。同时,各边检站还充分利用提高服务水平信息简报、新闻专刊、专题活动等形式,全面宣传提高服务水平4年以来所取得的成果,"坚持以服务为中心"的边检工作方针得到了各级政府和人民群众的一致称赞。中山、东莞、江门、湛江、顺德、佛山、台山、新会、高明等边检站深入贯彻落实《公安部关于进一步提高边检服务水平工作的意见》,深入辖区开展警民大走访活动,进一步研究更优质的服务措施、服务办法,整体推进口岸服务工作,受到各级地方党政主要领导153人次高度评价,20多次批示肯定边检站在促进地方经济社会发展中的突出贡献。东莞、中山、佛山、江门、顺德等边检站为英国蜜惠市政府、香港鼎湖同乡会龙母贺诞贵宾团、广州交会、香港中华总商会等30多个访问团和东莞名家具展览会、顺德国际家用电器博览会、慈善万人行、佛山旅游节等40多个大型活动提供优质服务受到好评,共收到40多封感谢信、30多条(块)锦旗和牌匾。顺德边检站被部局选定为"走进国门"系列宣传单位。高明边检站主动融入建设"绿色崛起示范区"的发展实践,得到区委书记马照亮的批示肯定。中山边检站在市直机关行风评议中获得"窗口执法机关类第一名"的佳绩,被广东省委省政府评为精神文明建设先进单位。佛山边检站执勤业务一科荣获"广东省三八红旗集体"称号;江门边检站连续8年获评"江门市直机关作风考评"先进单位,荣获2011年政府公共服务类第一名。佛山、江门、台山、南海、汕尾、东莞等边检站获评省、市(区)级"青年文明号",台山、开平、新会、江门、汕尾等边检站获评"共建文明口岸先进单位"。广东边防总队东莞边防检查站沙田分站、江门边防检查站执勤业务一科等获评"广东省青年文明号标兵示范单位"。

深圳入出境边防检查总站 2011年共查验出入境人员2.07亿人次,占全国50.39%;交通运输工具1 600万辆次,占全国64.29%。第26届世界大学生夏季运动会2011年8月份在深圳召开,深圳边检总站多措并举,在深圳各口岸搭起了"海陆空"立体防控网。在陆路口岸,开展"铁拳"行动,加大车体检查,对小车、客车实施100%车体检查,对货车根据不同安保等级实施40%~100%车体检查,查获载运他人非法出入境案13人次。在海港口岸,全面启用AIS和GPS船舶航行定位系统,实现航行船舶的动态管理;集中开展了航行港澳小型船舶专项整治。在空港口岸,强化了API系统的预警功能,加大接机和清舱抽查比例,对停靠远机位的入境客运航班实施100%接机。为进一步提高边检服务水平,打造边检服务品牌,深圳边检总站在坚持原有便民服务措施的基础上,针对大运会推出了10项独具特色、深受好评的服务创新措施:设置大运会专用"U"通道;嘉宾进入口岸后,出入境边防检查候检时间不超过20分钟;成立多语种民警服务小组,服务不同语系、不同国家的嘉宾;启用自助通道旅客信息采集系统,方便旅客自助采集个人信息;成立"文明使者"大运会服务组,与志愿者指挥部协作,建立大运会嘉宾入出境服务联动机制;与航空公司建立机场口岸地空联动机制,边检部门提前掌握大运会嘉宾出入境信息,启用"移动查验车",实现服务靠前;与香港入境事务处建立通关服务联动机制。为了进一步提升队伍战斗力,2011年,深圳边检总站组织全单位417名科队领导,分3批开展"大运先锋,从国门开始"的全脱产培训,系统提高了勤务组织指挥、突发情况处置、警务实战技能等方面的能力;开展以提高边检服务水平为主题的辩论、理论征文、巡回演讲、文明使者互动交流等13项活动,共举办主题辩论和演讲活动18场,评选出获奖论文14篇,参与民警达3 000余人次。据统计,2011年深圳边检总站共开展12大类专业培训,受训民警达36 000多人次。加强队伍建设。着力开展思想教育活动。2011年,深圳边检总站以迎接建党90周年为契机,开展"纪念五四迎接大运"主题团日活动和"做最好的共产党员、做最优秀的人民警察"系列主题党组织生活。着力抓好领导干部自身建设。深入开展"下基层、明实情、抓落实、促发展"主题活动,参加基层党支部会议,与民警谈心,收集意见、建议,解决实际问题。着力加强基层党组织建设。深入开展"三争创三评议"活动("三争创"即争创红旗党支部,争创优秀党务工作者标兵,争创优秀共产党员标兵;"三评议"即评议党支部班子,评议党支部班子成员,评议党员)。着力开展反腐倡廉教育。深入开展"法纪教育月"主题教育实践活动和以"坚持执法为民、树立良好警风"为主题的纪律作风教育活动,大力弘扬廉政清风正气。"大走访"开门评警。根据公安部"大走访"开门评警活动的统一部署,结合自身实际情况,2011年,深圳边检总站共走访地方党政机关、企(事)业单位137家,开展警民恳谈会、座谈会65次,向出入境旅客派发各类调查问卷4 500余份,收集有建设性的意见、建议113条,发送并收回警务评议邮(信)件65封、警务评议信息102条。对在走访交流中收集到的各类意见,深圳边检总站逐条进行归口落实,将落实情况及时反馈给建议者,实现了条条有落实,件件有回音。针对方便深港走读学童出入境的建议,深圳湾站在口岸二期改造中为学童设置了两条验证台高度降低20厘米的专用通道,方便学童过关;针对口岸现场广播的建议,罗湖站建立了普通话、粤语、英语3种语言的广播录音系统在口岸进行播报。加强信息化建设。自主开发全国边检系统公务员考核软件,顺利完成全国版自助查验系统的升级并在全国推广,研发前台辅助查验软件,成功建设并于全国首例使用公安标准的无线数字集群通信系统,建设货车车底藏人检测系统、旅客自助通关信息自助式采集系统、新型海港电子门禁系统和AIS船舶动态监控系统等一系列高新技术项目。

珠海出入境边防检查总站 2011年紧紧围绕提高边检服务水平中心工作,以深圳大运会安保工作为重点,努力提高队伍专业素质和职业素养,推动勤务模式改革,创新便民服务举措,全面加强和改进边检执法服务水平。以保障口岸畅通为切入点,深入开展领导干部"下基层、明实情、抓落实、促发展"和"大走访"开门评警两项活动,走访服务对象2 733人次、机关企事业单位90家,召开恳谈会23次,发放调查问卷1 500份,全面收集出入境旅客意见、建议;在各口岸现场联网设立旅客满意度电子评价器,主动接受旅客监督评价90余万次,旅客满意率达99.8%。推行勤务扁平化管理模式,精简机关人员充实基层一线,优化警力配置;建立客流预警、风险评估体系,完善与澳门警方客流疏导联动机制。向科技要警力,启用移动式查验通道,缓解拱北口岸拥堵现状;全面升级自助查验系统,大幅缩短候检时间;研发"旅行团预申报电子平台"、"旅行团网上预报录入下载软件"等,缩短旅行团办理预录手续时间;研发"外国人出入境卡片前台打印软件"、"电子登轮证"、"船舶动态管理系统"等提高服务效率。针对旅客需求实施针对性服务举措,总站及各边检站通过总站门户网站和政务微博发布通关指南;拱北、横琴、湾仔边检站在珠海电台滚动发布实时通关信息;拱北、湾仔边检站开设珠澳学童专用通道;拱北边检站在口岸候检区设立"爱心服务座椅",为需扶助人员提供延伸服务;九洲边检站将船舶检查队办公室搬迁到码头现场,方便服务对象就近办理申报业务。扎实开展业务培训,进一步提高民警查验服务和打击非法出入境活动能力;强化珠江口水域监管措施,确保大运会期间海上通道安全,部署开展航行港澳小型船舶专项整治行动,联合边防、海事、海关等多个部门联合执法,形成群防群治的良好局面;扎实推进执法规范化建设,对出入境违法行为实行预防与打击结合、处罚与教育并重,实现法律效果与社会效果的统一。2011年,总站有1个边检站荣立集体二等功,18个单位荣立集体三等功;1名民警荣立个人二等功,41名民警荣立个人三等功。湾仔边检站二队荣获全国巾帼文明岗称号。

汕头出入境边防检查总站 2011年共检查出入境旅客18万人次、出入境员工7万人次、出入境飞机

1 532架次、出入境船舶4 638艘次,查处违反出入境管理法律法规人员147人次。强素质出效能,切实提高领导班子履职能力。汕头出入境边防检查总站各级领导班子以带出一流队伍、创造一流业绩为目标,着力加强班子自身建设,不断优化班子结构,着力提升领导干部素质能力,切实提高领导班子的履职能力,积极打造高素质的领导干部队伍。坚持理论学习,提高领导干部能力素质,增强运用理论指导工作实践的能力;坚持民主决策,进一步规范党委议事程序,"让权力在阳光下运行",提高党委公信力。狠抓"三定"工作的落实。根据"三定"工作需要和岗位空缺情况,加大竞争性选拔用人制度的改革,一批德才兼备、党委和群众认可的民警走上领导岗位。同时,对在同一岗位工作时间较长的处、科级领导干部进行了轮岗交流。改进工作方法,深入推进"大走访"开门评警活动和"下基层、明实情、抓落实、促发展"主题活动,主动听民声、访民意、解民难,助推各项工作的落实。全力以赴做好深圳大运会安保工作。在教育动员上下工夫,夯实思想婆础;在组织领导上下工夫,层层落实责任;在管控机制建设上下工夫,构建严密防控体系;在技能培训上下工夫,提升安保实力;在处突演练上下工夫,提高实战能力;在有效管控上下工夫,确保口岸安全;在指导监督上下工夫,确保措施落实到位;在科技应用上下工夫,向科技要警力。继续深入推进提高边检服务水平工作。2011年,提高边检服务水平进入巩固成果、深入推进的关键期,汕头出入境边防检查总站始终牢牢把握以服务为中心的指导方针,围绕一条主线,紧紧抓住3个环节,突出强化四项措施,不断推进提高边检服务水平工作取得新成果。围绕贯彻落实《进一步提高边检服务水平意见》这条主线,高起点谋划,高标准要求,大力推进提高服务水平工作。汕头出入境边防检查总站成立了提高服务水平工作领导小组,开展了"大学习、大讨论、大宣传"活动,制订了汕头边检总站执勤岗位基本业务能力考核工作方案,推动建立执勤岗位准入机制。紧紧抓住"深化认识、创新管理、提升能力"等各环节,进一步突破瓶颈、开拓思路,找准推进提高服务水平工作的切入点和着力点。开展了勤务模式改革和出入境船舶安全风险评估机制建设,建立了常态化的勤务检查和督导机制,完善了业务培训体系。突出强化"宣传报道、打造服务品牌、培树先进典型、创新激励机制"等措施,加大攻坚克难的力度,积极推动提高边检服务水平上新台阶。2011年汕头出入境边防检查总站在省部级新闻媒体发表稿件200余篇;全面提供24小时驻点服务;全面实行零收费;向服务对象发放新版《边检登陆指南》,并对口岸标志进行了全面清查、统计;开展了先进典型培树工作和激励机制试点建设工作。执法规范化工作。执法规范化建设作为"三项建设"内容之一,2011年,汕头出入境边防检查总站大力推进口岸执法规范化建设,努力培养一支素质过硬的行政执法队伍,营造和谐有序的口岸法治环境。加强法治理念教育,使执法工作和提高边检服务水平工作有机统一;扎实开展执法质量考核评议工作,将执法质量纳入民警绩效考评,及时解决基层执法工作难点;完善执法监督体系建设,建立执勤现场监控录像倒查制度,公布三级投诉举报电话,定期征求特邀监督员的意见和建议。2011年共办理行政案件46起,未发生行政复议、诉讼案件,较好地完成了全年行政执法工作任务。科技强警工作。加强技术基础建设和管理,完成潮汕机场边检技术设施和信息系统建设工作,做好视频监控系统建设及升级改造,完成视频会议和无线系统建设。强化制度和安全体系建设,深化和拓展业务执勤的科技应用。做好梅沙系统升级和保障工作,完成前台阅读机和系统代码升级,全面优化网络保障结构,组织开展经常性技术检查。加大软件研发和新技术的应用力度,设计更新公安网和互联网网站版面,提高政务信息公开和警民互动效果;参与粤东电子口岸系统建设,技术处自行研发的"技术装备管理系统"已配发各单位广泛应用并取得良好效益,该系统荣获第二届全国公安基层技术革新三等奖。建设安装AIS小型船舶卫星监控系统和海港信息查询系统,自主研发并应用"出入境船舶网上报检新系统",为汕头口岸出入境船舶企业提供了更优质、快捷的通关服务。加强技术队伍建设和信息化知识的普及。组织举办包括AIS船舶卫星监控、海港信息查询、3G无线验放等各类技术培训班12期。举办大运会安保技术应急保障观摩探讨会,组织新警跟班培训并交流心得体会,通过到基层调研、召开论证会等形式,深入了解各类新系统、新装备的应用情况,促进基层业务民警与技术人员的沟通交流,提高参与新技术应用的积极性。口岸反偷渡工作。2011年,汕头边检总站继续加大力度打击口岸偷渡违法犯罪活动,以建立完善反偷渡工作体制和运作机制为突破口,切实加大打击、防范和管理、教育等各项工作力度,把重点放在伪假证件的发现及识别、海港口岸偷渡方面;以提高边检服务水平为契机,继续做好一线执勤人员的培训工作,不断加大与地方公安机关的协作配合,加强与广东省内各边检机关的合作,开展了3个月的航行港澳小型船舶联合整治专项行动。

广东海事局 2011年辖区港口吞吐量14.61亿吨,同比上升11.54%;集装箱吞吐量2 675.94万标箱,同比增长17.48%;船舶进出港313.28万艘次,同比下降1.53%;旅客运送量3 381.23万人次,同比上升4.18%。水上交通安全4项指标"两降两升":死亡失踪32人,同比下降25.58%;沉船23艘,同比下降4.17%;水上交通事故47宗,同比上升11.90%;经济损失5 441.75万元,同比上升23.07%。其中,重大事故比率同比下降25%,砂石船事故比率下降27.2%。应急处置妥善有力。成功处置番禺"6·17南大油22"船爆炸、肇庆"5·12宝丰666船"翻沉、珠江口"惠金桥08"轮和"润泽001"轮碰撞等事故,积极妥善协助遭遇索马里海盗劫持的台湾籍"泰源227"轮安全返航。2011年共组织搜救374次,其中遇险船舶415艘,获救346艘,成功率83.37%;遇险人员3 811人,获救3 722人,成功率97.66%。积极服务地方经济发展。加强海事口岸服务,大力支持相关地市口岸对外开放,研究解决船舶进入非对外开放水域、码头问题。出色完成大运会水上安保任务,成功实现"平安大运"目标。全力做好港珠澳大桥、汕头南澳大桥、清远水利枢纽等重大水工项目的施工安全保障。积极开展珠江口虎门二桥、深中通道、揭阳石化、湛江东海岛钢铁基地和中科炼化等重大项目的通航论证评估。主动优化海事服务举措。牢固树立"以民本为主、以需求为先、以服务为重"的民生海事理念。结合创先争优活动,在全局范围内开展"四个一"体验活动(拜访一次船长、从事一天船员工作、充当一回行政相对人、开展一次明察暗访),切实解决海事工作中群众反映强烈的突出问题。针对当前航运市场低迷、航运企业经营普遍困难的现状,开展"大走访"行动,深入了解航运企业困难,及时制定出台帮扶航运企业的具体举措,得到了航运企业的赞赏。不断夯实海事法制基础。积极推动海事地方立法,《广东省桥梁水域通航安全管理规定》纳入广东省政府年度规章立项,《汕头市水上交通安全管理条例》纳入汕头市政府立法调研项目;制定实施《自航半潜式钻井平台最低安全配员标准》和《广东辖区外商独资船厂自用船舶登记管理暂行办法》,推动《2006海事劳工公约》等国际公约的履约工作;推动《广东外资船厂自用船舶所有权登记管理暂行办法》、《游艇安全管理规定》等20余部海事规章制度颁布实施。扎实做好海事各项业务。2011年,执行行政处罚4 586宗,同比增长19.02%;船舶安全检查18 919艘次,港口国监督检查779艘次,船舶登记85 097艘次,公司审核114家次;完成海、河船船员考试19 068人次,开展专业/特殊培训考试25 022人次,签发船员证件7.6万份;启用溢油设备库管理系统,对辖区32家污染清除单位进行资质审核及备案;完成船舶图纸审查828套、船舶建造检验929艘次、营运检验15 718艘次、船舶吨位复核357艘次、船用产品检验10 430件次;完成航标维护1 346座,航标正常率、维护正常率和差分台信号可利用率均超过部颁标准;年度测绘优良率100%;海上通信保障准确率和安全率100%。加强海事业务交流。"海巡31"船圆满完成出访新加坡任务,引起了国内外的高度关注。与香港、澳门、深圳等周边海事管理部门签订《粤港澳海事合作框架》,在船舶监督、检验等海事业务上进行更深层次的合作交流,开展粤、港SMS审核管理业务交流,获得香港籍第Ⅳ类船舶检验授权。加深与闽、桂、琼等直属局的区域性协作,建立完善区域协作机制,进一步推进海事管理向区域化发展。成功举办以"发展水运,幸福珠江"为主题的2011珠江片区中国航海日庆祝活动,社会反响良好。加强企业安全共建。联合多家航运央企开展"安全发展"共建活动,形成政企安全管理合力,营造水上安全人人有责的良好氛围。与港珠澳大桥业主单位和建设施工单位共同签署《共建港珠澳大桥建设平安水域备忘录》，进一步明确和细化大桥参建单位的安全主体责任，携手打造大桥建设平安水域，构建牢固的安全生产责任链。成功举办以"港珠澳大桥建设与航行安全"为主题的珠江口海事安全论坛，共商大桥建设安全管理对策。基建项目完成率进步明显。2011年部局下达的基建项目共23个，完成项目19个，资金预算执行率达到86.17%，同比提高了26%。科技信息化、技术装备建设稳步推进。建成广东局信息系统3G无线移动办公网，在系统内率先实现用户CA证书认证。完成广东海事局信息系统灾备中心项目的建设，对重要业务数据进行集中存储、保护。2011年新建船艇14艘，其中17米玻璃钢巡逻船2艘、11米玻璃钢巡逻艇11艘已完工。科技创新亮点频出。着力打造海事直升飞机、海巡船、海巡车辆有机结合的海陆空立体监管模式，着力打造"视频监视（CCTV）、甚高频（VHF）、船舶自动识别系统（AIS）+现场巡航"的内河"3+1"监管模式。广东海事局主导研发的"海上溢油航空遥感实时监视监测技术"和"海上微型浮标溢油跟踪定位技术"获得2011年度"中国航海学会科学技术奖"二等奖；海测大队研发的珠江口数字助航信息监测系统，在国际海事技术展览会上受到关注；汕头处自主研制灯标GPS定位电池，有效解决航标防盗安全难题。2011年广东海事局辖区水上安全形势保持稳定，服务经济社会发展效果明显。

深圳海事局 2011年船舶进出港27.38万艘次，港口货物吞吐量2.23亿吨，集装箱吞吐量2 257万标箱，同比分别增加2.82%、1.03%、0.27%。危险品船舶进出港2.94万艘次，同比增长8.24%；船舶装载危险货物3 359.86万吨，同比减少31.45%；危险货物集装箱66.15万标箱，同比增长15.34%。客船流量8.41万艘次，同比下降3.32%；客运671.8万人次，同比增长10.72%。深圳海事局辖区发生水上交通事故10宗，其中一般等级以上（纳入交通运输部海事局统计）事故4宗，沉船2艘，死亡或失踪2人，直接经济损失260.8万元，4项安全指标呈平稳态势。2011年水上交通流量约49.4万艘次，交通事故发生率0.02‰，水上交通安全形势持续保持稳定。全面开展海事监管、行政综合、信息发布3个平台整合；建成大运会信息化保障系统，完成海巡船艇移动指挥、海事三维地理信息、深港VTS船舶动态和气象管理等系统的建设；局信息系统总体稳定性不断提升，可用率大于99.9%。完成"十二五"信息化建设专项规划编制，确定了"智慧海事"的建设思路，信息化建设向更高层次发展；建立海事公共服务平台，全面升级深圳海事局网站群，推动海事电子政务向海事电子政府转变；深化内部综合办公平台建设，形成"数字海事"综合办公平台。深化"深圳海上安全特区"和"深圳海上安全服务链"特色品牌活动，推进网格化管理、综合品质管理和巡航、执法、搜救一体化管理，综合安全管理效能不断显现；深入实施服务港航产业发展的一揽子举措，在国际金融危机持续蔓延的情况下，保住了为数众多的国际航线，稳固了深圳港作为华南地区重要集装箱干线港的地位；开展了第七届中国"航海日"、世界"海员日"及"深圳十佳海员"评选等活动，深圳海事社会影响力显著提升；严格采取"一船一议"审核方式，受理审批166艘超大型船舶靠泊作业，有力维护了港口经济的发展和竞争力；积极做好国际游艇展、"中国杯"帆船赛境外船艇临时进入非开放水域的审批工作，为多项重大涉海赛事和活动提供便利服务。加强通航安全监管。整体把握经济社会发展对水上交通安全监管的新要求，构建与深圳现代化国际化港口相适应的现代化水上交通安全监管系统；针对辖区特点，组织开展各类专项检查、典型事故案例研讨，落实事故调查评议、评估制度，保障了通航水域安全；强化对重点时段、重点船舶、重点区域和重点环节的安全监管，确保"两会"、"大运会"等重大活动期间的水上交通安全形势持续稳定。2011年巡航出动船艇2 095艘次，累计巡航时间8 219小时，航程75 653海里，发现和纠正违章853艘次。加强船舶管理。全面推进船籍港质量综合管理，深圳港籍船舶质量保持优良。深圳港籍国际航行船舶连续3年在国外PSC检查中未发生滞留，国内航行船舶平均单船缺陷数和滞留率保持在全国最低水平；2011年度深圳港籍船舶未发生人员伤亡；深圳港籍19艘船舶被部海事局评为2011年度"安全诚信船舶"。2011年，实施港口国检查（PSC）456艘，查出缺陷3 874项,滞留船舶44艘,同比分别增长17.53%、32.04%和46.67%;船旗国检查(FSC)1 414艘,查出缺陷14 797项,滞留船舶145艘,同比分别增长28.78%、14.74%和42.16%。船公司安全体系审核34家,船舶审核42艘次,同比分别下降2.86%和增加10.53%。加强危险预防管理。按风险防控分级管理的原则,重点抓好日常安全监管,防患于未然;建立了污染源风险数据库,深圳港社会防污、清污和应急处理能力得到大幅提升,辖区船舶污染事故率为零;通过船载集装箱危险货物安全管理信息系统,危险货物谎报瞒报违法案件查处量较去年同期增加36%。2011年危险品集装箱危险货物监管覆盖率100%;安全监管危险货物3 359.86万吨,危险货物集装箱66.15万标箱,同比分别减少31.45%和增长15.34%。监管LNG液化天然气船舶190艘次,液化天然气670.2吨,同比分别增加7.8%和37.7%;辖区2011年未发生船舶污染事故。"两防一救"(防污染、防台风和人命救助)工作。2011年,共接收船舶进出港报告474 656次,船舶交通组织服务3 738次,提供各类信息服务27 298次;接收报警158次,有效避免险情340宗。组织海上搜救行动112次,出动船艇199艘次;成功救助遇险人员102人,救助成功率95.1%;成功救助船舶6艘,挽回直接经济损失1 180万元。组织防抗台风5个,疏导各类船舶1 500余艘,组织5 000多艘船舶在港避风,撤离南海钻井平台作业人员和近海作业渔民近万人次。大运会水上安保。为做好大运会水上安保工作,构筑了以"远端控制、近端核查、联动执法、源头管理"为主线,以"分区设防、分级管控、时空结合、重点突出"为策略的水上交通安全立体防御体系;结合辖区特点构建并开展"环粤环深水上安保圈"工作,全面提升辖区水域安全监管效能,实现了大运会水上安保"三无一降"(无事故、无污染、无人员伤亡,对港口生产影响降到最低)的管控目标,得到各级领导机关高度评价和社会广泛赞誉。重大涉海工程及海上能源运输保障工作。2011年,深圳海事局全力做好港珠澳大桥、广深沿江高速公路大桥和西气东输二线海底管道等涉海工程的安全监管工作;安全监管液化天然气(LNG)船舶进出港口,创造了监管LNG船舶连续2 000多天安全运行无事故的纪录;全年保障电煤运输船舶74艘次安全航行,运输电煤460万吨,有效确保了深圳乃至整个华南地区的能源供应平稳。

深圳市口岸工作综述

【口岸运行情况】 2011年,深圳口岸以抓好老口岸改造和综合整治及新口岸规划建设为重点,改进口岸通关服务,优化口岸通关环境,全力以赴完成大运会期间的口岸服务保障工作,确保了深圳各口岸的安全畅通。2011年经深圳口岸出入境人员2.07亿人次,日均56.72万人次,同比增长4.4%;出入境车辆1 586.88万辆次,日均4.35万辆次,同比增长1.6%;深圳海港口岸集装箱吞吐量2 256.99万标箱,同比增长0.27%;进出口货物共17 480.36万吨,同比增长2.19%。海港客运口岸出入境旅客224.26万人次,同比增长14.62%。深圳机场空港口岸国际空运货物19.77万吨,同比增长7.91%;出入境旅客133.94万人次,同比增长3.83%。经二线各检查站进入特区人员5.2亿人次,进入特区车辆1.7亿辆次。2011年,深圳外贸进出口总值达到4 141亿美元,首次突破4 000亿美元,同比增长19.4%,其中出口总值2 455.3亿美元,同比增长20.2%,继续位居全国大中型城市首位。

【口岸基础建设】 按照深圳市"迎大运、创全国文明城市标兵行动"的统一部署,2011年深圳口岸重点抓好通关容量、口岸形象、通关保障、环境卫生、专用通道、文明服务、消防安全等10个方面的提升工作。皇岗口岸旅检场地改造工程采取"小循环"过渡性方案进行施工,旅客出境查验通道由25条增加到50条,小客车出境通道由5条增加到10条,旅客通关容量得到提高。深圳湾口岸旅检大楼分层改造,实现了旅客出入境场地的分离,出入境旅检通道由原来的40条增加到102条,旅客排队的现象得到缓解。深圳机场口岸扩建了边检中转厅临时查验台、检验检疫厅,对海关通道进行改造,增设了枪支弹药检查场地。同时,对皇岗口岸老旅检楼内部进行了临时简易装饰,协调机场公司、蛇口客运码头落实口岸环境整治方案,完成了深圳湾口岸、皇岗口岸全部景观工程,确保口岸以优美、整洁的通关环境,迎接深圳大运会各国参赛运动员。文锦渡口岸旅检场地改造工程较好地解决了部分香港居民在文锦渡口岸旅检区域封闭后过境的问题,完成了海关协查武警营区搬迁和临时旅检场地建设。老口岸环境综合整治工程顺利推进,完成了罗湖口岸、沙头角口岸、文锦渡口岸、皇岗口岸旅检大楼"穿衣戴帽"工程整治,福田口岸配套设施建设和部分遗留项目问题得到有效推进。空港口岸建设方面,口岸查验单位与机场公司在T3航站楼建设中业务用房和作业区域规划调整等方面取得了初步共识;口岸单位主动配合深圳机场电子货运推广工作,认真做好前期研究,与IATA(国际航空运输协会)及机场公司召开专项会议,参加天津机场电子货运的实地调研,并与海关、检验检疫局沟通协调,寻找推广工作的突破口;认真做好深圳机场增加国际航线(航班)和深圳机场福永码头船班调整的协调工作,促进了深圳机场口岸海、空一体化的资源优势整合。

【大运会口岸通关服务】2011年8月,第26届世界大学生运动会在深圳举行。深圳口岸全力以赴完成了大运会期间的各项口岸服务保障工作。大运会前,成立大运会工作领导小组,由口岸主管部门主要领导任组长,将口岸改造、环境综合整治、安保工作、现场办公等工作任务和重点明确到各个岗位。深圳湾口岸和皇岗口岸现场办公室分别设抵离、枪弹、物流、媒体、安保、志愿者、形象景观等7个运行团队。按照要求,制订了口岸通关、安保反恐、消防、供水供电等多个应急预案,并分别在深圳湾口岸和皇岗口岸进行了通关、消防安全、供水供电等演练。在建设施工和口岸通关工作中,各口岸单位加强协调沟通,形成口岸"一盘棋"。在任务重、工期紧的情况下,深圳湾口岸采取24小时工作集中优势力量攻关的办法,先后完成了与大运会密切相关的旅检楼分层改造、二期配套工程和观光电梯等项目。主动与香港有关部门沟通协商,定时通报口岸改造工程进展情况,相互配合推进工作,建立磋商机制和信息互通制度。皇岗口岸和深圳湾口岸组织专人多次与香港入境处、海关、卫生署、警务处等多家单位负责人会谈会晤,得到了香港在便利通关方面的大力支持。积极组织开展口岸义工、"学微笑、学礼仪"等活动,开展青年文明号、巾帼文明示范岗创建活动,强化"我迅捷、你方便"和"我热情、你温馨"的服务理念,体现"微笑在窗口"。同时,利用电子显示屏滚动播放大运会信息,悬挂宣传横幅,张贴大运会宣传海报,在口岸、检查站营造了浓厚的"迎大运"氛围。深圳口岸主管部门组织专人到深圳大学、深圳信息学院和香港,为口岸服务工作人员和志愿者、香港随车服务志愿者开展岗前培训,并分别组织志愿者到口岸现场跟班,强化提升肢体语言服务水准。通过系列专业岗前培训,各业务团队的工作能力得到了明显提升。大运会结束后,深圳口岸多名同志受到深圳市政府和大运会工委的表彰。

【口岸开放】大铲湾港是深圳以港兴市、东部港区与西部港区两港齐飞战略的重要组成部分,设立口岸和对外开放涉及面广、难度大,协调任务艰巨。为此,深圳市政府成立了深圳港口岸大铲湾港区对外开放验收工作领导小组,市相关部门、各查验单位及港区企业负责人为成员,分管副市长亲自担任组长,全力推进大铲湾对外开放的各项工作。2011年3月,大铲湾港区(一期)通过了广东省口岸办组织的预验收。11月24日,大铲湾港区(一期)通过了国家口岸管理办公室组织的对外开放正式验收。为解决深圳能源集团妈湾电力有限公司煤炭进口困难,经广泛协调论证,启动煤码头口岸对外开放验收工作。2011年7月,煤码头顺利通过了由广东省口岸主管部门的验收,10月19日广东省政府批准该专用煤码头正式对外开放。继续做好盐田港区三期扩建工程新建泊位生产性试运行工作。2011年3月14日,广东省政府批准三期扩建工程新建6个泊位进靠国际航行船舶试运行有效期延至2012年9月18日,保障了港区的正常生产。

【特区二线管理】 2011年,深圳口岸主管部门以深圳经济特区范围扩大到全市为契机,着力推动二线关口向"优化管理、提升服务、安全畅通"方向发展。2011年4月,协调深圳市交通运输委、深圳特检站,对二线关口减速坡进行了全面改造;与市区相关部门协商配合,完成了二线南光检查站工程移交的准备工作,对盐田检查站查验楼进行了改造,完成了梅林、同乐、南头、溪冲等二线关口的环境综合整治。为做好大运会的安全保卫工作,深圳市政府报请公安部同意,在深圳市与东莞、惠州交界的公路道口设立17个军警联勤治安检查点,抽调警力在市际道口开展联勤治安检查工作。大运会前,深入市际卡口了解联勤点的建设情况及联勤的方式、性质、任务,掌握二线边防部队在执勤中的需求,充分发挥边防部队在打击犯罪、维护社会治安及深港边界地区稳定等方面的积极作用。

【口岸规划】 根据深圳市政府统一部署,深圳市口岸办从2010年开始进行《深圳市口岸建设"十二五"规划》的编制工作。编制过程中,反复征求口岸相关单位意见,并按照发改委等部门的初审意见开展专家评审和论证,对规划稿进行补充和完善。该规划回顾了"十一五"期间深圳口岸建设的主要成就,分析了"十二五"期间口岸建设面临的形势和主要问题,明确了口岸建设"十二五"期间的主要目标、任务和重点工程,为今后5年口岸的规划建设提供了纲领性的指导意见。按照《珠三角地区改革发展规划纲要》和《粤港合作框架协议》的要求,抓紧推进莲塘、香园围口岸和前海合作区、广深港铁路等配套项目的前期规划工作。莲塘口岸联检楼(含跨境桥)方案设计竞赛完成第一轮评审和入围作品巡回展览及公众意见调查工作,莲塘口岸可行性研究报告已编制完毕。在新口岸规划建设的同时,积极推进口岸查验方式改革,进一步加强深港口岸的协作联动,优化深圳口岸的通关环境,努力为特区经济社会的持续快速发展提供更加优质的口岸服务。

【口岸综合管理】 在全力以赴做好大运会口岸通关服务保障的同时,深圳口岸还着重抓了口岸节假日旅客的过境疏导工作。为确保重大节日口岸安全畅通,相关业务处通过深港节日旅客过境小组的客流预测,及时拟订重大活动和节假日期间口岸通关的疏导方案,协调落实通关加班工作。大运会期间,深圳口岸先后多次组织消防安全大检查和"迎大运,排查安全隐患"专项检查。深圳市口岸管理服务中心投入388万元对6个陆路口岸的66个项目进行了整治,投入438万元对布吉、梅林、同乐、白芒4个检查站进行了绿化提升改造。同时,加强口岸及周边地区的综合整治。协调配合有关部门加大对口岸及周边地区交通运输和治安秩序整治工作的力度,严厉打击两地牌、蓝牌车违法拉客现象,进一步净化口岸环境。结合老口岸环境的综合整治,加强对口岸周边乱摆卖、拉客扰民等现象的清理整顿,有效打击了非法行为,保障了口岸运行的正常秩序。

2011年广东省口岸流量统计表

	口岸名称	合计			入境				出境			
		人员合计（人次）	同比（%）	交通工具合计	同比（%）	人员小计（人次）	旅客	员工（人次）	交通工具	人员小计（人次）	旅客	员工（人次）	交通工具
广州	广州白云机场	7 487 730	+20.3	55 139	+18.7	3 749 032	3 492 692	256 340	27 540	3 738 698	3 482 172	256 526	27 599
	广州客运东站	3 197 803	+18.2	8 019	+0.1	1 616 909	1 544 571	72 338	4 009	1 580 894	1 508 458	72 436	4 010
	广州莲花山港客运口岸	498 775	+2.7	5 649	-5.7	240 111	214 351	25 760	2 908	258 664	234 093	24 571	2 741
	广州南沙港客运口岸	404 201	-19.3	5 865	-56.5	198 721	164 493	34 228	3 087	205 480	174 443	31 037	2 778
	黄埔港口岸	143 226	-8.6	15 137	-8.4	56 001	1 026	54 975	5 571	87 225	1 026	86 199	9 566
	洲头嘴口岸	33 217	-25.9	4 954	-26.3	17 233		17 233	2 592	15 984		15 984	2 362
	新塘口岸	5 336	+6.5	770	+5.2	4 712		4 712	677	624		624	93
	新沙口岸	31 204	+3.5	2 066	+7.9	18 108		18 108	1 421	13 096		13 096	645
	新港口岸	61 884	-8.8	6 584	-12.9	37 075		37 075	4 039	24 809		24 809	2 545
	广州开发区口岸	17 532	+3.9	2 404	+1.8	14 684		14 684	1 997	2 848		2 848	407
深圳	罗湖口岸	92 743 160	+1.6			46 873 610	46 873 610			45 869 550	45 869 550		
	皇岗口岸	40 876 252	-5.1	9 434 838	-0.2	19 308 542	16 663 130	2 645 412	4 526 092	21 567 710	18 556 880	3 010 830	4 908 746
	蛇口口岸	2 428 789	+12.1	57 095	-1.2	1 009 549	699 480	310 069	27 116	1 419 240	1 074 651	344 589	29 979
	文锦渡口岸	1 714 205	-21.3	1 545 041	-8.3	844 216	88 264	755 952	756 119	869 989	81 197	788 792	788 922
	盐田口岸	219 117	+7.4	14 654	-3.8	102 618	586	102 032	7 024	116 499	211	116 288	7 630
	深圳机场	1 442 863	+4.8	17 338	+1.2	719 489	670 399	49 090	8 809	723 374	675 504	47 870	8 529
	福永码头	552 009	+7	8 854	+3.8	258 824	220 316	38 508	4 445	293 185	255 098	38 087	4 409

续表

口岸名称		人员合计(人次)	合计 同比(%)	交通工具合计	入境 人员小计(人次)	旅客	员工(人次)	交通工具	出境 人员小计(人次)	旅客	员工(人次)	交通工具
深圳	沙头角口岸	3 933 173	+8.7	891 161	1 977 993	1 712 282	265 711	472 052	1 955 180	1 742 761	212 419	419 109
	笋岗铁路口岸	2 784	−52.7		1 392	1 392			1 392	1 392		
	深圳湾口岸	28 670 744	+16.2	3 676 448	14 683 521	13 820 508	863 013	2 019 989	13 987 223	13 469 505	517 718	1 656 459
	福田口岸	34 152 853	+18.4		16 884 587	16 884 587			17 268 266	17 268 266		
	福田保税区	325 568	−2.4	321 320	163 144	9 867	153 277	160 891	162 424	9 209	153 215	160 429
珠海	拱北口岸	95 851 412	+12.9	2 553 259	48 740 470	48 702 323	38 147	1 245 811	47 110 942	47 045 825	65 117	1 307 448
	横琴口岸	2 936 628	+12.2	632 873	1 440 577	1 263 303	177 274	346 489	1 496 051	1 345 102	150 949	286 384
	珠海九洲港客运口岸	2 004 880	+7.1	18 950	1 003 210	921 075	82 135	9 512	1 001 670	920 103	81 567	9 438
	珠海湾仔口岸	958 564	+21.2	20 222	315 656	266 615	49 041	9 983	642 908	592 528	50 380	10 239
	珠海斗门口岸客运口岸	43 258	+29	994	22 899	19 478	3 421	468	20 359	16 547	3 812	526
	万山口岸	5 425	−27.4	1 165	2 987	61	2 926	600	2 438	60	2 378	565
	高栏口岸	44 523	+9.4	2 667	22 565	26	22 539	1 346	21 958	28	21 930	1 321
	珠澳跨境工业区口岸	395 921	+22	23 478	200 252	195 553	4 699	12 144	195 669	191 472	4 197	11 334
汕头	汕头空港	191 775	−8.9	1 415	94 364	89 930	4 434	709	97 411	92 996	4 415	706
	汕头港	44 236	−8.5	3 768	20 760	184	20 576	1 716	23 476	36	23 440	2 052
	朝阳港	11 629	+30.6	692	6 401		6 401	448	5 228		5 228	244
	南澳港											
梅州	梅州机场	4 073	−8.6	195	2 147	1 682	465	96	1 926	1 447	479	99
惠州	惠州港	39 416	+18.6	4 000	19 729	1	19 728	2 011	19 687		19 687	1 989

续表

	口岸名称	合计				入境				出境			
		人员合计（人次）	同比(%)	交通工具合计	同比(%)	人员小计（人次）	旅客	员工（人次）	交通工具	人员小计（人次）	旅客	员工（人次）	交通工具
汕尾	汕尾港	5 291	-33.8	428	-49.2	2 456	3	2 453	198	2 835		2 835	230
东莞	东莞太平口岸	366 461	-1.9	5 909	-8.7	128 556	95 465	33 091	3 117	237 905	207 532	30 373	2 792
	东莞常平铁路口岸	424 682	+6			218 367	218 367			206 315	206 315		
	东莞沙田口岸	60 773	-16.4	7 204	-18.7	31 408		31 408	3 691	29 365		29 365	3 513
中山	中山港	1 282 944	+4.1	20 125	-9.7	643 792	552 327	91 465	10 127	639 152	548 613	90 539	9 998
江门	江门港	130 776	-34.3	6 252	-13.8	67 340	43 771	23 569	3 204	63 436	40 580	22 856	3 048
	三埠港	6 565	+1.1	888	+1.4	3 416		3 416	462	3 149		3 149	426
	台山公益港	69 590	+5.1	7 746	+0.1	34 668		34 668	3 853	34 922		34 922	3 893
	鹤山港	61 801	-23.9	1 481	-24.2	32 924	27 115	5 809	751	28 877	23 180	5 697	730
	新会港	19 121	+10	2 189	+3.3	10 462		10 462	1 183	8 659		8 659	1 006
佛山	佛山铁路口岸	86 122	-7.2	8 040	-8.2	43 154	16 983	26 171	3 714	42 968	12 335	3 0633	4 326
	高明港	64 017	-15.2	3 657	+11.2	32 028	19 278	12 750	1 845	31 989	19 485	12 504	1 812
	南海港	55 222	-25.4	7 864	-27.1	29 978		29 978	4 263	25 244		25 244	3 601
	顺德港	819 291	-2	13 259	-13.6	408 702	351 647	57 055	6 740	410 589	355 263	55 326	6 519
阳江	阳江港	4 792	+17.4	215	+9.7	2 382		2 382	108	2 410		2 410	107
湛江	湛江港	38 943	+5.5	2 211	+0.1	21 067		21 067	1 185	17 876	5	17 871	1 026
	湛江南油港	716	+111.2	35	+66.7	395	4	391	19	321		321	16
	湛江霞海港	2 308	-18.5	182	-16.5	1 077		1 077	83	1 231		1 231	99
	湛江调顺港	8 701	+12.6	379	+15.5	4 402		4 402	189	4 299		4 299	190
	湛江机场	8 830	+8.5	296	-5.7	4 286	3 574	712	148	4 544	3 832	712	148

续表

	口岸名称	合计				入境				出境		
		人员合计（人次）	同比（%）	交通工具合计	人员小计（人次）	旅客	员工（人次）	交通工具	人员小计（人次）	旅客	员工（人次）	交通工具
茂名	茂名水东港	18 752	-2	1 241	9 439		9 439	628	9 313		9 313	613
肇庆	肇庆港	25 663	+1.8	3 334	15 435		15 435	2 029	10 228		10 228	1 305
	肇庆端州铁路口岸	47 814	+0.4	704	26 436	20 807	5 629	352	21 378	15 750	5 628	352
潮州	潮州港	7 400	-36.6	399	3 576		3 576	194	3 824		3 824	205
	总计	325 090 740		19 431 052	162 447 834	155 871 126	6 576 708	9 715 794	162 642 906	156 043 450	6 599 456	9 715 258

2011年广东省内海关主要数据统计表

项目		2011年	同比(%)
海关监管进出口货物量(万吨)	合计	124 995.60	+13.8
	进口	23 586.40	+7.7
	出口	101 409.20	+15.3
进出口贸易总值(亿美元)	合计	9 134.80	+16.4
	进口	3 815.40	+15.0
	出口	5 319.40	+17.4
税收(亿元)	两税合计	2 991.20	+24.3
	关税入库	475.90	+22.1

(海关广东分署提供)

2011年广州海关主要数据统计表

项目		2011年	同比(%)
进出口货运量 (万吨)	合计	4 932.71	-1.00
	进口	2 549.16	-8.80
	出口	2 383.55	+8.90
进出口贸易总值 (万美元)	合计	11 881 987.18	+9.12
	出口	6 281 199.31	+11.74
	其中:江、海运输	4 382 193.42	+14.61
	铁路运输	126 374.39	+37.99
	汽车运输	1 298 596.14	-1.26
	航空运输	427 242.74	+19.64
	邮件运输	507.18	+8.04
	其他运输	46 285.44	+38.25
	进口	5 600 787.87	+6.33
	其中:江、海运输	379 527.32	+8.86
	铁路运输	148 015.27	+44.73
	汽车运输	823 816.99	-4.77
	航空运输	820 844.82	+2.78
	邮件运输	331.15	-88.98
	其他运输	12 506.44	+7.11
税收 (万元)	两税合计	4 512 719.00	+2.20
	关税入库	774 797.00	-3.80
	进口环节税入库	3 737 922.00	+3.50

(广州海关提供)

2011年深圳海关主要数据统计表

项目		2011年	同比(%)
进出口货运量 (万吨)	合计	10 394.00	-0.1
	进口	5 321.30	-0.7
	出口	5 072.70	+0.7
进出口贸易总值 (万美元)	合计	61 291 409.50	+28.9
	进口	24 643 227.70	+30.0
	其中:江、海运输	3 293 692.20	+30.5
	铁路运输		
	汽车运输	20 252 372.30	+27.8
	航空运输	250 564.60	+10.1
	邮件运输	1 969.30	+6.6
	其他运输	844 6290	+147.2
	出口	36 648 181.80	+28.1
	其中:江、海运输	17 749 986.30	+31.6
	铁路运输	19 095.80	-39.6
	汽车运输	17 647 261.40	+22.6
	航空运输	267 611.70	+3.6
	邮件运输	8.90	+80.1
	其他运输	964 217.60	+123.9
税收 (万元)	两税合计	10 297 497.30	+13.9
	关税入库	919 269.00	+1.5
	进口环节税入库	9 378 228.30	+15.3

(深圳海关提供)

2011年黄埔海关主要数据统计表

项目		2011年	同比(%)
进出口货运量 (万吨)	合计	8 501	+3.9
	进口	6 401	+9.1
	出口	2 100	-9.4
进出口贸易总值 (万美元)	合计	2 050.70	+13.100
	进口	1 039.99	+16.41
	其中:江、海运输	566.65	+28.09
	铁路运输	7.20	+127.80
	汽车运输	464.18	+4.10
	航空运输	1.97	+1.93
	邮件运输		
	其他运输	26 627.54	+289.6
	出口	1 010.71	+9.88
	其中:江、海运输	474.59	+10.23
	铁路运输	4.61	+161.67
	汽车运输	525.47	+8.67
	航空运输	1.75	+34.65
	邮件运输		
	其他运输	4.29	+60.95
税收 (万元)	两税合计	10 002 599	+44.1
	关税入库	2 603 310	+46.3
	进口环节税入库	7 399 289	+43.4

(黄埔海关提供)

2011年拱北海关主要数据统计表

项目		2011年	同比(%)
进出口货运量（万吨）	合计	10 240.52	-3.10
	进口	1 294.15	-1.50
	出口	8 946.37	-3.30
进出口贸易总值（万美元）	合计	7 329 102.07	+10.93
	出口	4 408 238.12	+11.08
	其中:江、海运输	3 782 233.34	+14.37
	汽车运输	558 532.96	-8.14
	航空运输	26 829.78	+33.43
	邮件运输	248.34	-22.66
	其他运输	40 393.70	+22.05
	进口	2 920 863.95	+10.70
	其中:江、海运输	2 524 915.63	+16.74
	汽车运输	394 244.44	-16.89
	航空运输	1 317.11	+32.59
	邮件运输	135.32	-35.47
	其他运输	251.44	+392.75
税收（亿元）	两税合计	138.00	+12.40
	关税入库	21.00	+1.09
	进口环节税入库	117.00	+14.69

（拱北海关提供）

2011年汕头海关主要数据统计表

项目		2011年	同比(%)
进出口货运量 (万吨)	合计	2 155.88	+35.50
	进口	1 839.79	+43.50
	出口	316.09	+2.20
进出口贸易总值 (万美元)	合计	1 632 241.54	+15.99
	进口	1 030 655.15	+13.27
	其中:江、海运输	759 005.05	+16.24
	铁路运输	292.77	+47.40
	公路运输	240 977.06	+5.54
	航空运输	30 373.14	+6.93
	邮件运输	7.13	-27.43
	出口	601 586.39	+20.97
	其中:江、海运输	398 121.57	+28.19
	公路运输	169 084.06	+10.32
	航空运输	32 027.68	+6.43
	邮件运输	2 353.03	-30.14
	其他运输	0.04	
税收 (万元)	两税合计	465 871.06	+15.35
	关税入库	77 209.15	+4.44
	进口环节税入库	388 661.91	+17.80

(汕头海关提供)

2011年江门海关主要数据统计表

项目		2011年	同比(%)
进出口货运量 (万吨)	合计	1 075.24	+26.30
	进口	734.61	+36.00
	出口	340.64	+9.50
进出口贸易总值 (万美元)	合计	1 683 184.49	+23.31
	出口	1 102 936.98	+16.34
	其中:江、海运输	892 486.21	+14.79
	公路运输	160 765.89	+10.92
	航空运输	203.83	-52.86
	邮件运输	49 481.05	+96.23
	进口	580 247.51	+39.17
	其中:江、海运输	528 506.96	+43.24
	公路运输	46 540.63	+4.13
	航空运输	5 186.54	+59.94
	邮件运输	13.37	+67.76
税收 (万元)	两税合计	460 921.00	+49.11
	关税入库	68 846.00	+24.76
	进口环节税入库	392 075.00	+54.40

(江门海关提供)

2011年湛江海关主要数据统计表

项目		2011年	同比(%)
进出口货运量 (万吨)	合计	5 838.66	+12.9
	进口	5 434.39	+14.6
	出口	404.27	-5.3
进出口贸易总值(万美元)(注:本栏提供的是进出口货值,非进出口贸易值)	合计	3 196 297.00	+49.7
	进口	2 817 012.00	+54.9
	其中:江、海运输	2 813 201.00	+55.0
	铁路运输	0	
	汽车运输	2 957.00	+5.8
	航空运输	855.00	+9.5
	邮件运输	0	
	其他运输	0	
	出口	379 284.00	+19.8
	其中:江、海运输	370 487.00	+20.1
	铁路运输	0	
	汽车运输	8 794.00	+11.8
	航空运输	4	-85.1
	邮件运输	0	
	其他运输	0	
税收 (万元)	两税合计	2 788 435.00	+62.9
	关税入库	135 616.00	+94.6
	进口环节税入库	2 652 819.00	+61.6

(湛江海关提供)

2011年广东省出入境检验检疫业务统计表

项目	货物检验检疫			交通工具				集装箱（标箱）		发现动植物疫情		货物通关		出入境人员查验（人次）	健康检查及预防接种（人次）			
	批次	金额（万美元）	检验检疫不合格		船舶（艘）	飞机（架）	火车（节）	汽车（辆）	合计	检出问题	种类数	种次	批次	金额（万美元）		健康检查	艾滋病监测	发现病例	预防接种
			批次	金额（万美元）															
本年累计	4 594 187	24 292 801	26 389	793 603	151 439	56 800	88 854	282 799	828 153	45 718	1 749	53 590	3 718 307	23 135 722	15 536 482	134 623	58 684	49 331	158 870
其中 出境	3 992 990	13 051 710	3 670	9 990	72 663	28 470	44 463	233 960	114 966	159	11	71	3 036 461	12 242 507	7 844 235	112 879	37 412	39 976	157 706
其中 入境	601 197	11 241 091	22 719	783 613	78 776	28 330	44 391	48 839	3 846 039	45 559	1 738	53 519	681 846	10 893 215	7 692 247	21 744	21 272	9 355	1 164
与上年同比（%）	-4.01	+17.46	+12.5	+26.93	-4.98	+16.67	-0.57	-4.33	-7.95	-46.45	+17.17	+9.31	-4.5	+16.28	+8.84	+23.93	-4.26	+16.49	+2.58
其中 出境	-2.95	+10.56	+45.16	+52.04	-5.91	+16.76	-0.49	-2.28	-7.63	+341.67	-26.67	+162.96	-3.49	+10.27	+9.38	+37.11	+2.88	+21.82	+2.57
其中 入境	-9.55	+26.64	+8.66	+26.67	-4.1	+16.59	-0.66	-13.05	-8.36	-46.61	+17.12	+9.22	-8.71	+23.86	+8.29	-17.32	-14.69	-1.85	+3.28

（广东出入境检验检疫局提供）

2011年深圳市出入境检验检疫业务统计表

项目	货物检验检疫				交通工具			集装箱（标箱）		发现动植物疫情		货物通关		出入境人员查验（人次）	健康检查及预防接种（人次）			
	批次	金额（万美元）	检验检疫不合格		船舶（艘）	飞机（架）	汽车（辆）	合计	检出问题	种类数	种次	批次	金额（万美元）		健康检查	艾滋病监测	发现病例	预防接种
			批次	金额（万美元）														
本年累计	1 356 714	10 826 570	13 442	214 256	8 004	17 438	15 913 451	20 159 441	19 349	561	39 286	1 516 007	11 601 202	203 610 008	69 758	69 758	5 005	28 651
其中 出境	1 027 365	7 405 806	1 516	4 823	4 150	8 589	7 969 195	10 948 609		2	2	1 218 209	8 446 696	102 632 784	14 203	14 203	1 027	28 651
其中 入境	329 349	3 420 764	11 926	209 433	3 844	8 849	7 944 256	9 210 832	19 349	559	39 284	297 798	3 154 506	100 977 224	55 555	55 555	3 978	
与上年同比（%）	+10.5	+20.5	+38.1	+8.4	-0.8	+1.3	+1.0	-6.2	-5.5	+6.9	+45.6	-0.1	+19.9	+5.2	+4.9	+5.0	-6.4	+37.3
其中 出境	+17.0	+25.3	+18.9	-13.3	+0.4	+1.1	+0.5	+2.7		-33.3	-33.3	-0.9	+17.1	+5.3	+20.5	+21.1	+8.5	+37.3
其中 入境	-5.9	+11.3	+41.0	+9.0	-1.9	+1.4	+1.4	-14.9	-5.5	+6.9	+45.6	+3.6	+28.3	+5.0	+1.5	+1.5	-9.6	

（深圳出入境检验检疫局提供）

2011年珠海市出入境检验检疫业务统计表

项目	货物检验检疫			交通工具			集装箱（标箱）		发现动植物疫情		货物通关		出入境人员查验（人次）	健康检查及预防接种（人次）			
	批次	检验检疫不合格		船舶（艘）	飞机火车（架）(节)	汽车（辆）	合计	检出问题	种类数	种次	批次	金额（万美元）		健康检查	艾滋病监测	发现病例	预防接种
		批次	金额（万美元）														
本年累计	387 403	403	1 396	44 161		3 260 665	542 322	266	136	2 491	226 054	1 156 109	101 641 311	17 294	17 294	2 065	1 518
其中 出境	257 341	45	66	22 344		1 641 608	287 200	14			165 974	701 710	50 193 042	10 257	10 257	1 128	1 494
其中 入境	130 062	358	1 330	21 817		1 619 057	255 122	252	136	2 491	60 080	454 399	51 448 269	7 037	7 037	937	24
与上年同比（%）	-1.41	-13.89	+22.81	+9.27		+9.94	+0.92	-31.79	+44.68	+527.5	-6.32	+9.57	+12.28	+15.52	+15.57	+4.24	+59.96
其中 出境	+1.58	+12.5	-40.91	+8.86		+10.11	+2.63	+366.7			-5.08	+2.86	+12.32	+22.19	+22.3	+12.13	+60.82
其中 入境	-6.84	-16.36	+29.75	+9.7		+9.76	-0.93	-34.88	+44.68	+527.5	-9.61	+21.86	+12.24	+6.99	+6.99	-3.9	+20

（珠海出入境检验检疫局提供）

2011年广东省口岸出入境主要数据表

单位:人员(人次);交通工具(辆、艘、架、列次)

项目			2011年	2010年	同比(%)
出入境人员		出入境人员总数	3 845 580	3 747 936	+2.605
		入境人员	1 886 575	1 843 425	+2.341
		出境人员	1 959 005	1 904 511	+2.861
		出入境旅客	2 932 006	2 807 296	+4.442
		出入境员工	913 574	940 640	-2.877
	中国公民	小计	3 434 102	3 345 270	+2.655
		大陆因公	863 959	894 666	-3.432
		大陆因私	970 495	836 983	+15.952
		港澳居民	1 380 883	1 385 001	-0.297
		台湾同胞	218 765	228 620	-4.311
		华侨(不计入小计)	0	0	
		外籍人员	411 478	402 666	+2.188
		从海港出入境人数	3 311 086	3 256 014	+1.691
	从陆港出入境人数	小计	521 073	479 327	+8.709
		火车	521 073	479 327	+8.709
		汽车			
		徒步			
		从空港出入境人数	13 421	12 595	+6.558
交通运输工具		总计	102 685	109 795	-6.476
		船舶	101 446	108 541	-6.537
		飞机	509	524	-2.863
		火车	730	730	0.000
		机动车辆			

(广东出入境边防总队提供)

2011年深圳市口岸出入境主要数据表

	项目	2011年	2010年	同比(%)
出入境人员	出入境人员总数(万人次)	20 706	19 824	+4.4
	入境人员(万人次)	10 283	9 851	+4.4
	出境人员(万人次)	10 423	9 973	+4.5
	出入境旅客(万人次)	19 665	18 769	+4.8
	出入境员工(万人次)	1 041	1 056	−1.4
	中国公民(万人次) 小计	19 893	19 024	+4.5
	内地居民(因公)	292	294	−0.6
	内地居民(因私)	4 732	3 796	+24.7
	港澳居民	14 621	14 685	−0.4
	台湾同胞	248	248	−0.2
	外籍人员(万人次)	813	800	+1.6
	从海港出入境人数(万人次)	320	289	+11
	从陆港出入境人数(万人次)	20 242	19 398	+4.4
	从空港出入境人数(万人次)	144	138	+4.8
交通运输工具	总计(万艘、万架、万列、万辆)	1 597	1 571	+1.6
	船舶(万艘)	8	8	−1.2
	飞机(万架)	1.7	1.7	+1.2
	火车(万列)			
	机动车辆(万辆)	1 587	1 561	+1.6

(深圳出入境边防检查总站提供)

2011年珠海市出入境边防检查总站主要数据表

单位:(人员)万人次;(交通工具)万辆、万艘、万架次

项目			2011年	2010年	同比(%)
出入境人员	出入境人员总数		10 224	9 057	+12.88
	入境人员		5 175	4 580	+12.98
	出境人员		5 049	4 477	+12.78
	出入境旅客		10 148	8 981	+12.99
	出入境员工		76	76	+0.03
	中国公民	小计	10 038	8 874	+13.12
		内地居民	4 593	3 585	+28.12
		港澳居民	5 334	5 167	+3.22
		台湾同胞	111	121	-8.48
	外籍人员		186	184	+1.25
交通运输工具	总计		325	299	+9.02
	船舶		4.3	4	+8.93
	飞机		0.0002	0.0018	-88.89
	火车		0	0	+0.00
	机动车辆		321	294	+9.02

(珠海出入境边防检查总站提供)

2011年汕头市口岸出入境旅客统计表

单位:人次

项目	入境	出境	合计	备注
中国籍	52 443	56 004	108 487	
外国籍	37 326	35 943	73 269	
合计	89 769	91 947	181 756	

2011年汕头市口岸出入境员工统计表

单位:人次

项目	入境	出境	合计	备注
中国籍	29 990	29 304	59 294	
外国籍	4 870	5 694	10 564	
合计	34 860	34 998	69 858	

2011年汕头市口岸出入境交通运输工具统计表

单位:艘(架)次

项目	船舶(艘次)	飞机(架次)	合计	备注
出境	2 311	766	3 077	
入境	2 327	767	3 094	
合计	4 638	1 533	6 171	

(汕头出入境边防检查总站提供)

2011年广东海事局进出港船舶统计汇总表

船舶类别	进港船舶								出港船舶						
	艘数（万艘）	总吨（万吨）	总载重量（万吨）	载客量（万人次）	船员人数（万人次）	货物到达量（万吨）	旅客到达量（万人次）	艘数（万艘）	总吨（万吨）	总载重量（万吨）	载客量（万人次）	船员人数（万人次）	货物发送量（万吨）	旅客发送量（万人次）
总数	155.22	143 926.7	180 093.8	4 686.3	260.3	92 055.5	1 689.9	155.5	144 229.2	180 466.4	4 670.5	260.2	54 135.6	1 663.3
中国籍船舶	154.05	117 091.9	140 811.1	4 685.0	238.6	76 698.1	1 689.8	154.3	117 325.0	141 053.1	4 669.3	238.3	52 135.8	1 663.2
其中：外贸船	2.96	3 981.0	3 832.1	671.1	34.9	2 864.9	229.6	2.9	4 394.2	4 546.5	658.8	34.5	525.6	248.4

（广东海事局提供）

2011年深圳海事局进出港船舶汇总统计表

国家（地区）	进港船舶								出港船舶						
	艘数（艘次）	总吨（吨位）	总载重量（吨）	载客量（客位）	船员人数（人次）	货物到达量（吨）	旅客到达量（人次）	艘数（艘次）	总吨（吨位）	总载重量（吨）	载客量（人次）	船员人数（人次）	货物发送量（吨）	旅客发送量（人次）
总计	64 115	801 040 607	904 076 218	6 022 559	686 521	81 604 890	2 611 880	64 599	816 128 707	921 520 521	6 085 542	693 960	68 955 054	2 665 310
中国	47 381	61 985 310	53 740 669	6 022 559	373 507	28 426 035	2 605 846	47 556	62 352 801	54 576 884	6 085 542	374 656	17 394 218	2 665 288
其中：外贸船	18 454	19 168 132	10 411 101	4 110 729	149 204	2 284 457	1 684 175	18 827	22 383 199	14 015 062	4 129 161	154 420	2 434 335	1 746 375

（深圳海事局提供）

广东省口岸大事记

1月3日~5日

广东省常务副省长朱小丹、副省长刘昆赴北京向国家发展改革委、财政部、海关总署、国家税务总局汇报横琴通关政策创新和税收政策等工作。

1月14日

中共中央政治局委员、广东省委书记汪洋,广东省委副书记、省长黄华华在广州会见国家质检总局局长支树平、副局长刘平均。广东省质监局、广东出入境检验检疫局、深圳出入境检验检疫局、珠海出入境检验检疫局主要负责人一同参加了活动。

广东省常务副省长朱小丹、副省长刘昆赴京参加国家发展改革委副主任杜鹰主持召开的有关研究横琴通关政策创新及相关税收政策的会议。

1月15日

国家质检总局局长支树平在深圳出席中央政府驻港联络办"1130工程"竣工暨深圳培训调研中心启用仪式。

深圳市委书记王荣、市长许勤在深圳会见国家质检总局局长支树平。双方就进一步加强合作、围绕科学发展这一主题,加快转变经济发展方式这一主线,实现质检工作水平新提升等进行交流。

1月16日

国家质检总局局长支树平考察拱北口岸,慰问口岸检验检疫机构一线人员,检查基层党组织创先争优活动开展情况。珠海市委书记甘霖、市长钟世坚、副市长陈洪辉及局党组成员朱绍智、王海民陪同考察。

1月30日

广东省副省长招玉芳赴广州白云国际机场口岸和广州东站铁路客运口岸看望和慰问各检查检验部门、管理部门和经营服务单位的工作人员。

1月31日

深圳市委书记王荣、市长许勤、副市长陈改户到罗湖口岸检查春节期间通关措施、安保工作落实情况,并慰问口岸一线工作人员。

2月21日

香港食物及卫生局周一岳局长一行来访,就进一步加强合作与交流、保障内地供港食品农产品安全等工作进行交流。

2月25日

国家质检总局进出口肉类产品监管办法座谈会在深圳召开,国家质检总局副局长蒲长城出席会议。

2月28日

广东省副省长佟星在珠海主持召开广东省航空产业发展领导小组第三次工作会议,广东省口岸办派员参加。

广东省副省长招玉芳和香港政务司司长唐英年共同主持召开粤港合作第十六次工作会议。

3月9日~11日

广东省口岸工作座谈会在江门召开,广东省口岸办主任邬公权主持会议,广东省21个地级以上市和顺德区政府口岸管理部门负责同志共80多人参加。

3月15日

深圳检验检疫局与深圳海事局签署《关于加强进出口监管提高口岸工作效率合作备忘录》。

3月28日

湛江海关为湛江港新开辟JTS航线(湛江—香港—台湾—日本)中首艘抵达的班轮提供监管服务。

3月31日

广东省口岸办会同海关总署广东分署和驻深圳港口岸查验单位的有关负责同志组成验收组,对深圳港口岸大铲湾港区(一期)对外开放前的准备工作进行预验收。

4月7日

深圳市市长许勤、副市长陈改户、秘书长李平一行到深圳检验检疫局调研,充分肯定了近年来检验检疫部门在维护国家利益、保障进出口产品质量安全、促进深圳改革开放和经济社会发展等方面作出的巨大贡献。深圳检验检疫局全体班子成员陪同调研。

4月8日

海关总署副署长兼广东分署主任吕滨视察江门海关。

4月22日

海关总署党组书记、署长于广洲视察江门海关。

4月27日

广东省副省长招玉芳调研深圳市外经贸、前海开发和深圳大运会外事等有关工作。

5月8日

国家质检总局副局长杨刚到深圳调研,对深圳检验检疫局近年来取得的成绩给予充分肯定,要求继续全面贯彻落实国家质检总局各项部署,追求卓越,争创一流,继续发挥"排头兵"作用,为深圳经济社会发展和香港繁荣稳定保驾护航。

5月9日

由国家质检总局主办,深圳检验检疫局和香港卫生署联合承办的大运会检验检疫实战演练在深圳湾口岸举行,国家质检总局副局长魏传忠出席仪式。国家质检总局及深圳市政府、大运会执行局、香港卫生署、澳门卫生局、口岸联检部门、检验检疫相关直属局的领导和专家现场观摩了演练。

5月11日

香港海关关长袁铭辉一行到访深圳检验检疫局,就风险信息管理、食品安全监管等工作议题进行座谈并交换意见。

6月8日

全国质检系统大运会食品安全监督保障工作会议在深圳召开,国家质检总局副局长蒲长城出席会议并强调各相关部门要紧密协作,共同保障大运会食品安全。

7月7日~9日

国家口岸管理办公室牵头组织中央编办、外交部、国家发展改革委、公安部、交通运输部、铁道部、商务部、海关总署、国家质检总局、国务院港澳办、国家民航局及总参谋部等13个国家相关部委办的有关专家在广东珠海市召开了国家"十二五"口岸发展规划专家论证会。

7月26日

深圳皇岗口岸"车港城"新旅检出境区域正式开通。

8月1日

中共中央政治局委员、广东省委书记汪洋,广东省委常委、深圳市委书记王荣,深圳市市长许勤等在深圳湾口岸视察大运会服务保障工作。

广东省委常委、深圳市委书记王荣,深圳市市长许勤等在皇岗、机场视察大运会各项工作开展情况。

8月4日

广东省副省长招玉芳在深圳主持召开广东省"三会"外事与口岸工作协调小组涉深圳大运会工作第三次会议,并到深圳湾口岸视察。

8月10日

世界动物卫生组织水生动物卫生标准委员会BarryHill主席、黄捷委员到访深圳检验检疫局。

8月11日

深圳海关与深圳检验检疫局签署合作备忘录。海关总署署长于广洲、副署长鲁培军,国家质检总局局长支树平、副局长魏传忠,深圳市副市长袁宝成出席签约仪式。

8月12日

国家质检总局局长支树平、副局长魏传忠到皇岗口岸视察。

8月13日

国务院国资委主任王勇在深圳检验检疫局调研,对深圳检验检疫局近年来取得的成绩给予充分肯定。深圳出入境检验检疫局局长刘胜利、副局长谢月华、吴荣恩陪同调研。

8月23日

广东省省长黄华华和香港特别行政区行政长官曾荫权分别率领双方代表团出席粤港合作联席会议第十四次会议。国务院港澳办副主任周波、中央政府驻港联络办副主任王志民到会指导。广东省副省长招玉芳和香港特区政府政务司司长唐英年在会上回顾了"十一五"时期特别是过去一年来粤港合作所取得的丰硕成果。会议明确了下一步粤港双方将重点推进的七方面合作,其中包括:加快港珠澳大桥、广深港高速铁路、深港西部快速轨道等跨境基础设施建设和口岸通关便利化。

国家质检总局副局长蒲长城到深圳航空食品公司视察大运会运动员配餐检验检疫监管工作,充分肯定了深圳检验检疫局大运会服务保障工作。

8月24日

国家质检总局副局长蒲长城到前海湾保税港区管理局调研。

9月1日

中央纪委副书记黄树贤,广东省委常委、深圳市委书记王荣,深圳市市长许勤在深圳湾口岸调研"廉洁深圳"建设情况。

9月13日~14日

广东省副省长招玉芳到阳江市就进一步落实胡锦涛总书记视察广东重要讲话精神和广东省对外招商引资、加快外经贸转型升级工作会议精神开展专题调研,对阳江海关工作给予充分肯定。

11月2日

深圳检验检疫局与重庆检验检疫局签署合作备忘录。

11月4日

深圳检验检疫局与吉林检验检疫局签署合作备忘录。

11月10日

国家质检总局副局长蒲长城到珠海局检查指导工作。

11月15日

广东省副省长招玉芳到深圳检验检疫局调研。

11月22日

广东省口岸办牵头驻粤口岸查验单位对东莞虎门港区二期工程码头对外开放前准备工作进行验收。

11月25日

国家口岸办牵头组织国家相关部委和解放军总参作战部有关负责同志组成验收组,对深圳港口岸大铲湾港区(一期)对外开放进行验收。

香港特别行政区政府与深圳市政府在港举行深港合作会议。

12月12日

国家质检总局与深圳市人民政府在京举行《创造深圳质量 打造质量强市合作备忘录》签署仪式。

12月27日~28日

广东省口岸办牵头驻粤口岸查验单位对阳江港11号、12号码头泊位对外开放前准备工作进行验收。

(撰稿人:沈锐、辛杨、林孝铭、吴云、陈海雄、阮新武、张磊、朱群敏、唐文杰、王齐发、刘春燕、王雅、胡俊彬、张爽、房雯、游洪、贺海龙、宫龙、彭军阳、石西津、陈列、骆伟雄、袁本阳)

广西壮族自治区

广西壮族自治区口岸工作综述

【口岸运行数据】2011年,广西壮族自治区口岸进出口货运量累计8 385万吨,同比增长34.4%。其中,进口7 182万吨,同比增长38.8%;出口1 203万吨,同比增长13%。进出口货值328.07亿美元,同比增长51.2%。其中,进口188.12亿美元,同比增长59.7%;出口139.95亿美元,同比增长41.2%。出入境人员累计565.82万人次,同比减少0.2%。其中,出境282.94万人次,同比减少0.15%;入境282.88万人次,同比减少0.2%。进出境集装箱25.56万标箱,同比增长32.19%。其中,入境13.01万标箱,同比增长35.23%;出境12.55万标箱,同比增长29.19%。进出境交通工具21.87万辆(艘、架、列),同比增长47.94%。其中,入境11.06万辆(艘、架、列),同比增长48.16%;出境10.81万辆(艘、架、列),同比增长43.77%。

【口岸开放工作】钦州港口岸于2010年11月经国务院批复同意扩大开放至西港区和中港区。2011年1月28日,国家口岸办下文委托广西壮族自治区口岸办组织对钦州港口岸大榄坪南作业区对外开放进行验收。2月10日,广西壮族自治区口岸办组织驻桂各查验单位、部队对钦州港口岸大榄坪南作业区对外开放进行正式验收,并将验收情况报请国家口岸办审批。2月14日,海关总署复函广西壮族自治区人民政府同意广西钦州港口岸大榄坪南作业区对外开放验收纪要。2月16日,广西壮族自治区人民政府在钦州保税港区举行开港仪式,正式开港运营。3月31日,广西海事局将钦州港口岸大榄坪南作业区的开放范围、航道、锚地向外公告。5月19日,广西壮族自治区口岸办组织南宁海关、广西出入境检验检疫局、广西公安边防总队等查验单位对凭祥综合保税区一期友谊关口岸新建货运查验设施进行验收,验收小组原则通过了验收。6月17日~18日,广西凭祥综合保税区一期顺利通过由海关总署、商务部等十部委组成的国务院联合验收组的正式验收。9月30日凭祥综合保税区正式封关运营。2011年年初,广西壮族自治区人民政府向国务院申请将北海港口岸扩大开放至铁山港区、涠洲岛港区和沙田港区。至年末,北海铁山港区口岸现场查验和监管设施建设初具规模,广州军区复函同意北海港口岸扩大开放范围。10月9日,国务院批复同意平孟口岸对外开放(国函〔2011〕115号),口岸性质为中国和越南双边公路客货运输口岸,设立团级建制的边防机构,核增边检人员编制40名。海关和出入境检验检疫业务仍由现有机构和人员承担,不另设机构和增加人员编制。此外,广西壮族自治区口岸办还组织了对防城港口岸客运联检楼的开放验收,为防城港海上国际旅游航线复航奠定了基础。

【口岸基础设施建设】在全区开展"口岸建设大会战"专项活动,重点组织推进一批口岸、边民互市点和海关特殊监管区域的主体设施和查验及配套设施建设。截至2011年年底,防城港口岸客运联检楼、江山港口岸联检楼、爱店口岸通道、龙邦口岸广场、北海港口岸客运联检楼的改建、改造等5个口岸项目已经完工,江山港口岸查验部门办公生活用房、爱店口岸物流中心等27个新建项目落实了项目建设用地,防城港口岸联检楼、钦州港口岸联检中心等13个续建项目有序推进,梧州口岸集中区等6个项目启动前期准备工作。全年投入口岸建设资金约4.2亿元,其中国家和自治区投资补助资金5 100万元。

【电子口岸建设】完成西江物流服务平台总体规划报批工作,并争取广西壮族自治区发改委下达一期建设资金200万元。组织广西电子口岸技术业务组完成编制《广西电子口岸钦州海运物流服务平台总体规划》；完成广西电子口岸海运物流服务平台二期应用系统软件开发工作，提高了企业的工作效率和口岸的通关效率。据统计，2011年通过广西电子口岸统一登录办理业务的各类企业107家，门户网站全年共有10万余人次的访问量，各类信息点击量达150余万次。海运物流服务平台将企业业务数据、海关监管数据电子化、信息化，实现各类企业在线协同处理"运抵报告、装货单、船舶信息"等基础数据，实现企业数据、海关监管数据的实时交换，达到规范企业业务流程的目的。海运物流服务平台运抵报告辅助监管系统、运输工具辅助监管系统自2011年6月底上线应用以来，共处理基础业务17 334数据票，协助海关监管船舶2 274轮次。南宁保税物流中心电子信息平台为保税物流中心内企业提供综合物流服务，由于目前保税区进驻企业不多，全年共受理1 436单业务，其中保税业务918单，一般业务518单。凭祥综合保税区物流服务平台从2011年10月份正式上线以来，口岸业务总计办理4 360票（其中进口262票，出口4 098票），车辆进出凭祥综合保税区总计11 822辆/次（进境重车400辆/次，进境空车5 249辆/次，出境重车5 840辆/次；出境空车333辆/次）。钦州保税港区物流服务平台至2011年3月上线以来，口岸业务总计办理595票，车辆进出钦州保税港总计5 066辆/次（进口2 721辆/次，出口2 345辆/次）；区内企业开展保税业务25票，卡口登记货物4 334票。

【口岸综合管理】2011年12月17日，协助国家口岸管理办公室在东兴市举办边境口岸工作座谈会，共有广西壮族自治区、内蒙古自治区、吉林、黑龙江、云南等五省区口岸办负责人及全国10个边境口岸城市负责人约50人参加。会议通报了国家口岸办支持边境地区口岸发展的有关措施及2012年的工作思路和重点任务，就进一步做好边境口岸工作，规范边民通道管理、促进互市贸易发展进行了座谈。根据广西壮族自治区扶贫办要求，编制完成2011～2013年广西边境0～3公里口岸基础设施建设项目和边境0～20公里边民互市贸易点基础设施建设项目实施方案。

【区域口岸合作】2011年9月27日，组织南宁海关、广西出入境检验检疫局、广西公安边防总队、广西海事局、北部湾国际港务集团等单位赴贵阳市参加第三届泛珠三角区域口岸合作联席会议，并与贵州省签订《桂黔口岸大通关合作协议》，倡导桂黔两地充分发挥口岸的特点与优势，在平等互惠、互利共赢的前提下开展口岸大通关合作，共同营造低成本、高效率的口岸大通关环境。

【边民互市贸易点建设】2011年8月29日，龙州布局边民互市贸易点对外开放通过验收，10月15日正式开通使用。互市贸易主要产品有核桃、腰果、坚果、杏仁、木薯、胶带、药材、白蔻、两面针、桄榔粉和生活日用品等。2011年，广西边民互市贸易进出口货运量158.02万吨，同比增长66.72%。其中，进口140.97万吨，同比增长84.96%；出口17.05万吨，同比减少8.13%。进出口货值97.16亿元，同比增长1.15倍。其中，进口88.22亿元，同比增长1.47倍；出口8.94亿元，同比减少4.39%。出入境人员170.12万人次，同比增长68.04%。

【中越广西公路汽车直通运输】2011年10月18日，北海—下龙国际客运班线先行恢复开行。10月11日，中越两国政府关于修改《中越汽车运输协定》的议定书及关于实施《中越汽车运输协定》的议定书在北京签订，待完成使议定书生效的各自国内法律程序后生效。届时，中越运输及公务车辆即可按照双方确定的运输线路实现点到点直达运输。修改后的《中越汽车运输协定》将运输范围扩大到了两国非边境地区，将运输方式由口岸转运、换装改为点至点的直达运输，同时增加了公务车辆相互驶入的有关内容。新增运输线路10条，其中广西有5条，即南宁—河内、桂林—河内、崇左—下龙、南宁—海防、百色—高平。

【口岸查验部门简述】南宁海关　全年税收入库突破200亿元达211.28亿元，同比增长64.6%，超额完成全年税收计划，列全国海关第15位、西部海关第1位。继续坚持打好监管场所规范化建设和强化物流监控管理攻坚仗,监管场所清理规范力度进一步加大,1~8类32家监管场所中已完成整改31家,达标率97%,超过海关总署80%的指标;9~12类监管场所按计划完成了50%的验收合格率要求。全年共监管进出口货物总值328.07亿美元、货运量8 385万吨,同比分别增长51.2%、34.4%;监管运输工具29.5万辆(艘)次、进出境人员600.9万人次,同比分别增长4%和减少0.4%;边贸进出口货值62.5亿美元,同比增长47.3%;审核进出口报关单18.3万份,同比增长7.6%。打击走私取得新成绩,全年共立案侦办走私犯罪案件64起,案值18.9亿元,涉税3.9亿元,同比分别增长23.1%、3.5倍和7.8倍;立案调查行政案件1 942起,案值5.54亿元。支持广西壮族自治区经济社会发展能力进一步提高。海关总署署长于广洲和广西壮族自治区主席马飚在京共同签署了《海关总署、广西壮族自治区人民政府合作备忘录》。继续推进广西壮族自治区北部湾保税物流体系建设。钦州保税港区开港运营、汽车整车进口口岸预验收工作顺利完成,凭祥综合保税区一期工程通过国家验收并封关运作。海关特殊监管区域业务量呈现较快增长态势,促进了北部湾保税物流体系的进一步完善。通关服务不断优化。认真实施10项监管服务长期措施,优质高效服务第八届中国—东盟博览会;健全企业"大客户协调员"制度,全面实施预约通关和节假日值班制度;大力推广网上支付税费和网上支付担保业务;不断扩大实施跨区域通关模式;继续推进加工贸易内销便利化;积极落实各项税收优惠政策,为促进贸易便利化创造有利环境。全年关区进出口报关单平均海关作业时间2.48小时,24小时作业完成率97.21%;审批减免税3.7亿元,同比增长1.1倍。积极为广西壮族自治区口岸和外经贸发展建言献策。大力支持广西壮族自治区口岸有序开放,积极参与东兴国家开发开放重点试验区和中越凭祥—同登跨境经济合作区的研究和探索,积极为广西壮族自治区"十二五"发展规划、新一轮西部大开发、对外开放等重大决策出谋划策,深入开展电子产业和加工贸易产业转移调研,进一步加强对进出口的统计监测预警工作,向地方党政提供分析报告200余篇,为有关部门、企业提供进出口数据2 400余份。

广西公安边防总队 2011年检查出入境人员6 427 832人次(旅客3 333 651人次,服务员工207 881人次,边民3 094 181人次);检查出入境交通运输工具240 716艘(架、列、辆)次;查处偷渡案7起7人次,查处各类违法违规人员155人次;查获失效证件48本,圆满完成了各项边防检查任务。全区边检部门圆满完成多项大型国际会议和重要外事活动边防检查任务。特别是在服务第八届中国—东盟博览会、中国—东盟商务与投资峰会、第13届南宁国际民歌艺术节活动中,创新推出"安全通关零差错、顺畅通关零阻碍、快捷通关零等待、便利服务零距离"的"四零"服务举措,圆满完成东盟各国政要9架专机、67架包机、79个代表团、6 000多名与会客商计3万多人次的出入境边防检查任务。全力构筑口岸安全屏障,坚守"国家安全、反恐维稳"两个不能突破的底线,不断严密口岸管控措施,有力保障了全区各口岸的安全畅通。积极发挥总队证件研究中心功能优势,收集东盟各国护照签证式样及防伪特征,编印《出入境证件研究(东盟博览会专刊)》指导一线开展反偷渡工作,确保口岸不漏管、不失控。南宁边检站依托API系统,建立覆盖所有执勤岗位的网络视频监控系统,实时掌握口岸现场执勤执法动态,有效提高口岸管控能力。各海河港边检站结合DMS系统,构建"指挥中心—警务室—巡查人员"三级信息化监管模式,逐步形成了以驻点执勤为依托、远程监控为支撑、港区巡查为基础、联动联勤为补充的辐射整个港区的立体化边检监管体系。全区边检机关紧紧围绕自治区对外开放开发重点项目,主动介入、积极跟进,完善口岸边检设施和服务配套设施,研究出台便利通关措施,进一步提升边检服务保障的能力和水平。主动汇报,积极争取建设资金支持。2011年,各边检站共争取地方专项经费支持3 000多万元,列入地方财政预算1 000多万元,同比分别增长55.3%和48.8%。口岸边检设施建设呈现良好发展态势,有力促进了边检业务建设的全面协调和可持续发展。空港边检站相继推出"预约通关"、"全程引导"、"现场援助"等多项通关便利举措,不断满足服务对象新需求。海港边检站积极落实科技强警要求,研制启用"边检移动警务室"和梯口智能管理系统,全方位创新海港勤务,边检勤务工作实现了跨越式发展,实现了出入境边防检查手续在一线办理、问题在一线解决、效率在一线体现。内河港边检站创新推出"网络咨询"、"口岸动态信息发布"、"口岸电子商务"等服务举措,为企业解决实际困难,成为企业名副其实的"黄金搭档"。陆地边检站推出"免费通关短信提示"与"季节性果蔬绿色通道"相结合的"一站式"服务,积极落实优先验放和延时通关等措施,确保出入境货物及时快速通关。边检部门优质高效的服务赢得了社会各界的广泛赞誉。

广西出入境检验检疫局 2011年检验检疫出入境货物15.7万批次(总值221.5亿美元),其中检出不合格货物6 957批次(总值42.2亿美元);检疫出入境交通工具38万辆(艘、架)次;检疫出入境人员622.7万人次,发现病例2 420例,其中检出艾滋病毒感染者8例;截获进境动植物疫情8 032批次,有害生物305种12 473次,有毒有害物质14批次;旅邮检截获禁止进境物4 515批次,截获检疫性有害生物4种73次;检疫入境集装箱12.5万标箱。检验检疫质量提升活动取得成效。开展了打击侵犯知识产权和制售假冒伪劣产品、打击"地沟油"等专项督查行动,营造"人人关心质量,人人重视质量"的良好氛围。围绕服务广西壮族自治区实施"质量兴桂"战略,编发《检验检疫要情》和质量分析报告。加强与质监、商务、博览事务、科技、海关、卫生、农业、水产畜牧、林业等部门的业务交流与合作,形成合力,推动落实国家质检总局与广西壮族自治区人民政府签署的合作备忘录。与广西壮族自治区农业厅共同加强出口食品农产品质量安全示范区建设,在贺州市先后建成了4个出口水果、蔬菜、茶叶"质量安全示范区",其中贺州市富川县被国家质检总局授予"全国出口食品农产品质量安全示范区"。口岸疫病疫情防控取得新成绩。建立完善风险管理机制,提高检验检疫监管的针对性和有效性。起草制定口岸传染病卫生检疫查验风险分析工作章程,推进口岸卫生检疫核心能力建设任务和"3+4"口岸传染病防控工作模式。开展中越边境地区鼠疫、霍乱、登革热、疟疾等烈性传染病疫情的监控,防止经口岸流行和传播。加强动植物疫情防控和检疫巡查,开展辖区供港活猪注册场、出口注册饲料、供港动物备案饲料"瘦肉精"排查和现场抽样检测,确保供港活动物安全;针对中越边境地区食品、苗木、风景树等非法入境的情况,通过调研及时向主管部门报告,提出加强打击走私、防止货物非法入境的建议,联合海关、边防、商务、农业、林业等部门开展了中越边境疫情防控联合督查活动;圆满完成首次进口美国种猪的隔离检疫任务;与解放军防化指挥工程学院签署出入境检疫处理业务与科技合作协议,提升检疫处理能力,防止疫病疫情和有毒有害物质进出国门。开展严厉打击食品非法添加和滥用食品添加剂专项工作,对辖区内进出口食品、饲料、食品添加剂生产加工企业和口岸食品生产经营企业进行专项检查、督查和评估,制定整改措施和对策。及时妥善应对"瘦肉精"、日本核污染、台湾塑化剂等一系列食品安全突发事件,切实维护市场经济秩序,全年没有发生区域性或重大的质量安全事件。国家质检总局批准规划建设的9个国家级重点实验室,已有5个通过了考核验收,基本建成了以安全、卫生、疫病疫情防范为重点的检验检疫实验室体系。钦州保税港区检验检疫局、梧州再生资源加工园区办事处、南宁保税物流中心办事处先后挂牌成立,南宁检验检疫局获中编办和国家质检总局批准设立,一批基层基础设施建设在国家质检总局和地方的支持下不断改善。广西局机关和防城港局继续保持"全国文明单位"称号,桂林局、凭祥局被评为"全国文明单位"。

广西海事局 2011年沿海港口货物吞吐量达1.52亿吨,同比增长40.89%;旅客运输264万人次,同比增长108%;进出港船舶8.05万艘次,同比增长19.50%。内河口岸港口货物吞吐量达1.05亿吨,同比增长8.59%;旅客运输3 160万人次,同比增长2.85%;进出港船舶112.86万艘次,同比减少1.40%。在广西客货运输快速增长、船舶流量持续增加的情况下,辖区事故件数、死亡人数、沉船艘数和直接经济损失数"三降一平",连续12年未发生有海事监管责任的重特大水上交通事故和船舶污染事故。服务口岸建设,促进经济发展。专题研究原油过驳安全与防污染对策,积极推动钦州30万吨级海上原油过驳成功实施。与北海市人民政府签署战略合作备忘录,促进北海铁山港区非对外开放水域船舶的临时进靠及有关区域的临时开放工作,成功协调、指导33艘装载175万吨进口镍矿粉的船舶临时进靠铁山港。成功承办中越北仑河口地区自由航行协定磋商会议,完成了《中越北仑河口自由航行规则》修订工作。参与钦州保税港区信息平台的建设,建立了数据交换平台和信息服务系统,实现了海事监管与口岸其他部门的数据交换和共享;协助地方政府做好广西海运物流信息服务平台(防城港部分)的运行保障工作;参与广西口岸发展"十二五"规划及西江物流服务平台建设方案的编制。严格海事监管,保障船舶安全。对到港外国籍船舶实施港口国监督检查共214艘次,切实保障船舶符合安全开航条件。深化签证管理,主动协调港调、引航等相关部门,对每一艘超大型船舶制订详细的引航方案及靠离泊应急计划,确保航道富裕水深足够,严禁船舶恶劣天气情况下进出港;充分利用AIS、CCTV、VTS等设备实施全方位、不间断监控,现场清道护航保障航行安全,全年北部湾10万载重吨以上船舶进出港496艘次。2011年6月份起组织开展了广西辖区边贸船舶安全管理专项整治活动,至10月份进入安全整治阶段,当月辖区进出港边贸船舶共609艘次,检查船舶81艘次,处罚船舶24艘次,驱逐船舶出港10艘次,通过整治活动,辖区边贸船事故量大幅下降。严格公司体系及船舶审核,总计完成33家公司、207艘船舶的审核工作,签发安全体系管理证书、符合证明共187份;签发各类船员证书、服务簿合计4.1万份(本)。重点督办北部湾辖区内砂石船非法违章航行、北海"海上游"船舶非法载客、北海高岭土运输船等多项重大安全隐患;与交通部门统一行动有效化解长洲枢纽船舶滞航问题。广西沿海VTS系统的投入试运行,以及拥有国内靠泊海巡船能力最大的海事码头——钦州海巡基地的投入使用,初步实现了沿海海事监管手段的现代化。积极开展口岸港口码头水工项目通航安全论证、评估和核查,主动走访项目业主和建设单位,加大施工水域巡查保障辖区水工项目作业安全,全年共审批水上水下施工作业许可81件次,参与水工项目前期论证评审会29次,合理规划了通航资源。加强搜救应急,提升救助水平。全年共组织搜救行动109次,遇险获救人员884人,遇险获救船舶83艘,协调参与救助的船舶296艘次、飞机9架次,人命救助成功率97.79%。成功组织了"6·5"营救越南籍货船"东洋01"轮海上沉没13人遇险、"7·28"营救格鲁吉亚籍货船"冠亚1轮"主机失控16人遇险,以及"9·29"营救吊机船"通达1"、"通达2"因"纳沙"台风而走锚18人遇险"等重大海上突发事件的救助。修订《广西海上搜救应急预案》,印发实施《广西海事局防御台风等极端天气工作预案》、《广西海事局海上突发事件应急反应程序》,建立了防台和突发事件的应急处置长效机制。钦州市成立了第一支海上搜救志愿者队伍,广西海上搜救中心荣获交通运输系统海(水)上搜救工作先进单位。颁布实施了广西沿海三港《船舶通航安全与防治污染监督管理规定》、《广西海事局船舶污染物接收和处理作业监督管理规定(试行)》,广西海事局联合钦州市政府、中石油广西分公司成功举办了钦州溢油应急与消防演习,全国海事系统第一艘中型溢油回收船"海特191"成功下水。辖区3家船舶污染清除单位获得交通运输部海事局一级资质认定。

2011年广西壮族自治区口岸流量统计表

口岸类型		口岸名称	货运量（万吨）				集装箱量（万标箱）				人员（万人次）				交通工具（辆、艘、架、列次）			
			出口	进口	合计	同比(%)	出口	进口	合计	同比(%)	出境	入境	合计	同比(%)	出境	入境	合计	同比(%)
空运口岸		桂林港	0.04	9.78	9.82	+3.37					19.26	17.86	37.12	+12.52	1 257	1 247	2 504	+14.44
		南宁港	0.00	0.00	0.00	0.00					13.94	13.76	27.70	+31.47	1 513	1 531	3 044	+18.86
		北海港	0.00	0.00	0.00	0.00					0.25	0.27	0.52	+940.00	98	98	196	+532.26
		分计	0.04	9.78	9.82	−14.01			0.00		33.45	31.89	65.34	+34.44	2 868	2 876	5 744	+23.05
陆运口岸	公路口岸	友谊关	114.81	1.26	116.07	+25.67			0.00		46.99	46.90	93.89	−2.71	28 583	28 934	57 517	+10.33
		东兴	21.40	0.44	21.84	+8.39			0.00		160.40	160.54	320.94	−4.20	9 600	9 611	19 211	+31.92
		水口	0.45	20.53	20.98	+207.17			0.00		15.04	15.16	30.20	+51.68	10 615	10 615	21 230	+630.56
		龙邦	2.03	0.85	2.88	−29.58			0.00		1.33	1.38	2.71	+10.61	2 673	4 716	7 389	−23.30
		分计	138.69	23.08	161.77	+26.73			0.00		223.76	223.98	447.74	−0.39	51 471	53 876	105 347	+36.62
	铁路口岸	凭祥	73.69	12.21	85.90	+12.16	0.00	0.00	0.00	0.00	1.16	1.15	2.31	−60.44	1 331	1 335	2 666	−20.00
		分计	73.69	12.21	85.90	+12.16					1.16	1.15	2.31	−60.44	1 331	1 335	2 666	−20.00

续表

口岸类型		口岸名称	货运量（万吨）				集装箱量（万标箱）				人员（万人次）				交通工具（辆、艘、架、列次）			
			出口	进口	合计	同比(%)	出口	进口	合计	同比(%)	出境	入境	合计	同比(%)	出境	入境	合计	同比(%)
水运口岸	海港口岸	防城港	586.04	4 251.20	4 837.24	+22.06	6.44	6.21	12.65	+20.67	3.02	3.37	6.39	+18.55	1 573	1 723	3 296	+17.71
		北海港	267.67	367.65	635.32	+45.58	1.23	1.36	2.59	+34.66	1.26	1.26	2.52	-42.33	787	768	1 555	-17.68
		钦州港	91.97	1 532.60	1 624.57	+44.74	0.80	0.95	1.75	+50.70	2.13	2.21	4.34	+5.85	1 630	1 688	3 318	+0.06
		江山港	0.00	259.86	259.86	-26.58			0.00		1.14	1.14	2.28	-34.86	1 907	1 907	3 814	-33.70
		石头埠港	0.00	10.48	10.48	+88.83			0.00		0.00	0.00	0.00	0.00	121	121	242	+51.25
		企沙港	0.65	489.00	489.65	+82.05			0.00		2.20	2.22	4.42	+83.40	4 237	4 237	8 474	+84.22
		分计	946.33	6 910.79	7 857.12	+27.75	8.47	8.52	16.99	+1.61	9.75	10.20	19.95	-2.68	10 255	10 444	20 699	+11.83
	河港口岸	梧州港	42.34	27.92	70.26	+16.46	3.51	3.90	7.41	+44.91	0.50	0.51	1.01	+4.12	678	676	1 354	-27.67
		贵港港	8.33	3.89	12.22	+34.58	0.57	0.45	1.02	+119.76	0.09	0.11	0.20	+53.85	155	143	298	+39.91
		柳州港	7.61	37.79	45.40	+33.84	0.00	0.00	0.00	0.00	0.00	0.00	0.00	0.00	404	6	410	+215.00
		分计	58.28	69.60	127.88	+18.25	4.08	4.35	8.43	+80.90	0.59	0.62	1.21	-72.44	1 237	825	2 062	-47.97
合计			1 217.03	7 025.46	8 242.49	+26.79	12.55	12.87	25.42	+18.90	268.71	267.84	536.55	+1.46	6 7162	69 356	136 518	+26.94
同比(%)			+14.45	+29.21	+26.79		+17.73	+20.06	+18.90		+1.80	+1.13	+1.46		+21.51	+32.68	+26.94	

（广西壮族自治区口岸办公室提供）

2011年南宁海关主要数据统计表

项目		2011年	同比(%)
进出口货运量 (万吨)	合计	8 385	+34.40
	进口	7 182	+38.80
	出口	1 203	+13
进出口贸易总值 (万美元)	合计	3 280 698	+51.20
	进口	1 881 175	+59.70
	其中:江、海运输	1 817 426	+61.60
	铁路运输	2 215	+18.70
	汽车运输	54 016	+12.50
	航空运输	7 438	+122.40
	邮件运输	2	-33.30
	其他运输	78	+6.80
	出口	1 399 524	+41.20
	其中:江、海运输	553 777	+37
	铁路运输	169 266	+87.80
	汽车运输	674 128	+36.70
	航空运输	1 590	-49.10
	邮件运输	221	-0.90
	其他运输	542	+3
税收 (万元)	两税合计	2 112 779	+64.60
	关税入库	287 799	+53.10
	进口环节税入库	1 824 980	+66.60

(南宁海关提供)

2011年广西壮族自治区口岸出入境主要数据表

单位:(人员)人次;(交通工具)辆、艘、架、列次

	项目		2011年	2010年	同比(%)
出入境人员	出入境人员总数		6 427 832	6 249 772	+2.85
	入境人员		3 216 756	3 123 146	+3
	出境人员		3 211 076	3 126 626	+2.70
	出入境旅客		6 219 951	6 046 389	+2.87
	出入境员工		207 881	203 383	+2.21
	中国公民	小计	4 958 718	4 929 597	+0.59
		内地居民(因公)	137 303	143 919	-4.60
		内地居民(因私)	1 453 289	1 719 101	-15.46
		港澳居民	72 434	61 777	+17.25
		台湾同胞	201 511	170 767	+18
	外籍人员		1 469 114	1 320 175	+11.28
	从海港出入境人数		149 446	173 085	-13.66
	从陆港出入境人数		5 614 225	5 513 890	+1.82
	从空港出入境人数		664 161	562 797	+18.01
交通运输工具	总计		240 716	215 470	+11.72
	船舶		7 473	7 230	+3.36
	飞机		5 809	4 772	+21.73
	火车		3 218	3 222	-0.12
	机动车辆		224 216	200 246	+11.97

(广西公安边防总队提供)

2011年广西壮族自治区出入境检验检疫业务统计表

项目	货物检验检疫		检验检疫不合格		交通工具				集装箱（标箱）		发现动植物疫情		货物通关		出入境人员查验（人次）	健康检查及预防接种（人次）			
	批次	金额（万美元）	批次	金额（万美元）	船舶（艘）	飞机（架）	火车（节）	汽车（辆）	合计	检出问题	种类数	种次	批次	金额（万美元）		健康检查	艾滋病监测	发现病例	预防接种
本年累计	157 070	2 215 121	6 951	423 797	23 080	5 966	24 726	326 024	250 164	3	130	15	111 468	2 207 742	5 874 756	15 830	15 374	2 510	9 120
其中 出境	99 975	509 205	166	467	11 503	2 985	12 363	163 552	125 587	3	28		60 283	451 100	2 926 774	13 832	13 376	2 348	9 113
其中 入境	57 095	1 705 916	6 785	423 329	11 577	2 981	12 363	162 472	124 577		107	15	51 185	1 756 642	2 947 982	1 998	1 998	162	7
与上年同比（%）	+6.32	+49.64	+393	+27.7	+40.76	+21.01	-11.22	+28.32	+20.82		+13.04	-78	+2.33	+51.70	+3.98	-8.16	-7.47	-2.8	+19.80
其中 出境	+0.48	+17.65	-9.3	-17.29	+39.96	+20.95	-11.22	+28.74	+18.76		-24.32		-0.04	+10.10	+3.31	-8.45	-7.75	-4	+19.70
其中 入境	18.35	62.86	+453	+27.78	+41.56	+21.08	-11.22	+27.89	+22.98		+22.99	-78	+5.27	+68	+4.66	-6.11	-5.53	20	

（广西出入境检验检疫局提供）

2011年广西海事局进出港船舶统计汇总表

船舶类别	进港船舶								出港船舶						
	艘数（艘）	总吨（吨位）	总载重量（吨）	载客量（客位）	船员人数（人次）	货物到达量(吨)	旅客到达量（人）	艘数（艘）	总吨（吨位）	总载重量（吨）	载客量（客位）	船员人数（人次）	货物发送量（吨）	旅客发送量（人）
总计	603 371	175 009 080	280 158 485	24 719 066	407 087	150 980 717.10	18 476 635	605 779	194 424 386	281 971 741	23 132 078	403 577	107 272 932	15 777 365
中国籍船舶	592 778	110 575 842	171 691 405	24 689 630	285 753	75 854 198.03	18 465 184	595 289	130 205 026	173 797 876	23 104 556	291 817	99 131 254.80	15 766 293
其中:外贸船	1 014	4 306 537	5 099 096	0	14 941	4 082 651.49	0	938	4 561 131	5 211 200	232	14 255	1 033 347.25	0

（广西海事局提供）

广西壮族自治区口岸大事记

1月12日~14日

财政部、国务院法制办、交通运输部和海关总署组成联合调研组就船舶吨税有关问题到北海、防城海关开展调研。

1月20日~21日

全国进出境动植物检验检疫工作会议在南宁召开，国家质检总局副局长魏传忠到会讲话，广西壮族自治区党委常委、副主席陈武到会致辞。

2月7日

国家民政部部长李立国到友谊关口岸调研。

2月17日

经国务院同意，交通运输部公告广西钦州港口岸大榄坪南作业区正式对外国籍船舶开放。

2月23日

广西出入境检验检疫局与南宁市政府签订《关于促进南宁市外向型经济发展合作备忘录》，国家质检总局副局长孙大伟到会致辞。

2月24日

广西出入境检验检疫局与广西农业厅签署《加强出入境检验检疫合作，促进广西农产品出口合作备忘录》，国家质检总局副局长孙大伟、广西壮族自治区副主席陈章良到会致辞。

4月23日

中央政治局委员、中央政法委副书记王乐泉在广西壮族自治区党委书记郭声琨、政法委书记温卡华、公安厅厅长梁胜利等领导的陪同下莅临友谊关口岸视察。

6月5日

巴拿马籍"勇敢者"轮成功靠泊铁山港公共码头1号泊位，成为广西第一艘通过"一船一议"形式获许进靠铁山港的外籍货轮。

6月17日

广西凭祥综合保税区(一期)1.01平方公里范围的基础和监管设施顺利通过国务院联合验收组的验收。

6月18日

广西凭祥综合保税区(一期)验收颁发合格证书仪式在南宁举行，国务院联合验收组与广西壮族自治区人民政府签署了《验收纪要》，向广西凭祥综合保税区管委会颁发验收合格证书，为保税区铜牌揭牌。

7月11日~12日

广西壮族自治区主席马飚率全区年中工作会议代表考察钦州保税港区、防城港口岸建设情况。

8月3日

国家石油化工品检测重点实验室(广西钦州)顺利通过了国家质检总局重点实验室专家组核查验收。

8月8日

广西壮族自治区党委常委、纪委书记石生龙深入东兴口岸、东兴边民互市贸易区及正在筹建的杨屋边民互市贸易点查看口岸基础设施建设情况。

9月1日

广西壮族自治区主席马飚视察水口口岸及布局互市点。

10月9日

国务院批复同意平孟口岸升格为国家一类口岸。

10月15日

广西壮族自治区崇左市龙州布局边民互市贸易点正式开通使用。

10月22日

第一届中国—东盟 TBT 合作部长会议在南宁召开。

11月1日

钦州保税港区整车进口口岸基础和监管设施通过海关总署、国家质检总局、商务部组成的联合验收组验收。

11月1日~3日

第十九届中美植物检疫双边会谈在南宁举行。

11月3日

广西壮族自治区首支海上搜救志愿者队伍在钦州正式成立。

12月17日

国家口岸管理办公室在东兴召开边境口岸工作座谈会。

12月30日

凭祥友谊关口岸陆路旅检现场、平孟口岸综合货场及龙邦口岸旅检通道监管场所通过南宁海关验收。

(撰稿人:徐林翊、韦思维、谭业军、温永毅、曾毅)

海南省

海南省口岸工作综述

【口岸运行数据】2011年,海南省口岸出入境旅客798 655人次,同比增长15.3%。其中,空港口岸出入境旅客733 991人次,同比增长12.3%;海港口岸出入境人数64 664人次,同比增长63.7%;出入境飞机6 053架次,同比增长7.1%;出入境船舶5 198艘次,同比增长1.6%;出入境货物1 904.31万吨,同比增长4.5%。海口美兰机场和三亚凤凰机场出入境人员双双突破1 000万人次;海南省港口货物吞吐量突破1亿吨,集装箱吞吐量突破百万标箱;海口海关税收和监管货值双双突破百亿元人民币;海南出入境检验检疫货值登上百亿美元台阶。

【口岸开放工作】境外游艇游览景区开放报批工作取得了实质性进展。中编办于2011年4月向国家口岸办回复同意洋浦口岸查验单位增加编制80人,国务院于7月30日正式批准洋浦港口岸神头港区对外开放。华能东方电厂配套5万吨级煤码头通过口岸验收,海南省政府批准该码头于2011年6月24日起对外正式启用。顺利完成海南炼化、金海浆纸专用码头临时靠泊外轮的特批任务,确保了企业生产经营的正常运转。积极做好外轮临时进入非开放水域装运鱼苗出口日本的特批工作,共临时靠泊外籍鱼苗船舶58艘次,出口鱼苗1 035万尾,创汇2 000多万美元。

【口岸基础设施建设】争取中央、省财政资金的支持,对海口美兰机场口岸综合楼、三亚凤凰机场口岸综合办公楼、省口岸信息大楼等进行维修,跟踪落实海口美兰机场新国际航站楼、海口港口岸联检厅和琼海博鳌机场联检楼等项目建设的相关工作,逐步完善口岸基础设施。有序推进出入境码头查验配套设施建设,指导协调三亚、陵水、乐东、文昌、万宁、东方、琼海、澄迈、儋州9个涉及口岸查验、开放境外游艇海上景区的市县,在编制滨海规划时预留口岸查验设施用地空间,为地方发展游艇产业创造有利条件。加强检查指导,多次召开各查验单位协调会议,研究解决游艇码头现场查验监管需求的问题,协调游艇会业主抓紧建设境外游艇停泊码头查验监管设施。

【电子口岸建设】筹备组建海南省海防与口岸办信息中心,统筹规划、分步实施,有序推进电子口岸建设。海南省电子口岸大通关系统一期已经建成上线运行,二期项目的可行性研究报告已通过省工业和信息化厅评审,建设资金414万元。该系统建成后,将为企业提供"一站式"服务,有效地降低企业成本,提高海南省口岸的国际竞争力。研究开发建设境外游艇管理信息系统,项目建设资金2 707.7万元,省财政已下达建设资金。该系统建成后,可实现对境外游艇进出海南和在海南水域活动的有效管理,对加强和规范境外游艇查验监管、提高境外游艇管理科技含量、确保游艇航行安全具有重要意义。

【口岸综合管理】按照特事特办、要事先办、急事速办的原则,加大协调力度,先后完成了金砖国家领导人会晤、博鳌亚洲论坛2011年年会、"阳光海南、爱心传递"活动、第56届欧米茄观澜湖高尔夫世界杯、2011年中国(海口)游艇经济论坛暨国际游艇展览会,以及"海天盛筵——中国(三亚)游艇、公务机及尊贵生活展"境外游艇、公务机和相关商品来琼参展及2011年海南大帆船赛事的口岸通关保障任务,确保口岸通关便捷顺畅。协调督促口岸查验单位提升服务水平,落实口岸通关优惠政策和措施,协调推进执行海南"落地签"和"26国入境免签证"政策。以共建"安全、高效、廉洁、和谐"的文明口岸为主题,在海南省口岸系统开展以"我为口岸发展献一策"征文比赛、文艺汇演和创先争优为中心的文明共建活动。从65篇征文中遴选出25篇获奖论文,从9个参演文艺节目中评选出6个获奖节目;12家邮轮游艇企业参加创先争优评比,有5家被省邮轮游艇协会评为先进单位,其中2家被海南省政府授予"2011年海南省创先争优活动优秀邮轮游艇企业"称号。

【口岸大通关】组织修编《海南航空口岸通关业务指南》,完善《海口空港口岸保障公务机要客通关实施细则》,研究制定《"中途分程权"航线航班通关保障实施细则》,建立健全空港口岸联检协同配合机制;创新实施高效验放和优质服务型空港口岸通关模式,除非常时期或特殊情况外,取消了原有的人工开包检查和留客查验的做法,基本实现旅客通关无纸化,有效提高了航空口岸通关验放效率和服务保障质量。2011年,海口空港口岸保障公务机要客136架次、446人次。

【境外旅客购物离境退税、离岛旅客免税购物政策试点先后实施】2011年1月1日,海南省开始境外旅客购物离境退税政策试点。4月20日,离岛旅客免税购物政策落地,从离境退税到离岛旅客免税,海南免税购物政策成功实现"两级跳"。为做好离境退税、离岛免税政策试点的实施工作,省海防与口岸办公室积极协调各机场公司根据旅客通关流量,优化离境退税通关流程设置,适时增设办理旅客登机手续的工作人员及值机台,办公始止时间增加10分钟。协调机场、海关、国税等部门进一步完善办理验核和退税的设施设备,并增加1~2个备用工作台及相应的工作人员,方便了境外旅客办理退税验核和退税手续。主动承担离岛免税购物管理信息系统运行维护工作,出台试行《海南离岛免税购物管理信息系统公共服务平台运行维护联系配合办法》;成立由省海防与口岸办公室牵头负责,海口海关、中国电子口岸数据中心海口分中心、免税商店、海南百成信息系统有限公司组成的公共服务平台运行维护联系配合工作组,共同保障公共服务平台平稳运行。2011年离岛旅客免税品销售额达10.42亿元。

【海南省邮轮游艇协会成立】2011年1月21日,海南省邮轮游艇协会正式成立,首批会员共80名,涵盖了海南省游艇行业各个领域。成立邮轮游艇协会,旨在发挥联系政府、服务企业的桥梁和纽带作用,团结海南省邮轮游艇企业和相关企事业单位,解决邮轮游艇行业发展中遇到的矛盾和问题,推动邮轮游艇产业健康发展。2011海南邮轮游艇产业发展峰会期间,适时成立海南省邮轮游艇协会专家指导组,聘请国内外专家21名,其中外专家15名,并吸收了一批优秀会员和骨干力量,进一步优化了协会会员结构和工作机制。

【2011海南邮轮游艇产业发展峰会成功举办】2011年12月21日~24日,2011海南邮轮游艇产业发展峰会在三亚海棠湾召开。峰会以"邮轮游艇新世界、新征程"为主题,由海南省委宣传部、省旅游发展委员会、省海防与口岸办公室、三亚市政府、省邮轮游艇协会共同主办,来自交通运输部、海关总署、国家口岸办、国家旅游局、国家质检总局、国家海事局、中国船级社、国家边海防办等部委和军队系统的领导,以及世界三大邮轮公司、世界著名游艇企业、国内邮轮游艇行业知名企业等单位的代表400多人参加了峰会。受海南省委常委、宣传部长、副省长谭力的委托,海南省政府副秘书长王扬俊代其在开幕式上宣读主旨演讲,国家口岸管理办公室常务副主任赵福地,海南省省长助理、省旅游委主任陆志远,三亚市委副书记、海棠湾管委会书记吴岩峻和云顶邮轮公司的领导分别致辞。14名国内外嘉宾结合海南省情实际发表专题演讲,为加快推进海南邮轮游艇产业发展出谋划策,提供智力支持。峰会的成功召开,在国内外产生了强烈的反响,对宣传海南、推介海南、发展海南邮轮游艇产业起到了积极的推动作用。

【口岸查验部门简述】海口海关 2011年,海口海关全力配合《海关总署海南省人民政府关于共同推进海南国际旅游岛建设合作备忘录》各项工作的落实,在更高层次、更宽领域支持推进海南国际旅游岛建设;探索建立海关监管新机制,组织研发监管信息管理系统,制定监管操作规程,全力做好离岛免税、离境退税及进出境游艇等重点政策和国际会展、赛事等监管服务工作。自4月20日离岛免税政策试点实施以来，2011年共监管离岛免税商品155多万件，总销售额近10亿元。监管海南口岸免税品进口1.2亿美元，同比增长16倍。验核境外旅客购物离境退税业务439人次，购物总价149.42万元。监管海南口岸进口游艇63艘，同比增长50%。出台《支持海南战略性新兴产业和高新技术产业发展八项措施》，研究制定《洋浦保税港区、海口综合保税区适合入区企业类型和产业项目指引》，全力推进海南重点区域发展和重点产业转型升级，以及海口综合保税区顺利封关运作；加强海上边民互市政策可行性研究，支持海南东方边贸城项目建设，大力促进海南边贸经济加快发展，2011年边贸进口货值2.1亿美元，同比增长50.7%；深化"关企协调员"服务制度，落实国家减免税优惠政策，积极支持海南重点企业和重点项目发展，监管进出口货值和税收入库首次双双超过百亿元人民币大关；完善价格监控网络和综合治税链条，优化考核评估体系，推动税收征管质量提升，2011年税款入库106.6亿元，同比增长59.2%；着力提升"三查"整体工作效能，稽查补税入库978.34万元；积极推行审单作业新模式，审单补税超过1亿元，同比增长2.2倍。建立关区多功能视频监控中心，推行舱单实时监控机制，强化对运输工具、监管场所的实际监管，2011年共监管进出口货运量2 145.2万吨、进出口值130.2亿美元，同比分别增长1.8%和20.4%；监管进境运输工具6 192艘（架），同比增长5.9%；监管进出境人员99.3万人次，同比增长19.2%。夯实分类通关改革基础，构建关区风险管理立体防控格局，设立5个业务现场监控分中心，通关布控率、布控有效率和出口分类通关平均通关时间均高于或快于同期全国水平；制定缉私与业务部门执法联动操作办法，建立风险信息与缉私情报资源协作配合机制，组织开展"国门利剑"、"海鹰行动"等专项行动，2011年立案侦办走私犯罪案件案值及涉税额同比分别增长1.6倍和1.25倍，立案查办行政案件案值及涉税额同比分别增长38.97倍和13.44倍。破获毒品走私案件6宗，缴获毒品18.31千克，同时实现查获冰毒及单宗案件缴获毒品近10千克两项重大突破，获得国家禁毒委通报表扬和公安部通令嘉奖，海口美兰机场海关被授予2010年度全国禁毒堵源截流工作先进集体荣誉称号。海口海关（机关）、海口美兰机场海关同时被中央文明委评为"全国文明单位"荣誉称号，海口海关还被中宣部、司法部授予全国"五五普法先进单位"称号。

海口出入境边防检查总站 2011年，海口出入境边防检查总站共检查出入境人员42.18万人次，同比增长6.01%，查获违法违规人员146人次；检查出入境交通运输工具4 419架（艘）次，同比增长7.78%，查处违法违规交通运输工具6起6艘（架）次；圆满完成金砖国家领导人会晤、博鳌亚洲论坛2011年年会、第26届高尔夫世界杯赛、中国（海口）游艇经济主题论坛、海南岛公路自行车赛、环海南岛国际大帆船赛等重大赛事活动的各项边防检查工作。为积极服务海南经济社会发展，海口总站积极支持海南省委、省政府开通琼台直航、增加国际航班密度、扩大来琼免签范围，推动琼越边境旅游航线复航，促成了《邮轮出入境检查管理办法》、《海南省游艇管理试行办法》及来琼26国免签证等优惠便利政策措施的出台。通过设立出、入境专用通道，开通全部查验通道，增加执勤现场咨询、引导等服务岗位，启用无线验放系统，实现了对专（包）机高端旅客远距离同步检查验放，确保了一系列重大外事活动和各类赛会活动的顺利进行，展现了国家窗口的文明形象。实行精细化服务，精心打造边检服务品牌，投资1 000多万元，组织人员对"免签证旅游团快速通关系统"进行升级研发，将服务范围由外国免签团扩大到出国游、港澳游、台湾游等旅游团。投资建设秀英港办证中心，实现警力前移，方便服务对象办理边防检查手续。进一步完善流动检查、公务机检查、旅游团网上预申报、水果集装箱"绿色通道"、"生命救助绿色通道"等精细化服务举措，有效提升了边检服务水平，赢得社会的广泛认可。

海南省公安边防总队 2011年，海南省公安边防总队共检查出入境交通运输工具6 902艘（架）次，其中飞机2 895架次，船舶4 007艘次；检查出入境人员559 588人次，其中旅客415 123人次，员工144 465人次；检查26国免签团152 136人次；查获在控人员10人次，查处违法违规36人次。圆满完成金砖国家领导人会晤、博鳌亚洲论坛2011年年会、海天盛筵、环海南岛国际大帆船赛、大运会等5次重大专项勤务,检查枪支125支、子弹3 073发,为俄罗斯、巴西、印度、乌克兰、新西兰等国家1 500余名政要、5 000余名会议代表及运动员等提供优质通关服务。三亚边检站被公安部评为"提高边检服务水平成绩突出单位",3名同志被公安部评为"提高边检服务水平成绩突出个人",凤凰边检站被三亚市政府授予"特别贡献奖"。2011年,总队创新边检管理,狠抓基础建设,制定下发了《关于落实〈进一步提高边检服务水平工作规划(2011~2013年)〉的实施意见》,围绕服务理念建设、创新边检管理、严密口岸管控、执法规范化建设、专业队伍建设、职业文化建设、公共关系建设、保障体系建设等8个方面制定了22项具体落实措施,相继推出安保"2+1"、"免签团链式管控"等勤务模式及"五个一"、"四个提前"、"服务直通车"等一系列特色服务举措,为驻地经济发展提供优质、高效、专业的服务。成立总队、边检站两级领导小组和试点工作办公室,积极推进公安部提出的"证件电子化"、"锚地协作共管"和"移动警务室"等3项勤务创新试点课题,采取"勤快走出去访、虚心走出去学、热情请进来教"的方法,集思广益,不断拓展创新勤务模式试点工作。启用了边检网上报检系统,统一了船舶、旅行社网上申报"一站式"服务平台,实现网上报检、网上办证、网上咨询、网上应诉等功能的"一网通",进一步方便了群众办事;推行游艇"一证通"服务,极大地方便游艇人员的上下,促进游艇产业的发展;对"大型豪华邮轮快速通关"辅助系统进行升级,全面推广外国人出入境卡片自助打印系统,探索实行随船办检勤务,实现邮轮旅客查验"零等待",提高通关效率,边检服务工作网络化、智能化、信息化程度明显提高;以实现三亚口岸边检服务和管控的智能化为总目标,以建设"一个平台(指挥中心)、四个系统(验放系统、监护系统、内部管理系统、外部服务系统)"为抓手,整合口岸资源,积极探索智能化口岸建设。2011年10月份,在海南省委、省政府、公安部边防局大力协调、支持下,公安部为总队边检系统新增加人员编制130人,解决了1988年建省以来边检站编制没有增加从而困扰边检工作发展的瓶颈问题。

海南出入境检验检疫局 2011年,海南出入境检验检疫局推动国家质检总局与海南省人民政府签署《关于共同推进海南国际旅游岛建设发展战略合作备忘录》,配合做好其中各项工作任务的落实。争取到国家质检总局对离岛免税商品有关检验检疫措施给予6个月的宽限期,有力支持海南离岛免税政策试点的全面实施。2011年出入境货物检验检疫总值历史性突破100亿美元,检出不合格出入境货物290批、货值1.59亿美元;发现各类病例884例;口岸截获各类植物有害生物784批次、167种、1 336种次,其中可可豆象为全国口岸首次截获且国内尚无分布。2011年签发普惠制及各区域贸易协定优惠原产地证书5 871份,涉及货值37 075.4万美元,帮助企业获得关税优惠1 000多万美元。2011年帮助企业索赔并挽回近800万美元的经济损失。2011年,共完成进出境工业品检验检疫90.71亿美元,同比增长50.2%。新增出口农产品备案基地22家、8 086.6亩,出口卫生注册/备案和检验检疫注册企业12家,国外注册企业38家次。2011年,海南省出口农产品种养备案基地达607家、27.12万亩,出口食品农产品企业获国内各类注册119家、国外注册194家次。文昌市出口罗非鱼的养殖基地获批成为出口农产品质量安全示范区,并被列入全国重点推进的55个典型示范区名单。2011年海南出境农产品检验检疫6.55亿美元,同比增长19.1%,其中出境水产品检验检疫14.8万吨、5.75亿美元,同比分别增长14.88%和20.89%,罗非鱼及其制品出口量跃居全国第一,输欧水产品跃居全国输欧养殖水产品首位。2011年对5批11.51万美元不符合要求的进口日本食品作出退运处理,对18批87万美元的进口食品、化妆品进行邻苯二甲酸酯项目监测,合理处置2011年4月份海南口岸发生的3起日本入境船舶放射性检测超标事件,销毁过期化妆品71箱、2 794件、92.7万元和不合格服装24件、2 866美元。2011年共安排1 600多万元用于口岸基层能力达标建设,其中各类仪器设备104台(套),近1 200万元,投入同比增长20%。完成海南入境游艇管理系统检验检疫业务和交换平台需求设计,研发离境离岛免税商品电子监管系统,完成质检共建"12365"举报处置指挥系统平台工作。2011年获省部级科研立项8项,科研立项经费219万元;获检验检疫行业标准制修订项目6项,有3项科研项目通过成果鉴定,1项科研课题列入国家质检总局"科技兴检奖"二等奖公示名单;研发91项新检测项目。

海南海事局 2011年,海南海事局共开展各类船员培训考试70期2 724人次,签发各类船员证书4 710本;实施港口国监督检查61艘次,船旗国监督检查535艘次;共组织巡航2 872次,巡航时间8 101.63小时,巡航里程48 457海里;严厉打击非法违法生产经营建设行为,查处水上交通运输类违章行为115起。成立海口、洋浦、八所、三亚、清澜5个海上搜救分中心,海南省搜救中心、搜救分中心、市县应急指挥中心三级搜救格局初步形成;举办各项综合演习和专项演练20余次,成功防抗"洛坦"、"纳沙"、"尼格"等强台风,妥善处置了"太平05"轮搁浅、"富境顺"轮在琼州海峡沉没等10余起水上险情和事故。2011年共组织协调水上搜救行动125起,协调派出船舶611艘次、飞机36架次,成功救助遇险人员635人,救助成功率达95.06%。2011年,海南海事局积极服务国际旅游岛建设,编制海南辖区沿海航路规划,编写海南沿海航行安全指南,完成海区航标配布调整项目,引导航运企业转型升级,助推海南港口吞吐量由千万吨级迈向亿吨级的重大飞跃。成功争取到琼州海峡滚装运输货物暂免征收港口建设费优惠政策,积极推动船员劳务市场健康发展,海南首家甲级海船船员服务机构获批运营。出台了《海南省游艇安全管理暂行办法》、《游艇俱乐部备案管理工作程序》,大力推进辖区游艇操作人员适任培训、考试和发证工作,开展"邮轮安全与防污染"课题研究,优化邮轮监管模式,助推三亚邮轮母港建设。圆满完成金砖国家领导人会晤、2011年博鳌亚洲论坛年会等重大外事活动和2011年环海南岛大帆船赛、第二届"海天盛筵"等大型水上活动的安保工作,有效保障子午工程气象卫星发射、海南核电核燃料组件装运、海口西海岸人工岛、洋浦跨海大桥等重点项目工程建设安全。开辟绿色通道,保障反季节瓜菜出岛顺畅与鱼苗出口任务的顺利完成。深入调研,保障了海南省造船出口订单的顺利实施及本土企业建造的首艘万吨级散货船安全下水试航,助推了海南造船产业的健康发展。

2011年海南省口岸流量统计表

口岸类型		口岸名称	货运量（万吨）				集装箱量（万标箱）				人员（万人次）				交通工具（辆，艘，架，列次）			
			出口	进口	合计	同比（%）	出口	进口	合计	同比（%）	出境	入境	合计	同比（%）	出境	入境	合计	同比（%）
空运口岸		海口美兰机场									20.07	20.29	40.36	+7.8	1 569	1 572	3 141	+5.2
		三亚凤凰机场									19.14	18.38	37.52	+16.5	1 458	1 454	2 912	+9.3
		分计									39.21	38.67	77.88	+11.8	3 027	3 026	6 053	+7.1
水运口岸	海港口岸	海口港	34	235.8	269.8	+40.50	4.95	4.37	9.32	+60.7	0.93	0.81	1.74	-26.6	579	697	1 276	+15.5
		八所港	24.73	86.58	111.3	-39.8					0.21	0.31	0.52	-48.5	100	200	300	-51.5
		三亚港		9.78	9.87	-34.2	1.3	2.62	3.92	+100.0	3.46	3.46	6.92	+28.6	124	160	284	+60.0
		洋浦港	82.06	1 431.3	1 513	+5.80					2.23	2.37	4.6	-4.2	1 593	1 675	3 268	+3.4
		清澜港	0.11	0	0.11						0.02	0.02	0.04	+50.0	35	35	70	+29.6
		分计	140.9	1 763.4	1 904	+4.50	6.25	6.99	13.24	+70.6	6.85	6.97	13.82	+1.8	2 431	2 767	5 198	+1.6
合计			140.9	1 763.4	1 904	+4.50	6.25	6.99	13.24	+70.6	46.06	45.64	91.7	+10.2	5 458	5 793	11 251	+4.5
同比（%）			-16.5	+6.7	+4.5	+4.50	112.6	63.3	+70.6	70.6	10.5	9.8	+10.2	10.2	3.3	5.7	4.5	4.5

（海南省口岸办公室提供）

2011年海口海关主要数据统计表

项目		2011年	同比(%)
进出口货运量 (万吨)	合计	2 145	+1.8
	进口	1 884	+7.8
	出口	261	-27.6
进出口贸易总值 (万美元)	合计	1 298 972	+29.5
	进口	1 089 006	+36.3
	其中:江、海运输	909 036	+42.1
	铁路运输		
	汽车运输	1 797	-29.1
	航空运输	178 164	+13.9
	邮件运输	9	+50.8
	其他运输		
	出口	209 966	+2.9
	其中:江、海运输	176 724	+10.0
	铁路运输		
	汽车运输	588	-25.9
	航空运输	1 352	-24.7
	邮件运输		
	其他运输	31 302	-23.1
税收 (万元)	两税合计	1 066 009	+59.2
	关税入库	60 987	+72.0
	进口环节税入库	1 005 022	+58.2

（海口海关提供）

2011年海南省口岸出入境主要数据表

单位:(人员)人次;(交通工具)辆、艘、架、列次

项目			2011年	2010年	同比(%)
出入境人员		出入境人员总数	981 414	832 046	+17.95
		入境人员	488 640	414 769	+22.66
		出境人员	492 274	417 277	+17.97
		出入境旅客	797 717	692 250	+15.24
		出入境员工	183 697	139 796	+31.40
	中国公民	小计	483 317	393 302	+22.89
		内地居民(含因公、因私)	206 566	149 775	+37.92
		港澳居民	185 165	163 224	+13.44
		台湾同胞	91 586	80 303	+14.05
		外籍人员	498 097	438 744	+13.53
		从海港出入境人数	204 124	135 987	+50.11
		从陆港出入境人数			
		从空港出入境人数	777 290	696 059	+11.67
交通运输工具		总计	11 321	10 898	+3.88
		船舶	5 285	5 241	+0.84
		飞机	6 036	5 657	+7.00
		火车			
		机动车辆			

(海南省公安边防总队、海口出入境边防检查总站提供)

2011年海南省出入境检验检疫业务统计表

项目	货物检验检疫				交通工具		集装箱（标箱）		发现动植物疫情		货物通关		出入境人员查验（人次）	健康检查及预防接种（人次）			
	批次	金额（万美元）	检验检疫不合格		船舶（艘）	飞机（架）	合计	检出问题	种类数	种次	批次	金额（万美元）		健康检查	艾滋病监测	发现病例	预防接种
			批次	金额（万美元）													
本年累计	144 552	7 000 778	392	18 078	5 215	5 678	80 376	15	108	809	14 161	737 997	837 036	3 337	3 337	1 144	3 141
其中 出境	9 717	127 868	26	3 302	2 500	2 828	32 409				9 160	124 330	419 267	1 658	1 658	619	3 130
其中 入境	4 835	572 910	366	14 776	2 715	2 850	47 967	15	108	809	5 001	613 667	417 769	1 679	1 679	525	11
与上年同比（%）	+1.68	+19.74	-16.6	+43.8	+31.16	+15.95	+71.3	+150	-44.33	-51.6	+5.08	+30.31	+22.12	-1.33	-1.33	-13.02	-42.25
其中 出境	-2.15	+4.9	+43.5	+79.24	+27.75	+16.47	+35.36				-1.64	+7.83	+21.26	-10.81	-9.99	-13.79	-42.24
其中 入境	+10.34	+23.64	-13.7	+37.71	+34.47	+15.43	+108.79	+150	-44.33	-51.6	+20.1	+36.06	+23	+10.24	+6.28	+6.28	-45

（海南出入境检验检疫局提供）

2011年海南海事局进出港船舶统计汇总表

船舶类别	进港船舶							出港船舶						
	艘数（艘）	总吨（吨位）	总载重量（吨）	载客量（客位）	船员人数（人次）	货物到达量(吨)	旅客到达量（人）	艘数（艘）	总吨（吨位）	总载重量（吨）	载客量（客位）	船员人数（人次）	货物发送量（吨）	旅客发送量（人）
总数	705 665	203 165 503	113 444 969	34 417 102	2 620 464	54 692 413	7 271 927	705 726	203 018 168	113 456 345	34 403 056	2 623 790	40 020 396	6 761 865
中国籍船舶	703 316	186 036 296	85 885 723	34 383 400	2 577 082	38 163 570	7 250 403	703 381	185 989 028	85 942 832	34 369 354	2 579 450	38 658 311	6 742 025
其中:外贸船	470	1 874 681	2 344 417	0	6 463	1 158 006	0	479	1 662 053	2 179 817	0	6 325	365 525	0

（海南海事局提供）

海南省口岸大事记

1月1日
境外旅客购物离境退税政策在海南顺利启动。

1月13日
海口综合保税区顺利通过国务院联合验收组验收。
海南海事局举行《海南省游艇安全管理暂行办法》颁布实施新闻发布会。

1月18日
国家税务总局局长肖捷到三亚凤凰国际机场海关旅检现场调研。

1月20日
海口海关在海口美兰机场查获1名中国籍女性旅客通过行李箱夹藏走私冰毒1 450克(毛重),这是该关查获的海南口岸首宗冰毒走私案。

1月21日
海南省邮轮游艇协会成立暨第一次会员大会在海口召开,首批会员共80名,涵盖海南省游艇行业各个领域。

1月29日
公安部边防管理局陈伟明局长赴洋浦、凤凰边检站视察工作。

1月30日
海南省委常委、副省长蒋定之到海口边检总站美兰站执勤现场慰问。

2月11日
海关总署署长盛光祖、海南省省长罗保铭在海口签署《海关总署海南省政府共同推进海南国际旅游岛建设合作备忘录》,海南省委书记卫留成出席签署仪式并致辞。

2月13日
海南省委副书记、省长罗保铭到海口边检总站美兰边检站执勤现场慰问。

2月25日
海关总署副署长兼广东分署主任吕滨在海口会见海南省委常委、宣传部长、副省长谭力。

2月25日~26日
交通运输部海事局副局长黄何到海南海事局检查基础建设工作。

3月7日
海南海事局被评为"海南省安全生产先进单位",海南海事局副局长张捷等2位同志被评为"海南省安全生产先进工作者"。

3月16日
海口综合保税区、海口综合保税区海关正式挂牌运作。

3月17日
海南省副省长陈成赴海南出入境检验检疫局调研。

3月18日

海口海关召开新闻发布会,解读《中华人民共和国海关对海南省进出境游艇及其所载物品监管暂行办法》。该办法自2011年4月15日起施行。

3月22日

中央纪委驻交通运输部纪检组组长杨利民莅临琼州海峡检查水上交通安全工作。

3月22日

海南省副省长林方略到海口边检总站美兰站执勤现场检查工作。

3月23日

海口海事局政务中心荣获"全国巾帼文明岗"殊荣。

4月1日

全国第二家、海南省首家公用型游艇保税仓——三亚鸿洲游艇保税仓通过海口海关验收并投入运营。

4月14日~16日

金砖国家领导人会晤和2011年博鳌亚洲论坛年会在海南召开。

4月20日

海南省离岛旅客免税购物政策试点实施在三亚启动。政策实施首日,三亚免税店销售火爆,售出商品超万件,有550人提货离岛,海关监管保障工作平稳顺利。

4月29日

海南出入境检验检疫局为被评为一、二、三类企业的40家出口工业产品企业颁发分类管理证书。

5月3日

海关总署副署长鲁培军在海口会见海南省委副书记、省长罗保铭,海南省委常委、宣传部长、副省长谭力,并到海口美兰机场现场观看离岛免税海关监管情况。

5月26日~27日

交通运输部海事局常务副局长陈爱平先后到西沙海事局、三亚海事局慰问海事工作人员。

6月2日

国家质检总局局长、党组书记支树平,海南省委副书记、省长罗保铭在海口签署《国家质检总局海南省政府关于共同推进海南国际旅游岛建设发展战略合作备忘录》。

6月14日

华能东方电厂配套5万吨级煤码头通过口岸验收,海南省政府批准该码头于2011年6月24日起对外正式启用。

6月15日~19日

国家质检总局第二督查组对海南辖区出入境动植物检疫处理工作进行督查。

6月21日

海南省委常委、组织部长楼阳生赴海南热带植物隔离检疫圃调研。

7月8日

海南省副省长、三亚市委书记姜斯宪赴凤凰边检站执勤现场慰问。

7月28日

交通运输部副部长徐祖远莅临三亚海事局视察指导工作。

7月25日~29日

由国家口岸管理办公室承办的中俄总理定期会晤委员会运输合作分委会第十五次会议在三亚召开,

两国政府代表约 300 人参加会议。

7月28日~30日

海南、广东海事局联合开展北部湾海域巡航执法活动。巡航区域为琼州海峡、北部湾南部、洋浦湾、八所港、钻井平台、三亚湾水域。

7月30日

国务院批复同意洋浦口岸神头港区对外开放,开放范围涉及神头港区 13 000 米岸线、46 个泊位。

8月8日

海南省委副书记、常务副省长蒋定之到三亚凤凰国际机场离岛免税提货点调研。

8月23日

商务部、海关总署、公安部边防局组成联合调研组,就海南省东方市边贸城建设进行实地考察。

8月24日

海南省委常委、海口市委书记陈辞到海口综合保税区实地查看海关监管场所和办公场所。

8月25日

海口海关决定将海口综合保税区海关业务管辖区域调整为海口综合保税区、马村港和澄迈县。

9月2日

海口美兰机场海关被授予"2010 年度全国禁毒堵源截流工作先进集体"荣誉称号。

9月13日

海南省海防与口岸办公室正式接管海南省离岛旅客免税购物信息系统公共服务平台。该平台此前由海口海关运维管理。

9月28日

海口海关出台实施支持海南战略性新兴产业和高新技术产业发展八项措施。

10月29日~31日

海南、广东海事局联合对环海南岛水域进行巡航。

11月3日

交通运输部部长李盛霖一行莅临博鳌水城、博鳌灯塔视察指导工作,并看望慰问了海事干部职工。

11月16日~19日

国家质检总局党组成员、国家标准委主任陈钢一行,先后深入海南三亚、海口、琼海、保亭等市县开展调研督查工作。

11月21日

韩国籍船舶"BRIGHT RUBY"轮在西沙永兴岛偏东方向约 100 海里处沉没,海南海事局协调 10 艘船舶、2 架飞机参与救助,成功救起 13 人。

11月28日

海南省委常委、宣传部长、副省长谭力到海口美兰机场检查海口免税店各项准备工作。

12月1日

海南省委书记罗保铭,省委常委、秘书长许俊,省委常委、海口市委书记陈辞,省委常委、宣传部长、副省长谭力及省长助理、省旅游委主任陆志远等到海口免税店观看海关监管信息系统运行测试。

12月2日

海关总署调研组一行赴洋浦调研洋浦经济开发区建设发展、"四至"调整等情况。

12月9日

海南省委副书记、代省长蒋定之,省委常委、海口市委书记陈辞到海口综合保税区考察。

12月19日

财政部、海关总署、商务部、国家税务总局等四部委联合检查海口美兰机场免税店模拟运行工作。

海南省举办离岛免税政策试点全面实施新闻通报会。海南省委常委、宣传部长、副省长谭力出席发布会。

12月20日

海口海关(机关)、海口美兰机场海关均被中央文明委评为第三批"全国文明单位"。

12月21日

海口美兰机场免税店正式开业。

12月21日~24日

2011海南邮轮游艇产业发展峰会在三亚海棠湾召开,国内外嘉宾和代表400多人参加。国内28家新闻媒体对此次会议进行跟踪报道,对宣传海南、推介海南、发展海南邮轮游艇产业起到了积极的推动作用。

(撰稿人:王基辉 于璟琪 张启迅 周青瑜 周自然)

重庆市

重庆市口岸工作综述

【口岸运行数据】2011年,重庆口岸完成外贸进出口货运量667.9万吨,同比增长12.4%,其中进口465.9万吨,同比增长8.4%,出口202万吨,增长22.9%。重庆口岸进出口货物总值196.5亿美元,同比增长1.2倍。重庆机场旅客总量达到1 900万人次,上升1位超过杭州位列全国第9,跻身世界80强机场,其中出入境旅客人数达到47.2万人次,同比增长48.1%。国际航空货运逆势爆发,运输6万吨,增长4倍。国际(地区)航线出入境飞机4 627架次,同比增长59%。

【口岸开放工作】积极申报保税航油政策,仅用半年多时间获得国家批复。争取中国航油总部支持,特别将重庆追加列入2011年公司推动的保税航油城市布局规划;组织海关等部门走南京、赴上海、上北京,学习保税航油建设经验,多次进行现场踏勘,指导中国航油重庆分公司按照海关监管要求加快建设;协调重庆海关尽快批复保税航油《行政许可决定书》和《注册登记证书》,顺利获得保税航油"准生证"和"出生证";协调国家民航局将重庆与南京、杭州、青岛3个城市同批报送财政部;协调中石化、中航油及新加坡公司从南京通过"以出顶进"、"进境复出境"的新机制进口保税航油,解决万吨油轮不能进入长江内河,上海口岸又不能转输航油的问题,建立稳定的油源;争取财政部、国家税务总局、国家民航局特别支持。丰富口岸功能,争取特殊支持政策。在申报保税航油政策的基础上,根据市政府领导部署,成立由口岸办牵头的工作小组,与市发展改革委、市环保局等部门密切配合,启动固体废物进口口岸、汽车整车进口口岸、肉类进口口岸的申报工作,相关工作正在有序推进之中。

【口岸基础设施建设】认真参与重庆机场T3航站楼国际厅设计,组织海关、检疫、边防等口岸联检单位赴上海、北京考察联检通关流程设置,反复论证并最终确定建设方案;协调市发展改革委、市财政局解决落实团结村铁路口岸联检大楼建设资金缺口问题,协调沙区物流园按照新的防震标准更改设计方案,加快建设进度,铁路口岸联检大楼成功封顶,2012年将投入使用;优化航空口岸新联检大楼建设方案,完善各项建设前期手续,完成工程招标,落实建设资金,确保工程顺利开工。

【口岸综合管理】重大外事活动和重大项目签约期间,协调联检单位和机场集团公司提供高规格要客礼遇服务,代持代办出入境手续,甚至直接到机坪提供通关服务,全年提供要客服务2 000多人次,出具礼遇函65份,开具免检单37份;协调增加120张临时通行证,解决运输笔记本产品的货车在渝遂高速、内环、西永大道、璧山隧道、大学城等限行路段通行问题,保障笔电产品运输畅通。

【口岸大通关】召开沪渝川3地口岸大通关协作会议,密切3地口岸协作;配合重庆海关召开中欧"安智贸"会议,重庆与上海口岸并肩成为"中欧安全贸易航线试点口岸",是西部内陆唯一的此类口岸;配合重庆海关与乌鲁木齐海关签署"渝新欧"铁路大通道通关协议;配合重庆海关、重庆检验检疫局分别与海关总署、国家质检总局沟通联系,促成总署、总局与重庆市政府续签战略合作协议;协助推进"渝新欧"铁路大通道建设;协助海关、检疫通过区域联动实现"一次申报、一次查验、一次放行",让内地企业充分享受与沿海一样的方便快捷;通过"区港融合、区区联动"实现跨关区保税货物自由流转。

【口岸查验部门简述】**重庆海关** 2011年,重庆海关全年共受理进出口报关单29.8万份,同比增长1.49

倍；监管进出口货物667.8万吨，同比增长12.4%；监管重庆口岸进出口货物总值196.5亿美元；监管进出境旅客人数突破48万人次；实现海关税收净入库78.4亿元，同比增长39.8%。提升综合监管效能。继续深化区域通关和转关业务合作，制定转运换装监管办法。积极推进分类通关业务改革，启动"无纸通关、单证暂存"和报关单条形码应用试点。积极推进"三查合一"，引入社会中介参与海关稽查工作。研究试行跨关区"数据直转、分段监管"便捷转关，关区内"区港融合、区区联动"通关作业模式。推动职能管理与执行操作分离，将业务审批事项调整至保税港区报关大厅集中受理。通关监管、关税、统计、稽查、风险管理等各项业务指标总体达到总署考核标准，申报、审价、归类、原产地、税收征管5项指标的正确率高于全国平均水平，关区总体监管质效达到历史最佳水平。提升税收征管质量，进一步完善综合治税机制，建立税收政策规定调整要点摘要通报制度，注重发挥归类、审价和减免税实时监控系统的作用，完善减免税三级审批流程和单证集中复核机制，积极推行以抽样考核为主的税收绩效考核办法，减免税审批考核连续5个季度保持正确率为100%。提升打私整体效能，成功开展"清网行动"、"海鹰行动"、"缉枪治爆"、"扫黄打非"等专项行动，着力精、准、狠打击走私；关区反走私工作意识明显增强，与公、检、法等的联系配合更加紧密，全年侦办走私违规案件155件，案值2.1亿元，抓获嫌疑人6名，依法采取强制措施8人次，查获违禁宣传品2 200余件。查办知识产权侵权案件12起，成功查获重庆紫虹贸易公司汽油发电机组侵犯商标及外观专利权一案，被国务院列为督办案件。提升统计服务能力，加强外贸进出口态势的研判，及时编报各类专题分析报告，海关统计服务地方经济发展的作用得到充分发挥。组织开展了两江新区海关统计代码的申请和转换工作，全面真实反映两江新区外贸发展。组建了关区海关监测预警分析小组，完善常态化进出口监测预警分析和应急机制，执法评估、统计监督水平进一步提高，海关总署《海关要情》和《海关统计工作与研究》采用率超过全国平均水平。向地方党政报送统计分析文章38篇，多次得到市领导的批示。全面发挥2个海关特殊监管区的功能作用，高质量、高标准推进两区后续建设，两路寸滩保税港区规划范围调整获国务院批复同意，提前3年全面建成并顺利通过国家联合验收，保税港区口岸物流、保税物流、保税加工及商品展示等各项功能日益发挥。主动克服困难、创造条件，组织开展西永综保区试运行，使其成为全国第一年落户企业数量最多、产业规模最大、产出效益最好、发挥功能最佳的同类型海关特殊监管区域。全年两区实现监管进出口货值171.2亿美元，占同期重庆关区监管进出口货值的87.1%。国际贸易大通道建设全面提速。支持渝深铁海联运、渝欧空中货运航线的运行，帮助TNT公司顺利解决进出口货物串飞问题，支持新增进出境客货运航线20条，推动重庆港成为中欧安智贸航线在内陆地区首个试点口岸，并承办了中欧安智贸航线试点工作组第十六次会议，特别是支持开通"渝新欧"国际货运班列，引起中比两国海关高层重视，比利时海关署长、比利时驻华大使专门来关访问，提出建立中比"绿色列车通道"的构想，确保该条线路常态化运行，力争将其打造成为具有世界品牌意义的货运线路。贸易便利化举措得到全面落实。通过采取"分送集报"、"担保放行"的方式，解决了IT企业生产运营的通关需求。大力推广应用TCS2.0集成通关易协同服务平台，投资开发重庆贸易服务平台报关行管理系统，极大地提高了通关时效，重庆海关成为首先开发应用TCS2.0集成通系统的海关。支持西部首个保税航空油库落户江北机场，为重庆航空枢纽建设奠定了重要基础。认真落实"5+2工作制"、"24小时预约通关"、"关长接待日"等措施，开通"12360"海关统一服务热线，定期召开关区企业座谈会，建立企业诚信档案，主动参与重大项目招商引资，支持企业"引进来"和"走出去"，设立专门服务窗口，主动向企业作出"有困难找海关"的承诺。

重庆出入境检验检疫局 2011年，重庆出入境检验检疫局共检验检疫出入境货物53 116批，货值53.93亿美元。其中，出境44 373批，货值40.94亿美元，进境8 743批，货值13亿美元，发现不合格出入境货物108批，货值3 802.04万美元。检疫集装箱23.29万箱、飞机4 639架次、进出境邮件163 214件，查验出入境人员 443 911 人次。实施健康检查 15 870 人次,艾滋病监测 14 144 人次,预防接种 20 100 人次,发现病例 7 686 例,其中法定监测传染病 36 例,截获禁止进境物 400 批次,在货物和集装箱及木质包装检疫查验中,截获入境有害生物 92 种类次、164 种次。一是签证管理。2011 年,重庆检验检疫局全年共签发检验检疫证书证单 72 130 份,其中证书 6 471 份,证单 65 659 份。签发普惠制产地证书 10 075 份,签证金额 84 168.81 万美元;区域优惠产地证 4 963 份,签证金额 38 594 万美元;一般产地证 6 685 份,签证金额 39 961.14 万美元。接受自理报检单位备案登记的外贸企业 680 家,通过报检员注册 74 人。目前,共受理 4 000 余家外贸企业的自理报检单位备案登记,代理报检单位注册登记 20 家,报检员注册 700 人。2011 年组织 1 次报检员资格统一考试,共 1 054 名报检员报考,35 人取得报检员资格证。全面推广电子报检,电子报检率达到 100%。二是出境检验检疫及管理。重庆出入境检验检疫局全年检验检疫动植物及其产品、食品、纺织品、轻工品、化矿产品、金属产品、机电产品等出境货物 44 373 批,货值 40.94 亿美元。其中不合格产品 44 批,货值 351.50 万美元,不合格原因主要为品质规格和包装不符合要求。检验检疫出境集装箱 161 312 箱,检疫出境飞机 2 235 架(次)。查验口岸出境人员 229 001 人次。实施传染病监测,监测体检出境人员 13 540 人次,艾滋病监测 12 168 人次,发现艾滋病感染、乙肝病毒携带者等监测性病例 6 684 例,预防接种 20 090 人次。机电轻工、化矿、服装产品等为重庆出口大宗商品,重庆出入境检验检疫局 2011 年全年共检验出口机电成套产品及散件 28 937 批,货值 301 988.2 万美元,主要出口国是阿根廷、缅甸、伊朗、俄罗斯、巴西、尼日利亚、巴基斯坦、美国等,产品一次检验合格率高,产品质量比较稳定,未发现重大质量问题,未出现国外退货情况。检验出口摩托车整车、发动机及散件 21 407 批,货值 219 142.4 万美元,主要出口国是阿根廷、缅甸、尼日利亚、巴西、墨西哥、秘鲁等,出口国涉及 100 多个国家和地区。出口摩托车产品多以中小排量、中低档次为主,质量稳定。检验出口全地形车 1 018 批,56 896 辆,货值 5 717 万美元,主要出口国是阿根廷、墨西哥、土耳其、德国等。2011 年重庆地区出口全地形车检验批次不合格率为 0.39%,退运批次率为 0.09%。其中一次检验不合格 4 批,411 辆,货值 63.02 万美元;国外退运 2 批,114 辆,货值 12.34 万美元,出口目的地为俄罗斯。不合格原因主要是 Y 型全地形车限速功能不符合要求,标贴不符合要求。出口退运主要原因是车辆状态与合同附件要求不一致;企业出口报检时未提供合同附件,且部分发动机漏油、运行噪声大。从总的检验情况来看,重庆地区出口全地形车产品一次检验合格率高,产品质量较稳定,没有出现系统性、区域性的质量问题。检验出口汽车及成套散件共 835 批,货值 36 564.5 万美元,51 607 辆(套),产品类型主要为轿车。批次、货值和汽车辆(套)数分别较 2010 年增加 36.9%、67.5% 和 67.3%。主要出口地区是独联体国家、中东、南美、非洲等,产品质量比较稳定,未出现国外退货及索赔情况。检验出口金属材料及其制品 182 批,重量 1.26 万吨,货值 4 072.26 万美元,其中一次检验不合格 12 批,批次不合格率为 6.59%,涉及商品重量 710.4 吨,货值 143.2 万美元,不合格原因主要有品质不合格和标志、规格不合格等。主要出口商品包括电解金属锰粉/片/锭、无缝不锈钢管、电线电缆、钢制无缝气瓶、低温液体储槽等。其中锰产品 64 批,7 439 吨,货值 2 724.6 万美元,主要出口日本、美国、俄罗斯、蒙古、澳大利亚等 41 个国家和地区。检验出口鞋类产品 2 461 批,9 350.30 千双,货值 8 074.95 万美元。与 2010 年相比批次、数量和货值分别增长了 1.48%、10.52% 和 45.56%。对出口鞋类产品化学安全项目实行周期检测,实验室检测批次 21 批,未检出不合格,主要出口美国、中国香港、英国、印度等国家和地区。检验各类出口服装 1 447 批,815.08 万件(套),货值 7 503.34 万美元。重庆出口服装主要输往欧盟、美国、澳大利亚、亚洲和非洲,总体质量较好,一次性检验合格率达到 99.72%,检出不合格产品 4 批。检验出口轮胎 1 326 批,4 528 063 条,货值 3 705 万美元,贸易国别涉及五大洲 110 个国家和地区,无一批次因质量原因导致的不合格和国外退运,主要出口产品为客货车子午线轮胎和摩托车轮胎等。全年根据 SN/T1636.2 - 2005 对辖区内轮胎产品送实验室进行安全性能周期检测8批,均检测合格。检验出口玩具169批,2 543.15万套,货值987.82万美元,批次、数量和货值分别较2010年增长了40.8%、62.7%和77.4%。产品主要出口到欧盟、美国、大洋洲等国家和地区。未检出不合格。全年办理换证凭单通关单37票,88.75吨,448.47万美元,主要输往印度、韩国。2011年重庆生丝平均等级3A32较去年3A44下降0.12个等级,主要检验项目中洁净项目、总差项目、二度变化项目定级比例上升。检验出口日用陶瓷产品220批,1 602.73吨,货值365.48万美元。与2010年相比,批次、重量和货值分别减少55.67%、56.44%和53.25%,延续了近年来重庆日用陶瓷出口量持续下降的趋势。对出口日用陶瓷的铅、镉溶出量指标实行周期检测,分6批次共抽取了6种样品送实验室检测,检测结果全部合格,主要出口国为美国、意大利、法国、新加坡等。检验出口食品添加剂46批,761.18吨,货值236.56万美元,主要出口国是印尼、菲律宾、巴基斯坦及印度,总体质量比较稳定,未出现国外退货、退运的情况。实施出口埃塞俄比亚商品装运前检验117批,货值906.68万美元。其中,一次检验不合格产品1批,占总批次、总货值的0.85%、0.14%。实施出口埃及的商品装运前检验324批,货值2 375.57万美元。其中,一次检出不合格产品6批,占总批次、总货值的1.85%、1.32%。检验检疫援外物资11批,货值53.28万美元。受援国主要为坦桑尼亚、马拉维、安哥拉、缅甸、厄瓜多尔、老挝、利比里亚、乌干达、利比亚和柬埔寨等欠发达国家和地区。援外项目主要集中在基础设施建设、农业合作、文化教育、紧急援助等方面。援外物资主要为机电产品、轻工产品、化工制品和植物产品等多种产品,未检出不合格。三是进境检验检疫及管理。重庆出入境检验检疫局全年检验检疫动植物及产品、食品、纺织品、轻工品、矿产品、金属及制品、化工品、机电产品等进境货物8 743批,货值13亿美元。其中不合格产品64批,货值3 450.54万美元,不合格原因主要为品质规格、数重量不符合要求。检验检疫入境集装箱71 513箱,检疫入境飞机2 404架(次)。查验入境人员214 910人次,实施监测体检2 330人次,艾滋病监测1 976人次,发现1 002例病例。加强进境旧机电商品检验监管,规范检验监管方式和流程,2011年重新修订和补充了涉及进口旧机电产品的作业指导书《进口旧机电产品备案作业指导书》、《进口旧机电产品到货检验监管作业指导书》。2011年,重庆口岸检验进口旧机电产品22批,7 163台/套,货值342.43万美元,主要是机械设备、电器电子产品和仪器仪表,主要进口国家和地区是欧盟、中国台湾、日本。进口旧机电产品的质量状况总体上比较稳定,到货检验发现的主要问题是安全标志不全、缺少中文警告标志、缺少安全防护装置、部分带电部件裸露在外、工作电压规格不符合国家标准及操纵台上的操作指示未使用中文、易产生歧义等。在进口旧机电产品后续监管过程中基本没有发现涉及安全、卫生、环保、商业欺诈和以旧充新等违反我国进口旧机电产品检验监管相关规定的现象。进境货物中机械及设备产品为检验检疫大宗商品。2011年,完成进口成套设备检验424批,检验货值33 852.98万美元。进口成套设备涉及多个行业,主要有机械制造行业、电子信息行业、石油化工行业等,主要来自日本、欧盟、美国、中国台湾/香港等。不合格18批(批次不合格率4.25%),涉及不合格金额4 570.72万美元(金额不合格率13.5%)。其中,对外索赔10批,索赔金额126.31万美元。完成进口医疗器械检验534批,检验货值10 677.61万美元,主要为X射线应用设备(包括各类CT、ECT等)、MRI、直线加速器、超声波诊断仪、内窥镜等,主要来自美国、日本、德国等国家,主要制造商为GE、西门子和飞利浦等公司。检出不合格16批(批次不合格率3%),涉及不合格金额116.88万美元(金额不合格率1.1%)。其中,对外索赔9批,索赔金额38.96万美元。进口成套设备和医疗设备质量情况总体稳定,不合格项目主要是品质缺陷、数重量短缺、损坏或残损、性能不符合要求、规格数量不符合合同规定要求及存在电气安全隐患等。未发现进口医疗器械入境验证不合格、进口废旧医疗器械情况。检验进口金属材料及其制品999批,7.84万吨,货值7 842.8万美元,一次检验不合格3批,批次不合格率为0.3%,涉及商品重量13.97吨,货值14.9万美元,不合格原因为屈服强度偏低。主要包括各类钢板、不锈钢板、镀锡钢卷(板)、钢丝绳、轴承钢、铁管、模具钢、铝管、铝片等66种商品。其中进口量最多的为钢板,全年共进口724批,重量5.91万吨,货值5 925万美元。主要来自韩国、日本、澳大利亚、德国等15个国家和地区。检验检疫进境澳羊毛67批,1 414.781吨(以洗净率计),货值2 354.9万美元,为一等品,进境品质检验符合率100%。后续检疫监管进境羊毛71批,原毛重量2 509吨,货值4 176.2万美元。检验检疫进口棉花36批,49 025包,1.10万吨,货值3 658.84万美元,主要来自美国、澳大利亚、印度、乌兹别克斯坦等国家。进口棉花的品级、长度指标都有一定程度的提高,合格率分别达到98.59%和99.68%。检验检疫进口木制品及木家具191批,货值555.7万美元。进口国主要为美国、加拿大、巴西等。进口木制品主要包括板材、人造板、木家具、木梁、绝缘螺杆、原木等,无检验不合格情况。进口废物原料检疫。重庆地处我国内陆腹地,为进口废纸指定口岸,经检验检疫的进口废物原料仅为废纸一类。2011年,共检验检疫进口废纸462批,264 253.49吨,货值7 221.56万美元,主要来自美国、荷兰、意大利、西班牙等国家,其中检出不合格4批,批次不合格率为0.87%,原因为检疫不合格,无环保项目和数重量不合格情况发生。在进境集装箱检验检疫中,对69 810标箱进境集装箱实施了卫生除害处理,同比增长62.18%。检出携带疫情及有毒有害物质等不合格集装箱625标箱,较2010年提高161.51%,检出率1.79%。从来自美国、德国、意大利等国家的进境集装箱中截获有害生物71种类、224种次。其中淡带皮蠹、钩角隐食甲、黄褐棍腿天牛、栎红天牛、材小蠹属、粪金龟、黑菌虫、铺道蚁、咖啡豆象、谷蚁形甲和赤材小蠹10个种类为重庆口岸首次截获记录。赤材小蠹为我国入境检疫性有害生物。

重庆市公安边防总队 2011年,重庆市公安边防总队在市委、市政府的关心和支持下,按照公安部边防管理局和市公安局党委的决策部署,牢固树立"励精图治,开拓创新,奋发进取,争创一流"的工作理念,紧紧把握内陆开放高地建设给边防工作带来的历史机遇,乘势而上,奋发进取,主动跟进和服务重庆内陆开放高地建设,积极应对"大进大出、快进快出"的出入境新格局,探索创新边检管理模式,为重庆市的对外开放、经济发展和平安重庆建设提供了更好的口岸通关服务和保障,提高边检服务水平工作取得了新进展,实现了新突破。一是创新机制服务地方经济。针对目前重庆口岸客货运航空企业激增的现实,在为南方航空、卡塔尔航空、香港航空、澳门航空等新进航空企业提供"一站式"边检行政指导的同时,总队利用对口岸数据掌握较充分的优势,对航线、航班等载客货数据进行调研分析,摸索和掌握工作规律,采取针对性通关保障措施。例如,在政策范围内,简化前往马尔代夫、巴厘岛等可办理落地签旅游目的地的边检手续,吸引其他省市地区旅客中转重庆出境;在货运航班中实行"零等待、零距离、零重复"的货机便捷查验制度,实现航班随到随检,货物即到即运,为政府树门面,为企业争时间,为产品创效益,不断提高边检工作对地方经济发展的承载力。二是服务水平得到广泛认可。今年新增航线较多,出入境旅客流量较大,为给每名旅客提供同样优质的边检通关服务,总队坚持执勤人员24小时备勤驻场制度,确保每名旅客在20分钟内能顺利通关。边检服务质量获得了第三方测评机构的高度认可,在国际机场协会(ACI)2011年各季度发布的全球机场服务质量测评中,重庆边检工作涉及的3项指标在全球180家机场中一直名列前茅,位次持续攀升,排在现役制边防检查站第一位,率先实现公安部提出的"2012年底部分口岸边检机关稳居国际权威机构旅客满意度评价世界排名前列"的工作目标。三是高规格完成边检礼遇任务。总队积极适应重庆市内陆开放高地建设和"大进大出、快进快出"的开放新形势,主动为政府部门提供接机便利,开设专用通道,提供通关礼遇。今年以来,先后为全国政协副主席董建华、韩国民主党党首、国会议员孙鹤圭、宏碁集团董事长王振堂等数十个政府接待的公商务团队和第六届市长国际顾问团年会、世界华文传媒论坛、中美交流基金会年会、第三届海峡两岸旅游交流圆桌会议参会嘉宾提供了热情、专业、高效的通关服务保障,边检礼遇、外事接待等各项工作受到市级领导和接待单位的一致好评。四是开门评警活动成效显著。总队积极走访驻地党委政府、航空公司、旅行社等单位,召开警民恳谈会3次,开展宣传教育活动4次,发放各类问卷调查表1 000余份。在"大走访"开门评警活动中,得知部分旅客在国际(地区)航班与国内航班相互中转过程中因航班延误、信息沟通不畅、手续办理复杂等原因导致通关时间不足的问题后,总队积极协调,争取到重庆机场集团及海关、检验检疫等联检单位支持,签订了《重庆机场快速通关合作项目协议书》,建立通关协作机制,进一步提高了国际(地区)航班旅客、行李、货物快速中转能力和机组通关效率。五是便民服务举措深得民心。总队坚持以服务为中心,想旅客之所想,急旅客之所急,推出了网上报检、预约通关等服务措施,先后为224人次提供快捷通关服务。3月,台胞黄德胜一家7人成为首次申请预约通关服务的旅客,重庆电视台对此进行了专题报道。10月,重庆一旅游团在泰国遭遇车祸,本着体现国民尊严、让伤者感受到祖国温暖的原则,总队特事特办,为伤者家属出境提供便利,为旅游团人员入境提供温情服务,得到了政府相关部门、旅行社和伤者家属的好评。六是口岸管控能力明显提升。总队主动分析地方社会治安形势、重大热点问题,适时调整防控重点,延伸管控效能,逐渐形成"小口岸、大管控"的格局。邀请上海机场、福州、成都、郑州等边检站及市公安局出入境管理处来总队开展业务交流6次,为公安机关提供出入境证件鉴定技术支持8批次。筹资30余万元购入200余套新型处突器材,组织开展了为期30天的实战技能培训,组织各类处突演练10余次,以确保对各类突发事件控制得住、处置得好。

2011年重庆市口岸流量统计表

口岸类型		口岸名称	货运量（万吨）				集装箱量（万标箱）				人员（万人次）				交通工具（辆、艘、架、列次）			
			出口	进口	合计	同比(%)	出口	进口	合计	同比(%)	出境	入境	合计	同比(%)	出境	入境	合计	同比(%)
空运口岸		江北国际机场	3.4	2.6	6	+400					24.2	23	47.2	+48.1	2 189	2 429	4 628	+59
		分计	3.4	2.6	6	+400					24.2	23	47.2	+48.1	2 189	2 429	4 628	+59
陆运口岸	铁路口岸	上桥铁路口岸																
		分计																
水运口岸	河港口岸	重庆港							38	+21.80								
		分计							38	+21.80								
合计			202	465.9	667.9						24.2	23	47.2		2 189	2 429	4 628	
同比(%)			+22.9	+8.4	+12.4						+49.7	+46.4	+48.1		+50.4	+68.9	+59	

（重庆市人民政府口岸管理办公室提供）

2011年重庆海关主要数据统计表

项目		2011年	同比(%)
进出口货运量 （万吨）	合计	667.9	+12.4
	进口	465.9	+8.4
	出口	202	+22.9
进出口贸易总值 （万美元）	合计	1 950 474.22	+121.14
	进口	838 824.63	+109.12
	其中:江、海运输	463 330.61	+48.66
	铁路运输		
	汽车运输	28 080.60	+496.50
	航空运输	347 364.99	+313.31
	邮件运输	48.43	-78.66
	其他运输	8	
	出口	1 111 649.59	+131.16
	其中:江、海运输	729 419.40	+72.68
	铁路运输	35 495.86	+445.21
	汽车运输	2 829.15	+129.42
	航空运输	339 091.23	+570.08
	邮件运输	1 326.23	+841.66
	其他运输	3 487.71	
税收 （万吨）	两税合计	78.4	+39.8
	关税入库	14.8	+25.6
	进口环节税入库	63.6	+43.5

（重庆海关提供）

2011年重庆市口岸出入境主要数据表

单位:(人员)人次;(交通工具)辆、艘、架、列次

项目			2011年	2010年	同比(%)
出入境人员		出入境人员总数	471 891	318 689	+48.07
		入境人员	229 506	156 756	+46.41
		出境人员	242 385	161 933	+49.68
		出入境旅客	434 737	293 962	+47.89
		出入境员工	37 154	24 727	+50.26
	中国公民	小计	419 259	275 265	+52.31
		内地居民(因公)	15 813	12 850	+23.06
		内地居民(因私)	282 324	187 710	+50.40
		港澳居民	48 233	28 742	+67.81
		台湾同胞	72 889	45 963	+58.58
		外籍人员	52 632	43 424	+21.21
		从海港出入境人数			
		从陆港出入境人数			
		从空港出入境人数	471 891	318 689	+48.07
交通运输工具		总计	4 627	2 911	+58.95
		船舶			
		飞机	4 627	2 911	+58.95
		火车			
		机动车辆			

(重庆市公安边防总队提供)

2011年重庆市出入境检验检疫业务统计表

项目	货物检验检疫				交通工具				集装箱（标箱）		发现动植物疫情		货物通关		出入境人员查验（人次）	健康检查及预防接种（人次）			
	批次	金额（万美元）	检验检疫不合格		船舶（艘）	飞机（架）	火车（节）	汽车（辆）	合计	检出问题	种类数	种次	批次	金额（万美元）		健康检查	艾滋病监测	发现病例	预防接种
			批次	金额（万美元）															
本年累计	53 116	539 347	108	3 802		4 639			232 825	517	92	164	37 963	480 714	443 911	15 870	14 144	7 686	20 100
其中 出境	44 373	409 363	44	351		2 235			161 312	13			28 131	315 649	229 001	13 540	12 168	6 684	20 090
其中 入境	8 743	129 984	64	3 451		2 404			71 513	504	92	164	9 832	165 064	214 910	2 330	1 976	1 002	10
与上年同比（%）	+13.85	+30.56	+107.7	+949.38		+58.92			+19.15	+157.21	+360	+355.6	+24.1	+63.54	+43.01	-12.28	-19.07	-0.95	-7.45
其中 出境	+17.4	+37.61	+388.9	+353.09		+55.1			+11.53	+1 200			+14.2	+35.88	+43.23	-15.68	-22.58	-5.11	-7.45
其中 入境	-1.31	+14.38	+48.84	+1 111.83		+62.65			+40.85	+152	+360	+355.6	+65.05	+167.77	+42.77	+14.55	+12.27	-39.94	-16.7

（重庆出入境检验检疫局提供）

重庆市口岸大事记

2月24日

重庆市人民政府副市长刘学普出席重庆出入境检验检疫工作会议并讲话。

6月15日~16日

国家质检总局局长、党组书记支树平一行到重庆出入境检验检疫局视察。

8月10日

重庆市政府副市长刘学普到重庆检验检疫局视察工作。

9月6日

重庆市委常委、市政府常务副市长马正其一行到重庆检验检疫局视察工作。

11月24日~26日

国家质检总局副局长、党组成员魏传忠一行视察涪陵检验检疫部门,并与地方政府和企业代表座谈。

（撰稿人：张媛媛、彭莺、刘程超）

四川省

四川省口岸工作综述

【口岸运行数据】成都航空口岸2011年共验放国际航班及出入境飞机13 642架次,同比增长8.75%;验放和承运国际旅客144.09万人次,同比增长31%;验放中外航空公司机组及员工10.26万人次;验放、运输进出境货物1.96万吨,同比增长11.21%。为外国籍人士办理口岸签证151人/份,同比增长179.62%;为台湾同胞办理口岸签证3 973人/份,同比增长40.73%。为进、出境的重要客人2 388人及所乘专机、班机提供了口岸礼遇、乘机、起降保障。四川省铁路口岸2011年共验放、运输进出口物资100.67万吨,同比下降38.86%;国际集装箱29 557个标箱,同比下降57.39%。其中:成都铁路口岸进出口物资62.02万吨,同比下降48.37%;国际集装箱25 845个,同比下降61.22%。绵阳铁路口岸进出口物资2.77万吨,同比增长29.47%;国际集装箱3 712个,同比增长18.06%。攀枝花铁路口岸进出口物资35.88万吨,同比下降15.47%;未发运国际集装箱。四川省水运口岸共验放、运输进出口物资127.01万吨,同比增长29.96%;国际集装箱103 182标箱,同比增长51.45%。其中:泸州水运口岸进出物资121.62万吨,同比增长38.03%;国际集装箱10.05万标箱,同比增长59.55%。宜宾水运口岸进出物资5.38万吨,同比下降43.98%;国际集装箱2 638标箱,同比下降48.38%。成都公路口岸2011年共验放、运输进出口物资30.17万吨,同比下降32.11%;国际集装箱14 367标箱,同比下降32.10%。成都国际邮件快件中心2011年共交换、查验国际邮件228.39万件,同比增长18.79%;非邮快件1 963吨,同比下降17%。

【对外经济贸易服务情况】国家驻四川省各查验执法部门和民航、铁路、交通部门、企业积极履行各自职能,支持四川省开放型经济发展,为四川省2011年的进出口贸易做出了贡献。成都海关2011年为四川省共验放进出口货物143.04万吨、价值269.74亿美元,按政策为四川省减免关税和进口环节税17.5亿元,查获行政处罚案71起(案值6.73亿元)、查获走私案21起。四川省出入境检验检疫局2011年为四川省检验检疫进出口商品68 673批次,货值99.69亿美元,出具原产地、普惠制等证书18 246份、签证金额11.40亿美元,为出入境人员健康体检32 472人次,发现传染病2 114例。四川省公安边防总队2011年查获在控人员20人,抓获网上在逃犯5人,查获偷渡案27起27人,接收处理境外遣返63人,查处违法违规人员46人。中国电子口岸数据中心成都分中心为四川省1 416家企业办理电子口岸入网,制作IC卡3 101张,更新IC证书3 317张。

【开展口岸专项工作情况】积极开展跨区域合作,为四川省的对外经济贸易发展提供良好的口岸条件。参加了重庆市承办的长江区域川渝沪合作会议,落实有关合作事项;参加了由贵州省口岸办承办的泛珠三角区域口岸合作联席会议和天津举办的无水港建设交流会活动。与来四川省考察的上海、江苏、福建、青岛等同行交流了口岸大通关意见,并形成共同支持口岸大通关协议。口岸各查验部门进一步密切同沿海、沿江、沿边同行的业务协作,为四川省涉外企业在沿海、沿江、沿边进出口贸易等方面遇到的困难予以协调解决。积极推进成都国家级国际航空枢纽建设,支持成都航空口岸开通新的航线。在口岸各部门、企业的共同努力下,相继开通了上海—成都—卢森堡、米兰—成都—上海等货运航线,成都—南宁—胡志明市、成都—南宁—雅加达、成都—青岛—济州、成都—上海—塞班、成都—广州—塞班客运航线。日本全日空航空公司2011年6月20日开通了第一条内陆成都至东京客运直航航线,阿联酋阿提哈德航空公司2011年12月15日开通了成都至阿联酋首都阿布扎比的直航航线。顺利完成成都铁路口岸整合工作,按《关于整合成都现有铁路口岸的批复》的文件精神,四川省口岸办会同成都海关、四川出入境检验检疫局、成都铁路局、成都市口岸服务办、青白江区政府等单位,就成都铁路口岸整合多次召开协调会,解决整合期间的各类问题。2011年12月23日,组织口岸查验执法、运输服务等部门对整合后的成都铁路口岸进行了验收并对外开放。修订和完善了整合后的成都铁路口岸试行管理办法,原成都东站、青白江铁路口岸在整合期间,各项工作运行正常。认真做好宜宾水运口岸迁建工作,按《关于同意迁建宜宾水运口岸的批复》的文件精神,宜宾水运口岸从安阜码头迁至志诚港,四川省口岸办多次与宜宾市政府、宜宾市口岸办、驻宜宾查验部门协商解决迁建中出现的问题。海关和检验检疫部门积极支持宜宾水运口岸迁建工作,目前宜宾志诚港水运口岸临港区保税仓库、监管仓库、查验场地已基本建成,查验设施正在逐步完善,各项迁建工作进展顺利。成都海关、四川省出入境检验检疫局等单位,全力支持成都高新综合保税区的申报验收,该保税区已于2011年5月25日正式封关运行。成都双流国际机场第二跑道,已于2011年4月正式开始启用,缓解了飞机起降密度大的压力;成都双流国际机场新货站自2011年3月14日投入试运行以来,业务运行平稳。泸州水运口岸二期续建工程施工进展顺利,临港铁路已竣工,2011年11月18日通车,泸州水运口岸实现"铁公水"联运。宜宾水运口岸志诚码头,施工建设进度快,滚装码头已建成,2号、3号码头已完工,2台岸吊、6台龙门吊已安装完毕,并投入使用。中央驻查验执法部门认真履行职责严格把好国门。成都海关采取多种手段和有力措施,严密布控,在成都航空口岸多次查获行李夹藏、人体藏匿类毒品走私案件18起,查获海洛因36.27千克,打击了贩毒分子的嚣张气焰,维护国门的安全。四川省出入境检验检疫局,在日本大地震引发的核泄漏事件发生后,及时启动口岸应急预案,对来自日本的航空器、人员、行李、货物严格进行核辐射检测,确保国家和人民的健康安全。四川省公安边防总队查获偷渡27起,保卫了国家的安全。口岸信息化建设在省级有关部门、中央驻川查验执法部门的大力支持下取得新的进展,绵阳市政府投入百万元进行口岸信息化建设,使绵阳口岸信息化建设走在四川省口岸前列。为推进四川省口岸信息化建设,2011年3月,组织有关单位和部门在绵阳市召开四川省口岸信息化建设研讨会,听取了绵阳口岸大通关信息平台建设情况介绍,参观了绵阳口岸信息化监管平台,增强了加快口岸信息化建设的紧迫感和责任感,提高了各相关单位对加强口岸信息化建设重要性的认识。积极配合省人大外侨委开展口岸调研工作。按省人大办公厅要求和省政府办公厅主要领导的批示,四川省口岸办积极配合省人大外侨委对四川省航空口岸、铁路口岸、水运口岸开展调研;到云南省、重庆市的沿边、沿江口岸考察,学习外省市口岸建设、管理经验。调研中,四川省人大外侨委对四川省口岸的建设和发展给予充分肯定,并对四川省口岸今后的发展、规划提出了很好的意见和建议。圆满完成四川省重要涉外活动的口岸保障工作。2011年四川省涉外活动频繁活跃,口岸服务保障有力。四川省机场集团公司、国航西南分公司、四川省航空公司、东航四川省分公司、成都铁路局等运输服务部门和国家驻四川省各查验部门通力合作,圆满完成了在四川省举办的第十二届西部国际博览会、第二届亚欧交通部长会议、第二十二届中美商贸联委会、第二届金砖国家农业部长会议、全国春季糖酒会、2011中国四川国际文化旅游节、第七届两岸经贸文化论坛、第三届中国成都国际非物质文化遗产节等重大活动和蒋巨峰省长率团赴台举办"台湾·四川活动周"等省领导出访(出境)的机场乘机、口岸服务保障工作。

【口岸查验部门简述】成都海关 2011年成都海关将海关的发展与地方的经济社会的发展紧密联系起来,主动思考,超前谋划,积极作为。加强对特殊经济区及海关特殊监管区的服务,主动加强与地方党政和口岸单位的合作,"开门办海关",营造和谐外部环境。加大支持力度,在四川省的中直单位中率先出台支持成渝经济区暨天府新区开放型经济发展的10项措施,全力支持将成都高新综合保税区打造成四川省"万亿电子信息产业"的核心区域,2011年综保区进出口总值达185亿美元,增长108%,占四川省加工贸易的87%,成为四川省对外贸易的主要增长点;着力支持双流国际机场建设西部国际航空枢纽,双流国际机场2011年进出口航班数、货运量和旅客人数均位列中西部第一,已经成为继北京、上海、广州之后的中国航空"第四城"。在航空口岸保持对毒品查缉的高压态势,成都海关2011年侦破毒品案件创历史新高,主动开展了打击毒品走私的"天网"行动,查获毒品走私案件18起,抓获犯罪嫌疑人24名,缴获毒品海洛因36.27千克,超过成都海关历年查获走私毒品案件数的总和。

四川省出入境检验检疫局 2011年四川省出入境检验检疫局共完成检验检疫和查验进出口货物175 395批次,货值3 015 677万美元。检验检疫进出口货物68 673批次,货值996 909万美元,其中,进口货物14 197批,货值599 761万美元;出口货物54 476批,货值397 148万美元。检验检疫不合格货物153批,货值857万美元,其中,进口货物75批,货值286万美元;出口货物78批,货值571万美元。查验进出口货物106 722批次,货值3 015 677万美元。出入境人员查验1 363 449人次,出入境人员健康检查27 437人次,出入境人员艾滋病监测26 997人次,预防接种37 825人次,检出病例14 577人次。支持四川省承接重大产业转移。四川省出入境检验检疫局在四川省检验检疫系统实施"产业转移促进工程",为产业转移项目提供"一企一策"个性化服务,主动加强与产业转移企业的工作联系,充分了解落户企业在项目建设和投产过程中对检验检疫的工作需求,做好政策宣传和技术帮扶,增强服务产业转移的针对性和有效性。争取国家质检总局支持,推动成都高新综合保税区顺利通过国务院验收组的验收;支持成都综合保税区扩区,提前做好双流园区检验检疫机构、设施、人员的配套准备工作;针对四川省电子信息产业对进口货物通关速度的高要求,加大电子监管实施力度,完善成都综合保税区、青白江铁路口岸、泸州水运口岸、双流空运口岸等视频监控系统,扩大远程监控、查验放行的产品范围,提升检验检疫监管效率和水平,加快口岸通关放行速度,满足重大产业转移项目快进快出的通关需求;创新工作方式,打破常规,对富士康在综保区外的4家配套生产企业,批准其就近在局驻综保区办事处报检,大大缩短了企业配套原辅料供应时间;针对富士康、仁宝等重大产业转移项目进口产品入境验证频次高、数量多,常规审批与验证方式难以进一步提高入境通关效率的实际,开通"快速验证通道",采取优化流程、一次审批、一月有效、多次放行等措施,满足富士康对物流速度的高要求,帮助富士康快速提高产能。促进对外贸易便利化。针对外贸物流周期长、运输成本高这一制约四川省开放型经济发展的问题,四川省出入境检验检疫局在促进四川省对外贸易便利化上下功夫,努力营造"环节少、速度快、服务优、监管有效"的通关环境。改革创新检验检疫通关模式,优化检验检疫业务流程,推行"绿色通道"、"直通放行"制度,加快电子检验检疫建设。积极争取国家质检总局支持四川省企业出口免验,2家企业在2011年获国家质检总局批准延续出口免验资格。截至2011年底,四川省有一、二类分类管理出口企业208家、出口免验企业3家、电子监管企业193家、40家企业享受绿色通道待遇。加强与四川省主要出境通道所在地检验检疫机构合作,建立通关协调机制,分别与上海、重庆、广西检验检验局签署合作备忘录,加强业务合作,及时协商解决四川省外贸企业口岸通关问题。与四川省商务厅、成都海关签署合作备忘录,形成关检贸三方共创对外开放环境、共建监管体系的良好局面。构筑口岸安全屏障。2011年四川省出入境检验检疫局实施"口岸安全保障工程",加强口岸核心能力建设,进一步完善常态下口岸疫情疫病联防联控机制,切实加强进境动植物疫情疫病监管,为四川省开放型经济发展营造健康、卫生、安全的投资和发展环境。2011年四川省境内没有发生一例由境外输入的传染性疾病,截获禁止进境的动植物及其产品949批次,在四川省口岸首次截获4种有害生物,其中一种小蠹科有害生物在中国尚无分布记录。2011年3月,日本核辐射事件发生后,四川省出入境检验检疫局迅速启动监测工作预案,制定下发《应对日本核辐射事件检验检疫工作方案》和《口岸检验检疫放射性检测技术方案》，与四川省环保厅共同下发《关于迅速开展四川对外开放口岸放射性应急监测工作的通知》，主动加强与口岸联检部门协调配合，切实加强对来自日本的航空器、人员、行李、货物、邮件等的核辐射监测。两次向四川省政府专题报告口岸防控工作情况，得到四川省副省长黄小祥的充分肯定。针对欧洲肠出血性大肠杆菌疫情，四川省出入境检验检疫局及时跟踪疫情动态并开展风险分析，采取检测入境人员体温、监督航空食品配餐等一系列紧急措施，及时约谈直航欧洲的荷兰航空公司成都办事处负责人，全方位做好疫情防控工作，防止疫情疫病从四川省口岸传入。2011年6月，四川省出入境检验检疫局组织开展"卫生处理质量安全月"活动，进一步提高口岸卫生处理水平，确保口岸安全。维护进出口质量安全。2011年四川省出入境检验检疫局落实监管责任、细化监管措施，切实保障进出口食品安全。认真开展严厉打击食品非法添加和滥用食品添加剂、"瘦肉精"整治等专项行动，加强日本核泄漏后输华食品农产品放射性物质检测。针对四川省政府督办的韩国"金典名作"奶粉污染事件、中国台湾"塑化剂"事件，迅速组织对四川省30家进出口、320多家出口食品和食品添加剂企业进行全面排查，加强进出口食品监管。认真开展打击侵犯知识产权和制售假冒伪劣商品专项行动。结合四川省产品结构和业务特点，以抓重点、抓源头、抓长效、抓整治、抓惩处为着力点，加大执法力度，提升监管效能，深入推进打击侵犯知识产权和制售假冒伪劣商品专项行动扎实有效开展。共出动执法人员200余人次，对65家获证的出口化矿、机电和轻工等工业产品生产企业进行了专项稽查和重点督察，对8 327批次服装、家具、小家电等大宗出口商品进行检查，检出不合格批次14批。加强强制性产品认证监管，建立入境产品认证监管机制，对3家进口汽车销售、维修单位(4S店)所涉及的强制性认证产品及进口免办产品进行了监督检查。进一步规范认证市场，查处超范围开展认证的2家认证机构、违规开展工作的1家第三方检测机构。开展伪造检验检疫证书查处行动，对被列入国家质检总局《埃及处罚中国企业名单》的4家企业共8批次的证书真实性进行了核查。开展以打击制售假冒白酒和葡萄酒为重点的酒类产品打假专项集中行动，对辖区内15家酒类进口商进行了执法检查，有效维护了广大消费者和企业的合法权益。2011年10月18日~22日第十二届中国西部博览会在成都召开，四川省出入境检验检疫局高度重视、精心组织，将服务第十二届中国西部国际博览会列入2011年重点工作，专门成立第十二届中国西部国际博览会检验检疫服务工作领导小组，制定《服务第十二届中国西部国际博览会工作方案》，抽调27名业务骨干组成7个第十二届中国西部国际博览会检验检疫工作组。加强与四川省博览事务局的沟通联系，2011年10月，双方签署合作备忘录，建立业务合作机制，为做好第十二届中国西部国际博览会期间检验检疫监管服务工作打下良好基础；与海关、边防、卫生防疫、机场等有关部门加强沟通，完善疫病疫情信息沟通机制、跟踪监控机制；与其他入境口岸检验检疫机构加强协调，提前了解参展客商和物品信息，提前做好技术物质准备，进一步优化通关环境，确保入境参展物品在口岸安全快速验放。落实措施、增强实效。制定检验检疫服务指南和应急处理预案等，进一步规范工作流程和突发事件处置；在四川省各口岸检验检疫机构设立第十二届中国西部国际博览会报检专用窗口，专人负责受理第十二届中国西部国际博览会参展物品申报；在四川省各主要出入境口岸开通检验检疫专用通道，对第十二届中国西部国际博览会参展物品和参会人员实行24小时预约(报检)值班制度，与相关涉外部门实行"联合办公、共同查验、一站式服务"的工作机制；加强第十二届中国西部国际博览会检验检疫现场服务、现场监管，方便参展、确保安全；按照国家质检总局授权，用好动植物及其产品检疫审批、CCC免办等优惠政策，为国内外客商服务；在第十二届中国西部国际博览会现场设立"快速检测实验室"，开展参展食品快速检测，加强对境外参展食品等产品的安全监督管理。2011年12月19日，中共四川省委办公厅、四川省政府办公厅联合发文，对为第十二届中国西部国际博览会成功举办作出突出贡献的单位进行通报表扬。四川省出入境检验检疫局荣获三项表彰，分别是：在招商招展、展场管理服务工作中作出突出贡献的省直单位、在接待外国政要、国内外代表团、知名企业家和境外媒体工作中作出突出贡献的省直单位、在服务保障等工作中作出突出贡献的单位。

四川省公安边防总队 2011年四川省公安边防总队以创建模范党组织生活为引领,以提高边检服务水平工作为中心,以"政治建警、从严治警、高位求进、勇争一流"为主线,认真落实"三项重点工作"和"三项建设"部署,着力提高部队党建标准化、执法规范化、管理正规化、警务信息化水平,基本实现了"工作走前列、管理上台阶、不出大小事"的工作目标,推动部队全面建设在新的起点上实现了新的发展。强化维稳首任,创新边检管理模式,实现边检工作新进步,坚持把边检工作置于四川省经济社会发展大局之中,着力强化维稳首任,突出服务中心地位,强力推进执法规范化建设,进一步加快信息化建设步伐,实现了边检工作新进步。2011年,共检查出入境航班11 000余架次、出入境人员147万余人次;查获偷渡案件和通缉在控人员50余人次,依法查处违反出入境法律、法规人员40余人次,既维护了国门安全、确保了社会政治稳定,又有力促进了地方经济建设和对外开放,为促进四川省经济社会发展作出了积极贡献。

2011年四川省口岸流量统计表

口岸类型		口岸名称	货运量（万吨）				集装箱量（万标箱）				人员（万人次）			
			出口	进口	合计	同比(%)	出口	进口	合计	同比(%)	出境	入境	合计	同比(%)
空运口岸		成都航空	0.97	0.99	1.96	+11.26					75.37	68.72	144.09	+31
		分计	0.97	0.99	1.96	+11.26					75.37	68.72	144.09	+31
陆运口岸	公路口岸	成都	11.39	18.78	30.17	-32.11	0.54	0.89	1.43	-32.10				
		分计	11.39	18.78	30.17	-32.11	0.54	0.89	1.43	-32.10				
	铁路口岸	成都	54.43	7.59	62.02	-48.37	2.27	0.31	2.5845	-61.20				
		绵阳	0.29	2.48	2.77	+29.47	0.018	0.36	0.37	+18				
		攀枝花	2.04	33.84	35.88	-15.47								
		分计	56.76	43.91	100.67	-11.45	2.288	0.67	2.95	-21.60				
水运口岸		泸州	65.56	56.06	121.62	+38.03	4.92	5.13	10.05	+59.55				
		宜宾	2.72	2.66	5.38	-43.98	0.12	0.14	0.26	-48.38				
		分计	68.28	58.72	127	-2.97	5.05	5.25	10.31	+5.58				
合计			137.4	122.4	259.8	-8.81	7.878	6.82	14.69	-16.30%	75.37	68.72	144.09	+8.75

（四川省人民政府口岸办公室提供）

2011年成都海关主要数据统计表

项目		2011年	同比(%)
进出口货运量 (万吨)	合计	143.05	-3.6
	进口	110.12	-10.1
	出口	32.93	+26.7
进出口贸易总值 (万美元)	合计	2 922 535	+78.4
	进口	1 575 950	+34.8
	其中:江、海运输		
	铁路运输		
	汽车运输		
	航空运输		
	邮件运输		
	其他运输		
	出口	1 346 585	+34.8
	其中:江、海运输		
	铁路运输		
	汽车运输		
	航空运输		
	邮件运输		
	其他运输		
税收 (万元)	两税合计	7 747 86	+37.69
	关税入库	159 001	+31.4
	进口环节税入库	615 785	+39.4

(成都海关提供)

2011年四川省口岸出入境主要数据表

单位:(人员)人次;(交通工具)辆、艘、架、列次

	项目		2011年	2010年	同比(%)
出入境人员	出入境人员总数		1 473 052	1 109 422	+32.77
	入境人员		738 239	555 903	+32.80
	出境人员		734 813	553 519	+32.75
	出入境旅客		1 370 396	1 028 096	+33.29
	出入境员工		102 656	81 326	+26.23
	中国公民	小计	1 025 504	810 054	+26.60
		内地居民(因公)	19 455	47 387	-58.94
		内地居民(因私)	724 892	537 867	+34.77
		港澳居民	98 331	89 439	+9.94
		台湾同胞	182 826	135 361	+35.07
	外籍人员				
	从海港出入境人数				
	从陆港出入境人数				
	从空港出入境人数		1 473 052	1 109 422	+32.78
交通运输工具	总计		11 188	8 320	+34.47
	船舶				
	飞机		11 188	8 320	+34.47
	火车				
	机动车辆				

(四川省公安边防总队提供)

2011年四川省出入境检验检疫业务统计表

项目	货物检验检疫				交通工具				集装箱（标箱）		发现动植物疫情		货物通关		出入境人员查验（人次）	健康检查及预防接种（人次）			
	批次	金额（万美元）	检验检疫不合格		船舶（艘）	飞机（架）	火车（节）	汽车（辆）	合计	检出问题	种类数	种次	批次	金额（万美元）		健康检查	艾滋病监测	发现病例	预防接种
			批次	金额（万美元）															
本年累计	68 673	996 909	153	857		11 025			44 997				2	55	1 363 449	27 437	26 997	14 577	37 825
其中 出境	54 476	397 148	78	571		5 523			12 697				1	4	668 829	24 032	23 995	12 544	37 796
其中 入境	14 197	599 761	75	286		5 502			32 300				1	51	694 620	3 405	3 002	2 033	29
与上年同比（%）	+20	+126.48	-19.47	-67.78		+30.37			+18.85				+43.14	+379.65	+33.72	+3.76	+2.45	+19.87	+2.73
其中 出境	+14.67	+34.62	-34.45	-73.18		+27.67			+14.75				+48.09	+30.69	+33.88	+2.69	+2.64	+19.98	+2.78
其中 入境	+46.07	+313.18	+5.63	-46.14		+33.19			+20.54				+38.88	+525.84	+33.57	+11.93	+0.98	+19.17	-36.96

（四川出入境检验检疫局提供）

四川省口岸大事记

1月17日

四川省副省长黄小祥视察成都双流国际机场出入境旅客旅检通道。

1月19日

国家质检总局副局长蒲长城来四川省视察工作,看望慰问四川省出入境检验检疫局干部职工并听取工作汇报。

海关总署对成都海关在上海世博会、广州亚运会和亚残运会海关安保和服务工作中作出突出贡献的有关集体和个人进行表彰。邮办处荣获集体嘉奖,邮办处赵长雯荣获个人三等功,缉私局于勇、王昆、机场海关吴琦波荣获个人嘉奖。

2月1日

四川省副省长黄小祥视察成都高新综合保税区建设工作。

2月18日~20日

成都机场海关顺利验放黎巴嫩维和部队出入境人员和物资。我国赴黎巴嫩维和分队2011年2月实施第七次轮换,此次出国及回国维和分队各335人将分两批搭乘联合国包机往返,航线为成都—贝鲁特—成都。

2月25日

成都高新综合保税区顺利通过验收,正式封关运行。

3月14日

为满足成都双流国际机场国际国内货物与日俱增的需求,占地260多亩的成都双流国际机场第二货站仅用4个月时间就建成,并正式投入运行。

3月26日

成都机场海关在对吉隆坡飞往成都的D72622次航班监管过程中,从一名马来西亚籍男性旅客的旅行背包中查获毒品海洛因1.903千克。

4月6日

国家质检总局与四川省人民政府举行《共同推进质量兴川 加快开放型经济发展合作备忘录》签字仪式,由四川省副省长黄小祥主持。国家质检总局党组书记、局长支树平,四川省委副书记、省长蒋巨峰签署合作备忘录。四川省委书记、人大常委会主任刘奇葆,省委常委、秘书长陈光志,国家质检总局党组成员、国家标准委主任纪正昆等见证。

4月7日

国家质检总局党组书记、局长支树平视察英特尔产品(成都)有限公司及成都检验检疫局新建办公楼。

4月8日

四川省副省长黄小祥到成都双流国际机场第二货站调研。

5月30日

四川省委常委、政法委书记王怀臣视察泸州港国际集装箱码头。

6月20日

日本全日空航空公司开通第一条内陆成都至东京客运航线。

7月18日

四川省省长蒋巨峰听取四川省出入境检验检疫局局长徐武强工作汇报。

7月21日

四川省省委书记刘奇葆,省委副书记、省长蒋巨峰会见国家质检总局局长支树平一行。出席全国质检系统2011年半年工作总结会议的国家质检总局领导和参会代表到四川省出入境检验检疫局视察指导工作。四川省出入境检验检疫局与四川省质监局共同举办"感恩·奋进"文艺晚会。出席全国质检系统2011年半年工作总结会议的国家质检总局领导和参会代表观看晚会。

7月22日

成都海关缉私局在东莞成功抓获"7·16"毒品走私案幕后外籍主犯。

7月23日

国家质检总局局长支树平到四川省出入境检验检疫局视察工作。国家质检总局党组成员、人事司司长张沁荣陪同视察。

四川省省委书记、省人大常委会主任刘奇葆赴成都铁路国际集装箱物流园区海关监管现场考察。

8月4日

四川省副省长黄小祥到四川省出入境检验检疫局视察工作,参观视频监控系统,听取工作汇报并作重要讲话。

8月31日

国家质检总局副局长杨刚赴四川西昌调研。四川省出入境检验检疫局局长徐武强陪同调研。

10月6日

公安部党委副书记、副部长李东生在公安部纪委副书记、副督察长王沁林,公安部政治部现役办主任牟玉昌及四川省公安厅党委书记、厅长曾省权等领导的陪同下,莅临省公安边防总队视察指导工作。

11月19日

第二十二届中美商贸联委会会议在成都召开,国家质检总局局长支树平出席会议。

12月15日

阿联酋阿提哈德航空公司开通成都至阿联酋首都阿布扎比的客运直航航线。

12月18日

四川省泸州水运口岸开通长江沿岸第一条临港铁路,成为长江沿岸第一个水铁联运的口岸。

12月20日

四川省检验检疫局被中央文明委授予"第三批全国文明单位"荣誉称号。

(撰稿人:刘礼明、颜冬青、罗媛、王丽媛)

贵州省

贵州省口岸工作综述

【口岸运行数据】2011年,贵阳航空口岸出入境人员54 993人次,同比增长43.83%。出入境旅客51 476人次,同比增长44.69%,其中入境25 640人次,出境25 836人次。出入境员工3 517人次,同比增长35%。出入境航班443架次,同比增长43.37%,其中入境218架次,出境225架次。进出口货物650吨,同比增长30%,进出口货值9 643万美元。查处违法违规案件5起5人次。

【口岸开放工作】贵州省口岸办根据贵州省委、省政府《关于加强招商引资工作进一步扩大开放的意见》、贵州省政府《关于研究全省开放载体建设工作有关问题的会议纪要》等有关文件精神,大力推动贵州省"无水港"、综合保税区、口岸作业区等开放载体的规划建设工作。组织完成了"无水港"选址论证及前期调研准备工作,协调联系北部湾国际港务集团到贵阳考察投资"无水港"项目,为全面实施跨省区进出口货物直通放行和区域通关协作打好基础。编制印发了《贵州省"十二五"口岸发展规划》,对全省"十二五"期间拟规划实施的23个口岸(作业区)等开放载体进行了统一规划。积极协调航空公司等相关单位,努力开辟新的国际和地区航线,不断加密现有航线飞行班次。

【口岸基础设施建设】贵州省政府高度重视口岸及开放载体建设,为进一步强化"十二五"期间口岸建设开放协调工作,贵州省政府建立了"贵州省'十二五'口岸建设工作联席会议制度",由贵州省副省长蒙启良亲自担任联席会议召集人,并将省政府办公厅、商务厅、发改委、经信委、财政厅、国土厅、环保厅、交通厅、地税局、旅游局、边防总队、国税局、出入境检验检疫局、铁路、海关、口岸、机场等部门列为成员单位,为口岸开放及"无水港"、综合保税区、出口加工区等口岸载体建设提供了强有力的组织保障。贵州出入境检验检疫局在贵阳航空口岸配备了便携式辐射检测仪、核辐射防护服、生物快速检测箱等应急反恐仪器设备,与中国检验认证集团贵州公司联合开展安保检查,采取自查和监督检查的方式,对贵州公司的应急预案、预案演练、培训、技术装配、防护用品、应急值守制度等情况实施检查,发现问题及时整改,并追踪整改结果,有效防止了安全事故的发生。贵州省公安边防总队投入30余万元经费,集中采购了计算机等一批技术装备和执法执勤设备,确保了干部一人一台公安网计算机,提高了工作质量和效率。贵阳龙洞堡国际机场二期扩建工程进展顺利,工程总投资34.55亿元,工程内容包括扩建机场停机坪、修建第二航站楼、货运站等设施,扩建后机场廊桥总数将达到23个,年旅客吞吐量1 550万人次。

【口岸综合管理】口岸运行管理水平进一步提高。一是2011年贵州省口岸办组织召开了4次口岸单位工作联席会议,保障口岸监管、查验等各项工作全面正常运行,不断总结交流经验,解决在实际工作中的各项困难和问题,为全省口岸工作正常进行提供了有效的机制保障。二是以开展"三创一办"活动为载体,贵州省口岸办协同贵阳海关、贵州省公安边防总队、贵州出入境检验检疫局、贵州省机场集团等单位积极开展口岸文明共建活动,共同打造贵州口岸美好形象,出入境旅客满意度评价满意率为99.6%。三是组织相关业务培训,为全省口岸事业发展打下了坚实基础。四是结合贵州口岸工作发展的要求,贵州省口岸办积极指导协调各有关市(地、州)成立口岸综合管理部门。目前,贵阳市、黔西南州、黔东南州等地区已相继成立了口岸办公室,配备了专职工作人员,口岸建设管理工作也相继开展。

【口岸大通关】2011年9月,第三届泛珠三角区域口岸合作联席会议在贵阳召开,贵州省副省长蒙启良、国家口岸办副主任王敏出席会议并讲话,中国口岸协会副会长陆志强及来自泛珠三角区域9省区的口岸办、出入境检验检疫、海关、边防、海事、港务等口岸综合管理与查验监管部门的120余名代表参加了会议。会上,贵州分别与深圳、广西壮族自治区、云南、湛江签署了《口岸大通关合作协议》。协议双方将以具体合作项目为依托,建立口岸合作机制,整合口岸资源,实现信息共享,加强跨区域通关合作,共同营造低成本、高效率的口岸大通关环境。2011年,贵州出入境检验检疫局分别与广西出入境检验检疫局、深圳出入境检验检疫局签署了《关于建立更加密切检验检疫合作机制,共促黔(桂)深外经贸科学发展》的备忘录。截至2011年底,贵州出入境检验检疫局已分别与厦门、上海、广东、广西、深圳共5个出入境检验检疫局建立了紧密的检验检疫合作机制,这些合作协议的签署,为贵州省"无水港"建设和对外贸易便利化奠定了坚实的基础。贵阳海关组织有关单位赴湛江和重庆进行了考察交流,就综合保税区申报、"无水港"建设、港区功能向内陆延伸、"属地申报,口岸验放"通关合作等方面进行了充分的交流和探讨。

【口岸查验部门简述】**贵阳海关** 2011年,贵阳海关坚持"以人为本,文化兴关,建设特色海关"的工作思路,贯彻"依法行政、为国把关、服务经济、促进发展"的工作方针,落实海关总署党组提出的"把好国门、搞好服务、防好风险、带好队伍"的要求,超额完成全年各项工作任务,努力推动地方外向型经济跨越式发展。2011年,贵阳海关共监管进出口转关运输货物231万吨,总值11.01亿美元;征收关税和进口环节税8.8亿元人民币;审批减免税6 762万美元;加工贸易合同备案156个,合同金额2.44亿美元;监管进出境旅客5.17万人次,监管行李物品10.4万件。2011年,贵阳海关深入推进构建海关大监管体系进程,以税收工作为轴心,强化业务建设:加强税收职能管理,努力提高关区税收征管质量,通过定期开展税收监控分析,及时掌握关区各现场税收动态;强化对关区商品归类、估价、规范申报、原产地管理、减免税等工作的监督、指导与协调,规范税收征管审批程序,全年办理保证金、滞报金、减免税等审批事项160票;召开业务碰头会和归类、估价及原产地小组会议6次,解决关区业务疑难问题14项,关区全年审价、归类、规范申报补税286万元,确保了应收尽收;继续主动走访税源大户,保证税收持续、快速增长;强化一线监管,提高综合监管能力。为推动地方外向型经济发展,贵阳海关有关领导分别率队到遵义、六盘水、毕节、贵阳等地、州、市和开磷、詹阳等国有大中型企业调研,对地方经济和企业发展提供合理化建议,积极推动《海关总署与贵州省人民政府合作备忘录》签署事宜,2011年11月26日,海关总署署长于广洲与贵州省省长赵克志在贵阳签署了省署合作备忘录。积极协助贵阳市政府、贵阳高新技术开发区召开综合保税区申报工作推进会,做好申报基础性工作,对全省外向型企业规模、物流量、就业人数、占地面积等相关指标进行梳理,为重新编制可研报告打下基础,向瓮福国际、贵州轮胎、贵州开磷、贵州振华电子等40余家外向型企业就综合保税区申报流程、入驻程序、优惠政策等作了详细解读。2011年,贵阳海关缉私局着手建立防控严密、运转高效的反走私综合治理体系,固本强基,提升打私效能:加大对关区企业基础数据和风险管理平台数据的分析研判工作,坚持本地数据与异地数据并重的原则,同时通过借鉴全国海关缉私局侦办案件的信息,结合海关总署缉私局开展的专项行动,有针对性地开展案件经营,有效打击利用货运渠道的伪报、瞒报、低报走私活动;风险与情报部门收集、整理全国海关缉私局查获的走私案件的手法、商品种类等信息,及时反馈海关业务职能部门和现场部门,增强业务职能部门和现场部门的预警监测和发现能力;通过以案说法,加大对进出口企业的宣传教育,特别是对贵州省资源性产品出口企业的宣传教育,达到查处一起案件,教育众多企业,规范一个行业的目的。为加强对关区反走私工作的领导,贵阳海关组织召开了贵州省反走私综合治理工作会议,交流情况,研究对策,初步建立起"情况互通、资源共享、协调一致、整体联动"的综合治理新格局,构筑起了"打防管"立体防线。2011年,贵阳海关缉私局共受理案件线索8条,立案8起,立案调查行政违规案件7起,罚没入库2.87万元人民币,同比增长

54.8%。

贵州省公安边防总队 2011年，贵州省公安边防总队坚持以创建模范党组织生活为引领，狠抓班子和队伍建设，全面提升边检执法服务水平，积极推进"三项重点工作"和"三项建设"，全力服务贵州经济社会建设大局，圆满完成了以边防检查为中心的各项工作任务，维护了贵阳航空口岸的安全稳定，为驻地经济社会发展作出了积极贡献。深入推进提高边检服务工作水平，不断提高服务经济社会发展能力：深入学习贯彻《公安部关于进一步提高边检服务水平的意见》（以下称《意见》），把2011年定为公安部《意见》"学习贯彻年"，精心研制措施，周密部署安排，深入开展"大学习、大讨论、大宣传"活动；进一步强化边检服务定式养成，规范勤务组织和业务流程，打牢业务基本功；大力推进"大走访"开门评警，围绕贵州省"十二五"规划和新一轮"西部大开发"，集中开展了大范围、高密度的走访调研，提出了加强航空口岸基础建设、深化对外开放层次、建设内陆开放高地等一系列合理化建议，为贵州省委、省政府"加速发展、加快转型、推动跨越"战略的实施出谋划策；立足边检实际，推出了4项便民利民措施，研究制订了重大经贸文化活动边检服务举措，较为出色地完成了"贵州—香港投资贸易洽谈周"等系列重大执勤任务，助推了地方经济文化社会加速发展；强化口岸管控，切实筑牢安全防线，在执勤现场配备了处置突发事件装备，深入细致制订应急预案，扎实开展处置演练，有效提高处置口岸突发事件的能力，在完成深圳"大运会"和第九届全国少数民族传统运动会安保工作中，共集中组织口岸防袭处突实战演练4次，口岸一线执勤干警分类组织实战演练16次，为随时处置各类突发事件做足充分准备。切实抓好"三项建设"，不断提高部队执勤执法能力：全面提升执法规范化水平，通过加强执法服务理念教育，引导官兵正确认识"严格公正规范、理性平和文明"的新时期执法理念；健全完善执法制度保障，研究创建了执勤执法手册等制度规定，制作了常遇案件法律文书样本，细化了行政处罚自由裁量标准，进一步规范了官兵执法行为；狠抓官兵执法能力培训，建立了常态化的"考、评、比"机制，进一步提高了培训效果；大力夯实信息化建设基础，以推广应用一体化平台为龙头，注重信息化基础设施建设，完善实战型指挥中心建设，增加了应急指挥、信息处理、数据分析等功能，真正实现了指挥平台扁平化、可视化；以实现"三保两无"为工作目标，加强管理教育，严格落实制度，确保了机要密码工作的顺畅和安全；努力构建和谐警政警民关系，主动将边检工作融入地方发展大局，积极为地方经济社会建设建言献策，反映部队发展所面临的困难，争取理解与支持。贵阳边检站被授予"第九届民族运动会接待'窗口单位'"，被贵阳市委市政府评为"贵阳对外贸易服务先进单位"，总队3名同志被评为"第九届民族运动会安保服务先进个人"，4人次先后受到地方政府、公安机关等有关部门的表彰。

贵州出入境检验检疫局 2011年，贵州出入境检验检疫局在贵阳龙洞堡国际机场口岸共检疫查验出入境航班443架次，对其中384架次进行了卫生消毒处理，检疫尸体棺柩骸骨2批次，审批监管特殊物品3批次，检疫查获禁止进境的旅客携带物224批次，共向国家质检总局及贵州省传染性疾病防控中心报送口岸传染性监测疾病个案4例。组织开展了口岸"卫生处理安全质量月"活动，在贵阳国际机场口岸开展微小环境气候和空气卫生质量监测4次，并及时向国家质检总局上报监测结果，向口岸管理部门通报监测结果并提出改进意见，为保持良好的环境和传染病预防提供了必要的依据。2011年，在来自津巴布韦的一批进境烟叶中截获烟草甲，这是贵州出入境检验检疫局首次在进境烟叶中截获烟草甲。作为南方八省十一局热带病卫生检疫联防组成员之一，2011年，贵州出入境检验检疫局继续认真贯彻落实国家质检总局做好热带病防治的工作部署，把医学媒介生物监测工作有机地融入到日常检验检疫工作中。为加大热带病防治知识宣传力度，提高出入境人员自我防护意识和疫情报告意识，减少疫病传播风险，印制了登革热等热带病卫生检疫宣传资料并在公共场所发放；进行传染病防治宣传，在口岸出入境通道张贴公告告知当前各种传染病的发生、发展等情况，提醒广大出入境人员采取有针对性的预防措施，切实有效地做好口岸登革热等传染病的防控工作。2011年共监督出入境人员进行登革热快速检测65人份和疟疾快速检测18人份,检测结果均为阴性,未发现热带病输入。针对自由贸易区优惠政策在贵州遇冷、贵州外贸出口企业多年来未能很好地享受到中国—东盟等自由贸易区带来的出口降税等优惠政策的问题,2011年,贵州出入境检验检疫局组织对全省出口企业进行了深入调研,并向贵州省委、省政府及国家质检总局提出了《解决自由贸易区优惠政策贵州遇冷的对策》的建议,得到了国务院副总理王岐山、商务部部长陈德铭等领导的高度重视。2011年,贵州出入境检验检疫局共签发各种优惠原产地证书2 574份,签证金额达3.6亿美元,分别比2010年增长了5%和11.6%,为贵州省出口企业减免进口国关税1 792万美元。2011年,贵州出入境检验检疫局对全省71家备案的出口食品生产加工企业开展了企业基本情况、质量管理、生产现场、实验室检测、原辅料供给等5方面情况的监督检查。2011年,共抽取进口化妆品样品20个、进口食品样品41个进行了实验室检测,实施风险监控项目3 632个,保障了贵州省进口食品、化妆品的安全。5月份台湾地区发生塑化剂污染食品事件及日本地震引发核辐射事故后,贵州出入境检验检疫局立即启动应急预案,确保没有一批受塑化剂污染或受核辐射的食品及化妆品进入贵州省市场。组织开展了2011年塑化剂专项监控检测工作,共对39个食品类样品、9个化妆品样品中的16项塑化剂类物质实施了768项次的检测。对贵州口岸蜚蠊类医学媒介生物进行了本底调查,进一步掌握了贵阳龙洞堡国际机场口岸蜚蠊类医学媒介生物的种群结构、密度、分布及季节变动等信息,为进一步做好口岸医学媒介生物控制及相关传染病的防控提供了科学依据。加强口岸公共卫生突发事件应急处置能力:一是调整了动态组织机构,完善了应急预案,根据口岸实际和人员调动情况,及时调整组织机构,明确责任,落实任务,确保应急处置队伍专业稳定,及时对相关突发公共卫生事件应急预案进行了梳理和完善,其中涉及食源性疾病、虫媒疾病、呼吸道传染病、核与辐射等多类重大突发公共事件,基本覆盖了实际工作中突发公共卫生事件易发领域;二是充分利用各种内部学习、外部培训等方式宣传学习应急处置知识,加强对干部职工、口岸相关单位、人员应对突发公共卫生事件的知识宣教;三是及时清理、保障应急物资,对消耗物资和失效物资及时进行更换,保障应急物资齐备。通过桌面演练,进一步检验和提高了口岸食物中毒事件的应急处置及综合协调能力,规范和健全了贵阳航空口岸食物中毒应急处置操作程序,确保了口岸食品卫生安全。

2011年贵州省口岸流量统计表

口岸类型	口岸名称	货运量（万吨）				集装箱量（万标箱）				人员（万人次）				交通工具（辆、艘、架、列次）			
		出口	进口	合计	同比(%)	出口	进口	合计	同比(%)	出境	入境	合计	同比(%)	出境	入境	合计	同比(%)
空运口岸	分计	0.03	0.04	0.07	+30					2.76	2.74	5.50	+44.03	225	218	443	+43.83
		0.03	0.04	0.07	+30					2.76	2.74	5.50	+44.03	225	218	443	+43.83
陆运口岸	公路口岸 分计																
	铁路口岸 分计																
水运口岸	海港口岸 分计																
	河港口岸 分计																
合计		0.03	0.04	0.07	+30					2.76	2.74	5.50	+43.96	225	218	443	+43.83
同比(%)		+50	+16.67	+30						+44.41	+43.51	+43.96		+49	+37.97	+43.37	

（贵州省人民政府口岸办公室提供）

2011年贵阳海关主要数据统计表

项目		2011年	同比(%)
进出口货运量 (万吨)	合计	231	+196.10
	进口	206	+178.30
	出口	25	+514
进出口贸易总值 (万美元)	合计	110 169	+82.70
	进口	80 325	+66.10
	其中:江、海运输	72 122	+71.70
	铁路运输	19	-94.60
	汽车运输	757	+12
	航空运输	7 427	+42.30
	邮件运输		
	其他运输		
	出口	29 844	+150
	其中:江、海运输	24 613	+240.80
	铁路运输	1 380	-31.30
	汽车运输	1 635	+40.50
	航空运输	2 216	+44
	邮件运输		
	其他运输		
税收 (万元)	两税合计	88 213	+95
	关税入库	22 530	+262.20
	进口环节税入库	65 683	+68.30

(贵阳海关提供)

2011年贵州省口岸出入境主要数据表

单位:(人员)人次;(交通工具)辆、艘、架、列次

	项目		2011年	2010年	同比(%)
出入境人员	出入境人员总数		54 993	38 182	+44.03
	入境人员		27 410	19 062	+43.79
	出境人员		27 583	19 120	+44.26
	出入境旅客		51 476	35 577	+44.69
	出入境员工		3 517	2 605	+35.01
	中国公民	小计	50 339	34 250	+46.98
		内地居民(因公)	11	42	-73.81
		内地居民(因私)	30 541	14 755	+106.99
		港澳居民	74	1 560	-95.26
		台湾同胞	19 713	17 893	+10.17
	外籍人员		1 137	1 275	-10.82
	从海港出入境人数		0	0	0
	从陆港出入境人数		0	0	0
	从空港出入境人数		51 476	38 182	+34.82
交通运输工具	总计		437	309	+41.42
	船舶		0	0	0
	飞机		437	309	+41.42
	火车		0	0	0
	机动车辆		0	0	0

(贵州公安边防总队提供)

2011年贵州出入境检验检疫业务统计表

项目	货物检验检疫			检验检疫不合格		交通工具				集装箱（标箱）		发现动植物疫情		货物通关		出入境人员查验（人次）	健康检查及预防接种（人次）			
	批次	金额（万美元）		批次	金额（万美元）	船舶（艘）	飞机（架）	火车（节）	汽车（辆）	合计	检出问题	种类数	种次	批次	金额（万美元）		健康检查	艾滋病监测	发现病例	预防接种
本年累计	6 434	77 365.88		39	142.26		443			2 252		1		1 129	22 263.44	54 876	2 084	2 083	195	2 332
其中 出境	5 762	67 509.41		33	116.47		225			2 252		1		699	18 696.53	27 499	1 775	1 774	158	2 326
其中 入境	672	9 856.47		6	25.79		218							430	3 566.91	27 377	309	309	37	6
与上年同比（%）	−1.23	+15.88			−56.25		+38.01			−46.79				+34.73	+93.28	+43.90	+28.72	+28.66	−67.98	+136.03
其中 出境	−0.74	+23.28		6.45	−40.90		+38.89			−46.79				+42.36	+105	+44.67	+33.36	+33.28	−66.81	+135.43
其中 入境	−5.22	−17.89		−25	−79.87		+37.11							+23.92	+48.70	+43.13	+7.29	+7.29	−72.18	

（贵州出入境检验检疫局提供）

贵州省口岸大事记

1月26日

贵州省委副书记王富玉,省委常委、副省长黄康生,省人大常委会副主任傅传耀,省政协副主席武鸿麟等领导率省拥军优属慰问团到贵州省公安边防总队亲切慰问全体官兵。

2月13日

贵州省副省长蒙启良到贵州省商务厅调研工作,就口岸管理及开放载体建设做出重要指示。

3月14日

贵州省委常委、副省长黄康生到贵阳边检站执勤现场检查指导,亲切慰问一线执勤官兵。

3月28日

贵州省副省长蒙启良会见了国家质检总局副局长、党组副书记杨刚。

3月29日

贵阳航空口岸联检单位为孟加拉共和国援助日本地震灾区的人道主义救援物资军用运输机开通绿色通道,高效便捷地为28名机组人员及20余吨救灾物资迅速办理了入境检查手续,为机组人员支援灾区赢得宝贵时间。

3月29日~30日

国家质检总局副局长、党组副书记杨刚分别考察了贵州出入境检验检疫局和遵义出入境检验检疫局。

3月31日

贵州省委书记栗战书在贵阳会见了国家质检总局副局长、党组副书记杨刚。

4月21日

贵阳海关与昆明海关签署区域通关合作备忘录。

5月23日

贵州出入境检验检疫局与广西出入境检验检疫局在贵阳签署了《关于建立更加密切检验检疫合作机制,共促黔桂外经贸科学发展备忘录》。

5月24日

贵阳海关与湛江海关签署区域通关合作备忘录。

7月4日

贵州省委常委、副省长黄康生听取了贵州边防总队的专题工作汇报。

8月18日

首届中国(贵州)国际酒类博览会暨2011中国贵阳投资贸易洽谈会在贵阳召开,国务院副总理王岐山及相关部委有关领导出席会议,贵州口岸各单位开展多项服务,圆满保障了酒博会顺利召开。

8月19日

国家质检总局与贵州省政府在贵阳签署了《关于开展质量兴省活动,推动贵州经济社会又好又快更好更快发展合作备忘录》,贵州省委书记、省人大常委会主任栗战书与国家质检总局局长、党组书记支树平分别致辞,支树平与贵州省委副书记、省长赵克志分别代表双方在合作备忘录上签字。

9月5日

贵州省委常委、常务副省长王晓东拜会海关总署署长于广洲和副署长鲁培军。

9月27日

第三届泛珠三角区域口岸合作联席会议暨黔深、黔桂、黔滇、黔湛《口岸大通关合作协议》签约仪式在贵阳召开。

10月26日~27日

由贵州出入境检验检疫局承办的部分直属出入境检验检疫局检验检疫工作座谈会在贵阳召开,国家质检总局副局长、党组成员魏传忠出席会议。会议期间,贵州省委常委、常务副省长王晓东和副省长谢庆生分别会见了魏传忠。

10月27日

国家质检总局副局长、党组成员魏传忠赴茅台酒厂考察调研。

11月23日

贵阳海关与天津海关签署《区域通关合作备忘录》。

11月25日

海关总署署长于广洲视察贵阳海关。

11月26日

海关总署署长于广洲与贵州省省长赵克志在贵阳签署《海关总署 贵州省人民政府合作备忘录》,贵州省副省长蒙启良,海关总署副署长邹志武等有关部门负责人出席活动。

11月30日

贵州出入境检验检疫局与深圳出入境检验检疫局在深圳签署了《关于建立更加密切检验检疫合作机制,共促深黔外经贸科学发展备忘录》。

云南省

云南省口岸工作综述

【口岸运行数据】2011年,云南省口岸进出口额63.3亿美元,同比增长18.6%,其中出口44.7亿美元,同比增长24.5%,进口18.6亿美元,同比增长6.6%。进出口货运量1 008.3万吨,同比增长11.9%,其中出口272.1万吨,同比增长8.1%,进口736.2万吨,同比增长13.5%。出入境人员2 243.9万人次,同比增长16.5%,其中出境1 118万人次,同比增长16.4%,入境1 125.9万人次,同比增长16.5%。出入境交通工具400.2万辆(艘、架、列)次,同比增长23.9%,其中出境200.6万辆(艘、架、列)次,同比增长24.7%,入境199.6万辆(艘、架、列)次,同比增长23.1%。

云南省中外边境各项指标同比继续保持良好增长态势。其中出入境人员和交通工具占全省比重分别超过70%和90%,进出口货运量占全省比重近六成;腾冲猴桥口岸进出口额、片马口岸货运量、畹町口岸出入境人员和交通工具为同类指标增幅最大口岸。

对缅甸边境口岸。中缅边境口岸进出口额占云南省口岸的43.9%,共计27.8亿美元,同比增长24.6%,其中出口21.8亿美元,同比增长30.5%,进口6亿美元,同比增长6.8%。对缅进出口货运量占全省口岸的57.2%,共计576.4万吨,同比增长10.6%,其中出口131.6万吨,同比增长11.4%,进口444.8万吨,同比增长10.4%。对缅出入境人员占云南省口岸的71.2%,共计1 597.4万人次,同比增长19%,其中出境793.8万人次,同比增长19.2%,入境803.6万人次,同比增长18.9%。对缅出入境交通工具占云南省口岸的90.5%,共计362万辆次,同比增长24.4%,其中出境181万辆次,同比增长25.1%,入境181万辆次,同比增长23.7%。

对越南边境口岸。中越边境口岸进出口额占云南省口岸进出口总额的19.9%,共计12.6亿美元,同比增长17.1%,其中出口10.4亿美元,同比增长20.2%,进口2.2亿美元,同比增长4.2%。对越进出口货运量占云南省口岸的26.1%,共计263.6万吨,同比增长40.2%,其中出口100.3万吨,同比增长6.2%,进口163.2万吨,同比增长74.4%。对越出入境人员占云南省口岸的19.9%,共计445.5万人次,同比增长11%,其中出境223.7万人次,同比增长10.7%,入境221.8万人次,同比增长11.3%。对越出入境交通工具占云南省口岸的4.5%,共计17.9万辆(列)次,同比增长32.1%,其中出境9.3万辆(列)次,同比增长36%,入境8.6万辆(列)次,同比增长28%。

对老挝边境口岸。中老边境口岸进出口额占云南省口岸的10.5%,共计6.6亿美元,同比增长16.1%,其中出口4.8亿美元,同比增长2.5%,进口1.8亿美元,同比增长81.3%。对老进出口货运量占云南省口岸的7.6%,共计76.4万吨,同比增长23.3%,其中出口26.9万吨,同比增长37.5%,进口49.5万吨,同比增长16.7%。对老出入境人员占云南省口岸的2.7%,共计61.6万人次,同比下降8.1%,其中出境31.1万人次,同比下降7.8%,入境30.5万人次,同比下降8.4%。对老出入境交通工具占云南省口岸的4.6%,共计18.2万辆次,同比增长9.4%,其中出境9.1万辆次,同比增长9.4%,入境9.1万辆次,同比增长9.4%。

【口岸开放工作】云南省根据口岸发展实际,统筹全省口岸发展,进一步优化全省口岸布局,细分各口岸功能定位,精心编制口岸规划,全省初步形成了集公路、铁路、水路、航空为一体,立体型、多层次、多元化的口岸通道体系。全面围绕国家和省口岸"十二五"规划,合理配置口岸资源,对一类口岸加大改扩建步伐,提升口岸功能;对二类口岸建设完善配套设施,提升流量扩大开放。把口岸建设与国际大通道、跨境经济合作区、边境通道和边民互市点建设有机结合,与区域之间的仓储、物流、加工、金融等方面的规划有机结合,与促进边疆民族地区经济社会发展等有机结合,搭建起云南省全面对外开放口岸平台,做大做强口岸经济,提升云南沿边开放水平。截至2011年底,云南省共有23个口岸,其中经国务院批准的一类口岸有16个(其中公路口岸10个、铁路口岸1个、航空口岸3个、水运口岸2个),经云南省政府批准的二类口岸有7个(均为公路口岸)。2011年,国务院批复云南省开放勐康口岸、河口公路口岸和丽江机场口岸,批准天保口岸对第三国人员开放。

【口岸基础设施建设】2011年,云南省口岸办以口岸通关便利化为抓手,会同相关单位,科学合理确定了2011年口岸专项资金项目。按照"力保重点、兼顾一般、分步实施、协调发展、分类指导"的原则,严格按建设的相关程序和《云南省口岸建设专项资金管理办法(试行)》的规定,基本完成了各口岸经济区总体规划;完成了瑞丽、河口、磨憨、打洛、南伞、孟连6个口岸查验货场及磨憨、河口、南伞、孟连、片马、田蓬、勐康7个口岸联检楼建设项目;勐康口岸查验货场已基本建成,即将组织验收;开工建设天保、腾冲、章凤、盈江、沧源、都龙口岸联检楼和查验货场等14个项目。同时,通过市场运作方式,加快瑞丽、河口、磨憨等大口岸仓储物流设施的建设和完善。2006年至2011年已累计投入中央边境口岸转移支付资金5.1亿多元,2009年至2011年累计投入省财政口岸专项资金3.2亿元。通过各相关单位的共同努力,口岸查验设施建设取得实质性进展,实现了口岸又好又快发展。

【电子口岸建设】加强云南电子口岸建设,建设通关便利化的优质服务平台。2011年,在建设云南电子口岸门户网站的基础上,为加快电子口岸建设工作,云南省口岸办积极与相关单位和部门协调联系,推进口岸通关项目的整合和开发,推动和整合口岸各方信息资源,开发了3个新应用项目(云南电子口岸边境机动车辆进出境IC卡管理系统、云南检验检疫边境贸易电子申报系统和业务在线查询系统)。3个新应用项目已经试运行,新应用项目的运行进一步提高了通关流程的自动化和通关效率,口岸通关的智能化和信息化建设迈出实质性步伐。截至2011年底,全省9 600多家外贸企业实现电子报关12.3万余票,报关单量、数据交换处理量平均增长了约8%,共发布口岸信息3 800多条,确保了口岸执法管理更加严密、高效,企业进出口通关更加有序、便捷,通关效率大大提高,云南省正逐步将电子口岸打造成通关便利化的优质服务平台。

【口岸综合管理】云南省口岸办自1991年成立以来,在口岸规划开放、口岸基础设施建设、口岸综合管理、联系协调等方面发挥了主要作用。2011年,在全省对外开放和外向型经济发展取得新成果的同时,口岸综合管理工作把握新的历史机遇,结合国家把云南建成对西南开放重要桥头堡的战略,全力推进国际大通道建设,推进口岸综合管理质量和水平上台阶。一是加强机制建设,继续发挥云南省口岸建设管理领导小组的作用,对云南口岸发展建设作出了战略规划,推出了重大举措。同时,发挥部省、省省和省内各种合作机制,积极建立会晤制度、联系制度、口岸合作制度,与各口岸管理相关部门共同提升云南口岸管理工作质量。二是继续加大资金投入。在按质按量完成每年云南口岸建设专项资金项目投入的同时,各口岸州市拓宽各种资金渠道,加大口岸基础设施和查验设施的建设,从硬件上保证口岸管理措施落到实处。

【口岸大通关】云南省各口岸相关部门积极协作,全面推动"属地申报,口岸验放"通关模式,提高通道效率。目前云南省已与黄埔、上海、湛江、南宁、深圳及西安等地进行了广泛的通关合作。积极推进双边和多边合作,建立中越、中老、中泰各方交通运输、物流贸易等官方信息协调机制,促进边境贸易便利化。同时，云南省口岸办加强与兄弟省市的大通关协作，与泛珠（指珠江三角洲）"9+2"区域省区口岸办、贵州省口岸办、宁夏回族自治区口岸办签署合作协议。云南检验检疫部门与贵州、重庆检验检疫机构和相关部门联合签署了大通关协议，积极探索"产地检验、口岸出单"出口通关模式和"口岸转检、属地报检"进口通关模式，共同完善通关便利环境。2011年2月在昆明举办了中泰植物检验检疫会谈，并草签了《关于双方经昆曼公路进出口水果检验检疫要求的议定书》，4月中泰两国政府在北京正式签署了该议定书，标志中泰水果可以正式经昆曼公路进行贸易。同时，受国家质检总局委派，组织相关专家到老挝玉米主要产地进行实地考察，与老方就《老挝玉米输往中国植物检疫要求议定书》逐条进行了广泛深入的磋商并达成一致，8月15日，中老双方草签了议定书，开启了老挝玉米出口中国的大门。昆明海关与越南地方海关有效落实会晤机制，双边执法和通关便利化合作进一步深化，承办了大湄公河次区域国家海关贸易便利化研讨会，加强了次区域海关间的沟通和共识。通过各部门各层次的推进和口岸通关举措的整合，口岸通关呈现出"新亮点"。

【口岸边民互市】云南省积极推进沿边开放、探索沿边口岸开放新模式，把创新作为深入实施兴边富民工程的突破口，积极创造促进边民参与边境贸易和发展外向型经济的条件和环境，加速推进口岸建设发展创新力度。积极推进边民互市贸易场所管理试点，提高沿边开放效益，实践"富民兴边"战略。截至2011年底，已完成盈江、畹町、瑞丽、天保、南伞、章凤口岸和绿春平河边民互市贸易场所规范化建设实施方案评审工作，并对盈江、畹町、天保、瑞丽、章凤口岸边民互市贸易场所进行了验收。口岸边民互市扩大了边境地区对外开放，建立了服务进出口业协作新机制，促进了边境地区产业发展，加快了边远地区脱贫致富。

【口岸查验部门简述】**昆明海关** 一是立足当前，着眼长远，改革发展目标更加明晰。确立发展目标，为关区的可持续发展提供支持。制订《昆明海关党组关于推进现代新边关建设的指导意见》《昆明海关中长期发展规划》及《昆明海关现代新边关建设实施方案》，进一步明确了现代新边关建设的战略目标、指导思想、重点领域和实施步骤等，细化了分工，明确了责任，年内已按期完成90项部署工作，完成率达97.8%，现代新边关建设各项工作有序推进。深入调查研究，科学决策的能力和水平有所提高。针对现代新边关建设中的重点、热点、难点问题，建立了一揽子研究课题，深入调研、充分论证，提出解决问题的措施和方案。二是优化机制，有效管理，综合监管效能显著提升。深化综合治税长效机制建设，抓住各项业务指标，稳步推进两级质量管理，不断夯实业务基础，优化全过程监管链条，关区综合监管合力凝成，综合绩效明显提升。事前监管逐步严密。稳步推进集中管理、全员参与的风险管理模式，健全多部门联合作业机制，优化参数和布控管理，关区风险管理实战运用能力进一步增强。各单位运用风险管理平台发布风险信息388条（篇），风险信息转化率为55%；风险分析结果专项稽查查发问题率为64.7%；风险布控率为5.89%，整体布控有效率为21.32%，较2010年提升106%。积极推行预审价、预归类和原产地预确定，推动通关环节前置。整合企业信息资源，强化企业分类动态管理，对88家企业的管理类别进行了调整，适时公布企业管理类别调整情况。目前关区适用AA类管理企业13家，A类管理企业115家，与昆明海关签订《规范企业进出口行为备忘录》的A类及以上企业升至5家，申请适用AA类、A类管理的企业明显增加。开展企业守法状况验证，加大对报关单位、报关员和注册企业的规范管理力度，企业诚信守法意识逐步增强。事中监管稳步提升。加大业务数据监控、业务执法检查和执法评估力度，业务作业流程进一步规范。开展税收监控和考评，进一步提高税收征管质量和水平，全年共入库税款20.07亿元，同比增长5.26%，再创历史新高。对审单作业实行16项指标考核，关区审单作业质量得到有效提升。全面推开出口货物分类通关改革，积极开展进口货物分类通关改革试点，加强进出口舱单和转关单数据监控，关区平均通关时间明显提升，进出口分别为11.29小时和0.29小时。查验指标中查验率为4.79%，较2010年下降2个百分点；查获率达13.18%，较2010年上升7.5个百分点。积极参与口岸规划、建设等工作,促进口岸通道规范化管理,做好3个新开、1个扩大开放口岸及1个非口岸区域临时开放的监管和服务工作。推进以市场化模式新建、改造监管场所,6个监管场所通过了达标验收。开展监管检查设备及H986绩效评估,逐步完善口岸监管设施配备。云南电子口岸边境机动车辆出入境快速通关系统顺利切换,机动车辆出入境管理进一步规范。行邮渠道监管效能明显提升,连续查获5起毒品案件,得到海关总署领导的批示肯定。审核进出口结关报关单12.4万份,同比增长9.3%;监管进出口货物1 008万吨,同比增长12%,进出口总值63.3亿美元,同比增长18.6%;监管出入境人员2 050万人次,同比增长11.7%;监管行邮物品38.5万件,同比下降6.2%;监管出入境运输工具310万辆(艘、架、列、次),同比增长13.9%。事后监管不断增强。加强对高风险企业的稽查核查和事中环节享受优惠措施企业的后续管理工作。丰富稽查手段,开展稽查绩效考核,引入中介机构对7家企业进行了稽查。稽查企业119家,限期整改18家,稽查补税入库24.46万元,移交缉私案件18起,涉嫌违规案值9 047余万元。稳步推进"三查合一"改革,在现场业务处设立稽查科,实现稽查业务监督与执行操作相分离。以情报为先导,始终保持打私缉毒高压态势,切实履行边境保护职能。组织侦办了化肥、稀土、白糖、卷烟走私等一批涉税走私违法大要案件,全年共立案办理各类走私案件878起,案值12.42亿元,涉嫌偷逃税款1.32亿元,同比增长26.88%、161.04%、573.58%。深入推进禁毒人民战争,成功破获一批走私毒品大要案件,得到国家禁毒委、公安部等多个部门的高度评价,出色完成"国门K-9"缉毒搜爆专项行动,与邻国禁毒执法合作更加深入。组织开展打击冷冻食品走私专项行动,被中央电视台等全国多家媒体报道。积极推进反走私综合治理,组织开展了打击中越边境橡胶走私专项行动、私开通道专项治理及河口界河沿线反走私专项整治行动。坚持法律效果与社会效果并重,依法妥善处理6家企业涉嫌走私黄磷出口案。深入开展"双打"行动,查办侵犯知识产权案件94起,查扣各类侵权货物80多万件,案值413万元,同比增长132%。加大对走私濒危野生动植物、固体废物和枪支弹药行为的打击力度,查获濒危野生动植物及制品案件9起,走私进口固体废物58.91吨,枪支3支。深入开展扫黄打非,查获各类违禁印刷品、音像制品共计3 497件,同比增长4.43%。关区各业务部门向缉私部门移交案件236起,案值5 364.55万元,涉嫌偷逃税款171.56万元。三是主动作为,献力献策,服务云南发展实效明显。海关深入贯彻落实《国务院关于支持云南省加快建设面向西南开放重要桥头堡的意见》及署省合作备忘录,主动围绕国家宏观战略和云南发展大局,发挥海关职能优势,积极做好服务工作。服务桥头堡建设积极主动。深入落实中央关于桥头堡建设和西部大开发新的战略部署要求,研究实施了《昆明海关关于进一步支持云南省加快推进桥头堡建设的贯彻实施意见》和《昆明海关贯彻落实西部大开发战略的实施方案》,从推进通关便利化、口岸发展和边境合作区建设、保税贸易发展等6个方面进一步明确了昆明海关支持桥头堡建设、促进云南开放型经济又好又快发展的目标和重点措施。推进通关便利化措施有力。继续推进区域通关、网上税费支付等改革,年内通过"属地申报、口岸验放"通关模式进出口货物总值达3.74亿美元,通过网上税费系统支付税款2.37亿元人民币,同比增长57%。主动参与昆明新机场规划和建设,昆明新机场海关配套项目建设基本完成。在做好现有12条国际航班国内段航线监管服务的基础上,支持云南进一步拓展国际航班中转功能。为中缅油气管道建设境外段出口物资及境外电力合作开发等大型项目出口设备提供通关便利。完善会展监管模式,为昆交会、南亚国家商品展等提供了快捷优质通关服务。继续推行重点口岸"5+2"工作制和24小时预约通关,确保鲜活易腐货物优先快速通关。积极应对中国船舶湄公河遇袭和清水河口岸境外爆炸等突发事件,采取多种措施,确保口岸通关顺畅。促进经济转型升级切合省情。优化保税监管业务流程,支持帮助昆明出口加工区拓展保税物流功能,建设珠宝加工贸易保税基地,昆明出口加工区进出区货物达1.39亿美元,同比增长4.5倍。围绕云南省设立海关特殊监管区域规划布局深入研究论证,积极建言献策。扶持昆明高新区、景洪、勐腊保税仓库的发展,年内批准在磨憨口岸设立1个保税仓库。全年共办理加工贸易备案手册83份,手册备案金额3.71亿美元,同比增长24.92%。扶特优产业发展实现共赢。加大政策宣传力度,帮助企业用足用好减免税优惠政策,提前介入、依法审批,支持骨干龙头企业技术改造、产业升级和重大项目建设,积极服务云南特色农业、花卉、石产业及境外罂粟替代种植产业。全年共审批进出口减免税货物货值5.3亿美元,减免税款7.65亿元人民币,其中审批替代种植项目进出口货值1.77亿美元,减免税款4.07亿元人民币。以规范管理推动边民互市健康发展,关区边民互市进出口贸易量值大幅增长,达108.32万吨和36.31亿元,同比分别增长49%和76.01%。辅助决策职能发挥更到位。密切跟踪分析云南省外贸形势,优化统计监测预警和研究分析机制,组织编写了"'十一五'时期云南省进出口贸易海关统计数据资料和海关统计分析报告"。加强统计分析信息报送,开展每月进出口数据速报,年内共报送统计速报6篇,统计分析信息专报53篇,监测预警信息专报53期。各类信息被省委省政府采用53篇次,省领导批示7篇次,昆明海关参与的"东盟自贸区贸易监测预警分析报告"得到温家宝总理批示。推动区域经济合作有成效。中越直属海关会晤机制有效落实,双边执法和通关便利化合作进一步深化。承办大湄公河次区域国家海关贸易便利化研讨会,加强了次区域海关间的沟通和共识。支持昆曼公路跨境运输便利化进程,努力促成国际大通道通达顺畅。牵头完成"边境海关合作模式研究"署级课题任务,对边境海关贸易便利化与执法合作的有效途径进行了积极探索。

云南出入境检验检疫局 2011年,云南出入境检验检疫局认真贯彻落实《国务院关于支持云南省加快建设面向西南开放重要桥头堡的意见》精神,紧紧围绕建设绿色经济强省、民族文化强省和中国面向西南开放桥头堡发展战略和科学发展主题,紧紧抓住中国—东盟自贸区建成的历史机遇,牢固树立"抓质量、保安全、促发展、强质检"的工作方针,充分发挥检验检疫工作职能,在促进云南经济社会发展中,认真按照国家质检总局的要求,紧扣省委、省政府的中心工作,以改革创新的精神、求真务实的作风、优质高效的服务,不断寻找促进云南经济社会发展的增长点和检验检疫工作的切入点,努力探索和构建促进云南外贸增长的工作机制和监管方式,确保云南省对外贸易持续健康发展。一是以提升云南省开放水平为重点的职能作用明显增强。云南出入境检验检疫局认真抓好《国家质检总局、云南省人民政府关于提升云南沿边开放水平战略紧密合作备忘录》的贯彻落实,用好用足国家质检总局对提升云南省沿边开放水平15项政策措施,以贯彻落实2011年8月31日国家质检总局、云南省政府合作备忘录联席会议纪要为契机,不断拓宽合作领域,抓紧推进云南出入境检验检疫局实验综合楼项目和瑞丽检验检疫局实验综合楼项目建设进程,为推进桥头堡建设,提高检测技术水平奠定了基础。加强对上衔接,争取国家质检总局出台支持云南省桥头堡的建设意见。2011年6月,云南出入境检验检疫局向国家质检总局上报了《关于请总局组织调研组到云南进行推进桥头堡建设和检验检疫工作调研的请示》,并研究起草上报了《国家质量监督检验检疫总局关于支持云南省加快建设面向西南开放重要桥头堡的意见(代拟稿)》,积极争取了国家质检总局派出工作组赴滇进行专题调研,在政策措施、口岸开放、通关便利化、检测能力等方面给予支持。2011年12月11日,国家质检总局下发了《关于印发〈国家质检总局支持云南省加快建设面向西南开放重要桥头堡的意见〉的通知》(国质检通函〔2011〕757号),明确了13条支持云南省加快建设面向西南开放重要桥头堡建设和检验检疫事业发展的政策措施,为提高云南出入境检验检疫局服务桥头堡建设拓展了空间。认真贯彻落实《国务院关于支持云南省加快建设面向西南开放重要桥头堡的意见》精神,超前谋划,主动作为,切实增强请示汇报和工作协调的有效性,积极支持国家能源战略。在已实施的中缅油气管道工程项目建设中,争取到了国家质检总局科技司和检验监管司的大力支持,制定了《云南局石油及天然气检测能力对口帮扶工作方案》,国家质检总局已派出3批18人次到瑞丽局进行帮扶跟班指导、培训人员,为做好中缅油气管道项目把关服务工作奠定了基础。促进云南农产品扩大出口,积极推动全省出口农产品安全示范区建设和基地备案工作,促进云南优势动物产品出口,实现云南产猪肉首次打入港澳市场并进入中亚市场、云南养殖水产品出口美国资质零的突破,云南黑山羊首次出口中国香港,实现云南省食用活动物出口零的突破。积极推进出口工业产品企业分类管理工作,制定了《云南出入境检验检疫局出口工业产品生产企业分类管理实施细则》,对辖区内企业进行了企业分类、产品分级,实现了检验监管模式从单一检验型向监督检验型转变。加大对烟草企业的对口支持,改进出口花卉现场检验工作流程,为云南省外向型经济发展保驾护航,提高了出口产品检验监管的有效性和通关速度。加大了对优惠原产地证政策的宣传力度,严格执行国家有关出口农产品、纺织品减免收费政策,努力减轻企业负担,提高云南省外贸企业的出口竞争力。2011年,共减免检验检疫收费1 500多万元,共签发各类优惠原产地证书9 138份,签证金额80 210万美元,为企业减免关税4 010万美元。二是以"3+1"防线课题研究为突破口,边境疫情疫病防控良好格局基本形成。针对云南省边境线长、疫情疫病复杂的特点,云南出入境检验检疫局结合工作实际,创造性地提出了构建云南边境地区疫情疫病"3+1"防线联防联控机制建设及其理论研究。经过两年多的研究和探索,按照"边研究、边推广,边实践、边丰富"的思路,实践创新,努力推动"3+1"工作防线建设初见成效。目前,在云南边境地区8个州市,"检验检疫防线、联动联控防线、群防群控防线、境外合作防线"的疫情疫病防控模式、长效机制已基本形成,联防联控工作深入推进,群防群控意识明显提高,境内外合作不断拓展。富含理念创新、实践创新、理论创新的近53万字的《"3+1"防线建设》已出版发行;制订、修订防控应急预案5个,在国境线两侧各30公里区域内,建立了1 121个疫情疫病监测网络点,培训了中外疫情信息员210名;2011年1月至10月,共检验检疫出不合格货物6 667批次,不合格货值2.9亿美元;从进境植物及植物产品中截获有害生物6 962次,同比增长19.29%;在传染病监测及健康检查中发现病例4 007例,同比增长了128.97%。2011年6月,截获并及时上报老挝爆发椰心叶甲疫情情况,云南省领导对防控工作给予了充分肯定,做出重要批示,国家质检总局也向全系统发出警示通报,提高了边境疫情疫病防控的有效性,确保了云南省对外贸易健康快速发展。三是与"桥头堡"、东盟自贸区建设相适应的检验监管模式改革初见成效。为加快推进"桥头堡"战略的实施,支持云南省在更大范围、更广领域和更高层次上参与自贸区的经济合作与交流,云南出入境检验检疫局积极探索与其相适应的检验检疫监管模式改革,不断完善15条促进云南口岸通关便利化的工作措施,提高口岸通关效率和服务水平,优化通关环境,服务外贸发展,通过强化进出口商品生产经营企业的分类管理和诚信体系建设,推行快速核放、绿色通道、直通放行等检验检疫监管模式。目前,已对云南省15家企业的30种、3 981批货物实施直通放行,在此基础上,云南出入境检验检疫局还不断完善口岸与产地检验检疫机构协作机制,与贵州、重庆检验检疫机构和相关部门联合签署了大通关协议,积极探索"产地检验、口岸出单"出口通关模式和"口岸转检、属地报检"进口通关模式,为企业提供更加便利、高效、快捷的通关服务。四是以国际间合作与交流为平台,拓展云南省外贸发展空间的能力不断增强。加强中国同东盟国家检验检疫领域交流合作,积极参与了澜沧江—大湄公河次区域国际合作、中国云南—老挝北部合作组、云南—泰北合作组、中老缅泰澜沧江—湄公河商船通航联委会等国际间合作活动,努力构建促进云南省外贸发展的检验检疫双边和多边合作平台。认真贯彻落实中国与东盟国家签署的一系列协议协定,积极推动泰国水果、老挝玉米从云南省口岸进口,为扩大与进口相适应的通关模式进行前期先行先试。积极协助国家质检总局开展与泰国、老挝就水果过境老挝从云南边境陆路口岸入境、老挝玉米进口相关问题进行磋商,促成了2011年2月在昆明举办的中泰植物检验检疫会谈,并草签了《关于双方经昆曼公路进出口水果检验检疫要求的议定书》,4月中泰两国政府在北京正式签署了该议定书。同时,受国家质检总局委派,组织相关专家到老挝玉米主要产地进行实地考察,与老方就《老挝玉米输往中国植物检疫要求议定书》逐条进行了广泛深入的磋商并达成一致,8月15日,中老双方草签了该议定书。两个议定书的签署,标志着中泰水果可以正式经昆曼公路进行贸易,开启了老挝玉米出口中国的大门。认真贯彻落实中缅《关于双方经昆曼公路进出口水果检验检疫要求的议定书》和中老《老挝玉米输往中国植物检疫要求议定书》,不断协调解决合作中出现的困难和问题,实现对外贸易额再创历史新高,水果的进出口增速迅猛,探索老挝玉米从磨憨口岸试进口,荣获2011年"云南省农产品出口工作先进单位"。大力推行境外预检工作,对返销植物产品采取"境外预检、一次检疫、分批放行"的管理模式,积极探索《大湄公河次区域经济合作跨境便利客货运输协定》确定的在云南省河口、磨憨、瑞丽试点口岸推行的"一站式检查"工作。五是以提高企业责任意识为目的,促进出口产品质量安全监管能力成效明显。按照国家质检总局的统一部署,云南出入境检验检疫局连续四年深入开展以提高进出口产品质量为核心的产品质量和食品安全专项整治、进出口重点产品专项集中整治和进出口食品安全整顿工作,初步建立进出口产品质量安全长效机制。同时,云南出入境检验检疫局还结合云南边贸特点,制定和实施了《云南边境贸易出入境检验检疫管理实施细则》,自主开发了"云南出入境检验检疫局边境贸易电子申报系统"、"云南出入境检验检疫局业务在线查询系统",促进了云南省边境贸易的发展。配合推进边民互市试点工作,进出口产品质量安全监管成效明显,出口生产企业质量管理体系和出口产品的国际竞争力有了显著提高。六是以科学技术为支撑的综合保障能力不断提升。科学和技术是检验检疫技术执法的基础和核心。长期以来,云南出入境检验检疫局高度重视科技进步和技术保障能力建设,成立了科学技术委员会,加强对该项工作的组织领导,规范全局科技工作的组织和管理,科研创新能力明显提升。加大检测能力建设,为服务云南省外贸提供技术保障。以贯彻"科技兴检"战略,以安全、卫生、健康、环保和反欺诈为重点,以云南省主导特色产业和未来新兴产品为导向,不断加强人才、装备和能力建设,形成以国家级重点实验室为龙头、区域性实验室为骨干、常规实验室为基础,覆盖全省主要边境口岸,专业齐全、运行规范的实验室体系和科技人才队伍。为提高检验检疫把关服务质量、推进通关便利化奠定了良好的物质基础。七是以电子监管为基础的检验检疫"大通关"建设初具规模。为提高口岸通关效率,在国家质检总局的统一部署下,云南出入境检验检疫局积极推进"电子申报、电子转单、电子放行"及"电子审单快速核放系统"、"企业电子档案"、"边贸检验检疫业务管理子系统"、"通关单联网核查"、"标准管理查询系统"、"企业质量信用系统"、"口岸视频监控系统"等工作,加快对口岸一线分支机构"三电工程"的推广实施,已基本形成国家质检总局推广系统与云南出入境检验检疫局自主开发系统齐头并进、互通互补、整合完善的良好局面,让企业真正享受到信息化带来的方便和快捷。依靠科技创新,着力打造检验检疫电子信息平台,实现了全省CIQ2000系统数据大集中、专线与VPN备份双重网络平台保障,建成了西南地区一流中心机房,实现了零业务等待网络及应用平台迁移、出口货物电子监管、分支机构和口岸一线办公自动化系统,还完成了保健中心、技术中心等多项信息化应用系统、网络管理/安全系统的建设和推广应用工作,壮大了云南出入境检验检疫局信息化平台规模和应用范围,信息化建设取得了跨越式发展,推进了检验检疫"大通关"的全面实施,为打造云南省电子口岸检验检疫信息平台奠定了坚实基础。八是以食品安全为重点的专项整治取得阶段性进展,违法活动得到了有效遏制。2011年以来,云南出入境检验检疫局与有关执法部门紧密协作开展打击食品非法添加、滥用食品添加剂和侵犯知识产权、制售假冒伪劣商品等专项活动。2011年全系统共出动执法检查2 851人次,检查食品生产企业257家,检查食品添加剂生产企业30家,发放公告556份,发放公开信643份,督促152家企业建立了信用档案;检查经营进出口食品、汽配、化矿、动植物产品的企业366家,核查各类检验检疫证单3 467份,共查处违法案件8件,涉案金额8.55万元,企业质量安全责任得到进一步落实,社会质量安全意识进一步增强,促进了进出口产品质量安全状况的有效改善。

云南省公安边防总队 2011年,云南省边防检查工作以高效、方便、快捷、人本通关为主线,毫不动摇地坚持"以服务为中心"的指导方针。按照公安部孟建柱部长关于在"服务经济社会发展、边检科学化管理、队伍整体素质"方面再上新台阶的指示要求，认真贯彻落实《公安部关于进一步提高边检服务水平的意见》，不断深化提高边检服务水平，全面加强边检队伍、职业文化和长效机制建设，圆满完成了各项出入境边防检查任务，为维护云南边境口岸（通道）长治久安，保障地方经济社会和谐发展作出了积极贡献。一是边检社会影响力进一步提升。2011年，云南省边检机关积极创新管理发展方式，努力打造具有云南特色的边检职业文化软实力，不断扩大边检社会影响力和认知度。昆明边检站被云南省公安厅确定为"社会管理创新示范培养单位"，被昆明机场评为"诚信先进集体"。中央人民广播电台、《边防警察报》、《云南日报》、云南电视台、《香港文汇报》等媒体对提高边检服务水平工作进行了深入报道，极大地提升了全省边检的地位和影响力。二是挖掘服务潜力，创新服务举措。云南省公安边防总队全力服务边疆经济社会发展，紧紧围绕云南桥头堡建设，加强涉及边检问题的研究，推出更多边检服务新举措，积极服务国家发展战略，主动回应广大人民群众的新期待。面对逐年增长的出入境流量，全省边检机关在克服警力严重不足的情况下，始终坚持"经济建设发展到哪里，边检服务就保障到哪里"，积极创新边检管理方式，主动结合实际推出便民利民新举措，为云南桥头堡建设营造了良好的口岸通关环境。各级边检机关充分发挥口岸动态信息作为地方经济建设"晴雨表"的作用，每月定期向地方党委、政府、公安机关和商务部门报送出入境信息，积极为地方党委、政府谋划经济发展提供科学翔实的决策依据。昆明边检站梳理出台了18项便民服务措施，并针对专勤工作及特殊旅客的服务需求，在流动服务车上建立移动查验系统，直接到停机坪办理手续，提高工作效率；瑞丽、河口、磨憨、清水河、打洛等边检站不断优化勤务运行机制，摸索出了以站值班领导指导、科领导主导、检查员配合、备勤单位联动的口岸警力动态调整长效机制，确保了出入境人员随到随检、顺畅通关。三是规范边民出入境检查工作，提升边民检查服务水平。针对边民检查工作机制不健全、业务指导力度不强、执勤基础设施投入少、保障不到位等突出问题，云南省公安边防总队主动加强对边民出入境检查服务工作的指导力度。同时，积极在全国率先将边民出入境检查工作纳入提高服务水平范畴，按照"统一部署、同步推进、分类指导、差异发展"的原则，制定下发了《边境检查站、边防工作站开展提高边检服务水平工作方案》，将全省75个边防工作站、边境检查站划分为4个类别，分别提出原则性要求，进一步规范云南省边境口岸、通道边防检查工作，逐步缩小与边防检查站的服务差距。四是着力加强执法规范化建设，执法执勤水平稳步提升。云南省边检机关通过多种形式深入开展社会主义法治理念教育，积极引导广大官兵转变执法理念，牢固树立执法为民思想，进一步规范执法程序和执法言行，注重以理服人、以情感人。进一步完善警务公开制度，扩大警务公开的范围和层次，同时，大力推行执法责任制，健全社会监督员制度，提高执法工作透明度，以公开促公正，努力使理性、平和、文明、规范的执法理念以群众看得见的方式实现。五是加强硬件设施建设，全面保障顺畅通关。云南省公安边防总队积极协调云南省发改委、口岸办等相关部门，努力将云南省90个口岸、边民通道全部纳入全省口岸发展规划，统一立项、统一设计、统一投资和统一建设，分步骤、有计划地进行硬件设施和配套工程建设。国务院批复同意河口公路口岸、勐康口岸、丽江三义机场口岸对外开放后，云南省公安边防总队及时筹建勐康、丽江边防检查站工作组，指导河口边检站超前谋划，提早介入，积极协调地方党委、政府帮助解决新开口岸边检营房基础设施、执勤现场配套设施建设中存在的问题和困难等，得到了各级地方党委、政府的大力支持，圆满完成了丽江边检站营区建设、口岸执勤现场边检配套设施建设，为口岸通过国家级验收打好了基础。昆明边检站主动向省委、省政府、省口岸办、省公安厅等部门汇报昆明长水国际机场边防检查配套设施建设情况，争取到经费3 200多万元，加快边检配套设施建设，确保昆明新机场转场任务的顺利完成。瑞丽边检站积极协调地方党委、政府投入500余万元对口岸设施进行改造和更新，使口岸联检现场面积增加一倍，极大地缓解了口岸通关压力，方便了出入境旅客。

2011年云南省口岸流量统计表

口岸类型		口岸名称	货运量（万吨）				人员（万人次）				交通工具（辆、艘、架、列次）			
			出口	进口	合计	同比(%)	出境	入境	合计	同比(%)	出境	入境	合计	同比(%)
空运口岸		昆明机场	0.73	0.49	1.23	+36.00	66.64	66.77	133.42	+20.00	6 784	6 727	13 511	+18.70
		版纳机场					1.12	1.16	2.27	+22.80	153	152	305	+0.30
		分计	0.73	0.49	1.23	+36.00	67.76	67.93	135.69	+20.07	6 937	6 879	13 816	+18.26
陆运口岸	公路口岸	瑞丽	67.30	67.93	135.23	+21.30	525.38	527.69	1 053.07	+22.80	1 160 606	1 169 376	2 329 982	+19.50
		畹町	1.57	10.49	12.06	-16.60	28.02	28.19	56.22	+61.00	107 988	107 232	215 220	+209.60
		磨憨	26.89	49.52	76.41	+23.30	31.11	30.54	61.66	-8.10	91 779	90 462	182 241	+9.40
		金水河	0.01	6.45	6.46	+1.80	4.42	4.49	8.91	+29.00	700	611	1 311	-21.00
		天保	3.59	4.77	8.36	-28.30	13.134	13.02	26.16	+21.50	7 843	7778	15 621	+22.50
		腾冲猴桥	22.36	232.90	255.26	+5.10	22.21	21.57	43.78	+47.10	95 133	89 863	184 996	+47.40
		孟定清水河	8.53	0.25	8.78	-1.60	12.52	12.68	25.21	+9.00	37 146	31 371	68 517	+18.60
		打洛	2.68	2.51	5.19	-1.30	20.72	20.52	41.25	-14.10	67 231	66 987	134 218	+4.60
		片马	0.11	45.81	45.92	+169.90	10.43	10.34	20.77	+15.70	50 398	49 621	100 019	+39.90
		盈江	4.27	10.63	14.90	-58.90	46.56	47.82	94.38	-22.00	79 995	80 516	160 511	-19.10
		章凤	6.46	13.45	19.90	+14.70	30.94	37.14	68.08	+14.30	47 570	51 198	98 768	+91.40
		南伞	4.30	21.01	25.31	-20.00	42.96	43.97	86.93	+22.70	66 393	67 338	133 731	+11.80
		孟连	9.43	20.74	30.17	+53.40	38.41	37.70	76.11	+45.20	58 894	57 610	116 504	+47.20
		沧源	4.56	19.11	23.68	+48.60	15.61	16.00	31.61	+18.60	39 430	38 737	78 167	+32.10
		田蓬	4.49	2.89	7.38	+22.90	6.80	4.58	11.38	+9.60	3 337	1 868	5 205	+52.60
		分计	166.57	166.57	508.45	+675.02	849.24	856.27	+1 705.51		1 914 443	1 910 568	+3 825 011	
	铁路口岸	河口	92.21	149.16	241.37	+47.20	199.36	199.75	399.10	+10.00	81 484	76 069	157 553	+33.20
		分计	92.21	149.16	241.37	+47.20	199.36	199.75	399.10	+10.00	81 484	76 069	157 553	+33.20

续表

口岸类型		口岸名称	货运量（万吨）				人员（万人次）				交通工具（辆、艘、架、列次）			
			出口	进口	合计	同比(%)	出境	入境	合计	同比(%)	出境	入境	合计	同比(%)
水运口岸	海港口岸	分计												
	河港口岸	景洪港	6.40	7.87	14.27	-16.40	1.71	1.91	3.62	+8.40	2 950	2 934	5 884	+11.40
		思茅港												
		分计	6.40	7.87	14.27	-16.40	1.71	1.91	3.62	+8.40	2 950	2 934	5 884	+11.40
合计			265.91	665.98	931.89	+11.90	1 118.06	1 125.86	2 243.92	+16.50	2 005 814	1 996 450	4 002 264	+23.90
同比(%)			+8.10	+13.50	+11.9		16.40	+16.50	16.50		24.70	23.10	47.80	+23.90

（云南省口岸办公室提供）

2011年昆明海关主要数据统计表

项目		2011年	同比（%）
进出口货运量（万吨）	合计	1 008.30	+11.90
	进口	736.20	+13.50
	出口	272.10	+8.10
进出口贸易总值（万美元）	合计	632 918.00	+18.60
	进口	186 104.00	+6.60
	其中：江、海运输	58 625.00	-3.10
	铁路运输	690.00	-89.00
	汽车运输	91 615.00	+13.60
	航空运输	28 076.00	+23.60
	邮件运输	28.00	-6.70
	其他运输	7 070.00	+58.20
	出口	446 813.00	+24.50
	其中：江、海运输	16 019.00	-2.00
	铁路运输	2 576.00	-41.10
	汽车运输	358 907.00	+28.90
	航空运输	38 544.00	+25.80
	邮件运输	22.00	-87.30
	其他运输	30 744.00	+6.40
税收（万元）	两税合计	200 690.52	+5.26
	关税入库	32 484.18	+6.10
	进口环节税入库	168 206.34	+5.10

（昆明海关提供）

2011年云南省口岸出入境主要数据表

单位:(人员)人次;(交通工具)辆、艘、架、列次

项目			2011年	2010年	同比(%)
出入境人员		出入境人员总数	22 858 675	19 051 471	+19.98
		入境人员	11 549 863	9 473 180	+21.92
		出境人员	11 308 812	9 578 291	+18.07
		出入境旅客	19 698 282	16 367 385	+20.35
		出入境员工	3 160 393	2 684 086	+17.75
	中国公民	小计	6 320 678	4 847 065	+30.40
		内地居民	6 144 561	4 681 802	+31.24
		港澳居民	69 718	66 324	+5.12
		台湾居民	106 399	98 939	+7.54
		外籍人员	16 537 997	14 204 406	+16.43
		从海港出入境人数	36 862	33 492	+10.06
		从陆港(通道)出入境人数	21 468 372	17 887 823	+20.02
		从空港出入境人数	1 353 441	1 130 156	+19.76
交通运输工具		总计	4 057 008	3 345 184	+21.28
		船舶	7 402	33 404	-77.84
		飞机	13 780	11 595	+18.84
		火车	343	3 906	-91.22
		机动车辆	4 035 483	3 296 279	+22.43

(云南省公安边防总队提供)

2011年云南省出入境检验检疫业务统计表

项目	货物检验检疫				交通工具				集装箱（标箱）		发现动植物疫情		货物通关		出入境人员查验（人次）	健康检查及预防接种（人次）			
	批次	金额（万美元）	检验检疫不合格		船舶（艘）	飞机（架）	火车（节）	汽车（辆）	合计	检出问题	种类数	种次	批次	金额（万美元）		健康检查	艾滋病监测	发现病例	预防接种
			批次	金额（万美元）															
本年累计	90 621	465 536	8 102	36 226	1 513	13 744	1 112	995 866	14 175		243	6 295	80 587	372 279	14 132 481	30 955	28 166	4 930	80 206
其中 出境	57 521	271 941	139	2 565	708	6 877		404 423	6 658		31	103	53 783	234 153	4 405 016	21 151	18 729	3 718	80 064
其中 入境	33 100	193 595	7 963	33 660	805	6 867	1 112	591 443	7 517		212	6 192	26 804	138 126	9 727 465	9 804	9 437	1 212	142
与上年同比（%）	+17.38	+36.67	+21.43	+74.2	-9.89	+19.26	-67.67	+27.16	+7.26		+11.96	+16.6	+8.74	+25	+23.35	+3.59	-5	+138.05	-12.34
其中 出境	11.22	26.27	189.58	898.1	-3.8	19.35		21.5	3.4		24	87.3	15.03	43.16	24.41	7.55	-4.23	189.34	-12.15
其中 入境	29.89	54.57	20.21	63.88	-14.63	19.18	-67.67	31.34	10.92		9.84	15.9	-2.01	2.88	22.87	-4.03	-6.49	54.2	-59.89

（云南出入境检验检疫局提供）

云南省口岸大事记

1月1日
河口口岸恢复边境旅游异地办证,成为云南省第一个获准恢复边境旅游异地办证的口岸。

1月2日
全国人大常委会副委员长、民进中央主席严隽琪赴畹町口岸考察,察看畹町中缅界桥及口岸基础设施。

1月6日
中央巡视组组长、十一届全国人大农业和农村委员会副主任房凤友到瑞丽、畹町口岸视察。

1月14日
中央候补委员、公安部常务副部长杨焕宁、中国人民武装警察部队政治委员许耀元中将分别到孟连口岸调研。

1月18日
云南省口岸办牵头组织相关部门对天保口岸边民互市贸易场所规范建设进行省级验收。

2月4日
环保部副部长潘岳一行到瑞丽口岸视察。

2月19日
交通运输部副部长翁孟勇赴腾冲猴桥口岸调研,副省长刘平等领导及相关人员陪同。

2月22日~23日
云南省人大常委会常务副主任晏友琼一行在南伞口岸调研指导工作,实地察看了南伞口岸及南伞边境经济开发园区。

3月3日
云南省委常委、省委组织部部长辛桂梓到普洱勐啊口岸调研。

3月8日
云南省委常委、秘书长杨应楠率领省委调研组到怒江片马口岸调研。

3月22日
云南—宁夏回族自治区签署《云南与宁夏跨区域口岸合作备忘录》。

4月1日
云南省副省长孔垂柱到磨憨口岸调研。

4月2日
国家质检总局副局长杨刚到畹町口岸视察。

4月5日
昆明海关全面启动出口分类通关,进一步提升出口货物通关效率。

4月10日
云南省公安边防总队总队长那顺巴雅尔少将到丽江视察丽江边防检查站和查验现场。

4月12日

最高人民法院副院长苏泽林到瑞丽口岸调研。

4月19日~20日

云南省政协副主席曾华分别到打洛、磨憨口岸调研。

4月20日

交通运输部副部长翁孟勇到景洪港口岸视察。

4月25日

云南省政协常务副主席管国忠到德宏章凤口岸、拉勐通道调研。

4月26日

由国家口岸办主办,云南省口岸办、昆明海关协办的第五期全国口岸管理干部培训班在昆明举行。

4月28日

外交部副部长宋涛到磨憨口岸考察。

5月5日

云南省委书记、省人大常委会主任白恩培到瑞丽口岸视察。

5月11日~13日

云南省委常委、昆明市委书记仇和先后到磨憨、瑞丽、畹町口岸视察。

5月20日

云南省副省长刘平到昆明机场口岸视察。

5月28日

云南省委常委、统战部部长黄毅到畹町口岸视察。

5月30日

公安部黄明副部长到昆明机场口岸视察。

6月6日

云南省委常委、政法委书记、省公安厅厅长孟苏铁一行到昆明机场口岸视察。

6月9日

丽江机场口岸对外开放前设施和功能通过省级验收。

6月12日

国务院批准同意云南天保公路口岸扩大对外开放,口岸性质为国际公路客货运输口岸。

7月7日~8日

云南省委常委、昆明市委书记仇和率昆明市党政代表团到河口、天保口岸考察。

7月8日~10日

云南省瑞丽、章凤口岸边民互市场所规范建设省级验收。

7月20日

云南省电子口岸出入境车辆IC卡系统试运行。

7月24日

国务院批准勐康口岸对外开放。

7月26日

云南省十一届人大常委会二十四次会议审议了《省人大常委会视察组对边境口岸建设情况视察报告》,建议发挥云南省在对外开放和桥头堡建设中的特殊优势,应考虑将口岸征收的关税、进口环节增值税全额或部分返还地方,用于口岸基础设施建设,并对口岸建设用地指标给予倾斜。同时,建议省政府对口岸建设再加大投入,推进边境经济合作区建设,争取国务院尽快批准建设红河综合保税区。

7月30日

国务院批准河口公路口岸对外开放。

8月2日~4日

中共中央对外联络部副部长于洪君一行到腾冲猴桥口岸、德宏章凤口岸和弄岛、银井通道考察。

8月22日

云南省副省长刘平到天保口岸视察。

8月27日

全国最高人民法院副院长江必新在省高级人民法院副院长王树良的陪同下到怒江片马口岸调研。

8月31日

中央外宣办、国务院新闻办副主任王仲伟到磨憨口岸视察。

9月1日

国家质检总局副局长孙大伟到德宏银井通道视察。

9月22日

由云南省口岸办牵头,会同云南省外办、云南省公安厅出入境管理局、昆明海关、云南出入境检验检疫局、云南省公安边防总队等单位组成的联合验收组,对瑞丽口岸进行了扩大开放省级验收。

9月23日

云南省政协副主席王学智一行到普洱孟连口岸视察。

9月24日~25日

云南省公安边防总队在瑞丽召开提高边民出入境检查服务水平工作现场会,总结交流2007年以来云南省边民检查服务工作水平,讨论云南省边民出入境检查工作规范,研究部署今后云南省边民检查和提服工作。

9月27日

云南省副省长顾朝曦拜访海关总署副署长邹志武,就云南省口岸相关问题进行了沟通和座谈。

9月28日~29日

云南省副省长顾朝曦考察上海电子口岸和洋山港区。

9月29日

云南省委常委、组织部部长刘维佳到孟连口岸视察。

10月10日~20日

由全国人大常委会委员、南京军区原政委、全国人大民族委员会副主任委员雷鸣球上将、全国人大代表顾守成少将、全国人大代表嵇绍莹少将一行组成的全国人大民族委员会调研组到版纳磨憨口岸、德宏银井边防工作站、临沧沧源口岸和普洱孟连口岸调研。

10月15日

云南省委常委、省委组织部部长刘维佳到河口口岸视察。

10月16日~20日

武警总部参谋长牛志忠中将到孟定清水河口岸、畹町口岸、河口口岸、南伞口岸和孟连口岸视察。

10月22日

安全部陆忠伟副部长到打洛口岸调研。

10月25日

中国河口—越南老街口岸开通边检国际直通电话。

11月1日~4日

商务部纪检组组长王和民一行到瑞丽、腾冲猴桥、孟定清水河口岸调研。

11月11日

国务院批复同意云南丽江三义机场作为航空口岸对外开放。

11月14日

云南出入境检验检疫局与省外办在昆明举行合作备忘录签署仪式,携手合作提升沿边开放,共推桥头堡建设。

11月22日

国家质检总局副局长杨刚到河口口岸视察。

12月5日~10日

公安部部长孟建柱、副部长孟宏伟、云南省委常委、政法委书记孟苏铁在云南省公安边防总队总队长王洪光、政委刘本红的陪同下到西双版纳关累码头、四国联合指挥部、景洪港边检站、水上支队视察。

12月9日~10日

由国家民委、民政部、文化部、商务部、工业和信息化部、国务院法制办、国务院扶贫办、国家中医药管理局等八部委组成的调研组深入德宏章凤口岸、拉勐通道调研。

12月26日~27日

全国政协常委、港澳台侨委员会主任陈云林率调研组一行到瑞丽、畹町口岸调研。

12月26日~29日

云南省口岸规划及项目管理培训班在腾冲举办。

(撰稿人:和卫红、赵伟、李媛)

西藏自治区

西藏自治区口岸工作综述

【口岸运行数据】2011年西藏自治区口岸累计完成外贸进出口值13.59亿美元,同比增长62.53%,其中出口11.83亿美元,同比增长55.44%;进口1.76美元,同比增长170.39%。全区口岸进出口货物16.11万吨,同比增长23.60%,其中进口0.27万吨,出口15.83万吨,同比分别增长27.90%和23.50%。出入境人员163.03万人次,同比增长2.94%,其中出入境旅客15.26万人次,同比增长13.71%;出入境员工3.25万人次,同比增长47.72%;出入境边民144.53万人次,同比增长1.58%。陆港口岸出入境人员158万人次,同比增长2.30%;空港口岸出入境人员4.5950万人次,同比增长31.51%。进出境运输工具3.69万辆(架),同比增长28.70%,其中汽车3.64万辆、飞机444架,分别增长28.88%、15.32%。

【口岸开放工作】根据《西藏自治区"十二五"口岸发展规划》、《西藏自治区"十二五"期间口岸发展规划的意见》和西藏自治区党委张庆黎书记赴吉隆口岸视察时和主管口岸工作的西藏自治区人民政府邓小刚副主席的指示及批示精神,2011年启动了西藏自治区扩大吉隆口岸开放的各项前期工作,为2013年年底前恢复吉隆口岸通关功能,允许第三国人员出入境并开展一定规模的边境贸易及旅游打下了基础。

【口岸基础建设】2011年,由西藏自治区投资1 159万元建设了樟木口岸管委会综合楼,投资135万元对拉萨航空口岸边防检查站执勤现场电子显示屏进行了改造,投资132万元对拉萨航空口岸联检楼进行了维修,投资130万元的樟木口岸户外LED显示屏建设项目已竣工,投资420万元的亚东乃堆拉山口专用电网改造项目已竣工,并安排800万元建设吉隆口岸热索桥头查验区配套基础设施。由国家投资1 400万元的樟木检验检疫综合实验楼、1 200万元的樟木口岸进出口货物查验场、2 000万元的樟木口岸边检信息处理和应急指挥中心,已陆续开工建设。318国道至吉隆县城的通县油路已竣工通车,吉隆县城至吉隆镇、吉隆镇至热索桥公路改造项目已列入西藏自治区"十二五"规划,计划于2012年开工建设。2011年,吉隆口岸电站开工建设,将于2012年5月单机发电。我国政府援建尼泊尔沙拉公路于2011年12月26日由商务部及专家组验收通过竣工,西藏自治区援建尼泊尔热索跨境大桥建桥协议已由中尼两国于2011年8月签订,2012年将开工建设。

【口岸大通关】加大口岸对外贸易环境的改善,按照"守法便利"原则,实施出口分类通关和进口分类通关改革,加强对进出口企业的分类管理,进一步落实"提前报关、担保报关"、"24小时、全天候、无假日"预约通关等便利措施,简化了货物通关手续,降低了企业通关成本,提高了通关效率。

【口岸综合管理】完善口岸日常管理协调机制和突发事件应急处理机制。妥善应对、处置口岸突发事件,协调处理了樟木口岸部分商户被尼方扣留事件;及时协调解决了樟木口岸因中方报关(检)费突然提高且涨幅较大,引起尼方商会及汽车协会不满,扬言罢运的事件;积极协调樟木口岸各部门,改善口岸对外贸易的环境,规范进出口货车运行秩序及劳务市场措施,口岸运行质量不断提升。2011年樟木口岸对外贸易进出口总值突破10亿美元,同比增长83.16%,创历史新高。全力以赴做好维护稳定工作,及时安排"零"报告制度,对存在的安全隐患进行排查,出色完成了重大敏感时段的口岸一线维护稳定和驻口岸各部门的内部安保工作。

【服务地方经济】 协调樟木口岸管委会与边防检查站成立了樟木口岸提高边检服务水平领导小组,监督指导边检服务水平各项工作;协调樟木出入境检验检疫局借助"飞信"平台,加强与各贸易公司及报关(检)人员联系,切实提升服务效能。口岸基础设施的不断改善优化了口岸通关环境,提高了通关速度,增加了出入境客货运量,使西藏自治区口岸保持了较好的运行态势,边境贸易额、出入境客货运量大幅度递增。进出口规模不断扩大,出口商品结构不断优化,自产产品出口日益壮大。实现了出口产品由以虫草、羊毛等资源性产品为主向啤酒、矿泉水、水泥等自产工业品的转变。2011年边境贸易达额到50 081万美元,出口活畜47万头只(匹)。

【口岸查验部门简述】**拉萨海关** 2011年,拉萨海关共监管进出口货物16.11万吨,同比增长23.60%,其中进口0.27万吨、出口15.83万吨,同比分别增长27.90%和23.50%。监管进出境运输工具2.57万辆(架),同比增长29.08%,其中汽车2.5万辆、飞机422架,同比分别增长29.36%和14.05%。税收入库7 671.16万元,同比增长43.51%,其中,征收关税1 958.60万元、进口环节税5 712.57万元,同比分别增长105%和30.11%。共开具征免税证明55份,实际减免税货值12 587万美元,同比增长315%,实际减免税款14 535.95万元,同比增长719%,减免税额首次突破亿元大关。其中,实际减免进口关税3 256.43万元,同比增长144%,实际减免进口环节税11 279.52万元,同比增长2 439%。对关区内9家进出口企业开展了常规和专项稽查,涉及企业稽查的货物总值达16 573万美元,制发《限期改正通知书》6份,提交稽查建议书1份,稽查覆盖率达12.9%,稽查有效率达66.7%。对重点企业及商品进行风险布控121次,实体布控有效率为5%。通过"风险预警处置系统"(HL2008系统)调取电子数据120条,核查各类问题183条。共办理行政立案39起,案值578.16万元,涉嫌偷逃税款59.93万元,收缴罚款15.39万元,补税16.07万元。共办理刑事案件5起,案值3 570万元,查获毒品大麻脂100.56千克、穿山甲鳞片5.4千克、象牙72.25千克、藏羚羊绒267.7千克。其中"3·22特大走私毒品案"一次性查获大麻脂100.56千克,抓获犯罪嫌疑人4名,成功打掉一个由尼泊尔经拉萨到深圳的跨国毒品走私团伙。全年查获各类反动宣传品1 112件;查获知识产权案件96起,同比增长18.51%,货值55.78万元,同比增长12.99%;向西藏自治区红十字会转交侵权物资价值86万元。积极发挥辅助决策作用,多次派人赴阿里普兰口岸、吉隆口岸开展专题调研,积极参加西藏自治区关于口岸发展规划的评审工作,并根据海关职责对今后口岸建设相关工作提出了具体意见和建议。对西藏自治区进口自用物资关税返还政策执行情况和面临的问题进行了分析研究,并向海关总署报送了有关请示。圆满完成第24轮中尼边境海关会晤工作,取得较好效果。

西藏公安边防总队 2011年,共检查出入境人员1 630 336人次、交通运输工具36 828辆(架)次;查获伪假证件、无效证件186本,收缴各类反宣品670余件、野生豹皮5张,破获偷渡案件14起17人次,成功堵截6名企图入境拍摄的BBC记者。为省部级以上领导及外国政要提供礼遇41次。各边检站共与尼方、印方开展正式、非正式会晤62次,电话交流74次,友好活动109次。创新管理模式助力,边检服务能力不断增强。成立了由西藏自治区副主席邓小刚任组长,有关厅、局领导为成员的西藏自治区提高边检服务水平工作领导小组。聂拉木边检站推出了"四大员"制度,普兰边检站推出了"四个满意",吉隆边检站建立"四评"监督机制,亚东边检站推行"七种服务",拉萨边检站出台"四个夯实",站在旅客角度想问题、谋举措,不断满足服务对象新期待。管控措施得力,口岸防控水平迈上新台阶。坚持做好口岸月、季及重点敏感节点的反恐维稳风险评估,不断加强重点方向口岸管控工作,圆满完成各项口岸查控工作。强化口岸管控能力。与口岸安全、国保等部门加强协调、互通情况、相互印证,确保了情报信息的真实性、预警性、内幕性。修订完善了各项应急处置方案。加强军警民联防联控,共组织口岸"防闯关"、营区"防袭扰"模拟演练33次。

西藏出入境检验检疫局 2011年共检验检疫进出口货物货值2.8亿美元,同比增长22.42%;货物通关3 086批,货值2.83亿美元,同比增长37.03%。检出不合格出境商品5批,货值11万美元。截获无熏蒸证书木质材料做包装的铜制品40箱,退回进口酥油50公斤、奶粉3箱。检疫汽车2.96万辆次,同比增长9.19%,飞机453架次,同比增长9.95%。检疫查验行李31.15万件,检疫国际邮包2 841件。查验出入境人员14.2万人次,同比增长20.97%,健康检查383人次,检出监测传染病10例,预防接种52人次,艾滋病监测372人次。进一步加强进出境动植物疫病防控和疫情监测,推行进境植物种苗、水果等农产品检疫准入,实施风险分类监管。截获禁止进境物1 084批次,共计3 511公斤,截获批次同比增长48.5%;截获病虫害17批次,8种类,其中检疫性害虫4批次,6种类,非检疫性害虫13批次,1种类。对重点进出口商品和重点地区进行摸底清查,先后出动专项行动执法人员120余人次。强化对樟木、普兰、拉萨航空口岸488家口岸从业单位的卫生监督工作,共进行市场卫生监督30次,发放整改通知书41份,整改商户15家,没收过期食品4 800件,查处无健康证的从业人员68人,建立了覆盖全部口岸辖区的经营户电子档案。共体检口岸服务行业从业人员491人次,发放健康证380份,签发口岸服务行业卫生许可证253份。对拉萨啤酒、5100矿泉水、青稞酒厂、航食公司等企业开展了食品安全宣传工作。完成了对6大类16个品种出口产品的执法监督抽查。共签发各类原产地证书24份,货值118.6万美元,其中普惠制原产地证书20份,一般原产地证书2份,亚太贸易协定原产地证书2份。共检测样品3 902批次,检测项目2万多项,涉及20多个品种,检出不合格商品465批。对出口活畜禽全额免收检验检疫费,对出口动物源性产品、农副产品减半收费,对出口纺织品、服装减收30%,全年减免相关费用达47万多元。及时快捷地完成了重点扶持企业——西藏娃哈哈和冰川矿泉水有限公司进口的食品加工成套设备的检验检疫,并帮助企业就部分残损零部件进行了对外索赔,为企业挽回了经济损失。安排仪器设备专项经费911万元,比2010年预算多安排500万元。新拓展检测项目27项,检测领域不断拓宽,检测能力不断提升,重点实验室建设步伐加快,"国家矿泉水检测重点实验室"已进入验收阶段,技术中心实验室已具备了矿泉水标准中所有项目的检测能力,为下一步国家级矿泉水检测重点实验室验收奠定了坚实的基础。

2011年西藏自治区口岸流量统计表

口岸类型	口岸名称	货运量（万吨）			集装箱量（万标箱）			人员（万人次）			交通工具（辆、艘、架、列次）			
		出口	进口	合计	同比(%)	出口	进口	合计	同比(%)	出境	入境	合计	同比(%)	出境	入境	合计	同比(%)

口岸类型	口岸名称	出口	进口	合计	同比(%)	出口	进口	合计	同比(%)	出境	入境	合计	同比(%)	出境	入境	合计	同比(%)
空运口岸	拉萨									2.082 3	2.081 3	4.163 6	+6.90	228	216	444	+15.32
	分计									2.082 3	2.081 3	4.163 6	+6.90	228	216	444	+15.32
陆运口岸	公路口岸 樟木 普兰 吉隆 亚东									77.996 2	80.002 4	157.998 6	+2.11	18 516	18 520	37 036	+31.19
	分计													18 516	18 520	37 036	+31.19
	铁路口岸																
	分计																
合计										80.078 5	82.083 7	162.162 2		18 744	18 736	37 480	
同比（%）										+0.33	+3.95	+2.13		+30.52	+31.44	+30.98	

（西藏自治区口岸工作办公室提供）

2011年拉萨海关主要数据统计表

项目		2011年	同比(%)
进出口货运量 (万吨)	合计	16.12	23.60
	进口	0.28	27.90
	出口	15.84	23.50
进出口贸易总值 (万美元)	合计	113 275.16	96.71
	进口	14 510.83	295.17
	其中:江、海运输	1 038.43	-63.95
	铁路运输		
	汽车运输	1 094.23	110.45
	航空运输	12 378.10	331 113.25
	邮件运输	0.07	-95.49
	其他运输		
	出口	98 764.33	83.19
	其中:江、海运输		
	铁路运输		
	汽车运输	98 661.62	83.13
	航空运输		
	邮件运输		
	其他运输	102.71	216.22
税收 (万元)	两税合计	7 671.16	43.51
	关税入库	1 958.6	105.00
	进口环节税入库	5 712.57	30.11

(拉萨海关提供)

2011年西藏自治区口岸出入境主要数据表

单位:(人员)人次;(交通工具)辆、艘、架、列次

项目			2011年	2010年	同比(%)
出入境人员	出入境人员总数		1 621 622	1 587 773	2.13
	入境人员		798 389	789 674	1.11
	出境人员		823 233	798 099	3.15
	出入境旅客		152 574	134 188	13.71
	出入境员工		32 497	22 044	47.42
	中国公民	小计	96 813	83 682	15.69
		内地居民(因公)	1 398	1 294	8.04
		内地居民(因私)	94 561	81 686	15.76
		港澳居民	662	516	28.29
		台湾同胞	192	186	3.22
	外籍人员		55 761	50 506	10.41
	从海港出入境人数				
	从陆港出入境人数		1 579 986	1 548 825	2.11
	从空港出入境人数		41 636	38 948	6.90
交通运输工具	总计		37 480	28 616	30.98
	船舶				
	飞机		444	385	15.30
	火车				
	机动车辆		37 036	28 231	31.20

(西藏公安边防总队提供)

2011年西藏自治区出入境检验检疫业务统计表

<table>
<tr><th rowspan="3">项目</th><th colspan="3">货物检验检疫</th><th colspan="4">交通工具</th><th colspan="2">集装箱（标箱）</th><th colspan="2">发现动植物疫情</th><th colspan="2">货物通关</th><th rowspan="3">出入境人员查验（人次）</th><th colspan="4">健康检查及预防接种（人次）</th></tr>
<tr><th rowspan="2">批次</th><th rowspan="2">金额（万美元）</th><th colspan="2">检验检疫不合格</th><th rowspan="2">船舶（艘）</th><th rowspan="2">飞机（架）</th><th rowspan="2">火车（节）</th><th rowspan="2">汽车（辆）</th><th rowspan="2">合计</th><th rowspan="2">检出问题</th><th rowspan="2">种类数</th><th rowspan="2">种次</th><th rowspan="2">批次</th><th rowspan="2">金额（万美元）</th><th rowspan="2">健康检查</th><th rowspan="2">艾滋病监测</th><th rowspan="2">发现病例</th><th rowspan="2">预防接种</th></tr>
<tr><th>批次</th><th>金额（万美元）</th></tr>
<tr><td>本年累计</td><td>2 809</td><td>28 273</td><td>5</td><td>11</td><td></td><td>453</td><td></td><td>29 610</td><td></td><td></td><td></td><td></td><td>3 086</td><td>28 252</td><td>142 348</td><td>383</td><td>372</td><td>10</td><td>52</td></tr>
<tr><td>其中 出境</td><td>2 499</td><td>25 852</td><td>4</td><td></td><td></td><td>235</td><td></td><td>14 874</td><td></td><td></td><td></td><td></td><td>2 803</td><td>26 905</td><td>76 640</td><td>181</td><td>175</td><td>7</td><td>51</td></tr>
<tr><td>　　入境</td><td>310</td><td>2 421</td><td>1</td><td>11</td><td></td><td>218</td><td></td><td>14 736</td><td></td><td></td><td></td><td></td><td>283</td><td>1 347</td><td>65 708</td><td>202</td><td>197</td><td>3</td><td>1</td></tr>
<tr><td>与上年同比（%）</td><td>-11.08</td><td>22.42</td><td>-20</td><td>-96.24</td><td></td><td>9.95</td><td></td><td>9.19</td><td></td><td></td><td></td><td></td><td>-5.34</td><td>37.03</td><td>20.97</td><td>-44.01</td><td>-45.61</td><td>-54.55</td><td>225</td></tr>
<tr><td>其中 出境</td><td>-17.44</td><td>27.54</td><td></td><td></td><td></td><td>11.9</td><td></td><td>11.07</td><td></td><td></td><td></td><td></td><td>-10.33</td><td>46.55</td><td>20.86</td><td>61.61</td><td>56.25</td><td>16.67</td><td>218.75</td></tr>
<tr><td>　　入境</td><td>134.85</td><td>-14.3</td><td></td><td></td><td></td><td>7.92</td><td></td><td>7.34</td><td></td><td></td><td></td><td></td><td>111.19</td><td>-40.37</td><td>21.11</td><td>-64.69</td><td>-65.56</td><td>-81.25</td><td></td></tr>
</table>

（西藏出入境检验检疫局提供）

西藏自治区口岸大事记

3月22日
成功打掉一个由尼泊尔经拉萨到深圳的跨国毒品走私团伙。
4月13日~14日
西藏自治区原党委书记张庆黎深入吉隆口岸视察指导工作。
4月14日
西藏自治区原党委书记张庆黎莅临吉隆边防检查站检查指导工作。
4月21日
西藏自治区副书记孟德利莅临普兰边防检查站检查指导工作。
5月17日
西藏自治区党委常务巴桑顿珠莅临聂拉木边防检查站检查指导工作。
6月28日
樟木口岸出入境检验检疫局被国家质检总局授予"全国质检系统'双打'专项工作先进集体"荣誉称号。
8月2日
西藏自治区副主席邓小刚莅临聂拉木边防检查站检查指导工作。
8月11日
空军政治部主任宋琨莅临亚东边防检查站乃堆拉通道检查指导工作。
8月15日
西藏自治区政协副主席乔元忠莅临聂拉木边防检查站检查指导工作。
10月11日
西藏自治区书记陈全国莅临亚东边防检查站乃堆拉通道检查指导工作。
11月2日
西藏自治区党委政府在拉萨隆重召开"3·22"特大毒品走私案表彰大会,西藏自治区主席白玛赤林代表西藏自治区党委政府授予专案组"集体一等功"锦旗。
11月27日
中国驻尼泊尔大使杨厚兰莅临吉隆边防检查站检查指导工作。
11月29日
西藏自治区副主席董明俊莅临聂拉木边防检查站检查指导工作。

(撰稿人:陈培、王海明、郭雄)

陕西省

陕西省口岸工作综述

【口岸运行数据】2011年,陕西省一类航空口岸货运量18 692吨,同比增长9.4%,其中进口12 991吨,同比增长6.2%,出口5 701吨,同比增长17%。陆路货运口岸国际集装箱运输20 298标箱,其中西安口岸20 194标箱,宝鸡口岸104标箱。西安咸阳国际机场进出境飞机6 640架次,同比增长0.7%,出入境旅客36.28万人次,同比增长20.5%。

【口岸开放工作】航空口岸新开通了4条国际航线。3月开通了西安经停济南至日本大阪的国际航线,每周2班。4月26日,开通了西安至韩国济州岛国际航线,每周2班。7月28日,开通了西安至平壤包机航线。12月20日,开通了西安至越南河内国际航线,每周1班。另外将西安至台湾地区的航班从每周4班增加至每周6班。12月26日,陕西省口岸办与西安凯隆国际物流公司就开通西安至欧洲铁路国际货运"五定"班列签署了合作框架协议。

【口岸综合管理】2月25日,陕西省口岸工作会议在西安召开,陕西省各地市口岸办、联检单位、相关单位共计60余人参加会议。会议通报了2010年全省口岸工作,研究确定了2011年口岸工作指导思想和总体思路。围绕省政府强力推进全省口岸机构合理布局的精神,省口岸办组织有关人员先后赴西安、榆林、延安、宝鸡、渭南、汉中等地市调研,积极推进设立口岸机构及口岸查验机构。赴西安国际港务区、西安咸阳国际机场、西安出口加工区、西咸新区等口岸场所调研,积极推动物流园区和口岸建设。5月举办了第18届西部地区口岸办主任联席会,百余名中部和部分沿海省市与会代表就西部大开发口岸所处的地位及口岸协作进行了探讨,并实地考察了西安国际港务区和西安综合保税区的建设情况。西安世界园艺博览会(以下简称世园会)召开之际,陕西省口岸办及时出台相应保障措施,编辑了10余期《陕西口岸信息》,更新了陕西口岸网站,征集陕西口岸Logo标志并组织编写了陕西口岸宣传册。4季度,陕西省口岸办在全省口岸系统开展以"改进工作作风,更好地服务于陕西口岸事业发展"为主题的作风纪律整顿活动,推进全省共建文明口岸。

【电子口岸建设】陕西电子口岸基础网络平台已建成,部分项目已投入试运行,陕西与天津、青岛等沿海口岸基本实现了网络信息对接。边防出入境人员申报平台于5月正式开通,较好地完成了世园会人员出入境查验工作,缩短了口岸申报时间。完成了电子货运机场项目论证工作,10月设立陕西省电子口岸服务中心。调整了陕西省电子口岸联席会议组成人员,进一步理顺了电子口岸管理机制。

【口岸大通关】陕西省口岸办积极协调查验单位在口岸通关中创新监管机制、提高通关效率,与沿海沿边口岸建立口岸大通关协作关系,为西安至青岛的"五定"班列、西安至天津、连云港等口岸的列车提供政策支持。青岛港口集团公司、天津港口集团公司、连云港口岸集团公司分别与西安国际港务区签署协作协议,对在陕西实施"属地报检、口岸验放"等多种口岸通关模式提供了口岸平台。西安国际港务区举办了新亚欧大陆桥重走"丝绸之路"活动,对沿欧亚大陆桥国家的物流系统进行了全面的调研考察,为利用欧亚大陆桥运输积累了经验。

【口岸查验部门简述】**西安海关** 2011年,监管货运量421万吨,同比增长61.1%;税收入库近45亿元,同比增长32.1%；办理加工贸易合同备案384份，同比增长18.9%；监管进出境航班6 640架，验放进出境旅客36万人次；刑事立案2起，行政立案20起，案值652万元，涉税38万元；查获违禁印刷品1 162件。一是业务更加规范。分类通关在进出口环节全面实施，平均通关时间缩短至0.75小时；"三查合一"改革稳步推进，在全国海关稽查系统的绩效考核排名前移20位；监管场站建设明显加强，验收合格率超过海关总署核定的年内达标要求；量质并举税收再创历史新高，减免税考核继续保持零差错；打击走私保持高压态势，实现了毒品查获的新突破。二是服务更见实效。积极做好世园会服务监管工作，被世园会执委会评为先进集体；组织协调60多家陕粤企业互访考察并达成合作意向，为80%的高资信低风险企业实现了快速放行；用好优惠政策服务重点行业，全年审批减免税8.8亿元；推进机构发展服务重点区域，西安综合保税区建设进程明显加快，阎良出口加工区报批实质性启动，与宝鸡、兰州海关建立紧密合作机制，榆林、渭南等6个地市的海关机构筹建工作全面提速；积极主动建言献策，完成政研课题及统计分析文章近150篇，被省市领导批示50余次。三是监管更加到位。6月20日，宝鸡海关启动出口分类通关。6月30日，西安海关在现场业务处启动进口分类通关。扩大区域通关范围，相继采取健全网络、走访企业、加快备案速度、特事特办、疏通口岸通关渠道等措施，满足陕西外贸发展需求。推动关区加工贸易转型升级，多次深入加工贸易企业调研，答疑解惑、建言献策，调研撰写的《从陕西航空加工贸易发展谈改革海关管理模式的几点建议》得到了海关总署的肯定。提高保税核销质量，召开了引入中介机构参与保税核销座谈会，制定《西安海关引入中介机构参与保税核销操作规程》。积极落实"三查合一"，出台《西安海关保税中后期核查业务联系配合办法（试行）》。按照海关总署规定，对西飞集团保税库库址、库房管理情况、货物存放周期进行了全面审查，并就保税仓库货物延期手续进行了补充完善。助推关区特殊监管区域建设，起草《西安海关关于推进西安综合保税区建设的工作方案》、《西安海关关于推进西安综合保税区建设的意见》及《关于西安综合保税区建设发展的调研与建议》，认真落实各项推动工作。大力支持阎良国家航空高技术产业基地、杨凌农业高新技术产业示范区等出口加工区的申报工作；就西安出口加工区A区调整规划用地进行调研，提出了建设性的意见。强化对公式定价商品的管理，实现价格风险控制，全年归类补税677万元，审价补税3 060万元。四是打击走私保持高压态势。相继在关区开展了"打击稀土走私"、"打击枪支弹药走私"和"打击出口退税环节走私违法"等3项专项行动，共查获涉嫌武器弹药走私案件3起，抓获犯罪嫌疑人1名，排查涉嫌出口骗退税企业11家。世园会期间，加大了对毒品、文物、违禁宣传品的打击力度。积极开展"扫黄打非"工作，共查获各类非法出版物2 159件（册），其中政治性非法出版物819件（册）、法轮功邪教组织宣传品2件（册）、非法宗教出版物1 137件（册）、淫秽色情出版物35件（册）、其他盗版印刷品65件（册）。西安海关获得陕西省"'建功十一五主题实践活动'先进机关党委"、"全国海关先进基层党组织"等荣誉称号。

陕西省公安边防总队 2011年，检查出入境人员328 660人次，同比增长17.89%，为30年来最高；检查出入境航班2 383架次，处理违法违规案件7起7人次，查获网上追逃1人次。圆满完成巴西总统迪尔玛·瓦娜·罗塞芙访华出境、国际园艺生产者协会主席杜克法博入境、世园会香港政府代表团入境、第十五届西洽会、清明节公祭轩辕黄帝典礼活动、欧亚经济论坛、西安至平壤首航包机、西安至韩国济州岛包机、中国台湾佛光山代表团等重大勤务32批3 520人次。开发了陕西边防出入境人员预报申报平台，为出入境旅客提供礼遇申请、投诉建议、业务咨询、国际航班动态、问卷调查等，提供旅游团报检及旅客咨询服务，共接受咨询8 500多条，提供边检服务信息620余条，接受旅游团报检68 453人次。出资10.8万元进行执勤执法场所改造，为执勤一线购买执法记录仪、指纹采集仪及移动验放终端等先进设备。开展伪假证件识别等方面的培训20余次，参训人员近千人次，评选出文明使者、单项业务能手50余人次。开通"西安边检"新浪微博，关注人数已剧增至4万余人。世园会期间，开通专用通道，先后为24 760人次提供通关便利,服务参展方32人次,专包机礼遇4架次。被推荐为世园会组委会"先进集体",5名同志被推荐为"先进个人",49名同志被世园会执委会运行与宣传指挥部、安保指挥部评为"先进个人"。组建处突应急分队,在重要节庆、敏感节点,组织以防闯关、防暴力恐怖袭击为主要内容的处置突发事件演练,搭建指挥中心监控、查控报警、API预报系统"三位一体"管控机制,实施对执勤现场和勤务的有效指挥和监控,排查可疑人员2 732人次。定期对口岸出入境人员、航班等信息进行综合分析,形成《口岸数据分析报告》报送两级地方党委、政府主要领导及口岸主管部门,为政府决策提供依据。制定了专机、包机边检服务流程,实行重要旅客和团队预约服务,建立起驻陕世界500强企业档案,为来陕投资、经贸洽谈的重要经济人士开辟"绿色通道"。为航空公司、旅行社开展业务培训,靠前服务,解决难题,赢得了各方赞誉。总队被公安部评为"全国公安边防检查机关2011年度提高边检服务水平成绩突出单位",2名同志被公安部表彰,10名同志荣立个人三等功。

陕西出入境检验检疫局 2011年,完成出入境货物检验检疫30 775批次,货值31.74亿美元,同比分别减少3.53%,增长32.37%。其中,出境货物25 897批,货值19.44亿美元,同比分别减少7.71%,增长16.21%;入境货物4 878批,货值12.3亿美元,同比分别增长4.65%和42.78%。查验出入境人员32.8万人次,同比增长27.55%;检疫出入境航空器2 374架次,同比增长14.52%;查获禁止携带入境物品1 007批,检出检疫性有害生物18批次。实施出入境人员健康体检1.66万人次,预防接种3.36万人次,检出法定传染病35例。检验检疫出入境不合格货物116批,金额4 161万美元。对外索赔金额435万美元,同比增长一倍多。签发各类优惠原产地证书1.63万份,签证金额10.2亿美元,企业可享受国外减免关税5 486万美元。向省委、省政府报送陕西检验检疫专报19期,陕西省委常委姚引良、陕西省副省长景俊海等省政府领导批示13次。完成首次法国进口555头原种猪的隔离检疫工作。建立口岸与内地联合把关协作机制。与广西、河北检验检疫局签署合作备忘录,与口岸局签署合作机制达20个。建立视频监控系统,对出口埃及、非洲等机电产品实现装运过程实时监控。落实加快口岸通关速度的优惠政策。对23家外贸企业实施绿色通道制度,对43家外贸企业实施口岸直通放行措施。针对日本核泄露事件和中国台湾塑化剂事件,启动了应急预案。完成了台湾通报陕西输台姜粉被检出含塑化剂的调查、抽样和检测工作,向国家质检总局和陕西省政府报告情况,向公安部门移交案件。从卫生检疫、动植物检疫、食品安全等方面,建立《陕西检验检疫突发事件应急管理体系》。围绕陕西优先发展的支柱产业,采取"一企一策"、重点帮扶等措施,促进航空、超导、新能源、汽车等产品出口,出台了《服务陕西开放型经济突破发展的措施》。全年向出口企业通报国外技术壁垒信息34期,开展法律法规政策免费培训17次,培训检验检测人员1 000余人次。支持先进技术、关键设备、重要原材料的进口。帮助比亚迪汽车争取政策,对出口汽车散件在西安实施装运前检验,缩短检验周期,企业每年可节省费用200万元以上。帮助陕重汽7个型号的整车、2个型号底盘及比亚迪轿车取得俄罗斯认证。全年出口汽车及散件981批,货值3.96亿美元,同比分别增长16%和38.1%。配合承接国际产业转移,帮助多家企业争取国家优惠措施扩大进口,迅速为西部超导材料科技有限公司办理进口旧机电检验手续,实现了我国核磁共振超导线材生产零的突破。对承担我国载人航天等重要任务的西安卫光公司,全程跟踪服务,解决了165台二手设备的一系列进口难题。配合地方政府和果业部门推广出口质量安全示范区建设经验,洛川出口优质苹果质量安全示范区面积达12.88万亩,获得GAP认证8 000亩、有机认证1万亩,5家企业取得ISO9001和HACCP体系认证。建立与龙头企业配套的注册生产基地600余个。加强果汁加工企业监管,推行电子视频监管,保证果汁行业的健康发展。检验检疫监管出口水果57.37万吨,货值3.79亿美元,同比增长14.5%;出口浓缩果汁26.6万吨,货值4.78亿美元,同比增长10.65%。扶持大匠农科集团、秦川养殖等农业龙头企业发展壮大,开展地理标志产品保护和绿色有机农产品认证。全年新增出口食品、农产品备案企业31家。帮助西凤酒成功出口到欧洲,陕北荞麦时隔10年再次出口,生丝、土豆、鸡蛋、绿豆等地方特色产品进一步扩大出口。为出口农产品、纺织品减免检验检疫费555.73万元。做好世园会检验检疫把关服务工作,开展"一站式"服务。争取国家质检总局支持,将西安咸阳机场指定为种苗指定进境口岸,解决了世园会种苗的便捷入境问题。展会期间进驻园区实施检验检疫729人次,检验检疫国外进园植物及其产品34批,货值1 162万美元。开展有害生物监测调查,对区内及周边有害生物进行本底调查,整理昆虫150多种标本800多号。截获有害生物10种,45头,维护了生态安全。被世园会执委会授予"先进集体"。加强口岸检验检疫监管平台和信息化平台建设,制定《陕西检验检疫局"两个平台"建设方案》。推进法治质检建设,核查清理业务规范性文件126个,废止19个。荣获"全国质检系统'五五'普法先进单位"荣誉称号。开展了行政执法督查活动,规范行政执法行为。全年实施行政处罚51起,保持了零投诉率。推进科技质检建设,组织申报各类科研项目42项,获得省部级科研立项3项,获得标准立项6项,组织完成项目验收/鉴定及成果登记7项。国家级重点果蔬汁实验室通过国家质检总局验收,苹果检疫实验室逐步完善,建成棉花检测实验室和蜂蜜检测实验室,结束了进口棉花和出口蜂蜜产品送外省检测历史。新增检测项目42项,系统技术检测能力达到545项。针对火锅底料中添加罗丹明B、瘦肉精等食品安全问题,研发快速检测方法。陕西省检验检疫技术研究中心通过复核验收,宝鸡钛及钛合金出口产品检测平台通过陕西省科技厅专家审核,启动了陕西省植物提取物质量检测服务平台建设工作,技术中心被陕西省食品安全委员会确定为"陕西省食品安全基准实验室"。推进科学管理,修订了绩效管理办法。质量体系通过中国质量认证中心的外审和评定,局本部、4个分支局和5个直属单位获得质量管理体系证书。

2011年陕西省口岸流量统计表

口岸类型		口岸名称	货运量(吨)				集装箱量(万标箱)				人员(万人次)				交通工具(辆、艘、架、列次)			
			出口	进口	合计	同比(%)	出口	进口	合计	同比(%)	出境	入境	合计	同比(%)	出境	入境	合计	同比(%)
空运口岸	分计		5 701	12 991	18 692	+9.4									3 277	3 363	6 640	
陆运口岸	公路口岸 分计																	
	铁路口岸 分计								2.03									
水运口岸	海港口岸 分计																	
	河港口岸 分计																	
合计									2.03									
同比(%)																		

(陕西省口岸工作办公室提供)

2011年西安海关主要数据统计表

项目		2011年	同比(%)
进出口货运量 (万吨)	合计	420.58	+61.10
	进口	394.95	+73.80
	出口	25.63	-24.30
进出口贸易总值 (万美元)	合计	929 454.53	+28.43
	进口	647 775.97	+31.77
	其中:江、海运输	302 883.54	+66.78
	铁路运输	24.73	-96.53
	汽车运输	879.51	+17.76
	航空运输	343 662.91	+11.44
	邮件运输	325.28	+119.61
	其他运输		
	出口	281 678.55	+21.35
	其中:江、海运输	106 541.91	+21.40
	铁路运输	6 748.11	-27.43
	汽车运输	3 422.44	-8.40
	航空运输	163 096.68	+25.52
	邮件运输	1 869.41	+34.80
	其他运输		
税收 (万元)	两税合计	447 154.10	+32.10
	关税入库		
	进口环节税入库		

(西安海关提供)

2011年陕西省口岸出入境主要数据表

单位:(人员)人次;(交通工具)辆、艘、架、列次

项目			2011年	2010年	同比(%)
出入境人员	出入境人员总数		328 660	278 796	+17.89
	入境人员		163 272	137 202	+19.00
	出境人员		165 388	141 594	+16.80
	出入境旅客		306 549	258 251	+18.70
	出入境员工		22 111	20 545	+7.62
	中国公民	小计	226 004	173 768	+30.06
		内地居民(因公)			
		内地居民(因私)			
		港澳居民	24 199	24 130	+0.29
		台湾同胞	46 802	46 730	+0.15
	外籍人员		102 656	105 028	-2.26
	从海港出入境人数				
	从陆港出入境人数				
	从空港出入境人数		328 660	278 796	+17.89
交通运输工具	总计		2 383	2 070	+15.12
	船舶				
	飞机		2 383	2 070	+15.12
	火车				
	机动车辆				

(陕西省公安边防总队提供)

2011年陕西省出入境检验检疫业务统计表

项目	货物检验检疫 批次	货物检验检疫 金额（万美元）	检验检疫不合格 批次	检验检疫不合格 金额（万美元）	交通工具 船舶（艘）	交通工具 飞机（架）	交通工具 火车（节）	交通工具 汽车（辆）	集装箱（标箱）合计	集装箱（标箱）检出问题	发现动植物疫情 种类数	发现动植物疫情 种次	货物通关 批次	货物通关 金额（万美元）	出入境人员查验（人次）	健康检查及预防接种（人次）健康检查	健康检查及预防接种（人次）艾滋病监测	健康检查及预防接种（人次）发现病例	健康检查及预防接种（人次）预防接种
本年累计	30 775	31 740	116	4 161		2 374			3 603	19	35		6 754	166 213	328 036	16 701	16 436	5 795	33 552
其中 出境	25 897	19 440	26	304		1 182			177	0	0		2 874	39 915	164 646	14 158	14 146	4 972	33 539
其中 入境	4 878	12 300	90	3 858		1 192			3 426	19	35		3 880	126 297	163 390	2 543	2 290	823	13
与上年同比(%)	-3.53	+32.37	-0.85	+50.54		+14.52			-3.95	-29.6	+6.06		-8.49	+128.63	+27.55	+3.285	+3.05	+10.34	+15.31
其中 出境	-7.71	+16.21	+13	+390.23		+14.53			-71.31	0	0		-31.73	-6.63	+26.05	+2.91	+3.04	+12.26	+15.30
其中 入境	+4.65	+42.78	+4.65	+42.78		+14.5			+9.32	-29.6	+6.06		+22.36	+321.67	+29.11	+5.13	+3.15	0	+30.00

（陕西出入境检验检疫局提供）

陕西省口岸大事记

1月31日

陕西省人民政府办公厅编发《陕西省政务督察通报》(第9期)充分肯定了陕西省公安边防总队2010年的工作,陕西省委副书记、省长赵正永作重要批示:省公安边防服务于我省改革开放和经济发展方面做了大量工作,完成了各项任务,值得肯定和嘉奖。希望再接再厉,开拓创新,争取再创新成绩!

2月14日

国务院正式批复设立西安综合保税区。

2月16日

陕西省委书记、省人大常委会主任赵乐际莅临西安国际港务区和西安铁路集装箱中心站陆路货运口岸考察调研。

2月25日

中共中央政治局委员、国务院副总理王岐山一行视察了西安国际港务区、西安铁路集装箱中心站陆路货运口岸。

3月7日

山西省委常委、副省长高建民一行莅临西安国际港务区、西安铁路集装箱中心站陆路货运口岸考察调研。

4月11日

住房和城乡建设部部长、部党组书记姜伟新一行莅临西安国际港务区、西安铁路集装箱中心站陆路货运口岸考察调研。

4月15日

陕西省公安边防总队圆满完成巴西联邦共和国总统迪尔玛·瓦娜·罗塞芙代表团专机出境边防检查任务。

4月26日

韩国真航空公司LJ715次航班降落西安咸阳国际机场,标志着首个西安至韩国济州岛直航航线的开通。

6月16日

公安部副部长刘京一行莅临西安国际港务区、西安铁路集装箱中心站陆路货运口岸考察调研。

6月29日

陕西省副省长景俊海带领10余个省级部门负责同志莅临西安国际港务区、西安铁路集装箱中心站陆路货运口岸考察调研。

7月7日

全国政协副主席郑万通率全国政协香港委员考察团80余人到西安国际港务区、西安铁路集装箱中心站陆路货运口岸考察调研。

7月11日

山西省委副书记、山西省人民政府省长王君一行莅临西安国际港务区、西安铁路集装箱中心站陆路货运口岸考察调研。

7月28日

朝鲜高丽航空公司JS561次航班降落西安咸阳国际机场,标志着首个西安至平壤包机航线拉开了序幕。

9月9日

陕西省委副书记、省长赵正永带领景俊海副省长及省级有关部门负责同志莅临西安国际港务区、西安铁路集装箱中心站陆路货运口岸考察调研。

9月22日

住房和城乡建设部副部长陈大卫一行莅临西安国际港务区、西安铁路集装箱中心站陆路货运口岸考察调研。

9月24日

由陕西省人民政府、上海合作组织秘书处、西安市人民政府等12家单位承办的"2011欧亚经济论坛——新筑欧亚大陆桥主题活动西安启动仪式"在西安铁路集装箱中心站陆路货运口岸隆重举行。

(撰稿人:张庆娜、张珂铭、王铮)

甘肃省

甘肃省口岸工作综述

【口岸运行数据】 2011年,甘肃口岸进出口货运量为224.11万吨,同比增长19%。其中进口222.74万吨,同比增长19%;出口1.37万吨,同比增长12.42%。进出境旅客吞吐量为23 653人次,同比增长80.78%。其中入境11 910人次,同比增长77.64%;出境11 743人次,同比增长80.63%。进出境运输工具(航空器)数量为119架次,同比增长183.33%。

【口岸开放工作】 一是兰州航空口岸全方位开放准备工作有序进行。2010年9月25日,国务院批复同意兰州航空口岸扩大对外国籍飞机开放后,甘肃省口岸办全力推进兰州中川机场口岸联检配套设施的建设和完善改造。为尽早适应标准化、规范化和国际化要求,组织协调联检单位和机场公司查找问题和差距,制订解决方案。进行口岸管理业务培训交流活动,学习业务知识,提高管理水平。二是开辟了韩国济州岛包机航线。2011年7月至9月,兰州至济州岛旅游包机航班开通,这是兰州口岸第一个由外国籍航空公司执飞的旅游包机航班,共执行36架次,出入境旅客4 687人次。三是赴沙特朝觐包机航班安全顺畅。作为国家宗教事务局和国家民航总局确定的我国穆斯林赴麦加朝觐四大出入境口岸之一,10月至11月完成甘肃、青海两省穆斯林群众赴沙特朝觐出入境航班共计28架次,9 296人次。四是香港直航包机运营良好。兰州至香港航班报经国家口岸管理办公室审批同意,于2010年9月18日恢复执行,截至2011年11月,已执行92架次,运送出入境旅客11 292人次。另外,甘肃省口岸办还积极争取敦煌机场对外开放和马鬃山边境口岸的复通。同时兰州等地内陆无水港的设立也列入工作日程。

【口岸基础设施建设】 兰州中川机场改扩建已列入甘肃省重点基础设施建设项目。敦煌机场4D级扩建项目已经完成勘探、设计和环评工作,并由民航总局报国家发展改革委员会审批,施工启动在即。马鬃山陆路边境口岸一期工程投资194万元,完成建筑面积1 711平方米,联检设施970平方米。还建有外贸库、边贸市场等,修建边贸公路35公里。马鬃山边境国门工程建设完成建筑面积1 041平方米,四层框架结构,总投资200多万元。目前基础设施得到有效维护,基本保持完好。

【口岸综合管理】 甘肃省口岸办为兰州航空口岸全方位开放努力做好相关准备工作。加强与海关、检验检疫、公安边防部门的工作协调联系,圆满完成了多条国际和地区航线包机航班的出入境查验任务。及时协调解决口岸开放和建设中的新问题,保证了兰州中川机场航空口岸的畅通。坚持推进兰州航空口岸的标准化、规范化和信息化建设和服务。协调相关部门抓紧口岸基础设施改造和建设,组织口岸联检单位、建设单位等相关部门赴邻省航空口岸实地考察、学习,敦促相关单位立项建设口岸联检大楼。督促口岸各单位提高执法能力,增强业务素质,为正式开放做好准备。着手建立兰州中川机场口岸单位新的协作机制。联检单位围绕提高口岸通关效率提出了一些新举措。

【电子口岸建设】 甘肃电子口岸设在兰州海关,于2007年开通虚拟平台后满足了当时的基本需求,为外贸企业提供了方便,有利于口岸"大通关"建设。但是,电子口岸建设缺乏后续支持,需要进一步加强领导,增加财政投入,建设实体平台。在进一步完善基础设施建设、更新技术设备、提高技术水平上,还希望有关部门提供支持。

【区域口岸合作】甘肃省与兄弟省市的口岸跨区域合作取得良好进展，2005年至2011年，先后与有关省市签署合作协议、议定书、备忘录、意向书等共9项。与天津市等11个省市区口岸管理部门签署《跨区域口岸合作天津议定书》，与新疆维吾尔自治区口岸办签署《口岸合作协议》、《跨区域口岸合作议定书》，与连云港市口岸委签署《关于加强两地口岸合作的协议》，与西藏自治区商务厅签署《跨区域口岸合作议定书》，甘肃省政府与北京市等11个省市自治区政府、口岸管理部门分别签署了《北方地区大通关建设协作备忘录》、《建设内陆无水港合作意向书》，兰州市政府与中通远洋物流集团签署了《兰州无水港项目合作意向书》，嘉峪关市政府与天津市口岸办签署了《跨区域口岸合作框架协议》等。这些文件的签署促进了大通关制度建设，为实现甘肃口岸与各地口岸的联动互通发挥了积极作用。

【口岸查验部门简述】兰州海关 推进各项工作有效落实，全年各项目标任务圆满完成。一是坚持量质并举，综合治税成效明显。全年审价、归类补税3.72亿元，加工贸易内销征税1.03亿元，查验补税126万元，同比均大幅增长。后续防线作用有效发挥，全年稽查补税516万元，缉私补税44万元。通过科学征管和应收尽收，关区全年税收实际入库39.18亿元，再创新高。征管质量继续保持较好水平，商品归类零差异，减免税审批零差错，税收入库核销率、核注率均为100%，价格水平处于良好区间，在海关总署年内的抽样考核中成绩良好。二是实际监管得到强化，监管效能不断提升。平均查验率5.87%，查获率19.15%。加强规范申报管理，编制关区主要税源商品及常见、易申报错误商品规范申报目录，修订完善报关单修改和撤销操作规程，召开报关质量通报会，举办报关单规范填制培训，报关质量进一步提升。强化业务运行监控，通过9大类近百项指标强化日常监控，保障了实际监管各项措施有效落实。规范旅检业务管理，上线运行旅客舱单系统、旅客通关子系统和公自用物品监管系统，加大违禁物品查缉力度，全年监管进出境航班133架次，旅客2.36万人次，同比增长83%，查获违禁书籍27本，征收行邮税7 525元。三是加强关警联动配合，打私效能不断提高。组织开展打击武器弹药走私专项行动和网上追逃督察"清网行动"，协查案件18起，协助抓捕犯罪嫌疑人3名，成功抓获网上逃犯1名，清网率达到100%。加强行政案件查办，全年办理行政案件8起，罚没入库268.7万元，同比增长58%，各项办案指标均有所提升。加强反走私综合治理，与公安、工商、税务、烟草部门联系配合，开展了"打四黑、除四害"联合行动，查获涉嫌走私猪肉60吨，价值160余万元。四是优化诚信管理机制，后续管理明显增强。加强企业注册备案和分类管理，强化日常监控和动态调整，关区有效注册企业达1 166家，新增A类及以上企业17家，降级处理企业7家。探索建立以企业为单元的"户籍式"管理模式，与大型国有AA类企业签订《关企合作备忘录》、《适用担保验放通关程序责任担保书》。成立甘肃省报关协会，实现了甘肃省进出口行业的规范化管理。五是风险管理整体推进，实际应用成果有效转化。全年风险处置有效率60%，应用转化率达35%，处置结果向后续监管和缉私环节有效延伸。开展占关区进出口量70%的精矿类商品调研，完成《进口精矿类商品风险状况调研报告》，提出风险防控措施，指导业务一线执法。扩大风险布控覆盖面，健全风险参数维护管理和运行监控机制，全年加载维护分类通关风险参数448条，发布各类风险布控指令530条次，风险布控率8.8%，布控有效率达21.7%。六是强化业务整合，综合监管改革稳步推进。组建风险情报监控分析中心，完善"大情报"体系。深入实施"三查合一"改革，上线运行"三查合一"作业系统，完成监管资源整合和职能业务调整，企业减免税专项稽查成效明显，全年稽查企业27家，发现问题9起，查发问题率39%；有效开展加工贸易核查核销，保税核查20起，中期核查率、下厂核销率均达到100%。全面推进进口分类通关改革，全年适用进口分类通关占进口报关单总量的47.3%，出口分类通关占出口报关单总量的71.8%，处置为低风险的报关单占比80%以上，有效控制了风险。七是积极落实《署省合作备忘录》，服务促进甘肃扩大对外开放。与西安海关签署《服务关中—天水经济区发展框架协议》、与甘肃省商务厅签署协作备忘录，与地方14个市州建立联络协调机制。不断改善通关环境，通关效率进一步提高。关区业务量的50%采取"属地申报,口岸验放"模式通关,83.4%的税款通过网上支付,全年进口报关单4小时作业完成率97.22%,出口2小时作业完成率97.67%。严格落实国家减免税政策,全年审批减免税款1.4亿元。完成《关于增列高纯铜税目并免征出口关税的调研报告》并上报海关总署。充分发挥海关统计分析职能,积极监测分析全省外贸运行状况,向甘肃省委省政府报送《统计快报》22篇,《统计月度分析》22篇。

甘肃省公安边防总队 以服务地方经济发展为目标,坚持服务与管控并重,深入开展提高服务水平活动,积极创造高效、专业、优质、友好、便捷的通关环境,全面打造展现甘肃对外窗口的良好形象。以创新边检服务为出发点和落脚点,推出了中国公民旅游团预报预检、入境团队免排、非定期航班便捷查验、特殊旅客预约通关等8项便民措施,受到了各级领导的批示肯定,也为出行旅客带来方便。以创建兰州边检品牌为目标,与《西部商报》合作,开办了"出境入境看边防检查指引"专栏,为市民出境游提供专业参考。紧跟甘肃省旅游支柱产业开发战略,积极与甘肃省旅游局合作,采取在现场LED大屏播放旅游宣传片、发放宣传画册等方式,力争将兰州边检打造成全省旅游对外宣传的一道门户。以开通"兰州边检"警营微博、公布边检服务QQ号码、设置边检彩铃、倡议口岸单位开展"争先创优在口岸"活动为载体,全面加强边检职业文化建设,营造了"自信开放、亲和体恤"的边检文化氛围。以提高检查员素质为抓手,大力开展全员业务练兵,优化队伍结构。圆满完成了穆斯林朝觐包机、兰州至香港、台北、济州岛旅游包机等边防检查任务,确保了每名旅客正常检查时间不超过30秒,95%的旅客候检时间不超过25分钟。

甘肃出入境检验检疫局 紧紧围绕"抓质量、保安全、促发展、强质检"的工作目标,采取有力措施推进各项工作。口岸出入境检疫查验工作:共检疫查验出入境人员计23 127人次,查验入境旅客携带行李200余件,登机检疫出入境航空器64架次,其中出境和入境各32架次。出入境旅客中占比重最大的是赴沙特朝觐的甘肃、青海两省的穆斯林群众。其次是赴韩国济州岛、中国台湾、中国香港及东南亚游客。2011年,甘肃省朝觐穆斯林群众因病死亡3例(其中2例死于沙特,1例死于返程途中),甘肃出入境检验检疫局对该名入境死亡病例进行了相关卫生处理后移交家属。3例死亡病例经流行病学调查后均排除传染病性疾病。口岸卫生监督工作:对所管辖的口岸航空配餐企业实施卫生监督,按计划每月进行一次卫生监督检查和现场食品快速检测,为出入境旅客提供安全、卫生的机上配餐食品。口岸范围内未发生食品安全卫生事件。口岸媒介调查工作:按照国家质检总局要求,开展了兰州中川机场口岸区域蚊、蝇的种群构成、密度及季节消长情况的调查。从3月开始,每月1次,每次3~4天开展现场调查工作,务求摸清口岸区域蚊、蝇的种群分布及季节消长情况。截至12月31日,调查工作仍处于现场原始数据采集阶段,待现场数据采集工作结束后,即开始原始资料整理和数据统计分析工作。

2011年甘肃省口岸流量统计表

口岸类型		口岸名称	货运量(万吨)				集装箱量(万标箱)				人员(万人次)				交通工具(辆、艘、架、列次)			
			出口	进口	合计	同比(%)	出口	进口	合计	同比(%)	出境	入境	合计	同比(%)	出境	入境	合计	同比(%)
空运口岸											1.174 3	1.191 0	2.365 3				119	+183.33
	分计										1.174 3	1.191 0	2.365 3				119	+183.33
陆运口岸	公路口岸	分计																
	铁路口岸	分计																
水运口岸	海港口岸	分计																
	河港口岸	分计																
合计			1.37	222.75	224.11						1.174 3	1.191 0	2.365 3				119	
同比(%)			+12.42	+19.00	+19.00						+80.63	+77.64	+80.78				+183.33	

(甘肃省口岸管理办公室提供)

2011年兰州海关主要数据统计表

项目		2011年	同比(%)
进出口货运量 (万吨)	合计	224.11	+18.90
	进口	222.74	+19.30
	出口	1.37	-22.70
进出口贸易总值 (万美元)	合计	408 039.50	+8.48
	进口	404 573.34	+8.85
	其中:江、海运输	366 020.13	+13.38
	铁路运输	30 338.97	-25.28
	汽车运输	262.01	+2 771.64
	航空运输	7 920.44	-3.72
	邮件运输		
	其他运输	31.80	+34 768.42
	出口	3 466.15	-22.70
	其中:江、海运输	2 017.21	-26.46
	铁路运输	344.76	-21.46
	汽车运输		
	航空运输	1 104.18	-15.19
	邮件运输		
	其他运输		
税收 (万元)	两税合计	391 790.90	+1.60
	关税入库		
	进口环节税入库		

(兰州海关提供)

2011年甘肃省口岸出入境主要数据表

单位:(人员)人次;(交通工具)辆、艘、架、列次

	项目		2011年	2010年	同比(%)
出入境人员	出入境人员总数		23 653	13 089	+80.78
	入境人员		11 910	6 588	+77.64
	出境人员		11 743	6 501	+80.63
	出入境旅客		22 622	12 550	+80.25
	出入境员工		1 031	539	+91.29
	中国公民	小计	23 060	13 015	+77.19
		内地居民(因公)	270	827	-67.35
		内地居民(因私)	20 455	11 834	+72.85
		港澳居民	2 244	354	+533.90
		台湾同胞	91	0	
	外籍人员		593	74	+701.35
	从海港出入境人数				
	从陆港出入境人数				
	从空港出入境人数		23 653	13 089	+80.78
交通运输工具	总计		119	42	+183.33
	船舶				
	飞机		119	42	+183.33
	火车				
	机动车辆				

(甘肃省公安边防总队提供)

2011年甘肃省出入境检验检疫业务统计表

项目	货物检验检疫		检验检疫不合格		交通工具				集装箱（标箱）		发现动植物疫情		货物通关		出入境人员查验（人次）	健康检查及预防接种（人次）			
	批次	金额（万美元）	批次	金额（万美元）	船舶（艘）	飞机（架）	火车（节）	汽车（辆）	合计	检出问题	种类数	种次	批次	金额（万美元）		健康检查	艾滋病监测	发现病例	预防接种
本年累计	13 335	154 536	62	266		128			51		13		5 311	57 458	23 125	8 624	8 624	429	11 838
其中 出境	7 687	47 286	45	228		64					4		349	3 501	11 538	7 818	7 818	399	11 838
其中 入境	5 648	107 250	17	38		64			51		12		4 962	53 957	11 587	807	807	30	
与上年同比（%）	−9.43	−10.62	−27.06	−56.03		+124.56			−7.27		+30		−16.77	−12.21	+76.62	+77.59	+77.59	−47.62	
其中 出境	−4.07	−2.01	−25	−46.74		+128.57					+100		−12.09	−5.39	+77.4	+85.24	+85.24	−49.75	
其中 入境	−15.83	−13.95	−32	−78.42		+120.69			−7.27		+50		−17.08	−12.62	+75.85	+26.89	+26.89	+20	+0.71

（甘肃出入境检验检疫局提供）

甘肃省口岸大事记

4月21日~10月27日
兰州至香港包机航班继续运营。

6月13日
甘肃省委副书记、省长刘伟平在敦煌调研时要求抓紧开通敦煌航空口岸。

6月28日
国家口岸管理办公室批复同意兰州至韩国济州岛客运包机在兰州机场临时入出境。

7月7日~9月3日
开辟兰州至韩国济州岛旅游包机航线,这是兰州航空口岸第一个由外国籍航空公司执飞的旅游包机航线。

10月8日~16日
甘肃、青海两省近5 000名穆斯林信众从兰州中川机场航空口岸出境前往麦加参加朝觐活动。

11月15日~27日
甘肃、青海两省参加朝觐活动的近5 000名穆斯林信众从兰州中川机场航空口岸顺利入境。

(撰稿人:王裕民、李军、汪小刚、谭波)

青海省

青海省口岸工作综述

【口岸运行数据】2011年,青海省进出口货物15.3万吨,集装箱198标箱,实现进出口总值92 382万美元,同比增长17.1%,其中,出口66 182万美元,同比增长42%;进口26 199万美元,同比减少18.8%。贸易顺差39 983万美元。一般贸易占绝对比重,进出口90 971万美元,同比增长17.3%,占进出口总值的98.5%。硅铁、地毯、山羊绒出口均增长。硅铁出口15.8万吨,同比增长7%,价值24 779万美元,同比增长20%;地毯出口7 705万美元,同比增长105.8%;山羊绒出口205吨,同比增长86.5%,价值2 004万美元,同比增长100.5%。氧化铝、机电和高新技术产品进口有所减少。进口氧化铝33万吨,同比减少22.1%,价值12 619万美元,同比减少6.7%;机电产品进口总值7 216万美元,同比减少59.8%;高新技术产品进口732万美元,同比减少78.1%。各经济类型企业出口值均有不同程度的增长,私营、集体、外商投资企业的进口下滑。私营企业进出口61 520万美元,同比增长28.4%,占全省同期进出口总值的66.6%,其中,进口7 090万美元,同比减少24.5%;集体企业进出口8 289万美元,同比增长16.9%,占全省同期进出口总值的9%,其中,进口151万美元,同比减少87.7%;外商投资企业进出口3 928万美元,同比减少70.8%,占全省同期进出口总值的4.3%,其中,进口2 201万美元,同比减少82.4%。与主要贸易国家(地区)进出口有升有降。主要贸易伙伴依次为日本、欧盟、澳大利亚、美国、韩国、巴基斯坦、意大利、中国香港。日本国作为青海省第一大贸易伙伴,贸易方式以出口为主,出口值为2.14亿美元。对澳大利亚、美国、意大利出口贸易成倍增长,对意大利进口贸易增长。

【口岸综合管理】完成联检综合办公楼可行性研究论证等前期各项筹备工作,3 200万元建设资金已经落实,2012年即将开工建设;青海省边防总队营房建设工作全部完成,8月1日,青海省边防总队搬进新居;电子口岸建设,支持海关280万元、边防180万元用于电子网络平台建设,大力推动了口岸信息网络建设工作。

【口岸开放工作】多次前往国航、深航、厦航、川航、海航总部对接开通中国香港、韩国航线包机等相关事宜。青海省口岸办会同青海省民族宗教委员会前往国家民族宗教委员、国家民航总局、中国国际航空公司了解穆斯林朝觐包机政策、审批程序,协调存在的问题。青海省口岸办召集海关、检验检疫、边防、机场公司研究在西宁机场二期改造情况下通关保障措施,制定了保障方案。争取政府对开辟国际航线资金支持。4月,口岸办牵头组织相关部门前往甘肃、陕西、宁夏、福建、广东、贵州、四川等地就如何培育航空口岸发展,扶持国际航线进行了考察学习和交流。青海省口岸办草拟《关于培育我省航空口岸发展建立扶持国际航线长效机制的意见》上报青海省政府。根据报告,青海省政府出台了《青海省民航运输发展资金管理办法》。

【口岸大通关】打造"无水港",推动大通关,促进青海省"陆路口岸"的建设和发展。一是积极配合相关部门做好青海省曹家堡临空综合经济区保税物流中心的各项筹备工作。为做好前期的规划,青海省口岸办先后牵头组织相关部门前往银川、四川、重庆、西安等地调研考查,借鉴外省利用航空口岸的优势,发展临空口岸经济圈,打造保税区"无水港"平台,实现港口后移的"大通关"现代物流的成功经验,结合青海省实际来规划、筹建保税物流中心。二是推动海关特殊监管区保税库的建设。三是加强区域之间的口岸"大通关"合作。青海省口岸办在"2011厦门98贸易洽谈会"期间，与福建省口岸办签订了《口岸合作备忘录》、《口岸合作议定书》。

【电子口岸建设】一是不断强化服务企业的意识和水平，采取积极有效措施不断提高客户服务工作质量。完善服务制度，建立"首问负责制"，实现服务规范化；加强培训，不断提高客服工作人员服务技能和专业技术水平；建立科学服务体系，落实"5×8小时"热线电话受理机制和客户服务岗位A、B角制度；实行"特事特办"，现场服务与上门服务相结合；开展客户满意度调查，有针对性地改善客服工作。目前，西宁关区电子口岸入网企业已达635家。本年新入网企业94家，制发各类IC卡200余张；办理操作员变更、企业情况变更、IC卡解锁、数字证书延期的有78家。每日平均接听企业电子口岸业务咨询电话达4次，有效地保障了企业通关业务的开展。二是5月31日召开了青海省电子口岸建设工作会议，青海省副省长、青海省电子口岸建设领导小组组长王令浚出席会议并讲话。会议总结了2005年"全国地方电子口岸建设现场会议"召开以来青海省电子口岸建设与发展情况，确定了今后青海省电子口岸建设的重点。王令浚副省长对青海省电子口岸建设取得的成效给予充分肯定，对今后工作提出了三点要求：一要统一思想，提高认识，进一步加大电子口岸建设力度；二要加强组织领导，密切协调配合，努力提升电子口岸的整体效能；三要加大投入力度，提高服务水平，推动电子口岸建设快速发展。三是青海电子口岸建设取得阶段性成果。顺利完成青海电子口岸公共信息平台项目建设的总体设计方案的编写和论证、软硬件设备的选型采购及安装配置、应用系统的开发移植、系统集成和总体测试及系统试运行和正式上线工作。"青海电子口岸企业入网网上审批系统"顺利上线运行，在简化电子口岸企业入网业务手续、减少外贸企业贸易成本、方便电子口岸成员单位之间信息共享、提高电子口岸执法部门服务效率和质量、增强政府办事透明度方面发挥了重要作用。同时，积极开展2012年度青海省外贸公共服务平台建设资金的申请工作，确定了2012年度外贸公共服务平台建设资金项目为青海电子口岸数据交换平台，编制了项目建议书和可行性研究报告。该项目目前已被确定为2012年青海省外贸公共服务平台建设资金扶持项目。四是保障青海省电子口岸信息网络系统安全稳定运行。强化安全意识，确保全体人员对各信息系统的安全做到充分的了解认识，高度重视网络信息系统安全运行维护工作；加强电子口岸网络核心设备的运行管理和安全防范工作，安排专人定期对网络设备进行巡检并做好记录；开展信息系统安全自查工作，制定详细的自查方案和统一的客户端软件安装标准、命名规范，安装正版防病毒软件，严禁接入外来移动存储设备，确保客户端系统安全；制订电子口岸网络安全应急预案和重大故障报告流程，全方位保障信息系统安全。五是认真完成中国电子口岸数据中心安排部署的重点工作任务。顺利完成安全产品销售发票管理改革试点工作。根据青海电子口岸实际，于3月1日正式启动新的发票管理模式，2011年度通过发票管理系统累计开票95张；顺利实施数据中心呼叫中心虚拟远程坐席建设工作，规范了西宁数据分中心客服工作，提高了服务效率和服务质量。六是密切与中国电子口岸数据中心和兄弟数据分中心之间的联系。5月份和11月份，西宁海关副关长扎顿带队两次拜访了中国电子口岸数据中心领导，汇报了西宁数据分中心近年来的工作情况，对中国电子口岸数据中心给予西宁数据分中心设备和项目建设上的支持表示感谢。积极参加电子口岸西北工作区组织的考察调研工作。加强与兄弟数据分中心之间的联系。

【口岸查验部门简述】**西宁海关** 2011年，完成税款入库1.35亿元，审批减免税货值3719.7万元，减免税款3472.8万元，累计监管进出口货物15.33万吨。认真做好西宁曹家堡机场航空口岸相关工作。积极开展和参与各项工作调研，借鉴兄弟海关的执法和管理经验，积极向青海省口岸办提出工作建议。与检验检疫、边防等部门加强协调沟通，积极参加文明口岸共建活动。加强业务培训，提高执法能力。先后3次组织关员到西安、兰州机场海关，实地学习机场口岸进出境货物、物品的监管查验的具体操作，熟悉口岸进出境监管业务。采取集中学习与自学相结合的方式,不间断开展口岸通关监管业务培训和常用英语会话练习,提高实际工作能力。积极做好2011年进境朝觐物品监管工作。对进境物品依法实施监管,将监管重点放在防止国家禁止、限制物品及散发性宗教宣传品及反动宣传品等流入境内上,有重点地实施查验,坚决防范境外利用宗教活动进行的各类渗透活动。根据物品进境情况,随时派关员到西宁机场监管验放,确保朝觐物品快速通关。指派专人负责海关公自用物品监管系统数据录入和通关等工作,既为朝觐人员提供了便利,又节省了朝觐人员的相关报关费用。共验放圣水、礼拜毯、《古兰经》等朝觐物品53票,共计402件、51.9吨。

青海省公安边防总队 2011年,以提高边检服务水平为中心,全面推进执勤训练规范化、管理教育正规化、信息建设集成化的工作目标,不断增强部队遂行边检服务和执勤执法等各项工作任务的能力,确保执勤执法、查控工作万无一失。一是深化"爱民固边"战略,抓主业、打基础,边检业务、执法规范化建设取得新突破。集中开展了以"走评改建"为主要内容的大走访开门评警活动,分别召开特邀监督员会议,走访青海省旅游局、省内5家具有组织境外旅游业务资质的旅行社、青海机场公司、深圳航空公司及海关等联检单位,广泛征求对边检服务工作的意见和建议,主动接受社会监督。加强检查员队伍业务培训,抓好边检服务定式养成,力争边检服务水平上台阶。完成了所有检查员的摸底考核工作,制定3年学习目标,签订目标责任状,10月份进行了考核验收;分别组织检查员去长沙、乌鲁木齐边检站跟班学习;对新分来的检查员送至杭州边检站进行岗前培训;邀请北京边检总站、武汉边检站等经验丰富、工作能力强的检查员来单位举办专题讲座;邀请青海省民委、宗教局等单位专家进行民族、宗教政策培训;邀请礼仪专家进行礼仪知识培训;举办2期梅沙系统应用培训班和1期伪假识别及文检仪操作专题培训,切实提高检查员执勤业务能力。严密口岸查控工作,确保口岸安全稳定。严格落实查控工作各项制度和措施,确保查控工作万无一失。落实24小时查控值班制度,每日核对查控数据不少于3次;对梅沙系统数据进行实时自动下载,确保梅沙系统的有效安全运行;每周重启服务器,做好维护工作;每季度都对梅沙系统使用情况进行检查,确保查控数据库准确无误。完成边检业务硬件的升级。完成了2011式验讫章启用培训工作,外国人出入境卡片自助打印系统、旅客查询触摸屏系统和电子评价器的安装、使用培训工作;完成了总队出入境人员数据库、航班信息与青海省公安厅信息平台的对接。二是强力推进信息化建设,全面提升科技应用水平。对总队全体干部进行了一体化常用办公软件培训,强力推进一体化应用工作。安装梅沙系统至新配发服务器,同时使用替换下来的老服务器作为梅沙第二备机。2011年上半年完成总队网站建设并试运行,开通了总队门户网站,开通了边防电子口岸信息系统,实现旅行团及出入境航班、旅客网上预检预录和网上报检,加快了口岸通关速度。完成了总队指挥中心、机要室的建设和营区监控系统、中心机房、办公楼弱电系统工程建设。

青海出入境检验检疫局 与口岸各单位紧密合作,在青海省口岸办的大力支持下,有针对性地构建口岸卫生保障体系,创新口岸公共卫生监管模式,实施科学监管。一是确保机场航空口岸食品卫生安全。由主管局长带队,组成"青海局食品安全宣讲组",向口岸食品生产经营企业宣讲《食品安全法及实施条例》和国家质检总局《关于进一步加强口岸食品添加剂监管工作的通知》精神;举办口岸食品卫生从业人员培训班,共计培训口岸食品卫生从业人员210人次;向口岸食品生产经营企业和单位发放《口岸食品卫生从业人员培训教材》120份。在口岸食品卫生监督日常工作中,积极督促和帮助企业建立ISO9000质量管理体系和HACCP体系,把重点单位和重点环节作为日常卫生监督的重中之重。定期和不定期对食品生产经营单位和企业进行采样监测或要求其提供近期官方的检验报告,对出现的问题立即纠正并要求被监督单位提出相应的预防措施。对机场口岸3家相关食品生产经营企业和1家机场公共场所进行了卫生许可考核,颁发了"国境口岸食品生产经营单位卫生许可证"。进行日常卫生监督38次,发现问题并提出整改意见68项;实施食品卫生快速检测27次,检测项目365项;为机场口岸从业人员健康体检446人次,颁发从业人员健康证书446个。组织对航食公司进行综合检查2次,提出整改意见15条,现已完成整改。加强口岸食品添加剂监管工作,组成了以主管副局长为组长的口岸食品添加剂监管工作组,制定了《青海检验检疫局加强口岸食品添加剂监管专项工作方案》,进一步加强了口岸食品添加剂监管,有效保障了口岸食品安全。二是强化管理,制订方案,保障运行。按照国家质检总局的部署和青海省政府的工作要求,结合口岸对外开放、国际国内情况和实际工作需求,对《青海出入境检验检疫局口岸核辐射恐怖袭击事件应急处理预案》《青海检验检疫局口岸生物恐怖袭击事件应急处置预案》进行了修改。依据《青海检验检疫国境口岸突发公共卫生事件应急处理预案》,进一步修订了《机场口岸旅检作业流程》《出境航空器检疫操作作业指导书》《入境航空器检疫操作作业指导书》《出境旅客检疫查验作业指导书》《入境旅客检疫查验作业指导书》《禁止携带入境物检疫作业指导书》,完善了工作制度,规范了操作规程和应对机制。三是确保机场口岸出入境检疫查验顺利开展。强化了口岸工作人员对各种预案、操作流程、作业指导书、航空安保条例、航空管理规则等的学习和演练,确保仪器设备的安全和检疫查验工作的顺利开展。根据西宁机场二期扩建及检验检疫设备安全的需要,及时妥善地分类将设备保管在机场和局里并调配使用,定期检查。四是开展机场口岸医学媒介生物本底调查及动态监测工作。在积极咨询和充分调研的基础上,于2010年9月开始对蝇类进行了为期1年的本底调查和动态监测,现已完成蝇类种群密度、种类、消长规律、分布情况等的本底调查和动态监测报告。五是对机场口岸公共场所进行环境因素监测2次,分别对青海省民用机场有限责任公司的机场候机楼(贵宾厅、候机大厅、两层隔离厅、中餐厅、到达厅及售票处)7处公共场所的空气(一氧化碳、二氧化碳、甲醛、细菌总数)、微小气候(温度、湿度、风速)、采光、照明、噪音进行卫生质量检测。顺利完成了10个项目的监测工作,达到了预期的效果,受到地方政府和机场公司的高度评价。六是按照国家质检总局的要求和青海省反恐办的工作部署及实际情况,对《青海出入境检验检疫局口岸核辐射恐怖袭击事件应急处理预案》《青海检验检疫局口岸生物恐怖袭击事件应急处置预案》进行了修改。及时向青海省反恐办提交相关材料和信息,完成工作部署。订购了通道式行人/行李放射性检测系统、通道式行李放射性监测系统、便携式γ能谱仪、个人剂量报警仪、个人辐射防护设备、放射性存储铅箱和生物反恐快速检测箱等43万多元的机场口岸反恐监测仪器设备,根据机场二期改建进度,合同正在执行中。

2011年西宁海关主要数据统计表

项目		2011年	同比(%)
进出口货运量（万吨）	合计	15.33	-56.40
	进口	15.31	-56.50
	出口	0.02	+98.00
进出口贸易总值（万美元）	合计	12 601.69	-59.29
	进口	12 534.62	-58.29
	其中:江、海运输	11 433.24	-60.07
	铁路运输		
	汽车运输	1.22	
	航空运输	1 100.16	+13.57
	邮件运输		
	其他运输		
	出口	67.07	-92.52
	其中:江、海运输	63.45	
	铁路运输		
	汽车运输		
	航空运输	3.62	-64.10
	邮件运输		
	其他运输		
税收（万元）	两税合计	13 514.40	-68.90
	关税入库		
	进口环节税入库		

（西宁海关提供）

青海省口岸大事记

3月6日
青海省政府召开会议,确定建设曹家堡临空综合经济区保税物流中心(B)型。

4月5日
西宁朝阳物流园区保税仓库开工建设。

4月16日
青海省口岸办牵头组织相关部门前往甘肃、陕西、宁夏、福建、广东、贵州、四川等省口岸办学习交流。

6月4日
青海省口岸办牵头组织相关部门前往银川、四川、重庆、西安等口岸办就综合保税区进行学习交流。

6月8日
青海省口岸办参加由陕西省口岸办组织召开的西北省份口岸办主任会议。

7月1日
青海省政府办公厅转发青海省财政厅《关于青海省民航运输发展专项资金管理办法的通知》(青政办【2011】145号)。

8月19日
青海省口岸办召开西宁航空口岸联检综合楼可行性研究报告论证会。

9月10日
青海省口岸办与福建省口岸办在厦门签订了《口岸合作备忘录》、《口岸合作议定书》。

9月20日
青海省口岸办参加由北京等13个省市自治区口岸办共同主办、天津口岸办承办的2011年无水港建设工作交流会。

9月22日
海关总署署长、国家口岸办主任于广洲到青海调研。青海省口岸办进行书面材料汇报。

10月20日
青海省口岸办完成西宁航空口岸联检综合楼地勘报告。

11月15日
国家空管局正式对外公布青海省西宁曹家堡机场国际航线图及机场相关数据。

(撰稿人:崔艳杰、李永、马雪峰、程洪泉)

宁夏回族自治区

宁夏回族自治区口岸工作综述

【口岸运行数据】2011年宁夏回族自治区外贸实现进出口总额22.86亿美元，比上年增长16.6%，其中，出口16.0亿美元，增长36.7%，进口6.86亿美元，下降13.1%，实现贸易顺差9.14亿美元。资源类产品出口下降，优势特色产品出口增长较快。金属镁、铁合金两大资源类产品出口分别下降28.3%和8.1%。羊绒纱线增长3.0倍。钽、铌、铍及制品，味精、红霉素、泰乐菌素、双氰胺等特色优势商品出口仍保持38%以上的强劲增长势头。

【口岸基础设施建设】2011年，宁夏回族自治区口岸工作按照自治区党委、政府"建成投用'三大口岸'"的要求，建设口岸，完善口岸功能。2011年，银川河东机场有9家航空公司运营，已开通国际国内航线31条，旅客吞吐量突破350万人次，货邮吞吐量1.6万吨。银川河东机场航空口岸2011年检查出入境航班18架次，旅客5 320人次，同比增加8.5%。圆满完成了宁夏穆斯林朝觐和中阿经贸论坛及商务包机等任务，保障了"银川—昆明—迪拜"客运航班。宁夏货运航空公司筹建许可已进入最后审批程序。宁夏自治区口岸办作为银川河东机场三期扩建口岸联检单位综合楼建设项目牵头单位，积极协调自治区有关部门做好前期筹备工作。银川河东机场拟建口岸联检单位综合楼建筑面积6 250平方米，检验检疫货物专用堆场10 000平方米，熏蒸处理库200平方米。宁夏惠农陆路口岸完善口岸功能。成立宁津公司报关行，相关材料已上报银川海关，待银川海关审批后可正式挂牌。宁津公司订舱中心已经开始正式运行，在天津港集团的协调与支持下，将充分发挥天津港银川区域营销中心的作用，加快推进与天津外代公司进行战略合作，有效降低企业订舱成本。按照海关监管"促进贸易便利化"原则，银川海关充分发挥宁夏惠农陆路口岸海关监管场所的作用，加快推进"直通关"业务模式，最大限度地为企业提供方便。完成区域检疫检验技术中心建设及设备配套，启动本地及周边报检直通放行业务办理；组建2家公路物流海关监管车队，购置海关监管车辆15台，已在工商、运管、海关注册登记，获得经营许可，开启了宁夏惠农陆路口岸海关监管货物公路运输的新途径；完善物流信息平台，在已有信息平台具备部分功能基础上，及时了解和掌握企业需求、市场变化、内部管理的需要，完善信息管理系统功能和配置，逐步实现企业资源、客户管理、电子商务、数据交换、智能运输、地理信息、全球定位和办公自动化管理等多项功能；开工建设保税仓库项目，宁夏蒙凯国际贸易有限责任公司保税仓库项目规划占地面积约60亩、计划总投资5 000万元、总建筑面积7 000平方米，主要建设综合办公楼、维修车间、保税仓库、商用车停车场等，该项目于2011年9月20日开工建设，今年完成建筑面积1 640平方米综合办公楼、维修车间一层钢屋架结构、围墙及辅助设施工程，预计完成投资1 000万元左右，计划2012年完工后，经海关部门验收合格后正式投入运营；协调推进铁水联运示范项目，在自治区交通运输厅、石嘴山市政府的重视和支持下，加强与国家部委、天津市及相关部门的对接和联系，积极争取天津—宁夏集装箱铁水联运示范项目支持，12月8日，天津市交通运输和港口管理局、宁夏回族自治区交通运输厅、石嘴山市政府在银川签署了《关于共同推进天津港—宁夏惠农陆路口岸集装箱铁水联运示范项目合作备忘录》，标志着天津与宁夏回族自治区携手，共同推进天津—华北、西北地区集装箱铁水联运示范项目正式启动，两地铁水联运的合作迈出实质性步伐。

石嘴山市以宁夏惠农陆路口岸为核心打造的陆港经济区经国务院批准正式成为国家经济技术开发区,宁夏惠农陆路口岸经济和社会效益日益凸显。2011年,宁夏惠农陆路口岸实现货物吞吐量3.02万标准箱,完成货物吞吐量61万吨,同比增长8%,海关办理通关货物货值1 900万美元,关税2 091.71万元。2011年,以银川开发区陆路口岸为核心功能区的银川陆港完成货运量103.4万吨,完成年度计划的413.6%;营业收入3.13亿元,完成年度计划的208.7%;固定资产投资1.63亿元,完成年度计划的108.7%。海关进境转关查验货物42票、511吨,货值1 785万美元。口岸封关运行取得新进展。一是加强银川陆港监管场所的规范化管理,健全监管场所、监管仓库、监控设施等各项管理制度,制定了《银川开发区陆路口岸封关运行工作方案》。二是天津港集团公司、中外运天津股份公司确定了"两地"区域通关货物运作方式和物流操作流程及联系配合办法;中外运陆港公司与中远、中外运集运、MSC、APL、大新华等班轮公司及青岛港集团公司进行了业务对接,为口岸铁海联运业务的开展奠定了基础。三是兰州铁路局对外贸铁路专用线改造工程进行了综合验收并正式取得通车令。四是经过改造的银川陆港海关监管设施通过了银川海关组织的验收。银川陆港物流服务"三大平台"初显端倪。一是建设集装箱运输服务平台。购置了1 000个集装箱。全年陆港集装箱货运量6 100TEU。银川至连云港集装箱班列有望2012年得到正式批准。二是建设物流信息公共平台。编制了《银川开发区陆路口岸电子口岸信息平台可行性研究报告》,争取了自治区现代物流业专项资金的支持。三是建设农产品和农资商品仓储交易平台。银川陆港建设项目推进顺利。2011年,按照银川开发区管委会确定的"八项工程",全年完成固定资产1.63亿元,其中出口加工基地完成51 431平方米的5栋加工车间和1栋保税仓库等一期工程建设,二期工程开工建设。起草了《银川开发区出口加工基地招商引资优惠政策》,完成了《银川开发区物流业"十二五"发展规划》的编制工作,为银川陆港项目建设打下了良好基础。

【电子口岸建设】宁夏回族自治区口岸办会同银川海关加强对自治区电子口岸建设的指导和支持,加快自治区电子口岸平台建设,积极开展了基础数据联网、电子执法、便捷通关项目实施、网上政策服务、通关信息服务等工作。2011年,推广运行的电子口岸应用项目有网上支付、网上报关等9个,入网企业总数达918家,网上支付税款累计超过24亿元,出口收汇、进口付汇、联网核查、网上退税等项目推广应用均取得了显著成效。电子口岸已成为宁夏回族自治区各类电子政务及电子商务平台中应用效益最为显著的平台之一,有力地保障了企业进出口业务的开展和自治区对外贸易的发展。"十二五"期间,银川海关将积极推动实现宁夏回族自治区与沿海地区电子口岸数据交换和互联互通,促进宁夏回族自治区"大通关"建设。

【口岸综合管理】宁夏回族自治区政府工作报告指出,"十二五"期间宁夏回族自治区经济工作主要任务之一是"建设内陆开放试验区。以向西开放为突破,着力扩大面向阿拉伯国家和伊斯兰世界的交流合作,构建国际贸易大通道,实现对外开放新突破。"自治区各级政府把自治区口岸工作作为自治区向西开放战略和建设内陆开放示范区重要的对外通道建设工作之一,高度重视,常抓不懈。自治区口岸办围绕自治区中心工作,突出工作重点,建设和完善"三大口岸"功能,促进自治区提升对外开放水平。一是加强口岸日常管理,高标准完成口岸保障工作。根据口岸特点,积极研究制定口岸管理规定,坚持协调会、碰头会、总结会及口岸信息报送制度。圆满完成了宁夏穆斯林朝觐和中阿经贸论坛及商务包机等任务,保障了"银川—昆明—迪拜"航班。二是加强口岸基础设施建设。配合自治区有关部门,加强口岸和物流园区发展专项资金的引导和使用,帮助口岸运营企业科学规划建设项目。根据国家口岸管理规定,积极争取自治区项目资金支持,规划改造银川河东机场航空口岸旅检通道。协助当地政府做好设立中卫(中宁)陆路口岸的前期筹建准备工作。三是构建联络协调机制,协调自治区有关部门和联检单位及时处理和解决"三大口岸"建设中出现的新情况、新问题。四是加强与国家有关部委和沿海沿边口岸城市联系,共同探索新形势下内陆口岸延伸沿海沿边口岸功能的新途径和新方法,协调"银川—昆明—迪拜"客运航班、天津港—宁夏惠农陆路口岸集装箱铁水联运示范项目及设立宁夏货运航空公司等事项,推动口岸合作备忘录相关工作的落实。五是加强文明口岸建设,总结表彰口岸先进集体和个人,激发口岸工作者的工作激情,提高口岸工作人员综合素质,树立口岸良好形象。

【口岸区域合作】2011年,宁夏回族自治区口岸办在国家有关部委支持下,加强与沿海沿边口岸城市跨区域合作,延伸口岸功能,提升自治区对外开放水平。为贯彻落实自治区党委、政府向西开放战略,确保"银川—昆明—迪拜"宁夏国际航班顺利开通运营,在自治区交通运输厅党委领导下,自治区口岸办会同银川海关、宁夏出入境检验检疫局、宁夏机场公司等有关口岸单位和部门,多次赴北京和昆明,积极争取海关总署、国家民航总局、昆明口岸联检单位和东航云南分公司的支持。

【穆斯林朝觐保障】2011年,宁夏回族自治区朝觐包机口岸保障工作自10月17日开始,至12月3日结束,宁夏回族自治区穆斯林群众2 656人次从银川河东机场航空口岸出境参加朝觐。为确保宁夏回族自治区穆斯林朝觐包机口岸保障工作圆满顺利,自治区口岸办按照自治区朝觐工作领导小组(扩大)会议要求,积极协调自治区民委、伊协,会同口岸联检单位、机场公司等口岸相关单位,一是认真做好保障前的准备工作,召开朝觐包机保障工作协调会,分析形势、明确责任,建立联系人制度,保持畅通的信息沟通渠道。二是保障工作进行中,口岸办能把握全局,及时协调解决通关衔接环节,联检单位突出通关服务细节。三是保障工作结束后,及时总结,提高包机保障水平。自治区口岸办、银川海关、宁夏出入境检验检疫局、宁夏公安边防总队被自治区朝觐工作领导小组评为"2011年度朝觐出入境工作先进集体"。

【口岸查验部门简述】银川海关 2011年在海关总署党组的正确领导下,在宁夏回族自治区党委、政府的关心和支持下,银川海关坚持科学发展观,认真贯彻全国海关关长会议、工作会议和党组扩大会议精神,紧紧围绕总署"四好"总体要求,以"深、细、钻、实、新"工作要求为目标,扎实开展"创先争优"和"基层基础建设年"活动,夯实基础,强化管理,不断优化海关监管与服务,提高依法行政水平,全心全意服务国家经济社会发展和区域经济社会协调发展大局,切实履行海关把关服务使命。银川海关干部职工团结进取、奋力拼搏,圆满完成了全年各项工作任务,整体发展取得了平稳健康的新进步。2011年实现税收6.63亿元,监管进出口货运量46.05万吨,监管货运总值5.5亿美元,监管进出境航班19架次,验放进出境旅客5 693人次。加强口岸通关服务保障。积极支持宁夏回族自治区临空口岸经济发展,力促"银川—昆明—迪拜"国际航班开通,推进宁夏回族自治区同中亚、中东国家的经贸合作,促进环渤海地区海关通关合作,加强与口岸港务、检验检疫等部门的沟通联系,为惠农国际物流中心等营造便捷通关环境。落实企业分类管理"守法便利"通关政策,加大对重点企业、重点产业通关服务力度。坚持实行"5+2"工作制、"24小时预约"通关制度,严格履行"接单不过夜"的服务承诺。积极开展"提前报关"、"网上支付"等业务,降低企业贸易成本。设立便捷通关服务绿色通道和业务咨询窗口,服务自治区重大经贸活动和对外事务进出,圆满完成了中阿经贸论坛、穆斯林群众朝觐进出境等重要监管任务,被自治区政府评为"保障服务工作先进单位"。推动国际物流产业发展。银川海关全力支持石嘴山市惠农、银川市经济技术开发区、灵武国际空港国际物流中心建设,积极参与自治区国际物流中心项目规划建设论证,按照"设施到位、制度到位、人员到位、跨区域协调工作到位"的目标,在装备、人员、经费等方面给予倾斜,研究制定了与口岸转关和区域通关的无缝对接模式,加强与天津等口岸港务、检验检疫等部门的沟通联系,全力保障国际物流中心通关业务按期开展,推动国际物流中心"一站式通关"目标的实现。银川海关加强对关区内海关监管场所建设工作的规范和指导,于2011年11月对所有监管场所进行检查验收,对通过验收的场所挂牌,主动为需要整改的场所经营主体提供业务指导,在技术、政策方面提供支持和服务,规范了海关监管场所建设和管理。

宁夏出入境检验检疫局 2011年,惠农办事处投入98.6万元购置红外碳硫分析仪、ICP等离子光谱仪、紫外可见分光光度计等实验室设备,发挥检验检疫的职能优势,提升依法行政、依法管理水平,顺利完成了惠农办事处辖区内各项检验检疫任务。2011年,惠农办事处共受理出境货物检验检疫494批次,货值9 051.4万美元,其中:铁合金320批次,共51 713.5吨,货值8 166.5万美元;脱水蔬菜174批次,共2 013.4吨,货值884.9万美元。银川机场出入境检验检疫局。2011年购置了12.75万元核生化监测应急物资,完善了60条相关机制。对检疫查验区、检疫隔离区、检疫处理区不能满足标准要求问题,已与宁夏机场集团公司协商纳入银川机场三期规划中,向银川河东机场三期扩建工程建设领导小组办公室提交了关于检验检疫用房规模和设施设备配置的函,依据《国家对外开放口岸出入境检验检疫设施建设管理规定》,提出行政办公专业技术用房、货物堆场现场查验、机动车辆现场检疫、熏蒸处理库等设施要求。口岸反恐应急管理工作是国家赋予检验检疫部门的一项新的重要职责。机场局积极加强口岸反恐应急机制的建设,在机场局人员变更后主动与银川市边检站、海关驻机场办事处、自治区辐射环境监督站、机场集团建立了应急合作机制。根据机场局目前反恐设备配备情况,补充购置了侦毒箱、洗消帐篷、核辐射洗消剂、A级防护服等共计12.75万元的核生化监测应急物资。在日本福岛核电站泄漏事件后,快速反应,迅速向机场货运提出相关要求,凡是日本进口货物逐批开展辐射检测,辐射检测合格后放行,截至8月底,查验货物135批,403件,未检出放射性超标物质。2011年,共查验出入境航班135架次,出境航班67架,入境航班68架,出入境人员传染病监测5 380人次,其中出境2 690人次,入境2 690人次。其中,朝觐人员出入境航班16架次,运送出入境朝觐人员5 312人次。2011年5月11日,"银川—昆明—迪拜"航线开通,6月1日,首批从银川登机经停昆明前往迪拜旅客顺利出境。2011年9月20日对前来参加第二届中阿经贸论坛的巴林客人乘坐的包机飞机实施检疫,圆满完成中阿经贸论坛首架包机检疫查验任务。货检工作。2011年银川机场出入境检验检疫局共完成航空口岸进出境产品现场检疫723批,其中入境产品717批,主要为机电和仪器设备;出境产品6批,包括演出道具、铝型材、玩具等。卫生监督工作。银川机场出入境检验检疫局2011年共对13家食品生产经营和服务单位开展经常性卫生监督检查308次;从业人员卫生监督检查315人/次;食品卫生快速检测13个项目,187次;培训从业人员达890人;进行卫生许可证评审13家单位,其中9家单位为复审换证,4家单位为新办理卫生许可证。食品卫生日常监管工作。制订航空口岸食品生产经营单位的日常卫生监管计划,每月对所有监管单位进行2次日常性卫生监督,针对企业普遍存在的共性问题,加强对餐饮企业索票索证制度、进货台账登记制度、食品添加剂使用制度、加工全过程等情况进行监督检查。为有效评估航空口岸食品卫生安全,积极开展食品快速检测,购置了食品快速检测的各种试纸,通过对13个卫生安全项目的检测,为食品安全提供了有力保障。认真落实信息通报制度,每月5日之前及时汇总上报快速检测情况,生产、加工、储存、运输情况,取得健康证人员情况,食品投诉事件、食品中毒事件信息。医学媒介生物监测。按照国家质检总局《国境口岸及出入境交通工具医学媒介生物监测规定》(国质检[2001]61号)文件要求,2011年在银川空港口岸首次开展了蜚蠊本底密度监测工作。研究制定了《机场局2011年蜚蠊本底监测工作方案》,设置了餐饮单位、宾馆、公共场所等5个监测点,共捕捉蜚蠊394只。微小气候和空气质量监测。为明确对航空口岸公共场所卫生监督的工作目标,确保公共场所的环境和空气质量符合卫生标准,强调日常环境的卫生监督和空气质量监测工作的重要性和必要性,银川机场出入境检验检疫局建立了全面卫生监督巡查和专项监测相结合的工作机制。根据总局提出的具体监测指标和标准,在各航站楼公共场所开展了微小气候和空气质量指标监测,监测项目包括温度、相对湿度、风速、一氧化碳、二氧化碳、甲醛、细菌总数、可吸入颗粒、照度及噪声10项,监测涉及4个场所,共监测4次累计55项,在夏季中央空调制冷系统运转的3个月时间里,采集空调冷凝水样17个,进行嗜肺军团菌检测,检测结果均为阴性。外来有害生物监测。配合卫生与动植检处开展航空口岸的实蝇监测,在机场范围内选点5处,分别挂放地中海实蝇2处,桔小实蝇、瓜实蝇和蛋白诱饵诱捕器各1处。自2011年6月开展监测以来,宁夏出入境检验检疫局检疫人员按时添加各类诱剂,定期收集被诱捕的蝇类,对捕捉的35只蝇类分类鉴定后,未发现检疫性实蝇。为保障中阿经贸论坛和"两节"期间的口岸安全,2011年8月30日,银川机场检验检疫局举行了中阿经贸论坛口岸突发事件应急处置演练。整个演练过程有条不紊,还特别注重了真实性和时效性,是一次针对性强、处置难度大的实战演练活动。检验检疫人员做到了反应迅速、操作规范、措施果断、处置高效,达到了预期目的,取得了圆满成功。为保障中阿经贸论坛顺利召开,银川机场局认真准备,精心部署,积极服务,制定了详细的《银川机场检验检疫局服务中阿经贸论坛口岸检疫查验工作方案》,对贵宾礼遇等重大问题提出详细的工作流程,明确了工作任务,圆满完成了参展货物的入境现场检疫工作,同时保障了论坛期间口岸的公共安全。银川机场出入境检验检疫局顺利通过国家质检总局2011年"口岸卫生检疫查验和国际旅行卫生保健中心创先争优"督导检查。2011年6月29日,宁夏出入境检验检疫局中卫办事处综合试验楼开工建设,该项目是宁夏出入境检验检疫局与中宁县人民政府签署的共建项目,占地31亩,建筑面积8 834.5平方米,办事处共规划设计3个实验室和1个分中心:农产品区域性中心实验室、工业品实验室、保健红心和国家级枸杞重点实验室宁南分中心,建成后将满足固原、中卫、红寺堡地区的出入境检验检疫需求和宁南山区朝觐群众的体检需求。

宁夏公安边防总队 圆满完成全年勤务工作。2011年,总队先后完成了香港嘉里集团商务包机、巴林经济发展委员会AL KHALIFA MKHAMED ISA MKHAMED ISA主席一行公务包机和2011年度朝觐包机边防检查勤务工作,共检查出入境航班18架次、旅客5 320人次、员工164人次。勤务实现了零事故、零差错。总队官兵良好的精神风貌、专业的素质技能和周到热情的服务得到了社会各界的一致好评。持续推进边检服务工作。根据《公安部关于进一步提高边检服务水平的意见》的部署要求,紧密结合总队实际,认真组织开展了"大学习、大讨论、大宣传"活动。"大学习"活动中,总队采取了"党委中心组先行学、领导授课集中学、评比竞赛激励学、创新形式灵活学"的方法切实提升学习效果,实现了检查员队伍对提服理念的根本转变,进一步深化和固化服务为中心这一边检工作指导方针。8月份,派出检查员赴乌鲁木齐边检站进行跟班学习,进一步提升检查员业务能力。严密口岸管控工作。总队认真分析口岸安全形势,完善口岸管控措施,强化口岸反恐维稳工作。9月21日至25日,在中国(宁夏)国际投资贸易洽谈会暨第二届中国—阿拉伯国家经贸论坛期间,总队在自治区公安厅的统一领导下,积极作为,采取了多项有力措施,圆满完成了论坛安保工作。一是加强组织领导,成立了中阿论坛安保工作领导小组,研究制定了《宁洽会暨第二届中阿经贸论坛边防安保工作方案》;二是及时进行动员部署,召开了中阿论坛边防安保动员大会,全面部署各项安保工作任务,明确工作要求,深入进行思想动员;三是进行执勤现场执法场所改造,进一步增加旅客候检场地,健全完善各项执法服务设施;四是开展针对性业务练兵,先后举办了阿拉伯国家人文地理、边检常用阿语、边检服务定式养成等培训班,并开展了边检业务大练兵活动,派出业务骨干外出跟班学习;五是严密口岸查控工作,严格落实口岸查控工作制度,坚持24小时值班,确保随到随布,坚持双人录入、双人核控制度,确保查控数据完整准确;六是强化应急处突工作,组建一支30人的应急处突分队,完善各项应急处置方案,组织开展处置突发事件模拟演练,提高官兵实战能力。加强对执法规范化建设的组织领导。以2011年公安边防部队党委扩大会议精神、《关于全面推进边防执法规范化建设的工作意见》和"青岛会议"精神为指导,深入分析了执法工作面临的新形势、新任务,对全年执法规范化建设再次进行了全面部署,确立了"四个突出抓好"的工作重点,即"突出抓好执法理念树立、突出抓好执法能力提升、突出抓好执法保障落实、突出抓好长效机制建设"。先后研究制定了《宁夏边防总队进一步加强执法规范化建设工作的意见》、《宁夏边防总队2011年执法规范化建设任务分解表》,层层细化工作措施、明确工作责任,为执法规范化建设的全面深入开展提供坚实的组织保障。深入开展执法理念教育。按照部局下发的执法理念教育提纲,认真组织开展严格公开规范和理性平和文明执法理念教育。积极参加全国公安民警执法资格考试。总队提前谋划、周密部署,采取多项措施全力以赴做好执法资格考试备战工作。10月15日,按照自治区公安厅统一安排,总队组织全体干部参加了全国公安机关民警基本级执法资格考试。推进信息化工作上台阶。2011年,总队加强对信息化建设的推动力度,在硬件环境建设和软件应用推广2个方面着力,进一步加大了信息化建设步伐,11下旬,部局"十一五"信息化建设检查验收组对总队进行检查验收时,对总队信息化建设给予了充分肯定。年内,总队完成了公寓楼的综合布线改造、公安边防专线电话接入、车辆GPS监控系统和车辆运输管理系统安装调试、营区监控系统改造和空港训练中心的设计施工等建设任务。深入贯彻落实部局软件一体化应用推广攻坚战要求,重点进行了日常办公系统培训、推广和运行工作,制定了总队软件一体化应用推广攻坚战推进方案,基本实现了公文网上流转、请假出差网上审批、考勤登记网上填报等功能。以公安部"一机两用"监控系统为基础,完善总队防火墙、防病毒、防灾难等安全措施,利用漏洞扫描系统,不定期进行系统补丁发放安装,提高了网络和信息安全能力。完成总队第二批公安数字身份证书的下发、登记和管理工作,信息安全认证体系初步形成。认真贯彻落实部局机要工作会议精神。理清机要工作发展思路,着力将机要工作打造成总队"亮点"工程。一是强化机要干部培养教育,全面提高机要干部整体业务素质,提升应对新时期密码通信保障能力。通过开展学典型活动,强化理想信念教育,引导机要干部牢固树立正确的世界观、人生观、价值观,增强政治洞察力,不断增强机要干部责任感、使命感和荣誉感,时刻保持理想信念上的清醒、坚定。二是强化保密安全意识,经常性地开展警示教育活动,组织干部学习"保密守则"等相关保密法规,并以召开座谈会的形式,互相交流总结经验,查找自身不足,做到举一反三、警钟长鸣。三是开展机要岗位练兵活动,适时开展岗位练兵活动,积极组织机要干部加强业务知识的学习,定期组织进行业务理论和技能测试,做好日练月考,组织机要干部到公安厅机要部门观摩学习,深入进行业务交流,进一步提高机要干部的业务素质和专业技能。四是深入开展密码安全保密专项检查工作。每月组织专人对各类台账进行全面梳理,确保台账表本分类规范、登记清楚、内容详备,真实全面反映"三保两无"工作开展情况。年内,公安部、部局领导实地检查总队机要工作后都给予了很高评价,银川警备区、自治区公安厅、市公安局等多家单位专门到总队来交流学习机要室建设经验。

2011年宁夏回族自治区口岸流量统计表

口岸类型	口岸名称	货运量(吨)			集装箱量(标箱)			人员(人次)			交通工具(辆、艘、架、列次)		
		出口	进口	合计	同比(%)	出口	进口	合计	同比(%)	出境	入境	合计	同比(%)	出境	入境	合计

口岸类型	口岸名称	出口	进口	合计	同比(%)	出口	进口	合计	同比(%)	出境	入境	合计	同比(%)	出境	入境	合计
空运口岸	银川河东机场	2	105	107						2 664	2 820	5 484	+8.50	9	9	18
	分计															
陆运口岸	公路口岸 分计							30 200	+28							
	铁路口岸 惠农							6 000	+150							
	银川开发区															
水运口岸	海港口岸 分计															
	河港口岸 分计															
合计		2		107				36 200	+116.7	2 664	2 820	5 484	+8.50			
同比(%)																

(宁夏回族自治区口岸办提供)

2011年银川海关主要数据统计表

项目		2011年	同比(%)
进出口货运量 (万吨)	合计	46.05	-47.57
	进口	45.56	-47.75
	出口	0.49	-22.29
进出口贸易总值 (万美元)	合计	55 121	-33.67
	进口	54 419	-34.07
	其中:江、海运输	41 156	-42.07
	铁路运输		
	汽车运输		
	航空运输	3 176	+58.4
	邮件运输		
	其他运输		
	出口	702	+27.17
	其中:江、海运输	543	+37.12
	铁路运输		
	汽车运输	44	
	航空运输	14	-80.8
	邮件运输		
	其他运输		
税收 (万元)	两税合计	66 325	-39.24
	关税入库	8 738	-4.97
	进口环节税入库	57 587	-42.4

(银川海关提供)

2011年宁夏回族自治区口岸出入境主要数据表

单位:(人员)人次;(交通工具)辆、艘、架、列次

项目		2011年	2010年	同比(%)
出入境人员	出入境人员总数	5 484	5 055	+8.50
	入境人员	2 820	2 588	+9.00
	出境人员	2 664	2 467	+8.00
	出入境旅客	5 320	4 877	+9.10
	出入境员工	164	178	-7.90
	中国公民 小计	5 468	4 769	+14.60
	中国公民 内地居民(因公)	152	121	+25.60
	中国公民 内地居民(因私)	5 312	4 648	+14.30
	中国公民 港澳居民	4		
	中国公民 台湾同胞			
	外籍人员	16	286	-94.40
	从海港出入境人数			
	从陆港出入境人数			
	从空港出入境人数	5 484	5 055	+8.50
交通运输工具	总计	12	11	+9.10
	船舶			
	飞机	12	11	+9.10
	火车			
	机动车辆			

(宁夏公安边防总队提供)

2011年宁夏回族自治区出入境检验检疫业务统计表

项目		货物检验检疫				交通工具				集装箱（标箱）	发现动植物疫情		货物通关		出入境人员查验（人次）	健康检查及预防接种（人次）			
		批次	金额（万美元）	检验检疫不合格		船舶（艘）	飞机（架）	火车（节）	汽车（辆）	检出问题合计	种类数	种次	批次	金额（万美元）		健康检查	艾滋病监测	发现病例	预防接种
				批次	金额（万美元）														
全年累计		4 058	96 668	74	1 620		173			934			247	6 515	5 380	1 333	1 333		
其中	出境	3 654	67 511	71	1 615		67			139			73	493	2 690	1 083	1 083		
	入境	404	29 157	3	5.209		68			795	1		174	6 022	2 690	250	250		
与上年同比（%）		+2.42	+32.71	-53.46	-8.42		+650			-31.92		2	+10.27	-49.79	+8.9				
其中	出境	-0.28	+17.79	-49.26	+17.80		737.5			-63.61			46	26.74	8.9				
	入境	+35.57	+42.20	-84.21	-98.69		750			-19.70				-52.13	8.9				

（宁夏出入境检验检疫局提供）

宁夏回族自治区口岸大事记

1月1日~6日

银川机场检验检疫局开展航空口岸食品质量安全检查。

1月12日

宁夏回族自治区口岸办、银川海关、宁夏出入境检验检疫局、宁夏公安边防总队、宁夏机场公司被自治区政府口岸建设工作领导小组评为"自治区口岸建设工作先进集体"。

1月27日

宁夏回族自治区政府副主席赵小平在宁夏公安边防总队《2010年边防工作总结》上作出重要批示：2010年我区公安边防部队各方面工作取得了突出成绩，在新的一年，要继续发扬优良传统，落实科学发展观，积极配合自治区政府搞好对外开放口岸建设，为促进自治区经济社会发展再立新功，为建设和谐富裕的宁夏作出新的更大的贡献。

2月22日

银川海关成立"大宗能矿"类商品价格调研小组，重点针对银川关区氧化铝等商品的价格组成、货运渠道等情况进行调研。

2月25日

宁夏回族自治区口岸办召开口岸工作座谈会，总结了近年来自治区口岸建设管理工作情况，交流了口岸工作存在的问题，安排了2011年口岸信息报送工作。

4月15日

银川机场出入境检验检疫局与昆明机场出入境检验检疫局签订了"银川—昆明—迪拜"国际航线联合检验检疫监管备忘录。

5月3日

海关总署监管司正式批复准予东航在"银川—昆明—迪拜"国际航班国内段开展客运业务。

5月10日

银川海关、昆明海关、东航云南分公司在银川河东机场国际航站楼，签订了《"银川—昆明—迪拜"国际航线监管联系配合办法》，自治区口岸建设领导小组办公室副主任、交通运输厅副厅长康占平出席签字仪式，自治区口岸办主任雷德民等口岸有关人员参加仪式。

5月11日

银川河东机场航空口岸"银川—昆明—迪拜"国际航班实现首飞。"银川—昆明—迪拜"国际航班为内部代号共享航班，航线为"银川—昆明—迪拜—昆明—银川"，由东航云南分公司B737／767飞机执飞，班期为每周三、六。

5月12日~13日

银川检验检疫机场局集中对银川河东机场食品生产经营单位开展了打击非法添加和滥用食品添加剂专项整治工作。

5月13日

银川海关召开2011年关区AA及A类企业座谈会，36家相关企业共计56人参加座谈。

5月25日

宁夏回族自治区口岸办主任雷德民带领石嘴山市惠农区政府和口岸相关单位有关负责人赴天津,与天津口岸办和天津港集团就共同推动宁夏惠农口岸设立铁水联运示范点及两地口岸深入合作等事宜进行了交流座谈。

6月17日

银川海关缉私局开展网上追逃专项督察"清网行动"工作。

6月29日

宁夏出入境检验检疫局中卫办事处综合试验楼开工建设。

7月19日

宁夏回族自治区口岸办组织召开2011年上半年口岸工作座谈会,会议总结了上半年口岸工作,安排了下半年工作。

7月22日

上海检验检疫局相关人员到银川航空口岸就口岸卫生检疫核心能力建设情况开展了调研。

7月24日

银川航空口岸顺利保障参加自治区政府经贸活动的香港嘉里集团一行商务包机。

7月26日

国家质检总局"口岸卫生检疫查验和国际旅行卫生保健中心创先争优"活动督察组督导检查银川机场检验检疫局。

8月17日

银川机场检验检疫局旅检科荣获由共青团中央和国家质检总局联合颁发的"2009-2010年度全国青年文明号"称号。

8月28日

银川机场检验检疫局工作人员在银川航空口岸对"宁洽会暨第二届中阿经贸论坛"首批境外展品进行了现场检疫查验,标志着"宁洽会暨第二届中阿经贸论坛"银川航空口岸保障工作顺利展开。

8月30日

银川机场检验检疫局举行了"第二届中阿经贸论坛"银川航空口岸突发事件应急处置演练。

9月1日~30日

银川机场检验检疫局在银川航空口岸全面启动"质量月"活动。

9月5日

宁夏回族自治区朝觐工作领导小组(扩大)会议在银川召开,会议总结了2010年度朝觐工作,通报了2011年宁夏回族自治区朝觐工作进展情况。

宁夏回族自治区政府副主席李锐到银川海关检查指导工作。

9月9日~11日

公安部边防管理局边防检查处彭志平处长一行到宁夏公安边防总队检查指导"第二届中阿经贸论坛"安保工作。

9月16日

银川海关被评为"金凤区'五五'普法先进集体"。

9月19日~22日

银川机场航空口岸圆满完成巴林经济发展委员会 AL KHALIFA MKHAMED ISA MKHAMED ISA 主

席公务包机出入境保障任务。

9月20日

银川机场航空口岸对首架前来参加"第二届中阿经贸论坛"的包机实施检疫。

10月9日

为确保朝觐包机口岸保障工作安全、顺利,自治区口岸办组织召开2011年度宁夏朝觐包机口岸保障工作协调会,交通运输厅副厅长康占平出席会议。

10月14日

银川机场检验检疫局对朝觐包机配餐食品进行了安全专项检查。

10月18日

海关总署和宁夏回族自治区人民政府在京签署署区合作备忘录。

10月31日

银川海关被自治区政府评为"2011宁洽会暨第二届中阿经贸论坛保障服务工作先进集体"。

12月7日

宁夏回族自治区政府第八次双拥工作命名表彰大会在银川召开,宁夏公安边防总队被自治区党委、政府授予"拥政爱民模范单位"称号。

12月8日

天津港—宁夏惠农陆路口岸铁水联运示范项目签字仪式在银川举行。

12月9日~11日

公安部边防局党委委员、副局长朱启明同志率创建活动达标验收第五考核组,对宁夏公安边防总队党委开展创建模范党组织生活活动情况进行考核验收。

12月14日

宁夏回族自治区党委常委、银川市委书记徐广国一行来到宁夏公安边防总队调研指导,并看望慰问了边防官兵。

12月16日

公安部纪委现役副书记王沁林率工作组,深入宁夏公安边防总队检查指导工作。

(撰稿人:王昕、黄杰、聂祯、宫小龙)

新疆维吾尔自治区

新疆维吾尔自治区口岸工作综述

【口岸概况】新疆维吾尔自治区位于祖国的西北边陲、欧亚大陆腹地,周边与蒙古、俄罗斯、哈萨克斯坦、吉尔吉斯斯坦、塔吉克斯坦、阿富汗、巴基斯坦、印度等8个国家接壤,边界线长达5 600多公里。新疆维吾尔自治区作为古代"丝绸之路"的重要通道,自古以来就与中亚、西亚、南亚及欧洲等地有着密切而频繁的经济、文化交往,有许多传统的商道口岸。随着改革开放和沿边开放战略的实施,新疆维吾尔自治区已成为中国西部对外开放的前沿。截至2011年底,新疆维吾尔自治区共有国务院批准开放的国家一类口岸17个(其中航空口岸2个,陆地边境口岸15个),是我国邻国最多、边界线最长、边境口岸最多的省区。

【口岸运行数据】2011年新疆维吾尔自治区共检查入出境人员2 088 588人次,同比增长32%。其中:旅客1 602 506次,同比增长38.48%;边民互市57 989人次,同比增长77.24%;旅游购物63 219人次,同比减少141.98%;员工364 874人次,同比增长11.8%。新疆维吾尔自治区口岸进出口货运量3 393.99万吨,同比增长40.49%。其中:进口货运量3 022.54万吨,同比增长45.00%(含中哈石油管道1 093万吨,同比增长10.29%);出口货运量371.45万吨,同比减少22.91%(其中:一般贸易366.53万吨,同比减少21.95%;边民互市0.29万吨,同比减少99.00%;旅游购物4.63万吨,同比增长51.65%)。新疆维吾尔自治区口岸贸易额347.41亿美元(含管道输油贸易额),同比增长48.6%。其中:进口贸易额190.67亿美元,同比增长64.55%;出口贸易额156.74亿美元,同比增长32.93%(其中:一般贸易154.47亿美元,同比增长33.13%;旅游购物2.23亿美元,同比增长237.70%;边民互市307万美元,同比减少95.37%)。

【口岸基础设施建设】2011年,新疆维吾尔自治区累计投入口岸建设资金12 481万元,其中中央财政边境口岸建设转移支付资金10 250余万元。国家发展改革委下达补助国家一类口岸查验设施建设中央预算内资金2 231万元,已拨付到指定专项。2011年共计安排工程项目33个,其中边境管理国门建设项目1个,投资500万元;保障边境贸易发展、改善口岸通关条件、口岸联检、查验等基础设施项目32个,投资9 750万元。硬件建设项目稳步推进。阿拉山口口岸2 450平方米国门建设主体工程基本已完工。老爷庙4 500平方米联检大厅在建中。伊尔克什坦口岸联检区场地80 605平方米,出入境道路已开始施工。计划改善口岸的项目,如供热、供排水、道路建设及绿化亮化等基础设施附属工程项目也基本完工。根据统计,2011年度口岸工程项目33个,其中15个已竣工,6个在建中,12个已完成前期准备工作。

【口岸扩大开放】2011年1月13日,塔克什肯口岸正式实现向第三国常年开放。2011年5月12日,哈密老爷庙口岸常年对第三国开放,已通过新疆维吾尔自治区人民政府上报国务院批准。2011年4月1日,霍尔果斯口岸7天12小时通关试点实行。2011年4月12日,将吐鲁番航空口岸补列入新疆维吾尔自治区"十二五"口岸发展规划,并提请自治区人民政府批准并以自治区人民政府的名义上报海关总署审批。

【边民互市建设】2011年4月6日,新疆维吾尔自治区牵头,组织自治区公安厅、新疆公安边防总队、乌鲁木齐海关、新疆出入境检验检疫局对塔城巴克图口岸边民互市"三日免签"工作进行了预验收。6月9日~10日,公安部对巴克图口岸边民互市贸易区对哈公民"三日免签"进行了检查验收,并于6月23日同意巴克图口岸边民互市贸易区对哈公民"三日免签"正式启用。2011年5月25日,新疆维吾尔自治区口岸办牵头对都拉塔口岸边民互市"一日免签"准备工作进行了预验收,并向外交部上报了都拉塔口岸实行边民互市"一日免签"申请。

【二类口岸建设】2011年9月15日,由新疆维吾尔自治区口岸办牵头,乌鲁木齐海关、新疆出入境检验检疫局相关人员组成的验收组,对奎屯火车站二类口岸出入境监管区、办公场所进行了实地查看,原则同意奎屯二类口岸通过验收并投入运营。奎屯火车站二类口岸正式运营,将有利于奎屯发展对外贸易和外向型物流的通关便利化,更好地为奎屯市对外开放和经济建设服务。乌鲁木齐口岸委积极参与推进乌鲁木齐铁路国际物流园建设,以开发区和头屯河区区政合一为契机,优化整合两区口岸资源,将"乌鲁木齐经济技术开发区二类口岸"名称变更为"乌鲁木齐经济技术开发区(头屯河区)二类口岸",将火车西站的铁路出口职能整合到新的二类口岸中去,不再单设铁路二类口岸,更好地实现了口岸资源共享。

【口岸区域经济】霍尔果斯、阿拉山口口岸在确保"通关"核心功能的前提下,依托口岸物流、信息流、资金流汇集的优势,兴建物流、仓储、加工园区。随着国家批准阿拉山口申报的综合保税区,中央新疆工作座谈会后国家在霍尔果斯设立经济开发区,这两个口岸的区域经济功能有了强有力的支撑。

【口岸双边协定】2011年10月26日至28日,由外交部边海司、国家口岸办和新疆维吾尔自治区外办、口岸办相关人员组成的中方代表团与塔吉克斯坦代表团就中塔边境口岸及其管理制度的协定磋商在乌鲁木齐市举行会晤和谈判,草签了《中华人民共和国政府和塔吉克斯坦共和国政府关于边境口岸及其管理制度的协定》。该协定主要明确了中塔卡拉苏—阔勒买口岸为国际公路客货运输口岸。该口岸为常年开放口岸,允许双方及第三国(地区)人员、运输工具、货物和物品出入境。此协定的签署,进一步完善了中塔口岸专家磋商机制,为及时解决中塔口岸有关问题提供了保障。

【文明口岸创建】新疆维吾尔自治区口岸办通过联席会议机制不断与乌鲁木齐海关、新疆出入境检验检疫局、新疆公安边防总队、自治区涉外运输管理局加强沟通,重大问题及时沟通、协调,对讨论的问题达不成共识绝不单独行动,努力协调立场,谋求共识,确保了开展工作指导意见一致性,便于基层口岸和检验单位执行。各基层口岸也通过联席会议、共同举办文体活动等方式,不断强化文明口岸共建意识。

【积极参与霍尔果斯中哈边境合作区验收工作】2011年5月23日组织自治区公安厅、新疆公安边防总队、乌鲁木齐海关、新疆出入境检验检疫局等单位对霍尔果斯国际合作中心中方区域进行了预验收。8月22日,商务部、公安部、海关总署、国家质检总局组成联合工作组,对霍尔果斯国际边境合作中心进行正式验收,原则同意通过验收,并于12月2日正式运营。

【口岸查验部门简述】乌鲁木齐海关 2011年以科学发展观为统揽,全面落实"打基础、抓管理、带队伍、促发展"的总体要求,认真履行把关服务职能,圆满完成各项工作任务。推进业务改革,通关效能明显提高。积极推进出口分类通关、区域通关等一系列业务改革,综合监管质量不断提高,口岸通关效能明显提升。强化政治把关,打击走私成效突出。加大在敏感期及重要节点的监管力度,健全应急处突机制,强化各类案件的侦办,特别是查办"8·02"特大跨国毒品走私案,一次查缴毒品达591千克,受到了国家禁毒委和自治区党委的高度肯定。加强监测预警,辅助决策作用显著。加大统计分析与监测预警工作力度,突出贸易分析的时效性和针对性,在合理调整进出口贸易格局、扶持重点企业、发展特色产业等方面积极建言献策,不断提高海关统计工作服务社会的能力和水平。保障能源进口,通道作用不断体现。围绕"一类口岸作为能源资源进口通道,二类口岸作为出口商品集散地"的功能定位,支持能源战略的实施。积极探索监管模式,确保中哈原油管道和中亚天然气管道正常运营。发挥特殊区域功能,积极推进乌鲁木齐综合保税区和奎屯保税物流中心（B型）建设，开放水平进一步提升。整体业务管理逐步规范。从管好运输工具、用好舱单、看好监管场所、做好查验等方面入手，逐步完善关区物流监控体系，形成了铁路、公路、航空、管道、电缆五位一体的监管格局。强化政治把关职能，积极推进反走私综合治理和关警深度融合，打击走私取得突出战果。提高统计数据质量，加强执法评估，充分发挥预警作用。有序推行诚信机制建设，不断深化企业分类管理，完善协作配合机制，推动风险式管理实质运作，切实提高稽查效能，关区业务运行水平明显提高。税收净入库由2005年的40.54亿元增至2011年的162.5亿元，增长了3倍；监管进出口货运量由1 168万吨增至3 468万吨，增长了1.97倍；监管进出口货值由86.81亿美元增至371.05亿美元，增长了3.27倍。共办理行政刑事案件2 474起，案值93.22亿元，查获各类毒品724公斤、各类违禁印刷品及音像制品8.4万件。重大业务改革稳步推进。根据海关总署部署，结合乌鲁木齐关区实际，先后推动实施了分类通关、区域通关、选择查验、三查合一、出口货物运抵报告制度、集中接单等一系列业务改革，基本达到了优化监管、便捷通关、降低风险的改革目标。稳步推进中哈边境海关联合监管试点，为务实开展国际执法合作和行政互助提供了有益借鉴。

新疆出入境检验检疫局 2011年检验检疫出入境货物108 511批，同比增长7.32%，货值207.29亿美元，同比增长65.34%。其中，检验检疫出境货物76 690批，同比增长12.69%，货值53.04亿美元，同比增长18.71%；检验检疫入境货物31 821批，同比下降3.75%，货值80.69亿美元，同比增长91.16%。检出不合格出入境货物6 037批，同比下降35.56%，货值4.94亿美元，同比下降10.67%。其中，出境不合格货物206批，同比增长29.56%，货值921万美元，同比增长46.10%；入境不合格货物5 831批，同比下降36.69%，货值4.85亿美元，同比下降11.38%。货物通关127 849批，同比增长2.86%，货值168.13亿美元，同比增长40.74%。其中，出境货物通关97 212批，同比增长10.27%，货值57.16亿美元，同比增长22.68%；入境货物通关30 637批，同比下降15.21%，货值101.97亿美元，同比增长52.28%。出境货物口岸查验3.17万批，同比增长8.56%，货值19.34亿美元，同比增长52.64%。受理出境非法检货物申报2.12万批，同比增长1.44%，货值13.44亿美元，同比增长5.49%。出入境工业品检验检疫。2011年，新疆出入境检验检疫局检验检疫出入境工业品151 508批（超出总批次系其他批次货物混装有工业产品，统计时分别统计造成，下同），同比增长8.41%，货值189.57亿美元，同比增长68.16%，占出入境检验检疫总金额的89.93%，检出不合格出入境工业品5 802批，货值4.87亿美元，不合格原因涉及安全6批、环保1批、品质（规格）4 709批、数（重）量2 803批、包装17批、标志标签9批、其他20批。出入境动物及其产品检验检疫。2011年，新疆出入境检验检疫局检验检疫出入境动物及其产品2 103批，同比增长11.27%，货值8 201万美元，同比增长24.69%。出入境植物及其产品检验检疫。2011年，新疆出入境检验检疫局检验检疫出入境植物及其产品10 467批，同比下降3.27%，货值7.95亿美元，同比增长73.96%。其中，检验检疫出境植物及其产品3 836批，同比下降26.26%，货值1.70亿美元，同比增长15.65%。出入境食品及化妆品检验检疫。2011年，新疆出入境检验检疫局检验检疫出入境食品及化妆品15 730批，同比增长8.31%，重量101.75万吨，同比增长13.42%，货值8.92亿美元，同比增长20.70%，检出不合格出入境食品61批，同比下降10.29%，重量3 394吨，同比增长22.04%，货值295万美元，同比增长27.16%。出入境人员卫生检疫。2011年，新疆出入境检验检疫局查验出入境人员193.14万人次，同比增长32.19%，发现症状8人次。出入境携带、邮寄物卫生检疫。2011年，新疆出入境检验检疫局查验旅客携带出入境行李186.05万件，同比增长8.46%。出入境交通工具卫生检疫。2011年，新疆出入境检验检疫局检疫查验出入境飞机7 088架次，同比增长19.79%。出入境集装箱卫生检疫。2011年，新疆出入境检验检疫局受理出入境集装箱报检17.44万个（重箱15.43万个、空箱5.01万个），同比增长24.54%。其中：出境报检9.93万个（重箱9.91万个、空箱246

个),同比增长7.82%;实施检疫查验5.70万个(重箱8477个、空箱4.85万个),同比增长69.89%。口岸卫生监督。2011年,新疆出入境检验检疫局加强了口岸卫生监督工作,特别对口岸饮食服务行业及其从业人员加强了管理,各口岸检验检疫部门定期或不定期地对口岸餐馆饭店、商店(超市)等进行监督检查,发现问题及时责令整改并采取相应措施。全年在各一类口岸对饮食服务从业人员健康体检3 979人次,同比增长64.41%,未发现饮食服务行业禁忌病例;发放从业人员健康证2 827份,同比下降34.77%;发现医学媒介数12只,同比下降88.68%;签发卫生许可证165份,同比下降17.91%,其中食品经营生产单位141份,口岸服务行业18份,口岸储存场地6份,同比分别下降16.07%、33.33%和0.00%。鉴定业务。2011年,新疆出入境检验检疫局完成出口货物包装鉴定4 008批,同比增长12.17%,数量19 431万件,同比下降12.90%。其中,一般包装性能鉴定2 642批,同比增长0.53%,数量17 346万件,同比下降17.57%;危险货物包装性能鉴定174批,同比增长39.20%,数量976万件,同比增长88.09%;危险货物包装使用鉴定1 192批,同比增长45.37%,数量1 108万件,同比增长48.81%;完成重量鉴定946批,同比下降20.70%,重量89.55万吨,同比增长650.82%。检验检疫签证。2011年,新疆出入境检验检疫局签发各类出入境检验检疫证书、证单共计195 606份。其中:签发出境证书14 773份,包括检验证书3 457份、卫生证书2 932份、兽医证书96份、动物检疫证书74份、植物检疫证书7 440份、检疫处理证书31份、其他证书743份;出境证单116 557份,包括出境通关单100 226份、出境换证凭单16 028份、不合格通知单303份。签发入境证书8 698份,包括检验证书3 892份、卫生证书446份、其他证书4 360份;入境证单49 728份,包括入境通关单33 367份,入境货物检验检疫证明单16 361份。签发原产地证书5 850份,涉及货值5.19亿美元,包括普惠制原产地证书4 741份,涉及货值4.45亿美元;一般原产地证书275份,涉及货值2 037.81万美元;亚太贸易原产地证152份,涉及货值1 895.13万美元;中国—东盟自贸区原产地证书503份,涉及货值2 695.85万美元;中国—巴基斯坦自贸区原产地证120份,涉及货值573.07万美元;中国—智利自贸区原产地证21份,涉及货值76.31万美元;中国—秘鲁自贸区原产地证16份,涉及货值61.32万美元;中国—新西兰自贸区原产地证14份,涉及货值30.97万美元;其他产地证8份,涉及货值18.28万美元。截获动植物检疫疫情。2011年,新疆出入境检验检疫局在出入境检验检疫工作中,查获动植物疫情33种类,同比下降8.57%,计4 206种次,同比增长46.86%。其中,出境2种类、2种次,入境31种类、4 204种次,同比分别下降14.29%、增长46.79%。进一步加大检验监管力度。2011年,新疆出入境检验检疫局认真做好企业备案/注册及对备案/注册企业考核评估工作,严格后续监管,先后注销了34家不符合条件的企业。同时,加大对出口生产企业实行分类管理力度,完成对228家企业分类管理工作。不断推进电子监管,完成对新疆天山毛纺织有限公司的生产电子监管,运行危险品包装使用电子视频鉴定系统。继续推进企业诚信体系建设,通过帮助企业建立、健全质量管理体系,落实出口企业红黑名单制度,实行诚信分级监管,增强企业质量主体责任。加强口岸核心能力建设。2011年,新疆出入境检验检疫局大力加强口岸核心能力建设,努力强化口岸防控能力。日本发生核泄漏事故后,自筹资金80万元为乌鲁木齐国际邮递中心配备了手持式核素分析仪等邮包、邮件监测设备,监测中未发现核污染。和田地区发生脊髓灰质炎疫情后,迅速采取AFP零病例报告制度等8条措施加强口岸卫生检疫工作。2011年共检出进口不合格废物原料6批、257吨,各口岸共监测发现放射性超标人员5人次、放射性超标货物5批次。新疆旅/邮检共截获禁止进境物9 939批、有害生物1 014批、检疫性有害生物105批,有效地防止了疫病疫情传播。不断改善通关环境。2011年,新疆出入境检验检疫局进一步加强与沿海沿边检验检疫局的合作,与黑龙江、广西出入境检验检疫局签署了《出口农产品合作备忘录》,出口农产品通关环境得到不断改善。针对出口番茄酱、杏酱积压在天津、连云港、秦皇岛口岸超过一年检验有效期的问题,积极协调相关检验检疫局采取产地与口岸检验检疫局共同协作、口岸查验放行的模式,帮助企业降低了运营成本。在各口岸对出口农产品实行"绿色通道"制度,采取预先报检、电子报检、随到随检、优先出证等服务措施,促进了农产品快速走向国际市场。认真做好亚欧博览会检验检疫工作。2011年,新疆出入境检验检疫局认真学习和借鉴广西出入境检验检疫局在服务东盟博览会检验检疫方面的好经验,研究制定了《亚欧博览会入境食品检验监管规定》等相关规定;积极对参展的食品实施安全风险评估,确定其风险等级和重点检测、监控的安全卫生项目;主动帮助参展单位设计规范中文标签,确保参展商品的质量安全和快速通关;对展会前发现的展商证书文件不足等问题,及时向亚欧博览会主办方发函重申检验检疫相关政策,确保会展检验检疫工作圆满完成。

2011年新疆维吾尔自治区口岸流量统计表

	口岸名称	货物量（万吨）				人员（万人次）				交通工具（辆、艘、架、列次）			
		进口	出口	合计	同比	出境	入境	合计	同比	出境	入境	合计	同比
1	阿拉山口(公)	0.02	21.08									36 535	
	阿拉山口(铁)	769.08	150.58	2 033.755	−1.92	6.27	6.34	12.61					
	阿拉山口(管输)	1 093											
2	霍尔果斯	2.06	52.52	1 091.23	+40.79	41.39	40.79	82.17				75 566	
	霍尔果斯(天然气)	1 036.65											
3	吉木乃	0.67	13.38	14.04	+59.00	5.67	5.37	11.04				12 309	
4	巴克图	0.81	8.70	9.51	−47.98	3.35	3.30	6.65				7 428	
5	都拉塔		15.27	15.27	−27.53	1.278	1.25	2.53				12 144	
6	老爷庙	111.89	1.23	113.13	+247.37	1.07	1.08	2.15				28 328	
7	塔克什肯	0.94	8.69	9.63	+2.83	2.98	2.99	5.98				14 532	
8	红山嘴	0	0.77	0.77	+540.00	0.10	0.13	0.22				403	
9	吐尔尕特	4.62	38.36	42.98	+12.40	1.94	1.91	3.85				27 333	
10	伊尔克什坦	2.6	42.5	45.1	+12.50	2.20	2.15	4.35				33 670	
11	红其拉甫	0	5.12	5.16	+4.83	0.87	0.88	1.75				11 006	
12	乌鲁木齐机场	0.19	1.82	2.00	−13.92	32.61	32.53	65.14				6 921	
13	卡拉苏	0.02	11.5	11.52	−4.37								
	总计	3 022.54	366.59	3 394.05	+40.49	99.71	98.72	198.44	+29.64			266 175	

（新疆维吾尔自治区口岸办提供）

2011年乌鲁木齐海关主要数据统计表

项目		2011年	同比(%)
进出口货运量（万吨）	合计	3 142.75	+19.80
	进口	2 746.03	+23.60
	出口	396.72	-1.20
进出口贸易总值（万美元）	合计	3 711 741.03	+34.36
	进口	1 935 886.78	+64.63
	其中:江、海运输	12 228.22	-4.83
	铁路运输	554 630.56	+12.94
	汽车运输	24 954.84	+71.04
	航空运输	13 619.86	+28.89
	邮件运输	22.61	+216.58
	其他运输	1 330 430.69	+105.69
	出口	1 775 854.25	+11.92
	其中:江、海运输	53.57	+118.45
	铁路运输	326 717.82	+21.02
	汽车运输	1 382 991.31	+12.10
	航空运输	66 091.55	-20.35
	邮件运输		
	其他运输		
税收（万元）	两税合计	1 621 581.20	+39.10
	关税入库		
	进口环节税入库		

（乌鲁木齐海关提供）

2011年新疆维吾尔自治区口岸出入境主要数据表

单位:(人员)人次;(交通工具)辆、艘、架、列次

项目			2011年	2010年	同比(%)
出入境人员		出入境人员总数	1 987 178	1 532 796	+29.64
		入境人员	989 218	766 421	+29.07
		出境人员	997 960	766 375	+30.21
		出入境旅客	1 642 602	1 208 914	+35.87
		出入境员工	344 576	323 882	+6.39
	中国公民	小计	568 655	454 759	+25.05
		内地居民(因公)	204 296	166 735	+22.52
		内地居民(因私)	362 955	287 252	+26.35
		港澳居民	1 097	595	+84.36
		台湾同胞	307	177	+73.44
		外籍人员	1 418 523	1 078 037	+31.58
		从海港出入境人数			
		从陆港出入境人数	1 333 096	1 013 117	+31.58
		从空港出入境人数	654 082	519 679	+25.86
交通运输工具		总计	266 315	243 453	+9.39
		船舶			
		飞机	7 004	5 973	+17.26
		火车	13 908	13 311	+4.48
		机动车辆	245 403	224 169	+9.47

(新疆公安边防总队提供)

2011年新疆维吾尔自治区出入境检验检疫业务统计表

单位:批次单位为批,货值单位为万美元,火车单位为节,飞机单位为架,汽车单位为辆。

	货物检验检疫				交通工具			集装箱(标箱)		发现疫情		货物通关		出入境人员(人次)	健康检查与预防接种(人次)				
	批次	货值	不合格		飞机	火车	汽车	合计	检出问题	种类数	种次	批次	货值		健康检查	艾滋病监测	发现病例	查出HIV	预防接种
			批次	货值															
本年累计	108 511	2 072 878	6 037	49 382	7 088	677 863	163 424	174 353	74	32	4 206	127 849	1 681 308	1 931 407	32 085	29 629	9 454	31	32 682
其中 出境	76 690	530 426	206	920	3 567	338 889	81 359	99 331		2	2	97 212	571 637	971 572	29 557	27 122	8 707	31	32 677
其中 入境	31 821	1 542 452	5 831	48 462	3 521	338 974	82 065	75 022	74	30	4 204	30 637	1 109 671	959 835	2 528	2 507	747		5
同比(%)	+7.33	+65.35	-35.57	-10.73	+19.79	+8.97	-7.81	+24.54	-93.25	-8.57	+46.86	+2.86	+40.74	+27.88	-17.07	-12.69	+1.27	+55.00	-24.09
其中 出境	+12.71	+18.22	+29.56	+46.36	+19.22	+8.96	-8.40	+7.82				+10.27	+22.69	+29.30	-18.36	-13.78	-1.77	+55.00	-24.10
其中 入境	-3.75	+91.17	-36.70	-11.38	+20.38	+8.99	-7.23	+56.72	-93.25	-14.29	+46.79	-15.21	+52.28	+26.48	+1.89	+1.05	+58.60		+66.67

(新疆出入境检验检疫局提供)

新疆维吾尔自治区口岸大事记

1月13日

塔克什肯口岸正式向第三国常年开放。

4月1日

霍尔果斯口岸实行7天12小时通关试点。

4月6日

新疆维吾尔自治区口岸办组织自治区公安厅、新疆公安边防总队、乌鲁木齐海关、新疆出入境检验检疫局对塔城巴克图口岸边民互市"三日免签"工作进行了预验收。

5月12日

哈密老爷庙口岸常年对第三国开放。

6月9日~10日

公安部对巴克图口岸边民互市贸易区对哈公民"三日免签"进行了检查验收,并于6月23日复函同意巴克图口岸边民互市贸易区对哈公民"三日免签"正式启用。

8月22日

商务部、公安部、海关总署、国家质检总局组成联合工作组,对霍尔果斯国际边境合作中心进行正式验收,联合工作组原则同意合作中心通过验收,进入封关建设阶段。

10月18日

国家口岸管理办公室会同农业部贸促中心、商务部欧洲司及新疆维吾尔自治区口岸办、农业厅、边贸局、乌鲁木齐海关、塔城地区行署等单位就中哈边境巴克图(中)—巴克特(哈)口岸建立农产品快速通关"绿色通道"进行调研。新疆维吾尔自治区口岸办利用中哈两国间现有合作机制,发挥中哈边境口岸地方政府联合协调小组作用,推动巴克图(中)—巴克特(哈)口岸建立农产品快速通关"绿色通道",支持塔城地区外向型农业发展。

10月27日~28日

《中塔边境口岸及其管理制度协定》文本磋商会谈在乌鲁木齐举行,中、塔两国草签了《中华人民共和国政府和塔吉克斯坦共和国政府关于边境口岸及其管理制度的协定》,明确了中塔卡拉苏—阔勒买口岸为国际公路客货运输口岸。该口岸为常年开放口岸,允许双方及第三国(地区)人员、运输工具、货物和物品出入境。

12月2日

中哈铁路对接,霍尔果斯国际边境合作中心正式启动,中共中央政治局委员、国务院副总理张德江,哈萨克斯坦副总理伊谢克舍夫共同出席了启动对接仪式。

港、澳、台地区

2011年香港地区口岸工作综述

【货物贸易】2011年的商品整体出口货值较2010年上升10.1%，其中转口货值上升10.5%，而港产品出口货值则下跌5.5%，同时，商品进口货值上升11.9%。2011年录得有形贸易逆差4 273亿元，相当于商品进口货值的11.4%。经季节性调整的数据显示，2011年第四季与上一季相比，商品整体出口货值录得0.1%的轻微升幅，其中转口货值上升0.1%，而港产品出口货值则下跌2.5%，同时，商品进口货值下跌0.7%。

按国家、地区分析。2011年与2010年相比，输往大部分主要目的地的整体出口货值均录得升幅，尤其是越南（升37.3%）、印度（升25.6%）、中国台湾（升24.3%）、韩国（升14.2%）和中国内地（升9.3%）。同时，输往一些主要目的地的整体出口货值则录得跌幅，尤其是英国（跌3.4%）和美国（跌0.4%）。同期，来自所有主要供应地的进口货值均录得升幅，尤其是瑞士（升51.7%）、印度（升20.6%）、美国（升18.0%）、韩国（升12.2%）和中国内地（升10.9%）。

按主要货品类别分析。2011年与2010年比较，大部分主要整体出口货品类别的货值均录得升幅，尤其是"电动机械、仪器和用具及零件"（增568亿元，升6.7%）、"通讯、录音及音响设备和仪器"（增511亿元，升10.0%）和"办公室机器和自动数据处理仪器"（增466亿元，升14.0%）。同期，大部分主要进口货品类别的货值亦录得升幅，尤其是"通讯、录音及音响设备和仪器"（增700亿元，升15.3%）、"电动机械、仪器和用具及零件"（增566亿元，升5.9%）和"杂项制品（主要包括婴儿车、玩具、游戏及运动货品）"（增483亿元，升22.3%）。

【人员出入境情况】按交通模式划分，2011年抵港空运旅客1 816万人次，海运旅客1 279.7万人次，陆运旅客9 577.8万人次，合计12 673.4万人次；离港空运旅客1 733.4万人次，海运旅客1 449.5万人次，陆运旅客9 484万人次，合计12 667万人次。按出入境管制站划分，离港居民8 481.6万人次，同比增长0.4%。按居住国家/地区划分，访港旅客有：中国内地2 527万人次，中国台湾197.6万人次，南亚及东南亚332.1万人次，北亚207.7万人次，美洲167万人次，欧洲、非洲及中东202万人次，澳门74.5万人次，澳大利亚、新西兰及南太平洋69万人次，总计3 777万人次，同比增长16.3%。

【交通工具出入境情况】2011年，进出香港地区的飞机及远洋轮船为飞机33.4万架次，远洋轮船853百万净注册吨位。进出香港地区货物卸下按运输方式分，空运144.3万公吨，水运15 880万公吨，道路运输1 587.9万公吨，合计17 612.2万公吨。装上按运输方式分，空运249.6万公吨，水运11 980万公吨，道路运输1 144.4万公吨，合计13 374万公吨。港口货柜吞吐量，抵港为1 230.4万标箱，离港为1 210万标箱，合计2 440.4万标箱。

2011年澳门地区口岸工作综述

2011年全年本地生产总值为2 921亿元（澳门元，下同），实质增长率为20.7%，人均本地生产总值为531 723元（约66 311美元）。经济增长的主要原因为服务出口升幅理想及内部需求扩大，其中，博彩服务出口34.6%，旅客总消费上升7.2%；内部需求方面，就业人数及工作收入上升，带动私人消费支出增加10.2%。同时，政府最终消息支出录得9.4%的升幅，固定资本形成总额亦由于政府增加投资而增加14.5%，但货物出口依然疲弱，唯跌幅收窄至2.9%。

一、进出口贸易

2011年，澳门地区外贸总额为692.60亿元，同比增长35.60%，其中进口622.89亿元，同比增长41.19%；出口69.71亿元，同比增长0.16%；贸易逆差553.18亿元，同比增长48.87%。

澳门地区的主要贸易伙伴为中国内地地区、欧盟、中国香港、日本、美国和中国台湾。

澳门地区对主要贸易伙伴的进口额按高低排列依次为：从中国内地地区进口191.21亿元，同比增长39.38%，占其进口总额的30.70%；从欧盟进口155.07亿元，同比增长55.70%，占进口总额的24.89%；从中国香港进口75.88亿元，同比增长64.0%，占其进口总额的12.18%；从日本进口39.11亿元，同比增长2.6%，占其进口总额的6.2%；从美国进口37.32亿元，同比增长42.5%，占其进口总额的5.99%；从中国台湾进口13.30亿元，同比增长-4.2%，占其进口总额的2.13%。

澳门地区对主要贸易伙伴的出口额按高低排列依次为：对中国香港出口31.09亿元，同比增长3.5%，占其出口总额的49.0%；对中国内地地区出口10.98亿元，同比增长-0.4%，占其出口总额的14.8%；对美国出口5.56亿元，同比增长-28.9%，占其出口总额的6.8%；对欧盟出口3.83亿元，同比增长-6.4%，占出口总额的4.6%；对日本出口1.44亿元，同比增长31.6%，占其出口总额的2.07%；对越南出口1.19亿元，同比增长-36.7%，占其出口总额的1.72%；对中国台湾出口1.03亿元，同比增长-41.5%，占其出口总额的1.48%。

二、货运情况

同年，澳门地区出入境集装箱货物毛重218 053公吨，同比下降2.70%，其中转口出入境15 200公吨，同比下降46.76%；进口175 483公吨，同比增长2.47%；出口27 369公吨，同比增长12.62%。

2011年，澳门地区海路集装箱总吞吐量为101 989标箱，同比增长11.69%，其中内转口300标箱，同比下降64.20%；进口64 490标箱，同比增长16.43%；出口37 199标箱，同比增长6.01%。

在澳门地区出入境集装箱货物毛重中，海路集装箱货物毛重达182 959公吨，同比增长2.57%，占出入境集装箱货物毛重的比重为83.91%。其中，进口156 767公吨，同比增长6.62%；出口21 526公吨，同比增长10.40%；内转口出入境4 667公吨，同比下降60.62%。

在澳门地区出入境集装箱货物毛重中，陆路集装箱货物毛重达35 093公吨，同比下降23.24%，占出入境集装箱货物毛重的比重为16.09%。其中，进口18 716公吨，同比下降22.72%；出口5 843公吨，同比增长21.60%；内转口10 534公吨，同比下降36.90%。

2011年,澳门地区国际机场空运入境货物流量为9 826公吨,同比下降27.73%;国际机场空运出境货物流量为24 950公吨,同比下降22.90%;国际机场转口空运货物流量为4 748公吨,同比下降23.51%,占澳门地区国际机场空运出入境货物流量的12.01%。

2011年,在入境客轮当中,来自外港的客轮49 358艘次,同比减少1.29%,其中来自香港本岛28 008艘次,同比下降0.85%;来自九龙地区11 207艘次,同比下降1.90%;来自蛇口港3 536艘次,同比下降2.96%;来自深圳地区1 744艘次,同比下降3.06%;来自南沙54艘次,同比下降71.28%。

从澳门地区驶往外地的客轮49 117艘次,同比增长3.76%,其中驶往香港本岛27 178艘次,同比增长2.19%;驶往九龙地区11 017艘次,同比下降3.46%;驶往蛇口港3 542艘次,同比下降1.03%;驶往深圳地区1 702艘次,同比下降7.25%;驶往南沙53艘次,同比下降72.11%。

2011年,出入澳门边检站的汽车总数为4 135 910辆,同比增长8.49%,其中入境2 047 054辆,同比增长7.69%;出境2 088 856辆,同比增长9.29%。通过关闸入境的汽车1 712 609辆,同比增长7.53%;内重型客车386 014辆,同比增长20.49%;重型货车24 029辆,同比下降5.13%;轻型汽车1 302 566辆,同比增长4.51%。通过关闸出境汽车1 691 239辆,同比增长9.01%;内重型客车391 691辆,同比增长22.98%;重型货车175辆,同比增长19.05%;轻型汽车1 299 373辆,同比增长5.40%。

三、居民出入境情况

2011年,澳门地区居民出境2 635.61万人次,同比增长2.8%,其中经海路出境139.26万人次,同比增长6.9%;经陆路出境2 475.2万人次,同比增长2.6%;经空路出境21.05万人次,同比下降2.2%。

其中,赴中国大陆181 413人次,同比增长-1.4%,居第一位;赴泰国12 286人次,同比增长60.1%,居第二位;赴中国台湾10 868人次,同比增长-24.9%,居第三位;赴韩国9 740人次,同比增长26.4%,居第四位;赴日本6 439人次,同比增长-52.9%,居第五位;赴中国香港4 548人次,同比增长-37.5%,居第六位;赴欧洲867人次,同比增长-24.3%,居第七位;赴澳洲320人次,同比增长-21.4%,居第八位;赴美国315人次,同比增长10.5%,居第九位。

2011年,澳门地区入境旅客2 800.23万人次,同比增长12.2%,其中经海路入境1 102.1万人次,同比增长7.6%;经陆路入境1 529.96万人次,同比增长16.9%;经空路入境168.17万人次,同比增长2.9%。

在入境人员中,来自中国大陆161.63万人次,同比增长22.2%,居第一位;来自中国香港758.29万人次,同比增长1.6%,居第二位;来自中国台湾121.52万人次,同比增长-6.0%,居第三位;来自韩国39.88万人次,同比增长20.2%,居第四位;来自日本39.6万人次,同比增长-4.2%,居第五位;来自马来西亚32.45万人次,同比增长-4.0%,居第六位;来自美洲31.06万人次,同比增长4.5%,居第七位;来自欧洲25.17万人次,同比增长3.0%,居第八位;来自大洋洲12.8万人次,同比增长0.3%,居第九位。

2011年,澳门地区民航班机入境17 703班次,同比增长2.2%,扭转了持续3年下降的局面,但较之国际金融危机爆发的2008年的23 009班次仍减少23%。出境17 701班次,同比增长2.2%。

2011年,澳门地区直升机入境9 983架次,同比增长6.46%,其中来自中国大陆1 835架次,同比增长6.38%;来自中国香港8 148架次,同比增长6.46%。澳门地区直升机离境9 987架次,同比增长6.51%,其中前往中国大陆1 836架次,同比增长6.31%;前往中国香港8 151架次,同比增长24.20%。

2011年,澳门地区寄出邮件连续第三年增长,幅度为6.2%,达到3 331.9万件,其中普通信件3 246.7万件、挂号信件84.5万件、邮包0.8万件。

2010年及2011年澳门地区对外商品贸易变化表

贸易指数		2011年1至12月 (千澳门元)	2012年1至12月 (千澳门元)	同期变动(%)
出口		6 959 952	6 970 933	+0.16
	本地产品出口	2 389 790	2 390 241	+0.02
	再出口	4 570 162	4 580 692	+0.23
进口		44 118 398	62 288 890	+41.19
差额		−37 158 445	−55 317 956	−48.87
出进口比率(%)		+15.78	+11.19	

1. 2011年全年货物出口价格较2010年上升0.16%；
2. 2011年全年本地产品出口价格较2010年上升0.02%；
3. 2011年全年出口价格较2010年上升0.23%；
4. 2011年全年货物进口价格较2010年上升41.19%。

2010年及2011年澳门地区各口岸货物进出口统计表

	陆路口岸			海陆口岸				航空口岸	总计
	关闸	路凼新城	珠澳跨境工业区	外港客运码头	内港码头	凼仔客运码头	九澳货运码头	澳门国际机场	
2010年									
进口货运量毛重(吨)	108 998.39	824 452.68	19 742.62	482.76	483 609.21	1.05	1 170 579.54	6 186.20	78 929 852.37
进口贸易货值(万澳门元)	76 987.75	252 645.61	7 536.94	686 626.05	2 557 879.67	11 731.55	407 502.82	158 072.02	4 411 839.81
出口货运量毛重(吨)	587.30	45 408.30	306.92	44.12	105 679.38	0.35	95 785.37	1 394.33	384 085.27
出口贸易货值(万澳门元)	1 576.16	98 660.30	537.87	94 878.92	342 129.80	6 471.09	15 174.65	23 829.04	695 995.26
转出货运量毛重(吨)	965.38	54 021.99	255.32	1.67	5 352.86	0.09	311.60	24 778.89	86 085.16
转出贸易货值(万澳门元)	12 732.43	831 918.79	2 631.52	336.40	251 208.54	8.75	1 877.04	183 087.67	1 283 890.16

续表

	陆路口岸			海陆口岸				航空口岸	总计
	关闸	路凼新城	珠澳跨境工业区	外港客运码头	内港码头	凼仔客运码头	九澳货运码头	澳门国际机场	
2011年									
进口货运量毛重(吨)	108 899.39	712 047.03	24 478.35	199.71	563 237.82	1.75	1 784 669.14	5 844.96	82 669 966.46
进口贸易货值(万澳门元)	85 533.09	322 049.44	8 448.72	1 189 224.42	3 520 551.80	8 036.09	631 536.36	174 020.78	6 228 889.01
出口货运量毛重(吨)	696.49	131 130.85	503.18	629.73	95 549.76	0.00	166 311.47	1 055.09	524 754.99
出口贸易货值(万澳门元)	2 370.47	94 627.75	4 469.73	36 058.07	401 005.77	6 174.60	27 151.66	14 564.47	697 093.37
转出货运量毛重(吨)	1 179.00	62 439.49	332.01	6.79	3 340.31	0.00	1 014.81	18 866.09	87 645.47
转出贸易货值(万澳门元)	15 414.85	856 066.67	2 655.87	1 876.42	189 340.78	0.00	1 680.31	94 400.58	1 161 543.47
与2010年比较									
进口货运量毛重(吨)	-0.09%	-13.63%	+23.99%	-58.63%	+16.47%	+66.73%	+52.46%	-5.52%	+4.74%
进口贸易货值(万澳门元)	+11.10%	+27.47%	+12.10%	+73.20%	+37.64%	-31.50%	+54.98%	+10.09%	+41.19%
出口货运量毛重(吨)	+18.59%	+188.78%	+63.95%	+1327.34%	-9.59%	-98.86%	+73.63%	-24.33%	+36.62%
出口贸易货值(万澳门元)	+50.40%	-4.09%	+731.01%	-62.00%	+17.21%	-4.58%	+78.93%	-38.88%	+0.16%
转出货运量毛重(吨)	+22.13%	+15.58%	+30.04%	+306.58%	-37.60%	-100.00%	+225.67%	-23.86%	+1.81%
转出贸易货值(万澳门元)	+21.07%	+2.90%	+0.93%	+457.80%	-24.63%	-100.00%	-10.48%	-48.44%	-9.53%

1. 2011年澳门地区进口货运量毛重(吨)与2010年比较上升4.74%,2011年澳门地区进口贸易货值(万澳门元)与2010年比较上升41.19%;

2. 2011年澳门地区出口货运量毛重(吨)与2010年比较上升36.62%,2011年澳门地区出口贸易货值(万澳门元)与2010年比较上升0.16%;

3. 2011年澳门地区转出口货运量毛重(吨)与2010年比较上升1.81%,2011年澳门地区转出口贸易货值(万澳门元)与2010年比较下降9.53%。

按原居地统计之澳门各地口岸出入境旅客统计表

	陆路口岸(人次)						海陆口岸(人次)						航空口岸(人次)		总计	
	关闸		其他陆路通道		外港客运码头		内港码头		氹仔客运码头		澳门国际机场					
	入境	出境	入境	出境	入境	出境	入境	出境	入境	出境	入境	出境			入境	出境
2010年																
其他国家	526 526	543 034	36 574	26 615	1 482 852	1 418 183	23 026	15 987	420 551	492 357	482 567	473 882			2 972 096	2 970 058
中国大陆	9 483 451	10 854 570	744 939	558 319	1 489 865	961 188	221 824	95 657	768 070	106 519	510 637	606 488			13 218 786	13 182 741
中国香港	1 689 113	1 637 158	96 070	89 952	3 399 612	3 444 445	36 041	22 561	2 218 877	2 208 646	19 854	19 624			7 459 567	7 422 386
中国台湾	324 971	384 480	185 618	145 655	89 921	88 215	69 523	25 162	23 925	30 663	598 593	618 705			1 292 551	1 292 880
本地居民	23 656 570	23 604 121	456 852	516 953	995 479	987 732	85 125	80 331	223 968	234 252	214 188	215 066			25 632 182	25 638 455
总计	35 680 631	37 023 363	1 520 053	1 337 494	7 457 729	6 899 763	435 539	239 698	3 665 391	3 072 437	1 825 839	1 933 765			50 575 182	50 506 520
2011年																
其他国家	525 426	532 589	38 427	31 365	1 469 963	1 444 671	24 581	11 602	526 700	568 959	450 162	441 352			3 035 259	3 030 538
中国大陆	11 560 438	13 207 956	803 912	687 728	1 893 937	1 107 201	346 795	121 337	912 490	258 390	632 294	733 122			16 149 866	16 115 734
中国香港	1 775 364	1 764 222	136 042	93 960	3 665 192	3 933 566	34 490	20 500	1 949 068	1 718 499	16 386	16 620			7 576 542	7 547 367
中国台湾	299 374	348 684	160 042	133 852	95 811	93 068	67 917	22 916	34 055	45 181	557 131	569 910			1 214 905	1 213 611
本地居民	24 213 708	24 153 655	526 352	598 382	1 065 386	1 078 071	88 478	80 287	244 233	234 215	207 894	210 502			26 345 051	26 355 112
总计	38 374 310	40 007 106	1 665 350	1 545 287	8 190 289	7 656 577	562 261	256 642	3 666 546	2 825 244	1 863 867	1 971 506			54 322 623	54 262 362
与2011年比较																
其他国家	-0.21%	-1.92%	+5.07%	+17.85%	-0.87%	+1.87%	+6.75%	-27.43%	+25.24%	+15.56%	-6.72%	-6.86%			+2.13%	+2.04%
中国大陆	+21.90%	+21.68%	+7.92%	+23.18%	+27.12%	+15.19%	+56.34%	+26.85%	+18.80%	+142.58%	+23.82%	+20.88%			+22.17%	+22.25%
中国香港	+5.11%	+7.76%	+41.61%	+4.46%	+7.81%	+14.20%	-4.30%	-9.14%	-12.16%	-22.19%	-17.47%	-15.31%			+1.57%	+1.68%
中国台湾	-7.88%	-9.31%	-13.47%	-8.10%	+6.55%	+5.50%	-2.31%	-8.93%	+42.34%	+47.35%	-6.93%	-7.89%			-6.01%	-6.13%
本地居民	+2.36%	+2.33%	+15.21%	+15.75%	+7.02%	+9.15%	+3.94%	-0.05%	+9.05%	-0.02%	-2.94%	-2.12%			+2.79%	+2.80%

1. 2011年来自中国大陆入境旅客与2010年比较上升22.17%,来自中国香港入境旅客与2010年比较上升1.57%;
2. 2011年来自其他国家入境旅客与2010年比较上升2.13%,来自中国台湾入境旅客与2010年比较下跌6.01%。

2010年及2011年澳门各地口岸对入境动物及植物检疫统计表

	陆路口岸			海陆口岸			航空口岸		
2010年	关闸	路凼新城	珠澳跨境工业区	外港客运码头	内港码头	凼仔客运码头	九澳货运码头	澳门国际机场		总计
								客运	货运	
对进口动物进行检疫（次）	3	0	0	13	90	0	1	51	127	285
对进口植物进行检疫（次）	0	1 289	0	1	851	0	0	0	460	2 601
2011年	关闸	路凼新城	珠澳跨境工业区	外港客运码头	内港码头	凼仔客运码头	九澳货运码头	澳门国际机场		总计
								客运	货运	
对进口动物进行检疫（次）	2	0	0	1	104	0	4	67	104	282
对进口植物进行检疫（次）	0	1 584	0	1	1 277	0	0	0	621	3 483

1. 2011年对进口动物进行检疫（次）较2010年下降1.05%；
2. 2011年对进口植物进行检疫（次）较2010年上升33.9%。

2010年及2011年澳门地区入境船舶统计表

船舶类别	入境船舶				
2010年	船数(班次)(1)	总吨位(吨)(1)	净吨位(吨)(1)	船员人数(人次)(2)	货物进境量(吨)
中国籍船舶	78 929	42 279 300	14 901 971	19 517	157 779
外国籍船舶	38	73 095	24 262	545	
总计	78 967	42 352 395	14 926 233	20 062	157 779
2011年	船数(班次)(1)	总吨位(吨)(1)	净吨位(吨)(1)	船员人数(人次)(2)	货物进境量(吨)
中国籍船舶	79 117	42 797 734	15 309 487	24 248	160 738
外国籍船舶	48	85 170	31 807	628	
总计	79 165	42 882 904	15 341 293	24 876	160 738

2010年及2011年澳门地区出境船舶统计表

船舶类别	出境船舶				
2010年	船数(班次)(1)	总吨位(吨)(1)	净吨位(吨)(1)	船员人数(人次)(2)	货物出境量(吨)
中国籍船舶	78 929	42 279 300	14 901 971	19 517	20 601
外国籍船舶	38	73 095	24 262	545	
总计	78 967	42 352 395	14 926 233	20 062	20 601
2011年	船数(班次)(1)	总吨位(吨)(1)	净吨位(吨)(1)	船员人数(人次)(2)	货物出境量(吨)
中国籍船舶	79 117	42 797 734	15 309 487	24 248	22 221
外国籍船舶	48	85 170	31 807	628	
总计	79 165	428 82 904	15 341 293	24 876	22 221

1. 包括货船及客船,仅包括货船之员人数;
2. 2011年全年入境船数(班次)较2010年上升25%;
3. 2011年全年船舶运输货物进境量(吨)较2010年上升1.88%;
4. 2011年全年出境船数(班次)较2010年上升0.25%;
5. 2011年全年船舶运输货物出境量(吨)较2010年上升7.86%。

2010年及2011年以当年价格计算的澳门地区生产总值及主要支出项目

单位:千澳门元

年份	季度	本地生产总值	私人消费支出	政府最终消费支出	固定资本形成总额	库存变化
2010	1	48 355 134	11 940 395	3 560 425	4 331 171	3 88 278
	2	53 805 829	12 235 399	4 098 473	6 591 463	414 161
	3	57 629 113	13 375 259	4 429 543	7 600 869	449 985
	4	66 428 734	13 729 912	6 262 742	9 833 858	485 120
总计		226 218 810	51 280 965	18 351 183	28 357 361	1 737 544
2011	1	61 919 327	14 080 312	3 636 241	5 612 929	511 607
	2	70 656 610	14 279 573	4 744 708	8 883 863	568 143
	3	75 528 441	15 648 195	5 246 926	9 062 025	644 919
	4	83 986 170	16 452 676	7 904 060	12 511 004	691 742
总计		292 090 548	60 460 756	21 531 935	36 069 821	2 416 411

1. 2011年全年本地生产总值较2010年上升29.12%;
2. 2011年全年政府最终消费支出较2010年上升17.33%;
3. 2011年全年库存变化较2010年上升39.07%。

2011年台湾地区口岸工作综述

2011年,受欧债危机扩散及美国债信降低等因素影响,全球经济发展较2010年减缓。由于两岸开放政策发展及持续推动公路公共运输发展计划之成效渐次浮现,运输、观光、邮政等领域仍有亮丽的表现。

运输方面: 各项轨道运输(包括台铁、北高捷运及高铁客运量)及汽车客运量均创新高,港埠集装箱装卸量为近4年新高水平;自由港区贸易量、值双双攻顶;机场国内航线客运量在推广离岛观光效益影响下,已连续2年上升,两岸航线客运量持续刷新纪录。

观光方面: 来台旅客人数高达609万人次,中国大陆、日本、美国、马来西亚、德国及法国等10余个主要国家来台人数同创新高,观光市场经营成效卓著;另台湾地区出国人数958万人次,亦达高峰。

邮政方面: 邮政储金结存金额创历年新高;收寄包裹数亦刷新历年纪录,其中两岸收寄包裹及快捷邮件同创历年最高。

交通各业运行成果说明表

	各业运行指标	2011年	年增率(%)	成果
铁公路	1. 台铁每日客运量	56万人次	+8.5	创历年新高
	2. 北捷每日客运量	155万人次	+12.1	创历年新高
	3. 高捷每日客运量	13万6千人次	+7.9	创历年新高
	4. 高铁每日客运量	11万4千人次	+12.7	创历年新高
	5. 汽车每日客运量	317万人次	+4.4	创历年新高
港埠	6. 港埠集装箱装卸量	1 342万标箱	+5.4	近4年新高
	7. 港埠货物装卸量	6.8亿计费吨	+3.6	连续2年增加
	8. 自由港区贸易量	408万公吨	+21.4	创历年新高
	9. 自由港区贸易值	3 026亿元	+7.0	创历年新高
航空	10. 各机场岛内航线客运量	1 048万人次	+7.7	连续2年上升
	11. 各机场两岸航线客运量	716万人次	+22.9	创历年新高
	12. 松山机场旅客人数	526万人次	+41.6	创历年新高
观光	13. 来台旅客人数	609万人次	+9.3	创历年新高
	14. 来台观光目的旅客人数	363万人次	+11.9	创历年新高
	15. 出国人数	958万人次	+1.8	创历年新高
邮政	16. 邮政储金结存金额	4.7兆元	+2.0	创历年新高
	17. 收寄包裹数	2 721万件	+3.3	创历年新高

说明:本表港埠系指国际商港(基隆港、高雄港、台中港、花莲港、苏澳港、安平港及台北港)。其中,金额币制为新台币。

一、集装箱装卸量创近4年新高,增幅超越新加坡及中国香港

2011年国际商港集装箱装卸量1 342万标箱,为近4年新高,较2010年增加5.4%,增幅超过新加坡(5.3%)及中国香港(3.0%)。由于高雄港洲际集装箱中心2011年元月启用,提升了该港集装箱装卸能量,全年集装箱装卸量达964万标箱(增5.0%),创近3年新高;台中港138万标箱(2.0%)、台北港65万标箱(50.3%),均刷新历年纪录;另基隆港175万标箱,微减0.8%。

2011年国际商港两岸海运直航集装箱装卸量196万标箱(2.5%),占各港集装箱装卸总量的14.6%。各港两岸占率以台中港26.8%居冠,基隆港23.0%次之。

若按进出港集装箱装卸量观察,2011年进口集装箱量417万标箱(4.8%)及出口集装箱量420万标箱(4.2%),皆为历年新高;转口集装箱量为505万标箱(6.8%)。就各港观察,基隆港及台中港集装箱装卸量均以进出口柜为大宗,而高雄港因具地理位置及航线密集优势,转口柜约占五成,未来通过"对内协调分工、对外统合竞争"之港埠合作模式,将可强化转口业务,创造更大的利基。

国际商港集装箱装卸量说明表 单位:万标箱、%

年份	总计		高雄港		基隆港		台中港		台北港	
		两岸 占率		两岸 占率		两岸 占率		两岸 占率		两岸 占率
2007年	1 373	–	–	1 026	–	–	222	–	–	125	–	–	–	–
2008年	1 298	–	–	968	–	–	206	–	–	124	–	–	–	–
2009年	1 171	157	13.4	858	98	11.4	158	33	20.8	119	26	22.1	36	0.05	–
2010年	1 274	192	15.1	918	112	12.2	176	43	24.3	136	36	26.2	43	1.1	2.6
2011年	1 342	196	14.6	964	113	11.7	175	40	23.0	138	37	26.8	65	6.0	9.2
增减率(%;百分点)	+5.4	+2.5	-0.4	+5.0	+0.8	-0.5	-0.8	-6.0	-1.3	+2.0	+4.4	+0.6	+50.3	+439.6	+6.6

说明:1. 总计包含安平港。

2. 2008年12月15日起实施两岸海运直航。

3. 2008年年底台北港集装箱储运中心完成2座集装箱码头,2009年2月18日正式营运。

二、国际商港货物装卸量续增,台北港成长最速

2011年国际商港货物装卸量计67 900万计费吨,为近4年新高,较2010年增加3.6%。就各港货物装卸量观察,以高雄港43 764万计费吨(增3.4%)居首;台中港10 771万计费吨(0.6%),创历年新高,并连续2年突破亿计费吨,为岛内唯二之亿吨港口;另台北港3 834万计费吨(40.1%),已达基隆港之五成,未来发展仍有可期;安平港则下探历年低点,主要系中国大陆进口砂石减少之故。

2011年国际商港进港货船计35 892艘次,较2010年减少0.9%,进港船舶数约呈逐年减少趋势,而货物装卸量近年则呈增势,此为船舶大型化结果,单次装卸量增加,形成货多船减之现象。

另观察2011年两岸海运直航货物装卸量,国际商港为8 755万计费吨(0.1%),占其总装卸量之12.9%;国内商港146万计费吨(17.1%),其中金门港占五成,马公港占三成四,另福澳港亦止跌回升,大幅增加62.0%。

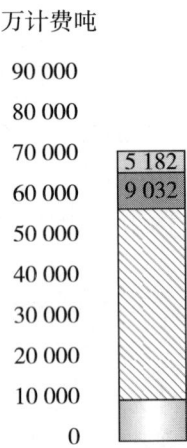

国际商港货物装卸量

说明：其他包含花莲港、苏澳港、安平港及台北港。

三、基隆港及台中港旅客人数创新高，两岸直航效益增长

2011年国际商港进出港旅客人数计66万人次，虽较2010年微减0.7%，唯仍创1982年以来次高。其中基隆港46万人次（2.7%）、台中港6万人次（5.0%），均刷新历年纪录，主要系不定期邮轮弯靠及两岸定期航线增加所致；而花莲港近年以发展观光游憩港为目标，2011年进出港旅客达14 000人次（39.8%），为自1984年以来次高（仅次于2009年）；高雄港13 000人次，则减少12.8%。

若按航线观察，2011年国际商港续以国际航线（含港澳）旅客35万人次（占52.1%）最多，增0.8%；两岸航线旅客10万人次（占15.7%），增幅19.9%最大；台湾地区内航线21万人次（占32.2%），则减少10.4%。

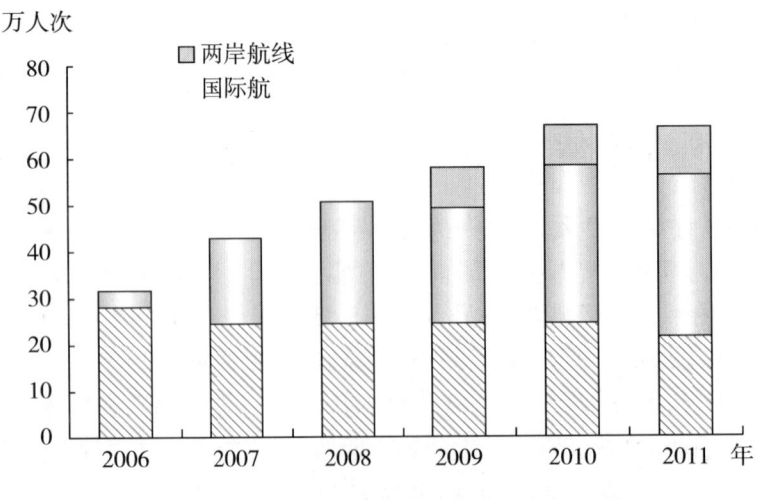

国际商港进出港旅客人数

说明：2008年12月15日起实施两岸海运直航，2006年两岸航线资料为台中港至汕头港之进香团。

就台湾地区内商港而言,2011年进出港旅客计223万人次,居历年之冠,其中两岸航线旅客152万人次,占六成八,增5.0%;台湾地区内航线旅客72万人次,则减2.7%。

两岸航线旅客快速增加,显见两岸海运直航带动邮轮之弯靠,有助于客运业务的营运,促进国际旅客来台观光。

四、自由港区贸易量、值双创新高,各海港表现突出

2011年自由贸易港区贸易量407.6万公吨,较2010年增加71.8万公吨(+21.4%),贸易值3 026.4亿元,增加196.7亿元(+7.0%),贸易量、值双创历年新高。

各海港自由港区中,基隆港因相关卑金属机电设备成长,致贸易量、值分别增加2.0及1.7倍,成长幅度最大;台北港则因油品掺配及汽车物流贸易活络,使贸易量增加1.5倍、贸易值则增加75.1%,台北港并已成为全台最专业、最便利的汽车物流专区;另台中港贸易量、值增加8.9%及48.8%,但因港区内从事油品买卖及转口业者营业规模较大,致全年贸易量、值高居海港之冠;新成立之苏澳自由港区则于2011年12月开始进储相关零组件准备营运。2011年各海港自由港区皆能充分运用其优势的营运模式,全年贸易值更首度超越空港,缔造佳绩。

桃园空港具地理优势,以吸引高科技、轻薄小巧之高单价电子产品加值服务为主,唯受到全球DRAM、FLASH相关产品需求下滑,使电子零组件物流业务接单大幅减少,2011年贸易量、值分别下跌3.7%及23.6%。

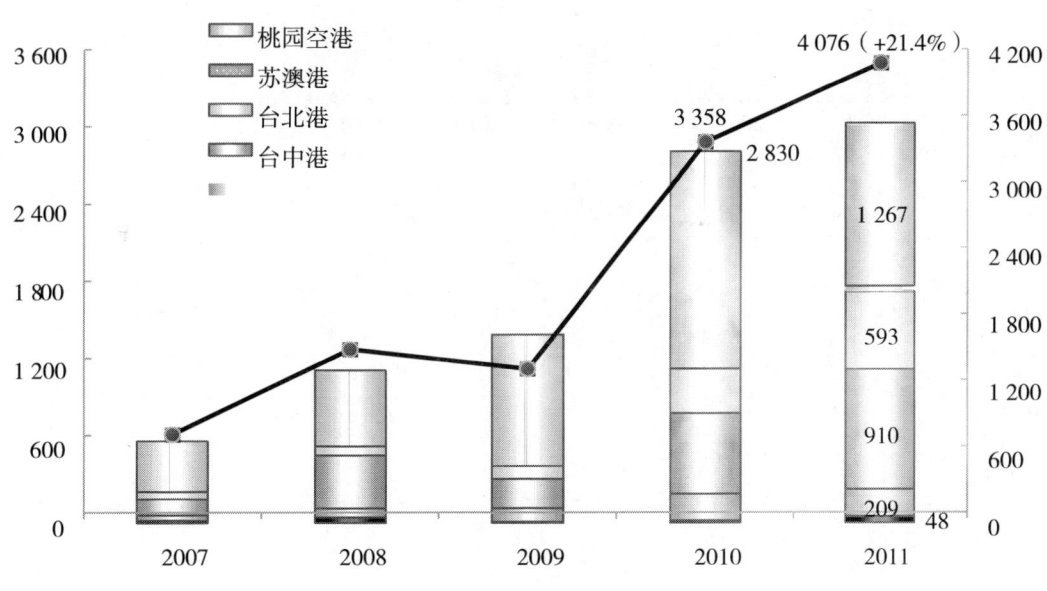

自由贸易港区贸易量及贸易值

五、机场旅客人数创近5年新高,台湾地区内离岛航线营运续扬

2011年台湾地区各机场进出旅客合计4 139万人次(平均每日11.3万人次),由于观光吸引带动来台旅客人数成长,机场进出旅客更创近5年新高,较2010年增加193万人次(+4.9%),其中国际航线

(含港澳)旅客2 194万人次,微增0.1%;两岸航线716万人次,大幅增加22.9%;岛内航线1 048万人次,亦增7.7%;另过境旅客181万人次,则减少8.8%。

观察各航线载客人数,国际航线以"松山—羽田"航线全年载客突破百万达117万人次最耀眼;两岸航线则以"上海浦东"航线135万人数最多,占两岸航线之18.9%;另本岛航线因部分与陆上运输重叠并行,客运量大减,唯离岛航线在推广观光之效益下,旅客大增,致岛内航线客运量已转为增势,且呈连续2年增长,并以"台北—金门"125万人次及"台北—马公"84万人次较多,为两大黄金航线,运量合占岛内航线之四成。

货运部分,受欧债风暴及美国债信降低等影响,欧美电子消费买气下降,波及台湾地区航空货运量,2011年各机场货物吨数合计174万公吨,较上年减少6.9%。

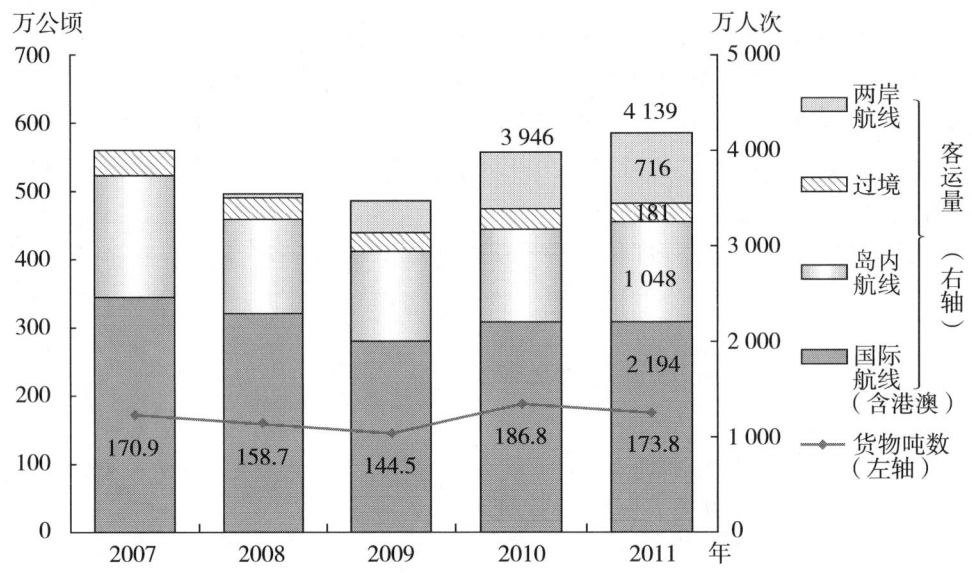

台湾地区各机场客货运量

第五篇

2011年度国家口岸主管部门颁布的口岸工作有关法规

中华人民共和国海关总署令

中华人民共和国新闻出版总署
中华人民共和国海关总署
第 53 号令

《音像制品进口管理办法》已经 2011 年 3 月新闻出版总署第 1 次署务会议和海关总署通过，现予公布，自公布之日起施行。

新闻出版总署
海关总署
二〇一一年四月六日

音像制品进口管理办法

第一章 总 则

第一条 为了加强对音像制品进口的管理，促进国际文化交流与合作，丰富人民群众的文化生活，根据《音像制品管理条例》及国家有关规定，制定本办法。

第二条 本办法所称音像制品，是指录有内容的录音带、录像带、唱片、激光唱盘、激光视盘等。

第三条 凡从外国进口音像制品成品和进口用于出版及其他用途的音像制品，适用本办法。

前款所称出版，包括利用信息网络出版。

音像制品用于广播电视播放的，适用广播电视法律、行政法规。

第四条 新闻出版总署负责全国音像制品进口的监督管理和内容审查等工作。

县级以上地方人民政府新闻出版行政部门依照本办法负责本行政区域内的进口音像制品的监督管理工作。

各级海关在其职责范围内负责音像制品进口的监督管理工作。

第五条 音像制品进口经营活动应当遵守宪法和有关法律、法规，坚持为人民服务和为社会主义服务的方向，传播有益于经济发展和社会进步的思想、道德、科学技术和文化知识。

第六条 国家禁止进口有下列内容的音像制品：

（一）反对宪法确定的基本原则的；

（二）危害国家统一、主权和领土完整的；

（三）泄漏国家秘密、危害国家安全或者损害国家荣誉和利益的；

（四）煽动民族仇恨、民族歧视，破坏民族团结，或者侵害民族风俗、习惯的；

（五）宣扬邪教、迷信的；

（六）扰乱社会秩序，破坏社会稳定的；

（七）宣扬淫秽、赌博、暴力或者教唆犯罪的；
（八）侮辱或者诽谤他人，侵害他人合法权益的；
（九）危害社会公德或者民族优秀文化传统的；
（十）有法律、行政法规和国家规定禁止的其他内容的。

第七条 国家对设立音像制品成品进口单位实行许可制度。

第二章　进口单位

第八条 音像制品成品进口业务由新闻出版总署批准的音像制品成品进口单位经营；未经批准，任何单位或者个人不得从事音像制品成品进口业务。

第九条 设立音像制品成品进口经营单位，应当具备以下条件：

（一）有音像制品进口经营单位的名称、章程；
（二）有符合新闻出版总署认定条件的主办单位及其主管机关；
（三）有确定的业务范围；
（四）具有进口音像制品内容初审能力；
（五）有与音像制品进口业务相适应的资金；
（六）有固定的经营场所；
（七）法律、行政法规和国家规定的其他条件。

第十条 设立音像制品成品进口经营单位，应当向新闻出版总署提出申请，经审查批准，取得新闻出版总署核发的音像制品进口经营许可证件后，持证到工商行政管理部门依法领取营业执照。

设立音像制品进口经营单位，还应当依照对外贸易法律、行政法规的规定办理相应手续。

第十一条 图书馆、音像资料馆、科研机构、学校等单位进口供研究、教学参考的音像制品成品，应当委托新闻出版总署批准的音像制品成品进口经营单位办理进口审批手续。

第十二条 音像出版单位可以在批准的出版业务范围内从事进口音像制品的出版业务。

第三章　进口审查

第十三条 国家对进口音像制品实行许可管理制度，应在进口前报新闻出版总署进行内容审查，审查批准取得许可文件后方可进口。

第十四条 新闻出版总署设立音像制品内容审查委员会，负责审查进口音像制品的内容。委员会下设办公室，负责进口音像制品内容审查的日常工作。

第十五条 进口音像制品成品，由音像制品成品进口经营单位向新闻出版总署提出申请并报送以下文件和材料：

（一）进口录音或录像制品报审表；
（二）进口协议草案或订单；
（三）节目样片、中外文歌词；
（四）内容审查所需的其他材料。

第十六条 进口用于出版的音像制品，应当向新闻出版总署提出申请并报送以下文件和材料：

（一）进口录音或录像制品报审表；
（二）版权贸易协议中外文文本草案，原始版权证明书，版权授权书和国家版权局的登记文件；
（三）节目样片；
（四）中外文曲目、歌词或对白；

(五)内容审查所需的其他材料。

第十七条 进口用于展览、展示的音像制品,由展览、展示活动主办单位提出申请,并将音像制品目录和样片报新闻出版总署进行内容审查。海关按暂时进口货物管理。

第十八条 进口单位不得擅自更改报送新闻出版总署进行内容审查样片原有的名称和内容。

第十九条 新闻出版总署自受理进口音像制品申请之日起30日内作出批准或者不批准的决定。批准的,发给进口音像制品批准单;不批准的,应当说明理由。

进口音像制品批准单内容不得更改,如需修改,应重新办理。进口音像制品批准单一次报关使用有效,不得累计使用。其中,属于音像制品成品的,批准单当年有效;属于用于出版的音像制品的,批准单有效期限为1年。

第四章 进口管理

第二十条 未经审查批准进口的音像制品,任何单位和个人不得出版、复制、批发、零售、出租和营业性放映。

第二十一条 任何单位和个人不得将供研究、教学参考或者用于展览、展示的进口音像制品进行经营性复制、批发、零售、出租和营业性放映。

用于展览、展示的进口音像制品确需在境内销售、赠送的,在销售、赠送前,必须依照本办法按成品进口重新办理批准手续。

第二十二条 进口单位与外方签订的音像制品进口协议或者合同应当符合中国法律、法规的规定。

第二十三条 出版进口音像制品,应当符合新闻出版总署批准文件要求,不得擅自变更节目名称和增删节目内容,要使用经批准的中文节目名称;外语节目应当在音像制品及封面包装上标明中外文名称;出版进口音像制品必须在音像制品及其包装的明显位置标明国家版权局的登记文号和新闻出版总署进口批准文号;利用信息网络出版进口音像制品必须在相关节目页面标明以上信息。

第二十四条 在经批准进口出版的音像制品版权授权期限内,音像制品进口经营单位不得进口该音像制品成品。

第二十五条 出版进口音像制品使用的语言文字应当符合国家公布的语言文字规范。

第二十六条 进口单位持新闻出版总署进口音像制品批准单向海关办理音像制品的进口报关手续。

第二十七条 个人携带和邮寄音像制品进出境,应以自用、合理数量为限,并按照海关有关规定办理。

第二十八条 随机器设备同时进口以及进口后随机器设备复出口的记录操作系统、设备说明、专用软件等内容的音像制品,不适用本办法,海关验核进口单位提供的合同、发票等有效单证验放。

第五章 罚 则

第二十九条 未经批准,擅自从事音像制品成品进口经营活动的,依照《音像制品管理条例》第三十九条的有关规定给予处罚。

第三十条 有下列行为之一的,由县级以上新闻出版行政部门责令停止违法行为,给予警告,没收违法音像制品和违法所得;违法经营额1万元以上的,并处违法经营额5倍以上10倍以下的罚款;违法经营额不足1万元的,并处5万元以下罚款;情节严重的,并责令停业整顿或者由原发证机关吊销许可证:

(一)出版未经新闻出版总署批准擅自进口的音像制品;

(二)批发、零售、出租或者放映未经新闻出版总署批准进口的音像制品的;

(三)批发、零售、出租、放映供研究、教学参考或者用于展览、展示的进口音像制品的。

第三十一条 违反本办法,出版进口音像制品未标明本办法规定内容的,由省级以上新闻出版行政部门责令改正,给予警告,情节严重的,并责令停业整顿或者由原发证机关吊销许可证。

第三十二条 违反本办法,有下列行为之一的,由省级以上新闻出版行政部门责令改正,给予警告,可并处3万元以下的罚款：

（一）出版进口音像制品使用语言文字不符合国家公布的语言文字规范的；

（二）出版进口音像制品，违反本办法擅自变更节目名称、增删节目内容的。

擅自增删经审查批准进口的音像制品内容导致其含有本办法第六条规定的禁止内容的，按照《音像制品管理条例》有关条款进行处罚。

第三十三条　违反海关法及有关管理规定的，由海关依法处理。

第六章　附　则

第三十四条　从中国香港特别行政区、澳门特别行政区和台湾地区进口音像制品，参照本办法执行。

第三十五条　电子出版物的进口参照本办法执行。

第三十六条　本办法由新闻出版总署负责解释。涉及海关业务的，由海关总署负责解释。

第三十七条　本办法自公布之日起施行，2002年6月1日文化部、海关总署发布的《音像制品进口管理办法》同时废止。

环境保护部、商务部、发展改革委、海关总署、质检总局 2011年第12号令

根据《中华人民共和国固体废物污染环境防治法》和有关法律、行政法规，制定《固体废物进口管理办法》。现予公布，自2011年8月1日起施行。

环境保护部
商务部
发展改革委
海关总署
质检总局
二〇一一年四月八日

固体废物进口管理办法

第一章　总　则

第一条　为了规范固体废物进口环境管理，防止进口固体废物污染环境，根据《中华人民共和国固体废物污染环境防治法》和有关法律、行政法规，制定本办法。

第二条　本办法所称固体废物，是指在生产、生活和其他活动中产生的丧失原有利用价值或者虽未丧失利用价值但被抛弃或者放弃的固态、半固态、液态和置于容器中的气态的物品、物质以及法律、行政法规规定纳入固体废物管理的物品、物质。

本办法所称固体废物进口,是指将中华人民共和国境外的固体废物运入中华人民共和国境内的活动。

第三条 本办法适用于以任何方式进口固体废物的活动。

通过赠送、出口退运进境、提供样品等方式将固体废物运入中华人民共和国境内的,进境修理产生的未复运出境固体废物以及出境修理或者出料加工中产生的复运进境固体废物的,除另有规定外,也适用本办法。

第四条 禁止转让固体废物进口相关许可证。

本办法所称转让固体废物进口相关许可证,是指:

(一)出售或者出租、出借固体废物进口相关许可证;

(二)使用购买或者租用、借用的固体废物进口相关许可证进口固体废物;

(三)将进口的固体废物全部或者部分转让给固体废物进口相关许可证载明的利用企业以外的单位或者个人。

第五条 禁止中华人民共和国境外的固体废物进境倾倒、堆放、处置。

禁止固体废物转口贸易。

未取得固体废物进口相关许可证的进口固体废物不得存入海关监管场所,包括保税区、出口加工区、保税物流园区、保税港区等海关特殊监管区域和保税物流中心(A/B型)、保税仓库等海关保税监管场所(以下简称"海关特殊监管区域和场所")。

除另有规定外,进口固体废物不得办理转关手续(废纸除外)。

第六条 国务院环境保护行政主管部门对全国固体废物进口环境管理工作实施统一监督管理。国务院商务主管部门、国务院经济综合宏观调控部门、海关总署和国务院质量监督检验检疫部门在各自的职责范围内负责固体废物进口相关管理工作。

县级以上地方环境保护行政主管部门对本行政区域内固体废物进口环境管理工作实施监督管理。各级商务主管部门、经济综合宏观调控部门、海关、出入境检验检疫部门在各自职责范围内对固体废物进口实施相关监督管理。

国务院环境保护行政主管部门会同国务院商务主管部门、国务院经济综合宏观调控部门、海关总署、国务院质量监督检验检疫部门建立固体废物进口管理工作协调机制,实行固体废物进口管理信息共享,协调处理固体废物进口及经营活动监督管理工作的重要事务。

第七条 任何单位和个人有权向各级环境保护行政主管部门、商务主管部门、经济综合宏观调控部门、海关和出入境检验检疫部门,检举违反固体废物进口监管程序和进口固体废物造成污染的行为。

第二章　一般规定

第八条 禁止进口危险废物。禁止经中华人民共和国过境转移危险废物。

禁止以热能回收为目的进口固体废物。

禁止进口不能用作原料或者不能以无害化方式利用的固体废物。

禁止进口境内产生量或者堆存量大且尚未得到充分利用的固体废物。

禁止进口尚无适用国家环境保护控制标准或者相关技术规范等强制性要求的固体废物。

禁止以凭指示交货(TO ORDER)方式承运固体废物入境。

第九条 对可以弥补境内资源短缺,且根据国家经济、技术条件能够以无害化方式利用的可用作原料的固体废物,按照其加工利用过程的污染排放强度,实行限制进口和自动许可进口分类管理。

第十条 国务院环境保护行政主管部门会同国务院商务主管部门、国务院经济综合宏观调控部门、海关总署、国务院质量监督检验检疫部门制定、调整并公布禁止进口、限制进口和自动许可进口的固体废物目录。

第十一条 禁止进口列入禁止进口目录的固体废物。

进口列入限制进口或者自动许可进口目录的固体废物,必须取得固体废物进口相关许可证。

第十二条 进口固体废物应当采取防扬散、防流失、防渗漏或者其他防止污染环境的措施。

第十三条 进口固体废物的装运、申报应当符合海关规定,有关规定由海关总署另行制定。

第十四条 进口固体废物必须符合进口可用作原料的固体废物环境保护控制标准或者相关技术规范等强制性要求。经检验检疫，不符合进口可用作原料的固体废物环境保护控制标准或者相关技术规范等强制性要求的固体废物，不得进口。

第十五条 申请和审批进口固体废物，按照风险最小化原则，实行"就近口岸"报关。

第十六条 国家对进口可用作原料的固体废物的国外供货商实行注册登记制度。向中国出口可用作原料的固体废物的国外供货商，应当取得国务院质量监督检验检疫部门颁发的注册登记证书。

国家对进口可用作原料的固体废物的国内收货人实行注册登记制度。进口可用作原料的固体废物的国内收货人在签订对外贸易合同前，应当取得国务院质量监督检验检疫部门颁发的注册登记证书。

第十七条 国务院环境保护行政主管部门对加工利用进口废五金电器、废电线电缆、废电机等环境风险较大的固体废物的企业，实行定点企业资质认定管理。管理办法由国务院环境保护行政主管部门制定。

第十八条 国家鼓励限制进口的固体废物在设定的进口废物"圈区管理"园区内加工利用。

进口废物"圈区管理"应当符合法律、法规和国家标准要求。进口废物"圈区管理"园区的建设规范和要求由国务院环境保护行政主管部门会同国务院商务主管部门、国务院经济综合宏观调控部门、海关总署、国务院质量监督检验检疫部门制定。

第十九条 出口加工区内的进口固体废物利用企业以加工贸易方式进口固体废物的，必须持有固体废物进口相关许可证。

出口加工区以外的进口固体废物利用企业以加工贸易方式进口固体废物的，必须持有商务主管部门签发的有效的《加工贸易业务批准证》、海关核发的有效的加工贸易手册（账册）和固体废物进口相关许可证。

以加工贸易方式进口的固体废物或者加工成品因故无法出口需内销的，加工贸易企业无须再次申领固体废物进口相关许可证；未经加工的原进口固体废物仅限留作本企业自用。

第三章　固体废物进口许可管理

第二十条 进口列入限制进口目录的固体废物，应当经国务院环境保护行政主管部门会同国务院对外贸易主管部门审查许可。进口列入自动许可进口目录的固体废物，应当依法办理自动许可手续。

第二十一条 固体废物进口相关许可证当年有效。

固体废物进口相关许可证应当在有效期内使用，无论是否使用完毕逾期均自行失效。

固体废物进口相关许可证因故在有效期内未使用完的，利用企业应当在有效期届满 30 日前向发证机关提出延期申请。发证机关扣除已使用的数量后，重新签发固体废物进口相关许可证，并在备注栏中注明"延期使用"和原证证号。

固体废物进口相关许可证只能延期一次，延期最长不超过 60 日。

第二十二条 固体废物进口相关许可证实行"一证一关"管理。一般情况下固体废物进口相关许可证为"非一批一证"制，如要实行"一批一证"，应当同时在固体废物进口相关许可证备注栏内打印"一批一证"字样。

"一证一关"指固体废物进口相关许可证只能在一个海关报关；"一批一证"指固体废物进口相关许可证在有效期内一次报关使用；"非一批一证"指固体废物进口相关许可证在有效期内可以多次报关使用，由海关逐批签注核减进口数量，最后一批进口时，允许溢装上限为固体废物进口相关许可证实际余额的 3%，且不论是否仍有余额，海关将在签注后留存正本存档。

第二十三条 固体废物进口相关许可证上载明的事项发生变化的，利用企业应当按照申请程序重新申请领取固体废物进口相关许可证。

发证机关受理申请后，注销原证，并公告注销的证书编号。

第二十四条 进口固体废物审批管理所需费用，按照国家有关规定执行。

第四章 检验检疫与海关手续

第二十五条 进口固体废物的承运人在受理承运业务时,应当要求货运委托人提供下列证明材料:
(一)固体废物进口相关许可证;
(二)进口可用作原料的固体废物国内收货人注册登记证书;
(三)进口可用作原料的固体废物国外供货商注册登记证书;
(四)进口可用作原料的固体废物装运前检验证书。

第二十六条 对进口固体废物,由国务院质量监督检验检疫部门指定的装运前检验机构实施装运前检验;检验合格的,出具装运前检验证书。

进口的固体废物运抵固体废物进口相关许可证列明的口岸后,国内收货人应当持固体废物进口相关许可证报检验检疫联、装运前检验证书以及其他必要单证,向口岸出入境检验检疫机构报检。

出入境检验检疫机构经检验检疫,对符合国家环境保护控制标准或者相关技术规范等强制性要求的,出具《入境货物通关单》,并备注"经初步检验检疫,未发现不符合国家环境保护控制标准要求的物质";对不符合国家环境保护控制标准或者相关技术规范等强制性要求的,出具检验检疫处理通知书,并及时通知口岸海关和口岸所在地省、自治区、直辖市环境保护行政主管部门。

口岸所在地省、自治区、直辖市环境保护行政主管部门收到进口固体废物检验检疫不合格的通知后,应当及时通知利用企业所在地省、自治区、直辖市环境保护行政主管部门和国务院环境保护行政主管部门。

对于检验结果不服的,申请人应当根据进出口商品复验工作的有关规定申请复验。国务院质量监督检验检疫部门或者出入境检验检疫机构可以根据检验工作的实际情况,会同同级环境保护行政主管部门共同实施复验工作。

第二十七条 除另有规定外,对限制进口类或者自动许可进口类可用作原料的固体废物,应当持固体废物进口相关许可证和出入境检验检疫机构出具的《入境货物通关单》等有关单证向海关办理进口验放手续。

第二十八条 进口者对海关将其所进口的货物纳入固体废物管理范围不服的,可以依法申请行政复议,也可以向人民法院提起行政诉讼。

海关怀疑进口货物的收货人申报的进口货物为固体废物的,可以要求收货人送口岸检验检疫部门进行固体废物属性检验,必要时,海关可以直接送口岸检验检疫部门进行固体废物属性检验,并按照检验结果处理。

口岸检验检疫部门应当出具检验结果,并注明是否属于固体废物。

海关或者收货人对口岸所在地检验检疫部门的检验结论有异议的,国务院环境保护行政主管部门会同海关总署、国务院质量监督检验检疫部门指定专门鉴别机构对进口的货物、物品是否属于固体废物和固体废物类别进行鉴别。

《固体废物鉴别导则》及有关鉴别程序和办法由国务院环境保护行政主管部门会同海关总署、国务院质量监督检验检疫部门制定。

检验或者鉴别期间,海关不接受企业担保放行的申请。对货物在检验或者鉴别期间产生的相关费用以及损失,由进口货物的收货人自行承担。

本条所涉进口固体废物的鉴别,应当以《固体废物鉴别导则》为依据。

第二十九条 将境外的固体废物进境倾倒、堆放、处置的,进口属于禁止进口的固体废物或者未经许可擅自进口固体废物的,以及检验不合格的进口固体废物,由口岸海关依法责令进口者或者承运人在规定的期限内将有关固体废物原状退运至原出口国,进口者或者承运人承担相应责任和费用,并不免除其办理海关手续的义务,进口者或者承运人不得放弃有关固体废物。

收货人无法确认的进境固体废物,由承运人向海关提出退运申请或者可以由海关依法责令承运人退运。承运人承担相应责任和费用,并不免除其办理海关手续的义务。

第三十条 对当事人拒不退运或者超过3个月不退运出境的固体废物,口岸海关会同口岸出入境检验检疫机构和口岸所在地环境保护行政主管部门对进口者或者承运人采取强制措施予以退运。

第三十一条 对确属无法退运出境或者海关决定不予退运的固体废物,经进口者向口岸海关申请(进口者不明时由承运人或者负有连带责任的第三人申请),参考就近原则,由海关以拍卖或者委托方式移交省、自治区、直辖市环境保护行政主管部门认定的具有无害化利用或者处置能力的单位进行综合利用或者无害化处置,相关滞港费用和处置费用由进口者承担,进口者不明的由承运人承担。

对委托综合利用或者无害化处置扣除处理费用后产生的收益,应当由具有无害化利用或者处置能力的单位交由海关上缴国库。各级海关未经批准,不得拍卖国家禁止进口的固体废物。具体管理办法由海关总署会同国务院环境保护行政主管部门另行制定。

第三十二条 海关应当将退运等后续处理情况通报出入境检验检疫机构和口岸所在地省、自治区、直辖市环境保护行政主管部门。

口岸所在地省、自治区、直辖市环境保护行政主管部门应当通知进口固体废物利用企业所在地省、自治区、直辖市环境保护行政主管部门和国务院环境保护行政主管部门。

出入境检验检疫机构和环境保护行政主管部门应当根据具体情况对有关单位做出处理。

第五章 监督管理

第三十三条 进口的固体废物必须全部由固体废物进口相关许可证载明的利用企业作为原料利用。

第三十四条 进口固体废物利用企业应当以环境无害化方式对进口的固体废物进行加工利用。

由海关以拍卖或者委托方式移交处理的进口固体废物的利用或者处置单位,必须对所承担的进口固体废物全部进行综合利用或者无害化处置。

第三十五条 进口固体废物利用企业应当建立经营情况记录簿,如实记载每批进口固体废物的来源、种类、重量或者数量、去向、接收、拆解、利用、贮存的时间,运输者的名称和联系方式,进口固体废物加工利用后的残余物种类、重量或者数量、去向等情况。经营记录簿及相关单据、影像资料等原始凭证应当至少保存5年。

进口固体废物利用企业应当对污染物排放进行日常定期监测。监测报告应当至少保存5年。

进口固体废物利用企业应当按照国务院环境保护行政主管部门的规定,定期向所在地省、自治区、直辖市环境保护行政主管部门报告进口固体废物经营情况和环境监测情况。省、自治区、直辖市环境保护行政主管部门汇总后报国务院环境保护行政主管部门。

固体废物的进口者、代理商、承运人等其他经营单位,应当记录所代理的进口固体废物的来源、种类、重量或者数量、去向等情况,并接受有关部门的监督检查。记录资料及相关单据、影像资料等原始凭证应当至少保存3年。

第三十六条 省、自治区、直辖市环境保护行政主管部门应当组织对进口固体废物利用企业进行实地检查和监督性监测,发现有下列情形之一的,应当在5个工作日内报知国务院环境保护行政主管部门:

(一)隐瞒有关情况或者提供虚假材料申请固体废物进口相关许可证或者转让固体废物进口相关许可证;

(二)超过国家或者地方规定的污染物排放标准,或者超过总量控制指标排放污染物;

(三)对进口固体废物加工利用后的残余物未进行无害化利用或者处置;

(四)未按规定报告进口固体废物经营情况和环境监测情况,或者在报告时弄虚作假。

国务院环境保护行政主管部门和省、自治区、直辖市环境保护行政主管部门应当将有关情况记录存档,作为审批固体废物进口相关许可证的依据。

各级环境保护行政主管部门、商务主管部门、经济综合宏观调控部门、海关、出入境检验检疫部门,有权依据各自的职责对与进口固体废物有关的单位进行监督检查。

被检查的单位应当如实反映情况,提供必要的材料。检查机关应当为被检查的单位保守技术秘密和业务秘密。

检查机关进行现场检查时,可以采取现场监测、采集样品、查阅或者复制相关资料等措施。

检查人员进行现场检查,应当出示证件。

第六章 海关特殊监管区域和场所的特别规定

第三十七条 固体废物从境外进入海关特殊监管区域和场所时,有关单位应当申领固体废物进口相关许可证,并申请检验检疫。固体废物从海关特殊监管区域和场所进口到境内区外或者在海关特殊监管区域和场所之间进出的,无需办理固体废物进口相关许可证。

第三十八条 海关特殊监管区域和场所内单位不得以转口货物为名存放进口固体废物。

第三十九条 海关特殊监管区域和场所内单位产生的未复运出境的残次品、废品、边角料、受灾货物等,如属于限制进口或者自动许可进口的固体废物,其在境内与海关特殊监管区域和场所之间进出,或者在海关特殊监管区域和场所之间进出,免于提交固体废物进口相关许可证。出入境检验检疫机构不实施检验。

第四十条 海关特殊监管区域和场所内单位产生的未复运出境的残次品、废品、边角料、受灾货物等,如属于禁止进口的固体废物,需出区进行利用或者处置的,应当由产生单位或者收集单位向海关特殊监管区域和场所行政管理部门和所在地设区的市级环境保护行政主管部门提出申请,并提交如下申请材料:

(一)转移固体废物出区申请书;

(二)申请单位和接收单位签订的合同;

(三)接收单位的经年检合格的营业执照;

(四)拟转移的区内固体废物的产生过程及工艺、成分分析报告、物理化学性质登记表;

(五)接收单位利用或者处置废物方式的说明,包括废物利用或者处置设施的地点、类型、处理能力及利用或者处置过程中产生的废气、废水、废渣的处理方法等的介绍资料;

(六)证明接收单位能对区内固体废物以环境无害化方式进行利用或者处置的材料;出区废物是危险废物的,须提供接收单位所持的《危险废物经营许可证》复印件,并加盖接收单位章。

第四十一条 海关特殊监管区域和场所行政管理部门和所在地设区的市级环境保护行政主管部门受理出区申请后,作出准予或者不准予出区的决定,批准文件有效期1年。

出入境检验检疫机构凭海关特殊监管区域和场所行政管理部门和所在地设区的市级环境保护行政主管部门批准文件办理通关单,并对固体废物免于实施检验。海关凭海关特殊监管区域和场所行政管理部门和所在地设区的市级环境保护行政主管部门批准文件按规定办理有关手续。

第四十二条 海关特殊监管区域和场所内单位产生的固体废物,出区跨省转移、贮存、处置的,须按照《中华人民共和国固体废物污染环境防治法》第二十三条的规定向有关省、自治区、直辖市环境保护行政主管部门提出申请。

海关特殊监管区域和场所内单位产生的固体废物属于危险废物或者废弃电器电子产品的,出区时须依法执行危险废物管理或者废弃电器电子产品管理的有关制度。

第七章 罚 则

第四十三条 违反本办法规定,将中华人民共和国境外的固体废物进境倾倒、堆放、处置,进口属于禁止进口的固体废物或者未经许可擅自进口限制进口的固体废物,或者以原料利用为名进口不能用作原料的固体废物的,由海关依据《中华人民共和国固体废物污染环境防治法》第七十八条的规定追究法律责任,并可以由发证机关撤销其固体废物进口相关许可证。

违反本办法规定,以进口固体废物名义经中华人民共和国过境转移危险废物的,由海关依据《中华人民共和国固体废物污染环境防治法》第七十九条的规定追究法律责任,并可以由发证机关撤销其固体废物进口相关许可证。

违反本办法规定,走私进口固体废物的,由海关按照有关法律、行政法规的规定进行处罚;构成犯罪的,依法追究刑事责任。

第四十四条 对已经非法入境的固体废物,按照《中华人民共和国固体废物污染环境防治法》第八十条的规定进行处理。

第四十五条 违反本办法规定,转让固体废物进口相关许可证的,由发证机关撤销其固体废物进口相关许可证;构成犯罪的,依法追究刑事责任。

第四十六条 以欺骗、贿赂等不正当手段取得固体废物进口相关许可证的,依据《中华人民共和国行政许可法》的规定,由发证机关撤销其固体废物进口相关许可证;构成犯罪的,依法追究刑事责任。

第四十七条 违反本办法规定,对进口固体废物加工利用后的残余物未进行无害化利用或者处置的,由所在地县级以上环境保护行政主管部门根据《中华人民共和国固体废物污染环境防治法》第六十八条第(二)项的规定责令停止违法行为,限期改正,并处1万元以上10万元以下的罚款;逾期拒不改正的,可以由发证机关撤销其固体废物进口相关许可证。造成污染环境事故的,按照《固体废物污染环境防治法》第八十二条的规定办理。

第四十八条 违反本办法规定,未执行经营情况记录簿制度、未履行日常环境监测或者未按规定报告进口固体废物经营情况和环境环境监测情况的,由所在地县级以上环境保护行政主管部门责令限期改正,可以并处3万元以下罚款;逾期拒不改正的,可以由发证机关撤销其固体废物进口相关许可证。

第四十九条 违反检验检疫有关规定进口固体废物的,按照《中华人民共和国进出口商品检验法》、《中华人民共和国进出口商品检验法实施条例》等规定进行处罚。

违反海关有关规定进口固体废物的,按照《中华人民共和国海关法》和《中华人民共和国海关行政处罚实施条例》等规定进行处罚。

擅自进口禁止进口、不符合国家环境保护控制标准或者相关技术规范强制性要求的固体废物,经海关责令退运,超过3个月怠于履行退运义务的,由海关依照《中华人民共和国海关行政处罚实施条例》的规定进行处罚。

第五十条 进口固体废物监督管理人员贪污受贿、玩忽职守、徇私舞弊或者滥用职权,依法给予行政处分;构成犯罪的,依法追究刑事责任。

第八章　附　则

第五十一条 本办法中由设区的市级环境保护行政主管部门行使的监管职责,在直辖市行政区域以及省、自治区直辖的县级行政区域内,由省、自治区、直辖市环境保护行政主管部门行使。

第五十二条 固体废物运抵关境即视为进口行为发生。

第五十三条 进口固体废物利用企业是指实际从事进口固体废物拆解、加工利用活动的企业。

第五十四条 来自中国香港、澳门特别行政区和中国台湾地区固体废物的进口管理依照本办法执行。

第五十五条 本办法自2011年8月1日起施行。

国务院环境保护行政主管部门、国务院商务主管部门、国务院经济综合宏观调控部门、海关总署、国务院质量监督检验检疫部门在本办法实施前根据各自职责发布的进口固体废物管理有关规定、通知与本办法不一致的,以本办法为准。

中华人民共和国海关总署令第204号

《中华人民共和国海关管道运输进口能源监管办法》已于2011年10月18日经海关总署署务会议审议通过,现予公布,自2011年12月1日起施行。

署　长　于广洲

二○一一年十月二十四日

中华人民共和国海关管道运输进口能源监管办法

第一条 为了规范海关对管道运输进口能源的监管,依据《中华人民共和国海关法》(以下简称《海关法》)的规定,制定本办法。

第二条 管道运输进口能源跨境管道境内计量站(以下简称计量站)是海关监管场所,应当依照《中华人民共和国海关监管场所管理办法》接受海关监管。

第三条 管道经营单位应当依照国家有关规定经营计量站、计量管道运输数据、传输能源计量电子数据,并依法向海关申报,办理相关手续。

第四条 管道经营单位应当依照本办法规定向计量站所在地直属海关提交下列材料,办理备案手续,提交复印件的,应当同时出示原件供海关验核:

(一)管道经营单位备案登记表(见附件);
(二)企业法人营业执照;
(三)企业法人组织机构代码证;
(四)海关要求提供的其他材料。

不具备法人资格,但经法人授权的管道经营单位还应当提交法人授权文书。

管道经营单位委托代理人代为办理备案手续的,代理人应当向海关提交管道经营单位出具的授权委托书。

第五条 计量站的计量仪表、设备、软件等应当符合海关监管要求,并经国家主管部门或者法律法规授权的计量检定机构检定或者校准。

管道经营单位应当向计量站所在地直属海关或者经直属海关授权的隶属海关提交国家主管部门或者法律法规授权的计量检定机构出具的载明检定或者校准结论的有效文本。

第六条 管道经营单位应当在计量站运营前将与海关监管相关的管道计量参数报送海关备案。

经计量站所在地直属海关或者经直属海关授权的隶属海关审核同意后,管道计量参数可以根据需要进行调整。

应当备案的管道计量参数项目由海关总署另行公告。

第七条 海关可以对跨境管道的管线设施和计量设备的旁通出口、流量计、流量计算机柜以及其他关键部位施加封志。

管道经营单位需要开启海关施加的封志的,应当向海关提交书面申请,经审核同意的,由海关派员实施开启。开启原因消失后,由海关再次施加封志。

管道运营过程中发生可能影响国家安全和社会秩序的紧急情况,不立即处理将造成人员重大伤亡或者财产重大损失的,管道经营单位可以采取紧急处理措施先予处理,并采取适当方式报告海关。紧急情况消除后,管道经营单位应当立即书面向海关报告相关情况。

海关对计量站设施进行实地检查时,管道经营单位应当到场并提供必要的协助。

第八条 管道经营单位应当按照海关规定传输计量站计量电子数据,并向海关报送相应时段的纸质入境计量报告。

由于计算机故障等特殊情形无法按照规定向海关传输计量电子数据的,管道经营单位应当立即向海关报告有关情况。经海关同意后,管道经营单位应当在海关规定的时限内向海关递交入境计量报告纸本,并于特殊情形消除后立即向海关补充传输计量电子数据。

应当向海关传输的电子数据项目、纸质入境计量报告数据项目,由海关总署另行公告。

海关根据计量数据进行现场验核时,管道经营单位应当到场并提供必要的协助。

第九条 管道运输进口能源在办结申报、纳税及其他海关手续前,属于海关监管货物,未经海关许可,不得进行销售、抵押、质押或者进行其他处置。

管道经营单位应当在计量站运营前向海关报告用以开通管道的水、氮气等数量和处理方式,并按照海关规定定期向海关申报能源损耗和能源耗用相关情况,接受海关监管。

第十条 管道经营单位接收和复运出境清管器等设备的,应当按照暂时进出境货物相关管理规定办理海关手续,接受海关监管。

第十一条 经海关批准,管道运输进口能源的收货人应当在每月1日至14日期间向海关定期申报上月进口能源,并缴纳相应税款。

管道运输进口能源的收货人超过前款规定期限向海关申报的,海关依法征收滞报金。

收货人向海关办理申报手续时,除按照规定提交进口货物报关单外,还应当同时向海关提交管道经营单位出具的入境计量报告、相应许可证件以及海关要求的其他单证。

第十二条 办理定期申报的收货人应当向海关提供有效担保。

经海关批准,办理定期申报的收货人也可以按照《中华人民共和国海关事务担保条例》的有关规定,向海关申请适用管道运输进口能源定期申报总担保。

管道运输进口能源定期申报总担保具体办法由海关总署另行制定。

第十三条 管道运输进口能源按照海关接受该货物申报进口之日适用的税率、汇率计征税款。

第十四条 不同国别的原产地混合运输的能源,收货人应当按照定期申报时间段内不同国别的原产地能源进口数量分别向海关申报。

海关在审核确定进口能源原产地时,可以要求收货人提交原产地证明或者其他足以证明能源原产地的材料,并予以审验。

第十五条 海关认为必要时,可以按照海关化验管理的有关规定提取管道运输的能源样品进行化验,管道经营单位应当提供必要的协助。

第十六条 因设备运行故障、检修等原因导致管道不能正常运输或者重新启动运输,管道经营单位应当立即向海关报告。

第十七条 管道运输进口能源的收货人、管道经营单位等有关企业、单位应当妥善保管会计账簿、会计凭证、报关单证以及其他有关资料,接受海关稽查。

第十八条 违反本办法规定,构成走私行为、违反海关监管规定行为或者其他违反《海关法》行为的,由海关依照《海关法》、《中华人民共和国海关行政处罚实施条例》等有关法律、行政法规的规定予以处理;构成犯罪的,依法追究刑事责任。

第十九条 本办法下列用语的含义:

"能源",是指通过管道运输方式进口的原油、天然气。

"能源损耗",是指在管道运输过程中因流失、泄漏等损失或者排污、设备检修过程中放空以及因设备故障损失的能源。

"能源耗用",是指为了维持管道运输,或者作为加压、加热的动力燃料以及维持加压站、加热站、计量站等管道配套设施运行需要,从管道中提取的能源。

第二十条 本办法由海关总署负责解释。

第二十一条 本办法自2011年12月1日起施行。

中华人民共和国海关总署令第205号

《海关总署关于废止〈中华人民共和国海关特别优惠关税待遇进口货物原产地管理办法〉的决定》已于2011年

12月30日经海关总署署务会议审议通过,现予公布,自2012年1月1日起施行。

署 长 于广洲
二〇一一年十二月三十日

海关总署关于废止《中华人民共和国海关特别优惠关税待遇进口货物原产地管理办法》的决定

为适应经济社会发展需要,现决定废止2006年5月31日以海关总署第149号令公布的《中华人民共和国海关特别优惠关税待遇进口货物原产地管理办法》。

本决定自2012年1月1日起生效。

中华人民共和国国家质量监督检验检疫总局令

国家质量监督检验检疫总局第 135 号令

《进出口水产品检验检疫监督管理办法》已经 2010 年 3 月 10 日国家质量监督检验检疫总局局务会议审议通过，现予公布，自 2011 年 6 月 1 日起施行。

局　长　支树平

二〇一一年一月四日

进出口水产品检验检疫监督管理办法

第一章　总　则

第一条　为加强进出口水产品检验检疫及监督管理，保障进出口水产品的质量安全，防止动物疫情传入传出国境，保护渔业生产安全和人类健康，根据《中华人民共和国进出口商品检验法》及其实施条例、《中华人民共和国进出境动植物检疫法》及其实施条例、《中华人民共和国国境卫生检疫法》及其实施细则、《中华人民共和国食品安全法》及其实施条例、《国务院关于加强食品等产品安全监督管理的特别规定》等有关法律法规规定，制定本办法。

第二条　本办法适用于进出口水产品的检验检疫及监督管理。

第三条　本办法所称水产品是指供人类食用的水生动物产品及其制品，包括水母类、软体类、甲壳类、棘皮类、头索类、鱼类、两栖类、爬行类、水生哺乳类动物等其他水生动物产品以及藻类等海洋植物产品及其制品，不包括活水生动物及水生动植物繁殖材料。

第四条　国家质量监督检验检疫总局（以下简称国家质检总局）主管全国进出口水产品检验检疫及监督管理工作。

国家质检总局设在各地的出入境检验检疫机构（以下简称检验检疫机构）负责所辖区域进出口水产品检验检疫及监督管理工作。

第五条　检验检疫机构依法对进出口水产品进行检验检疫、监督抽查，对进出口水产品生产加工企业（以下简称生产企业）根据监管需要和国家质检总局相关规定实施信用管理及分类管理制度。

第六条　进出口水产品生产企业应当依照法律、行政法规和有关标准从事生产经营活动，对社会和公众负责，保证水产品质量安全，接受社会监督，承担社会责任。

第七条　国家质检总局对检验检疫机构签发进出口水产品检验检疫证明的人员实行备案管理制度，未经备案的人员不得签发证书。

第二章　进口检验检疫

第八条　进口水产品应当符合中国法律、行政法规、食品安全国家标准要求，以及中国与输出国家或者地区签订的相关协议、议定书、备忘录等规定的检验检疫要求和贸易合同注明的检疫要求。

进口尚无食品安全国家标准的水产品,收货人应当向检验检疫机构提交国务院卫生行政部门出具的许可证明文件。

第九条 国家质检总局根据中国法律、行政法规规定、食品安全国家标准要求、国内外水产品疫情疫病和有毒有害物质风险分析结果,结合对拟向中国出口水产品国家或者地区的质量安全管理体系的有效性评估情况,制定并公布中国进口水产品的检验检疫要求;或者与拟向中国出口水产品国家或者地区签订检验检疫协定,确定检验检疫要求和相关证书。

第十条 国家质检总局对向中国境内出口水产品的出口商或者代理商实施备案管理,并定期公布已获准入资质的境外生产企业和已经备案的出口商、代理商名单。

进口水产品的境外生产企业的注册管理按照国家质检总局相关规定执行。

第十一条 检验检疫机构对进口水产品收货人实施备案管理。已经实施备案管理的收货人,方可办理水产品进口手续。

第十二条 进口水产品收货人应当建立水产品进口和销售记录制度。记录应当真实,保存期限不得少于二年。

第十三条 国家质检总局对安全卫生风险较高的进口两栖类、爬行类、水生哺乳类动物以及其他养殖水产品等实行检疫审批制度。上述产品的收货人应当在签订贸易合同前办理检疫审批手续,取得进境动植物检疫许可证。

国家质检总局根据需要,按照有关规定,可以派员到输出国家或者地区进行进口水产品预检。

第十四条 水产品进口前或者进口时,收货人或者其代理人应当持输出国家或者地区官方签发的检验检疫证书正本原件、原产地证书、贸易合同、提单、装箱单、发票等单证向进口口岸检验检疫机构报检。

进口水产品随附的输出国家或者地区官方检验检疫证书,应当符合国家质检总局对该证书的要求。

第十五条 检验检疫机构对收货人或者其代理人提交的相关单证进行审核,符合要求的,受理报检,对检疫审批数量进行核销,出具入境货物通关证明。

第十六条 进口水产品应当存储在检验检疫机构指定的存储冷库或者其他场所。进口口岸应当具备与进口水产品数量相适应的存储冷库。存储冷库应当符合进口水产品存储冷库检验检疫要求。

第十七条 装运进口水产品的运输工具和集装箱,应当在进口口岸检验检疫机构的监督下实施防疫消毒处理。未经检验检疫机构许可,不得擅自将进口水产品卸离运输工具和集装箱。

第十八条 进口口岸检验检疫机构依照规定对进口水产品实施现场检验检疫。现场检验检疫包括以下内容:

(一)核对单证并查验货物;

(二)查验包装是否符合进口水产品包装基本要求;

(三)对易滋生植物性害虫的进口盐渍或者干制水产品实施植物检疫,必要时进行除害处理;

(四)查验货物是否腐败变质,是否含有异物,是否有干枯,是否存在血冰、冰霜过多。

第十九条 进口预包装水产品的中文标签应当符合中国食品标签的相关法律、行政法规、规章的规定以及国家技术规范的强制性要求。检验检疫机构依照规定对预包装水产品的标签进行检验。

第二十条 检验检疫机构依照规定对进口水产品采样,按照有关标准、监控计划和警示通报等要求对下列项目进行检验或者监测:

(一)致病性微生物、重金属、农兽药残留等有毒有害物质;

(二)疫病、寄生虫;

(三)其他要求的项目。

第二十一条 进口水产品经检验检疫合格的,由进口口岸检验检疫机构签发《入境货物检验检疫证明》,准予生产、加工、销售、使用。《入境货物检验检疫证明》应当注明进口水产品的集装箱号、生产批次号、生产厂家及唛头等追溯信息。

进口水产品经检验检疫不合格的,由检验检疫机构出具《检验检疫处理通知书》。涉及人身安全、健康和环境保护以外项目不合格的,可以在检验检疫机构的监督下进行技术处理,经重新检验检疫合格的,方可销售或者使用。

当事人申请需要出具索赔证明等其他证明的,检验检疫机构签发相关证明。

第二十二条 有下列情形之一的,作退回或者销毁处理:

(一)需办理进口检疫审批的产品,无有效进口动植物检疫许可证的;

(二)需办理注册的水产品生产企业未获得中方注册的;

(三)无输出国家或者地区官方机构出具的有效检验检疫证书的;

(四)涉及人身安全、健康和环境保护项目不合格的。

第三章　出口检验检疫

第二十三条 出口水产品由检验检疫机构进行监督、抽检,海关凭检验检疫机构签发的通关证明放行。

第二十四条 检验检疫机构按照下列要求对出口水产品及其包装实施检验检疫:

(一)输入国家或者地区检验检疫要求;

(二)中国政府与输入国家或者地区政府签订的检验检疫协议、议定书、备忘录等规定的检验检疫要求;

(三)中国法律、行政法规和国家质检总局规定的检验检疫要求;

(四)输入国家或者地区官方关于品质、数量、重量、包装等要求;

(五)贸易合同注明的检疫要求。

第二十五条 检验检疫机构对出口水产品养殖场实施备案管理。出口水产品生产企业所用的原料应当来自于备案的养殖场、经渔业行政主管部门批准的捕捞水域或者捕捞渔船,并符合拟输入国家或者地区的检验检疫要求。

第二十六条 备案的出口水产品养殖场应当满足以下基本条件和卫生要求:

(一)取得渔业行政主管部门养殖许可;

(二)具有一定的养殖规模:土塘或者开放性海域养殖的水面总面积50亩以上,水泥池养殖的水面总面积10亩以上,场区内养殖池有规范的编号;

(三)水源充足,养殖用水水质符合《渔业水质标准》;

(四)周围无畜禽养殖场、医院、化工厂、垃圾场等污染源,具有与外界环境隔离的设施,内部环境卫生良好;

(五)布局合理,符合卫生防疫要求,避免进排水交叉污染;

(六)具有独立分设的药物和饲料仓库,仓库保持清洁干燥,通风良好,有专人负责记录入出库登记;

(七)养殖密度适当,配备与养殖密度相适应的增氧设施;

(八)投喂的饲料来自经检验检疫机构备案的饲料加工厂,符合《出口食用动物饲用饲料检验检疫管理办法》的要求;

(九)不存放和使用中国、输入国家或者地区禁止使用的药物和其他有毒有害物质。使用的药物应当标注有效成份,有用药记录,并严格遵守停药期规定;

(十)有完善的组织管理机构和书面的水产养殖管理制度(包括种苗收购、养殖生产、卫生防疫、药物饲料使用等);

(十一)配备具有相应资质的养殖技术员和质量监督员,养殖技术员和质量监督员应当由不同人员担任,养殖技术员须凭处方用药,药品由质量监督员发放。养殖技术员和质量监督员应当具备以下条件:

1. 熟悉并遵守检验检疫有关法律、行政法规、规章等规定;

2. 熟悉并遵守农业行政主管部门有关水生动物疫病和兽药管理规定;

3. 熟悉输入国家或者地区相关药残控制法规和标准;

4. 有一定养殖工作经验或者具有养殖专业中专以上学历。

(十二)建立重要疫病和重要事项及时报告制度。

第二十七条 出口水产品养殖场按照以下程序进行备案:

(一)出口水产品养殖场向所在地检验检疫机构提出备案申请,并提供相关材料;

(二)检验检疫机构按照本办法第二十六条规定的基本条件和卫生要求,对申请备案的出口水产品养殖场进行审核。符合基本条件和卫生要求的,由直属检验检疫局审查批准颁发备案证明;

(三)备案证明自颁发之日起生效,有效期四年。出口水产品养殖场应当在有效期届满三个月前提出延续申请;

(四)备案的出口水产品养殖场地址、名称、养殖规模、所有权、法定代表人等发生变更的,应当及时向所在地检验检疫机构重新申请备案或者办理变更手续。

第二十八条 出口水产品备案养殖场应当为其生产的每一批出口水产品原料出具供货证明。

第二十九条 出口水产品备案养殖场应当依照输入国家或者地区要求,或者中国食品安全国家标准和有关规定使用饲料、兽药等农业投入品,禁止采购或者使用不符输入国家或者地区要求,或者中国食品安全国家标准的农业投入品。

第三十条 检验检疫机构对出口水产品备案养殖场实施监督管理,组织监督检查,并做好相关记录。监督检查包括日常监督检查和年度审核等形式。

检验检疫机构应当在风险分析的基础上对备案的出口水产品养殖场实施水生动物疫病、农兽药残留、环境污染物、水质状况以及其他有毒有害物质监测,建立完善出口水产品安全风险信息管理制度。

第三十一条 检验检疫机构按照出口食品生产企业备案管理规定对出口水产品生产企业实施备案管理。

输入国家或者地区对中国出口水产品生产企业有注册要求,需要对外推荐注册企业的,按照国家质检总局相关规定执行。

第三十二条 出口水产品生产企业应当建立完善可追溯的质量安全控制体系,确保出口水产品从原料到成品不得违规使用保鲜剂、防腐剂、保水剂、保色剂等物质。

出口水产品生产企业应当对加工用原辅料及成品的微生物、农兽药残留、环境污染物等有毒有害物质进行自检,没有自检能力的,应当委托有资质的检验机构检验,并出具有效检验报告。

第三十三条 出口水产品生产企业生产加工水产品应当以养殖场为单位实施生产批次管理,不同养殖场的水产品不得作为同一个生产批次的原料进行生产加工。从原料水产品到成品,生产加工批次号应当保持一致。

生产加工批次号标注要求另行公告。

第三十四条 出口水产品生产企业应当建立原料进货查验记录制度,核查原料随附的供货证明。进货查验记录应当真实,保存期限不得少于二年。

出口水产品生产企业应当建立出厂检验记录制度,查验出厂水产品的检验合格证和安全状况,如实记录其水产品的名称、规格、数量、生产日期、生产批号、检验合格证号、购货者名称及联系方式、销售日期等内容。

水产品出厂检验记录应当真实,保存期限不得少于二年。

第三十五条 出口水产品包装上应当按照输入国家或者地区的要求进行标注,在运输包装上注明目的地国家或者地区。

第三十六条 出口水产品生产企业或者其代理人应当按照国家质检总局报检规定,凭贸易合同、生产企业检验报告(出厂合格证明)、出货清单等有关单证向产地检验检疫机构报检。

出口水产品出口报检时,需提供所用原料中药物残留、重金属、微生物等有毒有害物质含量符合输入国家或者地区以及我国要求的书面证明。

第三十七条 检验检疫机构应当对出口水产品中致病性微生物、农兽药残留和环境污染物等有毒有害物质在风险分析的基础上进行抽样检验,并对出口水产品生产加工全过程的质量安全控制体系进行验证和监督。

第三十八条 没有经过抽样检验的出口水产品,检验检疫机构应当根据输入国家或者地区的要求对出口水产品的检验报告、装运记录等进行审核,结合日常监管、监测和抽查检验等情况进行综合评定。符合规定要求的,签发有关检验检疫证单;不符合规定要求的,签发不合格通知单。

第三十九条 出口水产品生产企业应当确保出口水产品的运输工具有良好的密封性能,装载方式能有效地避免水产品受到污染,保证运输过程中所需要的温度条件,按规定进行清洗消毒,并做好记录。

第四十条 出口水产品生产企业应当保证货证相符,并做好装运记录。检验检疫机构应当随机抽查。经产地检验检疫合格的出口水产品,口岸检验检疫机构在口岸查验时发现单证不符的,不予放行。

第四十一条 出口水产品检验检疫有效期为:

(一)冷却(保鲜)水产品:七天;

(二)干冻、单冻水产品:四个月;

(三)其他水产品:六个月。

出口水产品超过检验检疫有效期的,应当重新报检。输入国家或者地区另有要求的,按照其要求办理。

第四章　监督管理

第四十二条 国家质检总局对进出口水产品实行安全监控制度,依据风险分析和检验检疫实际情况制定重点监控计划,确定重点监控的国家或者地区的进出口水产品种类和检验项目。

检验检疫机构应当根据国家质检总局年度进出口水产品安全风险监控计划,制定并实施所辖区域内进出口水产品风险管理的实施方案。

第四十三条 国家质检总局和检验检疫机构对进出口水产品实施风险管理。具体措施,按照有关规定执行。

第四十四条 进出口水产品的生产企业、收货人、发货人应当合法生产和经营。

检验检疫机构应当建立进出口水产品生产企业、收货人、发货人不良记录制度,对有违法行为并受到行政处罚的,可以将其列入违法企业名单并对外公布。

第四十五条 国家质检总局和检验检疫机构应当按照食品安全风险信息管理的有关规定及时向有关部门、机构和企业通报进出口水产品安全风险信息,并按照有关规定上报。

第四十六条 出口水产品备案养殖场所在地检验检疫机构和出口水产品生产企业所在地检验检疫机构应当加强协作。备案养殖场所在地检验检疫机构应当将养殖场监管情况定期通报出口水产品生产企业所在地检验检疫机构;出口水产品生产企业所在地检验检疫机构应当将生产企业对供货证明核查情况、原料和成品质量安全情况等定期通报备案养殖场所在地检验检疫机构。

第四十七条 进口水产品存在安全问题,可能或者已经对人体健康和生命安全造成损害的,收货人应当主动召回并立即向所在地检验检疫机构报告。收货人不主动召回的,检验检疫机构应当按照有关规定责令召回。

出口水产品存在安全问题,可能或者已经对人体健康和生命安全造成损害的,出口水产品生产经营企业应当采取措施避免和减少损害的发生,并立即向所在地检验检疫机构报告。

有前二款规定情形的,检验检疫机构应当及时向国家质检总局报告。

第四十八条 出口水产品备案养殖场有下列行为之一的,取消备案:

(一)存放或者使用中国、拟输入国家或者地区禁止使用的药物和其他有毒有害物质,使用的药物未标明有效成份或者使用含有禁用药物的药物添加剂,未按规定在休药期停药的;

(二)提供虚假供货证明、转让或者变相转让备案号的;

(三)隐瞒重大养殖水产品疫病或者未及时向检验检疫机构报告的;

(四)拒不接受检验检疫机构监督管理的;

(五)备案养殖场的名称、法定代表人发生变化后30日内未申请变更的;

(六)养殖规模扩大、使用新药或者新饲料,或者质量安全体系发生重大变化后30日内未向检验检疫机构报告的;

(七)一年内没有出口供货的;

(八)逾期未申请备案延续的;

(九)年度审核不合格的。

第四十九条 出口水产品生产企业有下列行为之一的,检验检疫机构可以责令整改以符合要求:

(一)首次因致病性微生物、环境污染物、农兽药残留等安全卫生项目不合格,遭到输入国家或者地区退货的;

(二)连续抽检三个报检批次的产品出现安全卫生项目不合格的;

(三)原料来源不清,批次管理混乱的;

(四)一年内日常监督检查中发现同一不符合项达到三次的;

(五)未建立产品追溯制度的。

第五十条 进出口水产品生产经营企业有其他违法行为的,按照相关法律、行政法规的规定予以处罚。

第五十一条 检验检疫机构及其工作人员在对进出口水产品实施检验检疫和监督管理工作中,违反法律法规及本办法规定的,按照规定查处。

第五章 附 则

第五十二条 本办法由国家质检总局负责解释。

第五十三条 本办法自 2011 年 6 月 1 日起施行。国家质检总局 2002 年 11 月 6 日公布的《进出境水产品检验检疫管理办法》(国家质检总局令第 31 号)同时废止。

国家质量监督检验检疫总局第 136 号令

《进出口肉类产品检验检疫监督管理办法》已经 2010 年 3 月 10 日国家质量监督检验检疫总局局务会议审议通过,现予公布,自 2011 年 6 月 1 日起施行。

局 长 支树平

二〇一一年一月四日

进出口肉类产品检验检疫监督管理办法

第一章 总 则

第一条 为加强进出口肉类产品检验检疫及监督管理,保障进出口肉类产品质量安全,防止动物疫情传入传出国境,保护农牧业生产安全和人类健康,根据《中华人民共和国进出口商品检验法》及其实施条例、《中华人民共和国进出境动植物检疫法》及其实施条例、《中华人民共和国国境卫生检疫法》及其实施细则、《中华人民共和国食品安全法》及其实施条例、《国务院关于加强食品等产品安全监督管理的特别规定》等法律法规的规定,制定本办法。

第二条 本办法适用于进出口肉类产品的检验检疫及监督管理。

第三条 本办法所称肉类产品是指动物屠体的任何可供人类食用部分,包括胴体、脏器、副产品以及以上述产品为原料的制品,不包括罐头产品。

第四条 国家质量监督检验检疫总局(以下简称国家质检总局)主管全国进出口肉类产品检验检疫及监督管理工作。

国家质检总局设在各地的出入境检验检疫机构(以下简称检验检疫机构)负责所辖区域进出口肉类产品检验检疫及监督管理。

第五条 检验检疫机构依法对进出口肉类产品进行检验检疫及监督抽查,对进出口肉类产品生产加工企业(以下简称生产企业)、收货人、发货人根据监管需要实施信用管理及分类管理制度。

第六条 进出口肉类产品生产企业应当依照法律、行政法规和有关标准从事生产经营活动,对社会和公众负责,保证肉类产品质量安全,接受社会监督,承担社会责任。

第二章 进口检验检疫

第七条 进口肉类产品应当符合中国法律、行政法规规定、食品安全国家标准的要求,以及中国与输出国家或者地区签订的相关协议、议定书、备忘录等规定的检验检疫要求以及贸易合同注明的检疫要求。

进口尚无食品安全国家标准的肉类产品,收货人应当向检验检疫机构提交国务院卫生行政部门出具的许可证明文件。

第八条 国家质检总局根据中国法律、行政法规规定、食品安全国家标准要求、国内外肉类产品疫情疫病和有毒有害物质风险分析结果,结合对拟向中国出口肉类产品国家或者地区的质量安全管理体系的有效性评估情况,制定并公布中国进口肉类产品的检验检疫要求;或者与拟向中国出口肉类产品国家或者地区签订检验检疫协定,确定检验检疫要求和相关证书。

第九条 国家质检总局对向中国境内出口肉类产品的出口商或者代理商实施备案管理,并定期公布已经备案的出口商、代理商名单。

进口肉类产品境外生产企业的注册管理按照国家质检总局相关规定执行。

第十条 检验检疫机构对进口肉类产品收货人实施备案管理。已经实施备案管理的收货人,方可办理肉类产品进口手续。

第十一条 进口肉类产品收货人应当建立肉类产品进口和销售记录制度。记录应当真实,保存期限不得少于二年。

第十二条 国家质检总局对进口肉类产品实行检疫审批制度。进口肉类产品的收货人应当在签订贸易合同前办理检疫审批手续,取得进境动植物检疫许可证。

国家质检总局根据需要,按照有关规定,可以派员到输出国家或者地区进行进口肉类产品预检。

第十三条 进口肉类产品应当从国家质检总局指定的口岸进口。

进口口岸的检验检疫机构应当具备进口肉类产品现场查验和实验室检验检疫的设备设施和相应的专业技术人员。

进口肉类产品应当存储在检验检疫机构认可并报国家质检总局备案的存储冷库或者其他场所。肉类产品进口口岸应当具备与进口肉类产品数量相适应的存储冷库。存储冷库应当符合进口肉类产品存储冷库检验检疫要求。

第十四条 进口鲜冻肉类产品包装应当符合下列要求:

(一)内外包装使用无毒、无害的材料,完好无破损;

(二)内外包装上应当标明产地国、品名、生产企业注册号、生产批号;

(三)外包装上应当以中文标明规格、产地(具体到州/省/市)、目的地、生产日期、保质期、储存温度等内容,目的地应当标明为中华人民共和国,加施输出国家或者地区官方检验检疫标志。

第十五条 肉类产品进口前或者进口时,收货人或者其代理人应当持进口动植物检疫许可证、输出国家或者地区官方出具的相关证书正本原件、贸易合同、提单、装箱单、发票等单证向进口口岸检验检疫机构报检。

进口肉类产品随附的输出国家或者地区官方检验检疫证书,应当符合国家质检总局对该证书的要求。

第十六条 检验检疫机构对收货人或者其代理人提交的相关单证进行审核,符合要求的,受理报检,并对检疫审批数量进行核销,出具入境货物通关证明。

第十七条 装运进口肉类产品的运输工具和集装箱,应当在进口口岸检验检疫机构的监督下实施防疫消毒处理。未经检验检疫机构许可,进口肉类产品不得卸离运输工具和集装箱。

第十八条 进口口岸检验检疫机构依照规定对进口肉类产品实施现场检验检疫,现场检验检疫包括以下内容:

(一)检查运输工具是否清洁卫生、有无异味,控温设备设施运作是否正常,温度记录是否符合要求;

(二)核对货证是否相符,包括集装箱号码和铅封号、货物的品名、数(重)量、输出国家或者地区、生产企业名称或者注册号、生产日期、包装、唛头、输出国家或者地区官方证书编号、标志或者封识等信息;

(三)查验包装是否符合食品安全国家标准要求;

(四)预包装肉类产品的标签是否符合要求;

(五)对鲜冻肉类产品还应当检查新鲜程度、中心温度是否符合要求、是否有病变以及肉眼可见的寄生虫包囊、生活害虫、异物及其他异常情况,必要时进行蒸煮试验。

第十九条 进口鲜冻肉类产品经现场检验检疫合格后,运往检验检疫机构指定地点存放。

第二十条 检验检疫机构依照规定对进口肉类产品采样,按照有关标准、监控计划和警示通报等要求进行检验或者监测。

第二十一条 口岸检验检疫机构根据进口肉类产品检验检疫结果作出如下处理:

(一)经检验检疫合格的,签发《入境货物检验检疫证明》,准予生产、加工、销售、使用。《入境货物检验检疫证明》应当注明进口肉类产品的集装箱号、生产批次号、生产厂家名称和注册号、唛头等追溯信息。

(二)经检验检疫不合格的,签发检验检疫处理通知书。有下列情形之一的,作退回或者销毁处理:

1. 无有效进口动植物检疫许可证的;

2. 无输出国家或者地区官方机构出具的相关证书的;

3. 未获得注册的生产企业生产的进口肉类产品的;

4. 涉及人身安全、健康和环境保护项目不合格的。

(三)经检验检疫,涉及人身安全、健康和环境保护以外项目不合格的,可以在检验检疫机构的监督下进行技术处理,合格后,方可销售或者使用。

(四)需要对外索赔的,签发相关证书。

第二十二条 目的地为内地的进口肉类产品,在香港或者澳门卸离原运输船只并经港澳陆路运输到内地的、在香港或者澳门码头卸载后到其他港区装船运往内地的,发货人应当向国家质检总局指定的检验机构申请中转预检。未经预检或者预检不合格的,不得转运内地。

指定的检验机构应当按照国家质检总局的要求开展预检工作,合格后另外加施新的封识并出具证书,入境口岸检验检疫机构受理报检时应当同时查验该证书。

第三章 出口检验检疫

第二十三条 出口肉类产品由检验检疫机构进行监督、抽检,海关凭检验检疫机构签发的通关证明放行。

第二十四条 检验检疫机构按照下列要求对出口肉类产品实施检验检疫:

(一)输入国家或者地区检验检疫要求;

(二)中国政府与输入国家或者地区签订的检验检疫协议、议定书、备忘录等规定的检验检疫要求;

(三)中国法律、行政法规和国家质检总局规定的检验检疫要求;

(四)输入国家或者地区官方关于品质、数量、重量、包装等要求;

(五)贸易合同注明的检验检疫要求。

第二十五条 检验检疫机构按照出口食品生产企业备案管理规定,对出口肉类产品的生产企业实施备案管理。

输入国家或者地区对中国出口肉类产品生产企业有注册要求,需要对外推荐注册企业的,按照国家质检总局相关规定执行。

第二十六条 出口肉类产品加工用动物应当来自经检验检疫机构备案的饲养场。

检验检疫机构在风险分析的基础上对备案饲养场进行动物疫病、农兽药残留、环境污染物及其他有毒有害物质的监测。未经所在地农业行政部门出具检疫合格证明的或者疫病、农兽药残留及其他有毒有害物质监测不合格的动物不得用于屠宰、加工出口肉类产品。

第二十七条 出口肉类产品加工用动物备案饲养场或者屠宰场应当为其生产的每一批出口肉类产品原料出具供货证明。

第二十八条 出口肉类产品生产企业应当按照输入国家或者地区的要求,对出口肉类产品的原辅料、生产、加工、仓储、运输、出口等全过程建立有效运行的可追溯的质量安全自控体系。

出口肉类产品生产企业应当配备专职或者兼职的兽医卫生和食品安全管理人员。

第二十九条 出口肉类产品生产企业应当建立原料进货查验记录制度,核查原料随附的供货证明。进货查验记录应当真实,保存期限不得少于二年。

出口肉类产品生产企业应当建立出厂检验记录制度,查验出厂肉类产品的检验合格证和安全状况,如实记录其肉类产品的名称、规格、数量、生产日期、生产批号、检验合格证号、购货者名称及联系方式、销售日期等内容。

肉类产品出厂检验记录应当真实,保存期限不得少于二年。

第三十条 出口肉类产品生产企业应当对出口肉类产品加工用原辅料及成品进行自检,没有自检能力的应当委托有资质的检验机构检验,并出具有效检验报告。

第三十一条 检验检疫机构应当对出口肉类产品中致病性微生物、农兽药残留和环境污染物等有毒有害物质在风险分析的基础上进行抽样检验,并对出口肉类生产加工全过程的质量安全控制体系进行验证和监督。

第三十二条 用于出口肉类产品包装的材料应当符合食品安全标准,包装上应当按照输入国家或者地区的要求进行标注,运输包装上应当注明目的地国家或者地区。

第三十三条 检验检疫机构根据需要可以向出口肉类产品生产企业派出官方兽医或者检验检疫人员,对出口肉类产品生产企业进行监督管理。

第三十四条 发货人或者其代理人应当在出口肉类产品启运前,按照国家质检总局的报检规定向出口肉类产品生产企业所在地检验检疫机构报检。

第三十五条 出口肉类产品的运输工具应当有良好的密封性能和制冷设备,装载方式能有效避免肉类产品受到污染,保证运输过程中所需要的温度条件,按照规定进行清洗消毒,并做好记录。

发货人应当确保装运货物与报检货物相符,做好装运记录。

第三十六条 检验检疫机构对报检的出口肉类产品的检验报告、装运记录等进行审核,结合日常监管、监测和抽查检验等情况进行合格评定。符合规定要求的,签发有关检验检疫证单;不符合规定要求的,签发不合格通知单。

第三十七条 检验检疫机构根据需要,可以按照有关规定对检验检疫合格的出口肉类产品、包装物、运输工具等加施检验检疫标志或者封识。

第三十八条 存放出口肉类产品的中转冷库应当经所在地检验检疫机构备案并接受监督管理。

出口肉类产品运抵中转冷库时应当向其所在地检验检疫机构申报。中转冷库所在地检验检疫机构凭生产企业所在地检验检疫机构签发的检验检疫证单监督出口肉类产品入库。

第三十九条 出口冷冻肉类产品应当在生产加工后六个月内出口,冰鲜肉类产品应当在生产加工后 72 小时内出口。输入国家或者地区另有要求的,按照其要求办理。

第四十条 用于出口肉类产品加工用的野生动物,应当符合输入国家或者地区和中国有关法律法规要求,并经国家相关行政主管部门批准。

第四章 过境检验检疫

第四十一条 运输肉类产品过境的,应当事先获得国家质检总局批准,按照指定的口岸和路线过境。承运人或者押运人应当持货运单和输出国家或者地区出具的证书,在进口时向检验检疫机构报检,由进口口岸检验检疫机构查验单证。进口口岸检验检疫机构应当通知出口口岸检验检疫机构,出口口岸检验检疫机构监督过境肉类产品出口。

进口口岸检验检疫机构可以派官方兽医或者其他检验检疫人员监运至出口口岸。

第四十二条 过境肉类产品运抵进口口岸时,由进口口岸检验检疫机构对运输工具、装载容器的外表进行消毒。

装载过境肉类产品的运输工具和包装物、装载容器应当完好。经检验检疫机构检查,发现运输工具或者包装物、装载容器有可能造成途中散漏的,承运人或者押运人应当按照检验检疫机构的要求,采取密封措施;无法采取密封措施的,不准过境。

第四十三条 过境肉类产品运抵出口口岸时,出口口岸检验检疫机构应当确认货物原集装箱、原铅封未被改变。过境肉类产品过境期间,未经检验检疫机构批准,不得开拆包装或者卸离运输工具。

第四十四条 过境肉类产品在境内改换包装,按照进口肉类产品检验检疫规定办理。

第五章 监督管理

第四十五条 国家质检总局对进出口肉类产品实行安全监控制度,依据风险分析和检验检疫实际情况制定重点监控计划,确定重点监控国家或者地区的进出口肉类产品种类和检验项目。

检验检疫机构应当根据国家质检总局年度进出口食品安全风险监控计划,制定并实施所辖区域内进口肉类产品风险管理的实施方案。

第四十六条 国家质检总局和检验检疫机构对进出口肉类实施风险管理。具体措施,按照有关规定执行。

第四十七条 国家质检总局和检验检疫机构应当及时向相关部门、机构和企业通报进出口肉类产品安全风险信息。发现进出口肉类产品安全事故,或者接到有关进出口肉类产品安全事故的举报,应当立即向卫生、农业行政部门通报并按照有关规定上报。

第四十八条 进出口肉类产品的生产企业、收货人、发货人应当合法生产和经营。

检验检疫机构应当建立进出口肉类产品的收货人、发货人和出口肉类产品生产企业不良记录制度,对有违法行为并受到行政处罚的,可以将其列入违法企业名单并对外公布。

第四十九条 进口肉类产品存在安全问题,可能或者已经对人体健康和生命安全造成损害的,收货人应当主动召回并立即向所在地检验检疫机构报告。收货人不主动召回的,检验检疫机构应当按照有关规定责令召回。

出口肉类产品存在安全问题,可能或者已经对人体健康和生命安全造成损害的,出口肉类产品生产企业应当采取措施避免和减少损害的发生,并立即向所在地检验检疫机构报告。

有前二款规定情形的,检验检疫机构应当及时向国家质检总局报告。

第五十条 出口肉类产品加工用动物备案饲养场有下列行为之一的,取消备案:

(一)存放或者使用中国、拟输出国家或者地区禁止使用的药物和其他有毒有害物质,使用的药物未标明有效成份或者使用含有禁用药物和药物添加剂,未按照规定在休药期停药的;

(二)提供虚假供货证明、转让或者变相转让备案号的;

(三)隐瞒重大动物疫病或者未及时向检验检疫机构报告的;

(四)拒不接受检验检疫机构监督管理的;

(五)备案饲养场的名称、法定代表人发生变化后 30 日内未申请变更的;

(六)养殖规模扩大、使用新药或者新饲料或者质量安全体系发生重大变化后 30 日内未向检验检疫机构报告的;

(七)一年内没有出口供货的。

第五十一条 进出口肉类产品生产企业有其他违法行为的,按照相关法律、行政法规的规定予以处罚。

第五十二条 检验检疫机构及其工作人员在对进出口肉类产品实施检验检疫和监督管理工作中,违反法律法规及本办法规定的,按照规定查处。

第六章 附 则

第五十三条 本办法由国家质检总局负责解释。

第五十四条 本办法自 2011 年 6 月 1 日起施行。国家质检总局 2002 年 8 月 22 日公布的《进出境肉类产品检验检疫管理办法》(国家质检总局令第 26 号)同时废止。

国家质量监督检验检疫总局令第 139 号

《国家质量监督检验检疫总局关于修改〈口岸艾滋病防治管理办法〉的决定》已经 2010 年 11 月 23 日国家质量监督检验检疫总局局务会议审议通过,现予公布,自发布之日起施行。

局　长　支树平

二〇一一年四月八日

国家质量监督检验检疫总局关于修改《口岸艾滋病防治管理办法》的决定

根据《国务院关于修改〈中华人民共和国国境卫生检疫法实施细则〉的决定》(中华人民共和国国务院令第 574 号),国家质量监督检验检疫总局决定对《口岸艾滋病防治管理办法》(国家质量监督检验检疫总局令第 96 号)作如下修改:

一、题目修改为:"口岸艾滋病预防控制管理办法"。

二、第八条修改为:"患有艾滋病或者感染艾滋病病毒的入境人员,在入境时应当如实向检验检疫机构申报,检验检疫机构应当对其进行健康咨询,并及时通知其目的地的疾病预防控制部门。"

三、删除第九条。

四、删除第十六条第二款。

本决定自公布之日起施行。

《口岸艾滋病防治管理办法》根据本决定作相应的修订,重新公布。

口岸艾滋病预防控制管理办法

(2007 年 6 月 28 日国家质量监督检验检疫总局令第 96 号公布,
根据 2011 年 4 月 8 日《国家质量监督检验检疫总局关于修改
〈口岸艾滋病防治管理办法〉的决定》修订)

第一章 总 则

第一条 为了做好国境口岸艾滋病的预防、控制工作,保障人体健康和口岸公共卫生,依据《中华人民共和国国境卫生检疫法》及其实施细则和《艾滋病防治条例》等法律法规的规定，制定本办法。

第二条 本办法适用于口岸艾滋病的检疫、监测、疫情报告及控制、宣传教育等工作。

第三条 国家质量监督检验检疫总局（以下简称国家质检总局）主管全国口岸艾滋病预防控制工作，负责制定口岸艾滋病预防控制总体规划，对全国口岸艾滋病预防控制工作进行组织、协调和管理。

第四条 国家质检总局设在各地的出入境检验检疫机构（以下简称检验检疫机构）负责制定所辖口岸区域艾滋病预防控制的工作计划，对口岸艾滋病预防控制工作进行组织、协调和管理，实施检疫、监测、疫情报告及控制、开展宣传教育。

第五条 检验检疫机构应当配合当地政府做好艾滋病预防控制工作，与地方各级卫生行政主管部门、疾病预防控制机构、公安机关、边防检查机关等建立协作机制，将口岸监控艾滋病的措施与地方的预防控制行动计划接轨，共同做好口岸艾滋病预防控制及病毒感染者和艾滋病病人的监控工作。

第六条 检验检疫机构应当在出入境口岸加强艾滋病防治的宣传教育工作，对入出境人员有针对性地提供艾滋病防治的咨询和指导，并设立咨询电话，向社会公布。

第二章 口岸检疫

第七条 检验检疫机构应当加强对入出境人员以及入出境微生物、人体组织、生物制品、血液及其制品等物品（以下简称特殊物品）的检疫和监督管理工作。

第八条 患有艾滋病或者感染艾滋病病毒的入境人员，在入境时应当如实向检验检疫机构申报，检验检疫机构应当对其进行健康咨询，并及时通知其目的地的疾病预防控制部门。

第九条 申请出境1年以上的中国公民以及在国际通航的交通工具上工作的中国籍员工，应当持有检验检疫机构或者县级以上医院出具的含艾滋病检测结果的有效健康检查证明。

第十条 申请来华居留的境外人员，应当到检验检疫机构进行健康体检，凭检验检疫机构出具的含艾滋病检测结果的有效健康检查证明到公安机关办理居留手续。

第三章 口岸监测

第十一条 国家质检总局应当建立健全口岸艾滋病监测网络。检验检疫机构根据口岸艾滋病流行趋势，设立口岸艾滋病监测点，并报国家质检总局备案。

检验检疫机构按照国务院卫生行政主管部门和国家质检总局制定的艾滋病监测工作规范，开展艾滋病的监测工作，根据疫情变化情况和流行趋势，加强入出境重点人群的艾滋病监测。

第十二条 国家质检总局根据口岸艾滋病预防控制工作的需要，确定艾滋病筛查实验室和确证实验室。艾滋病筛查和确证实验室应当按照国家菌（毒）种和实验室生物安全管理的有关规定开展工作。

检验检疫机构承担艾滋病检测工作的实验室应当符合国务院卫生主管部门的标准和规范并经验收合格，方可开展艾滋病病毒抗体及相关检测工作。

第十三条 检验检疫机构为自愿接受艾滋病咨询和检测的人员提供咨询和筛查检测，发现艾滋病病毒抗体阳性的，应当及时将样本送艾滋病确证实验室进行确证。

第十四条 检验检疫机构应当按照国家有关规定，严格执行标准操作规程、生物安全管理制度及消毒管理制度，防止艾滋病医源性感染的发生。

第四章 疫情报告及控制

第十五条 检验检疫机构及其工作人员发现艾滋病病毒感染者和艾滋病病人时，应当按照出入境口岸卫生检疫信息报告的相关规定报告疫情。

第十六条 检验检疫机构应当按照有关法律法规的规定及时向当地卫生行政部门通报口岸艾滋病疫情信息。

第十七条 检验检疫机构应当对检出的艾滋病病毒感染者、艾滋病病人进行流行病学调查,提供艾滋病防治咨询服务。艾滋病病毒感染者、艾滋病病人应当配合检验检疫机构的调查工作并接受相应的医学指导。

第十八条 检验检疫机构为掌握或者控制艾滋病疫情进行相关调查时,被调查单位和个人必须提供真实信息,不得隐瞒或者编造虚假信息。

未经本人或者其监护人同意,检验检疫机构及其工作人员不得公开艾滋病病毒感染者、艾滋病病人的相关信息。

第十九条 检验检疫机构应当对有证据证明可能被艾滋病病毒污染的物品,进行封存、检验或者消毒。经检验,属于被艾滋病病毒污染的物品,应当进行卫生处理或者予以销毁。

第五章　保障措施

第二十条 口岸艾滋病预防控制经费由国家质检总局纳入预算,设立检验检疫机构艾滋病防治专项经费项目,用于艾滋病实验室建设及口岸艾滋病的预防控制工作。

第二十一条 检验检疫机构负责所辖口岸艾滋病预防控制专业队伍建设,配备合格的专业人员,开展专业技能的培训。

第二十二条 艾滋病预防控制资金要保证专款专用,提高资金使用效益,严禁截留或者挪作他用。

第六章　法律责任

第二十三条 任何单位和个人违反本办法规定,不配合检验检疫机构进行艾滋病疫情调查和控制的,检验检疫机构应当责令其改正;情节严重的,根据《中华人民共和国国境卫生检疫法》及其实施细则的有关规定予以处罚;构成犯罪的,依法追究刑事责任。

第二十四条 检验检疫机构未依照本办法的规定履行艾滋病预防控制管理和监督保障职责的,根据《艾滋病防治条例》的有关规定,由上级机关责令改正,通报批评。

第二十五条 检验检疫机构工作人员违反本办法规定有下列情形,造成艾滋病传播、流行以及其他严重后果的,由其所在单位依法给予行政处分;构成犯罪的,依法追究刑事责任:

(一)未依法履行艾滋病疫情监测、报告、通报或者公布职责,或者隐瞒、谎报、缓报和漏报艾滋病疫情的;

(二)发生或者可能发生艾滋病传播时未及时采取预防控制措施的;

(三)未依法履行监督检查职责,发现违法行为不及时查处的;

(四)未按照技术规范和要求进行艾滋病病毒相关检测的;

(五)故意泄露艾滋病病毒感染者、艾滋病病人涉及个人隐私的有关信息、资料的;

(六)其他失职、渎职行为。

第七章　附　则

第二十六条 本办法由国家质检总局负责解释。

第二十七条 本办法自 2007 年 12 月 1 日起施行。此前规定与本办法不一致的,以本办法为准。

国家质量监督检验检疫总局令第 142 号

《出口食品生产企业备案管理规定》已经 2011 年 6 月 21 日国家质量监督检验检疫总局局务会议审议通过,现予公布,自 2011 年 10 月 1 日起施行。

局　长　支树平
二〇一一年七月二十六日

出口食品生产企业备案管理规定

第一章　总　则

第一条　为了加强出口食品生产企业食品安全卫生管理,规范出口食品生产企业备案管理工作,依据《中华人民共和国食品安全法》、《中华人民共和国进出口商品检验法》及其实施条例等有关法律、行政法规的规定,制定本规定。

第二条　国家实行出口食品生产企业备案管理制度。

第三条　在中华人民共和国境内的出口食品生产企业备案管理工作适用本规定。

第四条　国家质量监督检验检疫总局(以下简称国家质检总局)统一管理全国出口食品生产企业备案工作。

国家认证认可监督管理委员会(以下简称国家认监委)组织实施全国出口食品生产企业备案管理工作。

国家质检总局设在各地的出入境检验检疫机构(以下简称检验检疫机构)具体实施所辖区域内出口食品生产企业备案和监督检查工作。

第五条　出口食品生产企业应当建立和实施以危害分析和预防控制措施为核心的食品安全卫生控制体系,并保证体系有效运行,确保出口食品生产、加工、储存过程持续符合我国有关法定要求和相关进口国(地区)的法律法规要求以及出口食品生产企业安全卫生要求。

第二章　备案内容与程序

第六条　出口食品生产企业未依法履行备案法定义务或者经备案审查不符合要求的,其产品不予出口。

第七条　出口食品生产企业备案时,应当提交书面申请和以下相关文件、证明性材料,并对其备案材料的真实性负责:

(一)营业执照、组织机构代码证、法定代表人或者授权负责人的身份证明;

(二)企业承诺符合出口食品生产企业卫生要求和进口国(地区)要求的自我声明和自查报告;

(三)企业生产条件(厂区平面图、车间平面图)、产品生产加工工艺、关键加工环节等信息、食品原辅料和食品添加剂使用以及企业卫生质量管理人员和专业技术人员资质等基本情况;

(四)建立和实施食品安全卫生控制体系的基本情况;

(五)依法应当取得食品生产许可以及其他行政许可的,提供相关许可证照;

(六)其他通过认证以及企业内部实验室资质等有关情况。

第八条 直属检验检疫机构应当自出口食品生产企业申请备案之日起 5 日内,对出口食品生产企业提交的备案材料进行初步审查,材料齐全并符合法定形式的,予以受理;材料不齐全或者不符合法定形式的,应当一次告知出口食品生产企业需要补正的全部内容。

为便利企业出口,直属检验检疫机构可以根据工作需要,委托其分支机构受理备案申请并组织实施评审工作。

第九条 直属检验检疫机构自受理备案申请之日起 10 日内,组成评审组,对出口食品生产企业提交的备案材料的符合性情况进行文件审核。

需要对出口食品生产企业实施现场检查的,应当在 30 日内完成。因企业自身原因导致无法按时完成文件审核和现场检查的,延长时间不计算在规定时限内。

从事评审的人员应当经国家认监委或者直属检验检疫机构考核合格。

第十条 有下列情形之一的,直属检验检疫机构应当对出口食品生产企业实施现场检查:

(一)进口国(地区)有特殊注册要求的;

(二)必须实施危害分析与关键控制点(HACCP)体系验证的;

(三)未纳入食品生产许可管理的;

(四)根据出口食品风险程度和实际工作情况需要实施现场检查的。

国家认监委制定、调整并公布必须实施危害分析与关键控制点(HACCP)体系验证的出口食品生产企业范围。

经直属检验检疫机构确认,有效的第三方认证等符合性评定结果可以被采用。

第十一条 评审组应当在完成出口食品生产企业评审工作 5 日内,完成评审报告,并提交直属检验检疫机构。

直属检验检疫机构应当自收到评审报告之日起 10 日内,对评审报告进行审查,并做出是否备案的决定。符合备案要求的,颁发《出口食品生产企业备案证明》(以下简称《备案证明》);不予备案的,应当书面告知出口食品生产企业,并说明理由。

直属检验检疫机构应当及时将出口食品生产企业备案名录报国家认监委,国家认监委统一汇总公布,并报国家质检总局。

第十二条 《备案证明》有效期为 4 年。

出口食品生产企业需要延续依法取得的《备案证明》有效期的,应当至少在《备案证明》有效期届满前 3 个月,向其所在地直属检验检疫机构提出延续备案申请。

直属检验检疫机构应当对提出延续备案申请的出口食品生产企业进行复查,经复查符合备案要求的,予以换发《备案证明》。

第十三条 直属检验检疫机构按照出口食品生产企业备案编号规则对予以备案的出口食品生产企业进行编号管理。

第十四条 出口食品生产企业的企业名称、法定代表人、营业执照等备案事项发生变更的,应当自发生变更之日起 15 日内,向所在地直属检验检疫机构办理备案变更手续。

第十五条 出口食品生产企业生产地址搬迁、新建或者改建生产车间以及食品安全卫生控制体系发生重大变更等情况的,应当在变更前向所在地直属检验检疫机构报告,并重新办理相关备案事项。

第三章 备案管理

第十六条 国家认监委对直属检验检疫机构实施的出口食品生产企业备案工作进行指导、监督。

直属检验检疫机构应当依法对辖区内的出口食品生产企业进行监督检查,发现违法违规行为的,应当及时查处,并将处理结果上报国家认监委。

第十七条 直属检验检疫机构应当根据有关规定和出口食品风险程度,制定相应备案监管工作方案和年度计划,确定对不同类型产品的出口食品生产企业的监督检查频次,并报国家认监委。

对仅通过文件审核予以备案的出口食品生产企业,直属检验检疫机构应当结合出口食品的抽检情况,根据需要进行现场检查。

第十八条 出口食品企业应当建立食品安全卫生控制体系运行及出口食品生产记录档案,保存期限不得少于2年。

出口食品生产企业应当于每年1月底前向其所在地直属检验检疫机构提交上一年度报告。

第十九条 直属检验检疫机构应当建立出口食品生产企业备案管理档案,及时汇总信息并纳入企业信誉记录,审查出口食品生产企业年度报告,对存在相关问题的出口食品生产企业,应当加强监督、检查。

直属检验检疫机构应当将有关出口食品生产企业备案工作情况向所在地人民政府通报。

第二十条 出口食品生产企业发生食品安全卫生问题的,应当及时向所在地直属检验检疫机构报告,并提交相关材料、原因分析和整改计划。直属检验检疫机构应当对出口食品生产企业的整改情况进行现场监督检查。

第二十一条 出口食品生产企业有下列情况之一的,直属检验检疫局应当注销《备案证明》,予以公布,并向国家认监委报告:

(一)《备案证明》有效期届满,未申请延续的;

(二)《备案证明》有效期届满,经复查不符合延续备案要求的;

(三)出口食品生产企业依法终止的;

(四)2年内未出口食品的;

(五)法律法规规定的应当注销的其他情形。

第二十二条 出口食品生产企业有下列情况之一的,直属检验检疫机构应当责令其限期整改,整改期间暂停使用《备案证明》,并予以公布:

(一)出口食品安全卫生管理存在隐患,不能确保其产品安全卫生的;

(二)出口食品生产企业出口的产品因安全卫生方面的问题被进口国(地区)主管当局通报的;

(三)出口食品经检验检疫时发现存在安全卫生问题的;

(四)不能持续保证食品安全卫生控制体系有效运行的;

(五)未依照本规定办理变更或者重新备案事项的。

第二十三条 出口食品生产企业有下列情况之一的,直属检验检疫机构应当撤销《备案证明》,予以公布,并向国家认监委报告:

(一)出口食品发生重大安全卫生事故的;

(二)不能持续符合我国食品有关法定要求和进口国(地区)法律法规标准要求的;

(三)以欺骗、贿赂等不正当手段取得《备案证明》的;

(四)向检验检疫机构隐瞒有关情况、提供虚假材料或者拒绝提供其活动情况的真实材料的;

(五)出租、出借、转让、倒卖、涂改《备案证明》的;

(六)拒不接受监督管理的;

(七)出口食品生产、加工过程中非法添加非食用物质、违规使用食品添加剂以及采用不适合人类食用的方法生产、加工食品等行为的。

因前款第(三)项行为被撤销《备案证明》的,出口食品生产企业3年内不得再次申请备案;因其他行为被撤销《备案证明》的,出口食品生产企业1年内不得再次申请备案。

第二十四条 出口食品生产企业违反《中华人民共和国食品安全法》、《中华人民共和国进出口商品检验法》及其实施条例等有关法律、行政法规规定的,依照相关规定予以处罚。

第二十五条 国家认监委和检验检疫机构的工作人员在实施备案和监督管理工作中,滥用职权、徇私舞弊、玩忽职守的,依法给予行政处分;构成犯罪的,依法追究刑事责任。

第四章 附 则

第二十六条 出口食品生产企业需要办理国外卫生注册的,应当按照本规定取得《备案证明》,依据我国和进口国有关要求,向其所在地直属检验检疫机构提出申请,并由国家认监委统一对外推荐。

第二十七条 本规定所称的出口食品生产企业不包括出口食品添加剂、食品相关产品的生产、加工、储存企业。

第二十八条 供港澳食品、边境小额和互市贸易出口食品,国家质检总局有规定的,从其规定。

第二十九条 本规定由国家质量监督检验检疫总局负责解释。

第三十条 本规定自 2011 年 10 月 1 日起施行。原国家质量监督检验检疫总局 2002 年 4 月 19 日公布的《出口食品生产企业卫生注册登记管理规定》同时废止。

国家质量监督检验检疫总局令第 143 号

《进出口化妆品检验检疫监督管理办法》已经 2011 年 1 月 13 日国家质量监督检验检疫总局局务会议审议通过,现予公布,自 2012 年 2 月 1 日起施行。

局　长　支树平
二〇一一年八月十日

进出口化妆品检验检疫监督管理办法

第一章 总 则

第一条 为保证进出口化妆品的安全卫生质量,保护消费者身体健康,根据《中华人民共和国进出口商品检验法》及其实施条例、《化妆品卫生监督条例》和《国务院关于加强食品等产品安全监督管理的特别规定》等法律、行政法规的规定,制定本办法。

第二条 本办法适用于列入《出入境检验检疫机构实施检验检疫的商品目录》及有关国际条约、相关法律、行政法规规定由检验检疫机构检验检疫的化妆品(包括成品和半成品)的检验检疫及监督管理。

第三条 国家质量监督检验检疫总局(以下简称国家质检总局)主管全国进出口化妆品检验检疫监督管理工作。

国家质检总局设在各地的出入境检验检疫机构(以下简称检验检疫机构)负责所辖区域进出口化妆品检验检疫监督管理工作。

第四条 进出口化妆品生产经营者应当依照法律、行政法规和相关标准从事生产经营活动,保证化妆品安全,对社会和公众负责,接受社会监督,承担社会责任。

第二章 进口化妆品检验检疫

第五条 检验检疫机构根据我国国家技术规范的强制性要求以及我国与出口国家(地区)签订的协议、议定书规定的检验检疫要求对进口化妆品实施检验检疫。

我国尚未制定国家技术规范强制性要求的,可以参照国家质检总局指定的国外有关标准进行检验。

第六条 进口化妆品由口岸检验检疫机构实施检验检疫。国家质检总局根据便利贸易和进口检验工作的需要,可以指定在其他地点检验。

第七条 检验检疫机构对进口化妆品的收货人实施备案管理。进口化妆品的收货人应当如实记录进口化妆品流向,记录保存期限不得少于2年。

第八条 进口化妆品的收货人或者其代理人应当按照国家质检总局相关规定报检,同时提供收货人备案号。其中首次进口的化妆品应当提供以下文件:

(一)符合国家相关规定要求,正常使用不会对人体健康产生危害的声明;

(二)产品配方;

(三)国家实施卫生许可或者备案的化妆品,应当提交国家相关主管部门批准的进口化妆品卫生许可批件或者备案凭证;

(四)国家没有实施卫生许可或者备案的化妆品,应当提供下列材料:

1. 具有相关资质的机构出具的可能存在安全性风险物质的有关安全性评估资料;

2. 在生产国家(地区)允许生产、销售的证明文件或者原产地证明;

(五)销售包装化妆品成品除前四项外,还应当提交中文标签样张和外文标签及翻译件;

(六)非销售包装的化妆品成品还应当提供包括产品的名称、数/重量、规格、产地、生产批号和限期使用日期(生产日期和保质期)、加施包装的目的地名称、加施包装的工厂名称、地址、联系方式;

(七)国家质检总局要求的其他文件。

上述文件提供复印件的,应当同时交验正本。

第九条 进口化妆品在取得检验检疫合格证明之前,应当存放在检验检疫机构指定或者认可的场所,未经检验检疫机构许可,任何单位和个人不得擅自调离、销售、使用。

第十条 检验检疫机构受理报检后,对进口化妆品进行检验检疫,包括现场查验、抽样留样、实验室检验、出证等。

第十一条 现场查验内容包括货证相符情况、产品包装、标签版面格式、产品感官性状、运输工具、集装箱或者存放场所的卫生状况。

第十二条 进口化妆品成品的标签标注应当符合我国相关的法律、行政法规及国家技术规范的强制性要求。检验检疫机构对化妆品标签内容是否符合法律、行政法规规定要求进行审核,对与质量有关的内容的真实性和准确性进行检验。

第十三条 进口化妆品的抽样应当按照国家有关规定执行,样品数量应当满足检验、复验、备查等使用需要。以下情况,应当加严抽样:

(一)首次进口的;

(二)曾经出现质量安全问题的;

(三)进口数量较大的。

抽样时,检验检疫机构应当出具印有序列号、加盖检验检疫业务印章的《抽/采样凭证》,抽样人与收货人或者其代理人应当双方签字。

样品应当按照国家相关规定进行管理,合格样品保存至抽样后4个月,特殊用途化妆品合格样品保存至证书签发后一年,不合格样品应当保存至保质期结束。涉及案件调查的样品,应当保存至案件结束。

第十四条 需要进行实验室检验的,检验检疫机构应当确定检验项目和检验要求,并将样品送具有相关资质的检验机构。检验机构应当按照要求实施检验,并在规定时间内出具检验报告。

第十五条 进口化妆品经检验检疫合格的,检验检疫机构出具《入境货物检验检疫证明》,并列明货物的名称、品牌、原产国家(地区)、规格、数/重量、生产批号/生产日期等。进口化妆品取得《入境货物检验检疫证明》后,方可销售、使用。

进口化妆品经检验检疫不合格,涉及安全、健康、环境保护项目的,由检验检疫机构责令当事人销毁,或者出具退货处理通知单,由当事人办理退运手续。其他项目不合格的,可以在检验检疫机构的监督下进行技术处理,经重新检验检疫合格后,方可销售、使用。

第十六条　免税化妆品的收货人在向所在地直属检验检疫机构申请备案时,应当提供本企业名称、地址、法定代表人、主管部门、经营范围、联系人、联系方式、产品清单等相关信息。

第十七条　离境免税化妆品应当实施进口检验,可免于加贴中文标签,免于标签的符合性检验。在《入境货物检验检疫证明》上注明该批产品仅用于离境免税店销售。

首次进口的离境免税化妆品,应当提供供货人出具的产品质量安全符合我国相关规定的声明、国外官方或者有关机构颁发的自由销售证明或者原产地证明、具有相关资质的机构出具的可能存在安全性风险物质的有关安全性评估资料、产品配方等。

国家质检总局对离岛免税化妆品实施检验检疫监督管理,具体办法另行制定。

第三章　出口化妆品检验检疫

第十八条　出口化妆品生产企业应当保证其出口化妆品符合进口国家(地区)标准或者合同要求。进口国家(地区)无相关标准且合同未有要求的,可以由国家质检总局指定相关标准。

第十九条　国家质检总局对出口化妆品生产企业实施备案管理。具体办法由国家质检总局另行制定。

第二十条　出口化妆品由产地检验检疫机构实施检验检疫,口岸检验检疫机构实施口岸查验。

口岸检验检疫机构应当将查验不合格信息通报产地检验检疫机构,并按规定将不合格信息上报上级检验检疫机构。

第二十一条　出口化妆品生产企业应当建立质量管理体系并持续有效运行。检验检疫机构对出口化妆品生产企业质量管理体系及运行情况进行日常监督检查。

第二十二条　出口化妆品生产企业应当建立原料采购、验收、使用管理制度,要求供应商提供原料的合格证明。

出口化妆品生产企业应当建立生产记录档案,如实记录化妆品生产过程的安全管理情况。

出口化妆品生产企业应当建立检验记录制度,依照相关规定要求对其出口化妆品进行检验,确保产品合格。

上述记录应当真实,保存期不得少于2年。

第二十三条　出口化妆品的发货人或者其代理人应当按照国家质检总局相关规定报检。其中首次出口的化妆品应当提供以下文件:

(一)出口化妆品企业营业执照、卫生许可证、生产许可证、生产企业备案材料及法律、行政法规要求的其他证明;

(二)自我声明。声明化妆品符合进口国家(地区)相关法规和标准的要求,正常使用不会对人体健康产生危害等内容;

(三)产品配方;

(四)销售包装化妆品成品应当提交外文标签样张和中文翻译件;

(五)特殊用途销售包装化妆品成品应当提供相应的卫生许可批件或者具有相关资质的机构出具的是否存在安全性风险物质的有关安全性评估资料。

上述文件提供复印件的,应当同时交验正本。

第二十四条　检验检疫机构受理报检后,对出口化妆品进行检验检疫,包括现场查验、抽样留样、实验室检验、出证等。

第二十五条　现场查验内容包括货证相符情况、产品感官性状、产品包装、标签版面格式、运输工具、集装箱或者存放场所的卫生状况。

第二十六条 出口化妆品的抽样应当按照国家有关规定执行,样品数量应当满足检验、复验、备查等使用需要。

抽样时,检验检疫机构应当出具印有序列号、加盖检验检疫业务印章的《抽/采样凭证》,抽样人与发货人或者其代理人应当双方签字。

样品应当按照国家相关规定进行管理,合格样品保存至抽样后 4 个月,特殊用途化妆品合格样品保存至证书签发后一年,不合格样品应当保存至保质期结束。涉及案件调查的样品,应当保存至案件结束。

第二十七条 需要进行实验室检验的,检验检疫机构应当确定检验项目和检验要求,并将样品送具有相关资质的检验机构。检验机构应当按照要求实施检验,并在规定时间内出具检验报告。

第二十八条 出口化妆品经检验检疫合格的,由检验检疫机构按照规定出具通关证明。进口国家(地区)对检验检疫证书有要求的,应当按照要求同时出具有关检验检疫证书。

出口化妆品经检验检疫不合格的,可以在检验检疫机构的监督下进行技术处理,经重新检验检疫合格的,方准出口。不能进行技术处理或者技术处理后重新检验仍不合格的,不准出口。

第二十九条 来料加工全部复出口的化妆品,来料进口时,能够提供符合拟复出口国家(地区)法规或者标准的证明性文件的,可免于按照我国标准进行检验;加工后的产品,按照进口国家(地区)的标准进行检验检疫。

第四章 非贸易性化妆品检验检疫

第三十条 化妆品卫生许可或者备案用样品、企业研发和宣传用的非试用样品,进口报检时应当由收货人或者其代理人提供样品的使用和处置情况说明及非销售使用承诺书,入境口岸检验检疫机构进行审核备案,数量在合理使用范围的,可免于检验。收货人应当如实记录化妆品流向,记录保存期限不得少于 2 年。

第三十一条 进口非试用或者非销售用的展品,报检时应当提供展会主办(主管)单位出具的参展证明,可以免予检验。展览结束后,在检验检疫机构监督下作退回或者销毁处理。

第三十二条 携带、邮寄进境的个人自用化妆品(包括礼品),需要在入境口岸实施检疫的,应当实施检疫。

第三十三条 外国及国际组织驻华官方机构进口自用化妆品,进境口岸所在地检验检疫机构实施查验。符合外国及国际组织驻华官方机构自用物品进境检验检疫相关规定的,免于检验。

第五章 监督管理

第三十四条 报检人对检验结果有异议而申请复验的,按照国家有关规定进行复验。

第三十五条 检验检疫机构对进出口化妆品的生产经营者实施分类管理制度。

第三十六条 检验检疫机构对进口化妆品的收货人、出口化妆品的生产企业和发货人实施诚信管理。对有不良记录的,应当加强检验检疫和监督管理。

第三十七条 国家质检总局对进出口化妆品安全实施风险监测制度,组织制定和实施年度进出口化妆品安全风险监控计划。检验检疫机构根据国家质检总局进出口化妆品安全风险监测计划,组织对本辖区进出口化妆品实施监测并上报结果。

检验检疫机构应当根据进出口化妆品风险监测结果,在风险分类的基础上调整对进出口化妆品的检验检疫和监管措施。

第三十八条 国家质检总局对进出口化妆品建立风险预警与快速反应机制。进出口化妆品发生质量安全问题,或者国内外发生化妆品质量安全问题可能影响到进出口化妆品安全时,国家质检总局和检验检疫机构应当及时启动风险预警机制,采取快速反应措施。

第三十九条 国家质检总局可以根据风险类型和程度,决定并公布采取以下快速反应措施:

(一)有条件地限制进出口,包括严密监控、加严检验、责令召回等;

(二)禁止进出口,就地销毁或者作退运处理;

（三）启动进出口化妆品安全应急预案。

检验检疫机构负责快速反应措施的实施工作。

第四十条 对不确定的风险,国家质检总局可以参照国际通行做法在未经风险评估的情况下直接采取临时性或者应急性的快速反应措施。同时,及时收集和补充有关信息和资料,进行风险评估,确定风险的类型和程度。

第四十一条 进口化妆品存在安全问题,可能或者已经对人体健康和生命安全造成损害的,收货人应当主动召回并立即向所在地检验检疫机构报告。收货人应当向社会公布有关信息,通知销售者停止销售,告知消费者停止使用,做好召回记录。收货人不主动召回的,检验检疫机构可以责令召回。必要时,由国家质检总局责令其召回。

出口化妆品存在安全问题,可能或者已经对人体健康和生命安全造成损害的,出口化妆品生产企业应当采取有效措施并立即向所在地检验检疫机构报告。

检验检疫机构应当将辖区内召回情况及时向国家质检总局报告。

第四十二条 检验检疫机构对本办法规定必须经检验检疫机构检验的进出口化妆品以外的进出口化妆品,根据国家规定实施抽查检验。

第六章　法律责任

第四十三条 未经检验检疫机构许可,擅自将尚未经检验检疫机构检验合格的进口化妆品调离指定或者认可监管场所,有违法所得的,由检验检疫机构处违法所得3倍以下罚款,最高不超过3万元;没有违法所得的,处1万元以下罚款。

第四十四条 将进口非试用或者非销售用的化妆品展品用于试用或者销售,有违法所得的,由检验检疫机构处违法所得3倍以下罚款,最高不超过3万元;没有违法所得的,处1万元以下罚款。

第四十五条 不履行退运、销毁义务的,由检验检疫机构处以1万元以下罚款。

第四十六条 检验检疫机构工作人员泄露所知悉的商业秘密的,依法给予行政处分,有违法所得的,没收违法所得;构成犯罪的,依法追究刑事责任。

第四十七条 进出口化妆品生产经营者、检验检疫工作人员有其他违法行为的,按照相关法律、行政法规的规定处理。

第七章　附　则

第四十八条 本办法下列用语的含义是:

（一）化妆品是指以涂、擦、散布于人体表面任何部位（表皮、毛发、指趾甲、口唇等）或者口腔粘膜、牙齿,以达到清洁、消除不良气味、护肤、美容和修饰目的的产品;

（二）化妆品半成品是指除最后一道"灌装"或者"分装"工序外,已完成其他全部生产加工工序的化妆品;

（三）化妆品成品包括销售包装化妆品成品和非销售包装化妆品成品;

（四）销售包装化妆品成品是指以销售为主要目的,已有销售包装,与内装物一起到达消费者手中的化妆品成品;

（五）非销售包装化妆品成品是指最后一道接触内容物的工序已经完成,但尚无销售包装的化妆品成品。

第四十九条 本办法由国家质检总局负责解释。

第五十条 本办法自2012年2月1日起施行。原国家出入境检验检疫局2000年4月1日施行的《进出口化妆品监督检验管理办法》（局令21号）同时废止。

国家质量监督检验检疫总局令第 144 号

《进出口食品安全管理办法》已经 2010 年 7 月 22 日国家质量监督检验检疫总局局务会议审议通过,现予公布,自 2012 年 3 月 1 日起施行。

局　长　支树平
二〇一一年九月十三日

进出口食品安全管理办法

第一章　总　则

第一条　为保证进出口食品安全,保护人类、动植物生命和健康,根据《中华人民共和国食品安全法》(以下简称食品安全法)及其实施条例、《中华人民共和国进出口商品检验法》及其实施条例、《中华人民共和国进出境动植物检疫法》及其实施条例和《国务院关于加强食品等产品安全监督管理的特别规定》等法律法规的规定,制定本办法。

第二条　本办法适用于进出口食品的检验检疫及监督管理。

进出口食品添加剂、食品相关产品、水果、食用活动物的安全管理依照有关规定执行。

第三条　国家质量监督检验检疫总局(以下简称国家质检总局)主管全国进出口食品安全监督管理工作。

国家质检总局设在各地的出入境检验检疫机构(以下简称检验检疫机构)在国家质检总局的统一领导下,依法做好进出口食品安全监督管理工作。

第四条　国家质检总局对进口食品境外生产企业实施注册管理,对向中国境内出口食品的出口商或者代理商实施备案管理,对进口食品实施检验,对出口食品生产企业实施备案管理,对出口食品原料种植、养殖场实施备案管理,对出口食品实施监督、抽检,对进出口食品实施分类管理、对进出口食品生产经营者实施诚信管理。

第五条　进出口食品生产经营者应当依法从事生产经营活动,对社会和公众负责,保证食品安全,诚实守信,接受社会监督,承担社会责任。

第六条　检验检疫机构从事进出口食品安全监督管理的人员(以下简称检验检疫人员)应当具有相关的专业知识,尽职尽责。

第二章　食品进口

第七条　国家质检总局依据中国法律法规规定对向中国出口食品的国家或者地区的食品安全管理体系和食品安全状况进行评估,并根据进口食品安全监督管理需要进行回顾性审查。

国家质检总局依据中国法律法规规定、食品安全国家标准要求、国内外疫情疫病和有毒有害物质风险分析结果,结合前款规定的评估和审查结果,确定相应的检验检疫要求。

第八条　进口食品应当符合中国食品安全国家标准和相关检验检疫要求。食品安全国家标准公布前,按照现行食用农产品质量安全标准、食品卫生标准、食品质量标准和有关食品的行业标准中强制执行的标准实施检验。

首次进口尚无食品安全国家标准的食品,进口商应当向检验检疫机构提交国务院卫生行政部门出具的许可证明文件,检验检疫机构应当按照国务院卫生行政部门的要求进行检验。

第九条 国家质检总局对向中国境内出口食品的境外食品生产企业实施注册制度,注册工作按照国家质检总局相关规定执行。

向中国境内出口食品的出口商或者代理商应当向国家质检总局备案。申请备案的出口商或者代理商应当按照备案要求提供企业备案信息,并对信息的真实性负责。

注册和备案名单应当在总局网站公布。

第十条 进口食品需要办理进境动植物检疫审批手续的,应当取得《中华人民共和国进境动植物检疫许可证》后方可进口。

第十一条 对进口可能存在动植物疫情疫病或者有毒有害物质的高风险食品实行指定口岸入境。指定口岸条件及名录由国家质检总局制定并公布。

第十二条 进口食品的进口商或者其代理人应当按照规定,持下列材料向海关报关地的检验检疫机构报检:

(一)合同、发票、装箱单、提单等必要的凭证;

(二)相关批准文件;

(三)法律法规、双边协定、议定书以及其他规定要求提交的输出国家(地区)官方检疫(卫生)证书;

(四)首次进口预包装食品,应当提供进口食品标签样张和翻译件;

(五)首次进口尚无食品安全国家标准的食品,应当提供本办法第八条规定的许可证明文件;

(六)进口食品应当随附的其他证书或者证明文件。

报检时,进口商或者其代理人应当将所进口的食品按照品名、品牌、原产国(地区)、规格、数/重量、总值、生产日期(批号)及国家质检总局规定的其他内容逐一申报。

第十三条 检验检疫机构对进口商或者其代理人提交的报检材料进行审核,符合要求的,受理报检。

第十四条 进口食品的包装和运输工具应当符合安全卫生要求。

第十五条 进口预包装食品的中文标签、中文说明书应当符合中国法律法规的规定和食品安全国家标准的要求。

第十六条 检验检疫机构应当对标签内容是否符合法律法规和食品安全国家标准要求以及与质量有关内容的真实性、准确性进行检验,包括格式版面检验和标签标注内容的符合性检测。

进口食品标签、说明书中强调获奖、获证、产区及其他内容的,或者强调含有特殊成分的,应当提供相应证明材料。

第十七条 进口食品在取得检验检疫合格证明之前,应当存放在检验检疫机构指定或者认可的监管场所,未经检验检疫机构许可,任何单位和个人不得动用。

第十八条 进口食品经检验检疫合格的,由检验检疫机构出具合格证明,准予销售、使用。检验检疫机构出具的合格证明应当逐一列明货物品名、品牌、原产国(地区)、规格、数/重量、生产日期(批号),没有品牌、规格的,应当标明"无"。

进口食品经检验检疫不合格的,由检验检疫机构出具不合格证明。涉及安全、健康、环境保护项目不合格的,由检验检疫机构责令当事人销毁,或者出具退货处理通知单,由进口商办理退运手续。其他项目不合格的,可以在检验检疫机构的监督下进行技术处理,经重新检验合格后,方可销售、使用。

第十九条 检验检疫机构对进口食品的进口商实施备案管理。进口商应当事先向所在地检验检疫机构申请备案,并提供以下材料:

(一)填制准确完备的进口商备案申请表;

(二)工商营业执照、组织机构代码证书、法定代表人身份证明、对外贸易经营者备案登记表等的复印件并交验正本;

(三)企业质量安全管理制度;

（四）与食品安全相关的组织机构设置、部门职能和岗位职责；
（五）拟经营的食品种类、存放地点；
（六）2年内曾从事食品进口、加工和销售的,应当提供相关说明（食品品种、数量）；
（七）自理报检的,应当提供自理报检单位备案登记证明书复印件并交验正本。

检验检疫机构核实企业提供的信息后,准予备案。

第二十条 进口食品的进口商应当建立食品进口和销售记录制度,如实记录进口食品的卫生证书编号、品名、规格、数量、生产日期（批号）、保质期、出口商和购货者名称及联系方式、交货日期等内容。记录应当真实,保存期限不得少于2年。

检验检疫机构应当对本辖区内进口商的进口和销售记录进行检查。

第二十一条 国家质检总局对进口食品安全实行风险监测制度,组织制定和实施年度进口食品安全风险监测计划。

检验检疫机构根据国家质检总局进口食品安全风险监测计划,组织对进口食品进行风险监测,上报结果。

检验检疫机构应当根据进口食品安全风险监测结果,在风险分析的基础上调整对相关进口食品的检验检疫和监管措施。

第二十二条 进口食品原料全部用于加工后复出口的,检验检疫机构按照出口食品目的国（地区）技术规范的强制性要求或者贸易合同要求进行检验。

第二十三条 检验检疫机构发现不符合法定要求的进口食品时,可以将不符合法定要求的进口食品境外生产企业和出口商、国内进口商、报检人、代理人列入不良记录名单;对有违法行为并受到行政处罚的,可以将其列入违法企业名单并对外公布。

第三章 食品出口

第二十四条 出口食品生产经营者应当保证其出口食品符合进口国家（地区）的标准或者合同要求。

进口国家（地区）无相关标准且合同未有要求的,应当保证出口食品符合中国食品安全国家标准。

第二十五条 出口食品生产企业应当建立完善的质量安全管理体系。

出口食品生产企业应当建立原料、辅料、食品添加剂、包装材料容器等进货查验记录制度。

出口食品生产企业应当建立生产记录档案,如实记录食品生产过程的安全管理情况。

出口食品生产企业应当建立出厂检验记录制度,依照本办法规定的要求对其出口食品进行检验,检验合格后方可报检。

上述记录应当真实,保存期限不得少于2年。

第二十六条 国家质检总局对出口食品生产企业实施备案制度,备案工作按照国家质检总局相关规定执行。

第二十七条 检验检疫机构负责对辖区内出口食品生产企业质量安全管理体系运行情况进行监督管理。

第二十八条 国家质检总局对出口食品原料种植、养殖场实施备案管理。出口食品原料种植、养殖场应当向所在地检验检疫机构办理备案手续。

实施备案管理的原料品种目录（以下称目录）和备案条件由国家质检总局另行制定。出口食品的原料列入目录的,应当来自备案的种植、养殖场。

国家质检总局统一公布备案的原料种植、养殖场名单。

第二十九条 备案种植、养殖场所在地检验检疫机构对备案种植、养殖场实施监督、检查,对达不到备案要求的,及时向所在地政府相关主管部门、出口食品生产企业所在地检验检疫机构通报。

生产企业所在地检验检疫机构应当及时向备案种植、养殖场所在地检验检疫机构通报种植、养殖场提供原料的质量安全和卫生情况。

第三十条 种植、养殖场应当建立原料的生产记录制度,生产记录应当真实,记录保存期限不得少于2年。备案种植、养殖场应当依照进口国家(地区)食品安全标准和中国有关规定使用农业化学投入品,并建立疫情疫病监测制度。备案种植、养殖场应当为其生产的每一批原料出具出口食品加工原料供货证明文件。

第三十一条 国家质检总局对出口食品安全实施风险监测制度,组织制定和实施年度出口食品安全风险监测计划。

检验检疫机构根据国家质检总局出口食品安全风险监测计划,组织对本辖区内出口食品实施监测,上报结果。

检验检疫机构应当根据出口食品安全风险监测结果,在风险分析基础上调整对相关出口食品的检验检疫和监管措施。

第三十二条 出口食品的出口商或者其代理人应当按照规定,持合同、发票、装箱单、出厂合格证明、出口食品加工原料供货证明文件等必要的凭证和相关批准文件向出口食品生产企业所在地检验检疫机构报检。报检时,应当将所出口的食品按照品名、规格、数/重量、生产日期逐一申报。

第三十三条 直属检验检疫局根据出口食品分类管理要求、本地出口食品品种、以往出口情况、安全记录和进口国家(地区)要求等相关信息,通过风险分析制定本辖区出口食品抽检方案。

检验检疫机构按照抽检方案和相应的工作规范、规程以及有关要求对出口食品实施抽检。

有双边协定的,按照其要求对出口食品实施抽检。

第三十四条 出口食品符合出口要求的,由检验检疫机构按照规定出具通关证明,并根据需要出具证书。出口食品进口国家(地区)对证书形式和内容有新要求的,经国家质检总局批准后,检验检疫机构方可对证书进行变更。

出口食品经检验检疫不合格的,由检验检疫机构出具不合格证明。依法可以进行技术处理的,应当在检验检疫机构的监督下进行技术处理,合格后方准出口;依法不能进行技术处理或者经技术处理后仍不合格的,不准出口。

第三十五条 出口食品的包装和运输方式应当符合安全卫生要求,并经检验检疫合格。

第三十六条 对装运出口易腐烂变质食品、冷冻食品的集装箱、船舱、飞机、车辆等运载工具,承运人、装箱单位或者其代理人应当在装运前向检验检疫机构申请清洁、卫生、冷藏、密固等适载检验;未经检验或者经检验不合格的,不准装运。

第三十七条 出口食品生产企业应当在运输包装上注明生产企业名称、备案号、产品品名、生产批号和生产日期。检验检疫机构应当在出具的证单中注明上述信息。进口国家(地区)或者合同有特殊要求的,在保证产品可追溯的前提下,经直属检验检疫局同意,标注内容可以适当调整。

需要加施检验检疫标志的,按照国家质检总局规定加施。

第三十八条 出口食品经产地检验检疫机构检验检疫符合出口要求运往口岸的,产地检验检疫机构可以采取监视装载、加施封识或者其他方式实施监督管理。

第三十九条 出口食品经产地检验检疫机构检验检疫符合出口要求的,口岸检验检疫机构按照规定实施抽查,口岸抽查不合格的,不得出口。

口岸检验检疫机构应当将有关信息及时通报产地检验检疫机构,并按照规定上报。产地检验检疫机构应当根据不合格原因采取相应监管措施。

第四十条 检验检疫机构发现不符合法定要求的出口食品时,可以将其生产经营者列入不良记录名单;对有违法行为并受到行政处罚的,可以将其列入违法企业名单并对外公布。

第四章 风险预警及相关措施

第四十一条 国家质检总局对进出口食品实施风险预警制度。

进出口食品中发现严重食品安全问题或者疫情的,以及境内外发生食品安全事件或者疫情可能影响到进出口食品安全的,国家质检总局和检验检疫机构应当及时采取风险预警及控制措施。

第四十二条 国家质检总局和检验检疫机构应当建立进出口食品安全信息收集网络,收集和整理食品安全信息,主要包括:

（一）检验检疫机构对进出口食品实施检验检疫发现的食品安全信息；

（二）行业协会、消费者反映的进口食品安全信息；

（三）国际组织、境外政府机构发布的食品安全信息、风险预警信息，以及境外行业协会等组织、消费者反映的食品安全信息；

（四）其他食品安全信息。

第四十三条 检验检疫机构对经核准、整理的食品安全信息，按照规定的要求和程序向国家质检总局报告并向地方政府、有关部门通报。

第四十四条 国家质检总局和直属检验检疫局按照相关规定对收集到的食品安全信息进行风险分析研判，确定风险信息级别。

第四十五条 国家质检总局和直属检验检疫局应当根据食品安全风险信息的级别发布风险预警通报。国家质检总局视情况可以发布风险预警通告，并决定采取以下控制措施：

（一）有条件地限制进出口，包括严密监控、加严检验、责令召回等；

（二）禁止进出口，就地销毁或者作退运处理；

（三）启动进出口食品安全应急处置预案。

检验检疫机构负责组织实施风险预警及控制措施。

第四十六条 国家质检总局可以参照国际通行做法，对不确定的风险直接发布风险预警通报或者风险预警通告，并采取本办法第四十五条规定的控制措施。同时及时收集和补充有关信息和资料，进行风险分析。

第四十七条 进出口食品安全风险已不存在或者已降低到可接受的程度时，应当及时解除风险预警通报和风险预警通告及控制措施。

第四十八条 进口食品存在安全问题，已经或者可能对人体健康和生命安全造成损害的，进口食品进口商应当主动召回并向所在地检验检疫机构报告。进口食品进口商应当向社会公布有关信息，通知销售者停止销售，告知消费者停止使用，做好召回食品情况记录。

检验检疫机构接到报告后应当组织核查，根据产品影响范围按照规定上报。

进口食品进口商不主动实施召回的，由直属检验检疫局向其发出责令召回通知书并报告国家质检总局。必要时，国家质检总局可以责令其召回。国家质检总局可以发布风险预警通报或者风险预警通告，并采取本办法第四十五条规定的措施以及其他避免危害发生的措施。

第四十九条 发现出口的食品存在安全问题，已经或者可能对人体健康和生命安全造成损害的，出口食品生产经营者应当采取措施，避免和减少损害的发生，并立即向所在地检验检疫机构报告。

第五十条 检验检疫机构在依法履行进出口食品检验检疫监督管理职责时有权采取下列措施：

（一）进入生产经营场所实施现场检查；

（二）查阅、复制、查封、扣押有关合同、票据、账簿以及其他有关资料；

（三）查封、扣押不符合法定要求的产品，违法使用的原料、辅料、添加剂、农业投入品以及用于违法生产的工具、设备；

（四）查封存在危害人体健康和生命安全重大隐患的生产经营场所。

第五十一条 检验检疫机构应当按照有关规定将采取的控制措施向国家质检总局报告并向地方政府、有关部门通报。

国家质检总局按照有关规定将相关食品安全信息及采取的控制措施向有关部门通报。

第五章 法律责任

第五十二条 违反本办法第十七条指定场所监管相关规定，没有违法所得的，由检验检疫机构责令改正，处 1 万元以下罚款。

第五十三条　销售、使用经检验不符合食品安全国家标准的进口食品,由检验检疫机构按照食品安全法第八十九条、第八十五条的规定给予处罚。

第五十四条　进口商有下列情形之一的,由检验检疫机构按照食品安全法第八十九条、八十七条的规定给予处罚:

(一)未建立食品进口和销售记录制度的;

(二)建立的食品进口和销售记录没有如实记录进口食品的卫生证书编号、品名、规格、数量、生产日期(批号)、保质期、出口商和购货者名称及联系方式、交货日期等内容的;

(三)建立的食品进口和销售记录保存期限少于2年的。

第五十五条　出口食品原料种植、养殖场有下列情形之一的,由检验检疫机构责令改正,有违法所得的,处违法所得3倍以下罚款,最高不超过3万元;没有违法所得的,处1万元以下罚款:

(一)出口食品原料种植、养殖过程中违规使用农业化学投入品的;

(二)相关记录不真实或者保存期限少于2年的。

出口食品生产企业生产出口食品使用的原料未按照规定来自备案基地的,按照前款规定给予处罚。

第五十六条　有下列情形之一的,由检验检疫机构按照食品安全法第八十九条、第八十五条的规定给予处罚:

(一)未报检或者未经监督、抽检合格擅自出口的;

(二)擅自调换经检验检疫机构监督、抽检并已出具检验检疫证明的出口食品的。

第五十七条　进出口食品生产经营者、检验检疫机构及检验检疫人员有其他违法行为的,按照相关法律法规的规定处理。

第六章　附　则

第五十八条　进出口食品生产经营者包括进出口食品的生产企业、进出口商和代理商。

第五十九条　进出海关特殊监管区域的食品以及边境小额和互市贸易进出口食品的检验检疫监督管理,按照国家质检总局有关规定办理。

第六十条　以快件、邮寄和旅客携带方式进出口食品的,应当符合国家质检总局相关规定。

第六十一条　进出口用作样品、礼品、赠品、展示品等非贸易性的食品,进口用作免税经营的、使领馆自用的食品,出口用作使领馆、中国企业驻外人员等自用的食品,按照国家有关规定办理。

第六十二条　供香港、澳门特别行政区、台湾地区的食品,国家有另行规定的,从其规定。

第六十三条　本办法由国家质检总局负责解释。

第六十四条　本办法自2012年3月1日起施行。

中华人民共和国交通运输部令

中华人民共和国交通运输部令 2011 年第 4 号

《中华人民共和国船舶污染海洋环境应急防备和应急处置管理规定》已于 2010 年 12 月 30 日经第 12 次部务会议通过,现予公布,自 2011 年 6 月 1 日起施行。

部长 李盛霖
二〇一一年一月二十七日

中华人民共和国船舶污染海洋环境应急防备和应急处置管理规定

第一章 总 则

第一条 为提高船舶污染事故应急处置能力,控制、减轻、消除船舶污染事故造成的海洋环境污染损害,依据《中华人民共和国防治船舶污染海洋环境管理条例》等有关法律、行政法规和中华人民共和国缔结或者加入的有关国际条约,制定本规定。

第二条 在中华人民共和国管辖海域内,防治船舶及其有关作业活动污染海洋环境的应急防备和应急处置,适用本规定。

船舶在中华人民共和国管辖海域外发生污染事故,造成或者可能造成中华人民共和国管辖海域污染的,其应急防备和应急处置,也适用本规定。

本规定所称"应急处置"是指在发生或者可能发生船舶污染事故时,为控制、减轻、消除船舶造成海洋环境污染损害而采取的响应行动;"应急防备"是指为应急处置的有效开展而预先采取的相关准备工作。

第三条 交通运输部主管全国防治船舶及其有关作业活动污染海洋环境的应急防备和应急处置工作。

国家海事管理机构负责统一实施船舶及其有关作业活动污染海洋环境应急防备和应急处置工作。

沿海各级海事管理机构依照各自职责负责具体实施防治船舶及其有关作业活动污染海洋环境的应急防备和应急处置工作。

第四条 船舶及其有关作业活动污染海洋环境应急防备和应急处置工作应当遵循统一领导、综合协调、分级负责、属地管理、责任共担的原则。

第二章 应急能力建设和应急预案

第五条 国家防治船舶及其有关作业活动污染海洋环境应急能力建设规划,应当根据全国防治船舶及其有关作业活动污染海洋环境的需要,由国务院交通运输主管部门组织编制,报国务院批准后公布实施。

沿海省级防治船舶及其有关作业活动污染海洋环境应急能力建设规划,应当根据国家防治船舶及其有关作业活动污染海洋环境应急能力建设规划和本地实际情况,由沿海省、自治区、直辖市人民政府组织编制并公布实施。

沿海市级防治船舶及其有关作业活动污染海洋环境应急能力建设规划,应当根据所在地省级人民政府防治船舶及其有关作业活动污染海洋环境应急能力建设规划和本地实际情况,由沿海设区的市级人民政府组织编制并公布实施。

编制防治船舶及其有关作业活动污染海洋环境应急能力建设规划,应当对污染风险和应急防备需求进行评估,合理规划应急力量建设布局。

沿海各级海事管理机构应当积极协助、配合相关地方人民政府完成应急能力建设规划的编制工作。

第六条 交通运输部、沿海设区的市级以上地方人民政府应当根据相应的防治船舶及其有关作业活动污染海洋环境应急能力建设规划,建立健全船舶污染事故应急防备和应急反应机制,建立专业应急队伍,建设船舶污染应急专用设施、设备和器材储备库。

第七条 沿海各级海事管理机构应当根据防治船舶及其有关作业活动污染海洋环境的需要,会同海洋主管部门建立健全船舶及其有关作业活动污染海洋环境的监测、监视机制,加强对船舶及其有关作业活动污染海洋环境的监测、监视。

港口、码头、装卸站以及从事船舶修造的单位应当配备与其装卸货物种类和吞吐能力或者修造船舶能力相适应的污染监视设施和污染物接收设施,并使其处于良好状态。

第八条 交通运输部应当根据国家突发公共事件总体应急预案,制定国家防治船舶及其有关作业活动污染海洋环境的专项应急预案。

沿海省、自治区、直辖市人民政府应当根据国家防治船舶及其有关作业活动污染海洋环境的专项应急预案,制定省级防治船舶及其有关作业活动污染海洋环境应急预案。

沿海设区的市级人民政府应当根据所在地省级防治船舶及其有关作业活动污染海洋环境的应急预案,制定市级防治船舶及其有关作业活动污染海洋环境应急预案。

交通运输部、沿海设区的市级以上地方人民政府应当定期组织防治船舶及其有关作业活动污染海洋环境应急预案的演练。

第九条 中国籍船舶所有人、经营人、管理人以及有关作业单位应当按照国家海事管理机构制定的应急预案编制指南,制定或者修订防治船舶及其有关作业活动污染海洋环境的应急预案,并报海事管理机构批准。

港口、码头、装卸站的经营人应当制定防治船舶及其有关作业活动污染海洋环境的应急预案,并报海事管理机构备案。

船舶以及有关作业单位应当按照制定的应急预案定期组织应急演练,根据演练情况对应急预案进行评估,按照实际需要和情势变化,适时修订应急预案,并对应急预案的演练情况、评估结果和修订情况如实记录。

第十条 中国籍船舶防治污染设施、设备和器材应当符合国家有关标准,并按照国家有关要求通过型式和使用性能检验,其生产、供应单位应当将其所生产、销售的设施、设备和器材的种类及其检验证书向国家海事管理机构备案。

国家海事管理机构应当及时将符合国家有关标准的船舶防治污染设施、设备和器材及其生产单位向社会公布。

第三章 专项验收

第十一条 港口、码头、装卸站以及从事船舶修造、打捞、拆解等作业活动的单位应当按照交通运输部的要求制定有关安全营运和防治污染的管理制度,按照国家有关防治船舶及其有关作业活动污染海洋环境的规范和标准,配备必须的防治污染设备和器材,确保防治污染设备和器材符合防治船舶及其有关作业活动污染海洋环境的要求,并通过海事管理机构的专项验收。

前款所称防治污染设备和器材符合防治船舶及其有关作业活动污染海洋环境的要求,是指港口、码头、装卸站以及船舶修造、打捞、拆解等有关作业活动单位所配备的防治污染设备和器材,应当能够与其装卸货物种类、吞吐能力或者修造、打捞、拆解活动所必须的污染监视、监测能力,船舶污染物接收处理能力以及船舶污染事故应急处置能力相适应。

第十二条 港口、码头、装卸站以及从事船舶修造、打捞、拆解等作业活动的单位申请专项验收应当具备以下条件:

(一)已经按照交通运输部的要求制定并实施了有关安全营运和防治污染管理制度;

(二)已经按照交通运输部颁布的有关技术规范和标准配备了相应的防治船舶污染设备和器材,并完成主要防治船舶污染设备和器材的调试工作;

(三)提供配备的防治船舶污染设备和器材符合防治船舶及其有关作业活动污染海洋环境要求并能够正常运行的说明材料;

(四)已经完成专项验收申请报告,有关资料齐全。

第十三条 申请专项验收的单位应当向当地直属海事管理机构提出专项验收申请,并提交证明符合第十二条规定条件的申请材料。

第十四条 负责专项验收的海事管理机构应当在专项验收工作过程中征求港口、环保、设计等单位的意见。

专项验收应当对防治船舶污染设备和器材的配备情况进行全面检查,对其是否符合防治船舶及其有关作业活动污染海洋环境的要求做出评价。

第十五条 海事管理机构组织的专项验收应当自受理申请之日起20日内完成,并做出是否通过专项验收的决定;20日内不能完成的,经海事管理机构负责人批准,可以延长10日。

海事管理机构应当及时向社会公布通过专项验收的港口、码头、装卸站以及船舶修造、打捞、拆解单位。

专项验收不合格的,其申请单位应当按照海事管理机构提出的处理意见进行限期整改,并应当按照本规定重新提出专项验收申请。

第十六条 通过专项验收的单位发生以下情况应当按照本规定的要求重新申请专项验收:

(一)港口、码头、装卸站等工程建设项目发生改建、扩建重大变化的;

(二)船舶修造、打捞、拆解单位从事的作业活动发生重大改变的。

第四章 船舶污染清除单位

第十七条 船舶污染清除单位是指按照本规定取得相应资质并与船舶签订污染清除协议,为船舶提供污染事故应急防备和应急处置服务的单位。

根据服务区域和污染清除能力的不同,船舶污染清除单位的能力等级由高到低分为四级,其中:

(一)一级单位能够在我国管辖海域为船舶提供溢油和其他散装液体污染危害性货物泄漏污染事故应急服务;

(二)二级单位能够在距岸20海里以内的我国管辖海域为船舶提供溢油和其他散装液体污染危害性货物泄漏污染事故应急服务;

(三)三级单位能够在港区水域为船舶提供溢油应急服务;

(四)四级单位能够在港区水域内的一个作业区、独立码头附近水域为船舶提供溢油应急服务。

第十八条 从事船舶污染清除的单位应当具备以下条件,并经海事管理机构批准:

(一)应急清污能力符合《船舶污染清除单位应急清污能力要求》(附件)的规定;

(二)制定的污染清除作业方案符合防治船舶及其有关作业活动污染海洋环境的要求;

(三)污染物处理方案符合国家有关防治污染规定。

第十九条 申请取得船舶污染清除作业资质的单位应当向当地直属海事管理机构提交证明符合第十八条规定条件的申请材料。

直属海事管理机构受理申请后,应当对申请单位是否具备本规定第十八条规定的条件进行现场核验。

对申请等级为二级、三级、四级的单位,直属海事管理机构应当自受理之日起30日内作出批准或者不予批准的决定,并将能力等级为二级的单位,向国家海事管理机构备案。

对申请等级为一级的单位,直属海事管理机构应当将现场核验报告报国家海事管理机构。国家海事管理机构应当自直属海事管理机构受理申请之日起30日内作出批准或者不予批准的决定。

对予以批准的船舶污染清除单位,海事管理机构应当发给《船舶污染清除单位资质证书》;对不予批准的,应当书面通知申请人并说明理由。

第二十条　《船舶污染清除单位资质证书》应当载明船舶污染清除单位的名称、法定代表人姓名、地址、能力等级、服务区域、有效期限以及其他有关事项。《船舶污染清除单位资质证书》的有效期为3年。

船舶污染清除单位应当在资质证书载明的能力等级和服务区域内提供服务。

直属海事管理机构应当及时将本辖区内取得资质的船舶污染清除单位的名称、等级和服务区域向社会公布。

第二十一条　《船舶污染清除单位资质证书》记载事项发生变更的,船舶污染清除单位应当向原发证海事管理机构申请办理变更手续。

变更能力等级和服务区域的,应当按照本规定重新提出申请。

第二十二条　船舶污染清除单位应当在《船舶污染清除单位资质证书》有效期届满之日30日以前,向原发证海事管理机构申请办理《船舶污染清除单位资质证书》延续手续。相关海事管理机构应当自受理延续申请之日起30日内,做出批准或者不予批准的决定。

第二十三条　有下列情形之一的,相关海事管理机构应当办理《船舶污染清除单位资质证书》注销手续:

(一)船舶污染清除单位自行申请注销的;

(二)法人依法终止的;

(三)《船舶污染清除单位资质证书》被依法撤销或者吊销的。

第二十四条　船舶污染清除单位应当于每年1月31日前将下列情况向发证海事管理机构备案:

(一)上一年度参与船舶污染事故应急处置工作情况;

(二)船舶污染清除设施、设备、器材和应急人员情况;

(三)上年度船舶污染清除协议的签订和履行情况;

(四)船舶污染应急演习情况。

第五章　船舶污染清除协议的签订

第二十五条　载运散装油类货物的船舶,其经营人应当在船舶进港前或者港外装卸、过驳作业前,按照以下要求与相应的船舶污染清除单位签订船舶污染清除协议:

(一)600总吨以下仅在港区水域航行或作业的船舶,应当与四级以上等级的船舶污染清除单位签订船舶污染清除协议;

(二)600总吨以上2000总吨以下仅在港区水域航行或作业的船舶,应当与三级以上等级的船舶污染清除单位签订船舶污染清除协议;

(三)2000总吨以上仅在港区水域航行或作业的船舶以及所有进出港口和从事过驳作业的船舶应当与二级以上等级的船舶污染清除单位签订船舶污染清除协议。

第二十六条　载运油类之外的其他散装液体污染危害性货物的船舶,其经营人应当在船舶进港前或者港外装卸、过驳作业前,按照以下要求与相应的船舶污染清除单位签订船舶污染清除协议:

(一)进出港口的船舶以及在距岸20海里之内的我国管辖水域从事过驳作业的船舶应当与二级以上等级的船舶污染清除单位签订船舶污染清除协议;

(二)在距岸20海里以外的我国管辖水域从事过驳作业的载运其他散装液体污染危害性货物的船舶应当与一级船舶污染清除单位签订船舶污染清除协议。

第二十七条　1万总吨以上的载运非散装液体污染危害性货物的船舶,其经营人应当在船舶进港前或者港外装

卸、过驳作业前,按照以下要求与相应的船舶污染清除单位签订船舶污染清除协议:

(一)进出港口的2万总吨以下的船舶应当与四级以上等级的船舶污染清除单位签订船舶污染清除协议;

(二)进出港口的2万总吨以上3万总吨以下的船舶应当与三级以上等级的船舶污染清除单位签订船舶污染清除协议;

(三)进出港口的3万总吨以上的船舶以及在我国管辖水域从事过驳作业的船舶应当与二级以上等级的船舶污染清除单位签订船舶污染清除协议。

第二十八条 与一级、二级船舶污染清除单位签订污染清除协议的船舶划分标准由国家海事管理机构确定。

第二十九条 国家海事管理机构应当制定并公布船舶污染清除协议样本,明确协议双方的权利和义务。

船舶和污染清除单位应当按照国家海事管理机构公布的协议样本签订船舶污染清除协议。

第三十条 船舶应当将所签订的船舶污染清除协议留船备查,并在办理船舶进出港口手续或者作业申请时向海事管理机构出示。

船舶发现船舶污染清除单位存在违反本规定的行为,或者未履行船舶污染清除协议的,应当向船舶污染清除单位所在地的直属海事管理机构报告。

第六章 应急处置

第三十一条 船舶发生污染事故或者可能造成海洋环境污染的,船舶及有关作业单位应当立即启动相应的应急预案,按照有关规定的要求就近向海事管理机构报告,通知签订船舶污染清除协议的船舶污染清除单位,并根据应急预案采取污染控制和清除措施。

船舶在终止清污行动前应当向海事管理机构报告,经海事管理机构同意后方可停止应急处置措施。

第三十二条 船舶污染清除单位接到船舶污染事故通知后,应当根据船舶污染清除协议及时开展污染控制和清除作业,并及时向海事管理机构报告污染控制和清除工作的进展情况。

第三十三条 接到船舶造成或者可能造成海洋环境污染的报告后,海事管理机构应当立即核实有关情况,并加强监测、监视。

发生船舶污染事故的,海事管理机构应当立即组织对船舶污染事故的等级进行评估,并按照应急预案的要求进行报告和通报。

第三十四条 发生船舶污染事故后,应当根据《中华人民共和国防治船舶污染海洋环境管理条例》的规定,成立事故应急指挥机构。事故应急指挥机构应当根据船舶污染事故的等级和特点,启动相应的应急预案,有关部门、单位应当在事故应急指挥机构的统一组织和指挥下,按照应急预案的分工,开展相应的应急处置工作。

第三十五条 发生船舶污染事故或者船舶沉没,可能造成中华人民共和国管辖海域污染的,有关沿海设区的市级以上地方人民政府、海事管理机构根据应急处置的需要,可以征用有关单位和个人的船舶、防治污染设施、设备、器材以及其他物资。有关单位和个人应当予以配合。

有关单位和个人所提供的船舶和防治污染设施、设备、器材应当处于良好可用状态,有关物资质量符合国家有关技术标准、规范的要求。

被征用的船舶和防治污染设施、设备、器材以及其他物资使用完毕或者应急处置工作结束,应当及时返还。船舶和防治污染设施、设备、器材以及其他物资被征用或者征用后毁损、灭失的,应当给予补偿。

第三十六条 发生船舶污染事故,海事管理机构可以组织并采取海上交通管制、清除、打捞、拖航、引航、护航、过驳、水下抽油、爆破等必要措施。采取上述措施的相关费用由造成海洋环境污染的船舶、有关作业单位承担。

需要承担前款规定费用的船舶,应当在开航前缴清有关费用或者提供相应的财务担保。

本条规定的财务担保应由境内银行或者境内保险机构出具。

第三十七条 船舶发生事故有沉没危险时,船员离船前,应当按照规定采取防止溢油措施,尽可能关闭所有货舱(柜)、油舱(柜)管系的阀门,堵塞货舱(柜)、油舱(柜)通气孔。

船舶沉没的,其所有人、经营人或者管理人应当及时向海事管理机构报告船舶燃油、污染危害性货物以及其他污染物的性质、数量、种类及装载位置等情况,委托具有资质的船舶污染清除单位采取污染监视和控制措施,并在必要的时候采取抽出、打捞等措施。

第三十八条 船舶应当在污染事故清除作业结束后,对污染清除行动进行评估,并将评估报告报送当地直属海事管理机构,评估报告至少应包括下列内容:

(一)事故概况和应急处置情况;

(二)设施、设备、器材以及人员的使用情况;

(三)回收污染物的种类、数量以及处置情况;

(四)污染损害情况;

(五)船舶污染应急预案存在的问题和修改情况。

事故应急指挥机构应当在污染事故清除作业结束后,组织对污染清除作业的总体效果和污染损害情况进行评估,并根据评估结果和实际需要修订相应的应急预案。

第七章 法律责任

第三十九条 海事管理机构应当建立、健全防治船舶污染应急防备和处置的监督检查制度,对船舶以及有关作业单位的防治船舶污染能力以及污染清除作业实施监督检查,并对监督检查情况予以记录。

海事管理机构实施监督检查时,有关单位和个人应当予以协助和配合,不得拒绝、妨碍或者阻挠。

第四十条 海事管理机构发现船舶及其有关作业单位和个人存在违反本规定行为的,应当责令改正;拒不改正的,海事管理机构可以责令停止作业、强制卸载,禁止船舶进出港口、靠泊、过境停留,或者责令停航、改航、离境、驶向指定地点。

第四十一条 违反本规定的规定,船舶未制定防治船舶及其有关作业活动污染海洋环境应急预案,或者应急预案未报海事管理机构批准的,由海事管理机构处2万元以下的罚款;港口、码头、装卸站的经营人未制定防治船舶及其有关作业活动污染海洋环境应急预案的,由海事管理机构予以警告,或者责令限期改正。

第四十二条 违反本规定的规定,船舶和有关作业单位未配备防污设施、设备、器材的,或者配备的防污设施、设备、器材不符合国家有关规定和标准的,由海事管理机构予以警告,或者处2万元以上10万元以下的罚款。

第四十三条 违反本规定的规定,有下列情形之一的,由海事管理机构处1万元以上5万元以下的罚款:

(一)载运散装液体污染危害性货物的船舶和1万总吨以上的其他船舶,其经营人未按照规定签订污染清除作业协议的;

(二)未取得污染清除作业资质的单位擅自签订污染清除作业协议并从事污染清除作业的。

第四十四条 违反本规定的规定,有下列情形之一的,由海事管理机构处2万元以上10万元以下的罚款:

(一)船舶沉没后,其所有人、经营人未及时向海事管理机构报告船舶燃油、污染危害性货物以及其他污染物的性质、数量、种类及装载位置等情况的;

(二)船舶沉没后,其所有人、经营人未及时采取措施清除船舶燃油、污染危害性货物以及其他污染物的。

第四十五条 违反本规定的规定,发生船舶污染事故,船舶、有关作业单位迟报、漏报事故的,对船舶、有关作业单位,由海事管理机构处5万元以上25万元以下的罚款;对直接负责的主管人员和其他直接责任人员,由海事管理机构处1万元以上5万元以下的罚款;直接负责的主管人员和其他直接责任人员属于船员的,给予暂扣适任证书或者其他有关证件3个月至6个月的处罚。瞒报、谎报事故的,对船舶、有关作业单位,由海事管理机构处25万元以上50万元以下的罚款;对直接负责的主管人员和其他直接责任人员,由海事管理机构处5万元以上10万元以下的罚款;直接负责的主管人员和其他直接责任人员属于船员的,并处给予吊销适任证书或者其他有关证件的处罚。

第四十六条 违反本规定的规定,发生船舶污染事故,船舶、有关作业单位未立即启动应急预案的,对船舶、有关作业单位,由海事管理机构处2万元以上10万元以下的罚款;对直接负责的主管人员和其他直接责任人员,由海事管理机构处 1 万元以上 2 万元以下的罚款；直接负责的主管人员和其他直接责任人员属于船员的，并处给予暂扣适任证书或者其他适任证件 1 个月至 3 个月的处罚。

第八章 附 则

第四十七条 本规定所称"以上"、"以内"包括本数，"以下"、"以外"不包括本数。

第四十八条 本规定自 2011 年 6 月 1 日起施行。

中华人民共和国交通运输部令 2011 年第 5 号

《中华人民共和国水上水下活动通航安全管理规定》已于 2010 年 12 月 30 日经第 12 次部务会议通过，现予公布，自 2011 年 3 月 1 日起施行。

部　长　李盛霖

二〇一一年一月二十七日

中华人民共和国水上水下活动通航安全管理规定

第一条 为了维护水上交通秩序，保障船舶航行、停泊和作业安全，保护水域环境，依据《中华人民共和国海上交通安全法》、《中华人民共和国内河交通安全管理条例》等法律法规，制定本规定。

第二条 公民、法人或者其他组织在中华人民共和国内河通航水域或者岸线上和国家管辖海域从事下列可能影响通航安全的水上水下活动，适用本规定：

（一）勘探、采掘、爆破；

（二）构筑、设置、维修、拆除水上水下构筑物或者设施；

（三）架设桥梁、索道；

（四）铺设、检修、拆除水上水下电缆或者管道；

（五）设置系船浮筒、浮趸、缆桩等设施；

（六）航道建设，航道、码头前沿水域疏浚；

（七）举行大型群众性活动、体育比赛；

（八）打捞沉船、沉物；

（九）在国家管辖海域内进行调查、测量、过驳、大型设施和移动式平台拖带、捕捞、养殖、科学试验等水上水下施工活动以及在港区、锚地、航道、通航密集区进行的其他有碍航行安全的活动；

（十）在内河通航水域进行的气象观测、测量、地质调查，航道日常养护、大面积清除水面垃圾和可能影响内河通航水域交通安全的其他行为。

第三条 水上水下活动通航安全管理应当遵循安全第一、预防为主、方便群众、依法管理的原则。

第四条 国务院交通运输主管部门主管全国水上水下活动通航安全管理工作。

国家海事管理机构在国务院交通运输主管部门的领导下，负责全国水上水下活动通航安全监督管理工作。

各级海事管理机构依照各自的职责权限，负责本辖区水上水下活动通航安全监督管理工作。

第五条 从事本规定第二条第(一)项至第(九)项的水上水下活动的建设单位、主办单位或者对工程总负责的施工作业者,应当按照《中华人民共和国海事行政许可条件规定》明确的相应条件向活动地的海事管理机构提出申请并报送相应的材料。在取得海事管理机构颁发的《中华人民共和国水上水下活动许可证》(以下简称许可证)后,方可进行相应的水上水下活动。

第六条 水上水下活动水域涉及两个以上海事管理机构的,许可证的申请应当向其共同的上一级海事管理机构或者共同的上一级海事管理机构指定的海事管理机构提出。

第七条 从事水上水下活动需要设置安全作业区的,应当经海事管理机构核准公告。

建设单位或者主办单位申请设置安全作业区,可以在向海事管理机构申请许可证时一并提出。

第八条 遇有紧急情况,需要对航道进行修复或者对航道、码头前沿水域进行疏浚的,作业单位可以边申请边施工。

第九条 许可证应当注明允许从事水上水下活动的单位名称、船名、时间、水域、活动内容、有效期等事项。

第十条 许可证的有效期由海事管理机构根据活动的期限及水域环境的特点确定,最长不得超过三年。许可证有效期届满不能结束施工作业的,申请人应当于许可证有效期届满20日前到海事管理机构办理延期手续,由海事管理机构在原证上签注延期期限后方能继续从事相应活动。

第十一条 许可证上注明的船舶在水上水下活动期间发生变更的,建设单位或者主办单位应当及时到作出许可决定的海事管理机构办理变更手续。在变更手续未办妥前,变更的船舶不得从事相应的水上水下活动。

许可证上注明的实施施工作业的单位、活动内容、水域发生变更的,建设单位或者主办单位应当重新申请许可证。

第十二条 有下列情形之一的,许可证的申请者应当及时向原发证的海事管理机构报告,并办理许可证注销手续:

(一)涉水工程及其设施中止的;

(二)三个月以上不开工的;

(三)提前完工的;

(四)因许可事项变更而重新办理了新的许可证的;

(五)因不可抗力导致批准的水上水下活动无法实施的;

(六)法律、行政法规规定的应当注销行政许可的其他情形。

第十三条 从事本规定第二条第(十)项列明的活动的,应当在活动前将作业或者活动方案报海事管理机构备案。

第十四条 从事按规定需要发布航行警告、航行通告的水上水下活动,应当在活动开始前办妥相关手续。

第十五条 按照国家规定需要立项的对通航安全可能产生影响的涉水工程,在工程立项前交通运输主管部门应当按照职责组织通航安全影响论证审查,论证审查意见作为工程立项审批的条件。

水上水下活动在建设期间或者活动期间对通航安全、防治船舶污染可能构成重大影响的,建设单位或者主办单位应当在申请海事管理机构水上水下活动许可之前进行通航安全评估。

第十六条 涉水工程建设单位、施工单位、业主单位和经营管理单位应当按照《中华人民共和国安全生产法》的要求,建立健全涉水工程水上交通安全制度和管理体系,严格履行涉水工程建设期和使用期水上交通安全有关职责。

第十七条 涉水工程建设单位应当在工程招投标前对参与施工作业的船舶、浮动设施明确应具备的安全标准和条件,在工程招投标后督促施工单位落实施工过程中各项安全保障措施,将施工作业船舶、浮动设施及人员和为施工作业或者活动服务的所有船舶纳入水上交通安全管理体系,并与其签订安全协议。

第十八条 涉水工程建设单位、业主单位应当加强安全生产管理,落实安全生产主体责任。根据国家有关法律、法规及规章要求,明确本单位和施工单位、经营管理单位安全责任人。督促施工单位落实水上交通安全和防治船舶污染的各项要求,并落实通航安全评估以及活动方案中提出的各项安全和防污染的措施。

第十九条 涉水工程建设单位、业主单位应当确保水上交通安全设施与主体工程同时设计、同时施工、同时投入生产和使用。

第二十条 涉水工程勘察设计单位、施工单位应当具备法律、法规规定的资质。

第二十一条 涉水工程施工单位应当落实国家安全作业和防火、防爆、防污染等有关法律法规,制定施工安全保障方案,完善安全生产条件,采取有效安全防范措施,制定水上应急预案,保障涉水工程的水域通航安全。

第二十二条 涉水工程业主单位、经营管理单位,应当采取有效安全措施,保证涉水工程试运行期、竣工后的水上交通安全。

第二十三条 在水上水下活动进行过程中,施工单位和作业人员应当遵守以下规定:

(一)按照海事管理机构批准的作业内容、核定的水域范围和使用核准的船舶进行作业,不得妨碍其他船舶的正常航行;

(二)及时向海事管理机构通报施工进度及计划,并保持工程水域良好的通航环境;

(三)使船舶、浮动设施保持在适于安全航行、停泊或者从事有关活动的状态;

(四)实施施工作业或者活动的船舶、设施应当按照有关规定在明显处昼夜显示规定的号灯号型。在现场作业船舶或者警戒船上配备有效的通信设备,施工作业或者活动期间指派专人警戒,并在指定的频道上守听;

(五)制定、落实有效的防范措施,禁止随意倾倒废弃物,禁止违章向水体投弃施工建筑垃圾、船舶垃圾、排放船舶污染物、生活污水和其他有害物质;

(六)遵守有关水上交通安全和防治污染的相关规定,不得有超载等违法行为。

第二十四条 水上水下活动经海事管理机构核准公告设置安全作业区的,建设单位或者主办单位应当设置相关的安全警示标志和配备必要的安全设施或者警戒船,切实落实通航安全评估中提出的各项安全防范措施和对策,并做好施工与通航及其他有关水上交通安全的协调工作。

第二十五条 与批准的水上水下活动无关的船舶、设施不得进入安全作业区。

建设单位、主办单位或者施工单位不得擅自改变施工作业安全作业区的范围。需要改变的,应当报经海事管理机构重新核准公告。

第二十六条 对水上水下活动产生的可能影响航行安全的障碍物,建设单位或者主办单位应当将形状、尺寸、位置和深度准确地报告海事管理机构,按照海事管理机构的要求设置标志,并按照通航要求及有关规定的要求及时清除遗留物。

第二十七条 水上水下活动完成后,建设单位或者主办单位不得遗留任何妨碍航行的物体,并应当向海事管理机构提交通航安全报告。

海事管理机构收到通航安全报告后,应当及时予以核查。核查中发现存在有碍航行和作业的安全隐患的,海事管理机构有权暂停或者限制涉水工程投入使用。

第二十八条 海事管理机构应当建立涉水工程施工作业或活动现场监督检查制度,依法检查有关建设单位和施工作业单位所属船舶、设施、人员水上通航安全作业条件和采取的通航保障措施落实情况。有关单位和人员应当予以配合。

第二十九条 有下列情形之一的,海事管理机构应当责令建设单位、施工单位立即停止施工作业,并采取安全防范措施。

(一)因恶劣自然条件严重影响安全的;
(二)施工作业水域内发生水上交通事故,危及周围人命、财产安全的;
(三)其他严重影响施工作业安全或通航安全的情形。

第三十条 有下列情形之一的,海事管理机构应当责令改正,拒不改正的,海事管理机构应当责令其停止作业:

(一)建设单位或者业主单位未履行安全管理主体责任的;
(二)未落实通航安全评估提出的安全防范措施的;
(三)未经批准擅自更换或者增加施工作业船舶的;
(四)未按规定采取安全和防污染措施进行水上水下活动的;

（五）雇佣不符合安全标准的船舶和设施进行水上水下活动的；

（六）其他不满足安全生产的情形。

第三十一条　海事管理机构应当建立涉水工程施工单位水上交通安全诚信制度和奖惩机制。在监督检查过程中对发生的下列情形予以通告：

（一）施工过程中发生水上交通事故和船舶污染事故，造成人员伤亡和重大水域污染的；

（二）以不正当手段取得许可证并违法施工的；

（三）不服从管理、未按规定落实水上交通安全保障措施或者存在重大通航安全隐患，拒不改正而强行施工的。

第三十二条　违反本规定，隐瞒有关情况或者提供虚假材料，以欺骗或其他不正当手段取得许可证的，由海事管理机构撤销其水上水下施工作业许可，注销其许可证，并处5000元以上3万元以下的罚款。

第三十三条　有下列行为或者情形之一的，海事管理机构应当责令施工作业单位、施工作业的船舶和设施立即停止施工作业，责令限期改正，并处5000元以上3万元以下的罚款。属于内河通航水域水上水下活动的，处5000元以上5万元以下的罚款：

（一）应申请许可证而未取得，擅自进行水上水下活动的；

（二）许可证失效后仍进行水上水下活动的；

（三）使用涂改或者非法受让的许可证进行水上水下活动的；

（四）未按本规定报备水上水下活动的。

第三十四条　有下列行为或者情形之一的，海事管理机构应当责令改正，并可以处以2000元以下的罚款；拒不改正的，海事管理机构应当责令施工作业单位、施工作业的船舶和设施停止作业。

（一）未按有关规定申请发布航行警告、航行通告即行实施水上水下活动的；

（二）水上水下活动与航行警告、航行通告中公告的内容不符的。

第三十五条　未按本规定取得许可证，擅自构筑、设置水上水下建筑物或设施的，禁止任何船舶进行靠泊作业。影响通航环境的，应当责令构筑、设置者限期搬迁或拆除，搬迁或拆除的有关费用由构筑、设置者自行承担。

第三十六条　违反本规定，未妥善处理有碍航行和作业安全隐患并按照海事管理机构的要求采取清除、设置标志、显示信号等措施的，由海事管理机构责令改正，并处5000元以上3万元以下的罚款。

第三十七条　海事管理机构工作人员不按法定的条件进行海事行政许可或者不依法履行职责进行监督检查，有滥用职权、徇私舞弊、玩忽职守等行为的，由其所在机构或上级机构依法给予行政处分；构成犯罪的，由司法机关依法追究刑事责任。

第三十八条　在军港、渔港内从事相关水上水下活动，按照国家有关规定执行。

第三十九条　本规定自2011年3月1日起施行。1999年10月8日原交通部发布的《中华人民共和国水上水下施工作业通航安全管理规定》（交通部令1999年第4号）同时废止。

中华人民共和国交通运输部令2011年第1号

《交通运输行政执法证件管理规定》已于2010年12月23日经第11次部务会议通过，现予公布，自2011年3月1日起施行。

部　长　李盛霖

二〇一一年一月四日

交通运输行政执法证件管理规定

第一章 总 则

第一条 为加强交通运输行政执法证件管理,规范交通运输行政执法人员的执法资格,提高交通运输行政执法人员的整体素质和执法水平,根据《中华人民共和国行政处罚法》等法律、行政法规,制定本规定。

第二条 交通运输行政执法证件是取得交通运输行政执法资格的合法凭证,是依法从事公路路政、道路运政、水路运政、航道行政、港口行政、交通建设工程质量安全监督、海事行政、交通综合行政执法等交通运输行政执法工作的身份证明。

交通运输行政执法证件包括《交通运输行政执法证》和《海事行政执法证》。从事海事执法工作的人员应当持有《海事行政执法证》,从事其他交通运输执法工作的人员应当持有《交通运输行政执法证》。

第三条 交通运输部负责全国交通运输行政执法证件管理工作。

县级以上地方交通运输主管部门负责本地区交通运输行政执法证件管理工作。

交通运输部海事局负责《海事行政执法证》管理工作。长江航务管理局、长江口航道管理局在职责范围内负责《交通运输行政执法证》管理工作。

县级以上交通运输主管部门、交通运输部海事局、长江航务管理局、长江口航道管理局的法制机构负责实施交通运输行政执法证件管理工作。

第四条 交通运输行政执法证件的格式、内容、编号和制作要求由交通运输部规定。

第五条 交通运输行政执法人员在执行公务时,应当出示交通运输行政执法证件。

未取得交通运输行政执法证件的,一律不得从事交通运输行政执法工作。

第二章 证件申领

第六条 申领交通运输行政执法证件应当参加交通运输行政执法人员资格培训,经交通运输行政执法人员资格考试合格。

第七条 参加交通运输行政执法人员资格培训与考试,应当具备以下条件:

(一)十八周岁以上,身体健康;

(二)具有国民教育序列大专以上学历;

(三)具有交通运输行政执法机构正式编制并拟从事交通运输行政执法工作;

(四)品行良好,遵纪守法;

(五)法律、行政法规和规章规定的其他条件。

已经持有《交通行政执法证》但不符合前款规定的第(二)项、第(三)项条件的人员,可以通过申请参加交通运输行政执法人员资格培训和考试,取得《交通运输行政执法证》。

第八条 下列人员不得申请参加交通运输行政执法人员资格培训和考试:

(一)曾因犯罪受过刑事处罚的;

(二)曾被开除公职的。

第九条 符合下列条件之一的人员申请交通运输行政执法资格,经省级交通运输行政执法主管部门、交通运输部海事局、长江航务管理局、长江口航道管理局审核合格,可免予参加交通运输行政执法人员资格培训和考试:

(一)在法制管理或交通运输行政执法岗位工作15年以上,且具有大学本科以上学历;

(二)在法制管理或基层执法岗位工作10年以上,且具有法学专业本科以上学历。

第十条 申请参加交通运输行政执法人员资格培训和考试的,应当向其所属主管部门提交下列申请材料:

(一)交通运输行政执法人员资格培训和考试申请表,注明申请人基本情况及拟申请参加资格培训和考试的相应执法门类等主要内容;

(二)居民身份证原件及复印件;

(三)学历证书原件及复印件;

(四)人员编制证明材料;

(五)所在单位的推荐函。

第十一条 主管部门收到申请材料后,应当按照本规定第七条、第八条规定的条件进行审查。

县级以上交通运输主管部门设立业务管理机构的,由业务管理机构对所提交的相应执法门类的申请材料提出初步审查意见。

主管部门审查合格的,由其主要负责人签署审查意见并加盖本机关公章后,通过执法人员与执法证件管理系统逐级报送至省级交通运输主管部门或者交通运输部海事局、长江航务管理局、长江口航道管理局。

第十二条 交通运输部负责组织编制全国交通运输行政执法人员培训规划、各执法门类的培训大纲和教材。

第十三条 交通运输部和省级交通运输主管部门、交通运输部海事局、长江航务管理局、长江口航道管理局根据教学设备设施、教学人员力量等情况组织选择交通运输行政执法人员资格培训机构。

第十四条 交通运输行政执法人员资格培训教学人员应当是参加交通运输部组织的培训并经考试合格的人员,或者经省级以上交通运输主管部门、交通运输部海事局、长江航务管理局、长江口航道管理局认可的法学专家、具有丰富执法经验和较高法制理论水平的专业人员。

第十五条 交通运输行政执法人员培训由交通运输部和省级交通运输主管部门、交通运输部海事局、长江航务管理局、长江口航道管理局在各自的职责范围内负责实施。

第十六条 交通运输行政执法人员资格培训的内容,应当包括基本法律知识、相关交通运输法规、职业道德规范、现场执法实务和军训,其中面授课时数不少于60个学时。

第十七条 交通运输部负责组织制定交通运输行政执法人员资格考试各门类的大纲和考试题库,并逐步推行全国交通运输行政执法人员资格计算机联网考试。

第十八条 省级交通运输主管部门、交通运输部海事局、长江航务管理局、长江口航道管理局负责组织本地区、本系统交通运输行政执法人员资格考试,按照执法门类分别实行统一命题、统一制卷、统一阅卷。

培训和考试应当按照申领执法证件的门类分科目进行。

第十九条 交通运输行政执法人员资格考试包括以下内容:

(一)法律基础知识,包括宪法、立法法、行政许可法、行政处罚法、行政复议法、行政诉讼法、国家赔偿法等;

(二)专业法律知识,包括有关交通运输的法律、行政法规和交通运输部规章,以及与交通运输密切相关的法律、行政法规;

(三)行政执法基础理论和专业知识,包括交通运输行政执法人员道德规范、执法程序规范、执法风纪、执法禁令、执法忌语、执法文书等;

(四)交通运输部规定的其他相关知识。

第二十条 省级交通运输主管部门、交通运输部海事局、长江航务管理局、长江口航道管理局应当将资格培训和考试的相关信息及时录入执法人员与执法证件管理系统,并在本地区、本系统范围内进行公示,公示时间为一周。公示期间无异议的,报交通运输部备案审查。

第三章 证件发放与管理

第二十一条 省级交通运输主管部门是本地区交通运输行政执法证件的发证机关。交通运输部海事局、长江航务管理局、长江口航道管理局是本系统交通运输行政执法证件的发证机关。

发证机关通过执法人员与执法证件管理系统制作并发放交通运输行政执法证件。

第二十二条 持证人应当按照其所持交通运输行政执法证件中注明的执法门类在法定职责和辖区范围内从事交通运输行政执法工作。

第二十三条 持证人应当妥善保管交通运输行政执法证件,不得损毁、涂改或者转借他人。

第二十四条 持证人遗失交通运输行政执法证件的,应当立即向其所属主管部门报告,由其所属主管部门逐级报告至发证机关。发证机关审核属实的,于3日内通过媒体发表遗失声明。声明后通过执法人员与执法证件管理系统补发新证。

第二十五条 交通运输行政执法人员有下列情形之一的,所在单位逐级上报至发证机关,由发证机关注销其交通运输行政执法资格及交通运输行政执法证件:

(一)持证人调离执法单位或者岗位的;

(二)持证人退休的;

(三)其他应当注销交通运输行政执法证件的情况。

第四章 监督检查与责任追究

第二十六条 各级交通运输主管部门及交通运输部海事局、长江航务管理局、长江口航道管理局应当加强交通运输行政执法人员的监督管理,并结合新出台的法律法规及时组织在岗培训,提高交通运输行政执法人员的法律意识、业务素质和执法水平。

第二十七条 发证机关应当结合实际每年组织对本地区、本系统交通运输行政执法人员进行执法工作考核。

第二十八条 交通运输行政执法人员执法工作考核分为以下四个等次:

(一)优秀:工作实绩突出,精通法律与业务,执法行为文明规范,职业道德良好,风纪严明,执法无差错;

(二)合格:能够完成工作任务,熟悉或者比较熟悉法律、业务知识,执法行为规范,职业道德良好,遵章守纪,无故意或者过失引起的执法错案;

(三)基本合格:基本能够完成工作任务,了解一般法律、业务知识,执法行为基本规范,具有一定职业操守,无故意或者重大过失引起的执法错案;

(四)不合格:法律、业务素质差,难以胜任执法工作;因故意或者重大过失引起执法错案。

第二十九条 发证机关应当将交通运输行政执法人员的在岗培训情况、年度考核结果及时输入执法人员与执法证件管理系统,并在本地区、本系统范围内进行通报。

第三十条 发证机关每年应当根据年度考核结果对交通运输行政执法证件进行年审。交通运输行政执法人员考核等次为优秀、合格、基本合格的,保留其交通运输行政执法人员资格,由省级交通运输主管部门、交通运输部海事局、长江航务管理局、长江口航道管理局对其交通运输行政执法证件予以年度审验通过。

未经发证机关年度审验的交通运输行政执法证件自行失效。

第三十一条 交通运输行政执法人员有下列情形之一的,由发证机关作出暂扣其交通运输行政执法证件的决定,并由其所在单位收缴其证件:

(一)年度考核等次为不合格的;

(二)无故不参加岗位培训或考核的;

(三)涂改交通运输行政执法证件或者将交通运输行政执法证件转借他人的;

(四)其他应当暂扣交通运输行政执法证件的情形。

因前款被暂扣交通运输行政执法证件的,在暂扣期间不得从事交通运输行政执法活动。

第三十二条 对暂扣交通运输行政执法证件的人员,发证机关应当对其进行离岗培训。经培训考试合格的,返还其交通运输行政执法证件。

第三十三条 交通运输行政执法人员有下列情形之一的,由发证机关作出吊销其交通运输行政执法证件的决定,并由其所在县级以上交通运输主管部门或者海事管理机构收缴其证件:

(一)受到刑事处罚、劳动教养、行政拘留或者开除处分的;

(二)利用交通运输行政执法权牟取私利、从事违法活动的;

(三)利用职务收受贿赂、以权谋私等行为受到行政记大过以上处分的;

(四)以欺诈、贿赂等不正当手段取得交通运输行政执法证件的;

(五)因违法执法导致行政执法行为经行政诉讼败诉、行政复议被撤销、变更,并引起国家赔偿,造成严重后果的;

(六)违反执法人员工作纪律,造成严重不良社会影响的;

(七)连续两年考核等次为不合格的;

(八)违反交通运输行政执法禁令,情节严重的;

(九)其他应当吊销交通运输行政执法证件的情形。

第三十四条 被吊销交通运输行政执法证件的,不得重新申领交通运输行政执法证件。

第三十五条 交通运输行政执法人员对吊销交通运输行政执法证件不服的,可以在接到吊销通知之日起三十日内向作出该决定的机关申请复核。收到复核申请的机关应当组成调查组自收到复核申请之日起三十日内作出复核决定并书面通知申请人。

第三十六条 暂扣、吊销交通运输行政执法证件的,省级交通运输主管部门、交通运输部海事局、长江航务管理局、长江口航道管理局应当登记,并将有关信息及时通过执法人员与执法证件管理系统报交通运输部备案。

第五章 附 则

第三十七条 本规定自 2011 年 3 月 1 日起实施。《交通行政执法证件管理规定》(交通部 1997 年第 16 号令)同时废止。

第六篇

2011年全国口岸运行主要数据统计表

2011年全国口岸进出口商品总值表

口岸名称	进出口总值			进口总值		出口总值	
	金额（万美元）	比重（%）	同比（%）	金额（万美元）	同比（%）	金额（万美元）	同比（%）
合　　计	364 205 774	100.0	22.5	174 345 790	24.9	189 859 984	20.3
北京口岸	8 159 356	2.2	13.5	5 495 147	18.0	2 664 209	5.2
天津口岸	19 724 787	5.4	20.3	10 132 846	19.7	9 591 941	20.9
河北口岸	4 093 678	1.1	49.0	3 486 990	58.3	606 687	11.4
山西口岸	490 505	0.1	18.8	482 227	19.2	8 279	-2.0
内蒙古口岸	1 399 043		-10.0	1 028 505	-20.0	361 538	59.0
辽宁口岸	12 509 270	3.4	18.7	6 783 015	18.5	5 726 255	19.0
吉林口岸	885 690	0.2	20.7	763 278	23.1	122411	7.6
黑龙江口岸	1 759 414	0.5	183.0	1 325 189	560.4	434 225	3.1
上海口岸	81 173 644	22.3	18.6	31 198 569	19.4	49 975 075	18.1
江苏口岸	33 761 694	9.3	17.0	18 835 061	20.1	14 926 633	13.4
浙江口岸	28 336 580	7.8	25.3	12 957 608	29.9	15 378 972	21.8
安徽口岸	1 271 032	0.3	21.3	999 382	14.7	271 651	54.0
福建口岸	12 796 218	3.5	21.7	5 039 703	23.3	7 756 515	20.7
江西口岸	1 294 077	0.4	31.5	836 157	33.1	457 920	28.7
山东口岸	29 942 519	8.2	25.3	16 247 449	28.6	13 695 070	21.6
河南口岸	1 111 926	0.3	112.4	910 855	120.6	201 071	81.6
湖北口岸	1 946 836	0.5	32.2	1 023 540	21.2	923 296	46.9
湖南口岸	840 694	0.2	28.8	559 364	37.2	281 330	14.8
广东口岸	107 544 593	29.5	221.0	47 606 296	23.6	59 938 298	20.9
广西口岸	3 284 449	0.9	51.3	1 884 926	59.9	1 399 523	41.2
海南口岸	1 303 973	0.4	29.9	1 094 007	36.8	209 966	2.9
重庆口岸	1 951 181	0.5	121.2	839 496	109.3	1 111 686	131.2
四川口岸	2 677 446	0.7	78.0	1 487 764	33.3	1 189 682	206.5
贵州口岸	108 370	0.0	82.1	78 724	64.9	29 647	152.3
云南口岸	626 657	0.2	18.9	186 332	6.9	440 325	24.8
西藏口岸	113 302	0.0	96.8	14 537	295.9	98 765	83.2
陕西口岸	926 708	0.3	28.0	647 704	31.8	27 9004	20.2
甘肃口岸	408 400	0.1	8.6	404 934	8.9	3 466	-22.7
宁夏口岸	44 779	0.0	-38.7	44 192	-39.1	586	25.0
青海口岸	12 602	0.0	-59.3	12 535	-58.3	67	-92.5
新疆口岸	3 715 350	1.0	34.5	1 939 459	64.9	1 775 891	11.9

2011年全国口岸进出口货运量统计表

口岸名称	进出口			进口		出口	
	货运量(吨)	比重(%)	同比(±%)	货运量(吨)	同比(±%)	货运量(吨)	同比(±%)
合　　计	3 317 079 702	100.0	12.6	1 863 889 382	12.7	1 453 190 320	12.5
北京口岸	7 237 978	0.2	-17.2	6 102 655	-20.3	1 135 323	5.6
天津口岸	167 385 751	5.0	4.6	115 009 471	5.3	52 376 280	3.2
河北口岸	178 722 283	5.4	25.9	168 503 963	32.2	10 218 320	-29.4
山西口岸	18 278 083	0.6	21.6	18 251 311	21.7	26 772	0.0
内蒙古口岸	50 224 780	1.5	5.0	46 454 784	3.1	3 769 996	33.3
辽宁口岸	136 805 957	4.1	-0.1	102 263 635	-1.7	34 542 322	5.1
吉林口岸	2 186 175	0.1	17.3	1 539 797	14.5	646 378	24.6
黑龙江口岸	22 327 974	0.7	152.0	20 920 982	172.3	1 406 992	19.5
上海口岸	175 740 384	5.3	10.1	87 487 832	12.7	88 252 552	7.6
江苏口岸	249 296 194	7.5	14.5	193 738 178	16.4	55 558 016	8.2
浙江口岸	242 924 185	7.3	1.6	195 589 419	0.5	47 334 766	6.4
安徽口岸	17 312 462	0.5	8.5	15 828 360	9.5	1 484 102	-0.5
福建口岸	124 795 227	3.8	17.2	83 999 555	20.4	40 795 672	11.3
江西口岸	14 249 051	0.4	2.0	12 537 854	1.7	1 711 197	4.9
山东口岸	443 951 622	13.4	11.4	374 288 995	11.5	69 662 627	11.2
河南口岸	10 259 785	0.3	18.9	9 840 157	20.1	419 628	-3.2
湖北口岸	24 042 210	0.7	31.6	20 151 223	30.9	3 890 987	35.5
湖南口岸	17 164 165	0.5	10.1	15 674 908	11.6	1 489 257	-3.0
广东口岸	1 249 969 578	37.7	13.8	235 867 588	7.7	1 014 101 990	15.3
广西口岸	83 846 689	2.5	34.4	71 818 787	38.8	12 027 902	13.0
海南口岸	21 452 102	0.6	1.8	18 837 945	7.8	2 614 157	-27.6
重庆口岸	6 678 427	0.2	12.4	4 658 809	8.4	2 019 618	22.9
四川口岸	1 430 444	0.0	-3.6	1 101 153	-10.1	329 291	26.7
贵州口岸	2 311 917	0.1	196.1	2 056 799	178.3	255 118	514.0
云南口岸	10 083 475	0.3	12.0	7 361 952	13.5	2 721 523	8.1
西藏口岸	161 205	0.0	30.3	2 836	42.4	158 369	30.1
陕西口岸	4 205 822	0.1	61.1	3 949 473	73.8	256 349	-24.3
甘肃口岸	2 241 125	0.1	18.9	2 227 472	19.3	13 653	-27.7
宁夏口岸	213 823	0.0	-61.4	210 024	-61.7	3 799	-28.1
青海口岸	153 325	0.0	-56.4	153 127	-56.5	198	98.0
新疆口岸	31 427 504	0.9	19.8	27 460 338	23.6	3 967 166	-1.2

2011年全国口岸出入境人员统计表

口岸名称	出入境人员(人次)	比重(%)	同比(%)
合　　计	431 107 565	100.0	8.1
北京口岸	18 666 954	4.3	7.3
天津口岸	1 343 139	0.3	2.4
河北口岸	257 175	0.1	21.9
山西口岸	74 744	0.0	85.7
内蒙古口岸	4 411 179	1.0	3.9
辽宁口岸	3 502 566	0.8	6.1
吉林口岸	1 445 722	0.3	17.0
黑龙江口岸	3 653 044	0.8	5.2
上海口岸	22 750 622	5.3	4.4
江苏口岸	2 502 138	0.6	8.1
浙江口岸	3 291 877	0.8	14.0
安徽口岸	208 424	0.0	62.0
福建口岸	5 389 545	1.3	10.6
江西口岸	65 195	0.0	13.6
山东口岸	4 166 638	1.0	8.4
河南口岸	346 613	0.1	32.8
湖北口岸	466 238	0.1	25.3
湖南口岸	694 830	0.2	24.3
广东口岸	325 693 627	75.5	7.6
广西口岸	6 174 096	1.4	2.3
海南口岸	992 897	0.2	19.2
重庆口岸	481 522	0.1	47.3
四川口岸	1 555 547	0.4	28.1
贵州口岸	55 380	0.0	42.6
云南口岸	20 501 774	4.8	19.1
西藏口岸	159 357	0.0	41.3
陕西口岸	384 914	0.1	20.0
甘肃口岸	22 660	0.0	75.9
宁夏口岸	5 623	0.0	17.9
青海口岸	0	0.0	—
新疆口岸	1 843 525	0.4	21.4

2011年全国口岸监管进出口邮递物品、印刷品和音像制品、快递物品统计表

序号	口岸名称	邮递物品 数量(件)	邮递物品 同比(%)	印刷品和音像制品 数量(件)	印刷品和音像制品 同比(%)	快递物品 数量(件)	快递物品 同比(%)
0	合　计	35 889 815	74.1	130 306 886	2.9	131 100 435	3.2
1	北京口岸	4 991 841	50.2	83 540 793	3.2	13 630 978	5.0
2	天津口岸	387 294	359.1	6 070 350	4.9	1 767 844	16.3
3	河北口岸	35 088	-11.9	92 686	33.2	0	—
4	山西口岸	0	—	0	—	0	—
5	内蒙古口岸	56 056	7.2	409 534	57.2	30 455	-5.3
6	辽宁口岸	518 367	2.8	1 068 020	4.6	2 043 034	-1.4
7	吉林口岸	93 413	3.9	378 021	8.9	427 748	1.6
8	黑龙江口岸	144 647	9.4	756 272	-6.3	216 675	-9.7
9	上海口岸	12 186 697	138.0	4 825 618	34.3	44 600 485	4.2
10	南京口岸	556 048	106.8	1 976 283	4.9	1 149 680	-3.1
11	浙江口岸	2 395 278	124.2	1 189 930	6.7	6 113 240	42.4
12	安徽口岸	0	—	0	—	0	—
13	福建口岸	1 258 695	251.4	1 164 870	12.8	2 686 105	14.8
14	江西口岸	0	—	2 849	-4.9	0	—
15	山东口岸	805 616	-24.1	1 316 662	-18.6	3 442 780	-2.0
16	河南口岸	105 425	14.1	1 089 529	16.3	254 310	57.0
17	湖北口岸	62 536	18.1	1 369 293	6.5	349 680	8.0
18	湖南口岸	437 875	458.7	121 038	30.2	57 457	-94.7
19	广东口岸	11 444 245	44.1	20 237 695	-4.5	52 894 426	0.3
20	广西口岸	51 892	3.0	162 885	-7.1	260 007	-11.3
21	海南口岸	13 292	-8.9	29 888	-2.9	31 049	3.0
22	重庆口岸	29 165	-0.6	1 115 819	5.3	409 240	48.0
23	四川口岸	106 330	19.6	2 092 251	2.5	341 991	7.5
24	贵州口岸	0	—	0	—	108 956	60.8
25	云南口岸	45 080	0.4	243 896	-8.9	96 375	-2.0
26	西藏口岸	4 564	-17.0	17 833	70.0	1 642	-16.5
27	陕西口岸	129 473	69.0	907 482	-8.7	159 107	-36.5
28	甘肃口岸	0	—	0	—	0	—
29	宁夏口岸	0	—	0	—	0	—
30	青海口岸	0	-100.0	0	-100.0	0	—
31	新疆口岸	30 898	17.0	127 389	44.9	27 171	12.4

1981年~2011年进出口商品总值表

单位：百万美元

年 份	进出口	出口	进口	贸易差额	比去年同期±%		
					进出口	出 口	进口
1981	44 022	22 007	22 015	-8	-	-	-
1982	41 606	22 321	19 285	3 036	-5.5	1.4	-12.4
1983	43 616	22 226	21 390	836	4.8	-0.4	10.9
1984	53 549	26 139	27 410	-1 271	22.8	17.6	28.1
1985	69 602	27 350	42 252	-14 902	30.0	4.6	54.1
1986	73 846	30 942	42 904	-11 962	6.1	13.1	1.5
1987	82 653	39 437	43 216	-3 779	11.9	27.5	0.7
1988	102 784	47 516	55 268	-7 752	24.4	20.5	27.9
1989	111 678	52 538	59 140	-6 602	8.7	10.6	7.0
1990	115 436	62 091	53 345	8 746	3.4	18.2	-9.8
1991	135 701	71 910	63 791	8 119	17.6	15.8	19.6
1992	165 525	84 940	80 585	4 355	22.0	18.1	26.3
1993	195 703	91 744	103 959	-12 215	18.2	8.0	29.0
1994	236 620	121 006	115 614	5 392	20.9	31.9	11.2
1995	280 864	148 780	132 084	16 696	18.7	23.0	14.2
1996	289 881	151 048	138 833	12 215	3.2	1.5	5.1
1997	325 162	182 792	142 370	40 422	12.2	21.0	2.5
1998	323 949	183 712	140 237	43 475	-0.4	0.5	-1.5
1999	360 630	194 931	165 699	29 232	11.3	6.1	18.2
2000	474 297	249 203	225 094	24 109	31.5	27.8	35.8
2001	509 651	266 098	243 553	22 545	7.5	6.8	8.2
2002	620 766	325 596	295 170	30 426	21.8	22.4	21.2
2003	850 988	438 228	412 760	25 468	37.1	34.6	39.8
2004	1 154 554	593 326	561 229	32 097	35.7	35.4	36.0
2005	1 421 906	761 953	659 953	102 001	23.2	28.4	17.6
2006	1 760 439	968 978	791 461	177 508	23.8	27.2	19.9
2007	2 176 572	1 220 456	956 116	264 340	23.6	26.0	20.8
2008	2 563 260	1 430 693	1 132 567	298 126	17.8	17.3	18.5
2009	2 207 535	1 201 612	1 005 923	195 689	-13.9	-16.0	-11.2
2010	2 972 922	1 577 824	1 395 099	182 725	34.7	31.3	38.7
2011	3 642 059	1 898 600	1 743 459	155 141	22.5	20.3	24.9

2011年进出口商品国别(地区)总值表

产终国	出口		进口	
	2011年1月至2011年12月		2011年1月至2011年12月	
中文	美元值	美元值(同比)	美元值	美元值(同比)
合 计	1 898 381 464 042	20.32	1 743 483 592 503	24.87
阿富汗	230 009 966	31.24	4 403 087	19.64
巴林	880 011 827	10.07	325 836 051	29.35
孟加拉国	7 810 571 737	15.05	448 642 584	66.86
不丹	17 381 997	995.88	75 999	495.28
文莱	744 393 812	102.50	566 815 740	-14.68
缅甸	4 821 497 462	38.73	1 679 900 256	73.80
柬埔寨	2 314 810 078	71.81	184 297 983	96.84
塞浦路斯	1 123 405 121	-16.65	26 261 288	52.62
朝鲜	3 164 726 695	38.97	2 476 767 444	107.34
香港	267 983 076 978	22.76	15 492 427 298	26.36
印度	50 537 090 355	23.52	23 371 151 041	12.11
印度尼西亚	29 217 237 461	33.09	31 337 382 984	50.68
伊朗	14 762 090 994	33.09	30 341 313 753	65.81
伊拉克	3 824 651 342	6.54	10 443 633 871	66.43
以色列	6 740 798 405	33.82	3 037 704 818	16.50
日本	148 270 520 741	22.49	194 563 551 975	10.09
约旦	2 512 724 020	33.03	256 721 830	55.87
科威特	2 128 414 638	15.14	9 175 204 536	36.77
老挝	476 269 903	-1.52	824 608 354	37.09
黎巴嫩	1 458 393 031	10.53	25 915 697	-4.98
澳门	2 355 272 911	10.02	162 269 072	31.34
马来西亚	27 885 984 786	17.16	62 136 711 857	23.17
马尔代夫	97 122 449	53.01	135 718	180.69
蒙古	2 731 641 566	88.42	3 701 070 929	45.02
尼泊尔	1 181 225 863	61.53	13 864 962	21.45
阿曼	998 176 839	5.68	14 876 487 883	52.12
巴基斯坦	8 439 707 160	21.65	2 118 620 157	22.39
巴勒斯坦	47 815 390	83.85	1 040 844	186.69

续表

产终国	出口		进口	
	2011年1月至2011年12月		2011年1月至2011年12月	
中文	美元值	美元值(同比)	美元值	美元值(同比)
菲律宾	14 255 393 367	23.53	17 991 655 358	10.91
卡塔尔	1 198 757 273	40.13	4 694 308 733	91.15
沙特阿拉伯	14 849 707 392	43.25	49 467 535 399	50.68
新加坡	35 570 134 961	9.96	28 139 920 833	13.79
韩国	82 920 062 303	20.58	162 706 289 525	17.61
斯里兰卡	2 988 724 221	49.82	152 887 599	49.49
叙利亚	2 420 241 006	-0.93	26 155 456	-35.08
泰国	25 694 754 380	30.16	39 039 095 408	17.60
土耳其	15 613 574 672	30.74	3 123 756 587	-1.41
阿联酋	26 812 849 085	26.27	8 306 374 606	86.60
也门	1 104 281 308	-9.77	3 135 702 068	12.83
越南	29 090 141 613	25.92	11 117 700 164	59.18
中华人民共和国			122 614 414 537	14.72
台湾省	35 109 477 223	18.32	124 908 664 506	7.92
东帝汶	70 432 762	64.44	1 742 791	595.76
哈萨克斯坦	9 566 529 533	2.64	15 394 703 569	38.30
吉尔吉斯斯坦	4 878 288 660	18.19	98 163 343	36.10
塔吉克斯坦	1 996 777 606	45.06	72 227 602	28.82
土库曼斯坦	784 162 543	49.33	4 693 173 232	349.31
乌兹别克斯坦	1 359 242 440	15.09	807 371 215	-38.00
亚洲其他国家(地区)	113 445	-69.80		
阿尔及利亚	4 471 882 142	11.80	1 960 542 618	66.53
安哥拉	2 784 157 882	38.94	24 922 180 492	9.23
贝宁	2 874 684 516	26.43	176 476 164	40.45
博茨瓦纳	616 161 511	66.75	100 667 978	88.64
布隆迪	42 543 830	27.53	13 748 216	297.53
喀麦隆	874 108 906	61.63	662 949 235	43.84
加那利群岛	2 370 359	-19.69		
佛得角	49 751 685	44.90	12 062	0.02
中非	14 271 013	-37.56	28 137 864	11.82
塞卜泰(休达)	87 486	-52.46		
乍得	94 803 479	-69.27	265 318 912	-46.49

续表

产终国	出　口		进　口	
	2011年1月至2011年12月		2011年1月至2011年12月	
中文	美元值	美元值(同比)	美元值	美元值(同比)
科摩罗	8 186 019	-38.67	6 874	-71.46
刚果(布)	489 431 142	38.37	4 672 159 685	49.63
吉布提	508 853 299	14.59	176 023	-74.52
埃及	7 283 237 864	20.56	1 518 340 176	65.41
赤道几内亚	266 317 114	-41.63	1 672 947 440	179.45
埃塞俄比亚	885 361 446	-26.81	292 092 000	6.61
加蓬	269 914 912	31.15	578 159 299	-40.38
冈比亚	290 993 539	55.79	54 190 163	261.31
加纳	3 109 948 453	60.90	363 185 315	194.36
几内亚	630 170 425	49.56	15 567 159	-71.69
几内亚比绍	14 850 937	57.42	4 099 941	6.14
科特迪瓦	540 633 271	-1.44	162 101 250	46.66
肯尼亚	2 368 775 109	32.61	59 690 991	52.24
利比里亚	4 966 686 794	12.96	41 244 694	83.45
利比亚	720 379 163	-65.05	2 063 575 283	-54.30
马达加斯加	503 376 232	26.86	103 396 615	-1.98
马拉维	112 097 469	39.99	46 039 164	46.27
马里	297 734 843	29.62	149 595 011	112.46
毛里塔尼亚	386 274 767	35.55	1 510 454 723	55.38
毛里求斯	496 927 164	26.35	9 686 573	-4.09
摩洛哥	3 042 649 431	22.45	476 699 091	5.30
莫桑比克	700 250 891	41.07	257 241 204	27.92
纳米比亚	282 264 528	22.97	224 483 457	-53.38
尼日尔	142 166 981	-47.76	2 105 116	1133.62
尼日利亚	9 204 084 275	37.44	1 583 793 465	47.79
留尼汪	143 182 088	11.37	26 055	-85.32
卢旺达	66 652 480	33.32	78 129 350	102.02
圣多美和普林西比	1 792 170	-12.76	1 639	-84.24
塞内加尔	680 360 711	36.53	68 708 685	34.30
塞舌尔	35 009 605	135.66	321 691	2751.62
塞拉利昂	224 833 750	128.60	27 993 999	159.92
索马里	91 208 549	26.27	5 796 227	241.50

续表

续表

产终国	出口		进口	
	2011年1月至2011年12月		2011年1月至2011年12月	
中文	美元值	美元值(同比)	美元值	美元值(同比)
南非	13 362 305 514	23.73	32 107 906 651	115.44
西撒哈拉	2 396	-90.98	18 498	
苏丹	1 994 602 401	2.25	9 541 546 948	42.92
坦桑尼亚	1 653 631 731	31.96	489 891 181	20.35
多哥	1 831 410 255	37.38	76 566 967	24.09
突尼斯	1 112 591 243	11.83	219 462 498	75.70
乌干达	359 381 703	39.55	40 272 043	51.59
布基纳法索	55 618 684	15.98	182 408 451	50.63
刚果(金)	826 684 606	74.63	3 160 525 147	25.97
赞比亚	617 341 817	104.64	2 771 899 319	7.28
津巴布韦	410 277 768	29.89	464 091 589	88.88
莱索托	73 108 508	23.16	7 410 926	63.64
梅利利亚	3 937 903	4.76		
斯威士兰	30 685 634	5.91	343 796	-86.27
厄立特里亚	148 155 974	281.85	870 583	-17.41
马约特	11 209 790	64.27		
南苏丹共和国	1 322 887			
非洲其他国家(地区)	1 330 772	-33.47	4 608 723	30770.94
比利时	18 973 606 576	32.66	10 131 153 003	29.23
丹麦	6 446 594 335	24.34	2 813 450 909	6.34
英国	44 121 660 773	13.81	14 556 811 000	28.76
德国	76 400 045 668	12.28	92 743 968 810	24.89
法国	29 998 851 378	8.49	22 063 295 612	28.98
爱尔兰	2 166 085 233	8.74	3 699 438 652	8.40
意大利	33 692 806 199	8.20	17 576 664 921	25.49
卢森堡	1 595 051 210	61.53	309 228 441	19.92
荷兰	59 499 494 794	19.71	8 660 296 751	33.67
希腊	3 949 368 486	-0.24	353 606 705	-9.51
葡萄牙	2 801 433 742	11.46	1 161 792 419	53.99
西班牙	19 721 250 151	8.50	7 551 546 872	21.09
阿尔巴尼亚	281 482 764	41.25	154 534 087	4.58
安道尔	5 618 994	66.64	148 323	333.05

续表

产终国	出口		进口	
	2011年1月至2011年12月		2011年1月至2011年12月	
中文	美元值	美元值(同比)	美元值	美元值(同比)
奥地利	2 226 818 752	20.09	4 761 359 819	12.57
保加利亚	1 005 615 637	52.16	459 281 810	42.19
芬兰	6 640 367 340	20.76	4 540 824 576	12.97
直布罗陀	28 751 966	391.81	23 293	1295.63
匈牙利	6 806 021 560	4.41	2 452 217 395	11.58
冰岛	76 580 759	7.85	75 599 019	82.61
列支敦士登	13 324 438	72.52	78 913 888	14.47
马耳他	2 329 585 938	26.27	851 728 767	49.60
摩纳哥	22 725 076	57.11	12 646 133	15.77
挪威	3 785 871 813	33.48	3 621 911 412	12.11
波兰	10 939 548 803	15.91	2 047 975 509	20.71
罗马尼亚	3 453 775 011	14.95	946 247 278	25.14
圣马力诺	1 830 854	-66.76	304 268	58.67
瑞典	6 566 860 208	15.03	7 116 875 033	20.46
瑞士	3 700 227 556	22.07	27 208 327 155	59.68
爱沙尼亚	1 130 854 729	67.10	205 417 486	12.92
拉脱维亚	1 192 946 688	50.21	63 436 323	63.10
立陶宛	1 335 101 769	35.91	87 606 619	107.85
格鲁吉亚	761 069 088	176.82	38 105 242	-15.79
亚美尼亚	135 722 781	15.87	34 631 988	-25.94
阿塞拜疆	892 618 568	5.49	193 720 359	123.83
白俄罗斯	705 134 767	-11.37	598 486 415	25.71
摩尔多瓦	97 490 563	21.07	12 828 389	91.13
俄罗斯联邦	38 903 515 146	31.38	40 369 873 370	55.74
乌克兰	7 147 075 079	28.46	3 262 472 718	50.82
斯洛文尼亚	1 675 371 443	20.92	202 040 417	14.43
克罗地亚	1 540 928 563	14.68	79 531 007	56.28
捷克	7 669 407 130	7.69	2 317 926 656	34.14
斯洛伐克	2 512 599 983	28.29	3 457 346 011	93.09
前南马其顿	91 810 658	73.94	154 308 487	68.17
波黑	41 434 916	10.23	29 894 728	69.89
梵蒂冈城国			13 272	-18.58

2011年全国口岸运行主要数据统计表

续表

产终国	出口		进口	
中文	2011年1月至2011年12月		2011年1月至2011年12月	
	美元值	美元值(同比)	美元值	美元值(同比)
法罗群岛	406 161	-72.30	27 130 486	94.65
塞尔维亚	396 353 094	14.88	77 891 459	41.32
黑山	89 981 869	26.59	12 055 962	293.40
安提瓜和巴布达	656 772 026	-18.53	50 891	-3.46
阿根廷	8 502 508 228	39.03	6 256 828 463	-8.04
阿鲁巴	17 689 297	52.28	34 937	-75.41
巴哈马	550 136 746	-12.37	62 901 399	40994.30
巴巴多斯	143 862 602	101.61	6 707 895	76.16
伯利兹	49 490 722	22.74	2 902 317	1051.10
玻利维亚	384 540 298	122.30	273 453 567	44.62
博内尔	33 147	6.31		
巴西	31 836 632 654	30.16	52 394 489 069	37.43
开曼群岛	29 544 857	117.25	90 067	-71.52
智利	10 816 725 729	34.79	20 568 559 696	14.57
哥伦比亚	5 838 842 976	52.85	2 394 767 112	13.85
多米尼克	26 489 669	-35.22	395 668	-84.35
哥斯达黎加	884 523 138	28.56	3 844 029 670	23.73
古巴	1 043 649 401	-2.18	904 045 465	18.24
库腊索岛	20 089 542	28.73	117 449	379.38
多米尼加共和国	967 390 797	6.97	286 876 670	119.43
厄瓜多尔	2 223 606 194	48.68	579 890 068	14.34
法属圭亚那	12 862 998	89.75	644	-95.56
格林纳达	5 912 234	15.68	518	-93.52
瓜德罗普	38 395 970	24.32	609	-96.97
危地马拉	1 253 974 576	23.12	23 344 720	-35.26
圭亚那	132 608 480	58.87	14 531 604	-15.90
海地	303 639 341	18.72	7 367 886	23.83
洪都拉斯	421 852 727	30.95	146 683 969	56.33
牙买加	370 913 287	57.42	3 970 620	6.99
马提尼克	26 524 132	11.35	1 056 830	5755.01
墨西哥	23 975 878 538	34.15	9 368 578 442	36.02
蒙特塞拉特	17 888	68.09	84 775	251.98

续表

产终国 中文	出口 2011年1月至2011年12月		进口 2011年1月至2011年12月	
	美元值	美元值(同比)	美元值	美元值(同比)
尼加拉瓜	422 029 098	40.89	24 369 665	242.34
巴拿马	14 555 810 117	21.72	42 858 083	69.49
巴拉圭	1 248 050 527	18.79	44 493 285	-3.00
秘鲁	4 653 277 170	31.09	7 856 713 022	23.05
波多黎各	557 103 549	12.70	1 043 079 582	60.88
萨巴	269 178	30947.06	4 833	
圣卢西亚	10 151 553	25.10	287 864	134.52
圣马丁岛	3 428 597	22.69	566	
圣文森特和格林纳丁斯	77 939 359	5.73	23 696	7.71
萨尔瓦多	449 992 344	23.23	6 376 643	-15.04
苏里南	136 184 285	19.51	15 900 310	20.17
特立尼达和多巴哥	286 557 644	-1.55	340 114 380	214.73
特克斯和凯科斯群岛	399 755	-5.74		
乌拉圭	2 001 531 976	35.46	1 413 417 171	22.71
委内瑞拉	6 521 892 436	78.75	11 738 215 764	74.86
英属维尔京群岛	155 440 036	9.62	26 187	-14.77
圣其茨和尼维斯	4 384 537	64.25	475 607	56.59
圣皮埃尔和密克隆	1 712			
荷属安地列斯	99 252 733	12.23	81 746	
拉丁美洲其他国家(地区)	494 256	2.37		
加拿大	25 266 102 810	13.73	22 169 947 055	48.55
美国	324 453 359 001	14.53	122 128 906 386	19.62
格陵兰	535 288	3.79	48 064 533	-11.89
百慕大	355 016 010	4.61	3 000	
北美洲其他国家(地区)	51 275	-62.39	17 162	
澳大利亚	33 909 937 531	24.58	82 673 149 585	35.26
库克群岛	4 966 332	32.77	737 907	-36.08
斐济	171 186 371	34.12	1 216 794	27.95
盖比群岛	195 909	-44.70		
马克萨斯群岛	700	-94.78	2 747	
瑙鲁	184 639	748.06	8 907	
新喀里多尼亚	135 163 238	-66.80	80 845 789	42.52

续表

产终国 中文	出口 2011年1月至2011年12月		进口 2011年1月至2011年12月	
	美元值	美元值(同比)	美元值	美元值(同比)
瓦努阿图	133 859 903	492.19	2 394 045	262.78
新西兰	3 736 692 808	35.17	4 981 317 415	32.38
诺福克岛	357 568	62.01		
巴布亚新几内亚	453 024 358	28.52	815 220 295	4.90
社会群岛	3 451 841	4.80		
所罗门群岛	30 675 932	7.96	348 807 342	21.51
汤加	13 277 397	36.12	46 968	717.12
土阿莫土群岛				
土布艾群岛	55 482			
萨摩亚	37 815 931	-46.02	27 330	18.28
基里巴斯	13 076 006	14.84	89 892	1603.47
图瓦卢	14 939 184	77.48	9	-30.77
密克罗尼西亚联邦	3 412 766	-10.69	1 615 363	-43.55
马绍尔群岛	2 190 067 095	12.54	16 541 578	215.63
帕劳	1 193 753	-39.25	5 253	-83.54
法属波利尼西亚	38 134 984	20.64	5 292 923	381.70
瓦利斯和浮图纳	563 034	100.98		
大洋洲其他国家(地区)	2 091 695	-21.07	6 582	-84.73
国别(地区)不详			6 041 713 204	334.95

2011年进出口商品构成表

单位：千美元

商品构成	出口		进口		累计比去年同期±%	
	12月	1至12月	12月	1至12月	出口	进口
总　值	174 717 651	1 898 599 840	158 197 732	1 743 458 742	20.3	24.9
一、初级产品	9 790 308	100 552 298	56 980 457	604 376 033	23.1	39.3
0类　食品及活动物	5 319 011	50 497 330	3 258 795	28 764 499	22.7	33.4
00章　活动物	97 148	570 798	68 769	376 624	25.7	39.9
01章　肉及肉制品	295 902	2 957 702	451 925	3 402 110	19.9	49.4
02章　乳品及蛋品	27 969	281 923	258 292	2 654 618	34.3	33.0
03章　鱼、甲壳及软体类动物及其制品	1 814 968	16 970 956	564 407	5 752 828	28.6	30.4
04章　谷物及其制品	152 964	1 651 806	410 515	2 366 922	24.4	35.4
05章　蔬菜及水果	2 068 377	19 133 335	598 235	5 525 340	19.6	32.4
06章　糖、糖制品及蜂蜜	154 020	1 699 670	318 852	2 149 498	20.3	104.8
07章　咖啡、茶、可可、调味料及其制品	233 652	2 431 436	110 965	887 775	25.1	41.7
08章　饲料（不包括未碾磨谷物）	198 565	2 085 332	226 880	3 207 956	5.4	-2.8
09章　杂项食品	275 447	2 714 371	249 956	2 440 828	25.7	42.0
1类　饮料及烟类	275 672	2 275 552	424 590	3 684 843	19.4	51.8
11章　饮料	121 209	1 135 043	285 525	2 546 879	28.2	55.5
12章　烟草及其制品	154 463	1 140 509	139 065	1 137 964	11.8	43.9
2类　非食用原料（燃料除外）	1 352 744	14 977 677	25 456 000	285 255 075	29.1	34.5
21章　生皮及生毛皮	1 110	11 943	315 074	3 261 915	81.0	35.0
22章　油籽及含油果实	121 924	826 867	3 060 035	31 479 350	16.9	18.6
23章　生橡胶（包括合成橡胶及再生橡胶）	77 895	1 176 285	1 251 609	14 768 661	59.6	48.3
24章　软木及木材	88 493	1 042 884	1 227 035	15 240 639	-0.7	42.7
25章　纸浆及废纸	12 466	231 036	1 694 942	18 907 079	64.9	33.3
26章　纺织纤维及其废料	269 464	3 775 479	2 503 886	15 792 817	59.4	52.3
27章　天然肥料及矿物（煤、石油及宝石除外）	279 593	3 048 612	606 780	6 535 281	17.0	34.2
28章　金属矿砂及金属废料	37 791	657 081	14 674 464	177 973 667	-21.4	34.8
29章　其他动、植物原料	464 007	4 207 491	122 173	1 295 666	33.5	16.7

续表

商品构成	出口 12月	出口 1至12月	进口 12月	进口 1至12月	累计比去年同期±% 出口	累计比去年同期±% 进口
3类 矿物燃料、润滑油及有关原料	2 800 776	32 275 962	26 682 205	275 560 400	21.0	45.8
32章 煤、焦炭及煤砖	201 385	4 205 578	2 931 198	23 910 870	15.5	31.3
33章 石油、石油产品及有关原料	2 351 473	25 064 848	22 003 224	237 890 719	23.0	44.9
34章 天然气及人造气	165 143	1 767 938	1 702 912	13 440 687	18.8	111.1
35章 电流	82 775	1 237 598	44 870	318 123	5.5	16.0
4类 动植物油、脂及蜡	42 104	525 777	1 158 867	11 111 216	47.9	27.1
41章 动物油、脂	11 824	145 225	40 912	428 436	51.3	23.9
42章 植物油、脂	17 490	253 633	1 092 367	10 255 666	48.2	24.6
43章 已加工的动植物油、脂及动植物蜡	12 790	126 919	25 588	427 115	43.7	157.0
二、工业制品	164 927 343	1 798 047 542	101 217 276	1 139 082 709	20.2	18.4
5类 化学成品及有关产品	9 844 066	114 786 534	15 736 648	181 143 896	31.1	21.0
51章 有机化学品	2 793 176	33 253 810	5 585 619	63 482 748	29.8	31.8
52章 无机化学品	1 606 407	17 247 697	945 742	10 165 482	47.1	20.1
53章 染料、鞣料及着色料	435 296	5 402 238	344 988	4 503 308	27.3	2.2
54章 医药品	1 077 965	11 833 257	1 153 465	11 308 094	10.6	40.6
55章 精油、香料及盥洗、光洁制品	410 887	4 823 920	309 488	3 395 667	27.2	21.4
56章 制成肥料	745 828	7 870 372	214 855	3 437 815	46.1	34.4
57章 初级形状的塑料	831 735	10 901 233	4 574 888	53 316 665	41.6	9.6
58章 非初级形状的塑料	802 190	8 843 471	1 011 399	12 422 335	34.2	12.9
59章 其他化学原料及产品	1 140 582	14 610 536	1 596 204	19 111 781	23.6	22.6
6类 按原料分类的制成品	28 460 453	319 600 074	13 519 714	150 329 031	28.3	14.5
61章 皮革、皮革制品及已鞣毛皮	127 997	1 586 781	342 971	4 447 911	19.7	5.6
62章 橡胶制品	1 818 533	19 245 040	640 717	8 216 751	40.1	19.0
63章 软木及木制品(家具除外)	928 717	10 329 261	61 258	663 138	19.9	10.5
64章 纸及纸板;纸浆、纸及纸板制品	1 082 985	12 385 678	384 998	4 746 768	36.1	10.5
65章 纺纱、织物、制成品及有关产品	8 284 305	94 419 637	1 660 952	18 901 089	22.8	6.9
66章 非金属矿物制品	3 604 081	36 453 517	1 341 971	15 430 025	26.5	46.0
67章 钢铁	4 427 168	55 474 582	2 161 158	27 165 505	40.2	8.4
68章 有色金属	1 744 574	23 481 808	5 664 533	56 225 616	30.9	13.9
69章 金属制品	6 442 093	66 223 770	1 261 155	14 532 228	24.6	15.2
7类 机械及运输设备	83 840 068	901 912 388	56 134 688	630 387 767	15.6	14.7

续表

商品构成		出口		进口		累计比去年同期±%	
		12月	1至12月	12月	1至12月	出口	进口
71章	动力机械及设备	2 970 423	32 013 280	2 261 962	27 627 876	29.8	17.9
72章	特种工业专用机械	3 117 676	31 111 211	3 597 942	53 565 913	34.2	25.5
73章	金工机械	630 910	6 090 832	1 668 665	18 053 160	26.1	32.0
74章	通用工业机械设备及零件	7 305 002	79 850 918	4 265 573	52 418 544	23.9	16.6
75章	办公用机械及自动数据处理设备	19 066 552	210 360 894	5 086 977	57 464 306	7.2	2.5
76章	电信及声音的录制及重放装置设备	20 713 608	216 845 288	5 006 128	51 553 881	14.0	25.7
77章	电力机械、器具及其电气零件	20 341 967	217 908 746	26 430 232	287 262 690	15.2	9.5
78章	陆路车辆(包括气垫式)	5 311 480	59 508 217	6 169 114	65 108 968	34.3	32.1
79章	其他运输设备	4 382 451	48 223 003	1 648 094	17 332 428	11.5	7.8
8类	杂项制品	42 451 123	459 409 474	11 561 478	127 709 015	21.6	12.5
81章	活动房屋;卫生、水道、供热及照明装置	1 746 256	16 641 060	65 419	785 672	24.0	-48.1
82章	家具及其零件;褥垫及类似填充制品	4 710 818	44 776 403	204 953	2 151 132	15.0	31.1
83章	旅行用品、手提包及类似品	2 041 879	24 097 453	146 194	1 361 017	32.9	48.7
84章	服装及衣着附件	13 479 136	153 781 119	373 568	4 013 087	18.5	59.4
85章	鞋靴	3 978 951	41 722 888	162 794	1 554 189	17.1	39.2
87章	专业、科学及控制用仪器和装置	4 420 219	48 693 206	7 140 677	82 374 056	15.5	9.6
88章	摄影器材、光学物品及钟表	1 339 864	14 072 206	1 516 701	16 457 903	18.5	14.4
89章	杂项制品	10 733 999	115 625 139	1 951 173	19 011 962	31.9	16.4
9类	未分类的商品	331 633	2 339 071	4 264 748	49 513 000	59.4	168.6

2011 年进出口商品类章总值表

类　　章		出　口		进　口	
		美元值	美元值(同比)	美元值	美元值(同比)
合　计		1 898 381 463 661	20.32	1 743 461 892 787	24.87
第1章	活动物	570 798 288	25.74	376 624 348	39.89
第2章	肉及食用杂碎	1 075 432 270	8.13	3 411 600 651	53.33
第3章	鱼、甲壳动物、软体动物及其他水生无脊椎动物	10 984 680 465	24.73	5 589 197 042	28.02
第4章	乳品;蛋品;天然蜂蜜;其他食用动物产品	498 647 931	23.26	2 657 855 226	32.91
第5章	其他动物产品	1 836 123 017	35.27	428 576 993	2.49
第6章	活树及其他活植物;鳞茎、根及类似品;插花及装饰用簇叶	228 993 543	11.40	128 733 662	23.81
第7章	食用蔬菜、根及块茎	8 722 659 436	16.66	1 823 631 443	20.33
第8章	食用水果及坚果;甜瓜或柑橘属水果的果皮	3 188 464 091	19.00	3 037 005 533	41.95
第9章	咖啡、茶、马黛茶及调味香料	2 020 632 834	21.91	232 166 015	54.72
第10章	谷物	608 659 866	12.83	2 015 943 093	34.28
第11章	制粉工业产品;麦芽;淀粉;菊粉;面筋	587 060 480	6.30	540 943 519	19.84
第12章	含油子仁及果实;杂项子仁及果仁;工业用或药用植物;稻草、秸秆及饲料	2 345 931 106	14.55	32 022 278 968	18.33
第13章	虫胶;树胶、树脂及其他植物液、汁	981 261 839	51.84	158 386 955	31.33
第14章	编结用植物材料;其他植物产品	85 184 980	33.86	243 847 864	21.12
第15章	动、植物油、脂及其分解产品;精制的食用油脂;动、植物蜡	544 234 971	47.31	11 540 152 947	29.90
第16章	肉、鱼、甲壳动物、软体动物及其他水生无脊椎动物的制品	7 865 763 447	34.14	180 143 422	79.80
第17章	糖及糖食	1 289 952 365	21.73	2 132 098 075	105.69

续表

类 章		出口		进口	
		美元值	美元值(同比)	美元值	美元值(同比)
第18章	可可及可可制品	314 904 058	48.11	604 971 785	38.38
第19章	谷物、粮食粉、淀粉或乳的制品;糕饼点心	1 502 169 492	29.49	1 624 484 501	32.99
第20章	蔬菜、水果、坚果或植物其他部分的制品	6 978 750 318	25.86	592 501 184	28.23
第21章	杂项食品	2 006 019 040	28.66	866 082 726	27.46
第22章	饮料、酒及醋	1 183 169 664	18.93	2 556 463 322	55.34
第23章	食品工业的残渣及废料;配制的动物饲料	2 057 144 921	5.23	3 102 292 316	-4.08
第24章	烟草、烟草及烟草代用品的制品	1 140 509 167	11.78	1 137 964 215	43.92
第25章	盐;硫磺;泥土及石料;石膏料、石灰及水泥	3 418 903 419	9.56	5 794 548 104	28.50
第26章	矿砂、矿渣及矿灰	593 933 161	2.37	150 640 488 840	37.56
第27章	矿物燃料、矿物油及其蒸馏产品;沥青物质;矿物蜡	32 275 445 219	21.00	275 814 102 577	45.93
第28章	无机化学品;贵金属、稀土金属、放射性元素及其同位素的有机及无机化合物	17 307 704 566	47.13	10 930 845 838	9.69
第29章	有机化学品	39 292 473 085	24.93	63 131 457 099	30.81
第30章	药品	5 421 323 632	20.95	10 347 319 284	43.00
第31章	肥料	7 924 044 921	45.88	3 449 555 245	34.13
第32章	鞣料浸膏及染料浸膏;鞣酸及其衍生物;染料、颜料及其他着色料;油漆及清漆;油灰及其他类似胶粘剂;墨水、油墨	5 504 498 411	27.73	4 539 677 908	2.52
第33章	精油及香膏;芳香料制品及化妆盥洗品	3 029 070 653	21.45	1 938 203 400	29.03
第34章	肥皂、有机表面活性剂、洗涤剂、润滑剂、人造蜡、调制蜡、光洁剂、蜡烛及类似品、塑型用膏、"牙科用蜡"及牙科用熟石膏制剂	2 677 877 494	32.17	3 290 808 113	18.45
第35章	蛋白类物质;改性淀粉;胶;酶	2 045 235 674	16.87	2 667 921 481	21.27
第36章	炸药;烟火制品;引火合金;易燃材料制品	779 888 676	19.70	91 450 634	23.35

续表

类 章		出口		进口	
		美元值	美元值(同比)	美元值	美元值(同比)
第37章	照相及电影用品	1 174 378 404	9.45	2 166 979 492	12.31
第38章	杂项化学产品	11 934 026 543	25.10	15 408 130 226	25.67
第39章	塑料及其制品	45 421 152 218	30.91	70 196 942 706	10.19
第40章	橡胶及其制品	20 924 871 011	40.47	23 061 609 738	36.25
第41章	生皮(毛皮除外)及皮革	452 789 011	9.97	6 845 412 224	15.25
第42章	皮革制品;鞍具及挽具;旅行用品、手提包及类似容器;动物肠线(蚕胶丝除外)制品	26 892 324 455	29.01	1 687 122 837	50.24
第43章	毛皮、人造毛皮及其制品	2 599 938 955	30.76	823 988 856	29.45
第44章	木及木制品;木炭	11 354 351 800	17.64	15 858 668 948	41.14
第45章	软木及软木制品	17 729 754	9.42	47 681 156	9.35
第46章	稻草、秸秆、针茅或其他编结材料制品;篮筐及柳条编结品	1 785 379 857	17.47	11 501 425	23.05
第47章	木浆及其他纤维状纤维素浆;回收(废碎)纸及纸板	231 035 721	64.87	18 907 460 702	33.33
第48章	纸及纸板;纸浆、纸或纸板制品	12 905 415 644	34.98	5 054 948 768	9.61
第49章	书籍、报纸、印刷图画及其他印刷品;手稿、打字稿及设计图纸	3 105 985 469	14.85	1 412 222 737	11.01
第50章	蚕丝	1 745 540 740	6.31	112 136 554	-9.89
第51章	羊毛、动物细毛或粗毛;马毛纱线及其机织物	2 958 974 278	25.29	3 840 637 478	35.83
第52章	棉花	15 497 562 206	18.60	14 730 046 150	38.69
第53章	其他植物纺织纤维;纸纱线及其机织物	1 131 311 281	30.10	761 017 111	35.98
第54章	化学纤维长丝;化学纤维纺织材料制扁条及类似品	13 815 251 467	36.98	4 062 863 354	7.36
第55章	化学纤维短纤	11 175 915 248	40.46	3 598 568 637	19.21
第56章	絮胎、毡呢及无纺织物;特种纱线;线、绳、索、缆及其制品	3 457 645 149	28.86	1 189 263 689	5.55
第57章	地毯及纺织材料的其他铺地制品	2 323 672 996	18.86	137 000 014	5.10
第58章	特种机织物;簇绒织物;花边;装饰毯;装饰带;刺绣品	4 569 952 494	20.12	732 435 698	5.50

续表

类　章		出　口		进　口	
		美元值	美元值（同比）	美元值	美元值（同比）
第59章	浸渍、涂布、包覆或层压的纺织物；工业用纺织制品	7 254 306 235	28.94	1 994 379 102	7.98
第60章	针织物及钩编织物	10 697 599 013	23.44	2 446 827 487	4.32
第61章	针织或钩编的服装及衣着附件	80 164 289 860	20.17	1 187 153 248	45.09
第62章	非针织或非钩编的服装及衣着附件	63 073 728 329	16.03	2 384 859 201	67.94
第63章	其他纺织制成品；成套物品；旧衣着及旧纺织品；碎织物	22 673 310 610	14.84	410 636 000	56.69
第64章	鞋靴、护腿和类似品及其零件	41 722 294 499	17.08	1 553 629 006	39.11
第65章	帽类及其零件	3 536 802 142	26.42	35 724 843	22.59
第66章	雨伞、阳伞、手杖、鞭子、马鞭及其零件	2 881 395 764	18.28	9 617 312	56.01
第67章	已加工羽毛、羽绒及其制品；人造花；人发制品	4 323 644 029	42.11	319 945 177	46.91
第68章	石料、石膏、水泥、石棉、云母及类似材料的制品	7 365 777 866	27.28	1 344 317 536	26.19
第69章	陶瓷产品	14 051 646 944	26.59	743 134 565	26.78
第70章	玻璃及其制品	12 603 254 415	22.06	6 266 906 214	28.64
第71章	天然或养殖珍珠、宝石或半宝石、贵金属、包贵金属及其制品；仿首饰；硬币	27 503 683 132	119.22	14 911 511 347	37.48
第72章	钢铁	39 875 960 540	37.83	28 379 220 035	12.05
第73章	钢铁制品	51 195 607 670	30.82	10 225 177 550	11.74
第74章	铜及其制品	6 743 642 125	40.43	54 241 661 433	17.38
第75章	镍及其制品	1 053 604 573	-18.87	7 373 896 599	24.76
第76章	铝及其制品	18 648 440 853	28.34	9 772 498 345	11.11
第78章	铅及其制品	160 751 618	-7.14	138 304 559	3.31
第79章	锌及其制品	289 131 236	1.02	1 276 502 647	4.56
第80章	锡及其制品	174 297 035	0.42	846 737 258	52.92
第81章	其他贱金属、金属陶瓷及其制品	3 718 312 018	22.66	1 509 416 222	0.97
第82章	贱金属工具、器具、利口器、餐匙、餐叉及其零件	11 173 301 366	25.97	3 255 091 892	17.76
第83章	贱金属杂项制品	11 888 203 267	24.26	1 817 760 733	18.51

续表

类　章		出　口		进　口	
		美元值	美元值(同比)	美元值	美元值(同比)
第84章	核反应堆、锅炉、机器、机械器具及零件	353 762 968 396	14.19	199 295 140 653	15.76
第85章	电机、电气设备及其零件;录音机及放声机、电视图像、声音的录制和重放设备及其零件、附件	445 755 709 140	14.66	350 951 002 357	11.66
第86章	铁道及电车道机车、车辆及其零件;铁道及电车道轨道固定装置及其零件;附件;各种机械(包括电动机械)交通信号设备	14 315 874 872	60.58	1 982 595 207	-1.90
第87章	车辆及其零件、附件,但铁道及电车道车辆除外	49 539 647 733	29.02	65 465 014 489	32.24
第88章	航空器、航天器及其零件	1 630 432 108	28.86	13 542 010 879	9.29
第89章	船舶及浮动结构体	43 621 450 901	8.25	2 040 255 707	21.57
第90章	光学、照相、电影、计量、检验、医疗或外科用仪器及设备、精密仪器及设备;上述物品的零件、附件	60 685 426 034	16.46	99 138 014 183	10.25
第91章	钟表及其零件	3 688 017 295	20.96	3 263 770 760	49.19
第92章	乐器及其零件、附件	1 623 530 531	10.74	271 850 413	18.70
第93章	武器、弹药及其零件、附件	116 972 953	19.95	7 947 559	164.06
第94章	家具;寝具、褥垫、弹簧床垫、软坐垫及类似的填充制品;未列名灯具及照明装置;发光标志、发光铭牌及类似品;活动房屋	59 335 919 545	17.30	2 780 393 568	-9.15
第95章	玩具、游戏品、运动用品及其零件、附件	34 304 395 910	17.05	1 436 253 484	40.35
第96章	杂项制品	10 148 337 121	17.14	1 015 162 998	6.94
第97章	艺术品、收藏品及古物	374 777 089	133.53	42 160 556	63.62
第98章	特殊交易品及未分类商品	2 342 267 693	59.65	49 498 448 835	168.53

2011年进出口商品贸易方式总值表

贸易方式	出 口		进 口	
	2011年01月至2011年12月		2011年01月至2011年12月	
中文	美元值	美元值(同比)	美元值	美元值(同比)
合 计	1 898 381 464 042	20.32	1 743 483 592 503	24.87
一般贸易	917 034 290 502	27.26	1 007 621 166 554	30.98
国家间、国际组织无偿援助和赠送的物资	471 333 588	60.43	15 823 577	-28.19
其他境外捐赠物资	10 756 588	313.84	264 690 663	43.38
补偿贸易	201 384	-55.71	23 463	
来料加工	107 650 490 818	-4.14	93 633 579 241	-5.78
进料加工	727 633 038 783	15.87	376 122 102 608	18.24
寄售、代销贸易	2 274 569	103.10	1 765 608	8.31
边境小额贸易	20 202 894 793	23.12	14 448 973 451	49.88
加工贸易进口设备			885 976 755	-27.30
对外承包工程出口货物	14 924 311 025	18.31		
租赁贸易	167 704 769	15.66	5 464 007 330	-3.04
外商投资企业作为投资进口的设备、物品			17 464 787 161	7.11
出料加工贸易	198 576 976	7.07	73 103 156	-41.74
易货贸易	863 686	-28.41	2 167 479	90.84
免税外汇商品			13 384 404	30.20
保税监管场所进出境货物	43 293 123 468	22.41	79 647 480 317	30.34
海关特殊监管区域物流货物	49 667 166 911	36.07	140 787 282 926	28.84
海关特殊监管区域进口设备			4 740 676 721	18.70
其他贸易	17 124 436 182	11.62	2 296 601 089	16.57

2011年出口商品企业性质贸易方式总值表

单位：千美元

企业性质贸易方式	合 计		国有企业		外商投资企业								集体企业		其 他	
					小 计		中外合作		中外合资		外商独资					
	金额	±%	金额	±%	金额	±%	金额	±%	金额	±%	金额	±%	金额	±%	金额	±%
总 值	1 898 599 840	(20.3)	267 222 266	(14.1)	995 329 610	(15.4)	17 669 345	(7.3)	273 062 362	(14.9)	704 597 903	(15.9)	55 394 548	(11.1)	580 653 416	(34.6)
一般贸易	917 123 799	(27.3)	158 085 266	(20.1)	253 746 059	(21.3)	6 730 855	(7.2)	112 988 996	(20.6)	134 026 208	(22.2)	43 371 059	(16.1)	461 921 414	(34.9)
国家间、国际组织无偿援助和赠送的物资	471 325	(60.4)	414 576	(66.2)	5 435	(591.5)	-	-	-	-	5 435	(7856.7)	9 303	(64.8)	42 011	(10.6)
补偿贸易	219	(-51.8)	-	-	219	(-51.8)	201	(-40.3)	-	(-100.0)	18	(-82.1)	-	-	-	-
来料加工装配贸易	107 653 206	(-4.1)	23 623 690	(-19.5)	66 910 445	(0.8)	4 780 127	(18.3)	14 525 197	(11.6)	47 605 121	(-3.5)	3 499 282	(-6.6)	13 619 789	(6.2)
进料加工贸易	727 762 974	(15.9)	39 720 110	(15.4)	632 414 691	(14.1)	5 548 486	(-1.2)	129 894 097	(9.0)	496 972 107	(15.8)	6 684 789	(2.2)	48 943 384	(48.7)
寄售代销贸易	2 275	(103.1)	54	(-7.4)	-	-	-	-	-	-	-	-	-	-	2 221	(109.2)
边境小额贸易	20 203 453	(23.1)	1 298 955	(61.4)	-	-	-	-	-	-	-	-	161 842	(-27.0)	18 742 657	(21.8)
对外承包工程出口货物	14 922 785	(18.3)	14 253 555	(16.5)	164 435	(204.5)	274	(-68.6)	141 729	(179.2)	22 432	(842.6)	46 113	(23.3)	458 681	(60.7)

续表

企业性质 贸易方式	合计		国有企业		外商投资企业						集体企业		其他	
					小计		中外合作		中外合资		外商独资					
	金额	±%	金额	±%	金额	±%	金额	±%	金额	±%	金额	±%	金额	±%	金额	±%
租赁贸易	166 333	(14.7)	57 535	(-20.6)	4 888	(356.3)	-	-	2 066	(333.6)	2 822	(507.2)	37	(-98.9)	103 873	(52.5)
出料加工贸易	197 664	(6.6)	132 248	(53.9)	59 575	(-37.0)	2 127	(-29.8)	44 975	(863.8)	12 472	(-85.7)	-	-	5 841	(-18.8)
易货贸易	972	(-19.4)	119	(1712.0)	-	-	-	-	-	-	-	-	-	-	853	(-28.9)
保税监管场所进出境货物	43 294 376	(22.4)	22 609 628	(12.0)	10 743 811	(37.9)	587 242	(16.6)	7 502 274	(42.0)	2 654 295	(32.4)	1 244 371	(-4.1)	8 696 565	(42.8)
海关特殊监管区域物流货物	49 654 641	(36.0)	6 503 857	(40.0)	31 169 728	(27.4)	19 633	(-34.8)	7 926 376	(25.0)	23 223 719	(28.4)	333 035	(-39.6)	11 648 021	(70.1)
其他	17 135 061	(11.7)	521 649	(-12.7)	109 519	(23.7)	341	(-23.2)	36 367	(-1.0)	72 812	(41.7)	44 716	(-37.7)	16 459 177	(12.9)

注：括号内数为与去年同比±%。

2011年进口商品企业性质贸易方式总值表

单位：千美元

企业性质贸易方式	合 计		国有企业		外商投资企业								集体企业		其 他	
					小 计		中外合作		中外合资		外商独资					
	金额	±%	金额	±%	金额	±%	金额	±%	金额	±%	金额	±%	金额	±%	金额	±%
总　　值	1 743 458 742	(24.9)	493 403 452	(27.1)	864 826 074	(17.1)	8 567 754	(16.1)	256 075 968	(22.1)	600 182 351	(15.2)	40 746 584	(16.4)	344 482 631	(46.8)
一般贸易	1 007 463 838	(31.0)	403 538 996	(29.3)	338 229 490	(26.7)	4 203 578	(27.2)	137 372 794	(28.2)	196 653 118	(25.6)	31 388 589	(20.0)	234 306 763	(42.9)
国家间、国际组织无偿援助和赠送的物资	15 824	(-28.2)	8 651	(-17.9)	-	-	-	-	-	-	-	-	388	-	6 784	(-41.0)
其他捐赠物资	265 753	(44.0)	54 920	(6.6)	-	-	-	-	-	-	-	-	131	(-72.5)	210 702	(59.1)
补偿贸易	23	-	-	-	23	-	-	-	-	-	23	-	-	-	-	-
来料加工装配贸易	93 634 864	(-5.8)	21 943 307	(-13.1)	58 512 467	(-5.9)	1 332 679	(88.6)	10 824 810	(15.8)	46 354 979	(-11.1)	1 760 759	(-5.8)	11 418 331	(13.4)
进料加工贸易	376 161 312	(18.3)	13 312 035	(29.7)	326 439 978	(13.3)	2 701 339	(-12.5)	64 009 302	(12.3)	259 729 338	(13.9)	2 820 622	(23.1)	33 588 676	(93.7)
寄售代销贸易	1 766	(8.3)	1 766	(8.3)	-	-	-	-	-	-	-	-	-	-	-	-
边境小额贸易	14 447 965	(49.9)	5 552 280	(95.1)	-	-	-	-	-	-	-	-	186 053	(-38.3)	8 709 633	(34.1)

续表

企业性质贸易方式	合 计		国有企业		外商投资企业								集体企业		其 他	
					小 计		中外合作		中外合资		外商独资					
	金额	±%	金额	±%	金额	±%	金额	±%	金额	±%	金额	±%	金额	±%	金额	±%
加工贸易进口设备	885 440	(-27.3)	115 063	(-48.4)	680 526	(-18.8)	5 044	(-37.9)	40 676	(-34.4)	634 806	(-17.4)	27 635	(-13.5)	62 216	(-50.4)
租赁贸易	5 458 947	(-3.1)	3 836 700	(9.5)	1 041 522	(-13.5)	-	(-100.0)	921 989	(-8.1)	119 534	(-40.1)	3 077	(-99.1)	577 649	(-3.8)
外商投资企业作为投资进口的设备、物品	17 507 899	(7.4)	-		17 507 633	(7.4)	84 658	(-20.6)	5 838 948	(9.1)	11 584 027	(6.8)	-		266	(98.5)
出料加工贸易	73 103	(-41.7)	37 529	(-152.1)	31 359	(-70.8)	2 284	(-26.5)	17 338	(181.4)	11 737	(-88.1)	-	(-100.0)	4 215	(-36.2)
易货贸易	2 167	(-90.8)	776	(-196.0)	-		-		-		-		-		1 392	(59.3)
免税外汇商品	13 384	(30.2)	13 384	(30.2)	-		-		-		-		-		-	
保税监管场所进出境货物	79 657 852	(30.4)	30 744 829	(43.6)	28 248 592	(13.6)	166 448	(40.1)	17 884 476	(25.0)	10 197 669	(-2.4)	2 051 603	(18.9)	18 612 827	(42.1)
海关特殊监管区域物流货物	140 831 079	(28.9)	13 828 318	(14.5)	88 430 447	(21.0)	55 647	(71.2)	18 223 168	(21.5)	70 151 632	(20.9)	2 489 561	(8.5)	36 082 754	(65.3)
海关特殊监管区域进口设备	4 740 726	(18.7)	20 251	(-28.2)	4 616 871	(18.2)	3 733	(2014.4)	654 334	(70.8)	3 958 805	(12.4)	140	(-37.6)	103 463	(-72.0)
其他	2 296 798	(16.6)	394 647	(13.9)	1 087 165	(51.2)	12 344	(9.9)	288 135	(47.8)	786 686	(53.4)	18 026	(33.2)	796 961	(-10.6)

注：括号内数为去年累计同期比±%。

2011年进出口商品经营单位所在地总值表

单位：千美元

经营单位所在地	进出口 12月	进出口 1至12月	出口 12月	出口 1至12月	进口 12月	进口 1至12月	累计比去年同期±% 进出口	累计比去年同期±% 出口	累计比去年同期±% 进口
总　　值	332 915 383	3 642 058 581	174 717 651	1 898 599 840	158 197 732	1 743 458 742	22.5	20.3	24.9
北京市	36 329 124	389 494 798	5 636 840	59 025 021	30 692 284	330 469 778	29.1	6.5	34.2
北京新技术产业开发实验区	506 792	4 851 225	278 999	2 080 650	227 793	2 770 575	10.4	8.8	11.5
北京经济技术开发区	1 388 104	17 401 509	405 187	4 443 327	982 917	12 958 182	13.5	0.6	18.8
天津市	9 505 123	103 391 163	3 959 737	44 497 918	5 545 386	58 893 245	25.9	18.7	32.0
天津新技术产业园区	175 590	2 192 822	91 093	981 137	84 497	1 211 686	21.1	29.6	14.9
天津经济技术开发区	3 667 574	41 476 474	1 715 835	19 713 130	1 951 739	21 763 344	22.7	20.1	25.2
天津港保税区	1 448 302	15 509 297	226 645	2 646 789	1 221 657	12 862 508	33.3	26.0	34.9
河北省	4 517 376	53 603 582	2 496 521	28 581 573	2 020 855	25 022 009	27.4	26.7	28.3
石家庄市	1 268 852	14 175 893	642 884	7 079 790	625 968	7 096 103	27.8	22.3	33.9
石家庄高新技术产业开发区	2 286	33 259	1 501	19 911	784	13 348	7.8	32.9	-15.9
秦皇岛市	510 080	4 348 844	227 746	2 222 062	282 334	2 126 782	23.9	17.9	30.9
秦皇岛经济技术开发区	338 110	2 631 127	78 316	731 012	259 794	1 900 115	32.5	22.9	36.6
山西省	1 531 676	14 759 808	577 109	5 428 227	954 567	9 331 581	17.4	15.4	18.5
太原市	941 667	8 534 383	423 646	3 505 239	518 021	5 029 144	7.9	11.9	5.4
内蒙古自治区	1 133 768	11 943 747	373 036	4 687 230	760 732	7 256 517	36.8	40.6	34.5
呼和浩特	127 698	2 024 559	57 483	1 023 698	70 215	1 000 860	34.4	34.9	34.0
二连浩特	188 802	1 594 686	27 435	643 600	161 367	951 086	69.7	76.7	65.3
满洲里市	182 345	2 499 322	15 876	202 508	166 469	2 296 814	9.8	14.2	9.5

续表

经营单位所在地	进出口		出口		进口		累计比去年同期±%		
	12月	1至12月	12月	1至12月	12月	1至12月	进出口	出口	进口
辽宁省	6 945 030	95 957 238	3 516 488	51 040 497	3 428 541	44 916 741	18.9	18.4	19.4
沈阳市	849 325	10 620 250	353 052	4 825 121	496 273	5 795 128	35.2	18.4	53.4
沈阳南湖科技开发区	86 937	1 299 907	55 637	793 460	31 300	506 448	11.7	11.1	12.6
大连市	4 306 425	58 084 504	2 143 190	29 773 191	2 163 235	28 311 314	14.1	12.7	15.7
大连经济技术开发区	1 532 584	20 544 278	455 982	7 599 847	1 076 602	12 944 431	15.7	6.5	22.0
大连市高新技术产业园区	119 247	1 207 349	79 456	815 554	39 792	391 795	30.7	25.6	42.8
大连大窑湾保税区	210 649	2 787 055	78 323	856 704	132 327	1 930 351	-2.5	4.0	-5.2
丹东市	294 073	3 937 927	166 278	2 419 797	127 795	1 518 130	37.3	33.4	43.9
吉林省	1 592 825	22 047 422	403 353	4 998 480	1 189 472	17 048 942	30.9	11.7	37.8
长春市	1 172 227	17 343 939	144 994	2 270 057	1 027 234	15 073 882	31.2	13.3	34.4
长春新技术开发区	57 583	669 250	13 992	196 833	43 591	472 417	7.2	-8.0	15.1
珲春市	142 032	1 027 541	127 053	877 015	14 979	150 526	21.4	18.1	45.2
黑龙江省	2 322 758	38 512 896	587 465	17 672 641	1 735 292	20 840 255	50.9	8.5	125.7
哈尔滨市	372 971	4 532 164	144 866	2 165 939	228 105	2 366 226	4.3	9.5	0.0
哈尔滨高新技术开发区	18 338	266 517	7 232	117 405	11 105	149 112	65.9	69.9	63.0
黑河市	64 684	2 880 194	47 160	2 681 243	17 524	198 950	-13.5	-13.0	-19.3
绥芬河市	453 536	6 951 022	62 643	1 308 287	390 893	5 642 735	-2.6	-35.7	10.6
上海市	38 643 207	437 310 506	18 384 800	209 690 329	20 258 407	227 620 178	18.5	16.0	20.9
上海漕河泾新兴技术开发区	299 552	3 471 165	164 937	1 953 293	134 616	1 517 872	-1.4	3.5	-7.0
上海经济技术开发区	162	4 053	162	3 144	—	909	-38.4	-19.0	-66.2
上海浦东新区	16 736 974	188 766 701	6 011 231	67 301 899	10 725 743	121 464 802	15.4	10.8	18.1
上海外高桥保税区	7 536 538	85 623 894	1 573 859	18 189 615	5 962 678	67 434 279	17.3	12.8	18.6
江苏省	49 090 926	539 758 903	27 773 109	312 623 051	21 317 817	227 135 853	15.9	15.6	16.3

续表

经营单位所在地	进出口		出口		进口		累计比去年同期±%		
	12月	1至12月	12月	1至12月	12月	1至12月	进出口	出口	进口
南京市	4 944 766	57 343 930	2 631 039	30 865 424	2 313 727	26 478 507	25.8	24.0	27.9
南京高新技术外向型开发区	174 737	2 806 935	96 090	1 659 536	78 647	1 147 399	23.2	35.3	9.0
苏州市	28 601 598	300 862 557	15 482 302	167 233 450	13 119 297	133 629 108	9.8	9.2	10.5
苏州工业园	4 965 229	61 541 223	2 305 963	29 595 145	2 659 266	31 946 079	-3.2	3.4	-8.7
南通市	2 088 477	23 284 875	1 336 624	16 184 295	751 854	7 100 580	25.9	33.0	12.3
南通经济技术开发区	409 373	3 937 532	185 506	2 180 198	223 867	1 757 335	18.9	22.7	14.6
连云港市	497 720	6 898 242	286 982	3 735 571	210 739	3 162 671	35.9	43.7	27.8
连云港经济技术开发区	213 588	2 699 280	83 411	991 023	130 177	1 708 257	27.3	30.1	25.7
浙江省	27 998 724	309 397 471	19 371 804	216 360 407	8 626 921	93 037 064	22.0	19.9	27.3
杭州市	5 948 687	63 971 803	3 713 238	41 521 472	2 235 449	22 450 331	22.2	17.5	31.9
杭州高新技术产业开发区	137 196	1 521 666	108 516	1 170 125	28 680	351 541	25.1	30.7	9.5
宁波市	8 436 732	98 188 001	5 329 360	60 831 588	3 107 372	37 356 413	18.4	17.1	20.6
宁波经济技术开发区	1 541 355	17 654 338	648 051	7 344 543	893 304	10 309 795	30.3	27.6	32.4
温州市	1 621 622	18 004 878	1 347 336	15 216 943	274 286	2 787 935	25.7	24.4	33.3
温州经济技术开发区	117 294	1 236 934	112 468	1 078 871	4 827	158 062	25.9	26.9	19.3
安徽省	3 106 310	31 337 821	1 750 651	17 083 894	1 355 659	14 253 927	29.1	37.6	20.2
合肥市	1 052 727	11 989 655	646 521	7 518 876	406 207	4 470 779	20.4	33.7	3.2
合肥高新技术产业开发区	100 900	1 159 217	57 024	615 827	43 876	543 390	42.2	26.7	65.1
芜湖市	328 690	3 870 735	245 481	2 691 327	83 208	1 179 408	48.4	61.4	25.4
福建省	13 455 073	143 563 491	8 589 954	92 842 513	4 865 120	50 720 978	32.0	29.9	36.0
福州市	2 699 603	34 661 183	1 904 857	24 114 923	794 746	10 546 260	41.0	47.9	27.4
福州经济技术开发区	282 025	4 137 894	189 503	2 685 353	92 522	1 452 541	13.8	29.6	-7.1
福州市科技园区	1 110	18 407	1 109	18 405	0	2	9.3	9.5	-95.8

续表

经营单位所在地	进出口		出口		进口		累计比去年同期 ±%		
	12月	1至12月	12月	1至12月	12月	1至12月	进出口	出口	进口
厦门市	6 447 579	70 166 671	3 928 289	42 647 238	2 519 290	27 519 434	23.0	20.7	26.8
厦门火炬高技术产业开发区	194 294	2 431 888	88 913	1 221 589	105 381	1 210 298	8.2	15.5	1.8
江西省	3 536 055	31 556 188	2 893 932	21 881 209	642 122	9 674 979	46.0	63.1	17.9
南昌市	670 611	7 883 715	497 251	5 656 751	173 360	2 226 964	48.6	53.9	36.6
九江市	276 151	3 701 046	200 184	2 554 630	75 967	1 146 415	110.7	119.0	94.4
山东省	21 570 975	235 991 905	11 300 209	125 788 087	10 270 766	110 203 818	24.8	20.7	29.8
济南市	850 485	10 400 155	452 987	6 047 022	397 499	4 353 133	39.8	49.4	28.4
济南市高技术产业开发区	977	13 635	977	13 623	—	12	13.3	14.8	-92.7
青岛市	6 589 163	72 316 976	3 673 974	40 580 817	2 915 189	31 736 159	26.7	19.8	36.9
青岛经济技术开发区	657 513	7 538 621	340 289	4 196 678	317 224	3 341 943	30.6	21.1	44.8
烟台市	4 004 412	41 811 975	2 459 345	24 443 644	1 545 067	17 368 331	2.5	3.4	1.3
烟台经济技术开发区	755 508	9 471 176	365 266	4 476 462	390 242	4 994 714	7.2	4.4	9.9
威海市	1 018 984	11 905 520	610 082	7 266 204	408 902	4 639 316	21.3	18.9	25.3
威海火炬高技术产业开发区	143 863	1 658 268	113 627	1 303 122	30 236	355 146	1.2	3.9	-7.5
河南省	4 174 041	32 642 123	2 438 893	19 240 404	1 735 148	13 401 719	83.1	82.7	83.5
郑州市	2 520 228	16 020 349	1 494 858	9 662 579	1 025 370	6 357 770	209.6	178.2	273.8
郑州高新技术产业开发区	77 620	858 052	56 513	722 909	21 107	135 142	100.1	83.4	289.9
湖北省	2 993 169	33 516 600	1 979 163	19 534 766	1 014 005	13 981 834	29.2	35.3	21.7
武汉市	1 843 256	22 789 579	1 038 356	11 732 606	804 899	11 056 973	26.1	34.0	18.6
武汉东湖新技术开发区	553 950	7 594 747	341 536	4 361 864	212 414	3 232 882	39.0	71.9	10.5
湖南省	1 827 191	19 000 061	1 050 860	9 897 471	776 331	9 102 591	29.6	24.4	35.9
长沙市	609 723	7 489 341	360 035	4 083 959	249 688	3 405 382	23.1	15.0	34.6
长沙高新技术产业开发区	23 434	291 974	16 716	161 429	6 718	130 545	35.4	46.6	23.7

续表

经营单位所在地	进出口		出 口		进 口		累计比去年同期 ±%		
	12月	1至12月	12月	1至12月	12月	1至12月	进出口	出口	进口
岳阳市	47 646	354 056	14 957	175 097	32 690	178 959	0.8	13.6	-9.2
广东省	82 831 332	913 475 932	49 626 205	531 941 871	33 205 128	381 534 061	16.4	17.4	15.0
广州市	10 524 151	116 171 721	4 969 339	56 473 381	5 554 812	59 698 340	12.0	16.7	7.8
广州经济技术开发区	1 574 893	18 105 514	615 910	7 829 449	958 983	10 276 065	18.9	22.7	16.1
广州天河高新技术产业开发区	1 191 081	13 381 013	426 193	4 627 120	764 889	8 753 893	18.4	11.9	22.2
广州保税区	267 125	3 339 170	107 578	1 384 841	159 547	1 954 329	8.1	4.7	10.7
深圳市	38 738 090	414 099 697	24 187 644	245 525 323	14 550 446	168 574 374	19.4	20.2	18.2
深圳科技工业园	81 946	1 402 200	38 462	713 178	43 485	689 021	-8.8	-7.0	-10.6
珠海市	4 099 882	51 638 934	1 938 928	23 987 408	2 160 954	27 651 526	18.8	15.0	22.2
汕头市	859 524	8 788 246	557 982	5 953 573	301 542	2 834 672	19.3	20.7	16.6
湛江市	432 029	4 403 909	229 925	2 094 767	202 105	2 309 143	24.3	24.4	24.2
湛江经济技术开发区	81 847	745 691	67 218	592 148	14 629	153 542	14.3	21.5	-7.0
中山市	2 995 555	34 186 454	2 220 441	24 546 259	775 115	9 640 196	9.9	9.1	12.0
中山火炬高技术产业开发区	977	11 258	216	1 691	761	9 567	3.9	29.0	0.5
广西壮族自治区	2 534 256	23 348 504	1 685 767	12 458 047	848 489	10 890 457	31.6	29.7	33.9
南宁市	299 379	2 509 847	190 178	1 662 138	109 201	847 708	13.8	4.7	37.2
桂林市	70 211	956 992	53 165	717 004	17 045	239 988	5.4	15.2	-16.0
桂林新技术产业开发区	26 776	415 316	20 316	321 860	6 460	93 456	12.4	26.2	-18.3
北海市	184 023	1 713 319	130 505	1 131 451	53 518	581 868	24.9	34.8	9.4
凭祥市	975 864	4 405 232	952 132	4 133 795	23 732	271 437	25.9	27.1	11.0
东兴县	46 067	925 239	21 479	352 262	24 587	572 977	57.3	12.6	108.1
海南省	1 204 658	12 756 776	267 744	2 541 544	936 914	10 215 232	47.5	9.5	61.4
海口市	430 106	3 905 667	138 917	1 490 824	291 189	2 414 843	-0.5	16.0	-8.6

续表

经营单位所在地	进出口		出口		进口		累计比去年同期 ±%		
	12月	1至12月	12月	1至12月	12月	1至12月	进出口	出口	进口
海南国际科技工业园	-	-	-	-	-	-	-	-	-
海南洋浦经济技术开发区	697 536	7 997 115	84 304	556 774	613 232	7 440 341	96.6	-9.2	115.3
四川省	4 889 899	47 784 808	3 195 058	29 045 960	1 694 841	18 738 848	46.2	54.2	35.3
成都市	3 791 411	37 788 721	2 380 640	22 852 760	1 410 771	14 935 961	54.2	65.9	39.1
成都高新技术产业开发区	293 437	3 047 084	159 662	1 684 465	133 775	1 362 618	45.9	65.6	27.2
重庆市	3 749 024	29 217 859	2 733 111	19 838 134	1 015 913	9 379 725	135.1	164.9	89.9
重庆高新技术产业开发区	17 819	505 682	13 028	461 809	4 791	43 873	283.5	369.1	31.3
贵州省	495 932	4 884 401	295 501	2 985 310	200 432	1 899 091	55.2	55.5	54.8
贵阳市	421 284	3 769 427	272 906	2 780 232	148 378	989 195	42.3	54.4	16.6
云南省	1 573 689	16 052 713	744 197	9 472 769	829 492	6 579 944	19.5	24.5	13.0
昆明市	1 128 930	12 022 040	452 135	6 603 301	676 796	5 418 739	18.2	24.0	11.9
昆明经济技术开发区	7 310	49 716	3 975	35 398	3 335	14 318	-	-	-
畹町市	12 898	111 258	3 797	36 861	9 101	74 397	-33.1	10.0	-44.0
瑞丽县	80 601	813 938	70 358	726 146	10 243	87 791	32.2	35.2	11.3
河口县	29 673	390 042	22 921	249 842	6 752	140 201	11.8	1.1	38.0
曲靖市	-	-	-	-	-	-	-	-	-
曲靖经济技术开发区	-	-	-	-	-	-	-	-	-
西藏自治区	179 291	1 358 369	175 337	1 182 850	3 954	175 519	62.5	53.4	169.9
拉萨市	173 352	1 307 165	169 397	1 131 997	3 954	175 168	58.2	48.1	183.9
陕西省	1 548 191	14 623 437	686 067	7 010 854	862 124	7 612 583	20.8	12.9	29.2
西安市	1 372 716	12 578 521	562 316	5 803 685	810 400	6 774 835	21.0	9.1	33.5
西安新技术产业开发区	639 964	3 829 726	236 398	1 925 753	403 566	1 903 973	44.0	32.0	58.6
甘肃省	665 602	8 738 247	167 905	2 158 656	497 698	6 579 590	18.0	31.8	14.1

续表

经营单位所在地	进出口		出口		进口		累计比去年同期 ±%		
	12月	1至12月	12月	1至12月	12月	1至12月	进出口	出口	进口
兰州市	131 645	1 854 545	75 670	1 204 611	55 976	649 934	59.8	32.0	162.3
兰州新技术产业开发区	7 219	37 342	6 637	29 013	582	8 329	42.0	28.7	122.2
青海省	115 676	923 821	76 058	661 826	39 618	261 994	17.1	42.0	-18.8
西宁市	94 328	815 629	68 353	593 530	25 974	222 099	22.3	49.8	-17.9
宁夏回族自治区	198 308	2 285 743	151 998	1 599 446	46 310	686 298	16.6	36.7	-13.1
银川市	128 028	1 320 667	96 561	943 533	31 467	377 134	28.8	42.3	4.1
新疆维吾尔族自治区	2 656 173	22 822 246	1 828 779	16 828 856	827 394	5 993 390	33.2	29.8	44.0
乌鲁木齐市	840 238	9 029 844	686 416	6 695 891	153 822	2 333 953	50.9	50.9	50.7
乌鲁木齐经济技术开发区	203 763	2 313 545	136 363	1 336 237	67 400	977 308	21.5	33.6	8.1
博乐市	74 260	1 610 986	56 540	1 025 552	17 719	585 434	162.8	184.1	132.4
伊宁市	936 797	5 579 555	356 132	3 064 352	580 664	2 515 204	14.2	2.0	33.9

注：自2010年7月起，厦门经济特区范围扩大到厦门全市；自2010年10月起，珠海经济特区与深圳经济特区范围也分别扩大至珠海、深圳全市；自2011年5月起，汕头经济特区范围扩大到汕头全市。

2011年进出口商品境内目的地/货源地总值表

单位：千美元
累计比去年同期±%

境内目的地/货源地	进出口 12月	进出口 1至12月	出口 12月	出口 1至12月	进口 12月	进口 1至12月	累计 进出口	累计 出口	累计 进口
总　　值	332 915 383	3 642 058 581	174 717 651	1 898 599 840	158 197 732	1 743 458 742	22.5	20.3	24.9
北京市	11 706 256	129 236 128	3 079 486	31 652 836	8 626 771	97 583 293	16.7	3.0	22.0
北京新技术产业开发实验区	348 919	3 318 922	199 043	1 406 186	149 875	1 912 735	10.8	6.8	13.9
北京经济技术开发区	1 456 484	18 643 506	615 330	6 919 533	841 154	11 723 973	18.5	16.3	19.9
天津市	10 515 542	111 728 540	4 077 747	45 084 748	6 437 795	66 643 793	22.0	19.4	23.8
天津新技术产业园区	104 353	1 441 221	58 671	566 135	45 682	875 086	16.5	19.3	14.8
天津经济技术开发区	3 145 594	35 675 356	1 600 668	18 096 257	1 544 926	17 579 099	19.2	19.7	18.7
天津港保税区	642 451	8 254 905	87 610	1 176 830	554 841	7 078 076	31.0	29.4	31.2
河北省	7 366 459	84 128 520	3 208 684	35 858 351	4 157 775	48 270 169	35.6	28.2	41.6
石家庄市	885 950	9 123 834	496 248	5 458 728	389 703	3 665 106	21.9	17.6	28.7
石家庄高新技术产业开发区	1 738	22 447	954	12 119	784	10 328	-33.1	13.5	-54.8
秦皇岛市	630 160	5 366 485	344 637	3 026 399	285 522	2 340 086	21.9	40.8	3.8
秦皇岛经济技术开发区	269 348	1 921 714	103 822	886 161	165 526	1 035 552	34.6	76.1	12.0
山西省	1 667 773	16 241 714	763 601	7 687 792	904 172	8 553 921	17.2	14.0	20.2
太原市	749 355	5 676 575	365 888	2 489 085	383 467	3 187 490	10.7	14.7	7.8
内蒙古自治区	1 365 365	14 852 133	482 733	6 044 295	882 632	8 807 838	27.1	38.7	20.2
呼和浩特	73 762	1 092 422	43 727	557 388	30 035	535 034	25.2	40.6	12.4
二连浩特	77 003	1 489 319	27 770	658 834	49 233	830 485	39.2	97.6	12.8
满洲里市	159 138	2 133 980	3 372	48 572	155 766	2 085 408	6.8	2.1	6.9

续表

境内目的地/货源地	进出口		出口		进口		累计比去年同期±%		
	12月	1至12月	12月	1至12月	12月	1至12月	进出口	出口	进口
辽宁省	8 592 910	112 866 018	3 723 589	51 139 088	4 869 321	61 726 930	18.4	19.1	17.9
沈阳市	901 243	10 830 807	374 855	5 020 507	526 388	5 810 299	29.5	17.9	41.6
沈阳南湖科技开发区	60 616	897 583	34 811	515 409	25 805	382 173	2.5	-2.7	10.6
大连市	4 816 858	64 539 715	2 097 295	28 314 725	2 719 562	36 224 991	11.7	11.7	11.6
大连经济技术开发区	1 665 698	21 460 009	440 106	7 413 922	1 225 592	14 046 087	14.9	6.3	20.0
大连市高新技术产业园区	141 100	2 320 335	93 256	1 540 528	47 844	779 807	8.8	3.7	20.8
大连大窑湾保税区	189 534	2 544 458	61 670	638 254	127 864	1 906 204	16.2	102.9	1.6
丹东市	263 176	3 692 067	148 669	2 228 149	114 506	1 463 918	34.6	33.6	36.2
吉林省	1 655 406	23 036 814	443 415	5 434 362	1 211 991	17 602 453	35.3	20.6	40.6
长春市	1 175 695	17 171 213	167 421	1 995 722	1 008 274	15 175 490	35.9	28.1	37.0
长春新技术开发区	54 461	651 703	12 847	173 122	41 614	478 581	20.1	21.7	19.6
珲春市	136 357	944 040	121 655	792 190	14 701	151 849	20.0	15.0	55.0
黑龙江省	2 071 583	26 160 049	672 261	9 246 620	1 399 321	16 913 429	42.6	8.7	72.0
哈尔滨市	378 518	5 962 741	289 153	4 620 442	89 365	1 342 300	-4.9	5.6	-29.2
哈尔滨高技术开发区	16 014	210 382	6 114	86 933	9 901	123 449	73.7	84.0	67.1
黑河市	21 753	315 019	10 710	145 549	11 043	169 470	-36.0	-49.6	-16.8
绥芬河市	129 465	1 569 189	3 302	139 824	126 163	1 429 365	0.1	-32.5	5.0
上海	38 451 813	432 926 039	17 314 300	198 548 335	21 137 513	234 377 703	18.5	14.6	22.0
上海漕河泾新兴技术开发区	282 163	3 365 702	153 264	1 849 055	128 899	1 516 647	-2.0	2.5	-7.1
上海经济技术开发区	1 132	21 487	1 122	15 813	10	5 673	-30.0	56.2	-72.4
上海浦东新区	14 846 529	169 825 935	4 554 516	51 714 432	10 292 013	118 111 503	13.8	3.9	18.8
上海外高桥保税区	6 473 585	75 251 755	1 310 945	15 451 424	5 162 641	59 800 331	15.0	10.2	16.3
江苏省	52 974 771	581 374 081	28 496 090	324 476 530	24 478 680	256 897 551	16.6	15.3	18.2

续表

境内目的地/货源地	进出口		出口			进口			累计比去年同期±%		
	12月	1至12月	12月	1至12月		12月	1至12月		进出口	出口	进口
南京市	4 492 125	55 185 178	1 978 399	23 978 478		2 513 726	31 206 700		24.3	21.1	27.0
南京高新技术外向型开发区	166 763	2 740 294	90 630	1 584 216		76 133	1 156 078		24.8	37.1	11.2
苏州市	29 419 399	307 820 670	15 578 192	168 335 436		13 841 207	139 485 234		10.0	9.2	11.1
苏州工业园	4 876 002	60 604 959	2 230 497	28 850 364		2 645 505	31 754 595		-5.4	0.4	-10.1
南通市	3 003 686	30 216 508	1 511 520	18 984 921		1 492 166	11 231 587		28.0	26.8	30.0
南通经济技术开发区	374 422	3 557 510	139 555	1 606 669		234 867	1 950 841		13.2	21.1	7.4
连云港市	929 213	10 664 081	250 091	3 258 758		679 122	7 405 323		33.0	43.2	28.9
连云港经济技术开发区	69 509	893 823	51 592	616 978		17 917	276 845		-25.3	28.6	-61.3
浙江省	31 573 145	351 437 424	21 799 934	239 033 415		9 773 211	112 404 010		22.3	19.0	30.2
杭州市	4 388 439	48 168 453	2 830 907	31 428 652		1 557 533	16 739 801		20.3	18.2	24.6
杭州高新技术产业开发区	126 500	1 411 085	99 415	1 082 015		27 085	329 070		32.2	42.5	6.8
宁波市	9 934 433	120 664 094	5 187 467	59 885 647		4 746 967	60 778 447		22.3	15.5	29.9
宁波经济技术开发区	1 170 524	12 968 948	341 702	3 559 786		828 822	9 409 162		29.0	19.0	33.3
温州市	1 616 397	17 933 756	1 343 877	15 182 383		272 520	2 751 373		17.1	14.5	33.8
温州经济技术开发区	22 362	208 499	18 796	139 877		3 566	68 623		-13.3	-13.5	-12.8
安徽省	2 798 224	30 350 060	1 475 081	15 726 214		1 323 143	14 623 846		29.8	43.9	17.4
合肥市	673 418	7 843 927	353 650	4 053 877		319 768	3 790 050		19.7	49.3	-1.2
合肥高新技术产业开发区	70 395	851 183	33 787	376 892		36 608	474 291		61.3	47.6	74.0
芜湖市	372 580	4 631 278	269 188	3 074 537		103 393	1 556 741		46.0	60.5	24.0
福建省	12 396 080	134 619 991	7 641 414	80 723 070		4 754 666	53 896 922		21.8	21.2	22.7
福州市	2 142 069	24 722 616	1 256 857	14 833 125		885 212	9 889 491		13.2	11.7	15.6
福州经济技术开发区	161 616	2 490 884	93 381	1 432 039		68 235	1 058 844		-1.3	8.6	-12.1
福州市科技园区	1 330	19 109	1 330	19 010		0	100		14.9	14.6	118.9

续表

境内目的地/货源地	进出口 12月	进出口 1至12月	出口 12月	出口 1至12月	进口 12月	进口 1至12月	累计比去年同期±% 进出口	累计比去年同期±% 出口	累计比去年同期±% 进口
厦门市	4 662 699	51 818 020	2 602 348	28 303 807	2 060 350	23 514 213	19.2	16.7	22.4
厦门火炬高技术产业开发区	184 134	2 384 900	74 577	1 139 206	109 557	1 245 694	8.6	11.5	6.1
江西省	2 304 209	28 087 091	1 557 533	16 649 341	746 676	11 437 750	34.0	41.0	25.1
南昌市	434 165	4 989 185	276 665	3 274 608	157 501	1 714 577	33.7	35.4	30.6
九江市	234 810	2 993 903	131 773	1 612 990	103 037	1 380 913	99.4	91.1	110.0
山东省	26 553 485	284 665 629	12 172 497	134 567 940	14 380 988	150 097 689	26.4	22.0	30.7
济南市	786 779	9 760 256	500 530	6 170 782	286 248	3 589 474	33.5	43.4	19.4
济南高新技术产业开发区	6 213	40 338	6 213	38 634	—	1 703	239.2	297.8	−21.9
青岛市	8 950 828	98 361 600	3 506 231	39 281 855	5 444 597	59 079 744	26.9	18.5	33.2
青岛经济技术开发区	727 709	8 540 222	313 829	4 152 661	413 881	4 387 560	14.0	5.9	22.9
烟台市	4 451 689	46 741 279	2 578 187	26 004 218	1 873 503	20 737 061	4.4	3.7	5.3
烟台经济技术开发区	714 478	9 118 583	355 568	4 310 349	358 910	4 808 234	4.9	4.2	5.6
威海市	954 580	11 233 218	640 779	7 527 013	313 801	3 706 204	13.0	17.4	4.9
威海火炬高技术产业开发区	142 719	1 661 066	112 682	1 297 622	30 036	363 443	0.6	4.1	−10.2
河南省	4 385 993	35 609 431	2 620 345	21 673 942	1 765 648	13 935 489	77.9	77.7	78.2
郑州市	2 344 594	14 875 717	1 357 363	8 544 733	987 230	6 330 985	248.5	219.0	298.2
郑州新技术产业开发区	39 038	503 531	25 601	419 095	13 438	84 436	136.9	141.9	114.8
湖北省	2 897 264	33 676 039	1 790 696	19 075 768	1 106 568	14 600 271	29.4	37.1	20.5
武汉市	1 575 362	20 261 053	785 344	9 603 370	790 018	10 657 683	28.4	39.5	19.9
武汉东湖新技术开发区	539 896	7 396 422	326 556	4 205 112	213 340	3 191 310	42.3	75.4	14.0
湖南省	1 965 754	20 159 803	1 145 657	10 964 374	820 097	9 195 428	29.2	27.8	30.8
长沙市	498 548	5 818 669	241 939	2 903 236	256 610	2 915 433	24.8	24.2	25.5
长沙高新技术产业开发区	11 368	205 679	5 138	83 152	6 230	122 528	25.5	38.7	17.8

续表

境内目的地/货源地	进出口		出 口			进 口			累计比去年同期 ±%		
	12月	1至12月	12月	1至12月		12月	1至12月		进出口	出 口	进 口
岳阳市	64 065	613 379	32 673	377 666		31 392	235 713		4.6	53.6	-30.7
广东省	93 637 214	1 006 819 277	53 382 832	563 235 220		40 254 382	443 584 057		20.7	20.6	20.9
广州市	11 956 682	125 508 464	5 367 656	57 886 302		6 589 026	67 622 163		14.3	17.4	11.8
广州经济技术开发区	1 453 879	16 745 766	532 396	6 895 416		921 483	9 850 350		20.4	27.0	16.2
广州天河高新技术产业开发区	1 163 609	13 119 684	407 444	4 478 676		756 165	8 641 008		19.0	12.3	22.8
广州保税区	248 871	3 099 203	103 756	1 332 828		145 115	1 766 375		5.5	3.7	7.0
深圳市	42 310 574	451 216 710	24 604 161	249 458 221		17 706 413	201 758 489		28.1	26.8	29.7
深圳科技工业园	1 933	30 339	683	10 809		1 250	19 530		3.6	-21.8	26.3
珠海市	3 561 878	43 715 427	1 896 443	23 838 240		1 665 435	19 877 187		13.7	15.3	11.9
汕头市	978 240	10 887 521	619 714	7 118 456		358 526	3 769 065		19.4	19.4	19.5
湛江市	817 378	9 409 835	225 048	2 173 027		592 330	7 236 808		35.6	13.5	44.0
湛江经济技术开发区	69 485	601 255	53 898	452 468		15 586	148 786		8.1	7.6	9.9
中山市	3 113 636	35 061 526	2 352 205	25 742 132		761 430	9 319 394		8.7	8.4	9.6
中山火炬高技术产业开发区	8 765	98 191	7 006	73 928		1 758	24 264		152.6	188.8	82.8
广西壮族自治区	2 961 717	32 303 576	775 234	8 591 122		2 186 483	23 712 454		65.2	31.7	82.1
南宁市	253 074	2 587 365	168 052	1 793 446		85 022	793 919		27.2	35.0	12.6
桂林市	100 670	1 153 409	75 024	888 126		25 646	265 283		11.5	17.9	-5.5
桂林新技术产业开发区	18 697	272 238	12 809	184 430		5 888	87 808		26.5	80.3	-22.3
北海市	391 059	2 470 437	121 745	1 066 687		269 314	1 403 751		38.6	29.7	46.3
凭祥市	8 147	139 858	3 410	63 841		4 737	76 017		-17.8	-37.8	12.6
东兴县	1 247	19 875	811	6 062		436	13 813		0.1	-53.0	99.0
海南省	1 188 509	13 449 706	234 516	2 233 222		953 993	11 216 484		29.7	3.3	36.6

续表

境内目的地/货源地	进出口		出口		进口		累计比去年同期 ±%		
	12月	1至12月	12月	1至12月	12月	1至12月	进出口	出口	进口
海口市	340 787	3 590 965	66 894	738 553	273 893	2 852 411	34.5	51.2	30.7
海南国际科技工业园	-	162	-	162	-	-	100.0	100.0	-
海南洋浦经济技术开发区	692 668	8 264 485	83 038	563 767	609 629	7 700 718	32.8	-18.5	39.2
四川省	4 256 891	40 176 627	2 586 878	21 650 902	1 670 013	18 525 725	52.8	74.6	33.3
成都市	3 250 417	29 760 107	1 894 173	15 437 205	1 356 245	14 322 903	68.1	109.5	38.5
成都高新技术产业开发区	120 515	1 311 724	71 992	630 608	48 522	681 116	41.0	62.9	25.4
重庆市	2 987 698	24 486 292	1 947 381	14 957 548	1 040 316	9 528 743	107.0	113.8	97.1
重庆高新技术产业开发区	95 016	637 995	90 028	585 552	4 988	52 443	144.3	164.0	33.4
贵州省	448 326	4 916 976	237 147	2 635 454	211 179	2 281 522	42.2	30.8	58.1
贵阳市	292 467	3 384 296	198 860	2 250 178	93 607	1 134 118	28.1	32.2	20.6
云南省	1 130 476	12 268 637	499 482	6 208 802	630 994	6 059 835	18.7	21.6	16.0
昆明市	741 879	8 269 548	267 588	3 758 440	474 291	4 511 108	17.4	21.8	14.0
昆明经济技术开发区	878	9 368	872	4 773	6	4 595	7903.8	3978.1	-
畹町市	617	14 164	3	12 378	614	1 785	-29.1	-34.7	72.8
瑞丽县	23 372	205 266	1 261	12 214	22 111	193 053	-0.5	17.7	-1.5
河口县	4 248	23 468	937	5 453	3 311	18 015	-27.3	-71.8	38.8
曲靖市	195	195	195	195	-	-	-33.7	-33.7	-
曲靖经济技术开发区	195	195	195	195	-	-	-33.7	-33.7	-
西藏自治区	162 379	1 102 102	160 125	945 460	2 254	156 642	87.0	75.7	204.2
拉萨市	153 241	1 041 033	150 987	885 883	2 254	155 151	79.6	67.4	207.3
陕西省	1 277 399	14 056 116	708 639	6 740 323	568 760	7 315 793	20.1	19.6	20.5
西安市	895 506	9 325 673	462 487	4 256 237	433 019	5 069 437	15.9	12.8	18.7
西安新技术产业开发区	158 095	1 319 932	110 851	729 727	47 243	590 205	32.1	25.5	41.3

续表

境内目的地/货源地	进出口		出口		进口		累计比去年同期±%		
	12月	1至12月	12月	1至12月	12月	1至12月	进出口	出口	进口
甘肃省	671 271	7 836 753	177 043	1 569 159	494 228	6 267 594	6.1	23.1	2.5
兰州市	105 109	1 051 554	81 116	632 073	23 992	419 480	44.6	71.1	17.2
兰州新技术产业开发区	5 436	24 732	4 917	17 975	519	6 757	168.2	137.7	307.7
青海省	82 768	762 246	46 785	340 729	35 983	421 517	-6.8	7.3	-15.8
西宁市	47 858	451 986	18 370	131 870	29 489	320 116	1.2	26.2	-6.5
宁夏回族自治区	242 119	2 809 216	177 979	2 013 071	64 140	796 145	9.4	29.7	-21.6
银川市	77 738	791 038	33 652	347 316	44 086	443 722	3.7	21.2	-6.8
新疆维吾尔族自治区	2 626 587	29 915 552	1 318 549	13 891 804	1 308 038	16 023 748	40.0	10.7	81.9
乌鲁木齐市	1 322 853	19 765 870	657 436	7 532 155	665 417	12 233 716	50.3	2.2	111.5
乌鲁木齐经济技术开发区	85 797	867 420	29 879	314 391	55 918	553 029	6.8	6.7	6.9
博乐市	41 175	1 229 107	22 593	657 821	18 582	571 287	174.7	697.2	56.6
伊宁市	861 147	4 978 287	279 472	2 461 738	581 674	2 516 550	19.5	1.3	45.0

注：自2010年7月起，厦门经济特区范围扩大到厦门全市；自2010年10月起，珠海经济特区范围扩大至珠海、深圳全市；自2011年5月起，汕头经济特区范围扩大到汕头全市。

2011年进出口商品前40位国别(地区)总值表

	进口			出口	
产终国	2011年1月至2011年12月		产终国	2011年1月至2011年12月	
中文	美元值	美元值(同比)	中文	美元值	美元值(同比)
合计	1 743 483 592 503	24.87	合计	1 898 381 464 042	20.32
日本	194 563 551 975	10.09	美国	324 453 359 001	14.53
韩国	162 706 289 525	17.61	香港	267 983 076 978	22.76
台湾省	124 908 664 506	7.92	日本	148 270 520 741	22.49
中华人民共和国	122 614 414 537	14.72	韩国	82 920 062 303	20.58
美国	122 128 906 386	19.62	德国	76 400 045 668	12.28
德国	92 743 968 810	24.89	荷兰	59 499 494 794	19.71
澳大利亚	82 673 149 585	35.26	印度	50 537 090 355	23.52
马来西亚	62 136 711 857	23.17	英国	44 121 660 773	13.81
巴西	52 394 489 069	37.43	俄罗斯联邦	38 903 515 146	31.38
沙特阿拉伯	49 467 535 399	50.68	新加坡	35 570 134 961	9.96
俄罗斯联邦	40 369 873 370	55.74	台湾省	35 109 477 223	18.32
泰国	39 039 095 408	17.60	澳大利亚	33 909 937 531	24.58
南非	32 107 906 651	115.44	意大利	33 692 806 199	8.20
印度尼西亚	31 337 382 984	50.68	巴西	31 836 632 654	30.16
伊朗	30 341 313 753	65.81	法国	29 998 851 378	8.49
新加坡	28 139 920 833	13.79	印度尼西亚	29 217 237 461	33.09
瑞士	27 208 327 155	59.68	越南	29 090 141 613	25.92
安哥拉	24 922 180 492	9.23	马来西亚	27 885 984 786	17.16
印度	23 371 151 041	12.11	阿联酋	26 812 849 085	26.27
加拿大	22 169 947 055	48.55	泰国	25 694 754 380	30.16
法国	22 063 295 612	28.98	加拿大	25 266 102 810	13.73
智利	20 568 559 696	14.57	墨西哥	23 975 878 538	34.15
菲律宾	17 991 655 358	10.91	西班牙	19 721 250 151	8.50
意大利	17 576 664 921	25.49	比利时	18 973 606 576	32.66
香港	15 492 427 298	26.36	土耳其	15 613 574 672	30.74
哈萨克斯坦	15 394 703 569	38.30	沙特阿拉伯	14 849 707 392	43.25
阿曼	14 876 487 883	52.12	伊朗	14 762 090 994	33.09

续表

产终国	进口		产终国	出口	
	2011年1月至2011年12月			2011年1月至2011年12月	
中文	美元值	美元值（同比）	中文	美元值	美元值（同比）
英国	14 556 811 000	28.76	巴拿马	14 555 810 117	21.72
委内瑞拉	11 738 215 764	74.86	菲律宾	14 255 393 367	23.53
越南	11 117 700 164	59.18	南非	13 362 305 514	23.73
伊拉克	10 443 633 871	66.43	波兰	10 939 548 803	15.91
比利时	10 131 153 003	29.23	智利	10 816 725 729	34.79
苏丹	9 541 546 948	42.92	哈萨克斯坦	9 566 529 533	2.64
墨西哥	9 368 578 442	36.02	尼日利亚	9 204 084 275	37.44
科威特	9 175 204 536	36.77	阿根廷	8 502 508 228	39.03
荷兰	8 660 296 751	33.67	巴基斯坦	8 439 707 160	21.65
阿联酋	8 306 374 606	86.60	孟加拉国	7 810 571 737	15.05
秘鲁	7 856 713 022	23.05	捷克	7 669 407 130	7.69
西班牙	7 551 546 872	21.09	埃及	7 283 237 864	20.56
瑞典	7 116 875 033	20.46	乌克兰	7 147 075 079	28.46

2011年出口商品排序表(前100位)

代码	商品名称	美元值	美元值(同比)
-	合计	1 898 381 463 661	20.32
84713000	重量≤10千克的便携自动数据处理设备	105 888 110 676	11.07
85171210	手持(包括车载)式无线电话机	62 755 844 647	34.27
90138030	液晶显示板	29 503 698 781	11.49
85177030	手持式无线电话机的零件(天线除外)	27 932 145 193	28.34
84733090	品目84.71所列其他机器的零件、附件	26 356 594 131	-1.51
85414020	太阳能电池	22 778 462 079	12.80
89019041	载重量≤15万吨的机动散货船	17 397 230 971	13.17
85423100	处理器及控制器	16 965 793 476	9.98
64029920	未列名塑料制鞋面的鞋靴	14 111 780 572	22.72
84717010	硬盘驱动器	12 751 255 585	28.59
42021290	塑料或纺织材料作面的提箱、小手袋等	11 058 189 020	31.66
84715040	微型机的处理部件	10 434 929 291	2.42
85423200	存储器	10 184 176 445	17.74
61103000	化纤制针织钩编套头衫、开襟衫、外穿背心等	9 900 739 161	24.54
85287222	液晶显示器彩色数字电视接收机	9 217 141 935	-10.98
85437099	未列名具有独立功能的电气设备及装置	8 829 496 731	46.23
85177090	品目85.17所列设备用其他零件	8 652 660 424	18.34
85340090	四层及以下的印刷电路	8 205 605 096	11.06
61102000	棉制针织钩编的套头衫、开襟衫、外穿背心等	8 172 819 744	12.26
85285110	品目84.71所列自动数据处理系统用液晶监视器	8 040 797 750	-16.40
84439990	品目84.43所列设备用其他零件及附件	7 776 368 841	7.42
64039900	其他橡、塑或再生皮革外底,皮革鞋面的鞋靴	7 588 648 179	2.14
73089000	其他钢铁结构体;钢结构体用部件及加工钢材	7 415 041 232	23.48
40112000	客车或货运机动车辆用新的充气橡胶轮胎	7 397 329 656	46.55
71131919	其他黄金制首饰及其零件	7 244 352 681	164.69
94036099	未列名木家具	7 014 846 471	13.07
62046200	棉制女裤	6 847 428 161	5.50
84433110	有打复印及传真两种及以上功能静电感光机器	6 834 791 993	14.93
27101922	5~7号燃料油	6 527 157 657	64.30
27101911	航空煤油	6 502 383 702	44.66
64041900	其他橡胶或塑料外底,纺织材料鞋面的鞋靴	6 373 962 897	28.51

续表

代码	商品名称	美元值	美元值(同比)
89019042	15万吨＜载重量≤30万吨的机动散货船	6 272 970 707	12.38
85258029	非特种用途的其他类型数字照相机	6 202 072 732	-9.90
39269090	未列名塑料制品	5 910 083 552	30.43
85219012	数字化视频光盘(DVD)播放机	5 810 171 733	4.47
85044099	未列名静止式变流器	5 568 597 683	16.17
40111000	机动小客车用新的充气橡胶轮胎	5 561 882 810	37.37
71141900	其他贵金属制器皿及其零件	5 222 838 785	136.91
71159090	其他贵金属或包贵金属的非工业或实验室制品	5 189 947 170	1681.56
95041000	与电视接收机配套使用的电子游戏机	5 089 226 099	8.56
72107000	涂漆或涂塑普通钢铁板材	4 987 730 595	91.76
62034290	棉制其他男裤	4 821 247 726	12.34
84714940	系统形式的微型机	4 780 395 470	-16.61
84433190	其他具有打复印及传真两种及以上功能的机器	4 775 738 600	9.68
94032000	其他金属家具	4 775 714 158	22.10
85369000	其他连接用电气装置,线路电压≤1000V	4 674 344 436	21.08
95049010	其他电子游戏机	4 665 619 343	70.64
85423900	其他集成电路	4 637 304 605	1.00
61091000	棉制针织或钩编的T恤衫、汗衫、背心	4 616 777 304	-1.28
84718000	自动数据处理设备的其他部件	4 565 898 233	24.68
85176110	移动通信基站	4 510 089 384	9.96
94054090	未列名电灯及照明装置	4 496 009 977	31.90
54075200	聚酯变形长丝≥85%染色布	4 478 650 017	36.11
95030089	其他玩具	4 410 354 631	3.42
85340010	四层以上的印刷电路	4 380 963 377	14.57
61043200	棉制针织或钩编的女式上衣	4 368 123 136	45.80
84818040	其他阀门	4 328 308 014	24.67
84151021	制冷≤4000大卡/时分体窗式或壁式空调	4 322 017 473	38.17
85078020	锂离子电池	4 267 811 490	14.73
42022200	塑料片或纺织材料作面的手提包	4 256 355 646	31.77
85176239	未列名有线数字通讯设备	4 254 313 170	25.29
86090029	其他40英尺集装箱	4 213 717 351	32.62
85235110	未录制固态非易失性存储器件(闪速存储器)	4 120 855 411	-5.76
85258013	非特种用途的其他类型电视摄像机	3 910 654 719	36.78
27101110	车用汽油和航空汽油	3 793 796 542	1.06

续表

代码	商品名称	美元值	美元值(同比)
61046200	棉制针织或钩编的女裤	3 772 811 504	33.16
94049040	化纤棉填充的其他寝具及类似用品	3 763 677 779	11.40
72104900	其他镀或涂锌普通钢铁板材	3 738 281 311	53.60
87087090	未列名车辆用车轮及其零件、附件	3 685 615 252	24.58
73269090	未列名钢铁制品	3 670 879 251	28.06
84733010	大、中、小型计算机及其部件的零件、附件	3 579 377 564	-8.86
85176292	无线网络接口卡	3 553 241 874	-4.13
62029390	未列名化纤女式带风帽防寒短上衣、防风衣等	3 467 423 710	30.01
85176236	路由器	3 451 031 538	23.84
85176299	其他接收转换且发送或再生声音等数据的设备	3 448 855 011	33.49
3042990	其他冻鱼片	3 447 414 817	24.59
62019390	未列名化纤男式带风帽防寒短上衣、防风衣等	3 378 674 423	27.88
42029200	以塑料片或纺织材料作面的其他类似容器	3 296 999 866	59.99
84433212	专用于品目84.71所列设备的激光打印机	3 285 135 476	-4.74
84818090	龙头、旋塞及类似装置	3 284 076 807	10.08
61099090	未列名纺材制针织或钩编T恤衫、汗衫、背心	3 281 389 896	26.35
85176232	以太网络交换机	3 189 518 761	21.94
85183090	其他耳机耳塞及传声器和扬声器组成的组合机	3 186 680 828	28.66
85285910	其他彩色监视器	3 185 299 848	53.94
63079000	品目63.01至63.07的未列名制成品,包括服装裁剪样	3 100 449 382	13.42
85414090	其他光敏半导体器件(太阳能电池除外)	3 096 545 128	-9.07
39264000	塑料制小雕塑品及其他装饰品	3 041 487 263	38.84
85393191	紧凑型热阴极荧光灯	3 034 326 116	1.41
85044013	品目84.71所列机器用的稳压电源	3 005 834 716	3.84
71023900	其他非工业用钻石	2 980 818 104	55.06
86090019	其他20英尺集装箱	2 974 558 268	83.89
72254000	其他合金钢热轧非卷材,宽≥600毫米	2 956 165 802	226.44
62052000	棉制男衬衫	2 920 505 925	15.21
94017900	其他金属框架坐具	2 883 372 101	8.52
85299081	彩色电视机零件(除等离子显像组件及零件)	2 834 971 287	3.40
72253000	其他合金钢热轧卷材,宽≥600毫米	2 826 141 905	292.34
84314990	品目84.26、84.29及84.30所列机械的其他零件	2 800 533 552	58.69
85443020	机动车辆用点火布线组及其他布线组	2 785 888 665	17.05
89012022	15万吨<载重量≤30万吨的原油船	2 780 888 324	-5.22
85389000	品目85.35、85.36或85.37所列装置的其他零件	2 762 021 146	12.27

2011年进口商品排序表（前100位）

代码	商品名称	美元值	美元值(同比)
-	合计	1 743 461 892 787	24.87
27090000	石油原油及从沥青矿物提取的原油	196 788 003 954	45.44
85423100	处理器及控制器	98 089 362 591	13.98
26011120	6.3mm＞平均粒度≥0.8mm未烧结铁矿砂及精矿	74 355 739 352	37.67
98010010	单项记录价值≤2000RMB的非税、证进口商品	49 498 448 835	168.53
90138030	液晶显示板	47 190 034 507	0.88
85423200	存储器	35 120 311 986	0.50
85423900	其他集成电路	31 336 180 614	1.43
12010091	黄大豆	29 727 731 044	18.47
74031111	未锻轧铜含量＞99.9935%的精炼铜阴极	21 523 955 254	17.37
26011190	平均粒度≥6.3mm未烧结铁矿砂及其精矿	20 951 829 666	39.87
85177030	手持式无线电话机的零件(天线除外)	18 993 540 418	61.22
84717010	硬盘驱动器	18 057 164 853	14.84
74040000	铜废碎料	16 336 191 383	33.35
27101922	5～7号燃料油	15 628 396 646	62.68
26030000	铜矿砂及其精矿	15 309 020 016	16.99
84733090	品目84.71所列其他机器的零件、附件	12 071 191 400	-16.15
26011110	平均粒度＜0.8mm未烧结铁矿砂及其精矿	10 268 421 011	45.77
52010000	未梳的棉花	9 466 066 271	67.36
29053100	1,2-乙二醇	8 495 757 112	48.94
87032362	汽油越野车(4轮驱动)2500ml＜排量≤3000ml	7 844 359 490	112.01
85340090	四层及以下的印刷电路	7 796 424 055	15.61
29024300	对二甲苯	7 764 392 881	110.46
85369000	其他连接用电气装置,线路电压≤1000V	7 551 673 001	13.55
40012200	技术分类天然橡胶(TSNR)	7 442 201 024	71.73
84439990	品目84.43所列设备用其他零件及附件	7 294 241 291	5.72
88024010	15000kg＜空载重量≤45000kg的飞机等航空器	7 170 885 716	10.21
87032361	汽油小轿车,2500ml＜排量≤3000ml	7 161 567 463	37.89
26011200	已烧结的铁矿砂及其精矿	6 823 087 186	83.69
29173611	精对苯二甲酸	6 813 084 720	33.16
27011210	炼焦煤	6 672 781 865	-4.12
27011290	其他烟煤	6 455 466 647	35.92

续表

代码	商品名称	美元值	美元值(同比)
38249099	未列名化学工业及相关工业化学产品及配制品	6 436 095 454	31.74
85340010	四层以上的印刷电路	6 219 828 396	16.39
87084091	小轿车用自动换挡变速箱及其零件	6 196 869 821	18.55
39021000	初级形状的聚丙烯	5 877 518 456	13.52
27111100	液化天然气	5 761 719 695	90.69
85423300	放大器	5 663 247 428	10.03
27101911	航空煤油	5 338 950 080	52.26
15119010	棕榈液油(熔点19℃~24℃)	5 271 189 661	54.27
29025000	苯乙烯	5 077 987 542	15.24
39012000	初级形状的聚乙烯,比重≥0.94	4 924 775 391	10.93
26040000	镍矿砂及其精矿	4 904 358 701	152.36
47032100	半漂白或漂白的针叶木烧碱木浆或硫酸盐木浆	4 898 183 890	55.97
84798999	未列名具有独立功能的机器及机械器具	4 819 552 013	18.25
30049090	未列名混合或非混合产品构成的药品	4 797 272 811	56.46
27112100	天然气	4 651 657 935	368.44
75021090	其他未锻轧非合金镍	4 641 522 470	23.66
84733010	大、中、小型计算机及其部件的零件、附件	4 639 134 324	8.78
76020000	铝废碎料	4 625 404 339	7.71
85322410	片式多层瓷介电容器	4 572 786 129	7.17
90139020	编号9013.8030(液晶显示板)所列货品的零件、附件	4 544 750 324	.
85078020	锂离子电池	4 517 215 454	-2.36
85414010	发光二极管	4 489 512 125	28.47
90328990	其他自动调节或控制仪器及装置	4 452 883 366	.
85389000	品目85.35、85.36或85.37所列装置的其他零件	4 446 966 593	3.52
71023900	其他非工业用钻石	4 289 923 952	62.57
27011900	其他煤	4 272 878 203	41.90
85419000	品目85.41所列货品的零件	4 252 632 542	12.90
39074000	初级形状的聚碳酸酯	4 112 032 568	2.65
47071000	回收(废碎)的未漂白牛皮纸或瓦楞纸及纸板	4 019 352 690	26.02
85177090	品目85.17所列设备用其他零件	3 997 052 471	6.58
88024020	空载重量>45000kg的飞机等航空器	3 923 518 726	0.95
28046190	其他含硅量≥99.99%的硅	3 815 119 798	42.13
90012000	偏振材料制的片及板	3 781 560 537	12.77
72044900	未列名钢铁废碎料	3 762 801 368	36.97
74020000	未精炼铜;电解精炼用的铜阳极	3 754 545 981	24.82
27075000	其他芳烃混合物,T=25℃,蒸馏出芳烃≥65%	3 716 114 216	93.59

续表

代码	商品名称	美元值	美元值(同比)
47032900	半漂白或漂白非针叶木烧碱木浆或硫酸盐木浆	3 604 631 023	15.83
39033090	其他初级形状的丙烯腈-丁二烯-苯乙烯(ABS)共聚物	3 601 358 899	-3.54
85258013	非特种用途的其他类型电视摄像机	3 561 432 236	122.10
39019020	初级形状的线型低密度聚乙烯	3 523 280 461	7.88
27011100	无烟煤	3 474 728 600	57.88
90019090	未列名未装配的光学元件	3 446 432 852	0.67
87032411	汽油小轿车,3000ml＜排量≤4000ml	3 397 756 446	33.33
87032341	汽油小轿车,1500ml＜排量≤2000ml	3 331 043 720	10.85
85044099	未列名静止式变流器	3 286 456 661	15.64
87032412	汽油越野车(4轮驱动)3000ml＜排量≤4000ml	3 203 054 642	-8.39
84717030	光盘驱动器	3 198 607 375	-23.58
87082990	车身(包括驾驶室)的未列名零件、附件	3 153 846 715	14.96
74031119	未锻轧其他精炼铜阴极	3 104 282 223	-3.42
85412900	耗散功率≥1瓦的晶体管	3 044 684 493	32.33
84314990	品目84.26、84.29及84.30所列机械的其他零件	3 024 354 039	19.27
26070000	铅矿砂及其精矿	3 018 414 996	19.62
27021000	褐煤,不论是否粉化,但未制成型	2 995 112 605	137.29
84295212	上部360度旋转的履带式挖掘机	2 985 568 515	-5.22
40059900	其他未硫化的初级形状复合橡胶	2 982 230 241	17.66
84099199	其他点燃式活塞内燃发动机的零件	2 972 689 671	21.99
71101100	未锻造铂,铂粉	2 961 051 207	12.96
85411000	二极管,但光敏二极管或发光二极管除外	2 921 420 170	4.34
27101993	润滑油基础油	2 832 525 489	41.18
87032422	汽油越野车,排量＞4000ml	2 810 223 546	52.18
84073410	3000ml≥排量＞1000ml车用往复式活塞发动机	2 773 643 969	19.64
85045000	其他电感器	2 769 662 118	18.09
85412100	耗散功率＜1瓦的晶体管	2 746 506 030	-6.93
85235110	未录制固态非易失性存储器件(闪速存储器)	2 740 054 525	19.80
85416000	已装配的压电晶体	2 712 605 345	8.37
85437099	未列名具有独立功能的电气设备及装置	2 699 342 257	36.33
31042090	其他氯化钾	2 691 327 221	46.20
26020000	锰矿砂及其精矿	2 678 299 531	-4.62
84571010	立式加工中心	2 672 757 643	51.24

2011年出口商品经营单位排序表（前90位）

经营单位	美元值	美元值（同比）
合计	1 898 381 464 042	20.32
达功（上海）电脑有限公司	28 267 265 956	25.43
富泰华工业（深圳）有限公司	27 566 546 063	34.38
华为技术有限公司	9 873 956 781	25.82
昌硕科技（上海）有限公司	8 898 526 348	59.89
鸿富锦精密工业（深圳）有限公司	7 576 285 431	-23.78
东莞市对外加工装配服务公司	6 920 525 654	-35.86
诺基亚通信有限公司	6 759 594 621	-21.92
鸿富锦精密电子（烟台）有限公司	6 019 370 827	-6.25
名硕电脑（苏州）有限公司	5 825 199 643	4.14
达丰（上海）电脑有限公司	5 269 066 729	-44.37
中兴通讯股份有限公司	5 146 039 902	12.07
苏州三星电子电脑有限公司	4 940 507 990	35.21
深圳市宝安外经发展有限公司	4 699 411 247	-8.54
英源达科技有限公司	4 566 282 672	25.50
惠州三星电子有限公司	4 299 266 483	15.04
伟创力制造（珠海）有限公司	4 147 778 366	3.22
天津三星通信技术有限公司	3 951 611 135	40.49
鸿富泰精密电子（烟台）有限公司	3 865 495 804	-24.79
华为终端有限公司	3 625 495 243	42.75
长城国际系统科技（深圳）有限公司	3 537 913 700	13.12
英顺达科技有限公司	3 532 613 760	-22.05
群康科技（深圳）有限公司	3 240 339 607	-28.68
中国国际石油化工联合有限责任公司	3 203 775 848	-34.16
鸿富锦精密工业（武汉）有限公司	3 111 222 017	74.27
摩托罗拉移动技术（中国）有限公司	3 090 692 659	132.21
北京索爱普天移动通信有限公司	2 915 633 781	8.09
富华杰工业（深圳）有限公司	2 900 306 158	1.65
无锡尚德太阳能电力有限公司	2 796 095 251	3.93
达富电脑（常熟）有限公司	2 795 500 556	-16.66
苏州得尔达国际物流有限公司	2 764 528 027	-47.44

续表

经营单位	美元值	美元值(同比)
大连船舶重工集团有限公司	2 661 910 654	8.67
威宏电子(上海)有限公司	2 655 853 302	170.96
深圳龙岗区对外经济发展有限公司	2 527 134 438	-10.23
纬创资通(中山)有限公司	2 521 044 783	6.24
宝山钢铁股份有限公司	2 488 518 657	37.45
广东美的制冷设备有限公司	2 467 877 510	24.51
联想信息产品(深圳)有限公司	2 462 239 310	-18.86
深圳中外运物流有限公司	2 418 284 698	10.87
东莞三星视界有限公司	2 329 171 152	238.99
福建捷联电子有限公司	2 313 839 988	-19.71
希捷科技(苏州)有限公司	2 277 059 799	85.00
珠海格力电器股份有限公司	2 192 091 417	60.48
晟碟半导体(上海)有限公司	2 187 813 808	18.77
鹏智科技(深圳)有限公司	2 129 333 544	193.56
海太半导体(无锡)有限公司	2 051 810 801	-1.86
乐金显示(广州)有限公司	2 034 165 725	-0.85
仁宝信息技术(昆山)有限公司	2 018 233 921	-85.96
广东省东莞机械进出口有限公司	1 940 373 511	13.72
友达光电(苏州)有限公司	1 906 198 983	7.50
常州天合光能有限公司	1 896 168 896	24.46
友达光电(厦门)有限公司	1 843 874 055	-8.90
捷普电子(广州)有限公司	1 819 819 020	27.27
江苏新时代造船有限公司	1 796 224 619	33.06
伟创力电脑(苏州)有限公司	1 790 531 954	675.13
星科金朋(上海)有限公司	1 781 292 358	-13.14
上海外高桥造船有限公司	1 741 933 066	14.52
深圳嘉泓永业物流有限公司	1 734 046 424	563.28
上海振华重工(集团)股份有限公司	1 712 598 602	-28.64
高先电子(深圳)有限公司	1 668 322 125	15.60
中国长江航运集团对外经济技术合作总公司	1 666 994 077	16.64
富士施乐高科技(深圳)有限公司	1 665 397 950	22.76
上海电气集团股份有限公司	1 659 855 956	122.41
日月光封装测试(上海)有限公司	1 651 388 934	-15.21
大连西太平洋石油化工有限公司	1 616 553 155	8.73

经营单位	美元值	美元值(同比)
深圳中电投资股份有限公司	1 608 872 466	48.94
苏州佳世达电通有限公司	1 590 585 203	8.24
广州盛科电子有限公司	1 530 049 866	40.84
深圳市深国际华南物流有限公司	1 528 634 970	52.60
珠海三美电机有限公司	1 518 780 122	63.14
深圳开发微电子有限公司	1 511 401 638	-3.40
大连中石油国际事业有限公司	1 497 232 422	47.97
鸿富锦精密电子(成都)有限公司	1 485 439 485	831.91
乐金显示(南京)有限公司	1 483 782 521	4.90
中国中化集团公司	1 483 676 516	51.10
恩斯迈电子(深圳)有限公司	1 454 065 720	18.30
苏州乐轩科技有限公司	1 444 856 638	-13.84
烟台中集来福士海洋工程有限公司	1 431 517 556	117.07
深圳招商局海运物流有限公司	1 425 806 173	14.00
叶水福临江物流(上海)有限公司	1 411 249 648	117.60
佳能珠海有限公司	1 405 959 781	10.21
佳能(苏州)有限公司	1 404 175 944	58.91
上海浦东国际机场进出口有限公司	1 383 269 259	19.73
鞍钢集团国际经济贸易公司	1 380 079 380	31.25
常熟阿特斯阳光电力科技有限公司	1 373 655 533	49.14
国基电子(上海)有限公司	1 351 088 646	16.37
无锡夏普电子元器件有限公司	1 343 147 562	17.63
东芝信息机器(杭州)有限公司	1 325 444 984	-1.65
山东电力基本建设总公司	1 324 552 881	596.53
中国石油技术开发公司	1 312 531 730	139.92
宸鸿科技(厦门)有限公司	1 280 464 432	33.90

2011年进口商品经营单位排序表（前90位）

经营单位	美元值	美元值（同比）
合计	1 743 483 592 503	24.87
中国国际石油化工联合有限责任公司	97 889 761 634	33.27
中国联合石油有限责任公司	30 411 262 776	34.98
富泰华工业（深圳）有限公司	19 354 619 544	41.50
中化石油有限公司	12 929 318 308	22.76
大庆中石油国际事业有限公司	10 307 642 868	1933.24
宝山钢铁股份有限公司	9 128 061 153	39.52
宝马（中国）汽车贸易有限公司	8 199 163 942	43.66
珠海振戎公司	7 801 869 152	34.88
鸿富锦精密工业（深圳）有限公司	7 255 853 596	-14.71
中国石化海南炼油化工有限公司	6 777 091 530	137.81
中国第一汽车集团进出口公司	6 384 999 990	60.79
梅赛德斯-奔驰（中国）汽车销售有限公司	6 197 799 735	11.70
丹沙物流（上海）有限公司	6 171 075 668	103.55
深圳嘉泓永业物流有限公司	6 108 921 009	27.11
中国石油国际事业有限公司	6 027 442 802	396.67
江苏沙钢国际贸易有限公司	5 992 057 491	39.43
一汽-大众汽车有限公司	5 683 124 083	18.68
河北钢铁集团有限公司	5 258 808 307	38.75
大连西太平洋石油化工有限公司	5 099 632 832	16.49
东莞市对外加工装配服务公司	5 004 932 660	-40.79
达功（上海）电脑有限公司	4 978 085 811	17.09
全球物流（上海）有限公司	4 933 500 784	-16.49
中海油中石化联合国际贸易有限责任公司	4 613 326 968	22.88
乐金显示（广州）有限公司	4 394 366 433	16.36
深圳综合信兴物流有限公司	4 327 328 935	23.47
金川集团有限公司	4 248 037 136	-1.83
三星电子（苏州）半导体有限公司	4 201 094 496	-41.77
中钢贸易有限公司	4 182 768 655	11.32
苏州三星电子液晶显示器有限公司	4 126 052 259	-17.46
惠州三星电子有限公司	4 125 687 750	54.28

2011年全国口岸运行主要数据统计表

续表

经营单位	美元值	美元值(同比)
鸿富锦精密电子(烟台)有限公司	4 048 720 681	-6.81
中国首钢国际贸易工程公司	4 043 481 100	-7.42
武钢集团国际经济贸易总公司	3 612 035 399	47.50
江西铜业股份有限公司	3 589 963 697	0.58
黑龙江联合石油化工有限公司	3 587 649 438	5.83
天津三星通信技术有限公司	3 570 179 139	82.71
世天威物流(上海外高桥保税物流园区)有限公司	3 562 368 052	79.62
伟创力制造(珠海)有限公司	3 482 764 370	1.91
深圳市中兴康讯电子有限公司	3 457 372 212	23.66
中国矿产有限责任公司	3 237 164 971	-1.09
丰田汽车(中国)投资有限公司	3 206 608 155	1.80
日照钢铁控股集团有限公司	3 035 161 735	16.14
大连中石油国际事业有限公司	2 979 896 869	-5.03
华为终端有限公司	2 951 083 350	36.72
中建材集团进出口公司	2 841 349 181	21.28
友达光电(厦门)有限公司	2 819 339 588	-3.44
马钢国际经济贸易总公司	2 811 272 855	34.16
福建联合石油化工有限公司	2 754 636 639	5548.92
鞍钢集团国际经济贸易公司	2 701 632 090	14.42
金鹰国际货运代理有限公司	2 696 250 808	-20.60
大众进口汽车销售有限公司	2 689 991 746	67.22
江苏苏美达国际技术贸易有限公司	2 671 654 636	79.20
友达光电(苏州)有限公司	2 659 153 313	-14.79
中国石化集团石油商业储备有限公司	2 644 446 790	1089.00
英运物流(上海)有限公司	2 630 271 850	11.22
上海新金桥国际物流分拨有限公司	2 629 217 481	8.64
上海浦东国际机场进出口有限公司	2 602 974 036	52.95
瑞钢联集团有限公司	2 577 567 572	57.73
山东晨曦集团有限公司	2 568 413 384	94.09
中国船舶燃料有限责任公司	2 563 321 136	56.10
金隆铜业有限公司	2 519 315 622	19.38
深圳市宝安外经发展有限公司	2 517 213 474	-12.18
富华杰工业(深圳)有限公司	2 454 409 495	-6.03
霍尔果斯中石油国际事业有限公司	2 449 180 993	44.70

续表

经营单位	美元值	美元值(同比)
中国烟草国际有限公司	2 446 234 196	34.61
国航进出口有限公司	2 431 508 500	37.50
中海石油气电集团有限责任公司	2 429 332 153	88.93
阳谷祥光铜业有限公司	2 410 913 609	61.18
名硕电脑(苏州)有限公司	2 370 483 750	7.51
群康科技(深圳)有限公司	2 327 152 438	-21.67
上海通用汽车有限公司	2 274 439 029	43.12
上海大众汽车有限公司	2 243 066 346	29.86
英特尔产品(成都)有限公司	2 183 414 934	-60.08
中国南航集团进出口贸易有限公司	2 104 650 789	-17.41
东莞市南信实业发展有限公司	2 071 269 933	-2.77
保时捷(中国)汽车销售有限公司	2 058 779 148	208.12
北京索爱普天移动通信有限公司	2 017 012 768	15.01
佳能(中国)有限公司	2 012 868 885	19.97
宁波奇美电子有限公司	2 004 336 019	-11.92
中粮东海粮油工业(张家港)有限公司	2 000 315 577	-6.77
威宏电子(上海)有限公司	1 982 473 095	111.25
中化兴中石油转运(舟山)有限公司	1 967 047 797	33.88
东莞三星视界有限公司	1 932 098 545	240.17
鸿富泰精密电子(烟台)有限公司	1 931 655 307	-32.28
全球物流(深圳)有限公司	1 887 879 313	5.27
华晨宝马汽车有限公司	1 880 810 100	90.96
晟碟半导体(上海)有限公司	1 876 257 815	60.26
中国原子能工业有限公司	1 875 815 585	19.87
东营方圆有色金属有限公司	1 867 903 543	21.49
纬创资通(中山)有限公司	1 852 625 023	24.47

第七篇

全国铁路口岸风貌展示

北京铁路口岸

2003年10月,为落实《关于建立更紧密经贸关系的安排》,按照原国务院副总理吴仪同志的指示,海关总署(国家口岸管理办公室)批准北京西站铁路口岸临时开放,从而改变了过去旅客需下车在广东常平口岸查验的模式,其运行车次为T97次、T98次,隔日到发各一对,目前运行时间不到24小时,每列旅客定员360人左右。北京西站临时口岸联检厅面积约1 000平方米,由原来软卧候车室临时改造而成,3家联检单位现场查验用房400多平方米。2011年,北京西站铁路口岸出入境旅客吞吐量132 738人次,其中外籍旅客7 546人次。

北京西站铁路口岸

北京丰台货运铁路口岸是经北京市人民政府批准,于1994年5月正式对外开放的二类内陆铁路口岸,位于北京西南丰台区五里店,南傍京广铁路,北邻京石高速公路,口岸内建有4.5公里铁路专用线。该口岸总占地面积36.6公顷,硬件基础设施比较完备,拥有包括海关监管库在内的平库29座、楼库2座,集装箱堆场2万平方米,铁路站台2座总面积1万多平方米,站台罩棚8 400平方米,站台货位60个。运输吊装设备齐全,拥有先进的安全监控、调湿调温、消防设备,并设有专业消防队。丰台货运铁路口岸的经营主体为中国外运集团北京陆运公司,该公司是从事陆运、仓储业务的专业化外贸储运企业,拥有一支素质优良的业务员工队伍和先进的管理手段,在北京外贸运输业中占有重要地位。丰台货运铁路口岸北运货物可经满洲里、二连浩特、丹东等口岸出境,南运货物可从广州、深圳口岸到达中国香港,也可以陆海、公路铁路联运方式走亚欧大陆桥;进口货物可通过丰台口岸分拨至我国东、西、北、中等大部分地区。

满洲里铁路口岸

满洲里口岸位于内蒙古自治区东北部,西邻蒙古国,北接俄罗斯,享有"东亚之窗"的盛誉,是我国向北开放的前沿,也是通往俄罗斯、欧洲最便捷、最重要的陆路通道,是集公路、铁路和航空三位一体的立体化国际口岸,承担着中俄贸易70%以上的陆路运输任务,口岸过货量始终居全国沿边口岸之首。

满洲里国际铁路口岸 · 国门

满洲里国际铁路口岸是第一欧亚大陆桥桥头堡,于1901年开通,距今已有百余年的历史。它是我国规模最大、年通过能力最高的铁路口岸,年综合换装能力为3 000万吨。拥有到发、编组、换装等多类铁路线265条,大型换装、仓储基地20余个,查验、换装等设备齐全先进,口岸作业现代化程度高。

为适应中俄贸易快速增长的需要,2008年,满洲里新国际货场建设启动。满洲里新国际货场占地面积约15平方公里,由中铁集装箱公司、俄罗斯伊利托集团等多家国内外知名企业共同出资建造,主要包括铁路物流中心、煤炭散装货场、汽车专业货场、集装箱专办站、矿石散装货场和化学危险品等专业货场。其投入使用后,铁路口岸站场布局、资源配置将会更加合理,铁路口岸年综合换装能力可达7 000万吨。此外,满洲里综合保税区也正在申报筹建中。

满洲里国际铁路口岸 · 全景

随着中俄两国战略合作伙伴关系的不断推进,2020年中俄两国贸易额将达到2 000亿美元。作为中俄间最大的铁路口岸,满洲里口岸将不断完善口岸设施建设,提高过货能力,提高通关效率,再创满洲里口岸新的辉煌,为中俄贸易的发展作出更大的贡献。

二连浩特铁路口岸

二连浩特铁路口岸位于内蒙古自治区正北部,与蒙古国东戈壁省扎门乌德口岸相对应。

二连浩特国际铁路车站

二连浩特国际铁路口岸·全景

1956年1月,北京—乌兰巴托—莫斯科国际联运列车正式开通,成为第二条连接亚欧的大通道。二连浩特铁路口岸是目前我国对蒙古国开放的最大也是唯一的铁路口岸,是国家实施向北开放战略的重要支点。1984年9月,胡耀邦同志视察二连浩特并留下"南有深圳,北有二连"的名言。1994年8月,胡锦涛同志视察二连浩特,作出"在边字上做文章,在开放上下功夫,在内联上求发展"的重要指示,为二连浩特口岸的发展指明了方向。

二连浩特国际铁路进口大宗商品换装

二连浩特国际铁路口岸大宗商品

二连浩特铁路口岸位于集二线终端,现有宽准轨线路117条,其中宽轨52条、准轨65条,站区建有机械区、技协、泰达、木四、海关监管场所5个仓储作业区,具有仓储、转运、换装等多种功能。各作业区内配有不同吨级的龙门吊、起重机、叉车等现代化的装卸机械。铁路口岸联合办公大厅实现了"一厅式办公"和"一条龙"服务,H986货运列车检查系统提高了口岸现代化查验水平。目前,二连浩特铁路口岸货物吞吐能力达到1 200万吨以上。

丹东铁路口岸

丹东铁路口岸是全国最大的铁路口岸之一。该口岸已有一百多年的历史,安奉铁路(即今沈丹铁路)始建于1904年8月,当时为窄轨轻便军用铁路,1909年改建为永久性的标准轨铁路。1911年11月第一座鸭绿江大桥建成,安奉铁路与朝鲜铁路接轨并正式通车营运(1950年被美国飞机炸断,现存断桥)。1943年4月又修建了第二座鸭绿江大桥,第二年安奉线改建为复线。朝鲜战争之后,鸭绿江大桥改建为公路、铁路并用。

丹东铁路口岸·中朝友谊大桥

丹东铁路口岸通过鸭绿江大桥与朝鲜新义州口岸相连,地点在丹东火车站。该口岸分为客运和货运两部分。1954年,中朝两国签订了铁路联运协定,开通北京至平壤、平壤至莫斯科往返直通国际联运旅客列车,每周二、四、五、日出境,一、三、四、六入境。国际联运货物列车每天往返1对,主要货种为煤炭、木材、矿石、水泥、粮食等。铁路丹东站有楼舍万余平方米,站台、货场等2万平方米,货物年吞吐能力400万吨,日均办理列车近千辆,旅客输送能力200万人次。

2011年,丹东铁路口岸进出境人员7.6万人次,同比增长20.6%;进出口货物46.3万吨,同比增长51.3%,其中进口26.6吨,同比增长160.8%,出口19.7吨,同比减少3.4%。

图们铁路口岸

图们铁路口岸是国家一类口岸,是我国对朝第二大铁路口岸,位于延边朝鲜族自治州图们市,与朝鲜咸境北道稳城郡隔图们江相望。通过图们铁路口岸可直达朝鲜的罗津港、清津港,经朝鲜豆满江铁路可达俄罗斯远东地区,该口岸是吉林省与朝鲜进行贸易往来的主要通道。

图们国际铁路口岸·国门

图们铁路口岸始建于1932年,1933年正式开设商埠。铁路大桥与朝鲜南阳相连,铁路大桥全长439.96米(中方230.20米),可通行载运货物的各类机车。

图们铁路口岸拥有全国一等编组站,站内共有编组线24条,包括12条调车线。其中编发线3条;到发线11条,客运线5条;1条走行线,日均编组能力达1 300辆,日均发客货车30多列次。图们铁路口岸年过货能力为500万吨,是中朝第二大口岸。1954年,国际联运开通,货物可原车过轨,直达朝鲜的罗津港、清津港,并可通过罗津至俄罗斯的宽轨铁路与俄罗斯远东铁路运输网络连接,是我国列车通往朝鲜或经朝鲜铁路连接俄罗斯铁路的客货运输线,货物联运能力为250万吨/年。1985年,中、朝、日三国"小路桥"运输开通,中朝之间每月对开7对列车,每年经口岸铁路过境桥出境物资达150万吨以上。1992年,图们—朝鲜南阳—朝鲜豆满江—俄罗斯哈桑铁路线开通运营,打开了我国对俄罗斯铁路运输的又一通道,1995年停运。1997年8月,图们—罗津边境游旅客列车临时开通,2000年停运,其间接待游客1.2万人次。

自1995年11月起,持朝邀请书的第三国人员可经该口岸去朝鲜,但进入朝鲜境内欲返回中方境内须事先办妥中方过境签证或再入境签证。图们国际货物铁路运输口岸允许双方及第三国货物和运输工具通过。

珲春铁路口岸

珲春铁路口岸位于吉林省延边州珲春边境经济合作区南侧铁路换装站内,总建筑面积为2.15万平方米(其中查验设施面积3 976平方米),站区占地面积为122.66平方米,从城西到接轨处的占地面积为217.70万平方米。珲春铁路口岸对面是俄罗斯滨海边疆区马哈林诺口岸,是吉林省与俄罗斯间唯一的铁路口岸。

珲春铁路口岸

1992年9月12日,吉林省与俄罗斯签署《关于修建珲春—马哈林诺间中俄口岸铁路合同》。1993年4月,双方根据已达成的协议和合同,开始建设各自境内铁路。1996年10月30日,双方路轨铺设至中俄长岭子边界线。吉林省段铁路从换装站到边界线长8公里,俄方段从卡梅绍娃亚到边界线长20.3公里。吉林省铺设了标准轨及宽轨,轨距分别为1 435毫米和1 520毫米,俄方只铺设了宽轨。1997年8月6日,中国外交部照会俄罗斯,同意设立珲春—马哈林诺国际铁路客货运输口岸,开通时间由两国地方政府协商确定。1998年12月2日,俄罗斯外交部来照提出12月23日开放珲春—马哈林诺铁路口岸。中国外交部复照同意俄方建议。

1998年12月17日,经国务院正式批准,珲春铁路口岸成为国家一类口岸。1999年5月12日,珲春—马哈林诺国际铁路客货运输口岸正式开通。

该口岸距离俄罗斯卡梅绍娃亚换装站28.3千米(境内8千米、境外20.3千米),卡梅绍娃亚换装站到马哈林诺口岸12千米,初期货物年换装和查验能力为50万吨,旅客年查验能力为50万人次;中期货物年换装和查验能力为250万吨,旅客年查验能力为100万人次。经海关总署批准,1999年5月12日,中俄珲春—马哈林诺国际铁路进行了试运行,同年12月18日,俄罗斯金环铁路公司4节车皮入境,标志着该铁路初步投入运行。2001年10月17日,该口岸通过国家验收,25日,经海关总署批准,正式对外开放。

珲春铁路口岸为国家铁路口岸,允许第三国客货通行。为改善口岸条件,2006年6月至2007年10月兴建了珲春铁路口岸综合服务楼,建筑面积为2 109平方米,占地面积3 000平方米。

集安铁路口岸

集安铁路口岸是国家二类口岸，位于吉林省集安经济开发区，始建于1946年，设计通关能力为30万吨，对应口岸是朝鲜满浦口岸，是我国对朝贸易、旅游的三大主要通道之一。

集安铁路口岸 · 轨道车入境

集安铁路口岸肩负着中朝两国之间的国贸、地贸和旅客进出境业务，1946年1月开始设置外运机构。

1954年4月，集安铁路口岸正式开始国际联运业务，当年过货量达23万吨。1964年1月，改由铁路客车运送旅客，由集安每天发往朝鲜2列火车，当日往返，其中1列是客货混合。

近年来，为改善口岸通关环境，集安铁路口岸先后完成了口岸联检楼建设工程、口岸区外部环境整治工程、海关监管中心暨国际物流仓储区建设工程，使集安铁路口岸基础设施更加完善、功能结构更加完备、开放管理更加规范、通关环境更加优化，口岸综合效能显著提高。

集安铁路口岸 · 旅客过境

"十一五"期间，集安铁路口岸进出口货物819 730万吨、进出口货值15 433万美元、出入境人员4.59万人次。与此同时，作为集安铁路口岸的重要配套设施，集安海关监管中心暨国际物流仓储区于2009年开始运营。该中心占地面积7万平方米，与火车站物流中心相连，铁路专用线、龙门吊、装卸车、地重衡及各种监管设备配置齐全。作为目前中朝边境唯一开始运营的海关监管场地，其不仅创新了海关监管作业模式，而且有效提高了口岸通关效能，成为集安铁路口岸又一个新的亮点。

绥芬河国际铁路口岸

绥芬河国际铁路口岸建成于1899年6月,1900年绥芬河至俄罗斯乌苏里斯克区间开始通车,1903年7月绥芬河至满洲里全线通车,距今已有百年历史。1994年1月经中俄两国政府确认为国际铁路客货运输口岸,2003年5月经国务院批准开展口岸签证工作。该口岸在黑龙江省东南边陲重镇绥芬河市,位于滨绥铁路与俄罗斯远东铁路的接轨处,是黑龙江省唯一的对俄罗斯边境铁路口岸,也是我国对俄罗斯经贸的重要口岸之一。绥芬河站距俄罗斯滨海边疆区对应的波格拉尼奇内铁路口岸国境站格罗捷阔沃26公里,距俄罗斯铁路枢纽站乌苏里斯克123公里,距俄罗斯西伯利亚铁路终点、滨海边疆区首府符拉迪沃斯托克230公里,距俄罗斯远东最大的海运港口东方港(纳霍德卡)369公里;距黑龙江省东部中心城市牡丹江193公里,距我国北方重要水、陆、空交通枢纽、黑龙江省省会哈尔滨540公里。该铁路口岸地处要道,陆海联运可到达日本的新泻、横滨,韩国的釜山,美国的西雅图等地区,处于东北亚经济区中心位置,被黑龙江省人民政府确定为对外经贸的主通道,地缘优势十分突出。

绥芬河国际铁路口岸·全景

该口岸现在是一等铁路车站,主要办理国际联运货物运输和国际、国内旅客运输,以及自站货物的到发、装卸等业务。设有南、北两个站场,管辖绥阳(二等站)、宽沟两个中间站,年设计综合运输能力为1 000万吨货物、100万人次旅客。南站场占地10万多平方米,建有线路40条,其中宽轨27条、准轨13条;建有国内、国际旅客候车室各1座,国内候车室为1899年兴建,是原中东铁路较有代表性历史建筑;国际客运联检大楼为2 800平方米,设有出入境通道16条(出入各8条);建有国内、国际旅客站台各1个,总面积为4 451平方米;建有集查验、运输、货代于一体的6 800平方米联合报关报验大楼及铁路口岸电子监控系统,为加快通关速度、提高通过能力打下了坚实基础。

北站场距南站场2.4公里,占地17万多平方米,建有线路44条,其中宽轨14条、准轨30条;设有1组原油换装线、4组机械换装线、17台龙门吊、70余台汽车吊;建有人力站台2个,货物站台1 170平方米,货物仓库697平方米。

佛山铁路口岸

1992年1月20日经国务院同意开放佛山铁路口岸开行佛山至九龙直通客车,佛山铁路口岸于1992年1月28日开始动工兴建,并于当年12月11日经国务院口岸办公室率队的验收组验收。1993年1月8日,经国务院批准,该口岸对外开放并正式开行佛山至九龙直通客车。佛山铁路口岸位于广东省佛山市禅城区的城区北缘,西靠325国道的佛山大桥,处于广茂线东段,车站中心里程是K22+566,东邻广州、西接茂名,是连接广东省东西两翼的交通要道。1995年3月28日,香港九龙往返佛山和直通旅客列车延伸至肇庆。

佛山铁路口岸·正门

佛山铁路口岸设有海关、检验检疫、边检等查验机构,主要运营服务单位为佛山市铁路口岸服务中心。口岸出境大厅面积1 350平方米,入境大厅面积2 085平方米,目前每天经停佛山口岸往返香港九龙的列车各一趟。2011年口岸出入境人员3万多人次。

佛山铁路口岸入境大厅

东莞铁路口岸

东莞铁路口岸从1993年5月开始筹建,1994年8月6日经国务院批准开设东莞常平铁路口岸。1994年10月18日,国家口岸办公室率国家验收组对东莞常平铁路客运口岸进行了验收,同意东莞常平铁路口岸于10月28日正式对外开放,广州至九龙93次、96次直通车正式停靠东莞常平铁路口岸办理客运营运。1997年5月至2003年9月,经国务院批准,京九、沪九直通旅客列车经停东莞常平铁路客运口岸,并在此办理出入境有关手续。1997年12月,国务院批准常平铁路客运口岸更名为东莞铁路口岸。

东莞铁路口岸·正门

2001年东莞铁路客运口岸现场进行了改造,扩大了旅客候检、候车面积,口岸现场总面积由2 200平方米、进出境通道各6条,扩建为3 450平方米、进出境通道各10条。2002年5月17日,新旅检现场通过验收,并于同年5月23日正式开通使用。广九直通旅客列车每日经停东莞铁路口岸的列车为"十进十出"共2 145坐席。2011年,口岸出入境人员42.46万人次。

东莞铁路口岸查验大厅

肇庆铁路口岸

1994年8月6日,国务院批准同意肇庆铁路客运开放。1995年1月23日,国家口岸办率队的验收组对肇庆铁路客运口岸进行验收,并同意肇庆铁路客运口岸于3月28日正式启用。肇庆铁路客运口岸位于肇庆市端州区西江北路肇庆火车站东侧,总投资6 000万元,设计年通过能力60万人次。

肇庆铁路口岸·全景

入出境查验场地和旅客候车大厅约4 200平方米,距香港301公里,途经佛山、广州、东莞口岸,单程行车时间4小时左右,经营单位为广州铁路集团公司。目前,肇庆至香港九龙每天对开一个班次,客座满足客流需求。2011年口岸出入境人员4.78万人次,出入境交通工具704列次。

肇庆铁路口岸入境查验大厅

凭祥铁路口岸

凭祥铁路口岸位于广西壮族自治区凭祥市南区,与越南同登口岸相对应,属国家一类口岸。口岸于1952年设置外运机构。1955年8月,中越两国联运正式开办货运、客运,1978年因中越关系紧张关闭。1996年2月12日,中越两国之间的铁路联运正式恢复开放。凭祥(铁路)口岸是湘桂铁路的终点,是中国通往越南等东南亚各国最便捷的铁路大通道,也是广西壮族自治区唯一的一个铁路口岸。凭祥铁路口岸站区内设立40股道标准轨,窄轨铺轨总长13.2公里,站线铺轨21.61公里,占地1.8平方公里,货物站台3 500平方米,旅客站台3 840平方米,候车室280平方米,货仓420平方米,准轨客车1 397辆,窄轨客车142辆,换装能力111.8万吨。凭祥铁路口岸旅客联检楼于2009年1月建成投入使用,目前,铁路口岸的监管服务区占地面积约5万平方米。近年来,随着经济和社会的快速发展,边境贸易和旅游业规模不断扩大,凭祥铁路口岸的货物、人员出入境数量呈不断增长的趋势。2011年,凭祥铁路口岸出入境人员达6.69万人次,货物进出口量85.9万吨,列车出入境3 334列次。

凭祥铁路口岸·全景

"十二五"期间,凭祥铁路口岸将全力推进货检楼项目建设。该项目拟建于凭祥市火车站南站,主要功能为对进出口货物实施查验,办理货物进出口岸现场通关手续。建设规模占地约2亩,建筑面积约5 500平方米,建设项目主要包括海关、边防、检验检疫部门联合办证大厅、办公管理用房、信息控制室、休息用房及配备查验设备、监控设备、冷暖设备等。该项目建成后,将改善凭祥铁路口岸货物查验条件,为中外客商办理进出口货物的查验、报关、报检等各项业务提供便利的条件,提高口岸货物查验的工作效率和口岸整体服务水平,实现口岸进出口货物验放的现代化,有力提升凭祥铁路口岸的国际形象与知名度。

河口铁路口岸

河口铁路口岸·国门

河口口岸位于云南省东南端，与越南老街省山水相邻，国境线长193公里。河口口岸具有"口岸就是县城，县城就是口岸"的天然优势，是滇越铁路、昆河公路、红河航道与越南乃至东南亚地区铁路、公路、航道连接的交通枢纽，距昆明市469公里，距越南首都河内296公里，距出海口——越南北方最大的海防港416公里，是我国西南进入东南亚、南太平洋的便捷通道。在中国—东盟自由贸易区和"昆明—河内—海防"经济走廊的规划中，处于"咽喉"的重要地位，是我国西南地区与东南亚国家发展对外贸易的窗口。

河口历史上就是我国与越南、东南亚各国进行经济文化交流的门户，是"南方丝绸之路"的第二条通道。1895年，河口被辟为商埠；1910年，随着滇越铁路的建成通车，云南省进出口物资有80%以上经河口口岸进出，河口成为我国西南对外商贸的最大集散地。1992年，河口被国务院批准为沿边开放县，同年12月，国务院特区管理办公室批准在河口设立4.02平方公里的边境经济合作区；1996年，河口口岸复通，河口迎来了千载难逢的发展机遇，进出口贸易焕发出勃勃生机与活力，带动了河口经济社会事业快速发展。2011年，河口口岸实现进出口总值9.9亿美元，同比增长19.5%；进出口货运

河口铁路口岸中越南溪河铁路大桥

量241万吨，同比增长47.2%；出入境人员339.1万人次，同比增长10.4%；出入境交通运输工具15.7万辆（列）次，同比增长33.2%。随着中国—东盟自由贸易区的建成、中国面向西南开放重要桥头堡战略的实施、昆明—河内经济走廊建设的推进，河口作为大西南出海口和通往东盟国家的大通道、大平台、大桥梁的区位优势将更加突出。中国河口—越南老街跨境经济合作区、国际物流园区、边民互市市场、河口口岸免税商品城、海产品交易市场等项目正在快速推进。河口口岸将在云南的对外贸易中、在滇越大通道建设中、在面向西南开放的桥头堡建设中、在"两廊一圈"（"南宁—谅山—河内—海防—广宁"、"昆明—老街—河内—海防—广宁"2个经济走廊和环北部湾经济圈）和中国—东盟自由贸易区建设中发挥更大的作用。

阿拉山口铁路口岸

阿拉山口口岸位于新疆维吾尔自治区博尔塔拉蒙古自治州境内,历史上曾是各民族南来北往的通道,是著名的古丝绸之路的重要关口,素有"准噶尔山门"之称。阿拉山口口岸是目前我国唯一集铁路、公路、管道、航空4种运输方式于一体的国家一类口岸,也是我国最大的陆路口岸,区位、交通、地缘优势十分明显,距相邻的哈国多斯特克口岸仅12公里,1992年12月1日正式对第三国开放。自开办铁路临时货运以来,口岸过货量保持了年均25%以上的增速。截至2011年,口岸过货量达1.8亿吨,完成进出口贸易额和海关税收分别达到756亿美元、618亿元。经过20多年的发展,阿拉山口口岸已从以往的戈壁荒原发展成为功能齐全、潜力无穷的综合型口岸,成为全国第一大陆路口岸,是变新疆维吾尔自治区由交通末端为向西开放的桥头堡。

阿拉山口口岸·中哈原油首站

阿拉山口位于第二座亚欧大陆桥的中段,是进出我国的"西桥头堡",已被纳入新疆维吾尔自治区七大经济区中最具发展潜力的口岸经济贸易区和综合物流配送中心,始建于1990年6月。阿拉山口铁路站场设置格局为二级三场混合式,设有准轨场2个、宽轨场1个,共有站线66条(准轨41条、宽轨25条),换装线19组,站场年过货能力为2 000万吨。新建成的亚洲最大全天候室内集装箱换装场,年换装能力达20万标箱。

阿拉山口口岸铁路站场·全景

2011年5月30日,国务院正式批准设立阿拉山口综合保税区,总体规划面积5.6平方公里。综合保税区投入运行后,可存储物资3 000万吨,当年口岸过货量可增加500万吨到800万吨,预计到"十二五"末,口岸年过货量可达5 000万吨。借助国内外"两个市场、两种资源",按照"一区多片、一区多园、一区多库"等不同形式创新发展,不仅促进了区域周边相关加工产业发展,还实现了综合保税区有限功能区域的无限带动。综合保税区的建成,将形成以仓储物流为基础,以国际贸易为龙头,以生产性服务为支撑,以生产加工为重点的格局,大力发展保税仓储、保税物流、保税加工,促进对外贸易规模扩张、质量提升、结构优化,实现能源资源落地加工业重大突破,带动区域经济跨越式发展。

第八篇

附 录

中国对外开放一类口岸分地区一览表

（2011年12月31日）

序号	省/市/自治区	总数	类型	数量	名称		
1	北京	2	航空口岸	1	北京口岸		
			水运口岸				
			铁路口岸	1	北京西站口岸		
			公路口岸				
2	天津	3	航空口岸	1	天津口岸		
			水运口岸	2	天津口岸	渤中口岸	
			铁路口岸				
			公路口岸				
3	河北	4	航空口岸	1	石家庄口岸		
			水运口岸	3	秦皇岛口岸	唐山口岸	黄骅口岸
			铁路口岸				
			公路口岸				
4	山西	1	航空口岸	1	太原口岸		
			水运口岸				
			铁路口岸				
			公路口岸				
5	内蒙古自治区	13	航空口岸	3	呼和浩特口岸	海拉尔口岸	满洲里口岸
			水运口岸				
			铁路口岸	2	二连口岸	满洲里口岸	
			公路口岸	8	珠恩嘎达布其口岸	阿日哈沙特口岸	策克口岸
					甘其毛都口岸	额布都格口岸	满都拉口岸
					室韦口岸	黑山头口岸	
6	辽宁	10	航空口岸	2	沈阳口岸	大连口岸	
			水运口岸	8	大连口岸	营口口岸	丹东口岸
					锦州口岸	旅顺新港口岸	庄河口岸
					葫芦岛口岸	长兴岛口岸	
			铁路口岸	1	丹东口岸		
			公路口岸				

续表

序号	省市	总数	类型	数量	名称		
7	吉林	15	航空口岸	2	长春口岸	延吉口岸	
			水运口岸	1	大安口岸		
			铁路口岸	3	集安口岸	图们口岸	珲春口岸
			公路口岸	9	珲春口岸	圈河口岸	临江口岸
					开山屯口岸	三合口岸	南坪口岸
					长白口岸	古城里口岸	沙坨子口岸
8	黑龙江	25	航空口岸	4	哈尔滨口岸	佳木斯口岸	牡丹江口岸
					齐齐哈尔口岸		
			水运口岸	15	哈尔滨口岸	富锦口岸	佳木斯口岸
					桦川口岸	绥滨口岸	同江口岸
					黑河口岸	漠河口岸	呼玛口岸
					逊克口岸	抚远口岸	孙吴口岸
					萝北口岸	嘉荫口岸	饶河口岸
			铁路口岸	2	绥芬河口岸	哈尔滨口岸	
			公路口岸	4	绥芬河口岸	东宁口岸	密山口岸
					虎林口岸		
9	上海	3	航空口岸	1	上海口岸		
			水运口岸	1	上海口岸		
			铁路口岸	1	上海站口岸		
			公路口岸				
10	江苏	17	航空口岸	4	南京口岸	盐城口岸	徐州口岸
					无锡口岸		
			水运口岸	13	张家港口岸	南通口岸	连云港口岸
					南京口岸	镇江口岸	江阴口岸
					扬州口岸	泰州口岸	常熟口岸
					太仓口岸	常州口岸	如皋口岸
					大丰口岸		
			铁路口岸				
			公路口岸				

续表

序号	省市	总数	类型	数量	名称		
11	浙江	13	航空口岸	3	杭州口岸	宁波口岸	温州口岸
			水运口岸	10	温州口岸	宁波口岸	舟山口岸
					海门口岸	绿华岛口岸	黄兴岛口岸
					大陈岛口岸	洞头口岸	乍浦口岸
					红光口岸		
			铁路口岸				
			公路口岸				
12	安徽	7	航空口岸	2	合肥口岸	黄山口岸	
			水运口岸	5	芜湖口岸	铜陵口岸	安庆口岸
					池州口岸	马鞍山口岸	
			铁路口岸				
			公路口岸				
13	福建	12	航空口岸	4	厦门口岸	福州口岸	晋江口岸
					武夷山口岸		
			水运口岸	8	福州口岸	厦门口岸	泉州口岸
					漳州口岸	城澳口岸	松下口岸
					肖厝口岸	秀屿口岸	
			铁路口岸				
			公路口岸				
14	江西	2	航空口岸	1	南昌口岸		
			水运口岸	1	九江口岸		
			铁路口岸				
			公路口岸				
15	山东	16	航空口岸	4	青岛口岸	济南口岸	烟台口岸
					威海口岸		
			水运口岸	12	青岛口岸	烟台口岸	威海口岸
					龙口口岸	石臼口岸	石岛口岸
					岚山口岸	东营口岸	蓬莱口岸
					莱州口岸	龙眼口岸	潍坊口岸
			铁路口岸				
			公路口岸				

续表

序号	省市	总数	类型	数量	名称		
16	河南	3	航空口岸	2	郑州口岸	洛阳口岸	
			水运口岸				
			铁路口岸	1	郑州口岸		
			公路口岸				
17	湖北	4	航空口岸	2	武汉口岸	宜昌口岸	
			水运口岸	2	武汉口岸	黄石口岸	
			铁路口岸				
			公路口岸				
18	湖南	3	航空口岸	2	长沙口岸	张家界口岸	
			水运口岸	1	城陵矶口岸		
			铁路口岸				
			公路口岸				
19	广东	58	航空口岸	5	广州口岸	深圳口岸	汕头口岸
					湛江口岸	梅州口岸	
			水运口岸	39	广州口岸	湛江口岸	汕头口岸
					汕尾口岸	九州口岸	广海口岸
					蛇口口岸	莲花山口岸	赤湾口岸
					东角头口岸	妈湾口岸	惠州口岸
					盐田口岸	水东口岸	阳江口岸
					大亚湾口岸	南澳口岸	珠海口岸
					潮州口岸	万山口岸	南沙口岸
					潮阳口岸	虎门口岸	新会口岸
					深圳大铲湾口岸	梅沙口岸	湾仔口岸
					西冲口岸	三埠口岸	江门口岸
					肇庆口岸	南海口岸	斗门口岸
					鹤山口岸	中山口岸	容奇口岸
					高明口岸	新塘口岸	揭阳口岸
			铁路口岸	5	广州口岸	佛山口岸	深圳口岸
					肇庆口岸	东莞口岸	
			公路口岸	9	文锦渡口岸	沙头角口岸	拱北口岸
					皇岗口岸	河源口岸	横琴口岸
					深圳湾口岸	珠澳口岸	福田口岸

续表

序号	省市	总数	类型	数量	名称		
20	海南	7	航空口岸	2	三亚口岸	海口口岸	
			水运口岸	5	海口口岸	三亚口岸	八所口岸
					洋浦口岸	清澜口岸	
			铁路口岸				
			公路口岸				
21	广西壮族自治区	18	航空口岸	3	南宁口岸	桂林口岸	北海口岸
			水运口岸	9	防城口岸	北海口岸	钦州口岸
					江山口岸	石头埠口岸	企沙口岸
					梧州口岸	柳州口岸	贵港口岸
			铁路口岸	1	凭祥口岸		
			公路口岸	5	友谊关口岸	东兴口岸	水口口岸
					龙邦口岸	平孟口岸	
22	四川	1	航空口岸	1	成都口岸		
			水运口岸				
			铁路口岸				
			公路口岸				
23	重庆	2	航空口岸	1	重庆口岸		
			水运口岸	1	重庆口岸		
			铁路口岸				
			公路口岸				
24	贵州	1	航空口岸	1	贵阳口岸		
			水运口岸				
			铁路口岸				
			公路口岸				
25	云南	16	航空口岸	3	昆明口岸	西双版纳口岸	
			水运口岸	2	思茅口岸	景洪口岸	
			铁路口岸	1	河口口岸		
			公路口岸	10	瑞丽口岸	打洛口岸	腾冲口岸
					磨憨口岸	天保口岸	金水河口岸
					孟定口岸	畹町口岸	勐康口岸
					河口口岸		

续表

序号	省市	总数	类型	数量	名称		
26	西藏自治区	4	航空口岸	1	拉萨口岸		
			水运口岸				
			铁路口岸				
			公路口岸	3	普兰口岸	樟木口岸	吉隆口岸
27	陕西	1	航空口岸	1	西安口岸		
			水运口岸				
			铁路口岸				
			公路口岸				
28	甘肃	2	航空口岸	1	兰州口岸		
			水运口岸				
			铁路口岸				
			公路口岸	1	马鬃山口岸		
29	新疆维吾尔自治区	17	航空口岸	2	乌鲁木齐口岸	喀什口岸	
			水运口岸				
			铁路口岸	1	阿拉山口岸		
			公路口岸	14	红其拉甫口岸	霍尔果斯口岸	巴克图口岸
					伊尔克什坦口岸	卡拉苏口岸	吉木乃口岸
					吐尔尕特口岸	老爷庙口岸	红山嘴口岸
					塔克什肯口岸	都拉塔口岸	乌拉斯台口岸
					木扎尔特口岸	阿黑土别克口岸	
30	宁夏回族自治区	1	航空口岸	1	银川口岸		
			水运口岸				
			铁路口岸				
			公路口岸				
31	青海	1	航空口岸	1	西宁口岸		
			水运口岸				
			铁路口岸				
			公路口岸				

注：合计一类口岸283个，其中水运口岸138个、航空口岸63个、铁路口岸19个、公路口岸63个。